年谱长编
Liu Haisu Chronicle Editor

刘伟冬 主编　　陈天白 编著

江苏凤凰美术出版社

图书在版编目（CIP）数据

刘海粟年谱长编/陈天白编著；刘伟冬主编.—
南京：江苏凤凰美术出版社，2022.11
ISBN 978-7-5580-7328-1

Ⅰ.①刘… Ⅱ.①陈…②刘… Ⅲ.①刘海粟
（1896-1994）-年谱 Ⅳ.①K825.72

中国版本图书馆CIP数据核字（2022）第215414号

选题策划	方立松
责任编辑	王左佐
责任校对	许逸灵
封面设计	武　迪
责任监印	唐　虎

书　　名	刘海粟年谱长编
主　　编	刘伟冬
编　　著	陈天白
出版发行	江苏凤凰美术出版社（南京市湖南路1号 邮编：210009）
制　　版	江苏凤凰制版有限公司
印　　刷	上海雅昌艺术印刷有限公司
开　　本	787mm×1 092mm　1/16
印　　张	92.5
版　　次	2022年11月第1版　2022年11月第1次印刷
标准书号	ISBN 978-7-5580-7328-1
定　　价	298.00元

营销部电话　025-68155675　营销部地址　南京市湖南路1号
江苏凤凰美术出版社图书凡印装错误可向承印厂调换

编委名单

主　　任：俞　峰　张凌浩
副 主 任：陈　敏　刘　蟾　刘伟冬
成　　员：（按姓氏笔画为序）

王　方　方立松　吉爱民　吕少卿
邬烈炎　孙　为　李立新　李向民
李　庆　李安源　李志鹏　李　彤
李　超　沈义贞　宋德泳　张安娜
张　捷　陈天白　陈咏梅　费　泳
夏燕靖　顾　平　章文浩　商　勇
谢建明　詹和平　鲍薇华　樊　波

凡例与说明

一、本谱编撰遵循以下体例规范：采用编年体例撰写，依时间为序，记述谱主的生平及艺术活动。收录内容为：谱主的各种艺术人生大事，包括家庭背景、学习从艺经历、欧洲游学、创办上海美专、并入华东艺专、南京艺术学院。其中涉及艺术教育、美术创作、理论研究、社会活动、社团活动、出版传播等项。

二、谱主经历了晚清、中华民国、中华人民共和国的历史变迁。本谱记叙时限为1896年（谱主1岁）至1994年（谱主99岁）。编撰次序依照时间演进轨迹，按公元纪年、民国纪年、干支纪年、谱主年龄，四段位一体纪年方式递进。进入中华人民共和国后，即以公元纪年、干支纪年与谱主年龄三段位纪年方式递进。

三、谱主本事行文体例，按年月日顺序纪事，少数条目根据叙事的需要，采用纪事本末的写法。无法考订确切日期的，写为某季、旬，或以"是年""是月"为期。

四、本事正文，记录生平事迹或著作（论著、散文、论文、序跋、启事等）以及美术创作，尽量收录入谱。著译入谱方法，一般按作品名称、刊发的报刊或出版社、发表或出版日期、初收入文集、后收入文集等顺序入谱。重要的著译文章略作解释（写作背景、主要内容、相关社会评价及其他相关内容）。

五、为便于读者深入系统了解谱主艺术生长环境与艺术活动轨迹，本书有选择地链接、延伸、扩充与谱主生平及本书主题相关的一些机构、事件、人物，并以谱主艺术生涯为基本线性，在有机扩张中对相关人事进行相应的叙述、考论或注释，以臻详尽。

六、本谱在本事设目的简明原则下，又采取【按】【引】【释】【录】的编撰方式，【按】为作者阐述或说明，【引】为源文献的摘录，【释】为相关人物传略，【录】为源文献的全文。以求本事的叙述完整。以图在洞悉谱主艺术轨迹的同时，亦对相关的社会活动作以历史性、逻辑性的点、线梳理与和谐考论，以臻透彻。

七、谱中的引文及依据资料，一般都注明资料来源；与谱主有关的人物、地名、事件、书刊、社团等在本事后作简略的注释,并标注资料来源与出处。

八、所立条目不论巨细,均以说明谱主艺术活动的线索为选择标准。所记史事,一般只做客观记录,不加评论。

九、一般传记著作涉及相关谱主长辈时,男性称谓某公,女性或曰夫人、太太等。本谱认同并遵循这一文化传统,但考虑到时代习俗与行文方便,除特殊需要外,均一概称谓先生、老师或直呼其名。此一设定,其意旨在简化阅读节奏及便于写作,非为不敬。

十、为叙述方便,突出重点及便于引发读者思考,本谱所涉及人物解析大致遵循以下原则:尽可能简要附注籍贯、居里、生卒、字号、学艺经历、主要事迹、与谱主的交往关系等。

十一、为凸显本书资料的原始性、初显性、史料性与完整性,对谱主重要作品、著述及所涉及的民国名流和文化界重要人物之文献论述等相关内容,均依式迻录或分类附录,俾便研究者引用参考。

十二、为增强本谱的可读性、可视性以及显示资料的丰富性与完整性,本谱按照历时性、共时性特点,有机楔入相关历史图片,作为补充说明谱文的内容,以利读者阅读思考。

十三、在遵循年谱历时性特质的前提下,为保证相关主题资料的完整性,部分模糊时段处置存在一定的跳跃性。如属于同年系列的资料,涉及已知具体时间与不详具体时间两种形式资料时,一般排列程序是先具体时间资料,后不详具体时间资料。为了保证相关主题资料完整性,对部分连贯资料一般不以割裂、舍弃。

十四、对谱主的研究评价上,笔者尽量避免其他因素的干扰,"过誉"或"过贬"都不是辩证唯物主义态度,特别防止"神化"。一位艺术家的成功或失败的经历,都是其特定社会艺术实践的产物,离开时代的精神气候,孤立地界定他们的成败得失,只能引出不确当的结论。

十五、本谱中涉及具体年、月、日时,如无特殊说明,一般均指公历,以阿拉伯数字记述。援引档案资料中的数字以中文方式记述不变,以此维护本谱收录资料的原始性、初显性、史料性与完整性。

十六、原始档案的原文无标点不分段者,均分段、加标点;原文用外文书写者,则酌译成中文。所选档案凡有明显错、别、衍字或明显漏字,则予校正,字迹模糊难以辨认或有缺漏者,以□代之。

十七、对谱主的重要亲友之往来书信、回忆、论述以及名流题词等有选择地入谱，并依式分条迻录，力求完整，俾便研究者引用参考。凡写作时间不可考者，按发表时间为序。凡写作时间见于作品、文集及其他记载者，如不相符，则根据考订或最新研究成果确定的时间入谱。

十八、对具有争议的历史问题，本谱采用客观、具象、完整的记录方式，一般不作编者个人意志的独家肯定式评判，以使读者得有充分思考、评判的空间。

十九、本谱书末附录有：刘海粟常用印鉴；刘海粟款识演变；主要传世作品一览表；报刊研究文论一览表。

二十、本谱书末附有各种索引：人名索引、作品索引、团体索引、文献索引、教学单位索引、会议展览索引、报刊出版社索引、本书图片等分类索引。

编写本书时笔者尽力处理好史与论、材料与观点的关系。艺术家的成长道路，充满着曲折和矛盾，从思想认识到具体作品，都在不断变化和发展着。编撰时力忌以偏概全，攫取一点、不及其余，使每条本事建立在翔实的史料基础上，力求为读者输送比较全面的刘海粟研究的初步成果。由于《刘海粟年谱长编》涉及的内容广泛，限于编者的知识思想水平，难免会有诸多错误、缺漏，恳祈方家批评指正，以便今后作进一步修订。

谨以此书，纪念刘海粟先生诞辰125周年。本书的撰写与出版，表达了我们对大师的仰慕与崇敬之情。

编者

2020年5月26日

序

刘海粟先生是中国近现代美术史上的领袖人物，他不仅对中国近现代艺术事业的发展作出巨大贡献，其人生经历也是一部跌宕起伏、波澜壮阔的史诗，一如他自己撰写的一副对联所说的那样——"遍历五大洲四海风云，横跨三世纪百年沧桑"。刘海粟先生出生于1896年，于1994年去世，享年99岁。在这近一百年里，他先后历经了晚清、民国和中华人民共和国的时代变迁，看到了中华民族由弱至强的沧桑巨变。他以闳约深美的理想和不息变动的精神为指引，立于潮头，敢于创新，以教育兴国、艺术兴邦为己任，赢得了"中国新美术运动的拓荒者，中国新美术教育的奠基人"的崇高荣誉。事实上，刘海粟先生的个人史诗也是一部恢弘的时代史诗。

中国传统文化中有给名人大家编写年谱的习惯，据考证，这种传统肇始于宋代，至明清时尤为兴盛，其中较具代表性的有宋代的《韩愈年谱》《杜工部年谱》和元代的《孟子年谱》等，到了清代，数量之巨，当以千计。所谓年谱，其编撰的方法就是以时间为主要线索，按照编年体的方式来记述个人（谱主）的生平事迹，一般会涉及以下四个方面，即行止、著述、人际关系和时代与社会背景等。其资料来源大多为谱主的著述及史籍的相关记载，而当下的信息渠道因为技术的进步又会变得更加多元。严格意义上来说，年谱不能算是专著，它提供的是史料，而不是观点。它甚至不能选择，如果有，那也是真伪的选择而不是多寡的选择。它需要不断地搜寻，不断地梳理，不断地记录，它是一项永远在路上的工作。它最大的意义在于尽可能地还原历史真相，系统、完整、细致地呈现谱主在时间坐标上的每一个重要或不重要的节点，好让历史学家们根据这些线索和材料，旁征博引，知微见著，从中总结出具有规律性的理论见解，进而为谱主在历史的坐标上找到他们的归宿。至于本书用的"年谱长编"，我的理解是数量或规模上的扩充，是一般年谱简编的扩张和延展，在某种意义上它也自证了自身资料、数据、信息的庞大，足以支撑起谱主一生的完整面貌和细节勾勒。在论及年谱长编的编撰时，有一句话经常会提到，那就是"长编宁失于繁"。其实，一个"繁"字包含了太多的内容。首先，这就需要编撰者有更多的时间，更多的精力，更多的耐心和更多的坚持。同时，也需要他们有更多辨别真伪的智慧而不至于沦陷在茫茫的历史迷雾之中。南京艺术学院研究院的青年教师陈天白女士就是一位甘于坐冷板凳的学者，作为我的学生，十多年来她一直置身于图书馆、博物馆、档案馆、美术馆里，寻影觅迹，披沙淘金，追随着刘海粟先生的足迹和身影，不放弃任何一个有意义的瞬间和定格，哪怕它在历史幽影的最深处。2022年将迎来刘海粟先生创办的南京艺术学院一百一十周年的校庆，在这个光荣的时刻，出版《刘海粟年谱长编》就显得意义非凡。

是为序。

南京艺术学院院长　刘伟冬

2021年4月

目 录

1896年（丙申）......1	1922年（壬戌）......135
1901年（辛丑）......3	1923年（癸亥）......193
1903年（癸卯）......3	1924年（甲子）......242
1904年（甲辰）......4	1925年（乙丑）......293
1905年（乙巳）......4	1926年（丙寅）......350
1908年（戊申）......4	1927年（丁卯）......406
1909年（己酉）......5	1928年（戊辰）......431
1910年（庚戌）......6	1929年（己巳）......452
1911年（辛亥）......7	1930年（庚午）......478
1912年（壬子）......8	1931年（辛未）......498
1913年（癸丑）......13	1932年（壬申）......522
1914年（甲寅）......20	1933年（癸酉）......573
1915年（乙卯）......27	1934年（甲戌）......616
1916年（丙辰）......33	1935年（乙亥）......642
1917年（丁巳）......37	1936年（丙子）......677
1918年（戊午）......41	1937年（丁丑）......709
1919年（己未）......61	1938年（戊寅）......727
1920年（庚申）......79	1939年（己卯）......734
1921年（辛酉）......103	1940年（庚辰）......747

1941 年（辛巳） ……763	1962 年（壬寅） ……870
1942 年（壬午） ……780	1963 年（癸卯） ……875
1943 年（癸未） ……784	1964 年（甲辰） ……876
1944 年（甲申） ……796	1965 年（乙巳） ……879
1945 年（乙酉） ……801	1966 年（丙午） ……888
1946 年（丙戌） ……802	1967 年（丁未） ……896
1947 年（丁亥） ……808	1968 年（戊申） ……900
1948 年（戊子） ……815	1969 年（己酉） ……904
1949 年（己丑） ……821	1970 年（庚戌） ……908
1950 年（庚寅） ……824	1971 年（辛亥） ……910
1951 年（辛卯） ……826	1972 年（壬子） ……915
1952 年（壬辰） ……828	1973 年（癸丑） ……931
1953 年（癸巳） ……832	1974 年（甲寅） ……951
1954 年（甲午） ……837	1975 年（乙卯） ……966
1955 年（乙未） ……844	1976 年（丙辰） ……988
1956 年（丙申） ……848	1977 年（丁巳） ……1023
1957 年（丁酉） ……855	1978 年（戊午） ……1045
1958 年（戊戌） ……862	1979 年（己未） ……1063
1959 年（己亥） ……864	1980 年（庚申） ……1088
1960 年（庚子） ……864	1981 年（辛酉） ……1112
1961 年（辛丑） ……867	1982 年（壬戌） ……1133

1983年（癸亥）
...... *1166*

1984年（甲子）
...... *1192*

1985年（乙丑）
...... *1214*

1986年（丙寅）
...... *1244*

1987年（丁卯）
...... *1263*

1988年（戊辰）
...... *1279*

1989年（己巳）
...... *1307*

1990年（庚午）
...... *1314*

1991年（辛未）
...... *1320*

1992年（壬申）
...... *1324*

1993年（癸酉）
...... *1330*

1994年（甲戌）
...... *1334*

附录：

一、刘海粟常用印钤
...... *1373*

二、刘海粟款识演变
...... *1381*

三、主要传世作品一览表
...... *1382*

四、刘海粟收藏作品一览表
...... *1447*

主要参考文献和书目
...... *1454*

后　记
...... *1462*

3月16日（农历二月初三日），谱主刘海粟出生。

公元1896年
光绪二十二年
（丙申）
1岁

【引】谱主祖籍安徽省凤阳府。洪武初年，全家随一位追隶太祖爱将汤和的远祖到常州做官，因此迁到武进，住在城西西营里，故称西营刘氏。传到崇祯年间，刘熙祚、永祚、锦祚三兄弟参加了抗清斗争，最后殉节，《明史·忠义传》有载。祖父刘镛，把家从西营里迁到青云坊二十八号，刘海粟即出生于此，这是一个已经衰落的书香门第静远堂刘氏旧宅。因出生时脐带盘在腹上，故乳名"盘官"，原名槃，稍大起字季芳。在同胞九人（六男三女；一说七男二女）中他排行第九，故又名刘九。17岁时才取名海粟，"海粟"二字是从苏东坡《前赤壁赋》"渺沧海之一粟"句中截取。祖父刘镛、父亲刘家凤，属武进世家子弟，能舞文弄墨，在当地颇有影响。其父年轻时曾尝试从政，复又参加太平军，想在官场里有所作为，但时运不佳，又心地善良，故屡试皆未果，后决心学经济，与人合股经营钱庄。（刘海粟美术馆编，《沧海一粟——刘海粟的艺术人生》，上海教育出版社2005年版，第26页；朱金楼、袁志煌编，《刘海粟艺术文选》，上海人民美术出版社1987年版，第532页）

【录】《武进西营刘氏家谱》（民国十八年重修）载，刘海粟为刘氏十九世。

一世（始祖），刘真，号恪公，原籍凤阳。元至正十六年（1356）同嫡侄洪，随信国公汤和统兵克常州，守御十年，调遣勤劳，给秩驻扎西营，生子钦、敬，遂世居焉。明洪武元年（1368），复随汤和征山西，累建功绩，授大同左卫守备。

二世：刘敬，号季恭。

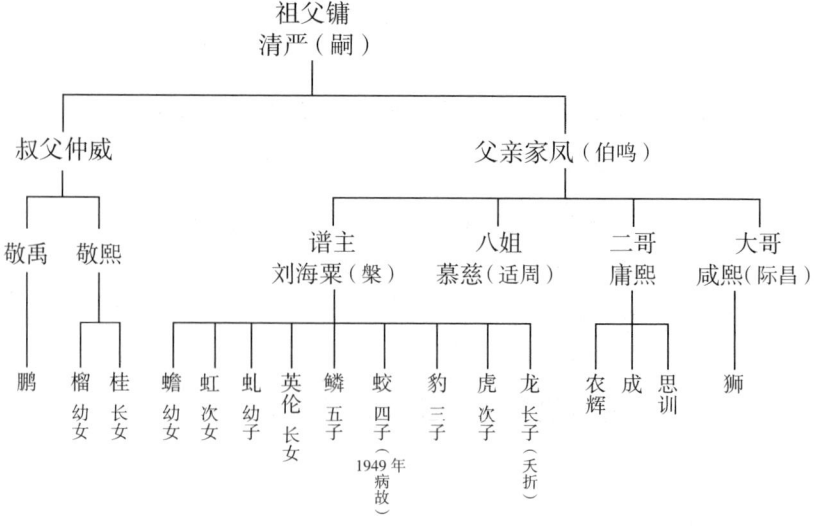

【图1896-1】刘氏家谱

(《武进西营刘氏家谱》;袁志煌、陈祖恩编著,《刘海粟年谱》,上海人民出版社1992年版,第1页;朱金楼、袁志煌编,《刘海粟艺术文选》,上海人民美术出版社1987年版,第533页)

三世:刘俊。

四世:刘敏。

五世:刘璠。生子镃,早卒。后以张氏亲甥鉴入嗣。

六世:(嗣)刘鉴,号怀川,生于正德丙寅(1506)。

七世:刘应时(1536—1608),号静岩。

八世:刘纯敬(1566—1633),字景文,号一之。

九世:刘光斗(1591—1652),字晖吉,号讱韦。

十世:刘履旋(1613—1687),字旋九,号素隅。

十一世:刘维烈(1638—1689),字惠公,号毅庵。

十二世:刘溁(1657—1731),字含鉴。

十三世:刘楫(1693—1716),字傅舟。

十四世:(嗣)刘继留(1724—1783),字运帷。

十五世:刘域之(1781—1812),字端猷。

十六世:刘镛(1798—1816),字肇修。

十七世：（嗣）刘清严（1823—1860），原名兆欧，字子厚，一字薇生。

十八世：刘家凤，字伯鸣。娶洪淑宜（洪亮吉孙女），生子六、女三（一说子七、女二）。生于道光戊申（1848）十一月二十六日，辛于民国八年（1919）2月27日。

十九世：刘海粟，原名槃，字季芳。光绪丙申二月初三（1896年3月16日）生。

是年，刘海粟进家塾，接受传统文化教育。（《刘海粟年谱》，第2页）

公元1901年
光绪二十七年
（辛丑）
5岁

【引】读《三字经》《百家姓》《千字文》，背唐诗、宋词，继而四书、五经之类，课余习画通音律。刘家大院有个楠木厅，厅中悬挂"静远堂"三字巨匾，这是出自诸葛亮"非宁静无以致远"的名句。三字榜书是祖父刘运帷请华亭书家许威写的。楠木厅是刘氏家族和姑、舅等近亲子孙读书启蒙的场所，多时有30余人，与他同龄的表妹杨守玉也在其中。私塾教育灌输式的死记硬背的教学方法不符合刘海粟的性格，在老师眼里他是个不太守规矩、有叛逆精神的学生，但在同窗兄弟姐妹眼里，他的逞才使气，常使他们敬佩。（《沧海一粟》，第27页）

是年，读书之余，刘海粟开始习画。

公元1903年
光绪二十九年
（癸卯）
7岁

【引】上午识字诵读，下午习字兼习绘画，系以油竹纸蒙于画帖勾描恽南田画派之花卉。因辄离画帖，任意乱画，被塾师斥为乱涂。母是名儒之后，家学渊源，通晓诗文，经常讲述古典文学。母督课甚严，每晚必与姐就风灯前温习诗文，然后就寝。（《刘海粟年谱》，第2页）

公元1904年
光绪三十年
（甲辰）
8岁

是年，读书、临画是刘海粟每日功课。

【引】读《论语》，有"曲肱而枕之""割不正不食"等句，颇感矛盾，乃问塾师，师无以对。临画柳公权《玄秘塔碑》、颜真卿《颜家庙碑》《麻姑仙坛记》。（《刘海粟年谱》，第2页）

公元1905年
光绪三十一年
（乙巳）
9岁

是年，刘海粟转入具有新学意味的绳正书院就读，学经学、史学及西学诸新式课程。（《刘海粟年谱》，第3页）

【引】暑假前绳正书院举行游艺会，刘海粟当众写了柳公权《玄秘塔碑》中的"逢源会委，勇智宏辩"八字对联一副，端正大气，博得一片喝彩。绳正书院教师谭廉对海粟成长有着重要影响。刘海粟最初的古文和诗词的底子以及对西方文化的认识是在绳正书院打下的。谭廉后调到上海商务印书馆任编辑，刘海粟到上海后，谭廉在阅读方面继续给予指导，谭先生又与周湘是旧相识，刘海粟到周湘布景画传习所学画，也是谭廉引见的。得《芥子园画谱》，习画愈勤。课余时听姑父屠寄讲述古文名篇及作者故事，对司马迁的《报任少卿书》等印象甚深。（《沧海一粟》，第29、30页；《刘海粟年谱》，第3页）

公元1908年
光绪三十四年
（戊申）
12岁

是年，刘海粟开始学习篆书，学画红梅。将在书院所作策论装订成册，自题《刘槃策论》。（《刘海粟年谱》，第3页）

【引】家院有一棵百年老红梅，每年寒冬著花时，亲友们都会聚集在一起赏梅，母亲常给他讲历代咏梅诗画的故事，赞颂梅花的品格。刘海粟在亲友们的鼓动下画起红梅，从不怯场，一次画雪中盛开的红梅，不大轻易表态的父亲也很满意，便叫夫人为儿题上几句,母亲命笔:"幽谷那堪更此枝,年年自分著花迟。高标逸韵君知否?正在层冰积雪时。"绘画技艺当时被视为小道,壮夫不为,琴棋书画只能作为修养,如为终身事业父亲反对。(《沧海一粟》,第28页)

是年,刘海粟母亲去世,到上海求学,进背景画传习所学画。(《刘海粟年谱》,第3页)

公元1909年
宣统元年
(己酉)
13岁

【引】年仅52岁的母亲因肺病去世,少年海粟悲痛异常。姑父建议他换换环境,外出求学。长兄和表哥均在日本留学,他也想去日本,父亲和姑母反对,希望他留在身边学经济,将来主持家业、管理钱庄,海粟对此不感兴趣,执意外出,最后父子达成协议,父亲同意他去上海,儿子答应不再出国。经绳正书院地理教师谭廉介绍,到上海进周湘主办的背景画传习所学画半年。传习所在上海八仙桥,教学方法是教师作示范画后,让学生临摹。有一次临摹画一条马路,两旁有树和房子,马路画得比老师更远,受周湘夸奖。曾到"别发"和"普鲁华"两家洋书店购买西洋画册,以之临摹。(《沧海一粟》,第30页;《刘海粟年谱》,第3页)

【图1909-1】周湘(1871—1933)字印侯,号隐庵,别署灌园老叟,近代著名画家,中国油画艺术先驱者、美术教育家,是年刘海粟曾在周湘布景画传习所学画。

公元1910年
宣统二年
（庚戌）
14岁

是年，在姑父和表兄的支持下，刘海粟在常州开办图画传习所，来学者皆族中兄妹。仍刻苦自习绘画。（《刘海粟年谱》，第3页）

【引】姑父屠寄（屠敬山）对海粟成长影响很大，他是近代知名学者，无论在治国、敬业、安家、修身等方面都是刘海粟的榜样。1891年参加屠寄在科举会试中中进士。1917年，蔡元培任国史馆馆长和北大校长时曾聘他为国史馆总纂，他经常给外甥讲司马迁发愤著书之类的故事，他自己的著作题名为《蒙兀儿史记》，他很崇拜苏东坡，常带海粟到东坡书院故址，讲述苏东坡11次来常州的史事，讲述苏东坡辉煌与苦难并存的一生，为刘海粟详细解读前后《赤壁赋》，评论苏东坡的文思与才情。到藤花旧馆凭吊前贤的孤魂。后来屠敬山看到海粟有绘画天才，就又从这方面加以引导，不仅为海粟准备了画谱，还要他学习《南田诗抄》《南田画跋》《寿平尺牍》，告诉外甥要想成为大画家，必

【图1910-1】屠寄坐像

须是大学问家,要经得起挫折和磨难。姑父看出海粟将来必有大的作为,对海粟特别关爱,用中国传统文人精神"修身、齐家、治国、平天下"的远大抱负去激励刘海粟的成长。(《沧海一粟》,第29、30页)

是年,迫于父命,刘海粟与丹阳富商的女儿林佳结婚。
(《刘海粟年谱》,第3页)

公元1911年
宣统三年
(辛亥)
15岁

【引】刘海粟与杨表妹有意姻缘,父母不反对,八姐慕慈也从中撮合。经命相卜卦,八字相克,只好取消婚姻。迫于父命,与丹阳富商的女儿林佳结婚。因非本意,故成礼后终未合卺。"我从小就和表妹相爱……曾经告诉姐姐,如果不能和表妹结婚,我将终身不娶。姐姐很疼我,拍胸说:'你放心,我一定帮助你,成全你们。'""十六岁那年,父亲为我娶亲,洞房花烛夜才发现新娘不是表妹,是一位姓林的姑娘,我伤心极了,不肯睡,站在窗前,望着窗外红梅,想表妹,流泪。直到天边展露鱼肚白,新娘实在忍不住了,从一个绣荷包里掏出一串钥匙,放在妆台上,她以为我嫌她妆奁不丰富。我说:'不必了,这些东西是你的'。说完,便跑出去,冲进父亲房里,在他脚边睡下。父

【图1911-1】《父亲》油画 1919年

【图1911-2】刘海粟（右一）与父母和其他家人的早期合影
（左一：妻子张韵士、左四：父亲刘家凤）

亲大吃一惊，问什么事，我说没有什么事。后来我向姐姐兴师问罪，她说：我和表妹的八字冲克，不能结婚。这就是封建时代的悲剧。""我整月不肯和新娘同房，父亲也无可奈何。在叔伯苦劝下，陪新娘满月回门，我被囚禁在林家书房里足足有一个月。书房很大，有两个鸦片铺，林家的少爷、姑爷们就躺在那里抽鸦片烟。我痛恨抽鸦片烟，便读书架上的书。不久，父亲来探望我，我满腔委屈，抱头大哭，表示要离开家乡，去日本留学。父亲内心极矛盾，既不想我走得太远，又怕我太抑郁。最后，仍然给了我几卷龙洋，只准我去上海，不许我去东洋。"（《刘海粟谈他的初恋》，香港《明报周刊》，1981年1月11日；《沧海一粟》，第30页）

公元1912年
民国元年
（壬子）
16岁

1月1日，中华民国临时政府于南京成立，孙中山就任临时大总统。

4月，民国临时政府委任蔡元培为教育总长。

【按】蔡元培发表了《对于教育方针之意见》，首次以官员身份强调美育的意义及其在教育中的地位,体现了蔡元培出任教育总长主持教育改革的美学思想理论基础。

【释】蔡元培(1868—1940),字鹤卿,号孑民。浙江绍兴人。清光绪进士,翰林院编修。1919年12月至1937年6月任上海美专校董会校董;1922年3月至1937年6月任校董会主席,为上海美专题写了学训、校训,并撰写了校歌。1904年组织光复会任会长。1905年加入同盟会,1907年和1912年两次赴德国留学。1912年任南京临时政府教育总长。1917年至1927年任北京大学校长。1927年任国民政府大学院院长、中央研究院院长。1932年,与宋庆龄、鲁迅、杨杏佛等在沪发起成立中国民权保障同盟,任副主席。毛泽东誉其为"学界泰斗,人世楷模"。(马海平编著,《上海美专名人传略》,南京大学出版社,2012年版,第15页)

7月10日,民国政府教育部在蔡元培主持下召开全国临时教育会议。

【按】蔡元培在开幕式致辞中重申"五育"并举的方针。会上有人主张删去"美育"一项,经过力争,会议最后同意将"美育"列入教育宗旨,并在会中提出公开悬赏撰著国歌一事。

【图1912-1】中华民国第一任教育总长蔡元培

7月14日，袁世凯批准蔡元培辞去教育总长一职的请求，并于26日任命范源濂继任。

【释】范源濂（1875—1927），字静生，1922年2月至1926年11月任上海美专校董会校董。1898年进湖南长沙时务学堂学习，毕业后赴日本留学。1904年回国，1905年后任清廷学部主事、参事，参与创办清华学堂，并在京师大学堂任教。1912年任北京政府唐绍仪内阁教育次长。是年7月教育总长蔡元培辞职，继任赵秉均内阁教育总长。次年1月辞职南下上海，任中华书局总编辑。1915年冬，与梁启超等共同发起讨袁（世凯）运动，袁死后任段祺瑞内阁教育总长，举荐蔡元培出任北京大学校长。1917年兼代内务总长。1923年7月北京国立高等师范正式改为北京师范大学，担任首任校长，后任中华教育文化基金委员会董事、董事长。1927年12月在天津病死。（《上海美专名人传略》，第18页）

9月2日，北京政府教育部公布教育宗旨："注重道德教育，以实利教育、军国民教育辅之，更以美感教育完成其道德。"
11月23日，刘海粟与乌始光等创办上海图画美术院。

【引】民国元年的冬天，乌始光在昆陵计议创立美术院于海上。其时社会上对于艺术颇菲薄之，一般人开口闭口都是国计民生，所谓雕虫小技，简直不值得齿及。在那时代，要在中国社会上树立起美术学校的旗帜，实在是件极不容易的事。我们凭着良心和兴味，抱着"知其不可为而为之"的态度，振作着坚强不屈的精神做去。所以在元年的十一月，我们就本校的态度树起鲜明的旗帜，创立上海国画美术院。（刘海粟，《上海美专十年回顾》，载《时事新报·学灯》1922年9月17至20日、22日）

【释】乌始光（1885—？），字廷芳，浙江宁波人。自幼喜

【图1912-2】上海图画美术院主楼。根据1921年上海美术专门学校向江苏省教育厅及教育部申请立案的报告文件中的校园附图，这是校舍朝蓝维蔼路的一面（正大门朝北为贝勒街）。

欢绘事，早年在沪经商。上海美专创始人之一。1915年春与上海图画美术院师生共同创办了中国第一个洋画研究机构"东方画会"，任会长。1915年夏与图画美术院同事汪亚尘创办华达广告公司，任经理。1916年春，辞去上海图画美术院一切职务，专营广告公司。（《上海美专名人传略》，第7页）

11月，刘海粟等人筹办美术学校时撰写《创立上海图画美术院宣言》。

【按】《上海美专成立宣言》在诸多著作文献中的叙述，是1912年建校初期，由刘海粟撰写并发布。本书编者查遍1912年及以后几年的全部档案、报刊资料，未见原始资料。第一次见诸文字《创立上海图画美术院宣言》，是出现在刘海粟所撰《上海美专十年回顾》中（载《时事新报·学灯》，1922年9月17日至20日、22日），所以这个宣言是产生于1912年还是1922年，待考。）

【图1912-3】上海图画美术院首任校长乌始光先生（任职时间：1912—1914）

【图1912-4】1912年刘海粟合作创办上海图画美术院时留影

【引】上海图画美术院宣言：第一，我们要发展东方固有的艺术，研究西方艺术的蕴奥；第二，我们要在极残酷无情、干燥枯寂的社会里尽宣传艺术的责任。因为我们相信艺术能够救济现在中国民众的烦苦，能够惊觉一般人的睡梦；第三，我们原没有什么学问，我们却自信有这样研究和宣传的诚心。（《创立上海图画美术院宣言》，载《时事新报·学灯》，1922年11月）

是年，杨柳桥任上海图画美术院教授，是上海美专的创始人之一。（上海档案馆档号Q250-1-153，《美术》第1期刊登建校7年中教职员表）

【释】杨柳桥名惺惺，字柳桥，苏州常熟人。清末沪上画家。《中国美术家人名大词典》《海上墨林》有记载。有《杨柳桥水彩册页》存世，此水彩画册共36张，作于1914—1915年，描绘写生当时风景、人物，从中可以了解清末时代风貌，及中国早期水彩画家的作品原作。（《上海美专名人传略》，第237页）

1月28日，上海图画美术院正式刊登招生广告。

【录】广告称"本院专授各种西法图画及西法摄影、照相、铜版等美术，并附属英文课。教法精详，学费从廉，有志求学者，可速至（或投函）上海美租界乍浦路八号洋房本院取阅章程报名可也。"同时，又刊登《图画美术院函授部招生广告》，言："本院为便利学者起见，特依欧美各国专门学校之通讯教授法，设立函授部，函授各种西法图画，讲义明显，范本精良，俾遐尔响学志士，得足不出户，不妨职业，习成专门学术焉。有志就学者，可投函至上海美租界乍浦路八号洋房本院取阅章程报名。此告。院长乌白。"（《申报》，1913年1月28日）

2月12日，图画美术院再次刊登招生广告，其内容增加"无论已习未习"均可报名。

【按】关于学费规定"每半年十八元，膳宿加三十元"。是日，同时刊登函授部招生广告，对报名资格方面，增加"男女兼收"。并兼办临摹稿本的图画函授学校。（《申报》，1913年2月12日）

2月，上海图画美术院正式开学，分绘画正科和选科两班。

【引】"上海图画美术院最初不过六七人，继续三四年间，也不过增到十余人。那时候要在中国的社会上树起美术学校的旗帜，确是困难；不过我们几个人，确抱着知其不可为而为之的主义，耐心的干去，今日艺术界有这一点热闹，未始非昔日的一场苦斗咧。"（汪亚尘，《研究艺术的经过》，载《时事新报》，1924年6月1日）

公元1913年
民国二年
（癸丑）
17岁

【图1913-1】上海图画美术院校长办公室内景

【按】入学者有吴荫甫、钱永业、李廷咨、罗承伟等10余人，学科分绘画正科和选科两班，修业期为1年。师生常往苏州河畔赏景、写生。（上海档案馆档号Q250-1-120，《上海美术专科学校自开办至结束历届学生姓名索引》）

3月，上海图画美术院增设速成科，添聘教师，选译图籍。首次在静安寺路张园举办美术作品展览会，颇引中外人士注意。（王秉舟主编，《南京艺术学院史》，江苏美术出版社，1992年11月，第3页）

7月，上海图画美术院迁校舍于爱而近路（今安庆路）东首6号洋房。（《南京艺术学院校史》编委会：《南京艺术学院校史》，江苏人民出版社，2012年11月，第6页）

【按】订立学制，设绘画科与选科，绘画三年毕业，选科一年毕业。

7月，朱屺瞻、王济远、徐悲鸿等入上海图画美术院第二届西洋画选科班学习。（上海档案馆档号Q250-1-120，《上海美术专科学校自开办至结束历届学生姓名索引》）

【释】朱屺瞻（1892—1996），初名增钧，为纪念亡母，更字屺瞻，江苏太仓人。上海图画美术学院1914年7月西画选科毕业。1917年受学校委派东渡日本，从藤岛武二学素描。归国后，致力于油画民族化探索。抗战期间迁居上海，受聘于新华艺专，除从事油画、中国画创作，注意搜集历代书画。20世纪50年代始专攻中国画，擅长山水和花卉蔬果，多次在上海、南京、北京、香港以及新加坡举办个人画展。（《上海美专名人传略》，第267页）

【释】王济远（1893—1975），原籍安徽歙县，生长在江苏武进。1914年7月西洋画选科毕业后，留校任教直至1926年底，先后任教员、西洋画科主任、图书馆主任及西洋画教授。1919年参加上海早期著名的西画社团"天马会"，1927年创办"艺苑绘画研究所"。1926年赴日本、法国考察，之后又两次东游菲律宾与印度。1932年2月任上海美专副校长和绘画研究所所长，1933年9月—1935年6月代理上海美专校长。1941年去美国，创办华美画学院，传授中国画和书法。后定居纽约，以教学和鬻画为生。1973年返台湾定居，1975年病逝于纽约。（《上海美专名人传略》，第13页）

【释】徐悲鸿（1895—1953），原名寿康，江苏宜兴人。九岁随父学画。十七岁就任宜兴女子师范高等学校图画教师。1914年7月上海图画美术院西画选科毕业（据上海美专学生档案）。1919年3月公派赴法留学，入巴黎高等美术学校。1927年回国，先后任教于南国艺术大学及中央大学艺术系。1929年9月，经蔡元培推荐任北平大学艺术学院院长。1946年8月到北平出任国立北平艺术专科学校校长之职。1949年3月，以新中国代表的

【图1913-2】刘海粟在上海图画美术院校长办公室的工作照

身份前往布拉格出席保卫世界和平大会,后又当选全国文联常务委员、中华全国美术工作者协会主席,出席中国人民政治协商会议,后被政务院任命为中央美术学院院长。(《上海美专名人传略》,第371页)

8月7日,上海图画美术院暨函授部在报上刊登招生广告,署名为乌始光、海粟。(《申报》,1913年8月7日)

8月8日,图画美术院暨函授部再次刊登招生广告。

【引】广告谓"本院学科完备,成绩优美,远近学子,来者踵接,且仿欧美各国通讯教授法,特设函授一部,使学者得足不出户,不妨职业,而习成专门之学,且讲义明显,范本精良,无待赘述。爰于暑假后,益加扩充,以图美术之进步,画学之发达,有志丹青者,可向美租界爱而近路东首六号洋房本院取阅详章,早日报名,应免额满见遗。"(《申报》,1913年8月8日)

8月9日，中西图画函授学堂、图画专门学校校长周湘刊登《周湘告白》。

【录】"图画美术院诸君鉴：贵院伍（乌）君及贵教员等皆曾受业本校，经鄙人之亲授，或两三个月或半年，故诸君之程度，鄙人无不悉，为学生尚不及格，遑论教人。今诸君因恨鄙人管理之严厉，设立贵院与本校为旗鼓。其如误人子弟乎？呜呼！教育前途之厄也。"（《申报》，1913年8月9日）

【释】周湘（1871—1933），号隐庵。工中西绘画，尤擅长山水。中国最早出国学习西画的画家之一。回国后，致力于美术教育事业。1910年7月创办中西画函授学校等。为乌始光、刘海粟、陈抱一之师。

8月10日，图画美术院暨函授部再次刊登招生广告。针对周湘刊登《周湘告白》，发表"通告"。

【录】"顷阅《申报》，载有周湘'告白'一则，信口轻蔑，本院诸君深堪异骇。本院长乌君并非画界人物，所聘教员，皆于画学根柢甚深，亦非周之门第。且本院学生成绩优美，在人耳目。周湘欲以无稽之言，一笔抹杀，抑何可笑。周之为人有才而无行，素以教育为营业，因妒本院学生之多，乃为此无赖之广告。虽于本院无伤，而我国美术方当幼稚时代，何堪横加破坏，以阻学者意兴，本院除与周湘严重交涉外。特登报声明。"（《申报》，1913年8月10日）

8月11日，周湘在《申报》刊登《图画专门学校布告》。

【录】"昨本校因爱而近路图画美术院诸君，在鄙处学才数月，尚无知识，且抄本校章程，窜改不通。为青年响学计，为教育前途计，不得已而登报告诫，讵意不自反省，来函恫吓，并登报通告，思掩天下之目，而冀无知受愚，惟该院诸君，既自言非鄙人门弟，鄙人亦何惜有此枭獍成性之高足。故先将曾受业本校，今自称该院教职员、院长之伍（乌）始光、刘季芳（海粟）、夏健康等，一例除名，俾免名誉上间接之损害，至所有迭次辱骂鄙人之函，损害本校之证据及该院生徒来告该院腐败之信札，当汇集成帙石印，宜布中外人评论可也。周湘仅布。"
（《申报》，1913年8月11日）

8月12日，上海图画美术院再次刊登通告。

【录】"有名周湘者，以种种胡言告白，破坏本院名誉，经本院登报声明。"又言"以后周湘如有诬蔑之言，本校认为无声明之价值，当置之不理矣。"（《申报》，1913年8月12日）

8月12日，丁悚、陈抱一在《申报》刊登声明，称并未在图画美术院担任教务，且与该院无关系。

【按】周湘在《申报》发表启事，称"据陈抱一、丁君悚来校声明，并未担任图画美术院教务，且与该院并无关系，信是，则鄙人鲁莽之咎实不能辞。为此特行登报，以谢二君。"（《申报》，1913年8月12日）

【释】丁悚（1891—1969），1913年9月至1922年9月任上海图画美术学院教务长、西洋画教员。是上海美专创始人之一。字慕琴，浙江嘉善人，中国漫画界开拓者之一。1924年，和黄文农、张光宇、叶浅予、王敦庆等发起成立"漫画会"，丁悚之子著名漫画家丁聪也是先入上海美专西洋画系学习，后在上海美专绘画研究所西画组继续深造。丁悚的卒年文献记载有1969年和1972年两种，本书采用1969年的依据是上海文史馆的史料记载。

【图1913-3】上海张园

1913年7月上海图画美术院在此举办师生作品展,50多幅作品多为油画与水彩画。这是上海近代以来第一次具有现代规模的西画展。上海图画美术院先后在张园举办过多次画展。

因为丁悚是上海文史馆馆员。(《上海美专名人传略》,第84页)

【释】陈抱一(1893—1945),名洪钧,字抱一,以字行,广东新会人,出生于上海。中国近代油画家、美术教育家。1911年入周湘背景画传习所学习绘画。1913年、1916年两赴日本留学(1914年、1915年因病短期回国)。1921年回国后致力于西画的研究,先后参加"中华美术协会""艺术社""东方画会""默社"等美术社团的活动。1945年夏因病去世,年仅52岁。上海图画美术院1914年第三学期、1915年第一学期绘画教员,与美专同事乌始光、汪亚尘等一起组织了东方画会,并积极将野外风景写生和石膏写生手段引进上海美专的绘画教学,组织师生写生会,1925—1926年任上海美专高等师范科西洋画主任。(《上海美专名人传略》,第71页)

10月27日，上海图画美术院迁址于北四川路横浜桥南全福里7号。(《南京艺术学院史》，第4页)

【按】因图画美术院就读者日众，时有全日制住宿及走读学生40余名，另有函授学生50余名，原校址无法适应，所以迁址扩大校址。

公元 *1914* 年
民国三年
（甲寅）
18 岁

1月，上海图画美术院第一届西洋画专业学员罗承伟、施轸、钱永业、吴荫甫、李廷咨等5人毕业（入学时10余人）。(上海档案馆档号Q250-1-14，《上海美术专科学校二五周年纪念一览》)

2月1日，上海图画美术院暨函授部刊登《图画美术院暨函授部招生》广告。

【引】"本院创设两载远近学子接踵而来，兹于本学期起，推广校舍，增加学额（函授无定额），添聘教员，分主各科。函授部亦事改良，务使学者易于心得。有志丹青者速向上海北四川路全福里本院报名，免致遗于额外，详章面取函索均可。"署名为蒋元赓、乌始光。(《申报》，1914年2月1日)

2月16日，《申报》刊登《图画美术院半夜炭像速成科（即夜校）招生》广告。

【引】"本院为便利学者起见，特仿欧美各国半夜学校办法，设立半夜木炭像夜馆，用速成法教授之，俾一般向学志士得趁余暇之时，习成专门技能。有志于斯者，速向北四川路横浜桥南首本院报名可也（索取章程邮票一分）。"(《申报》，1914年2月16日)

【图1914-1】上海苏州河地段是上海图画美术学院最早的诞生地，1912年至1915年学校校址多次迁徙，但范围主要在上海南市区的苏州河两畔徘徊。

5月25日，教育部公布《教科书编纂审查会规划》及《教授要目编纂会规程》。

【按】规定中小学及师范学校应编撰教科书目共计17种，并限定参加编辑者必须具备下列资格之一：教育部职员、曾经师范毕业者、有中学以上毕业资格者、现任或曾任各校教员素谙教育理法者。教材必须"陶冶性灵、激励志气为主"。

7月11日，刘海粟照片及作品发表于《礼拜六》第16期。
7月12日，上海图画美术院改校名"上海图画美术学院"，迁至海宁路10号三层楼洋房。（《美术》第2期，1919年7月）

【按】以"上海图画美术院"名称办学才一年半时间，因民国政府教育部颁发"专门学校规程"的要求，上海图画美术院易

【图1914-2】《礼拜六》杂志刊登的刘海粟照片及作品

名为"上海图画美术学院"。1914年7月12日,图画美术院迁至海宁路启秀女校校址内。"那是一所红砖的三层楼,朝北临街的洋房。"1914年8月,刘海粟考虑到有利学校招生和发展,力聘资历较深、在上海有一定影响的张聿光为校长,刘海粟自任副校长,丁悚为教务长。时张聿光在上海身兼数职而不能专注,似即若离,校务由刘海粟、丁悚、王济远等去办理,以后张聿光逐渐脱离。

7月19日,《申报》刊登上海图画美术学院暨函授部招生广告。

【引】"本院创数年,名誉卓著,历年学成甚众,刻意扩充,渐步完全,章程一律革新。函授部亦愈加改良,务使学者易于心得,有志美术者从速报名,庶免额满见遗(函索章程寄邮票三分）。开学：旧历七月二十日。院址：上海虹口海宁路东首十号大洋房。教授：张聿光、徐咏青、刘海粟、沈伯尘、陈洪钧、丁悚、杨惺惺、汪亚尘。"7月21日至8月1日，连续多日刊登上述广告。（《申报》，1914年7月19日）

【释】张聿光（1885—1968），字鹤苍头，浙江绍兴人。1904年在上海华美药房画照相布景，1908年在上海新舞台任舞台布景绘画师，1909年至1911年间任《民呼画报》编辑。先后在一些宣传革命思想、影响较大的报刊上发表漫画。1914至1919年任上海美专校长、教授。1920年在上海随法国人学西画，1926年，进明星影片公司任美术主任，采用绘画接景为影片《白云塔》设计布景。后担任《火烧红莲寺》《桃花湖》《歌女红牡丹》等影片的美术设计。1931年又为影片《啼笑因缘》设计室内场景。后任新华美专副校长。为国内外有一定影响的老画家，法国国立博物馆、德国柏林艺术院均收藏其作品。（《上海美专名人传略》，第8页）

【释】汪亚尘（1894—1983），原名松年，字云隐，浙江杭州人。十四岁起学习绘画，1913年至1915年底任上海图画美术院函授部甲部主任兼教员。1920年9月至1928年7月任上海美专西洋画科级教授、现代艺术思潮教授。1927年3月至1928年7月任校务委员、教务长。1915年与乌始光等组织洋画研究机构东方画会，1919年秋加入天马会。从1915年至1920年，汪亚尘在日留学期间一直关心上海美专的教学，每年暑假归来都在暑期学校兼课，同时促成校长刘海粟参加日本美术学校的函授学习，邀请刘海粟、陈国良（陈晓江）、贺锐赴日本考察美术及日本的美术教育。推动了上海美专1920年的学制改革。1920年后一面在上海美专担任西洋画教授，一面写了大量的文章刊登在《美术》《艺术》旬刊和周刊上，研究和推动西洋美术在中国的发展。特别是1926年11月"学潮"之后，担任学校教学的实际组织者，让上海美专渡过了危险的一关。（《上海美专名人传略》，第208页）

7月21日,《申报》刊登上海图画美术学院假期速成科招生广告。

【引】"本院现乘暑假之余间,特设补习速成科,以最简易之速成法教授各种图画,凡有志斯学者,可至虹口海宁路十号洋房取阅章程,函索附邮票一分。院长谨启。"7月22日至23日,《申报》再次刊登上述广告。(《申报》,1914年7月21日)

7月,徐咏青受聘于上海图画美术学院执教西洋画。(《申报》,1914年7月12日)

【释】徐咏青(1880—1953),儿时被上海徐家汇天主教堂孤儿院收养,9岁入该院附设图画间学习素描、水彩画和油画。16岁入同属徐家汇天主教堂的土山湾印书馆从事插图创作、装帧设计。擅长水彩画和油画。1913年起主持上海商务印书馆图画部工作,同时受聘于上海图画美术学院执教西洋画。其间画有大量铅笔素描和水彩画稿,由上海商务印书馆和有正书局出版,作为中小学生图画临摹课本。日寇入侵上海后携眷去香港,继续执教西画。抗战胜利后迁居青岛。(《上海美专名人传略》,第230页)

7月,上海图画美术学院毕业生13人毕业。(上海档案馆档号 Q250-1-14,《上海美术专科学校二五周年纪念一览》)

8月,聘张聿光为上海图画美术学院院长,刘海粟任副院长,丁悚任教务主任。(张修平,《先父张聿光生平纪事》,载上海市卢湾区政协文史资料委员会编,《卢湾史话》第4辑,1994年,第182页。)

9月9日(农历七月二十日),上海图画美术学院开学典礼。(《申报》,1919年9月10日)

【引】时有教师张聿光、徐咏青、刘海粟、沈伯尘、陈抱

【图1914-3】上海图画美术学院第二任校长张聿光先生（任职时间：1914—1919）

【图1914-4】时任上海图画美术学院院长张聿光（左）、教务主任丁悚（中）、副院长刘海粟（右）

一、丁悚、杨惺惺。陈抱一曾言："那时期图画美术院的校址，是在海宁路（乍浦路之东）。那是一所红砖的三层楼，朝北临街的洋房。在那里常可会面的，除了刘海粟、乌始光之外，还有时常来往的画友沈伯尘。我认识汪亚尘也是从那个时候起。那时汪氏与海粟、始光是很亲密的友人。他们三人同居在一起。当时始光是最年长的一个，他对于作画，似乎远不及海粟之热心……但他对于美术事业是很兴致，对于事物的处理是相当老练的。我们相聚时，也常常讨论美术上的事情。"（陈抱一，《洋画运动过程略记》，《上海艺术月刊》，1942年）

10月11日，刘海粟与丁悚、张聿光等人的绘画作品，编入《上海振青社书画集》第一集。

10月31日，开始在《大共和日报》赠刊《大共和画报》发表铅笔画，题材以风景、动物为主，至1915年。（《大共和画报》，1914年10月31日）

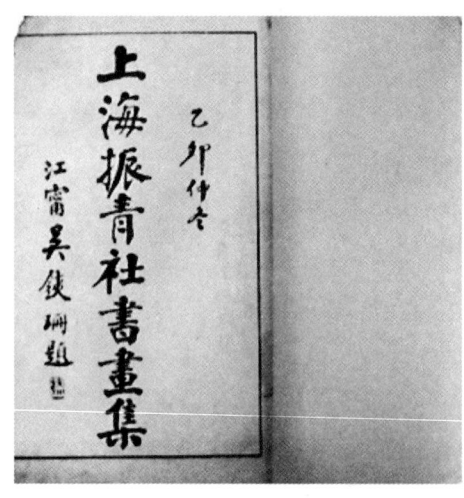

【图1914-5】1914年8月3日振青书画会正式成立。是上海图画美术学院教师同人的美术团体。图为1915年初版的线装《上海振青社书画集》。

11月30日，《申报》载《介绍习画范本》一文。

【引】"画家丁悚、张聿光、刘海粟、陈抱一（洪钧）诸君因学堂习画范本，坊间所售者，流行已久，各处学生已习见之或不足以资鼓励，于是分类担任，每月合绘铅笔画十二张，精印发行，以饷学习。其第一期业已出版。"（《申报》，1914年11月30日）

12月，教育部针对全国教育界存在的问题公布《整理教育方案草案》30则。

【按】发文要求各省师范学校及小学校注重艺术课教学。文件还说明1912年公布的《小学校令》中所谓"不得已时，可暂缺"是为有特别困难情形者而设，不可任意略去。

是年，由丁悚、张聿光等人发起的中国书画组织"振青社"成立于上海。

【释】丁悚任社长。该社是上海图画美术院的教师同人美术团体，社员有丁悚、张聿光、刘海粟、徐咏青、沈伯尘、陈抱一、杨惺惺、汪亚尘等。曾于同年10月11日编辑出版《上海振青社书画集》第一集，发表社员新作。（许志浩，《中国美术社团漫录》，上海书画出版社1994年版，第25页）

1月1日，上海图画美术学院以校长张聿光名义刊出迁移广告，院址自海宁路迁至西门外江苏省教育会右首新屋。

公元1915年
民国四年
（乙卯）
19岁

【按】这是图画美术院校址第二次迁移，此地即白云观左近。是年秋"又改订学则，定正科修业为三年，裁选科"。因校舍不敷用，又迁到斜对面，仍在白云观左近的"务本女校"校址开学。同年，刘海粟至上海道尹公署为图画美术学院立案。（1919年7月上海图画美术学校校刊《美术》第2期；《时报》，1915年7月27日）

1月，杨清磬于上海图画美术学院西洋画选科毕业。（上海档案馆档号Q250-1-120，《上海美术专科学校自开办至结束历届学生姓名索引》）

【释】杨清磬（1895—1957），浙江吴兴人。上海图画美术学校西画选科毕业。1917年为上海图画美术院技术师范科教员。常在上海《时事新报》副刊《学灯》与上海艺术学会的《艺术》杂志上发表文章。早年长于漫画，1920年与张聿光、钱病鹤、丁悚、沈伯尘、但杜宇等人创办《滑稽》漫画月刊。1929年与徐志摩、李祖韩、陈小蝶等任《美展》和《美周》刊物编辑。30年代开始专攻国画，1946年春在上海湖社举办个人画展。1947年任上海市美术馆筹备处征集委员会委员。（《上海美专名人传略》，第238页）

1月,上海图画美术学院毕业生4人毕业。(上海档案馆档号Q250-1-14,《上海美术专科学校二五周年纪念一览》)

年初,由上海图画美术学院部分教师发起的油画组织"东方画会"成立于上海。

【引】乌始光任会长,汪亚尘任副会长,陈抱一任艺术指导。该画会设在上海城内西门附近,会员是乌始光、汪亚尘、俞寄凡、刘海粟、陈抱一、沈伯尘、丁悚七人。"他们试图以画会的形式,来共同研究和促进西画运动",提倡以写生为宗旨。同年暑假画会举行到普陀山写生旅行活动,开中国西画户外写生的先例。1916年初,乌始光、陈抱一、汪亚尘、俞寄凡等人先后赴日本留学,"东方画会"即告终止。(《中国美术社团漫录》,第26页)

【释】俞寄凡(1891—1968),又名义范,江苏武进人。南京两江优级师范学堂毕业。1916年夏赴日本留学,1921年夏毕业返沪,曾任教育部新学制课程标准委员会艺术科课程纲要起草委员、江苏省教育会美术研究会评议员、上海美术专科学术教授兼师范部主任、高等师范科西洋画主任、上海艺术学会会长、《新艺术》(半月刊)主编。1926年冬,上海美专发生学潮,于12月18日发起创办新华艺术学院。著作颇丰,有《艺术概论》《近代西洋绘画》《人体美之研究》《水彩画纲要》《素描入门》《彩色学ABC》《小学美术教学研究》《小学美术教育》《小学教师应用美术》等。(上海美专历届毕业纪念册教职员名录;《上海美专名人传略》,第243页)

3月1日,上海图画美术学院在《时报》刊登木炭肖像夜科招生广告,以张聿光、刘海粟名义刊登招聘教员广告。(《时报》,1914年3月1日)

3月，上海图画美术学院始用人体模特。

【引】"溯自民国四年三月，上海美专有西洋画科三年级生一班，依学程上之规定，有人体模特儿之实习，其时未有先例。女子为模特儿，固不易咄嗟立办，即男子亦不可得。无已，雇幼童充之，童名'和尚'，年十五，窭人子，虽因佣雇而来，然疑猜不已，相习日久，无他变，渐臻安定，是为中国有人体模特儿之嚆矢。同年八月，学生久习童体模特儿，渐生怠倦，且亦未尽艺学动变之旨，乃设法雇年壮者为之。年壮模特儿较为难得。因俗习迷信，以为为人写照，能损人精神，减人气运，镇日危坐，供学生描写，其精神气运之暗耗将不可以数计，故多不敢

【图1915-1】上海图画美术学院西画系毕业班的教师、学生与裸体模特儿合影。1914年起刘海粟在这里首次采用人体写生进行教学。

尝试焉。后有劳工一人，羡多金，奋然投奔，相约条件：可裸半体而不裸全体，愚许之。逆料时渐成熟，可裸半体或全体当不成问题也。迨秋季始业，欲令裸全体为模特儿，竟坚拒而去，意为裸全体则迹近侮辱，多金不足羡也。其时学校既固学生学业上之必需，乃悬重金，多方招致，应者络绎；然而未入画室之先，无不勇气倍增，既入画室，无不咋舌而奔。连续而至者约二十人，无不如是。学者学业，因之而废者数日。故对于最后之一人，乃不得不有严密之条件以绳之，条件维何？乃临时罚钱是也。其人至是，坚言不逃，洎进画室，忽高呼曰：'情愿罚钱……'愚等乃诘之曰：'你为何而愿罚钱？'答曰：'人众之前，要使我赤暴其体，实难如命。'愚乃更问曰：'你身体上有疾病乎'答曰：'无。'愚曰：'尔身体上既无疾病，为何不肯裸体'答曰：'大众之前，实在难以为情。'愚曰：'身体是人人皆有，衣服是保护身体之用，并非因你之身体不可为人见而衣。好好事不干，还要罚钱，可合情理乎？'其人为余言所动，寻思片刻，乃徐徐卸却其衣，渐露出紧张之肌肉，表白一种高音之曲线，惟其怕羞，肌肤乃透出玫瑰之色彩，作不息之流动，益使初习者惊奇，此乃壮年模特儿之创始人也。"（刘海粟，《人体模特儿》，《〈时事新报〉增刊》，1925年10月10日）

7月2日，上海图画美术学院刊出暑期补习科招生广告，内载科目为铅笔写生和水彩写生，学习时间为7月10日至8月10日，每天上午7时至9时，学费5元。（《申报》，1915年7月2日）

7月5日，上海图画美术学院暨函授部登报发布招生广告，以张聿光、刘海粟、丁悚署名。

【引】"本校开办以来，先后毕业者二百余人。是月，去年入学的西洋画专业8名学员毕业。举办成绩展览会，有教室陈列

人体习作,群众见之,惊诧疑异,媒体报纸喧腾。"(《申报》,1915年7月5日)

7月31日,北洋政府教育部公布《国民学校令》《高等小学校令》。

【按】规定废止了民国初年颁行的《小学校令》,改"初等小学校"为"国民学校",修业4年,高等小学校修业3年,艺术科仍注有"遇不得已时可暂缺"字样。

7月,上海图画美术学院毕业生4人毕业。(上海档案馆档号Q250-1-14,《上海美术专科学校二五周年纪念一览》)

8月,上海图画美术学院因报名者异常踊跃,原有校舍势不能容,"迁入斜对过南洋女子师范原址"。(刘海粟,《上海美专十年回顾》,《时事新报·学灯》,1922年9月17日至20日、22日)

8月,招聘成年男子模特儿(着衣)。

【引】"一般学生看见那孩子有些厌烦了,所以又设法去招壮年人。壮年的模特儿比较上已经难招些","后来有一个劳工,因为受着金钱之压迫,他就决然牺牲来做这件事"。(刘海粟,《上海美专十年回顾》,《时事新报·学灯》,1922年9月17日至20日、22日)

是年,梁鼎铭入上海图画美术学院西画科学习。毕业后曾任黄埔军校《革命画报》主编。(上海档案馆档号Q250-1-120-2,《上海美术专科学校自开办至结束历届学生姓氏索引表》)

【释】梁鼎铭(1895—1959),原籍广东顺德,生于上海。南洋公学毕业后入南洋测绘学校习画。1915年在上海图画美术学

【图1915-2】1915年秋,上海图画美术学院"因校舍不敷用,迁到斜对面白云观左近的务本女校校址开学"。

院西画科学习,并潜修国学、国画。1925年在广州举办个人画展。1926年加入国民党,任黄埔军校《革命画报》主编。同年秋绘制《沙基血迹图》,悬挂于军校礼堂。1927年任国民革命军总司令部政治部艺术股中校股长,后任第八路军政治部组织科长。后主编《图画京报》。1929年赴欧考察。历任国民革命军总司令部艺术股股长、国民党中央军校教官、中正艺术专科学校校长等。1949年去台湾。(《上海美专名人传略》,第320页)

是年,刘海粟通过留日归来、在上海图画美术学院任教的江小鹣引见,认识了正在神州女校读书的张韵士,并结婚。

【释】江小鹣(1894—1939),原名新,号颖年,江苏吴县人。早年留学日本,先后学习素描、油画。1917年前归国,寓居上海,担任上海美专西洋画教授和教务主任。1920年留学法国学习雕塑,1926年归国。1928年与张辰伯发起组织艺苑绘画研究所。1929年在杭州完成《陈英士烈士纪念碑》铜像。同年10月在上海完成《孙中山像》，高三米，连基座高十余米。抗战时江小鹣曾在昆明建立铸铜厂，不久因辛劳过度在昆明逝世。（《上海美专名人传略》，第122页）

1月，教育部公布《国民学校实施细则》，对国民学校各科目教授之目的、方法提出具体要求。

1月，上海图画美术学院毕业生5人毕业。（上海档案馆档号Q250-1-14，《上海美术专科学校二五周年纪念一览》）

2月，上海图画美术学院奉令改为"私立上海图画美术学校"，增设师范科。（《美术》第2期，1919年7月）

6月，上海图画美术学院毕业生5人毕业。（上海档案馆档号Q250-1-14，《上海美术专科学校二五周年纪念一览》）

【按】图画美术学校增设师范科，定修业期为一年。参与创办图画美术学校的汪亚尘辞去教职，准备翌年赴日本东京美术学校学习。刘海粟聘请从日本学习美术归国的吕澂为教务长。

10月16日，上海图画美术学院刊登招生广告。

【录】"本院自创办以来，迄今五年，逐渐改良，成效昭著；各种范本均系著名专家实地写生，非寻常理想之画展可同日而语，如张聿光之动物植物肖像，刘海粟之静物风景，丁悚、杨锡冶之仕女人物肖像，各擅所长，争相矜式；刻又添聘素谙画理深通东西文学之西画家五人担任编辑讲义；于批改之详确，成绩之佳良，手续之完备，发课之迅速，种种优点早承海内学者群相信仰。"（《申报》，1916年10月16日）

公元1916年
民国五年
（丙辰）
20岁

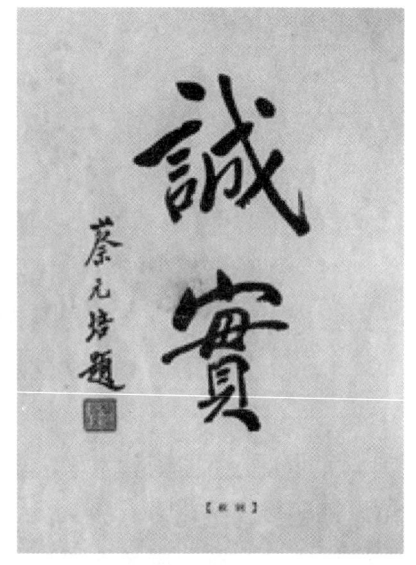

【图1916-1】私立上海图画美术专科学校校徽，于1932年开始使用。

【图1916-2】私立上海图画美术专科学校校训

11月26日，蔡元培在浙江第五师范学校发表演说。

【引】蔡元培在演讲词中说道："教育的实验，需费脑力。补救脑力的方法，即注意美术。美术，如唱歌、手工、图画等是。""注意美术，足以生美感。既生美感，自不致苦恼。"又，由于"纯注意科学"，可使某些人"抱厌世主义"，"甚且演成自杀"，为克服这种流弊，惟有注意美术。"但偏重美术，沉溺于美感，亦所不取。"（高平叔编，《蔡元培全集》（第2卷），第482页）

12月，为筹组学校印刷部，刘海粟向大哥刘际昌筹款。

【引】12月21日刘际昌复函云："吾弟英年，具此伟大思想，不特汝最愚拙之胞兄当五体投地，即告语海内贤达，亦莫不

【图1916-3】刘际昌,刘海粟伯兄、刘狮生父。曾留学日本学经济,归国后跟随蔡松坡将军任云南财政厅长兼盐务总办。

惊服吾弟志趣之远大,魄力之沉雄。""兄虽无能力,誓以此心,能赚得一文,除节衣缩食外,情愿罄囊以助吾弟之志,此心此志,天日可盟。所说急筹二千元,兄虽目下做不到,但兄在差一月,应得俸金三百元,当自五年(1916年)十二月份起,每月先寄二百元以资吾弟筹备进行。"(《刘海粟年谱》,第10页)

是年,上海图画美术学院出版部发行《铅画集》一、二、三集,每集为铅笔画12幅。

【按】刘海粟所作《原野奔鹿》《卢塘夏景》《秋属吟风》《古桥鱼艇》编入第一集;《古鼎及柿》《香蕉与栗》《茅屋临流》《郊外润色》编入第二集;《静物写生》《玫瑰写生》《江渚晚霞》《雷峰清影》编入第三集。

是年,刘海粟妻张韵士生长子刘龙,后于1920年夭折。(《刘海粟年谱》,第10页)

【释】张韵士(1901—1970),雕塑家江小鹣表妹。浙江鄞县人,神州女学毕业,1920年入私立上海女子美术学校西画科学习,1929年随夫欧游,入法国巴黎美术学校雕塑系肄业。1931

【图1916-4】1916年刘海粟写生作品

年9月随夫回国。与刘海粟共生育四个儿子,长子与幼子夭折。次子刘虎,三子刘豹。张韵士在上海美专任教期间除教授雕塑外兼教法语。(《上海美专名人传略》,第255页)

是年,周天初受聘任上海图画美术院函授部乙部主任。
(上海档案馆档号Q250-1-153,《美术》第1期刊建校七年中教职员表)

【释】周天初(1894—1970),浙江奉化人,居杭州。擅长油画、中国画。1917年毕业于上海图画美术学院,1918年后任上海图画美术院函授部乙部主任。1923年毕业于日本东京美术专门学校西画科。1934年9月至1935年6月任上海美专附属成美中学音乐教员。曾任浙江杭州市一师、女师、杭师等学校美术教员,国立杭州艺术专科学校讲师、国立英士大学艺术系副教授。作品有《鹤山图》等。1961年浙江省美协成立,潘天寿任主席,周天初任副主席。1970年10月27日逝世,享年76岁。(《上海美专名人传略》,第266页)

1月3日，上海图画美术学院以校长张聿光、刘海粟名义刊出广告。

【引】"添聘江新先生号颖年为学监（系日本东京美术学校毕业），杨锡冶先生号左陶为主任教员"；并聘本校甲等毕业生陈国良（晓江）、张邕（任伯）为帮教员。（《申报》，1917年1月3日）

1月，上海图画美术学院毕业生7人毕业。（上海档案馆档号Q250-1-14，《上海美术专科学校二五周年纪念一览》）

2月，因袁世凯称帝时期实行晚间戒严，曾一度停办上海图画美术学院半夜木炭肖像科恢复招生，添设写生画、肖像画二科，改名为夜馆速成科。（《美术》第2期，1919年7月）

是年春，上海图画美术学院教员每逢星期一率同第三、四学级，星期五率同第一年甲级全班学生排队赴龙华及沪西一带实地写生。（刘海粟美术馆、上海市档案馆编：《上海美术专科学校档案史料丛编·第一卷·不息的变动》，上海书画出版社，2012年11月，第428页）

3月5日，学校奉沪海道尹公署第216号指令，称：查该校所呈章程及各科范本讲义均称完备，成绩亦属可观，准予备案。（刘海粟美术馆、上海档案馆编：《上海美术专科学校档案史料丛编·第一卷·不息的变动》，上海书画出版社，2012年11月，第428页）

【按】图画美术学院又修订学则，改西洋画科为三年毕业，停办选科，增设预科与师范科。同时注重人体写生，也提倡野外写生。自春季始，教员逢周一、五率学生分批赴龙华及沪西一带实地写生，1918年后又赴杭州、南京等地，图画美术学校在国内较早地实行了旅行写生的教学方法和制度。

公元1917年
民国六年
（丁巳）
21岁

3月，上海图画美术学院始有男子裸体模特儿。

【引】"到（民国）六年三月，天气也和暖了，慢慢地就劝他（男子模特儿）出露半体，因为他已经习惯，所以也就不成问题。"……"当时另订条件，与那模特儿商量，哪知他一听要他赤裸裸直陈出来供给大家画，他就立刻生起反感，以为你们是有意羞辱他，所以他就掉头不顾而去。当时我们就大加其工资，四处托人设法，后来应招之人却是甚多，来一个就和他订明条件，说明理由，来到教室之前，都是很愿意很高兴的，哪知一到教室要他脱下衣裤，他就什么都不管，只向室外逃走。一连着二十余人都是如此，一般学生就给他们旷了二十余日的课。到最后之一人，我们就先和他订一种严厉的条件说，倘然你临时走了，就要罚十块钱。他到临时走进教室上了写生台，他看见了许多人都注视他，他不自然就连声说情愿罚钱，情愿罚钱。那一日刚是我上课"，经再三劝说，那模特儿"慢慢地就脱去了衣服"，"这一天就是上海美专得到裸体模特儿的第一日"。（刘海粟，《上海美专十年回顾》，《时事新报·学灯》，1922年9月17至20日、22日）

4月15日，下午，教育部佥事沈彭年（商耆）视察上海图画美术学院。

【引】"院长刘海粟适赴龙华野外写生，未及接待，由教务长丁悚、函授部主任刘庸熙招待参观各级教室暨标本模型室等。沈彭年谓教育部六年度预算已将美术学校列入。"（《刘海粟年谱》，第11页）

6月29日，上海图画美术学院添设初等师范科，为小学培养艺术师资。（《美术》第2期，1919年7月）

7月2日，上海图画美术学院举行第三届正科毕业典礼并

暑假休业式。（《申报》，1917年7月3日）

【按】大会先由院长张聿光、副院长刘海粟相继演讲《美术图画与职业教育的关系》《美术图画为科学竞争之世界所必不容缓之事》，并述及该院六年来之经过及添美术师范班之宗旨。次由教务长丁悚报告本届毕业生之成绩。

7月3日，上海图画美术学院招生广告中称，聘洪野为函授部甲部主任。（《申报》，1917年7月3日）

7月15日，上海图画美术学院暑假补习科由校长张聿光、刘海粟开办。（《美术》第2期，1919年7月）

【按】暑假补习科每天上午8时至10时，教课由第二学级主任教员王济远担任，铅笔画、水彩画、油画均用写生画法教授，尤注意学者程度之深浅，务使按部就班。

7月，上海图画美术学院毕业生5人毕业。（上海档案馆档号Q250-1-14，《上海美术专科学校二五周年纪念一览》）

夏，上海图画美术学院在成绩展览会上展出人体习作，引起社会非议。

【引】"有一日忽然来了一位女学校的校长先生，并且同着他的夫人和子女依次参观到那件陈列人体的室内，立刻就表现出一种惊骇的状态，口里并且大骂起来，目为有伤风化，说什么这是教育界之蟊贼……一类语，忽忽掩面跑出去了。翌日就做了一篇文章投时报，托某主笔宣布其事……又趋江苏省教育会告沈君信卿（恩孚），请上书省厅下令严禁，以敦风化。幸时报主笔及沈君等已知所谓人体美，遂为之开导一番——事后主笔及沈先生和我说的。——但是那位校长先生的疑惑，总是横在胸中，还怀着世道日非，正言不伸，怒气未息的样子，这就是美专因为人体问题引起社会反动之第一次。"（刘海粟，《上海美专十年回顾》，《时事新报·学灯》，1922年9月17至20日、22日）

8月1日，蔡元培《以美育代宗教说》在《新青年》杂志发表。

【按】文章谓"陶养感情之术，则莫如舍宗教而易以纯粹之美育"。刘海粟读后致信蔡元培，对"舍宗教而易以纯粹之美术"的论点表示赞成，并希望他对上海图画美术学院予以支持。蔡元培欣然复书，邀刘海粟前往北京一叙。（《蔡元培全集》（第3卷），第30页）

8月，谢之光入上海图画美术学院西画科学习，1918年6月毕业。（上海档案馆档号Q250-1-288-1，《上海美术专科学校自开办至结束历届学生姓名索引》）

【释】谢之光（1900—1976），浙江余姚人，自幼喜欢涂抹，成年后师从周慕桥学习国画，上海图画美术学校西画科毕业。曾任南洋烟草广告公司美术员、九福公司美术主任、上海中国画院画师、上海市文联（二届）委员会委员、民主同盟盟员。早年擅月份牌年画。（《上海美专名人传略》，第369页）

9月11日，上海图画美术学院新学期在西门外白云观左近新址开学。

【引】本学期学生较上学期骤增一倍，添设师范科，专教高小学应用图画手工等术科，以造就高小学校之师资；正科课程内增设博物学、体功学，聘请专家担任教授，并注重人体写生、野外写生，以冀造就专门人才。张聿光校长致训词后，刘海粟副

校长宣布本学期添设师范科之宗旨及正科增加博物体功各科之理由，并宣布改良课程之进行。（《刘海粟年谱》，第 12 页）

12 月 26 日，上海图画美术学院召开职员会议。

【引】刘海粟以副校长身份宣布本学期所办之事宜，并讨论本年份进行之办法。学院经济向私人筹措，今因种种改良，开支益形浩繁，计半年来应缺银 1000 余元，由其设法垫补。（《申报》，1917 年 12 月 27 日）

是年，刘海粟妻子张韵士生次子，取名刘虎。（《刘海粟年谱》，第 13 页）

【按】刘虎 1945 年毕业于巴黎大学理科，1946 年考入联合国成为职业官员，曾任联合国负责中东安全事务助理秘书长。

1 月 24 日，刘海粟在上海图画美术学院第四届毕业典礼上致勉词。

公元 1918 年
民国七年
（戊午）
22 岁

【引】谓："吾人立身社会，以敦品行为第一要义。品行如有污，学问难优，仍不能为完全人格。诸生就职他方，当以不背此旨为最要。"（上海档案馆档号 Q250-1-153，《民国七年上海美专大事记》）

1 月，上海图画美术学院更名为上海图画美术学校。（上海档案馆档号 Q250-1-286-A，《私立上海美术专门学校二十周年纪念一览》）

1 月，上海图画美术学校毕业生 4 人毕业。（上海档案馆档号 Q250-1-14，《上海美术专科学校二五周年纪念一览》）

1 月 27 日，《申报》刊登《图画美术学校暨函授部招生》启事。（《申报》，1918 年 1 月 27 日）

2月4日，刘海粟在上海图画美术学校新学年开学典礼上作题为《求学三要素》的讲演。

【引】"一、立志。诸生来校必有一定之趋向，然少年之时，往往不知利害关系，一旦遇外界之感触，摇乱胸臆，诸生若自谋不忠，必贻将来无穷之害。二、责任。吾人处事，无论社会国家，须具有一种责任心，方能谋事业之发达。求学之道亦然。诸生能于规程上学业上一一淬砺，在学校可为完全之学生，在社会可为完全之国民。三、择交。诸生程度未必能齐，循谨者固能恪守规则，旷达者难免放浪形骸，近朱近墨，古训昭然，设或不慎，受累匪浅，迨至觉悟，深恐莫及。故诸生交友不可不慎。"（上海档案馆档号Q250-1-153，《民国七年上海美专大事记》）

2月20日，上海图画美术学校函授部召开教职员会议，刘海粟被推为主席。讨论改良各科范本及讲义等事宜，务使学者能知正确的画理，引起练习之兴味。（上海档案馆档号Q250-1-153，《民国七年上海美专大事记》）

2月24日，上海图画美术学校召开全体教职工会议，列席人员22人，议决案18件。（上海档案馆档号Q250-1-38，《本校职员会、教职员会、总务会、校务会等会议记录》）

2月，万籁鸣入上海图画美术学校函授部学习。（上海档案馆档号Q250-1-120，《上海美术专科学校自开办至结束历届学生姓名索引》）

【释】万籁鸣（1900—1997），名嘉综，字籁鸣，南京人，万古蟾的孪生哥哥。1919年入上海商务印书馆，先后在美术部、活动影片部任职。1925年与弟古蟾摄制的动画广告《舒振东华文打字机》，为中国动画片之雏形。1926年加入长城画片公司，兄弟合作摄制成第一部动画片《大闹画室》。1949年去香港，1954年回上海，任上海美术电影制片厂动画片导演。是中国影协第

三、四届理事。曾导演《野外的遭遇》《大红花》等彩色动画短片。创作了大型彩色动画片《大闹天宫》（上下集）。（《上海美专名人传略》，第361页）

3月13日，上海图画美术学校举行全体教员会议，报告去年收支相抵，不敷银700余金，均系刘海粟私人筹填；并讨论本学期各种进行事宜。（《时报》，1918年3月14日）

3月16日，上海图画美术学校接到北京大学画法研究会来函。

【引】云："贵校成立数载，宏效卓著。敝校同人现发起画法研究会，思得成法，以资步趋。"（《刘海粟年谱》，第14页）

3月，刘海粟在上海图画美术学校举行的健身会成立会上作演说，和张聿光被公举为健身会名誉会长。（上海档案馆档号Q250-1-38，《本校职员会、教职员会、总务会、校务会等会议记录》）

清明期间，刘海粟携妻张韵士，子刘虎回乡祭祖，并与父亲刘家凤，兄刘际昌，八姐刘慕慈合影。

【图1918-1】1918年清明刘海粟与父亲及家人合影

4月16日，正科四年级及二年级生由教员刘海粟、王愍（王济远）率领，赴龙华实习野外写生。（上海档案馆档号Q250-1-153，《民国七年上海美专大事记》）

4月17日，北京国立大学校长蔡元培先生题赠本校"闳约深美"四字匾额，今日由邮递到校。（上海档案馆档号Q250-1-153，《民国七年上海美专大事记》）

4月23日，刘海粟率学生赴上海徐园写生。（上海档案馆档号Q250-1-153，《民国七年上海美专大事记》）

4月30日，刘海粟率队正科四年级及二年乙级学生乘火车赴浙江杭县（杭州市）西湖旅行写生。（上海档案馆档号Q250-1-153，《民国七年上海美专大事记》）

【按】作钢笔素描《清和坊市街之景》《雷峰塔》《南屏晚钟》等。

5月7日，教员刘海粟率四年级及二年级生自杭旅行写生回校。将写生成绩200多幅悬挂本校大礼堂，以供众览。在

【图1918-2】1918年发表于上海图画美术学校校刊《美术》上的石膏写生课堂情境。图中站立者为校长刘海粟。

杭期间作油画《西湖烟霞》。（上海档案馆档号 Q250-1-153,《民国七年上海美专大事记》）

【按】又作水彩画《西湖公园》，后被收入上海图画美术学校函授部水彩科范本。

5月9日，正科三年级生由刘海粟率领，赴本埠西园写生。（上海档案馆档号 Q250-1-153,《民国七年上海美专大事记》）

5月11日，上海图画美术学校在大礼堂为筹备第一届成绩展览会而举行特别会议，出席教职员24人。

【按】刘海粟与张聿光同被公举兼任展览会会长，丁悚、王济远为总主任，高士勋、刘邦镇为文牍。订定展览会简章，7月6日至19日为展览会期。（上海档案馆档号 Q250-1-153,《民国七年上海美专大事记》）

5月11日，悬北京大学校长蔡元培先生书赠"闳约深美"四字匾额于大礼堂。（上海档案馆档号 Q250-1-153,《民国七年上海美专大事记》）

5月21日，正科四年级及二年级生由教员刘海粟率领，赴龙华实习野外写生。（上海档案馆档号 Q250-1-153,《民国七年上海美专大事记》）

【图1918-3】蔡元培为上海图画美术学校题写的学训《闳约深美》（1918年3月）

刘海粟年谱长编 | 45

5月28日，正科四年级及二年级生由教员刘海粟率领，赴邑庙湖心亭写生。（上海档案馆档号Q250-1-153，《民国七年上海美专大事记》）

6月10日，上海图画美术学校附设师范科第一届毕业生约20人，至第二师范附小及万竹、尚文小学进行教学实习。（上海档案馆档号Q250-1-153，《民国七年上海美专大事记》）

6月30日，上海图画美术学校举行正科第五届毕业典礼。（上海档案馆档号Q250-1-153，《民国七年上海美专大事记》）

6月，《明星画报》创刊，上海图画美术学校出版发行16开本。

【引】该刊是上海图画美术学校成立后出版的第一种校刊，由教务长丁悚主编。内容设美术画、仕女画、时装画、风景画、滑稽画等专栏，作者均是该校的教师和学生。（许志浩，《中国美术期刊过眼录》，上海书画出版社1992年版，第5页）

【图1918-4】上海图画美术学校第一届成绩展览会彩油画部（1918年7月）

7月6日,上海图画美术学校第一届成绩展览会在本校举行,展出师生画件。展出14天,至19日结束,参观者共4335人。(上海档案馆档号Q250-1-153,《民国七年上海美专大事记》)

7月,上海图画美术学校毕业生6人毕业。(上海档案馆档号Q250-1-14,《上海美术专科学校二五周年纪念一览》)

8月7日,刘海粟和张聿光联名致函江苏省各县市区教育会,为上海图画美术学校普及美育起见,今年秋季增设学额,以资造就,请广为宣布,俾有志美术者照章投考。(上海档案馆档号Q250-1-153,《民国七年上海美专大事记》)

8月8日,《申报》刊登周湘以"中华美术专门学校"名义来函。

【引】谓:"查该校(按:上海图画美术学校)原名图画美术院,于今春改名,其校主刘某、丁某等,辛亥年尚在敝校学习美术,有图书学籍可证。今作此语,虽已忘本来,实有意毁谤母校名誉,使敝校受其损害。为此,除函致六十县教育会详细声明外,并请贵报代行更正。"(《申报》,1918年8月8日)

8月9日,《申报》分别刊登图画美术学院及刘海粟、丁悚来函,对8日《中华美术学校来函》作出回应。

【引】《图画美术学院来函》谓:"查中华美术专门学校字,开创自何年?校长何人?曾办正式毕业几次?读者诸君,当能了然。毋庸置辩,付之一笑"。《刘海粟、丁悚来函》谓:"查中华美术专门学校创自丁巳冬季,尚未经年。而鄙人等执教鞭于图画美术学校者已七载矣。足证该校任意错乱是非。"《申报》在文末附语:"按:双方来函本报业均登载,此后无论何方,如再有关于此事之投稿,恕不揭发,免占篇幅。祈谅之。"(《申报》,1918年9月9日)

8月14日，刘海粟与张聿光检选函授部各科范本，所有陈腐及于画理有不明了者，一律删除，力求革新。（上海档案馆档号Q250-1-153，《民国七年上海美专大事记》）

8月19日，订定学生野外写生队规则及训话会规则，公布之。将郑光照题赠之"美术先河"匾额悬于本校礼堂。

【引】有跋云："武进刘海粟先生于民国元年冬月创办图画美术学院于上海，尔时吾国研究此学者阒无其人，海粟嘤求同志，山阴张聿光先生毅然以提倡学科自任……海粟以叩学卓行，为吾国未经创办之事，用底于成，可为伟矣。今以美术先河四字额其校内礼堂，洵无愧云。"（上海档案馆档号Q250-1-153，《民国七年上海美专大事记》）

8月21日，刘海粟当选江苏省教育会干事员。（《申报》，1918年8月21日）

8月，上海图画美术学校制定《本校训话会规则》。

【引】纲目内容为：一、本会为增进学生德育及自治能力起见而设。二、本会由校长及各职员于正课外召集学生施以适当之训话其要点：（甲）关于寻常训育事项；（乙）关于训育上之偶发事件。三、每届开会由校长召集全体学生于礼堂行之。四、每月开会两次（以每月第二、四星期土曜日行之）。五、开会时间以一小时为限，但遇必要时得延长其时间。六、开会散会均以鸣钟为号。七、每届开会学生应一律出席，如遇正当事故时（如疾病之类）须经监学许可方得假免。八、本会除职教员训话外得延请名人莅会讲演。九、会场规则另订之。十、本规则经职员会议决施行，如有未尽事宜应由职员会随时修订之。（上海图画美术学校校刊《美术》第1期，1918年10月）

9月2日,刘海粟在新学期开学典礼上讲话。

【引】"一、学生须求真正的学问。吾国现在学生之通病,大率皆在学某种学科,即欲于某科中发财。岂知学问与生计,本为两种问题。在专门学校学生,尤不可以利禄为主要观念。二、师生不可有机械心。吾国现在之学风,自专门学校以上之学生,凡遇教员地位之甚高者,如曾为某学校校长,在社会亦有势力有名誉者,纵令其学问不佳,亦思曲意隐忍并竞相结纳,以为异日毕业后相求之地步。岂知学生之对于教员,但求其教学相长,有所裨益,教员之地位如何,可不必顾及也。三、同学不可有利用心。今日吾国自专门以上各学生,其在校之时,对于同学间,每不问学问之优劣,但使其人为富家子或其父或诸亲属为最有势力之人,则不惜降心交纳。否则一贫如洗而又无声势者,则咸加以白眼。此为同学中所宜切戒者也。四、学生自有其正当之消遣方法,切不可有不正当之消遣,致将人格陷落。"(上海图画美术学校校刊《美术》第1期,1918年10月)

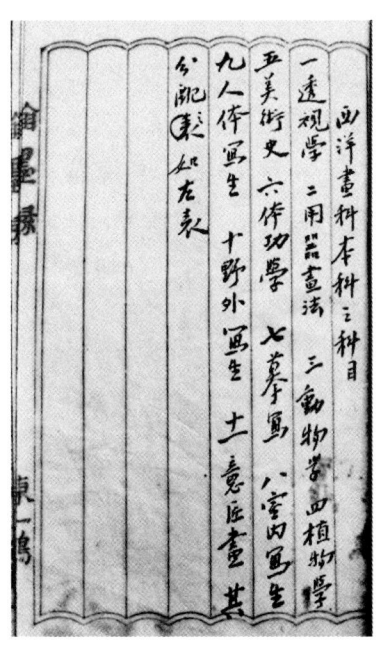

【图1918-5】上海图画美术专门学校为立案呈报江苏省教育厅转教育部的文件中,有透视学、人体写生等课程。(1918年9月26日)

9月3日，江苏省教育会干事会议议决组织美术研究会。

【引】刘海粟曾致函省教育会提倡美术，函谓："美术一端，小之关系于寻常日用，大之关系于工商实业；且显之为怡悦人之耳目，隐之为陶淑人之性情，推其极也，于政治风俗道德莫不有绝大之影响……近今学校亦设有图画手工各科，美术观念已渐见萌芽。但就见闻所及，学校中视图画等科，率多视为随意科目，教者自教，学者自学，甚有教非所学，学非所用，而于美术之功效，亦属几微。若非切实讲求，断不足引起社会审美的观念而收宏大之效果……海粟妄习涂鸦，学惭窥豹，平日于研究教授之余，于学问方面既有坐井观天之憾，于教授方面又有闭门造车之嫌，忝为会员分子，用敢以一得之愚，草具意见，并拟具章程缮陈。"（《刘海粟年谱》，第17页）

9月11日，正科二年级生由刘海粟率领，赴斜桥习野外写生。（《刘海粟年谱》，第17页）

9月15日，保定女子师范学校校长欲派毕业生顾绍宸来上海图画美术学校肄业，因我国风气未开，未便仿欧美大学男女同校之例，却之。（《刘海粟年谱》，第17页）

9月18日，刘海粟和王济远率领，赴斜桥、黄浦滩实习野外写生。（《刘海粟年谱》，第17页）

10月2日，刘海粟率学生赴龙华实习野外写生。（《刘海粟年谱》，第17页）

10月6日，刘海粟出席江苏省教育会美术研究会成立大会，经众推担任大会主席。（《申报》，1918年10月7日）

【引】刘海粟报告江苏省教育会组织美术研究会缘起，谓："人生斯世，皆有振兴美术之责任，好美之心，尤所同具。吾人有此感觉，宜乘此将亡未亡之际，师欧美诸国之良规，挽吾国美

【图1918-6】1918年上海图画美术专门学校师生在龙华写生留影

术之厄运,截长补短,亟起直追,责在吾人,义无旁贷。""美术之为类,既繁且广,美术之为学,既深且博。即云从事研究矣,如何而适于实用?如何而播之社会?均非集多数之专门家经验家于一室而研究之不可。用是草拟简章,组织斯会,征求同志,互事研究,藉为集思广益之方,冀收促进改良之效。"继有沈恩孚、桂绍烈(承之)、黄宾虹、沈伯尘作演说,咸谓今日研究会成立,于将来美术上之进步以至关系国家社会希望甚巨云。接着逐条讨论修改通过美术研究会章程。最后选举职员,沈恩孚当选正会长,刘海粟当选副会长,黄炎培、庄百俞、顾树森、张聿光等12人为评议员,丁悚、沈伯尘、桂绍烈、王济远等12人为编辑。美术研究会发起人为刘海粟,赞成人为黄炎培(任之)、沈恩孚(信卿)、顾树森等。(上海图画美术学校杂志《美术》第1期,1918年10月;《教育杂志》第10卷11号,1918年11月)

【释】沈恩孚(1864—1949),字信卿,祖籍江苏吴县而居嘉定。早年就读于上海龙门书院,1904年东渡日本考察教育。回国后任龙门师范学堂监督,主张变法维新。参加创办江苏学务总会当选会长,辛亥革命后任江苏省民政司副司长,江苏省秘书长。曾连任上海市议会议长十余年。1919年12月至1926年11

月任上海美专校董会校董。1919年3月18日在上海图画美术学校作题为"美育之原理"演讲。1918年10月为上海美专《美术》创刊号题写刊名。抗战期间寓居上海闭门读书。1949年4月病逝于上海。(《上海美专名人传略》,第42页)

【释】黄宾虹(1865—1955),名质,号滨虹,中年更字宾虹,安徽歙县人,生于浙江金华。1876年于歙县应童子试,1886年补廪贡。1929年1月至1936年6月任上海美术专门学校国画系诗学、国画理论教授、国画讲座主讲。1937年举家北迁,1946年夏任北平艺术专科学校教授。1948年秋任杭州国立艺术专科学校教授。1949年后历任中央美术学院华东分院教授、华东美术家协会副主席,兼任中央美术学院民族美术研究所所长。(《上海美专名人传略》,第120页)

【释】沈滔(1889—1920),字伯尘,浙江桐乡人。是民国初年和五四时期漫画成就最为突出的一位漫画家。他创作的漫画达千幅以上。1915年,3月1日沈伯尘绘图《新新百美图外集》由大共和报社国学书室出版发行。1914年第三学期,1915年第一学期,1918年第二、三学期任上海图画美术院教员。(《上海美专名人传略》,第188页)

【释】黄炎培(1878—1965),号楚南,字任之,江苏省川沙县(今属上海市)人。1901年入南洋公学,受知于中文总教习蔡元培。1905年参加同盟会。辛亥革命后,任江苏都督府民政司总务科长兼教育科长,后任江苏省教育司长。1917年赴英国考察,1919年12月起至1926年11月止任私立上海美术专科学校校董会校董,1922年3月蔡元培被推为美专董事会主席,蔡聘请黄炎培为其不在沪时代表。新中国成立后,历任中央人民政府委员,国务院副总理兼轻工业部部长,中国民主建国会主任委员等职。抗美援朝时,黄炎培提出以"志愿军"命名,毛泽东欣然接受。1959年,他在人大常委会上提出"国歌"(《义勇军进行曲》)不要变动的意见,成为共识。(《上海美专名人传略》,第23页)

【释】顾树森（1886—1967），又名顾荫亭，江苏省嘉定县人。毕业于龙门师范学校，1912年任上海中华书局编辑。1915年为了表达对袁世凯称帝的不满，顾树森毅然辞去教育部编辑职务，离京南返。1941年，民国教育部将普通教育司分为中等教育司与国民教育司，顾树森专任国民教育司司长。（《上海美专名人传略》，第29页）

10月16日，全国教育联合会代表10余人，莅上海图画美术学校参观。（《申报》，1918年10月17日）

10月25日，英国驻北京公使函托驻沪英领事派员到上海图画美术学校参观并征求本校作品。（《申报》，1918年10月26日）

10月，上海图画美术学校出版部发行美术自修书《铅画集》4集，每集收铅笔画12幅，皆为刘海粟、张聿光、丁悚所作。

【按】刘海粟作品有《世界武装之一》《平明春晓》《鞠有黄华》《策骑平坂》《龙华晚眺》。

10月，上海图画美术学校创刊《美术》学术杂志。刘海粟在创刊号上发表《发刊词》《西画钩玄》《石膏模型写生画法》《写生画之实测与比例》《西湖旅行写生纪略》及油画《龙华晚眺》《西湖公园之写生》。

【录】《发刊词》全文420字。文曰：仓皇戎马，扰攘尘寰，时变日亟矣！欲从容而侈言学术，士大夫多难之。矧专门学术，绝响人群，世多嗤为不急之务，而欲以一二人之管见发摅展扬，岂不难之又难？虽然，天下事莫之为前，虽美勿彰，若人人存一畏难之心，故步自封，此学术终无显明光大之一日。昔拿破仑有言："英雄之字典无难字。"可知世界事业无不由难而易。

【图1918-7】上海图画美术学校1918年11月创刊的学报《美术》之封底上刊登的函授招生广告宣称：不论男女均可入学。

本杂志之刊，即从难字入手。明知萌芽时代，选材不易精当；草创伊始，编制不能完备，遽欲贡献于社会，未有不为大雅所哂者。然不佞以沧海之粟，效测海之蠡，素挟一不畏难之思想，用敢本平日与同志析疑问难之所得，集思而广益之，经数月之搜求，拉杂成编。所愿本杂志发刊后，四方宏博，悉本此志，抒为崇论，有以表彰图画之效用，使全国士风咸能以高尚之学术发扬国光，增进世界种种文明事业，与欧西各国竞进颉颃。俾美术前途隆隆炎炎兮，如旭日之光；蓬蓬勃勃兮，如阳春之景。则日月一出，爝火当然不明，斯时不佞毋庸赞一词矣。（《美术》第1期，1918年10月）

【按】《美术》杂志第1期封面印为1918年10月创刊，而《美术》杂志第2期载：11月25日本校第一期《美术》杂志于今日出版。该刊由沈恩孚题封面，以校训"诚实"两字为扉页，分学术、记载、杂俎、美术思潮四大栏目，还印有插画及增刊（历年教职员表和同学录）。该刊第一卷为半年刊，共出二期。第二卷改双月刊，共出四期。第三卷改为不定期刊，共出二期。1922年5月出版了第三卷第二期后停刊，共出版八期。

【引】《西湖旅行写生纪略》记录了民国七年四月三十日至五月六日期间，刘海粟率领四年级及二年乙班学生，赴杭州西湖野外写生的活动情况："自一日来杭，七日归校。在杭时整日在西湖写生，中午均以面包为餐，粟与学生共之。匪特不以为苦，而反以为乐。此行共计七日，每人所绘约十七页左右。回校后，即将此项成绩共二百数十页，悬诸本校大会堂以供众览，而作报告，以了此行之责任。吾国美术尚在幼稚时代，野外写生，几为创见，故所至聚而观者，途为之塞，有多数学界众人，则均知为

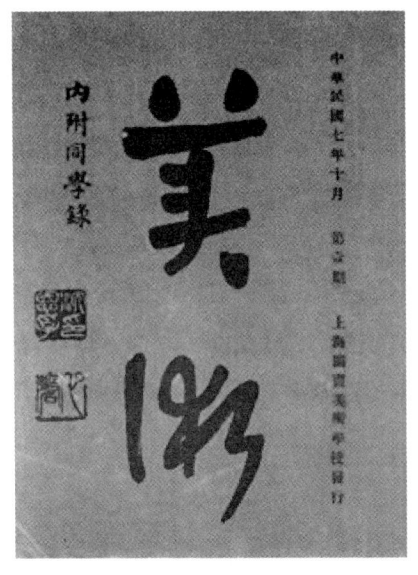

【图1918-8】上海图画美术学校校刊《美术》第1期封面（民国七年十月）沈恩孚题写刊名

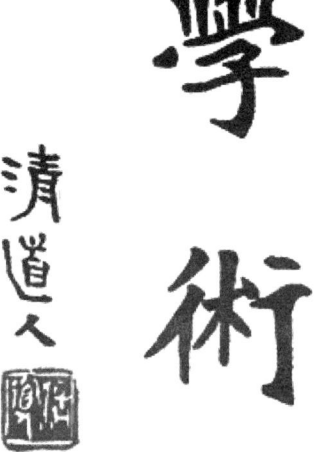

【图1918-9】李瑞清1918年为上海图画美术学校校刊《美术》创刊号题写栏目

上海图画美术学校学生之野外写生云。赴杭之翌日,沪上各报,均记录此事。到校之第四日,浙江新闻报,之江日报,亦有此项记载,均含有奖借语。海粟会与诸生曰:'不论行至何处,终须谨慎自爱,以免伤及全体名誉。今果获公论推许,诸生不当引以为荣,当益以自励焉。'"(刘海粟,《西湖旅行写生纪略》,《美术》第1期,1918年10月)

10月,《美术》杂志第一期发表刘海粟撰写的《致江苏省教育会提倡美术意见书》。

【按】该文正标题为《本校校长致江苏省教育会提倡美术意见书》。

【引】文曰:吾国美术发达虽早,而数千年来学士大夫崇尚精神之美术,而于实质之美术缺焉不讲,驯至思想日陋,百业

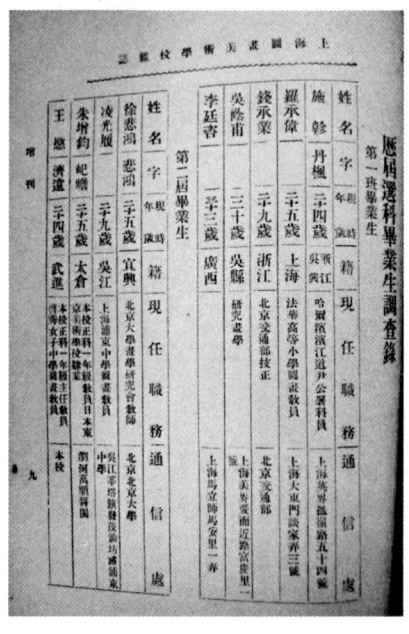

【图1918-10】上海图画美术学校1918年11月创刊号《美术》第9页上刊登:历届选科毕业生调查录:徐悲鸿为该校选科第二届毕业生。

隳敝，社会国家胥蒙其害。而起视世界各国，美术日臻发达。虽一艺之微，靡不钩心斗角，月异日新。推其原因，无非由于研究之深、提倡之力，故其学术日精，而施用之方亦日见完备。今返观吾国，则拘泥如故、拿陋如故，若非亟求改进，恐数千年之文化，数百兆之华胄，将随此世界美术潮流而澌灭。虽近今学校亦设有图画、手工各科，美术观念已渐见萌芽，但就见闻所及，学校中视图画等科，率多视为随意科目，教者自教，学者自学，甚有教非所学，学非所用，而于美术之功效亦属几微。若非切实讲求，断不足引起社会审美的观念而收宏大之效果。虽或谓美术为导奢之源，吾国风俗夙尚纯朴，安用此美术为？殊不知一学术之成立，率由于人之需要，凡不切合于用者，均不得谓之学术。美术一端，用之不得其当固为导奢之源，用之得当实为启人类文明之利器。且凡百事业，莫非以美的观念有以构成之。若谓美术不宜提倡，则世界事业无不可废。吾人处此美术竞争之世界，岂可不自研求实效，以争生存耶！

10月30日，蔡元培在全国专科学校校长会议上提出，分科大学可增设"美术"一科，兼授音乐、图画、雕刻、建筑等学科。（《北京大学日刊》第240、241号，1918年10月30、31日）

11月6日，江苏省教育会美术研究会举行第一次会议，讨论议题并作出相应的决议。

【引】决议为：美术研究之入手办法；中等学校图画科应注重写生及图案，并于课外组织研究会，以补教授时间之不足；调查中等学校图画科、手工科教材教法；高等小学图画科应一律减少摹写，注重写生。（《申报》，1918年11月7日）

12月5、6、7三日，在上海环龙路"法国总会"，英国麦克劳德（Macleod）夫人集英国名画家数十人所绘之野外写生及人体写生、肖像等共计千余种，举办美术作品博览会。刘海粟于7日晚到会参观后撰写《参观法总会美术博览会记略》一文，发表于1919年7月《美术》第2期。

12月18日，江苏省教育会美术研究会举行第二次职员会，讨论了美术研究会职员会规则及推举各地调查员等议题。（《刘海粟年谱》，第20页）

12月29日，鲁迅对《美术》杂志第一期发表评论文章。

【引】鲁迅以"庚言"的笔名，在《每周评论》第2号发表评论文章《美术杂志第一期》，热情评价美术学校及刊物"开创之初，自然不能便望统一。就大体着眼，总是有益的事居多，其余记述，也可以看出主持者如何热心经营，以及推广的劳苦的痕迹"。（《中国美术期刊过眼录》，第8页）

是年，王子云考入上海图画美术学校学习。（上海档案馆档号Q250-1-120，《上海美术专科学校自开办至结束历届学生姓名索引》）

【释】王子云（1897—1990），江苏萧县（今属安徽）人。上海图画美术学校肄业，回乡任美术教师，帮助学生刘开渠考入

【图1918-11】上海图画美术学校旅行绘画展合影（1918年）

北京美术专科学校就学。后任南京中山大学民众教育馆美术部主任，属员为吕凤子、乌叔养等。1928年西湖艺术院建立，林风眠邀王子云为图案教师兼负责注册科。1930年至1937年，王子云留学巴黎高等美术学校并遍游欧洲，其间帮助欧洲雕塑大师朗都斯基完成孙中山先生雕像。其油画《杭州之雨》展出于巴黎"春季沙龙"，成为法国《现代艺术家辞典》刊载的首位中国画家。（《上海美专名人传略》，第357页）

是年，齐冠三受聘任上海图画院翻译员。（《建校七年中教职员表》，1918年；《美术》第1期）

【释】齐冠三（生卒年不详），名鲁，字冠三，以字行，江苏常州人。上海民间艺人。光绪年间留学日本，其母李如琼擅国画，承母教，善画工笔花鸟，曾在上海鬻画为生，买者多为日本人，所以有不少作品流传日本。民国中期，将法国及日本舶来的大小石膏模型翻成复制品，以供美术界应用，并辅助雕塑家铸造铜像时翻制模型。1918年第二、三学期任上海图画院翻译员。其子齐宪为，是1925年9月上海美专雕塑系招到两个学生之一。曾任国民党总统府第一局第七科科长。（《上海美专名人传略》，第93页）

是年，刘海粟撰写的《写生新说》教学用书开始逐年出版。

【按】《写生新说》分为八册，分别是《野外写生之准备、检定写生之地点》《户外写生之画法》《画幅之结构》《调子之团终》《色彩与感觉》《写生放大》《研究上宜注意之事项》《人体写生》。这套讲义是刘海粟针对已经具备一定西洋画基础的学员所撰写的水彩画、油画写生教材。为上海美专内部印刷物，在1918—1919年间印行。

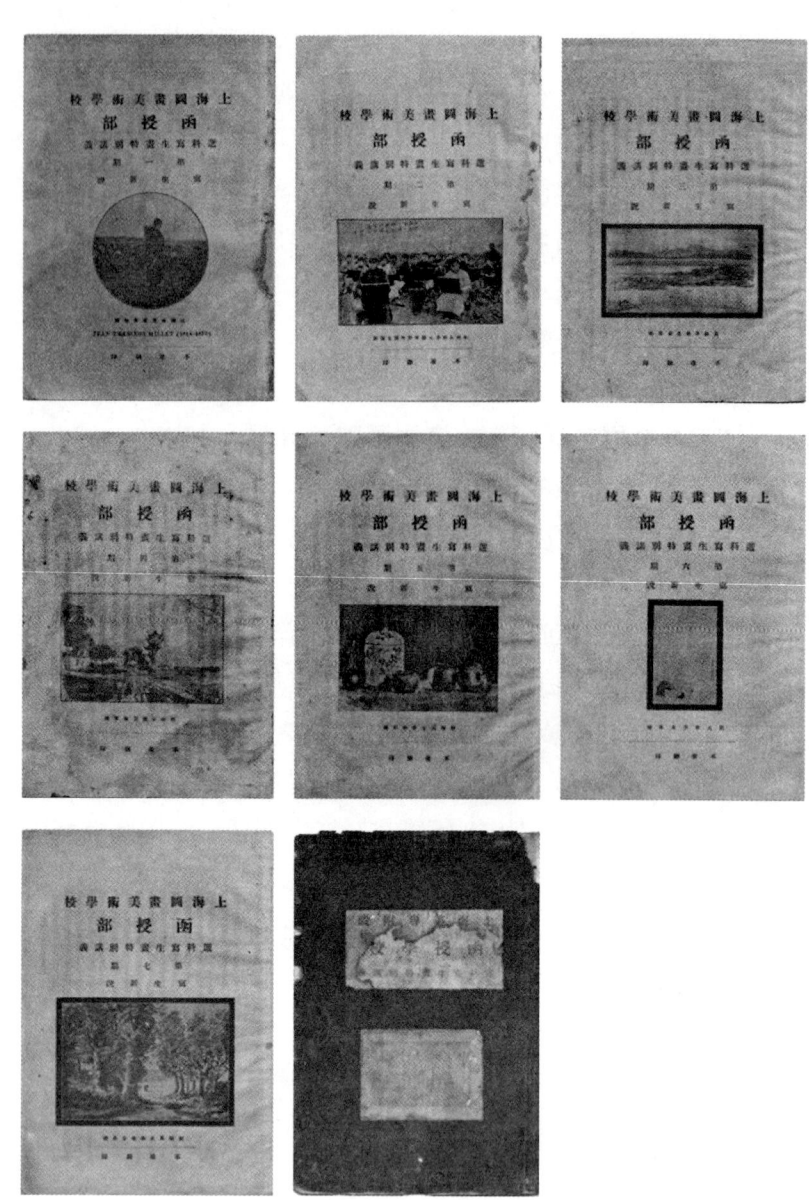

【图1918-12】上海图画美术学校函授部1918年开始出版刘海粟撰写的《写生新说》,至1919年共出一套8册。20世纪30年代改以上海美专附设函授学校名义印行。

1月1日，应神州女学之请，刘海粟在殉学堂讲演美育。
(《刘海粟年谱》，第20页)

1月2日，上海图画美术学校二年甲、乙级学生赴宝山野外写生，由刘海粟和王济远带队。(《本校大事记》，载《美术》1919年第2期，1919年7月)

1月5日，刘海粟参观民生女校美术展览会。(《刘海粟年谱》，第20页)

1月19日下午2时，刘海粟乘火车赴杭州写生，在车中作速写3帧。寓杭州旧旗营新泰第二旅馆。1月24日返沪。刘海粟用日记形式撰写了旅行写生感想《寒假西湖旅行写生记》。

【按】根据《寒假西湖旅行写生记》一文，刘海粟赴杭为1月19日（星期日）即旧历12月20日下午，而在《美术》第2期中记录的出行和归沪日期分别为18日、25日。此处采用刘海粟记录时间。

1月20日，是日起连续三天偕学生周伯华、徐维邦（马徐维邦）至三潭印月、平湖秋月、孤山等处作雪景写生。在杭州期间作油画《西泠斜阳》。(刘海粟，《寒假西湖旅行写生记》，《美术》杂志第2期，1919年7月)

【释】马徐维邦（1901—1961），原姓徐，浙江杭州人。因入赘马家，遂改姓马徐。1921年7月上海美专西洋画正科毕业，1921年9月至1922年1月任上海美术专门学校西洋画教员。1924年入明星影片公司任演员，曾在《诱婚》《上海一妇人》《良心复活》等影片中担任角色。1926年起任导演，1927年编导并主演默片《情场怪人》。后在金龙、联华影片公司主演默片《荒塔奇侠》《骨肉之恩》等。1937年为新华影片公司编导《夜

公元 1919 年
民国八年
（己未）
23 岁

【图 1919-1】是年刘海粟正式任职上海图画美术学校校长。

半歌声》,为艺华等十余家电影公司编导《古屋行尸记》等恐怖片。一生共导演新片 32 部。有"中国恐怖片导演之父"之誉。(《私立上海美术专门学校二十周年纪念一览》;《上海美专名人传略》,第 166 页)

1 月 23 日,刘海粟在杭州,大雨,不能外出写生。

【引】"天阴黑,大雨不能出,读蔡孑民著哲学二篇"。晚,得校中会计张君曜快信,悉"从兄敬熙以脑疾复作,卒于第里,寸衷怅触"。翌日,由杭州返上海。(刘海粟,《寒假西湖旅行写生记》,《美术》杂志第 2 期,1919 年 7 月)

1 月 25 日,由上海至常州。抚从兄敬熙之棺而哭,并书挽联。

【引】挽联:"天道无常衡,如兄勉力持家,热心兴学,兼之鹿食可风,若凭阴骘,宜蒙祖庥,疑佛说轮回,世界华严都色相；人生等泡影，似此怀才未竟，赍志以终，犹且象贤空卜，偶撄疾疴，遽遭不禄，听噩耗飙至，寸衷枨触倍唏嘘。"（刘海粟，《寒假西湖旅行写生记》，《美术》杂志第2期，1919年7月）

是年春，神州女学图画专修科毕业的丁素贞、史述、陈慧攘、庞静娴诸女士屡次联名来函，要求插班上海图画美术学校，并来校谈话，陈述志愿。（刘海粟，《上海美专十年回顾》，载《时事新报·学灯》，1922年9月17至20日、22日）

3月18日，下午4时，刘海粟主持上海图画美术学校演讲会，请江苏省教育会会长沈恩孚作题为"美育之原理"演讲。（《本校大事记》，《美术》第2期，1919年7月）

3月27日，因父刘家凤病危，回常州。28日（农历2月27日），刘家凤去世。（《新武进报》，1919年3月27日）

【按】刘海粟父亲刘家凤病逝，开吊日，蔡元培、梁启超、黄炎培、沈恩孚等送挽联百余件。

4月17日，日本画家石井柏亭赴欧洲各国考察美术后回国，途经上海，参观上海图画美术学校。（《本校大事记》，《美术》第2期，1919年7月）

【引】石井柏亭在上海图画美术学校期间颇加赞赏。"'大战后世界民族最大的一种觉悟，就是晓得极力从事发扬艺术。''所以新近日本的一般艺术家也都想从事于民众艺术的运动，政府也晓得不遗余力的提倡。今年十月帝国美术院第一回展览会就要开幕，同时还有很多民众艺术的机关也要表示一种激烈的运动。'我听了他这种一番话，不觉悠然神往，以前所蓄的志愿，就愈不可遏抑。"（刘海粟，《日本新美术的新印象·自序》，商务印书馆，1921年5月）

4月20日，上海图画学校校长张聿光控告周湘诽谤一案开庭审判。

【引】"原被两造各延代表律师到堂辩论良久，奉俞襄谳核案与英包副领事会商之下，以被告周湘确有破坏原告学校名誉行为，判令于三个月内偿还损失洋一千二百元，如以后该被告再犯登报毁人名誉，定予按律惩办。"（《时事新报》，1919年4月22日）

4月23日，石井柏亭考察美术来华道经沪上，由省教育会美术研究会邀请莅会作题为《吾人为什么要学画》的演讲。

【引】副会长刘海粟先生报告，略谓：屡欲将关于改良美术之学说敦请专家演讲，只因未得机会，迟迟未果，今幸值石井先生之来华，特邀请讲演，以资研究。先生少从浅井先生学，于画学上有极深之研究，著述宏富，久富时誉。近甫由欧洲考察而回，于美术上自必有崭新之议论，以贻吾人云云。继请石井君登坛演讲，由陆露沙先生翻译。《美术》杂志第二期发表演讲词。演讲完毕后由刘海粟申说演旨，并表谢意而散。

【引】日本画家石井柏亭谓：此次因采取中国的美术及风景写生而来，承邀演讲，谊不容辞。……古代的人何以要画只动物呢，其大原因有二：一为游戏冲动，一为随意模仿。古代的画并非用笔绘出，大都用坚硬的器具在物体上以简单的法，雕刻而成。然古代不但画这种的动物，就是各种器具，如刀斧头的花纹，均随时由自己想出的，如今日的图案。艺术和实用是有关系，在原始时代，如常用的武器上多雕刻花纹，其雕刻花纹的原因，一以武器易被他人抢去，故用这种花纹为标识，一以武器上刻了花纹容易执持。由此看来，图案并非专为美观的装饰，大半为实用而起……大凡从事艺术的人，须要有中人以上的生计方可学了。（《申报》，1919年4月24日）

4月26日，刘海粟主持召开二、三年级学生赴杭州旅行写生预备会。（《本校大事记》，《美术》第2期，1919年7月）

4月28日，刘海粟、王济远率二、三年级学生赴杭州旅行写生。

【引】"上午7时，上海图画美术学校校长刘海粟、教员王济远率同二三年级学生三十五人乘沪杭快车赴杭州举行春季旅行写生。"时张聿光已脱离该校。（《申报》，1919年4月29日）

5月4日，北京学生3000余人游行示威，声讨卖国贼，反对北洋军阀政府在"凡尔赛和约"上签字，要求取消"二十一条"，"外争主权，内惩国贼"。

5月11日，浙江省教育会举行上海图画美术学校旅杭写生成绩展览会。（《时报》，1919年5月10日）

5月12日，刘海粟和王济远率学生自杭州返回学校。（《时报》，1919年5月10日）

5月12日，上海图画美术学校举行教务会议，讨论关于招收女学生问题。

【引】议题：一、先收插班生，限定名额；二、须经严密入学考查；三、秋季招生即行宣布；四、由学校办理膳宿。（上海档案馆档号Q250-1-38，《本校职员会、教职员会、总务会、校务会等会议记录》）

5月15日，上海图画美术学校学生发起组织劝告团并刊布国耻画唤起国人注意。（《本校大事记》，《美术》第2期，1919年7月）

【按】因政府外交失败，青岛危亡，上海图画美术学校与本埠中等各校采取一致行动。5月26日，上海图画美术学校学生加入市学生联合会,决定本日起一致罢课,并赴公共体育场参加上海学生联合会宣誓典礼,举行游行。

5月24日,张聿光登报启事辞卸上海图画美术学校校长之职。(《申报》,1919年5月24日)

5月,上海图画美术学校学生为联络情意、交换知识起见,组织成立校友会。(《刘海粟年谱》,第23页)

7月1日,上海图画美术学校以校长刘海粟署名在《申报》刊登招生广告。原上海图画美术学校校长张聿光主办的聿光图画函授学校也刊出招生广告,定于7月18日开始授课。(《申报》,1919年7月1日)

7月,上海图画美术学校毕业学员11名,均为初等师范生,既学美术,又兼修音乐。(上海档案馆档号Q250-1-120,《上海美术专科学校自开办至结束历届学生姓名索引》)

7月,上海图画美术学校出版《美术》杂志第二期,蔡元培题写封面。刘海粟撰写发表《画学上必要之点》《西洋风景画略史》《参观法总会美术博览会纪略》《寒假西湖旅行写生记》《救国》,水彩画《龙华春色》。

【引】《寒假西湖旅行写生记》全文近2000字。文曰:余之旅行写生,萦之寝馈者,非一日矣。每欲遍游国内,写风土人情,供人观览,俾吾人得以交换知识,此于美感教育、社会教育均有绝大关系。只以校务羁身,终朝碌碌,不遂所志,此亦憾事也。戊午冬,我校既行寒假,乃决意作第五次之西湖写生。临行之日,乃谂诸同事曰:"余今日拟赴杭写生,为期预定一周。诸君宜俟余归,方得离校。"同事诸君均讶曰:"时方严寒,北风怒吼,肤为之裂,先生奚能赴山野作画耶?"余笑而言曰:"写生心热,天寒心不寒。"余意决。一九一九年一月十九日(星期日)即旧历十二月二十日下午二时许,束行装,乘沪杭车。一路

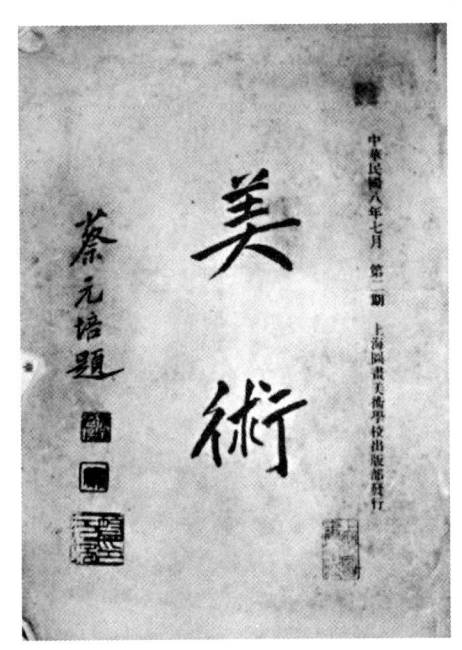

【图 1919-2】《美术》杂志第 2 期封面（民国八年二月 蔡元培题写）

严寒逼人，殊不可耐。车中即作速写三帧。晚七时抵杭。二十日，早膳后九时许，偕周生由旗营登舟泛湖，赴高庄午餐后，直行至外湖，泛棹波心，孤客扁舟，极夷旷之致。遂出绘具写公园建筑物。历图书馆、陆宣公祠、忠烈祠而返。二十一日，上午九时起雪花大降，至晚始止。乃令周生坐、徐生立，为余作速写之资料。作毕，余亦迭为两生之写生资料焉。下午写清泰旅馆之阳台，行人沓杂，颇饶兴趣，同寓之客集而观者甚众。迨三时许，凭窗俯视城隍山，洁白晶莹，已成一片银世界矣。昔王右丞有江干雪意及雪山之作，余今日亦仿而行之，作二帧，至晚脱稿，雪亦止。二十二日，偕周生出钱塘，经白堤，步行之公园，登孤山之巅，写山石与文澜阁之雪景。（刘海粟，《寒假西湖旅行写生记》，载1919 年《美术》杂志第 2 期）

【按】原文所述公历 1919 年 1 月 19 日，即农历 12 月 18 日，原文因记忆错误写为"旧历十二月二十日"，因此校正。

【按】《参观法总会美术博览会记略》是 1918 年 12 月 7 日晚，刘海粟在上海环龙路法国总会（今南昌路科学会堂）参观英国画家玛喀丽夫人（Mrs.Macleod）等数十人之油画、水彩野外写生、人体写生、静物写生、肖像、图案画及石膏雕塑等千余件。归后撰《参观法总会美术博览会记略》，全文约 4000 字。作者在文中感慨道："此次之美术博览会在中国为不数觏，惜该会僻在法国总会，知其甚鲜，吾国人前往参观者亦甚少。（略）愚以为西洋画固以真确为正鹄，中国画亦必以摹写真相，万不可摹前人之作，至有无他知识，类普通工作之艺徒。（略）今为吾国发达真正美术计，宜设国立美术专门学校，各省亦宜设省立美术专门学校，在下者亦应组织研究美术之会社，并多设工艺学校，注意于图案之研究。"（刘海粟，《参观法总会美术博览会记略》，《美术》第 2 期，1919 年 7 月）

【引】《救国》文曰：青岛问题失败，国人骚然，莫不曰：速起救国！速起救国！顾欲证明此二字不为无价值之空言，当以何事为根本解决？必曰：新教育，振实业，利民生，促军备、政治之改善。予曰：否！吾国之患，在国人以功利为鹄的，故当国者，只求有利于己，害国所不恤也；执社会事者，只求有利于己，害社会所不恤也；虽一机关一职务莫不如此。其人非不知爱国，非不知爱社会也，特以其鹄的所在，无法以自制耳。故救国之道，当提倡美育，引国人以高尚纯洁的精神，感发其天性的真美，此实为根本解决的问题。（刘海粟，《救国》，《美术》第 2 期，1919 年 7 月）

【引】《画学上之必要点》全篇约两千字。文中述及"反观吾国之画家，终日伏案摹仿前人画派。或互相借稿仿摹，以为研究张本，并以得稿之最多者，为良画师焉。故画家之功夫愈深，其法愈呆。画家之愈负时誉者，画风愈靡，愈失真美。社会上评画者对于艺术之高低也，莫大乎某派须合某法，否则谓失真失神，无功夫。画者之判画学程度也，亦一准乎六法。若稍形活动，即谓此点尚未圆浑也，此笔非中锋也。现在之研究西画者几亦未说此旨，或初学者稍得真意，或稍具自然之观察，教者必曰章法当如何也。三树不可并立也，路径须曲折也。阴影宜紫色，日光宜黄色。仕女面部之色彩当如何也，乡农颜面之色彩当如何也，用笔宜细妍，不宜过粗也。呜呼，美学之所以为美学，其原理果何在哉。余忆余幼时同余姊学绘时，余即有活泼之天性流露其间。于印稿摹仿时，或有不尽合处，师辄为余纠正，屡不从，且喜以己意涂鸦。师曰，汝性不近绘，不宜学绘。弱冠入校习绘，稍觉自由，然翻阅前作，不觉无形自缚，盖已受塾师强制之毒也。余姊则较余为用功，而一描一钩，悉承师法，习惯自然，至今不能离稿而绘一画，虽所绘皆合钜镬，终背真美之精神矣。今者每就余教，而其积习终不能矫除，盖其习惯上受病已深矣"。

"是故用笔粗与细，色彩之艳与静，不成问题也。所异者，一写自然之真相，一摹强制的艺术，一取积极的，一取消极的，一为真美，一为假美。趋真美可以养成其自动与创造的能力，务假美，则养成依赖的习惯，两者之目的本同，所以达之之法则不同，而结果遂因之大异。吾画界诸君子，既抱研究画学之盛心，对于不妄兹之所述，尚愿有以进而教之。幸甚幸甚。"（刘海粟，《画学上之必要点》，《美术》第2期，1919年7月）

8月17日，上海图画美术学校暨函授部以校长刘海粟署名在《时报》刊登招生广告。（《时报》，1919年8月17日）

8月26日，刘海粟与汪亚尘、王济远、陈国良、丁悚、江新等人集百余幅作品在环球中国学生会举行的美术展览会开幕。展期5天。

【引】"展览会也陈列着几张裸体画，络续就接到许多惊愕的信件，说了许多怨恨的卑视的反对的痛骂的话。到最后的一天，有个什么海关监督来参观，表示一种极不满意的态度，他归后就致信请工部局禁止陈列。后来工部局竟派人来警告,但是我们已经闭会。这就是美专因为人体问题第二次招社会的反对。"
(刘海粟,《上海美专十年回顾》,《时事新报·学灯》,1922年9月18日)

9月8日,刘海粟主持上海图画美术学校校务会。

【按】议决在教授方面进行革新,添聘东京美术学校毕业生江新为教务主任,医学士陆露沙教授艺术解剖学,程虚白任师范科主任;并决定各级课程均注重写生,务使学者得窥美学之真谛。(上海档案馆档号Q250-1-38,《本校职员会、教职员会、总务会、校务会等会议记录》)

9月28日,新兴美术团体"天马会"在上海图画美术学校大礼堂举行成立。(《中国美术社团漫录》,第33页)

【按】大会上刘海粟被推为特别委员。该会由江新、丁悚、杨清磬、张辰、陈国良、刘雅农发起。会徽圆形金地青文,以大方砖为之,上镌飞马,取天马行空之意。(刘海粟,《天马会究竟是什么》,《艺术》周刊,1923年8月4日)

【引】"天马会"的宗旨是:一、发挥人类之特性,涵养人类之美感;二、随着时代的进化研究艺术;三、拿美的态度创作艺术,开展艺术之社会,实现美的人生;四、反对传统的艺术、仿模的艺术;五、反对以游戏态度来玩赏艺术。该会研究方法:一、国粹画之写生写意及国乐;二、西洋画铅、炭、油、彩各科之写实法;三、图案画之建筑织物器具装饰;四、雕塑之金石刻与雕造;五、工艺美术之木工、金工、印刷、漆器、陶器、刺绣、摄影等。每年春秋两季征集国中新作的绘画陈列,以供众览。画社专门研究中国画、西画、图案、雕塑和工艺美术,先后参加活动的知名画家有汪亚尘、王济远、吴杏芬、程灵白、李超

【图1919-3】刘海粟等发起创办的西画团体"天马画会"会标（1919年）

士、潘天寿、洪禹九、俞寄凡、刘海粟、高剑父、王一亭、许醉侯、滕固、王陶民、唐吉生、查烟谷、王师子、胡汀鹭、钱瘦铁、李祖韩、李毅士、朱屺瞻、李金发等人。至1927年初会员已达200余人，成为20年代中国最著名的美术团体之一。"天马会"先后共举办八次大型画展，引起社会巨大的反响。但终因经济负担和社会动荡，1927年春季正式停止活动。（刘海粟，《天马会究竟是什么》，载《艺术》周刊1923年8月4日）

【释】张辰伯（1893—1949），名邕，字辰伯，以字行，江苏无锡人，寓居上海。1917年1月上海美专西画正科毕业，天马会成员。1925年起专攻雕塑，1928年与江小鹣发起组织艺苑绘画研究所。1930年任西画系主任、教授。1931年至1933年任教务主任兼雕塑系主任，西画系人体教授，1934年9月至1935年7月任上海美专教务主任兼图案系主任。雕塑作品有《郑洪年像》《人像》《天真》等。（《上海美专名人传略》，第249页）

9月，刘海粟在上海西郊绘作油画《秋》。

【按】刘海粟有如下说明："丛草树叶皆呈金黄色，天空如青幕，两株白干大树在风中抖抖作响，愈显得深秋沉郁肃杀之

气。"（刘海粟，《海粟之画》，上海美术用品社，1923年5月）

10月5日，上海图画美术学校邀请留美回国的王一之到校演讲《国外美术盛况》。（《民国时报》，1919年10月6日）

10月13日，刘海粟赴日本考察美术，至11月归。（《民国时报》，1919年10月14日）

【引】其间参观了帝国美术院第一回展览会、日本美术院第六回展览会、二科会第六回展览会、草土社第七回美术展览会、日本美术协会第六十一回展览会、东京女子美术学校为追悼故校长佐藤志津而举办的展览会、日本美术学院纪念展览会、第七次农商务省工艺展览会，对于日本开拓个人自由的艺术，排斥官僚的拘束和压迫，大为赞赏。又参观了东京美术学校、东京女子美术学校、太平洋画会研究所、日本美术学校、日本美术研究所、京都高等工艺学校、川端画学校、东京高等师范学校图画手工科、京都市立美术工艺学校、京都绘画专门学校和关西美术院，详细考察了日本的美术教育。晤日本画家、艺术教育家藤岛武二、石井柏亭、纪叔雄、本野精吾、石井寅冶、松本亦太郎、前田喜时等。同行的有汪亚尘、俞寄凡、陈国良、贺伯馨（锐）。（《刘海粟年谱》，第25页）

10月，刘海粟著《画学真诠》第一集"铅笔画写生"由商务印书馆出版发行。

【引】这是刘海粟针对国内中等学校图画课程而撰写的铅笔画写生基础教材。在《画学真诠》有作者自序，全文774字，文曰：余之画学著述，形诸寝馈者，已有年矣。此念之发生，盖亦有自。方辛亥、壬子间，余感于我国之蔑视美育，遂挟泰山蛟负之愿，不揣力薄，谬然创设图画美术学校，一时四方学子，源源而来,年有增加。数年间,毕业者百数十人,均挟所学归而为图画教师。时以函相责询,均谓我国画学,鲜适当教科,于教授上深感困难,并怂余从事编著。余以不学,无以应,且以诸子所言,为不急之务。年复一年,而责询者益急,并与各地画学教师之研究,书牍之积,几盈几箧,始欣然与诸同志从事讨论。稍阅时日,即私自发愿著述各种画学讲义,但欲昕夕从事而处于直接甘苦之学校,恒鲜暇晷,然五六年来,未尝一日置此念于脑后也。(刘海粟,《画学真诠·自序》,商务印书馆,1919年10月,第1页)

【按】全书分总论、材料与使用、线与浓淡之关系、写生概念、静物写生、风景写生、描写与实例、速写法、动物写生、人物写生、色铅笔画十一章。张玄田、桂绍烈撰序,刘海粟自序谓:"画科之教授,必先以写生为本。盖临画为妨害自动的,其流弊已为世界所公认。故教授画法,对于材料之应用、时间之分配、练习之次第、理论之商榷,均须兴学者描写能力之程度相应、学理解释之次序适合。"1920年4月再版。

【图1919-4】刘海粟编撰的铅笔画写生基础教材《画学真诠》第一集书影

【图1919-5】铅笔画写生第23图《郊外之牛》(引自《画学真诠》第78页)

【图1919-6】铅笔画写生第21图《速写风景之一例》(引自《画学真诠》第73页)

【图1919-7】铅笔画写生第17图《上海日晖桥写生》（引自《画学真诠》第62页）

11月5日，上海图画美术学校赴杭州写生的学生返沪。奖二年级优秀生吴志安、陈毓骏书籍多种。（《刘海粟年谱》，第26页）

12月20日，天马会在江苏省教育会举行第一届绘画展览会。

【按】推定吴昌硕、李平书、王一亭、费龙丁、华子唯为中国画审查委员，刘海粟、江新、丁悚为西洋画审查委员。展览分中国画、西洋画、图案画、折衷画四部，共数百幅。《申报》称此展览为"民间艺术之精神从此发生动机，实我国美术界之光彩"。展览会至29日结束。（《申报》，1919年12月3日）

12月24日，上海图画美术学校邀请法国巴黎美术大学毕业生李超士（骧）来校演讲法国美术现状，刘海粟致欢迎词。会后，聘其为教授。（《申报》，1919年12月25日）

【按】刘海粟在发言中说：听李先生之谈话，知日本之美术学校及各种研究所、展览会办法，完全为摹仿法国的，其情形亦甚相同。并劝诸同学，以后如赴日留学，不如直接赴法。

12月31日，上海图画美术学校更名为上海美术学校。
（《申报》，1919年12月31日）

【按】更改校名的同时，又修改学则，分设六科：中国画科、西洋画科、工艺图案科、雕塑科、高级师范科、初级师范科。师范科的学员既学美术技能，又学音乐课程。（上海档案馆档号Q250-1-286-A，《私立上海美术专门学校二十周年纪念一览》）

12月，上海图画美术学校成立董事会，由社会名流组成的校董会，支持了学校的办学规格，也扩大了学校在社会上的影响。制定董事会章程15条。

【按】校董会人员大致有三种人员组成：一、政府要员，使学校从政治环境上得到保障。二、财政大款，使学校的经费方面得到支助。三、文化名人，为提高学校的社会声誉。董事成员：蔡元培、梁启超、虞和德、沈恩孚、黄炎培、钱文选、赵菊椒、赵林士、王震、庄俞、张东荪、蒋方震、李云书、章慰高、唐熊、张允中、徐长庚、方潜、刘熏麟。当然董事为刘海粟。董事会后来又三次调整成员。（上海档案馆档号Q250-1-2，《本校校董会及学校在北洋军阀时代呈报伪教育部立案表件及往来文书》）

【录】1. 本校为谋校基之巩固校务之发展组织董事会。2. 本校设名誉董事、责任董事、当然董事及董事四种。3. 捐助本校款项达五万元以上或对本校有殊勋者得由本校董事会推荐为名誉董事。4. 本校以创办人及捐助本校基金在三万元以上者为责任董事。5. 本校校长为当然董事。6. 本校董事由董事会推选之以教育界艺术界素孚声望对本校热心赞助者为主,其捐助本校巨款者亦得由本校董事会推选为董事。7. 本校第一次董事先由责任董事及当然董事推定之。8. 本校董事除名誉董事、责任董事、当然董事以外至多不得过二十人。9. 本校董事五年改选一次。10. 本校董事会议以名誉董事、责任董事、当然董事、董事组织之。11. 本校董事会议分定期临时两种:一、定期会议为每年一次在春季举行;二、临时会议遇必要时经董事五人以上提议临时举行。12. 本校董事会议须有董事半数以上列席方得开会,其董事不在会议所在地者得随时陈述意见于董事会并得托其他董事为代表。13. 董事会有筹划本校经费之责、审定本校预算决算之权。14. 本校有大兴革事项应先通知董事会议公决俾臻妥善而免疏忽。15. 本章程如有修改之处由董事五人以上提出董事会议之可决得修改之。(上海档案馆档号 Q250-1-2,《本校校董会及学校在北洋军阀时代呈报伪教育部立案表件及往来文书》)

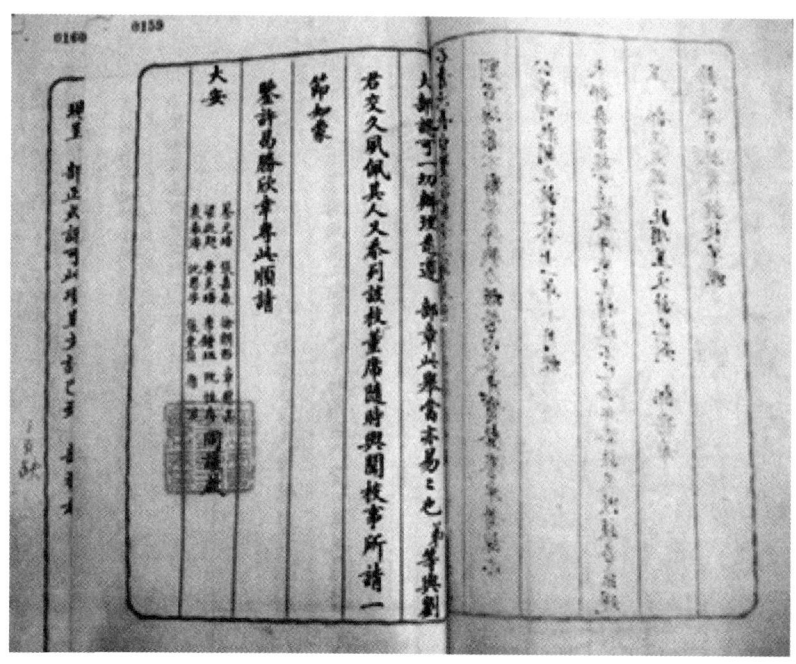

【图 1919-8】上海美专校董会议记录

是年，由太原地区部分美术工作者共同发起组织的"山西美术研究会"成立于山西太原。同年8月12日至22日，该会邀请上海名画家刘海粟、滕固先后作长篇演讲。(《中国美术社团漫录》，第30页)

【释】滕固（1901—1941），江苏宝山人。1918年毕业于上海图画美术学院，1919年秋留学日本，在东京帝国大学专攻美术考古和美术史论。1924年至1926年任上海美专校长室秘书兼美术史、艺术论教授。1925年与校长刘海粟出席教育改进社美育组年会，带回大批古物开辟古物学陈列室。后参加国民革命军北伐。1929年赴德国留学，获柏林大学哲学博士学位。1932年回国后，潜心从事美术考古和美术史论研究及编辑、翻译工作。1937年与马衡、陈之佛等人发起成立中国艺术史学会，任负责人。先后出版有艺文史论著作《中国美术小史》《唐宋绘画史》《唯美派的文学》等。(《上海美专名人传略》，第203页)

是年，作油画《披狐皮的女孩》。(该画题签)

【图1919-9】《戴帽女孩肖像》(披狐皮的女孩)(油画)1919年(60cm×45.5cm) 刘海粟美术馆藏

是年，刘海粟第一次东渡日本结识了陈师曾（衡恪），对陈的学问、人品、画风均很佩服，他收藏的几件陈的作品皆很出色。

1月4日，上海图画美术学校在《申报》刊出特别启事，称自本年起改名为上海美术学校，并修改学则，设中国画、西洋画、工艺图案、雕塑、高等师范及初级师范六科。（《申报》1920年1月4日）

1月20日上午十时，上海美术学校举行毕业典礼。刘海粟出席并作报告。（《申报》，1920年1月21日）

【引】刘海粟谓："学问无止境，人生一日在世界，即当求一日之进步。毕业不过在学校内一种办法，余知此次毕业诸同学，除已得教职外，间有到法留学之志，此是很希望的。今日并蒙沈信卿先生等莅校，尤为不胜荣幸"。（《中外新报》，1920年1月21日）

1月，上海美术学校毕业生7人毕业。（上海档案馆档号Q250-1-14，《上海美术专科学校二五周年纪念一览》）

3月7日，上海美术学校在招生广告中称，正科添授法文，为留法之预备。（《申报》，1920年3月7日）

3月19日，刘海粟出席上海美术学校八年度第二学期第一次职员会。

【引】参会者：李超士、丁慕琴、洪禹仇、王济远、裘敦良、刘庸熙、张明诚、唐宗元、江颖年（济远代表）、张玄田、谈炳仁、褚昌言、储六铭。

公元1920年
民国九年
（庚申）
24岁

报告及议决事件：

议题一、报告本届聘请李超士、李殿春、洪禹仇、张明诚先生为教员。

议题二、报告各教员担任教授时间及职务。正科三年甲、乙级主任 江颖年。正科二年甲级主任 李超士。正科二年乙级主任 丁慕琴、李殿春。正科一年甲级主任 王济远。正科一年乙级主任 刘海粟。技术师范科主任 程虚白。

议题三、提议各级主任教员对于各级教务应负维持责任案。议决：各级教员如遇缺席时，应先时通知，并预请代理人，以免临时缺席。

议题四、提议各教职员对于本校校务上认为有兴革必要，得发表意见，由校长召集教职员开会表决案。议决：照案通过。

议题五、提议修改校章案。议决：照原稿通过。

议题六、教员王愍提议二、三年级实习野外写生，每月举行竞技试验一次案。议决：照案通过，其成绩归主任教员评定之。

议题七、提议本校兼收女生办法案。议决：照收。

议题八、提议技术师范科合级教授案。议决：由教员临时酌量办理。

主席：刘海粟。（上海档案馆档号 Q-250-1-38，《本校职员会、教职员会、总务会、校务会等会议记录》）

3月31日，《美术》杂志第二卷第一号刊登刘海粟撰写的《风景画的变迁》《评画家李超士君》《日本之帝展》（与汪亚尘共署）。

【按】《风景画的变迁》一文，分别阐述并且评价了十九世纪"样式派风景画"风格及代表画家"空司透博尔（Constable,John）"、"卢梭（Rouseau Theodore）"，印象派、新印象派风格和对其技法上的认识，认为："研究艺术，完全是要热心发展个人的天才,万万用不着什么一定的成规和方法,徵诸事实,受呆板教育的画家,多不能够得良好底成绩,从来的大家,都特具有一种热心和天才,完全从自动而来,才能够发展他一种奇特的天才,不论什么古、今和东、西,都是一样的。所以我们对于先辈底遗踪,乃是我磨炼的法则,采取他同主义的地方,期望自己的作品,没有什么遗憾,对于这个新方面,确是要时时刻刻底注意,不能放松过去,倘若不然,就对于个人底艺术,是无希望了,在于一国的艺术,如这样,就那一国底艺术,也有退无进了。"

【引】《评画家李超士君》全文约1300字。文章最后评价道:"李君艺术最有价值底地方,是他确能够凭着他底良心,去研究艺术。为什么晓得他能够凭着良心去研究艺术?因为他底作品,都有发现他一种诚毅练习底功夫。就拿他色调一端而论,也非常稳静!并且富有一种柔美底情操。还有一种特征!就是,未审其画术之巧拙,先为他微温之气所冲动了。毫无一种沽名底思想包含其间。他底艺术,所以能够将他温和底个性完全表现出来。这个都是他拿良心去研究艺术底明证。或者我们艺术界受着李君这个良心底卫动,一切底虚伪技巧主义,都可以从此消声灭迹!我们中国艺术,从此可以发展了!"(刘海粟,《评画家李超士君》,《美术》第2卷第1号,1920年3月31日)

【引】王一之在上海美术学校演讲的演讲词发表于《美术》杂志第二卷第一号。王一之谓:兄弟于美术,素无研究。但素于美术,极有感情。前在美国时,极为留意,略有所得,用特贡献于诸君。世界美术,以法国为最著。昔内人留学美术学校时,曾言在法一年,可抵留美二年。美之美术学校,教法极平常。即如菲域,美校有三所,设备极佳,但教师教授,亦不过尔尔。美术于国家,至有关系。既可表彰一国之文化,又可陶养国民之性情。各国著名都会之地,均有美术之布置,若华盛顿,若纽约,诸名地;均有美术之布置。环顾我国,虽有一二热闹地方;但其为热闹也，适成为热闹而已，毫无一些意味。若外国则不然。无论何地，一切建筑布置，均含有美术思想；游览其间，令人生快愉之感。即如美之妇女，无论贫富，均有美术思想。他故不论，对于家庭布置，亦均有美术的作用，若吾国富家妇女，无所事事，饱暖装饰之外，唯知以打牌等为娱乐消遣之计。美之妇女，多能绘画，余暇之时，恒游郊野绘写风景以自乐。其美术思想之发达，可见于此。美国品学高尚之士，多吾家眷。劳力所得，多置书籍图画。入其室，琳琅满壁，大抵美国人有一艺之长，无论美术非美术，均非常尊重。如文学既常尊重，而图画亦非常尊重（下略）。（《美术》第2卷第1号，1920年3月31日）

【引】李超士在上海美术学校讲演稿。"蒙贵校校长，再三招致演讲，但兄弟是无经验的人，又是不长口才，非常愧对！既蒙校长及诸君盛意，未便过却，敢以在法国时所学所见者，贡献一二。兄弟到法以后，先入预备馆一年，再入美术大学，共计八年。美术大学分科，大概分为三种：（1）雕塑；（2）绘画；（3）工艺图案。兄弟是入绘画科，研究绘画科，又分三种：（1）写生；（2）记忆；（3）器械画。今普通说承认的是科学画。科学就是写生画。学生可有数千人，考试入学，颇非易易。若他种学校的入学考试，不过取得修业资格。唯此美术学校，则不然。校内视既经录取之生，即有程度，以后不过互相研究而已，绝无教授方法的作用。故毕业亦只凭成绩之优良，并不限以年限，如成绩及格，即准毕业。不及格，即不升级；不毕业，数次不升级，则斥退之。毕业考试，不限于校内学生，全国的画家都可以与考，所有教师，不常到校，每星期到二次，或一次，专门指出学生误处，为之改正。常有一种奇怪的办法，为教师并未聘定者，凡是社会上有名的画家，都每月轮流担任一次，使学生见识广大，有深奥的研究。绘画科预备馆，导写石膏像及铜像。正科实习活人裸体模型，完全注意于表现曲线。课室非常之大，每教室约有一百余人。完全为自动的研究，全无强制之嫌。只巴黎一方面，有美术学校甚多，但程度不及此课之深。□巴黎美术大学，实为法国美术之中心点也。各校所用活人模型，均有一定场所雇用。全国自政府至庶民，对于美术，非常崇拜。展览会非常之多，有国家的，有团体的，个人的，每次展览出品，均严格的选择，且出品人均须纳出品费十元，落选入选，均不发还，所有出品常常为人买去，其最大之价值，竟有一二百万者，可谓巨□！然亦常为国家买去；陈列美术馆，或图书馆，博物馆。故巴黎一方，美术馆亦极多，满列古今名画，以资画家之参考。又谓法国的画家，均有艺术独立的精神，绝无金钱束缚之弊。末后又□此次回国后，赴北京东三省游历。对于某官立学校之情形，颇致感慨。其演旨甚长，不及完全备载。末由刘校长申说演题，并谓听李先生之谈话；知日本之美术学校及各种研究所，展览会办法，完全为模仿法国的其情形亦甚相同，劝诸同学以后如赴日留学，不如直接赴法云云。"（《美术》杂志第2卷第1号，1920年3月31日）

3月，刘海粟被推定为江苏省教育会图画和展览会筹备委员会主任。（《申报》，1920年3月13日）

4月1日下午，沈玄庐赴上海美术学校演讲，由刘海粟主持。（《美术》，第2卷第2号，1920年4月30日）

4月30日，刘海粟所撰《近代底三个美术家》一文在《美术》杂志第二卷第二号发表。

【按】此刊还载有唐隽《美术与人生》、俞寄凡《造型美术的沿革》、汪亚尘《近代的绘画》、周勤豪《为什么要研究艺术》等。（《美术》，第2卷第2号，1920年4月30日）

【按】该文撰写于4月12日。刘海粟分别介绍和评价了米勒（Jean Francois Millet）、霍夫门（Ludwing Von Hofman），评价米勒道："所以我要说独自直观自然物，而实行这个唯有幸福,能具这种毅力和热心,勤勉立志,研求自己的思想者,其唯米勒足以当之";评价霍夫门道:"霍夫门就不同了,他一定要自然底对象与他自己的感情一致时,才肯描写,所以看了马礼和底艺术,就像对着壮丽底佛像一般,看了霍夫门的艺术,就像对着可爱底亲兄弟一般,所以一群人对马礼和就生出一种尊敬他底观念出来,对了霍夫门就生出一种亲爱他底心理来,都是因为这个缘故。"最后编者按:"因为著者的事很忙,第三个璐威画家孟库,还没有竣稿"。(刘海粟,《近代底三个美术家》,《美术》第2卷第2号,1920年4月30日)

【释】周勤豪(1895—1952),字钟杰,广东潮阳人。刘海粟的姐夫,早年留学日本东京美术学校习西画,据1918年"上海美术专门学校附设国画函授学校教职员一览表·本校现任教职员"录周勤豪为西洋画科教授,1921—1922年任西洋画系主任兼二年甲级主任及日文教员。1922年与陈晓江创办东方绘画研究会, 1925年改名东方艺术专门学校,专授油画。同年,与吴梦非所办上海艺术师范大学(原上海艺术专科师范学校)合并,成立上海艺术大学。周勤豪任校长。1928年宣告停办。夫人刘慕慈,为刘海粟的八姐。(《上海美专名人传略》,第263页)

5月13日,刘海粟出席上海美术学校八年度第二学期第二次职员会。

【引】到会者:李超士、张玄田、洪禹仇、程虚白、王济远、顾久鸿、谈炳仁、刘庸熙、王心梅、储六铭、褚昌言、王邨山。

议题一、教员王愙提议,此次学潮辍课,妨害学业至为重巨,拟每日于原定授课时间外增加半时或一时,以资补救案。议决:增加半小时,于下星期一起,每日上午八时半起上课,至十二时止。

议题二、提议本届正科三年级暨技术师范科生毕业试验办法案。议决：正科毕业试验办法如左：

试验期间：自五月二十七日起，至六月二十五日止（即夏历四月初十日至五月初十日止）。

科目：油画：风景写生、人体写生；木炭：自画像；其美术史、解剖学二科均用口试。其取材及用品等均照上届议决办法。

师范科考试程序应由师范科主任程虚白先生订定办理。

议题三、提议续办成绩展览会案。议决：先行推定筹备委员，其一切办法应由委员会议订办理。所有公推委员如左：王济远君、李超士君、丁慕琴君、程虚白君、褚昌言君、陈晓江君、顾久鸿君、储六铭君、谈炳仁君、王邨山君。并公推王济远君为委员会主任。

议题四、提议实行前次议决竞技试验案。议决：查照前次议决案订定实行，先由学监处布告各学生。

主席：刘海粟。（上海档案馆档号Q250-1-38，《本校职员会、教职员会、总务会、校务会等会议记录》）

5月15日，《申报》载：上海美术学校拟在暑假举行第二届成绩展览会。

【按】由李超士、丁悚、程虚白、褚昌言、谈炳仁、储甲等为筹备员，王济远为筹备主任。并征集校友出品；对于临摹抄袭之作，一概摒除。（《申报》，1920年5月15日）

6月1日，俞寄凡在东京致函刘海粟，就社会上对裸体写生的误解发表意见。

【按】刘海粟收信后，转交唐隽于6月19日作复，俞寄凡收到回信后，又撰长信作答。往来信函发表于《美术》第二卷第三期"通讯"栏。

6月16日，刘海粟出席上海美术学校八年度第二学期第三次职员会。

【引】参会者：李超士、张玄田、王济远、丁慕琴、程虚白、洪禹仇、谈炳仁、顾久鸿、刘庸熙、褚昌言、唐宗元、储六铭、王邨山。

议题一、提议学期试验日期案。议决：定于六月十八日（阴历五月三日）起举行学期试验。

议题二、提议暑期休业日期案。议决：定于七月四日（阴历五月十九日）下午二时举行休业式，并于是日举行正科第七届、师范科第一届毕业式。

主席：刘海粟。（上海档案馆档号Q250-1-38，《本校职员会、教职员会、总务会、校务会等会议记录》）

6月28日，上海美术学校以校长刘海粟名义在《申报》刊登招生广告。

【引】谓："本校定于7月5、6两日上午八时起招考西洋画科及普通师范科新生"，"不限男女，随时报名"。并附："本校现已有专修图画、志愿深造之女生数名请求插入二年级，业经许可。如有相当程度，经试验及格者亦可补插。（《申报》，1920年6月28日）

7月4日下午，刘海粟在上海美术学校毕业式上致训词，并颁发毕业证书。（《申报》，1920年7月5日）

7月9日，上海美术学校第二届成绩展览会开幕。展出一周，无须凭票，任人参观。

【引】展出内容为：铅笔画、钢笔画、色彩画、木炭画、石膏人体写生画、图案画、水彩画、油画及各种手工。陈列各部主任为：铅笔画部刘海粟、函授生成绩部刘庸熙、木炭画部丁悚、油粉画部李超士、水彩画部王济远、师范生成绩及各种手工部程虚白。（《申报》，1920年7月1日）

7月19日，上海美术学校暑假绘画讲习班（暑期学校）开学。（《申报》，1920年6月22日）

【按】应苏、宁、沪、杭各校的要求，上海美术学校暑假绘画讲习班（暑期学校）开学。由刘海粟、李超士、汪亚尘、程虚白等人讲授，来学者多为各地担任艺术课的教师。至8月29日结束。

【引】"本校暑期学校在1915年已经办过一次，当时叫暑期补习科。到1920年才正式开办暑期学校。各处来学者三十余人，分两组教学……两组学员均可共同听讲。教者除本校专任教师外，另请由日本归国之汪亚尘、周勤豪、俞寄凡、周阱云四君担任。以汪君、两位周君都在日本东京美术学校研究西洋画，故请三君教西洋画……此次来学者多各处中小学校担任艺术课的教师。"（刘海粟，《上海美专十年回顾》，《时事新报·学灯》，1922年9月17至20日、22日）

7月21日下午1时30分，"天马会"第二届绘画展览会于环球中国学生会开幕。（《申报》，1920年7月22日）

【按】投票推定西洋画审查委员为刘海粟、李超士、江新，中国画审查委员为吴昌硕、王一亭、高剑父。21日下午1时30分，天马会第二届绘画展览会在静安寺路（今南京西路）51号环球中国学生会开幕。刘海粟展出油画4幅。参观者无须入场券，欢迎来宾评览。至27日结束。

7月21日，江苏省教育会举行全省小学图画手工成绩展览会。（《新闻报》，1920年7月20日）

【按】刘海粟被推为展览会主任，并和汪亚尘、俞寄凡等审查布置。各县数百校将成绩送交陈列，入选者有六七千件。展览10天。

7月，上海美术学校始雇女子模特儿。

【引】"设法想雇用女模特儿。不多时，有一位对于美专表示热心的何君设法雇来一个女子，性格生来也很不差，并且很明白道理，她很信仰我们的理由，大胆给我们画。当时一般学生教员无不兴高采烈，以为我们的事在中国的美术界负有莫大的功勋。一连画了三日，相安无事。哪知第四日这位天真烂漫的模特儿的踪影就不来美专了。我们就晓得另生枝节。到了第二日，介绍人何君果然很着急地跑来说：她（模特儿）家里的人知道她来做这事，大家都辱骂她说不应该这样无耻给人家画春片，并且还向我吵闹了一番，说不应该引诱女子做这种事。我们领会了他一番说话，知道我们这次的运动又失败了。"后又继续"设法雇用女模特儿，先雇一俄人为例。于是继续为模特儿者，亦不以为奇"。（刘海粟，《上海美专十年回顾》，《时事新报·学灯》，1922年9月17至20日、22日）

7月,上海美术学校毕业生4人毕业。(上海档案馆档号Q250-1-14,《上海美术专科学校二五周年纪念一览》)

7月,刘海粟与李超士等编绘的铅画集全五卷合装出版。

【按】内有刘海粟作品《二羊游牧》《翻飞惟鸟》《雏》《雉》《西湖》《古鼎及柿》《古桥渔艇》《郊外润色》《静物写生》《芦塘夏景》《玫瑰》《秋树吟风》《原野奔鹿》。

8月1日下午,天马会举行常年大会。

【引】选举江新为干事、王济远为书记、陈国良为会计,其余会务由各会员分任之。刘海粟、江新依据会章,推俞寄凡、洪野、吴昌硕、王一亭、李超士为新会员。(《申报》,1920年8月3日)

【图1920-1】1920年7月出版的刘海粟与李超士编绘《铅画集》中,刘海粟的作品《原野奔鹿》。

8月24日，刘海粟出席江苏省教育会第十六次常会。会上报告图画手工成绩展览会办理情况及审查标准。（《申报》，1920年8月25日）

8月30日，刘海粟所撰《日本美术院》《江苏省教育会小学校图画手工成绩展览会报告》以及俞寄凡给刘海粟的信，在《美术》杂志第二卷第三号发表。

【按】《日本美术院》一文中，刘海粟阐述了"A. 日本美术院创立沿革"，分为"创立前的日本美术院"、"日本美术院的创立"；"B. 日本美术院第六回展览会"情况，后集结系列文章于1921年5月由商务印书馆出版《日本新美术的新印象》一书。

【引】《江苏省教育会小学校图画手工成绩展览会报告》是江苏省教育会学校图画手工成绩展览会的工作报告，说明了举办此展览的目的和意义：（1）这次展览会完全是研究性质，专为将来革新教授的预备，所以绝无奖励等虚荣上的手续，希望大家拿真实的态度作共同的研究。（2）审查成绩的标准，就是拿能否发挥儿童的个性，能否表现儿童相当的思想做标准。并不拿绘画和工作的表面形式为主。教授图画和手工的教员，第一层应该研究的就是小学校里为什么要有图画、手工两科东西。我个人的感想是：第一，要发展儿童个性，养成儿童创造的能力。第二，就是要养成儿童的自决和自动。（略）文章最后有评价："图画、手工两种科目在教育上的地位是非常重大的。从前一般学校里都轻视这种科目，近几年来大家渐渐底觉得它重要并注意起来。担任这两科的教员也能切实去互相研究了，所以拿这次展览会的出品看起来也比较从前进步得不少了，各学校所有出品的特长，也是与我上面的主旨不约而同，可见得我们的倾向渐渐趋于一致了。这个实在是我们江苏教育界前途的好现象。但是有许多学校还免不了注重表现形式，没有精神上的研究。所以我们此次开了一个公开的展览会。既然有个互相的比较，将来自然有个共

同的倾向。"(《美术》第 2 卷第 3 号,1920 年 8 月 30 日)

【录】俞寄凡给刘海粟的信曰:海粟兄:手书都悉,希尔恩的美学,已译完,候誊写清楚,当即寄上。我昨天到亚尘处,他给我看一张追悼沈伯尘的公启中间有"独不作裸体画"的一句话,推究所以有这句话的原因,实在因为他们没有看见过真的裸体画,所以不晓得裸体画的价值。他们所见的,不过是上海名画家曼陀等画的裸体画(实在不是裸体画是淫画)。我们就不必去刻意地驳这一句话,但是裸体画和淫画是绝然不同的,若不做些文字来彻底地说明它,一般人总不得明白,岂不是艺术进行的大阻力么?我以为美术第三号,可以出一册裸体号,来唤醒一般糊里糊涂的人,也是我们关心艺术者所应做的事;你倘然赞同我的意思,请寄语美术杂志的同志,大做几篇。唐隽在美术第一号里,已经说过一回,但是说得不透。他说"它(裸体画)纯系对己的,与人和社会毫不相关"。这句话有些不对。你看东西洋的图画展览会,无论哪一次没有不陈列裸体画就可以明白。请你向

【图 1920-2】刘海粟在天马会第二届绘画展览会上的展品《玉兰花》(油画)刊登在 1920 年 8 月 30 日出版的《美术》杂志第 2 卷第 3 号上。

唐隽说"不是和他有什么意见，我见解得到的，就是我应该说的"。他说这句话，或者另有一见解，我也很愿知道。我很懊悔不在第一号美术里，做一篇关于裸体画的文字，不然或者不致于在追悼名画家的公启里，有这"独不作裸体画"的一句话。我方才从校里归来，倦得很，余的话，下信谈罢。寄凡在东京。（《美术》杂志第2卷第3号，1920年8月30日）

8月，上海美术学校设立女子美术学校，报名者众多。

【按】徐朗西、刘海粟于8月设立女子美术学校，后发布招生信息。（《申报》，1920年8月10日）

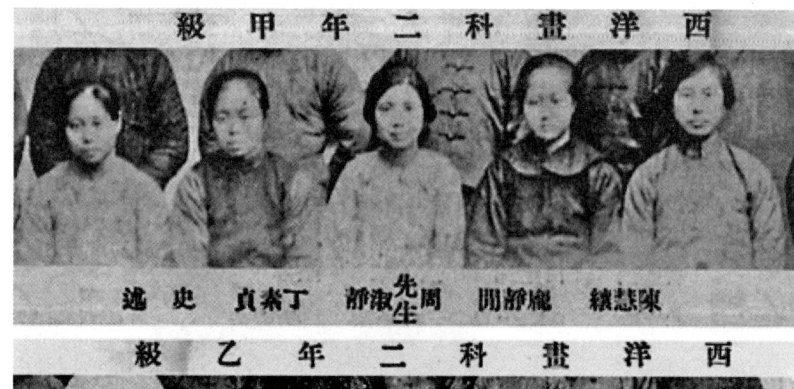

【图1920-3】1920年上海美专一批女生分别插入西洋画二年甲、乙级学习，上图中的周淑静后成为中国艺术高等学府里的第一位女教授。下图中的李骧后任职私立上海女子美术学校的校长，潘世秀（潘玉良）后于上海美专、南京中央大学任西画教授。

【引】上海美术学校"插收女生后，各处驰函来问的那就更多了。但程度不同，势难一致招收，另为开班，又限于校舍设备。这时期适有徐朗西君有协助美专计划，遂由本校告以情形，劝办女子美术学校。不一月，其议成"。即和徐朗西聘请李超士为上海女子美术学校校长，校址设在西门"林荫路神州法专旧址。开始招收新生一班，所有教授及设备，一如男校"。（刘海粟，《上海美专十年回顾》，《时事新报·学灯》，1922年9月17至20日、22日；《上海女子美术学校招生》，《申报》，1920年9月7日）

【释】徐朗西（1885—1961），陕西三原人。早年留学日本，追随孙中山参加同盟会。1912年参加孙中山召开的全国大龙头会议，1914年任中华革命党党务部第五局局长。1919年12月至1929年6月任上海美专校董和上海女子美术学校校董会校董。1928年2月至1928年11月出任上海美专校长，帮上海美专度过了一段办学低潮。1927年3月，上海工人第三次武装起义中，组织武装，参与南市起义。旋不满蒋介石所为，退出军政界，研究绘画，兴办教育。1932年，被推为新华艺专校长。（《上海美专名人传略》，第10页）

9月6日上午十时，上海美术学校举行始业式。

【引】其中西洋画科八十余人，内有新招进女生十九人，师范科三十余人。先由刘海粟演说。一、男女同学问题；二、研究艺术应抱什么方针；三、学者自由。次由李超士、丁悚相继演说。（《申报》，1920年9月7日）

【按】9月7日《申报》刊出公告《上海美术学校录取新生揭晓》，公布插班女生11人，其中"潘世秀"即潘玉良。据唐隽1921年在《上海美术专门学校概况》发表的《上海美术专门学校男女同学的过去和将来》一文中记载："美校男女同学的起源，我在民国八年已经做了几篇关于男女同学的文字……大概是主张绝对的男女同校。我又常常同我们的校长海粟先生谈到这个问题。他也十分赞同我的议论。所以他原拟八年春季招收女生，只是私立学校心有余而力不足，因经费校舍种种问题，就把他急欲提倡的男女同学无形的迁延时期了。他对我说：'男女同学，在现代教育上有必要的价值，我原定的计划现在虽不能实行，下年（按：1920年）秋季，无论怎样一定是要去办的。'"

刘海粟在《上海美专十年回顾》一文中，将实施男女同校的时间表述为"一九一九年春季……秋季开学，考取之插班生共十一人"，实际文中提到的女学生名单，均为1920年9月招收入学的插班生，再结合唐隽之文，可以确认《上海美专十年回顾》所记载招生第一批插班女生为1919年秋，是刘海粟的错记。

9月10日，刘海粟出席上海美术学校九年度第一学期第一次职员会。

【引】参会者：洪野、王济远、陈晓江、褚昌言、李骧、唐宗元、钱铸九、程虚白、汪亚尘、周淑静、陈策轩、何笠农。

议题一、报告本届聘请周淑静女士为西洋画科二年甲级主任教员，汪亚尘先生为三年级主任教员，陈晓江、钱铸九、丁云轩三先生为教员，吕秋逸先生为教务主任兼美学及美术史教员，屠乔生〔荪〕先生为舍监；函授部调任褚昌言先生为总主任，聘请何笠农先生为甲部主任。

议题二、报告各教员担任授课时间及职务。西洋画科三年甲、乙级主任 汪亚尘先生，西洋画科二年甲级主任 周淑静女士，西洋画科二年乙级主任 李超士先生，西洋画科一年甲级主任 王济远先生，西洋画科一年乙级主任 刘海粟先生，普通师范科第一、第二学期主任 程虚白先生。

议题三、提议各级积分应由各级主任于每周稽核案。议决：

定每学期终，由各级主任将各科分数平均交教务主任总核。

议题四、提议法文科由学生志愿选学案。议决：法文科准由学生志愿选学。

议题五、提议本校秋季旅行写生案。议决：旅行期约定阴历八月下旬、九月上旬，所有手续参酌旧案办理。

议题六、教员程宾提议，师范科人物摹写拟改为练习速写人物，取消修身课，加入画学一小时案。议决：照原案通过。

议题七、教员王憨提议，本校校友会宜筹划基本金案。议决：由校内暂拨五十元以作基本金。（上海档案馆档号Q250-1-38，《本校职员会、教职员会、总务会、校务会等会议记录》）

【释】洪野（约1886—1932），字禹仇，安徽歙县人。自学美术，早年从军，后定居上海。1917年在上海图画美术学校执教色彩学，为潘玉良的绘画启蒙老师。1918年11月在《美术》第一期发表论文《我之旅行写生观》，以其绘画体会和美术教学经验，阐述野外写生的重要意义。（《上海美专名人传略》，第114页）

【释】周淑静（约1890—？），福建厦门人。著名音乐教育家、女指挥家周淑安的姐姐。民初赴美留学，就读于美国俄亥俄克利夫伦美术学校，1919年毕业。1919年8月回到上海。1920年9月至1921年7月，任上海美专和上海女子美术学校教授。（《上海美专名人传略》，第264页）

9月10日，上海女子美术学校举行首届开学典礼，来宾及校董、教员、学生共180人出席。

【按】刘海粟代表发起人叙述创办经过和主旨，继由校长李超士、教员汪亚尘发言。（《申报》，1920年9月11日）

9月，吴印咸入上海美术学校西画系学习，并开始业余摄

影活动，1923 年 1 月毕业。（上海档案馆档号 Q250-1-120,《上海美术专科学校自开办至结束历届学生姓名索引》）

【释】吴印咸（1900—1994），江苏沭阳人。上海美专毕业后，专事绘画舞台布景，后又进照相馆从事摄影工作，这一时期的摄影作品《田螺》曾获瑞士摄影沙龙优秀奖。1932 年任上海天一影片公司布景师，并负责拍摄预告片的动画，1934 年任电通影片公司摄影师。拍摄的第一部影片为《风云儿女》。1936 年入明星影片公司，拍摄影片《生死同心》。翌年拍摄影片《马路天使》。1938 年至延安，参加八路军总政治部领导的延安电影团，拍摄了解放区第一部大型纪录片《延安与八路军》。后又拍摄了《南泥湾》《边区工农业展览》等纪录片。同时还拍摄文献照片《白求恩大夫》等。（《上海美专名人传略》，第 365 页）

9 月，许幸之入上海美术学校西画系学习，1923 年 1 月毕业。（上海档案馆档号 Q250-1-120,《上海美术专科学校自开办至结束历届学生姓名索引》）

【释】许幸之（1904—1991），生于江苏扬州。上海美专西画系毕业。赴日勤工俭学，毕业于东京美术学校。1929 年秋回国任上海中华艺大西洋画科主任。20 世纪 30 年代参加左翼文化运动，为"左联"发起人之一，组织"时代美术社"，被选为"中国左翼美术家联盟"主席。1940 年赴苏北参加鲁艺华中分院建校和教学，设计新四军臂章。历任中山大学、社会教育学院、上海剧专等校教授。1949 年起任苏州市文联主席、中央美术学院美术理论教研室主任、油画系和美术史系教授，中国美术家协会理事。著作颇丰。（《上海美专名人传略》，第 375 页）

【图 1920-4】吴印咸于上海图画美术学校（自拍像1920年）

9月16日，刘海粟撰《日本新美术的新印象·自序》。

【引】《自序》谓："我们生活在新文化新思想演进的现代，要求从事美术运动，那是一定要晓得世界各民族的美术运动怎样，方才能有一种彻底发展的方法。""他们民众艺术呼唱得最起劲的时候，究竟怎样现象，也是不可不看的。因为这都是与我们从事艺术运动的人有特殊的关系的。所以我就决定拿日本做考察世界美术的出发点。在日本所见所闻和个人感想便随时拉杂记了，这是这一本新印象的底稿。"（刘海粟，《日本新美术的新印象》，商务印书馆，1921年）

9月，吕澂任上海美术学校教务主任兼美学、美术史教员。

【释】吕澂（1896—1989），字秋逸，江苏丹阳人。1915年东渡日本，1920年9月始，被刘海粟聘任为上海美术学校教务长兼美学、美术史教员，任职约两年，在此期间，他结合教学，先后编撰了许多种美术专著。如：《美学概论》《美学浅说》《现代美学思潮》《西洋美术史》《色彩学纲要》等，以后于1931年至1933年间陆续由商务印书馆出版。（《上海美专名人传略》，第155页）

10月18日下午4时，刘海粟出席上海美术学校九年度第一学期临时职教员会。

【引】参会者：刘庸熙、吕秋逸、洪禹仇、王济远、李超士、程虚白、褚昌言、周淑静、何笠农、陈策轩、汪亚尘、屠乔荪、钱铸九。

议题一、提议秋季旅行写生办法案。议决：依次列各项办理。（一）年级：第三年甲、乙级，第二年甲、乙级。（二）地点：杭县西湖。（三）期限：两周。（四）出发日期：十一月二十七日（星期三）。（五）服式：常服佩戴校徽（但愿自备作画服者听）。（六）旅费：每人预缴五元，存会计处。（七）膳宿：膳食由本校支给，宿舍由本校指定。（八）队长：男生中公举正、副队长各一人，女生中公举队长一人。

议题二、提议三年甲级生毕业制作案。议决：仍照旧案，即以三年甲级生此次赴杭旅行写生所得成绩作为毕业制作之一部（风景写生），详细办法俱参酌旧案定之。

议题三、提议各级实习课积分稽核时期案。议决：二、三年级实习课积分每月稽核一次，一年级每周稽核一次，普通师范科每两周稽核一次，俱由主任教员行之。又各级野外实习课积分每月稽核一次，由科任教员行之。

议题四、教员王济远提议，民国十年元旦开全校成绩展览会案。议决：照原案通过，详细办法俟续开筹备会讨论。（上海档案

馆档号 Q250-1-38，《本校职员会、教职员会、总务会、校务会等会议记录》）

【释】李超士（1893—1971），名骥，字超士，浙江杭州人。1911 年赴法国留学，入巴黎美术学院，因学业优异而几度获金奖。1919 年学成归国。1920 年 6 月至 1926 年 11 月受聘上海美专任西画及法文教授。1920 年出任私立上海女子美术学校校长。绘画创作活跃。为上海早期写实派油画代表画家之一。（《上海美专名人传略》，第 130 页）

10 月 29 日，刘海粟和教员汪亚尘、王济远率上海美术学校西洋画科男女学生 67 人赴杭州西湖作秋季旅行写生。

【引】刘海粟和汪亚尘、李超士、周勤豪、王济远、程虚白率领西洋画科三年甲乙级、二年甲乙级、一年甲级、普通师范科甲级暨女子师范学校学生共 67 人，前往杭州西湖旅行写生。（《民国日报》，1920 年 10 月 24 日）

11 月 7 日，晚，刘海粟与旅杭师生在西湖畔照胆台举行同乐会。

【引】"十一月七日夜男女同学集照胆台开同乐会……特请照胆台的老僧弹七弦古琴。还有陈晓江先生，郭廷敬君的滑稽演说，潘世秀君（女同学）的皮簧京曲，一时非常快活。"（唐隽，《上海美术学校秋季旅行写生纪略》，《美术》第 2 卷第 4 号，1921 年 3 月）

11 月 9 日，全国教育联合会南开学校学监姜般若参观上海女子美术学校。

【引】姜般若索取一年甲级学生王德华，一年乙级学生方

之瑛等临时成绩数张，言拟携往法国美术学校比较进步之迟速。（《民国日报》，1920年11月10日）

【图1920-5】1920学年度第一学期至1921学年度第一学期西洋画科二年乙级合影

11月13日，杭州青年会举行上海美术学校临时成绩展览会，展出风景写生400余幅。14日，刘海粟率师生乘火车返回上海。（唐隽，《上海美术学校秋季旅行写生记略》，《美术》第2卷第4号，1921年3月）

11月，各省教育联合会代表参观上海女子美术学校。

【引】江西省代表龙钦海、山西省代表张兰亭、山东省女子师范校长李兰齐、广东省代表李伯贤、吉林省代表季宗鲁、河南省代表王仙芳、鲍静仁、吉林女子师范教员赵岫青、学监韩予卫、山西第一女子师范学校校长张敬丹分别参观上海美术学校，对学校教学和成绩均表满意。（《民国日报》，1920年11月10日，11月16日）

11月15日上午9时，上海美术学校校友会举行大会。

【引】到会200余人，刘海粟与吕秋逸、桂绍烈相继发表演说。下午4时借上海女子美术学校运动场摄影。晚上举行同乐会，至11时结束。（《美术》第2卷第4号，1921年3月）

【释】桂绍烈（1885—？），字承之，安徽石埭人。清末两江优级师范图画手工科甲班（1906年入学）毕业。1918年1月开始在上海美专任教。著述亦富。据上海私立美术专门学校民国七年四月呈教育厅（江苏）转教育部师生一览表：桂绍烈两江优级师范图画手工科毕业后，历任江苏省立第二、第三师范学校，第三中学、湖东中学、中国公学图画手工教员。民国七年一月来校任教。每周授课五小时，为绘画科第一学年（一年级）几何画、技术师范科手工教员。月薪四十元。（《上海美专名人传略》，第109页）

12月1日，刘海粟为《1920年上海美专毕业纪念册》撰序。

【引】序谓"我们先后的同学散到各省各地去从事艺术教育或鼓吹发扬艺术，都晓得竭力促进社会的艺术化"。"愿我们千百同学常维持着这本同学录的精神，从事共同团结，认促进我国艺术的发展是自己的责任"。（《1920年上海美专毕业纪念册》）

12月10日下午4时，刘海粟出席上海美术学校九年度第一学期第二次教职员会。

【引】参会者：汪亚尘、李超士、王济远、程虚白、吕秋逸、褚昌言、何晓村、沃玉尘、钱铸九、王邨山、周淑静、丁慕琴。

议题一、订定学期试验日期案。议决：学期试验自十年一月三日开始。

议题二、提议临时成绩展览会日期及办法案。议决：临时成绩展览会订于十年一月二十日与上海女子美术学校成绩展览会同地举行，陈列品以本学期各种成绩为限。推定各科各级主任教员为筹备员，王济远先生为筹备主任。其余办法俱俟筹备员会议继续讨论。

议题三，提议评定学生操行方法案。议决：学生操行由各科各级主任教员、教务主任、舍务主任分别评定，其方法参酌部颁规程，填写表格（此项表格由教务主任处制好，分送各教员），汇交教务主任处总平均。（上海档案馆档号 Q250-1-38，《本校职员会、教职员会、总务会、校务会等会议记录》）

12月13日，上海美术学校与上海女子美术学校两校教职员开会。

【按】刘海粟与李超士参加，讨论决定于1921年1月20日起在上海女子美术学校内合开临时成绩展览会，两校各科各级主任为筹备员，王济远为筹备主任。（上海档案馆档号 Q250-1-38，《本校职员会、教职员会、总务会、校务会等会议记录》）

12月23日下午5时，刘海粟出席上海美术学校九年度第一学期第三次教职员会。

【引】参会者：刘庸熙、吕秋逸、周璞荃、王济远、陈晓江、屠乔生（荪）、汪亚尘、褚禹承、何晓村、储六铭、沃玉尘、程虚白。主席：刘海粟。

议题一、提议修正校章，增加选科生事。议决：（一）雕刻科改为雕塑科。（二）西洋画科课程省去图案法；雕塑科课程塑造与雕刻分习之；同等师范科、普通师范科课程教育教授法及实习，各学年各周增加一小时；普通师范科中国画改毛笔画，废除临摹并减少一小时。（三）各科学生入学试验时，加体格检查一项。（四）学生纳费，每学期增加旅行写生费三元（限于二、三年级），每学年增加校友会费。（五）增设选科生事，于校章第七章后加入一章。（上海档案馆档号Q250-1-38，《本校职员会、教职员会、总务会、校务会等会议记录》）

是年，吴梦非、刘质平、丰子恺等在上海西门黄家阙合办艺术专科师范学校。后改称艺术师范大学。

是年，上海美术学校毕业学员41名。（上海档案馆档号Q250-1-120，《上海美术专科学校自开办至结束历届学生姓名索引》）

1月1日，上午9时，天马会第三届绘画展览会在静安寺路环球中国学生会开幕。（《申报》，1920年12月30日）

【按】展出中国画80余件，西洋画90余件，任人观览。刘海粟所作油画《北高峰》参加展出。展览至4日闭幕。

1月15日，上海美术学校举行西洋画科第八届毕业式，来宾沈彭年、章伯寅在会上致辞。（《申报》，1921年1月16日）

1月20日，上海美术学校和上海女子美术学校联合举行成绩展览会。

【按】展览会在上海女子美术学校内展出，沈恩孚、沈彭年、何子奇、周景之、章伯寅等观览后均为赞誉。展览至22日结束。（《申报》，1920年12月15日）

公元1921年
民国十年
（辛酉）
25岁

1月,上海美术学校毕业生9人毕业。(上海档案馆档号 Q250-1-14,《上海美术专科学校二五周年纪念一览》)

2月20日,刘海粟所撰《什么叫做美术上之脂粉问题》发表于《民国日报》副刊《觉悟》。

【引】文曰:我于一周之前,看了时事新报学灯底一段评坛《美术上之脂粉问题》,觉得十分不满意,并且我认为他有些妨害学灯的价值。……从上面综观,就可以根本上明瞭石朋君和调孚君所说的都有错误,要是依着石朋君所说,涂脂抹粉是美术上的一个问题,照美的问题固是说不上去,照美术的问题来说,也不好理解,如果硬要拿彼在美术中讨论,那除非要拿女子底颜面当作一个美术表现品或一件应用品和工艺品,岂不滑稽得很么?……他最易使人误会的几句话,就是"天然是美,人工非美……,人工的,非美也……"。依他所说,那么,美底种类,就只有自然了!请问美术二字从何而生呢?……要说涂脂抹粉,强制的,矫揉的,假的,不是美,这是可以的;决不能说人工的就不是美。(《民国日报》副刊《觉悟》,1921年2月20日)

3月5日,刘海粟出席上海美术学校九年度第二学期第一次教职员会。

【引】参会者:吕秋逸、周璞玲、王济远、李超士、梁知由、施梅僧、刘庸熙、何笠农、钱铸九、唐肖寅、丁慕琴、周伯华、薛演中。主席:刘海粟。

报告及议题:

报告一、报告本届三年甲、乙级改由周璞玲先生主任,二年甲级由李超士先生主任,二年乙级新聘施梅僧先生主任,其余各级上任仍旧。又新聘薛演中先生为文牍主任,周伯华先生为西洋画科科任教员，顾久鸿、何晓村、梁知由、杨韵涛四先生为普通师范科科任教员。

报告二、报告本届各级添收选科生：外国语并用英、法文，英文于日间教授，由周璞琤先生担任，法文于夜间教授，由李超士先生担任，由各级学生选习一种。

报告三、报告各级教员担任时间表。

议题一、提议各级主任教员应每周稽核本级学生成绩一次。议决：准由各级主任教员每周稽核本级学生室内实习成绩一次。

议题二、提议切实稽核学生出席方法。议决：由各教员切实点名，另由教务主任规定出席报告簿，分给各级级长每日填注，报告教务主任，以备稽核。

议题三、提议各级教授联络方法。议决：各级主任教员自行预定教授程序、教材种类。

议题四、提议各级野外实习由科任教员完全负责及统一办法。议决：各级野外实习准由科任教员完全负指导及批评成绩之责，每周结束一次，至于课程表规定出席时间，即不另行稽核。

议题五、提议教员缺席，应先期通知学校，并自请代课者。议决：教员有事请假，应先期通知教务主任，并自行请定相当代课人。

议题六、提议开课日期。议决：定本月十号（星期四）正式上课。

议题七、提议本届旅行写生时期。议决：时期：春假期内；地点：暂定杭州西湖。

议题八、提议本校十周纪念先期预备事宜。议决：先行组织十周纪念绘画展览会委员会，筹备一切，推定吕秋逸等十八人为委员。

议题九、提议修改各项规则。议决：照修正案通过。

议题十、王济远先生提议，学生应备制服。议决：令学生每人预缴制服费二元五角，由学校规定格式，代为制备。（上海档案

馆档号 Q250-1-38,《本校职员会、教职员会、总务会、校务会等会议记录》)

3月6日，上海美术学校举行开学仪式，刘海粟训词。
(《申报》，1921年3月7日)

3月14日，《申报》登刘海粟、吕澂、吕澂联名上教育部总长范静生书，提议举行国立美术展览会，成立民国美术院等事宜。(《申报》，1921年3月14日)

3月20日，《新申报》连载徐悲鸿来件《美术界注意》。

【录】谓：闻友人自沪来者言，沪上有所谓图画学校者，出美术杂志，登有鄙人小像，且载许多事迹，冀以贱名，招摇贸利。多年前，鄙人初至海上，满心欲习西洋画，来自乡间，莫辨真伪，望门即趋，故曾入一爱而近路所谓图画美术院，为甬人乌始光者所办，绝无设备，教员有杨某，及一名刘海粟者，形同流氓，更无技能之可言（皆为一周某之逃生云），鄙人旋去之，其院亦闭，盖所谓野鸡学堂者也。鸿八岁学画，至今未辍，当日虽亦糊口东西南北，自信造诣较彼辈必深，纵有微名，非所喜惊，不图竟有一不相干之学校，以鸿远在海外，无价值印刷物之不入目，又奈何他不得，敢为此举。爰草习艺，世界今日之美术界并其美术家，中国之美术界及美术家，并其所谓之洋画界及所谓之洋画家，来欧习艺指南，现在欧习艺者并其已归者等题布诸当世，凡有心学术者，幸对此等败类，力加抨击，庶几文化前途，有光明可发，夫岂独鄙人之幸。悲鸿敬启

又谓："若刘海粟等皆青年，不知学术之大，是目盲；谓不学而能，是放屁。安心开野鸡学堂，靦然作师，不知羞耻，非流氓骗术而何？反向之耗其光阴、掷其金钱、妄冀所得，真可痛心。"(《新申报》，1921年3月20日、21日、23日、24日)

3月24日，刘海粟出席上海美术学校九年度第二学期第二次教职员会。

【引】参会者：吕秋逸、何晓村、李超士、张天其（奇）、杨韵涛、王邨山、王济远、褚禹臣、程虚白、施梅僧、洪禹仇、屠乔荪、薛演中。

议题一、提议春季旅行写生日期及办法。议决：依左列各项办理。（一）年级：西洋画科第三学年甲、乙级，第二学年甲、乙级；师范科甲级。（二）出发日期：四月三日（星期日）。（三）限期：两周。（四）旅费：未缴纳者，限四月一日以前照章缴存会计处。（五）膳宿：膳食由本校支给，宿舍由本校指定。（六）职员：由学生公举总队长一人，分队长二人，会计二人，干事、书记若干人。（七）教员：刘海粟先生、李超士先生、程虚白先生。

议题二、提议特别待遇优秀学生方法。议决：（一）学生于一学期中不缺席、成绩优良者，得免次学期之学费，但每级以二人为限。（二）每级学生中成绩有特殊优美者，得由学级主任随时提出，成绩经教务主任会同上一级主任审查合格，准予升级。（上海档案馆档号Q250-1-38，《本校职员会、教职员会、总务会、校务会等会议记录》）

3月25日，美术杂志社及上海美术学校学生代表分别在《新申报》《时报》发表启事。

【录】美术杂志社启事：民国八年，教育部派遣徐悲鸿赴法学习美术，当时有人将其肖影送来本社，本社以其事尚有可记载之价值，故于《美术》杂志第一卷第二期插画中特为刊入，并略记数言，此纯出于善意。乃本月十九二十日《新申报》来件栏及《时报》广告栏忽载有悲鸿启事一则，竟以此事诬蔑本社，以为藉名招摇。徐某何人？充量言之，不过一官费留学生，在国内时，其艺其文见于绘学杂志，何尝有足道之处？时人能举徐某之名者，又有几许？区区人物，亦值得言招摇？在识者闻之，真不禁齿冷。至于启事原文，用意卑劣，不识人间有羞耻事，更不足深辩，惟恐读者或有误会，故特约略声明，尚祈：

公鉴

上海美术杂志社谨启

敬告国人启者：本校美术杂志社于民国八年刊行《美术》杂志第二期，插图栏内曾载有徐悲鸿肖像及其赴法纪事，不过视为美术界消息之报告，并无其它用意。不料事隔二年，忽于本月十九、二十日《时报》、《新申报》中发现徐悲鸿启事一则，竟藉此牵涉本校全体及现任校长个人，措辞立论荒谬怪诞，原无辩论之价值。惟在我国美术发展犹属幼稚，难免不滋生误会，同人等为美术前途计，为本校名誉计，不得不根据事实纠正该项启事之谬误。查徐悲鸿系在民国二年暑假后入本校西洋画科毕业，并以家贫受免费生之待遇，后至北京，获得教育部官费派遣留学法国，同人等意其对于美术前途或能有所贡献。乃徐某忘情于师长，忘情于母校，今竟不顾自己之人格，以诬妄之言，毁坏个人之名誉、毁坏学校之名誉，一则曰刘海粟形同流氓，再则曰其所设之学校为野鸡学校。所谓流氓者果何指？所谓野鸡者果何解？刘先生办学以来，惨淡经营，数载于兹，供献于社会者颇大，造就美术界之人才颇众，同学之留学他国者几岁有其人，尽责社会者亦逼于各地，频年以学校成绩供社会之观览，留心教育者亦莫不深加叹美，此固国人所深知者也，以如是有心社会事业者而谓为流氓，以如是学校而谓野鸡，天下宁有此荒谬之见解、颠倒之事理哉？且徐某一研究美术之留学生也，美术家之修养，讵非期其高尚洁白，美术家之态度，讵非期其磊落光明，乃徐某不此之务，竟以忘本为能，倾轧为事，以此等人而厕身留学界，实足以增留学界之羞，以此等人而归国人事于美术，实足以长美术前途之黑暗，教育部以国民之汗血，供此等人之耗费，同人等又深为教育部造就人才之初心惜。同人等矢志美术，自觉于中国美术界有甚大之责任，敢认徐悲鸿启事之言论，显系摧残美术，淆乱社会视听，实为美术界之害物，沾污美术界之纯洁莫甚于此，特以告我国人，国人幸留意焉。

上海美术学校学生陈复、朱志坚、邝廷模、万家祺、丁远、沈在镕、倪贻德、沈延哲等一百五十八人谨启

民国十年三月二十四日（《新申报》，1921年3月25日）

3月31日，《美术》杂志第二卷第四号发表刘海粟撰著的《近代底三个美术家（续前）》。

【按】此刊还载有：吕澂《艺术批评的根据》《美术品和美术家的人格》《未来派画家的主张》，汪亚尘《个性在绘画上的要点》，唐隽《裸体艺术与道德问题》等。（《美术》第2卷第4号，1921年3月31日）

4月8日，刘海粟与李超士、周淑静、程虚白、王济远率领西洋画科二、三年级学生91人赴杭州旅行写生。（《申报》，1921年4月8日；倪贻德1921年5月25日晚八点在上海所记）

4月23日，上海美术学校将旅杭师生写生作品800余幅假杭县青年会举行展览会。（《时报》，1921年4月19日）

4月，刘海粟在杭州西湖作油画《春晓》《雷峰写照》。（《刘海粟年谱》，第32页）

4月，上海美术学校校友会编辑的《美专月刊》创刊，仅出一期。

【图1921-1】刘海粟在杭州西湖写生所作油画《春晓》，发表于1923年《海粟之画》。

【按】该刊是该校学生进行艺术探讨、切磋绘画技艺的园地。16开本。（许志浩，《中国美术期刊过眼录》，上海书画出版社，1992年6月，第15页）

5月2日，吕凤子在上海美术学校与上海女子美术学校演讲。
（《申报》，1921年5月3日）

【按】学术报告题为"艺术教育和艺术是什么？"。报告要点：1. 艺术表现人类同情，要以艺术家的思想感情引起人类的创造力。2. 物的美要从艺术表现出来。3. 要以艺术促成社会的艺术化。4. 艺术的人生方有价值。5. 为人生研究艺术，艺术就是人生。6. 不论什么主义什么画派都是艺术家要表现他的思想情操。听者除两校师生二百余人外，尚有来宾等参加听讲。

5月，上海美术学校董事赵菊椒等募得徐家汇漕溪路基地20余亩，拟为学校建新舍用。(《上海美专大事年表》，《上海美术专科学校档案史料丛编》（第一卷），上海书画出版社，2012年）

5月，刘海粟撰写的《日本新美术的新印象》由商务印书馆出版。

【按】全文14872字。分为两篇：第一篇为日本美术展览会鸟瞰，分别叙述帝国美术院展览、日本美术院展览会、二科会的观感和评论；第二篇为日本的艺术教育，对东京美术学校、东京女子美术学校、太平洋画会研究所、日本美术学校、日本美术院研究所、京都高等工艺学校、川端画学校、东京高等师范学校图画手工科、京都市立美术工艺学校、京都绘画专门学校、关西美术院的沿革、设备、教授旨趣及课程设置详加叙述和评论。

1919年刘海粟赴日本考察，撰写的《日本之帝展》《日本美术院》等文章发表于1920年《美术》杂志，1921年商务印书馆结集出版了《日本新美术的新印象》。（刘海粟，《日本新美术的新印象》，商务印书馆，1921年）

【图1921-2】刘海粟编辑的《日本新美术的新印象》书影（上海商务印书馆1921年版）

6月7日，刘海粟出席上海美术学校九年度第二学期第三次教职员会。

【引】参会者：吕秋逸、屠乔荪、施梅僧、顾畸人、周伯华、杨韵涛、张天其、王济远、程虚白、洪禹仇、褚宇尘、何晓村、薛演中。

议决事项

议题一、提议各科各级学期试验科目及日程。议决：六月十三日起，二十一日止，照教务处所定顺序表按期施行。

议题二、提议西洋画科第九届、普通师范科第四届毕业式，暑假休业式日期。议决：六月二十三日下午二时举行。

议题三、屠君乔荪提议，学生操行成绩应由各主任切实考查。议决：照原案通过。

议题四、王君济远、何君晓村提议，校旗、校徽形式划一办法。议决：征集式样后再行审查决定，征集条件：（一）富有意义；（二）形式美观；（三）色调简单；（四）制作便利；（五）切于实用；（六）尽一星期交件（六月八日至十五日止）。

应征者须将右列各条附注说明。（上海档案馆档号Q250-1-38，《本校职员会、教职员会、总务会、校务会等会议记录》）

6月9日，刘海粟出席上海美术学校九年度第二学期临时教职员会。

【引】参会者：杨韵涛、何晓村、屠乔荪、钱铸九、吕秋逸、王邨山、张天其、王济远、顾畸人、周伯华、李超士（代）、洪禹仇、施梅僧、程虚白、褚宇尘。主席：刘海粟。

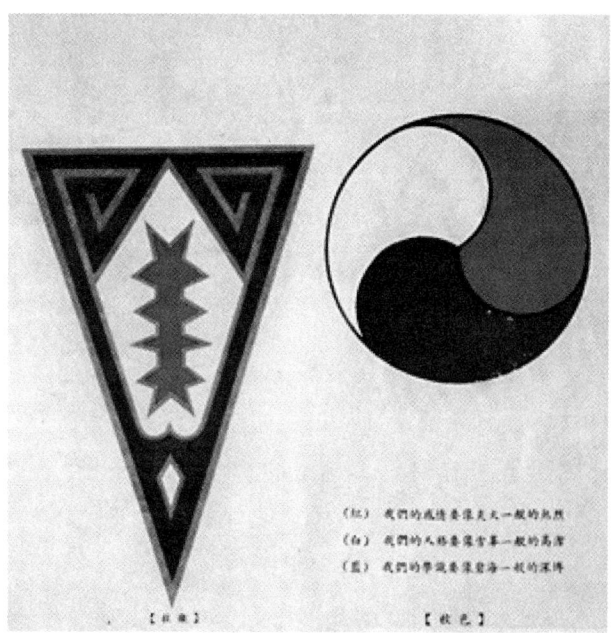

【图1921-3】上海美专校训、校徽、校色

议题一、提议改正校名为上海美术专门学校。议决：改定名称，俟添设高等师范科，对外同时宣布。

议题二、提议修正本校学则。议决：学则修改如次，自次学期起施行。

（一）第二章第三条列高等师范科科目课程表，原定中国画时间改为音乐。

（二）第五章第十一条第四项，预缴制服费十元改画服费预缴两元。

（三）第七章试验及升级、毕业改为成绩考查，原有二十、二十一条删除，加入第十九条，又二十二、三条条文均加更改。

（四）第八章第二十四条（原二十六）条文改正如次：选科生所选之科目于修习完毕时考查成绩及格，得给予选科毕业证书。

议题三、提议修改校章，考试废止以后，考查学生成绩不可不有规程，以资依据。特另拟草案，应逐条讨论通过成立。议决：照原案略加修改通过（条文另抄）。

议题四、提议本届第三次教职员会议议决学年试验，现颇有窒碍难行之处，本学期终结，学生各科成绩总考查究应采用何种妥法？议决：本届学年试验停止举行，考查学生学业成绩即以平时成绩平均计算，其理论科目有平时未及考查者，仍于上课时期内，由科任教员临时考查之。

议题五、洪禹仇先生提议，自次学期始，学生膳食概由各人自理。议决：照原案通过，但有学生愿寄宿校内者，于第一、第二、第三学期开始时，各预缴宿费、杂费、仆费合二十元。
（上海档案馆档号Q250-1-38，《本校职员会、教职员会、总务会、校务会等会议记录》）

6月13日，刘海粟出席上海美术学校九年度第二学期临时教职员会。

【引】参会者：吕秋逸、王济远、程虚白、丁慕琴、屠乔荪、顾畸人、周伯华、王邨山、张天其（奇）、杨韵涛、梁知由、何晓村、施梅僧、洪禹仇、薛演中。

议题：本校学生颇有行动逾越常轨、妨害学校前途者，现已一一查得实据，究应如何处理，以图善后？

（事由）自本月七日起，本校学生叠次密开会议，藉端考试，别开枝节，屡向学校具函要挟，措辞荒谬，用意难知。校中累日彻查，并由学生倪贻德、吴人文交出会议记录。又学生丁远等五十人陈明，实受胁迫，当时与闻其事者，多属盲从，已无疑义。而三年乙级学生郲廷谟，二年甲级学生沈在镕、陈复乘机鼓动，导群众于非法，亦复事实历历无可隐讳。推究该生等初心不必即欲破坏学校，然视罢课、离校为寻常事，屡次会议皆行提出,以为要挟,且不惜曲折以赴之。(如每次借全体学生名义通函学校办事人限时答复,皆明知事属难能,而即藉为次后会议之依据,以进行其预定之步骤,此非有意使学校陷于不可收拾地位而何?)又,陈复更主张另组学则,共同管理学校,其思想之悖谬与漠视学校、毫无感情,实系逾越常轨,对于学校前途极端妨碍,如不加以严重处理,将何以示范将来,更图进展?用是请参酌事实,公决办法。

议决:依据学生会议记录,学生郦廷谟、沈在镕、陈复各人之言语、举动实系危及学校前途,应据校章,即令退学,并招集全校大会说明理由,公布办法。

主席:刘海粟。(上海档案馆档号 Q250-1-38,《本校职员会、教职员会、总务会、校务会等会议记录》)

6月23日下午二时,上海美术学校举行新制第九届西洋画科、第四届师范科毕业式,刘海粟致训词。(《时报》,1921年6月24日)

6月,商务印书馆《教育杂志》编辑、著名哲学家李石岑受刘海粟函请,赴上海美术学校和上海女子美术学校作题为《象征之人生》的演讲。

【按】讲稿发表于《东方杂志》1921年第18卷第12期。

夏,刘海粟与吴昌硕、王一亭等在上海淮海中路尚贤堂举办画展,初识康有为并被收为弟子。(刘海粟,《黄山谈艺录》,《艺谭》1980年第2期)

【引】"康南海偕刘显世于人丛中偏讯海粟。会海粟至,便呼海翁,极口称其画之雄桀,引为忘年交,握手纵谈若不足。

及聆海粟言论，踔厉风发，率常屈其座人，惊为奇才。约翌日观藏弆。询海粟之年。对以二十六（注：虚岁）。又询创办美校之年。海粟答以十六（注：应为十七，虚岁）。询何师，答无师。南海即拍案叫绝，作色曰："此天才也，超绝超绝！吾欲罗致门下，为画之天才备一格，其许之乎？"海粟诺之。南海欣欣有喜色。遂出所藏，自汉魏迄六朝，以及海外珍异，莫不一一导溯，为海粟口指，竟日无倦容。其视海粟之厚，人亦莫知其然。复与之论书法，命作擘窠大字，授悬腕诀，解稚拙义，教同子弟，薪尽火传。海粟以师事之。"（《晨报》副刊《星期画报》，1925年12月19日）

【引】"十年夏，南海康师约愚鉴画"，"翌晨，果以六尺纸书拉飞尔诗贻愚。"（刘海粟，《画圣拉飞尔》，《艺术》周刊第34期，1924年1月6日）

【引】刘海粟在《黄山谈艺录》中记叙与康有为的交往经历："1921年，我邀请吴昌硕、王一亭等先生在上海淮海中路尚贤堂同开画展。"康有为来看画展后要找刘海粟，"他题完诗走到门口，恰好我赶到，丁悚把他介绍给我，他一把抓住我的手说：'你是刘海粟的儿子吗？'我当时一怔，怎么说我是刘海粟的儿子呢？康老先生接着说：'老笔纷披。'我明白了：是说我这么年轻就画得这样成熟苍劲。他邀我次日到他家午餐。""第二天，我欣然来到他家……一起欣赏台子上的古代书画名作"，"看完之后，康老先生说：'我要考考你！'便指了一些画要我说说来龙去脉，我作了详细回答。他喜形于色，谈到他的学生林旭八岁能诗，梁启超十六岁中举人，等讲完广西大学校长马君武等等之后，便向我提出：'我就是少了一个美术学生，非你不可。'我很乐于做康南海的学生，便大胆地问道：'我跟您学什么呢？总不能光挂个名呀！'他说：'画不能教你，可以教你诗、书、文。'实际上我从康老先生那里获益最多的是书法。自此，我每逢星期五，再忙都要到他那里去认真学书。"（刘海粟，《黄山谈艺录》，载《艺坛》季刊1980年第2期）

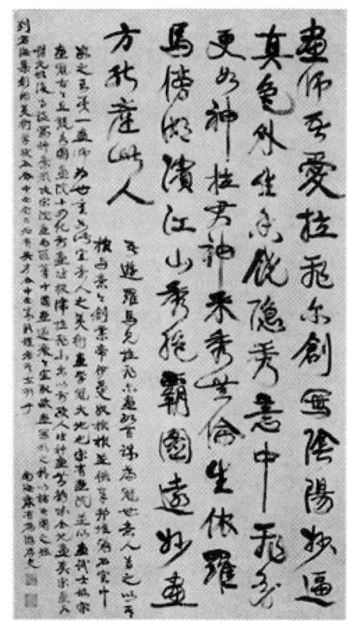 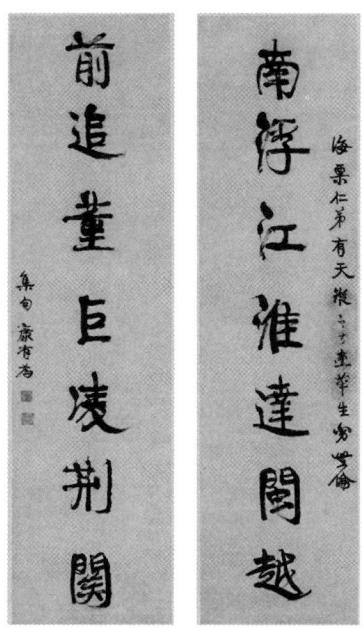

【图1921-4】1921年康有为将旧作《题拉飞尔》赠刘海粟,并增题。

【图1921-5】康有为赠刘海粟集联

7月1日,上海美术学校改名为上海美术专门学校(简称"上海美专")。

【按】辟初级师范科校舍17幢于英租界康脑脱路(今康定路)徽宁会馆。是年校董赵菊椒等人在徐家汇漕溪路募得20余亩基地。此外,另辟初级师范科校舍17幢于英租界康脑脱路。1921年7月5日,上海美术专门学校为纪念成立十周年而举办画展,方斜路白云观左近校本部为第一展地,林荫路女子美术学校部为第二展地。(《申报》,1921年7月1日)

7月5日,上海美术专门学校成立十周年纪念绘画展览会开幕。(《时报》,1921年7月5日)

【引】展览会以方斜路白云观左近上海美术专门学校本校为第一展览会场,林荫路上海女子美术学校为第二展览会场;展出学校历年学生成绩和临时征集品共1300多件。刘海粟与汪亚尘、李超士、王济远、陈师曾、吕凤子、吴法鼎、杨清磬、谢公展、程虚白、周勤豪等展出作品。学校发行《上海美术专门学校十周纪念绘画展览会会刊》。刘海粟在会刊的《宣言》中说:"正像这烦热的气候里谁都觉得更不可不有一点凉风,现在浑浊的社会里也再不可不有点清新的空气。我们学校藉纪念成立十年的机会举行这个绘画展览会,其先也是因着这一动机。""现在更将那规模扩大了,便另外还有两种意思:第一是将学校历年的成绩都陈列出来,表白我们学校历年是怎样的努力,并且这种努力依着时候是怎样的改进。第二是在学校成绩以外征集了出品,将它们传布到社会里去,使爱好美术的人可以常常地接触他。"会刊还载坚白《对于上海美术专门学校的希望》和景冰《裸体画的意义》。展览至15日结束,参观者一万余人。(《刘海粟年谱》,第33页)

7月,上海美专举办暑期进修班,入学人数大增。

【按】第二届暑期班分设绘画、音乐两组。入学的120余名学员,多半为各省学校选送来的艺术教师。教学时间为6周。

7月,《美术》杂志第三卷第一号刊登刘海粟撰写的《塞尚奴的艺术》。

【引】该文约5000字。刘海粟以独特的眼光评述了塞尚的艺术:"他生平以自己一人与自然实在相联合,所以他的艺术也无所谓艺术与宗教或其艺术上的权威。他但用自己的实在取得真价,而拿他的趣味和情调为生活。人间一切事物都有神秘的色彩,这神秘里面,却无情调的变化。但塞尚奴则不然。他对于事物所有的神秘都能发露直陈出来,安慰他的人生。所以他的作品都由自然爱育而成,绝不受任何的激动。他尽自然感受为鹄,也无所特别需要,更无所特别厌恶。所以他是纯洁,高尚极了。简直超无垢的天光,越清澄的空气,而成功他心灵的象征。世人多说塞氏画中的生活,确如管弦之发声时时紧张而唱谐调。其无限之情调,彷徨的精神,永久徘徊于塞氏之画面而不灭。我以为塞尚奴的画实在能卓绝千古。但塞氏本身的绘画生活却像果腹一般。吃饭虽是为饮食之条件,其实为果腹所必需,所以他的画也是为果腹而作。但是他总以为一生未能果腹,空着肚子的状态。所以他的绘画却又增进不已。要之塞尚奴艺术兴味实在是深信新生命的。"(刘海粟,《塞尚奴的艺术》,《美术》第 3 卷第 1 号,1921 年 7 月)

7 月,刘海粟校长邀请刘质平任上海美专专职音乐教员。

【按】当时上海美专在全国艺术类专科学校中,属规模较大的一所高等学校。刘质平认为,在这里开办音乐教育影响较大,极力谏言刘海粟开办音乐学科。鉴于刘校长的犹豫不决,刘质平与音乐教师们表示,如果是经费原因,他们可以一年内不领薪水,也要把音乐学科办好。1923 年上海美专正式设置音乐系,开招音乐专业学生。刘质平在上海美专教学至 1931 年夏,前后达 10 年之久。

【释】刘质平(1894—1978),浙江海宁人,早年就读浙江第一师范,从李叔同学习音乐。毕业后赴日本留学,入东京音乐专科学校学习。1918 年回国后,在上海任教。1920 年 7 月至 1931 年 1 月在上海美术专科学校任高师科音乐系主任、艺术教育系音乐组主任、西乐学教授,其中 1925 年 9 月至 1926 年 12 月为首任上海美专音乐系主任。在上海美专组织了音乐研究会,主

办了音乐杂志《音乐教师的良友》。是上海美专音乐专业及音乐系的创办人。(《上海美专名人传略》,第146页)

7月,上海美专毕业生11人毕业。(上海档案馆档号Q250-1-14,《上海美术专科学校二五周年纪念一览》)

8月4日,天马会第四届绘画展览会在静安寺路环球学生会开幕。刘海粟所作油画《夏荫》《船夫》参加展出。(《申报》,1921年8月5日)

8月24日,江苏省教育会举行大会,25日选举刘海粟、朱亮、林之钧、金承望为社会教育部干事。(《申报》,1921年8月26日)

9月1日,上海美专举行开学仪式,刘海粟致辞。(《申报》,1921年9月2日)

9月9日,刘海粟出席上海美专十年度第一学期临时教职员会。

【引】参会者:姜般若、吕凤子、程虚白、周勤豪、汪亚尘、顾久鸿、谈炳仁、杨桂松、褚禹臣、张道宗、施梅僧、梁潮楷、陈策轩、洪禹仇、刘利宾、王济远、刘懂、王邟山(代)、李超士(代)。

议题一、本校组织系统应加讨论案。议决:照原案略有讨论修正通过。

议题二、各种会议规程应请表决案。议决:照原案略有讨论修正。

议题三、提议十周纪念会应预先推定委员筹备案。议决:先行组织委员会,推定委员十人着手筹备。委员姓氏如左:吕凤子、姜般若、周勤豪、程虚白、王济远、汪亚尘、王邟山、丁慕琴、褚禹臣、刘利宾。

议题四、校徽为一校观瞻所系,原有式样是否适用,应请详细讨论,俾得确定而垂诸永久。议决:尽两星期内征集式样,再行审定,并规定征集办法:一、富有意义;二、形式美观;三、制作便利;四、尽两星期交件(九月十二日至廿五日止)。

议题五、教员王济远提议,学生制服宜定式样案。议决:从缓,俟下届校务会议开会时再议。

报告事件

一、报告本学年新生逾额,原有校舍不敷支配,刻已另辟新舍十七幢,在英租界康脑脱路,由教务处主任会议议决:将普通师范科全部迁入。

二、报告本学年聘请吕凤子先生濬为教务主任兼高等师范科主任,姜般若先生为总务主任,周勤豪先生锺杰为西洋画科主任

【图1921-6】《上海美专高师科第一届毕业纪念册》(上海档案馆藏卷号Q250-1-154P0068-0070)

兼西洋画科二年甲级主任，汪亚尘先生为西洋画科三年级主任，蔡和钦先生为舍务主任，刘利宾先生观光为文牍主任兼教务处事务员，朱啸筠先生为手工教员，刘质平先生为高师科音乐教员，徐维邦、朱志坚、谈炳仁、贺伯馨诸君为西洋画教员。（上海档案馆档号Q250-1-38，《本校职员会、教职员会、总务会、校务会等会议记录》）

【释】吕凤子（1886—1959），江苏丹阳人。1909年毕业于南京两江优级师范学堂，为李瑞清入室弟子，并先后任教于湖南长沙师范、江苏扬州第五师范学校。1911年在家乡捐产兴办正则女子职业学校。1920—1922年任职上海美专，参与上海美专高师科同学组织的文人画会活动，并为画会出版的《文人画集》题写了书名。抗战爆发后迁四川璧山，1940年任国立艺专校长。（《上海美专名人传略》，第158页）

9月10日下午1时，刘海粟出席上海美术学校十年度第一学期教务会议。

【引】参会者：吕凤子、姜般若、汪亚尘、王济远、史苍霖、朱啸筠（代）、程虚白、谈炳仁、李超士（代）、丁慕琴（代）、周勤豪（代）、刘利宾。

议题一、各科部每周教学时间应请商定案。议决：如原编课表通过。

议题二、本学期各级美学、美术史课拟并排列于秋季修学旅行后二周内，仍请吕秋逸先生来校讲授案。议决：无讨论通过。

议题三、各级学生有未与前学年试验者，应请各科部主任会同各学级主任，尽开课后一周内补行试验案。议决：理论学科由教务主任随时补行试验，实习学科由各科部主任会同各学级主任随时补行试验。

议题四、前学期决定学生成绩考查办法，应请实行案。议决：由教务处依据学生成绩考查规程，编订表格，公布实行。

议题五、各科部新生学力不合原取某级程度者，应改为某级旁听生案。议决：各科部一年级生如程度不合，应留级旁听，其他各科插班生有程度不合者，应降级。

议题六、各科部主任对于各科部管理、训练、教授诸方面有特殊见，应请提出本会议讨论公布案。议决：请各科部主任、各学级主任将对于各科各级管理、训练、教授上意见用书面提出，下次教务会议讨论公布。

议题七、本年度各学科教授要目，应请各专任教师尽开学后三周内编定案。议决：由教务处制定要目表格发给各教员填注。

议题八、各教师因故缺课，应请得间补授案。议决：照原案实行。

附议，各级主任所任西画课临时缺席时，得由助教代负指导任务，如无助教，则暂时从缺，待后补授。

校务会交议案二件：

一、普通师范科修业期宜加增（至少二年），并开办附属小学案。议决：自下年度起，普通师范科修业期限定为三年毕业，附属小学定下年度开办。

二、本校招生拟改每学年一次，每学期但招各科部预科插班生案。议决：如原案通过。

临时提议三案：

一、学生秋季旅行写生办法案。议决：办法如左列：（一）年级：西洋画科三年甲、乙级，二年甲、乙级，一年甲级、普师甲级。（二）地点及实习时间：苏州二星期，西湖一星期。西洋画科三年甲、乙级、二年甲级往苏州，二年乙级、一年甲级、普师甲级往杭州。（三）出发日期：十月十三日（星期四）。（四）

旅费：每生三元，尽九月底一律缴存会计处，宿费由校供给，膳费自理。（五）职员：由学生公推，照春季旅行例。（六）导师：各级级任、科任教员愿同往者得临时加入。

二、研究科生如不满十人应否另设教室案。议决：不满十人则并入西洋画科研究。

三、函授部应否归教务处直辖案。议决：函授部事务仍由该部主任主持，但该主任对于该部整理计划得随时提出教务会议讨论，又本校各学科讲义，教务处应择该部适用者随时送交该部，转印给发函授生。（上海档案馆档号Q250-1-38，《本校职员会、教职员会、总务会、校务会等会议记录》）

9月12日，刘海粟出席上海美专十年度第一学期第一次临时总务会议。

【引】参会者：姜般若、王邨山、蔡和钦、黄启元、屠乔荪、张道宗、刘利宾。

议题一、舍务考勤办法案。议决：学生训导、宿舍整理、学生考勤等项办法，由屠、蔡两舍先生会同酌议，以精密便利之法行之。

议题二、学校卫生科如何着手办理案。议决：防疫方法、调养室管理、饮食料检察（查）等项，暂由舍监随时兼顾办理，俟将来组织卫生科后，再行另订细则，专任其事。

报告校务会议议决案两件：一、总务主任职权。二、总务会议简则。（上海档案馆档号Q250-1-38，《本校职员会、教职员会、总务会、校务会等会议记录》）

9月24日，刘海粟出席上海美专十年度第一学期西洋画科教务讨论会（临时）。

【引】参会者：周勤豪、李超士、王济远、汪亚尘、洪禹仇、徐维邦、吕凤子（代）、朱志坚、刘利宾。

议题一、提议学生成绩应如何考查案。议决：从本星期起，三年甲、乙级每土曜日须将所绘室内成绩悬置本教室中，由级任教员考查之；二年甲、乙级每土曜须缴室内成绩一张，由级任教员考查；一年甲、乙级及高师科亦须将每周所绘室内成绩交由级任教员考查；至各级野外写生成绩，每周亦须交一张或二张。

议题二、提议教室日志填记，应如何规定责任案。议决：教室日志须由值日生填记，并由级长随时检查，如值日生缺席时，当由级长代理职务，每土曜日应由级长将该日志送至教务处稽核。（上海档案馆档号 Q250-1-39，《上海美术专科学校教务会议简则及会议记录》）

9月，杨秀涛入上海美专西画系学习。1930年5月与同在法国留学的刘海粟、颜文樑、孙福旭等同游意大利，学习文艺复兴大师作品。

【释】杨秀涛（1896—1979），土家族，贵州江口双江人。曾在上海美专西画系、上海大学艺术系学习，毕业后赴法国勤工俭学，考入巴黎美术学院攻读油画专业，1928年毕业获硕士学位，受比利时国王特请为该国财政部客厅绘画一年多，后游历了德国、英国等11个国家；1930年5月与同在法国留学的刘海粟、颜文樑、孙福旭等同游意大利，学习文艺复兴大师作品。抗战全面爆发后回家乡江口县从事教育工作；1947年任国大代表，参加南京国民会议；1948年任贵州省艺术馆馆长；1952年后于贵州省师范学院艺术科、贵州民族学院任教。（（上海档案馆档号 Q250-1-288-1）《学生姓氏索引表》；《上海美专名人传略》，第378页）

9月,李石岑受聘任上海美专教育理论教授。

【释】李石岑(1892—1934),湖南醴陵人。1920年春毕业于东京高等师范学校。1921年入商务印书馆任编辑,并先后兼任东南大学、大夏大学教职。1928年再度出国留学。在法国、德国研究哲学。1930年回国任中国公学、暨南大学、大夏大学等校哲学教授。著有《西洋哲学史》《哲学概论》等。(《上海美专名人传略》,第135页)

10月15日,刘海粟等教员率领西洋画科二、三年级甲、乙级,一年级甲级及普通师范科甲级学生156人前往杭州西湖旅行写生。(《申报》,1921年10月15日)

10月27日,刘海粟演讲《画面之关结》。(《申报》,1921年10月29日)

10月29日,上海美专在杭州浙江省教育会举行成绩展览会,至30日结束。(《四民报》,1921年11月3日)

10月,刘海粟在杭州作油画《红籁所感》和《回光》。

【引】刘海粟记叙:"有一天在雷峰塔下红籁山房整个儿作了一天画,这幅就是最后的一张。那画血液般的流霞,反照着灿烂的湖水,蒙着宝俶塔,我脚下的协德堂也着了鹅黄的彩色,这种神秘的象征,禁不住我情涛怒发。""我在红籁山房遥望城隍山的回光,西子湖的明波,山麓的小林;绯红的、蔚蓝的、碧绿的,这般飞舞的色调,使我全身的热血忽忽的奔腾,我心像也轻轻的飞起了。呵,生命之火,到底燃着了!"(《海粟之画》,上海美术用品社,1923年5月)

11月5日,上海美专在林荫路江苏省教育会续开旅杭写生成绩展览会两天。其中有学生倪贻德、鲁少飞等的作品。

（《益世报》（天津），1921年11月9日）

11月19日下午7时至9时，刘海粟出席上海美专十年度第一学期教务常会。

【引】参会者：吕凤子、汪亚尘、王济远、周勤豪、李超士（代）、程虚白（代）、丁慕琴（代）、谈炳仁、戴育万、杨桂松、顾久鸿、朱志坚、刘利宾。

议题一、法文、日文定为正课，应请教者严密考核成绩案。议决：本学期法文、日文定为正课，授课时间仍排在晚上，即请担任教授者严密考核成绩，并决定日文缮发讲义由学生担任缮写。

议题二、西洋画科毕业制作应亟议定画材、幅数及画幅大小与缴画期案。议决：十二月缴齐。

议题三、议决：本学期仍由学校发给画布，画风景、人体各一幅，尽阳历十二月缴齐。

议题四、油画实习应请教者详细指导案。议决：应由三年甲、乙级级任李超士先生于学生实习时详细指导，李先生现病，【经】年未愈，暂请刘海粟先生担任指导。

议题五、各学科教授要目未编成者，应请尽两星期内编交教务处案。议决：理论学科应请担任教授者尽二星期编成交教务处。（上海档案馆档号Q250-1-39，《上海美术专科学校教务会议简则及会议记录》）

11月19日，《申报》载上海美术专门学校消息。

【引】自本学期开学以来，各部事业逐步革新，学生自动组织国画研究会、乐学研究会、文学研究会、哲学研究会、篆刻研究会、舞蹈研究会、游艺会、讲演会等。（《申报》，1921年11月19日）

12月4日，为进行创作、展览和讲演，刘海粟偕学生丁远抵达北京，寓东方饭店。(《刘海粟旅京绘画展览会纪实》，《美术》第3卷第2期，1922年5月)

12月6日，刘海粟在北京高等师范平民教育社讲演。

【引】讲演题目为"什么叫作社会艺术化"，谓艺术为平民的，每个人都有享受的机会，并述艺术家宜有创造的精神，以发展个性为要素。(《刘海粟年谱》，第35页)

12月7日下午，刘海粟在北京高等师范美术研究会讲演。

【引】讲演题目为"为什么要研究艺术"，谓要发挥民族的特性与表现时代的精神。(《刘海粟年谱》，第35页)

12月20日，上海美专校友会编辑的《美专月刊》第一期出版，倪贻德任编辑部主任，发表刘海粟《为什么要创办校友会月刊》一文。

【按】另有曾兆芹《艺术的真谛》，李竹子《创造的生命怎样表出》，莫运选《艺术与劳动家》，李璟《为什么要拿"属于时间的"和"属于空间的"来分别音乐和雕刻绘画？》，倪贻德《被摧折的天才》（小说）、《最后的目的》（剧本）等文。该刊1922年5月出版第二期后终止。

12月25日，下午3时，刘海粟应蔡元培之邀，在北大画法研究会讲授《西洋现代绘画之新趋势》。(《北京大学日刊》第925号，1921年12月23日)

12月26日，刘海粟赴天津，作油画《最惨之印象》。(《刘海粟年谱》，第35页)

【图1921-7】1921年12月20日《美专月刊》第一期

12月,蔡元培因治疗足疾住北京德国医院,时刘海粟曾两次前往探望,与蔡元培谈了很多话,为之绘作素描肖像和油画肖像《蔡元培》。

【引】刘海粟记述了两次谈话内容。"刘先生来得正是时候,我在医院里很寂寞,看了一些评论艺术的著作和画册,欢迎你常来谈谈,互相研究!""你已经画过九年,有一定心得,用不着过谦。北大成立了画法研究会,美学一课暂时没有人讲,我上了一段时间,因为生病停止,你来之后可以给研究会学员一些新知识。我希望这个研究会对中国画坛的除旧布新,能起一定启蒙作用,才强调从事美术的人要终身不舍,兴到即来,时过情过,不持之以恒,断无成就。""你的画有塞尚和凡·高的味道,而表现出来的个性,又完完全全是中国人的本色,笼罩着东方画的气韵,有你自己的东西,前程远大。希望维持目前这样强烈的求知欲,边讲学边作画。我给你一本《塞尚选集》,他的构图和色调都值得你注目。要进入他作品的世界,还要能走得出来,不可失去自己独有的面目。西风东渐,为时不久。潜修苦练,大有可为。""要大胆,镇定自若,我读你办的《美术》,有一定水准,再者你的画笔会说话的,用不着气馁。我不会画,却在讲美学,你遇到说不清楚的时候,可以用笔来说,画给他们看也很好。不过,不能以导师自居,以平等的身份对待青年学子,他们一定会拥护你,真正遇到在课堂上不好回答的难题,可以跟学生们一起商量。这样很快就建立感情,有什么不足之处,他们会告诉你加以改进的。青年们极为可爱,不为他们奋斗,我们治学做事有什么意思?"(刘海粟,《回忆蔡元培》;沈虎编,《刘海粟散文》,广州花城出版社1999年版,第165页)

【引】油画《蔡元培》作者有如下说明:"1921年冬天我到北京去,蔡先生大病后还在医院里静养,精神憔悴,仍未脱去病容。他欢喜看画谈画,所以我也常常到医院里去,一面谈一面为他画了几张肖像。这是我拿回来的一张素描。"。(《海粟之画》,上海美术用品社,1923年5月)

【图1921-8】刘海粟为病中的蔡元培所作肖像写生(1921年)

12月,刘海粟在北京雍和宫作油画《北京雍和宫》,在天安门作油画《北京天安门》,在天坛作《柏》,在前门作《前门》,作油画速写《暮》,作油画《北京皇城》《北京》《北京天坛所见》《北京中央公园》《北京前金门》等。

【录】《北京雍和宫》作者有如下说明:"一座庄严灿烂的牌楼,用似火的琉璃瓦盖着顶;檐下是翠绿、碧蓝相间的回龙,年代久了,现出一种暗淡深郁的色泽;还有十二根大柱敷了血般的红色;上面顶青空,下面铺着黄土;照耀着有力的日光,越显得光怪陆离。这种森严、伟大的外貌,使我全身的热血不息的潜跃。挥,挥,挥!我的笔锋,不管能不能神会,我总是努力地挥!" 同时期还有速写《暮》。作者有如下说明:"夕阳光下的新世界,蒙着闪烁的光芒;水泥马路上的强烈反射光,现出极端

【图1921-9】油画《北京雍和宫》,1921年12月作于北京,载1923年5月上海美术用品社出版的《海粟之画》。

【图1921-10】油画《柏》，1921年12月作于北京，载1923年5月上海美术用品社出版的《海粟之画》。

【图1921-11】刘海粟油画作品《暮》（1921年），载1923年5月上海美术用品社出版的《海粟之画》。

的明亮。路中的行人为什么这样奔命？在这刹那的变化中，我又为什么紧急地追赶他？"。

作品《柏》有如下说明："一九二一年冬日作于北京天坛。纵二十四寸，横十八寸。纲目板印。"

作品《前门》有如下说明："一九二一年在北京作，其时天气严寒，气候干燥，故色彩明瞭。前门之下，人物喧杂，车马辐辏；远景为东车站。前门之伟大突兀，人马之奔逐骚动；为这画之象征。原画纵二十六寸，横三十二寸，曾在中日美术协会第一届美术展览会，北京刘海粟个人绘画展览会，天马会第四届展览会陈列三次。七色版印。"（《海粟之画》，上海美术用品社出版，1923年5月）

12月，蔡元培夫人黄振玉病逝，刘海粟为蔡夫人绘制遗像一幅。（刘海粟，《回忆蔡元培》，《刘海粟散文》，第163页）

是年，刘海粟作多幅油画。

【按】在杭州旅行写生期间作油画《西湖苏堤》《西湖边憩息之老妪》《西湖南高峰》《西湖刘庄附近》《西湖平湖秋

【图1921-12】1921年12月在北京的刘海粟

月》《西湖玉泉附近》《杭州灵隐寺》《西湖公园前》《西湖船夫》，作水彩画《西湖全景》《西湖高庄附近》等，在上海作油画《上海日晖港附近》《上海新世界》《上海日晖港》《上海跑马厅》《上海乡景》。(《北京大学日刊》，1922年1月16日)

本学期，上海美专毕业学员 26 名。(上海档案馆档号 Q250-1-14,《上海美术专科学校二五周年纪念一览》)

是年，刘海粟识吴法鼎(新吾)、李毅士(祖鸿)，讨论中兴中国艺术之志，所见皆同。(《刘海粟年谱》，第35页)

【释】吴法鼎(1883—1924)，字新吾。河南信阳人。1903年考入北京"译学馆"，学习经济和法文。1911年由河南省选派赴法国留学，初学法律，后改学油画。1919年夏归国，在上海参加艺术活动，1922年7月任上海美术专门学校暑期学校教员。1923年任上海美专教务长。1924年2月2日，在开往北京的火车上因脑溢血去世，年仅42岁。上海美专为纪念吴新吾特设立新吾奖学金，奖励成绩优异的清寒学子。(《上海美专名人传略》，第220页)

是年，比利时著名画家盖大士受聘在上海美术专门学校担任高师科西洋画教授。

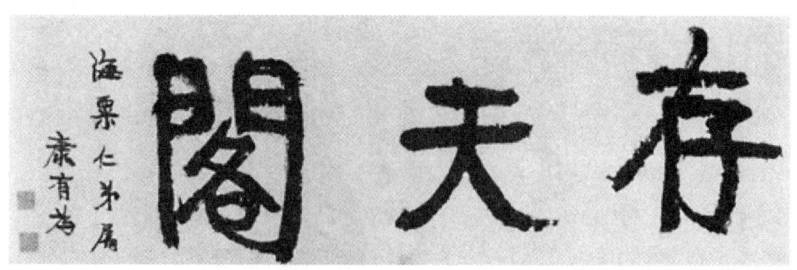

【图1921-13】康有为题词刘海粟画室匾额《存天阁》手迹

【释】盖大士（1863—？），又称寇司Kats。1918年蔡元培在北京大学发起组织"北京大学画法研究会"，旗帜鲜明地宣示"本会以研究画法发展美育为宗旨"。1919年蔡元培聘请比利时著名画家盖大士为画会油画教授，开我国现代美术教育直接延请欧洲美术家为教授的先例。盖大士能说汉语，在美专任教期间在学校教师宿舍居住。（中国第二历史档案馆藏档案卷号6540，《1924年6月上海美专高师第一届毕业纪念册》；《上海美专名人传略》，第103页）

1月6日，蔡元培致函邀请教育部次长陈垣出席刘海粟画展。

公元1922年
民国十一年
（壬戌）
26岁

【引】"上海美术专门学校刘海粟君，长于新派油画，近日来北京游历，作画多幅，不久将在高师开一作品展览会。深慕硕学，亟思请教，敬为介绍，幸赐接见。"（高平叔，《蔡元培年谱长编》（第2卷），人民教育出版社1998年版，第459页）

1月8日，上海女子美术学校举行寒假休业式。

【按】上海女子美术学校是上海美专的附属教学单位，休业式上，校长李超士，主干唐隽，教员汪亚尘、钱鼎等相继演说，以极恳挚之词勉励学生。下学期起新生改为四年制。添设画学、透视学、色彩学、解剖、心理、哲学、美术史、美学课程。另加英、法、日语课程。

【释】钱鼎（1896—1989），字铸九，上海青浦人。1920年毕业于上海美术专门学校西画科，留校任西洋画教员，教务主任周勤豪退出后继任上海女子美术学校教务主任。1923年移居北京，任国立女师大美术班指导教员。1924年至1925年间，受韩乐然之邀任私立奉天美专西画系讲师。1934年南返，任上海私立新华艺术专科学校西画系教授。1936年加入"默社"。1939

年与陈抱一、周碧初、朱屺瞻、宋钟沉在上海大新公司画厅举办"联合油画展"。解放后任上海文史馆馆员。（《上海美专名人传略》，第178页）

1月14日，蔡元培在北京《京报》发表《介绍画家刘海粟》一文。

【引】蔡元培在文中称"刘君的艺术是倾向于后期印象主义，他专喜描写外光。他的艺术纯是直观自然而来，忠实地把对于自然界的情感描写出来，很深刻地把个性表现出来，所以他画面上的线条结构里色调里都充满着自然的情感。他的个性是十分

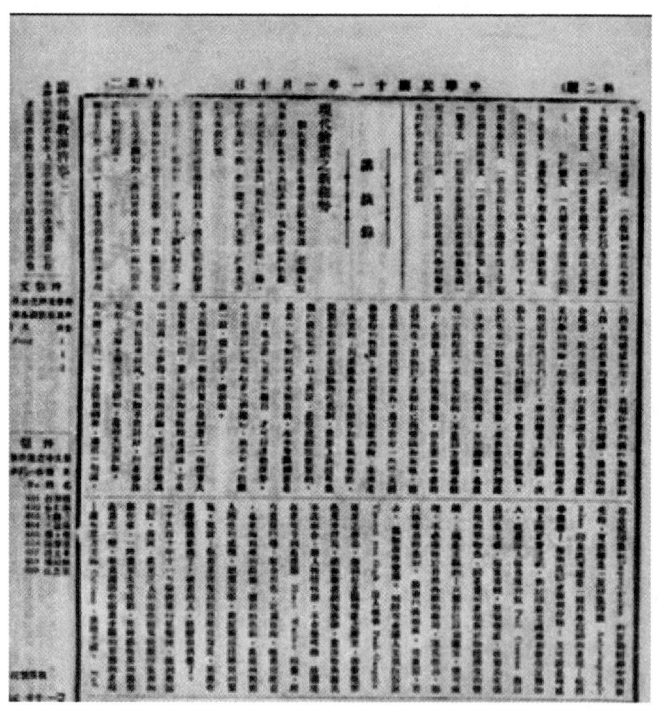

【图1922-1】1922年1月10日《北京大学日刊》刊载刘海粟在北大所作题为"现代绘画之新趋势"的演讲稿。

强烈,在他的作品里处处都可以看得出来。他对于色彩和线条都有强烈的表现,色彩上常用极反照的两种调子互相结构起来,线条也总是很单纯很生动的样子,和那纤细女性的技巧主义是完全不同。他总是绝不修饰、绝不夸张。拿他的作品分析起来,处处又可以看出他总是自己走自己要走的道路,自己抒发自己要抒发的情感。"(1月15日,此文又由蔡元培与北京高等师范学校校长李建勋联名分别发表在北京《新社会报》和《北京大学日刊》第935号上)(《北京大学日刊》第935号,1922年)

1月15日,由北京大学校长蔡元培倡议的刘海粟绘画展览会开幕。

【引】展览会由北京高等师范学校美术研究会与平民教育社发起,在北京琉璃厂高等师范风雨操场举行。蔡元培亲自撰文《介绍画家刘海粟》,刊于1922年1月15日北京《新社会报》,翌日又与李建勋联名发表于《北京大学日刊》。期间,在蔡元培的推荐下,北京高师校长李建勋邀请刘海粟去该校讲演。展览持续3日,至17日结束。(《刘海粟年谱》,第36页)

【引】这次展览会,是几个团体和私人为刘君举行的。刘海粟从上海带了数十张西湖和上海的作品来,在北京所作的,也有十余张。展出作品有:

1. 油画 病后《在德国医院之蔡孑民》
2. 油画 忍耐《上海日晖港附近》
3. 油画 耐寒《北京中央公园之巨柏》
4. 油画 西湖红籁山房《红籁所感》
5. 油画 黄沙《西湖苏堤》
6. 油画 西湖雷峰塔边望城隍山《回光》
7. 油画 罪恶之窟《上海新世界》
8. 油画 朔风凛冽中之努力《北京天安门》

刘海粟年谱长编 | 137

9. 油画　僵冷《北京皇城》

10. 油画　皇宫乎《北京》

11. 油画　残冬《北京天坛之柏》

12. 油画　疲劳《西湖边憩息之老妪》

13. 油画　清澄《西湖南高峰》

14. 油画　深秋之夕阳《上海日晖港》

15. 油画　红叶《西湖刘庄附近》

16. 油画　静《西湖平湖秋月》

17. 油画　满是反感的感觉《北京雍和宫》

18. 油画　秋《西湖玉泉附近》

19. 油画　雄壮《杭州灵隐寺》

20. 油画　霞《上海跑马厅》

21. 油画　雨《西湖公园前》

22. 油画　瞬逝之影《北京天坛所见》

23. 油画　树影之下《西湖船夫》

24. 水画　春光《西湖全景》

25. 油画　瞬息《上海乡景》

26. 水画　阴《西湖苏堤》

27. 油画　花

28. 水画　小贩

29. 油画　自动的努力《上海美术学校女生课余时之野外实习》

30. 油画　雨后之红树《西湖》

31. 油画　道旁之巨树《西湖》

32. 油画　建筑物之对照《北京中央公园》

33. 油画　笨大《北京天坛》

34. 油画　十二月二十六日赴津所见《最惨之印象》

35. 油画　春晓《西湖高庄附近》

36. 油画　午门《北京》

（据《北京大学日刊》1922年1月16日。此篇先刊载于1922年1月15日北京《新社会报》，后由蔡元培与李建勋联名发表于《北京大学日刊》。）

1月16日至17日，王文培、张耀翔、陈宝泉、蔡元培、袁希涛、李建勋、汪祖懋、经亨颐联名在北京《黄报》发表《介绍艺术家刘海粟》一文。

【引】文章称"刘先生为天才艺术家，提倡民众艺术，久为各界所景仰。此次陈列者，多为刘先生生平杰作。同人虽于此项专门学术缺乏研究，亦深知美术在教育上之价值，故特为之介绍"。（《蔡元培年谱长编》（第2卷），第461页）

1月19日，北京《晨报》发表史琬《看了刘海粟绘画展览会之后》。

【引】此文对展品逐幅批评后提出："我希望刘君成功一个纯正的艺术家，在现代文化上尽些宣传的责任，在中国艺术史上开个新纪元出来，方才不负刘君这种天才。所以我就要劝刘君舍去社会上一切杂乱的事，很专一很纯洁地努力自己的艺术，促进自己的成功。"（《晨报》，1922年1月19日）

1月，刘海粟在北京作油画《北京前门》《雍和宫》。下旬，离北京南归。（《刘海粟年谱》，第38页）

【录】《北京前门》有如下说明："其时天气严寒，气候干燥，故色彩明亮。前门之下，人物喧杂，车马辐辏；远景为东车站。前门之伟大突兀，人马之奔逐骚动，为这画之象征。"（《海粟之画》，上海美术用品社，1923年5月）

1月，上海美专毕业生 14 人毕业。（上海档案馆档号 Q250-1-14，《上海美术专科学校二五周年纪念一览》）

2月6日，蔡元培致函刘海粟，感谢他在生病住院时，为其画像之事。

【录】此信中蔡元培对刘海粟给其绘制速写表示谢意，并对上海美专募集资金建校舍给予关心，信中有曰："海粟先生大鉴：在病院屡承枉存，并赐绘寒相，临别又承赐故乡风景画，卧游对照，永铭嘉惠。贵校募集建筑费，弟力所能及，不敢不尽。若以总队长相属，必不敢当，以寒士当募款之冲，其成效可想而知也。都中政潮方烈，尚未易着手集款；到适当时期容图之。弟虽出院，然未痊愈，故不能赴沪，已托谭仲逵兄代表。承注，谢谢！敬复，并祝时祺。弟蔡元培敬启二月六日"。（《蔡元培全集》第 11 卷，第 55 页）

2月8日，刘海粟赴江苏教育改进社，会见了高曙青，并谈论国际美术史公会在法国开会的情形。

【引】"二月八日在教育改进社，晤高君曙青，述及国际美术史公会在法开会情形，并示以记录。"（刘海粟，《国际美术史公会开会纪》，《美术》第 3 卷第 2 号，1922 年 5 月）

2月18日，刘海粟致函范静生，聘请其担任本校募捐建筑校舍组织募金委员会队长。

【录】"日昨台斾启行，沪站拜别，从此暌违两地，向从神劳。今届驱驾申江，时间忽促，竟不获一尽地主之谊，简慢不周，更深歉忱。美校昔议募捐自建校舍，一切详情曾已面陈梗概，所有此项建筑平面图样以及募捐启、预算书等草案，兹已后先拟就，检呈一份，祈即鉴正。其募捐团中队长各职，现得京沪等处允许担任者，计已有二十人左右。敬恳先生担任队长外，并祈转为介绍相识名流为分队长，俾收众擎易举之效，业经于在沪时面为敦请，辱承慨许行视他日校舍落成，功垂久远，大君子之鸿赐，实非使美校师若生感德于无穷也。专肃。"（上海档案馆档号 Q250-1-254，《本校募捐建筑校舍，组织募金委员会聘请委员队长，及与各方面接洽募款的往来文书》）

2月20日，刘海粟在上海美专春季开学式上演讲。（《申报》，1922年2月21日）

【引】讲话谓：自本学期将美专分为三院：白云观对门为第一院，为造就纯正美术专门人才，培养及表现个人高尚人格，设西洋画科，分一、二、三年级甲乙组共6班。林荫路女子美术学校为第二院，为造就实施美术教育人才，直接培养及表现国人高尚人格，设高等师范科。因上海美专各年级对女生全部开放，不另设女子美术学校。新辟斜桥南首为第三院，设普通师范科。为谋普及美术而设函授学校（以前附设之函授部）、暑期学校、星期日半日学校。时有学生三百数十人。（《刘海粟年谱》，第38页）

2月20日，刘海粟撰写《国际美术史公会开会纪》的前"志"部分。

【引】文曰："二月八日在教育改进社，晤高君曙青，述及国际美术史公会在法开会情形，并示以记录。余曰此美术界至大事也，是世界文化融洽之机会，是我国数千年来文化表白之时期，急宜将此经过情形公布国人以促国人之注意、研究；否则中华人是不知中华美术之价值，对于中华美术史迹且茫无头绪也；

其曷能应国际之交换？高君慨然许我将原稿在时事新报及美术杂志发表。按高君曙青名鲁，中央观象台台长也，前年赴欧考察学术，适留欧学生监督沈君归国，高君遂代理监督职务焉。其时国际美术史公会在法开会，高君就近为中国代表，颇尽宣传东方艺术之力。"（刘海粟，《国际美术史公会开会纪》，《美术》第3卷第2号，1922年5月）

【按】《国际美术史公会开会纪》全文由留法学生国际美术公会第三组书记严智开、李书华二人记录，内容分为1、缘起，2、组织，3、经过三个部分，介绍了国际美术史公会的活动。

2月22日下午一时，刘海粟出席上海美专十年度第二学期教务会。

【引】参会者：吕凤子、王济远、汪亚尘、贺伯馨、朱志坚、刘庸熙、戴育万、唐哲庵、顾久鸿、刘利宾、万嘉祺、许士骐。

一、议本学期以英文为必修科，法文、日文为随意科，听学生自由选学，教授时间则定在晚间。

二、议各科解剖学、透视学定一年授毕，西洋画科美术史、美学定一年授毕，又几何画、图案画学、色彩学、伦理定一学期授毕，拟请教者准此期限，预备教材，并制教案，尽开课后一月交教务处。

三、议本届春季旅行仍以西洋画科三年甲级、三年乙级、二年甲级、二年乙级、一年甲级及普通师范科甲级学生为限，旅行地点定南京，出发期定四月十五日，旅行写生定二星期。

四、议从本学期起，各科部学生由各科部主任随时随地实行训练，并定每月由各科部主任召集各科部学生开谈话会一次。（上海档案馆档号Q250-1-39，《上海美术专科学校教务会议简则及会议记录》）

【释】许士骐（1901—1993），安徽歙县人。1921年毕业于上海美术专科学校西画系，留校任教。1928年在上海主办中国古今名画展览会，1930年留学法国巴黎美术学院和德国德累斯登卫生博物院，研习素描、油画和艺用人体解剖，并游历英、德、比、瑞士、意、波等国考察美术。回国后居上海，1933年在上海举办"许士骐杨缦华夫妇画展"。1949年后，任南京大学艺术系教授，南京师范学院美术系、教育系教授。（《上海美专名人传略》，第231页）

2月24日，蔡元培为上海美专在教育部立案事致函教育部次长陈垣。

【引】函谓"顷接刘君函，以请省款补助，非请贵部早准立案不可。该校内容，闻贵部曾派朱炎君考察。此无大不合处，可否准予立案，以示贵部提倡美术之盛意"。（《蔡元培年谱长编》（第2卷），第479页）

2月25日，刘海粟出席上海美专十年度第二学期校务会议。

【引】参会者：吕凤子、李超士（代）、汪亚尘、洪禹仇、刘利宾、薛演中、褚禹臣、施梅僧、张道宗、刘懂、王济远、张曼容、万古蟾、唐哲庵、王心梅、沈延哲。

报告：一、学校改组事项。二、学制改组事项。
议题一、组织训育方法研究会，推定本校全体教职员为训育方法研究会会员，并推请吕凤子草拟组织法，再行定期开二会着手进行。
议题二、卫生科推请薛演中草拟卫生科简则，俟简则脱稿

后,再行定日开会进行。(上海档案馆档号 Q250-1-38,《本校职员会、教职员会、总务会、校务会等会议记录》)

2月,上海美术专门学校决定自本学期始学校分为三院。

【按】白云观左近为第一院,造就纯正美术专门人才,培养及表现个人高尚人格,设西洋画科,分一、二、三年级甲乙组共6班。林荫路原女子美术学校为第二院,造就实施美术教育人才,设高等师范科。并决定美专各科均接纳女生,故不再专设女子美术学校。新辟斜桥南首为第三院,设初级师范科。此外另设函授学校、假日学校等,时学生逾300人。新辟斜桥南首第三院所在地是徽宁会馆,会馆在南市区制造局路附近的徽宁路上。会馆门前路原称前石街,因会馆改称徽宁路,与之相交的制造局路旧名斜桥南路,故美专称第三院在斜桥南首。会馆旧址在今徽宁路655号,当时美专在此辟初级师范校舍约一年。翌年2月,迁回林荫路二院。

2月,上海美专校董会添聘范源濂、熊希龄、张嘉森(君劢)、郭秉文为董事。3月,董事会修改会章,公推蔡元培为董事会主席,并由蔡元培聘请黄炎培为住沪代表。(上海档案馆档号 Q250-1-2,《本校校董会及学校在北洋军阀时代呈报伪教育部立案表件及往来文书》)

【释】郭秉文(1880—1969),字鸿声。江苏江浦人。国民政府高级官员。中国近代教育家。1896年毕业于上海清心书院。1908年赴美国留学,获伍斯特大学理学士、哥伦比亚大学师范学院博士学位。回国后历任上海美专校董会校董(1922年2月至1926年11月)。南京高等师范学校教务主任、校长和东南大学校长。1925年赴美国担任芝加哥大学哈里斯基金学院讲座,任中华教育促进会会长。次年发起组织华美协进社,任社长。自1923年起连续三届当选为世界教育会议副会长。第二次世界大战后任联合国善后救济总署副署长。晚年创立中美文化协会,从事中美文化交流活动。1969年8月在美国病逝。(《上海美专名人传略》,第21页)

【释】熊希龄(1870—1937),字秉三,祖籍江西省丰城县,生于湖南省凤凰县。十五岁中秀才,十六岁中举人,十九岁中进士,二十一岁点翰林,清末与梁启超、谭嗣同等致力维新;民国初年先后任财政总长、内阁总理等要职;1925年发生五卅惨案,熊希龄在京发起组织"沪案失业同胞救恤会",集聚天安门,主祭追悼死难者;1927年,李大钊遇害,熊希龄不计个人安危将李夫人及两个子女接到香山保护,后转送中共地方党组织;上海沦陷后,熊希龄以世界红十字会中华总会会长身份设立临时医院四所,难民收容所八处。熊希龄一生忧国爱民,一身正气。1937年逝世于香港。(《上海美专名人传略》,第26页)

春,刘海粟在上海作油画《日光》。(《刘海粟年谱》,第40页)

3月1日,刘海粟复函郭诵筬。

【录】诵筬学弟大鉴:顷接手书,欣悉自沪登程,业已抵校。此间募捐建筑校舍现在分途进行,颇见顺手。唯兹事体大,全赖各方面热心劝募,方收众擎易举之效。承吾弟担任募捐队员,并已蒙令母舅宏顾慨助五十金,足见热忱爱校,竭力襄助。将来新屋告成,功垂不朽,所裨实多。附寄捐启及预算书一份,希即察收为幸。本届招考并无籍隶河南安阳新生入校,附闻。再募捐事务拟定阴历三四月间正式开募,仍望广为劝募,俾成巨数。刘海粟。(上海档案馆档号Q250-1-254,《本校募捐建筑校舍,组织募金委员会聘请委员队长,及与各方面接洽募款的往来文书》)

3月2日，蔡元培复函刘海粟。

【录】此信是蔡元培告知刘海粟上海美专教育部立案之事。信中有曰："海粟先生大鉴：奉惠书，属向教育部商贵校立案事，已函商，陈次长之意甚好，但部务不能一人专断，已议决再派员视察而后定。陈君亦曾接尊函，属弟并复也。陈君函附奉。并请道安。弟 蔡元培 敬启 三月二日"（《蔡元培全集》第11卷，第67页）

3月7日，刘海粟出席上海美专十年度第二学期第二次教务会议。

【引】参会者：吕凤子、王济远、杨韵涛、刘庸熙、朱志坚、刘利宾、万古蟾、顾久鸿、沈延哲（代）。

一、议砥行会定下星期由教务处先召集全体学生，说明组织砥行会宗旨，再由教务处拟定会则，召集各级代表会议通过后实行。

二、议大演讲会亦由教务处拟定办法召集开会，并定每月开会一次。

三、议教室周志由各级主任督责值周生填注，各级教室内空气调换及一切事物整理统由各级任督责值周生注意。

四、议学生随地涕唾有碍卫生，暂用下列三法禁止之：（一）由校中多备痰盂置放通路侧；（二）悬挂"痰入痰盂"字样之牌子；（三）请各教授及舍务主任随时训诫任意吐痰者。

五、议各级室外实习，如遇阴雨，即改为室内实习。

六、议西洋画科一年乙级学生，请各担任教授从严管理。

七、议请吕凤子先生编撰本校校歌，并请音乐教授刘质平及北京萧友梅先生制谱。（上海档案馆档号Q250-1-39，《上海美术专科学校教务会议简则及会议记录》）

3月17日，上海霞飞路（淮海中路）尚贤堂商科大学内举行的天马会第五届绘画展览会上，展出刘海粟油画《北京前门》《天安门》和《自画像》。（《申报》，1922年3月17日；《刘海粟年谱》，第39页）

3月17日，刘海粟致函李钱笛。

【录】此信是上海美专为募集资金建造校舍，告知捐助大礼堂、图书馆等建筑给予命名。信中有曰：南康路英大马路外滩南洋兄弟烟草公司 敬启者，日前趋信，快甚感甚！昨晤张君露得，道及阁下热忱教育，而于公益事务尤属不遗余力，仰佩高风，无任钦迟。美校募捐建筑校舍，全赖大力者之襄助为之风气。贵总理简照南先生热心著闻当世，拟恳鼎力吹嘘，发施宏惠，最好请简先生担任捐助一部分之建筑，如大礼堂、图书馆等，毕日校舍落成，其室当以募捐酬谢，从即以简先生之名名礼堂或图书馆，俾志不忘而垂永久。素念简先生对于学校事业引为己任，更得鼎言借重，定能慷慨捐输，至成其事。专此敬恳，不胜待命。（上海档案馆档号Q250-1-254，《本校募捐建筑校舍，组织募金委员会聘请委员队长，及与各方面接洽募款的往来文书》）。

3月18日，康有为参观天马会第五届绘画展览会。

【引】康赞赏刘的艺术，并在评语簿上留言："中国画学衰矣，此会开新传旧，将发明新画学，以展布中国文明。"（《天马会展览会续志》，《申报》，1922年3月19日）

【释】康有为（1858—1927），曾上书清帝提出变成法等事。光绪二十一年，赴北京会试，联合各省在京举人上书清帝。中进士，授工部主事，未就任，又上书清帝，鼓吹变法维新。政变发生被通缉，自北京南逃上海，在租界当局护送下，转往香港、日本等地。1913年后坚持改良主张，辛亥革命后回国抵沪，组织孔教会。1917年至北京，与张勋阴谋复辟帝制，称上海反帝斗争为"沪乱"。1926年，天游学院在沪愚园路开办，自任院长兼主讲。因参观天马会画展结识刘海粟，成为刘海粟的书法、诗词老师，上海美专校董。1927年3月31日，在青岛病逝。著有《新学伪经考》《孔子改制考》《戊戌奏稿》《大同书》《南海先生诗集》《欧洲十一国游记》《广艺舟双楫》等。（陈建华，《民国名流与上海美专》，南京大学出版社2012年版，第79页；《上海美专名人传略》，第33页）

3月21日，蔡元培复函刘海粟，议上海美专立案事。

【录】海粟先生大鉴：连接两函，又与陈圆庵函商。前日范吉六来言，去年派人考察，其所报告，既与专门学校规程不合，未准立案。今年非再派人考察一次，公牍上实难回旋，唯有设法提早派人，不误过四月间省议会开会期间而已。至南通纺织学校，是别种关系，未能援例云云。止可候部中派人再说。敬闻，并祝时祺。弟蔡元培敬启。三月二十一日。大著两帧已由吴、李二君转奉。（《蔡元培全集》第11卷，第74页）

【释】范吉六，名鸿泰，湖北鄂城人。毕业于日本东京高等工业学校。曾任京师大学堂工科教务提调。后任教育部佥事、技正，湖北省教育厅长。

3月23日，刘海粟出席上海美专十年度第二学期西洋画科科务会议。

【引】参会者：王济远、汪亚尘、李超士（代）、吕凤子（代）、刘庸熙、顾久鸿、朱志坚、许御良、万古蟾、贺伯馨、刘利宾。

一、报告组织西洋画科野外实习竞进会成立案。

二、议本届西洋画科三年甲级旅行南京写生请求延长期限。议决：仍依前次议定时间办理。

三、议西洋画科应请各级任、各科任切实考查学者成绩，分别及格与否，随时报告本处。

四、议本届西洋画科三年甲级卒业制作，定此次旅行写生期间，先绘风景一张，画幅以油画布廿五号为起点，至八十号为止，油布归学者自备，尽旅行写生回校时交出，人体画定旅行回校后二星期从事制作，画布由学校发给，大小一律规定为二十五号。（上海档案馆档号Q250-1-39，《上海美术专科学校教务会议简则及会议记录》）

3月，上海美专校董会修改章程，公推蔡元培为校董会主席，蔡元培委托黄炎培担任驻沪代表。（上海档案馆档号Q250-1-2，《本校校董会及学校在北洋军阀时代呈报伪教育部立案表件及往来文书》）

【引】校董会成员在学校发展过程中不断得到调整，增补，并推举蔡元培等5人为常务校董，钱永铭等9人为经济校董。有关学校建设中的一些大事，以及重要的活动，校董会召开专题会议讨论，帮助决策。如上海美专成立10周年校庆纪念活动，便由校董会筹集经费10000元。1922年6月，校董事会临时会议又决定筹建校舍，并专门成立了"筹建校舍募金委员会"。1933年2月，校董会决议，拟于上海漕河泾学校基地，筹建新校舍暨美术馆，设立了筹建委员会。关于上海美专校董会的性质和职能，在学校的组织大纲中写道："本校校董由热心艺术教育对于本校实力扶助者组织之；本校校董会依据国民政府教育部私立专科学校条例，为本校之代表并负经营本校之全责"；校董会的职权是"选任本校校长；决定本校建设改进及一切进行计划；筹划本校经费及基产；审定本校校章、审核本校预算决算；监察本校财

政；保管本校财产；筹划本校其他一切事项"。(《南京艺术学院史》1992年版，第10页)

【释】钱永铭（1885—1958），字新之，浙江吴兴（今湖州）人。1902年入北洋大学，次年公派留学神户高等商业学校，1909年归国。1917年任交通银行上海分行副经理，1920年出任上海银行公会主席，1922年任南京国民政府财政部次长，代理部务。1928年出任浙江省府委员兼财政厅厅长、国民党中央银行理事。1930年受国民党政府委派，为中法工商银行中方董事长。1932年1月至1937年6月任上海美专校董会校董、常务兼经济校董。1945年兼任金城银行董事长。1946年以无党派人士身份出席重庆政治协商会议。1949年上海解放前夕离沪前往香港，后迁往台湾定居。1958年6月19日在台北去世。(《上海美专名人传略》，第40页)

4月1日，刘海粟与李超士及日本人石野宏哲等联合举办第一届中日联合美术展览会，以宣传东方艺术之精华。展览至5日结束。

【引】展品分为南画与西洋画，中国画家有吴昌硕、王一亭等十余人参展，刘海粟与汪亚尘、王济远以西洋画参展。上午十时，刘海粟与日本驻上海总领事田中庄太郎等300余人出席开幕式并发言，由汪亚尘翻译为日语。(《申报》，1922年3月27日)

4月10日，蔡元培复函刘海粟，对上海美专董事会新增人员进行审查。(《蔡元培年谱长编》（第2卷），第490页)

【录】奉惠书并美校董事会来函，敬悉。弟对于此事之办法，已详复董事会函中。查董事诸君中，如钱士青、谭廉、唐熊、阮性存、张福增、章慰高六位，弟不甚知其详，如承便中属

书记抄赐各位履历一纸,甚幸。此复,敬祝时祺。弟蔡元培敬启四月十日。(《蔡元培全集》第11卷,第84页)

【按】钱士青,时任两浙、长芦等盐务稽核所所长。阮性存,时任浙江公立法政专门学校教授。谭、唐、张、章,均为上海工商界人士。

4月14日,刘海粟陪同教育部专门以上学校委员会常任委员冯承钧、伍灵视察上海美专。(《刘海粟年谱》,第40页)

4月15日,刘海粟邀请张嘉森在上海美专二院礼堂讲演《美术上之三大主义》(自然主义、理想主义、外观主义)。(《刘海粟年谱》,第40页)

4月15日,上海高等美术学校学生李楷控告刘海粟冒领贷款及损害名誉案,上海地方审判厅传唤刘海粟应讯,刘海粟派代表出席。(《美术学校学生控刘海粟》,《民国日报》,1922年4月17日)

【按】刘海粟未出庭遭原告律师反对,认为是借故规避。审判厅遂判令改期,待刘海粟本人应讯再审。

4月17日,刘海粟出席上海美专十年度第二学期校务会议。

【引】参会者:吕凤子、王济远、汪亚尘、唐哲安、薛演中、刘质平、朱志坚、顾久鸿、戴育万、杨韵涛、刘利宾、万嘉祺、李超士(代)、朱啸筠(代)。

一、本届旅行处所本定南京,适闻本省政局恐有变动,应否改往他处所,请公决。议决:本届旅行处所仍根据前议案往南京,如届出发期因时局关系不克前往,临时再开会议定之。

二、本届旅行应仍照前学期办法，于旅行处所组织写生队事务所，即请推定事务员及措理成绩办法。议决：仍照上届办法，俟出发前一日再行开主任会议商订办法。

三、刘质平先生提议，普师科应添授音乐课。议决：初级师范科从下学期起添设音乐课，并定甲、乙、丙三级，每星期增加音乐四小（时），又高师科亦自下学期起增加音乐，以十时为限。

四、写生队职员定星期三在二院选举。议定：旅行职员名额人数：总队长一人，副总队长二人，分队长十二人，干事十六人，会计三人，书记四人。推选法除分队长以各级代表充任外，分总队长、副总队长、干事并票选举，会计、书记并票选举。（上海档案馆档号Q250-1-39，《上海美术专科学校教务会议简则及会议记录》）

4月23日，刘海粟等率上海美专学生赴常熟虞山写生，作油画《虞山之下》《流动》《言子墓》《埠》（《常熟之埠》）。

【按】刘海粟与汪亚尘、王济远、李超士等率上海美专西洋画科三年级甲乙级、二年级甲乙级、一年级甲级暨普通师范科甲级共男女学生170余人，乘轮船赴常熟虞山写生。连日"跋涉岩穴野芳，抒情于画面"，至5月8日返沪。（《申报》，1922年5月7日）

【引】《虞山之下》有如下说明："一九二二年四月作于虞山。言子墓前三株百年的巨干，披着茂密的丛叶，在风中颤巍巍地抖个不息，振动了我的心弦，就作了这幅画。原画纵十八寸，横二十四寸，曾在近作展览会陈列过；纲目版印。"《流动》有作者说明："春天到常熟去旅行，走到北门，看见这可爱的溪流，再也不能放它过去，我就把它捕捉在画布上。'流吧！流吧！可爱的溪流！'原画纵十五寸，横十寸，曾在上海近作展览会陈列过；纲目版印。"（《海粟之画》，上海美术用品社，1923年5月）

【按】《虞山之下》《流动》载于1923年5月出版《海粟之画》，《埠》（《常熟之埠》）载于1923年《现代名画集》。

5月8日，刘海粟率上海美专春季旅行写生队由常熟返上海。13日至15日举行师生虞山野外实习绘画展览会，陈列作品千余件。（《刘海粟年谱》，第41页）

5月23日，蔡元培致函刘海粟。

【录】海粟先生大鉴：顷有北大学生王滨海、陈季清二君往德留学，在上海德领事馆申请护照，须请本埠有名誉之校长作保证，谨此奉烦，如荷慨允，不胜感荷！专此，敬请台安。（《蔡元培全集》第11卷，第102页）

5月25日，刘海粟将《上海美专十年回顾》一文交《中日美术》杂志发表，并加按语。

【引】此文分"创立时代""不息的变动""创始雇用活人模特儿与社会之反动""废除考试和记分法""男女同学的历程""暑期学校之发达""学制改革的历程"数节，分别详细叙述学校建立变迁成长的过程。刘海粟在"不息的变动"一节中说："上海美专是私立专门学校，所以一切主张只要内容通过，认为妥善，便可实行，没有什么阻碍和牵制的，所以各部内容实可说没有一期不变动不改进的。因为学校本来是活的，是要依时势去造出潮流来，决不是可以去依着死章程去办理。至于美术学校的性质，更与其他学校的情形不同，况且美专之在中国，要依什么章程也无从依起，所以处处就要自己依着情形去实事求是。

因此就生起一时时的变动来。……在这种不息的变动之中，也许能生起一种不息研究的精神，我以为在时代思想上当然应该要刻刻追到前面去才好。"（《中日美术》杂志第1卷第3号，中日美术协会创立三周年纪念号，1922年7月20日。又连载于1922年9月17日至20日、22日上海《时事新报》副刊《学灯》。）

5月，刘海粟赴北京，吴法鼎到站迎接。

【引】每夜与吴长谈，吴谓某美专校长排斥优秀学生，滥用职权，李毅士、陈师曾皆将离京。（《刘海粟年谱》，第41页）

5月，上海美术专门学校由国民政府教育部批准立案。（上海档案馆档号Q250-1-286-A，《私立上海美术专门学校二十周年一览》）

6月4日，刘海粟出席吴淞商埠市政筹备处开幕会。（《申报》，1922年6月5日）

6月5日，刘海粟出席上海美专十年度第二学期教务会议。

【引】参会者：吕凤子、王济远、汪亚尘、俞寄凡、李超士、唐哲安、朱志坚、顾久鸿、许御良、万古蟾、薛演中、刘利宾、刘海若、周勤豪（代）、杨韵涛（代）、贺伯馨（代）。

一、议决：暑假七十四，自本月廿九日起至九月十日止，本月二十八日行毕业及休业礼，请教者尽本周将各级留校之室内成绩送教务处，预备陈列于各教室，尽本月二十将各级学业操行成绩表送教务处汇核。

二、议决：初师科甲级卒业成绩（国画手工），即选择平时成绩最优者留存校内。

三、议决：学业成绩及操行成绩考查法仍适用前定之成绩考查规程，惟考查规程第七条（一）实习科目学业成绩有一种不及格达四次以上者留级,则改为达六次以上者留级。

四、议决:旁听生不得改正科,以后出席簿中亦无须填写旁听生姓氏,本届西洋画科二年级旁听生沈在镕请改正科,应无庸议。

五、议决:下学年续招西洋画科、高师科、初师科各一级,均男女兼收,初师科修业期定二年,并减收学费每年为四十元,分两期缴。

六、议决:西洋画科实习学科自下学年起改原定学程:第一年:前半载,铅笔。后半载,木炭,水(每周二日)。第二年:前半载,木炭,水(每周三日)。后半载,木炭,水(每周一日)。第三年:前半载,木炭(全人),水油(每周二半日)。后半载,木炭(全人),水油(每周二半日)。第四年:油画。并分配教室。原各级主任则改称教室主任,负责教室管理全责,其详细办法次期教务会议再行提出讨论。

七、议决:组织试验新生委员会,审查新生资格及试验成绩,以定录取与否,即委员会有取否全权。至本会组织法及考查成绩标准,待次期教务会议再商。(上海档案馆档号Q250-1-38,《本校职员会、教职员、总务会、校务会等会议记录》)

【释】万古蟾(1899—1995),江苏南京人,1921年毕业于上海美术专科学校西画科,1921年9月至1923年1月任上海美专西画教员。先后在上海大学、南京美术专科学校西画科任教。1925年任上海商务印书馆影片部美术设计,与兄籁鸣摄制动画广告片《舒振东华文打字机》。1926年入长城画片公司,与兄弟合作摄制我国第一部动画短片《大闹画室》。1931年后与兄弟为联华、明星影片公司制作宣传抗日的《同胞速醒》《民族痛史》,以及以寓言故事为内容的《龟兔赛跑》等动画短片。1935年制作中国第一部有声动画片《骆驼献舞》。1937年在武汉入中国电影制片厂,制作动画短片《抗战歌曲》和《抗战标语》。1940年任上海新华影业公司动画部主任，与兄弟共同制作中国第一部大型有声动画片《铁扇公主》。1949年后去香港。（《上海美专名人传略》，第206页）

6月7日，刘海粟复函蔡元培。

【录】子民先生大鉴：昨奉大札，欣喜无以。大驾南来，刻已致函吴君新吾准时趋前迎接，晚届时亦当赴浦口恭迓。六日董事会开会情形已由董事会具函详报，兹备就请第一项委员函稿X十通，敬请署名盖印。此项拟推之委员大半事前已经接洽，但人数不多，其势恐将来募捐结果难达目的，又得有力者认捐款始克有成。敢请先生再以私人名义推请数人，晚自惟愿奢力薄，未能孟晋从事，伏祈俯示南针，不胜企盼。（上海档案馆档号Q250-1-254，《本校募捐建筑校舍，组织募金委员会聘请委员队长，及各方面接洽募款的往来文书》）

6月7日，刘海粟、王一亭致函徐锜（徐讷庵）。

【录】前在沪上，得读大著，曷胜钦佩。敝校现拟筹建校舍，由在沪董事开会，议决组织一书画会，征集新旧名书画五百帧，作以售充建筑校舍一部分之用。拟恳台端法绘四尺立幅一百张，未识应需润资若干，请祈见示。唯此系学校筹款之需，倘能推爱酌量减润，尤所感盼。顺颂挥祺。（上海档案馆档号Q250-1-254，《本校募捐建筑校舍，组织募金委员会聘请委员队长，及与各方面接洽募款的往来文书》）

6月9日，蔡元培致函刘海粟。

【录】海粟先生大鉴：奉惠书敬悉美专董事会已改在六月二十九日，而于前一日举行第十届毕业式。弟当于二十四五等日启行,吴新吾先生能偕行最好,决不敢烦大驾也。设国立美术展览会议,已送中华教育改进社存案(署先生名在社中,不必用弟名也),备于大会中提出。周湘君曾来一函,语多不伦,久已掷废纸堆中。承示李楷控诉批,益知其详。诚所谓"事属滑稽"者也。此复。(上海档案馆档号Q250-1-254,《本校募捐建筑校舍,组织募金委员会聘请委员队长,及与各方面接洽募款的往来文书》)

6月10日,徐讷庵复函刘海粟。

【录】一亭、海粟先生均鉴:敬复者,接诵大教,谬承奖许,愧感莫名。贵校扩充黉舍集件筹资,事属公益,自当略尽绵薄,委画之件拟取润五成,借酬雅爱。附奉润例一纸,希即察夺。倘辱惠教,缴件期限亦请开明。手复,顺颂台祺。

讷庵山水润例:整张堂幅四尺六元,五尺八元,六尺十二元,八尺二十元,横画加五成;对开屏幅每条照整张减半;立幅三尺以下每件四元,过三尺照整张例;镜屏琴条三尺以下每条二元;纨扇、折扇每件二元;册页同例,尺外照加;大青绿加五成;点图及临摹名迹另议。

润请随件。辛酉春平湖徐锜手订(上海档案馆档号Q250-1-254,《本校募捐建筑校舍,组织募金委员会聘请委员队长,及与各方面接洽募款的往来文书》)。

6月16日,蔡元培、张君劢、刘海粟等研讨准备于7月3日中华教育会第一届大会召开时提出建议,由国家举行美术展览,以资提倡。(《申报》,1922年6月17日)

6月16日,蔡元培致函刘海粟。

【录】海粟先生大鉴:奉九日惠书及董事会报告、募金简则等敬悉。函稿三十二通均已署名盖章奉上,请分别寄送。吴新吾先生同行已得遇，如都中无特别阻碍，大约廿四或廿五必可偕吴君来沪。美术展览会建议案弟早已送去，仅列大名，此时不及补君劢先生名。章实斋主张"言公"，似不必太拘泥也。专此。敬祝时祺。弟蔡元培敬启。（上海档案馆档号 Q250-1-254,《本校募捐建筑校舍，组织募金委员会聘请委员队长，及与各方面接洽募款的往来文书》）

6月17日，刘海粟致函张继高。

【录】久不晤教，敬念为劳。日前三度走访，藉悉台驾因公在宁，未晤为怅。兹呈上本月六日董事会议决案一纸，即乞台察。美校前拟募捐建筑校舍，曾与先生两度面谈，颇蒙赞助，仰见爱校热忱，莫名钦佩。兹经董事会议决组织校舍募金委员会，

【图1922-2】1922年，刘海粟（右一）在蔡元培（右二）的提携下进入中华教育改进社美育组，刘海粟提议在全国范围内举办美术展览，并提议建立国家美术馆。

并推定先生为筹建校舍募金委员会委员，不日当由董事会代表蔡孑民先生具书正式敦请，今以私人交谊先为函达，务恳俯允为祷。顷又由蔡代表致奉齐督军一书，请为慨任募金委员会名誉委员。素谂先生为齐督所推重，敢烦转达情形。凤仰督军提倡文化事业不遗余力，此次美校建筑能恳借重鼎力，转乞督军捐建一部分建筑，以垂永久，实为至感。临书神往，不尽烦言。敬候函复。（上海档案馆档号 Q250-1-254，《本校募捐建筑校舍，组织募金委员会聘请委员队长，及与各方面接洽募款的往来文书》）

6月17日，徐讷庵复函王一亭、刘海粟。

【录】一亭、海粟两先生均鉴：顷奉手教，敬悉委画之件，请即寄下可也。两先生热心公益，凤所钦佩，此次组织书画会，征及菲材，欣幸何以，当无不可从命也。手复，即颂公安。（上海档案馆档号 Q250-1-254，《本校募捐建筑校舍，组织募金委员会聘请委员队长，及与各方面接洽募款的往来文书》）

6月21日，蔡元培致函刘海粟。

【录】海粟先生大鉴：君劢先生到京，得谂近况为慰。弟本拟廿四日赴沪，而家中人以足皮尚未痊愈，坚阻勿行，相持不决，取决于医生，医生亦以南方暑湿恐有危险为言，遂不能不中止矣。今日已面告吴新吾先生，请其勿候。如十日后可以旅行，则尚可于沛南晤语，否则只可别图良觌矣。失信之咎，诸祈鉴谅，并祝暑祺不宣。弟蔡元培敬启 六月廿一日（上海档案馆档号 Q250-1-254，《本校募捐建筑校舍，组织募金委员会聘请委员队长，及与各方面接洽募款的往来文书》）

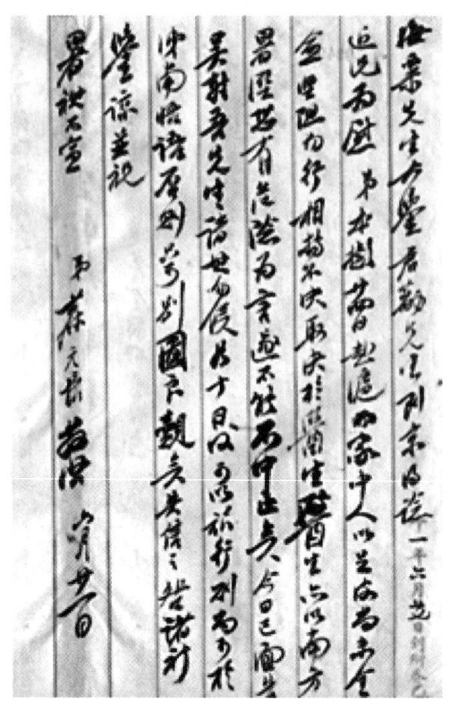

【图1922-3】校董主席蔡元培致刘海粟信函（1922年）

6月22日，樊少云致函刘海粟。

【录】海粟先生伟鉴：目前趋候，得观贵校一切布置及成绩，花明柳暗，满壁琳琅，美不胜收，足见先生辛勤多年，有此气象，令人钦佩无已。至晚又蒙惠餐，与诸方家畅叙，感何可言！弟今次代征书画，不满意者颇多，如贵校须用，收条请以简便油印之，就寄百数十纸，由弟转到可也。此达，即颂教安。（上海档案馆档号Q250-1-254，《本校募捐建筑校舍，组织募金委员会聘请委员队长，及与各方面接洽募款的往来文书》）

6月23日，刘海粟邀请陈独秀到上海美专校友会演讲。

（《刘海粟年谱》，第41页）

6月23日，章伯寅致函刘海粟。

【录】海粟先生大鉴：松社别后又多日矣，昨自南通回上海，接到贵校募金启件，并悉定于二十九日开募金委员成立会，弟对募金事，以熟人皆非资本家，无法可以得多金，势不能担任，专此辞谢。特举荐上海沈知事担任此事，顷已到署接洽一次，望即由蔡董名义备函敦请，是所至盼。此颂教绥 弟章慰高启（上海档案馆档号Q250-1-254，《本校募捐建筑校舍，组织募金委员会聘请委员队长，及与各方面接洽募款的往来文书》）

6月23日，庄百俞致函刘海粟。

【录】海粟先生：奉到贵校建筑募捐办法，委弟为委员之一，以弟近状论，殊难拜命，专此谨辞。俟开募后，弟个人当量力捐输若干也。祗乞谅宥。即颂大安。（上海档案馆档号Q250-1-254，《本校募捐建筑校舍，组织募金委员会聘请委员队长，及与各方面接洽募款的往来文书》）

6月24日，张世鎏致函刘海粟。

【录】海粟先生惠鉴：昨接贵校董事会代表蔡子民先生来函，属为贵校募金委员。贵校创办以来，成绩良美，现谋扩充，社会当然捐助，唯弟交游不广，锵伯难呼，属为委员，无裨事实。倘谅不居名义，当为随时劝募。谨此辞谢，并乞转致蔡公为至幸。肃达。即颂文安。（上海档案馆档号Q250-1-254，《本校募捐建筑校舍，组织募金委员会聘请委员队长，及与各方面接洽募款的往来文书》）

6月29日，刘海粟函致卢永祥。

【录】敬启者，顷奉大教，敬承热忱赞助，云天东望，无任钦迟。本届筹备募金建筑校舍，同人等愿奢力薄，端藉他山。前日肃函敦请任由，敝会同人感仰硕德重望，出于一致推诚，务恳俯允，以资表率，俾易集捐，并恳辗转征募，借重金玉仁言利传，幸勿却焉。如蒙慨赐捐廉，或助一部分之建筑，为海内解囊者导以先路，风声所播，遐迩追随，将见不日成之，共拜仁人之惠，而同人等敢不益加奋勉努力进行哉？兹由敝会董事阮君性存晋谒崇偕，面陈种切，谨奉捐册、收据各一册，募金简则二十册，请赐惠存，不胜祷甚。（上海档案馆档号Q250-1-254,《本校募捐建筑校舍，组织募金委员会聘请委员队长，及与各方面接洽募款的往来文书》）

6月29日，卢永祥致函刘海粟。

【录】海粟同学弟鉴：前接贵校董事会代表蔡先生函知该会开会，蒙推卢为委员之一，感甚！唯卢交游素来不广，更兼为公私事所困，精神不佳，委员一席势难担任，即乞代为辞之。至于捐款一节，卢当竭一己之绵力，略尽涓埃，以表微忱。此复。即颂教安　卢鞠躬

再者，前云下学期须添书记一人，现在是否订定？如其尚未有人，现有敝同人赵君桂青，本在馆中四部丛刊部办事，近《四部丛刊》将次告竣，赵君适在被裁之列，此君办事切实，卢敢担保，如日合用，不识至多能出薪水（连饭食在内）若干，乞示为感。（上海档案馆档号Q250-1-254,《本校募捐建筑校舍，组织募金委员会聘请委员队长，及与各方面接洽募款的往来文书》）

6月30日，蔡元培为上海美专筹建校舍建立募捐委员会，在报刊登启事。

【引】文谓"上海美术专门学校筹建校舍募捐委员会本定于6月29日在沪开幕，现因元培足疾未愈，医生以南方潮湿坚劝勿行，与张君劢先生、刘海粟校长面商办法，决定先请委员诸先生从事征募，正式开幕俟有定期再行通告，尔时元培必当来沪，敬

承明教违约之愆,请委员会诸先生并预备到会"。(《申报》,1922年6月30日)

【按】6月24日,《时事新报》报道蔡元培将于26日到沪,上海美专将于次日下午召开欢迎会。6月27日,《时事新报》报道蔡元培因足疾复发,未能到沪出席上海美专筹建校舍募捐典礼。

6月底,上海美专第十一届西洋画科24人毕业。

【按】毕业生有陈慎宜、荣君立、陆启宗、楼侠、丁序镛、潘学成、韩端慈、张炳、郭情畅、方献、史恩澍、徐伯西、曾兆芹、蒋佩屿、朱振臣、姚当时、张世玄、叶鼎莘、乌叔养、吴人文、蔡谦吉、尤韵泉、张淑诚、倪贻德。本班原有潘玉良,半学期即离校。(上海档案馆档号Q250-1-14,《上海美术专科学校二五周年纪念一览》)

【释】楼侠(1896—?),字子尘,浙江永康人,曾任永康中学图画教员两年。1920年9月插入西洋画系二年乙级学习,老师是法国巴黎美术专门学校毕业的李骧,同学有潘玉良、叶鼎莘、刘苇、荣玉立等。1922年6月毕业。2007年人民美术出版社出版的楼家本所撰《叶浅予中国画作品集》的"艺海无涯,生命作舟"中记叙道:楼子尘是叶浅予读杭州盐务中学时的美术老师。叶浅予说:"1921年初秋,14岁的叶浅予来到了美如仙境的西子湖畔,就读于盐务中学……第二任美术教员是毕业于上海美专的青年楼子尘,他更是全身心地投入画艺中,带着学生流连于苏堤孤山、灵隐天竺等名胜古迹之中,并一一把这些湖光山色化为张张画作,他们忘掉了人世间的喧嚣、烦恼,沉浸在艺术的天地里。1947年9月始楼子尘任教于上海美专。"(《上海美专名人传略》,第151页)

【释】乌叔养(1902—1966),原籍浙江镇海县,生长于杭州。1919年考入上海美术专门学校初级师范科,后入西画系学习，1922年毕业后到南京民众教育馆美术部任部主任。1933年留学日本，入东京美术学校油画科。1936年学成回国，任教于苏南文化教育学院。抗战爆发后到武汉，任国民党教育部社会教育工作团展览部主任。抗战胜利后，苏南文化教育学院迁回苏州，解放后改名为江苏师范学院，乌叔养任该院艺术系教授。1956年起任教于鲁迅美术学院。出版有《乌叔养画集》。（《上海美专名人传略》，第366页）

6月，校董会临时会议决定筹建校舍，组织建筑校舍募金委员会。教育部派视学朱炎来校视察。（《刘海粟年谱》，第42页）

6月，刘海粟复函徐讷庵。

【录】敬复者，顷诵惠书，辱承减取润例，热心厚助，无任感纫。敝校兹拟请法挥四尺、三尺立轴各五十幅，敬赠薄酬一百五十金，聊作笔墨所需。额外请求，倘蒙热心俯许，非特敝校之幸，亦弟等所感慕縻既也。冒昧奉商，尚祈见复。（上海档案馆档号Q250-1-254，《本校募捐建筑校舍，组织募金委员会聘请委员队长，及与各方面接洽募款的往来文书》）

6月，蔡元培在《教育杂志》第14卷第6期上发表《美育实施的方法》一文。文中对各级学校的艺术教育等的实施方法提出了具体建议。（《教育杂志》第14卷第6期，1922年6月）

7月3至8日，刘海粟出席中华教育改进社在山东省济南市召开的第一次年会，住中和饭店。（《晨报》，1922年7月8日）

【引】出席年会的有蔡元培、马寅初、陶行知、张嘉森、吴法鼎、陈师曾等300余人。蔡元培被推为大会主席，陶行知任总干事。会议期间，刘海粟和蔡元培、张嘉森共同提出"请政府创设国立美术展览会案"。经美育组议决通过，由中华教育改进社

咨请教育部办理。"教育部也觉得这种事是很要紧的,不过因为没有钱就迁延下来没有办。"(《刘海粟年谱》,第42页)

【按】美育组在会上提出普通美育要加强,要在北京美术专门学校增添音乐等班次。梁启超还提议在退还的庚子赔款中拨部分经费用于美育的实施。

7月10日,阮性存致函刘海粟。

【录】海粟先生鉴:昨上一缄,谅已达到。顷接卢子嘉君来函,仅助银贰百元,因与原意相去太远,然亦不能不受,已代出收据。兹将原款寄乞察收不复。此上。敬请道安。(上海档案馆档号Q250-1-254,《本校募捐建筑校舍,组织募金委员会聘请委员队长,及与各方面接洽募款的往来文书》)

7月中旬,刘海粟与吴法鼎"顺路而下,游泰山、曲阜,谒孔陵,而徐而宁而苏。"在南京作油画《钟鼓楼》。(《刘海粟年谱》,第42页)

【图1922-4】1922年7月刘海粟在南京所作油画《钟鼓楼》,载于1923年5月上海美术用品社出版的《海粟之画》。

7月14日,刘海粟复函阮性存。

【引】顷自济南还沪,接诵本月十日由中华劝工银行转来手教并经募卢子嘉先生捐款贰百元,既承推爱慨助,谨当权为拜领。业由该银行掣给收据,谅已察收。唯本届筹备建筑,弟等愿奢力薄,端赖他山供赏。□素为富饶之区,尤开文化风气之先,自必易得社会同情,务恳借重金玉,辗转广为劝募,俾易集成。先此奉复,敬颂筹祺 刘海粟(上海档案馆档号 Q250-1-254,《本校募捐建筑校舍,组织募金委员会聘请委员队长,及与各方面接洽募款的往来文书》)。

7月17日,上海美术专门学校筹建校舍募金委员会在报上发表"募金启"。

【引】启示称:在上海徐家汇左近募得基地20亩,自建校舍,需经费10万元,向社会募集。如独立捐募万元以上者,将请世界著名雕塑家铸像勒文,竖立校内。(《刘海粟年谱》,第42页)

7月中旬,上海美专举办暑期学校。

【按】暑期学校分为三部:第一部专收本校毕业生,第二部专收一般学校教师,第三部收有志于美术的学生。刘海粟、吕凤子、汪亚尘、吕秋逸、李超士、李毅士、吴法鼎、陈国良等分别担任油画、艺术教育论、美学、美术史、色彩学、解剖学、透视学等课程教授。(上海档案馆档号 Q250-1-69,《1922年至1924年上海美术专科学校附设暑期学校的章程及有关机关保送入学等文件》;《上海美专暑期学校(一览)》,1922年)

7月20日,《中日美术》第1卷第3号刊发刘海粟撰写的《上海美专十年回顾》。

【按】此文中，本书编者第一次读到《上海美专成立宣言》的文字：第一，我们要以发展东方固有的艺术，研究西方艺术的蕴奥；第二，我们要在极残酷无情、干燥枯寂的社会里尽宣传艺术的责任。因为我们相信艺术能够救济现在中国民众的烦苦，能够惊觉一般人的睡梦；第三，我们原没有什么学问，我们却自信有这样研究和宣传的诚心。（《上海美专成立宣言》在诸多著作文献中的叙述，是1912年建校初期，由刘海粟撰写并发布。本书编者查遍1912年及以后几年的全部档案、报刊资料，未见原始资料。本文第一次出现是在刘海粟所撰《上海美专十年回顾》中，所以这个宣言是产生于1912还是1922年待考。）

【引】同年9月17日至20日、22日《时事新报·学灯》予以转载。全文五千余字，分为创立时代，不息的变动，创始使用人体模特，废除考试和记分法，男女同学的历程，暑期学校的发展，学制改革的历程等部分。此文对上海美专的发展，尤其是学制改革情况有比较扼要的介绍："美专创立的时候，原无可据亦无可借鉴者，且因限于私人经济，亦无从宏大其规模，科目门类既未完全，设备亦极简单。所设者只绘画科选科与正科各一班，科目偏重实技，对于艺术原理毫无讲述，毕业期为一年，是传习所性质。一九一四年三月添设夜科，专习单色画。一九一六年一月绘画科正科修业期限改为二年，选科分设八种由学者选学之；六月改绘画科为西洋画科，定修业期限为三年，学实技外并重各种原理，添设透视学、美学、美术史，废选科。一九一八年，鉴于各处学校艺术教师之缺乏，设技术师范科，实技手工、图画并重，并注意各种原理。一九二〇年重定西洋画科、国画科、雕塑科、工艺图案科、高等师范科、普通师范科；普通师范科修业期定为一年半，其余各科学程均为三年。一九二一年行新学制，改西洋画科、雕塑科为四年，其他各科均为三年。一九二二年分各科为三部：第一部目的有二，一以造就纯正美术专门人才，培养及表现个人高尚品德；一以养成工艺美术人才，改良工业，增进一般人美术趣味和水平，所以设国画科、西洋画科、雕塑科、工艺图案科。第二部目的为造就实施美术教育人才，直接培养国人高尚品德，所以设师范部、小学部；师范部又分设高等师范科、普通师范科。第三部目的为谋普及美术，设函授学校（由以前附设的函授部扩充）、暑期学校、日曜日半日学校。"（刘海粟，《上海美专十年回顾》，《中日美术》第1卷第3号，1922年7月20日）

7月20日，穆藕初致函上海美专校长。

【录】校长先生赐鉴：昨自郑州回，得阅惠函并募捐启，敬悉一切。玥自去秋大病后，对于社会事业不得不逊谢不敏，聊资调摄，对于尊嘱为募金委员，实在未能遵命。年来政局不靖，市况萧索，商业中人类多自顾不暇，募劝实无从为力，方命之处，千祈曲谅。专此奉答。（上海档案馆档号Q250-1-254，《本校募捐建筑校舍，组织募金委员会聘请委员队长，及与各方面接洽募款的往来文书》）

7月23日，刘海粟在天马会举行的常年大会上被推为干事。
（《刘海粟年谱》，第42页）

7月26日，商务印书馆致函刘海粟。

【录】美术专门学校董事、校长诸位先生大鉴：昨奉公函并捐册一本、概要二本，敬已诵悉。贵校以昌明美术，筹建校舍，热诚盛意，钦佩莫名。敝公司忝附艺林，仰赞文化，谨呈国币一百元，蚊负蚁驮，深惭微薄。此款当由庄百翁交至中华劝工银行，收入尊册，至希察洽，示复为荷。同日接奉惠致张菊翁、李拔翁、王仙翁、庄百翁诸先生函及概要等，亦均拜读，一一附达歉忱，恕不另复。专此。祗颂公祺。（上海档案馆档号Q250-1-254，《本校募捐建筑校舍，组织募金委员会聘请委员队长，及与各方面接洽募款的往来文书》）

7月，刘海粟与夫人张韵士、子刘虎及吴法鼎游杭州西湖，宿康有为杭州寓所丁家山一天园，"相与努力制作者十余日"，作油画《康庄休暑》《松社之花》。(《刘海粟年谱》，第42页)

【引】《松社之花》作者有如下说明："一九二二年七月里，一天到松社去看君劢，他同我游花园，觉了两朵罂粟花，穿了嫩绿的绢衣，飘飘摇摇地藏在树丛深处，正吐着他艳丽的光辉！他仿佛懒懒地对我说：你愿意为我留个影儿吗？我就拿着笔，调着色，为他挥了个影儿！送了张君劢。原画纵二十一存，横十五寸，七色版印。"《康庄休暑》作者有如下说明："一九二二年的夏天，避暑丁家山一天园，作这幅画；原画纵三十六寸，横二十五寸；曾在上海近作展览会，苏州冷红绘画展览会陈列二次；阿罗版印。(《海粟之画》，上海美术用品社，1923年5月。)

【释】张君劢（1887—1969），原名嘉森，字君劢，江苏宝山（今上海）人。中国民主社会党首领。光绪年间公费日本留学，入早稻田大学，参加梁启超组织的"政闻社"。1910年回国授翰林院庶吉士。1915年任上海《时事新报》总编辑。1924年任上海国立自治学院院长。1922年2月至1926年11月任上海美专校董会校董。1922年4月15日在上海美专二院礼堂讲演《美术上之三大主义》（自然主义、理想主义、外观主义）。1932年与张东荪等组织国家社会党，任中央总务委员会委员兼总秘书。1946年国社党与民主宪政党合并为民社党，张任民社党中央主席，后投靠国民党，参加南京政府召开的制宪、行宪国民大会。历任北京大学、燕京大学、中山大学教授，上海国立自治学院、民族文化学院院长等职。1949年移居澳门，1969年2月23日在美国旧金山病逝。(《上海美专历届毕业纪念册教职员名录》；《上海美专名人传略》，第58页)

【图1922-6】刘海粟作油画《杜松之花》,载于1923年5月上海美术用品社出版的《海粟之画》。

【图1922-7】刘海粟作油画《康庄休暑》,载于1923年5月上海美术用品社出版的《海粟之画》。

7月,彭友仁考入上海美专高等师范科图工组,1926年7月毕业。"五卅惨案"发生后,与上海美专师生一起积极投身于反帝爱国运动中。(上海档案馆档号Q250-1-120-2,《上海美术专科学校二十五周年纪念一览》)

【释】彭友仁(1903—1935),江西余干县人。1922年春考入上海美专,次年底在同学方志敏的影响下加入在上海组织的"江西青年学会",1924年秋任上海学联宣传干事,不久加入中国共产党。1926年毕业回到家乡从事革命活动。"四一二"后遭通缉,离乡到杭州等地,用画笔作武器进行斗争。1932年9月联合余干县警察大队大队长罗英,带领警察队170余人宣布起义,投奔赣东北苏区,被编入红十军。罗英任红军团长,彭友仁被分派到中共赣东北省委(不久易名为闽浙赣省委)宣传部工作。1935年1月彭友仁在安徽屯溪与敌作战中,英勇牺牲,年仅32岁。其1928年创作的《难民行》被中国美术馆收藏。(《上海美专名人传略》,第408页)

8月4日,刘海粟受苏州劝学所教育会邀请,与汪亚尘赴苏州旧皇宫审查吴县全邑小学展览会。

【按】会后就图画科展览情况撰写《吴县全邑小学展览会图画成绩的批评及该科进行的商榷》一文,13、14日连载于《时事新报》副刊《学灯》。(《时事新报》副刊《学灯》,1922年8月13、14日)

8月5日,蔡元培复函刘海粟,商议上海美专募集建筑费事,斟酌委员会开会时间。

【录】海粟先生大鉴:奉函示,敬悉美专募集建筑金委员会在八月廿七日开会，弟可以到。唯闻上海商界现起恐慌，纱厂有停工者，募款之会，此时是否适宜？请与君劢、观澜、任之诸公熟商之。专此，敬祝时祺。弟元培敬启。（《蔡元培全集》第 11 卷，第 142 页）

8 月 10 日，蔡元培致函刘海粟。

【录】海粟先生大鉴：前奉一函，对于廿七日开委员会之举，因上海商业凋敝，颇用怀疑。现因弟足疾屡次反复，离预定动身之期（本拟十五日动身）不过五日，而尚无何等起色，家人及医生均加阻挠；并南京、南通之行亦只得取消（已电告科学社矣）。廿七日之会，万不可发广告。已电闻，特再详陈，诸希鉴谅为幸。专此，敬请台安。君劢、观澜、任之诸公均乞致意。弟元培敬启。（《蔡元培全集》第 11 卷，第 143 页）

8 月 10 日，蔡元培致电刘海粟。

【录】上海西门美术专门学校刘海粟校长鉴：南行未定，廿七日之委员会请勿通告，免再失信。蔡元培。（《蔡元培全集》第 11 卷，第 144 页）

8 月 13 日，刘海粟邀请梁启超在上海美专讲演，题为《美术与生活》。（《晨报副刊》，1922 年 8 月 20 日；梁启超，《梁任公学术讲演集第三辑》，商务印书馆，1923 年 9 月）

【引】刘海粟致欢迎辞："本校今日开会竭诚欢迎梁任公先生，承惠然肯来，曷胜荣幸。但本校开会欢迎，非属于私谊，实缘梁先生提倡学术最力，沟通中西文化亦最先，我国学术界、思想界，得臻今日境界者，梁先生实与有功焉。故谓梁先生为中国学术界之大明星可,谓梁先生为世界学术界之大明星亦可。"
(《时事新报》副刊《学灯》,1922年8月15日)

【释】梁启超(1873—1929),字卓如,号任公,又号饮冰室主人、饮冰子、哀时客等,笔名沧江,清光绪举人。广东新会人,中国近代维新派代表人物,近代中国的思想启蒙者,深度参与了中国从旧社会向现代社会变革的伟大社会活动家,民初清华大学国学院四大教授之一、著名新闻报刊活动家。梁启超与康有为一起领导了著名的"戊戌变法"。其著作编为《饮冰室合集》,包括影响后世深远的《中国近三百年学术史》《戊戌政变记》《中国历史研究法》《先秦政治思想史》等,多达七八百万言。1919年12月至1926年11月任上海美专校董会校董。先后在上海美专做过三次演讲:《美术与人生》《达·芬奇的生平和艺术成就》《论创作精神》。在美专经济最拮据时,送来一张五千元的支票。1929年1月19日在北京病逝。(《上海美专名人传略》,第36页)

8月14日,因首场演讲听众太多而美专场地较小,梁启超在美专做第二场演讲《敬业与乐业》。

【按】改借中华职业学校职工教育馆举行,听众八百余人,由上海美专驻沪董事会代表黄炎培主持。(《时事新报》副刊《学灯》,1922年8月18日)

8月15日晚7时,上海美专筹建校舍募金委员会于一品香举行欢迎委员大会,刘海粟致欢迎词。(《大公报》(天津),1922年8月16日)

8月19日,蔡元培复函刘海粟,告知教育部立案募集建筑费事今年"不易设法"。

【录】海粟先生大鉴：两奉惠书，知任公先生到校演讲，甚有好影响。公地进行甚利，良为欣幸。舍弟和钦亦有函促弟来沪，然无可如何，此时不能行矣。汤尔和兄不肯到部，立案事无从进行。部中事亦不能专由长官专断，教育部尤参用合议制，今年恐不易设法。此复，并祝时祺。弟蔡元培敬启。再，弟足疾既未愈，而都中各校为经费问题又多故，恐今年竟不能来沪矣。但因此耽误美专进行之务，心甚不安。近想得一法：前已承任之兄允为弟驻沪代表，凡外发函件如经任之、观澜、君劢诸先生认为可发者，请任之兄签名盖章发出（必须有人签名始有希望）。不但董事部，即集捐委员会亦必如此办理。除函告任之兄外，特此奉告，并请与观澜、君劢两先生接洽。培再启。（《蔡元培全集》第11卷，第147页）

8月21日，蔡元培、萧旭东、李煜瀛、高鲁联名致函刘海粟，为法国东方博物馆征求中国美术作品，请提名分类搜罗。

【录】此函谓："里昂中法大学来函，为法国东方博物馆征求中国美术作品，藉以发展本国精华，意至善也。兹为分类征求搜罗国粹，窃以先生资望，素为社会所钦，拟请列名信内，事关文化运动，谅荷赞同。"附寄复函一通，务乞即日签名付邮为祷。此请海粟先生大鉴。蔡元培、萧旭东、李煜瀛、高鲁同启。八月二十一日。（《蔡元培全集》第11卷，第149页）

【释】萧旭东（萧瑜）（1894—1976），字子升、旭东，湖南湘乡人。法国巴黎大学博士。曾任中法大学教授、南京国民政府农矿部次长等。著有《居友学说评论》等。

【释】高鲁（1877—1947），福建长乐人。著名天文学家，中国现代天文事业的开创者。1905年被选派到比利时布鲁塞尔大学学习工科，获工科博士学位。1909年他就参加了孙中山先生在巴黎组织的同盟会。1912年被任命为中央观象台台长。1928年任中央研究院天文研究所所长，兼大学院艺术教育委员会委员。1929年任驻法国公使。1931年回国后相继任监察院监察委员、闽浙监察使等职。1932年1月至1937年6月上海美专校董会校董。为校长刘海粟游学欧洲及其主持的中国现代画展在德国举办提供了诸多帮助。（《上海美专名人传略》，第20页）

8月，刘海粟在家作油画《静物》。

【引】刘海粟有如下说明："一九二二年八月里的一个星期日，在家没有出去，六龄的儿子，买了一串紫葡萄，四只红柿子，一只莱阳梨，笑嘻嘻地献给我看；放在我桌上一个白石型的左右，半面恰巧又衬着一张新作的晚景；他无意给我这般对象，我那里肯放它过去。我就拿了他画了，他也就哭了！原画纵十九寸，横二十四寸；阿罗版印。"（《〈海粟之画〉目次及其说明》，上海美术用品社，1923年5月）

夏，刘海粟邀请滕固为上海美专暑期学校作题为《文化之曙》演讲。（《时事新报》副刊《学灯》，1922年8月25日）

【按】演讲稿全文发表于8月25日《时事新报》副刊《学灯》。

9月9日，刘海粟出席上海美专十一年度第一学期教务会议。

【引】参会者：徐六几、王济远、刘质平、褚禹臣、李超士、汪亚尘、顾久鸿、万古蟾（代）、柯一岑、洪禹仇、蒋璧如、徐维邦、叶鼎莘、刘利宾。议决事项：

【图1922-8】1922年9月17日至20日、22日上海《时事新报》副刊《学灯》杂志连载刘海粟撰写的《上海美专十年回顾》。

一、议拟定各科各级教学时间表，俟明日油印分发各科各级担任教师。

二、议各科部定本月十四日即星期四开始上课。

三、议前学期各学科未考查者，尽开学后两星期内由教务处规定时间，请各学科担任教师补行审查。

四、议各科伦理学定第一学年第一学期授毕；西洋画科透视学定第一学年第二学期半年授毕，解剖学定第三学年第一学期半年授毕，画学定第一学年第一学期半年授毕，哲学定第三学年一年授毕，色彩学定第二学年第一学期半年授毕，美学定第四学年一年授毕，美术史定第二学年一年授毕；高师科艺术教育论定第一学年授毕，论理学定第二学年第二学期授毕，教育史定第二学年第三学期半年授毕，心理学定第一学年一年授毕，哲学定第二学年一年授毕，美学、美术史定第三学年一年授毕，透视学定第一学年第一学期半年授毕，解剖学定第二学年第一学期半年授毕。应请各教师准此期限，预备教材，并制教案，尽开课后一月交教务处。

五、议本届秋季旅行以西洋画科三年甲乙级、二年甲乙级，高师科二年乙级，初师科甲级为限；分作两组，以西洋画科为一组，高师科及初师科为一组；旅行地点定南京；旅行时间，西洋画科两星期，高师科、初师科一星期；出发日期十月廿五日（阴历九月初六日星期三）。

函授学校交议事项：函授学校章程第十三条，函授生转入校内之优待办法。

（一）已在中学毕业之学员，凡在本函授学校肄业一年以上，经本校认为确有相当程度者，得免其入学试验，分别编入本校西洋画科正科一年级肄业。

（二）凡有中学三年程度，在本函授学校肄业一年以上，经本校认为确有相当程度者，得免其入学试验，分别编入本校西洋画科选科一年级肄业。

（三）本函授学校第一、二两部各科毕业成绩优良者，俱可入本校西洋画科为旁听生，其旁听办法详本校学则第九章，原（三）（四）两条删去。（上海档案馆档号Q250-1-39，《上海美术专科学校教务会议简则及会议记录》）

9月17日，《学灯》杂志开始连载刘海粟撰写的《上海美专十年回顾》。

9月28日下午4时，刘海粟出席上海美专十一年度第一学期教务会议案。

【引】参会者：徐六几、王济远、刘质平、唐哲安、汪亚尘、顾久鸿、万古蟾、薛演中、刘海若、戴育万、刘利宾。

一、高师科教育学存废问题案。

二、国文、体操两课之存废问题案。（两件并案讨论）议决：由教务处召集修改课程临时委员会，编定各科课程草案，交教务会议议决：公布实行。

三、对于学生请求改科、改级之限制案。议决：各科部学生非有各科部及各学级主任或父兄及保证人切实证明确有特别情形，经教务处许可者，概不得擅自请求改科或改级。

四、各科部插班新生学力不合原取某级程度者，应重新甄别案。议决：由各科部及各学级主任召集各科务会议，参酌情形与以甄别，会议结果限于下星期三以内（十月四日）交教务会议公布实行。

五、各科部、各学级主任对于各科部各学级管理、训练、教授诸方面有特殊意见时，应请随时提出本会议讨论公布案。议决：如提议通过。

六、查照前学期西洋画科竞进会之组织，即日由教务处继续进行，力谋改革案。议决：由教务处参酌前定细则，提交西洋画科科务会议通过，交由教务处公布实行。

七、对于各科部学生无故旷课者应予以惩戒案。议决：以下列三项分别惩戒之：（一）无故旷课逾每学期授课时间三分之一以上者，得适用学则第十九条之规定。（二）无故旷课逾每学期授课时间三分之二以上者，应请其休学。（三）每月无故旷课逾授课时间三分之一以上者，应与揭示警告，连续警告至三次以上者，得适用（一）之规定，五次以上者，得适用（二）之规定。

八、为谋各科部之进行便利起见，宜请教务主任规定办公时间案。议决：暂定每日上午九时起，下午三时整为办公时间。

九、教员缺席或调课、补课等等，应由教务主任临时调度通告周知案。议决：如提议通过。

十、西洋画科选科新生听讲英文是否应加以限制案。议决：由教务处询明英文教师选科生程度，再定办法。

十一、各级补考问题，应请教务主任通知各科教员依照定期实行案。议决：俟本星期完了后，由教务处调查各科部学生未与补考者，再行定期分别补试。（上海档案馆档号Q250-1-39，《上海美术专科学校教务会议简则及会议记录》）

9月，柳亚藩入上海美专西洋画科学习。1925年留学法国。（上海档案馆档号Q250-1-120-2，《上海美术专科学校自开办至结束历届学生姓氏索引表》）

【释】柳亚藩（1902—1976），湖南长沙人。1922年入上海美专西洋画科学习。1925年留学法国，就读于巴黎美专和蒙古巴拉斯夜校，并从日内瓦沙基索夫教授专习雕塑，1934年瑞士日内瓦艺术专科学校毕业，经意大利返国。次年再度出国，进罗马皇家美术学院，师从雕塑家藏勒里学习。1937年毕业后参加阿根廷万国雕塑竞赛，获一等奖。后在欧洲考察艺术，创作《恶魔》《人类的悲哀》等雕塑作品，在日内瓦举行展览。1947年至1951年，任国立杭州艺专雕塑教授兼教务主任。（《上海美专名人传略》，第325页）

9月，沈化影（1903—1997）肄业于上海美专西画系。（上海档案馆档号Q250-1-288-2，《学生姓氏索引表》）

【引】1925年，沈化影入商务印书馆活动影片部，主演影片《醉乡遗恨》，大获好评，此后又主演影片《不如归》等，是

1925年7名最红女影星之一。(《上海美专名人传略》,第339页)

9月,由颜文樑等发起之苏州美术专科学校成立。

【按】1952年9月,该校与上海美专、山东大学艺术系合并为华东艺术专科学校。

10月12日,《申报》刊蔡元培、刘海粟、熊希龄、陈寅恪等联名公函,代法国东方博物馆征求作品。(《申报》,1922年10月12日)

10月14日,刘海粟出席上海美专十一年度第一学期西洋画科科务会议。

【引】参会者:徐六几、王济远、汪亚尘、关良(代)、李超士、薛演中、王邨山、刘利宾。

议题一、三甲风景卒业制作于旅行写生期内提出规定号数(油布归学生自理),请公决。议决:三甲卒业制作分风景、人物两种,风景画在本届秋季旅行写生期内制就交出,其交件日期以十一月二十日为截止,人物制作在本学期终之前一星期交出,油布归学生自备,大小以廿五号起八十号止。

议题二、各级学生缺课甚多,应由各教师上课时切实点名,并督促值周生将教室日志按日填写,由教务处详密稽核,以重学业。议决:除通知教师外,并督促各值周生详密填写,再由教务处于每周之终加以稽核,以定惩戒。

议题三、各级实习成绩应由各级任于每周分别考查一次,择其代表成绩悬置本教室,以瞻进境。各级理论各学科如英文、透视学、美学、美术史等,亦须由各科任每周详密考查一次。本学期始业后,间有教师迭次告缺者,应由教务处另订相当办法。议决:如提议通过,其有不交或未交实习成绩者,应由各级任随时催促并与以警告。各级理论学科考查成绩办法仍适用学生成绩规程第二条下半段之规定，于每月由担任教师斟酌考查一次。其教师平日因故缺课者，得于销假后或相当期间请其补授，其办法由教务处另定之。

议题四、各级留级生及插班生应由各级任详密稽核后，提交教务处复核公布。议决：由各级任提出各本级之实习成绩不及格及缺课太多之留级生及插班生，交由教务处复核，分别与以警告或仍降为原级，揭示公布之。

议题五、竞进会成绩规定陈列地点：三甲、三乙、二甲、二乙大会堂隔壁，一甲理论教室，一乙本教室。议决：如提议通过。

议题六、预备旅行写生事宜，十七日派人赴宁，廿日晚开筹芥会举职员。议决：如议通过。

议题七、旅行写生团走读生于旅行期内应各缴宿费若干，请公决。议决：高等师范科及初级师范科走读生纳宿费一元，西洋画科走读生纳宿费两元，限出发前交本校第一院会计处收存，尽本月廿日缴齐，并推定率引教师，西画科为刘海粟、王济远、汪亚尘、李超士、关良，高师范科刘海若，初师科谈炳仁。（上海档案馆档号Q250-1-39，《上海美术专科学校教务会议简则及会议记录》）

【释】关良（1900—1986），笔名良公，广东番禺（今广州）人。十一岁迁居南京。1917年留学日本东京，先入川端绘画研究所，后入太平洋美术学校西画系。1921年9至1923年6月，1932年9至1933年1月，1938年2月至1941年1月任上海美专素描西洋画科教授，1951年9月至1952年1月任上海美专西洋画教授兼绘画科主任。1942年秋举办个人画展，其戏剧人物画首次公开面世，受到各界关注。亦作花卉、风景画。1945年抗战胜利后回上海美专和杭州国立艺专任教，并结识盖叫天，成为挚友。1949年后任中国美协理事、上海美协副主席、上海中国画院

画师、上海市文史馆馆员等职务。出版有《关良画集》《关良京剧水墨人物画》等多种画集。(《上海美专名人传略》，第108页)

10月20日，蔡元培复函刘海粟，谓美专立案事或可设法，并请刘海粟代选购德国画片等。

【录】海粟先生大鉴：前奉两函，久未奉答为歉。美专立案事，已向教部查过，尚可转圜，但须校中再上一催促之呈文，或可设法，请速预备。至黎、王等处募捐之事，现实尚非其时；弟现在为裁兵问题、废止治安警察法问题、教育费问题，已常向彼等要求，未便再加以捐款问题也。此请台安。弟蔡元培敬启 十月二十日。再，群益书社出售德国人所印画片，弟欲为北大购入若干张，以备讲美学时展览之用。彼有大幅、中幅、小幅三种，拟以中幅为限。所选之画，须略案美术史条件，各时代、各派都有几张（如中幅不足，参用大幅、小幅亦可），其总价以二百元为限。敬请先生代为选定。如先生无暇，请先生转托一位选定后，即由群益寄京，弟以款直汇群益也。渎神至感。元培再启。(《蔡元培全集》第11卷，第162页)

10月25日，刘海粟、李超士、汪亚尘率上海美专西洋画科二、三年级甲、乙级，高师科二年乙级，初师科甲级学生赴南京旅行写生。(《申报》，1922年10月25日)

10月28日，阮性存致函刘海粟。

【录】海粟先生鉴：家母今年七十寿辰，曾经通告亲友，收寿仪及筵资移助女学。兹拨银贰百元，捐助贵校女子部校舍建筑费，即祈查收为荷。此请道安。(上海档案馆档号Q250-1-254，《本校募捐建筑校舍，组织募金委员会聘请委员队长，及与各方面接洽募款的往来文书》)

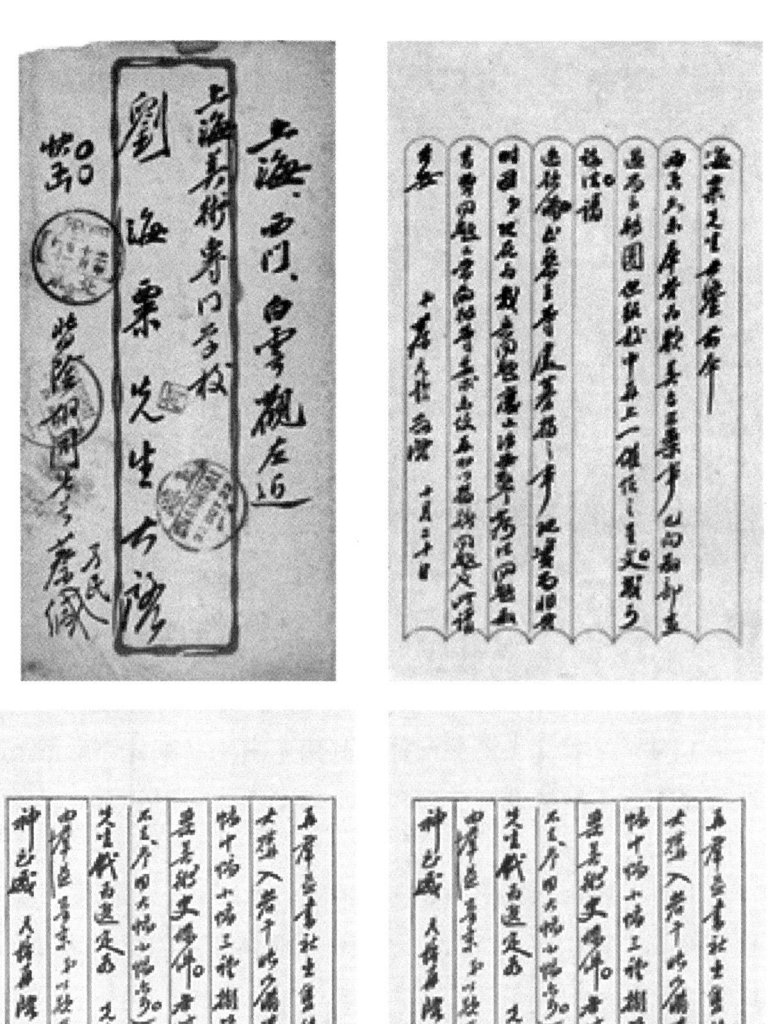

【图1922-9】1922年10月22日蔡元培致刘海粟函。

10月，胡倬云考入上海美专初等师范科学习。毕业后从事美术教育工作。（上海档案馆档号 Q250-1-120-2，《上海美术专科学校自开办至结束历届学生姓氏索引表》）

【释】胡倬云（1906—1992），1931年胡倬云入天一影片公司任美术助理。1934年入明星影片公司，独立担任《脂粉市场》等影片的美术设计。1937年后任新华影业公司美术科长，先后担任《木兰从军》《一夜皇后》《尽忠报国》《潇湘秋雨》《琵琶记》等近六十部影片的布景设计。新中国成立后担任上海电影制片厂美术设计师。曾担任《梁山伯与祝英台》《天仙配》《林冲》《李时珍》《老兵新传》《红楼梦》《北国江南》等二十余部影片的美术设计。作品风格细腻、严谨。（《上海美专名人传略》，第305页）

11月12日，上海美专师生赴南京写生结束，在南京贡院举行旅宁绘画展览会。（《新闻报》，1922年11月12日）

【引】展览会展出800余件油画、水彩画。刘海粟、汪亚尘、关良、李超士、王济远、刘海若、叶鼎荦等教员作品数十件也参加展出。（《刘海粟年谱》，第44页）

11月18日，刘海粟出席上海美专十一年度第一学期教务会议案。

【引】参会者：王济远、俞寄凡、汪亚尘、丁慕琴、李超士、顾久鸿、薛演中、洪禹仇、褚禹臣、刘海若、谈炳仁、万古蟾、王心梅、刘利宾、徐维邦（代）。

一、提议本届十一周年纪念展览会，请定展览日期，并应将各科部各项成绩陈列展览案。议决：展览日期在寒假之前三天举行，由各科部主任及各科部专任教员会同各科部级代表担任筹备、布置及征集成绩事宜，其会场以本校第一院充用之。

二、提议给放寒假，应请规定日期案。决议：寒假放四十天，定阴历十二月初十起，至阴历正月二十日开学，阳历元旦给假一天。（上海档案馆档号Q250-1-39，《上海美术专科学校教务会议简则及会议记录》）

11月22日，蔡元培函刘海粟，答复美术展览会事。

【录】海粟先生大鉴：迭奉两函，知南京展览兴会甚好。又，呈省长及致曹、吴、田三函稿，均妥适样印，承寄赐，谢谢。美术展览会呈文如草就，弟自当列名。敬复，并祝时祺。弟蔡元培敬启。（《蔡元培全集》第11卷，第174页）

11月30日，蔡元培复函刘海粟，议次年美专募集委员会事。

【录】海粟先生大鉴：迭奉惠书，敬悉。任公、君劢二公为Fry①来华事来函均已悉。此公如果肯来，北大必可任一部分之费，但须视其讲演时间之久暂，而始能提出讨论。明年元旦开募款委员会甚好，弟尔时如能离京，必来，但此时实未敢预订；好在任公必来，已足以撑此场面矣。有贵校学生李方函告马夷初次长，以所受资助之亲戚现已由沪迁京，渠亦愿改入京校，欲求尊处给以转学证书，马君属弟转商于先生，如蒙允准，甚幸。专此，敬祝时祺。弟蔡元培敬启。

【释】① Fry：英国画家、艺术评论家。毕业于剑桥大学。先后任剑桥大学教授、纽约大都会艺术博物馆馆长。著有《视觉与构图》等。（《蔡元培全集》第11卷，第178页）

11月,刘海粟在南京作油画《群众》《六朝松》和水彩画《燕子矶》。(《刘海粟年谱》,第44页)

【录】《燕子矶》有如下说明:"雨后的燕子矶,寂然幽静,江山泛着银波,天空晕着烟云;渔舟三四骈陈,傍在燕子矶下。这样清新的情调,笼罩着银灰的色彩,也会引起我的情趣。不知那时的情绪,我是何等凄惘!"同年作水彩速写《小贩》。作者有如下说明:"挑担的小贩,相和相答。那翠叠叠的浓叶越加衬出枝柯的老态。无奈我笔力稚弱,看了也是徒然。"(《海粟之画》,上海美术用品社,1923年5月)

冬,蔡元培题刘海粟《溪山风松图》。

【引】蔡元培题:"不是一定有这样的石头,也不是一定有这样的松树;也不是一定有这样的石头与这样的松树同这种样子一块儿排列着。完全是心力的表现,不是描头画角的家数。蔡元培。"(作品题跋)

12月4日,蔡元培复函刘海粟,致谢刘为北大选购画片。

【录】海粟先生大鉴:奉惠书,知群益画片已承选定,感荷之至。请属该社速运寄北京大学校长室。所需三百数十元,单到后即汇与该社。大著国画四纸,久已接到,唯尚未题字。其中一纸承赐,当拜领。又一纸系送与里昂展览会者,当转交。其他两纸是否须寄还尊处,候示照行。敬复,并祝艺祺。弟元培敬启 十二月四日。(《蔡元培全集》第11卷,第182页)

12月20日,刘海粟出席上海美专十一年度第一学期教务会议。

【图1922-10】1922年秋,刘海粟作中国画《溪山风松图》,蔡元培题词。

【引】参会者:王济远、汪亚尘、李超士(代)、顾久鸿、薛演中、刘利宾、刘质平、沙辅卿、万古蟾、吴人文(代)、叶鼎洛、谈炳仁、蒋璧如、唐哲安、何明斋、洪禹仇。

议题一、提议十一周年纪念展览日期，前次会议并未确定，应请确定日期，并拟请各科主任及级任、科任教师担任审查成绩及征集之责案。议决：展览日期定一月十三日起（星期六，即阴历十一月廿六日），举行五日，至十七日止，每日下午一时起五时止，其收集成绩及审查等手续由各科主任、级任、科任教师担任之，并于一月八日以前，将各科成绩审查后依照规定表式填送教务处。

议题二、请教者尽一月十日以前将各级成绩表（分学业、操行）送教务处审核。（以前连同实习成绩同时交送，今学期收集成绩办法已列第一案）议决：如议通过，其操行成绩考查，西洋画科由主任及级任教师、舍务主任填记考查之，高师科、初师科由主任及科任教师、舍务员填记考查之。

议题三、学业成绩务请各级主任及各教者严密考查，不及格者应照原订办法不得升级案。议决：如提案通过。原定学生成绩考查规程，各科情形不同，颇有窒碍难行之处，即由各科部主任定期召集本科部担任教师开会组织修改，学生成绩考查规程委员会斟酌情形，着手起草，提交教务会议通过实行。

议题四、各科部学者缺课过多，请各教者分别因事及随于学者，开列名单送教务处审核，以定下学期升留案。议决：通过实行。

议题五、下学期初师科拟停止招收新生一期，西洋画科、高师科各添招新生一级，每级三十人，插班生若干人等。议决：如议通过。

议题六、本学期课业拟授至一月十日止，十二日上午十时行西洋画科第十二届、初师科第七届毕业式及寒假休业式案。议决：通过。

议题七、各科理论学科请教者在此四周中切实考查，尽一月八日以前结束案。议决：通过实行。

议题八、明年起，学则中收费项下宜修改二条：（1）高师科应加收琴费及手工材料费；（2）用品费删去案。议决：应请高师科主任召集该科担任教者开会议决每学期征收数目，提出教务会议通过实行。

议题九、高师科旁听生徐贻叔函请改入正科，请公决可否案。议决：俟下学期招考时，照新生报考例，举行入学试验后，插入相当班次。应请高师科主任召集科务会议决定之。（上海档案馆档号Q250-1-39，《上海美术专科学校教务会议简则及会议记录》）

12月20日，刘海粟撰写《为什么要开美术展览会》一文。（《刘海粟艺术文选》，第43页）

12月26日，刘海粟出席上海美专十一年度第一学期高师科科务会议。

【引】参会者：刘质平、许醉侯、何明斋、刘海若、薛演中、吴人文、姚琢之、黄铸新、刘利宾、俞寄凡、张曼容。

议题一、旁听生徐贻叔、路瘦梅函请改入二年甲级正科生，应否准许案。议决：准其改入正科肄业，唯须按照本校学则第二十六条之规定重行入学试验，并调验中等学校毕业证书，其试验学科成绩即由担任教师严格审核之，兹定考查科目及担任审核教师如下：西洋画实习，俞寄凡先生。国粹画实习，许醉侯先生。音乐，刘质平先生。手工，何明斋先生。透视学，洪禹仇先生。英文，黄铸新先生。一月五日前请各教师将成绩审定后交于高师科主任，汇核公布之。

议题二、征收手工材料及琴费用，请规定数目案。议决：每学期每生征收琴费六元，手工材料费四元，于每学期入学时缴纳，至学期终了时结算，如手上材料费有余发还，不敷补缴。

议题三、改订本科学生成绩考查规程案。议决：烦请刘质平、俞寄凡、何明斋三先生为改订本科学生成绩考查规程起草员，草就后径行提交教务处。

【图1922-11】1922年上海美术专门学校在林荫路设三院初等师范校舍。

议题四、高师科停止招收旁听生案。议决：自下学期起停止招收各级旁听生，改为招考选科生。（上海档案馆档号Q250-1-39，《上海美术专科学校教务会议简则及会议记录》）

12月27日，刘海粟出席上海美专十一年度第一学期西洋画科科务会议。

【引】参会者：王济远、李超士、洪禹仇、吴人文、徐维邦、刘利宾、丁慕琴（代）、关良、薛演中、顾久鸿（代）、俞寄凡、汪亚尘。

一、提议本校前订学生成绩考查规程有不适用于本科者，兹提出修正案。议决：当将草案斟酌修正，逐条通过，提交教务处汇集，高等师范科及初级师范科提案审核成立施行。

二、报告依据前次教务会议。议决：各级学生实习成绩请由各级任或科任即日收取，除留校成绩外，应选择较优之成绩各若干，尽本月内汇送科务处。

三、报告依据前次教务会议。议决：各级旷课生，或缺席较多者，或成绩不良者，请各级任慎重开列名单，尽一月五日以前送交教务处审核。

四、报告下学期停止招收研究生。（上海档案馆档号Q250-1-39，《上海美术专科学校教务会议简则及会议记录》）

是年，刘海粟还作素描《静坐》《云麓宫真人》、水彩画《小贩》、中国画《三位一体》（松、竹、灵芝）、《和平》（双鸽）等作。（《刘海粟年谱》，第44页）

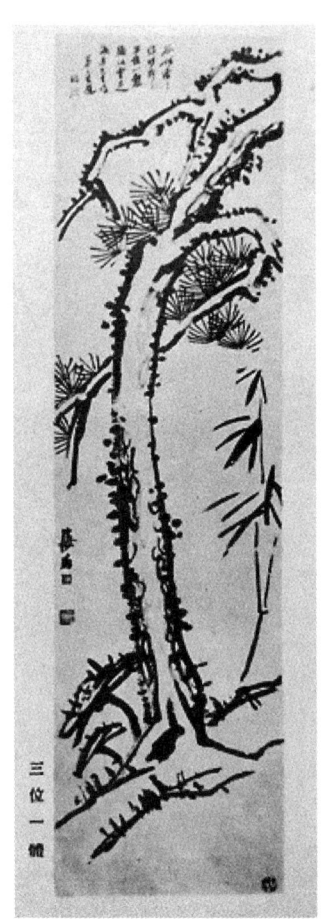

【图1922-12】1922年，刘海粟作中国画《三位一体》。

是年，上海美专开始设置音乐班。

【按】除在师范科开设音乐主科外，又专门设置了音乐班，学制为3年。又附设图音专修科，学制为2年。并增设函授部。本学期毕业学员61名，其中有23名音乐、美术兼修的初等师范生。(《上海美专音乐史》，第28页)

是年，《美术》杂志刊载刘海粟整理撰写的《国际美术史公会开会纪》。

【引】全文约四千余字，以会议笔记和出访日记的形式著录发表（记录者是留法学生国际美术公会第三组书记严智开、李书华二人，刘海粟整理）。文章开篇有以下说明："在教育改进社晤高君曙青，述及国际美术史公会在法开会情形，并示以记录。余曰此美术界至大事也，是世界文化融洽之机会，是我国数千年来文化表白之时期，急宜将此经过情形公布国人以促国人之注意，研究；否则中华人是不知中华美术之价值，对于中华美术史迹且茫无头绪也；其曷能应国际之交换？高君慨然许我将原稿在时事新报及美术杂志发表。按高君曙青名鲁，中央观象台台长也，前年赴欧考察学术，适留欧学生监督沈君归国，高君遂代理监督职务焉。其时国际美术史公会在法国会，高君就近为中国代表，颇尽宣传东方艺术之力。"全文分为：1.缘起；2.组织；3.经过三个部分，介绍了国际美术史公会的活动。(《美术》，第3卷第2号，1922年)

是年，刘海粟邀请张君劢在上海美专讲演，讲演稿发表于《美术》杂志第三卷第二号。

【引】讲演谓：人类之精神作用凡三：曰智，即思想之作用也；曰觉，即感情之作用也；曰意，即意志之作用也。智与觉为并行关系，譬如初见动物园中珍禽异兽，是认识也，是智识也；然同时则有一种惊奇之感情。故二者之关系非前后之联续，乃直接之并行。若夫意则反是，或身觉气候寒冷，然后求衣，是觉先而意后也。或见寒暑表之下降，知其为冷，然后求衣，是智先而意后也。故意之成立，以智以觉为前提，此三者常互相联络，不能分离。然学者中，往往以某种现象推原于智觉意三者之一，而隔离其他。譬如治动植物理化学者，但以自然现象为标准，不存一毫爱憎好恶之私，是排斥觉与意，而专任智。故学问者，智之事也。天文家之见月，则研究月与太阳地球之关系，月与潮汐之关系；杜工部之见月，想及闺中，想及小儿女。一则智之事；一则情之事也。总之学问家隔离情感之作用，而专向智之方面；美术家隔离智之方面，专向情之方面。此二者之大区别也。……

所谓文学、音学、美术，乃至哲学之能事安在乎？世界云者，实在也。此实在如长江大河，滚滚而来，所谓逝者如斯，不舍昼夜者是焉。有天成之妙手，偶尔拈得一部分，而其笔下或以文字，或以颜色，能描写而出之，此则所谓不磨。（《美术》，第3卷第2号，1922年5月）

1月12日，刘海粟主持上海美术专门学校十一周年纪念展览会开幕式及西洋画科第十二届毕业生、初等师范科第七届毕业式。

【引】来宾及师生400余人参加。校董康更生和袁观澜分别演讲。展览会展出作品2000余件，第一天有3000余人参观，至16日结束。（《申报》，1923年1月13日）

1月27日，刘海粟收到新学制课程标准起草委员会函，邀其审核艺术科课程纲要。

公元1923年
民国十二年
（癸亥）

27岁

【引】"一月二十七日，又接到新学制课程标准起草委员会的来信，大致说：'……新学制各课程纲要，业经敝会分延专家编拟成就；惟就每一科之中学小学各级有有无无不相衔接及复漏之处；忽促编拟，容有未及详加检查者；亟应另行分科提出为从的审核，以臻妥善。兹敬请先生审核艺术科课程纲要。……'"（刘海粟，《审核新学制艺术科课程纲要以后》，《时事新报·学灯》，1923年3月10日）

2月9日，刘海粟与沈恩孚、黄炎培、袁希涛、朱经农、吴研因等出席江苏省教育会干事会议。（《刘海粟年谱》，第45页）

2月19日，刘海粟在上海美专作《制作艺术就是生命的表现》的讲演。

【引】讲演中说："表现在画面上的线条、韵律、色调等，是感情在里面，精神也在里面，生命更是永久的存在里面。宋有画院，院体派的画，千篇一律，好似刻板一样，有工艺的价值，而没有艺术的精神。八大、石涛、石溪辈艺术家，他们的作品超越于自然的形象，是一种主观抽象的表现，有一种强烈的情感，跃然现于纸上，他们从一切线条里表现他们狂热的情感以及心灵，就是他们的生命。制作艺术不受人的支配，不受自然的束缚，不受理智的制裁，不受金钱的役使；是超越一切，表现他们的生命，就是生命艺术之花。"（《刘海粟年谱》，第45页）

【图1923-1】上海美专成立十一周年纪念展览会暨毕业合影（1923年1月）

【按】此讲演由李文华、王轸远记录，刊载于《学灯》3月18日。

2月20日，《时事新报·学灯》杂志刊发刘海粟撰写的《为什么要开美术展览会》。

【引】此文有谓：美术是什么？从美学说，是人为美的一种，又可以叫作艺术美——人造物体的美，人为现象的美。以表现形式的不同，故又有空间美术、时间美术、两间美术——综合美术之别。从形象方面解释，又可别为抽象的与具体的美术。从感觉方面说，又可别为听觉的与视觉的美术。从空间美术、具体美术、视觉美术狭义地说，又可以分为纯粹美术与工艺美术，前者是非实用的，后者是实用的。工艺美术，是专以谋工艺之美观为目的。如建筑美术，专谋广厦高堂式样的美观为目的；丝织图案专以锦绣绫缎的纹样与色调的美观为目的；陶器图案专以制成式样玲珑的器物为目的，是皆受目的支配的；纯粹的美术，是自由不受束缚的，不像工艺美术之有目的，为一定的目的所制约。通常就狭义言，则以绘画、雕塑为纯粹的美术，现在我们所要求表现的就是这一类。纯粹的美术，是生命的表现。换句话说：美术就是人生。为什么要举行美术展览会？现在的社会可说混浊极了！黑暗极了！一般人们的思想、趣味，也觉得很卑下。金钱的压迫，权势的压制，是人们的悲哀！虚荣的引诱，物质的役使，尤其使青年们堕落！美术可以安慰人们的绝望和悲哀，可以挽救人们的堕落。要使群众享受美术，只有到处去举行美术展览会。我们说，坚执着说：美术表现人生，也是为人生而表现。我们表现的目的，并不是供少数人的叹赏为满足，我们希望这混浊而黑暗的社会，因着美术的发达而清澄，而同化于光明之中。（刘海粟，《为什么要开美术展览会》，《时事新报·学灯》，1923年2月20日）

【图1923-2】1923年的刘海粟

2月,刘海粟被公推为新学制艺术课程标准审核员。(《申报》,1923年2月9日)

2月,刘海粟与袁希涛、黄炎培和英国伦敦世界美术协会交际员休士(Haghls)女士会谈两次,商议在上海设立分会及征集世界美术展览会出品事,拟就简章,由休士女士带归伦敦总部。(《刘海粟年谱》,第45页)

【释】袁希涛(1866—1930),字观澜,又名鹤龄,江苏宝山人。上海美专早期校董。清光绪举人。清末民初教育家。1912年应教育总长蔡元培之邀约,赴北京任教育部普通教育司司长,主张高等师范学校国立,并赴各省视察。后改任教学部视学,1914年任北京政府教育部次长,1917年以次长代理部务。1919年代理教育总长,不久辞职。前后7年,亲自整理制定教育制

度，又草订全国义务教育计划。晚年在人文社编审史料，1930年病逝。（《上海美专名人传略》，第27页）

2月，上海美术专门学校将初级师范科校舍迁往林荫路。（《申报》，1923年1月13日）

2月，樊浩霖受聘任上海美专国画教授。（上海美术档案馆档号Q250-1-154，《上海美专同学通信录》（民国十二年六月））

【释】樊浩霖（1885—1962），字少云，江苏崇明人。早年随父藻春习画。1900年入上海龙门学院习西画，1912年移居苏州并拜陆廉夫为师，专攻山水画。1923年在上海美专任国画教授。1955年被聘为上海市文史馆馆员，1956年应聘为上海画院画师。作画重在山水，然人物、花鸟无所不能，《崂山秋霁》入选第三届全国美展。（《上海美专名人传略》，第102页）

3月8日下午1时，刘海粟出席上海美专十一年度第二学期教务会议。

【引】参会者：王济远、汪亚尘、关良、刘质平、王伯逊、周康书、顾久鸿、刘海若、徐维邦、张曼容、薛演中、刘利宾、李超士（代）。提议事项：

议题一、本届春季旅行写生指定西洋画科三年甲乙级、二年甲乙级、高师科二年甲乙级、初师科甲级共七班，旅行地点定南京，时期定两星期，应于何日出发何日回校，请公决。

议题二、西洋画科主任王济远先生提议，本学期旅行写生成绩展览会拟行售券赠画办法，筹集一部分建筑费，是否可行，请公决办理。

议题三、高师科旁听生张文炳、吴其钝要求转入高师科本科,是否可行。

议题四、提议组织修改学校规程委员会。

报告事项:一、本学期教务主任由校长兼任。二、高师科外国文更定一学年授日文,二学年授英文,今学年全部授日文,英文在课外补习。三、西洋画科全部英文,以英义程度分别班次。四、西洋画科各级设任教师,室内实习、野外实习均由各本级级任担任考查之。(上海档案馆档号 Q250-1-39,《上海美术专科学校教务会议简则及会议记录》)

3月上旬,刘海粟受教育部新学制课程起草委员会委托,审核新学制中小学艺术科课程刚要。

【引】新课程纲要包括小学三种:美术科、音乐科、工艺科;初级中学四种,图画科、乐歌科、女生手工科、男生手工科(均为刘海粟、俞寄凡、刘质平、何明斋共拟)。审核后将修正的理由和修正后的课程纲要七种全部列出,编写成《审核新学制艺术科课程纲要以后》长文。(《刘海粟年谱》,第46页)

3月10—17日,《时事新报·学灯》发表刘海粟撰写的《审核新学制艺术科课程纲要以后》。

【引】该报用5天(10日、12日、13日、14日、17日)连载了此文,全文近万字。文曰:我国的学制,大家觉得弊病太多了;太不满意了,不得不改革了,所以就有全国教育联合会的提议;他的结果,第一步就有现在新学制的颁布;第二步就有新学制课程标准起草委员会的产生;由委员会聘请了许多人草拟各科课程纲要。此次新学制课程起草委员会,托我审核的艺术科课程纲要共有七种:小学的三种:(1)小学美术科,宗亮寰君拟的;(2)小学音乐科,黄璧元、黎锦晖二君共拟的;(3)小学工艺科，熊骞高君拟的。初级中学的四种：（1）初中图画科；（2）初中乐歌科；（3）初中女生手工科；（4）初中男生手工科。上面初级中学的四种，都为俞寄凡、刘质平、何明斋并海粟四人共拟的。我对于宗君拟的美术科课程，熊君拟的工艺科课程，黄君黎君拟的音乐科课程，比较重大的疑问有二项：第一项是关于定名上的是艺术是什么？艺术课程是什么？定名究竟应当如何。第二项是关于主旨上的是各科教学的主旨是什么？应当怎样定，才能适合？至于限度、程序、方法三项；止要依着主旨去厘定就可以了。文章最后还有详细的修改意见。该文的发表引发了艺术教育界的讨论。（刘海粟，《审核新学制艺术科课程纲要以后》，《时事新报·学灯》，1923年3月10、12、13、14、17日）

3月16日，中日美术协会推举会长，康有为、刘海粟分别被推举为正、副会长。（上海《时事新报》，1923年3月16日）

3月18日，《时事新报·学灯》杂志刊载刘海粟撰写的《艺术是生命的表现》。

【引】全文3000余字。刘海粟认为：任何一种艺术，必先有自己的创造精神，然后才能表现自己的生命；若处处都是崇拜模仿，受人支配，则他表现的必不是自己的生命。最高尚的艺术家，必不受人的制约，对于外界的批评毁誉，也视之漠然。因为我的艺术，是我自己生命的表现，别人怎见得我当时的情感怎样呢？别人怎知道我的内心怎样呢？肤浅的批评，是没有价值的。我们研究艺术者，应具有自己坚定稳固的态度，不受别人的摇动！何以艺术能表现自己的生命呢？因为艺术是通过艺术家的感觉而表现的，因感觉而生情，才能产生艺术，换言之，乃由吾人对现实世界的感受而产生的。譬如绘画，个性刚强的人，欢喜热烈的色调；性格沉默的人，就喜欢冷静的色调。两个气质不同的人，拿同一的对象去作画，他们所表现的色彩感觉，也是不相同

【图1923-3】1923年，刘海粟作中国画《和平》。

的，不能强使划一。倘若强使他们划一了，就等于剥夺他们的生命。所以画家作画，都是从内心有感而发，不若不把感受如此这般地表现出来，就不快活。倘若没有感受而造作，那就成虚伪的技巧化了。所以艺术表现，要内部的激动越强越好，越深刻越好。表现在画面上的线条、韵律、色调等，是情感在里面，精神也在里面，生命更是永久的存在里面。（刘海粟，《艺术是生命的表现》，《时事新报·学灯》，1923年3月18日）

3月23日下午7时，刘海粟出席上海美专十一年度第二学期西洋画科科务会议。

【引】参会者：王济远、何明斋、刘质平、王伯逊、李超士、汪亚尘、刘海若、丁序镛、叶鼎洛、徐维邦、薛演中、刘利宾、周康书、顾久鸿（代）。

议题一、本学期各级级代表之选择，应由各级级任遴选各本级之品学兼优者提交教务处复核任之，或仍采用学生公举办法，请公决。议决：应根据修改学校规程委员会修正之教室规则第十条，各级由教务处每周指派值周生二人或三人，执行值周生应行之职务，原有级代表名称应即废止。

议题二、各级教室日志是否仍照旧例由值周生轮流分缮，或由级代表兼记，请公决。议决：原有教室日志改为学级日志，应由值周生按日填注。

议题三、本学期新生学业成绩较优者，应由该级级任详密稽核后提交教务处复核，定其升级，然后公布。议决：应由一年乙级级任教授严密考查新生学业成绩，其有超越本级标准成级（绩）者，得由本级级任教授提交教务处复核，定其升级。

议题四、三年甲级卒业制作应提出几点，其材料应由学生自理，请公决。议决：本届三年甲级卒业制作，每人应提出人物、风景各一点，其材料均归自理，尺寸规定：人物：二十五号起，八十号为止。风景：二十号起，三十五号为止。制作日期自四月一日起，六月十五日止。以上卒业制作经教务处审查后，除将代表制作四点留校外，其余制作一概发还。

议题五、各级实习成绩应由各级任于每周分别考查一次，择其代表成绩悬置本教室，以瞻进步。各级理论学科如美学、美术史、色彩学、画学、哲学、解剖学等应如何切实考查之处，请公决。议决：从即日起，请各级任教授分别实行，其理论学科应请担任教授切实按照考查规程从事考查之。其理论学科应请担任教授切实按照考查规程从事考查之。

议题六、修订竞进会规约。议决：略为增损即行付印。（上海档案馆档号 Q250-1-39，《上海美术专科学校教务会议简则及会议记录》）

3月26日，刘海粟致函江苏教育厅厅长蒋维乔。

【录】呈为举行毕业，恳祈鉴赐核转事。窃本校前于上年十月十四日接奉上海县公署转行层令到校，荷蒙教育部核准立案在案。兹谨查教育部公布《学校发给证书条例令》第四条，学校举行毕业，应分别填注表册，呈报教育行政官厅查核等因。本校兹届西洋画科第十二届学生三年修习期满，当经各科教员严密考查成绩及格，业经缮就证书，粘贴印花，编定号数，于一月十二日举行毕业，合应遵照部令缮具西洋画科毕业生计男生李环等十五名、女生吴庶五等五名姓名表三份，备文申请钧座鉴核，迅赐分别转行呈报存案，实为公便。谨呈　江苏教育厅厅长蒋

上海美术专门学校校长刘海粟　中华民国十二年三月二十六日

（上海档案馆档号 Q250-1-102，《一九二三年至一九二四年举行毕业，报毕业生名册、成绩等与中华民国江苏教育厅等单位的来往文书》）

3月27日至4月9日，《学灯》杂志发表了刘海粟撰写

的《审核新学制艺术科课程纲要以后》一文后,引发了广泛的讨论。

【引】针对刘海粟撰写的《审核新学制艺术科课程纲要以后》一文,引发了热烈的讨论。李珺卿《我对于"新学制小学课程草案"的意见》,钱潮模《新学制课程纲要原有小学美术科的定名及新主旨的讨论》,吴研因《读刘海粟君〈审核新学制艺术课程纲要以后〉的以后》,宗亮环《关于美术科的讨论》,熊翥高《关于审查小学工艺科的讨论课程纲要》,雷家骏《小学校美术科定名的我见》,查溯生《读过〈新学制课程纲要小学美的讨论〉》以后》,沈天白《读宗亮环〈关于美术科的讨论〉》等文章表现了艺术教育界的关注。(《时事新报》副刊《学灯》,1923 年 3 月 27 日至 4 月 9 日)

3 月 28 日,刘海粟出席上海美专十一年度第二学期第二次教务会议。

【引】参会者:王济远、李超士、汪亚尘、王伯逊、刘利宾、叶鼎洛、徐维邦、薛演中、何明斋、周康书、郭纯青、刘海若、顾久鸿。

议题一、提议组织修改学程委员会案。议决:即行推请委员从事修改,推定委员如下:王济远先生、汪亚尘先生、李超士先生、顾久鸿先生、王伯逊先生、刘质平先生、俞寄凡先生、何明斋先生、傅彦长先生、周(康)书先生、薛演中先生、刘利宾先生、关良先生、许醉侯先生、徐维邦先生、刘海若先生、刘海粟先生。

议题二、提议今后各科新生来校报考者,停止招收本科生,应为旁听生案。议决:本学期开学以来业将逾三星期之久,各科学程授去已多,后来者势已不能衔接,高等师范科、西洋画科即

行停止招收本科学生，以示限止。（春假后实行）

议题三、提议给放春假案。议决：自四月五日（星期四）起放春假三天，九日（星期一）起照常上课。

主席：刘海粟。（上海档案馆档号Q250-1-39，《上海美术专科学校教务会议简则及会议记录》）

3月29日，刘海粟于上海美专自由讲座演讲《新学制艺术科课程究竟应该怎样定》。后连续发表于1923年4月10日、11日的《时事新报·学灯》杂志。（《申报》，1923年3月29日）

3月，刘海粟为即将出版的画集《海粟之画》撰写前言。

【引】前言有谓"海粟绘画最不喜求人作序，求之大人先生，既以借光为可耻；求之学者名流，必至敷衍恭维，反失实在，终不如不序为得也。几张涂抹，原算不得东西，有些好处，大家看看；如无好处，以之覆瓿，以之当薪，曷为而要序。"（刘海粟，《海粟之画》，上海美术用品社，1923年5月）

4月4日，刘海粟出席上海美专十一年度第二学期第二次师范科科务会议。

【引】参会者：王伯逊、刘质平、俞寄凡、何明斋、周康书、薛演中、刘利宾、刘海若、姚当时、徐维邦。

议题一、教务会议交议本届高师科旅行事宜，是否应根据前届师范科科务会议，本届停止旅行，抑许学生之请求，准予照常出外旅行，请公决。议决：高师科二年甲级本届旅行写生准该级学生之请求，提前在春季举行，其二年乙级之旅行写生自应依据前届科务会议议决案，在本年秋季举行之，时期定一星期（自出发日至回校日），地点择定杭州西湖，出发期定阴历三月二十日左右（一星期前再行决定公布之）。初师科甲级旅行写生改与高师科同赴杭州。

议题二、初师科伦理学科应否改授心理学案。议决：原有伦理学即从春假后起改授儿童心理学，仍由薛演中先生担任教授。
（上海档案馆档号Q250-1-39，《上海美术专科学校教务会议简则及会议记录》）

4月5日起，每个星期四下午，刘海粟为上海美专西洋画科学生讲演《研究风景画以来》，分"风景画之起源""风景画之变迁"等10余章。（《申报》，1923年4月19日）

4月7日，江苏教育厅批复函刘海粟。

【录】江苏教育厅第211号批呈表均悉。查李环等十五人及女生吴庶五等五人均未据该校呈报有案，且查部颁规程，载有"各校如举行毕业，须于三个月前将应行呈报之件送部核准后，方得发给证书，此项证书并应呈送教育厅核验盖印"等语。该校此次举办毕业，前项手续均未完全，来表又不合式，无从核办，所请转报之处，碍难照准，仰即知照。此批。表发还。

中华民国十二年四月七日 厅长蒋（上海档案馆档号Q250-1-102，《一九二三年至一九二四年举行毕业，报毕业生名册、成绩等与中华民国江苏教育厅等单位的来往文书》）

4月14日，《艺术》周刊发表了刘海粟撰写的《〈艺术〉周刊创刊宣言》。

【引】文中有曰：我们确信"艺术"是开掘新社会的铁铲，导引新生活的明灯，所以我们走上艺术之路，创造艺术的人生，组织这个团体——艺术学会。沿这条无限的路，随时将所发现的东西，随时用我们的言语文字宣传它。为什么呢？不是为使大家来开辟艺术的生路，对时代有所觉醒，对痛苦有所解除么？我们不能断定前面没有人，我们也不能断定后面必有人，也许有人不愿意过纯正的艺术人生——不过至少总要受些影响。征途中有时会产生险恶可怕的现象，还是回来因循着吧！不行的，哪一个成功不是从危困中得来的？不冲破眼前的障碍，怎能达到永久的康宁？我们都是浸透热血精神的青年赤子，只知道干。干！干！干！不要说是艺术，便是地球也要干穿了！十年以后的艺术世界怎样？拭目以待吧！（《艺术》周刊创刊号，1923年4月14日）

4月14日，刘海粟在《艺术》周刊创刊号上发表了《画什么》一文。

【引】该文提倡艺术家的作品要表白自己的生命，要有真情实感，尽社会的宣传责任。文中有道："倘若受了社会或事实的压抑，就顺从着社会或事实去描写，那就成了一种流行的画。流行的画，就是虚伪的技巧化！技巧化的画，就是无生命的画；这种画都是没有感觉而强作感觉，实在是空无所有的。拿虚伪的技巧化来使俗人佩服，那更是画人人格的堕落！这样的画，就是害人的画，害人的画，是画吗？"该刊创刊号至第12期为旬刊，第13期起改为周刊。（《艺术》周刊创刊号，1923年4月14日）

4月14日，上海美专校友会举行春季常会，讨论修改会章。次日继续开会，议决改委员会制，以校长为委员长，更选举委员12人，组织委员会，执行一切会务。校友会分总务、出版、图书、游艺、教育5部。（《申报》，1923年4月19日）

4月18日，刘海粟出席上海美专十一年度第二学期第三次师范科科务会议。

【引】参会者：刘质平、王伯逊、薛演中、刘利宾、何明斋、周康书、徐维邦、叶鼎洛、丁序镛、刘海若（代）。

议题一、高师二年级乙级学生要求在本学期举行春季写生旅行（附二年乙级全体署名函一件），应否准其所请，希公决。议决：本届二年乙级写生旅行，前经议决本年秋季举行，仍应维持前议原案，于下届秋季举行之。

议题二、高师科二年甲级、初师科甲级写生旅行应否确定出发日期，并由何人负指导之责，请公决。议决：师范科出发日期准定在西洋画科起程后一星期动身出发，其率引教员，俟出发之前再行临时商定之。

议题三、初师科学生请求旅行写生时期改为二星期，应否准行，请公决。议决：仍应根据前定议案定为一星期，但遇事实长必要时，得临时变通，原定时期酌量延长之。（上海档案馆档号Q250-1-40，《本校教务会议记录》。档案形成时间为1923年4月1日—1925年6月2日。）

4月18日起，刘海粟为上海美专高等师范科学生讲演《近代美术发展之现象及其趋向》，每星期讲演1次，预定分18次讲完。（《新闻报》，1923年4月19日）

4月19日，刘海粟邀请欧阳予倩到上海美专讲演《衣服之起源及其流行》。（《申报》，1923年4月19日）

【释】欧阳予倩（1889—1962），湖南浏阳人。著名戏剧艺术家。1902年东渡日本，先后入明治大学、早稻田大学学习。1914年在上海组织新剧同志会，建立春柳剧场，倡导新剧（话剧）运动。1916年从事创作和演出京剧《人面桃花》《武松与潘金莲》等剧，有"北梅（兰芳）南欧"之誉。1918年应中国近代实业家张謇之邀在南通创办伶工学社，进行戏曲教育改革尝试，任南通伶工学社主任主持学校校务。1923年4月19日上海美专请欧阳予倩作题为"衣服之起源及其流行"的讲座。1925年7月至1926年1月任上海美专语剧（话剧）教授。是我国戏曲改革的先驱者。1926年后进入电影界，兼演京剧。（《上海美专名人传略》，第169页）

4月20日，刘海粟邀请张东荪到上海美专讲演《认识论及其与艺术相关之点》。（《新闻报》，1923年4月19日）

【释】张东荪（1887—1973），浙江杭州人。现代哲学家，中国国家社会党、中国民主社会党领袖之一，曾任中国民盟中央常委、秘书长。早年留学日本。民国成立后，任南京总统府秘书。1919年12月至1926年11月任上海美专校董会校董。历任上海中国公学及北京燕京大学等校教授，主办《时事新报》，主编《改造》。1934年在广州创办学海书院，任院长。抗战期间曾被日本侵略者拘禁，获释后从事著述。1944年参加中国民主同盟，任中央常委委员。新中国成立后，历任中央人民政府委员、政务院文化教育委员会委员等。1973年在北京病逝。（《上海美专名人传略》，第57页）

4月23日，刘海粟、王济远、汪亚尘、李超士率领上海美专西洋画科二、三年级甲、乙级学生赴杭州旅行写生。（《新闻报》，1923年4月23日）

【按】在杭州期间作油画《春》《春暮》《日影》《南屏晚色》《虹》，作中国画《叠嶂》《层峦》等。《春》有如下说明："细劲的疏枝在沉默的湖边摇曳，伴着露芽的桑田，衬着深碧的远山。这种缥缈的清辉，引起了我的感情，就表现了这幅画。"同期绘作《春暮》。作者有如下说明："睹湖山烟云之变，至夕阳西下，更依恋不忍去。转眼北高峰，反射的红光上翻。回头看去，树丛却显出无穷的景色，山里也含着不尽的景色：丛错，深秀，萦回；那冈峦，那树林，那苏堤，那湖波，层层叠叠的一片！云霞的流动，冈峦的翁郁，更显得苍苍茫茫。努力，努力！我久久看着这苍茫的气象！"（《〈海粟之画〉目次及其说明》，上海美术用品社，1923年5月）

4月24—26日,《时事新报·学灯》发表刘海粟长文《为新学制艺术科课程和吴研因君作最后之解释》。(《时事新报·学灯》,1923年4月24日)

4月,聘潘天寿、诸闻韵来上海美专任教,筹备增设中国画科。(《刘海粟年谱》,第48页)

【释】潘天寿(1897—1971),在上海美专任教时名天授,自署阿寿,与诸闻韵、许醉侯等于1923年共同创立了上海美专中国画系。1923年9月至1926年11月任上海美专中国画系教授,教授国画及中国画史课程;1930年2月至1935年1月任上海美专中国画系国画山水、国画史、画理教授及绘画研究所导师。其中1930年2月至1933年7月兼任中国画系主任。1942春至1944年春在东南联大艺术专修科及后来的英士大学艺术专修科,担任绘画组主任及教授。1948年2月至1950年继续兼任上海美专国画教授。(《上海美专名人传略》,第172页)

【释】诸闻韵(1894—1938),1923年9月至1924年7月任上海美专国画科主任兼教授,1924年9月至1925年1月任上海美专国画科教授。1930年2月至1931年7月任上海美专国画科花卉教授。1931年9月至1933年7月任上海美专艺术教育系图工组主任兼花卉教授。1932年2月至1932年7月任上海美专绘画研究所国画花卉导师。1933年9月至1935年7月任上海美专国画科主任兼山水花卉教授。(《上海美专名人传略》,第273页)

4月,刘海粟呈函江苏教育厅厅长蒋维乔。

【录】呈为举办毕业,先期缮具学生名册,恳祈鉴赐核转存案事。窃本校前于上年十月间奉上海县公署转行层令到校,荷蒙教育部核准立案在案。兹谨查部颁规程"学校举行毕业,应于三个月前缮具学生名册,呈请核准暂行备案"等语,自当遵照规程如期办理。兹本校第十三届西洋画科学生计丁晓波等三十一名，自民国九年九月考入本校西洋画科本科、选科肄业以来，截止本年七月，已届三年修习期满，照章应行举办毕业。现在该生等旅行杭县西湖野外实习三星期，回校照常上课，当俟本学期学业修习终了，经各科教授严密考查学科成绩，届时再当缮具证书，呈请核验盖印，以符部令。所有先行缮报举办毕业缘由，合亟造具学生名册，附文申请钧厅鉴赐，分别核转，实为公便。谨呈

江苏教育厅厅长蒋

计呈学生姓名一览表三份。

上海美术专门学校校长刘海粟（上海档案馆档号 Q250-1-102，《一九二三年至一九二四年举行毕业，报毕业生名册、成绩等与中华民国江苏教育厅等单位的来往文书》）

5月13日，上海美专于浙江省教育会举行旅行写生展览会，至14日结束。（《新闻报》，1923年5月11日）

5月17日，刘海粟与王济远、汪亚尘、李超士、关良等率领上海美专旅杭写生队乘火车返上海。返沪前，刘海粟在西湖康庄作油画《虹》。（《时事新报·学灯》，1923年5月11日）

【录】《虹》有如下说明："是1923年5月在西湖康庄画的。倾盆的大雨过了：黝黑的天，忽然擎起一朵一朵的红云，瞬息间更映出一条五光十色的虹。呵，这是天的荣光！天的欢乐！可惜时候太短暂。她去了，不复还！难怪我心情仍旧暗淡！"
（《〈海粟之画〉目次及其说明》，上海美术用品社，1923年5月）

5月17日，刘海粟致函江苏教育厅厅长蒋维乔。

【录】呈为遵令重缮学生名册暨各生出席、缺席时数表，恳祈鉴赐核转备案事。

窃本校前于本月十一日接奉钧厅第一千一百八十七号指令内开："呈表均悉。来表未列入学年月一栏，无从查核，应即发还重造，连同各生出席、缺席时数表，呈送三份到所，再予核办。此令。"等因。奉此，遵即添列入学年月，重缮学生姓名表，并造具各生历年在校出席、缺席时数表各三份，合亟附文申请钧座鉴赐存转，实为公便。再学生出席、缺席时数表，其第三学年第二学期以学期现未终了，时数无从核算填列，合并声明。谨呈江苏教育厅厅长蒋

上海美术专门学校校长　刘海粟　十二年五月十七日（上海档案馆档号 Q250-1-102，《一九二三年至一九二四年举行毕业，报毕业生名册、成绩等与中华民国江苏教育厅等单位的来往文书》）

5月23日，蔡元培致函刘海粟，请刘海粟为北大学生王滨海、陈季青二人留学德国作担保人。

【录】海粟先生大鉴：顷有北大学生王滨海、陈季青二君往德留学，在上海德领事馆请护照，须请本埠有名誉之校长作保，谨以此奉烦，如荷慨允，不胜感荷。专此，敬请台安。弟蔡元培敬启。（《蔡元培全集》第11卷，第200页）

5月25日，刘海粟主持召开上海美专暑期美术学校筹备会。（《新闻报》，1923年5月26日）

5月28日，江苏教育厅函令上海美术专门学校校长刘海粟指令。

【录】第1495号 十二年五月二十九日到 令上海美专专门学校校长

呈一件：呈为遵令重缮学生名册暨各生出席、缺席时数表，祈核转由。

呈表均悉。查此案前据该校呈报到厅，当以来表未列入学年月一栏，无从查核，令饬重行造送，以凭核办。兹据造就，应行毕业试验学生丁晓波等三十一人，入校年月系九年九月，详查原档，并未据该校将上列学生呈报有案，仍属无从查核，所请转报之处，碍难照准，仰即知照。此令。来表发还。

记发还原表各三份。

中华民国十二年五月廿八日

江苏教育厅厅长蒋维乔

第一科科长费玄韫（代）（上海档案馆档号 Q250-1-102，《一九二三年至一九二四年举行毕业，报毕业生名册、成绩等与中华民国江苏教育厅等单位的来往文书》）

5月，上海美专就徐家汇路永锡堂旧址改建西洋画科新校舍200余间。（《刘海粟年谱》，第48页）

【图1923-4】上海美专永锡堂校门

5月，刘海粟个人画册《海粟之画》由上海美术用品社出版。

【引】该画集编入油画19幅、水彩2幅、素描3幅、中国画4幅，共28幅。附后蔡元培、李建勋《介绍艺术家刘海粟》和史琬《看了刘海粟绘画展览会之后》两文。刘海粟撰文予说明作品的创作动机和感想。《〈海粟之画〉目次及其说明》全文约两千字，附载于画册后。作者对该文有如下说明："本文原名《〈海粟之画〉目次及其说明》。共列二十八幅作品，末注：'以上都是回想作画时所感，抽出几句，却似梦境一般。海粟草于上海美专一院。'现将画幅次序作一调整，说明少或未加说明地略去，留下十七则。从中可以看出刘氏创作时的真实思想活动情况，为研究刘氏创作思想保留原始素材。"《〈海粟之画〉说

【图1923-5】上海美术用品社出版发行的《海粟之画》书影（1923年）

明》，对每一首作品写有题记：《秋》，一九一九年秋在上海西郊作。《暮》，一九二一年画的速写。《红籁所感》，一九二一年秋同上海美专西洋画科同学到西湖去旅行，有一天在雷峰塔下红籁山房整个儿作了一天画，这就是最后的一幅。《回光》，一九二一年秋作于西湖。《北京雍和宫》是一九二一年在北京作的。《蔡元培》，一九二一年冬天我到北京去，蔡先生大病后还在医院里静养，精神憔悴，仍未脱去病容。他欢喜看画谈画，所以我也常常到医院里去，一面谈一面为他写了几张肖像。这是我拿回来的一张素描。《前门》，一九二二年在北京作《流动》。《虞山之下》，一九二二年四月作于虞山。《松社之花》，一九二二年七月的一天，到松社去看君劢，他同我游花园，看见两朵罂粟花，穿了嫩绿的绢衣，飘飘摇摇地藏在树丛深处，正吐着艳丽的光辉！她仿佛懒懒地对我说：愿意为我留个影儿吗？我就拿着笔、调着色，为她挥了个影儿！送给张君劢。《群众》，前者呼，后者应，伛偻提携，往来不绝，这是南京夫子庙前一种骚动繁杂的景象。《燕子矶》是一九二二年作的水彩速写。《小贩》是一九二二年作的水彩速写。《静物》，一九二二年八月里的一个星期日。六龄的儿子，拿来一串紫葡萄，四只红柿子，一只莱阳梨，笑嘻嘻地献给我看，放在桌上石膏像的左右，半面恰巧又衬着一张新作的晚景。《春》，一九二三年春作于西湖。《春暮》，一九二三年春季旅杭，每日登天山，睹湖山烟云之变，至夕阳西下，更依恋不忍去。《虹》是一九二三年五月在西湖康庄画的。（《〈海粟之画〉目次及其说明》，上海美术用品社，1923年5月）

5月，吴法鼎致函刘海粟。

【引】吴谓"北京政局愈坏，虚伪充塞于人间，此间行将死去，且提倡艺术在此间本无望也。我将赴大同、云冈观石窟，并

赴关中游历。唯望足下等努力耳"。(《刘海粟年谱》,第48页)

6月2日,上海美专假江苏省教育会举行西湖绘画展览会。

【引】展出200多件作品,学生作品系经校长及西洋画科主任严格评选。展期两日。山东、江西等省立师范及神州女子图画科等团体前往参观。(《刘海粟年谱》,第48页)

6月11日,刘海粟出席上海美专十一年度第二学期第三次教务会议。

【引】参会者:王济远、汪亚尘、顾久鸿、刘海若、徐维邦、姚当时、叶鼎洛、丁序镛、刘利宾、周康书、薛演中、何明斋、许醉侯。报告事项:

报告一、十二年秋季始业开办国画科,请诸文(闻)韵为主任,许醉侯、潘天授(寿)为教授,王一亭为导师。

报告二、初级师范科甲级自本周起,在火曜日上午八—九、下午三—四请王伯逊先生添授教学法两小时。

提议事项

议题一、本学期课业授至六月二十八日止(阴历五月十五日),七月一日(阴历五月十八日)行毕业式及休业式。议决:如议通过。

议题二、各科理论学科请教者自本周起切实考查,尽六月廿五日结束。议决:请各科担任教师依照教务处前发考查簿表,严密考查学生成绩填记,依期送还教务处汇核。

议题三、初级师范科毕业考查办法。议决:规定两种办法如左:(甲)实习学科如国画、西洋画、图案画、手工实习成绩,请各专任教员于每生中择最优者至少一点留校作为毕业成绩。(乙)理论学科请各担任教师自定严密测验后,列表交教务处汇核。

议题四、初师科参观日期案。议决：参观日期定下星期四、五、六三日（六月廿一、二、三日），由师范科教室主任王伯逊先生及薛演中先生为领导员。

议题五、自下学期起，膳宿费仍归入一起收费。议决：如议通过。

主席刘海粟。（上海档案馆档号Q250-1-40，《本校教务会议记录》。档案形成时间为1923年4月1日—1925年6月2日。）

6月12日，刘海粟三子刘豹出生于上海。（《刘海粟年谱》，第49页）

【释】刘豹，字福英。美国科州大学硕士，现任天津大学管理学院院长、天津大学系统工程研究所所长、二级教授、天津市科学技术协会副主席、中国人民政治协商会议全国委员会委员。

6月16日，上海美专师范科国画展览会在林荫路二院举行，陈列学生成绩、教师作品及王一亭、吴昌硕等名人手迹总共二百数十件，分陈十室。（《申报》，1923年6月17日）

6月25日，刘海粟出席上海美专十一年度第二学期第三次西洋画科科务会议。

【引】参会者：王济远、李超士、顾久鸿、刘海若、叶鼎洛、丁序铺、徐伯西、薛演中、刘利宾、周康书、汪亚尘。

报告事项：依前项教务会议决案，本学期各项学业成绩考查表册请各教师尽本月底填交科务处。

提议事项：议题一，关于本学期各级学生学业成绩之勤惰，请各教师分别提出，并讨论升留问题。议决：请各教授提出无故缺课最多之学生，并稽核本学期考查成绩表册，汇交教务处复核施行。议题二，研究生范曼云来函申请改入正科，请公决。议决：请教务处裁酌办理之。（上海档案馆档号 Q250-1-40，《本校教务会议记录》。档案形成时间为 1923 年 4 月 1 日—1925 年 6 月 2 日。）

6 月 26 日，蔡元培复函刘海粟。

【引】海粟先生大鉴：惠书敬悉，彼此屡相左，甚怅。三点钟以后，弟均有约会，如能于三点钟以前惠临，当恭候。敬复，并祝日祺。弟蔡元培敬启　廿六日。吴新吾①先生均此。（《蔡元培全集》第 11 卷，第 207 页）

【释】① 吴新吾：吴法鼎，字新吾，河南南阳人。法国巴黎美术专门学校毕业。曾任北京美术专门学校、上海美术专门学校教授。

6 月 28 日，刘海粟呈函江苏教育厅厅长蒋维乔。

【录】呈为举办毕业，先行缮具表册，恳祈鉴赐分别存转事。
窃本校顷奉钧厅第二〇六五号指令内开："呈表均悉。准予分别存转。此令。"等因在案。兹查本校第十三届西洋画科学生丁晓波等三十一名，自民国九年九月考入本校西洋画科本科、选科肄业，截止本年七月，已届三年修业期满，照章应行举办毕业。现俟学期终了，应由各科教授严密考查学科成绩，再行缮具证书，呈请核验盖印，以符规定。所有先行缮报举办毕业缘由，合亟造具学生名册及出席、缺席时数表，附文申请钧厅鉴赐核转，实为公便。再出席、缺席时数表，其第三学年第二学期现未终了，时数无从核算填列，合并声明。谨呈
江苏教育厅厅长蒋（上海档案馆档号 Q250-1-102，《一九二三年至一九二四年举行毕业，报毕业生名册、成绩等与中华民国江苏教育厅等单位的来往文书》）

6月，刘海粟因补缮学生名册复函江苏教育厅。

【录】呈为拟行补缮学生名册，恳祈追赐核准备案事。

窃本校前于上月三十日接奉第一四九五号指令内开："呈表均悉。查此案前据该校呈报到厅，当以来表未列入学年月一栏，无从查核，令饬重行造送，以凭核办。兹据造报，应行毕业试验学生丁晓波等三十一人，入校年月系九年九月，详查原档，并未据该校将上列学生呈报备案，仍属无从查核，所请转报之处，碍难照准，仰即知照。此令。"等因。奉此，查本校于十一年十月间方奉教育部批准立案，该生丁晓波等三十一人系在九年九月考入本校肄业，是在未奉教育部立案之前时期，在先未曾具报，追邀立案之后，则于同年月呈请拨给省费案内，曾造具各科学生姓名表，分呈省署、钧厅存案在案，案非专报，而该生等为本校肄业学生，似已有案可稽。今以入学后未曾造报，手续未符为沮，则与教育部规定之学校举行毕业应即造送表册，呈报本管教育行政官厅查核条文恐相抵触，似非学校尊重官厅之意。本校再四思维，此次毕业如不呈报官厅，则学校有弁髦法令、蔑视官厅之权，欲遵令如期造报，则又手续不符，无以慰学子之心，难以如愿之。仿徨年度，策乏两全，为敢于无法之中拟再一面补缮该生等入学表册，先行呈送钧厅分别转存，赐予追认，一面再由本校随缮应行毕业试验之学生姓名表及出席、缺席时数表，再行呈请鉴核转存，俾符教部令文之规定，而予学校有呈报备案之机会。是否有当，仍乞核示祗遵，实为公便。刘海粟（上海档案馆档号 Q250-1-102，《一九二三年至一九二四年举行毕业，报毕业生名册、成绩等与中华民国江苏教育厅等单位的来往文书》）

7月11日，江苏省教育厅至函上海美专校长刘海粟讯令。

【录】第 1660 号

十二年七月十六日到

令上海美术专门学校校长

案查前据该校呈送补缮学生入学名册，祈核转等情前来，当经指令并转呈在案。兹奉省长指令内开："呈表均悉。候分别存转。此令。"等因。奉此，合行令仰该校长知照。此令。

中华民国十二年七月十一日

江苏教育厅厅长蒋维乔（上海档案馆档号Q250-1-102，《一九二三年至一九二四年举行毕业、报毕业生名册、成绩等与中华民国江苏教育厅等单位的来往文书》）

7月15日，上海美专暑期学校开学，授课6星期。（《申报》，1923年6月17日）

7月30日，江苏教育厅至函上海美专校长刘海粟训令。

【录】第1844号

令上海美术专门学校校长

案查前据该校呈送应行毕业生姓名各表，祈核转等情前来，当经指令并转呈在案。兹奉省长指令内开："呈表均悉。候分别存转，仰饬知照。此令。"等因。奉此，合行令仰该校长知照。此令。

中华民国十二年七月卅日

江苏教育厅厅长蒋维乔（上海档案馆档号Q250-1-102，《一九二三年至一九二四年举行毕业、报毕业生名册、成绩等与中华民国江苏教育厅等单位的来往文书》）

7月，刘海粟和吴法鼎到西湖避暑，住丁家山。

【引】吴法鼎建议先举办江苏画展，说"现在北京的政局那样糟，我们去年在济南议决的议案——国立美展议——恐怕再等

十年也没有开办的希望。我劝你还是缩小范围,从你们江苏办起吧!"(《刘海粟年谱》,第49页)

8月1日晚,刘海粟回上海,撰写有关天马会的介绍文章《天马会究竟是什么》,至夜半方完稿,8月4日由《艺术》周刊发表。

【引】全文约近3000字。撰写此文的原因是:"天马会成立于一九一九年十月,到现在已历三年矣;展览会业已举行五次,声名洋溢,何用再释。余曰:不!不!不!余亦深知大家之久闻天马会,即此之故,有不得不为文以释之。因大家所知之天马会,乃'形'与'名'之天马会也;非天马会之内容与究竟也。今日愿再与大家一谈天马会之内容与究竟,同时要招天马之魂。唯此天马之魂,不属于形体,不被社会一切需要所拘束,是超过实利与功用,也无不可以分析之、度量之。"文章分为(一)天马会之经过。(二)天马会的主张。(三)天马会在中国艺术史上的地位。(四)第六届展览会四个部分,总结阐述了天马会的活动情况和对当时画坛的推进作用。(刘海粟,《天马会究竟是什么》,《艺术》周刊,1923年8月4日)

8月3日,刘海粟主持召开江苏省教育会美术研究会会议,讨论新学制艺术科课程实施法。(《申报》,1923年8月3日)

【引】会议采取公开办法,凡小学和初中艺术科教员及研究艺术教育者均可到会讨论,到会者百余人。6日提出议案两件:(1)由该会建议全国教育联合会举办国立美术展览会。(2)由该会组织江苏省美术展览会,并议决将美术研究会之名改为艺术研究会,沈恩孚被选为会长,刘海粟为副会长,汪亚尘等12人为评议员。(《申报》,1923年8月7日)

8月4日，天马会举办第六届绘画展览会。刘海粟展出中国画及油画《自然之舞》等作品，并任展览会审查员。展览会赠来宾目录一册及特刊一张，展览至12日结束。（《申报》，1923年8月6日；《刘海粟年谱》，第50页）

8月6日，江苏教育厅至函上海美专校长刘海粟训令。

【录】第2981号

十二年八月七日到

令上海美术专门学校校长

呈一件：呈为缮送毕业学生姓名、及各表，祈核转由。

呈表及证书均悉。该校学生丁晓波等二十九人，既据声称毕业成绩俱属及格，准将证书用印发还，仰即查收转给。惟查部章，专门学校毕业证书贴用印花五角，来书贴用一元，应即减贴五角，以符法令。其李景贤、张德荣两生缺课甚多，不能及

【图1923-6】《学艺》1924年第5卷第8期刊登刘海粟1923年油画作品《自然之舞》。

格，自应不予毕业，以重学业。来表已分别存转矣，并即知照。此令。

中华民国十二年八月六日

江苏教育厅厅长蒋维乔（上海档案馆档号Q250-1-102,《一九二三年至一九二四年举行毕业，报毕业生名册、成绩等与中华民国江苏教育厅等单位的来往文书》）

8月10日，江苏省美术展览会起草委员会成立，刘海粟任会长，汪亚尘、俞寄凡、王济远、薛演中、查溯生、沈天白、李文华等10余人为委员。（《刘海粟年谱》，第50页）

【释】李文华，女，字寓一，以字行，丈夫姓徐所以也署名徐李文华。江苏江宁人。1922年9月入上海美专高等师范科，1924年9月再次入高师科，但皆未毕业。1928年现代书局出版

【图1923-7】上海美专西洋画科甲子级课堂教学情景，此图拍摄时间为1923年9月至1924年6月之间，担任西洋画科甲子级的教师是留学英国爱丁堡大学的彭沛民教授。

了李寓一《裸体艺术谈》一书。还曾写过《近二十五年来中国南北各大都会之装饰》，论清末京式服装。是民国时期活跃的艺术评论家，在各种杂志上发表了不少文艺批评文章。1918.11.25。《美术》创刊号（P35—36）杂俎栏目记载："（1918年）10月9日，北京女子图画研究社组织成立，是会由李文华女士等11人发起，蔡元培、刘海粟、谢冰诸先生赞成之。"1919年7月《美术》第一卷第二期（P6）刊有其文章《北京大学游艺会记》，署名北京女子图画研究社主任李文华，对裸体画发表了一番看法。1923年1月至6月任上海美专函授学校艺术科筹备员。（《上海美专名人传略》，第137页）

8月25日，《时事新报·学灯》刊载刘海粟的《石涛与后期印象派》。

【引】全文约4000字，刘海粟撰写此文的目的，在文前有如下说明：石涛明楚藩后，清初画家推为第一。清湘老人、青湘陈人、大涤子、苦瓜和尚、瞎尊者，皆其别号。后期印象派乃近今欧西画坛振动一时之新画派也。狭义的是指塞尚、凡·高、高更三人之画法；广义的便指印象派以后之一切画派。与三百年前中国之石涛，真所谓风马牛不相及也。然而石涛之画与其根本思想，与后期印象派如出一辙。现今欧人之所谓新艺术、新思想者，吾国三百年前早有其人潜发之矣。吾国有此非常之艺术而不自知，反孜孜于欧西艺人之某大家也某主义也，而致其五体投地之诚，不亦怪乎！欧人所崇拜之塞尚诸人，被奉为一时之豪俊，潜发时代思潮之伟人而致其崇拜之诚，而吾国所生塞尚之先辈，反能任其湮没乎？余久思为文述之，屡为事阻，今先抽述其一节以证之，并将加以考证译为欧文，而质诸欧之艺人。望我同道，勿徒鹜于欧艺之新思想，弃我素有之艺术思想而茫然也。须知现代欧人之所谓新艺术、新思潮，在吾国湮埋已久矣。一方面固当研究欧艺之新变迁；一方面益当努力发掘吾国艺苑固有宝藏。吾今先论后期印象派之要素，而证以石涛之所主张。（刘海粟，《石涛与后期印象派》，《时事新报·学灯》，1923年8月25日；此文1936年10月7日又载《国画月刊》第10期。）

8月25日，吴法鼎致函刘海粟。

【引】吴谓"鼎与北京美专校长郑某，始终以意见相左，不能合作。前因蔡先生离京，各校长连带辞职，未便发作。今校长已复职了，我于回京之第二日即决然向学校表示辞职。其中关系虽极其复杂，要而言之，不外郑某眼光短小，仇视他人办美术教育，仇视高才学生，唯恐美术发达，唯恐有后起之秀加乎其上，失却郑某大美术家之资格。其心实不堪问，万万不能与之共事"。（《刘海粟年谱》，第50页）

8月，上海美专将西洋画科设于斜桥徐家汇路，称第一院。（《刘海粟年谱》，第51页）

【按】继本年5月美专将徐家汇路斜桥附近永锡堂旧址内的老建筑，改建成西洋画科新校舍200余间。8月美专西洋画科迁至斜桥附近菜市路原永锡堂旧址，称第一院并开办中国画科，将高等师范科和初级师范科均迁于方斜路白云观左近，称第二院。中国画科延请诸闻韵为主任，许醉侯、潘天寿为教授，王一亭为导师。

夏，刘海粟与刘质平应邀前往长沙第一师范讲学。刘海粟讲授美术，刘质平讲授音乐，引起很大的反响。（《上海美专音乐史》，第35页）

9月13日，刘海粟出席上海美专十二年度第一学期第一次教务会议。

【引】参会者：王济远、俞寄凡、关良、汪亚尘、陈抱一、诸闻韵、何明斋、徐维邦、姚当时、黄明振、刘海若、顾久鸿、丁序镛、薛演中、刘利宾、朱蓉庄、周康书。

议题一、教务处提议，高师科各学科应请各担任教员调制教材案。

议题二、本届秋季旅行写生，应请指定年级、地点及出发日期案。

议题三、教务处提议，高师科学生龚士希、蒋丹云、殷浚华、叶传英、李亚球等来书请求仍在原级上课案。

议题四、教务处提议，高师科学生黎克安请求改为本科生案。

议题五、文牍科提议，以后各科学生转科，因手续关系亟宜予以限制案。

议题六、西洋画科主任提议，理论各学科应请各教师查照考查规程，切实考查。

议题七、西洋画科主任提议，第一星期上课，由各级级任提出值周生名单，交科务处复核派定，仍不用级长制。

议题八、西洋画科主任提议，新生文纯，高师生沈天白、查溯生报考插入三乙。

议题九、西洋画科主任提议旧生张达道、温厚菴因家寒并能好学，要求升插二乙。

议题十、西洋画科主任提议，开学后三星期，将各级实习成绩及暑期内自修成绩拟定国庆日在本校开秋季成绩展览会二日或三日。（上海档案馆档号Q250-1-40，《本校教务会议记录》）

9月13日，刘海粟将江苏省美术展览会计划提交江苏省教育会干事会，被批准。

【引】并由省教育会咨请省署和教厅备案，请拨经费。旋得省教厅复函，准予备案；省署令由财政厅在省教育预备项下，拨给补助费600元。（《刘海粟年谱》，第51页）

9月16日，刘海粟受上海书画会、题襟馆邀请，出席上海书画名家集议协济日本震灾办法。

【按】其他出席者有吴昌硕、王一亭、唐吉生、程瑶笙、黄朴存等70余人。（《时事新报》，1923年9月16日）

9月23日，刘海粟撰写的《画什么》于《艺术》周刊第19期发表。

【引】文中有谓"我常常看见了一种瞬息的流动、灿烂的色彩，心弦就不息地潜跃起来，自己只觉得内部的血液逼着要喷出来的模样；有时就顷刻间用了色彩或线条表白出来。表白出来了，自己真觉得生趣盎然，异常高兴"。（《艺术》周刊第19期，1923年9月23日）

9月26日下午4时，刘海粟出席上海美专十二年度第一学期西洋画科第一次科务会议。

【引】参会者：王济远、俞寄凡、周康书、朱汉才、刘海若、刘利宾、徐维邦、汪亚尘、何明斋（代）。

议题一、规定各级教师考查学业成绩案。（一）前项考查表册是否适用？（二）表贴特殊成绩，以示鼓励，对于较劣成绩应随时提出警告。议决：将前制学业考查表册分别理论、实习各制一种，刊发应用，其表贴成绩及提出警告，应由担任教师分别实行。

议题二、请各级级任提出值周生名单，以便审核执行案。附议：修正值周生服务细则。议决：即由西洋画科主任开示各级值周生名单，由教务处揭示布告。自下星期起开始值日。服务细则，尚属适用，无须修改。

议题三、各级石膏（静物）模型急宜添制，石膏旧模型之污迹急宜修理，以便应用。议决：应由庶务处分别如提议办理。

议题四、旧生顾逸岑前学期因病请假，经长时间之自习，缴到木炭、水彩实习成绩二十余帧，本学期要求升入原级受课；又三乙选科生李裕桢、胡士英、王道悲三生来函，为广求学业计要求改入正科，愿补受各学科之考查，是否照准，请公决。议决：顾逸岑准予升入原级上课，李裕桢、胡士英、王道悲应受美术史、色彩学、解剖学考查，视其成绩如何，再行核办。（上海档案馆档号 Q250-1-40，《本校教务会议记录》）

9月，符罗飞考入上海美术专科学校高等师范科，1927年1月毕业。（上海档案馆档号 Q250-1-120-2，《上海美术专科学校自开办至结束历届学生姓名索引表》）

【释】符罗飞（1896—1971），海南文昌人。从小跟民间艺人学艺，流浪于印度尼西亚、马来西亚、新加坡等地。1923年入上海美专，1927年1月毕业。1930年考入意大利那不勒斯皇家美术学院学习油画。曾在意大利、法国、英国、奥地利等国举行个人画展。1938年归国后历任桂岭师范学校、中山大学、湖南工业专科学校美术教师。先后参加"文社""创作书画社"和"人间画会"等美术社团的活动。新中国成立后曾任华南工学院建筑

系教授、中国美术家协会广东分会副主席。在"文革"中遭受迫害，1971年逝于广州。（《上海美专名人传略》，第296页）

9月，彭友贤考入上海美专初师部，1925年7月毕业。
（上海档案馆档号Q250-1-120-2，《上海美术专科学校自开办至结束历届学生姓名索引》）

【释】彭友贤（1906—1949），江西余干人。其兄彭友仁，弟彭友善，均能诗善画，被誉为"彭门三才子"。1923年9月考入上海美专初师部，从师刘海粟、汪声远、诸闻韵、潘天寿等学画。1925年7月毕业。1930年赴法国留学，考入巴黎国立美术院，攻读图案及装饰美术。1932年学成回国，先后在武昌艺专、北平美专任教。抗战胜利后回到景德镇，集资创办中国瓷厂，矢志不渝地进行瓷业改良，亲自设计研制了脚踏制陶车，使瓷工们双脚像踩缝纫机一样踩车作业，从而减轻了劳动强度，提高了工作效率，并为后来的机械化提出了制造原理。他还不断地改良桌器、茶具、饭具器型，同时设计出形式多样、色调和谐的图案。作品为中国美术馆及博物馆收藏。（《上海美专名人传略》，第331页）

9月，汪日章考入上海美专西画系学习，1927年1月毕业。（上海档案馆档号Q250-1-288-1，《学生姓氏索引表》）

【释】汪日章（1905—1992），浙江奉化人。1927年毕业于上海美专西画系。1929年毕业于巴黎国立高等美术学校。曾任上海新华艺专西画系主任，上海昌明艺专西画系主任，与庞薰琹等人在上海原法租界金神父路发起组织"台蒙画会"。1932年4月到1938年6月，任蒋介石官邸侍从秘书后兼任侍从室第四组少将组长达5年之久。抗战期间曾任全国美术界抗敌协会理事长，杭州国立艺专校长。（《上海美专名人传略》，第350页）

9月，徐禹民考入上海美专西画科，在美专学习时参加了五卅运动，后又参加中共上海地方组织的外围工作。（上海档案馆档号 Q250-1-120-2，《上海美术专科学校自开办至结束历届学生姓名索引》）

【释】徐禹民（1905—1988），原名徐怀泰，江苏响水人。上海美专西画系毕业。1930年9月第二次入上海美专西画系学习，1932年7月新制第十届西画系毕业。抗战爆发后回江苏家乡开展抗日救亡运动。1939年5月加入中国共产党，先后担任中共灌云县五分区区委书记、县委委员兼统战部长、中共淮盐三地委委员兼政府部长、淮海专员公署副专员、中共两淮市委委员兼组织部长。1949年随军南下后，历任中共苏州地委组织部长、华东军政委员会工业部党委组织部副部长兼人事处处长、中共中央华东局工业部干部处处长、上海市重工业党委组织部部长、上海市第一重工业党委副书记、上海吴淞区委书记兼吴淞区区长。（《上海美专名人传略》，第372页）

9月，上海美专聘请俄国画家普特尔斯基为西洋画系教授。（《申报》，1927年7月29日）

【释】普特尔斯基（V.podgoursky）（1889—？），俄国人。毕业于俄国莫斯科皇家美术大学。1921年定居上海，1923年9月被聘为上海美专西洋画科及高师科西洋画教授至1926年12月。1928年2月至1929年1月，上海美专再次聘任为西洋画教授。（《上海美专名人传略》，第177页）

10月8日，刘海粟以"士杰"之名在《时事新报》副刊《艺术》周刊第21期上发表《杂感》一文。

【按】这篇署名"士杰"的文章，作者是刘海粟，揭开了他与姐夫周勤豪的一段恩怨。

10月13日，上海美专校友会剧团演出新剧《工厂主》。
（《刘海粟年谱》，第51页）

10月15日，刘海粟撰写《论艺术上之主义——近代绘画发展之现象》。

【引】全文约3000字，文中有曰："时代思潮"这句话，是我们到处都听到的，现在几乎成了大家的口头禅了！所谓时代思潮，都是由某时某地的有心人，对于那时那地的现象或环境，有所不慊，想出某种救济的方法，应时势继续运动而成；愈运动而愈扩大，久之则成为一种权威，这就是"主义"的源起。近代绘画上各种"主义"的起始，也是这样的。大都是有才能的作家，到了某时代，受了某种影响，表示某种不满意，就拿自己的才能创起一个世界出来，对于那不满意的现状作理想的救济。比如浪漫主义之起，乃因不满意古典主义之故；自然主义与写实主义之起，都因为要矫正古典与浪漫二派之弊；马奈因不慊于学院主义和自然主义，别辟途径而成印象主义；塞尚因为印象主义之太重视于客观，持"实在即自我"之见解，而创后期印象主义。故艺术上之主义，大都是有才能的作家，从适应时势的新思潮里产生出来的一种新的主张。这种主张，最初作家自己也不知道，只是他的那么一个倾向，渐渐传播广了，后来人家图简便，就用几个字来代表这种新的主张，就叫它做某某主义。我们明白了主义之所以为主义，就不致再空谈主义了！（刘海粟，《论艺术上之主义——近代绘画发展之现象》，1923年10月15日）

10月17日下午4时，刘海粟出席上海美专十二年度第一学期西洋画科第二次科务会议。

【引】参会者：王济远、汪亚尘、黄铸新、周康书、刘利宾、顾久鸿、温景美（刘代）、普特尔斯基（黄代）、关良（王代）。

议题一、规定第十四届西洋画科毕业制作之号数及种类案。议决：毕业制作每人应作自画像一帧（十五号风景式），并制作一帧（人物、风景不论，画幅以三十号为最小限度），仍照上届办法，择最优者，每种留校各四帧，其余发还，并定即日起开始制作，十二月十日前提交教务处。

议题二、秋季旅行写生期内，各教师更掉课程案。议决：本届秋季旅行率领教授为刘海粟先生、王济远先生、汪亚尘先生、李超士先生、关良先生。所有担任三年甲乙级、二年甲乙级教课，而未预旅行之温、普两教授，自旅行出发后，则担任教授在校一年甲级之缺课。

议题三、开学后各级实习成绩急宜考查，并须按期填入考查簿，以觇各生之勤惰，随时提出警告，并定于本星期六举行第二次竞进会，应由各级主任先期向各本级将实习成绩收齐考核，以便陈列案。议决：如议通过。应请担任教授即日分别实行。

议题四、三年乙级选科生居孝谦来函请求补受学科考查，改入正科，请公决案。议决：现在学期开始已久，未便中途要求更改，并查核该生入学资格与正科生不符，碍难准予转科。以后各级选科生不得轻于请求，以示限止。

议题五、三年甲乙级、二年甲乙级四班野外实习成绩，当在旅行期内详密考查其及格或不及格。议决：三年甲乙级、二年甲乙级野外实习，应于旅行写生期内考查其及格与否，其有因事请假者，应于回校后补交成绩（野外成绩）考查之。（上海档案馆档号Q250-1-40，《本校教务会议记录》。档案形成时间为1923年4月1日—1925年6月2日。）

10月20日，上海美专自由讲座，由中国公学校长陈筑山

演讲《美术与人生》。(《时事新报》,1923年10月20日)

10月27日,刘海粟率上海美专二、三年级及高师科二年级赴杭州旅行写生。(《新闻报》,1923年11月16日)

【按】上海美专师生分别于10月27日、11月3日、11月10日分批至杭州。

11月上旬,刘海粟在杭州期间作中国画《九溪十八涧》。

【引】画作题云:"西湖风景以九溪十八涧为最胜,峥嵘奇崛,盘薄睥睨,迂回缭曲,身历其境,疑非人间。归而写其一角,犹依恋不止也。"诗塘有黄炎培、蔡元培、张嘉森、郭沫若题诗。郭沫若题:"艺术叛徒胆量大,别开蹊径作奇画。落笔如翻扬子江,兴来往往欺造化。此图九溪十八涧,溪涧何如此峻险。鞭策山岳入胸怀,奔来腕下听驱遣。石涛老人对此应一笑,笑说吾道不孤了。"(《刘海粟年谱》,第52页)

11月10日晚,上海美专秋季旅行写生队在杭州西湖忠烈祠举行同乐会,表演京剧、昆曲、舞蹈、丝竹、古琴、月琴、滑稽、口技、拳术等节目。(《刘海粟年谱》,第52页)

11月11日,刘海粟撰写的《〈文人画集〉序》《复陆渊函》发表于《艺术》周刊第26期。

【引】《〈文人画集〉序》全文516字。文中有曰:国画至今衰败极矣,群瞽同室,呶呶互喧,一般冬烘,有盲于国画而大骂西洋新派画者;一般乳臭,有迷离于西洋画而滥施攻击国画者,其皆未明国画之为国画、西洋画之为西洋画也。殊不知万国作画,皆逐时代而递嬗,故欧洲古典派之画与唐画相同,写实派之画与宋画相类,以至元画泼弃形似,倡为士气,即与印象主义以后之画趋一致焉。清湘（石涛）余推为后期印象主义之元祖者也，其画其论，以视今日之新艺术思潮又如何？通览吾国历代之画，考之万国各纪之画，其表现其思潮皆有过而无不及。洎乎清代，一般画工群以画为取荣博利之具，妄偷古人粉本，谬写枯澹之山水及不类之人物、花鸟，高天厚地，终身甘作画囚，而我国艺学遂一往滔滔，呈不可救药之势焉。近来西洋画行将尽量输入，一般皮毛未窥而对国画动辄妄加批评者，是皆知其一而不知其二者也。美专高师科诸同学，对于国画与西洋画并皆研究，其中英绝之士应运而兴，类能融合中西，兹集之出，不啻于我国画

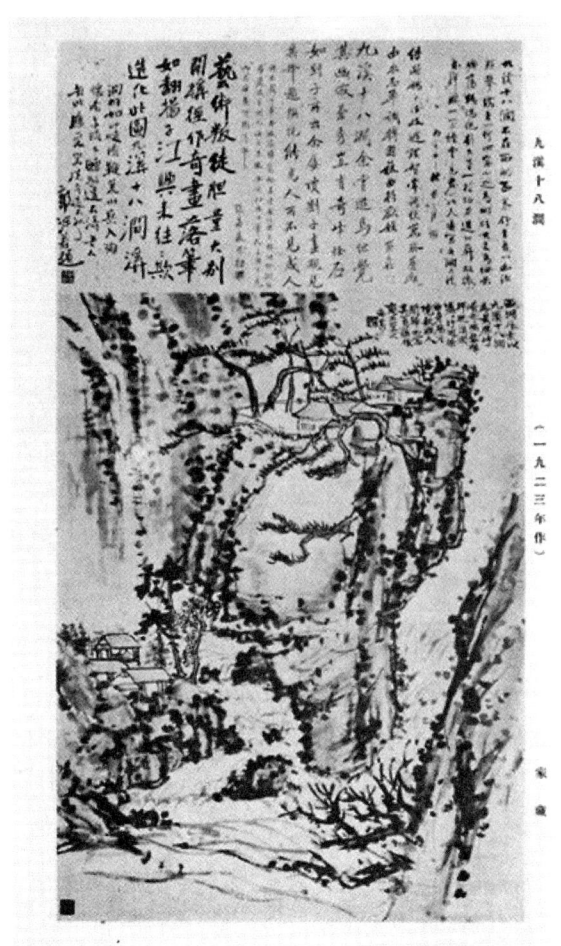

【图1923-8】刘海粟作品《九溪十八洞》（1923年）

界辟一新纪元也。予故为之序云。（刘海粟，《〈文人画集〉序》，《艺术》周刊第26期，1923年11月11日）

《复陆渊函》全文344字。文中有曰："陆渊先生：一般青年们，为了环境的支配、社会的侵压，往往免不了精神上的痛苦。""我以为……以为这正是一般青年们的弱点，我们确应该提起精神和那些恶劣环境、浑浊社会去奋斗，才是人生最有价值和意义的地方，你要拿艺术来安慰你，却是一种最完美的方法。你相信自然美是安慰你的要素，那么你可以时时接近自然界，对那自然的幻变、自然的优美，同情到十二分的时候，你尽管用笔或色彩，尽你自己的表现力，把它表现起来，它自然肯给你更深一层的安慰。画不是单靠着技巧和外形的，只要能够依着自己的感情，尽力表现出来，就会成为有生命的有价值的画。所以我觉得人生能依着自然生活的时候，就是艺术，就是艺术的人生。那些悲哀、痛苦，不去打消，亦自然会无形消灭！"（《艺术》周刊第26期，1923年11月11日）

11月16日，上海美专举行旅杭写生展览会。至17日结束。（《新闻报》，1923年11月16日）

【引】展览会在杭州新市场青年会健身房举行，展出水彩画1000余幅，油画200余幅。刘海粟、汪亚尘、王济远、李超士、关良、徐维邦等教师的作品也参加展出。（《新闻报》，1923年11月18日）

11月21日，刘海粟出席上海美专十二年度第一学期教务会议。

【引】参会者：王济远、何明斋、黄肇培、丁序镛、刘海若、周康书、刘利宾、汪亚尘、俞寄凡、诸闻韵、顾久鸿、潘天授（寿）、关良（代）、薛演中（代）。

议题一，提议举行十二周纪念展览会，并提出组织大纲及应行推任委员案。议决如下：

（一）组织大纲，教育部立案上海美术专门学校。十二周纪念展览会组织大纲。

（二）推任考查西洋画科、国画科、师范科各级学业成绩者。（上海档案馆档号 Q250-1-40，《本校教务会议记录》。档案形成时间为 1923 年 4 月 1 日—1925 年 6 月 2 日。）

11 月 25 日，上海美专甲子级画会竞进会开幕，场中共列油画、水彩画、色粉画百余件。（《刘海粟年谱》，第 53 页）

12 月 1 日，上海美专十二周年纪念绘画展览会开幕，展出作品 2000 余件。

【引】刘海粟展出油画《南屏林壑》《努力》《暮色》。《艺术》第 29 期"上海美专十二周年纪念展览会号"于次日出版。展览至 3 日结束，参观者 15000 余人。（《大公报》（天津），1923 年 12 月 14 日）

12 月 5 日，刘海粟呈函江苏教育厅厅长蒋维乔。

【录】呈为举办毕业，先期缮具学生名册，恳祈鉴赐转存事。
窃本校前经将在学西洋画科、高等师范科旧生、新生及国画科一年乙级生姓名，依照第三号第一号表式分别造册呈报在案。兹第十四届西洋画科学生计顾敦诗等二十名，自民国十年二月考入本校西洋画科本科、选科肄业以来，截止明年一月，已届三年修习期满，照章应行举办毕业，仍俟本学期修习终了，经各科教授严密考查学科成绩，届时再当缮具各生历年成绩清册及毕业证书，呈请核验盖印，以符规定。所有先行缮报举办毕业缘由，合亟造具学生姓名表三份，申请钧厅准赐转存，实为公便。再学生白清秀之籍贯，前呈册内误缮福建厦门，实系福建思明，合并陈明。谨呈

江苏教育厅厅长蒋

上海美术专门学校校长刘海粟

中华民国十二年十二月五日（上海档案馆档号 Q250-1-102，《一九二三年至一九二四年举行毕业，报毕业生名册、成绩等与中华民国江苏教育厅等单位的来往文书》）

12 月 9 日，刘海粟将近日所得罗丹雕塑《接吻》的照片发表在《艺术》第 30 期，并作短文《罗丹之〈接吻〉》。

【引】刘海粟谓：罗丹之雕塑，"表现其自我之思想者也。即此《接吻》一像……曾因观者之反对，而别闭于私室焉！盖此自然的恋爱之表现，亦为衣冠禽兽之道德家所不容也"。（刘海粟，《罗丹之接吻》，《艺术》周刊第 30 期，1923 年 12 月 9 日）

12 月 11 日，刘海粟出席上海美专十二年度第一学期教务会议。

【引】参会者：王济远、汪亚尘、朱罕（汉）才、张曼容、顾久鸿、何明斋、徐维邦、刘海若、周康书、薛演中、刘利宾、俞寄凡。

议题一、提议西洋画科毕业制作审查日期并组织审查委员会。议决：审查西洋画科毕业制作日期定于一月五日举行，并组织审查委员会推请王济远、普特尔斯基、李超士、汪亚尘、关

良、温景美、顾久鸿、徐维邦、刘海若、刘海粟、陈抱一诸先生为审查员。

议题二、提议高等师范科三年乙级来学年参观目的（地）及用费预算案。议决：提交高师科科务会议。

议题三、提议寒假前限止学生请假早归，而重学业案。议决：各科学生寒假前非有重大事故由家属来函证明者，不得假归，并由教务处揭示公布之。

议题四、提议西洋画科毕业式日期及寒假休业式日期案。议决：西洋画科第十四届毕业式定十三年一月十五日举行，寒假休业式同时举行。

议题五、提议各科一专任教授成绩考查表，应请规定日期送交科主任审核案。议决：各科学业成绩应请各担任教授尽一月二日以前考查完竣，送交科务主任稽核，十日前汇交教务处复核，各科实习成绩，每人每种至少提出一点存校。（上海档案馆档号Q250-1-40，《本校教务会议记录》。档案形成时间为1923年4月1日—1925年6月2日）

12月13日，刘海粟校长邀请国立自治学院教务长瞿世英（菊农）来上海美专讲演《唯心主义之美学》。（《刘海粟年谱》，第53页）

12月16日，刘海粟撰《马蒂斯之素描》一文，后发表于《艺术》周刊第32期。

【引】刘海粟谓：马蒂斯之素描，"能使人生无限情感与印象，既非刻画而成，亦非草率而来，既真挚而活泼，又严格而生动。其表现人体也，实含有快活之节奏与震动；简洁朴美，尤能令人生无限快感；线之省略，形之挺拔，尤为马氏天赋之巧妙，实为他人所难能者也"。（《艺术》周刊第32期，1923年12月23日）

12月20日,刘海粟邀请郭沫若来上海美专作题为《印象与表现》的讲演,有500余人听讲。

【引】文曰:现在在我们的面前呈现出"两条艺术上的歧路","一种便是印象,一种便是表现"。"自从近代科学发达以后,一切人文现象都受了它的影响,一部分的艺术家直接把科学的精神输入到艺术界来,提倡自然主义,提倡写实主义,提倡印象主义,他们的目标在求客观的真实,充到尽头处,不过把艺弄成科学的侍女罢了。""希腊雕刻的精神和发展的程序,我以为正是艺术的正途。他的自我表现的精神,和澄清自我的倾向,这是艺术家的两种必要的努力。""我们现刻先要把艺术的精神认定,要打破一切自然的樊篱,传统的樊篱,在五百万重的枷锁中解放出我们纯粹的自我!艺术是我们自我的表现,但是我们也要求我们的自我有可以表现的价值和能力。美术教育的必要就在这儿。"(林甘泉、蔡震主编,《郭沫若年谱长编》(第一卷),中国社会科学出版社2017年,第279页)

【按】《印象与表现》后发表于上海《艺术》周刊第33期,1923年12月30日。

12月21日上午9时,刘海粟主持上海美专十二周年纪念会,并致开会词。

【引】刘海粟致词有曰:"今日为美专成立后第十二岁生日,联想到十二年前创立时之艰难及当时艺术界之衰落,深为感慨。现在虽稍有一线曙光,仍在稚弱之过渡时代。本校同人虽抱有种种计划,希望尚未尽达,故当于以后不息研究、不息努力,俾所望克抵于成。吾人所期成者,为中国艺术之中兴。为此中国艺术中兴运动之责,端在吾校。盖吾校以时机之关系,将来必为中国艺术思潮上之大鸿沟也。故一方面固当尽量输入西洋之新艺术,一方面仍当努力发挥光大中国故有之艺术。"次由王济远、俞寄凡、汪亚尘、薛演中等讲演,至下午1时结束。晚10时,刘海粟与王济远、汪亚尘、俞寄凡、薛演中等到北站迎接来上海美专任教之吴法鼎。(《刘海粟年谱》,第54页)

12月21日晚10时,刘海粟与王济远、汪亚尘、俞寄凡、薛演中等到上海北路迎接来上海美专就职的吴法鼎。(《刘海粟年谱》,第54页)

12月23日,刘海粟撰写的《浪漫主义之绘画》一文发表在《艺术》周刊第32期。

【引】文谓:"叹美古代艺术而创立之古典主义,因时代之推移而渐失其势力。对此为规则拘束之空虚的形式艺术,最先大呼反抗者,则浪漫主义是也。艺术,本为无限创造,而不许分秒停滞者也。""有古典主义之模仿典型、崇尚形式,乃有浪漫主义舍寒冷之形式而求热烈之感情;弃幽黯之空想世界,而吸清新之自然,盖亦时势所必然也。"(《艺术》周刊第32期,1923年12月23日)

12月28日,刘海粟撰文《画圣拉斐尔》,后发表于《艺术》周刊第34期。

【引】文谓"拉斐尔之画,最足以发挥人类之爱情,涵养人类之生趣,其画神也近乎人矣。"文中还谈到康有为约其到家鉴赏藏画、赠诗事。(《艺术》周刊第34期,1924年1月6日)

12月29日,刘海粟报江苏教育厅转教育部呈函关于上海美专各学科时间表。

【录】呈江苏教育厅厅长文：

呈为谨遵指令绘具校舍平面图，暨缮送各科学科时间表，恳祈鉴赐核转事 窃本校接奉第第四六六三号指令内开："呈悉。应将改造校舍绘具平面图，连同各种学科时间表造送三份到厅，再予转核，仰即知照。此令。"等因。奉此。遵即将西门斜桥徐家汇路口改造之第一院校舍，实地测量绘成平面图，图样三份，并缮具现设之西洋画科、高等师范科、中国画科学科时间表三份，令亟备文，申请钧长准赐并案转存，实为公便。谨呈江苏教育厅厅长蒋。

刘海粟

十二年十二月二十九日（上海档案馆档号 Q250-1-102，《一九二三年至一九二四年举行毕业，报毕业生名册、成绩等与中华民国江苏教育厅等单位的来往文书》）

是年，刘海粟在上海作油画《静物》（《雕像与水果》）《风景》等。（作品题签）

是年，上海美术专科学校高师科十余位学生共同发起组织的"文人画社"成立于上海。并出版《文人画集》，刘海粟为《文人画集》撰序。（《中国美术社团漫录》，第65页）

【引】文中写道："美专高师科诸同学，对于国画与西洋画并皆研究，其中英绝之士应运而兴，类能融合中西，兹集之出，不啻于我国画界辟一新纪元也。予故为之序云。"（《刘海粟艺术文选》，第469页）

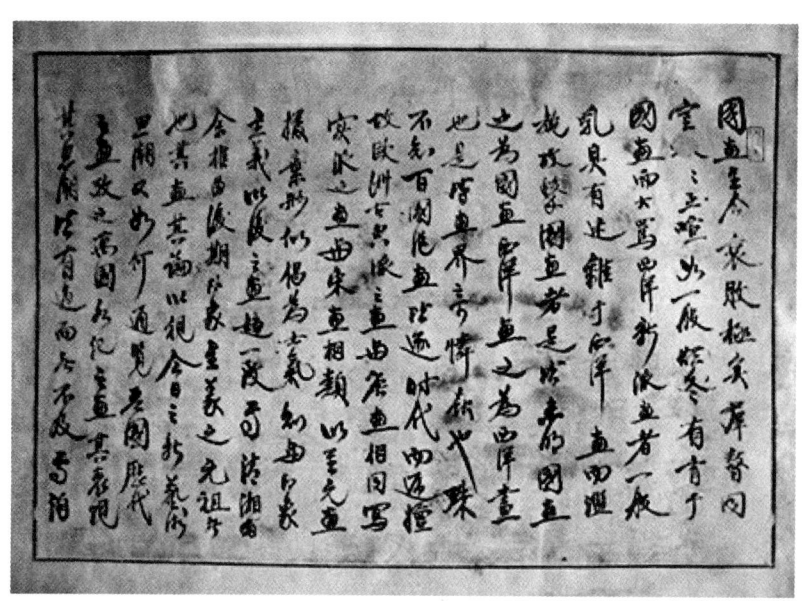

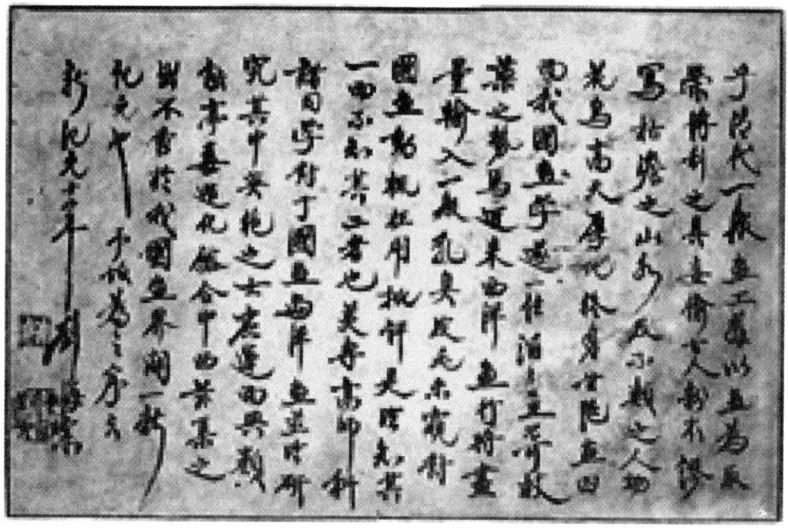

【图1923-9】刘海粟为上海美专高师科第一届同学创立的文人画会出版物题写的序言手迹

是年，上海美专独立设置音乐系。

【引】学校规定音乐系学生必修科目为：钢琴、声乐、小提琴、乐学概论、和声学、作曲法、曲体解剖、视唱、听音练耳、音乐史、音乐欣赏法、合唱；选修科目有诗词学、国乐、管弦乐合奏、音乐教育、歌剧研究、心理学。艺术教育系的公共必修科目为：艺术教育、文化史、艺术概论、教育心理学、国文、外国文、伦理学、美学。其中音乐组必修课是：钢琴、声乐、视唱、听音练耳、乐学概论、音乐教材及教学法等。艺术教育科的选修课目为：社会教育、电化教育、戏剧概论、舞蹈、舞台装置、美术鉴赏法、近代艺术思潮、哲学、乐队乐器、管弦乐合奏、指挥法、风琴、国乐等。（《上海美专音乐史》，第29-34页）

本学期，上海美专毕业学员81名。（上海档案馆档号Q250-1-14，《上海美术专科学校二五周年纪念一览》）

公元1924年
民国十三年
（甲子）
28岁

1月1日，刘海粟撰写的《画家对于环境的态度究竟应该怎样》发表于《无锡新报·元旦增刊》。

【引】文曰："画家常常绘画，是不是张张都很满意的？"我想决不会的。为什么？因为这一点，他自己得意的作品就很少了！我为什么会想到这几句说话呢？因为听见人家常常地讲："我作的画，没有一张不成功的。"是张张拿得住，并且还要自己鼓吹自己的作品，一定是好的。那么，我要问了："到底有好在什么地方呢？"我想这种毛病是画家不应该有的。……那么，我们对于女模特儿呢，也何尝不是这样？当我们将精神固定了而且持久的时间内，我们把模特儿，完全当假像看待，丝毫不加理智的推测。因为一加了推理，美的本质，立时消减了。所以我们作画的人，人格高低，以及看画的人，人格高低，都在这上面分

出来了。(《无锡新报·元旦增刊》,1924年1月1日)

1月1日,刘海粟聘请吴法鼎就任上海美术专科学校教务主任兼教授。(《时报》,1923年12月21日)

1月4日,刘海粟深夜撰文《介绍现今艺坛之硕学——吴法鼎》。

【引】"新吾是一个最忠厚、最诚恳的好人,做事认真,他的行为处处可以使人恭敬,都可以给青年画家做一个模范。""新吾的艺术,是信仰自然,崇尚真实的,他的画面上充满着朴素诚实的气概。""画家的思想怎样充实,他的艺术就怎样充实。艺术是有了内容再有外形的。有了新吾那样温和纯正的性情,才能表现他温和纯正的艺术;有了新吾那悠久的修养,再有他那稳练的技巧。"(《艺术》周刊第35期,1924年1月13日)

1月8日,黄炎培致函刘海粟。

【录】海粟先生鉴:奉书藉谂本月十五日午后十时贵校举行毕业式,承约参与,届时如果在沪,极愿观光,现在尚未能确定,先此布复,并颂

教安

黄炎培敬启 十三年一月八日(上海档案馆档号 Q250-1-232,《本校举行毕业考试、毕业典礼,聘请校董教职员担任考试委员,参加典礼来往函件及名单》)

1月11日,张嘉森致函刘海粟。

【录】海粟先生大鉴:昨奉手教,敬悉贵校十五日上午举行毕业式,是日适有他约,不克应命为歉,专复并颂 台绥

张嘉森启

十三年一月十一日（上海档案馆档号 Q250-1-232，《本校举行毕业考试、毕业典礼，聘请校董教职员担任考试委员，参加典礼来往函件及名单》）

1月15日，刘海粟主持召开上海美专第十四届毕业礼。（《民国日报》，1924年1月16日）

1月17日，刘海粟呈函江苏教育厅蒋维乔。

【引】呈为遵令查复，敬祈鉴赐核转事。

窃本校接奉钧厅第八一号训令内开："案奉省长公署训令第一一八一四号内开：'案准教育部第八一三号咨开：准咨送上海美术专门学校西洋画科第十三届学生姓名表，请查核施行。'等因到部。查该校西洋画科学生，据上年本部视察员视察报告暨该校填造学校行政状况表，计分四级，共二百十九人，兹据册报，该科学生仅三十一人，且未注明年级，核与原案不符，究系如何情形，应由该校查明另复，再行核办"等因。奉此，层转令饬到校。兹查本校西洋画科第十三届学生，扣至十二年七月，三年修习期满，应届毕业，于上年六月十四日造送在学学生表，请予追认备案，又于同月二十八日预报毕业，造送该班学生表册，又于七月二十六日缮具部颁第一号表及毕业分数表，呈报举办毕业。本校乃遵规定手续造报，此项表册均经奉令准予存转在案。奉令前因，合亟钞粘关于造送学生名册呈文及指令各三份，申请鉴核转陈，实为公便。谨呈

江苏教育厅厅长蒋

计粘三件。（上海档案馆档号 Q250-1-102，《一九二三年至一九二四年举行毕业，报毕业生名册、成绩等与中华民国江苏教育厅等单位的来往文书》）

1月20日，《艺术》周刊第36期发表刘海粟撰写的《为商务印书馆编著图画教科书述意》。

【引】该文约 2800 字。新学制颁布之后,商务印书馆王云五、朱经农约请刘海粟编著图画教科书。刘乐意地接受,完成后著下此文。刘海粟认为:"艺术是人们生命最自然的表白,以陶冶人格至善为目标的,足以超拔人们于悲哀和堕落,足以丰富人们的生活。换句话说,人类有了艺术的陶冶,方能做一个完全的人——善人。但是养成了几个艺术家,制作几件艺术品,就能够完成他的任务了吗?恐怕他的效果也是不能普遍做到的。所以我觉到不得不从艺术教育着手。艺术教育就是拿艺术的精神,输入教育的里面去,拿教育的基础,站在艺术的精神上,培养育化人类美的本能和美的感情。同时还叫这美的本能向上发展,美的感情向外表现,成功一个良善的健全的人类。把从来只知道物质只顾实利的呆板生存,一变而为活的丰富的生活。因此我虽然不是艺术教育家,也就时时注意艺术教育。要兴起中国现在的艺术教育,第一着,就要从学校中艺术科课程入手。第二,因为素来看不起美育的中国教育界,盛唱功利主义的中国教育界,现在居然也会注视艺术科了。新学制居然也拿随意科的艺术科改为艺术科了,或者此后要像欧洲十八世纪的教育从实利主义而倾向到人文主义了吧。所以我也就不得不出来用着力向上抬一抬。在这新学制颁布之后,也就甘心效力。同时也愿意将我个人的主张,向学校担任艺术科的艺术教育家,微集微集意见,万万一成可以达到我们所期望的。因为这两个缘故,我就很愿意拧攘臂学做这部教科书。(略)"(《艺术》周刊第 36 期,1924 年 1 月 20 日)

1 月 23 日,刘海粟出席江苏省美术展览会筹备会议。

【引】会议由总干事王济远主持。议决:推杨卫玉、潘仰尧为干事,推沈恩孚、吕凤子、姜丹书、杨卫玉、俞寄凡、谢公展、朱天梵等 12 人为学校成绩部审查员,王一亭、吴昌硕、黄宾虹、唐吉生、樊少云、程瑶笙、诸闻韵等 9 人为中国画部审查员,刘海粟、王济远、吴法鼎、李超士、陈抱一、汪亚尘、张聿光及俄人普特尔斯基、德人卜拉都9人为西洋画部审查员。(《刘海粟年谱》,第56页)

【释】朱天梵(1883—1966),又名冲,字天梵,别字汉才,以字行。1903年东渡日本,入弘文学院,1904年返国,后在上海与江天铎等编辑《大陆报》。1911年后因对革命失望,为谋生计出任华亭、九江等县地方检察厅书记官,金山、松江县政府科长等职。后专心从事教育。1924年2月起任上海美专诗词题跋教授,长期任教于上海美专。1940年获教育部服务10年以上大专教师二等奖。抗日战争胜利后,家居不出,以书画自娱,对时事多所感愤,著述《明遗民录》《经学述概》《述书》《小盘柴阿文稿》《天梵楼诗》等10余种,金石类《梵楼印存》等。(《上海美专名人传略》,第269页)

2月1日,刘海粟与王济远为吴法鼎返籍过春节送行,3人畅游市肆,在春华楼共进晚餐,纵论艺术,至11时往车站送行。(刘海粟,《哀新吾先生》,《艺术》周刊第40期,1924年2月24日)

2月2日,晨,上海美术专科学校教务长吴法鼎逝世于武进医院。(刘海粟,《哀新吾先生》,《艺术》周刊第40期,1924年2月24日)

2月2日,上午,刘海粟得常州火车站发来吴法鼎逝世之电报,异常悲痛。

【引】刘海粟即嘱李文华代拟3份电报:一致北京吴夫人,二致北京李毅士、乔大壮,三致常州薛演中请先探其事。乃与王济远、刘庸熙即赴常州。至车站,适汪亚尘自无锡返上海,亦偕去常州。至常州,晤站长,谓吴下车已气息奄奄,即送武进医院。入城至医院询芮珍儒医生,谓心脏暴闭,无可施救。三更出城,再到车站,俟南京车来,询原班车掌陈金福等,知过无锡尚无恙，至横林即一蹶不振矣。越八日，吴侄森远、书远、吴弟少华至，方殁。又越两日，森远等扶柩回籍。（刘海粟，《哀新吾先生》，《艺术》周刊第 40 期，1924 年 2 月 24 日）

2月17日，因吴法鼎猝然去世，拟征求作品编集行世，刘海粟撰《征求吴新吾先生作品启事》。

【录】刘海粟为吴法鼎画题词："盟兄中州吴新吾，博学多闻，有韬世之量，早年游欧，饱学十载，归国后有中兴中国画学之愿，创阿博洛学会于京，并主北京美专及北大教务。数年间，中国艺术顿呈勃兴之象。不幸为奸人所厄，郁郁以死，一时艺坛震动。此帧乃伯兄逝世三日前所作，笔锋劲逸，气局宏崇，活气拂拂指腕间，一洗古法，独辟新径，乃合中西而为画学新纪元者。粟与伯兄亲，而未尝索伯兄画。伯兄归国后又久不作国画，偶然作此，竟成绝笔。痛矣！"（《启事》，《艺术》周刊第 39 期，1924 年 2 月 17 日）

2月17日，《艺术》周刊第 39 期刊载刘海粟的《图画应该怎样教学》。

【引】刘海粟认为：图画教学只有目的理想而没有手段方法，则目的无由达，理想也无从实现。图画的教与学，其手段方法，第一要尊重个性，因为人的性格各有不同，万不能强使划一。各人的容貌、体格等身体状态既不完全相同，认识、感情、意志、行为、情绪等精神状态，也因人而异，此等精神上所表现的特性，就是现在所说的个性。从前教图画，多以教师范本为本位，对于学生个性束缚过甚。久而久之，便养成了一种他律性和依赖性，又以急于取得目前描写的效果，而陷于浅薄的方法主义，将个人的本能剥夺殆尽。使本来充满兴趣的图画，由于不适当的教学方法，反叫人变做一副机器。现在教图画的人，固然应该尊重大家的个性，学的人，也应该知道要表白自己的个性。譬如个性刚的人，他看了苍劲的老干、巍峨的峻岭、浩荡的奔涛、崇宏幽邃的宫殿，他就禁不住地要表白；个性柔的人，他看了优美的花草、明媚的春光、清澄的倒影、玲珑的亭台，他也禁不住地要描写。两个个性不同的人，就是拿同一的对象去作画，两人所表现的也是有粗有细，有强有弱，不能划一的。倘若强制他们划一了，就是抑压他们个性的发展，剥夺他们艺术上的生命。所以图画教学时最要注意个性的发展。第二，必须注意创造力。创造力是人类的本能。潜伏的时候是潜识，出现的时候是思想，突发的就是灵感。图画是潜识、思想、灵感外现的一种。所以有人说，教育的动力就是人类的创造性。（《艺术》周刊第39期，1924年2月17日）

2月21日，刘海粟出席省教育会举办的江苏省第一界美术展览会筹备委员会。

【按】到会者有20余人。推举李毅士、彭沛民、温景美为西洋画部审查员。杨清磬、张辰伯为学校成绩品部审查员。高剑父、潘天寿为国画部审查员。（《时事新报》，1924年2月21日）

2月24日，《艺术》周刊发表刘海粟撰写的《哀新吾先生》。

【引】全文约4500字。文曰：上海美专教务长中州吴新吾，博学多闻，有超轶之才，为当今艺坛之柱石。与余欢而盟焉，虽骨肉之情，无以加也。不幸今月一日夜车北上，殒于沪宁车中。伯兄既殁，痛何如之。伯兄！又艺术界之公人也，艺坛同人，回想此伟大之艺术家，对于中华艺术界之贡献，闻其凶耗，其能不忉怛而摧心乎，伯兄已矣！虽然，伯兄生平对于艺术上之建树及伟大纯洁之人格，将兹长存，则伯兄不死也。余今跼于悼恸悲恻之中，而思述之以文，要无悖于伯兄之志而已。其词云：伯兄吴氏，名法鼎，新吾其字也。河南信阳吴家店人，生于一八八三年二月二十日。为优贡吴惠泉先生之幼子，家世半耕半读。惠泉先生望重一乡，吴母亦慈祥好善，今且大寿。伯兄性尤纯粹，最为父母钟爱。伯兄入泮，年仅十四耳。一九零三年入北京译学馆肄业，所习为法文与经济，但时勤于艺术之制作，已蓄赴法研究美术之志，试辄冠群，众皆目为不羁之才。毕业于译学馆者皆仕焉，唯伯兄性恬淡，归乡作画，时年二十有五。（《艺术》周刊第40期，1924年2月24日）

2月29日，上海美术专科学校新教务主任李毅士到校任职。（上海档案馆档号Q250-1-39，《上海美术专科学校教务会议简则及会议记录》）

2月，萧龙士入上海美专高师科学习。

【释】萧龙士（1889—1990），学名翰云，字龙士，原名品一，斋名墨趣斋，堂号白寿堂，安徽萧县人。1924年就读于上海美专，20世纪40年代师从齐白石。上承徐青藤、陈白阳、朱雪个、扬州八家、吴昌硕等，下启江淮写意画派。（上海档案馆档号Q250-1-288-1，《学生姓氏索引表》）

2月，刘海粟被推定为江苏第一届美术展览会油画部审查员。（《申报》，1924年2月27日）

3月1日，刘海粟出席上海美专十二年度第二学期教务会议。

【引】参会者：诸闻韵、王济远、俞寄凡、李毅士、汪亚尘、朱天梵、张金石、华林、彭沛民、李超士、刘利宾、张曼容、薛演中、丁序镛、刘海若、顾久鸿、周康书、何明斋、潘伯英。

议题一、提议本学期开学请确定日期案。议决：本学期确定于十日即下星期一各科一律开始上课。

议题二、提议本届春季旅行写生应请确定地点及日期并指定年级案。议决：本届旅行写生地点定为南京。年级：西洋画科二年甲乙级、三年甲乙级四班，高师科三年乙级、二年甲乙级，初级师范科二年甲级四班。日期定四月十四日，即阴历三月十一日星期一出发，师范部迟十天出发，五月八日即阴历四月初五日星期四回校。率领教员：西洋画科刘海粟先生、汪亚尘先生、王济远先生、彭沛民先生、李超士先生（高三乙二甲），师范科丁序镛先生（高二乙和二甲）。

议题三、提议创设新吾励学免费生学额案。议决：照办。其条例由教务处拟定，提交第二次教务会议通过执行之。（上海档案馆档号 Q250-1-40，《本校教务会议记录》。）

3月2日，刘海粟为刘梅庵所著《雕刻学》撰写的《〈雕刻学〉序》发表。

【录】中国雕刻，至今而衰弊之极。岂止衰弊，几将灭绝，至国中无闻雕刻家者矣！其余少数雕匠刻工所作，味同嚼蜡，乃劳作而非艺术也。反观欧人之新雕塑，皆能依时代而表现其思想者，不禁报然。然考之欧洲各纪之所存，万国之新作，皆不及吾国古代之宝藏。如武梁祠石刻、龙门造像之崇宏，世人所敬仰也；大同石窟佛像之伟大精美，更为世所罕见者也。考之大同云冈石窟，为北魏时依武周山所造，始于"神瑞"，终于"正光"，像之高者七八丈，小者二三寸，大小合之逾万，其剖解之适度，姿态之端庄生动，较之希腊、罗马之名作有过之而无不及也。吾人有绝大之遗产，一任湮没而不知考证阐扬，以致雕刻美术日渐坠落，可叹孰甚！当此艺术思潮日益激荡之际，吾人对于雕刻之学，尤不可漠视之也。吾愿国人，一方面固当研究欧洲艺术之新思想新技法；另一方面益当努力发掘吾国固有之宝藏。今刘君梅庵著《雕刻学》，合中西于一炉，吾有同感焉。吾知今后必有英绝之士——合中西而为雕刻之新纪元者应运而兴起矣！
（《艺术》周刊第41期，1924年3月2日）

3月8日，刘海粟撰《江苏第一届省展》，叙述江苏省第一届美术展览会的起因及筹备经过，翌日刊登于《艺术》周刊第42期。

【引】全文近3000字，文曰：在现代的中国，直至今天才办了这个江苏省展，虽说幼稚，总算破天荒了。希望其他各省都陆续创办起来，一步一步地进化，从幼稚到庄严伟大，使艺术的社会化开展不绝。使虚伪残暴、计较利害的社会，渐渐地归于消失；让人们得到自然的生活，而同走到光明完美的境界，这正是我们早晚祈祷的。我们办这一届的省展，得着各方面的赞助和许多同志的帮忙。现在把经过情形，分述于后。一、江苏省展的起源。二、江苏省展之筹备。三、江苏省展之出品。四、江苏省展之审查会。五、省展的会场。（《艺术》周刊第42期，1924年3月8日）

3月9日，江苏省第一届美术展览会开幕。江苏省教育会美术研究会正副会长沈恩孚、刘海粟，省长代表沈宝昌、许沅，总商会代表徐可升及美术界人士李毅士、汪亚尘、俞寄凡、普特尔斯基等出席。

【引】沈恩孚致开幕词说："此次所以开全省美术展览会之意义，是欲以美感灌输人类以快乐，增进自然道德，享精神之乐趣。"刘海粟致词说："吾国美术发源于黄帝之时，至晋唐而大盛。""现代一般人说美术发源于希腊、意大利，这是错了。与其说起源于意大利，不若说起源于吾国，影响于欧西。"展出国画、西画、雕塑、手工共 1315 件。展期 10 天，至 18 日闭幕。

(《申报》，1924 年 3 月 10 日)

3月14日，沈彭年致函刘海粟。

【录】海粟先生赐鉴：彭年前月到沪，获聆教益，并荷盛情，感谢！贵校正式立案事，部咨想已转到，派员视察一节，系必经之手续，一俟有派员消息，敬当即行奉阅。再贵校十四届毕业生，部未核准，并非与部章不合，实与贵校自定学则不符，何以相歧，彭年亦不能解。如贵校实有不能不变通之处，望再详细声叙，重行呈请。倘先赐函示，俾资接洽，尤所盼祷。彭年日来因处理北京美专事，头脑为之昏眩，触处荆棘，无路可通，恐无结果。专来布悃，顺请

台安

弟沈彭年鞠躬 三月十四日（上海档案馆档号 Q250-1-102，《一九二三年至一九二四年举行毕业，报毕业生名册、成绩等与中华民国江苏教育厅等单位的来往文书》）

3月14日，刘海粟呈函江苏教育厅蒋维乔。

【录】呈为奉令查明呈复，敬祈鉴赐核转事。

窃本校接奉钧厅第八一号训令内开："案奉省长公署训令第一一八一四号内开：'案准教育部第八一三号咨开：准咨送上海美术专门学校西洋画科第十三届学生姓名表，请查核施行。'等因到部。查该校西洋画科学生，据上年本部视察员视察报告暨该校填送学校行政状况表，计分四级，共二百十九人。兹据册

报,该科学生仅三十一人,且未注明年级,核与原案不符,究系如何情形,应由该校查明呈复,再行核办。"旋又奉第一○七号批开:"此次部令指驳计有二点,一即该校于部视察员到校所填学校行政状况表级数、人数何以与历报表册不符,一则该校西洋画科第十三届学生姓名表何以不注明年级?"各等因。奉此,谨查本校于十一年四月间奉冯视察员交填学校行政状况表,内列西洋画科三年甲、乙级,二年甲、乙级,一年甲、乙级,计六级共二百十九人,所有第十三届学生系即填报时六级中之一级,即二年甲级学生,扣至十二年七月,三年修习期满,应届毕业,先前于同年六月间先后造送表册,请予追认备案及预报毕业。年级系属三年甲级,当以《预报毕业表册检查法令》并无规定表式,致年级一栏疏未列入。所有奉令查明级数、人数与年级情形,合亟备文,申请钧厅鉴赐转陈,实为公便。谨呈

江苏教育厅厅长蒋

上海美术专门学校校长刘海粟

中华民国十三年三月十四日（上海档案馆档号 Q250-1-102,《一九二三年至一九二四年举行毕业,报毕业生名册、成绩等与中华民国江苏教育厅等单位的来往文书》）

3月18日,刘海粟出席上海美专十二年度第二学期第二次教务会议。

【引】参会者:李毅士、俞寄凡、王济远、汪亚尘、彭沛民、顾久鸿、诸闻韵、杨韵涛、张金石、薛演中。

议题一、提议各科学生转科规则案。议决:照教务处所定规程,一致通过。

议题二、提议新合励学免费生规则案。议决:照教务处所定规则通过。

议题三、提议各科教师缺席补救方法案。议决：（一）假前由教者亲向别课教者设法移调时间；（二）凡未经移调而缺席者，须按缺席时间补足；（三）凡请假满十小时者，须由教者请得相当之代任者。

议题四、西洋画科主任提出，据西三甲代表刘天达等提议，添设晚班练习人体案。议决：该级学生所陈各节，具见向学热诚，事属可行。关于一切设备，应由该级学生自行妥为筹办，并订定组织条例，报告本科主任核定之。

议题五、规定各科各级担任教师考查各项成绩案。议决：由各科主任提出担任教师通过之。（上海档案馆档号Q250-1-40，《本校教务会议记录》）

3月20日，刘海粟邀请华林在上海美专自由讲座公开演讲《威尼斯之艺术》。（《时事新报》，1924年3月30日）

3月27日，刘海粟《澈底感觉的艺术》，刊登于4月6日《艺术》周刊第46期，论述印象主义绘画对于色与光的研究，是对古典派、浪漫派的革新。

【引】文曰："写实主义，是主张将随地所见的自然现象，如实的描写。换句话说：就是赤裸裸的拿现实世界再现出来。但是这种主张，对于'色'与'光'的现象，实在仍是不能表白的，就是他们描写的象形，也是呆板不动，绝无能力能够觉察自然的流转和推移。（略）印象派之为画，是以科学的研究为艺术之基础，实为纯粹澈底的视觉，他们的理论是色彩上的新解说，兹将其要点，约略说明在下面：（略）"（《艺术》周刊第46期，1924年4月6日）

3月，乔大壮刻赠"海粟画记"朱文印。（《刘海粟年谱》，第58页）

春，刘海粟为上海美专 1921 年西画系毕业生蔡谦吉个人画展题词。（上海美术学院、上海刘海粟美术馆、福建师范大学编，《蔡谦吉作品及文献集》，2017 年 10 月）

4 月 10 日，北京艺术界在北京大学第三院追悼吴法鼎，陈列吴法鼎作品 104 幅，刘海粟发表悼念演说。（《时事新报》，1924 年 4 月 10 日）

4 月 15 日，刘海粟出席上海美专十二年度第二学期教务会议。

【引】参会者：李毅士、王济远、汪亚尘、彭沛民、顾久鸿、周康书、刘利宾、薛演中、张金石、潘伯英。

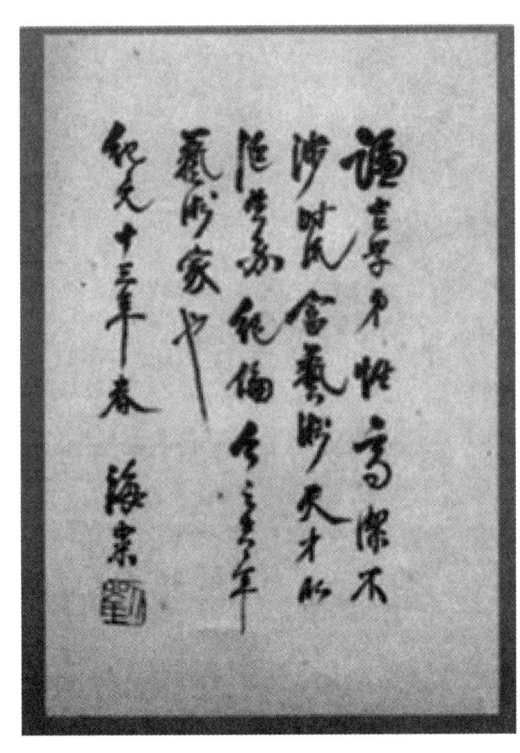

【图 1924-1】1924 年春刘海粟为上海美专 1921 年西画系毕业生蔡谦吉个人画展题词。

议题一、提议各科毕业办法案。议决：本届应行毕业者有西洋画科、高等师范科、初级师范科三科，兹分别规定。

议题二、提议旅行写生期间调课问题案。议决：西洋画科一年甲级月曜上午王济远先生，水彩实习请张金石先生代授，师范科调课由该科科务会议解决。

议题三、提议筹办暑期学校问题案。议决：推请刘海粟、李毅士两先生担任筹办之。

议题四、教务处报告，西洋画科三年乙级文纯曾经于开学之始请求转入高师科二年乙级，当经教务处口头应允后，文纯因汇款未到，暂将该问题搁起。（上海档案馆档号Q250-1-40，《本校教务会议记录》）

【释】彭沛民（1894—1974），湖南长沙人。1914年留学英国，1917年入伦敦大学政治经济学院学习，1919年就读于英国爱丁堡美术学院。毕业后回国从事美术教育工作。1923年至1926年11月任上海美专西洋画科教授及高师科西洋画教授，曾当选中国美术家协会第三届理事会理事，美协江西分会主席，江西省文联副主席。作品油画《八一大桥》参加1960年全国美展，《井冈山茨坪》参加第三届全国美展。（《上海美专名人传略》，第176页）

【释】张金石（1905—2000），字钝坚，徐州铜山人。1921年7月上海美专初等师范毕业，1923年7月上海美专西画科毕业，留校任教，并历任安徽省立第三师范、江苏省立第十一中学、南京中学、南京女中及徐州艺专等校教授，潜研书画50余年。1920年曾与王继述、阎咏佰、萧龙士、王子云、王寿仁等成立欧亚艺术研究会。山水、人物、花鸟皆能画。书则寄情古籀汉隶，旁及金石以助临池。2000年逝于台北。（《上海美专名人传略》，第200页）

4月18日,印度文豪泰戈尔来华访问,刘海粟偕徐志摩往功德林素食处拜访来上海的印度诗哲,并为之作速写肖像。

(《申报》,1924 年 4 月 19 日)

【引】应梁启超、蔡元培之邀,泰戈尔来华访问,徐志摩负责泰戈尔访华之旅全程翻译和接待工作。时任上海美专校长的刘海粟专程到泰戈尔下榻的沧州饭店造访,并为泰戈尔作了两幅速写,成为第一个为泰戈尔画像的中国画家。这两幅速写后分别刊登在《申报》《上海画报》《时事新报》副刊《学灯》等报刊杂志上。其中一幅后编于商务印书馆 1925 年出版的全国初中教材《新学制图画教科书》第二册《铅笔画》中作为范图,并配以说明:

【图 1924-2】刘海粟为印度诗人泰戈尔绘制的肖像(1924 年 4 月 18 日)

"第二十七图是印度现代诗哲泰戈尔。印度人本来是不美观的，但是泰戈尔，因为他有很深刻的修养很伟大的人格，他的眉宇间也就现出一种庄重而慈爱的神情，面部包围着曲屈而壮美的白胡须，衣服是极简单而朴实的，我们一望而知道他是一个大学问家；并且他很有一种沉重轩昂的气概，足以使人十分敬佩的。民国十三年的春天他来我国讲学，许多国内有名的学者和团体，都热烈欢迎他。那时我也杂在里面，同他叙谈，他很喜欢美术，我就为他速写好多张肖像：这张是其中的一幅。我的趣味，就是想把他庄重而慈善的态度、深刻的精神、高尚的人格，统要表现出来；所以用很健朴的线条，不加修饰而一气作成！读者看了这一幅画，不但要知道线条的趣味，更当观察泰戈尔与众不同的一种壮美的地方。我想大家看了他这样一个速写的像，一定很快活的，一定也要做一个有修养的学问家、艺术家啊！"（刘海粟，《新学制图画教科书·第二册·铅笔画》，商务印书馆，1925年）

4月23日，蔡元培复函刘海粟，为美专西洋画室题词事。

【录】海粟先生大鉴：由子竞内兄①转下惠函，并贵校新建西洋画教室摄影一纸，谢谢。属写题词，候选得相当之成语，即写奉。先此奉复，并祝著祺。弟元培敬启 四月廿三日

【释】①子竞内兄：周仁，字子竞，江苏江宁人。蔡元培夫人周养浩之兄。曾获美国康奈尔大学硕士学位。回国后历任南洋大学教授、教务长，中央大学教授、工学院长，中央研究院院士、评议员、工程研究所所长。著有《景德镇陶瓷的研究》等。

（《蔡元培全集》第11卷，第217页）

4月27日，刘海粟率上海美专高师科三年乙级、二年甲级、二年乙级及初师科二年甲级学生共200余人赴南京旅行写生。

【按】4月22日，由汪亚尘、王济远、彭沛民先率领西洋画科学生赴宁。27日，刘海粟、李毅士率师范科抵宁，28日赴鸡鸣寺等地作画。(《申报》，1924年4月28日)

刘海粟在南京期间作油画《古城》《秦淮渡舟》等。(作品题签)

5月5日，刘海粟呈函江苏教育厅厅长蒋维乔。

【录】呈为奉读转令，谨特详具说明，恳祈鉴赐转陈，俾符事实事。

窃本校前奉钧厅(江苏教育厅)第九〇八号训令内开："案奉省长公署训令第二六五二号内开：'案准教育部咨开：准咨送上海美术专门学校第十三届西洋画科学生姓名表，出席、缺席时数表暨毕业生姓名一览表，毕业生及格清册，请查核施行。'等因，并册四份到部。查该校第十三届西洋画科考试，毕业各生除毛湘九等十一名系选科，不在专门范围以内，勿庸置议外，其正科丁晓波等十八名，在校肄业仅满三年，核与该校学则第二条'西洋画科修业四年'原案不合。又毕业及格清册所列科目与原案亦多漏略，是该生等修业期限暨学习课程两节均非依照原案办理，所请备案碍难照准。至据称实习分数栏，以西洋画科并无实习教授，应不填列等情，何以毕业生及格清册西洋画实习格又均盖有及格字样？《学生学业成绩考查办法》本部定有专章，各校亦均一致遵行，该校事同一律，应请转饬嗣后仍用记分办法，以免歧异而符定章。"等因。奉此，层转令饬到校。兹谨查西洋画科毕业年限原定三年，至民国十年九月，始经教务会议议决，增为四年毕业，该科第十三届学生系于民国九年九月在未经改增年期之前入校肄业，实与原定三年期限并无不合。至毕业及格清册所列科目，本校以前无部定标准学科，乃遂远采欧美各国及日本美术学校之成规，并内审学理之需要，酌量设置，或增或换，实地审度，一以学业之应用略为伸缩，即如西洋画科第十四届毕业及格清册中之近代艺术概论及泰西名画家评传至前学年始行增入。肤浅之见，自期逐渐改于完善，其在原订学科曾有稍事删增之处，并不有意漏略也。其毕业及格清册第三横行实习分数栏，实因当时查得部颁表式括弧中如师范学校之实习分数占百分之三十一，语似第三横行专对师范学校学生将届毕业，派赴附属小学实习教授而说，本校既无派赴小学实习教授，故有前呈附带之声叙所称并无实习，系专以第三横行实习分数栏而言。至《学生学业成绩考核办法》，嗣后自当遵照规定改用记分办法，以符定章。除送呈教育部及省长外，用亟备文申请钧厅（座）鉴赐查核。谨呈

江苏教育厅厅长蒋、江苏省长韩、教育部总长张

除呈江苏省长及教育厅外，用亟备文申请大部鉴赐核准，实为公便。（上海档案馆档号 Q250-1-102，《一九二三年至一九二四年举行毕业，报毕业生名册、成绩等与中华民国江苏教育厅等单位的来往文书》）

5月7日，刘海粟因即将举行的万国美术展览会回沪。（《新闻报》，1924年5月9日）

5月7日，上海美专自由讲座，刘海粟校长聘请滕若渠演讲《文化史与美术史》。（《时事新报》，1924年5月7日）

5月11日，上海美专旅行写生成绩展览会于暨南学校女子部举行，至12日结束。（《新闻报》，1924年5月9日）

5月13日，刘海粟作品参加由上海科学美术会发起主办的万国美术展览会。

【按】展览于上海外滩字林西报二楼举办。陈列作品五百余件，有比利时画家盖大士、英国画家福开森夫人、奥国画家齐底尔、俄国画家卡斯耶斯基、挪威画家乌兹、法国画家童纳来和中国画家刘海粟、汪亚尘、李毅士、颜文樑等人的作品，展览至20日止。（《时报》，1924年5月12日）

5月16日，刘海粟出席上海美专十二年度第二学期教务会议。

【引】参会者：彭沛民、薛演中、丁序镛、李毅士、王济远、张曼容、杨韵涛、顾久鸿、刘海若、刘利宾、俞寄凡（代）、张金石、汪亚尘、何明斋、诸闻韵、黄肇培、周康书。提议事项：

议题一、本学期行毕业式及休业式日期请公决。议决：六月廿五日即五月二十四日放假，并举行西洋画科第十五届、高等师范科第一届、初级师范科第九届毕业式及暑假休业式。

议题二、于本年暑假时，举行民国十二年上学期全校成绩展览会。议决：（一）六月廿五日开幕，举行七日；（二）组织委员会办理之，并公推李毅士、刘海粟、王济远、彭沛民、汪亚尘、刘海若、张金石、俞寄凡、何明斋、诸闻韵、杨韵涛、顾久鸿、丁序镛、黄肇培、薛演中、周康书、刘利宾、潘天寿、朱天梵、张曼容、陆叔安、李超士为委员，并推请李毅士、王济远为该会主任。

议题三、下学期起应设备妥善宿舍，凡无家属住上海者，一律寄宿校内，严禁在外住宿，一以整顿学风，一以便利同学安心求学。并拟恢复晚间学生自习制，由舍监按时巡视，认真查察。议决：照办，并即日公布之。

议题四、扩充校友会所办之图书馆。议决：于下学期开课时实行扩充，并组织图书馆委员会，并推定专员切实办理之。

议题五、为郑重学生学业起见，所有各科实习教室，应于上课期间一律锁闭，免得旁人出入，扰乱秩序，妨碍学业。所有教室锁匙应归各室教授收存，非有特别事故，不得任意开门。议决：定下星期一起实行办理。（上海档案馆档号 Q250-1-40，《本校教务会议记录》）

5月，上海美专西洋画科编印《上海美术专门学校新制第一届毕业纪念刊》，刘海粟发表《过去》一文。

【引】此文一开始就对当时的社会现象作有评价，并介绍了上海美专的发展历史："虚伪、奸诈充塞于人间，社会的混沌已经是不可言状的了！猛兽般的武人之专横，毒蛇般的政客之蠢动，还有贪婪的资本家之压迫，把我们的血泪排抑成红海一样的赤汛。我们处于这样惨祸之下，我们受着这样的毒荼和蹂躏。我们渴望的是一丝曙光，我们喘求的是生命之源泉。我们悲哀，我们懊恼，是没有用的；我们的血泪，汗液，也会成为生命之源泉。黑夜，也终有黎明的时候。我们不管自己力量的微薄，我们终是拿着破釜沉舟的精神，激起艺术的新运动，求我们新生命的新表现。十三年前的一个孩童，却就有了这种境界，他那时候，就与丑鬼的社会交往，力竭声嘶，大家当然要笑他不度德量力呵！血泪呵！汗液呵！会不会成为生命的源泉？黑夜！会有黎明

【图1924-3】1924年上海美专西洋画科甲子级毕业合影

的一天吗？我们只要有悠长的等待生命的源泉，终会滔滔不绝地涌出来的！旭日，终究会上升的！我们等着罢！我们姑且举几段过去的故事来消遣消遣！"全文又分：一、创立时代；二、不息的变动；三、创始雇用活人模特与社会之反动；四、废除考试和记分法；五、男女同学的历程；六、暑期学校的发达；七、学制改革的经过等七个部分叙述了上海美专的发展历程。（上海美术专科学校《第一届毕业生纪念册》第1页至第15页，民国十三年（1924年）版）

【引】毕业生纪念册所需经费有三个来源渠道：一、学校的财务拨款；二、教师的捐助；三、企业、团体的资助。刘海粟私人捐助大洋15块，表达对学生活动的支持。（《上海美专西洋画科甲子级纪念册》捐款题名录，1924年5月）

6月1日，上海美专假江苏省教育会三楼举行旅行写生图画展览会，展出师生在南京的风景写生作品。刘海粟展出油画《秦淮河》（《秦淮渡舟》）。（《大公报》（天津），1924年6月2日）

6月8日，刘海粟撰《印象主义运动之经过》一文在《艺术》周刊第55期发表。

【引】文曰："生命，是常常飞踪的；实在，也是不绝的流转。艺术是表现生命和实在的，所以时代的艺术是常常超越以前的传统，这是艺术上自然的进步；所谓艺术史上的革命和返逆，也是自然发现的状态。（略）我们现在所最尊敬的大家，现在欧洲艺坛所最宝贵的名作，在当时确视如土芥，葬之于恶骂之中，但是仍不能丝毫左右他们纯洁的性情；他们都能够忍受人家极端的摧残，专心自己的艺术，笃实迈进，终身以之。时势所趋，那卑陋的人间，也就不得不拜服于他们热情之下，十九世之终，印象派的艺术，真是光焰万丈，照耀全欧了。"（《艺术》周刊，第55期，1924年6月8日）

6月12日，刘海粟出席上海美专十二年度第二学期师范科第二次科务会议。

【引】参会者：李毅士、诸闻韵、张金石、杨韵涛、李超士、何明斋、薛演中、屠振声、俞寄凡、刘海若、潘伯英、丁序镛。

一、停课日期。议决：六月十八日下午起。

二、毕业制作审查日期。议决：六月十六日下午一时起。

三、展览会成绩审查办法。议决：由各级考查成绩之负责教授审查之。

四、收集成绩限期。议决：各级学生各种成绩务须尽六月十六日前交各级各课教授（如能各自配以镜架最佳），不交者作不及格论。

五、各级分数结束汇集期。议决：尽六月二十日前。

六、音乐教授潘伯英先生提议，高三甲级旁听生卜超音乐成绩颇优，为奖学计，应予以音乐选科毕业。议决：照提案通过，准予以音乐选科毕业。

七、初师二甲黄乐永本学期旷课过半，龚罄谷去年停学半年，应否予以毕业？议决：应照学则所规定，不能毕业。（引自上海档案馆档号Q250-1-40，《本校教务会议记录》）

6月13日，刘海粟出席上海美专十二年度第二学期第二次成绩展览会委员会议。

【引】参会者：李毅士、王济远、顾久鸿、刘海若、周康书、彭沛民、刘利宾、杨韵涛、张金石、潘伯英、薛演中。

议题一，本届成绩展览会日期，因原定时间与中华教育改进社美育组展览会日期冲突，应提早举行。议决：本月廿一日下午一时开幕，廿五日下午六时闭幕。

议题二，改订展览会进行日期。六月十四日开始收集成绩，十八日考查并检点成绩，十九日开始布置。

议题三，派定会场干事。（上海档案馆档号Q250-1-40，档案正题名《本校教务会议记录》）

6月21日，上海美专举行十三年度上学期全校成绩展览会，至25日结束。（《新闻报》1924年6月18日）

6月25日上午10时，上海美专举行毕业礼，刘海粟致词。（《申报》，1924年6月26日）

7月4日至10日，刘海粟出席中华教育改进社年会，并主持美育组会议。同时举办全国教育展览会。

【引】主席（刘海粟）宣布分组会议议事规程、宣读论文《艺术科之教学》等。（《申报》，1924年7月3日、1924年7月6日、1924年7月10日）

7月12日，刘海粟出席上海美专十二年度暑期学校教务会议。

【引】参会者：李毅士、王济远、俞寄凡、汪亚尘、何明斋、潘天授（寿）、潘伯英、刘海若、顾久鸿、张金石、韩传炜、郑宏模、薛演中、刘利宾、张冰如。议题：提议编写各科授课时间表案。（上海档案馆档号Q250-1-40，《本校教务会议记录》）

7月13日，刘海粟在《时事新报》发表《美育组提议案件——拟请于英国退回赔款中划一百六十分之一建造美术馆》一文。

刘海粟年谱长编 | 265

【引】此文有谓："以亿万神明遗胄生聚之区，广袤达四千余万里，徒有河山锦绣而无美术馆所，宁非大憾乎！"其具体办法有四：（1）由本组织临时讨论对于要求于英国退还庚子赔款，提作购置英国美术品，及我国美术品之各项问题。（2）讨论结果，以本社名义向吾国方面之委员会代表，要求正式提出此条于退款用途中，将来与英国委员会代表磋商。（3）由本组织推举代表一人，以备向英国委员会赴华代表要求。（4）由本组同人分途在各报宣传此项理由。（《时事新报》，1924年7月13日）

7月16日，刘海粟受邀赴湖南长沙讲学。

【引】每日在省教育会暑期学校演讲，并至岳麓山写生，及应各中等学校之请，临时讲演凡数十起。（《申报》，1924年8月5日）

8月1日，刘海粟受武昌美术学校邀请，从长沙赴湖北武汉，讲演3日。（《申报》，1924年8月5日）

8月15日，江苏省教育会美术研究会常年大会。

【引】到会者有刘海粟、汪亚尘、李毅士、王济远、薛演中、曹韵笙、韩传炜、柳亚藩、张采芹、吴特民、杨清磬、潘天寿、郑宏模、刘利宾、薛珍等19人。刘海粟报告该会上年度举办之江苏第一届美术展览会概况，并提议举办江苏第二届美术展览会案。议决举办江苏第二届美术展览会：（1）地点定南京。（2）开会日期定1925年4月1日至10日。（3）征集出品日期：自1924年12月起，1925年3月10日止。其他细则依据上届筹备章程，并修正展览会章程第八章第二十条。美术家出品一律给予出品纪念证书，学校成绩出品经审查会评定等级给予奖章奖凭。（《刘海粟年谱》，第59页）

8月，天马会会员投票选举第七届绘画展览会之审查员。

【引】吴昌硕、王一亭、刘海粟为国画部审查员，刘海粟、汪亚尘、王济远为西洋画部审查员。展品审查就竣，原定9月3日至7日展览5天，旋因受江浙战事影响，经临时会议议决，暂行展缓。（《刘海粟年谱》，第59页）

9月1日，刘海粟出席上海美专十三年度第一学期教务会议。

【引】参会者：李毅士、王济远、俞寄凡、薛演中、李超士、顾敦诗、倪贻德、马施德、薛珍、张曼容、刘利宾、许醉侯（代）、诸闻韵、潘伯英、汪亚尘、刘海若、潘天授（寿）。

报告事项：一、本校各科定十日起正式上课。二、排定本学期各级课程时间表。

议题一、提出新吾励学免费生名单，请公决。议决：西洋画科三年甲级以吴恒勤为励学免费生，二年乙级以邓靖为免费生，二年甲级以陶粹英为免费生，二年乙级以陈德怀为免费生，一年甲级以李世澄为免费生，国画科二年乙级以吴立为免费生，高等师范科三年甲级以邓星镡为免费生，三年乙级以张采芹为免费生，二年甲级以龙荷恩为免费生，二年乙级以胡光璧为免费生，一年甲级以张琇为免费生，初级师范科二年乙级以陈慧珍为免费生。

议题二、本学期秋季旅行写生案。议决：（一）地点定杭州西湖；（二）出发日期：西洋画科定十月二十日（星期一）出发，师范科迟一星期，于十月廿七日（星期一）出发，十一月九日（星期日）回校；（三）旅行各级西洋画科三年甲乙级、二年甲乙级，高师科二年甲级（下学期起，每届均三乙、二甲两级），初师科二年乙级。

议题三、本学期师范科参观事宜案。议决：地点定沪宁一带，时期在高师科旅行时出发。

议题四、提议修正考查成绩规程案。议决：先行推定刘海粟、李毅士、俞寄凡、王济远、汪亚尘、李超士、普特尔斯基、刘质平、诸闻韵、许醉侯、滕若渠、郭伯宽、顾久鸿、潘伯英、倪贻德、薛演中十六君为修改考查成绩规程委员，定期开会修正后，再交教务会议议决施行之。（上海档案馆档号 Q250-1-40,《本校教务会议记录》）

9月1日，刘海粟在上海美专新学期开学典礼上演讲。

【引】"艺术纯粹是个人生命的表白。但是各人个性不同，所以他们所表现的、所创作的全是各异。""在这个性发展的高调一唱以后，在我国艺坛上受着莫大影响，努力地打破那传统式的师承主义，拼命向新的方面活动，实在是很可庆贺的现象。但是也有不良的弊病发生，像那般稍具天才的青年，就挂着发展个性的招牌，故意露其头角，随便在画面上潦草乱涂，究竟他画的什么，不过是一塌糊涂黑烟弥漫一般，试问艺术的价值在哪里？看了这般自号为发展个性的画家，实在为他叹息。"本学期起，上海美专实行新吾励学免费办法。（《刘海粟年谱》，第59页）

9月2日，刘海粟出席上海美专十三年度第一学期总务会议。

【引】参会者：王济远、汪亚尘、王邨山、薛演中、史叔汉、王心梅、周康书、黄启元、张曼容。会议事项：

议题一、提议晚间两院均应由职员警查各室。

议题二、提议学生膳厅应由职员同膳。议决：男膳厅由薛演中、周康书同膳，女膳厅由张曼容同膳。

议题三、厨房应有职员检查清洁。议决：由史叔汉于每日做餐时检查一次。

议题四、写生物之处理方法。

议题五、教室三脚架有无改良方法。议决：木炭三脚架均配制搁板，添备加高油画架十五具（比旧最高者高四、五、六、七寸不等）。

议题六、校内不论公私快信及特差送信，须统归收发处遣送。

议题七、校内各人取寄包裹、银钞应规定办法。

议题八、星期日办公室内应由职员轮周值公。议决：推定星期日值公职员。

议题九、职员到办公室办公时间。议决：每日上午七时五十分一律到办公室。

议题十、职务系统已有变更，各种橡皮图记应分别留存，或销毁或新刊颁发。议决：教务处、训育处、事务处、会计处、文牍处、收发处各用一橡皮图记，其旧有英、汉文校名橡皮印一颗，由会计处保管，其他旧有各橡皮章，均须缴毁。

主席：刘海粟。（上海档案馆档号Q250-1-40，《本校教务会议记录》）

9月4日，刘海粟复函给留法七年的雕塑家李金发。

【引】"粟不学无术，但奢望中国艺术之中兴……上海美专更简陋不堪，急待硕学之匡正，蒙不弃愿为向导，曷胜荣幸。"
（《刘海粟年谱》，第59页）

9月12日，刘海粟出席上海美专十三年度第一学期教职会议。

【引】参会者：李毅士、王济远、俞寄凡、诸闻韵、薛演中、张曼容、马施德、汪声远、潘伯英、顾久鸿、刘利宾、刘海若、汪亚尘、顾敦诗、薛席儒。

议题一、提议西洋画科三年乙级学生陈季寰请求转入高师科三年乙级肄业,固有违背转学规程,应请公决。议决:以该生家道甚贫,为急于毕业计,准予即行转入高等师范科三年乙级图画选科肄业,以全其志。唯应令该生试验国画一张,并照章缴付转学手续费银十元。

议题二、前发课程纲要表应请迅行填就,交教务处,以便汇编案。议决:除当此开会时面请诸教授速行填交外,再由文牍处备函往催之。

议题三、教员缺课应如何补救,以图整顿案。议决:分四项办法。(一)教授遇缺课时,事前应向教务处请假。其所缺之课,由教务处与教授商定时间,于一月内补足之;(二)教授缺课时,应由本人请觅相当者来校代课;(三)教授缺课时,如本人不能觅得相当代课之人,则由教务处请人代理之,并按计代课时间由教务处除扣相当薪金之代为酬谢;(四)教授缺课时,如本人及教务处均不延得代课,并不能按第一项办法补课者,应扣所缺时间相当之薪,以充图书馆经费。

议题四、提议修正考查学生规程案。议决:将委员会所订草案印发各教员,定期再行开会决定之。(上海档案馆档号Q250-1-40,《本校教务会议记录》)

9月20日,刘海粟出席上海美专十三年度第一学期西洋画科第一次科务会议。

【引】参会者:王济远、顾敦诗、倪贻德、马施德、张曼容、刘利宾、李毅士、汪亚尘(代)、李超士(代)、周康书、顾久鸿、沈淑清、薛席儒(代)、薛演中。

议题一、提议拟定考查学生学业成绩细则，请加讨论公决后，提教务会议通过施行案。议决：如拟通过，并认此项细则仅关西洋画科一科，不必再行提交教务会议通过，即于下星期起依照此项细则实行考查之。（细则另录）

议题二、拟定各级实习科目担任考查各教授案。定下星期一（九月廿二日）开始考查。

议题三、旧生胡芳尘前学期因事未能到校，兹复入学，要求插入原级肄业。业经查阅其自习成绩尚优，是否可行，请公决。议决：需经严密考试（考试木炭石膏一张，水彩、静物、风景各一张），将其试验成绩由教务处召集主任会议审定核办之。

议题四、前学期有学业成绩不及格之学生，应尽下星期内补考完毕，以定升留。（上海档案馆档号Q250-1-40，《本校教务会议记录》）

9月21日，刘海粟与上海美专教授李毅士、王济远、汪亚尘、李超士、俞寄凡、滕固、丁悚、普特尔斯基、许醉侯、顾畸人、陈摩、倪贻德、刘海若、诸闻韵等42人在《艺术》周刊第70期发表启事。

【录】启事谓："阅本月15日《民国日报·艺术评论》上所载全国艺术家联合展览会重要通信一则有'因本会出品人实多该校——文前注明有本埠美专字样——各科主要教授'云云，深为骇异！同人等身许艺术，忝任上海美专重要教职，对于国内美术界尤愿尽提倡之责。唯察沪上近有少数无耻之徒，动辄假借艺术界名义，淆惑众听，窒碍新艺术之进展。故同人等对于各处展览会出品，无不谨慎出之，此次所谓全国艺术家联合展览会，同人等深知内容，并未出品；即有一二人一二件旧作陈列其间，亦系辗转借去者，本人并不负直接责任！深恐假借名义，淆惑听闻，特此郑重声明！"（《艺术》周刊，第70期，1924年9月21日）

【释】陈摩（1888—1946），字伽盦。江苏常熟人。陆恢弟子,深得其师陆恢笔法,山水、花卉、翎毛、蔬果俱能。其山水松石,在当时特别有名。《民国三十六年美术年鉴》评论他的画说:"往往笔致腴润丰厚,画意灿烂,有十三峰之风度。四季花鸟,尤是妙致。"1923年2月开始任上海美专国画教授。(《上海美专名人传略》,第70页)

9月21日,刘海粟作中国画《言子墓》。

【引】《言子墓》题云:"壬戌之春,槃槃阁主游虞山,峰峦林壑,蔚然生秀,意得忘倦。每日跋涉岩穴野芳,抒情于画面,其中言子墓巨幅油画,自觉尚有深味。越二年,甲子秋,江

【图1924-4】刘海粟作品《虞山言子墓》(1924年)

浙大战,群众惶恐走租界。九月二十一日,炮声隆隆,终夜不绝,不成寐,孤坐画室,对言子墓油画,回想当时情景,遂以不堪书画之笔墨更成之,聊以自乐。"1926年秋,吴昌硕和蔡元培题词其上。吴昌硕题云:"吴中文学传千言,海色天光拜墓门。云水高寒,天风瑟瑟。海粟画此,有神助耶!"(《刘海粟年谱》,第60页)

9月23日,刘海粟出席上海美专十三年度第一学期师范科第一次科务会议。

【引】参会者:李毅士、俞寄凡、汪亚尘、薛演中、顾敦诗、刘海若、马施德、周康书、刘质平、刘利宾、王济远、潘伯英。

议题一、提议师范科各级考查西画成绩之责任教授。议决:推定责任教授,三甲:李毅士先生(油画)、王济远先生(水彩);三乙:汪亚尘先生(木炭)、王济远先生(水彩);二甲:李超士先生(木炭)、刘海若先生(水彩室内)、倪贻德先生(水彩野外);二乙:水彩王济远先生、木炭俞寄凡先生、野外刘海若先生;一甲:刘海若先生(室内)、丁序镛先生(野外);一乙:A组丁序镛先生、马施德先生(野外),B组倪贻德先生;初二乙:顾敦诗先生(水彩室内、野外)、俞寄凡先生(木炭);一乙:顾敦诗先生。

议题二、师范科野外写生遇阴雨改室内写生时,对于无教室上课之各级应如何补救?议决:应由原担任教授分配各生在本科教室或西洋画科教室自修之。

议题三、高师科三甲参观问题应如何办理?议决:应俟时局平靖,再行提出讨论之。

议题四、何明斋先生教授工艺课所需材料费用应如何征收?议决:请何明斋先生查明上课学生,征收之。(上海档案馆档号Q250-

1-40,《本校教务会议记录》)

10月2日,《全国教育展览会美育部鉴别报告会》一文在《艺术》周刊第 73 期发表,简要报告了鉴别标准及出品情况。

【引】刘海粟为第一届全国教育展览会美育部主任,展出油画《秦淮日丽》,徐养秋为美育部鉴别主任,汪亚尘、李毅士、周玲荪、张邕、张季信、徐康民为鉴别委员。展览会在南京举行 10 天。(《艺术》周刊第 73 期,1924 年 10 月 2 日)

10月3日,刘海粟出席上海美专十三年度第一学期第二次教务会议。

【引】参会者:李毅士、王济远、刘质平、顾久鸿、郭伯宽、薛演中、周康书、黄肇培、刘利宾、刘海若、顾敦诗、倪贻德、马施德、薛席儒、潘伯英。

议题一、前在教务会议提出讨论之学生成绩考查规程已经刊印,分送各教职员详细考虑,兹特重行提出讨论案。

议题二、本学期旅行写生原定十月廿日西洋画科出发,廿七日高师科出发,兹因战事关系,至前定出发日期或竟不能实行,兹特先行提出讨论,如至期不能出发时,应如何办理?议决:照原定日期展缓两星期出发。

议题三、刘质平提议,高师科国文添授新诗及新歌之作法与实习案。议决:由教务处核办之。

议题四、前所发课程纲要表已由各教员分别填就交回,兹因尚有一二先生未能缴齐,特缓数日,再行总核,立表公布。兹特提出,请各教员以后授课务须按照所填纲要教授,勿任意变更,如有临时必须变更,应请通知教务处。议决:当如议实行。(上海

档案馆档号 Q250-1-40，《本校教务会议记录》）

10月10日，刘海粟撰《古典主义之艺术及批判》一文。

【引】该文阐述欧洲艺术发展史之轨迹，谓："古典派之运动，乃对于十八世纪烦琐艺术之一种反动"，然"方脱基督教之束缚，而又入于希腊牢笼"，"表示不满意而与之抗者，乃浪漫主义是也"。（《艺术》周刊第74期，1924年10月19日）

10月10—12日，上海美专毕业生、江西《正义报》艺术周刊编辑兼赣华中学艺术教员饶桂举，在江西南昌举行绘画展览会，陈列人体作品。（刘海粟，《人体模特儿》，1925年10月10日《时事新报》增刊）

10月13日，江西警察厅为饶桂举陈列人体作品，在《江西新民报》发布禁令。饶桂举将此情函告刘海粟。

【引】江西警察厅禁示：奉令准江西省教育会文牍韩志贤函开，密呈者：裸体系学校诱雇穷汉苦妇，勒逼赤身露体（名为人体模特）供男女学生写真者，在学校方面，则忍心害理，事乖人道；在模特方面，则含垢忍羞，实逼处此；在社会方面，则有伤风化！较淫戏、淫画等为尤甚。江苏省教育会于本年八月陈请官厅通令禁止，现拟呈请内务、教育两部通令全国悬为厉禁。不谓有上海美术专门学校西洋画科画妖刘海粟、汪亚尘、俞寄凡辈孽徒、新近毕业回赣之饶桂举号稚云者，以初出校门，默默无名，急欲献技自炫，于昨日在《正义报》论前登一广告，标名为《稚云第一届绘画展览会启事》，内称："本会定十月十日、十一日、十二日在系马桩罗家塘赣华中学开会三天，陈列油画、水彩画、素描、速写共一百余幅，每日上午九时起至下午五时止。饶桂举"等语……自此广告一出，青年学子兴致勃勃，群以一睹裸体画为快，而社会一般人富于好奇心，莫不闻而起舞。所引以为世道人心之忧者，唯少数端人正士而已。某为预防临时秩序及未来之风化起见，拟请谕令该管署派警察，如有悬挂裸体图画，应即制止。饶桂举现任《正义报》八版《艺术周刊》编辑，已在九月二十四日第二期内，载其孽师刘海粟作《创始雇用活人模特儿之经过》一文，此为鼓吹裸体画之萌芽，以后类此者或有甚于此者，必层见迭出。以教育最发达、风气最开通之江苏，尚呈请官厅禁止，而江西竟有此社会蟊贼之饶桂举，公然提倡淫风，言之痛心，若不禁止，为患滋多等因。准此，仰司法科通传各区署队一体查禁，此令等因，合亟通传……（刘海粟，《人体模特儿》，《时事新报》增刊，1925 年 10 月 10 日）

10 月 15 日，刘海粟出席上海美专十三年度第一学期临时校务会议。

【引】参会者：李毅士、沈淑清、潘伯英、施梅僧、张冰如、刘利宾、徐逖、倪贻德、薛席儒、薛演中、马施德、周康书、王济远、王心梅、汪亚尘、王邨山、刘海若、俞寄凡（代）、顾赓甫、顾久鸿、刘质平、张道宗、黄启元、韩嵩如、陆寿荣、顾伯韬。

议题一、提议本学期因战事影响，经济上受意外损失应如何维持办法请讨论案。议决：教职员支薪在九十五元以上者减二成半，四十五元以上者减二成，二十元以上者减一成，二十元以下者支原薪（以本学期为限）（十月份起），以后仍照旧章办理。如学生间复原状（至少到五百二十人以上，原有五百五十人），此项办法即行废止，教职员所缺成数，照数补足。（上海档案馆档号 Q250-1-40，《本校教务会议记录》）

10月17日，上海美专自由讲座请李石岑演讲《现代之文学与哲学》。（《民国日报》，1924年10月15日）

10月18日，刘海粟撰《古典主义与浪漫主义之美术及其批判》，后发表于《东方杂志》第2卷第22号。

【引】文谓："古典主义之弊，在唯以古代典型为则，一若希腊罗马之外即无美可言者，情绪与肉感之艺术，悉被否定；一以复古为事，全不着眼于自身生存之时代，不亦近于盲乎？希腊罗马之美术，固有无上之价值，然现代亦有现代之伟大，不能强现代而返于古也。""对此拘束于沉冷法则与空虚形式之艺术，首先为反抗之运动者，浪漫主义诸人也。艺术本为无限创造，而不许分秒停滞者也。"（《东方杂志》，第21卷第22号，1924年11月25日版）

10月24日，刘海粟出席上海美专十三年度第一学期西洋画科第二次科务会议。

【引】参会者：王济远、汪亚尘、李毅士、周康书、刘利宾、俞寄凡（代）、李超士（代）、薛演中、顾久鸿、马施德。

议题一、根据教务会议议决，秋季旅行写生前以战事展缓二星期案，兹将期满，战事亦已告终，应即决定出发日期及地点之有无更，并于旅行期内各教授之课程应如何更订，请公决。议决：出发日期定于十一月五日（星期三），地点改往南京，其各教授之调课，俟一切手续办妥后，在行分别调代。所有率领教员推定如下：李毅士先生、李超士先生、王济远先生、汪亚尘先生。

议题二、派定各级值周生案。三年甲级：第八周吴恒勤、第九周张孝秉、第十周张达道、第十一周周映湖。三年乙级：高昆、柳亚藩、张培英、蒋兆徐。二年甲级：曹琼秀、史良、王庆昌、曾幻一。二年乙级：翁湘深、周兆元、孙绍堂、陈德怀、王景治、柳演仁、叶玉堂、周芳增。一年甲级：李宝泉、徐文碧、吴清玠、刘枝。一年乙级：柳暮百、刘光楚、张元定、赵证权。

议题三、开学后已有六周，学生学业成绩应请各教授按照考查学生成绩细则，切实考查以重学业案。议决：应即通知各教授切实实行考查之。（上海档案馆档号Q250-1-40，《本校教务会议记录》）

【释】吴恒勤（1902—1995），又名定，号定一。安徽休宁人。1922年9月考入上海美术专科学校西画系学习，学业优异，1925年获吴法鼎奖学金，于1925年赴法国留学，历时六年。在法留学期间，曾与刘海粟、颜文樑、杨秀涛、孙福旭等同游意大利，学习文艺复兴大师作品。1930年冬归国，任上海新华艺术专科学校西画系主任兼教授。抗日战争爆发后，在郭沫若任国民政府军事委员会政治部主任的第三厅，从事抗日救亡宣传工作，画了大量的抗日宣传画。抗战胜利后，任民生实业公司南京分公司副主任。（《上海美专名人传略》，第363页）

10月26日，《艺术》周刊发表刘海粟撰写的《艺术与人格》。

【引】全文700余字，文谓：要打破一切物质的罗网、机械的罗网、传统的罗网、习俗势力的罗网，从黑沉沉的世界里解放出来，表现自我的生命。艺术就是我们自我生命的表现！是我们人格的表现！有生命的人，才配谈人格。生命就是美，就是人格。故物象必待赋予精神或生命的象征时，才能成为艺术。申言之，我们所谓美固在物象，但是物象之所以为美，不仅仅在它的自体，而在艺术家所表出之生命，也就是艺术家人格外现的价值。艺术家在物象中表现的生命就是艺术，就是艺术家所表现的美的思想感情。……人格的价值，通常说也就是"善"。这个"善"的内容与"美"的内容，本来是不相离的，因为它们都是表现自我的生命!有的人说:"艺术必具有劝善惩恶的内容,才是美。"其实这只能说它是除去善之阻梗的一种手段,它的价值属于道德功利的价值,不是美的价值。因为并不是表现善心或善行的才可算艺术的美。不要混淆艺术之价值与人格之价值,趋媚流俗地描写浅薄善行,并不是真正的艺术,因为它没有表现自我的生命。比如画家见人提倡"孝""义",而描写孟宗哭竹、王祥卧冰、关羽挂金封印的故事,纯以功利为计,而忘却艺术家自我生命的表现,这种艺术不是真正的艺术。不要说艺术观照的人格,是生命的象征;就是伦理观照的人格,它的价值;也不能现于他人,而要现于自身之生命。衣冠禽兽的道德家、哄骗敲诈的大善士,决没有人格;而以骷髅为酒盂的拜伦和热恋蓓德丽倩的但丁,才有伟大的人格。因为前者是无生命的、假的;后者是自我生命的表现,是真的!(《艺术》周刊第75期,1924年10月26日)

10月29日,学生杜汉章致函刘海粟。

【引】海粟夫子伟鉴:敬启者,生自离校迄今,忽已三载,本谋升学,奈因种种问题,致不能如愿,已任砻石中学校教职业将三载矣,校中学生有六百人,教员中西约四十余人,此为潮州中学之最有名者也。

心中对于美术较前大加进步,对于审美眼观甚为远大。生与思连君联多同志于中学中附设美术专科,学生有四十人,但对于设备亦稍完善,然对发展进行当望夫子常为指导,此乃生之厚望也。

兹有学生萧伯和系角石中学肄业生,将于下年六月毕业,早有谋进母校。盖其性近于美术,为校中冠者,至英文、数学、物理亦不在人后,彼上季转进汕头英文商业校六年毕业,已于本年尾完竣矣,其程度为上海沪江大学一年同,故资格甚高。现甚切下年春间进吾母校,彼意拟插西洋画科或高等师范科二年乙级,未知如何。至其成绩，甚有一种独创之性灵，兹寄其在校时之成绩数纸，作为查考。至英文、算术、国文，在校中成绩甚优者，惟透视学则未读过，但对于写生之透视已甚明了，意欲请夫子准他升二年乙级，免考透视，至英文、国文，彼全不怕也，石膏写生因校中无购备，故未尝练习。如蒙许准，望即回音，以便进行。彼说若到校可验文凭，亦有校长之介绍书。

该生年廿二岁。专此告知，并请

道安

生杜汉章立正 十月廿九日

另者，学生甚盼参考夫子之大作及母校学生平时之写生成绩，敢劳夫子赐下十余帧作为参观，不日即行付邮送回为盼。又该生谓吾母校如不准他进二年级，彼或欲转于新创之上海美术大学，望速回函（上海档案馆档号Q250-1-92，《一九二四年至一九四七年本校学生申请学历证明及有关入学、复学、休学、转学等来往文书》）

10月，刘海粟分别致函教育部部长黄郛及江西督军蔡成勋，请撤销模特禁令。

【引】刘海粟认为：江西此种盲目的禁令非只饶桂举个人之被诬，亦非南昌一地艺术之摧残，其影响所及，与新艺术之发展关系至大。函文1696字，摘录如下："迳接江西《正义报》编辑兼赣华中学艺术教员饶桂举、江西省立第十三中学校艺术教员刘湛霖先后来函报告：江西警察厅谬据该省省教育会文牍韩志贤捏报，禁止美术上之活人模特（Life Model）图画及雕刻。既未体察研究者是否提倡淫风、是否有坏风化，遂而通饬各区署查禁，并附到本年十月十日江西《新民报》录载警厅通令。（中略）韩志贤既未尚美术，遽而盲目反对，捏具事实，呈报厅，警厅不加省察，遂而通令禁止。阻梗学术之进程，谤毁学者之人格，其事尚小，风声所及，腾笑世界，实为国家之耻。窃维人体美为美中之至美,乃欧西历代学者所公认。……民国初元,海粟创办美术学校于上海,当时深知在此错认衣冠禽兽为道德家之社会,要雇用活人模特为学生研究,必多误解,必遭众骂,然以学术上之真理,未暇顾虑也。创行之始,虽经社会上一度之误解,而一经学术上辩解,纷呶即息。民国七年,大学部创办国立北京美术学校,至今亦雇用男女模特多人矣。除少数囿于封建礼教陈腐观念之人加以怀疑外,未闻有人斥为淫风败道也,亦从未因此而引起不良现象也。……海粟忝为江苏省教育会职员,从未闻江苏省教育会有此谬举。纵江苏省教育会全体职员为不学,其知识之浅薄,亦不至于如斯。现代各国政府学者,鉴于人生之役于物质,殿屎呻吟,不可终日,故盛倡美育以为解脱。欧美诸国及日本之公私立美术学校、美术馆遍于都市,美术展览会之举行亦相踵接,即公园、博物馆,甚至议会、皇宫、墓地,亦皆以人体雕像饰其庄严纯洁。我国北京大学校长蔡元培亦极意提倡美育,人所共知……请即咨江西省长令行警厅即日撤销该项命令,以维学术之进展,而免贻为笑柄,不胜幸甚。唯有一层,则亦不得不一并陈请注意者:近闻各处有少数无耻之徒,假借人体模特之美名,摄取淫亵之照片,描写陋之淫画以敛钱;上海且有一二流氓,赁置密室,利用模特之美名,深藏无耻妇女,装扮亵态,引人观览,骗取金钱者。外界不察,辄与美术上之人体模特并为一谈,资人口实,败坏风化,实为痛心。并乞咨请内务部通饬严禁,临陈不胜翘企之至。……"(《刘海粟艺术文选》,第478页)

10月,刘海粟得黄郛复函,谓将咨江西当局撤销原令;又得饶桂举来函,亦称警厅已撤销禁令。(刘海粟,《人体模特儿》,《时事新报》增刊,1925年10月10日)

是年秋,刘海粟为徐朗西所作中国画题跋。

【引】谓:"吾友徐朗西先生,性爽直豪放,今之义士也。

毁家革命而不居其名，近年深痛政客军阀之无耻，而以画为乐，所作逸澹而有天趣。"（《刘海粟年谱》，第62页）

11月10日，刘海粟撰《自然主义及其主要人物》。

【引】文谓："十九世纪乃科学思想之发现期也。艺术方面，对古典派与浪漫派之绘画当然不能满意，因此就产生一辈以纯粹自然为主体之画家，而成自然主义……米勒实为此派之大师，其余重要人物有卢梭、柯罗等。""米勒赐吾人以昧解人生上极深之意义，实为近代艺术最伟大之促进者，在美术史上具永远之光辉者也。"（刘海粟，《自然主义及其主要人物》，《艺术》周刊第78期，1924年11月16日）

11月10月，上海美专学生方矩致函刘海粟。

【引】海粟吾师函丈：久违教言，顿觉疏懈，兼以二竖为灾，握管殊艰，故亦未能走函问候，罪甚歉甚，俯祈原谅是祷。生暑假远游京门，期免沪上时疫，不幸抵京后，以跋涉过劳，该地空气干燥，贱躯又素羸弱，遂以致病，而咳红亦继起，因循兼月，医药罔效，友人等相促返川，不得已乃起程西归，兹已于十月下旬抵家矣。近日贱恙虽稍有起色，惟此半载之大好光阴业已付诸东流，是所恨矣。生待俟稍痊后，当努力作画数十幅，以充是期成绩，不知明春来沪，吾师允生归我原班否？惑忧惧，莫知所措，尚望吾师有以见教，开生茅塞，俾生以光明之路也。肃此。敬请即颂

道安

受业方矩谨上

十一月十日（上海档案馆档号Q250-1-92，《一九二四年至一九四七年本校学生申请学历证明及有关入学、复学、休学、转学等来往文书》）

11月14日，刘海粟出席上海美专十三年度第一学期第三次教务会议

【引】参会者：俞寄凡、陈宏、潘伯英、徐贻叔、黄肇培、周康书、薛演中、刘利宾、华林（代）、李毅士（代）、倪贻德。

议题一、提议举行本校创立十三周纪念展览会。议决：展览日期定十四年一月一日起，四日止（阴历十二月初七至初十），举行四日，每日下午一时起五时止，其收集成绩及审查等手续由各科主任、级任科任教授担任之，并于十三年十二月廿四日以前将各科成绩审查后，依照规定表式填送教务处。

议题二、提议本学期学生缺席能否照部定规程办理案。议决：本学期因时局关系学生缺席，难能照部定规程办理，学业成绩即以留校成绩之优劣为记分之标准。

议题三、提议高师三甲毕业试验案。议决：高师三甲毕业试验日期自十二月十五日起，至十二月十一日，考试科目照前议决案，考试日程由高师科科务会议定之。

主席：刘海粟。（上海档案馆档号Q250-1-40，《本校教务会议记录》）

11月16日，刘海粟《自然主义及其主要人物》一文发表于《艺术》周刊第78期。

【引】文曰："古典主义尚技巧而重形式，故偏于线条，浪漫主义抑智重情故偏于色彩。然所取题材，全凭想像，古典派描写希腊罗马之历史神话，浪漫派描写中世纪之传记谚语。皆远乎作者之世；而自然主义，乃以直接自然为其旗帜，以与之抗。其意若曰'自然界之物象皆美，艺术之特色，为直摄紫檀之感情以成立，不尝为虚无之想像所拘束也。'（下略）"（《艺术》周刊第78期，1924年11月16日）

11月24日，苏联画家司托宾（Stopin）携带俄国当代名家作品700余件由海参崴到上海，拟举行展览会。

【按】苏联总领事馆致函上海美专校长刘海粟，希予援助联络。是日上午，约司托宾及本埠中外名画家在上海美专举行谈话会商议。（《申报》，1924年11月23日）

11月24日，刘海粟因筹备参与巴黎万国美术博览会于一品香宴请美术界同人。

【按】法国政府定于1925年4月在巴黎召开万国美术博览会，特邀各国政府筹备。我国驻法公使特派留欧美术家王代之赴沪接洽，通过上海总商会邀请，刘海粟代为与美术界人士共同筹备协助。刘海粟于是日邀请美术界人士谈话商讨筹备办法。（《申报》，1924年11月25日）

11月30日，海外中国美术展览会代表王代之，在上海与中华教育改进社美育组、天马会、江苏省教育会美术研究会、青年会画会、艺术学会、上海美专等团体数十人会谈，刘海粟被公推为主席。

【引】王代之首先报告海外艺术界之现状，并提出在上海设立办事处。当即拟定草案，由主席逐条宣读，经各代表讨论，付表决后，又根据细则，公推刘海粟为办事处主任，华林、王一亭、陈宏、王济远、李超士、李毅士、张邕、俞寄凡、汪亚尘、陈伽庵、许醉侯、唐吉生等20人被推为干事。（《新闻报》，1924年12月2日）

12月1日，《晨报·六周纪念增刊》发表刘海粟撰写的《艺术与生命表白》。

【引】全文近 3000 字。文曰：常常有人驳我说：画，决不是一任直觉表白的，心不是全从情感发出的，总有些科学的精神包含在里面，总有些理智的作用；否则，何以要天天去研究、刻刻去练习呢？我也常常直截爽快地回答说：画的表白，就是要将情感发挥，因为科学是理智的，艺术是情感的。艺术的表白，决不是像研究化学那样，氢加氧成为水、数学那样五加五成为十。比如有人来问我：你为什么拿很粗的线条、大红大绿的色调堆在画面上？我也要说：这是我的心象叫我这样的，我也不知其所以然。倘有人来模仿我这样的在画面上涂着，我是反对的，并且断定他一定学不好。因为他来摹仿我，已经是用智的分析了，如何得好呢？象小孩子所作的自由画，原始的艺术品，都是直觉感应物象的表现，很少理智的作用，所以最美。塞尚、凡·高、高更、石涛、八大诸人，都是感情发达的人，他们作品都是表白他们伟大的心灵，是表白他们美的本能，所以从这方面说，他们的制作与小孩的作品相近。总括一句说，近代新艺术的趋于主观感情者，都是他们透彻探讨的结果。我们应该知道近代艺术各种主义之出发点，我们应该知道一般思想之所以然，更应该明白自己的立脚点。要明白自己的立脚点，非穷追艺术之所以为艺术不可！否则侈言主义，终盲于主义；侈言新旧，必迷于新旧而已！艺术云乎哉？最后还要着重地说：艺术之为生命的表现，仿佛妇女怀胎的原因是爱情；假艺术发生的原因是利欲，正仿佛娼妓一般！（刘海粟，《艺术与生命表白》，《晨报·六周纪念增刊》，1924 年 12 月 1 日）

12 月 3 日，刘海粟复函学生杜汉章。

【录】接展手书，就悉现任礐石中学教职，教务愉快，近况甚佳，并又集合同志，筹设美术专科，具征热忱提倡，至为钦佩。承绍介学生萧君来校报考，据述程度，自可准其插班，应即俟其明年中学毕业，来校报名考试，入学肄业可也。特此函复，即希转知为幸。所索近作，俟有妥便，当即酌寄。（上海档案馆档号Q250-1-92，《一九二四年至一九四七年本校学生申请学历证明及有关入学、复学、休学、转学等来往文书》）

12月4日，刘海粟出席上海美专十三年度第一学期师范科第二次科务会议。

【引】参会者：俞寄凡、薛演中、沈淑清、黄肇培、潘伯英（代）、刘海若、刘利宾、倪贻德、顾久鸿、李毅士、马施德、潘天授（寿）、王济远。

议题一、提议高等师范科三年甲级毕业试验问题案。

议题二、提议高师科各级学期试验问题案。议决：（一）理论科，三年乙级：凡选习一科或二科者，只试验关于选习之科目。（二）实习科，各级实习成绩均以平时成绩为记分标准，不另试验。

议题三、提议初级师范科一学期试验问题案删除。议决：（一）理论科，二年乙级：国文、美术史、教育学；一年乙级：国文、心理、论理、美术史。（二）实习科，各级实习成绩均以平时成绩为记分标准，不另试验。

议题四、高师科三年甲级参观问题。议决：因时局关系，暂定参观本埠著名各校，日期定阳历一月六日至十日。（上海档案馆档号Q250-1-40，《本校教务会议记录》）

12月5日，刘海粟校长聘请海外中国美术展览会代表王代之来上海美专讲演留法美术界状况。

【引】致辞称：王先生留法已六载，研究学术之余，尤热心艺术运动，此次回国，与国内美术界接洽组织海外中国美术展览会国内筹备处及与全国商会接洽组织参与巴黎万国美术工艺博览会筹备处等。王代之讲述明年4月至11月法国政府将开万国博览会于巴黎，欧美各国已预备两三年之久，独我国政府寂焉无闻，留欧同人及华侨各界派余回国，请各界踊跃出品，为吾国文化在海外作继续不断之宣传。(《刘海粟年谱》，第63页)

12月8日，刘海粟出席上海美专十三年度第一学期西洋画科第三次科务会议。

【引】参会者：王济远、华林、陈宏、马施德、倪贻德、薛演中、李毅士（代）、刘利宾、李超士（代）、薛席儒。

议题一、提议各级学业成绩应分理论、实习二项，定期试验案。议决：各项成绩，由担任考查各教授尽本月廿一日以前考核完毕，每生每项成绩至少提出二张至四张，汇送教务处，由教务处择优留校。

议题二、提议举行十三年纪念展览会之先，各级学生自由提出之作品，应推定各级审定出品人员案。议决：推定如下：三甲：刘海粟先生、陈宏先生；三乙：李超士先生（黑白画）、王济远先生（彩画）；二甲：王济远先生；二乙：王济远先生（彩画）、倪贻德先生（速写素描）；一甲：马施德先生（素描速写）、薛席儒先生、顾麐甫先生；一乙：顾久鸿先生（木炭画）、薛席儒先生（水彩画）。

议题三、提议筹办十三年纪念展览会西洋画部事宜，应推定干事员及规定进行日期案。

议决：（一）推定干事员。（二）规定进行日期。审定出品以本月廿四日为限，布置会场以本月廿九日开始，绘帖广告以本月廿五日至三十日止，缮发请帖以本月廿七日至廿九日止。（上海档案馆档号Q250-1-40，《本校教务会议记录》）

12月13日，刘海粟出席上海美专十三年度第一学期第四次教务会议。

【引】参会者：李毅士、俞寄凡、顾久鸿、刘海若、周康书、马施德、温景美、张曼容、薛演中、潘天授（寿）、华林、潘伯英、刘利宾、王济远、刘质平（潘伯英代表）、顾赓甫、倪贻德、汪声远、薛席儒。议题：提议修改本校学制案（参见上海美专学制案）。（上海档案馆档号Q250-1-40，《本校教务会议记录》）

12月18日，刘海粟出席上海美专十三年度第一学期第五次教务会议。

【引】参会者：李毅士、王济远、俞寄凡、刘海若、薛演中、陈肇宏、潘天授（寿）、潘伯英、华林、顾久鸿、黄肇培、张冰如、薛席儒、周康书、刘利宾、徐贻叔、李超士（代）、汪亚尘、顾赓甫、倪贻德。

议题一、提议十三周纪念展览会会场分配事宜案。
议题二、提议本学期休业日期案。议决：定十四年一月十日上午十时行休业式。（上课至一月九日止）
议题三、提议高等师范科第三届举行毕业式日期案。议决：定十四年一月四日上午十时行毕业式。
议题四、提议高师科三甲学生参观日期案。议决：定下星期一、二、三日即廿二、二、四日上午出发，参观本埠学校。
议题五、提议推举本届展览会布置会场指导员案。议决：除三科主任担任会场主干外，并推定各室布置指导员。（上海档案馆档号Q250-1-40，《本校教务会议记录》）

12月20日，刘海粟复函学生方矩。

【录】来书藉悉。足下病已痊愈，仍拟继续来校肄业，以期学成，至慰。所请插入原级一节，当俟下学期开始时来校视察成绩，再行酌量办理可也。（上海档案馆档号 Q250-1-92，《一九二四年至一九四七年本校学生申请学历证明及有关入学、复学、休学、转学等来往文书》）

12月21日，刘海粟与汪亚尘、李毅士、王济远、陈宏、李超士、张邕等在上海虹口日本俱乐部举行洋画联合展览会两天。

【引】刘海粟展出《斜阳》《清凉山下》《菊》《南京夫子庙》《秋》《流动》《秦淮河之春》《秋林清溪》《南京大中桥之暮色》和《暮色》。（《时报》，1924年12月21日；《刘海粟年谱》，第64页）

12月28日，《艺术》周刊第84期发表刘海粟撰写的《上海美专十三周年纪念感言》，上海美专十三周年纪念展览会专刊亦予刊载。

【引】全文700余字。文谓：吾国宣传新文化之始，无美术之地位；吾国创行新教育之始，亦无艺术教育之地位。新美术在文化上占一有力之地位，自上海美专始；艺术教育在学制上占一重要之地位，亦自上海美专始。故上海美专为中国新兴艺术之中心，此国人所公认，非余之私言也。上海美专创立之纪念日，亦即中国新兴美术之诞日也。虽然，环绕于美专之空气浊而且浓，顽钝之利害观念沉滓于污浊之世界；可厌之物质金钱主义，乃破坏一切纯正之思想，拘束人民之活力，迫吾人趋于堕落之途。美专其能导人民进于光明之途乎？吾人一方面固敬爱汝不息努力之精神，一方面又对汝怀有无限之期望也。汝其能不使吾贫困沉郁之人民失望乎。

今日中国社会之黑暗，已臻于不可思议之地步；人心之险恶，已到了不堪设想之境域。举世蒙蒙，皆为丑恶卑污之利己主义窒息而死……诸君或以吾言为狂乎？试观欧洲中世纪政治之黑暗，战乱迭起，视中国之现势更甚，然经少数学者艺人之奋斗，其善、美之光辉不久即照耀全欧，成文艺复兴而辟近代之文明焉。今者印度诗人泰戈尔，其思想伟力，亦大为帝国主义者所恐惧焉，是皆可以为证也。故余以为欲救今日之中国，当为中国之文艺复兴运动，枪炮与物质革命之成功，其结果乃一形式上之起扑耳，其内容之腐败如故；故号称革命之首领，轰城掠夺，实同土匪也。上海美专既具有奋斗之勇力，既得有社会之信仰，吾望其为中国之文艺复兴运动之启发而救中国也，汝其不以余望为奢乎？（《艺术》周刊第84期，1924年12月28日）

是年，刘海粟作油画《祖宗》《夫子庙前》《浦江暮色》《秋》《L女士》《荒塚》《飞雪》《傍晚的黄浦滩》《龙华桥》等。（作品题签）

是年，刘海粟编写的全国初中美术课本《新学制图画教科书》由商务印书馆出版。

【按】这是刘海粟编写的全国初中美术课本，共有六册，供初中三学年使用。其中，第一册内容有概论、图画基本上的知识，讲述制图法、侧写与透视、明暗与阴影、写生概念等。第二册是《铅笔画》，分为：铅笔画的意义、用具及使用、线与素描、静物写生、风景写生、动物写生、速写法、人物写生。第三册是《图案画》，分为：概论、图案的资料、描法、图案的原则、意想变化法、色彩、图案的用具、实习及附图。第四册《水彩画》分为：总说、用具、水彩画一般的描法、色彩、物体的位置与构图、静物的水彩画法、风景的水彩画法、人物的水彩画法、肖像的水彩画法、水彩画的速写法。

【图1924-6】刘海粟编著的全国初中美术课本《新学制图画教科书》书影

【图1924-7】《新学制图画教科书》第二册《铅笔画》中刘海粟所绘的素描画范图

【图1924-8】《新学制图画教科书》第三册《图案画》中刘海粟所绘的图案画范图

【图1924-9】《新学制图画教科书》第四册《水彩画》中刘海粟所绘的水彩画范图

是年，上海美专毕业学员 111 名（上海档案馆档号 Q250-1-14，《上海美术专科学校二五周年纪念一览》）

1月1日，《时报·图画元旦增刊》发表刘海粟关于欧洲古典主义、印象主义艺术的介绍文章。（《时报·图画元旦增刊》，1925年1月1日）

1月2日，上海美专十三周年纪念展览会在法租界徐家汇路菜市路（今顺昌路）本校举行。展览至6月结束。（《民国时报》，1925年12月28日）

【引】展出西洋画、中国画、手工及图案共4618件。刘海粟展出油画《夕阳》《文德桥》和中国画《山水》《篱菊》等。《申报》评论刘海粟之《山水》谓："绝似石涛，而又参合作者之自意，可称谓国粹画中别开生面。"（《申报》，1925年1月5日）

1月9日，刘海粟出席上海美专十三年度第一学期第六次教务会议。

【引】参会者：李毅士、王济远、俞寄凡、陈肇宏、华林、顾久鸿、刘质平、薛席儒、薛演中、周康书、张曼容、刘利宾、潘天授（寿）、黄肇培。

议题一、提议添办工艺图案系案。议决：准今年二月开始招生，请俄人斯多宾先生为该系主任。一切开办手续，请教务长李毅士先生便宜施行之。

议题二、提议组织编译委员会案。议决：即行组织编译委员会，推定华林、俞寄凡、刘海粟、李毅士、陈肇宏、刘质平、王济远、汪亚尘、姜丹书等先生为委员，并推华林先生为委员会主任。

公元 1925 年
民国十四年
（乙丑）
29 岁

【图1925-1】上海美专校长刘海粟（摄于1925年）

议题三、报告本学期学生学业分数结束情形。（上海档案馆档号Q250-1-40，《本校教务会议记录》）

1月18日，《申报》发表刘海粟的《美术和人生》一文。

【引】该文指出"美术是导人独立的天使，能使人支配物质，能使人从束缚的状态升到自由的状态，因为他是赤裸裸的天真，他的信仰是即善即美"。"要注意启迪一般人的美感，使他们尊重自己的内心生命，发达他们创作力，他们就自然渐实现美的人生"。（《申报》，1925年1月18日）

1月，美专聘俄国画家斯都宾（P.Stoopin）、日本画家辻元广为西洋画教授。（上海档案馆档号Q250-1-154，《一九二〇学年度第一学期至一九二四学年度第二学期同学录》）

2月15日，《艺术》周刊发表刘海粟撰写的《艺术叛徒》一文。

【引】此文有道：非性格伟大，决无伟大的人物，也无伟大的艺术家。一般专门迎合社会心理，造成自己做投机偶像的人，他们自己已经丧葬于阴郁污浊之中，哪里配谈艺术，哪里配谈思想！伟大的艺人，他是不想成功的，他所必要者就是伟大……伟大的艺人，只有不断的奋斗，接续的创造，革传统艺术的命，实在是一个艺术上的叛徒！现在这样丑恶的社会，浊臭的时代里，就缺少了这种艺术叛徒。我盼望朋友们，别失去了勇气，大家来做一个艺术叛徒！什么主义的成功，都是造成虚幻之偶像，所以我们不要希望成功，能够破坏，能够对抗作战，就是我们的伟大！能够继续不断地多出几个叛徒，就是人类新生命不断的创造。我现在要拿心灵强固之凡·高置之于艺术叛徒之首。……多数之人，都爱他艺术之伟大，然他那伟大，远逾一般艺术家之伟大；凡·高之创作，皆表现其生命与太阳不枯涸之源泉。彼伟大强烈之精神，足以与太阳光辉争荣，故彼一生研究太阳光辉，在他的线条里色彩都有热烈之光辉恒久存在。他虽一生穷苦无聊以度其生涯；然其因艺术而死；因太阳而死，此种光荣之死，照耀千古，实为最伟大之勇力。狂热之凡·高，以短促之时间，反抗传统之艺术，由黯淡而趋光辉，一扫千年颓废灰暗之画派，用其如火如荼之色彩，自己辟自己之途径，以表白其至洁之人格，以其强烈之意志与坚卓之情操，与日光争荣，真太阳之诗人也！其画多用粗野之线条和狂热之色彩，绯红之天空，极少彩霞巧云之幻变，碧翠之树林，亦无清溪澄澈之点缀，足以启发人道之大勇，提起忧郁之心灵，可惊可歌，正人生卑怯之良剂也！吾爱此艺术狂杰，吾敬此艺术叛徒！（《艺术》周刊第 90 期，1925 年 2 月 15 日）

2 月 23 日，刘海粟出席上海美专十三年度第二学期第一次教务会议。

【引】参会者：李毅士、王济远、汪亚尘、刘质平、陈肇宏、俞寄凡、顾久鸿、王陶民、潘天授（寿）、薛演中、倪贻德、马施德、刘海若、薛席儒、徐贻叔、刘利宾、李超士、潘伯英、许醉侯。

议题一、提议本学期各科学生励学免费案。议题二、提议本学期上课日期案。议决：定三月五日（星期四）开始上课。议题三、提议前学期各科学生缺考问题。议决：前学期缺考各生准于开学后随到随考，由各科担任教师阅卷后，交教务处核定升级或留级，担任教师另立表。议题四、提议各科三年级以上插班问题案。议题五、提议旧生转科案。议决：凡年级相衔接者，仍照旧规定办理，其纳费亦照旧制。年级不相衔接者，不在此例。（上海档案馆档号 Q250-1-40，《本校教务会议记录》）

2月24日，刘海粟出席上海美专十三年度第二学期总务会议。

【引】参会者：薛演中、吴培德、刘利宾、徐贻叔、王心梅、史叔汉、王邨山。

议题：一、提议校役应制制服案。二、提议门房添设助手案。三、提议校役应定奖惩及训练办法。四、提议女宿舍内不得洗灌衣服，以保清洁案。五、提议每夜巡视仍应继续办理案。六、提议征收电话费。七、提议应行推定职员轮值星期案。八、提议膳厅米食、面食应行规定案。九、提议学生宿舍内应行规定安置凳桌案。

主席：刘海粟。（上海档案馆档号 Q250-1-40，《本校教务会议记录》）

2月25日上午10时，刘海粟主持召开上海美术春季开学式，并致词。（《新闻报》，1925年2月26日）

2月25日，《东方杂志》发表刘海粟撰写的《写实主义之艺术及其大师》一文。

【引】文曰：同时以个性为客观之描写，忠实地再现自然为艺术之目者，乃写实主义（Realism）之精神也。柯佩（Courbet 1819—1871）视前代人之醉心，于古典之壮丽，与浪漫之甘美，不啻海市蜃楼。盖旧时之堂宇，已成今日之梦境；柯佩以如实现之手段，废减过去之幻想，而成艺术上之伟业。艺术之创造，本系于时代精神与艺术生命之自由，时时改造，刻刻变化，余已再言之矣。惟其变化复杂，每每同一时代而派别不同，同一主义而趣味各异，职是之故，柯佩与米勒等虽同其时，而别其派异其趣焉。吾人欲明写实主义之意味，必先窥此创始者—柯佩—之人格及其作品。（刘海粟，《写实主义之艺术及其大师》，《东方杂志》第22卷第4期，1924年2月25日）

2月，上海美专开办工艺图案系，由俄国画家斯都宾任主任。（《益世报》（天津版），1925年1月30日）

2月，郑景康入上海美专西画系学习，并从事摄影活动。（上海档案馆档号Q-250-1-120，《上海美术专科学校自开办至结束历届学生姓名索引》）

【释】郑景康（1904—1978），广东中山县人，1925年在上海美术专科学校读书时开始从事摄影活动，1929年受聘上海柯达公司从事专职摄影，1930年在香港开设"景康摄影室"，1932—1936年，在北京、上海、南京等地从事摄影活动，劳动人民的生活、人像、风光、新闻作品在上海、北平的报纸与画报上刊载。1934年他在北平举办"景康影展"，展出作品百余幅，《残废者之挣扎》《臂助》等反映旧中国劳动人民疾苦和艰辛的作品，引起观众强烈反响。抗日战争爆发后，他由香港回内地，拍摄了一批揭露日军侵华罪行和反映中国人民抗日救亡活动的照片。1938年被聘为国民政府国际宣传处摄影室主任。1940年底由周恩来、叶剑英介绍，从重庆赴延安投奔共产党。在延安5年时间,他先后在八路军总政宣传部、联政宣传部任摄影记者、摄影师。他拍摄了数以千计的摄影作品。1944年,他为毛泽东主席拍摄的肖像气度非凡,被党中央批准为可以公开悬挂的第一幅毛主席像,新中国成立后首次挂到了天安门广场。(《上海美专名人传略》,第412页)

3月2日,刘海粟出席上海美专十三年度第二学期第二次教务会议。

【引】参会者:李毅士、沈淑清、王济远、刘质平、汪亚尘、钱瘦铁、王陶民、薛席儒、李超士、潘伯英、马施德、顾赓甫、薛演中、刘海若、倪贻德、刘利宾、俞寄凡。

议题一、提议西洋画科、高等师范科旅行写生,应请择定地点及规定日期案。议决:日期定阳历四月三十日(阴历三月廿八)西洋画科出发,高等师范科迟一星期,定四月廿七日(阴历四月初五)出发,一律于五月十日前后(阴历四月廿五)左右回校。地点杭州西湖。西洋画科旅行年级,四年乙级、三年甲级、三年乙级、二年甲级四班。高等师范科旅行年级三年甲乙级、二年甲级,初级师范科二年甲级等四班。其高等师范科三年甲级,学生就在旅行期内同时参观学校。关于率领教员,由各科科务会议另行决定之。

报告事项一件,排定本学期各科级上课时间表案。(上海档案馆档号Q250-1-40,《本校教务会议记录》)

3月12日,中华民国大总统孙中山在北京病逝。
3月13日下午3时,刘海粟出席上海美专十三年度第二学期西洋画科第一次科务会议。

【引】参会者：王济远、陈肇宏、俞寄凡、汪业尘、顾赓甫、薛席儒、薛演中、刘利宾、李毅士、李超士（代）、倪贻德、马施德、吴培德。

议题一、提议各级学生学业成绩定下星期一（十六日）起开始考查，并规定考查表册案。议决：各级学生学业成绩准自下星期一起，请各担任教授实行考查。考查表册系用前年规定印存之学业考查册。

议题二、修订考查学生成绩细则案。议决：照原定考查学生成绩细则通过执行。

议题三、推定各级实习及理论学科担任考查各教授。议决：推定实习、理论各学科担任考查教授名单。

议题四、前学期缺考各生，业经补考之成绩，应由各教授提出讨论，详加考核，公布升留。其有未到各生，应尽下星期内考查完毕案。

议题五、各级上实习课时，应限制他级生任意出入并本级生出外会客。再如未得教务处或事务处之许可者，一律谢绝参观案。

议题六、各级学生缺席问题。议决：应由各级主任教授每周切实调查明确，报告科务处。于每星期六详加稽核后，遇无故缺课者，由科务处通知文牍处致函警告之。（上海档案馆档号Q250-1-40，《本校教务会议记录》）

3月16日，刘海粟出席上海美专十三年度第二学期师范院第一次教务会议。

【引】参会者：俞寄凡、王济远、薛演中、李毅士、刘庸熙、王陶民、潘伯英、吴培德、刘利宾、徐贻叔、黄肇培、王隐秋、谢公展、顾赓甫、陈肇宏、倪贻德、许醉侯。

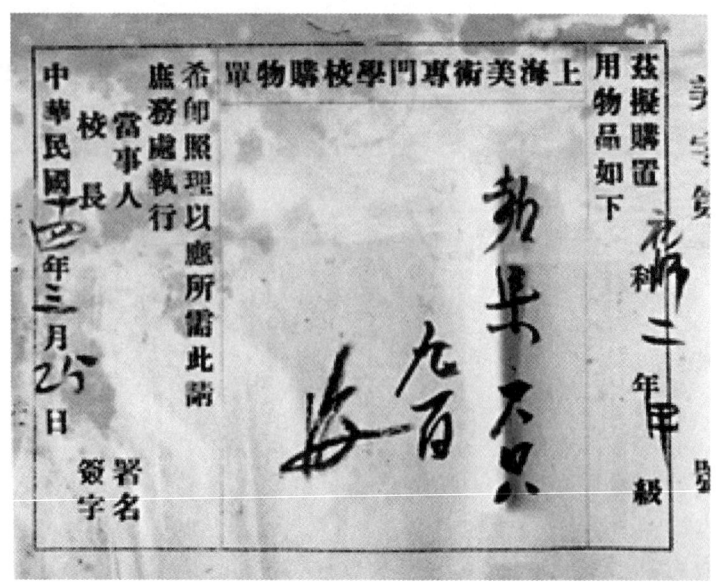

【图 1925-2】上海美专购买静物写生教具（六只苹果）的申请单，经校长刘海粟签准，庶务处以大洋九百文购回（1925 年 3 月 25 日）

议题：一、提议修改师范院考查学生学业成绩细则。二、提议前学期缺考各生应行限定期限补考案。三、提议各级上实习课时，应限制他级生任意出入并本级生出外会客，再如未得教务处或事务处之许可者，一律谢绝参观案。四、提议各级学生缺席问题案。五、提议各级学生学业成绩定本星期开始考查，并规定考查表册，并推定担任考查教授。六、提议高等师范科三年甲级参观问题案。七、提议前届高等师范科三年甲级学生叶森茂补行毕业试验案。（上海档案馆档号 Q250-1-40，《本校教务会议记录》）

3 月 30 日，刘海粟出席上海美专十三年度第二学期国画科科务会议。

【引】参会者：许醉侯、潘天授（寿）、王陶民、刘利宾。

议题一、提议国画科学生应否加入旅行写生案。议决：国画科二年甲乙级学生本届当加入旅行，同往杭州西湖，并入师范科中为一队，其出发及回沪日期均照师范科议决案。

议题二、提议国画科应行编定实习教程案。议决：国画实习应分三学年，为三时期，渐次由浅入深。第一学年上学期实习墨笔双钩，下学期水墨，第二学年上学期工笔临古，下学期意笔临古，同时研究设色，第三学年自由创作。（上海档案馆档号Q250-1-40，《本校教务会议记录》）

春，刘海粟作中国画《峦树草堂》。

【录】题云："愚画无师并无法，不为形役，不求合矩，但求笔与物化，心与天游。"

【按】王一亭、滕固也为题词。后为日本青浦奎吾子爵收藏。（该画题跋）

3月31日，刘海粟邀请江苏省教育厅厅长沈彭年到上海美专演讲。（《申报》，1925年4月1日）

4月3日，刘海粟聘请郭沫若到上海美专讲演《生活的艺术化》。（《刘海粟年谱》，第65页；郭沫若，《文艺论集》，上海光华书局，1930年）

【按】该文以《生活的艺术化——在上海美专演讲词》为题发表于《时事新报·艺术》周刊第98期，1925年4月12日。

4月5日，刘海粟与汪亚尘、李毅士、王济远、李超士、陈宏、俞寄凡、张聿、朱屺瞻、薛珍、马施德、普特尔斯基等联合举行的"上海洋画家联合展览会"在上海三洋泾桥安乐宫二楼开幕。（《申报》，1925年3月27日）

【图1925-3】刘海粟1925年作中国画《栾树草堂》,载《海粟近作》,上海美术用品社1928年出版。

【按】是日出版的《艺术》周刊为上海洋画家联合展览会特刊；4月19日出版之《艺术》第99期为上海洋画家联合展览会批评号。刘海粟展出《秋林》《疏林薄暮》《自然之舞》《牌楼》等。展览至12日闭幕。(《艺术》周刊第97期，1925年4月5日)

【释】薛珍（1903—？），字席儒，江苏兴化人，寄居南京市。1921年9月入上海美专西洋画科学习，1924年6月毕业。1925年2月至7月任上海美专西洋画教授。后游学日本，作品参加日本帝国美展。第一届全国美展为特约出品。抗战期间，入教育部担任编辑及国立重庆师范美术科主任，1945年春在四川美丰银行举行画展，展品题材大部为描写嘉陵江风景，三百里山山水水，尽在毫端。(《上海美专名人传略》，第233页)

4月5日，《艺术》周刊刊发刘海粟撰写的艺术评论文章《民众的艺术化》。

【引】全文600余字，文中有谓：美术、美术运动、美术展览之鹄的，乃欲使人得悟其生命并回复于人生及人道上之信仰。人类为功利主义所苦，黑白不分，是非不明，沉梦酣睡，醒觉无时。少数艺人擅艺术之特权，民众与艺术遮逝，能不窒息以死乎？吾人欲普及艺术举行展览会，俾民众领略艺术之趣味，使人人的生活艺术化，而悟其所以生之意义也。所谓人人生活艺术化，非期人人为画家、音乐家、诗人，而在于望人人得培养其艺术之感受力。盖艺术之创作与赏鉴，皆超功利，实有能使人悟其生命之意义，忘其四肢形骸，激发其全意识、全人格之力也。要之，即使人人都入于人生根本之途而为善也！进而言之：艺术家非仅指画家、音乐家、诗人而言；人而具有艺术感受力者，皆为艺术家。人而具人性而悟其人性者，皆艺术家。政客、官僚、军阀、豪门之所以为人唾弃而以非人视之者，因若辈皆被功利所迷也。故若辈之罪恶亦皆为功利所造成；若辈具非人性，亦功利所蔽也。故吾将鼓吾之勇气，必使万人快乐，万人具艺术审美精神，万人努力而悟其所以生之意义。一滴一渭，能具百川之因；一人高歌，能引万人欢呼。吾期以一切之人，悉入于艺术世界之中，无阶级之见，无种族之分；各有生命，各具创造，人人领略人间之爱，而入于花雨缤纷之境，而后人人乐其生，一切罪恶皆泯灭矣，真人而神矣，人间即天上也！否则，侈言教育，教育之成就安在？提倡实业，实业之价值安在？造作知识，知识愈充，是非愈不分，巨憝大盗，皆具特殊之知识者也。故艺术运动，乃欲回复人于人生及人道上之信仰也。诸君其以吾言为狂乎？吾力虽不胜，亦将努力为之！盖至德之泉，实由纯洁之心灵而出。不怀庆赏爵禄，不顾非誉巧拙，只知自尽其力，行吾大愿，实行民众的艺术化！（《艺术》周刊第97期，1925年4月5日）

4月7日上午，日本名画家桥本关雪参观上海洋画家联合展览会。下午，各国驻上海领事等参观画展。刘海粟作品《树林薄暮》被王茂亭购藏，价200元。（《刘海粟年谱》，第66页）

4月11日，高仁山受北京新月社同人胡适、徐志摩、张钦海、陈柏生之托，来上海与上海洋画家联合展览会各画家商议，拟将全部展品运往北京展览。各画家深表赞同，并推定刘海粟为代表。（《刘海粟年谱》，第66页）

4月11日，德国艺术博士孔威廉夫妇在上海美专讲演东方艺术。（《刘海粟年谱》，第66页）

4月13日，刘海粟参加在上海美专一院举行的上海艺术学会春季常会。

【引】该会为中国艺人研究艺术学之集会，该会注意于艺术之著作及宣传，现刊有《艺术》周刊一种。其他到有会员王济远、汪亚尘、何明齐、刘质平、谢公展、俞寄凡、潘伯英、陈宏、潘天寿、薛珍、徐逊、宋守昌等。（《申报》，1925年4月13日）

4月17日，刘海粟出席上海美专十三年度第二学期第三次教务会议。

【引】参会者：李毅士、王济远、俞寄凡、刘海若、汪亚尘（代）、刘利宾、薛演中、黄肇培、李超士（代）、姜敬庐、刘庸熙、怅溯斋、吴培德、潘天授（寿）。

议题一、提议西洋画科旅行实习应行规定率领教授，并支配出发后代课案。议决：推定刘海粟、汪亚尘、王济远、陈肇宏等四先生先行偕同西洋画科各级学生出发，李超士、刘海若、许醉侯三先生迟一礼拜率引高等师范科、初级师范科、国画科各级学生出发，其率引教授关于未旅行各级遗下之课，由教务处另列课表教授之。

议题二、提议凡各级应行旅行学生而不偕同旅行者，应如何处置案。议决：凡各级应行旅行学生，均应按期同时出发，如有先后出发或托故请假者，一律作缺课论，又如不应旅行各级中有学生志愿加入旅行者，亦作缺课论。

议题三、提议高师科三年甲级出发参观，应定相当人数案。议决：凡该级学生预赴本、外埠学校参观者，须满十五人以上，校中方得派员率领。（上海档案馆档号 Q250-1-40，《本校教务会议记录》）

4月24日，中国科学艺术社第二次春季艺术展览会在上海举行。

【按】刘海粟、李毅士、汪亚尘、王济远、李超士、陈宏等以及旅沪之英、日、法、德、俄、奥、瑞士、西班牙美术家展出油画、水彩画、粉画、雕刻、塑造共600余件。展览至30日结束。（《刘海粟年谱》，第66页）

4月26日，刘海粟在《艺术》第100期发表《〈艺术〉百期纪念辞》。

【引】文曰："浩荡之天空，只闪着一颗明星，是何等寂寞！更希望多产麟儿，来和《艺术》提携呐喊！"（《艺术》周刊第100期，1925年4月25日）

4月27日，刘海粟和陈宏、李超士、刘海若、许醉侯等率领上海美专高年级学生150余人由上海南站乘火车赴杭州旅行写生。（《申报》，1925年4月27日）

【释】陈宏（1898—1937），字肇宏，广东海丰县人。毕业于广东高等师范学校，1921年赴法国留学。先入圣德天美术专科学校，后改入巴黎美术学院。归国后1924—1926年任上海美专西画系教授。1933年任广西教育厅艺术专科视察员，创办广西美术会。后由南宁迁桂林，参加文化城的抗日救亡活动。1937年5月1日在雷平黑水河畔写生时，不幸失足落水身亡，终年39岁。桂林文艺界举行了一系列悼念活动。（《上海美专名人传略》，第69页）

4月，刘海粟在杭州创作热情高涨，作画多幅。

【按】在杭州期间，刘海粟作油画《南高峰绝顶》《苏堤夜月》《杭州灵隐》和中国画《西湖写景》，并为《西湖写景》作长跋："画之真义，在表现人格与生命；非徒囿于视觉，外惊于色彩形象者。故画像乃表现而非再现也，造形而非摹形也。""吾国南画虽有时代之变动，然多为内心所感应之具像表现。欧西现代艺坛之新创作，亦皆表现自我，画中物形物色，亦纯属画家表白其对物所生之情绪，绝不束缚于自然外观，盖皆合吾说者也。故吾将本吾说，合中西而创艺术之新纪元焉。但画因画匠闻之，皆指为叛逆,张皇号召,捂击备至。"

5月1日,刘海粟跋顾坤伯《仿神石田灵隐山图》。(张建平,《顾坤伯中国画集 Gu Kunbo's paintings》,北京荣宝斋出版社,2005年9月)

【录】文曰:"宇宙名迹,思而不可见,见而不可得,追慕之力最深,若朋友之有神交也。假令置几案间,则近而忽之矣,坤伯此卷,纯以追慕得之,精深秾苍,气韵生动,无可议,交吾三复观之,吾乃大乐,为题数语勉之。"

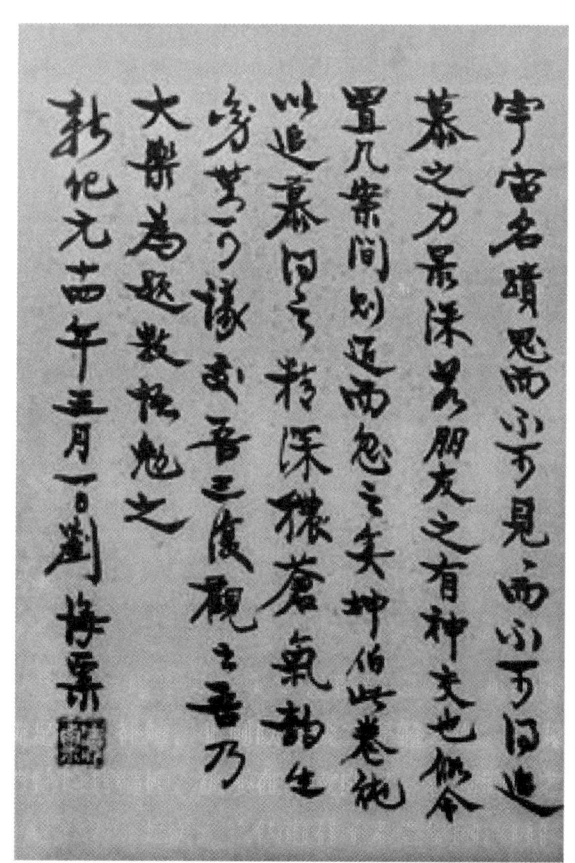

【图1925-4】刘海粟跋顾坤伯《仿神石田灵隐山图》

5月9日，上海美专旅杭写生展览会在杭州青年会举行西洋画科成绩展。（《小时报》，1925年5月6日）

5月10日，上海美专旅杭写生展览会在浙江省教育会举行师范科及国画科成绩展览会。12日由杭州返上海。（《小时报》，1925年5月6日；《申报》，1925年5月9日）

5月14日，刘海粟出席上海美专十三年度第三学期第四次教务会议。

【引】参会者：王济远、俞寄凡、许醉侯、薛演中、滕若渠、刘庸熙、吴培德、刘利宾、汪亚尘、王陶民、辻元广、薛席儒、顾久鸿、顾赓甫、刘海若、倪贻德、马施德、潘伯英、姜敬庐、潘天授（寿）、陈肇宏。

【图1925-5】上海美专印制的教育部立案的西洋画科木炭人体实习教室之一部分。站在女人体模特左面的是1924年10月从法国留学归国11月10日即被上海美专聘为西洋画科、高师科人体教授的陈宏先生。（1925年5月拍摄）

议题一、提议开办第六届暑期学校案。议决：本届暑期学校共设四系，学程并公决添设旅行特别班，公推滕若渠先生起草简则。

议题二、教育部咨关于本校师范院学制修正案。议决：遵令按现行学制修正报部存案。

议题三、旅行写生队成绩展览会，应否即行举行案。议决：兹因距离学期终了甚近，且本届旅行成绩特多，在本校会又与课务妨，公决与本学期成绩展览会合并举行。

议题四、提议举行本学期全校成绩展览会办理案。议决：日期六月廿五日起至七月一日，开会七天，一切举行手续由委员会办理之，并公推定委员名单。

议题五、提议办理高师科第三届、初师科第×届毕业事宜案。议决：高师科三年甲级、初师科二年甲级本学期一切科以六月六日为结束期，六月八日起举行毕业考试，七月一日行毕业礼，其余办理手续归科务会议议决施行。（上海档案馆档号Q250-1-40，《本校教务会议记录》）

5月21日，刘海粟出席上海美专十三年度第二学期师范科第二次科务会议。

【引】参会者：俞寄凡、姜敬庐、黄肇培、王济远、潘伯英、薛演中、吴培德、刘利宾、刘庸熙、薛席儒、李毅士、王陶民、刘海若。

议题一、高师科三年甲级毕业事宜案。议决：（一）日期依五月十四日教务会议决案，一切学科以六月六日为结束期，六月八日至二十日举行毕业试验，七月一日行毕业礼。（二）试验科，试验日程（略）。

议题二、初师科二甲学生俞寿生等五人前学期停学一学期，本学期到校，本当入二年乙级肄业，因无该级可插，暂令二年甲级肄业,本届应否毕业案。议决:应令在下学期一年乙级补习一学期,再行试验毕业。(上海档案馆档号 Q250-1-40,《本校教务会议记录》)

5月25日,刘海粟出席上海美专十三年度第二学期西洋画科科务会议。

【引】参会者:李毅士、王济远、顾久鸿、薛席儒、薛演中、马施德、俞寄凡(代表)、李超士(代表)、汪亚尘(代表)、刘利宾、吴培德、顾赓甫。

议题一、各级学期试验日期之规定并应试各学科之细目案。议决:各级学科均以六月二十日为结束期限。其试验时间由担任各教授于结束前自定相当日期(在教课时间行之不另立日程)。

议题二、学期结束渐近,各级每种实习成绩应由担任各教授详密考查,并应将每级每生平时最优之成绩提出一至四点,留校作为本学期代表成绩。议决:自即日起,应请担任各教授详密考查,以上各项成绩应请各教授于学期结束前提出,汇送科务处。

议题三、根据第四次教务会议议决,于学期终了时,举办全校成绩展览会,会期将届,应请各教授定期审定各级学生出品,俾便各生从事装裱,以壮观瞻。议决:各级学生出品,应请担任教授于六月十日以前审定完毕,交各生自行装裱,其留校成绩不在此例。

议题四、各级无故缺课各生,遇有训育处提出三次以上之警告者,应议一严厉之办法,以励勤学而敦校风。议决:于学期结束时,应由训育处详密查明,开列姓名,适用本校学则第四十六条第三款办理之。(上海档案馆档号 Q250-1-40,《本校教务会议记录》)

5月26日，刘海粟参加由中华教育改进社美育组和江苏省教育会美术研究会在上海三洋泾桥安乐宫举办的中国现代名家近作展览会。

【按】刘海粟展出作品《九溪十八涧》《精忠柏》《红梅》《言子墓》等。参展的还有吴昌硕、王一亭、杨东山、许醉侯、汪仲山、谢公展、潘天授（寿）、王陶民、钱瘦铁、唐洁生等15人，每人展品15件，每画均有标价。（《申报》，1925年5月27日）

5月30日，上海发生"五卅"惨案，由此掀起"五卅"运动。翌月，上海美专举行救济五卅事件书画展览会，共售得1600元左右，分3次送往济安会，援助罢业工人。（《刘海粟年谱》，第68页）

6月2日，刘海粟出席上海美专十三年度第二学期临时紧急教务会议。

【引】参会者：刘质平、王济远、潘伯英、薛演中、薛席儒、陈肇宏、黄肇培、马施德、刘庸熙、吴佩（培）德、徐贻叔、刘海若、倪贻德、潘天授（寿）、顾赓甫、刘利宾、练为章、斯都宾、顾久鸿、王陶民。

议题一、提议五三〇上海南京路惨杀案，激动沪上，学校全体罢课，从事援助。本校在此罢课期内，应如何维持现状，请公决案。议决：办法如下：（一）教务处在罢课期内，除各部主任于每日上午常驻外，凡属教授，应每日到校，以便接洽，并纠察及协助学生行动。至各科部办事员，在罢课期内，每日上午九时至下午六时为止，不得请假离校，以重职守。（二）推定练为章、顾久鸿、刘海若、倪贻德、顾敦诗等五先生前往本埠各大学调查情形，以便取一致行动。（三）自本日开会后，每隔日在上

午九时开谈话会一次,共商善后事宜。(上海档案馆档号 Q250-1-40,《本校教务会议记录》)

6月15日,刘海粟在寓所招待新近归国之旅欧雕塑家李金发,讨论上海美专添办雕塑科计划,拟请李金发执教。(《刘海粟年谱》,第67页)

【释】李金发(1900—1976),原名李淑良,笔名金发,广东梅县人。早年就读于香港圣约瑟中学,后至上海入南洋中学留法预备班。1919年赴法勤工俭学,1921年就读于第戎美术专门学校和巴黎帝国美术学校,在法国象征派诗歌特别是波德莱尔《恶之花》的影响下,开始创作格调怪异的诗歌,在中国新诗坛引起一阵骚动,成为我国第一个象征主义诗人。1925年初,他应

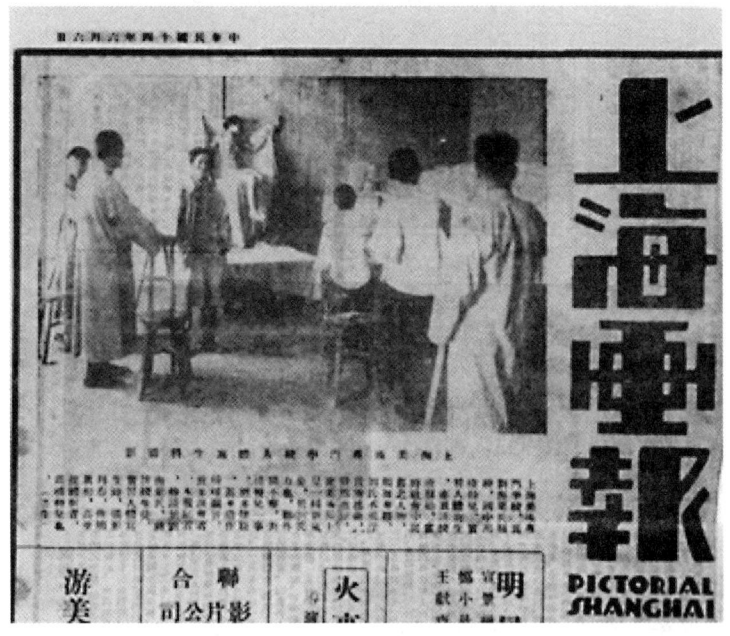

【图1925-6】《上海画报》1925年6月6日创刊号,把上海美专使用人体模特的现场照片作为头版头条,此后几乎每一期也刊登裸体美术摄影作品,成为该报一大特色。

上海美专校长刘海粟邀请回国执教,担任上海美专雕塑系主任,1927年秋任大学院秘书。1928年任杭州国立艺术院雕塑系主任,创办《美育》杂志;后赴广州塑像,并在广州美术学院工作,1936年任该校校长。20世纪40年代后期,几次出任外交官员,远在国外,后移居美国纽约,直至去世。李金发是集诗人、雕塑家、教育家、外交官于一身的民国奇人。(《上海美专名人传略》,第133页)

6月20日、21日,《申报》登载上海美专学生会启事,言举办救济"五卅"事件书画展览会等。

【引】上海美专学生会启事"沪上罢业工人二十万,无以为生,由各界设法援助。敝校学生会除举办救济'五卅'事件书画展览会外,特恳本校教授刘海粟、王陶民、许醉侯、钱瘦铁、潘天寿五先生卖画一月,所得润资悉数由敝会捐助罢业工人"。(《申报》,1925年6月20、21日)

【释】王陶民(1894—1939),名珍,号陶民,江苏高邮人。19岁时去北京从一原清宫画院画师学工笔花鸟。30岁在县民教馆公园阅览室举行首次画展,展出《百燕图》等作品数十幅。后旅居上海,1925年2月至1925年7月,1928年2月至1928年7月任上海美专国画教授。兼上海《美术生活》期刊特约编辑。1935年,其《落花飞燕图》应选参加美国费城国际画展。1939年日军侵占高邮时卧病悲愤离世。留有西泠印社1925年版《三十六湖草堂墨钞》第一集,收画24幅。另有彩笔《百菊图》一集,共画菊百张,吴昌硕为之题诗,惜未付印。蜜蜂画会、中国画会会员。(《上海美专名人传略》,第213页)

7月1日,上海美专学生会演出郭沫若新作话剧《聂嫈》三天,所得票款全部救济罢业工人。 (《刘海粟年谱》,第68页)

7月5日，上海美专为便利入学考试起见，特组织考试委员会。

【引】考试委员会聘请本校专科教授滕固、俞寄凡为评阅论文委员，李毅士、王济远、刘海若为评阅西洋画委员，许醉侯、潘天寿为评阅国画委员，刘质平、潘伯英为评阅音乐委员，黄肇培、俞寄凡为评阅图案委员，姜丹书、何明斋为评阅手工委员，李金发为评阅雕塑委员。(《刘海粟年谱》，第68页)

【释】潘伯英（1900—1978），字缦操，江苏江阴人。1918年就读于中国体操学堂，为刘质平的学生，后又入上海艺术专科师范学校高等师范科，受业于丰子恺、刘质平、吴梦非门下。在校期间参与中华美育会活动。1923年2月至1926年11月任上海美专高师科声乐器乐教授。1926年12月后任新华艺术专科学校艺术教育组主任兼音乐及劳作教授。还曾于南通伶工学社、上海艺术师范、东亚体专等校任教音乐课。潘伯英课余也画国画遣兴，善画花卉，以草虫为精。著有《开明音乐教程》，释弘一（李叔同）作词《清凉歌集》中之《山色》为其歌曲创作代表作，流传至今。(《上海美专名人传略》，第170页)

7月19日，上海美专第七届暑期学校开学。刘海粟与李毅士、李超士等轮流担任人体实习课程，每日下午还做艺术思潮讲演。(《上海美专大事年表》，《上海美术专科学校档案史料丛编·第一卷·不息的变动》，第441页。)

7月27日，刘海粟率上海美专第七届暑期学校赴杭州西湖旅行写生。(《申报》，1925年7月27日)

7月30日，刘海粟请汪亚尘在上海美专演讲《艺术家与艺术教育家》。(《刘海粟年谱》，第68页)

7月31日，徐志摩致函刘海粟。

【录】海粟我兄：因景秋知前晚病热昏沈中承惠访，未及一谈。顷已强病北来，京津雨水不鲜，天时凉爽，逃沪亦一乐也。欲与兄谈事颇多，然非面对不能畅，今又隔千里，奈何！然旧历七月中尚须归家，过沪时当图一叙。此次相见太匆匆，亦太热也。北京闻潦水汀道，交通甚难，不欲奇热相逼。况我固不能一忽离京乎？

小鹣、若谷、济远诸兄均候！

十四年七月末日（韩石山编，《徐志摩书信集》，天津：天津人民出版社，2006年6月，第14页）

7月，上海美专46名学员毕业。（上海档案馆档号Q250-1-14，《上海美术专科学校二五周年纪念一览》）

夏，刘海粟作中国画《西湖高庄写生》（扇面）。后有胡适、张嘉森、黄炎培在背面题诗。

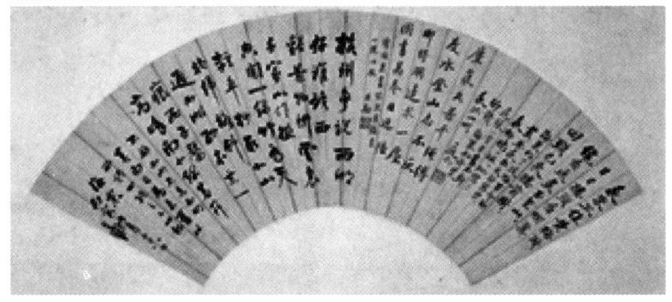

【图1925-7】刘海粟1925年夏在西湖高庄写生中国画扇面，后有胡适、张君劢题词。

【引】胡适题:"我来正值黄梅雨,日日楼头看烟雾;才看遮尽玉皇山,回头已失楼前树。"并跋:"海粟作了这幅革命的画,要我在反面写字,我却规规矩矩地写了这样一首半旧不新的诗,海粟也许笑我胆小咧。"(该画题跋)

8月1日,刘海粟参加在学艺大学举行的天马会第七届美术展览会展品审查会。(《刘海粟年谱》,第68页)

8月10日,刘海粟参加江苏省教育会美术研究会常年大会。

【引】到会人员有刘海粟、汪亚尘、沈信卿、俞寄凡、李毅士、滕固、倪贻德、杨清磬、张辰伯、顾久鸿、李寓一、潘天寿、刘利宾、薛演中、陈肇宏、朱屺瞻、谢公展、刘质平、何明斋、吴士绥、叶森义、韩传炜、邓靖、宋寿昌、翁德盛、邓邦修、王济远。

会议议程:一、滕固提议:陈诸本省教育厅委派艺术科指导员案。议决:由本会会长陈请教育厅准予设置艺术科指导员并推定滕固、俞寄凡担任起草意见书。二、王济远、李毅士、张辰伯、谢公展、杨清磬等提议举办江苏第二届美术展览会案。议决:前届第一次展览会社会影响甚大,第二届展览会曾经去年大会议决举行,当以战乱频及,经费无着,迄未实行。兹公决定于1926年1月举行,仍请省政府拨款补助并组织筹备委员会。三、李寓一、谢公展提议组织调查及编辑委员会案。(中国第二历史档案馆藏档案卷号6540)

【释】谢公展(1885—1940),江苏丹徒人。曾参与组织蜜蜂画社,又任西湖博览会艺术审查委员、中华国货展览会艺术审核委员、教育部艺术教育委员等职。1924年2月至1926年11月,1928年9月至1938年1月,1938年9月至1940年6月,任上海美专国画花卉教授。谢氏善画花鸟、虫鱼，尤擅画菊花，有"谢家菊"之称，勾花点叶，笔墨挺拔雄劲，墨彩缤纷绚丽。著有《太湖吟啸录》《水彩画》《记忆画》《公展三十年教授文画之心得》等，出版有《谢公展画集》。（《上海美专名人传略》，第226页）

8月10日，天马会第七届美术展览会在上海静安寺路赫德路（今常德路）320号学艺大学内开幕，至17日闭幕。

【引】展出刘海粟、汪亚尘、王一亭、吴昌硕、潘天寿、吴香芬、许醉侯、滕固、王陶民、唐吉生、查烟谷、王师子、胡汀鹭、钱瘦铁、李祖韩等的中国画作品和刘海粟、李毅士、王济远、李超士、陈宏、张邕、朱屺瞻、杨清磬、俞寄凡、李金发以及德、法、意、俄、日等国画家的西洋画作品，并首次展出雕塑作品400余件。（《申报》，1925年8月9日）

【图1925-8】天马会第七届展览会期间摄影：左二滕固、左三王济远、左六刘海粟、左七刘海若、左八李金发、左九俞寄凡（1925年8月）

【释】李祖韩（1891—1964），字左庵。浙江镇海人。李秋君的胞兄。曾任美商中国营业公司买办多年，又曾任其表兄弟方液仙所创办的中国化学工业社董事长。精研国画，绘山水别具心得，为艺林所推许。蜜蜂画会、中国画会主要成员。1930年2月至1930年7月任上海美专国画系教授。（《上海美专名人传略》，第139页）

【释】王师子（1884—1953），字师梅，40岁后更字师子，江苏句容人。早年毕业于日本美术学院，1929年任上海美专国画系花鸟教授。历任新华艺专、中国艺专教授。曾参与组织蜜蜂画社，并在画社附设国画学习班任教员。擅绘花卉鱼虫，尤工鲤鱼，书法宗秦诏版，亦能篆刻。（《上海美专名人传略》，第212页）

8月11日，刘海粟与章伯寅、滕固、黄炎培夫妇等赴山西出席将在太原举行的中华教育改进社本年大会。（《申报》，1925年8月12日）

8月15日，刘海粟邀请郭沫若到上海美专作题为"国际阶级斗争之序幕"的讲演。（《郭沫若年谱长编》（第一卷），第329页）

8月18日，刘海粟出席在太原山西大学召开的中华教育改进社年会，主持美育组第一次会议，刘海粟任主席。

【引】提议筹设国民美术馆案和举办全国美术展览会案。经讨论，通过举办全国美术展览会案，组织筹备全国美术展览会委员会办理，刘海粟与蔡元培、王济远、李毅士、汪亚尘、王悦之、滕固、俞寄凡、钱稻孙等17人被推为委员。会议至23日结束。（《申报》，1925年8月18日、8月20日、8月21日）

8月20日，应山西美术研究会之请，刘海粟在文庙图书馆大会堂讲演《艺术与人生》，讲述2小时，听者千余人。后有滕固讲演《六朝石刻与印度美术之关系》。（《刘海粟年谱》，

第70页）

8月，唐腴胪受聘始任上海美专古典文学讲师。（上海档案馆档号Q250-1-298D，《教育部立案上海美术专门学校一览》（民国十四年十二月））

【释】唐腴胪（1899—1931），祖籍浙江金华。1917年沪江大学附中毕业后，留学美国，先后就读哈佛大学和耶鲁大学，学习商科和政治学，与宋子文和杨杏佛同学，1921年获经济学硕士后回国。先在高校教书，后任英文报刊《大陆报》《远东杂志》主笔、民国新闻社的编辑长，擅长时事评论。后又曾任冯玉祥秘书、淞沪警备司令钱大钧的秘书。1929年担任财政部部长宋子文的机要秘书，深得宋子文的信任。1931年7月23日，唐腴胪和宋子文从南京乘火车刚回到上海站即被当作宋子文误杀而死，终年32岁。宋子文为其治丧。（《上海美专名人传略》，第87页）

【图1925-9】《上海画报》所刊刘海粟作品《唐英女士画像》（1925年8月12日）

8月22日，应山西美术专门学校之请，刘海粟讲演《东西艺术及其趋向》。(《刘海粟年谱》，第70页)

8月24日，江苏省教育会大会通过禁止模特之提案。

【引】当时刘海粟在北京，见此议案，大愤，即致函江苏省教育会质询："前见报载贵会本届大会，有禁止模特之提议，通过在案。鄙人未见是案之详细说明，辞义含糊，大惑不解。夫模特之为物，欧洲艺术家在习作时代必须之辅助。盖欲审查人体之构造，生动之历程，精神之体相，胥于焉借镜。以故各国美术学校以及美术研究所中靡不设置模特儿，以为艺术教育上不可或缺者也。"(刘海粟《致江苏省教育会函》《时事新报》9月8日)嗣得江苏省教育会复函谓："奉函只悉，见示一节，大约以见报载新闻标题为本会请禁模特，致有误会。本会请禁者，为现有风行之裸体画，并非模特，正与台见相合。"并附江苏省教育会致江苏省教育厅请禁裸体画之公函："自美术学校以模特描写人体曲线美以来，轻薄少年及营利无耻之徒遂利用机会，以裸体画公然出售，今且日甚一日，名则影射模特，实则发售一种变相之春画，暴露兽性，引诱青年。若竟听其传布，社会风化将不堪问闻。敝会为防止传布裸体画之流弊起见，特函达贵厅应请通函警务机关取缔裸体画之发售，以挽颓风。"见此释然。(刘海粟，《人体模特儿》，1925年10月10日《时事新报》增刊)

8月30日，《时事新报》副刊《艺术》周刊第114期、9月6日第115期刊登《艺术叛徒题画录》。

【按】《画录》为刘海粟题画的诗词，是刘海粟1925年3月至1927年7月题画随录《槃槃阁题画——乙丑年三月以后随录》。

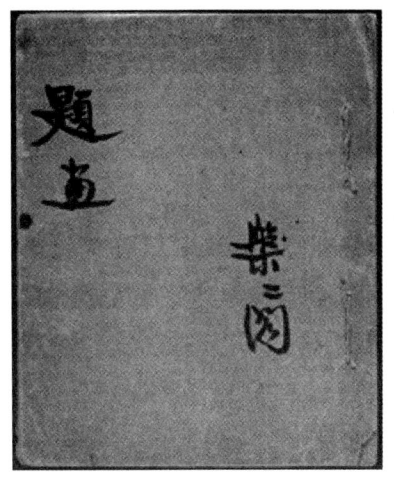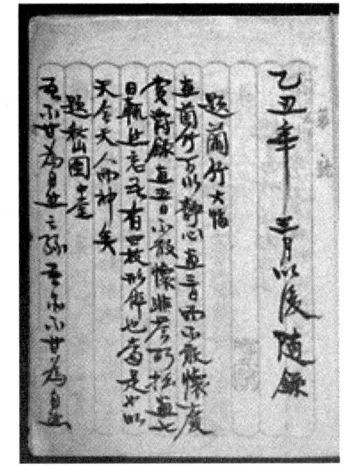

【图1925-10】刘海粟《槃槃阁题画》手迹

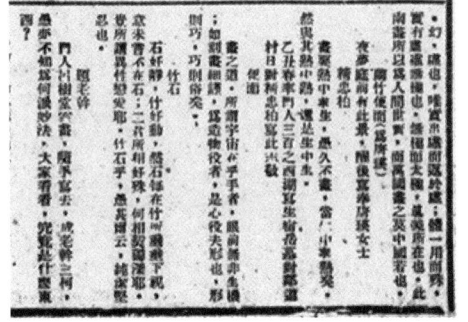

【图1925-11】《时事新报》副刊《艺术》周刊第114期（1926年8月30日）刊登的《艺术叛徒题画》

【图1925-12】《时事新报》副刊《艺术》周刊第115期（1925年9月6日）刊登的《艺术叛徒题画》

9月8日，上海《时事新报》发表了刘海粟撰写的《致江苏省教育会函》。

【引】此函全文708字。文曰：夫模特之为物，欧洲艺术家在习作时代为必须之辅助。盖欲审察人体之构造，生动之历程，精神之体相，胥于焉借镜。以故各国美术学校以及美术研究所中，靡不设置模特，以为艺术教育上不可或缺者也。凡曾涉足欧美，或稍读艺术书报者，闻模特其名，必联想及科学上之化验用具同一作用，事极泛常，当无惊奇之足言。返顾吾国今日浅见者流，滔滔皆是，借礼教为名，行伪道其实，偶闻裸体等名词，一若洪水猛兽，往往惊讶咋舌，莫可名状。是犹曾闻日月经天，而未闻哥白尼之地动说，可悯孰甚？（《时事新报》，1925年9月8日）

9月10日上午10时，上海美专举行秋季开学典礼。刘海粟详述学校创办历史与历年办理意旨。（《新闻报》，1925年9月11日）

9月10日，《申报》刊上海美专添设音乐、戏剧科，聘严智开等16人筹备。（《申报》，1925年9月10日）

9月20日，《时事新报·教育界》刊上海美专本学期添设音乐系，请刘质平为主任，聘郑觐文教中乐学及中器乐、薛瑶卿教昆曲、陈道庵教京调、欧阳予倩教演剧学、刘质平教西乐学。（《上海美专音乐史》，第201—202页）

【释】郑觐文（1872—1935），江阴人。清代副贡生。1911年到上海，在私立圣明智大学教授古乐。1920年在上海创立"大同乐会"，旨在提倡国乐。曾仿制各种古乐器，有箜篌、五弦琵琶、忽雷、编钟等计164件。为探索民族乐队建制，组成了32人的新型民族管弦乐队进行尝试。1925年9月至1926年1月，任上海美专中国乐学及器乐教授。1929年，郑觐文所著《中国音乐史》发行。书的内容上溯至上古雅乐、五代颂乐等。郑还编成《箫笛新谱》于 1924 年出版，该书录存了不少民间曲调，填补了当时无箫笛谱集的空白。1935 年郑觐文因病逝世于上海。(《上海美专名人传略》，第 260 页)

【释】薛瑶卿，民国时期上海京剧界的红角，1925 年 9 月至 1926 年 1 月任上海美专昆曲教授。据传薛瑶卿唱哑了嗓子，服用陈皮梅后，嗓音很快恢复，于是拉艺人夏月珊、夏月润兄弟一同投资，于 1915 年与冼冠生合伙开店，并交托他主持，此即冠生园之由来。(《上海美专音乐史》，第 81 页)

9 月 23 日，刘海粟在上海美专公开讲演人体模特问题，由宋寿昌等人记录，同时由"开洛公司"以无线电传达四方。后整理成《人体模特儿》一文，发表于《时事新报》。(《新闻报》，1925 年 9 月 23 日)

【引】全文 1 万余字。此文以犀利的笔调对"今日之社会，愈是奸淫邪慝，愈是高唱敦风化俗；愈是大憝巨恶，愈是满口仁义道德"的丑陋观念进行揭露和批评："今者模特之訾讼纷纭，变本加厉；流氓伪模特儿以诈财；迂儒谤模特以辅道；官厅皇皇颁发禁止模特明文以示威；报馆记者冷刺热讽以模特儿为论资；画匠画贩亦能学说模特、人体美、曲线美以影射；甚至有因请禁模特而呈请执政严惩刘海粟者。群盲呶呶，亦复窥时俯仰，以赴势物之会，视模特为洪水猛兽。愚认为此乃提倡艺学之良机，当鼓吾勇气，诠释真谛，彰艺学以帅天下。"(刘海粟，《人体模特儿》，《时事新报》增刊，1925 年 10 月 10 日)

9 月 24 日，刘海粟邀请王一之赴上海美专自由讲座演讲《欧美美术之印象》。(《新闻报》，1925 年 9 月 23 日)

9月24日,徐志摩致函刘海粟。

【录】海粟:二信都到,常言说天才天忌,这回看来,是有点道理。要不然,为什么人人这样的怕你,他们也说不出所以然来,只是有些怕,因此不敢。现在的情形大概严彭是不成事了,虽则所说严早有非异人任的架子,行严简直不管,但最近索性叫老牛干,省得麻烦。方才我们商议,与其来一个不相干的人弄得我们几个朋友进退二难,还不如上面放一个一无成见的牛爷。全内行既不可得,爽性来一个全外行,并且现在办学最难是经费!牛爷是部里人,筹款当然比旁人便利,所以我们意思暂时请他上去,也算是没办法中的办法。歆海今早去沪,见时可知详情,你可去电万昇医院找他。展览会的事,承你好意,我们很感激。我过半天就去找仁山,再给你通信。文章别忘了做,滕固兄处代致意。我这半年立志不受"物诱"。办我的报,教我的书,多少做一些"人的事业"。要不然,真没有脸见朋友了!棣华兄见了没有?我有点急,但愿那电报没有闯祸,否则歆海怎对得起人。你再来信。志摩。亚尘诸友均此。九月二十四日(徐志摩,《志摩手扎:给刘海粟》,载《文友》(上海1943),1943年第1卷第5期;《徐志摩书信集》,第15页))

【按】《徐志摩书信集》所载此篇信函,与1943年《文化》杂志所载有所出入,疑似缺少上文,本书根据两信综合成文。

9月25日晚,刘海粟宴送即将赴日的上海美专教授钱瘦铁,席间商议在日本宣传中国绘画与金石并考察日本美术,委托钱瘦铁代表其与日本画家接洽。李毅士、汪亚尘、王济远、滕固、唐吉生等赴宴作陪。翌晨,钱瘦铁离开上海赴日本。
(《刘海粟年谱》,第72页)

【释】钱瘦铁(1897—1967),名厓,以字行,江苏无锡人。中国画会创始人之一。1925年2月至1927年1月、1929年2至1929年7月任上海美专金石学、国画山水教授。精通绘画、书法、篆刻、金石考据等。二十七岁赴日本举办个人书画展，任日本《书苑》杂志顾问编辑。新中国成立后任上海中国画院画师、中国美术家协会会员。出版有《钱瘦铁画集》《钱瘦铁印谱》等。（《上海美专名人传略》，第179页）

9月26日，上海闸北市议会议员姜怀素在《新闻报》和《申报》发表呈北洋政府段执政、章教长、郑省长请禁裸体画文。

【引】此文谓"近年来裸体之画，沿路兜售，或系摄影，或系摹绘，要皆神似其真。青年血气未定之男女，为此种诱惑堕落者，不知凡几。在提倡之者，方美其名为模特、曲线美，如上海美术专门学校竟列为专科，利诱少女以人体为诸生范本，无耻妇女迫于生计，贪三四十元之月进，当众裸体，横陈斜倚，曲尽姿态，此情此景，不堪设想。怀素耳闻目见，正深骇怪，不知作俑何人，造恶无量。乃见本年九月八日《时事新报》教育栏载上海美术专门学校校长刘海粟为模特致省教育会书，巧言惑听，大放厥词，自承为首置模特儿之人。原函辩白理由，大致谓'模特儿之为物，盖欲审察人体之构造，生动之历程，精神之体相，胥于焉借镜'云云。窃以美术范围至广，何必专重乎裸体画，更何必以妙年之少女为模特。美专非医专，人体构造与生动历程，与美术二字有何切要关系？精神之体相，又何必假镜于裸体？况男女同体，美专为男生，何不以男子为模特？毋论裸体画不过一种物质上影像，即使神似而至生动，亦不过一裸体之少女耳，究于青年之学子有何利益，充其极，足以丧失本性之羞耻，引起肉欲之冲动。语云：'人非木石，孰能无情。'又云：'饮食男女，人之大欲存焉。'反是则必为矫情之人。今刘海粟提倡模特，则女校亦可以男体为活动范本，忘形若此，尚复成何体统，成何世界，成何人类？言念及兹，不胜慨叹。今为正本清源之计，欲维持沪埠风化，必先禁止裸体淫画；欲禁淫画，必先查禁堂皇于众之上海美专学校模特一科。欲查禁模特儿，则尤须严惩作俑祸首之上海美专校长刘海粟。今执途人而询以裸体画有益于世乎？则十九必疾首蹙颦而答曰：风俗坏尽。盖人民视裸体画之为害，甚于洪水猛兽也。素仰执政钧长关怀风化，体念民情，恳祈查禁，严惩祸首，以维风化而敦末俗。"（刘海粟，《人体模特儿》，《时事新报》，1925年10月10日）

9月27日，上海美专西洋画系仿欧美始设专家教室。

【引】辟有海粟教室、亚尘教室、毅士教室、济远教室等，不限年级，可随意性之所近、自由抉择。这是美专在国内艺术教育中开新教法之先河，对提高教学质量起到一定作用。1925年10月，美专于菜市路第一院侧购地2亩，建西洋画系三层楼舍一座，内辟存天阁，并设西洋画实习室5间，宿舍52间，名海天斋。翌年5月新校舍落成。（《晨报》，1926年5月6日）

9月30日，刘海粟撰写的《论模特儿驳姜怀素》一文发表于《时报》。

【引】文曰：本月二十六日，报载有姜怀素呈段执政章教长郑省长文，请禁裸体画，窥其词意，全为上海美专暨鄙人而发，不容缄默，兹先条驳一二，惟明达之士，衡察之。姜君之言曰，进来裸体之画，沿路兜售，或系摄影，或系临摹绘要皆神似其真，敝校……从无莫特儿专科，亦未有遣人沿途兜售裸体画之事，惟西洋画系人体实习，则置莫特儿，此系各国国立私立美术学校皆有之，何独敝校，又曰，美专非医专，人体构造、生动历程，与美术二字有何切要关系、精神之体相，何必借镜于裸体云云。画者生机，写似于神，不察人体构造，恶言似，并生动历程，恶言神，裸体天真也，……研究人体，岂但许医专而不许美专乎哉。姜君之其一，而不知其二，知其显而不知其隐，愚莫甚焉，……夫沪埠风化之恶，鄙人疾之深，未尝后于姜君也，无赖市侩，制妓女裸体照片及淫画，海淫以牟利，鄙人疾之深，未尝后于姜君也，之二者，于上海美专何尤，于鄙人何尤，姜君不察，以市侩行为，强纳之于艺学尊严之轨而并行，黑白不辨，是非荡然，是乌可不辩者哉。……姜君指鄙人为祸首，则先代艺杰，亦皆祸首，先代史家从而读之者，亦祸首也，各国美术学校、国家美术馆之主持者，亦祸首也，各国政府提倡美术亦祸首也。富贵不能淫，贫贱不能移，威武不能屈，鄙人提倡艺学莫特儿之志不能夺……（《刘海粟论莫特儿驳姜怀素书》，《时报》，1925年9月30日）

9月，陈道安受聘始任上海美专音乐系京调教授。（上海档案馆档号Q250-1-298D，《教育部立案上海美术专门学校一览》（民国十四年十二月））

【释】陈道安（1878—1957），原名以履，字公坦。江苏江阴人。生长北京。后中秀才，被称为海内四大胡琴圣手之一。辛亥革命后，寓沪行医。创办业余京剧"春雪社"，弟子遍江南。1923年起，陈道安定居常熟，先后倡立"中音俱乐部""虞声友社"等社团，参加者众，均尊陈氏为宗师。上海音乐出版社2007年7月出版朱永珍著《世纪琴缘——谭抒真传》中，有关于其在上海美专读书时，跟陈道安学拉京胡的记述。（《上海美专名人传略》，第73页）

【图 1925-13】上海美专又购地两亩建西洋画三楼校舍一座,辟存天阁(康有为题写)。摄于 1926 年 5 月

【图 1925-14】上海美专"存天阁"设西洋画实习室 6 间,男生宿舍 52 间,二楼为图书馆、书报阅览室。图为建筑物的背面

9月，江苏省教育会回函，所禁者系社会轻薄少年出售之裸体画，沟通后误会消释。

【引】函谓："奉函祗悉，见示一节，大约以见报载新闻标题为'本会请禁模特儿'，致有误会。本会请禁者，为现在风行之裸体画，并非模特，正与台见相合。附录致教育厅公函，即请察阅为荷：径启者：自美术学校以模特描写人体曲线美以来，轻薄少年及营利无耻之徒，遂利用机会，以裸体画公然出售，今且日甚一日，名为影射模特，实则发售一种变相之春画，暴露兽性，引诱青年。若竟听其传布，社会风化，将不堪问闻。敝会为防止传布裸体画之流弊起见，特函达贵厅应请通函警务机关取缔裸体画之发售，以挽颓风。"（刘海粟，《人体模特儿》，《时事新报》增刊，1925年10月10日）

9月，刘海粟得好友王一之信函，有关模特问题言颇慨切。

【引】函谓："今日读上海报，载我公以模特儿问题规谏省教育会之鸿文。顽固派浅见陋俗，妨碍艺术界之进步，诚觉可怜可叹！我国女界，不思为根本之补救，实行禁娼。或设女警以挽俗世颓风，专做表面文章，尤觉可怪。以鄙人见闻所及，世界各国女子之扶持风化、培养道德、增进人群幸福者，其道正多，从未闻于美术界必需之模特儿有所訾议。试问印度女子之长幔遮头，阿拉伯女子、土耳其女子之白纱障面，为道德乎？抑野蛮乎？西方之学，均重实际，是以从模特入手之人物画，不至有头重脚轻，四肢不相配，不合学理之种种缺憾。我国人向不注重体育，而女子为尤甚，只知面部之美，不顾全体之美，若无从模特入手之美术品，使社会人群得所借鉴，进而为体育上之修养，则令多数男女，沉沦于内地黑暗风气之中，永无猛省之一日矣。为道德乎？抑野蛮乎？天下事有利必有弊。权衡轻重，求其利多而弊少者行之，识时之俊杰也。因少数荡妇之行为，归罪学术试验之模特儿，因些微之弊而忘实在之利益者，因噎而废食也。触感所及，扫杂奉陈。中国艺术光明之路，尚赖明哲之奋斗焉。"（刘海粟，《人体模特儿》，《时事新报》增刊，1925年10月10日）

10月1日，徐志摩致函刘海粟。

【录】海粟"来书言之慨然，世固俗极，陋极，不可以为，但唯有斗之斥之，以警其俗，而破其陋，海粟豪爽，曷兴乎来共作战矣。讲义收到，当晚阅过，不禁笔痒，一起遂不可止，得三千言，且较原文逾倍矣。我言其朴，因不愿听公教之。歆海犹未归，失意事多可叹，然得意事亦尔尔，或不如失意为饶诗意焉。则亦无可为比量矣。副刊新图案何似？胡不为我造新？老牛竟未谋面，不识最近内情。兄欲举荐者谁？荷见知。画来均当披露。画报特刊容与博生商之。志摩。十四年十月一日"（徐志摩，《志摩手扎：给刘海粟》，载《文友》（上海1943），1943年第1卷第5期；《徐志摩书信集》，第16页）

10月6日，刘海粟撰写《人体模特儿》。

【引】该文主要内容为：一、模特应运始末；二、模特曷为而必用人体；三、生命之流动；四、国人厌恶人体之病源。文曰：今日之社会，愈是奸淫邪慝，愈是高唱敦风化俗；愈是大憝巨恶，愈是满口仁义道德。荟蔚朝隮，人心混乱，已臻于不可思议之境域矣。试一着眼，环绕于吾人之空气，浊而浓郁；虚伪而冥顽之习惯，阻碍一切新思想；无谓之传统主义，汩没真理，而束缚吾人高尚之活动。嘻！人心风俗之丑恶，至于此极，尚何言哉，尚何言哉！处如此环境之下，欲高唱艺学并欲倡导艺学上之人体美、模特，无怪群情汹汹欲得之而甘心也。数年来之刘海粟，虽众人之诟詈备至，而一身之利害罔觉，为提倡艺学上人体模特也。模特乃艺术之灵魂，尊艺学则当倡模特。愚既身许艺苑，殉艺亦所弗辞，讵时滋诟，于愚何惧？今者模特之訾议纷纭，变本加厉：流氓伪模特以诈财；迂儒谤模特以辅道；官厅皇皇颁发禁止模特明文以示威；报馆记者冷刺热讽以模特为论资；画匠画贩亦能学说模特、人体美、曲线美以影射；甚至有因请禁模特而呈请执政严惩刘海粟者。群盲呶呶，亦复窥时俯仰，以赴势物之会，视模特为洪水猛兽。愚认为此乃提倡艺学之良机，当鼓吾勇气，诠释真谛，彰艺学以帅天下。乃于诠释模特之先，应将模特应运之经历，略述梗概，俾阅者了然焉。（刘海粟，《人体模特儿》，《时事新报》增刊，1925年10月10日）

10月8日，刘海粟撰写的《德拉克洛瓦与浪漫主义》一文在《晨报·副刊》发表。（刘海粟，《德拉克洛瓦与浪漫主义》，《晨报·副刊》，1925年10月8日）

10月9日，上海正俗社（朱葆三为董事长）具名盖章致函刘海粟。

【录】迳启者，上海风俗之淫靡，青年子女濡染耳目，即无人为之引导，已难遏止其欲念。乃观近日风行美术裸体画片，无不争相购买，血气未定者尤易堕落，影响之大何可胜言，推原祸始，实上海美专创行裸体画之作俑也。

先生为美专校长，美术之范围亦广，山水、花鸟、仕女、风景均可引起美术之兴会，何必定以模特儿曲线美名词导人于邪？先生纵有柳下惠之操守，不为色身所动，彼青年子女能有此操守乎？当此人欲横流时代，提倡礼教修养廉耻犹虑不及，再以此种画片蛊惑青年，势将不可救药矣。如谓欧西风俗不以裸体为耻，我中国乃礼教之邦，先生亦中国人士中之佼佼者，必欲以夷狄之恶俗坏我中国男女之大防，是诚何心哉！

《时报》载有先生致省教育会书，公然大放厥辞，自诩为首创模特儿之功。教育何事，学校何地，先生非艺术叛徒，乃名教叛徒也。马路上雉妓逐客尚在昏夜，先生顾以金钱势力，役使迫于生计之妇女白昼献形，寸丝不挂，任君摹写，是欲令世界上女子入于无羞耻之地位人也，而禽兽之不若矣。

本社主张正俗，呈部有案，对于社会上风化有维持之责，历请华洋官厅严禁淫书春册不止一次，今观先生之蔑弃礼教若此，谨先申其劝告，从违与否是在足下，但本社发言纠正，并请见复，以定进行步骤，惟先生察之。

此致上海美术专门学校校长刘海粟先生

上海正俗社启

董事长朱佩珍副社长张淦扬代（上海档案馆档号 Q250-1-72,《北洋军阀政府取缔设置"模特儿"、上海美术专科学校据理力争与各单位及个人来往文书》）

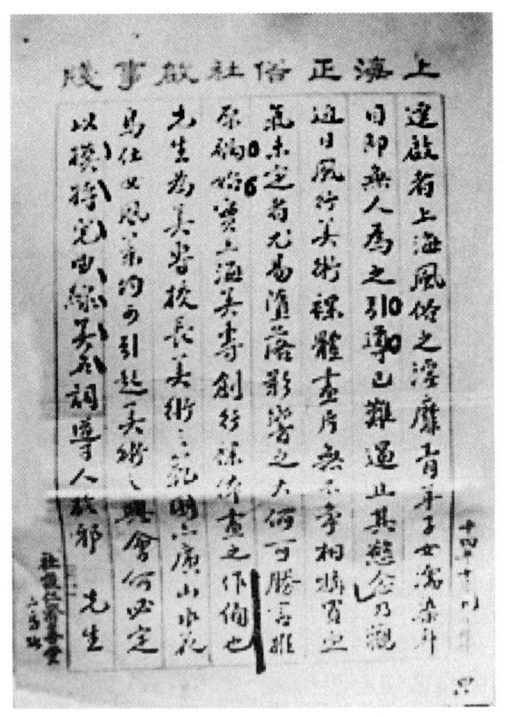

【图1925-15】1925年10月9日上海总商会会长兼"正俗社"董事长朱葆三给上海美专的信函

10月10日，就模特问题刘海粟撰《人体模特儿》一文刊于《时事新报》。

【引】该文为斥姜怀素之谬，指出"九月二十六日《新闻报》、《申报》载有姜怀素呈段执政、章教长、郑省长文，请禁裸体画。窥其词意，全为上海美专暨鄙人而发，谬妄百出，不容缄默。兹先条驳一二，唯明达之士衡察之。姜君之言曰：'近年来裸体之画，沿路兜售，或系摄影，或系摹绘，要皆神似其真。青年血气未定之男女，为此种诱堕落者，不知凡见，在提倡之者，美其名曰模特、曲线美，如上海美术专门学校竟列为专科'云云。……画者生机，寓似于神，不察人体构造，恶言似？不明生动历程，恶言神？裸体天真也，精神体相犹言天真烂漫，取资裸体者，此所以求不背学理合乎天则。学术公器，研究人体，岂但许医专而不许美专哉？姜君知其一，而不知其二；知其显而不知其隐，愚莫甚焉！……夫沪埠风化之恶，鄙人疾之深，未尝后于姜君也。无赖市侩制作妓女裸体照片及淫画，海淫以牟利，鄙人疾之深，亦未尝后于姜君也。之二者，于上海美专何尤？于鄙人何尤？姜君不察，以市侩行为，强纳于艺学尊严之轨而并行，黑白不辨，是非荡然，是乌可不辨者哉。原模特，曰生人型范，昔者希腊有裸体雕刻，取资于模特也，哲人尊之曰纯洁天真；印度裸体雕刻，取资于模特也，内典尊之曰妙相庄严。亘古以来，世之大美术家，不朽之作，其先莫不取资于模特。试披名家作集，或考各国国立美术馆之藏品，当能豁然大觉，而是辈作家，史不绝书，或称之曰人群先觉，或称之曰文化导师，良以艺术之美，与宗教之神、学理之真、道德之善，同其根柢，人类至精至纯之所产也。姜君指鄙人为祸首，则先代艺杰亦皆祸首，先代史家从而赞之者，亦祸首也；各国美术学校国家美术馆之支持者，亦祸首也；各国政府提倡美术，亦祸首也。富贵不能淫，贫贱不能移，威武不能屈，鄙人提倡艺学上模特之志不能夺。姜君指为

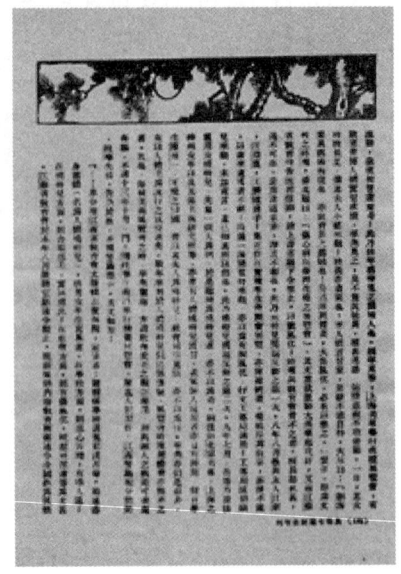

【图1925-16】刘海粟《人体模特儿》载1925年12月1日《晨报七周年纪念增刊》

祸首，欲请治以罪者，鄙人无敢辞。可指曾参为杀人，可治苏格拉底为死罪，何独不可以号刘海粟为祸首。一时之是非可泯，万世之公论维何，末世披猖，通人不作，滔滔末流，纳清泉于浊壑，口仁义而心淫秽。传曰：'哀莫大于心死。'呜呼！姜君，盍休乎言。"（刘海粟，《人体模特儿》，载《时事新报》，1925年10月10日）

10月12日，刘海粟召集全国美术展览会筹备委员会，编造预算并按照展览会大纲选举各项职员，寄交北京总事务所。（《刘海粟年谱》，第73页）

10月13日，朱葆三复函刘海粟。

【引】敬复者，弟年近大耋，精力已衰，养疴在家，不预外事久矣。承示一节，不禁骇然。究属何社擅列弟名，深滋疑虑，便望赐示。此复海粟先生　朱葆三启　十月十三日"刘海粟接函后即覆道:"葆三先生大鉴:奉读惠示,疑团顿释。查前日来函系列名为上海正俗社署名,先生为董事长。敝校当接信时,仰念先生德高望重,热忱教育,决非先生所自出。世风日下,不图校学界中亦有人冒名恐吓,道德沦亡,至于斯极,实堪浩叹。兹将原函附上台察,即乞从严追查法办,并恳将事实及作伪者之姓氏登报宣示大众,以肃校风而明心迹。原函阅竟,仍恳赐还存档为幸。专此奉复,顺颂公棋(上海档案馆档号 Q250-1-72,《北洋军阀政府取缔设置"模特儿"、上海美术专科学校据理力争与各单位及个人往来文书》)

10月15日,刘海粟聘请胡适到上海美专作题为《天才与修养》的讲演。(《申报》,1925年10月16日)

10月19日,刘海粟被江苏省政府聘任为江苏省全省地方物品展览会美术部审查员。(《申报》,1925年10月16日)

10月22日,刘海粟聘请吴经熊到上海美专作题为《英文文学上之浪漫主义》的讲演。(《申报》,1925年10月16日)

【释】吴经熊(1899—1986),字德生,浙江宁波人。1916年入沪江大学,1920年赴美国留学。入读美国密歇根大学法学院,获法学博士学位后开始游学于欧洲,曾在法国巴黎大学、德国柏林大学等欧洲著名学府从事哲学和法学的研究。1924年回国出任东吴大学法科教授。1925年9月至1926年1月任教上海美专英国文学。1928年出任南京国民政府立法院的立法委员。翌年出任上海特区法院院长。1932年2月起任上海美专常年法律顾问。1940年移居意大利罗马,并任中华民国派驻梵蒂冈教廷之公使。1966年移居台湾任中国文化学院教授。(《上海美专名人传略》,第223页)

10月24日,四川籍旅沪部分画家共同发起组织的"峨眉画会"成立于上海。

【引】该会是四川美术研究社社员陈精业、蒲宣三、周稷、方矩、余光间等人，旅沪期间成立的一个专门研究中国书画艺术的同乡美术社团。成立大会在上海法租界天祥里九号举行，上海著名画家刘海粟、蒲伯英、王济远、李毅士、刘海若、俞寄凡、李德培等人，前往祝贺。（《中国美术社团漫录》，第78页）

10月25日，刘海粟被四川美术专门学校校长聘为名誉校长。

【引】同时聘蒲伯英为协理，王济远、李毅士、俞寄凡、刘海若为校董。是日，该校校长李德培在沪召开欢迎会，陈精业、蒲宣三、周稷、方矩、余光间也参加欢迎会。（《刘海粟年谱》，第74页）

10月28日上午，刘海粟和许醉侯、刘海若、唐蕴玉等人率领上海美专高年级学生赴杭州作秋季旅行写生。寓环湖旅馆。晚，作中国画《寒梅篝灯》。（《申报》，1925年10月29日）

【释】许醉侯（1898—1929），字祖荫，上海浦东人。上海图画美术院西画选科1915年7月毕业，善画佛像、山水及花卉。与诸闻韵、潘天寿等人于1923年共同创立了上海美专中国画系。工于国画，兼擅书法和诗词。1921年8月至1927年任上海美专国画、书学、诗学教授。1925年2月至1926年1月任上海美专国画系主任。

【释】唐蕴玉（1906—1967），江苏吴江人，定居上海。早年毕业于上海神州女子学校美术科西画专业。1927年在沪举办"唐蕴玉洋画展"。1925年9月—1926年1月任上海美专艺术教育专修科主任、西洋画教授。1928年与江小鹣、潘玉良等人创立艺苑绘画研究所。旋东渡日本，从石井柏亭等油画家求深造，作品曾入选东京展览会。1930年赴法入巴黎高等美术学校专攻油画。作品先后入选巴黎的法国国家春季沙龙、秋季沙龙及杜而利沙龙。归国后在上海多所美术学校执教西画，同时致力创作。1942年2月—1944年2月继续任上海美专人体教授。1946年5月，假上海大新公司画厅举行第二次个人西画展，作品凡百数十幅。（《上海美专名人传略》，第202页）

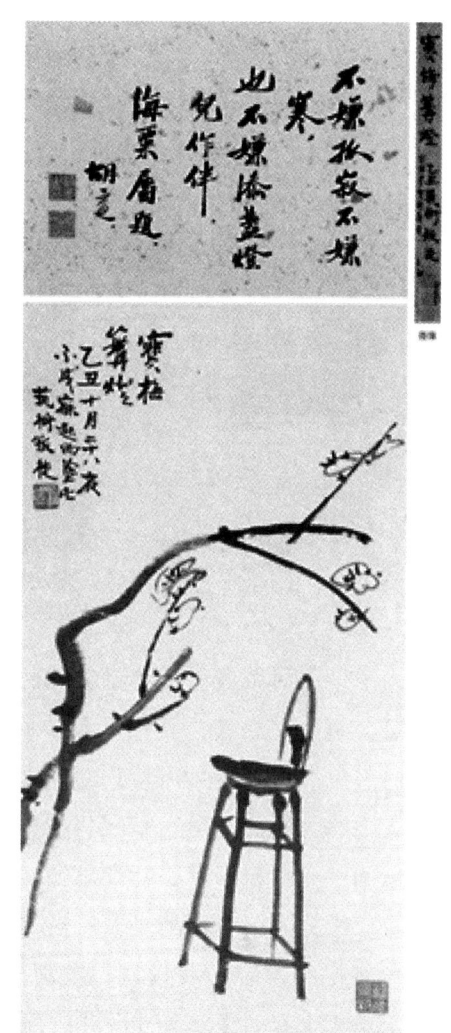

【图1925-17】《寒梅篝灯》，中国画，刘海粟，1925年10月26日作，胡适题"不嫌孤寂不嫌寒 也不嫌添盏灯儿作伴"

10月28日，刘海粟致函江苏省教育厅长胡庶华。

【录】庶华厅长大鉴：前见报载姜怀素请禁人体模特儿之呈文，艺学尊严与市侩营利迥然有别，姜君不先审察事理，混明珠于鱼目，早经鄙人条驳。兹又见报载省署对于姜君呈文之批示，有候贵厅具复等语。查敝校从无模特儿一科，惟西洋画科高年级人体实习为学理上必需者，置有模特儿，历届办理情形呈报贵厅转报省公署教育有案，兹附奉九月六日鄙人答姜君请禁模特儿文一首暨拙作模特儿一文，请贵厅明布艺学上模特儿之真义与市侩借端营私之罪恶，刻析是非，以警哗嚣，实深感祷之至。肃此。敬请公安，并候赐复。

附 江苏省长公署复函（1925年10月28日）

径启者，接展大函并附件，诵悉一一，查此案前因关于学校课程已饬教育厅查核办理矣。专此布复。顺颂

教绥

江苏省长公署启

十四年十月二十八日（上海档案馆档号Q250-1-72，《北洋军阀政府取缔设置"模特儿"、上海美术专科学校据理力争与各单位及个人往来文书》）

10月29日，徐志摩致函刘海粟。

【录】海粟我友：连奉二函，铭感深矣。战事起百凡停顿，展览会事亦受影响，其闷损人。承问近来心绪，诚如君言，较别安适多矣。小曼身事可怜，此后重新做人，似亦不无希望，天无绝人之路，于此验矣。承嘱将护，敢不加勉。见时当为道及，曼必乐闻。兄欧游极壮，行严如留，所说事当易办到，容见时先为道及。康吴朱诸老固所怀慕；适之有此机会，今我咽唾不置，以后再有机会，定为我设法，我海外交游类皆六十乃至八十之老人，忘年交有时最真切也。适之兄恋上海，此间无日不盼，岂有

此理！告他我的头颅已经丝瓜长了！滕固兄小说胡尚迟迟？晨报不到，想为交通阻绝故。新学制容问后再闻。即候艺安。志摩。十四年十月二十九日（徐志摩，《志摩手扎：给刘海粟》，载《文友》（上海1943），1943年第1卷第5期）

10月，刘海粟复函正俗社董事长朱葆三。

【录】葆三先生惠鉴：接奉大函，欣悉执事关怀风化，立正俗社以辅翼名教为职志，至深钦迟。执事所举近日风行之裸体画片，谅系无赖市侩窃窥鄙人提倡艺学上之模特儿，乘机蠕动，假以牟利者。非耶？若辈无赖不自今日始。鄙人在六七年前已见之，是不第风化之魔障，抑亦艺学之蟊贼。鄙人屡揭其罪，请官厅严加惩治，有案可稽。执事以为推源祸始，实上海美专裸体画之作俑也，云云。日前有姜怀素者亦有是言，甚至呈请当局严惩鄙人，经鄙人按之事理条斥谬妄，方谓末学无知，信口雌黄，年少轻举，厥状可悯。今不图德高望重如执事，亦有是种类同之错觉，深堪浩叹。兹将驳斥姜君之文录奉台览，执事与姜君同怀疑虑之点当可豁然。至执事谓鄙人欲以夷狄之恶俗，坏我中国男女之大防，诚如执事言，则欧美美术学校之放置模特儿，胥为腐风蚀俗之器，彼邦宁无明达之士如执事者，展抒崇议以矫其非乎？呜呼！居今日而尊中国为礼教之邦，鄙欧美为夷狄，闭门造车，坐井自豪，虽三尺童子亦耻之，执事固为当世群礼为士绅者也，而出言不择，宁不计腾笑彼邦，遗国人无穷之羞耶？时流鹦鹉学舌，徒获欧美皮毛，摈国故而不究，舍本逐末，鄙人所深疾；迂儒拾古人糟粕，尊王攘夷，以自欺欺人，亦鄙人所深疾。稍审历史递变，稍察世界大势者，靡不知欧美学艺精粹之处，无让中土，吾国深造力追犹足截长补短，非可以夷狄二字轻之也。若夫中国礼教，鄙人亦尝钻灼其精神，决不在浮文虚仪、衣冠揖让之末。《大学》言正心诚意者，是关今之伪道君子未尝学问，口仁义而心盗跖，言夷狄而行媚外，乡愿者德贼也，使孔子复生，必以杖叩其胫。犹曰名教名教，揽镜自窥，徒暴奇丑耳。艺学上之模特儿既与中国礼教截然二事，敝校夙本礼教精神、艺学微旨，导示学生平日修德习艺，律身惟谨。政府严学纪，学校明约束，负责有人，无烦执事杞忧。执事言贵社呈部有案，历请华洋官厅严禁淫书春册，用意辛勤，良佩良佩。欲请禁敝校艺学上之模特儿，则敝校亦呈部有案，历届办理情形呈报无遗，不但敝校然也，前国立美专亦有是项模特儿之设置，执事请禁之道多矣。如谓华官厅不足以显其威，欲请洋官厅严申禁令，则英法国立私立美术学校设置模特儿较中国为先，较中国为盛，执事可请英法当局先禁本国学校，再推及于租界之中国学校，如谓中国政府与英法政府均有提倡模特儿之嫌疑，执事更进一步可请国际法庭惩治之。执事阳鄙欧美为夷狄，阴实效忠于洋官厅，前后矛盾，判若二人，是何存心？是何存心？富贵不能淫，贫贱不能移，威武不能屈，鄙人提倡艺学上模特儿之志不能夺。质言之，不因执事以华洋官厅炫众而易鄙人之初衷。鄙人身许艺学，本良知良能，独行其是，谗言毁谤，无所顾惜。执事名鄙人为艺术叛徒固善，名鄙人为名教叛徒亦善也，真理如日月经天，亘万古而长明，容有晦冥，亦一时之暂耳，鄙人无敢畏焉。今之违执事劝告者，执事实自违真理，强鄙人不得不重违执事也，惟执事明察之。执事所定进行步骤，究为何者，此种迹近恫吓之辞而出诸执事之□，窃为执事惜也。丈夫有为，光明磊落，敢乞明布，愿安承教，虽赴汤蹈火，鄙人无辞，谨拭目以待命。专此布复。

刘海粟启（上海档案馆档号Q250-1-72，《北洋军阀政府取缔设置"模特儿"、上海美术专科学校据理力争与各单位及个人往来文书》）

【按】该信未显示撰写时间，但根据内容承接来看，应为刘海粟复10月9日上海正俗社致刘海粟的函，因正俗社董事长为朱葆三（朱佩珍），所以刘海粟复信于朱葆三。

10月，上海美专于第一院侧购地2亩，建筑西洋画系三楼校舍一座，辟存天阁，设西洋画实习室6间，宿舍52间，名海天斋。(《申报》，1925年10月15日)

是年秋，刘海粟作中国画《生命之泉》(又名《雨后》)。

【引】题云："画为灵感之活跃。无灵感，笔墨无法，乃知点墨落纸，大非易事。……"(《刘海粟年谱》，第74页)

11月4日，爱国女校聘刘海粟、胡适为校董。(《新闻报》，1925年11月4日)

11月10日，上海美专赴杭旅行写生队在杭州有美书画社举行成绩展览会1天。12日率队返上海。(《申报》，1925年11月11日)

11月17日，刘海粟致函胡适。

【录】适之：西湖你大概没去，到新新找你几次没找到。南海对你颇器重，有一天他在康山请吃饭，请你也请不到。你几时回京，近来精神上当多安慰。你在海上写了不少扇面，好了，现在都招到我的头上来了。他们都是一样说：要合两叛徒于一扇方成完璧，但是苦了我了！前次请你题的两幅彩菊，请你快写好寄沪。因为我不日要开展览会。上海美专要请你作校歌。想来你一定乐意的。因为美专的校歌，实在非你不能办。等你歌词作好再作曲。志摩会见么？他近来十分努力，想必精神也已经有了归宿了。再谈吧。海粟十一月十七日(耿云志，《胡适遗稿及秘藏书信(40)》，合肥：黄山书社，1994年，第101页)

11月，上海美术专科学校出版《上海美专新制第四届毕业纪念册》，刘海粟为此刊作序。

【录】序言："昔者阳明聚徒讲学，将别诸生，曼声吟曰，绵绵圣学已千年，两字良知是口传，欲识浑沦无斧凿，须从规矩出方圆，不离日用常行内，直造先天未画前，握手临歧更无语，殷勤莫愧别离筵。阳明以良知榜其学，夫人而知之矣；是聊聊数语，其所以导示学人者，深且宏也。愚谓吾人今日所研求之艺术，亦莫非良知而已，在学理曰真之良知，在道德曰善之良知，在宗教曰神之良知，在艺术曰美之良知，知其出发之途径有异，而归趋之根极则一也，若然愚将录阳明诗移以赠别吾美专高师第四届毕业诸君，诗中所谓欲识浑沦无斧凿，须从规矩出方圆者；敢易其谊曰：欲识艺术之真谛，须经一翻学理组织之探究，不离日用常行内，直造先天未画前者，谊曰：本吾人研求所得身体力行，从事于日常生活之艺术化，以归向于人类精神纯一之域，以是笺阳明之诗，阳明有知，殆亦首肯也。愚既为毕业诸君说如此，诸君如有所悟，欣然退，更挟其所编纪念册，请弁简首，于是乎书。新纪元十四年莫秋刘海粟序于存天阁。"（上海美术专科学校《上海美专新制第四届毕业纪念册》第1页民国14年11月版）

11月21日，刘海粟为俞寄凡所著《人体美之研究》撰写的序文在《艺术》周刊发表。

【录】文曰：人体美之不彰于中国也，由来久矣。当愚倡人体模特为艺学之工具时，百喙丛集，薄海同责。愚尝偷一隙之暇，辩之正之，冀释瞽惑，然谆谆其言，藐藐其闻，亦莫如之何！愚始推求其故，则国人未明人体美之本义，阙为一大原因也。彼西方人士发现人体之美，既肇于希腊，复昌于近世。均是人类，史家命之曰同具有限可能之特性，则吾国人士，宁无感应人体美之可能者耶？愚不之信！溯曩年美专置人体模特以还，申述其理，阐发其义，设身感受，无有扞格，颇欲本兹精神，著诸简册，以教国人，卒卒未有暇也。今俞君寄凡著《人体美之研究》一书，披览一过，实得吾心，为之狂喜。寄凡之书，首述中国人与人体美之思想，言历来中国人不能感受人体美之理由，穷源竟委，剀切靡遗，度国人读此，必有所感悟者也。次将人体美之真义，不惮繁琐，诠释详尽；益以条分缕析，作美学上之论究，是则人体美之焦点及其周围靡不了如指掌矣。愿此书早布天下，则愚之夙愿或借此得以稍偿也！寄凡殷殷以序文相属，乐为言之如是。（《艺术》周刊，第126期，1925年11月21日）

11月21日，上海美专旅杭写生展览会在上海美专一院举行，与王济远、汪亚尘、李超士、陈宏、许醉侯、刘海若及学生写生作品共500余幅参加展出。展览至23日结束。（《刘海粟年谱》，第75页）

12月2日，刘海粟参加江苏省教育会美术研究会常年大会。首先修改本会章程。

【引】议决：（1）普通会员资料改为研究艺术者及实施艺术教育者。（2）研究资料本定八项，兹删除舞蹈、刺绣、戏剧三项。（3）调查事项删除征求会员意见一项并增介绍参观各地

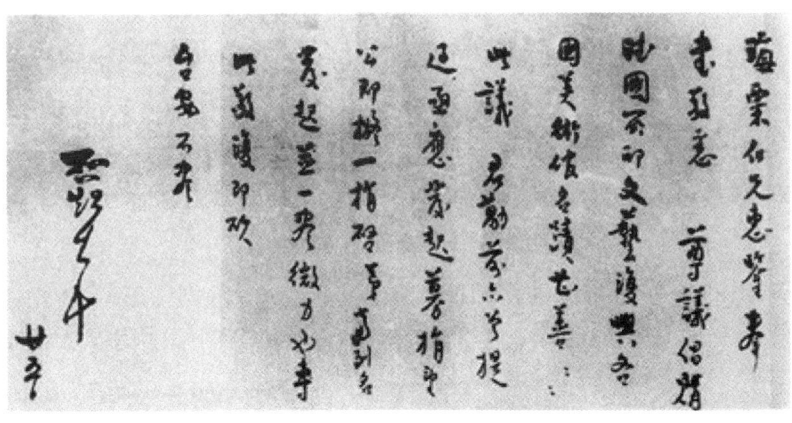

【图1925-18】1925年梁启超致刘海粟函

美术学校、美术展览会及其他艺术机关。（4）职员及职务改为本会设会长1人、副会长1人、评议员12人、干事8人，由会长分派职务。其次，改选职员，刘海粟与沈恩孚当选为正副会长。汪亚尘、王济远、俞寄凡、刘质平、李毅士、何明斋、李超士、顾久鸿、杨清磬、潘天寿、张辰伯、丁慕琴等12人被选为评议员。薛演中、刘利宾、柳亚藩、薛席儒、顾赓甫、李文华等8人为干事。（中国第二历史档案馆藏档案卷号6540）

12月4日，刘海粟的艺术随感文论《谈"一师姆"》刊载在《艺术》周刊。

【引】全文1000余字。"一师姆"为ism之音译，为主义或学派之意。文曰："我是顶不喜欢有种人专门拿'一师姆'当作留兰香糖咀嚼。艺术是心灵的活动、生命的表现，决不能按着主义来画画，或是定某种概念来雕刻。只要艺人对着大自然时感着一种异样美的激震，从情绪里扩大性灵境界表现出来，就成功。一种艺术品！至于实际学艺的人更应该躲避'一师姆'的灾殃。即使所表现的合符某种'一师姆'，他那秘密，还是他自己所有的艺术天才，决不是别的什么。……这种'一师姆'大都是旁人和他们装上去的，他们自己只知道他们的心灵活动。就是许多过去的'一师姆'，也不能去机械地理解。一个提香的色粉也有德拉克洛瓦那样的放纵与艳丽；大卫与安格尔，非特是同派而且还是师生，但是他们的画风，也有大不同的趣味；米勒与柯罗虽然是至好的朋友从事同时期的运动，他俩的作品又何尝相同呢？同为印象一师姆的马奈、莫奈、德加、毕沙罗，又何尝有一个相同的画风？世人众口叹美的后期印象一师姆，它那四个大将，塞尚与凡·高既大大的不同，高更与马蒂斯确又相去甚远。所以一般人高唱好听的'一师姆'，自认为某种'一师姆'的信徒，或同时高唱反对某种'一师姆'的，都是迷信'一师姆'、盲从'一师姆'、假借'一师姆'的,他们实在不明白各式各样"一师姆"究竟是什么!"(《艺术》周刊第128期,1925年12月4日)

12月5日,《艺术》周刊发表刘海粟的《复周石人函》。

【引】全文501字。文曰:……辱问三者;条答如下:一、有社会,即有艺术。盖吾人生活于社会,物质方面,有衣、食、住之要求;精神方面,有知识、道德、艺术之要求。人类愈进化,其要求愈奢。今人之衣、食、住,与邃古之衣、食、住,其悬殊若何?今人之知、德、艺,与邃古之知、德、艺,其悬殊又若何?观此人类之要求愈奢,即精神与物质亦日益增展其间。要求之奢,即求生存之奢望也。我敢说:艺术是人类生活上进之原动力,其与社会关系,即在于此。二、艺术为人类精神之产物,为人类纯粹的心灵之跃动,而与道德同源者。吾人读《六经》,感到孔子之伟大;读《圣经》,感到耶稣之伟大;即吾人鉴赏古今名家之诗歌、绘画、音乐时,亦感到各作家之伟大。因其时吾人之心灵与作家之心灵互相融合,而发生深切的感情之交流;吾人之心灵为作家所夺,亦即作家之心灵为吾人所占有,其对人之感染也如此。三、此问题,与第一问题相似。尚有须说明者:吾人物质生活是有限的。所以悲苦时,求宗教来安慰;疑难时,求知识来解释;创造时,求艺术来发抒。凡此皆为精神活动。人生要求艺术,即精神上之要求也。精神生活是无限的。人类不满意于有限,于是有无限的要求。(《艺术》周刊第128期,1925年12月4日)

12月19日,上海美专假座上海三洋泾桥安乐宫二楼举行大规模国画展览会。展期6天,3天更换展品,共展出师生作品600余件。

【引】刘海粟展出《生命之泉》《泰山飞瀑》《寒山古寺》《溪流》《绯竹乌鸦》《老杆》《老少年》和《寒梅簧灯》等,《老少年》有胡适题句:"寒不怕,老不怕,朋友们,看此画。"《寒梅簧灯》有胡适题句:"不嫌孤寂不嫌寒,也不嫌添盏灯儿作伴。"《老杆》自题:"不怕狂风,不怕暴雨,永久保持着倔强和枯秃,玉洁的白菊,雅驯的绿竹,拥抱着旷的壮生命。"(《申报》,1925年12月10日;胡颂平《胡适之先生年谱长编初稿》(台北)联经出版事业公司,中华民国七十三年五月(1986年),第622页)

12月19日,《艺术》周刊发表刘海粟撰写的艺术文论《昌国画》。

【录】全文谓:"世界艺学,实起源于东方,东方艺学,起源中国。巢燧以来,即有此端,洎乎有虞作绘而画明焉。既彰彩施,仍深比象。于是礼乐阐,教化兴,故能揖让而天下治。

至画之妙,秦汉即可得而记。降于魏晋,代不乏贤。及乎南北朝,哲匠间出,曹卫顾陆,皆有创作;董展孙杨,亦多启发。唐宋奖励艺林,名家辈出,煊赫一时。元四家以其高士逸笔,大发写意之论,其作品思想,不期而与现代欧西之新艺术相合。洎乎明代,沈石田辈亦杰出一时;唯唐寅、仇英辈,刻划谨细,自蔽其天聪以惑终身。降及明、清绝续之交,画杰石涛、石溪出,本其主观之情,而成恣纵之画,超然脱然,既无系统之传承,又无技巧之匠饰,著象于千百年之前,待解于千百年之后,真永久之艺术也!同时八大山人朱耷之作,排奡纵横,如红日上升,百妖回避,真可谓光焰万丈!乾嘉而后,画人多受帝王显宦所役使,愈趋愈下,绝无艺术生命之可言!画人皆摹四王吴恽之糟粕以显赫于时,是以画为取荣博利之具,宜其滔滔而不知返矣!清末有画匠而无艺人,通都大邑,公然掮丹青招牌以卖技者,比比皆是。故人皆以游戏耽玩态度以视艺术,非人之轻视画人也,实

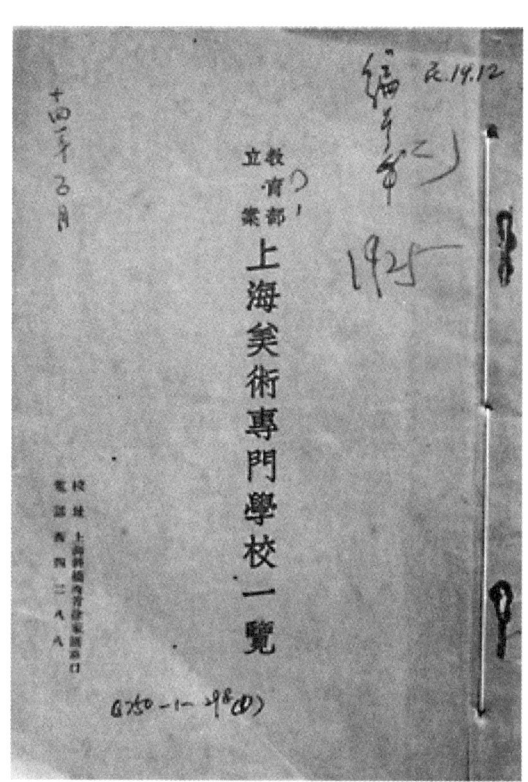

【图1925-19】民国十四年《教育部立案上海美术专门学校一览》书影

画人自身之堕落耳！是以国画之衰敝至今为极矣，岂止衰敝，且将绝灭！吾人能不大声疾呼以图救之乎？

　　民国肇造，上海美专亦随之呱呱下地，而中国新艺术亦肇其端焉。顾美专过去乃以倡欧艺著闻于世，外界不察，甚至目美专毁国有之艺学者，皆人谬之也。美专之旨，一方面固当研究欧艺之新变迁；一方面更当发掘吾国艺苑固有之宝藏，别辟大道，而为中华之文艺复兴运动也。夫文艺复兴，岂易言哉。当欧之中世，教权蛮横，艺学索然无生气也，浸假而人久厌伏，奋然思起。一方面东罗马帝国容纳东方情调，另一方面希腊学者渡来，绍述其先人之制作，于是新运之来，如得天启，白虹贯日，而成盖世之大运动。今也国画颓蹶，拟之欧洲中世，有过无不及，群匠滔滔，江河日下。斯时也，欧风东渐，艺学一途，我美专充其量以自承，责无旁贷，意亦东罗马帝国之容纳东方情调乎？于是乃设国画科以继先民之轨迹，拓发未垦之邃美，意亦欧人思活之幽情乎？夫容受外来之情调，以辅佐其羸弱，实利于揭发古人之瓣蕴，以启迪其新机也。我所谓大昌国画之途者，如是如是。"
（《艺术》周刊第130期，1925年12月19日）

冬，解衣社成立于上海。由中日画家小杉未醒、小川芋钱、王一亭、石井林乡、唐吉生、曾农髯、刘海粟、钱瘦铁、桥本关雪、森田恒友十人组成，以促进纯粹的东方艺术为宗旨。（《申报》，1926年4月28日）

是年，中华教育改进社在山西太原开会，刘海粟与马寅初、胡适、陶行知、黄炎培等同游太原市西南25公里悬瓮山下的晋祠。翌年刘海粟作《游山西晋祠归途口占》。

【录】天末轻烟开远岫，江干修路起遥风。
莫言晚景太萧瑟，看放斜阳万顷红。

是年，张云乔入上海美术专科学校西洋画系学习。（上海档案馆档号Q-250-1-120，《上海美术专科学校自开办至结束历届学生姓名索引》）

【释】张云乔（1910—2006），浙江余姚人。美术师。1927年入上海美术专科学校西洋画系学习。1930年任上海戏剧协社任舞台美术设计。1934—1938年在上海电通影片公司、上海新华影业公司任美术师。先后任《桃李劫》《风云儿女》《自由神》《都市风光》《夜半歌声》《狂欢之夜》《红羊豪侠传》《壮志凌云》《小孤女》《貂蝉》等影片的美术师。（《上海美专名人传略》，第391页）

是年，陈秋草毕业于上海美术专科学校。（上海档案馆档号 Q-250-1-120，《上海美术专科学校自开办至结束历届学生姓名索引》）

【释】陈秋草（1906—1988），浙江鄞县人。毕业于上海美术专科学校。历任上海明星影片公司美工。1928年与潘思同、方雪鸪创办白鹅画会及白鹅绘画研究所，先后主持出版《白鹅年鉴》《美术杂志》《粉画集》《装饰美》等。1936年后致力于研究中国传统绘画，多次举办个人画展。1949年当选为中国美术家协会常务理事，曾任上海美术馆馆长。历游西北名胜地及长江三峡，在上海和北京举办个人画展。擅画花卉、鱼虫及人物，尤长小品。历任中国美术家协会第二、三、四届理事，上海美协理事、副秘书长，上海中国画院画师，上海美术馆名誉馆长。（《上海美专名人传略》，第280页）

是年，柳尧章受聘任上海美术专科学校器乐教授。（上海档案馆档号Q250-1-298D，《教育部立案上海美术专门学校一览》（民国十四年十二月））

【释】柳尧章（1905—1996），浙江鄞县人。10岁随父亲来到上海就读于徐汇公学，向校长、意大利钢琴家C.Vanara神父学钢琴，同时兼习小提琴和大提琴，受到了正规的音乐教育。除任教于上海美术专科学校外，20世纪30年代初担任过史量才的家庭教师，1932年开创"中西音乐研究室"，对民族音乐的贡献一是改编《春江花月夜》，挖掘、整理《月儿高》，二是帮助郑觐文组织大乐队，并编写《国民大乐》。（《上海美专名人传略》，第148页）

是年，刘海粟作油画《西溪》《静物》《南京夫子庙》《夕阳》，在杭州写生期间作油画《飞来峰》《保叔塔》《红

叶》《霞》，作中国画《牧牛图》《三千年之桃实》，作书法行草《李白早发白帝城诗》。（作品题签）

【引】刘海粟在《三千年之桃实》上题："乙丑，李子健以金笺一，薄予画蟠桃以寿刘太夫人，谓合四幅，余者以由吴缶老、曾农髯画考松与红梅，一亭作萱草。予却以不类，仲子强之，以旧色涂成，自视大笑。更作一幅自寿。"（作品题跋）

是年，朱复滕（伯行）刻赠"沧海一粟"朱文印。（《刘海粟年谱》，第76页）

是年，上海美专改定新学制：设造型美术院（中国画系、西洋画系）、师范院（图画音乐系、图画手工系），学制均为三年。另设图音专修科，学制二年。首次开办雕塑系。（《上海美专音乐史》，第203页）

公元1926年
民国十五年
（丙寅）
30岁

1月1日，刘海粟与李毅士、王济远、汪亚尘、李超士、陈宏、丁悚、张辰伯、俞寄凤等17人，于安乐宫举行洋画展览会，至7日结束。

【引】出品油画、水彩画、色粉画120件，刘海粟展出《黄浦滩》《月华》。（《申报》，1925年12月27日，1926年1月3日）

1月10日，上海美术专门学校文艺旬报社编辑出版《文艺旬报》。

【引】同月20日出版的《文艺旬报》第二期《本报紧要启事》中写着："本报在寒假期内从事改组，并扩充范围。故自下期起暂行停刊，准阳历3月1日继续出版。"实际上自从出版了第二期后，该刊再没有继续出版。八开每期四面，刊名由刘海粟题写。该刊内容有广告、消息、文坛、艺苑、杂记等专栏。作者有闲云、醉吟、铁血生、冬谷、刘庸熙、俞寄凡、宜生、王一夫、潘伯英、铭厥、潘天授（寿）等。重要的美术理论文章只有潘天授（寿）的《中国绘画与佛教的关系》一篇。该刊的消息栏目办得较为出色，所报导的一些小消息现已成为珍贵的美术史料。如《刘海粟为上海美专添建校舍卖画》一条消息告诉读者，上海美专校长刘海粟为校建新舍，从1925年12月起，至1926年3月30日止，连续出卖绘画，这4月卖画所得金额全部献给学校。又如该校在1926年初举办的学期成绩展览会上，参观者极多，许多社会名流均莅展览会。这些杂记不乏为研究上海美术专门学校校史的宝贵素材。（许志浩，《中国美术期刊过眼录》，第32页）

1月20日，下午2时，刘海粟出席江苏省教育会美术研究会临时会议。

【按】到会者还有：王济远、汪亚尘、滕若渠、俞寄凡、薛演中、张辰伯、倪贻德、潘天寿、刘利宾、宋寿昌、刘质平。刘海粟提议，我国小学艺术教育幼稚，应宜征集外国小学绘画成绩开会展览以资借镜，而期改进：推请本会评议员俞寄凡、滕若渠、王济远三君赴日考察艺术教育之便，向日本全国小学征集绘画成绩来华开会展览，借供各县小学教员学生观摩。（中国第二历史档案馆藏档案，卷号6540）

1月23日，学生王景诒致函刘海粟。

【录】校长先生钧鉴：启者，生在本学期因阻于战事，不能来沪，以致中途失学，殊深郁悒。今期于春季仍来校继续研究，惟以经济问题、环境关系，如留级复习，为各方面所不许，用恳先生赐予格外通融，念其辍学情非得已，仍许插入原班三甲肄业,俾不至废学,是所窃望。可否准如所请,盼速赐复。耑此。
敬请

道安

学生王景诒上 一月廿三日（上海档案馆档号Q250-1-92,《一九二四年至一九四七年本校学生申请学历证明及有关入学、复学、休学、转学等来往文书》）

1月24日上午10时,主持召开上海美专西洋画系第十六届、艺术教育系第四届毕业式,同时举办成绩展览。

【按】展览在学校举行,第一会场第十一室为国画教授展览室,同时展出的还有许醉侯、诸闻韵、潘天寿作品等20余幅。（《申报》,1926年1月23日）

1月26日,刘海粟于一品香宴请即将省派赴日本考察艺术教育的王济远、滕固等,举行欢送宴。（《申报》,1926年1月28日）

1月30日,徐志摩致函刘海粟。

【录】海粟:顷来知贤伉俪俱感小不豫,为念。美展曾今得杏佛电,蔡蒋亦出席,须延期至星期一下午二时,即盼转知。佰鸿先生已谈过否?明日中午或再来。志摩候。（徐志摩,《志摩手扎:给刘海粟》,载《文友》（上海1943）,1943年第1卷第5期）

2月3日,刘海粟复函学生王景诒。

【录】景诒君鉴:来书备悉。前学期因战事影响,不能如期来校,兹拟春季开学继续入学肄业,足见勤奋向学,志趣高超,殊为嘉尚。惟函请插入原级一节,此则碍于定章,难于照办,如果以经济及时间关系,则可改为旁听生。（上海档案馆档号Q250-1-

92，《一九二四年至一九四七年本校学生申请学历证明及有关入学、复学、休学、转学等来往文书》）

2月25日，《申报》登刊海粟卖画为上海美专筹资添校舍的广告。

【引】自十四年十二月起至十五年三月三十日止。（《申报》，1926年2月25日、1926年3月1日）

3月1日，江苏省教育会美术研究会职员会议，议决6月26、27、28日在江苏省教育会三楼举行日本小学美术展览会。刘海粟、王济远、汪亚尘、李毅士、俞寄凡、滕固（滕若渠）、张辰伯被推为审查委员。（中国第二历史档案馆藏档案，卷号6540）

3月4日，刘海粟致函文虎。

【录】文虎先生大鉴：惠复敬悉。敝校呈文递宁已久，或因政变，在省署失落，亦未可知，兹重缮一通，迳呈大部，俾免周转费时，即希查察批示，感铭无似。北京艺专林风眠当可安然到校，该校曾经西化，未知今后如何耳。临颖不胜迫切待命之至，专此。弟 刘海粟上（上海档案馆档号Q250-1-76，《本校于一九二五年至一九二六年依照伪教育部新学制系统改革之规定更改学制、调整设置系科的来往文件》）

3月6日晚，江苏省所派考察日本美术专员王济远、滕固，是日由神户乘上海丸返沪，刘海粟到埠迎接。

【引】同行的有上海美专国画教员钱瘦铁、西洋画教员张邕、江苏第五师范艺术教员杨清磐、江苏第四师范艺术教员薛

珍,并在方斜路寓所设宴为王、滕等洗尘。(《刘海粟年谱》,第76页)

3月20日,应南洋大学之邀,刘海粟为南洋学会书画部做题为《中西艺学及其批评》之讲演。

【引】文曰:艺学为生机之表现,是性灵之生机也、思想之生机也、生命活动之生机也,若以艺术为机械,徒事技巧,若照相机、留生机然,千篇一律,向贵乎人耶,向尊乎艺术耶。所贵乎艺学者,在生命活动,发表吾人伟大之性灵与独特得之感应,故艺术之真义,在表现人格与生命,非徒囿于见觉,外骛于色彩形像者。……吾国图画虽有时代之变异,然多明内心所感应之具象表现,欧西现代艺术之新创作,亦皆表现自我,画中物形物色,亦纯属画家表白其对物所生之情绪,绝不束缚于自然外观,盖皆合吾说者也。故吾将本吾说合中西而创艺术之新纪元焉。(《时报》,1926年3月21日)

3月24日,刘海粟撰《其癫岂其癫乎?》,后发表于5月16日《新艺术》第2期。

【引】文曰:艺人,思想之花也。其生活,皆为世人所不容,恒与虚伪之世俗战,世俗恒诋艺人为疯为癫为神经病者!而艺人,恒乐其疯癫飘泊之生涯,决心与世俗抗,抗则思想之花开矣,新时代以之创兴矣!故真实之艺人,敢冒大不韪,牺牲世俗之幸福,创造人道之光明,虽举世毁之而不以为辱也。

真正之艺人,有生成癫疯者,有激成癫疯者,天才愈高,癫疯愈甚!因其伟大之生命中即具癫疯之根性!就是本来不癫疯,眼看世界苦众生苦,也要变为癫疯。惟其癫疯,方能求心之所爱,直道而行,终得无上之光荣,成不朽之伟绩!中国之屈原不能不算一个贵族？但是他流落半生，最后还沉死于汨罗。意大利之但丁，Dante 算不算个名门？但是他终于构成个罪人，最后还不能死在他最爱之故乡。（略）艺人皆以仍奶与勇气体验人生之痛苦，创造伟大的想象，而为人道光明的先驱者。故艺人生活在表面虽是痛苦失败，而实际上却又无限之胜利。噫！艺人之其癫岂其癫乎？沉迷之社会，永是地域！颠倒众生，自相残贼！斯乃真癫，艺人并不癫疯也。（刘海粟，《其癫岂其癫乎？》，《新艺术》第 2 期，1926 年 5 月 16 日）

3 月 26 日，《申报》刊登《刘海粟条陈美术品送费城展览会》的讯息。

【引】该条陈于昨日致浙、闽、苏、赣、皖五省联军总司令孙传芳及江苏省省长，主张在五省之内广征美术作品，聘请专家，严事审查，慎择出类拔萃之作，参加费城展览会，"得与世界争长，博万邦之瞻仰，而吾国国际地位，借以提高"。（《申报》，1926 年 3 月 26 日）

3 月 27 日，上海几个艺术团体联合发起组织"上海艺术学会"。

【引】该会是以上海"晨光艺术会"为基础，再联合上海中华艺术大学、上海艺术大学、中华美术会、太平洋画会、东方画会、国立大学艺术研究社、漫画会、中华美术摄影学会等十余个艺术团体而联合组成，会员多达几百人。负责人是俞寄凡、刘海粟、朱应鹏、倪贻德、汪亚尘、滕固、张聿光等人。1926 年 5 月 1 日，该会曾编辑出版《新艺术》半月刊，由俞寄凡和刘海粟主编。（《中国美术社团漫录》，第 80 页）

【释】倪贻德（1901—1970），笔名尼特，浙江杭州人。

早年参加"创造社"进行文学创作,1922年6月毕业于上海美专,以后东渡日本留学,回国后历任上海美专、东南联大、广州艺专、国立艺专等校教授。抗战开始,曾跟随郭沫若积极投入抗日救亡运动。抗战胜利后积极参加民主运动。在西画史论、鉴赏方面,写成并出版了不少著作,如《西洋画概论》《现代绘画概观》《西洋美术史纲要》《近代艺术》《西画论丛》《油画研究》等。(《上海美专名人传略》,第168页)

3月,杨荫深入上海美专西画系学习,1927年12月新制第一届西洋画系毕业。(上海档案馆档号Q-250-1-120,《上海美术专科学校自开办至结束历届学生姓名索引》)

【释】杨荫深(1908—1989),浙江鄞县人。上海美术专科学校绘画科毕业,应聘为汉文正楷印书局编辑,主编《汉文小丛书》《活页本当代名家小说选》。1935年入商务印书馆编译所,抗日战争爆发后,留沪参加修订《辞源》。抗战胜利后参加《辞源改编本》及《四角号码新词典》的编写。新中国成立后历任商务印书馆、四联出版社编辑,上海文化出版社编辑室主任。1958年任中华书局《辞海》编辑所文艺编辑组组长、《辞海》编辑委员会委员、上海辞书出版社编审等职。并参加《汉语小词典》《中国戏曲曲艺词典》的编写工作。(《上海美专名人传略》,第379页)

4月1日,刘海粟于南光中学做题为《艺术与人生》的演讲。

【引】文曰:艺术是自我之表现,是艺术家内在运动之表现,故艺术是艺人之心灵与宇宙融合而成之一种新生命。无论何时代之人,皆不朽的寻求真善美,而愿牺牲物质上之安慰,此乃是人内在生活之价值。由艺术可发表人类之真乐,故艺术有发现人在平面上另有一种超越之生活。但今人不悟及此，所于物质欲望，一若食欲性欲而外，无所见闻。……艺术当有接续之创造，人生方有不断之努力。至于教育之目的，决非使人如何到社会去混饭，是在启发人类的内在之心灵与人格，引起人类在物质外同时实现性灵之生活。故吾人不得不十二分注意人类共有之艺术。艺术是人类性灵活动之成绩，真的人生即是艺术，艺术即是人生。（《时报》，1926年4月2日）

4月12日下午1时，刘海粟出席上海美专十四年度第二学期第二次总务会议。

【引】参会者：刘海粟、李毅士、王邠山、王心梅、王竹轩、汤少棠、黄启元、滕若渠、刘庸熙、薛演中、白萃英。

议题一，提议学生住宿不加限制，学校经济既无预算，而学生自由外宿，身心易于放浪，致碍学业，屡见不鲜，应定补救办法案。议决：从十五年秋季以后，各科系入校学生一律住宿校内，否则不收（旁听生不在此例），十五年秋以前原有学生照旧办理。

议题二，提议新旧宿舍实际待遇不同，又物价昂贵，厨丁一再请求增加膳费，应否更订征费办法案。议决：膳费每学期每人增加二元，宿舍分A、B两组，新建宿舍为A组，原有宿舍为B组，住A组者每人每学期膳宿费四十六元，住B组者每人每学期膳宿费四十二元。

议题三，提议学生损坏校中器物，有应赔偿者，收费颇感困难，应否照同济及中国公学等校办法，加收预偿费案。议决：学生入学时每人收预偿费五元，掣给收据，每学期结算一次，赔偿不敷，随时补缴，如预偿费充讫，则于次学期开学时照章再收五元，如无赔偿者，至毕业时凭据发还。

议题四，提议本校门禁原有规定办法，近有少数学生晚上迟归，往往要求开门，与门房喧闹，应否重申门禁案。议决：晚上仍照向章，十时上锁，锁匙送交庶务处管理，非紧急时，无论何人，不得开放。

议题五，提议开学收费应定期限 案。议决：此案与教务有关系，应提交教务会议讨论。（上海档案馆档号 Q-250-1-38，《本校职员会、教职员、总务会、校务会等会议记录》

4月20日，刘海粟出席上海美专十四年度第二学期音乐系师范系联席会议。

【引】参会者：刘质平、俞寄凡、薛演中、潘伯英、程桂荪、陈小村、刘利宾、张辰伯。

议题一，提议师范系及音乐系之音乐课每学期应否开会发表成绩。议决：应于每学期终了时开会一次，如遇特别情形，得临时定期开会。

议题二，潘伯英先生提议，本学期乘旅行实习时机，拟在杭州开音乐会。议决：准往杭州开会，定五月六日出发，八日下午开会，十一日回沪。年级：音乐系一年甲乙级，师范系二年乙级、一年甲级四班，每人应缴旅行费三元。膳食：寄宿生由学校供给朝晚膳，中餐由校每人每日发给小洋一角；通知学生预缴朝晚膳费八元，中餐自备。旅行队组织办法照旅行写生队办理。

议题三，师范科、国画科、专修科绘画旅行出发日期，因手续不及，应改期。议决：改定于四月廿九日出发，与西洋画科同时回校（五月十三日）。（上海档案馆档号 Q250-1-41，《本校总务、教务、教职员等会议记录》）

4月21日下午4时，刘海粟出席江苏省教育会招待英庚欸（款）委员的欢迎会。

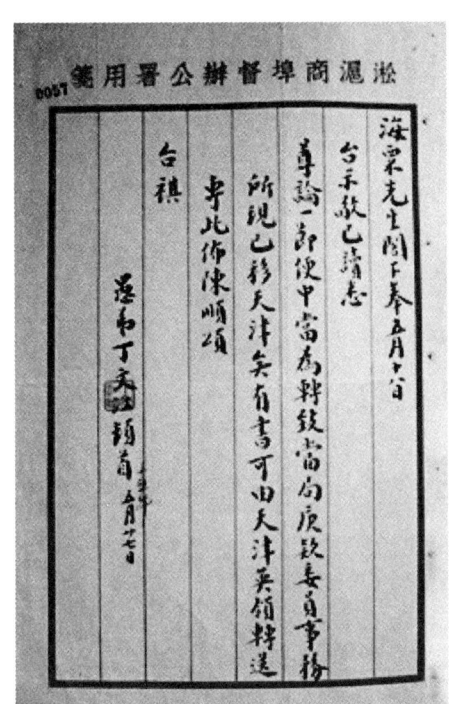

【图1926-1】丁文江任淞沪商埠督办公署总办时,关于刘海粟申请"部分退还庚子赔款"补助的回复。(1926年5月)

【引】假中华职工教育馆。出席者还有胡适、璟春、沈信卿、李登辉、李佰寅等八十余人。(《申报》,1926年4月22日)

5月1日,上海美专音乐学会编辑出版音乐学术专刊《音乐教师的良友》,每月一期,32开本。(《上海美专音乐史》,第66—71页)

【引】该刊宗旨为"极审慎地把最适当的教材供给全国中小学教师采用""使社会人生受着音乐教育的协和、感化"。此刊物在全国音乐界引起很大的社会效应。宋寿昌教授在《音乐教师的良友》上发表《音乐教育与现代中国》一文;刘质平教授在《音乐教师的良友》上发表中小学生单音歌曲三首《蝴蝶和小鸟》《小船》及《春游》。

【释】宋寿昌（1901—1977），浙江绍兴人。1926 年毕业于上海美术专科学校高等师范图音组。1938 年 9 月至 1942 年 1 月任艺术师范科主任。上海美术专科学校校歌的创作者之一（该歌现为南京艺术学院院歌，蔡元培作词，宋寿昌、糜鹿萍作曲）。长期从事音乐理论的教学和创作。著有《乐理》《中西音乐发达概况》《歌谣曲作法》《民众歌曲》等著作。（《上海美专名人传略》，第 191 页）

5 月 4 日，上海市议员姜怀素呈文江浙皖赣闽五省总司令孙传芳，再次请禁模特。《申报》5 月 5 日刊登该呈文。

【引】此文谓："世风不古，礼记荡然，淫佚放浪，于今为烈……上海美术学校竟利诱少女为诸生范楷，贫而无耻之女子，贪三四十元之月进，当众裸体，一丝不挂……我中国数千年礼教之邦，今竟沦为淫逸之域。且此裸体之怪状，不发现于娼妓之家，而公然位于教育青年之学校，热心世道者，能不失声痛哭耶！素仰钧座关怀风化，道德高尚，翊扶礼纪，愫著贤声。今为沪埠风化正本清源之计……则非严惩作俑祸首之刘海粟，不足以儆效尤。"刘海粟为学生尊严计，不惜长篇累牍再次抗争。孙传芳不察，目为大逆，声言封闭上海美专，密缉刘海粟。（《申报》，1926 年 5 月 5 日）

5 月 6 日，刘海粟、汪亚尘、王济远率领上海美专西洋画系、艺术教育系赴杭州旅行写生。（《民国日报》，1926 年 5 月 6 日）

5 月 8 日，上海美专春季旅行写生队假杭州青年会举行西洋画科绘画展览会。在杭州期间，刘海粟于西湖孤山作中国画《放鹤亭》，蔡元培颇为欣赏，刘遂将此画赠蔡收藏。（《刘海粟年谱》，第 77 页）

【图 1926-2】《放鹤亭》，
中国画，刘海粟，1926 年

【按】日本帝国美术院委员满谷国四郎等 5 人来华，持滕固介绍信访刘海粟，考察中国美术，参观美专旅行写生展，并盛称美专学生作品与日本美术学校学生作品不相上下。

5月11日，上海县知事危道丰发令，严禁上海美专裸体画。

【引】禁令称："本知事自到任以来，即闻上海美术专门学校有人体标本之事，因其校址在法租界，即拟咨请查禁，唯恐传闻不确，曾经派人前往参观，旋据复称实有其事，种种秽恶情形，不堪寓目，已据情咨请法租界及会审公廨从严查禁，如再违抗，即予发封。……"（上海档案馆档号Q250-1-72，《北洋军阀政府取缔设置"模特儿"、上海美术专门学校据理力争与各单位及个人来往文书》）

【按】刘海粟在杭州见报得知危道丰严禁美专模特的消息后，因愤而病，将率学生写生任务交给王济远，决定返沪与之论战。

5月11日，刘海粟致函孙传芳，说明姜怀素于1925年9月26日于《申报》载，关于禁止的裸体画，并非画洋画所设人体绘画，并加以说明两者区别。（上海档案馆档号Q250-1-72，《北洋军阀政府取缔设置"模特儿"、上海美术专门学校据理力争与各单位及个人来往文书》）

5月15日，上海美专于西湖文澜阁举行旅行写生全部绘画展大会。（《申报》，1926年5月8日）

5月16日，刘海粟清早搭沪杭快车回上海，请李毅士、滕固、俞寄凡等几位教师来家商量应付对策，并请他们回校做安定师生情绪工作。刘海粟抱病撰文申斥危道丰。

【引】"将近七点半时，文章也写完了，于是将稿子并附了一封信，送给申报馆史量才先生，请他大胆地给我发表出来。那时精疲力竭，实在无法支持，我终于倒在床上，不能动弹了。"（刘海粟，《二十年代围绕着模特儿问题的一场斗争》，载《南艺学报》，1978年第2期）

5月17、18日《申报》发表刘海粟撰写的《请孙传芳、陈陶遗两长申斥危道丰函》。

【引】该文强调美术学校设置人体实习课的必要性,驳斥危道丰所发禁令的荒谬。全文约1450字。文曰:本月五日《申报》载闸北市议员姜怀素请禁裸体画之呈文,关于敝校各节,含沙射影,砌词破坏,当经鄙人辩正在案。复见十三、十五日(据《申报》)载上海县知事危道丰第七六号指令暨布告称:"本知事自到任以来,即闻上海美术专门学校有人体标本之事,因其校址在法租界,即拟咨请查禁,唯恐传闻不确,曾经派人前往参观,旋据复称实有其事,种种秽恶情形,不堪寓目,已据情咨请法租界及会审公廨从严查禁,如再违抗,即予发封"云云。案敝校西洋画科高年级人体实习,置人体模特资学理之参考,已历八载,呈部有案。其目的在明察人体构造、生动历程、精神体相,表现人类伟大之生命力,事极泛常。远者著诸史册,近者定为学制,稍识文化史者,莫不知有希腊奥林匹亚祀典之裸体竞技,以及艺术家所造裸体神像;自罗马时代经中世纪至文艺复兴,关于宗教上绘画雕刻之杰作,绍述希腊遗意,亦多裸体之作。(《申报》,1926年5月17、18日)

5月18日,刘海粟致函公道尹、丁文江,请其支持美术学校的人体模特儿学制。

【引】刘海粟致写公道尹函:写公道尹惠鉴:敬启者,此来市上时有淫画淫舞出现,托名模特儿人体美。而不学之徒往往以敝校教授上设施之人体模型,与市上流行之淫画淫舞相提并论。甚嚣尘上,殊堪浩叹。美术学校之有人体模型,犹医学学校之有人体解剖,久定为学制,各国美术学校实施在先,谅吾公所习闻者也。至市上之淫画假名图利,去冬弟曾面请公等禁止。在中外所系之上海当有此不经之言论，自曝孤陋，犹为小事，贻讥外人，举国所羞。公总权护海，夙著贤声，尚望随时抒发伟论，扶植艺学，庶不致有类此之邪说，以贻讥外人也。其于市上流行之淫画淫舞，即乞吾公令上呈县知严禁，以免混珠而杜后患。并希赐复是幸。专此。敬请

公安

刘海粟谨启
十五年五月十八日

刘海粟致丁文江函：近日报载上宝市议员姜怀素请禁裸体画之呈文，上海县知事危道丰关于此事之指令布告等涉及敝校。以敝校教授上所设之生人模型与市上流行之淫画淫舞相提并论，果不值识者之一笑。惟上海为吾国大埠，中外观瞻所系，议员、知事出此不伦之言，实国人所共羞。而一般识力上未加素养之辈，为此种谰言所惑，更不辨艺学尊严与市侩营利间一隙之分也。吾公学有渊源，遍游欧美，今总办商埠，窃为市民欣贺，尚望随时倡导学术，阐发真理，庶不致有类此之邪说，以贻讥外人也。即希赐复是幸。专此。顺请

公安

刘海粟谨启
五月十八日

再者，英庚款委员事务所现设何所，便乞示知。又及。（上海档案馆档号Q250-1-72，《北洋军阀政府取缔设置"模特儿"、上海美术专门学校据理力争与各单位及个人来往文书》）

5月19日，上海县教育局转江苏省教育厅给刘海粟的训令，要求上海美专查禁人体模特儿和裸体画。

【引】迳启者，兹奉县公署训令，转行教育厅奉省长令整顿社会教育并及查禁贵校女子裸体画案，为特抄录全案，专函通

知，务希察照办理。
此致上海美术专门学校校长刘
海县教育局谨启

十五年五月十九日

附

已呈奉省长令准照办。除分行外合行训令该知事，切实遵办具报。此令。等因。奉此，自应遵照办理。惟本知事自到任以来，即闻上海美术专门学校向来研究裸体女子画片，因该校校址在法租界斜桥地方，系属法公廨管辖，即拟咨请查禁，诚恐传闻不确，复经派员前往参观以照核实。兹据复称遵经前往该校作普通人之参观查得该校确系雇用女子即模特儿四名用写生画之标本。其画时，将该女子衣裤鞋袜脱尽，立于讲台上作睡卧坐站种种奇怪状，所画之成绩其优美者陈列于一空室内，以备来人参观。查该女子月薪每月三十元，有雇用贫寒人家者，亦有系教职荐用者，校址在法租界中国街交界地斜桥地方。校长刘海粟，中校毕业生。教务长李毅士，留洋学生。

内中学生共七百余人。分四科，所查是实，应如何取缔。理合呈请察核。等情。据此，查该校以此号召，无非为引诱青年多收学费起见。惟淫荡秽恶，实于风化攸关，似应从严查禁。除咨请法公廨查禁并分别咨行外，合行令仰该局长即便遵照一体查禁。切切。此令。（上海档案馆档号 Q250-1-72，《北洋军阀政府取缔设置"模特儿"、上海美术专门学校据理力争与各单位及个人来往文书》）

5月20日，刘海粟出席上海美专十四年度第二学期教务会议。

【引】参会者：俞寄凡、王济远、刘质平、刘庸熙、刘海若、郭谷尼、汪亚尘、许醉侯、刘利宾、潘伯英、滕若渠、姜敬庐、潘天授（寿）、张宜生。

议题一、提议举行新校舍落成典礼及本学期成绩展览会，请定日期并推定筹备委员案。议决：定六月十三日下午一时行新屋落成典礼，即晚七时行庆祝新校舍落成游艺会，十二日下午一时起至十四日止，举行本学期全校成绩展览会。

议题二、提议筹办暑期学校事宜案。议决：推请滕若渠、俞寄凡、刘质平、刘海粟、潘伯英、许醉侯、潘天授（寿）等修改章程，尽本星期内完毕。

议题三、音乐系主任刘质平先生提议，艺术教育系甲组音乐课程以个别教授居大部分，实际每周教师授课时间超出原定钟点十五小时以上，薪金不敷支配，拟自十五年下半年起，新生学费每学期增收五元。又手工主任姜敬庐先生提议，自实行新学制以后，手工科教授时间较之从前增加几至一倍，似有添聘教授之必要，应否酌量增加学费？议决：艺术教育系从本年下学期起，学费每学期加收五元。

议题四、提议本学期考试日期案。议决：自六月十五日起至三十日止，考试日程推请俞寄凡、薛演中、刘庸熙编列细表，交下届教务会议表决。（上海档案馆档号Q250-1-41，《本校总务、教务、教职员等会议记录》）

5月21日，刘海粟出席上海美专十四年度第二学期西洋画科、师范科科务联席会议。

【引】参会者：俞寄凡、王济远、刘庸熙、刘海若、倪贻德、潘伯英、刘利宾、王隐秋、刘质平、李超士、张辰伯、诸闻韵、许醉侯、李毅士（代）。

议题一、提议定期催交旅行各级请假不与旅行学生之成绩。议决：限五月二九日以前，照前教务处规定点数（西洋画科十五点，高师科十点）交教务处，如逾期不缴者，作旷课论，并定三十一日开会考查。

议题二、提议推请毕业制作审查员。议决：（一）西洋画系推请刘海粟、李毅士、王济远、李超士、汪亚尘、陈宏、普特尔司基、斯都宾、张辰伯、俞寄凡为审查员。（二）艺术教育系推请刘海粟、李毅士、王济远、李超士、汪亚尘、陈宏、普特尔司基、斯都宾、张辰伯、俞寄凡为洋画审查员，许醉侯、谢公展、诸闻韵、潘天授（寿）为国画审查员，姜敬庐、王隐秋为手工审查员，刘质平、潘伯英为音乐审查员。

议题三、提议惩戒缺课学生。议决：应由教室主任会同训育主任向各教授切实调查后，从严惩戒，以重学业。（上海档案馆档号Q250-1-41，《本校总务、教务、教职员等会议记录》）

【释】王隐秋（1896—1964），名洪钊，浙江仙居人。1919年毕业于省立第一师范学校，对民间传统雕塑和折纸工艺颇有研究。1923年8月到上海美专任艺术教育系图工组工艺、手工教授直至1950年7月。其间，1937年1月至1941年9月任上海美专艺术教育系图工组主任、工艺馆主任。（《上海美专名人传略》，第215页）

5月27日，丁文江复函刘海粟。

【引】海粟先生阁下：奉五月十八日台示，敬已读悉。尊论一节，便中当为转致当局。庚款委员事务所现已移天津矣，有书可由天津英领转送。专此布陈。顺颂
台祺

愚弟丁文江顿首

十五年五月廿七日（上海档案馆档号Q250-1-72，《北洋军阀政府取缔设置"模特儿"、上海美术专科学校据理力争与各单位及个人往来文书》）

5月31日，刘海粟赴南京，应四师之邀做讲授艺术概论三日。

【按】后赴第一女师、扬州五师演讲。（《时报》，1926年6月1日）

5月，教育部关于高校核备令上海美专校长刘海粟呈报材料。

【引】呈一件：遵令修正章程，并缮送新开音乐、雕塑及改设图画音乐、手工等系表册，请核备由。据呈及附件均悉。查该校章程既经遵令修正，核阅尚无不合。新设及改办各系，该校经费能力是否堪胜，应详细呈复，再予核办，仰即遵照。此令。中华民国十五年五月八日　教育总长　胡仁源（上海档案馆档号Q250-1-76，《本校于一九二五年至一九二六年依照伪教育部新学制系统改革之规定更改学制、调整设置系科的来往文件》）

5月，由王济远、俞寄凡编辑的《天马画集》（第一辑）由上海大东书局出版发行。

【按】书内收集了刘海粟作品8幅，包含《唐英女士像》《娘子关》《生命之扇》《红叶隔岸两依依》《彩菊》《残林》《文庙》（《天马画集》，大东书局，1926年5月）

6月1日，上海美专音乐学会编辑出版音乐学术专刊《音乐教师的良友》第二期。

【引】韩传炜在该期上发表《我国音乐教育之前途与同志们的自身问题》。宋寿昌同期发表《谈我国现在的音乐教育和改造问题》。刘质平从本期开始连续发表乐学知识系列文章《普通乐

【图1926-3】1926年发行的《天马画集》

理讲话》和《普通和声讲话》。(《上海美专音乐史》，第66~71页)

6月3日，五省司令孙传芳就模特争论复函刘海粟，劝其停止使用模特。

【引】孙传芳函称："凡事当以适国性为本，不必徇人舍己，依样葫芦。东西各国达者，亦必不以保存衣冠礼教为非是。模特儿止为西洋画之一端，是西洋画之范围，必不以缺此一端而有所不足。美亦多术矣，去此模特儿，人必不议贵校美术之不完善。亦何必求全召毁，俾淫画淫剧易于附会，累牍穷辩不惮繁劳，而不能见谅于全国。业已有令禁止，为维持礼教防微杜渐计，实有不得不然者。高明宁不见及，望即撤去，于贵校名誉，有增无减。何必怙过强辩，窃为贤者不取也。"(《申报》，《新闻报》，1926年6月10日)

刘海粟年谱长编

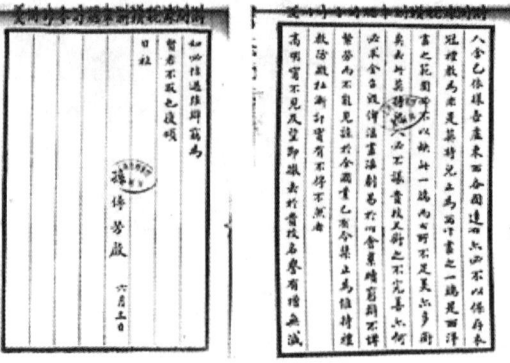

【图1926-4】浙闽苏皖联军总司令孙传芳给刘海粟的回函（1926年）

【图1926-5】裸体模特事件中的重要人物朱葆三（1848—1926）

6月7日，刘海粟出席上海美专十四年度第二学期中西音乐演奏会筹备委员会会议。

【引】参会者：刘质平、潘伯英、刘利宾、苏少卿、王济远、王邨山。

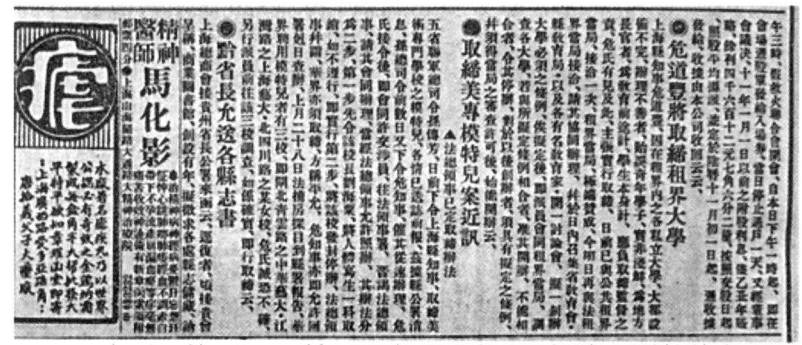

【图1926-6】上海（据《申报》）载《取缔美专模特儿近讯》和危道丰将取缔租借大学的消息（1926年7月1日）

议题一、提议添推筹备委员，并推定各部主任案。议决：添推王邨山、王济远、薛演中、张辰伯、滕若渠五先生为筹备委员，并推请苏少卿先生、潘伯英先生为后台主任，刘质平先生为音乐主任，王邨山先生为会计主任，薛演中先生为事务主任。

议题二、提议规定支出预算案。议决：舞台费二百元，登报费三十元，昆剧排戏场费等四十元，印刷费二十元，杂费八十元，车费二十元，总共四百元。

议题三、提议规定票价案。议决：特等二元，头等一元，二等半元，三等二角。

议题四、提议优待本校教职员、学生购票办法案。议决：凡本校教职员及学生购票者，一律照票价对折，以示优待，唯教职员每人以两张为限，学生每人以一张为限。

议题五、提议销票办法案。议决：归事务主任薛演中先生组织销券队，即日召集各省学生开会讨论之。

议题六、提议本会所得券资，除开支外，悉数捐入本校图书馆案。议决：如议通过，唯未开会前所需费用暂由图书馆垫拨二百元应用。（上海档案馆档号Q250-1-41，《本校总务、教务、教职员等会议记录》）

6月10日,关于艺术专门学校列人体模特为绘画实习之必需课程,刘海粟撰写的《复孙传芳函》公开发表。

【引】函中根据民国十一年(1922)政府颁布新学制的规定,说明艺术专门学校列人体模特为绘画实习之必需课程。文曰:现行新学制,为民国十一年大总统率同总理王宠惠、教长汤尔和颁布之者。其课程标准中艺术专门列生人模型,为绘画实习之必需,经海内鸿儒共同商榷,粟厕末席,亲见斟酌之苦心也。敝校设西洋画科,务本务实,励行新制,不徒模仿西学已耳。自置生人模型以来,亦既多年,黉宇森严,学风肃穆,与衣冠礼教,从无抵触之处。比读钧座与方外论佛法之书,救世深情,钦迟弥切。夫佛法传自印度,印度所塑所画之佛像,类皆赤裸其体,而法相庄严,转见至道。自传中土,吾国龙门、云冈之间佛像百千,善男信女低徊膜拜者,已历千年,此袒裸之雕像,无损于佛法。矧今之人体模特儿,但用于学理基本练习,不事公开,当亦无损于圣道。此二者等是外来,并行不悖,并育不害,盖可必也。先生以为不适国情,必欲废止,粟可拜命。然吾国美术学校,除敝校外,沪宁一带,不乏其数,苏省以外,北京亦有艺专,其他各省,恐无省无之。学制变更之事,非局一隅而已也;学术兴废之事,非由一人而定也。粟一人受命则可,而吾公一人废止学术,变更学制,窃期期以为不可也。(《申报》《新闻报》,1926年6月10日)

6月13日,刘海粟出席上海美专新校舍落成纪念展览会开幕。

【引】主席校董蔡元培先生因事赴杭州,前日特到校面托校长刘海粟代任主席。刘海粟代为做报告,后康有为、黄炎培、沈恩孚、汪亚尘相继发表演说。接着由来宾参观新校舍落成纪念展

【图1926-7】《北洋画报》发表声援刘海粟的专文《孙传芳开倒车》（1926年第1卷第14期）

览会。新校舍之一室名存天阁，"乃校长刘海粟之画室，布置绝精，陈列刘氏杰作数十幅，魏造像三件，'静远堂'界碑一块，文艺复兴大师画两幅，关仝、赵千里、王石谷大幅各一幅，其他佛像数尊，另有安格尔、拉斐尔、伦勃朗名画数帧，皆刘氏私藏，观者皆叹为不易多见之精品，洵大观也"。（《申报》，1926年6月15日）

6月16日，刘海粟致函孙传芳，称民国十一年政府颁布学校系统改革，后全国教育会将活人模特列为高中师范科以上美术必修课程，并非个人意愿。

【录】磐公帅座钧鉴：本月九日曾肃芜词，谅达记室。兹者谨查民国十一年元旦，政府颁布学校系统改革，命全国教育会联合会遵照系统制定中学师范以下学校课程标准纲要，埠办学者有所适从，循程进止。全国教育会联合会为吾国研究教育之高机关，起草课程标准之委员又皆一时鸿儒，其高中师范科后三年图画课程纲要中，著有木炭画用石膏模型、活人模特儿为对象之明文。至美术专门学校专攻美术，较高中师范又进一级。当国立北京美术专门学校创立时，教部颁布课程，令遵有案，事在新学制发布之先也。新学制美术课程大部分为粟所拟定，上稽制作之精神，旁蒐欧美之通则，稿经屡易，颇费逡巡，故不敢以一人闻命之私而涉及课程废止之嫌。帅座明达，当能鉴及。士人视学术如生命，恒执一而不迁，硁硁之愚，斗筲可量。兹检附新学制课程标准纲要一册，并赐察不一。肃此。敬请

勋安

　　刘海粟谨启 六月十六日（上海档案馆档号 Q250-1-72，《北洋军阀政府取缔设置"模特儿"、上海美术专门学校据理力争与各单位及个人来往文书》）

6月19日，刘海粟出席上海美专十四年度第二学期教务会议。

【引】参会者：王济远、俞寄凡、滕若渠、潘伯英、姜敬庐、许醉侯、薛演中、刘利宾、张宜生、李毅上（代）、刘庸熙、谢公展。

议题一、提议本学期结束事宜案。议决：（一）定六月三十日各科考试完毕，停止上课。（二）定七月四日下午二时行暑假休业式及各系毕业式。（三）定六月廿五日下午一时审查西洋画科及国画科毕业制作，廿六日下午一时审查艺术教育系及初师科毕业制作。（四）各科系各学科担任教授将学生分数尽七月四日前汇交教务处。（五）各学科各学级之实习成绩，应将每种代表

成绩留校三点至十点，于七月二日前汇交教务处，以备存案。（上海档案馆档号 Q250-1-41，《本校总务、教务、教职员等会议记录》）

6月20日，刘海粟出席江苏省教育会美术研究会职员会议。

【引】参加者还有：滕若渠、汪亚尘、俞寄凡、王济远、李毅士、薛演中、刘利宾、韩传炜、刘质平。讨论日本小学美术成绩展览期内并拟邀请教育名人来会举办讲演会。议决照办，即日由会函请沈信卿、章伯寅、俞寄凡、滕若渠、姜敬庐、张辰伯在开会期内来会讲演儿童绘画及小学艺术教育实施方法，并函请江苏教育厅通令各地小学派员来参观听讲。（中国第二历史档案馆藏，档案卷号 6540）

【图 1926-8】（据《申报》）以显著位置发表《刘海粟函请孙陈两长申斥危道丰》文章（1926年5月17日）

6月23日，上海县公署与法总领事交涉，后法国驻沪领事通知上海美专，暂时撤去西洋画系所用人体模特。（《申报》，1926年7月1日；《刘海粟年谱》，第79页）

6月25日，刘海粟出席上海美专十四年度第二学期审查国画科第一届、西洋画科第十七届毕业制作会议。

【引】参会者：王济远、李超士、汪亚尘、陈肇宏、俞寄凡、唐蕴玉（代）、许醉侯、潘天授（寿）。

一、西洋画科毕业制作。（略）
二、国画科毕业制作。（略）西洋画科学生陈英戴，风景作品、自画像与平日画面不同，经多数教授、全体审查员认为不合，应予即日复试，并请主任教授陈宏先生严行监考。邓靖所缴水彩画与规定之种类及尺寸均属不符，应予限期补缴（下星期三前）。葛光懿自画像尺寸不符，应予补缴。（上海档案馆档号 Q250-1-41，《本校总务、教务、教职员等会议记录》）

6月26日，刘海粟出席上海美专十四年度第二学期审查高等师范科第五届、初级师范科第十届毕业制作会议。

【引】参会者：俞寄凡、王济远、李超士、陈宏、汪亚尘、诸闻韵、潘天授（寿）、许醉侯。

一、高等师范科毕业制作。（略）
二、初级师范科毕业制作。（略）高等师范科学生钟国徽人体画尺寸不合，应重制。陆士农油画风景尺寸不合，应予重制。文奇、彭洪油风景尺寸亦不合，应令重制。朱秉政、钟国徽、淘式瑛、蔡绍敏、孙禄卿、彭洪、熊光启、顾坤伯水彩风景尺寸不合，应令重作。（上海档案馆档号 Q250-1-41，《本校总务、教务、教职

员等会议记录》）

6月28日，刘海粟出席上海美专西洋画科、师范科毕业制作审查会议。参加者还有李超士、汪亚尘、唐蕴玉、刘海若。对15位同学的制作一一评分通过。（上海档案馆档号Q250-1-38，《本校职员会教职员会、总务会、校务会等会议记录》）

6月，汤洵美受聘任上海美专钢琴教授至1933年1月。（《上海美专音乐史》，第83页）

【释】汤洵美（1906—?），江苏上海人。金陵大学毕业。1929年6月任上海美专钢琴专任教授，每周22课时，月薪100元。曾兼任清心女学体育主任兼音乐教授、务本女学英语教授、民国女子工艺学校英文教授。与汤凤美先生为同胞姊妹。（《上海美专名人传略》，第195页）

7月4日，上海美专举行中国画科第一届、西洋画科第十七届、高等师范科第五届、初级师范科第十届毕业典礼，江苏省、上海道都派代表出席，校董袁希涛、张嘉森、章伯寅等相继发表演说。（《申报》，1926年7月5日）

7月5日，《姜怀素控刘海粟案之起诉书》发表于《时报》《新闻报》。（《时报》《新闻报》，1926年7月5日）

7月6日上午9时，因姜怀素以刘海粟侮辱其个人名誉为由向地检厅提起刑诉，刘海粟和律师陈霆锐赴法庭应姜怀素之诉。

【引】缘姜怀素以侮辱个人名誉为由向地检厅提起刑诉，经侦查完毕，以刑律360条同级审判厅，故开庭审。刘海粟作为被告，在法庭陈述。5月17、18日（据《申报》）所载为模特事致孙陈函，是对5月5日（据《申报》）发表姜怀素呈孙联帅请禁美专模特之答辩，系私人信件，登载与否，权在报社。原告姜怀素则以《刘海粟为模特儿事致孙陈函》中，有"招摇""狼狈""不学无术"等文字，为公然侮辱个人名誉，请求经济赔偿。上海美专总务主任薛演中就《刘海粟为模特儿事致孙陈函》油印件送报馆事做了说明。被告律师陈霆锐、原告律师李时蕊又相继辩论。（《刘海粟年谱》，第80页）

7月6日下午，刘海粟出席上海美专十四年度第二学期总务会议。

【引】参会者：王心梅、王邨山、汤少棠、黄启元、刘庸熙、薛演中、刘利宾、王祝轩。

议题一、提议推请簿记审核员，并规定审核员职权案。议决：凡以后购置校用物具，先由当事人填写购物预算单，由庶务

【图1926-9】《上海画报》1926年7月6日第128期，发表声署名"丹翁"的专文《恭维刘海粟》

处交审核员审定签字后购买，并推定薛演中为审核员。

议题二、提议现以物价昂贵，厨房要求增加膳费案。议决：自下学期起，学生膳食每月每客增加膳费半元。主席：刘海粟。
（上海档案馆档号Q250-1-41，《本校总务、教务、教职员等会议记录》）

7月7日，刘海粟出席上海美专十四年度第二学期招生委员会议。

【引】参会者：李毅士、王济远、潘天授（寿）、诸闻韵、宋寿昌、刘庸熙、刘利宾、俞寄凡、汤少棠、陈肇宏、姜敬庐。

议题一、提议推定此次招生委员会各股职员。议决：推定各股职员如下：检察股：汤少棠、薛演中、刘庸熙。监试股：刘庸熙、刘海若、薛演中、沈在镕、宋寿昌、张宜生。
议题二、提议修改招生委员会简则。议决：（一）于考试期内之星期三、六日上午开招生委员会一次，于星期一、四日发表新生之录取与否。（二）凡报考生于报考时持有相当文凭呈验者，得录取为正科，无文凭者为选科，以符定章。（三）论文题目每日更换，实习对象由监试员临时指定之。（四）阅卷员阅卷后，应即给分发表，凡六十分以上者为及格，不满六十分者为不及格。报考插班生，不满六十分者得令插入相当年级。（上海档案馆档号Q250-1-41，《本校总务、教务、教职员等会议记录》）

7月9日，姜怀素控刘海粟案判决。

【引】"刘海粟罚洋五十元……姜怀素要求赔偿损害被驳斥。姜怀素控美专学校校长刘海粟教发传单损害名誉一案，曾奉上海地审厅传集讯问，辩论终结，听候宣判在案。昨日该厅宣布判决：（主文）刘海粟指摘事实，公然，侮辱人一罪，处罚金五十元，如无力完纳罚金，以一元折监易禁一日。姜怀素赔偿损害之请求驳斥。（《民国日报》《时报》《新闻报》，1926年7月10日）

7月15日，《申报》刊刘海粟致孙传芳函，告之上海美专将停止使用人体模特，并刊孙传芳复函。（《申报》，1926年7月15日）

【录】刘海粟去函：磐帅钧鉴：敬肃者，伏读钧座禁止敝校西洋画系生人模型之令文，殆系吾帅政策不得以之一举。夫政术与学术同源而异流，吾帅此举用意深长，爰即提交教务会议，研讨之下，为学术安宁免生枝节起见，遵命将所有敝校西洋画系所置生人模型于裸体部份，即行停止。用特据情奉报钧座，即乞赐察不宣。刘海粟叩。

孙传芳复函：海粟先生鉴：接读来书，知已将西洋画系所置生人模特裸体部份遵令停止，甚是。人欲横流，至今已极。美术之关系小，礼教之关系大，防微杜渐，势所当然，并非不得以也。美亦多术，若必取法他人，亦步亦趋，重违国性，亦兹清议，于贵校名誉上未能增重，今既撤销，宜喻此意。此复。即颂日祉

孙传芳启（上海档案馆档号Q250-1-72，《北洋军阀政府取缔设置"模特儿"、上海美术专科学校据理力争与各单位及个人往来文书》）

7月17日，刘海粟出席上海美专十四年度暑校委员会议。

【引】参会者：李毅士、王济远、俞寄凡、许醉侯、滕若渠、潘天授（寿）、倪贻德、沈在镕、刘庸熙、顾赓甫、薛演中。

议题一、提议工艺图案系、旅行系人数太少，如何办法？议决：工艺图案系、旅行系人数过少，不能开班，应即照章取消之。所有已缴费各生可改入其他各系肄业。

议题二、提议制定课程表。议决：课程表、西洋画系实习分两组，一为色彩画组（水彩油画），一为单色画组（木炭铅笔）；国画系实习一组；音乐系中学教师组、普通组以人少合并一组。图画理论学科，除音乐系外各组共同听讲（课程表另印）。

议题三、提议行开学礼时间及上课日期。议决：十九日上午十时行开学礼，即日下午按表开始上课。（上海档案馆档号Q250-1-41，《本校总务、教务、教职员等会议记录》）

7月22日，刘海粟邀请英国伦敦大学美术科毕业的张道藩到上海美专暑期学校做《近代美术之趋向》的演讲。（《申报》，1926年7月23日）

7月，方介堪于西冷社刻"海粟"朱文印以赠。

【释】方介堪（1901—1987），浙江永嘉人。十余岁即于闹市以鬻印养家，1926年始任上海美专篆刻书法教授。1937年春与张大千、黄君璧、谢稚柳、于非闇等同游温州雁荡山铁城嶂，为合作山水急就刻印"东西南北之人"钤于画上。中华人民共和国成立初期由上海返故里，任温州市文管会常务副主任、温州市博物馆馆长，出版印谱有《方介堪印存》一至八集，以及《介堪印存》《方介堪印选》《方介堪篆刻》《白鹃楼印蜕》等。（为王国维弟子戴家祥集印成谱）（《上海美专名人传略》，第99页）

8月4日，黄炎培致函刘海粟邀同游普陀。

【引】函谓："另纸遵写四绝奉正，大幅容稍暇即题缴。弟拟六号赴普陀，内子偕往，兄愿携夫人同游否？内子甚乐有兄为伴也。伯寅亦曾与约游。费极廉。"（《刘海粟年谱》，第80页）

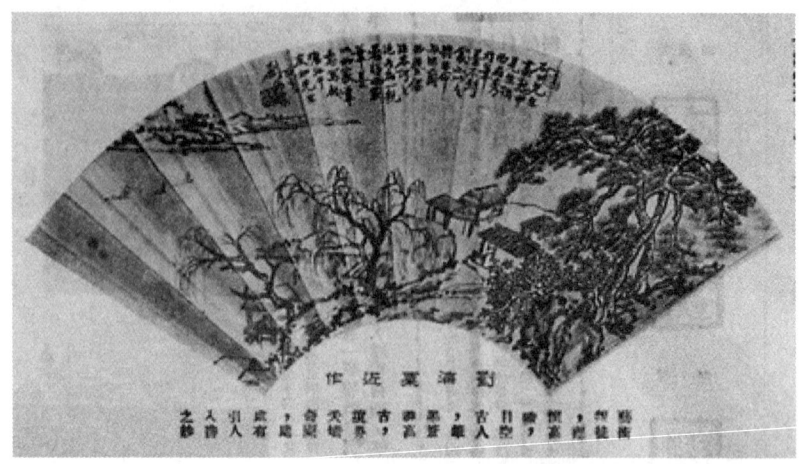

【图1926-10】上海《晨报》副刊《星期画报》1926年8月8日所刊刘海粟以沈周、梵·高两家笔法所作的国画扇面

8月14日，陈家鼐致函刘海粟，表示人体写生为西画重要部分，不可放弃，希望刘海粟能坚持奋斗，让民众明白真相。

【录】海粟光生大鉴：久违雅教，曷胜念之。弟顷由湘返沪，稍暇当趋前奉访，藉聆教益。窃人体写生一项为西画至要部位，万不可随意放弃。纵令一时权宜停止，终必恢复才是办法。先生宜本其奋斗之精神，解释种种误会，俾一般民众明白此中真相（此本正大光明之事），幸甚。当此艺术衰颓之秋，欲图振兴，全赖先生苦口婆心善为宣传，则久而久之，反对者必不致阻力横生，而且易表同情也。盖天下事以平心静气处之，必得佳果，非常之事乃非常之人而为之，是所望于先生也。天时炎炎，尚祈为道自珍为幸。专此。即颂 教安

弟陈家鼐拜启

八月十四日（上海档案馆档号Q250-1-72，《北洋军阀取缔设置"模特儿"、上海美术专门学校据理力争与各单位及个人来往文书》）

【释】陈家鼎（1876—1928），字汉元，湖南宁乡人。1906年3月在上海首创同盟会机关，后在武汉建同盟会湖北机关，湖南分会等，并创办《洞庭波》《汉帜》等杂志。因深得孙中山信任，后任中华革命党上海支部长，大元帅府参议。孙中山逝世后，退出政坛。

8月16日，下午2时，江苏教育会美术研究会常年大会。

【引】会议事项：王济远报告，今日本会会长刘海粟在普陀未归，副会长沈信卿又因足疾缺席，应否推定临时主席，请公决。议决：应推定临时主席。当即公推王济远为临时主席。报告事件：1. 报告去年年会议决举办第二届江苏全省美术展览会一案，嗣以向省公署请款无着，遂致停顿。2. 去年年会议决呈请教育厅委派学校艺术科指导员促进本省学校艺术教育一案，嗣因教育厅批谓：省款支绌，添设人员经费无从筹划，暂时缓办，以此亦未实行。3. 今年6月征求日本各小学校绘画成绩，于6月26日起开展览会6天，观者大称于艺术教育获益甚多，并在开会期内请沈信卿、俞寄凡、姜敬庐等演讲小学之绘画。

△提议事件：1. 呈教育厅委派艺术科指导员案：议决根据提案人理由由本会再行呈请教育厅委派。2. 委托本会会员就近调查各地艺术设实况案。议决：根据案人理由推定俞寄凡、滕若渠、杨清磬、潘伯英草定调查表格，分发各地会员实行调查报告本会，汇集发刊。3. 举行第二届江苏省美术展览会案。议决：由本会据情再行呈请省厅继续举办，以资提倡。4. 潘伯英提议中小学校之音乐应注意赏鉴方面案，议决：请原提案人将应注意之点条例说明，交本会印发各校音乐教员。5. 王济远提议组织艺术名词审查会案。议决：推定汪先生与俞寄凡、谢公展、滕若渠、杨清磬起草组织大纲，提交职员会讨论组织之。6. 俞寄凡提议每年一次征

集国内及日本全国小学艺术科成绩在江苏省各地开展览会案。议决：照提案每年一次由本会办理。7.本届选举出席人少，应否仍照上届通信选举案。议决：通讯选举。8.谢公展、朱屺瞻、杨清磬、潘天寿提议：遵照会章第七条戊项编辑艺术杂志由本会刊发案。议决：交由职员会推定编辑委员办理之。9.修改会章：公决修改者如下：第五条甲项"研究资料……"改"研究事项……"。乙项"关于各种艺术日报……"改"关于各种艺术刊物"。第九条"将随时由职员会议修改"改"由常年大会提出修改"。

△会后以通信选举方式，产生新职员如下：提议人：李毅士、汪亚尘、张辰伯、杨清磬、滕固、俞寄凡。会长：刘海粟（13票）。副会长：沈信卿（7票）。评议员：汪亚尘（13票）、王济远（12票）、张辰伯（12票）、俞寄凡（11票）、潘天寿（11票）、滕若渠（11票）、李毅士（10票）、江小鹣（9票）、杨清磬（8票）、谢公展（6票）、陈肇宏（6票）、潘伯英（5票）。干事：薛演中（10票）、刘利宾（8票）、王春山（6票）、刘庸熙（5票）、何明斋（4票）、许醉侯（4票）、杨少棠（3票）、朱屺瞻（3票）。（中国第二历史档案馆藏，档案卷号6540）

8月18日，蔡元培致函刘海粟，为其作品《九溪十八涧》《言子墓》各题七绝一首。

【录】函谓：海粟先生大鉴：前奉复示，知尊意亦赞成慎重为慰。承赐画筳，老笔纷披，至堪把玩，谢谢。属题《九溪十八涧》及《言子墓》两图，均已题七绝一首，扇面亦已写，并见示之西湖画十一张，均奉璧，乞察存为幸。专此，敬祝著祺。弟元培敬启 八月十八日。此函及各件备而未发，复奉惠函及近作集样张六纸，敬悉，题词奉上，请正。负责董事之宣言，已于《时事（新）报》见过，如此办法，弟甚赞成。培再启。（《蔡元培年谱

长编》（第二卷），第740页）

【按】题《九溪十八涧》图：

传闻扬子泣歧途，理智常夸统万殊。

艺感由来忌单调，转从复曲得清娱。（该画题跋）

题《言子墓》图：

风光殊不似初春，老树槎枒欲搏人。

想见秋声催栗感，不教怀旧转怀新。（该画题跋）

8月19日，《申报》刊登《上海美专董事会宣言》。

【录】"兹据刘校长报告官厅因禁止市上淫画淫舞，而涉及校内西洋画系高年级学理参考之生人模型一事，寻绎其词，淳淳然致意礼教国性，冀遏末流之弊，未尝不具有苦心。慨自市上淫画淫舞流行而后影射模特之名词，以欺不学无术之侪辈，士大夫深痛恶疾者久矣，今官厅严于查禁，为风俗人心计，畴不称庆。唯美术之有西洋画系，西洋画系之有生人模型，实为先进各国共有之设施。当前中外文化沟通之际，学术久定为世界之公器。试举二十年来吾国教育之成绩观之，其资鉴于外国者，所在皆是。如谓生人模型，因淫画淫舞之利用其名，以为非作恶，即噎矣不妨暂时废食，犹可言也；如谓淫画淫舞既利用模特之名词，以为非作恶，而西洋画系之置有生人模型者，皆当负败坏风俗人心之罪戾，是何异盗以武器伤人，而谓兵工厂之式备模型，即为诲盗之具又不可言也。要之生人模型，为描写人体真想者最后必须经历之工夫，无之即艺术上留一缺点，而画科中将永无人体之真相可见。官厅本非研究学术之机关，其误会之处，不妨曲谅，深恐海内外笑中国竟无确能研究学术之人，故不敢不披露经过情形，以公告热心美术之同志。"具名者为负责董事梁启超、袁希涛、李钟珏、沈恩孚、黄炎培、张嘉森、阮性存、徐朗西、张东荪、章慰高、屠方同启。（《申报》，1926年8月19日；《刘海粟年谱》，第81页）

8月24日,刘海粟与江新、王济远、滕固、俞寄凡等会见来沪访问的日本艺术家。日本艺术家将日本帝国美术院审查员满国谷四郎等人的作品赠上海美专图书馆。(《刘海粟年谱》,第81页)

8月27日,蔡元培题刘海粟即将出版的画册《海粟近作》。

【录】蔡元培题:"吾国画家,有模仿古代作家之癖;而西洋古代美术家,亦有模仿自然之理论,虽所模仿之对象不同,而其为轻视个性则一也。近代作者,始渐趋于主观之表现,而不以描写酷肖为第一义,是为人类自觉之一境。海粟先生之画,用笔遒挺,设色强炽,颇于Gauguin及Van Gogh为近,而从无模仿此二家作品之举。常就目前所接触之对象,而按其主观之所剧感,纵笔写之,故纵横如意,使观者能即作品而契会其感想。谓余不信,请观此册。蔡元培。"(《蔡元培年谱长编》(第二卷),第741页)

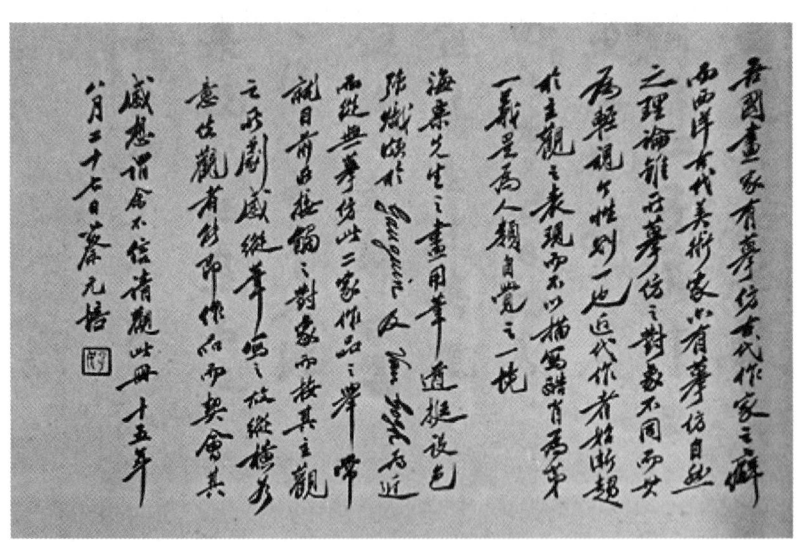

【图1926-11】蔡元培为即将出版的《海粟近作》作序手迹(1926年8月)

9月3日，徐志摩致函刘海粟。

【录】海粟我兄：你曾经几次要我题跋你的作品，我却不敢遵命。因为我实在不能说是懂得美术，勉强的事情我是不来的。这次你又来要我破例；我先看了信，心想海粟何必一定得窘着我，眉头不由的发绉了。但等看了你信里附来的那几张作品的缩印，我不仅放开了眉头，并且在心里感到新来的惊讶和欢喜。真的，我这几天逢着有朋友来，就拿这些画给他们看说：'你看，再不用怀疑这画家的力量；将（若）说这还不是艺术，我不不知道艺术是什么。'海粟，你这次寄来的六幅画里确是有使人十分羡慕，甚至讶异的东西。我说这话似乎有充内行的意思，但是不，我只说我这回才在我自身的脉搏上觉出了你的艺术的表现的力量。你要我在每张上题句，但那办法有些迹近复古，我觉得不敢尝试。我决意写这信去当替代，说话也来得方便，恳切，我想你一定可以原谅的。这次你寄来的，虽则只是原画缩印，却使我得到深刻的印象。《西溪》的布局，《秦淮渡舟》的配置与色感，都显出你的特长。最应得赞赏的是那幅《南高峰绝顶》；在我看来这是你的杰作。在这里，第一、我觉得你的笔力，那是原来强的，得到了充分却又有节度的施展，这显出你的功夫的纯熟；第二、我感到通体节奏（rhythm）的纯粹，从地下的泥土到枯树的末梢，没一点不表出艺术的匠心周密；没一点不激荡切题的情感：这是一首画着的诗；第三、我不能不惊你的色感的兴奋，你能用这多强烈的色彩，却不让色彩的强烈带了你走，这真不是偶然做得到的，这是一个灵感；一个意境的完全的表现；这是艺术。我不能不表示我的敬意！海粟，你的精力是可以的；我常常替你担忧，因为你在上海'非艺术'的责任太多、太重，体气娇些的竟许早就压倒了。但你还是这自在的矫健，真使我欣慰。但俗累终究不是艺术家的补剂，海粟，你有的是力量，你已经跑到了艺术的海边，你得下决心绷紧了腰身往更深处跑，那边你可以

找到更伟大的伙伴：梵高、石涛、提香、塞尚。（《徐志摩书信集》，第 18 页）

9 月 12 日，刘海粟接教育部第 129 号令，委派赴欧美日本各国考察美术事宜。（《时报》《新闻报》，1926 年 9 月 13 日；《大公报（天津）》，1926 年 9 月 15 日）

9 月 15 日下午，刘海粟出席上海美专十五年度第一学期总务会议。

【引】参会者：王邨山、刘庸熙、汤少棠、王心梅、黄启元、白萃英、王祝轩。

议题一、新生因战事区域，汇款迟到，要求通学，是否可以准许案。议决：新生一律住宿校内，已经规定公布，不应变更，仍须照章办理。

议题二、湘、鄂、川籍新旧生多数谓汇款不通，要求分次缴费及缓缴等情，应如何酌量办理案。议决：此事重大，应提交评议会讨论。

议题三、校舍房屋既多，应分院题名案。议决：由校长分别题名并写作匾额。

议题四、校役增多，应订管理办法案。议决：由事务主任订定办法，呈校长核定施行。

议题五、收发处提议，代取学生邮汇银洋责任太重，应另设法案。议决：拨归天予设立邮票兑换处，本校收发处代取邮汇银洋办法即行取消。

议题六、各种车费已屡涨价，校役代学生取送邮件、包裹应增加车资案。议决：每件加铜圆十枚，即每件应收车资二百文。（上海档案馆档号 Q250-1-41，档案正题名《本校总务、教务、教职员等会议记录》）

9月17日下午4时，刘海粟出席上海美专十五年度第一学期西洋画系系务会议。

【引】参会者：王济远、江小鹣、陈宏、滕若渠、俞寄凡、汪亚尘、张宣生、刘厥铭、薛演中。

报告更调课程：（一）刘、高教室月、火、水三天上午实习原定刘海粟先生教授，现改调高乐宜先生教授。（二）一年乙级月曜下午室内实习、木曜下午野外实习原定刘厥铭先生教授，一年甲级金曜下午野外实习原定郭谷尼先生教授，现均改调吴人文先生教授。又一年乙级水曜下午一——三加室内铅画实习两时，由吴人文教授。（三）四年甲乙级、三年甲乙级、二年甲级火曜下午艺术论二时，减少一时，调在月曜下午一——二与高师三甲乙合并教授。

议题一、提议规定四年甲级毕业制作之尺寸及种类并制作日期案。议决如左：（一）制作种类：（甲）油画人物、风景各一张，画面最小限度三十号。人物30号尺寸35.5cm×28.4cm；风景30号尺寸35.5cm×25.4cm。（乙）自画像一张，画面最小限度十号人物。（二）制作日期：自九月二十一日公布日起，至十一月底止。（三）交件日期：十二月一日至十二月十日。附注一：以上制作经毕业审查委员会评定后，将每种最优成绩留校三张。附注二：以上所用材料概由学生自备。

议题二、提议各级学生学业成绩应即日开始考查，并推定各级实习及理论学科担任考查各教授案。议决：推定各级考查教授分列如左：（一）实习，刘、高教室人体由高乐宜先生考查，野外由刘海粟先生考查；亚尘教室人体、野外均由汪亚尘先生考查；陈宏教室人体、野外均由陈宏先生考查；小鹣教室人体、野外均由江小鹣先生考查；济远教室（二乙）室内、野外均由王济远先生考查；一甲室内木炭实习由普特而司基先生考查，室内水彩实习及野外均由吴人文先生考查；一乙室内木炭实习由李毅士先生考查，室内水彩及野外均由刘厥铭先生考查。（二）理论，由担任教授考查之。本案应请各教授即日实行，遵照学生成绩考查规程切实考查。（上海档案馆档号 Q250-1-41，《本校总务、教务、教职员等会议记录》）

9月17日下午5时，刘海粟出席上海美专十五年度第一学期艺术教育系系务会议。

【引】参会者：俞寄凡、刘海粟、江小鹣、王济远、汪亚尘、滕若渠、陈宏、张宜生、刘厥铭、薛演中。

报告事项一件，报告更调课程。（一）艺术教育一乙西画室内实习及野外原系高乐宜先生教授，现改调吴人文先生教授。（二）专修科二甲乙野外实习原定唐韫玉先生教授，现改调高乐宜先生教授。

提议事项：议题一、提议规定本年甲级毕业制作案。议决：（一）日期：制作：自九月二十一日公布日起，至十一月底止。交件：十二月一日至十二月十日止。（二）科目：（略）。

本案应请推定诸教授遵照学生成绩考查规程即日实行。（上海档案馆档号 Q250-1-41，《本校总务、教务、教职员等会议记录》。）

9月23日下午4时，刘海粟出席上海美专十五年度第一学期音乐系系务会议。

【引】参会者：江小鹣、刘质平、潘伯英、苏少卿、陈小村、宋寿昌、李恩科、郑丙燮、刘利宾、汤风美。

议题一、学生缺席留级案。议决：学生缺席逾三分之一，照章应行留级。

议题二、限制学生旁听案。议决：上课时，非本级学生一概不准旁听。

议题三、新生试读日期案。议决：音乐科因有特别情形，以四星期为试读期限。

议题四、十五周纪念会如何表示音乐成绩案。议决：本学期音乐演奏会移在纪念会开会日下午二时至四时举行之，提交纪念会游艺部。

议题五、音乐成绩由各教授每四周在上课举行试验一次，俟学期终结，汇报音乐主任评定及格与否。议决：请各教授如提案实行。（上海档案馆档号Q250-1-41，《本校总务、教务、教职员等会议记录》）

9月24日上午，刘海粟出席上海美专十五年度第一学期各科系及各部主任会议。

【引】参会者：俞寄凡、汪小鹣、王济远、滕若渠、刘庸熙、刘利宾、薛演中、王邨山。

议题一、提议组织评议会案。议决：照草案逐条修正。

评议会规程：第一条 本校依组织大纲第三章第十一条之规定组织评议会。第二条 评议会由校长为议长，各科部主任为议员，此外推选教授五人充任。议长缺席时，由议长推举议员中一人为代表。第三条 评议员之职权如下：建议校务发展计划；议复校长咨询事项；审议教职员提议事项；审议要职进止事项；审议经费预算事项；审议各科系变更兴废事项；审议各科系课程事项；审议学校内部规则事项。第四条 评议会每月开议一次，于每月之第一周内定期举行。遇必要时，议得临时召集开会。第五条 评议会议案除议长于开会时提出外，各评议员须先期提交议长存记，俟开会时交议。第六条 评议会开议须有评议员过半数出席庶得表决议案，否则改为临时谈话。第七条　评议员除各科部主任担任议员外，任期一年，连推连任。第八条　本规程有未尽事宜，由评议员三分之一以上之提议，得随时修正之。（上海档案馆档号Q250-1-41，《本校总务、教务、教职员等会议记录》）

9月24日下午3时，刘海粟出席上海美专十五年度第一学期教务会议。

【引】参会者：江小鹣、许醉侯、刘质平、俞寄凡、郑丙燮、刘庸熙、郭谷尼、刘利宾、汪亚尘、陈小村、潘伯英、薛演中、宋寿昌、潘天授（寿）、姜敬庐、王隐秋、刘厥铭、王济远（代）、陈肇宏。

议题一、教授缺课问题案。议定：订定办法如下：（一）凡教授不向教务处具函请假而缺课者，由教务处发信质问。（二）凡担任实习教授如遇每级缺课在六小时以上者，须由担任教授自请相当代理人代课，但遇担任教授一时无法请得代理者，则由教务处设法代延之，或请担任教授自定时间补授之。（三）凡理论教授如遇缺课时，应请担任教授补足学程。

议题二、提议各学科编制课程要纲案。议决：由教务处请各担任教授按本校学程编制，尽两星期交送教务处。

议题三、新生试读期已满，应按考查之成绩以定学级案。议决：凡西洋画系、中国画系、音乐系、艺术教育系及专修科插级试读新生如程度不及者，应令退入相当年级。艺术教育系插级试读新生选习图音或图工者，有一项程度不及者，应令退入相当年级或改入选科。

议题四、旧制西洋画科三年乙级学生要求免考留级，改为新制案。议决：学制不符，应无庸议。

议题五、决定旅行地点案。议决：西洋画科四年甲乙级、三年甲乙级、二年甲乙级及国画系 A 组往无锡；艺术教育系三年乙级、二年甲级及专修科二年乙级往杭州。

议题六、提议竞进会复旧举行案。议决：请各主任照原有规程赓续举办之。（上海档案馆档号 Q250-1-41，《本校总务、教务、教职员等会议记录》）

9月，周方白入上海美专西画系学习。（上海档案馆档号 Q-250-1-120，《上海美术专科学校自开办至结束历届学生姓名索引》）

【释】周方白（1906—2000），上海南汇人。1926 年 9 月入上海美专西画系学习。1930 年赴法国巴黎国立高等美术学院，1933 年学习于比利时布鲁塞尔皇家美术学院，1935 年获比王雕塑金牌奖，同年去意大利。回国后历任苏州美专、武昌艺专、中央大学、圣约翰大学、国立艺专教授，同济大学教授。著有《绘画基本理论》《素描实践讲话》等。出版有《周圭素描集》等。（《上海美专名人传略》，第 403 页）

10月15日，徐志摩致函刘海粟。

【录】海粟：曼像卒不能竟，最是可惜。临行又未及一谈，在沪丞兄与诸友隆宠异常，深感何似。今来归乡里，遂尔隐遁。新居有楼，小霞可望，早晚清净，正好工作。兄在沪事务过忙，惧来乡之约未易言践。家君言兄曾诺堂画一幅，今构舍已成，惠赠未见。虚壁以待，想必不吝此一挥也。近得高邕之画四大幅，可爱已极。兄来当共赏之。康圣处迄未去，亦一憾事。欲求一尺方"清远庼"匾字，兄能为代谋最感。昌老近日见否？此颂
艺安！
志摩 十五年十月十五日（《徐志摩书信集》，第 18 页）

10月17日，《申报》刊载江苏省教育会美术研究会选举结果，刘海粟被选举为会长。

【引】刘海粟被选举为会长，沈恩孚为副会长，汪亚尘、王济远、张邕、俞寄凡、滕固、李毅士、江新、杨清磬、谢公展、陈肇宏、潘伯英12人为评议员，薛演中、刘利宾、王春山、刘庸熙、何明斋、许醉侯、汤少棠、朱屺瞻8人为干事员。（《申报》，1926年10月17日）

10月18日，《晨报·副刊》登载张嘉铸的《刘海粟》一文。

【引】文谓："刘海粟这三字，在一般人的脑碑心头上，已是一个凹雕很深的名字。在艺术的园中，他不但是一个辟荒开道的人，并且已是一个巍巍竖立的雕像。"（《晨报副刊》，1926年10月18日）

10月26日，徐志摩致函刘海粟。

【录】猥处乡陬，报亦不看。顷偶去商会，见新闻报，言及美专风潮事。觅旧报已不得，正拟书问，手示适来。然则究何因为然耶？兄如居沪不怡，何妨径行来硖，新庐尽可下榻。饭米稍粗，然后圃有蔬，汲井得水，听雨看山，便过一日。尘世喧烦，无由相逼。曼亦安居甚旷适，惟近日病眼，不能书写，甚盼兄能贲临，相与共数晨夕。围炉煮茗，并抒衷曲，何似在海上烦恼丛中讨生活也。家君因事北去，此间益形清索。兄如来能带零星画布尤佳。小鹣婚期已迫，虑不及趋贺。他日到沪，再当拜谒。吉日希饬役代买花篮申贺（或加入尊处公份亦可）。草率，并希代解。此致海粟我兄。

志摩 十五年十月二十六日（《徐志摩书信集》，第 19 页）

10 月 28 日，刘海粟出席上海美专十五年度第一学期教务会议。

【引】参会者：江小鹣、王济远、俞寄凡、滕若渠、宋寿昌、刘庸熙、薛演中、刘利宾、郑丙燮、诸闻韵、郭谷尼、潘天授（寿）、潘伯英、练为章。

议题一、本届旅行写生因时局不靖，迄未出发，现在应否旅行，请公决。议决：现因时局尚未平靖，一巨出发日期一再展缓，时期已晚，应即停止旅行。

议题二、竞进会应请规定日期举行案。议决：请各主任教授于每两周选习优良成绩，在各本教室开会一次。（上海档案馆档号 Q250-1-41，《本校总务、教务、教职员等会议记录》）

11 月 8 日，刘海粟聘请江苏省教育厅厅长江问渔到上海美专讲演《艺术与道德》。（《刘海粟年谱》，第 82 页）

11 月 22 日上午 10 时，上海美专发生师生矛盾，后来演变为所谓的"学潮"。（上海档案馆档号 Q250-1-243，《一九二七年本校学生革新学校运动及刘海粟勾结军警镇压学运文件》）

【引】起因是西洋画科主任王济远在教室上课时，他级学生郎应年擅入教室与正在上课的学生讲话，王济远令郎应年退出教室，发生争端。次日，其他学生以教员侮辱学生为由，组织学生会，声言打倒王济远，王济远愤而辞职。24 日，学校方面开除郎应年等 3 名学生。25 日，学生开会，声言学生会为学校最高级机关，执行校政。与学生谈判无结果。学生会宣布罢课。26 日上午，学生又集会，刘海粟等到会，谓学校不得有学术以外之结

集,自无承认学生会要求之理,要求学生早日复课。(《刘海粟年谱》,第82页)

11月23日,上海美专学生以教师侮辱学生为由,组织学生会,声言打倒王济远。

【按】此次矛盾愈演愈烈。汪先生与江小鹣、滕固、俞寄凡、张辰伯、薛演中、汤少棠等教师竭力劝阻,双方不听。校长刘海粟即开除学生张学儒、郎应年、汤飞三人。是晚,学生再次集会,并提出三项要求:(1)撤换王济远教授。(2)学生派代表参加教授会议。(3)学校经济公开。(《刘海粟年谱》,第82页)

11月23日,蔡元培为上海美术学校校歌作歌词,此歌词应上海美术学校嘱作,由该校音乐教员刘质平、李恩科配曲,并教师生演唱。(《上海美专音乐史》,第15~22页)

【引】蔡元培作上海美术学校校歌歌词:"我们感受了寒温热三带变换的自然,承继了四千年建设文化的祖先,曾经透彻了印度哲理的中边,而今又接触了欧洲学艺的渊泉。我们的思想应如何博厚?我们的兴会应如何郁茂?我们的创作应如何丰富?我们将要与巨灵击掌,不可不把细弱的手腕,养成强壮;我们将要与夸父竞走,不可不把短小的足力,养成耐久;我们希望到发达时期,有伟大的影响,不可不于幼稚时期有完全的修养。啊!我们有了摇篮了,可爱呵,我校建筑的清闳!啊!我们有了乳糜了,可爱呵,我校设备的周至!啊!我们有了保姆了,可爱呵,我校教师的优异!我们现在彻底地受了母校的陶熔,将来要在世界上发扬我们祖国的光荣!啊!可爱的祖国,万岁!啊!可爱的母校,万岁!"(《申报》,1926年11月23日;《蔡元培全集》第5卷,浙江教育出版社,第424页)

11月25日，汪亚尘、江小鹣、俞寄凡等25人发布《忠告全体同学诚意学术》的布告。

【引】布告言："诸同学来校目的以求学为本分，不幸二日来，因由少数同学之误解，致全体同学不能安心求学，实深惋惜。同人等特为开会磋商，为诸同学学业起见，特此忠告，希勿误入旋涡，免荒学业。"

是日，有学生胡子陇、许慕兰、王乃慎等分向李毅士、俞寄凡、汪亚尘诸先生请为双方调解。（《申报》，1926年11月25日）

11月26日，下午1时，学生再次集会。刘海粟带武装巡捕和包探及教师数人到场，同时将学生会办公处封闭。（《申报》，1926年11月27日）

11月27日，"国闻通讯社"送发有关学潮之资料。晚7时，美专学生会于大西洋欧莱馆，招待新闻界，由主席胡子陇报告风潮情形，请新闻界援助，至10时散会。（《申报》，1926年11月29日）

11月29日，学校仍不承认学生会，多数学生则坚决拥护学生会，要求承认八项条件并组织宣传队，用图画、文字及口头之宣传，以引起外界注意。

【引】校内各墙壁上皆贴有"不达到目的誓不上课"等标语，并贴讽刺图画。又两广、福建、四川、湖南、安徽等同乡会，皆组有募捐团募款，以补助学生会之经费。另有一部分学生组织临时救济学业会，发出宣言，不主张罢课云。（《申报》，1926年11月30日）

11月30日，刘海粟出席天马会临时会议。

【引】会议在静安寺路邵洵美宅举行。到会者有江小鹣、刘海粟、王济远、江亚尘、钱瘦铁、滕固,并有新会员邵洵美、徐葆炎、高乐宜、顾苍生等列席。议决举行第八届美术展览会事,推王济远为筹备主任。(《民国日报》,1926年12月2日)

12月1日,刘海粟发布《上海美专学潮之经过》。学生以刘海粟及校方言论不实为由继续罢课。(《申报》,1926年12月1日)

12月4日,因王济远与学生发生冲突,上海美专学潮愈发激烈,最终导致刘海粟与学生们的正面冲突,全国学生联合会、上海学生联合会受美专学生会委托,访校董蔡元培,蔡元培为刘海粟开脱。(《申报》,1926年12月9日)

12月4日,王济远致函刘海粟,要求辞职。

【引】谓:"济性顽直,起此次风潮,累及诸公,不宁负疚良深,幸公等皆贤明旷达之士,决不忍坐视其狂澜,必能有以善其后。俾青年数百,早复旧惯,得安心向学,以免贻误。"(《刘海粟年谱》,第83页)

12月6日,刘海粟会见蔡元培,商议平息风波的办法。(《申报》,1926年12月9日)

12月7日,《申报》载"上海美专离校学生筹备新校现在着手进行,闻其组织,用委员制,其宗旨重在革命的艺术,校名亦拟就,不日即可发表。"(《申报》,1926年12月7日)

12月8日,刘海粟与学生会代表谈判。刘海粟依学校会章,否认学生会的成立。(《申报》,1926年12月9日)

12月9日,汪亚尘、江小鹣、潘天寿等教师为师生风波事发出声明。

【引】声明谓:"本校此次风潮始末,谅各界人士早已洞察,比见报纸所载,揭贴所示谓:全部教职员有另组新校之举,不胜惊骇。同人等供职美专历有年所,此次风潮发生,曾一再劝告学生恪守校规,早日上课,所云同人等共同发起了另组新校,绝无此事,恐外界不察,特此声明。"(《申报》,1926年12月9日)

12月10日,校方提出设立临时教职员会,以平息学潮。

【引】当时临时教职员会签名者有:徐葆炎、滕固、沈在镕、汤少棠、王春山、王祝轩、王隐秋、宋寿昌、郭谷尼、高乐宜、汪亚尘、刘厥铭、潘天寿、江小鹣、张辰伯(代)、姜丹书、李恩科、方介庵、马孟容、李毅士、刘利宾、普特尔斯基。推李毅士、姜丹书为临时主席。(上海档案馆档号Q250-1-38,《本校职员会、教职员、总务会、校务会等会议记录》)

【释】姜丹书(1885—1962),字敬庐,号赤石道人,江苏溧阳人。清末毕业于南京两江优级师范学堂图画手工科,应部试,以优等第一名授师范科举人学位,1919年赴日考察教育,回国后创办中华教育工艺厂,历任上海、杭州、华东各艺术院校教职。1923年2月任上海美专高等艺术科教授,1927年2月至6月任上海美专校务委员会委员兼艺术教育系手工组主任。1928年2月至1933年6月任艺术教育系主任兼理论、手工教授。1937年1月至1946年6月任上海美专劳作专修科主任兼艺术理论教授。1946年继续任上海美专劳作艺术理论教授兼劳作专修科主任。著有《美术史》《艺术解剖学》《透视学》《敬庐画集》《丹枫红叶室诗草》。其幼子姜书凯于1990年将其手稿整理编辑,刘海粟题写书名《姜丹书艺术教育杂著》,谢海燕作长序,浙江教育出版社1991年10月出版。(《上海美专名人传略》,第123页)

12月11日下午1时半,上海美专临时教职员会议。

【引】首先由李毅士宣布本会同人将处于不偏不倚之地位以平息学潮,大家一致赞成。其次,拟起草致学生会函征求大家意见,大家同意。函曰:"迳启者,本会现为研究解决学潮起见,征求学校当局及同学方面意见,俾资参考,请贵会将同学方面情形及如何希望详述书面见告,准于下星期一下午一时半派举代表特函来会面谈。"(上海档案馆档号Q250-1-38,《本校职员会、教职员、总务会、校务会等会议记录》)

12月13日下午1时半,上海美专第二次临时教职员会议。

【引】出席者有李毅士、滕固、汪亚尘、李恩科、王隐秋、江小鹣、宋寿昌、程桂荪、张宜生、刘庸熙、沈在镕、郭谷尼、王春山、练为章、刘利宾、刘厥铭、谢公展、王祝轩等17人。李毅士、姜丹书被推为主席。会议事宜:一、首先报告学生会函。二、应否发表态度。议决:发启事声明。三、本会调停风潮不得要领,以后是否继续。议决:本会本属临时性质,应即停止。四、应表示何种态度?议决:拟定启事稿如下:"本校此次不幸发生风潮,相持已逾旬日,本会同人为爱护学校与爱护学生起见,临时出任调停,拟得双方谅解,早日恢复原状。唯接到学生方面来函,不受调停,则本会已无进行之可能。即经公决解散。此次同人出任调停,出自至诚。不幸爱莫能助,深为愧惜。"(上海档案馆档号Q250-1-38,《本校职员会、教职员、总务会、校务会等会议记录》;《小时报》,1926年12月13日)

12月13日,《申报》刊上海美专学生会名义的《上海美专学生会驱刘启事》。

【引】略谓：刘氏最后觉悟开诚相持不意，谈判之下仍一味敷衍，始终拒绝，要求且将枝内什物全敷搬去私自收藏，直欲使数自同学流离失所奔走无门……刘氏之种种手段均认为非师长对付学生之应有态度，开会议决一致驱逐。（略）（《申报》，1927年12月13日）

12月14日，上海美专校董会在功德林素食处举行临时紧急会议。

【引】蔡元培、黄炎培、张君励（王庚代表）、沈信卿、袁观澜、徐朗西、刘海粟等出席。会议由蔡元培主持，首由刘海粟报告学潮经过，后由校董讨论良久，决定于20日提前放假。（《申报》，1926年12月15日）

12月15日，上海美专召开教职员会议。

【引】先由江小鹣报告校长提出董事通过之议案。谓："校长报告学校风潮经过情形，虽经各方面设法调停，尚有少数学生未能谅解，且一部分学生业经离校，即照常上课功课亦难整齐，拟提早放假，并发还膳宿费一个月若干元。"即经到会一致赞同。

校长根据董事会议案，实行自16日起至20日止。凡事务上一切关防文件，须封禁保管。最后议决：学年考试在势不能按期实行，须待下学期开始时补考。毕业考试在势不能实行，须待下学期开始时补考。下学期提早上课再通知。又学生信件从发费放假后如无特别阻碍仍照旧例假办理，倘发生事故，一律退还原处。（上海档案馆档号Q250-1-38，《本校职员会、教职员、总务会、校务会等会议记录》）

12月16日，校方再致巡捕房，声明放假，发还伙食费用（22日放假）。（《申报》，1926年12月18日）

12月17日，上海美专学生会召开第九次全体大会。

【引】由学生会马袖山主席报告数日来经过情形及刘海粟对学生之手段，经全体议决：否认刘氏提前放假。又将新华艺术学院草章宣读一遍。又该会于是日下午4时请杨贤江在该校大礼堂演讲，讲题为《艺术与革命生活》。学校当局忽来校，发生冲突，甚至用武，武装巡捕乃到场弹压（据《申报》18日）同日，报载《美专学生会筹备新校之进行》："由教职员、艺术界名流、学生共同组织之，校址在金神父路法政大学对面，学生除原有者外，有某大学学生一班请求加入，艺术界名流有张竞生、华林、丁衍镛等。"（《申报》，1926年12月18日）

12月18日，俞寄凡、潘伯英、张聿光、潘天寿等发起新华艺术学院在上海成立，至1941年底停办。

12月20日，美专部分同学又组织同学会，学生会派代表向法领事交涉。（《申报》，1926年12月21日）

12月21日，刘海粟出席上海美专十五年度第一学期教职员会议。

【引】参会者：江小鹣、滕若渠、高乐宜、丁慕琴、汪亚尘、李毅士、刘庸熙、王祝轩、王邨山、潘伯英、吴人文、沈在镕、汤少棠、王隐秋、李恩科、诸闻韵、刘利宾、郭谷尼。

议题一、教职员发布启事。议决：发启事如后：顷见本月廿一日报载上海美专学生会启事云云，查本校提前放假，系董事会议决：经校长提出，于本月十五日教职员会通过，而风潮之中，临时教职员会曾出面调解，为该生等所拒绝，学校当局之爱护诸生至矣尽矣，而该生等复不自讼，一误再误，何以对家长？命就外传之至意，事实具在，其各察之。

议题二、展缓发还学生膳宿余费。议决：展缓三日，至本月廿五日为止，廿七日停止伙食。（上海档案馆档号Q250-1-41，《本校总务、教务、教职员等会议记录》）

12月21日，徐志摩致函刘海粟。

【录】海粟吾兄：连得二函，敬悉小鹣大婚，想有一番热闹，不及亲贺为歉。曼日来又不爽健，早晚常病，亦此生愁。天时又阴寒迷塞，令人不欢。足下所谓热度固矣，可以救寒，未能阻病，奈何！奈何！足下何日来此，希早日示知。时局颇迫，或年内尚不免逃难，令姪译成钜著，可贺。译笔亦似见过，颇明净，嘱写序，实有所惧。摩常憎胡蔡专作序，成不为序，不为人序，亦不序自作书，此固非牢不可破，然能躲即躲，在京时已辞却不知几许人矣。令姪书已看过，或为草一短评如何？能豁我为盼，并希转告思训兄多多原谅，谈起此书，老蔡定乐为之序，胡不一问。上海画报十一月二十四日一期，有张秋帆为曼母纪事一则，请为买一份寄来，谢谢！又《晶报》能为代订否？摩曼均候。

志摩 十五年十一月初七 （徐志摩，《志摩手扎：给刘海粟》，载《文友》（上海1943），1943年第1卷第5号；《徐志摩书信集》，第20页）

是年，刘海粟作中国画《秋江饮马图》《鹿》，作油画《河口牌楼》《春淙亭》《普陀》等。（作品题签）

是年，刘海粟遵教育部令修正章程等呈文。

【引】呈为遵令裁去师范院，修正章程，并于十四年度开办音乐系、雕塑系，重缮表册，仰祈鉴核备案事。

窃本校前奉江苏教育厅第七七三号训令内开:"案奉省长公署训令第三七六二号内开:案准教育部第五三六号咨开:'准咨送上海美术专门学校章程、课程纲要暨教职员一览表,请核备。'等因到部。查该校更订学制,核阅各条,大致尚妥,唯师范院为专门学校令所无,且既设有图画、音乐、手工等各专修科,更不必特设专院,而节校费,请转饬将章程第四条'二、师范院'暨第九条'师范院'三字,并课程纲要内关于师范院各表

【图1926-12】
《鹿》,刘海粟,
中国画,1926年

删去，重行改订呈部，再行核办，相应咨请查照转饬令遵。"等因。本校奉此层转令饬到校，即由校长召集行政会议，议决：遵即将师范院删去，并将章程第四条"二、师范院"一项暨第九条"师范院"、课程纲要各表一并删去，以符大部令饬。再本校鉴于音乐及雕塑专门人才之缺乏，依社会之需要，即于十四年度学期起开办音乐系、雕塑系各一班，毕业年限均为三年，入学资格以具有新制高级中学及后期师范毕业者，以养成音乐与雕塑专门人才为主旨，并将图画专修科、图画音乐专修科、图画手工专修科三科改办图画音乐系、图画手工系二系，毕业期限同为三年，合之前办及上学期举办各系为：中国画系、西洋画系、雕塑系、音乐系、工艺图案系、图画音乐系、图画手工系等七学系，所有添设之雕塑系、音乐系及改办之图画音乐系、图画手工系之课程纲要前经教务会议几度开会，缜密考虑，讨论妥洽。本校尤以学系之增设、学生之日多，于寒假期间就校右毗联基地添建新校舍一座，计七十余间，建筑式样完全依照法国巴黎美术学校校舍形式，现已全部落成，专作扩充学系、设备、教室之用。所有遵令修正章程及改办学系各缘由合亟重缮章程暨课程纲要表一份，除申请江苏教育厅分别存转外，令再附文呈请大部鉴赐备案。俾利进行，实为公便。（上海档案馆档号Q250-1-76，《本校于一九二五年至一九二六年依照伪教育部新学制系统改革之规定更改学制、调整设置系科的来往文件》）

是年，刘海粟遵教育部令呈函复本校经费能力。

【引】呈为遵令呈复本校新设及改办各系经费能力情形，仰祈鉴核认可事。

案奉钧部第六五五号指令内开："据呈……遵照。此令。"等因。奉此，窃查本校于十四年度增设音乐系、雕塑系，原有改设之图画、音乐、手工等三系于十五年度改称艺术教育系甲组、乙组、丙组，各系业经办理一年内，除雕塑系因学生应考不多，暂缓举办外，其他各系按照原定进程办理。音乐系由校长经募一万五千元添建新舍，又由董事会拨助常年经费三千元办理是实，其改设各系将裁去之师范院各系经费充当，不但经费、人才二方已堪胜任，且与现行专门学校条例悉所符合所有。遵令呈复本校新设及改办各系经费能力情形，理合备文具呈，仰祈鉴核，指令正式认可。附呈音乐系新校舍图一件，以资考成。谨呈

教育部长任

附呈音乐系新校舍图一件。

上海美术专门学校校长刘海粟（上海档案馆档号 Q250-1-76，《本校于一九二五年至一九二六年依照伪教育部新学制系统改革之规定更改学制、调整设置系科的来往文件》）

公元1927年
民国十六年
（丁卯）
31岁

1月5日，刘海粟出席上海美专十五年度第一学期教务会议。

【引】参会者：刘庸熙、陈肇宏、李毅士、高乐宜、汤少棠、方介堪、宋寿昌、程桂荪、贾镇廷、王隐秋、张宜生、江小鹣、滕若渠、刘志平、陈小村、刘利宾、朱义方（代）、汪亚尘、姜敬庐、沈在镕、马孟容。

议题一、提议修改本校学则案。议决：略有修改通过。

议题二、提议学则第八项旁听生存废案。议决：从十六年一月起废止旁听生。原有学则第八项第五九条至六二条应即删除。

议题三、提议本届各科毕业应如何办理案。议决：应先给书面证明，俟定期补考后，再给正式证书。（上海档案馆档号 Q250-1-41，档案正题名《本校总务、教务、教职员等会议记录》）

【释】张宜生（1902—1967），名议，字宜生，常熟人。通

文辞擅书画。1925年定居苏州。1925年至1932年受聘于上海美专国画、图案教授，1928年还兼任苏州美专教务主任，苏沪两地往返奔波。曾在苏州组织"古今书画社"，展览并销售古今名家字画。1942年参加"江苏美术协会"。1949年后任教于南京艺术学院。

【释】马孟容（1892—1932），浙江永嘉人。马公愚之兄。毕业于浙江高等师范学堂。久居上海，擅长花鸟、草虫、鱼蟹。1926年9月至1931年7月任上海美专中国画系国画理论教授。曾参加古欢今雨社、"寒之友"社和蜜蜂画社，并与同道于1930年初创办中国文艺学院。传世作品有《乌鸦图》等。（《上海美专名人传略》，第162页）

1月上旬，上海美专召开校务会议，修订美专招生简则。

【引】因学潮波折，不修订上海美专招生简则，增加附告："凡自量无求学之诚意者请勿来学；凡喜干预校中行政事务者请勿来学；凡欲参与学术以外事者请勿来学；凡对于本校主持者之人格与主义有怀疑者请勿来学"等内容持有异议。（《刘海粟年谱》，第84页）

1月18日，刘海粟出席上海美专十五年度第一学期教职员会议。

【引】出席者：刘庸熙、姜敬庐、马孟容、方介堪、汤少棠、刘质平、王邨山、程桂荪、滕若渠、李毅士、汪亚尘、江小鹣（代）、刘利宾、沈在镕、高乐宜。

议题：提议组织上海美专整理校务委员会。议决：即日成立整理校务委员会，当推定姜敬庐、马孟容、方介堪、汤少棠、沈在镕、程桂苏、李毅士、刘志平、王邲山、滕若渠、汪亚尘、刘利宾、刘庸熙、江小鹣、高乐宜、黄启元、王心梅、王祝轩等为委员。(上海档案馆档号Q250-1-41,《本校总务、教务、教职员等会议记录》)

1月25日,上海学生联合会致函刘海粟。

【录】海粟先生大鉴：敬启者,贵校风潮发生,敝会曾派代表多方调停,期以和平了事,乃未蒙先生谅察,竟使数百同学被迫离校,另组新华艺术学院。敝会同人方幸风潮可以平息,莘莘学子不致失学。顷据美专代表报告,知先生忽于前日带同军警借口搜查赤化,拘捕同学张学儒等四人,至防守司令部百般恫吓,因无证据当被释放。翌晨又调中法大批军警强同学全体出校,将行李搬出校门以外,同学等于惊慌之中顿遭流离失所之痛,敝会闻此,曷胜骇异！按贵校风潮自始至终均先生之压迫,有以促成之激荡之,其中详情已于前函略道梗概,想邀电览。此次寒假住校学生皆千里负笈,不便归家,暂住校中,殊无轨外行动。先生既无端嗾使军警拘捕,复压迫全体出校,际此严冬,饥寒可虞,突遭意外,尤堪痛愤。敝会以职责所在,不容默缄,特此提出质问,希先生明白答复,抑尤有进者。此年以来,各地学生均以从事爱国运动为军阀所忌嫉,辄以赤化之名屠戮惨杀,不一而足,此次先生以私忿所激,竟嗾使军警拘捕摧残同学,扭送军法处,若横遭不幸,借口赤化致为枪毙,将来祸患其谁负之？忠言直陈,尚希鉴察,即颂
道安
　　上海学生联合会启　一月二十五日(上海档案馆档号Q250-1-243,《一九二七年本校学生革新学校运动及刘海粟勾结军警镇压学运文件》)

1月27日,全国学生总会执行委员会致函刘海粟。

【录】海粟先生大鉴：自贵校风潮发生以来，敝会曾为贵校前途、学生利益与乎中国国体起见，曾一再提出善意之劝告，以期风潮早日平息，无奈先生始终坚持，不惜使用种种卑鄙之手段敌视学生。据贵校学生之报告及报章之记载，先生初则收买流氓幽禁贵校同学马君岫山，继又勾结法捕在校实行变象之审判，无故逮捕学生，严加拷打，今竟亲率武装中国兵士逮捕学生四人，诬以宣传"赤化"，以图一网打尽。于昨午后，并用武力驱逐留校学生，使之栖离失所，学生何辜，频遭先生之毒手。先生纵不顾个人之名誉，必欲置全体学生于死地而后快乎？纵不顾教育界之羞耻，必欲激动全体学生之积愤以致决裂至不可收拾乎？夫学生之要求者，仅集会之自由，此权载在宪章，毫无反对之余地，而先生必欲违背潮流，甘为公敌，长此以往，恐先生之手段即令能镇压一时，终必有不可逆料之不幸结果也。敝会为先生个人计，为教育界羞耻计，敢请先生翻然觉悟，即时解职，以谢国人。临颖匆匆，不尽欲言。顺颂

道安

全国学生总会执行委员会

十六年一月二十一日（上海档案馆档号Q250-1-243，《一九二七年本校学生革新学校运动及刘海粟勾结军警镇压学运文件》）

1月，刘海粟作中国画《彤云素羽》，高剑父题字，日本河野正义藏。（该画题跋）

2月11日，刘海粟作中国画《月落乌啼丛林寒》，日本久迩宫邦彦藏。（该画题跋）

2月15日，徐志摩致函刘海粟。

【录】海粟：日昨空手枵囊而去，饱腹满载以归，幸运何似！具见为海翁长生之有利也。忌口千万不可妈货，太太应用强制手段。吕班路房子，歆海兄弟俩要租，请代致朗西先生，向房

【图 1927-1】1927 年上海美术用品社出版的《海粟近作》中，收录刘海粟中国画《彤云素羽》

东一说。即日起租，租金六十五两。余细则由欹海二兄直接交涉可也。费神，即颂无量福寿。

志摩 十六年二月十五日（《徐志摩书信集》，第 21 页）

3月6日，刘海粟出席上海美专十五年度第二学期教职员联席会议。

【引】参会者：江小鹣、汪亚尘、刘质平、李恩科、江翼时、刘海若、刘洪、刘庸熙、徐保炎、徐清芬、黄启元、王邠山、汤少棠、滕若渠、刘利宾、王祝轩、张宜生、钱瘦铁、谢公展。

议题一、音乐系主任李恩科先生提议，本校为普及音乐教育起见，音乐系设特待生案。议决：照案通过，并定办法如后：

（一）特待生设定额十名，以本届一次为限；（二）凡家境清寒而富有天才者，得报考特待生；（三）特待生学费完全豁免；（四）特待生除免除学费外，其他一切悉照章程办理；（五）特待生名额不足时，就旧生中以成绩优良考递补之。

议题二、汤少棠先生提议，兹因学生请求，以时局关系，照往年战期例，通融缴费案。议决：凡学生到校时，确因战事关系汇兑不通者，则照往年战事成例，得由确实保证人具书担保，准先入学，尽一月内缴纳。

议题三、汤少棠先生提议，减收建筑基金案。议决：西洋画系、中国画系、音乐系、艺术教育系学生三年级以上概予免缴，专修科学生二年级下学期概予免缴，自本学期起施行。

议题四、开课日期案。议决：本月九日起开始上课。

议题五、设讲义处，管理各学科讲义案。议决：照案通过，由总务处酌定办法施行。（上海档案馆档号Q250-1-41，《本校总务、教务、教职员等会议记录》）

【释】李恩科（1894—1950），天津人。早年毕业于清华大学，后去美国留学音乐。1926年9月至1929年7月任上海美专校务委员会委员兼音乐系主任，教授西声乐、西器乐。中国女高音歌唱家喻宜萱的歌唱天赋就是李恩科在上海美专当音乐系主任时发现的，他是负责筹备上海国立音乐院的主要人员。（《萧友梅编年纪事稿》，第263页；《上海美专名人传略》，第131页）

3月8日，上海美专举行春季始业式。翌日，开始上课。

【按】本学期添聘丰子恺为国画理论教授、沙辅卿为国画教授。今后每月每星期请曾农髯、王一亭等名家到校挥毫。（《新闻报》，1927年2月28日）

【释】丰子恺（1898—1975），原名润，字子颛（与"恺"同），追随恩师李叔同为佛门居士，法名婴行。浙江石门人。1921年赴日本留学，主修油画，兼修音乐。受日本画家梦竹久二简略诗意画影响，回国后遂以漫画描绘古诗意境、儿童生活和社会现实。于1924年起在《我们的七月》杂志发表漫画。创立立达学园。在郑振铎主编的《文学周报》上以《子恺漫画》为专栏发表漫画。1927年起担任上海美专音乐系、艺术教育系教授，教授美术史、艺术教育、艺术概论、音乐常识等课程。1930年7月任上海美专音乐系主任兼教授。1938年辗转至武汉参加抗日宣传，任《战地文艺》编委。1949年以后担任过上海中国画院院长和上海美术家协会主席等职务。（《上海美专名人传略》，第100页）

3月13日，刘海粟出席天马会第八届美术展览会筹备会。

【按】会议在静安寺路124号（王济远洋画展览会地）举办。其他到会会员有丁悚、高剑父、江小鹣、汪亚尘、张辰伯、王济远、唐吉生（代）、杨清磬（代）等。议决第八届展览会新加邵洵美、滕固为委员。夏历三月初五举行画展。即日起征集作品。（《新闻报》，1927年3月15日）

3月24日，刘海粟出席上海美专十五年度第二学期教职员联席会议。

【引】参会者：江小鹣、滕若渠、刘海若、汪亚尘、贺天健、钱瘦铁、刘庸熙、孙友三、刘质平、王隐秋、刘利宾、李恩科、刘洪、江翼时、徐保炎、高乐宜、姜敬庐（代）、王邨山、张辰伯（代）、郭谷尼、张宜生、唐蕴玉、徐清芬、王心梅、王祝轩、汤少棠、李毅士。

议题一、提议为本校前途扩充计，拟改组为上海美术大学案。议决：即日筹备组织临时委员会，推定前校董会主席蔡子民及票选本校教职员汪亚尘、刘海粟、滕若渠、江小鹣、李恩科、李毅士、姜敬庐、江翼时等九人为临时委员。

议题二、提议本学期发生战事，学生到数极少，经济大受影响，请讨论维持办法案。议决：教职员薪水在四十元以上者，减一成；六十元以上者，减一成半；八十元以上者，减二成；百元以上者，减二成半；百廿元以上者，减三成；四十元以下者，支原薪。学生到数满三百四十人以上时，仍支原薪。（上海档案馆档号Q250-1-41，《本校总务、教务、教职员等会议记录》）

3月25日，刘海粟出席上海美专十五年度第二学期续开教职员联席会议。

【引】参会者：汪亚尘、刘海若、钱瘦铁、孙友三（代）、方介堪、马孟容、江翼时、刘质平、郭谷尼（代）、刘庸熙、张宜生、滕若渠、王邨山、徐希一、贺天健（代）、李毅士、姜敬庐（代）、王隐秋（代）、刘利宾、刘洪、汤少棠、王心梅、王祝轩、黄启元、江小鹣。

议题一、提议本校为分任校务、集中精力起见，改设委会制。议决：用通信选举，请各教职员尽明日上午十二时前就名单中选举委员五人。（上海档案馆档号Q250-1-41，《本校总务、教务、教职员等会议记录》）

3月26日，上海美专离校学生返校，与学校当局发生冲突。刘海粟辞职，由校务委员会主持校务。（《刘海粟年谱》，第84页）

3月27日，上海美专在《申报》发表启事，称"本校为集思广益起见，已改组委员会，一切校务概由委员会负责办理"，署名为委员蔡元培、江新、汪亚尘、高铦、滕若渠。（《申报》，1927年3月27日）

3月31日，蔡元培、汪亚尘、江新、高铦、滕若渠在报上发表启事，宣布辞去上海美专校务委员会委员职务。（《申报》，1927年3月31日）

3月，曾熙受聘任教上海美专门学校，为学生示范授课。《上海美专新制第九届毕业纪念刊》刊有曾熙为上海美专题词：有美必彰。

【释】曾熙（1861—1930），湖南衡阳人，1903年中癸卯科进士，拥护维新变法，又兴办地方教育，主讲国学于石鼓书院，并创办师范学堂。1919年张大千从日本回到上海，专程赶到河南曾府拜先生为师。张大千常对人说，曾老师是他一生中得益最多的恩师。（《上海美专名人传略》，第245页）

4月1日，魏道明律师代表上海美专宣告暂行停办，并致各学生家长公开信。

【引】信谓"敝校不幸去年发生风潮，事经提早放学，发还寄宿学生膳宿余费，以谋收束""今年开学后，忽有去年离校学生闯入学校破坏""出校以后复四处扬言，捏造事实，破坏本校，是非倒置，社会亦被蒙蔽。敝校校长见此情形，终觉一时无法挽回狂澜，因而灰心辞职，另行组织委员会维持校务。该生等复又假借被迫离校图名义登报辱骂委员会，旋委员会亦以办理困难，无支持之可能，不得已议决暂行宣告停办"。（《刘海粟年谱》，第85页）

4月11日，郭沫若为请刘海粟保释总政治部被扣留人员致函刘海粟。

【引】海粟老哥：我们好久不见面了，今天看到这信，一定很惊异。我求你的是请你做保人，将政治部在上海被扣留人员保出。被扣留者本十九人，前方已允具保，有八人已先后恢复自由。惟尚有八人者为许幸之（此人系你的学生）、孙鸿荣、范少圃、周毓英、陈文钊、张尚武、熊玉书、汤用彪。务望设法，或由兄出名、或另托沪上友人具保。使他们早日免掉缧绁之苦，则不啻感同身受也。祝你这个叛徒愈朝"叛"的一方面走！弟郭沫若 上 四月十一日 汉口（关山迪，《郭沫若与刘海粟》，《文化与生活》，1983年第3辑）

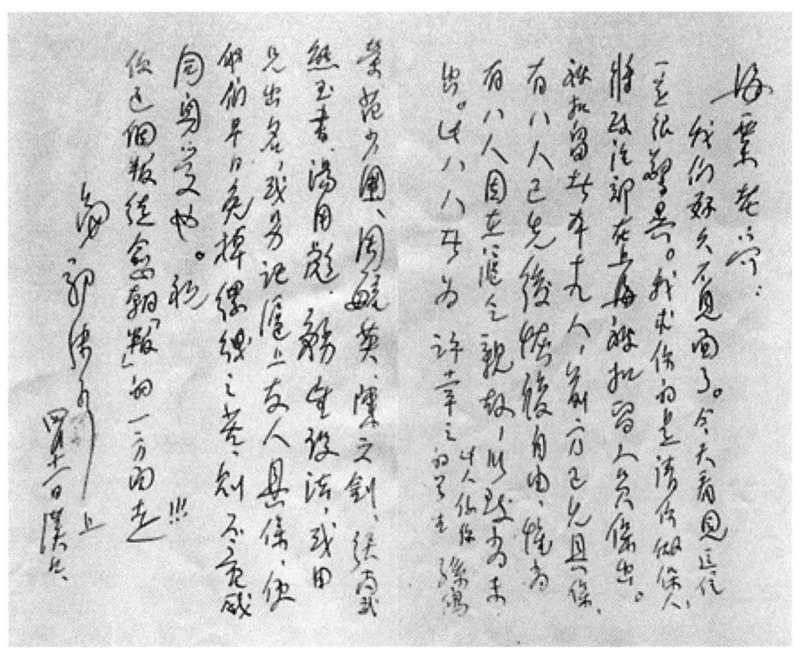

【图1927-2】1927年4月11日郭沫若从汉口给刘海粟写来的信函，请刘海粟出面营救被俘的许幸之等八名被俘人员。

刘海粟年谱长编 | 415

4月12—18日，刘海粟为上海美专事件发表告各界书。

【引】"海粟鉴于中国近代艺术沉滞不进，既不足以继历史之光辉，又不足以接世界之潮流，慨然毁家创立美专，冀中国艺苑稍得新异之收获。……不图去年十一月有少数学生借端激起风潮与学校为难。……为学校前途计，得毋以一人之故而累及安全，海粟诚陋，因引退以谢天下，不料彼等对于委员会亦同样中伤，委员亦以办理困难辞。全体教职员商议再三，更无良法，忍使十六年艰辛缔造之美专骤行滞顿，岂海粟始料所及哉。"（《新闻报》，1927年4月18日）

5月18日，上海美专召开维持委员会第一次委员会议。

【引】出席者有汪亚尘、李毅士、刘质平、任子羣、王春

【图1927-3】1927年刘海粟赴日期间，日本邮便所印行的刘海粟国画作品《言子墓》明信片

山、高乐宜（代表刘海粟）、姜敬庐（代表王隐秋），李毅士被推为临时主席。经投票，蔡元培以7票被选为正主席。李毅士以6票当选为副主席。关于教职员薪金标准表，仍照原表修正使用。刘质平、李毅士二先生被推为起草委员会办事细则。汪先生被聘为教务长，任子羣被聘为总务主任。上海美术专门学校校务委员会正式成立。增补辅导主任江翼时，教务襄理刘质平，总务襄理王春山。（上海档案馆档号Q250-1-245，《一九二七年本校学生革新学校运动时，学校组织维持委员会的会议记录》）

5月25日，上海美专召开维持委员会第二次委员会议。

【引】出席者有汪亚尘、李毅士、高乐宜（刘海粟代表）、刘质平、王春山、任子羣、姜敬庐、刘利宾。首由主席报告本会成立。继由创办人刘海粟先生移交校具校产债权债款，议决：由委员会推定委员李毅士、刘质平、任子羣、王春山四先生点查校具及审查账目后再行开会，正式收受并双方签字以清手续。第三，创办人刘海粟移交本校印章、案卷。议决：俟点查校具及审核账目后一并移交。第四，关于办暑期学校事，议决：应行办理，但该校收入应提出五分之二以作教授薪金。第五，刘质平报告江翼时先生来函声明不能来校就职本校委员会委员及辅导主任。（上海档案馆档号Q250-1-245，《一九二七年本校学生革新学校运动时，学校组织维持委员会的会议记录》）

5月29日，上海美专召开维持委员会第三次委员会议。

【引】出席者：汪亚尘、李毅士、王春山、任子羣、高乐宜（刘海粟代表）、刘质平。首由王春山报告检查学校校具及账目情况。讨论接收学校校具及校章案卷账目办法及答复创办人办法。最后刘海粟提议添聘李恩科、余上沅、刘海若3人为委员。

（上海档案馆档号 Q250-1-245，《一九二七年本校学生革新学校运动时，学校组织维持委员会的会议记录》）

6月1日，上海美专校务委员会正式成立，聘请李祖鸿（李毅士）等9人为委员。照原系聘教授招生入学。（《民国日报》，1927年6月10日）

【释】李祖鸿（1886—1942），字毅士，江苏武进人。18岁赴英国勤工俭学，1912年和1916年先后毕业于英国格拉斯哥美术学院和格拉斯哥大学物理系。1916年归国后曾在北京大学画法研究会、北京美术专科学校任教。1924年至1926年11月任上海美术专科学校教务长、西洋画教授。1928年2月至1928年6月任上海美专校务委员会主席、西洋画教授。1929年和1936年两次任全国美展审查委员，历任南京中央大学教育学院艺术科主任、工学院教授等职。1937年抗战期间随中央大学迁往重庆任教，后因不满黑暗现状，辞职以鬻画为生。代表作有《长恨歌画意》《宫怨》等。（《上海美专名人传略》，第140页）

6月11日，上海美术专门学校刊登复校通知。

【引】称去年学校"发生风潮，旋即平息。自停办迄今倏已三月，时势亦渐趋平靖。即复校开课"（《申报》，1927年6月11日）

6月，刘海粟被军阀以"学阀"罪名通缉。为逃避通缉，刘海粟赴日本考察美术。（刘海粟，《回忆蔡元培》，《刘海粟散文》，第170页）

【按】军阀白崇禧的部下杨虎、陈群，以"学阀"的罪名通缉章太炎、袁观澜、黄炎培、刘海粟等13位知名学者，刘海粟不得不以"学阀"的罪名避难日本。

6月16日，刘海粟离开上海前往日本。（《新闻报》，1927年6月17日）

6月，刘海粟在东京市外井之头公园第一次遇到柳亚子。

【引】柳亚子事后写道："我们一见面就笑起来。于是谈政治，谈文学，谈到拜伦，谈到曼殊，很是津津有味的。酒酣耳熟之余，我便写了两首旧体诗送给他：相逢海外不寻常，十载才名各老苍，一卷拜伦遗集在，断鸿零雁话苏郎。白衣送酒陶元亮，皂帽居夷管幼安，一笑劝君钳口好，人间鸡犬尽淮南。"（柳亚子，《刘海粟先生印象记》，1932年10月15日，《刘海粟游欧作品展览会》目录）

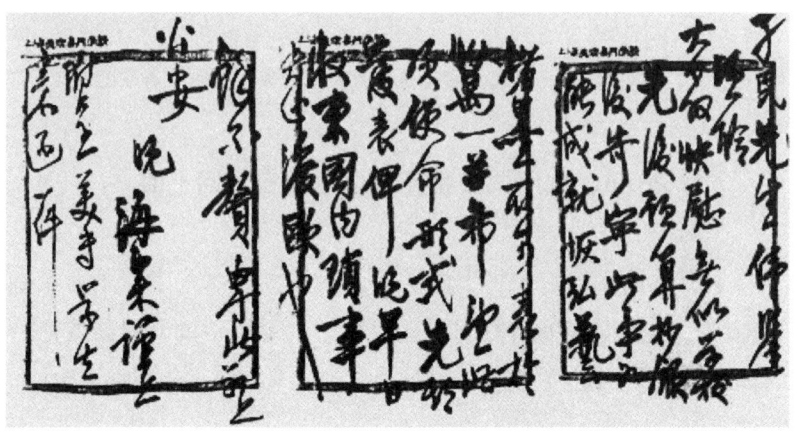

【图1927-4】1927年刘海粟致蔡元培函

7月1日，刘海粟在东京朝日新闻社举行画展，原定至10日结束，因观众踊跃，应各方要求，延至13日结束。

【引】此次画展有几万人参观。所有杰作被购藏一空，日本天皇购《泰山飞瀑》《月落乌啼霜满林》两幅国画藏于宫内，并

送刘海粟银杯三座以作纪念。其间讲演两次,被日本舆论界称为"艺术界列宁"。(《刘海粟年谱》,第86页)

【图1927-5】1927年6月29日"此片为朝日新闻社展览会开幕时所摄,前列长发者为众议院院长河野氏,后列白须者为帝国美术院委员满谷国四郎。"

7月26日,刘海粟应蔡元培之召由日本回上海。

【引】蔡元培建议将上海美专改为国立艺术大学,刘海粟婉言拒绝,并建议在杭州另创国立美专。蔡元培帮助刘海粟取得特约撰述员的资格赴欧考察。(刘海粟,《回忆蔡元培》,载《刘海粟散文》,第170页)

7月,徐志摩致函刘海粟。

【录】海兄:忽然而行,慌忙无极,兄处竟不及走辞,思训文亦无暇阅看,幸兄善宥之矣。明日早九时新关码头启程,然勿敢劳相送也。胡公均候。志摩拜别。(徐志摩,《志摩手札——给刘海粟》,《文友(上海1943)》,1943年第1卷第5期)

7月，上海美专本届 91 名学员毕业。（上海档案馆档号 Q250-1-14，《上海美术专科学校二五周年一览》）

是年夏，刘海粟在日本箱根长兴山庄作中国画《山水》。从日本返回上海。

【引】画作题曰："丁卯夏，宿箱根长兴山庄，清幽严澈，然如置身清古之域。放笔为此，长兴主人（画家小室翠云）莞尔顾予曰：吾子画愈（变）形愈略而意趣愈丰，此又如张大风矣。予曰：张风乎好好，就算大风是了。"（《刘海粟年谱》，第 86 页）

8月，马育麟受聘任上海美专工艺实习教授及附中教员至 1944 年 1 月。（《上海美术专科学校二十周年纪念一览》教授名录，1932 年 11 月）

【释】马育麟（1907—？），江苏溧阳人。1925 年 2 月入上海美专图工专科学习，1927 年 1 月毕业。擅中西绘画，尤长工艺美术。1948 年中华书局出版马育麟编《竹木工艺》。1948 年 2 月中华书局出版发行马育麟编中华文库初中第一集《陶瓷工艺》。马育麟是上海美专自己培养的手工工艺教师。（《上海美专名人传略》，第 165 页）

9月6日，上海美专召开维持委员会第七次委员会议。

【引】出席者有汪亚尘、李毅士、高乐宜、王春山、李恩科。首由主席李毅士报告：委员姜敬庐来函提议，应请前校长刘海粟加入委员会，高乐宜附议，一致通过。教务处汪亚尘、刘质平提议，应聘国画科主任郑曼青加入委员会，议决通过。（上海档案馆档号 Q250-1-245，《一九二七年本校学生革新学校运动时，学校组织维持委员会的会议记录》）

【图 1927-6】上海美专坚持裸体模特写生教学,斗争十年,为中国艺术同行打开了广阔的自由空间。1927 年刘抗、陈人浩等师生摄于新华艺专画室内

【释】郑曼青(1901—1975),名岳,字曼青,浙江永嘉人。1928 年 2 月至 1930 年 1 月任上海美专中国画系主任兼国画教授。擅国画、书法、诗文,兼擅中医、书法、诗文及拳术。1949 年去台湾。宋美龄曾拜其为国画老师。(《上海美专名人传略》,第 258 页)

9 月 8 日,上海美专召开维持委员会第八次委员会议。

【引】出席者有汪亚尘、李毅士、王春山、高乐宜、郑曼青、汤少棠、刘海粟(任子羣代)、李恩科、姜敬庐。主席李毅士报告:已得前校长刘海粟先生答复,愿"以创办人地位负责列席委员会,并协助一切事务"。次由教务主任汪亚尘报告编制课程之经过。议决通过。总务处王春山报告:图书馆管理员是否另行请人抑系校中职员兼职。议决:由辅导主任汤少棠负职管理。王春山提议:本学期办事职员八月份薪水拟照何种规定支给?议决:一律照上年支付。王春山又提议:本学期开学时,收入学费是否仍解银行?抑另行设法保管?议决:照旧法办理。最后汤少

棠报告：本学期因时局及目前状况关系，辅导处应有特别变通办法数条：（1）学生交费问题。（2）秩序问题。（3）权限问题。议决通过。（上海档案馆档号Q250-1-245，《一九二七年本校学生革新学校运动时，学校组织维持委员会的会议记录》）

9月10月，刘海粟作中国画《松鹰图》，王一亭补清霄花并题字，裘子端藏。（该画题跋）

9月11日，上海美专秋季始业开学。（《新闻报》，1927年9月12日）

9月23日，刘海粟参加上海美专维持委员会第九次委员会议。

【引】首由主席李毅士报告前次开会以后委员会办理事项。发还旧生保证金，议定变通办法登报申明。文稿如下：本校向来学生入学时每人收保证金五元，照章于毕业时发还，今春本校因故停办，致未能按期举办毕业，兹特拟变通办法如下：（1）凡本校学生按年级应在十五年冬季及十六年暑期前毕业者（以十五年秋季名册为标准），得由本人持原有收据来校换领保证金，唯换领保证金期限自即日起至11月15日为止，过期无效。（2）凡未到毕业期限，而仍继续来校肄业者，至毕业时其保证金亦得发还。（3）凡未到毕业期限而不继续来校肄业者，概作退学论，其保证金照章没收。（上海档案馆档号Q250-1-245，《一九二七年本校学生革新学校运动时，学校组织维持委员会的会议记录》）

9月24日，上海美专召开维持委员会继续会议。

【引】出席者有汪亚尘、李毅士、王春山、任子羣、高乐宜、郑曼青、汤少棠、刘质平、李恩科（刘质平代）、刘海粟、姜敬庐。首由王春山报告本学期收入情况。次由任子羣提议：本校全体委员无论任何职务，薪水一律最低限度，以每月60元为标准，其他非委员均按所任钟点及职务支配，议决：依任子翚原则加以修改，全体通过。（略）（上海档案馆档号Q250-1-245，《一九二七年本校学生革新学校运动时，学校组织维持委员会的会议记录》）

9月，楼辛壶受聘任上海美术专科学校山水花卉画教授。

【释】楼辛壶（1881—1950），名邨，浙江缙云人。少习武，旋又喜欢诗文、书画、篆刻。为西泠印社早期社员、南社社员。入经亨颐、何香凝等所创"寒之友"画会。早年长期居杭州，曾任中国艺术专科学校校长。辑自刻印成《楼邨印稿》，其子楼浩之辑其遗刻为《楼辛壶印存》。（上海美专历届毕业纪念册教职员名录；《上海美专名人传略》，第152页）

9月，喻宜萱考入上海美专图音系学习。（上海档案馆档号Q250-1-120，《上海美术专科学校自开办至结束历届学生姓名索引》）

【按】喻宜萱（1909—2008），江西萍乡人。1927年9月至1929年在上海美专艺教系图音组学习，后转入上海国立音乐专科学校学习声乐。喻宜萱在校期间既学习声乐主课、音乐理论等课程，也学习美术课程。当时她的任课教师有：李恩科、丰子恺、刘质平等。喻宜萱后来成为我国著名声乐教育家，民国时期被誉为中国最著名的四大女高音之一。（《上海美专名人传略》，第381页）

10月5日，上海美专正式成立学生会，同时举行该校执行委员会就职典礼。（《刘海粟年谱》，第86页）

10月16日，蔡元培复函刘海粟，提及为上海美专作校歌及纪念册题词事，并答应帮助上海美专旅行实习队借住文澜阁事。

【录】海粟先生大鉴：连奉两函，敬悉。校歌及纪念册题词，须稍缓始能送奉，展览会目录题签先奉上。贵校旅行实行（习）队借住文澜阁①之举，只须于研究院筹备事②无碍，决无不可。唯弟离杭颇久，不知其详。已函告同事鲍絜胥君，属其酌定后径复尊处矣。先此，并祝日祺。弟元培敬启。（《蔡元培全集》第11卷，第308页）

【释】① 文澜阁：藏书阁，设于杭州市西湖孤山，清乾隆四十九年（1784）建，用以藏《四库全书》。后隶属浙江省立图书馆。② 研究院筹备事：1926年4月，浙江省科学院筹备处成立，蔡元培被推为筹备主任。鲍絜胥为该筹备处职员。

11月3日，胡适致函刘海粟。

【引】谓："久别甚思一见，何时到这边来时，请来一谈。我下午总在家时居多；如怕相左，请先用电话通知。你的新住址，也请告我。"（《刘海粟年谱》，第86页）

11月20日，刘海粟作中国画《山水》。

【引】画作题云："灯下戏作，目昏指直，设色若有若无，侵晓披视，如有苍然暮色在豪楮之外，因知画不必刻求也。"（该画题跋）

11月23日，刘海粟致函蔡元培。

【录】子民先生伟鉴：顷聆大教，快慰无似。学校先后预算，抄录后寄宁，此事如能成就，恢宏艺学文化，所系至深，百世不朽之业也。晚十六年来对于吾国艺苑谋所建树，至今梦想皆空。屡蒙我公嘉惠提携，窃以为生平大幸。尝自傲曰生平无师，唯公是我师矣，故敬仰之诚，无时或移。十二月十日在尚贤堂举行近作展览会，蒙许钧题数语，深为感荷，奉呈素纸一张备用。今更蒙许由大学院派赴欧洲研究，足见先生爱我之切，亦无时或易也。感激之情，更非区区楮墨所可表于万一。并希望此项使命形式先期发表，俾晚早日收束国内琐事以决心渡欧也。余不赘，专此敬上公安。(《刘海粟艺术文选》，第486页)

12月17日，刘海粟近作展览会在上海尚贤堂举行，展出中国画50幅，油画35幅。展览至23日结束。(《上海画报》，1927年12月15日)

【按】50幅国画：高岩翘翠、南山翠屏、翘然表立秋风里、花歌燕舞、白菡萏开初过雨、秋雁来时八月半、小窗研露点胭脂、淋漓满腹藏春雨、烟寺晚钟、平沙落雁、潇湘夜雨、郁勃纵横、赤松子黄石公、归去来兮、空谷传声放鹤亭、南天门帆景、白孔雀、素、呦呦鹿鸣、桃花流水鳜鱼肥、梵音洞怒涛、玉帘泷、潮阳出谷、松鹰、溪山晚霭、峰峦疏树、暮鸦咽月、三千年之桃实、华岩泷、篱东秋色、天马行空、洞庭秋月、竹风敲韵来书案、君子之风、秋山晚色、四围晴翠拥空亭、九溪十八涧、寒梅篝灯、娘子关、精忠柏、兰竹巨幅、荒寒、佛、老梅、醉钟馗、云风烟树、古木寒山、兰册（十二页）、山水册（十页）。

33幅油画：静物、风涛（普陀）、法雨寺（普陀）、紫竹林（普陀）、正阳门（北京）、钱塘江帆景（杭州）、春暮（西湖）、斜阳（普陀）、潮音（普陀）、秦淮河（南京）、泉（杭州）、南屏晚钟（杭州）、灵隐寺前（杭州）、一线天（杭州）、晓（西湖）、寺（上海）、上海之夜、南天门一角、渔舟晚炊、城阙参差暝色寒、蔷薇、雍和宫（北京）、黄浦江畔（上海）、沙雾中的雷峰（西湖）、天坛（北京）、盛夏（普陀）、普济寺（普陀）、古木拱墓（上海）、影（普陀）、静物南天门

【图 1927-7】《刘海粟近作展览会目录》

暮色（普陀）、白云归帆（普陀）、梵音洞（普陀）（《刘海粟近作展览会目录》，1927年）

12月18日，暨南大学教授张凤博士到上海美专讲演《考古学上图案》及《面线点检字法》。（《新闻报》，1927年12月19日）

12月21日，上海县长江眉仲等参观刘海粟近作展览会。

【引】购油画《潮音》与中国画《娘子关》；王茂亭购中国画《华岩泷》《篱东秋色》《烟寺晚钟》《平沙落雁》《潇湘夜雨》和《远浦归帆》6幅。（《刘海粟年谱》，第87页）

12月24日，上海美专举行成绩展览会，展期2天。（《时报》，1927年12月26日）

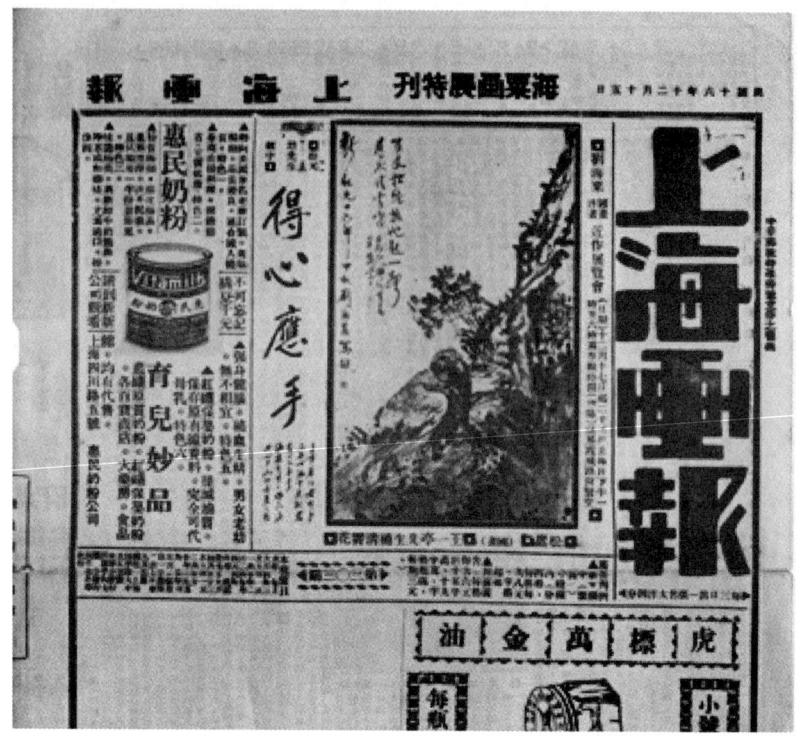

【图1927-8】《上海画报》1927年12月15日"海粟画展特刊"头版,刊登作品为刘海粟9月10日作中国画《松鹰图》,王一亭补清霄花并题词。

【图1927-9】上海美专新制第一届全体毕业生纪念合影(1927年12月)

12月27日，上海美专举行新制第一届毕业典礼。（《新闻报》，1927年12月28日）

12月，张振铎于上海美专新制第一届艺术教育系毕业。（上海档案馆档号Q250-1-120，《上海美术专科学校自开办至结束历届学生姓名索引》）

【释】张振铎（1908—1989），浙江浦江人。上海美术专科学校毕业。1932年与潘天寿等组成白社画会。历任上海新华艺术专科学校、昆明艺术专科学校、西南美术专科学校教授，国立艺专、湖北艺术学院、湖北美术学院教授、系主任、副院长，中国美术家协会湖北分会副主席。（《上海美专名人传略》，第392页）

12月，施南池毕业于上海美专新制第一届艺教系。1935年至1945年1月受聘任上海美专画理教授。（上海档案馆档号Q250-1-120，《上海美术专科学校自开办至结束历届学生姓名索引》）

【释】施南池（1909—2003），本名翀鹏，字扶九，号南

【图1927-10】蔡元培为上海美专新制第一届题字 1927年12月

池,江苏崇明人。擅长国画,美术评论,诗文。上海市美术馆筹备主任、中国画会常务理事。多次举办个人画展。为上海美协会员、上海书协会员、中国韵文学会会员、上海春潮诗社副社长、上海诗词学会理事。中华人民共和国成立后曾任上海师范学院艺术系教授、学术委员会委员。著有《中国名画观摩记》《中国山水画》《施南池名胜纪游画集》等。其中《中国名画观摩记》尤为珍贵。1935年11月到次年3月,中国政府应美国方面邀请,在伦敦皇家艺术学院举办中国艺术珍品大型展览。作为伦敦艺展一部分,1935年4月8日到5月5日,先在上海外滩24号中国银行预展,展出珍品1123件,其中字画168件,全部为从未向公众展示过的故宫藏品。《中国名画观摩记》于1936年5月商务馆出版,5个月后又加印一次。封面书名由中央研究院院长、上海美专校董主席蔡元培题写。扉页书名由其师萧俊贤题写。(《上海美专名人传略》,第190页)

是年,刘海粟在普陀,作油画《黄墙》《普陀晚霞》《紫竹林》,在杭州作油画《西湖暮色》《蔷薇》,还作油画《树荫下的红墙》《落日》。(《刘海粟游欧作品展览会》目录(1932);上海刘海粟美术馆藏目录)

是年,刘海粟为上海美专早年学生吴其泌(山月江风楼主人)题《山月江风楼琴谱二首》。

【录】　案有琴书庭有竹,吴氏园林本不俗。
　　　　山月江风逸兴多,此身拟借琅环宿。

　　　　流水高山岁月迁,才名斯世孰比肩?
　　　　一朝闽峤蜚声著,佩实衔华器识先。

是年,中央大学设立艺术系,由徐悲鸿主持。

是年，刘海粟四子刘蛟出生于上海（1949年病故）。

（《刘海粟年谱》，第87页）

1月5日，刘海粟参加上海美专全体校务委员临时会议。

公元1928年
民国十七年
（戊辰）
32岁

【引】出席者另有刘质平、汪亚尘、王春山、高乐宜、李恩科、郑曼青、汤少棠、毛叔鸿及学生会代表金寿昌、金启静。先由会计黄启元报告本学期收入支出之详细数目。次由创办人刘海粟先生申述：学校委托委员负责办理后，一切困难情形蒙各委员尽力维持，殊深感激。但学校经济方面负责无人，前途殊多危险，个人又不能常在沪方，明年拟赴外洋一行，只得恢复以前校长制，在委员中推一人为校长，为维持美校之从长计议。

校务委员会各委员以学校经济困难，不能再行维持，提出向创办人辞职。议决：用公函向创办人辞职，由各委员签名，其函如下："迳启者，本学期同人等承创办人委为上海美术专门学校校务委员。半年以来时虑竭蹶，现在经济益形困难，自维不能再行维持，特照合同第五条：委员会遇有特殊情形，不能维持时，得归还创办人相应备函辞去委员职务。诸希谅之，所有以前双方订立合同一律取消。"（上海档案馆档号Q250-1-245，《一九二七年本校学生革新运动时，学校组织维持委员会的会议记录》）

1月5日，刘海粟为上海美专音乐系毕业生刘诚甫编撰即将出版的《音乐辞典》题词。

【引】刘海粟题词内容："闲尝披阅坊间音乐类之出版物，率多关于歌曲方面，而乐典之编虽有一二，然皆涉论西乐，不足以言国粹，刘君斯编，兼贯中西，融汇古今，举凡乐理、乐史、乐器、名伶、乐师、戏剧、歌谣、词曲、声调、乐舞、歌剧、音律、乐府、乐诗、诸事项，无不搜罗尽致，蔚蔚乎大观也，潜研是道者，倘能入手一编，借资深究，则音乐真谛斯得矣，余以放洋在即，无暇长序，深以为歉。唯刘君致学研功之意甚挚，情不可却，因塞责数语，以作介绍者。武进刘海粟题。"（《上海美专音乐史》，第127~137页）

【释】刘诚甫（1916—1983），名朴庵，字诚佛、诚甫，河南孟津人。1925年9月，第一次踏进上海美术专门学校，入新制第一届音乐系。1926年9月二进上海美术专门学校，改入艺术教育系图画音乐组学习。1926年11月22日上海美专发生学潮，次年4月上海美专被宣告停办，刘诚甫暂被迫离校。1927年10月上海美专重新复校，刘诚甫第三次进入美专学习，并又一次选择了音乐系。在校期间编著了中国第一部《音乐辞典》。1928年回到河南。寻求出国留学机会未果。1941年不惜变卖家产，创办河南省教育厅立案私立大华高级艺术职业学校，自任校长。他与夫

【图1928-1】《上海画报》1928年第344期发表的《刘海粟访问记（上）》

人马毅（音乐教育家）一起，培养了大批艺术人才。（《上海美专名人传略》，第324页）

1月7日，上海美专浙江同乡会征集本校同乡作品200余件在杭州展出，展期3天。（《刘海粟年谱》，第87页）

1月7日，刘海粟赴新成立的苏州美术馆参观参观苏州画赛会，并有作品参展。（《苏州明报》，1928年1月7日）

1月8日，《申报》刊登刘海粟为全国美术展览会总务委员。

【引】全国美术展览会名称已定：名誉会长蔡元培、副会长杨铨、会长蒋梦麟、副会长马叙伦、吴震春。总干事陈石珍。总务委员：何香凝、王一亭、褚民谊、于右任、蔡周峰、李毅士、徐悲鸿、林风眠、刘海粟、江小鹣、吴湖帆、范文照、陈万星、陈小蝶、徐志摩、钱瘦铁、林文铮、朱应鹏、丁衍镛、李祖韩、张聿光、狄楚青、李宗倪等。（《申报》，1928年1月8日）

1月17日，全国美展总务委员会召开成立会议，由蒋梦麟主持，蔡元培、刘海粟、徐悲鸿等委员出席。（《申报》，1928年1月18日）

【释】蒋梦麟（1886—1964），浙江余姚人。1904年入南洋公学，1908年留美，1912年获加州大学教育学学士学位，继入哥伦比亚大学研究院向杜威学教育，1917年获哥伦比亚大学哲学博士学位，同年回国任商务印书馆编辑，职教社办事部总书记。"五四"运动时一度代蔡元培任北大校长，蔡重返北大后蒋任教授兼总务长。1923年蔡辞职，蒋第三次任北大代校长。1927年任浙江大学校长，1928年继蔡元培之后任大学院院长，教育部部长。1932年1月至1937年6月任上海美专校董会校董。1941年

兼任红十字会中国总会长。1945年宋子文任行政院长，蒋任行政院秘书长。（《上海美专名人传略》，第31页）

1月，邱代明受聘任上海美专西洋画教授至1933年1月。（1932年11月《上海美术专科学校二十周年纪念一览》）

【释】邱代明（1902—1939），四川达县人，1920年3月入上海美专西洋画科学习，1921年4月退学赴法留学。毕业于巴黎高等美术学校。《美术界》创刊号刊载："时值任教于国立艺专的校友邱代明1939年3月9日于重庆寓所为匪徒所害，不幸英年早逝。"（《上海美专名人传略》，第181页）

2月11日，刘海粟因准备赴欧洲考察，聘徐朗西代理校长，处理日常教学及管理事务。（《刘海粟年谱》，第87页）

2月18日，国民政府颁布《小学暂行条例》，其中把小学的音乐科名称改为乐歌科。

2月25日，杨清磐、张邕、刘海若、陆尔强等发起成立上海美专毕业同学会。（《刘海粟年谱》，第87页）

2月26日，刘海粟为《海粟丛刊·西画苑》撰写自序。

【引】文曰："方今国人昌言新文化，容纳外来思想，未定目标，未加抉择，以致偏于工业主义理智主义之潮流。国人为机械所束缚，为物质所压迫，致失其人性本有之自由，精神凋敝，社会混乱，更新之望以绝。救济之策，则宜唱导审美文化；盖吾人夙具有审美之本能，一方面发挥天才以创造艺术品，而他方面以审美征服吾人生活条件之全体，使吾人生活得便习于美的形式中；内以求心灵之美，外以求风俗习惯之美，庶几各自尊重生活之职能，群向人性而努力。"（刘海粟，《海粟丛刊·西画苑〈自序〉》，1932年9月）

2月，黄葆戉受聘任上海美专题跋课教授。（上海档案馆档号Q250-1-156，《上海美术专门学校同学录》（民国十八年一日））

【释】黄葆戉（1880—1968），字蔼农，福建长乐人。早年就读于全闽师范学堂，毕业于上海法政学堂。幼受庭训，潜心研习八体六书、许氏训诂之学。及长工诗画，笃爱摹印。与章太炎、李根源、陈叔通、谭泽闿、郑振铎等交往甚厚，并结识吴昌硕、黄宾虹、丁辅之、张善孖、张大千等。1925年，吴昌硕与西泠同人集巨资赎回流出之《汉三老讳字忌日碑》，于杭州西泠印社建石室永久保存，1949年后，受聘为上海市文史馆馆员，曾任上海市文联第三届委员。（《上海美专名人传略》，第119页）

2月，江红蕉受聘任上海美专国文教授。（上海档案馆档号Q250-1-155，《上海美术专门学校同学录》（民国十六年下学期））

【释】江红蕉（1898—1972），名铸，字镜心，江苏苏州人。鸳鸯蝴蝶派作家之一，曾主编《家庭杂志》《银灯》等。主要作品有《交易所现形记》《大千世界》《私生子》《家庭》等。（《上海美专名人传略》，第121页）

2月，马骀受聘任上海美专中国画系人物教授至1931年1月。（上海档案馆档号Q250-1-156，《上海美术专门学校同学录》（校长办公处存）（民国十八年七月））

【释】马骀（1885—1935），字企周，四川建昌人，寓居上海。1925年参加上海书画联合会。1928年与黄宾虹、俞剑华等人组织烂漫社。蜜蜂画会和中国画会的主要成员。1928年编有《马骀画宝》，分类画范二十四册，计图千余幅，石印出版，康有为、黄宾虹等名家作序，再版多次，流传甚广。画艺较为全

面，擅画山水、花鸟、走兽。（《上海美专名人传略》，第 159 页）

2月，许征白受聘任上海美专国画山水教授至 1937 年 1 月。（上海档案馆档号 Q250-1-156，《上海美术专门学校同学录》（校长办公处存）（民国十八年七月））

【释】许征白（1881—1948），江苏江都人，擅长国画。无师自习，人物、仕女、山水、花鸟及杂品，后以唐宋笔法为宗，并参以宋元诸家笔法，蜜蜂画会创办人之一。1928 年江苏全省画展，特刊评选为一等奖第一名，曾任上海美专国画山水教授。1936 年于大新公司画厅开师生画展，参加国外与国内画展有十余次。抗战时期除作画外兼指导学生，因为擅仿古画，所以精鉴别并能修补古画残缺。（《上海美专名人传略》，第 232 页）

2月，徐希一兼任上海美专图音系及音乐系西声乐和西乐学课程至 1931 年 1 月。（上海档案馆档号 Q250-1-155，《上海美术专门学校同学录》（民国十七年六月））

【释】徐希一（1900—？），江苏武进人，1922 年毕业上海专科师范学校高等师范科，师承丰子恺、吴梦非、刘质平。擅长音乐及中西绘画，曾任上海美专音乐系教授，历任新华艺专等校音乐教授主任二十余年，抗战期间创作的抗战歌曲获得国民党宣传部嘉奖。（《上海美专名人传略》，第 228 页）

2月，刘海粟编《海粟丛刊·西画苑》由中华书局出版。中华书局 1932 年 9 月再出版 2 册本，1936 年 6 月又出版 5 册本。

【引】此书收集欧洲文艺复兴期至印象主义以后之各派绘画

262 幅，并撰文介绍，"俾阅者易于领会历世绘画发展之途径，第此既非美术史，又非艺术评论"，乃名"海粟丛刊"。"自序"中谓："方今国人昌言新文化，容纳外来思想，未定目标，未加抉择，以致偏于工业主义理智主义之潮流。国人为机械所束缚，为物质所压迫，致失其人性本有之自由，精神凋敝，社会混乱，更新之望以绝。救济之策，则宜倡导审美文化；盖吾人夙具有审美之本能，一方面发挥天才以创造艺术品，而他方面以审美征服吾人生活条件之全体，使吾人生活得便习于美的形式中；内以求心灵之美，外以求风俗习惯之美，庶几各自尊重生活之职能，群向人性而努力。吾人果发此大愿，则民众之艺术教养，益不容须臾稍时跃动，以实现人类最高之理想，以故艺术巨制之民众化，实为当今之急务也。愚编本书之意，在谋艺术之民众化。盖艺术品者乃万人之所共有，天才巨匠之作品，应贡献于全人类，不宜死藏于一二私人之手，或贮于伽蓝教堂之中，永作神秘之保存；兹为使民众得接近艺术巨制之机缘，乃取东西古今数千年来天才巨匠之名作神品，积几年之搜集研求，或出于个人收藏，或出于朋友转借，以拓影之方法，供献于大众之前。"（《海粟丛刊·西画苑》，中华书局，1932 年版）

是年春，刘海粟作并题中国画《老梅》。

【录】近宅穿篱压众芳，檀心一点漏春光。
　　　世情多厌冰霜面，故作东风艳冶妆。（该画题跋）

2 月，由蔡元培倡导的国立杭州艺术专科学校成立，首任校长为林风眠。

3 月 29 日，徐志摩致函刘海粟。

【录】海粟我兄：今日又有事，即须回乡。美专的讲演可否移至清明以后？决不爽约。希即转致校内，即颂日安。

志摩 十七年三月二十九日（《徐志摩书信集》，第21页）

5月11日，《申报》发表了刘海粟准备于本年5月15日在南京召开的全国教育会议上提出的《举办全国美术展览会议案》。

【录】《议案》全文：人类为自身争人格而战斗，为艺术、知识、道德争价值而战斗，以造成今日浩瀚之历史。稽诸往日，凡历史上划一新纪元时，必经此种精神之战斗。是役也，胥以艺术活动、知识活动、道德活动为武器。每经一次战斗，历史运命转一方向，人类生活拓一局面，所谓新文化者于焉创生，其最著之例，则如欧洲文艺复兴期。新文化创生之条件，虽有精神方面之各种活动，其位置最高者，当推艺术活动。艺术活动系人类精神生活中最富有创造性的活动，为人类精神的自然之流露，亦即人类本性的流露。欧洲自文艺复兴而后，远者如十七世纪后半期法国古典主义之文化，近者如十九世纪初叶德国理想主义之文化，翕翕皇皇，果当时所谓新文化也，而精会神聚，厥在艺术。故曰法为绘画之国，德为音乐之国。方今国人昌言新文化，容纳外来思想，但目标不明，抉择不审，以致偏于产业主义、理智主义。遂使国人为机械所束缚、物用所压迫、金钱所役使，失其人性本有之自由；是故社会上不安之现象如昨，混乱之状态如昨，良可慨已。窃谓救济之策，宜乎倡导审美文化。盖吾人夙具审美之本能，一方面发挥艺术创造之天才，他方面以审美深入吾人生活之中，使吾人浸淫于美的环境。而后内以求心灵之美，外以求风俗习惯之美，庶几各自尊重生活之职能，竞向完成人性之努力。但欲成全此种愿望者，有赖乎民众之艺术教养，故国家美术展览会之举办，实为当务之急也。环顾世界各国，有国家美术展览会，有团体或个人之美术展览会，政府奖励于前，国民奋兴于后，审美教育之宣化疾如风电，非无因也。近者国人虽知艺术之重要，而其重要之所以然犹属茫然，故而作者故步自封，鉴者认识浅弱，看朱成碧，此审美教育上之大缺陷也。欲救此敝，应努力提高民众之艺术教养，而提高民众之艺术教养，莫善于大规模之美术展览会，是则全国美术展览会之举办不容或缓矣。拟请大学院每年举办全国美术展览会，征集油画、国画、雕刻以及工艺美术，定期在国都及各大都市举行之。所陈各节是否有当，祈大会公决。（刘海粟，《举办全国美术展览会议案》，载上海《申报》，1928年5月11日）

5月20日。刘海粟作中国画《凝寒》。（《刘海粟年谱》，第89页）

6月3日上午9时，大学院艺术教育委员会在上海国立音乐院举行第四次常会，讨论举办全国美术展览会，刘海粟、徐悲鸿、黄宾虹、高剑父、王一亭、陈抱一等被推选为作品征集委员，林风眠为审查委员会主任。（《时报》，1928年6月5日）

6月，吴伯超受聘兼任上海美专音乐系西洋声乐课教授。（《上海美专音乐史》，第87页）

【释】吴伯超（1903—1949），江苏省武进县人。中学年代即随刘天华学习民族乐器演奏。1922年入北京大学附设音乐传习所，1927年毕业后在北京师范学校任教。1928年兼任上海美专音乐系西洋声乐课教授。1931年赴欧洲，在布鲁塞尔夏罗瓦音乐学院及皇家音乐学院学习理论作曲与指挥。1936年学成回国在上海国立音乐专科学校任教。抗战期间，历任广西省艺术师资训练班主任、励志社管弦乐团指挥，中训团音干班副主任、江津白沙女子师范学校教授、音乐系主任。1942年以后，任重庆国立音乐院代院长、院长，兼音乐院实验管弦乐团指挥。1945年开办了音乐院附设的幼年班（后改少年班），培养了一批优秀的乐队演奏人员。1949年1月27日,乘太平轮去台湾为国立音乐院寻觅新址时,不幸在浙江舟山群岛遇船触礁,随船沉没,年仅45岁。

(《上海美专名人传略》,第219页)

7月25日,刘海粟撰《记潘玉良女士》一文,发表于27日《上海画报》1928年第376期。

【引】梅生兄,潘玉良女士,安徽人,民八入上海美专西洋画系,民十一赴法,入巴黎国立美术专门学校,毕业后,又赴罗马,入皇家艺术院,罗马艺术院为世界最高之艺苑,中国人得入该院者,仅潘女士一人而已,归国后,由上海美专聘为西洋画系主任,主持西洋画科教务,并闻潘女士拟与美专新教务长高乐宜、西洋画教授邱代明(二君均为巴黎国立美艺卒业)于开学前在美专新校舍合开一展览会,此数君与粟交谊甚深,故敢以校务重任托付也。(下略)海粟顿首 七月廿五日。(刘海粟,《记潘玉良女士》,《上海画报》第376期,1928年7月27日)

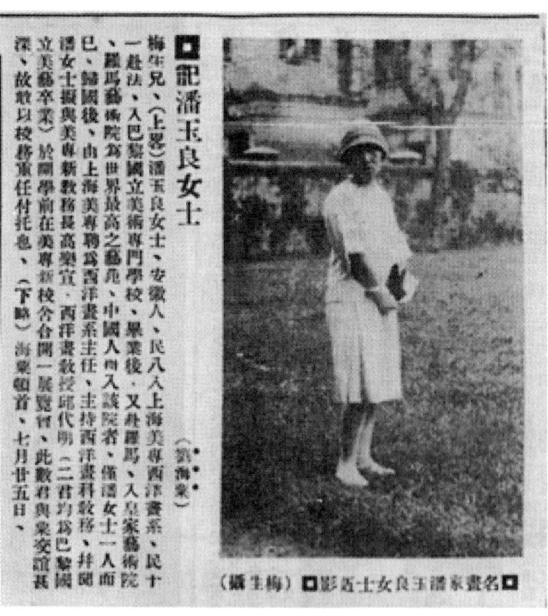

【图1928-2】《上海画报》1928年7月27日第376期所刊刘海粟撰《记潘玉良女士》一文

7月，上海美专召开第二届校董会。

【引】前校长刘海粟、校长徐朗西聘定唐绍仪、蔡元培、王一亭、冯少山、史家修、袁履登、戴季陶、张溥泉、赵晋卿、俞子英、王彬彦、杨杏佛为校董，负责董事有：梁启超、袁希涛、李钟珏、沈恩孚、黄炎培、张嘉森、阮性存、徐朗西、张东荪、章慰高、屠方。唐绍仪为会长。聘定高乐宜为教务长，丁远为总务长。（上海档案馆档号 Q250-1-14，《上海美术专门学校二十五周年一览》）

【按】本届上海美专董事会会长唐绍仪任至1932年1月。

唐绍仪（1862—1938），又名绍怡，字少川，1862年1月2日生于广东珠海唐家湾镇唐家村，是清末民初著名政治活动家、外交家。自幼到上海读书，1874年官派留学美国哥伦比亚大学，1881年归国。曾任驻朝鲜汉城领事、驻朝鲜总领事、清末南北议和北方代表、民国第一任内阁总理等，为中国主权、外交权益及推进民主共和做出了重要贡献。与孙中山政见产生分歧后，政治消沉，后任中山县县长。上海沦陷后，与各方暧昧不明，引起多方揣测，置自身于险境。盛传日敌拟利用绍仪等组织华中伪政府，蒋介石下令戴笠派特务赵理君于1938年9月30日将其杀害于家中。（《上海美专名人传略》，第28页）

【释】袁履登（1879—1954），浙江宁波人。1900年毕业于上海圣约翰大学，曾受聘任宁波知府外交顾问，辛亥革命宁波光复后，被推为宁波军政分府外交次长兼交通次长。民国六年两次东渡日本考察工商业，后任德商科发药房买办和美商茂昌洋行买办。1920年任上海宁绍轮船公司总经理，兼任上海国民银行、恒安轮船公司和远东体育场董事，同年当选上海总商会会董。民国十五年当选上海总商会副会长。1928年7月至1937年6月任上海美专校董会校董、经济校董。抗战时期任上海难民救济协会秘书长，大华银行总经理。1942年起2次连任汪伪上海市商会理事长。抗战胜利后被判徒刑7年，因病重保外执行。1948年2月获

大赦释放，遂离沪去香港。（上海档案馆档号 Q250-1-4，《本校校董会章程、会议记录、开会通知等》）

【释】王彬彦（生卒年不详），1910 年与王晓赖共创闸北商团，并被推为副会长。1911 年地方人士钱贵三、沈联芳等组织发起成立闸北慈善团，推举王彬彦主持团务，先后捐款兴建惠儿院、妇女寄养所、育婴堂等房屋数十幢。1928 年 7 月至 1932 年 1 月任上海美专校董会校董。（《上海美专名人传略》，第 46 页）

【释】冯少山（1884—1967），广东人，幼年随父母侨居美洲，长成后回国。1928 年当选上海市总商会执行委员会主席委员、中华全国商会联合会主席。1928 年 7 月至 1932 年 1 月任上海美专校董会校董。1945 年与马叙伦、许广平、周建人等发起组织中国民主促进会，任理事和民进上海分会理事兼工商委员会主委。解放后以上海各人民团体界代表出席首届全国政协会议。（《上海美专名人传略》，第 19 页）

【释】赵晋卿（1882—1965），上海人。清光绪二十七年（1901）毕业于上海南洋公学，民国九年（1920）11 月当选上海总商会会董，1920 任上海女子美术学校校董，1928 年 7 月至 1932 年 1 月任上海美专校董会校董。民国十七年当选上海总商会执行委员会主席委员。同年 4 月任南京国民政府工商部商业司司长，后任工商部驻沪办事处处长、工商访问局局长、中华国货展览会主任和实业部工业登记委员会委员长。民国二十年任实业部常务次长、财政部整理委员会专门委员、太平洋国文联合会会长、泛太平洋协会会长等。（《上海美专名人传略》，第 61 页）

7 月，上海美专 31 名学员毕业。（上海档案馆档号 Q250-1-4，《上海美术专科学校二五周年纪念一览》）

夏，刘海粟作并题中国画《石鼎萱花图》。

【录】 石鼎斟泉午梦长，浓薰软玉暗生香。

山中自有忘忧诀，何事栽萱近北堂。

9月20日，《海粟近作》由上海美术用品社出版，辑入1923年至1927年所作中国画7幅，油画6幅。蔡元培、康有为、梁启超、王一亭、徐志摩、张嘉铸为之题词撰序。

【引】画册封面采用敦煌壁画《拈花微笑》（1932年9月重版时，改用油画近作《牛》）。书前除刊录蔡元培、康有为、梁启超、王震于1926年的题词手迹，徐志摩于1926年9月3日致刘海粟的信函、1927年12月为画集新撰的序言，以及张嘉铸发表于1926年10月18日《晨报副刊》上的《刘海粟》一文；作品共计收录刘海粟1926至1927年间国画7幅，单色版印刷；1924至1925年间油画6幅，原色版印刷；扉页印有1926年冬创作的国画《彤云素羽》（高剑父题词，日本众议院院长河野正义藏）。在为《海粟近作》题写的序言中，康有为题"继郎世宁开

【图1928-3】1928年9月上海美术用品社出版的《海粟近作》书影，封面为敦煌壁画《拈花微笑》

【图1928-4】1932年重版的《海粟近作》书影，封面为刘海粟油画《牛》

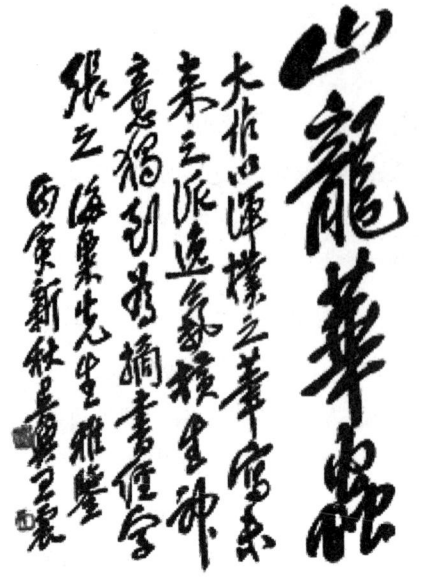

【图1928-5】王震为《海粟近作》1928年版题词

新派,合中西之妙为大家矣"的期许,梁启超题"海粟方盛年,日在孟晋中,他日波澜老成,吾又安测其所至也"。(《海粟近作》,上海美术用品社,1928年9月20日出版)

9月23日,《申报》刊登《组织美术研究会缘起》一篇,该会发起人为刘海粟。

【引】赞成人黄炎培、沈恩孚、庄俞、贾丰臻、顾树森、范祥善、卢寿。定名为"江苏省教育会美术研究会"。其宗旨在"研究美术各科学理,力图美育发达"。会所在上海"江苏省教育会"内。(《申报》,1928年9月23日)

11月13日,杨杏佛为刘海粟即将出国题词赠行。

【引】"老氏谓'既雕且琢,复归于朴',实为美术之极则。海粟先生之画，寓工力于浑厚之中，古朴雄伟，是能得老氏之三昧者。书此以志景仰，且祝海粟先生赴欧研究艺术之大成。"（《刘海粟年谱》，第89页）

【释】杨杏佛（1893—1933），名铨，字宏甫。江西清江人，早年就读上海中国公学，加入同盟会。1912年任孙中山临时总统府秘书处收发组组长。先后入康乃尔大学和哈佛大学学习。1918年回国，任南京高等师范学校教授、东南大学工学院院长。1924年，任孙中山秘书。与恽代英等在上海发起成立中国济难会。1927年春，以国民党上海市党部常委身份，与周恩来、罗亦农合作，推进国共合作，参加上海工人第三次武装起义。起义胜利后，任上海特别市临时政府常务委员。1928年，任南京国民政府中央研究院总干事。1928年7月至1933年任上海美专校董会校董。1933年6月18日，在上海遭国民党力行社特务暗杀。著作有《杨杏佛文存》《杨杏佛讲演集》等。（《上海美专名人传略》，第61页）

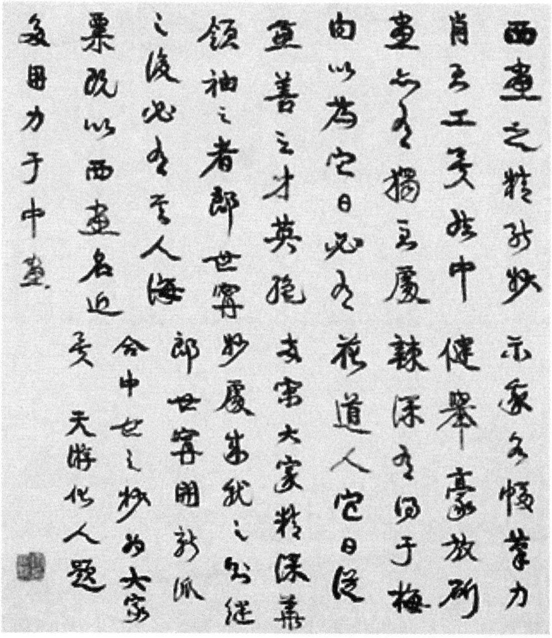

【图1928-6】康有为为《刘海粟近作》1928年版题词

11月15日,《上海画报》刊登"刘海粟去国纪念画展"特刊。

【按】戴季陶、蒋梦麟、杨杏佛、经亨颐、胡适之、史量才等发起组织刘海粟出国纪念画展,《上海画报》为此发行《刘海粟先生去国纪念展览会特刊》,载有蔡元培、史量才、徐朗西、经亨颐、陆费逵为画展的题词,贺天健《序·艺学大师刘海粟先生去国纪念展览会特刊之首》、刘穗九《为名画家刘海粟国画展览会言》、言川《关于刘海粟画展的几句话》、郑午昌《认识》等文章。刊刘海粟中国画作品《巫峡千山暗》《天马行空》《空谷独眺》《生命之泉》《凝寒》等。(《上海画报》第412期,1928年11月15日)

【图1928-7】《上海画报》1928年第412期出版《刘海粟去国纪念展览会特刊》头版

【图1928-8】《上海画报》1928年第412期出版《刘海粟去国纪念展览会特刊》头版

【释】戴季陶(1891—1949),名传贤,字季陶,原籍浙江吴兴,早年留学日本,参加同盟会。辛亥革命后追随孙中山,参加了二次革命和护法战争。"五四"运动期间,在上海主编《星期评论》周刊,1924年在国民党第一次全国代表大会上当选为中央执行委员,任中央宣传部部长,后任黄埔军校政治部长等职。南京国民政府成立后,历任国民政府委员、考试院院长、国民党中央宣传部部长等职,长期充当蒋介石的谋士。1928年7月至1937年6月任上海美专校董会校董。(《上海美专名人传略》,第16页)

11月16日,刘海粟去国纪念展览会在上海宁波同乡会开幕。(《申报》,1928年11月17日)

【引】贺天健在《序艺学大师刘海粟先生去国纪念展览会特

刊之首》中谓:"先生学问艺术之渊博邃深,固足为世重,而其于我东方艺术界起衰振颓而另辟一路径,实占文化史上重要之一页,盖其功尤不可泯也。""世之举文学革新者,必曰胡适之;举艺术革新者,必曰刘海粟。然而为文学革新运动者,岂独胡君;为艺术革新运动者,岂独刘君。而世之必欲归之者何也?盖倡其始而转机者,唯二君耳。"刘穗九在《为名画家刘海粟国画展览会言》中谓:"海粟为国画之表现派大匠,其天机汩汩,与苦瓜和尚大涤子同游,岂不然哉。海粟行将漫游欧陆,以期融东西艺术而入音乐化。"郑午昌在《认识》中谓:"观海粟之画,仅就画的艺术技巧上与以相当之评判,恐未足以尽海粟;盖其画的价值、生命趣味,不在艺术技巧的深诣,而在其历史的艺术的人格之融合。"(《上海画报》第412期,1928年11月15日)

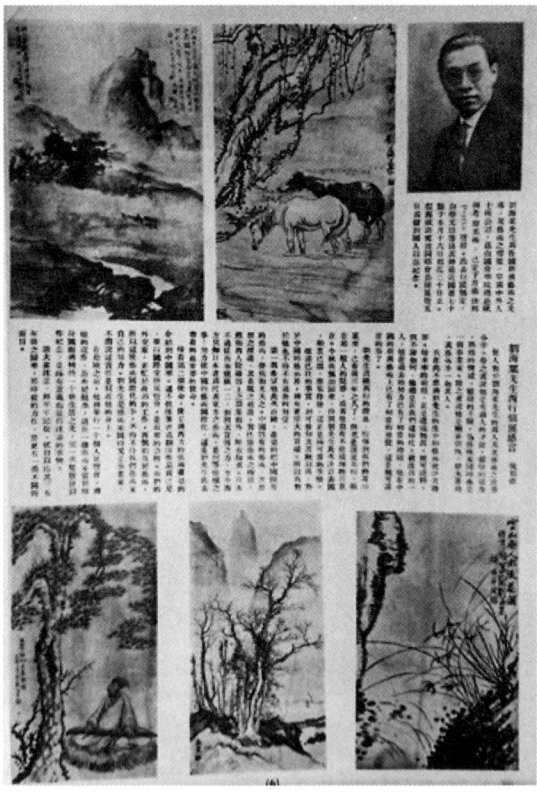

【图1928-9】《上海漫画》1928年11月17日发行"刘海粟西行个展"专版,配文为倪贻德所撰《刘海粟先生西行个展感言》

【释】贺天健（1891—1977），江苏无锡人。1911年入南京民国大学，1920年与友人在无锡创办锡山书画会，1921年与友人创办无锡美术专科学校。1927年2月至1929年1月任上海美专中国画系教授。1932年参与创办中国画会，并主编《国画月刊》。1949年以后被聘为中央美术学院民族美术研究所研究员、上海中国画院筹备委员会委员，1960年任副院长。曾为北京的人民大会堂创作巨幅《河清可俟图》《锦绣河山图》，获文化部嘉奖。（《上海美专名人传略》，第112页）

11月17日，《上海漫画》刊发"刘海粟西行个展"专版，发表倪贻德《刘海粟先生西行个展感言》一文。

【引】文曰：世人对于刘海粟先生的为人及其艺术之毁誉各半。誉之者说他是有过人的才能，强坚的毅力，热烈的情感，敏捷的手腕，是艺术家同时也是一个专业家。毁之者说他是刚暴固执，好大喜功，其艺术亦一如其人。但不论如何，他总是在我们这时代上被注目的一人，他在过去的努力已有了相当的功绩，他在中国的新兴艺术上已有了相当的地位，这是无可讳言的事。（倪贻德，《刘海粟先生西行个展感言》，《上海漫画》第31期，1928年11月17日）

11月，上海美专代理校长徐朗西辞职，改聘刘穗九继任。
（上海档案馆档号Y8-1-466，《上海美术专门学校概况》）

【释】刘穗九（1899—1962），字华瑞，江西南昌人。1928年2月任上海美专美学教授。1928年11月至1930年7月任上海美专代理校长兼教务长。1929年与谭抒真合作创作了上海美专第一首校歌。1929年主编《葱岭》季刊。撰写了《葱岭》发刊词，并在上发表《裸体模特儿以外欧洲画告中国学西画者》《观寒之友绘画后述所得》《中国音乐讨探》《海粟丛刊序》《亚博罗雕像在世界艺术上之地位及其影响》等文章。抗战胜利后曾任国民党第三方面军战俘管理处外事室主任。1949年以后被聘为上海文史馆馆员。(《上海美专名人传略》,第11页)

12月7日,刘海粟出席上海美专十七年度第一学期第三次联席会议。

【引】参会者：潘玉良、刘穗九、谢公展、姜敬庐、陆大微、高乐宜、刘海若、刘郎全、丁远、邱代明、马孟容、楼辛壶、顾大栋、普特尔司基（代）、郑曼青、张弦、李恩科、王邨山。议题：

一、教务处提议学生成绩考查规程案。议决：修正通过。

二、教务处提议举行音乐演奏会案。议决：音乐演奏会定于十二月二十一日在本校举行。

三、教务处提议本学期成绩展览会办法案。议决：定于十八年一月一日起在本校举行五天,当推定委员如下：高乐宜、丁远、潘玉良、郑曼青、李恩科、姜丹书、邱代明、普特尔司基、张弦、陆大微、刘海若、马孟容、楼辛壶、谢公展、许徵白、张德怡、贺天健、马公禺、张大千、郑午昌、王隐秋、马育麟、黄蔼农、方介堪、何明斋、王邨山,并公推高乐宜为主任,召集开会。

四、教务处提议规定本学期考试日程案。议决：毕业试验及学期试验实习部分定于十二月十日起至廿六日止,理论部分再行规定。

五、郑曼青提议毕业考试成绩应否组织审查委员会审查案。议决：应组织委员会审查之,并推定教务长、各系主任及各系教授为委员。

六、总务处报告本学期预算及调度经济情形。

主席：刘海粟。（上海档案馆档号 Q250-1-42，《本校教务及教务处各种会议记录》）

12月24日，寒之友集社成立，刘海粟为社员。

【引】中央委员陈树人、经亨颐对于书画研究极深，半年来时时与美术家刘海粟等合作，兴味极浓。兹为提倡中国艺术起见，组织寒之友集社。前日由经亨颐、陈树人、刘海粟、徐朗西四人在会宾楼宴请海上书画家，到者有王一亭、王英宾、李祖韩、李秋君、谢公展等30余人，当即全数签名入社为基础社员，并通过章程及第一届展览会细则。（《民国日报》，1928年12月24日）

是年，刘海粟应弟子施翀鹏之请，为其父施楚翘书写五言对联："逸气感清淑，良辰入奇怀。"又作中国画《仿古山水》。（《刘海粟年谱》，第90页；作品题跋）

是年，丘堤于上海美专新制第二届西画系毕业，后赴日本东京考察学习，1931年为上海美专绘画研究所研究员，1932年参加"决澜社"，成为唯一获《决澜社奖》的画家。（上海档案馆档号 Q250-1-120，《上海美术专科学校自开办至结束历届学生姓名索引》）

【释】丘堤（1906—1958），福建霞浦人。上海美专新制第二届西画系毕业后赴日本东京考察学习，受后期印象主义之影响，是中国第一代专业女油画家。抗战期间虽子女皆幼，家务繁重，但仍坚持在极艰难条件下画油画。有一幅《布娃娃》油画（现上海美术馆收藏）即是当时之记录。1958年3月因心脏病去世。其大量作品因抗日战争及十年浩劫而毁，现侥幸留世的仅有二十幅油画。上海美术馆有收藏。（《上海美专名人传略》，第332页）

公元1929年
民国十八年
（己巳）
33岁

1月16日，全国美展总务委员会召开成立大会，刘海粟入总务委员。

【引】名誉会长：蔡元培，名誉副会长：杨铨。会长：蒋梦麟，副会长：马叙伦、吴震春。总干事：陈石珍。总务委员：何香凝、王一亭、于右任、蔡周峻、徐悲鸿、李毅士、林风眠、刘海粟、吴湖帆、林文铮、范文照、朱应鹏、钱瘦铁、张聿光、江小鹣、丁衍庸、褚民谊。名誉评判员：蒋中正、谭延闿、胡汉民、王宠惠、戴传贤、蔡元培、冯玉祥。名誉顾问有熊式辉、史量才、汪伯奇。（《民国日报》1929年1月17日）

1月19日，上海美专校董会董事，原北京图书馆、司法储才馆馆长梁启超病逝。

1月29日，徐志摩致函刘海粟。

【录】海翁：张尉平得大画，欢喜无极。新年财运佳否？前说及钱夫人代乃夫讨字讨画，今检出来束一纸，慕意甚深，未便辜负。恳君酒酣兴到时一为挥笔。钱君字叔越，梁漱冥先生之侄辈也。夫妇皆冲稚可人，今在汉皋给事。能不吝玉最荷。

海翁：所事已颇苏解否？为念。新会恒化，张菊生等诸先生议假静安寺公祭，期正月初八，翁如愿列名，乞早知为荷　志摩　十八年一月二十九日（《徐志摩书信集》，第22页）

1月，刘海粟在上海作油画《新世界》和《上海之夜》。
（《刘海粟游欧作品展览会》目录（1932））

1月，蔡元培复函刘海粟。

【录】略谓："嘱为萨龙民展览会题签，奉上。公何时赴

欧？至念。"（《蔡元培年谱长编》（第3卷），第328页）

2月，叶元珪受聘任上海美专艺教系西画教授至1935年。（上海档案馆档号Q250-1-120，《上海美术专科学校自开办至结束历届学生姓氏索引表》）

【释】叶元珪（1897—1985），浙江丽水人。少时从父习书画，中学毕业后专攻美术。1917年9月考入上海图画美术院函授班，后入西洋画科学习，1921年7月毕业。以西画见长，亦精于国画、雕塑、工艺美术，曾受托设计钞票。1937年日本侵略军占领上海，举家迁回碧湖，受聘在浙江省立高级商业学校任教，后执教省立联合师范学校艺术科，兼任省训练团美术教官。曾选为丽水县副县长、政协副主席。1985年病逝。著有《水彩画技法》《绘画透视画法》等传世。（《上海美专名人传略》，第240页）

2月，朱子常受聘任上海美专劳作科雕塑教授。曾一度受聘为上海美专劳作科雕塑教师，因为不习惯在学校教书，不久离职。

【释】朱子常（1875—1934），浙江永嘉人。清至民国前期之民间艺人。擅长用黄杨木雕刻人物，因木材而造形，妙造自然，著名于时。平日订货的客人很多，但不到穷不得已时决不动手。每有得意作品，便刻上"子常"细款。常刻题材有：济公、渔翁、牧童、孩童捉迷藏、戏弥陀、刘海、苏武牧羊、王羲之爱鹅、欢天喜地、太白醉酒等等，无不神形俱妙，栩栩如生。（《上海美专名人传略》，第271页）

【图 1929-2】上海美术专门学校 1929 年春季开学典礼合影

2月，马万里受聘任上海美专国画系山水、花鸟、人物教授。是上海美专中国画系唯一一位担任过山水、花鸟、人物三科的教授。此职位至 1932 年 1 月止。（上海档案馆档号 Q250-1-120，《上海美术专门学校同学录》（校长办公处存）（民国十八年七月））

【释】马万里（1904—1979），原名允甫，又名瑞图，字万里，江苏常州人。1924 年毕业于南京美术专科学校，1934 年创办桂林美术专科学校，任校长。1949 年后任广西壮族自治区文史馆副馆长。精善花卉，兼工书法、篆刻。（《上海美专名人传略》，第 164 页）

2月9日，刘海粟遵教育部命赴欧洲考察美术，乘法国"史芬斯"号。经越南，登岸作油画《西贡公园》。（《新闻报》，1929 年 2 月 5 日）

2月20日，上海美专学生会编辑出版《荒原》（月刊），上海美术专门学校发行。

【按】1930 年 2 月出版了第三期后停刊。该刊是美术、文艺、学生会活动情况三大内容的综合期刊，为学生提供发表美术作品和理论研究成果的园地。亦名《上海美术专门学校季刊》。（许志浩，《中国美术期刊过眼录》，第 49 页）

【图1929-1】上海美专学生会出版不定期刊物《荒原》，图为第一卷第三期封面（1929年1月）

3月中旬，刘海粟抵达埃及，游于开罗。（《上海画报》第456期，1929年3月12日）

【图1929-3】刘海粟在埃及

【图1929-4】1929年4月12日《上海画报》第456期刊登刘海粟于3月11日题签的明信片

3月15日，刘海粟抵达法国马赛，游马赛圣母院。晚8时，乘火车往巴黎。（《刘海粟，《巴黎初旅》，《欧游随笔》，中华书局，1935年3月）

3月16日，凌晨经里昂，上午8时到巴黎。（《刘海粟，《巴黎初旅》，《欧游随笔》，中华书局，1935年3月）

【按】参观卢森堡、卢浮宫两个博物馆。4月1日与吴恒勤、张弦及夫人张韵士、子刘虎游巴黎圣母院。4月25日与陈人浩、刘抗、刘虎等同游凡尔赛宫，参观罗丹美术馆。

【释】刘抗（1911—2004），籍贯福建永春，1917年移居马来西亚麻坡。1926年回国入上海美专西画系二年甲级学习，后到法国巴黎深造。1933至1937年担任上海美专西画系专任教授，是学校当时最年轻的教授之一。1937年8日军空袭上海，刘抗南返在新加坡中华中学任教。1942年应陈嘉庚之邀，到南侨师范任美术主任。同年日军南侵新马，画家们生活在战争的恐怖阴影下，战后以自己的这段经验写成《杂碎画集》，有中、英和日

【图1929-5】刘海粟在卢森堡博物馆前与友人合影。(从左至右:张澄江、岳伦、张韵士、刘海粟、刘抗)(顾铮主编,《艺气风发——来自刘海粟和刘抗的相册》,刘海粟美术馆、西泠印社出版社,2019年4月,第16页)

文三种语文的版本。刘抗被誉为南洋画派的开山鼻祖。2003年5月,刘抗将650件作品捐献给新加坡美术馆,美术馆二楼专辟"刘抗展厅"。(《上海美专名人传略》,第142页)

3月,杨秋人入上海美专西画系学习。曾参加"决澜社"及决澜社的四次展览。(上海档案馆档号Q250-1-120,《上海美术专科学校自开办至结束历届学生姓名索引》)

【释】杨秋人(1907—1983),广西桂林人。师从陈抱一学习油画。"八一三"沪战爆发后南返广西从事抗日救亡文化活动。20世纪40年代,曾先后任桂林美术专科学校、广东省艺术专科学校、广州市艺术专科学校教授。解放后,历任华南文艺学院教务主任、美术部教授,中南美术专科学校副校长、教授,广州美术学院副院长、教授。(《上海美专名人传略》,第377页)

4月1日，刘海粟与吴恒勤、张弦及夫人张韵士、子刘虎游巴黎圣母院。（刘海粟，《巴黎圣母院》，《欧游随笔》，中华书局，1935年3月）

4月1日，上海美术专门学校编辑兼总发行《葱岭》，季刊，32开本。郑午昌主持编辑事务。

【引】这是一份美术、音乐兼及的综合性艺术杂志。此刊亦名《上海美术专门学校季刊》，刊名由黄宾虹题写，由代理校长刘穗九撰写"发刊词"。该刊以"讨探艺术之结果，得汇东西两大文化"为创刊宗旨。撰稿者是上海美术专门学校的教师和蛰居沪上的画家、美术理论家。两期中收入的重要论文有：丁远的《艺术的意义和价值》、郑午昌的《宋人对于画学之真谛》、张善孖的《画谈》、贺天健的《研究艺术应具学者态度》、方介堪的《论印学之源流及派别》、张红薇的《论画家之美化与文化相错综合》、沈在镕的《石涛之思想及其艺术》、姜丹书的《手的

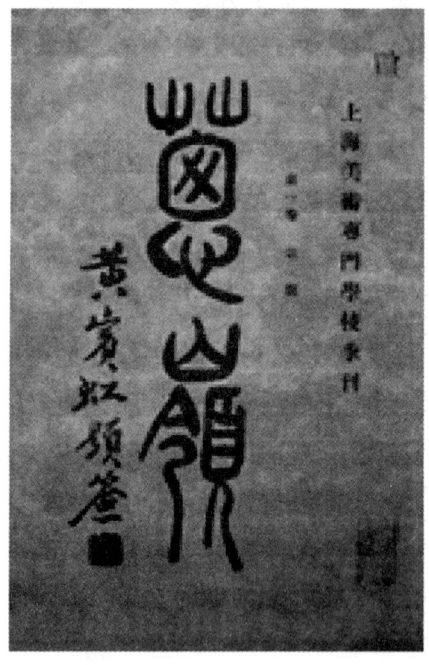

【图1929-6】上海美专出版的《葱岭》第一期（1929年4月），黄宾虹题名

教育问题》、马企周的《山水浅论》等。同年9月10日出版了第二期后停刊。（许志浩，《中国美术期刊过眼录》，第52页）

4月10日，第一届全国美术展览会在上海举行。

【按】展览期间出版《美展》三日刊，第五期有徐悲鸿《惑》一文，对塞尚、马蒂斯有贬词。徐志摩作《我也惑》加以反驳；李毅士也写《我不惑》。徐悲鸿又作《惑之不解》一文答辩。（《申报》，1929年4月10日）

4月14日，由刘海粟、汪亚尘、方君璧等人发起组织的"中华留法艺术协会"成立于法国巴黎。

【引】该会以"发扬中国艺术，介绍欧洲艺术，联络留法同志感情"为宗旨。骨干成员有刘海粟、汪亚尘、汪日章、颜文樑、庞薰琹、陆鼎萱、范年、杨秀涛、吴恒勤、张弦、司徒乔等人。画会活动至1930年初，方君璧与其他几位骨干归国而中止活动。（《中国美术社团漫录》，第102页；风薰，《刘海粟在法的工作》，《小时报》，1929年4月27日）

4月18日，刘海粟在巴黎上海楼召开中华留法艺术协会第一次会务会议，讨论委员职务之分工及经费筹备等。（《刘海粟年谱》，第91页）

4月，刘海粟在卢佛尔博物馆（卢浮宫）临摹塞尚的《缢死者之屋》、德拉克洛瓦的《但丁和维吉尔》、伦勃朗的《裴西芭的出浴》等文艺复兴期以来的名画。（《刘海粟年谱》，第92页）

【引】傅雷在《刘海粟论》中说："我有时在午后一两点钟到他寓所去（他住得最久的要算是巴黎拉丁区沙蓬Sorbonne街罗

林 Rollin 旅馆四层楼上的一间小屋子），海粟刚从卢浮宫临画回来，一进门就和我谈他当然的工作，谈伦勃朗用色的复杂，人体的坚实……以至一切画面上的新发现。"（《艺术旬刊》1932年9月21日1卷3期）另刘海粟在《关于评刘海粟画展的总答复》中说："临画的意义有二：第一，要知道创作不是凭空得来的，是要从古大家的作品中启发出来的。临画便是研究古人作品的一种手段，从临摹的中间，可以深深地体会到古大家的技法上的奥秘，作为自己创作上的酵素，所以欧洲历代大师没有一个不旁及于临摹的……第二，临画是使本国人能间接欣赏西洋名画的一种工作。"（《辛报》，1936年7月18日）

4月25日，刘海粟与陈人浩、刘抗、刘虎等同游凡尔赛宫，参观罗丹美术馆。（刘海粟，《游凡尔赛宫》，《欧游随笔》，中华书局，1935年3月）

4月25日，徐志摩致函刘海粟。

【录】海粟：多谢多谢，你们在海外欢畅中，不忘向隅的故人，看你们署名的凌乱，想见醉态与欢畅，怎叫我在万里外不深深的艳羡？巴黎定有意味不是？人情的美最令相思无已，常玉家尤其是有德有美。马姑做的面条，真好吃，我恨不得伸长一张嘴，到巴黎去和你们共同享福。老谢想已在途，到时期一度畅叙，可惜洵美顶忧了，否则一定他的兴致也不浅。

海粟：你到了欧洲，到了巴黎，才觉得到了家是不？我想你一定悔不早行，巴黎的风光更有那处可比，我也早晚只想再长翅膀，得往外飞腾，上海生活折得死人，怎么也忍耐不下去。昨看友人自长江上游来信云：在峡流湍息间，遇到一位剑客，简直是侠传中的人物，当面小试法术，用三昧真火烧尽案上一盒火柴，而留某数不尽，真令人咋舌不解，如此说来，世界上大可做人，也未始有意外的趣味，我因此又动游踪，想逆江而上，直探峨眉，但不知能否如愿。美展已快圆满功德，古代书画所绘术，亦真一大观，洵是空前盛举。美展之日刊已出六期，我嘱每期寄十份，想早见。文字甚杂，皆清磐在张罗，我实无暇兼顾。我与悲鸿打架一文，或可引起留法艺术诸君辩论兴味。如有文字，盼多多寄来，《新月》随时可以登刊。悲鸿经此，恐有哭笑不得之慨，他其实太过老气横秋，遂谓天下无人也。来函署名承候者，有相识者，有不相识者，有夙慕而未见者，顾皆我道中人，司徒乔颇有才，兄定与相契。你们巴黎团体中能为我虚设一位否？秋风起时，志摩或者又翩然飞到，与诸公痛饮畅叙，共醉巴黎。人生乐境，宁有逾是者乎？伯鸿常见，曾言以得识我二人，为生平快事，此公亦爽快可人矣哉！巴黎诸友均候。玉的马特候。志摩敬拜。十九（八）年四月二十五日（《徐志摩书信集》，第22页）

【按】信函所署时间为原作者笔误，根据信函内容可知此为1929年（民国十八年），而非1930年（民国十九年）。

5月1日，法国春季沙龙美术展览会开幕，往观数次，遍历各室。（刘海粟，《一九二九年春季沙龙》，《欧游随笔》，中华书局，1935年3月）

5月1日，刘海粟在巴黎为办理中法交换展览会致函蒋梦麟。

【引】全文1736字。函谓："到法寄上片楮，已尘清鉴否？拙来欧二月，遍观各美术馆博物院名作，及大小展览会无数""在此集合研究艺学之同志四十余人，组织中华留欧艺术协会，并拟自行组织画室，每年举行展览会，既得切磋之益，亦可对外发晨。同人闻政府颁布提倡艺术及保障艺术人才条例，莫不狂喜，不知手之舞之足之蹈之也"（略）"民众无艺术之陶养，以致终日怅惘，不知所之，若惊风骇浪，泛舟于大雾中，迷惘惶惑，不悟其所以生！今者，公等倡导于上，国人岂无英绝之士应运而兴,合中西而为艺学之新纪元者乎?前于报端得见全国美术展览会开幕盛况,为之雀跃。此次开其端,并望每年不辍,则不数年间,吾国文艺可期复兴。顷与高曙青公使面商,请其正式函教育部将此次展览会特殊作品,精选百件或二百件运法,合旅法作家作品,由使馆主持,在巴黎举行展览会,俾欧人知吾国现代艺术之趋向。宣扬文化,莫善于此!(目下瑞典、日本诸国,均在巴黎举行展览会,盖巴黎实为现代文艺中心地,各国文艺家均集。)今后并可与法美术部正式交涉,每年选其国各展览会之精品,运华展览,彼此交换,沟通中西艺术,互为观摩,不特能促艺术之锐进,凡触诸目者,在在足以动其心,于干枯黑暗之社会,殿屎呻吟之人生,乃别得其真味焉。""近年来欧人大呼日本新兴美术,一般浅见者流,每谈东方艺术,且知有日本而不知有中国。日人且挟其数笔枯淡无韵之墨线,称雄欧洲艺坛。欧人好奇,观其画面细弱之线条,每相惊告曰,此具东方人单纯恬静之趣味者,非欧人所能为也!其实此数笔优柔之墨线,在吾国画坛任何人皆能为之,何奇之有?一日,曙青公使观日本美术家展览会,曙青观之而骇走,谓无美之可云。盖其所作在吾人观之,拙弱无力,不足以动人也。然日本政府则为之宣传甚力,驻法大使亦逢人说法,而藤田俨然为一代表东方艺术之大家矣,尚何言哉!故拙认交换展览会一事,实为当务之急,请即断然实行!想国内美术界诸同志,闻之亦当狂喜。公实力倡导艺术,当自此事始。在法一切布置,高曙青公使愿负其责。拙本月十五日迁居巴黎郊外 Chatillon 40 Rue Fontenay,其地清幽绝俗,有画室,有园林,便于作画,秋季准举行个人展览会,前由国内携来旧作,曙青公使代陈于使馆客厅,每次茶会,欧人多叹赏者。旅居巴黎之各国艺人,亦时相往还,一切均足告慰。匆匆不尽所怀,诸维为道珍摄。十八年五月一日于巴黎荷兰旅馆"。(刘海粟,《为办理中法交换展览会致蒋梦麟函》,《欧游随笔》,中华书局,1935年3月)

5月10日，中华留法艺术协会在中国公使馆举行全体会议。

【按】议决：本年11月在巴黎举行中国美术展览会，刘海粟、高鲁、汪亚尘、方君璧、张弦、范年等12人被推为筹备委员。（《刘海粟年谱》，第92页）

【图1929-7】第一次欧游期间，刘海粟、张韵士、刘虎于巴黎画室（1929—1931）。（《艺气风发——来自刘海粟和刘抗的相册》，第21页）

5月15日，刘海粟迁居巴黎郊外Chatiuon 40 Rue Fontenay。 "其地清幽绝俗，有画室，有园林，便于作画"。（刘海粟，《为办理中法交换展览会致蒋梦麟函》，《欧游随笔》，中华书局，1935年3月）

5月31日，刘海粟在巴黎参观库尔贝纪念展。（刘海粟，《写实派大师高尔佩纪念展》，《欧游随笔》，中华书局，1935年3月）

6月5日，刘海粟再度参观库尔贝纪念展。

【引】刘海粟评价："高氏又大不然，彼以为艺术须脱离宗教及国家之迷信，而不能脱离社会；以朴素之技能，表现社会最深之情绪。在艺术上，给吾人，乃亦指导群众之导师也。""高尔佩以优秀之技巧，描写直接之印象，凡现于自然界之物体，无不为之。其于人体之描写，使有触觉之价值，自林白兰德以来，未有表现血肉之生动如高尔佩者。彼又善用黑色，每藉深幽之调子，而与之以无限之生命也。"（刘海粟，《写实派大师高尔佩纪念展》，《欧游随笔》，中华书局，1935年3月）

6月20日，刘海粟参观日本美术展览会。

【引】刘谓："装饰辉煌矞丽，而内容干枯，设色取材，均自我出，居然以之横行宇内，自尊高于大地者也。夫以五千年文化之吾国，凡寂然无闻，独生冥想，怃然若失！"（刘海粟，《尚若丽遂》，《欧游随笔》，中华书局，1935年3月）

7月8日，徐志摩致函刘海粟。

【录】海粟：好久不见你的信，想在念中，今日见济远，得悉你的移址后一切佳况，想来是够忙的。济远说你来信问美展的三月刊，何以不写给你，这却为自己关照，开好地名，我按期寄十份给你，由使馆转，难道你一期都不到手吗？也许使馆中人以为是普通印品，一到即送纸簏，美展几乎完全是清馨主持，我绝少顾问，内容当然是杂凑，我只写了一封辩护塞尚的信，我要你看的，也无非此文，与悲鸿先生的妙论而已。我是懒，近来懒散得疑心成了病，整天昏了的头也支不起，更不要说用心，文章的债欠得像喜马拉亚山一般高，一无法想，环境当然大有关系。前天，想到海边或山中去息一个半月，准备暑假后再认真做事，但急切又走不脱，真是苦脑。二月前本有到美国哈佛大学担任特别讲座希望，不幸又为丁文江中途劫去，所以一时还得在国内过朦胧生活，想起兄等在海外豪放兴致，何尝不神往。写至此，谢次彭来，与同去兆丰公园，坐咖啡座中，正值倾盆大雨，杂谈文艺，凉风习习，稍觉快爽。下半年为谋生计，不得不教书，上海有光华、大夏来请，老谢等坚欲拉我去京，踌躇未有定计，即去京亦不能完全离沪，京之好处在朋友多，并藉以一换周遭，冀新耳目，待决定时当再报知。

梁宗岱兄常来函，称与兄甚莫逆，时相过从。此君学行皆超，并且用功，前途甚大，其所译梵乐利诗，印书事颇成问题，兄曾有信来，言及交中华印刷，二月前我交去，中华伯鸿亦允承印，但左舜生忽作梗，言文字太晦，无人能懂，坚不肯受，以致原稿仍存我处，无法出脱，如此颇愧对梁君，今尚想再与伯鸿商量，请为代印若干部，如有损失，归我个人负担，不知成否？见梁君时，希婉转为述此意，迟早总可印成也。前托梁君代买廉价小手帕，但不知如何梁君忽寄来红丝绒一块，且尺寸大小，不能成用。小曼仍要绸丝帕 Ben Mar Chs 的，上次即与梁君同去买，可否请兄再为与垫款百元，另买些小帕子寄来，小曼当感念不置也。夫人知极佳胜，甚慰。公子尤出风头。今日在济远处见相片，俨然巴黎人矣。兄如有暇，何不写些文章来，最好能按期写通信，随意谈巴黎之所闻所见。《新月》正缺好稿，有来极表欢迎，新作亦可拍照寄来。国内风光依然寂寞，非海外生力军来殊难振作也。　专此敬颂百福。志摩。十九（八）年七月八日（《徐志摩书信集》，第 24 页）

【按】信函所署时间为原作者笔误，根据信函内容可知此为 1929 年（民国十八年），而非 1930 年（民国十九年）。

7 月 13 至 15 日，刘海粟在巴黎观法国民主共和国庆纪念，14 日上午于凯旋门观阅兵式。（刘海粟，《法国民主纪念——七月十四日》，《欧游随笔》，中华书局，1935 年 3 月）

7 月，上海美专 63 名学员毕业。（上海档案馆档案号 Q250-1-14，《上海美术专科学校二五周年一览》）

8 月 8 日晚 8 时，刘海粟离巴黎，受傅雷邀请，往瑞士日

内瓦避暑及作画，寓莱蒙湖畔白格朗之别墅，题其室曰"白峰寥天画室"。（刘海粟，《瑞士纪行》，《欧游随笔》，中华书局，1935年3月）

8月14日，国民政府教育部公布《大学规程》。

【按】根据此规程，大学的文学院或者独立学院可附设师范、体育、美术、音乐等专修科。19日，国民政府教育部又公布《专科学校规程》，规定专科学校以教授应用科学养成技术人才为限，修业二到三年。

8月18日，刘海粟画阿尔卑斯山飞瀑，题名为《流不尽的源泉》。还作《阿尔卑斯山飞瀑》（刘海粟，《瑞士纪行》，《欧游随笔》，中华书局，1935年3月）

8月20日左右，刘海粟画莱蒙湖景，题名为《多变的莱蒙湖》。（刘海粟，《瑞士纪行》，《欧游随笔》，中华书局，1935年3月）

8月20日晚，刘海粟与傅雷、刘抗、陈人浩等在莱蒙湖畔赏月。至三更，独自凭窗对月，画至天亮。（刘海粟，《瑞士纪行》，《欧游随笔》，中华书局，1935年3月）

【释】陈人浩（1908—1976），字幼庄，福建福州人。1925年9月入上海美专西画系学习，1929年与同学刘抗一起留学法国。留法期间作品第一次参加法国秋季沙龙时就被入选，此后他的作品每年都入选秋季沙龙，足以证明他的艺术造诣已达国际水平。1932年受刘海粟之聘与刘抗一起归国在上海美专担任水彩画教授。1932年至1937年，陈人浩任上海美术学校西画系教授五年，1937年"八一三"事变后离开上海美专，南下马来西亚任麻坡中学校长14年、新加坡德明中学校长13年。著名画家刘抗说：人浩具有高度的艺术天赋，却无缘攀登圣峰的绝顶，就是因为他刚完成了作为专业画家的训练之后，便马上挑起了教育后辈的重担。（《上海美专名人传略》，第77页）

【图1929-9】1929年8月,刘海粟在瑞士日内瓦阿尔卑斯山。照片中刘海粟所持作品即写生油画《流不尽的源泉》

8月22日,徐志摩致函刘海粟。

【录】海粟:接着大暑天来的是一只极凶的秋老虎。热的人头昏心软,简直连笔杆儿都举不起来。看到来信,字字活跃,何等精神,真令人心向往之,更教惆怅。老蔡见过,对展览会事表示赞同,然于研究院化钱一层则似乎为难,高曙卿究竟会有信切实说过否?如要举办,最好乘明年比京百年纪念机会,一举两便,政府化钱不成问题,以为如何?此事容后再谈。设艺术院事亦曾谈到,但老蔡笑笑说:这怕一时不易办到吧!杏佛也是赞助有余,热心不足。我看事情只可一件件来,先做成了展览,替国家争些体面,再来进行第二件事,较为妥当些。艺院事一时不谈也罢。国内文艺界空气沈寂,生气毫无,只好等待你们海外生力军新生机了。我有几个朋友到法:任纯武、郭子雄、王志圣都是光华的优秀,都仰慕你的。这回去,一到即去奉谒,请多多指教。宗岱处我许不另写信,你为他们介绍吧。我下半年到南京中大教文学,亦不得已也。夫人儿子均好!

志摩拜候 二十(十八)年八月二十二日(《徐志摩书信集》,第26页)

【按】信函所署时间为原作者笔误,根据信函内容可知此为1929年(民国十八年),而非1931年(民国二十年)。

8月,徐志摩致函刘海粟。

【录】海粟我兄:你一再来信以及寄来的印本我都收到。每回我念你的信,我总感到惘然,一来为羡慕你在海外艺事精进,我在此一无是处;二来回想先前在海外时的风光,此时可念而不可即,如何能不惆怅?你想来已知道,谢次彭已发表比国代办,一月后即将离国,洵美亦挈家相从;这更叫我眼热。我是真想出去,但困难倒不完全在没有相当机会,我的心事:第一是我的母亲,她近来的身体简直是风中之烛,我如何能恝然远行;第二是小曼,她也是病不离身的过着日子,绝无希望能去国外。如果我出去是单为呼吸空气,大道就回的,那还容易。但我这回不去则已,要去决不能像上回似的走马看花。我的心愿是去翡冷翠山中住上半年光景,专事内心修养,能著作当然更妙。因为上海这样生活如再过一年二年,我即使有一二分灵机都快要到汩灭尽净的光景了,真是言之可惨。我不是超人,当然一半得靠环境,所以唯一的救命希望是去外国。海粟,我真是日常几于天天念着你和宗岱等,恨不能追随着你们一同过些有趣味的时日。但我还不至绝望,我想,你等着吧,也许今年夏秋间我们又能相见欢然话旧的了。国内事无从说起,文艺界并皆消沉到极点,还是不去说它吧。

你夫人补费的事次彭为你写过信,但不见效。据次彭说,只要叶楚伧一句话,陈和铣一定照办,吴稚老亦行,但不如叶,请你立即再想法。我们新月同人也算奋斗了一下，但压迫已快上身，如果有封门一类事发生，我很希望海外的同志来仗义执言。我的小说集即日可出，我寄几册给你。宗岱，我欠他无数的信债，我只能向他叩头求恕，敬念俪安。

志摩敬候 二十（十八）年八月 X 日（《徐志摩书信集》，第27页）

9月1日，《葱岭》发表刘穗九为《海粟丛刊》撰写的序言，以及刘海粟在法国活动的图片。

【引】此文有谓：吾友刘海粟先生，善丹青，而尤精通东西绘事各精神所在之奥窔；每闻其论及各派画家之长短得失，及古今绘事演进之迹征，确非专事技巧之画家，所得望其项背，其理论之深刻透辟，诚艺术家而兼哲人者矣！予为之默钦无已。渠以数月之功，编成海粟丛刊一部，都三十万余言，胪列中外古今名画家之史实，而一一评述之，隐示画风一贯之系统，及奔流于文艺根底之思潮所在。用活跃之笔，表现艺术中心之绘事生命，而

【图1929-10】刘海粟一家与友人于日内瓦万国纪念碑。（《艺气风发——来自刘海粟和刘抗的相册》，第32页）

定全世界文化之骨干，为异日东西文艺大同之伏脉，又其婆娑磅礴之怀抱，亟欲吐露，而未及盖所欲言者，则当于其著作文字之外求之。予与刘君，常相过从，得先披读其初藁，赠益予之文艺兴感不少；此书行将付刊，刘君嘱予序之，乃欣然执笔，不自觉所言之冗长也。闻渠将于书成后，遍游欧陆，前予之希望于刘君此行者，亦意具于此文中矣。（《葱岭》第二期，1929年9月1日）

9月6日，刘海粟和傅雷、陈人浩等同赴日内瓦市区。（刘海粟，《瑞士纪行》，《欧游随笔》，中华书局，1935年3月）

9月7日，刘海粟参观日内瓦美术与历史博物院。

【引】文谓：这类画大都是出于瑞士人的手笔，其中也有写实派印象派甚至现代各色各样的新作风。但是我看了这类所谓新派作品，也是一样失望。与其看这类作品，不如看法兰西现代作家的印刷品的好。（略）细细看过去还有特拉克洼（Delacroix）高尔佩（Courbet）米勒（Millet）曼奈（Manet）莫奈（Monet）高更（Gauguin）等许多法兰西有名大师的小品。这些可贵的作品，真是日内瓦博物馆的珍奇。（刘海粟，《瑞士纪行》，《欧游随笔》，中华书局，1935年3月）

8至9月，刘海粟在瑞士期间作有多幅美术作品。

【按】作有油画《陋室》《旧教堂》《古堡》《西陇古堡》《莱蒙湖畔》《莱蒙湖之夕阳》《阿尔卑斯山麓》《山涧》《快车》《农夫》《卢梭桥》等。（《刘海粟欧游作品展览会》目录（1932））

9月20日，刘海粟从瑞士回到法国巴黎。（刘海粟，《蒲台尔之死》，《欧游随笔》，中华书局，1935年3月）

9月28日，子刘虎到丹枫白露的中学去读书。晚，与陈人浩、刘抗、傅雷、张弦等谈论法国秋季沙龙，准备将一张旧作《北京前门》（油画）送选。（刘海粟，《一九二九年秋季沙龙》，《欧游随笔》，中华书局，1935年3月）

9月29日，刘海粟冒雨将作品送往秋季沙龙办公室，作品编号为7611。（刘海粟，《一九二九年秋季沙龙》，《欧游随笔》，中华书局，1935年3月）

9月，潘思同受聘任上海美专木炭、水彩教授，至1944年7月。（上海档案馆档号Q250-1-156，《上海美术专门学校同学录》（民国十九年一月））

【释】潘思同（1904—1980），字次同，祖籍广东新会，世居上海。1926年毕业于上海美术专科学校西画系。1924年参与创办白鹅画会，并招收学员，后改为白鹅绘画研究所，同时创办《白鹅》美术杂志（半月刊）。1955年起执教于中央美术学院华东分院（后改名浙江美术学院）。同时潜心于水彩画创作。出版有《潘思同铅笔画集》（1929年）、《思同水彩画集》（1935年）等。（《上海美专名人传略》，第171页）

9月，商言志受聘任上海美专国画系花卉教授。（上海档案馆档号Q250-1-156，《上海美术专门学校同学录》（校长办公处存）（民国十八年七月））

【释】商言志（1869—1962），浙江枎嵊人，光绪三十年任江西湖口县知县。辛亥革命后闲居在沪，专研国画，绘花鸟，笔致淳雅，颇得明人之趣。抗战时期卖画自给，1929年始任上海美专国画系花卉教授。1939年旧金山金门博览会展出芍药一幅，得赠奖章一枚。中华人民共和国成立后为上海中国画院画师，中国美术家协会上海分会会员，上海文史馆馆员。（《上海美专名人传略》，第186页）

9月，刘景晨受聘始担任上海美专诗文教授。（上海档案馆档号 Q250-1-156，《上海美术专门学校同学录》（民国十九年一月））

【释】刘景晨（1881—1960），字冠三，号潜庐，后改号贞晦。光绪三十年考入京师大学堂优级师范馆就读，先后在两广师范学堂、温州府中学堂任教。1929年开始任上海美专诗文教授。抗战时隐居温州，致力于乡邦文化事业。（《上海美专名人传略》，第90页）

9月，冷兰琴受聘任上海美专钢琴教授。（《上海美专音乐史》，第88页）

【释】冷兰琴（1912—1949），字韵清，山东潍县人。国民党陆军中将宋希濂的夫人，上海工部局交响乐队指挥、意大利钢琴家梅百器的学生。江定仙在上海美专读书期间的钢琴教师，是她首先教江定仙弹奏巴赫作品的。曾执教于中央大学音乐系及金陵女子学院。其长子宋抚元自幼跟母亲学习钢琴，后居于美国纽约，成为世界乐坛上最负盛名的华裔作曲家之一。（《上海美专名人传略》，第128页）

9月，张明曹入上海美专西画系学习。（上海档案馆档号 Q250-1-120-1，《学生姓氏索引表》）

【释】张明曹（1911—1978），浙江温州人。张明曹在上海美专学习期间加入MK木刻研究会、野风画会、中国左翼美术家联盟等进步团体，并聆听鲁迅讲授新兴美术和版画理论，成为新兴木刻运动的第一代木刻家。1932年于上海美专毕业后，在上海从事进步美术活动。抗日战争爆发时回到家乡，创作出版反映日军罪行的木刻连环画《仇》，半年内再版四次，影响遍及战区前线及内地重庆；创办并主编《抗敌漫画》半月刊，又先后创作了《五月》《压平路上的崎岖》《民众武装起来》等作品与《团结起来，抗战到底》《起来，把日本鬼子赶出去》等街头漫画、壁画。中华人民共和国成立后，当选为温州美术工作者协会主席和市文联秘书长。后调上海人民美术出版社工作，从事连环画、国画创作，相继发表连环画作品数十册。（《上海美专名人传略》，第386页）

9月，谭华牧受聘任上海美专石膏素描教授。（上海档案馆档号Q250-1-156，《上海美术专门学校同学录》（民国十九年一月））

【释】谭华牧（1895—1976），广东台山人。1919年考入日本东京美术学校西洋画科，1924年毕业回国，曾与留日同学何三峰、陈士洁在广州创办私立"主潮美术学校"。抗战胜利后任广东省立艺术专科学校美术科教授。四十年代末期重赴澳门从事美术活动，曾任澳门美术研究会名誉副会长。（《上海美专名人传略》，第192页）

9月，谭抒真受聘兼任上海美专音乐系小提琴教授至1951年1月。（上海档案馆档号Q250-1-156，《上海美术专门学校同学录》（民国十九年七月））

【按】1929年曾与代理校长刘穗九合作创作了上海美专第一首校歌，发表于美专校刊《葱岭》第一期上。

【释】谭抒真（1907—2002），山东省青岛人。早年先后就学于北京大学音乐传习所和上海美术专科学校。2007年7月上海音乐学院出版社出版朱永珍编著《世纪琴缘——谭抒真传》记载了谭抒真1925年在上海美专音乐系学习的经历。谭的钢琴老师是汤凤美,最喜欢的音乐课是陈道安上的京调课。1927年入上海工部局乐队任演奏员,是进入该乐队的第一位中国提琴家。1928年赴日本,随捷克斯洛伐克小提琴家柯尼希深造。归国后继续在上海美专和工部局乐队从事教学和演奏。1929年9至1931年1月,1938年9至1940年7月,1948年2至1951年1月,任上海美专音乐系小提琴教授。1947年起任国立上海音乐专科学校教授。1949年以后为上海音乐学院副院长兼管弦乐系主任。1956年至1958年兼任中华人民共和国轻工业部乐器研究所所长。(《上海美专名人传略》,第193页)

9月,张光受聘任上海美专国画系花鸟教授。(上海档案馆档号Q250-1-156,《上海美术专门学校同学录》(民国十九年一月))

【释】张光(1879—1970),浙江永嘉人。早年从事美术教育,1929年在上海加入蜜蜂画社。抗战时避乱入蜀,先后在重庆中央图书馆和江苏同乡会举行"诗选楼三代画展"。1946年返沪后于中国画苑举行个人画展,有作品百余件。擅绘花卉、翎毛、蔬果。亦工诗,著有《忘忧仙馆诗钞》《红薇吟馆诗集》等。《水仙山茶图》刊1947年《中国美术年鉴》。(《上海美专名人传略》,第246页)

9月,黄粲入上海美术专科学校音乐系学习。毕业后参加演剧活动并成为著名电影导演。(《上海美专音乐史》,第121页)

【释】黄粲(1911—1994),湖南长沙人。1929年入上海美术专科学校音乐系。次年参加南国社及左翼戏剧运动,曾发起组织大时代学术研究会。1936年赴杭州创办儿童剧场,编演抗战戏剧,并参与组织浙江流动剧社。1937年加入中国共产党。1938年参加大别山青年战地服务队。1939年参加新四军,任抗敌剧团艺术指导、文工团团长等。先后创作话剧《结义姐妹》《南京梦》《空室清野》《枣庄战斗》等。曾导演歌剧《白毛女》、话剧《李陶王》等。1949年任北京军管会文教委员会秘书长，后任南京军管会文艺处处长。中华人民共和国成立后担任文化部电影局导演科科长。1955年起担任长春电影制片厂导演。曾导演影片《虎穴追踪》《妈妈我要出嫁》等，并创作电影剧本《白龙马和红姑娘》等。（《上海美专名人传略》，第306页）

10月2日，刘海粟与傅雷、张弦送夫人张韵士到离巴黎50里的白丛女子学校住读。回途，参观现代巴黎画派展览会，多为野兽派的画。（刘海粟，《蒲台尔之死》，《欧游随笔》，1935年3月）

【释】傅雷（1908—1966），上海市南汇县人。1927年冬离沪赴法，在巴黎大学文科听课；同时专攻美术理论和艺术评论。留学期间游历瑞士、比利时、意大利等国。1931年秋回国后，即致力于法国文学的翻译与介绍工作，译作丰富，行文流畅，文笔传神，翻译态度严谨。上海美专校长刘海粟作为大学院派赴欧洲研究美术时，与傅雷交往过从。1931年9月与刘海粟同船归国，应刘海粟之聘任校长办公室秘书主任兼理论教授直至1932年底。在美专期间，傅雷主编了美专摩社出版物《艺术旬刊》和《世界名画集·第二集刘海粟》，并积极参与了1931至1932年的上海美专教学及教学管理的改革。（《上海美专名人传略》，第101页）

10月4日，刘海粟与彭师勤、傅雷、张弦等参加布尔德尔的丧仪，瞻仰遗容，为之致敬，站了一小时之久，竟不愿离开。（刘海粟，《蒲台尔之死》，《欧游随笔》，中华书局，1935年3月）

10月20日，刘海粟收到法国秋季沙龙会长夏邓来函。

【引】函称："尊作已经入选了，请于10月30日下午到会整理你的作品。附上招待日观览券二张、长期券一张。"（刘海粟，《一九二九年秋季沙龙》，《欧游随笔》，中华书局，1935年3月）

10月30日下午，刘海粟前往秋季沙龙整理作品并得先事观赏。（刘海粟，《一九二九年秋季沙龙》，《欧游随笔》，中华书局，1935年3月）

11月1日，刘海粟参加秋季沙龙开幕式。

【引】"以后我是仿佛一星期终是要去一次的。每去一次，常觉低徊留之，不能去焉"。（刘海粟，《一九二九年秋季沙龙》，《欧游随笔》，中华书局，1935年3月）

11月13日，蔡元培复函刘海粟。

【录】海粟先生大鉴：承赐为内子介绍于俄国印象派画家之函拜领，谢谢！但福煦路之Atelier（画室。编者注），弟等亦甚愿参观，敬祈赐函介绍。大作展览册题词及致蒋梦（麟）兄函奉上。教育部现有马、吴两次长（马叙伦，时任教育部政务次长。吴震春，时任国民政府教育部常务次长，后任燕京大学校长。编者注），故函中并及之。敬复，并祝著祺。弟元培敬启。内子属笔致谢敬候。（《蔡元培全集》第12卷，第99页）

是年，阳太阳考入上海美专西画系，毕业后在世界书局任美术编辑，参加决澜社活动。（上海档案馆档号Q250-1-120-2，《上海美术专科学校自开办至结束历届学生姓名索引》）

【释】阳太阳（1909—2009），广西桂林人。上海美专西画系毕业，1935年秋东渡日本留学，入东京日本大学艺术研究科学习。抗战爆发后回国，一边从事美术教育，一边开展抗日宣传工作，后曾任广州艺专教授。1949年赴香港参加解放军活动。1950

年参加接收广东省艺专、广州市艺专工作，筹建华南文学院并任该院教授。1951年回桂林任广西艺专校长。1958年夏调任广州美术学院任副院长，翌年调任广西艺术学院美术系主任、教授，后任副院长、院长兼广西书画院院长。绘画多以漓江为题材。（《上海美专名人传略》，第376页）

【图1929-11】上海美专师生是1929年全国美展国画西画部最重要的创作群体之一，此图为第一届全国美展部分画家合影（褚民宜摄）

【图1929-12】1929年刘海粟在法国乡下写生。（《艺气风发——来自刘海粟和刘抗的相册》，第55页）

是年，刘海粟在法国巴黎作油画《塞纳河之桥》《教堂》《阿拉伯人》《裸女》2幅，《X女士》，在法国玫瑰村作油画《玫瑰村之初春》《玫瑰村之秋》《白玫瑰》《夜月》《夕阳》《静物》《花》《落日》，在法国作油画《乡邻》《田园》等作品。临摹油画名作《拾穗》（摹米勒）《耶稣下葬》（摹缇香）《屠杀之一部分》（摹德拉克罗瓦）。(《刘海粟游欧作品展览会》目录（1932）；上海刘海粟美术馆藏目录）。

1月1日，刘海粟在巴黎参观马蒂斯六十诞辰杰作展览会。

【引】"正是玛谛斯六十诞辰的翌日，在巴黎拉司巴伊大路九十九号的那画廊举行玛谛斯杰作展览会，陈列着这位'生活的享乐'的大师的杰作。这其中把这天才的最近的作品与早年的作品混杂地挂着，有素描，有油画，大概有六十多幅，真是很可尊贵而难得的机会。我接连去了好几回以后，我在这位天才的画面上悟到一种新的情味，更有这一次方才接近真的玛谛斯的画的感觉。因为平日在美术馆在画廊偶然看到几张他的作品是决不能看出他的情味来，要研究一个作家终要从他的各方面各时期去看。不但玛谛斯是这样说，就是对于一切大师都是这样。"（刘海粟，《玛谛斯六十生辰》，《欧游随笔》，中华书局，1935年3月）

公元1930年
民国十九年
（庚午）
34岁

1月，遵教育部令，上海美术专门学校改名为上海美术专科学校（简称"上海美专"）。

【引】校长由西洋画系主任王远勃代理。本年中期于菜市路校址添建三层楼新校舍一幢，内辟"观海阁"。实习教室6间，女生宿舍50多间，题名为"海涵斋"。（上海档案馆档号Y8-1-466，《上海美术专门学校概况》）

1月，李魁士毕业于上海美专艺术教育系图音组。（上海档案馆档号 Q250-1-120，《上海美术专科学校自开办至结束历届学生姓名索引》）

【释】李魁士（1905—1970），又名之声，抗战期间化名大白，后以大白行世，广东揭阳人。1930年1月毕业。在校期间深得校长刘海粟器重。毕业后回乡，结婚之日，刘海粟特亲书国画两幅以贺。婚后月余即应新加坡树人学校之聘任教职。抗战前夕独资开办开明书局，抗战胜利后在新加坡二马路重开上海书局。擅国画，也擅油画。曾多次在新加坡举办个人画展。（《上海美专名人传略》，第316页）

2月，刘海粟与张韵士参观巴黎冬季沙龙。临摹柯罗的油画《珍珠少女》。（《刘海粟年谱》，第95页）

是年春，刘海粟在巴黎与何香凝作中国画《松竹梅三友图》。（《刘海粟年谱》，第95页）

【释】何香凝（1878—1972），原名谏，又名瑞谏，画号双清楼主。广东南海人，生于香港。第二、三届全国人大常委会副委员长，第二、三届全国政协副主席。中国国民党左派的杰出代表、著名政治活动家，中国国画家，中国民主革命家。她不仅是一位杰出的革命家和政治活动家，而且是一位在海内外享有盛誉的著名画家。作品包括《狮》《梅花》《高松图》等，曾出版画集有《何香凝画集》《何香凝诗画辑》《双清诗画集》等。1972年9月1日逝世。

3月，谭右铭入上海美专中国画系学习。1933年6月新制第十二届毕业。（上海档案馆档号 Q250-1-120-1，《上海美术专科学校自开办至结束历届学生姓名索引》）

【释】谭右铭（1910—2015），四川省云阳县人。1930年入上海美术专科学校国画系，1932年加入中国共产主义青年团。1933年由共青团转入中国共产党，同年在上海美术专科学校毕业，1934年中共云阳工作委员会成立，谭右铭为民主革命时期该县第一任县委书记。1935年云阳工农革命武装暴动主要领导人。1938年任山西新军教导2师1团政治处主任，1940年任晋西独立支队政治部宣教科长，1943年任八路军115师政治部宣传部教育科长，1946年任山东军区独立5师政治部主任，1947年任华东野战军9纵25师师政委，1949年任华东野战军20军政治部主任。1950年后历任解放军政治学院政治部副主任，解放军报社副总编辑，第四机械工业部副部长、党委副书记。1955年被授予少将军衔，获二级独立自由勋章、一级解放勋章。（《上海美专名人传略》，第413页）

3月，郑野夫入上海美专西洋画系学习，1932年1月新制第九届毕业。学生时代便开始木刻创作，在校期间参加左翼美术家联盟，参加"野风画会""一八艺社""春地美术研究所"等活动。（上海档案馆档号Q250-1-120-1，《上海美术专科学校自开办至结束历届学生姓名索引》）

【释】郑野夫（1909—1973），浙江乐清人。上海美专西洋画系毕业。曾在上海编辑出版《铁马版画》手拓本。抗战期间在温州组织"春野美术研究会""黑白木刻研究会"，又与金逢孙合编《战时木刻》半月刊。1941年与杨可扬合编《木合》《木刻艺术》。还与杨可扬共同主编《新艺丛书》。抗战胜利后，参加筹办抗战八年木刻展览会和历届木刻展。积极从事迎接解放的宣传品印制工作。上海大众美术出版社成立后，他为该社的实际主编。历浙江美术学院教授、中国美术家协会副秘书长。（《上海美专名人传略》，第402页）

3月，罗铭入上海美专西洋画系学习。后成为著名画家、美术教育家，创新中国画。（上海档案馆档号 Q250-1-120-2，《上海美术专科学校自开办至结束历届学生姓名索引》）

【释】罗铭（1912—1998），广东普宁人，1931 年于上海美专西洋画系毕业，1947 年起游东南亚泰国、新加坡、越南、印度尼西亚各国及港台地区，后侨居马来西亚槟城，写生作画，举办画展，影响甚大。其画被誉为中国画创新派。应徐悲鸿之聘，任教中央美术学院国画系。1954 年在北京和李可染、张仃举办三人山水写生画展，开中国山水画一代新风。1959 年应西安美术学院蒙天院长之聘任副教授、教授、硕士研究生导师等。后兼任陕西省国画院副院长、名誉院长等职。（《上海美专名人传略》，第 326 页）

4月8日，中国驻德国大使馆邀请有关人员赴茶会，商谈在欧洲举办中国画展事宜。

【引】东方学者屈梅尔教授、白舒孟教授、佐尔法博士、佛朗克教授、克伦配雷博士等人赴茶会，并由（刘）海粟即席挥毫，众皆称赏不置。即由使馆正式与东方艺术会普鲁士美术院谈判，决定以普鲁士美术院为展览会场，且先推定德方组织委员沙尔武等十人。凡此接洽经过，几费周折。端倪既具，蹊径乃开，（刘）海粟始归，请于政府，告诸国人。（刘海粟，《欧洲中国画展始末》1935 年）

5月初，刘海粟、张弦、傅雷等访问阿尔贝·贝纳尔工作室。

【引】文曰：……曾于 5 月初宴请刘海粟氏夫妇于其私宅。同席并有我国留学生之研究文学及艺术批评傅怒安君。……刘氏最近又被邀请加入帝勒黎（Salondes Tuileries）画展出品。该画展

【图1930-1】1930年5月初,刘海粟与张弦(左一)、张韵士(左二)、傅雷(右一)拜访巴黎国立美术学校校长阿尔贝·贝尔纳(右二)工作室

为法国现代画展中最高权威。(《东西两艺人之携手》,《中国摄影学会画报》第244期,1930年6月28日)

5月25日,刘海粟致函中国驻法公使高曙青,请办外交护照,并借赴意大利旅费3000法郎。(《刘海粟年谱》,第95页)

5月27日,高曙青公使寄来护照并3000法郎。(《刘海粟年谱》,第95页)

5月28日晨,得高曙青公使函,邀于6月1日晚宴,并嘱代邀法兰西艺术大师阿尔贝·贝纳尔(Albent Bernard)。是日得上海陆费逵函并所汇之4000法郎。下午4时,美术学院教授朗特斯基(Landeski)来访。(《刘海粟年谱》,第96页)

5月29日,上午,应贝纳尔等邀,刘海粟将《森林》《夜月》《圣扬乔而夫之陋室》《玫瑰村之初春》四幅油画送至蒂勒里(Tuileries)沙龙事务所参加展出。下午,赴贝纳尔夫人举行之茶会。

【引】此沙龙为法国艺术巨星贝纳尔、阿孟琼、马蒂斯、玛利斯特尼、亨利·玛当所组成之美术展览会，出品者多为欧洲艺坛第一流画家，不征求普通作品。（刘海粟，《考察欧西艺术经过情形报告》，《教育部公报》第 3 卷第 42 期，1931 年 11 月 1 日）

5 月 29 日，晚 10 时，刘海粟由法国里昂车站乘快车往意大利。

【引】同行者有颜文樑、孙福旭、杨秀涛。在火车上（刘海粟）对孙福旭说："误解就是艺术，能够任人误解才是伟大；我终以为我们不必使人了解，还是任人误解的好""我们本来就是传统的叛徒，世俗的罪人；我既不能敷衍苟安，尤不能妥协因循。我是一个为人讥笑惯的呆子，但是我很愿意跟着我内部生命的力去做一生呆子。现在的中国就是因为有小手段、小能干的人太多了，所以社会会弄到那样轻浮、浅薄"。（刘海粟，《巡礼意大利》，《欧游随笔》，中华书局，1935 年 3 月）

【图 1930-2】刘海粟（左）与夫人张韵士及傅雷（右）在巴黎阿尔贝·贝纳尔（Albent Bernard）画室留影（1930 年 5 月）

5月30日，刘海粟购办颜料、画布，遇意大利画家萨龙夫妇及旅法中国画家常玉于歌巴尔咖啡馆。（《刘海粟年谱》，第96页）

【按】根据刘海粟《巡礼意大利》一文中所述，赴意时间为"5月29日晚10时"，而《刘海粟年谱》记5月30日之行刘海粟并未提及，且与实际情况不符。两种记录或有误，在此仍选录本谱中，以供参考。

【释】常玉（1900—1966），原名常幼书，四川南充人。1915年入学上海美专，后留法勤工俭学时到巴黎，在巴黎他不进美术学院进修，而是从画坛、画廊和巴黎人的生活中去了解法国现代绘画的脉络，以此为基调从事艺术创作，并坚持此理念一生。1927年3月由江小鹣介绍成为天马会会员。常玉一生大起大落，从花花公子瞬间变为流浪者。他在艺术上坚持"我行我素，不媚世俗"的理念，1966年在巴黎因煤气泄漏去世时，仍默默无

【图1930-3】1930年5月，刘海粟拜访法国雕塑家朗特斯基工作室。（从左至右：岳伦、朗特斯基、张大烈（张澄江）、张韵士、刘海粟、傅雷、刘抗）

闻，不被赏识。而今西方美术界认为他是世界级的绘画大家，中国式的莫迪利阿尼。刘海粟欧游时与常玉时有联络。（《上海美专名人传略》，第278页）

6月1日晨，刘海粟抵达意大利罗马。

【引】上午，去罗马新美术馆参观西班牙杰作展览会，陈列有西班牙大师格列柯、委拉斯开兹、牟利罗等精品66件。于维多利亚爱玛尼纪念坊广场进午餐。下午，到罗马市展览会会场参观日本美术展览会。（刘海粟，《巡礼意大利》，《欧游随笔》，中华书局，1935年3月）

6月2日，刘海粟参观罗马古斗兽场、君士坦丁大帝凯旋门。乘马车出罗马城，观拉加拉共同浴场。经古罗马旧道，达地下陵寝，参观圣撒白司地下教堂。（刘海粟，《巡礼意大利》，《欧游随笔》，中华书局，1935年3月）

6月3日，参观梵蒂冈圣彼得大教堂、梵蒂冈教皇宫、梵蒂冈美术馆及西斯廷教堂。

【引】刘海粟入西斯廷教堂时惊叹"顷刻间令人起了非常的神经激变，我想，走进天堂未必像走进西斯廷那样地欢乐，走进地狱也未必像走进西斯廷那样地震撼"。观赏米开朗琪罗所作天顶画及大壁画《最后的审判》和拉斐尔的壁画《雅典学派》《圣比亚之释放》《波尔哥宫的火警》。在德拉亚圆柱广场进午餐。下午赴圣彼得梵诃里教堂，观米开朗琪罗所作摩西巨像。晚观剧于现代剧院。（刘海粟，《巡礼意大利》，《欧游随笔》，中华书局，1935年3月）

6月4日，刘海粟参观罗马新美术院之近代作品、马利亚马其亚教堂和意大利国家博物院（又名特而美博物院）。（刘海粟，《巡礼意大利》，《欧游随笔》，中华书局，1935年3月）

6月6日，在罗马参观波尔盖世画廊和圣保罗大教堂。黄昏时赶回住处，拿画具去写斗兽场的红墙。（刘海粟，《巡礼意大利》，《欧游随笔》，中华书局，1935年3月）

6月，刘海粟在米兰、威尼斯、佛罗伦萨参观研究文艺复兴期之绘画、雕刻、建筑的主要作品作油画《古罗马》《斗兽场》《飞航桥》《威尼斯》。在佛罗伦萨作油画《翡冷翠》，然后折回法国巴黎。（《刘海粟游欧作品展览会》目录（1932））

6月，上海美专添建三层新校舍一座，谓"观海阁"，开设大教室6间，女生宿舍50间，名为"海涵斋"。（上海档案馆档号Y8-1-466，《上海美术专门学校概况》）

6月，上海美专聘张玉珍任音乐系系主任，钢琴专任教授。张是上海美专1931年底进行学校整改工程的主要参与者之一。（《上海美专音乐史》，第88~89页）

【释】张玉珍（1905—？），上海人。美国哥伦比亚大学音乐硕士。曾任上海美专音乐系主任，钢琴专任教授，每周12节课。联合应尚能、汤凤美、糜麓萍主持了上海美专音乐课程的修订。张玉珍是钱仁康先生在美专音乐系读书时的钢琴老师。（《上海美专名人传略》，第254页）

7月28日，刘海粟被比利时独立百年纪念展览会聘为国际美术展览会评审委员，偕褚民谊、谢寿康赴比利时。29日开始评览展品，并送中国画《九溪十八涧》参加展出，获国际荣誉奖。（《刘海粟年谱》，第97页）

7至8月，刘海粟在比利时期间，游布鲁塞尔、鲁文、盎凡斯各地，研究佛兰德斯派之绘画。

【按】作油画：《L女士》《向日葵》《秋葵》《枯葵》《清晨》《自画像》《积稿》《马车》《白屋》《邮差》《刘夫人像》《田野》《休息》《鲁文教堂》《雨后之鲁文大寺》《雨后比利时鲁汶圣彼得教堂》《鲁文泽畔》《鲁文闲步》《葵花》《黄发》《鲁文》《比利时鲁汶圣格达修道院》。（《刘海粟游欧作品展览会》目录（1932）；上海刘海粟美术馆馆藏目录）

【引】作中国画《狮》两幅，其一题："十九年秋，与人浩弟同客比利时鲁文，泽畔疏柳，落叶打肩，兴来画狮，即以质之。"另一有林森、章太炎（章炳麟）、沈恩孚、马相伯、蔡元培、于右任题词，林森题云："海粟先生作画，不泥古法，擅以逸笔出奇；又能破方为圆，削繁就简，用墨淡而能厚，枯而能腴，极得无人荒率之致。"（《刘海粟年谱》，第98页）

7月，代理校长刘穗九因故辞任，西画系主任王远勃继任代理校长。

【释】王远勃（1905—1957），澄海市区城东人。1924年留学法国，先后在马赛美术学校巴黎高等美术学校学习，师从写实画家西蒙。留学期间作品多次参展并获奖。法国马塞南方美术协会永久委员，回国后任上海美术专科学校教授，后任西画科主任。在刘海粟赴欧考察期间，任代校长之职。曾担任1929年第一届全国美术展览会油画审查委员，教育部全国未立案专科以上学校学生甄别考试上海区考试委员会委员，教育部第二次全国美术展览会编辑委员会委员，中华全国美术会理事。并参与组织发起雁风画室。后弃文从商，于1946年前往天津主理兴行生意，全家定居天津。20世纪50年代初，周恩来向教育部提名，安排王远勃担任天津师范学院艺术系主任兼教授，继续从事美术事业。1957在天津病逝，终年52岁。（《上海美专名人传略》，第12页）

【图1930-4】1930年7-8月，刘海粟、张韵士、刘虎、刘抗于比利时布鲁塞尔。（《艺气风发——来自刘海粟和刘抗的相册》，第42页）

【图1930-5】刘海粟（右）与滕固摄于比利时首都布鲁塞尔（1930年）

8月18日,刘海粟所撰《幽寂》一文发表于上海《生活》杂志。

【录】文曰:巴黎为近代文艺中心,各国文学家艺术家集焉。美术馆美术展览之多,不可胜录。春季各国都在此举行国家美术会,日本宣传尤力。在最近二月内已举行大展览会二次,所谓日本画者,只拾四王唐仇之糟粕耳,居然自称代表东方艺术!欧人何能人人澈悟东方艺术?故皆为所迷,粟既来此,何能袖手旁观?刻已组织中华留法艺术会,预备每年运吾国艺术来此展览,一方面再运法国现代名画到中国展览,此举关系吾国文化靡大,于国际地位亦有影响。高曙青公使亦深知之,故能极力助成。弟每日赴罗佛宫 Louvre 研究罗马雕刻及意大利文艺再生期名作。罗佛宫搜罗宏富,西洋美术史之代表作——陈其间,诚为大地第一博物院矣。弟刻在巴黎东郊 Chatillon,绝幽寂,每日赴巴亦便利。十八年六月八日,刘海粟于巴黎东郊外夏蒂翁画室。

(《生活》第83期,1929年8月18日)

【图1930-6】1930年,刘海粟一家与友人在欧洲。(从左至右:刘海粟、刘虎、张韵士、陈人浩、王济远)(《艺气风发——来自刘海粟和刘抗的相册》,第43页)

8月，戴粹伦受聘始任上海美专音乐系提琴兼任教授。每周9节课，月俸100元。（《上海美专音乐史》，第89页）

【释】戴粹伦（1912—1981），江苏吴县人，生于上海。1936年入维也纳新音乐院，从波兰小提琴家胡贝尔曼深造。翌年归国，在各大城市举行独奏会。后赴重庆，执教于励志社音乐组、国立音乐院。1942年秋，任国立音乐院分院院长，南京艺术学院音乐系小提琴教授盛雪就出自他的门下。1945年任国立上海音乐专科学校校长，并任上海市府交响乐团指挥。1949年春赴台湾，先后任省立师范学院音乐系主任、"军中示范合唱团"指挥、台湾省府交响乐团团长兼指挥等。1973年退休后移居美国。（《上海美专名人传略》，第82页）

9月，刘海粟在比利时所作之油画《向日葵》和《休息》，入选法国秋季沙龙。（刘海粟，《考察欧西艺术经过情形报告》，《教育部公报》第3卷第42期，1931年11月1日）

本学期，上海美专70名学员毕业。（上海档案馆档号Q250-1-1-14，《上海美术专科学校二五周年纪念一览》）

9月，周春如受聘任上海美专雕塑教授至1932年1月。

【释】周春如（1901—1942），江苏灌云人，1923年9月入上海美专西洋画系学习。1925年5月参加了反帝斗争，稍后在北伐军挥戈北上时，曾与惠浴宇、孙海光等同志在上海做过地下工作。"七七"事变后周春如发起组织抗日宣传队，亲自任队长，在县内巡回宣传演出《放下你的鞭子》和教唱抗战歌曲，以动员民众，团结抗日。1942年任解放区东灌沭办事处文教科长，因积劳成疾于1942年去世。（《上海美专名人传略》，第262页）

9月，蔡若虹入上海美专西画系学习，1932年1月上海美专新制第九届毕业。（上海档案馆档号Q250-1-120-1，《上海美术专科学校自开办至结束历届学生姓名索引》）

【释】蔡若虹（1910—2002），原名蔡壅，笔名雷萌、张再学。画家，美术评论家。江西九江人。1932年1月上海美专新制第九届西画系毕业。同年参加中国左翼美术家联盟。后在上海从事漫画创作。1939年后任延安鲁艺教员、美术系主任。1940年加入中国共产党。1946年后任《晋察冀日报》美术编辑。中华人民共和国成立后历任《人民日报》美术编辑、文化部艺术局副局长、中国画研究院副院长、中国文联第一至四届委员、中国美协第一至四届副主席。是第三、五、六届全国人大代表。有画集《苦从何来》、诗画集《若虹诗画》和《蔡若虹美术论文集》，回忆录《上海亭子间的时代风习》及《赤脚天堂》。（《上海美专名人传略》，第277页）

9月，俞创硕入上海美专图案系学习，1933年6月毕业。参加了上海美专国难宣传团赴华北、西北及内蒙拍摄新闻照片。（上海档案馆档号Q250-1-120-2，《上海美术专科学校自开办至结束历届学生姓名索引》）

【释】俞创硕（1911—1991），祖籍广东，生于浙江平湖。从上海美专毕业后，进《良友画报》社工作。1937年"八一三"事变，开始做战地记者。1937年9月平型关大捷后，他曾多次访问过太原八路军办事处和太行山八路军总司令部等，采访过朱德、左权、邓小平、聂荣臻、刘伯承等人，并将平型关大捷胜利后拍摄的战场实况发沪，作为《良友画报》的特辑发表。1938年5月在武汉参加了《新华日报》战地记者会议，并摄影留念。1949年5月上海解放后，任《解放日报》摄影记者。《解放日报》曾发表署名文章,盛赞"俞创硕同志是中国第一位用照相机来报道八路军的记者,是真正抗日英雄的记者,是一位值得敬仰的进步新闻工作者"。(《上海美专名人传略》,第 411 页)

9月,徐韬入上海美专艺术教育系图工组学习,1933 年 6 月上海美专新制第十二届毕业。(上海档案馆档号 Q250-1-120,《上海美术专科学校自开办至结束历届学生姓名索引》)

【释】徐韬(1910—1966),江苏睢宁人。上海美术专科学校毕业,参加中国左翼戏剧家联盟。1935 年加入中国共产党。曾任上海业余剧人协会、抗敌演剧宣传队导演。1945 年后任中国艺术剧社导演、上海昆仑影业公司编导。1949 年参与创建上海电影制片厂,任秘书长兼导演。后任中国影协第一届委员、第三届理事。合编电影剧本《乌鸦与麻雀》。导演的影片有《草原上的人们》等。《海魂》获捷克斯洛伐克第十届劳动人民电影节为世界和平而斗争二等奖。(《上海美专名人传略》,第 373 页)

9月,吴天入上海美专西画系学习,1931 年在上海美专领导学生运动,参加自由大同盟、中国左翼戏剧家联盟。(上海档案馆档号 Q250-1-288-2,《上海美术专科学校自开办至结束历届学生姓名索引》)

【释】吴天(1912—1989),江苏扬州人。曾在上海美专西画系学习。1933 年在南京左翼剧联工作,1935 年赴日本参加东流社,后到马来西亚从事抗日救亡与戏剧工作,1946 年任上海戏剧学校教务主任。1949 年后历任北京、长春及珠江电影制片厂编剧、导演,广东省文联、中国作家协会广东分会专业作家。1926 年开始发表作品。编导电影《国庆十点钟》《换了人间》等。著有《电影简话》及电影剧本《拍案颂》等。(《上海美专名人传略》,第 359 页)

9月，浦泳考入上海美专中国画系学习。（上海档案馆档号Q250-1-120-2，《上海美术专科学校自开办至结束历届学生姓名索引》）

【释】浦泳（1909—1985），原名昌泳，字灵，号潜，别署艳霜仙馆、长发头陀，上海人。1930年9月考入上海美专中国画系，1931年8月改入雕塑系学习，1933年6月新制第十二届雕塑系毕业。是上海美专雕塑系为数不多的毕业生之一。（《上海美专名人传略》，第328页）

9月，陈家枢入上海美专西画系学习。（上海档案馆档号Q250-1-120-1，《上海美术专科学校自开办至结束历届学生姓名索引》）

【释】陈家枢（1910—？），上海青浦人。1930年9月入上海美专西画系学习，1933年6月上海美专新制第十二届毕业。曾任漫庐图书公司经理，主编《明星家庭》杂志。（《上海美专名人传略》，第279页）

10月26日，徐志摩致函刘海粟。

【录】海粟我兄：承常赐音，得知老友徜徉琼天瑞地，逸兴遗飞，气概非凡，艳羡之余，只能冥目遐想追从兄等踪迹，醉心湖光山色间。迩来生活之匆忙乏味，已臻绝境，奔走宁沪间，忍受冷板凳，睡眠缺少，口舌枯瘦，性灵一端，早经束诸高阁，但俟有远飏机会，更期吐纳，在此决不能有何发展。兄今意兴正豪，千万弗遽萌归念。特语故人："故国风光依然黯淡也。"刘夫人已然孟晋从学，拜佩无限。承嘱事已向彭谈过，他说此事须问陈和铣，同时嘱兄即日送一呈文致江苏教育厅，或由谢次彭转亦好，想不难成功也。伯鸿夏间患痢，乃积劳所致，近来稍好，此公真热心人，我敬之弥笃。中华新文艺丛书我为收罗稿本已有二十余部，但皆未印得，转瞬满年，成绩一无可见为愧，然非我过也。明年此职，至盼仍赓续。兄如函伯鸿，乞便道及。上半年幸兄与鸿公惠助，得坐享闲福许久，感念未可言宣。但为中华总当为尽力选书，决不要做亏赔生意也。宗岱太玄诸兄壮健？均念。此颂

俪福无量。

志摩。十九年十月二十六日（《徐志摩书信集》，第28页）

秋，刘海粟在巴黎和何香凝作中国画《瑞士勃郎崖》。

【引】柳亚子于1932年4月15日题诗："异域风光写旧游，归来风雨感同舟。江山已逐纤儿坏，尚遣桃源海外留。"
（《刘海粟年谱》，第98页）

12月10日，徐志摩致函刘海粟。

【录】海粟吾兄：连接故人海外归鸿及画片手帕，欣悉不可胜言。居者懒，行者奋，亦未尝不自觉感愧，而此间生活，如陷大泽，无可攀援，弗容支撑，且为奈何？公来柬感慨甚畅，弟胸中亦何尝不累累作响，但转念即宣诸指墨，又济何事，因之又复废然，此亦不常作书之一因也。公近作画幅，虽来者仅撮景，已使我异常讶异，章法笔力，并见工夫，最近来两幅，直已跻名彦之堂。海粟此行已不虚。罗浮之迹，瑞山之状，行将络络，自公手笔间传出，此不可喜孰可喜，海粟勉矣。国内画子亦伙颐，然求笔下有力，胸中有气魄如海粟者，盖无第二人，早年海粟之病，病不见高大，今海粟得其所矣。鱼在水，虎在山，海粟给巴黎罗马之粹，复何可说。海粟固尤自虚抑，方以中秋赛为喜，然秋赛何足以限，海粟今既窥得门径，宜如何搏全生之力以赴之。真美在群星辉耀间，人世毁誉岂足当一息之念哉。但昨见伯鸿，

则又听到不怡消息，鸿公曰：海粟或且不得已而归国，此大不幸，我切切祈祷海粟能脱此危运。谚云"一鼓作气"，海粟十余年来譬如在暗室中冥盲扶植，今乃将豁然见光明，此正一鼓作气

【图1930-7】刘海粟作品《向日葵》(油画)1930年(92cmX64.8CM)上海刘海粟美术馆藏

【图1930-8】刘海粟作品《肖像》（油画）1930年（80.8cmX116.3cm）上海刘海粟美术馆藏

完成一生使命之机缘,奈何又复令中蹶?我谓鸿公:天佑艺术,其再使海粟分心,果不知如何也。我意则直劝海粟,宁弃一学校而全艺术,况海粟不问学校固不致遂竭蹶也。不知海粟意下如何耳。夫人补助费事已详前函,次彭向陈和铣说项,但须正式来请求,盼即进行。夫人欧衣欧冠,丰姿翩然,美哉。小曼得帕,乃如小儿得饼,极快乐,嘱道谢,想是夫人之惠也。国内政治火并,乃不如强盗,一宿三惊,必至人人生厌而后已,海粟幸勿眷念此阿鼻地狱。宗岱兄均念。志摩 十九年十二月十日(《徐志摩书信集》,第29页)

是年,刘海粟与有关人士商议拟在法国举行中国画展。

【引】"居法京巴黎时,与彼国大师阿尔贝·贝纳尔、阿芒·让、莫里斯·德尼、朗特斯基等十余人,教育部美术司司长保罗·莱昂、国家美术院院长台若诃亚等数人,讨论先在法国举行中国现代绘画展览会,当蒙一致赞助。即会同驻法公使高鲁,与主管人国家美术院院长台若诃亚,订明于一九三三年冬季在巴黎龚古尔广场亦特巴姆美术馆举行。"(刘海粟,《欧洲中国画展始末》,《中国现代名画》,1935年版)

是年,刘海粟在法国巴黎创作多幅作品。

【按】油画《巴黎圣母院夕照》《阳台》《带喷泉的花园》《巴黎圣母院河畔》《肖像》《鲤鱼》《塞纳河》(《塞纳河之桥》)《蒙马德寺》《人体》《圣心院》《少女》《畸形的老妪》《刘夫人像》《胸》《女之颜》《贵妇》《早餐》《老妪》《丛林》《桥》《窗》《卢森堡公园》《罗丹模特儿》《菊花与柠檬》(《静物》),在法国玫瑰村作油画《寒林》《农家》《玫瑰村》等。(《刘海粟欧洲作品展览会》目录(1932);上海刘海粟美术馆藏目录)

【图1930-9】刘海粟作品《巴黎圣母院夕照》（油画），1930年(113cm×88cm)，上海刘海粟美术馆藏

是年，金逢孙入上海美专学习西画。（上海档案馆档号Q250-1-120-1，《上海美术专科学校自开办至结束历届学生姓名索引》）

【释】金逢孙（1914—2005），浙江丽水人。1930年入上海美术专科学校西画系学习。1931年在美专组织学生业余美术进步团体"MK木刻研究会"，投入新兴木刻运动，曾四次参加"MK"作品展览会及组织工作，有《小贩》《叫卖》等木刻作品在上海各报刊上发表，部分作品为鲁迅及日本友人收藏。1934年1月自上海美专毕业，仍留上海投身新兴木刻运动。致力于抗日救亡和浙江木刻运动。20世纪50年代调北京工作，曾任中国选送苏联工艺美术展览会办公室主任及中国美术家协会美术服务部副主任，曾任北京荣宝斋副经理。（《上海美专名人传略》，第312页）

公元 1931 年
民国二十年
（辛未）
35 岁

1 月，刘海粟作油画《卢森堡之雪》《卢森堡雪霁》《雪》《巴黎之冬》《罗佛宫残雪》《罗佛宫之雪》（法国莫须氏藏）等。（谢海燕主编，《刘海粟》，江苏美术出版社 2002 年版）

【按】《卢森堡之雪》被法国国立美术馆藏。（《新社会》第 12 期，1931 年 12 月 16 日）

1 月，张圣奘受聘任上海美专世界文学教授。因张圣奘的提议，上海美专的新文学课名改为世界文学。（上海档案馆档号 Q250-1-3，《民国二十年度教员履历表》）

【释】张圣奘（1904—1992），湖北江陵人。精通多国语言，获得英国牛津、国际名校的 5 个博士学位，历任重庆大学、

【图 1931-1】《女人体》（油画）1931 年（80.2cm×60.1cm）刘海粟美术馆藏

中央大学、国立女子师范学院教授。讲授过28门课程。1931年1月始任上海美专世界文学教授。1950年任西南师范学院史地系教授，四川省文史馆员。1950年成渝铁路动工修筑时，受邓小平（当时任西南军政委员会政委）委托，负责鉴别沿途出土文物。1951年春，在资阳县黄鳝溪发现距今35000余年更新世晚期人类头骨化石，英国《大英百科全书》将其列入词条，美国、德国等国的专业报刊也曾予介绍、宣传。曾为上海美专学生刘诚甫编写的《音乐辞典》撰写序言，为美专新制第九届毕业纪念册写序言。是上海美专1931年教学改革的主导者。（《上海美专名人传略》，第247页）

1月，张谔于上海美专新制第九届西洋画系毕业。（上海档案馆档号Q250-1-28，《上海美专新制第九届毕业纪念刊》）

【释】张谔（1910—1995），江苏宿迁人。1928年入杭州艺专雕塑系学习，后转入上海美专西画系，1931年毕业。翌年参加左翼美术家联盟，为执行委员。曾任《漫画与生活》《中华月报》美术编辑，《漫画阵地》主编，《民族生路》出版人。1937年在广州参加筹备《星粤日报》出版工作，任美术编辑，同时兼任广东省漫画界抗敌协会主办的《漫画战线》主编。1938年后在武汉及重庆《新华日报》工作，发表大量漫画作品。1941年任延安《解放日报》美术部主任。举办过讽刺画展。1954年后历任中国美术家协会会员工作部主任、副秘书长，中国美术馆副馆长。（《上海美专名人传略》，第383页）

2月9日，徐志摩致函刘海粟。

【录】海粟我兄：这次第怎一个懒字了得，即道歉亦无从。半亦国内生活无善可说，因而每当提笔，辄不终笺而废。兄到欧后，天才横溢，常闻称道瑞士古罗马之游，更拓心胸，益发气概；偶读游记，想见海翁负杖放眼，光焰自生，未尝不神往心羡。可怜中国，云何谈艺。自海翁之西徂，更无一人能独立而不惧？时难，才亦不易，且为奈何。济远闻在巴黎，展览甚盛。兄等竟乐不思国，金贵如此，书籍举不容购置，遑论远行。南中学潮汹涌，想曾于报纸看知梗概。海内已定一尊，我侪异端，茫茫何往？适之梦麟，已回北大。上月北游平沈。重温旧故，欢若平生。比归未及旬，函电交来，迫我北归，为治学计，北地良佳。已商得小曼同意，只身径去，徐作移家之计。岁回集行；此后惠件请寄北平米粮库四号适之家转。历年积负笔债，重累如山。此去期以宁静澹泊，重治砚笔；若再无成，则唯有投荒依蛮王耳。杏佛离婚已成，颇费气力。俞珊之说，无稽之至。俞珊大病及殆，即日去青岛大学给事图书馆，藉作息养。如见次老足以相告。宗岱诗人，常在念中。寄去诗刊两册，乞以其一交去宗岱。何不给些诗文来，一新感觉。《新月》文艺，将不成话，不得不乞灵海外，幸善张罗。常玉今何在？陈雪屏带回一幅"宇宙大腿"，正始拜领珍异也。见为道念。淘美已收金屋，现办《图画时报》，兼治印刷，将来规模不小。此公活动有为，可爱得紧。海嫂闻在巴黎装束入时，丰韵非凡，习雕刻度已有成。小曼附言道念，尚此敬念双福。

弟 志摩上 二十年二月九日（《徐志摩书信集》，第31页）

2月，莫朴入上海美专西洋画系学习，1933年6月毕业。

（上海档案馆档号Q250-1-288，《上海美专新制第十二届毕业纪念册》

【释】莫朴（1915—1996），江苏南京人。1930年入上海美专西画系学习，1933年毕业。并与同学沈逸千等发起组织美术界第一个抗日救亡团体"上海美专国难宣传团"，在上海、南京、河北、内蒙古、西北进行历时一年的抗日救亡宣传活动。1936年油画《琴师》《红顶屋》参加全国第二届美展。1937 年组织"江都文救会流动宣传团"进行抗日宣传。1940 年任新四军苏皖地区文委、出版部长。华中鲁艺教授、系主任。作版画《鲁迅》《三代》，与吕蒙、陈亚君合刻 110 幅木刻连环画《铁佛寺》。1943 年任延安鲁艺教员，作年画《平型关大战》《火烧阳明堡机场》及素描《毛主席会见农民诗人孙万福》。1945 年在华北大学任教。1949 年起任国立艺术专科学校教授、绘画系主任，后历任中央美术学院华东分院副院长、浙江美术学院院长、中国美术家协会常务理事、浙江美术学院院长、浙江美术家协会主席、全国文联委员、浙江文联副主席等职。（《上海美专名人传略》，第 330 页）

2 月，魏猛克入上海美专西画系学习。（上海档案馆档号 Q250-1-120-2,《上海美术专科学校自开办至结束历届学生姓名索引》）

【释】魏猛克（1911—1984），湖南长沙人。1932 年 7 月自上海美专新制第十届西画系毕业后入上海美专绘画研究所研究西画。撰写了 1932 年 6 月《上海美专新制第十届毕业纪念册》中的《校史》，是上海美专十几本毕业纪念刊中唯一由毕业同学撰写的校史。1933 年加入左翼作家联盟，倡导用连环画教育群众，与鲁迅交往密切，是鲁迅小说《阿 Q 正传》英文版的插图作者。1935 年赴日本，创办《杂文》杂志，1937 年因在《绥远抗战募捐宣言》上签字，被日本警方驱逐回国。"七七"事变后回长沙，任《大众日报》社长、湖南文化界抗敌后援会理事。曾任湖南大学中文系教授、湖南省文联主席、省文化局局长、民盟湖南省主委等职。（《上海美专名人传略》，第 360 页）

【图1931-2】1931年刘海粟于法国马恩河畔诺让花园。(《艺气风发——来自刘海粟和刘抗的相册》,第49页)

2月,沙耆入上海美术专科学校学习。(上海档案馆档号Q250-1-120,《上海美术专科学校自开办至结束历届学生姓名索引》)

【释】沙耆(1914—2005),浙江鄞县人。1929年入上海昌明艺术专科学校学画,1931年入上海美术专科学校,1937年赴比利时留学,入布鲁塞尔国立皇家美术学院,师从巴斯蒂昂教授,因业绩优异曾获比利时"优秀美术家"金奖,在比利时滞留达十年之久。1946年返国,始知妻子已离家出走,原本脆弱的精神遂彻底崩溃。中华人民共和国成立后,因患精神分裂症在浙江农村独居,经周恩来安排由省政府按月发放津贴生活。四十余年间,虽身有疾病,仍作画不辍,但作品多流散于乡间。晚年画风发生突变,引起海内外美术界重视。1983年被聘上海文史馆馆员。(《上海美专名人传略》,第337页)

3月19日，刘海粟受德国法兰克福中国学院之聘，讲演《中国绘画上的六法论》，并在法兰克福美术馆展览作品及诸友作品。（刘海粟，《欧洲中国画展始末》；《东方杂志》第28卷第15期，1931年8月10日）

3月20日，蔡元培复函刘海粟。

【录】海粟先生大鉴：接读手书，知发扬艺术，价重外邦，无限欣慰。承示滕君固请本院津贴一节，本院现因经费支绌，种种计画，皆受制限；津贴滕君，实苦无以应命，诸希谅之。滕君处已直接致复矣。顺颂台绥。蔡元培敬启。（《蔡元培全集》第12卷，第306页）

3月，在法兰克福作油画《玛茵河》，在柏林作油画《公园》。（《刘海粟年谱》，第100页）

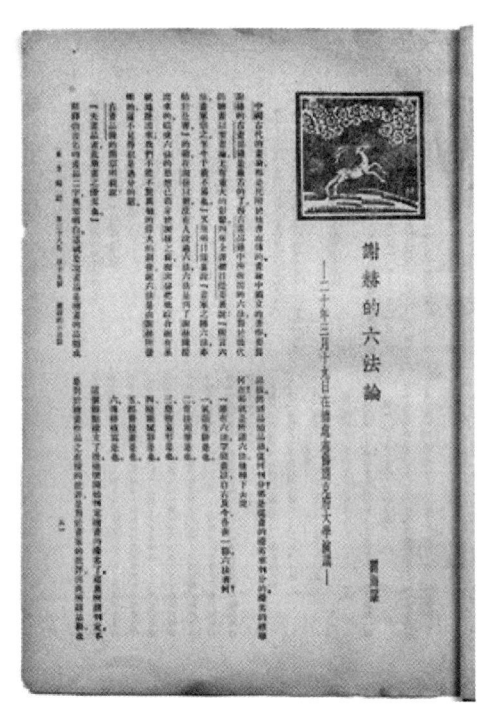

【图1931-3】《东方杂志》第28卷第15号所刊刘海粟在德国法兰克福大学的演讲稿《谢赫的六法论》

4月8日，刘海粟出席由中国驻德使馆邀请屈梅尔教授等人的茶会，并即席挥毫。

【引】中国使馆正式与东方艺术会、普鲁士美术院谈判，决定1934年2月在普鲁士美术院举行中国现代画展，且先推定德国东方艺术会会长佐尔法博士（Solf）等十人为德方组织委员，中国则先推教育部部长、中央研究院院长及刘海粟等为委员，从事筹备，其余续补推。（《刘海粟年谱》，第100页）

4月24日，刘海粟在巴黎腊丁区撰《中国绘画上的六法论·序言》。

【引】"抵欧以还，时与此邦硕彦往还论艺。彼辈深诧中国画理六法论之精微，举以相质，口舌綦烦。制作之暇，往往劄记若干条，漫无条理，聊为答客之需耳。今年初春，德国法兰克福中国学院聘讲中国艺术，因念欧洲人士所感兴味之六法论，亦即中国绘画上之根本问题。爰将平昔劄记，汇成是稿。其间姚最以前，间有采及日人金原省吾之著述，然见解不能苟同处，亦复不少。自张彦远以后，则独抒所见，聊贡一得。"（刘海粟，《中国绘画上的六法论》，中华书局，1931年11月）

5月，刘海粟油画《巴黎圣母院夕照》《绣球花》《鲁文教堂》和《静物》应邀参加蒂勒里沙龙展出。（刘海粟，《考察欧西艺术经过情形报告》，《教育部公报》第3卷第42期，1931年11月1日）

5月，刘海粟在巴黎克莱蒙画院举行个人画展，展出在法、瑞士、比、意、德各国所作油画40幅。其中《卢森堡之雪》为法国政府购藏于国家美术馆。路易·赖鲁阿（Louis Laloy）以《中国文艺复兴大师》为题为画展撰序。

【引】序文中说:"刘氏曾于1929年、1930年出品于秋季沙龙,并被邀参加蒂勒里沙龙,可知巴黎已对他致过敬礼了……看他的静物的十分坚实!看他的玫瑰村所观察的风景中,或在塞纳河畔的巴黎埠头上,他的果敢而深有颤动的韵味的色彩!看他在比利时所作的大寺,在光的变幻之下,不难辨出它的坚劲。看他在卢森堡朔风冻云中所写来的雪景,枯枝盘错,在力的韵律中表白它的无声的诗意……刘海粟的确是一位大师,在这字的真意与古义上的大师,因为他有他的信徒。这不但是中国文艺复兴的先锋,即于欧洲艺坛,亦是一支生力军。"(刘海粟,《考察欧西艺术经过情形报告》,《教育部公报》第3卷第42期,1931年11月1日;序文又载1932年10月在上海举行的《刘海粟欧洲作品展览会》目录)

6月23日,刘海粟去奥维参观梵·高等的作品。

【引】"同韵士、虎儿和朋友傅雷、刘抗、陈人浩一行六人,从巴黎东车站乘车向南走,大约车行一小时光景就到奥维(Auvers)……在高原耸然立着的楼房旧诗保罗·卡休先生的家……他很殷勤地接待我们,讲了不少关于凡·高的生活和关于他的父亲卡休(Gachet)医生与塞尚、毕沙罗、凡·高一辈人的交谊的历史……再引导我们参观他父亲一生心血所积的珍藏。在二层楼的两间密室中悬挂着德拉克洛瓦的素描和莫奈、毕沙罗、裘奥门、雷诺阿的小品,这都是外间绝未见过的珍品。再上楼有两间光明雅致的房间,珍藏着凡·高的极品……卡休先生在引导我们看这些杰作的时候,尽量将关于凡·高制作的经过以及他们的生活状况倾诉给我们听。我们也热心地静听这位曾经亲接凡·高的生活的收藏家的宏论。当时我心中满现着不可名状的震荡。"(刘海粟,《梵·高之热情》,《艺术旬刊》创刊号,1932年9月1日)

【图1931-4】《巴黎歌剧院》（油画）1931年（72.7cm×99.7cm）刘海粟美术馆藏

6月，汤凤美受聘任上海美专艺术教育系图音组主任至1933年6月。1933年9月至1935年1月兼任上海美专音乐系主任。

【释】汤凤美（1903—？），上海人。东南大学文学士。1925年3月到上海美专任教，先兼任各级系及艺术教育系两三年甲乙级学生英文、西声乐、西器乐课程，后为专任教授，教授钢琴和西唱课，上海音乐学院出版社出版的朱永珍撰写的《世纪琴缘——谭抒真传》一书中，有汤凤美在上海美专音乐系给谭抒真上钢琴课的回忆。汤凤美参与了上海美专1931年底进行的音乐课程修订工作。（上海档案馆档号Q250-1-3P0013-0019，《民国十六年十一月二十五日上海美专呈中华民国大学院文附教职员表》；《上海美专名人传略》，第194页）

6月，黄受聘任上海美术专科学校国画系人物教授至1937年6月。（上海档案馆档号Q250-1-120-2,《学生姓名索引名单》，上海档案馆档号Q250-1-156P0087-0090,《上海美术专门学校同学录》（民国二十年六月））

【释】黄义（1899—1979），原名文清，字可轩，号大蚱山人。福建南安人。1924年9月入上海美专高师科学习。抗战时期到中华人民共和国成立初期，在集美、仙游等地任教。1957年，他应老友潘天寿、吴茀之、诸乐三等先生邀请，受聘浙江美术学院，讲授中国画古典人物画技法。1972年退休，返回福建仙游。他的人物画在中国港台地区以及东南亚一带颇有影响。（《上海美专名人传略》，第117页）

7月11日，蔡元培致函教育部长李书华，请为刘海粟筹回国川资。

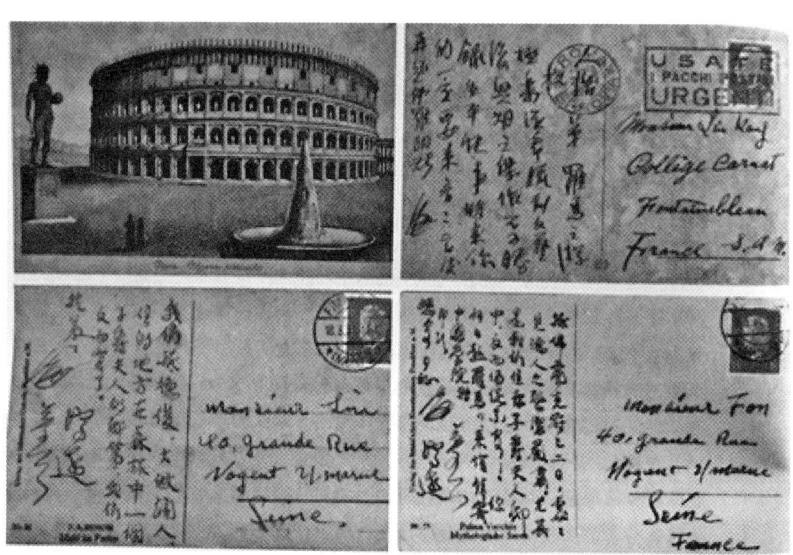

【图1931-5】刘海粟寄自意大利和德国的明信片（1931年）

【录】略谓："上海美专校长刘海粟君，本以贵部特约著作员津贴赴欧游学。刘君到欧后，历在法、意、瑞诸国展览讲演，备受欢迎，近有《雪景》一幅被选入鲁克爽堡美术馆，益令人注意。现刘君拟束装回国，而川费不敷，欲请贵部汇给法币壹万法郎。如蒙终始玉成，曷胜同感，专此奉商。"（手札，见《李润章先生藏近代名贤手迹》）

7月25日，刘海粟撰文《罗马西斯廷壁画》在《东方杂志》发表。

【按】此文记述去年6月初观赏西斯廷教堂中拉斐尔、米开朗琪罗等的壁画杰作的感受，谓"一种不可思议的激动，只能默契于心而合于神"。（《东方杂志》第28卷第14号，1931年7月25日）

8月，刘海粟在法国巴黎、诺杨等地期间创作一批油画。

【引】《思想者》《赛因河之游船》《巴黎歌剧院》《肖像》《巴黎大学》《人体》《卢浮宫》《窗口》《短墙》《绣球花》2幅《孀妇》《到圣心院去》《裸女》（《坐姿裸女》）《公谷尔广场》《赛纳河》《闲坐》《瓶花》《钓翁》《老人》《阿舍路》《龙虾》《集灵院》《愁》《泣》《刘夫人像》《蒙马特旧街》《蒙马特》《深秋的圣母院》《卢森堡之秋》《诺杨秋色》《晚秋》《傍晚》《园林》《暮色》《山居》（《山巅》）《风景》（《落日》）《罗浮宫残雪》《凝寒》《雪》，作中国画《雪雉》等。（《刘海粟游欧作品展览会》目录（1932））

8月14日，刘海粟接教育部电，偕夫人及傅雷于法国马赛乘轮归国。（《新闻报》，1931年9月17日）

8月，王绍洛入上海美专西画系学习，1933年6月新制第十二届西画系毕业。受业于刘海粟门下，绘画艺术有较深造诣。（上海档案馆档号 Q250-1-120-2，《上海美术专科学校自开办至结束历届学生姓名索引》）

【释】王绍洛（1909—1990），山东昌邑人，从上海美术专科学校毕业后，参加左联、左翼美术家联盟，连络美专进步同学，组织左翼美术团体"MK木刻研究会"，在鲁迅先生支持鼓励下，创作过反映劳动人民生活和暴露国民党黑暗统治的大量木刻和油画。内山嘉吉的弟弟在回忆鲁迅与木刻运动的文章中，曾提到过王绍洛等MK木刻研究会的进步活动。抗战时期在山东解放区开辟工作，先后任胶东鲁迅艺术学校校长、山东鲁迅艺术学校校长、八路军山东纵队国防剧团团长，为山东解放区培养抗战的文化艺术人才做了大量工作。原山东省委书记黎玉在回忆文章中做了肯定和赞扬。（《上海美专名人传略》，第355页）

8月，赵家璧入上海美专艺教系图音组学习，1935年1月上海美专新制第十五届艺教系图工组毕业。（上海档案馆档号Q250-1-120-1，《上海美术专科学校自开办至结束历届学生姓名索引》）

【释】赵家璧（1908—1997），江苏松江人。早在中学时代，即主编《晨曦》月刊。上海美专新制第十五届艺教系毕业。1936年组织鲁迅、茅盾、胡适、郑振铎等著名作家分别编选出版的《中国新文学大系》由蔡元培作总序。煌煌十大卷，矗立了一座丰碑。1937年在上海《大美晚报》社担任《大美画报》主编，并复刊《良友画报》。1947年与老舍合作在上海创办晨光出版公司，任经理兼总编辑，1954年调任上海人民美术出版社副总编辑兼摄影画册编辑室主任，编辑出版了《苏联画库》40种，《新中国画库》60种。后任上海文艺出版社副总编辑。撰写了《编辑生涯忆鲁迅》等百多万字的回忆录。（《上海美专名人传略》，第396页）

8月，周金海入上海美专艺教系图工组学习。擅长西洋画和木刻，参加"中国左翼美术家联盟""MK木刻研究会"等美术社团的活动，曾得到鲁迅的指导。（上海档案馆档号Q250-1-120-2,《上海美术专科学校自开办至结束历届学生姓名索引》）

【释】周金海（1913—？），又名力达，或作立达，广东潮州人。从小在新加坡学习绘画，1931年到上海入"白鹅画会"学习，在上海美专西洋画系学习期间，曾得到鲁迅的指导。1934年因从事左翼美术活动被捕，1936年获释后返潮州继续从事木刻创作。历任《生活木刻》编辑、新加坡马来亚侨校美术教师和马来亚党报《民声报》美术编辑。1948年返回老家潮州。先后参加"中国左翼美术家联盟""MK木刻研究会"等美术社团的活动。（《上海美专名人传略》，第404页）

9月18日下午4时30分，刘海粟抵达上海黄浦码头，后向蔡元培、叶誉虎汇报筹划欧洲中国画展事宜获支持。（《新闻报》，1931年9月17日；刘海粟，《欧洲中国画展始末》，1935年版）

9月，刘海粟自法国返抵上海，在归国途中，于香南沙舟次为法国派华考察文化的赖鲁阿（Laly）作油画《路易赖鲁阿像》和《赖鲁阿素描》，途经越南西贡，作油画《西贡公园》。

【引】在《赖鲁阿素描》画幅右侧题记："吾友赖鲁阿，法兰西汉学大师也，学问渊博，精攻禹域古乐及古画。余西巡欧罗巴，君为巴黎大学教授。余每次过从，必与纵论中国上代画论与古乐，而于谢赫之六法论与淮南子之论乐，尤多阐发。一九三一年九月余东归，适君亦受法政府命来华访古文化，与余同舟东渡。舟次为写像，画法虽不足取，而君沉思默想修身养气之姿，则能存一二焉。"。（《刘海粟年谱》，第102页）

9月，16岁的赵丹从南通来到上海，投考上海美专。（上海档案馆档号Q250-1-120-1,《上海美术专科学校自开办至结束历届学生姓名索引》）

【释】赵丹（1915—1980），原名赵凤翔，祖籍山东肥城，居江苏南通。1931年入上海美专学习国画。1933年6月新制第十二届毕业，并参加左翼戏剧家联盟，从事进步话剧运动，并进入电影界。主演《十字街头》《马路天使》等影片，成为受欢迎的明星。（《上海美专名人传略》，第394页）

【引】其时上海美专已从建校初期的单纯美术专科学校，拓展有音乐、表演等专业。初来乍到的赵丹并没有发现自己的表演天赋，依仗着少年时代的一点画画兴趣爱好，考入了美专国画系。当时系主任是黄宾虹，班主任是潘天寿。赵丹学的是山水花卉，很受潘天寿老师的赞赏。当时的上海美专对教育部长兼校董事长蔡元培的以美育代宗教的学说推崇备至，所以对学生的管理也比较开放，学生们的文艺思潮活跃，跨系成立了各种艺术社团，组织演出文艺活动。充满着自由和浪漫气息的学校环境，充分激发了赵丹的艺术气质。为了表示自己的政治倾向和艺术热诚，赵丹爱穿大红的衣服，并改名赵凤翔为赵丹。丹者，红色，革命之热诚的象征。学习美术之余，他对音乐和表演产生了极大的兴趣，经常参加文艺演出，排演田汉的剧作。三年毕业了，赵丹在话剧《C夫人的肖像》中扮演男主角。这一天，上海明星公司老板张石川、艺术家洪琛、李倩萍等专程观看演出，对他的表演甚为赞赏，邀约他加入明星影片公司，从而打开了赵丹走向影视明星之门。（汤娟娟，《赵丹离世前七日谈》，载《名人掌故》）

9月，李芳园受聘任上海美专中国画系人物教授。（上海档案馆档号Q250-1-156,《上海美术专门学校同学录》（民国二十年一月））

【释】李芳园（1883—1947），上海人，画宗任颐，擅长国画，以人物走兽见长，精究老莲笔法，曾任中国孔圣协会名誉董事，中国画会会员，宛米山房会员，曾任新华艺专教员。（《上海美专名人传略》，第 132 页）

9 月，柳子谷受聘任上海美专国画系教授。（上海档案馆档号 Q250–1–157，《上海美术专科学校同学录》民国二十年十二月）

【释】柳子谷（1901—1986），1924 年入上海美专插班就读，师从刘海粟、黄宾虹、潘天寿，1927 年 1 月毕业。刘海粟先生对他偏爱有加，不仅为其提供勤工俭学的机会，而且还减免了他的学费。对此，柳子谷一直铭记于怀。之后无论是在北伐的征途上，还是在后来定居的南京城，柳子谷与老师的交往从未间断。1936 年柳子谷于南京中央饭店举行婚礼，刘海粟受到邀请，遂画一幅《荷花》以恭贺自己学生的燕尔之喜。（《上海美专名人传略》，第 150 页）

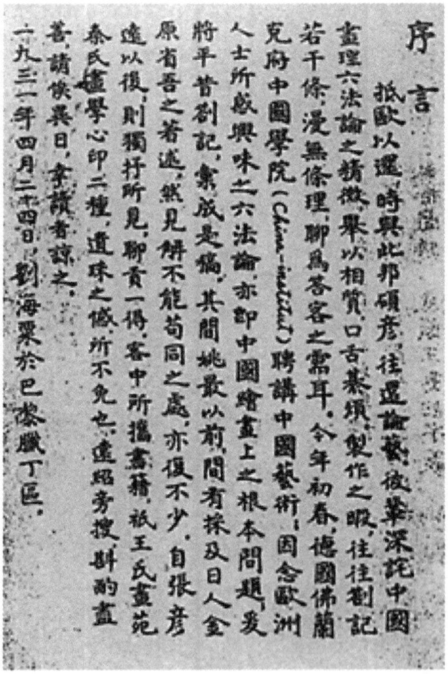

序言

抵歐以還，時與此邦碩彥，往還論藝，彼輩深諳中國畫理六法論之精微，舉以相質，口舌暴煩，製作之暇，往往劄記若干條，漫無條理，聊爲答客之需耳。今年初春，德國佛蘭克府中國學院（China-institut）聘講中國藝術，因念歐洲人士所感興味之六法論，亦即中國繪畫上之根本問題，爰將平昔劄記，彙成是編，其間姚最以前，間有採及日人金原省吾之著述，然見解不能苟同之處，亦復不少。自張彥遠以後，則獨抒所見，聊貢一得。客中所攜書籍，祇王氏畫苑、秦氏畫學心印二種，遺珠之憾，所不免也。遠紹旁搜，斟酌盡善，請俟異日，幸讀者諒之。

一九三一年四月二十四日，劉海粟於巴黎臘丁區。

【图 1931–6】刘海粟 1931 年在巴黎为《中国绘画巡回展》撰写的序言

9月，刘海粟撰《东归后告国人书》，汇报欧游考察情况，提出整理与建立博物院、设立国家美术院、改善美术学校学制等关于改善中国艺术设施的建议。（刘海粟，《东归后告国人书》，《欧游随笔》，中华书局，1935年3月）

10月4日，徐志摩致函刘海粟。

【录】海粟：我满想北上前会得到你，最初报上传你月初可到，我知道不到，我计程你迟至十五日总可到，我延到十七日动身，你还没有消息，我想你一定是在南方耽搁了，结果我走你到，几年别绪，不曾叙得，怅惘之至。到此后，曾函洵美问起你到否？亦未得覆。昨晚函来，至使欣慰。海粟此行所得，当可比玄奘之于西土，带回宝物，定然累累。久居国内，竟成聋聩，但盼海粟归来，抵掌畅谈，不意又复相左。嫂子想一定同来，少爷呢？艺院的事孑老既赞成，兄又如此热忱，定然成功，迟早间耳。杏佛处我都去信，但虑此时大家忙于对付内外，听到文艺似乎远在云空，不能如何注意，我知道天下事只要锲之不舍，不会不成功的。同时，我觉得有一些你也应得注意，就是我们贵国人妒忌心太重，你在过去也曾经受不少，固然你不怕也不愁，但在事实未有着落之前，似乎不宜过于张扬，你以为是否？北方尚镇静，你能来否？我们再通信谈。

适之已南下，当可晤见。

志摩 二十年十月四日（《徐志摩书信集》，第31页）

11月13日，现代名画家近作展览会在上海宁波同乡会举行3天，刘海粟等40人的作品参加展览。（《申报》，1931年11月13日）

11月14日，徐志摩来访。

【引】徐志摩一见油画《巴黎圣母院夕照》，即大呼：

"啊，你的力量已到画的外面去了。"又说："中国只有你一个人，然而一人亦够了！"（《刘海粟年谱》，第 103 页）

11 月 15 日，刘海粟离沪赴杭州、普陀作画。在浙江定海公园望海楼初晤谢海燕。

【引】在杭州期间作油画《杭州北高峰之秋》《三潭印月》《暮秋》《倒影》《竹园》《鸡冠花》《春淙亭》《彭公祠》《吴山》《鱼乐园》；在普陀作油画《潮音》《涛声》《牛》。（《刘海粟游欧作品展览会》目录（1932））

【释】谢海燕（1910—1998），原名益先，又名海砚，字燕园，广东揭阳人。1929 年中华艺术大学毕业后入日本帝国美术学校。1931 年回国任汉文正楷印书局编辑部主任。1932 年秋，一场台风使上海美专校长刘海粟与谢海燕在舟山公园不期而遇。历史的偶然使他们成了知己，开始了他们几十年的合作。1935 年刘海粟旅欧归国，聘谢海燕担任教务长。时谢海燕仅 26 岁，1939 年他受刘海粟重托代理校长。20 世纪 30 年代后期，谢海燕致力于国画研究，由于他以前已具有很好国画和西画的根底，加之又有美术史论修养，故能融汇古今，独树一帜。郑午昌评其画："深邃典雅，一如其人。"所画松柏被潘天寿论为"以篆笔入画，浑古遒劲，力能扛鼎"。（《上海美专名人传略》，第 14 页）

11 月 19 日，刘海粟挚友徐志摩由南京乘济南号飞机去北平，至济南党家庄附近因飞机遇雾失事而遇难。（《申报》，1931 年 11 月 19 日）

11 月 20 日，刘海粟和周碧初、鄢克昌同去丁家山作画。晚，严次平和林风眠均请晚餐，先到严次平处吃几杯酒，姜丹书来简催，赶回旅店，姜丹书告徐志摩乘飞机遇难，恸极痛极。（《刘海粟年谱》，第 103 页）

【释】周碧初（1903—1995），福建平和人。毕业于厦门美术专科学校。1925年秋赴法国留学，先入日良美术研究院，一年后入巴黎高等美术学校，接受印象主义画风。1930年毕业归国。1932年在上海美专任西画系教授，后任教于杭州国立艺专，直至中国解放。1951年侨居印度尼西亚，其间曾举办多次个人画展。（《上海美专名人传略》，第261页）

【释】鄢克昌（1908—？），号可疆，江西南城人。1929年9月入上海美专艺教系图工组学习，1932年1月上海美专新制第九届毕业，至1937年1月任上海美专校长室秘书。1933年11月参加黄宾虹等发起创立的百川书画会，致力于中西美术研究。1934年与施文彬、傅伯良等发起创立中华艺术教育社。1949年去台湾后，勤研书法，致力于国际文化交流，曾任国民大会代表、国大代表书法研究会理事、中国书法学会常务理事。（《上海美专名人传略》，第235页）

11月21日，刘海粟由杭州回到上海。到瀹州别墅去看王文柏，知道志摩之死无疑，又到志摩家吊唁。（《刘海粟年谱》，第103页）

11月，刘海粟在杭州看到康有为的原住处满目荒凉，在札记本上以诗记载。

【引】"一九三一年九月既望，予自欧罗巴归，重游西子湖，登一天园吊南海康先生故处，亭台圮废，书画云散，古物亦泯焉，精光灵气已为槁壤，满目荒凉，不觉放声痛哭。四顾寂然，唯见阶前鸡冠殷红如血，掩映于夕阳之间，弥觉凄然，放笔成画，以记此一哭。"作《吊一天园》诗文：一天山上一天园，兴废凄然一望间。南海遗篇千古在，荒烟秋草恨终天。

【按】1931年9月刘海粟尚未归国，推测应为11月赴杭州所作。

11月，上海美专发表启事，称原拟于本月举行本校创办二十周年纪念典礼及纪念展览会，因灾祸未已，国难频行，"敝校何忍于此创巨痛深之际举行庆祝"，决定延至明年春季举行。（《刘海粟年谱》，第103页）

11月，刘海粟撰写的《中国绘画上的六法论》由中华书局正式出版。

【按】此书是刘海粟首度欧游时（1929—1931），在法、德、英、瑞士各国巡回讲授中国传统绘画的理论，即南朝画家谢赫所树立并经过历代著述者发展完善的"六法论"。其间的讲稿和笔记，曾散发于《东方杂志》等刊物，后汇编为《中国绘画上的六法论》由中华书局于1931年11月正式出版。

全文28406字，设四章，分别是"谢赫以前的画论""谢赫的六法论""谢赫以后的六法论"及"气韵生动说的分歧与辩护"。第一章简述了先秦到刘宋诸家论画的短褚专篇，对其中主要各家学说，作了析述；第二章全面地论述谢赫《古画名录》中提出的"六法"和"六品"；第三章论述了谢赫以后的姚最、张彦远、郭若虚在各个不同角度上对"六法"所作的发展。其中，刘海粟对于形成北宋文人画的根本美学思想，加以抉发，认为自此三人的论著和设立的标准后，"写实渐渐没有地位，而笔致地位的提高，结构和模仿的隐灭，而为各要素复合之气韵生动十分昌明。"所以"六法论到了郭若虚再不能张展了，他只有片面的展开下去……由片面的展开，而'气韵生动'说的重视与分歧，后世画论之精谨处，都在这个问题上面"；第四章集中讨论分歧并阐明自己的观点，刘海粟循谢赫到清代各家所作有关"气韵生动"的诸种阐述，条分缕析，详加探索，把"气韵生动"分为地位问题（即指"气韵生动"占什么地位）、来源问题（即"气韵生动"是可学或不可学的）、托附问题（即"气韵生动"托附于画面上或画面外）和风格问题（即艺术性的品位），四个方面作

【图1931-7】1931年11月中华书局出版刘海粟著《中国绘画上的六法论》，1932年9月再版，1936年2月三版。

【图1931-8】1957年8月上海人民美术出版社出版简体字《中国绘画上的六法论》

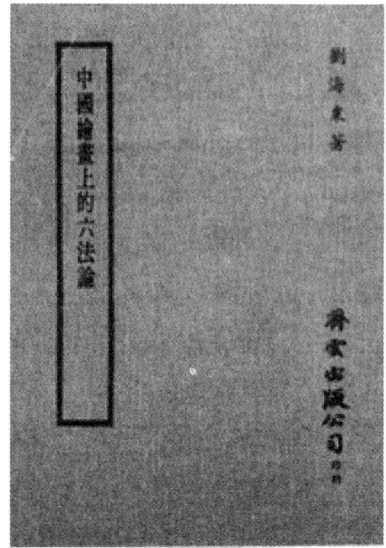

【图1931-9】1970年港台地区翻印的《中国绘画上的六法论》

了极为缜密而详尽的论述，把文人画的美学思想，当作左右"气韵生动"说分歧与辩护的主导，认为诸家对此中心问题的讨论，实际是院体画与文人画艺术观点的分歧，这对当时中国绘画的衰败和改革，具有重大的启示。

《中国绘画上的六法论》初版售罄后，于1932年9月再版，1936年2月又发行了第三版，1957年8月，由上海人民美术出版社重新编排简体字版本，20世纪70年代港台地区均有翻印，流传甚广。

12月1日，《申报》刊登"刘海粟画值"。

【引】（二十年双十节归自欧罗巴重订）"山水，三尺至六尺，每尺三十元，六尺以上四十元；屏条，三尺至六尺，每尺二十元，六尺以上二十五元；扇面及册页，每件三十元；人物走兽，照山水例七折；花卉翎毛，照山水例对折；点景不画，劣纸不应，金笺加倍，墨费一成，润资先惠，半月取件。收件处：香港商务印书馆程雪门、本外埠各大扇庄、上海四马路中华书局总店、上海法租界辣斐德路四百九十六号存天阁、上海法租界菜市路上海美术学校、新加坡、北平、香港、天津、汉口、广州、南京、青岛中华书局。"（《申报》，1931年12月1日）

12月4日，所撰《志摩之死》在《申报·自由谈》发表，连载于8日止。（《申报》，1931年12月4日）

【引】文曰：他的生命也就是一首绝妙的好诗。他有时雄浑倜傥，飘然物外，他有时也几乎无路可走，苦闷到万分。但是一切烦恼和矛盾总是被他那宽大浑厚的气分所和谐了。他无异具备印度洋般宽广的胸襟，青铜铸炼的骨骼。我没有一只妙笔可以描写他那真的姿态，他无异是巴黎的香遂一样，博大、雄浑、清幽,不论你是汽车、电车,甚至垃圾车走到它里面去,就给美化了。志摩欢喜接近大人物,他置身于大人物列却并不觉得他小,同时他挤在庸众里而却也不觉其大,正如郭沫若说雪莱的诗心,大扣之则大鸣,小扣之则小鸣。发是他又像是崇高的山峰,狂风暴雨要催击它,乌烟瘴气要笼罩它,侵触他的心虚,阻碍他于花展,这是人生最大的悲剧。世界那里有完全的事情,如果他全部的天才,顺流顺势地尽景开的着可结着果,这块不是太完全了吗。虽然志摩已从不完全的实现中挣扎到他独有的完全了,他如雪莱,亦利戈一样,是一个伟大的未成品,本来,宇宙就是一个伟大的未成品。(略)(刘海粟,《志摩之死》,《国闻周报》第9卷第3期,1932年1月11日)

12月6日下午3时,刘海粟出席华安大厦八楼由何香凝发动的"抗日书画展览会第一次筹备会议"并当选为常务委员,会议面向全国画家征集作品,义卖筹赈,反响热烈。(《申报》,1931年12月6日)

【图1931-10】《良友》杂志总60期刊登的上海美专人体写生课堂(男模特)。上海美专的男女生一起旅行写生,不仅一起画女裸体模特,而且还同堂一起画男裸体模特

12月13日，蔡元培致电王伯群、刘海粟等上海各大学校长，请劝阻学生赴京示威。（《申报》，1931年12月15日）

【录】电文：上海电报局荣局长，请即分转王伯群、张咏霓、李登辉、郑洪年、王景歧、黎照寰、胡庶华、何世桢、郑毓秀、褚辅成、刘湛恩、曹梁厦、刘海粟、潘公展诸先生公鉴：报载上海学生三分之一，定寒日入京。现在外交自接受国联决议案后，暂告一段落，内容及政府之苦衷，均已公布。内政则四届中委，不日集京，即产生统一政府，此后救国大计，统由国难会议统筹。此时来京，必无结果可言。京中天气骤寒，在零点以下，居行各感困难，务望即邀集各校校长、教授，设法劝阻诸同学来京，并希以接洽经过电告。弟蔡元培。

【录】王伯群：大夏大学校长。张咏霓：光华大学校长。李登辉：复旦大学校长。郑洪年：暨南大学校长。王景歧：劳动大学校长。黎照寰：交通大学校长。胡庶华：同济大学校长。何世桢：持志学院院长。郑毓秀：上海法政学院院长。褚辅成：上海法学院院长。刘湛恩：沪江大学校长。曹梁厦：大同大学校长。刘海粟：上海美术专科学校校长。潘公展：上海市教育局长。（据《蔡元培全集》，第12卷，第396页）

12月15日，刘海粟致函胡适。

【录】"适之：日前寸椷，当达记室。大驾何日南下？时局糟到如此，无话可说，唯有放声痛哭而已。此间定二十日公祭志摩。昨晤申如先生（徐志摩之父），渠愿瘗之于硗石。其余一切均待吾兄到沪商定。朔风多厉，希珍重。弟海粟（《胡适遗稿及秘藏书信（40）》，第106页）"是日，胡适致函刘海粟："南京别后，世界更不像样了！志摩死后，我在他房内检点遗物，有你送他的画一幅。今日读来书，更增感叹。"（《刘海粟年谱》，第104页）

12月22日，南京国民政府教育部核准上海美专的办学业绩已得到政府与社会的肯定和承认。教育部第2146号令，上海教育局为私立上海美术专科学校暂准立案。（上海档案馆档号Q250-1-286-A，《私立上海美术专门学校二十周年一览》）

12月28日，何香凝主办救济国难书画展览会在西藏路宁波同乡会开幕，展出4天。（《申报》，1931年12月28日）

是年，王为一入上海美专绘画研究所西画组研修油画。（上海档案馆档号Q-250-1-120，《上海美专二十周年纪念一览》）

【释】王为一（1912— ），江苏吴县人。1931年入上海美专绘画研究所研修西画，1932年加入中国左翼戏剧家联盟，1936年经史东山介绍加入新华影业公司，并在几部影片中担任角色。此后，当过话剧演员、编剧。1939年赴新疆工作被军阀逮捕入狱五年。1947年协助史东山完成了联华影艺社的第一部影片《八千里路云和月》的拍摄。（《上海美专名人传略》，第358页）

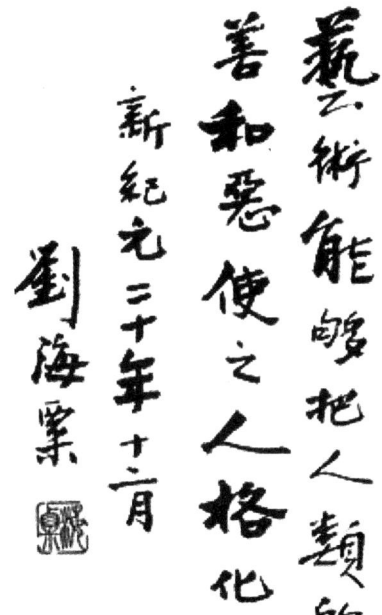

【图1931-11】刘海粟为上海美专第九届毕业生题字（1931年12月）

是年，刘海粟作油画《树》《林小姐》《水牛》《乡村教堂》《旧街》（《风景》）《林中山居》《农村风景》《披发女子》（《肖像》）《沉思中之罗丹模特儿》《罗丹模特儿》（扶手杖的老人）《人物》（65cm×54cm）《人物》（80.5cm×49.5cm）《前视瞰视》《船》《瓶花》（《静物》）《女人体》（卧姿女人体）等。（《刘海粟游欧作品展览会》目录（1932）；上海刘海粟美术馆馆藏目录）

是年，赵古泥作"武进刘氏""海粟之印"对印。（《刘海粟年谱》，第105页）

是年，傅雷任上海美专校长办公室主任。（上海档案馆档号Q250-1-154，《一九二〇学年度第一学期至一九二四学年度第二学期同学录》）

是年，上海美专新制第八届107名学员毕业。（上海档案馆档号Q250-1-14，《上海美术专科学校二五周年纪念一览》）

公元1932年
民国二十一年
（壬申）
36岁

1月13日上午，上海美专举行学生毕业典礼，刘海粟致辞，蔡元培夫人等为学生颁发毕业证书。（《申报》，1932年1月14日）

1月16日，刘海粟致函刘抗、陈人浩。

【录】刘抗、人浩两弟：你们不约而同地寄来两封信，我看了非常高兴。抗弟写的那一封我已经将它在《自由谈》发表了，写得很好。以后希望常常写来。我因为彻底整理美专，所以很忙。王春山舞弊甚多，已依法由会计师负责查出，也许还得用律师。此次回来各事办得很顺手。美专整理得真不差，但是很费气力。新的人才进去很多，上下悦服，从此大放光明，不是一校的光明，实为中国艺术界的光明。你们听得当也欢慰，可是我苦了，当此大革新之际，事必亲躬，你们想想，是如何情景……我的朋友徐志摩乘飞机丧命，使我痛哭多日，在文艺低落的中国，今后不能再得志摩其人矣。我想买些文艺复兴期的名画片，从初

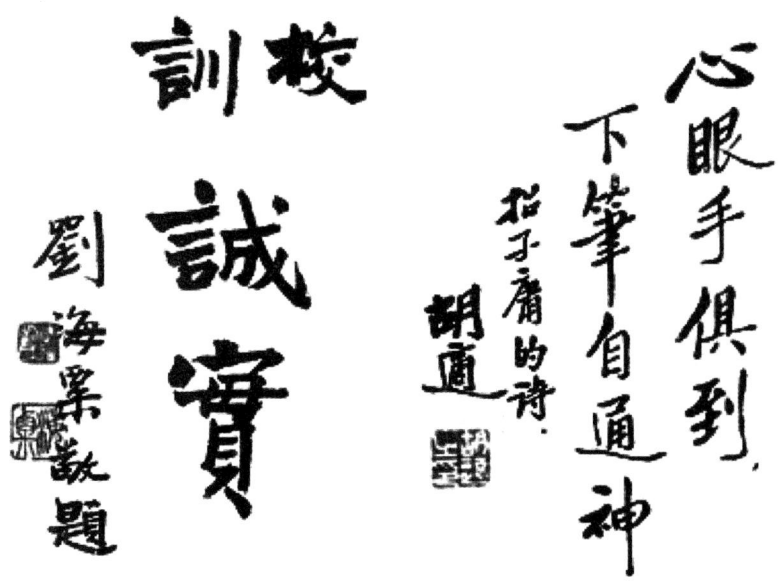

【图1932-1】刘海粟为上海美专第九届毕业生题写校训（1932年1月）　【图1932-2】胡适为上海美专第九届毕业生题字（1932年1月）

期Cimabue至威尼斯的Titian以至Tiepolo为止。因为现在商务书馆要编一部欧洲名画史论，是注重印画的，费心代我口一口，你可以依着阿博洛上的名字口点，最好到美术部隔壁那里去买照片。我以前在阿克特米隔壁那家旧书店看见一本《大师杰作》，法文，大约是LES CHEF-D'OEUVRE DES GRANDS MAITRES，当时老头子要价四十万，我没有买，现在回来了觉得这些旧货很有用处，请你去买来。那张雪景既有人问价，请你们做主卖掉好了，但是要拍一张照片。余函系，即颂旅社。（《刘海粟刘抗师友书信录》，王欣、李晓蕙 编，西泠印社出版社，2018年，第11页）

1月18日，陈公博致函刘海粟，邀其明日相见。

【引】陈公博称"久闻先生为艺术叛徒,而弟则今日为政治之叛徒,两叛徒相见,当能一雄谈也"。(上海档案馆档号Q250-1-286-A,《私立上海美术专门学校二十周年一览》)

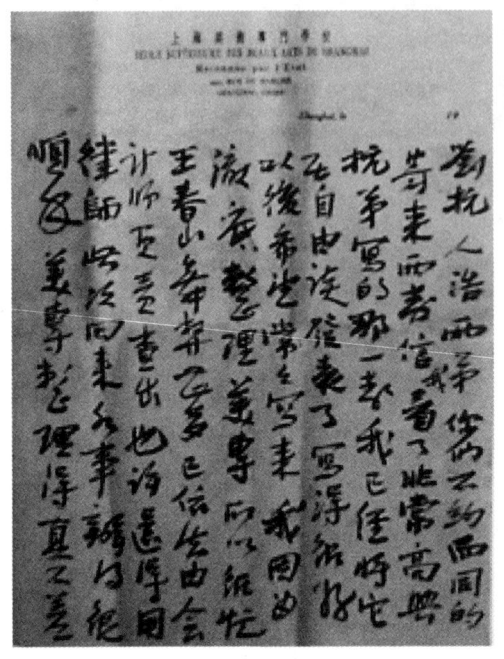

【图1932-3】1932年1月16日,刘海粟致刘抗、陈人浩函(局部)

1月18日,刘海粟为呈送上海美专学生毕业证书及表册,函上海市教育局并恳予转呈教育部核验盖印事。

【引】为呈送毕业证证书及表册,恳予转呈教育部核验盖印事。

呈为举办学生毕业,缮送证书及表册,恳予转呈教育部核验盖印事。窃本校新制第九届中国画系学生蔡翎松等六名、西洋画系学生郑邵虔等三十七名、音乐系学生张顺惠等四名、艺术教育系图音组学生赵载樑(梁)等七名、艺术教育系图工组鄢克昌等十七名修业期满,照章举行毕业考试,业经各系教授严密考查,成绩俱属及格,准予毕业。缮具入校年月、毕业年月、总平均分数表各二份,并填具毕业证书,粘贴印花、学生本人照片,编列号数,理合具文申请钧局鉴核,并乞迅予转呈教育部核验盖印,俾资给领,实为公便。谨呈

上海市教育局局长徐

附呈毕业证书七十一件。毕业总分数表二件。

私立上海美术专科学校校长刘海粟

一月十八日拟稿（上海档案馆档号 Q250-1-103,《本校一九三二年新制第九届毕业生举行毕业、报毕业名册与中华民国上海市教育局来往文书》）

1月28日,日本军队进攻上海,十九路军奋起抵抗,"一·二八"事变发生。

1月,马良任上海美专校董会校董至1937年6月。（《上海美专新制第九至新制二十届毕业纪念刊》校董题名）

【释】马良（1840—1939）,原名志德,又名建常,改名良,字斯藏,又字相伯,江苏丹阳人。幼读儒家经书,1870年获神学博士学位,罗马教廷授予司铎职。1872年任徐汇公学校长。1881年出任清政府驻日本参赞,旋改任驻神户、长崎领事等职。1883年赴法国考察商务,并旅居美国、欧洲。前后十多年,投身于洋务运动。1905年7月,创办复旦公学,被公推为校长。在任上海美专校董期间,多次书写字画作为上海美专筹募建校资金所用。1932年,参加宋庆龄、鲁迅等组织的"中国民权保障同盟"。抗日战争爆发后,初移居桂林,后取道越南拟转赴昆明,病逝于谅山。（《上海美专名人传略》,第38页）

1月,易培基任上海美专校董会校董至1933年6月。（《上海美专新制第九至新制十三届毕业纪念刊》校董题名）

【释】易培基（1880—1937），字寅村，湖南长沙人。受过良好教育，曾留学日本。加入同盟会，参加武昌起义，曾任中华民国副总统黎元洪的秘书。湖南省立第一师范学校校长，受聘于湖南师范馆（期间曾为毛泽东的国文教师）。1925年10月，故宫博物院成立，任理事兼文物馆馆长。1933年，因故宫盗宝案蒙遭冤屈，被迫辞去院长之职，移居天津，转至上海法租界。晚年生活处境凄苦。1937年9月病故，终年57岁。毛泽东在延安得知易培基去世消息后，极为悲痛，在与斯诺的谈话中表达了对这位老师的深切怀念。（《上海美专名人传略》，第54页）

1月，柳士英被聘为上海美专常年建筑顾问。（上海档案馆档号Q250-1-15，《上海美术专科学校同学录民国二十年度第二学期（1932年9月）（教务处存查）》）

【释】柳士英（1893—1973），又名飞雄，江苏苏州人，1907年考入公费的江南陆军学堂。1914年留学日本，1920年毕业于东京高等工业学校建筑科。1922年在上海与同学刘敦桢等组建"华海建筑师事务所"。1923年在苏州工业专门学校创办建筑科，为我国近代建筑教育之开端。（《上海美专名人传略》，第147页）

1月，丘及毕业于上海美专新制第十一届艺术教育系。（上海档案馆档号Q250-1-120-2，《上海美术专科学校二十五周年纪念一览》）

【释】丘及（1910—1984），广东揭阳人。早年参加国民革命运动，1926年加入中国共产党。1932年1月毕业于上海美专新制第十一届艺术教育系。后参加左翼作家联盟被捕，出狱后流亡泰国。中华人民共和国成立后历任中共中央统战部华侨组组长、华侨事务委员会委员等职。第一至第三届全国人民代表大会代表。（《上海美专名人传略》，第333页）

2月5日，刘海粟作中国画《葫芦》。（该画题跋）

2月23日，陶行知致函刘海粟，介绍友人罗馨甫之女罗珊和入上海美专学习，肄业。（《刘海粟年谱》，第105页）

2月26日，刘海粟主持上海美专校务特别会议，讨论授课教室和课程分配等问题。出席者有王远勃、张邕、刘庸熙、傅雷、谢公展、鄢克昌等。（上海档案馆档号Q250-1-38，《本校职员会、教职员、总务会、校务会等会议记录》）

2月，陆抑非受聘担任上海美专附中教员。（上海档案馆档号Q250-1-15，《上海美术专科学校同学录民国二十年度第二学期（1932年2月）（教务处存查）》）

【释】陆抑非（1908—1997），名翀，初字一飞，1937年后改字抑非，花甲后自号非翁。古稀之年沉疴获痊，又号苏叟。江苏常熟人。早年在故里从李西山、陈迦庵学画，后游学于吴湖帆门下。1932年至1943年任上海美专国画花卉教授。后应潘天寿之邀赴浙江美术学院任教。曾在杭州、上海等地举办个人画展。擅长花鸟画，工写皆能。（《上海美专名人传略》，第154页）

2月，赵古泥作"曾经沧海""艺术叛徒"对章。（《刘海粟年谱》，第106页）

2月，庞薰琹受聘任上海美专附设绘画研究所西画导师。（上海档案馆档号Q250-1-57，《上海美术专科学校二十一年度第一学期教职员表、教授薪俸表（1932年6月）》）

【按】与同事王济远合办薰琹画室，与上海美专师生倪贻德、张弦、王济远、邱堤、阳太阳、杨秋人、周多等人组织"决澜社"、举办画展，推进、探讨现代艺术运动在中国的发展。

【释】庞薰琹（1906—1985），江苏常熟人。1924年毕业于上海震旦大学。1925年赴法国留学，于巴黎叙利恩绘画研究所学画。1927年入巴黎格郎·歇米欧尔学院继续深造。1939年去中央博物院任研究员，深入贵州研究我国少数民族民间工艺美术。1979年任苏州美专校友会顾问。擅长油画、水彩画及白描，均融入中国民族特色，其各个时期的题材和画风则常变化。（《上海美专名人传略》，第175页）

2月，顾燮光受聘兼任上海美专国画系金石学教授。（上海档案馆档号Q250-1-57，《上海美术专科学校二十一年度第一学期教职员表、教授薪俸表（1932年6月）》）

【释】顾燮光（1875—1949），字鼎梅，浙江绍兴人。清光绪廪贡生。受业于鳌洲书院。在萍乡主编《菁华报》，传播维新思想。虽一度从政，然毕生潜心于考古之学。吃尽八年辛苦访碑刻，足迹遍及关中、江南，终于访得古人未著录碑刻近700种。顾燮光潜心研究金石碑，并以"金佳石好楼"命其斋名。他著有《梦碧簃石言》六卷、《河朔新碑目》三卷。顾也擅书法，汉隶饶有古趣，画则以白阳、新罗为宗，为上乘文人画。（《上海美专名人传略》，第107页）

2月，李增园入上海美专西画系学习，1935年7月毕业。《上海美专新制第十六届毕业纪念刊》上刊载了其毕业论文《艺术与文化建设之杂话》。（上海档案馆档号Q250-1-120-2，《上海美术专科学校自开办至结束历届学生姓名索引》）

【释】李增园（1913—1941），山东莱芜人。1928年秋县立中学毕业后考取曲阜第二师范，是年底加入中国共产党。1932年考入上海美术专科学校，插入西洋画系二年级学习，除精攻专业外，对木刻也很有研究。在校期间与党组织取得联系，积极参加党的活动。1935 年 7 月自上海美专毕业，1937 年参加新四军。1938 年新四军战地服务团成立，被委任为戏剧组组长。1940 年创作《黄桥烧饼歌》，在抗日军民中产生了重大的鼓舞作用，1941 年在大丰县西团遭日军袭击，李增园为掩护战友英勇牺牲。其遗骨安葬于大丰西团烈士陵园。（《上海美专名人传略》，第 318 页）

3 月 9 日，刘海粟作中国画《飞瀑》（《如松长青如水长流》）自寿 37 岁生日，林森题"如松长青，如水长流"为祝。（《刘海粟年谱》，第 106 页）

3 月 10 日，刘海粟呈函复上海市教育局。

【引】为呈复所转教育部训令各节，业经分别办理，并补呈校章及学则，仰祈核转。

案奉钧局训令上字第二·八五号内开："案奉教育部训令第一三·七号内开：案查私立上海美术专科学校音乐系应即停招新生一节，前经本部令饬该局转行遵照在案。兹查报载该校续招男女生广告，音乐系仍招新生，殊属不合，应即饬令取消。再该校各系，按照《修正专科学校规程》第七条之规定，均应改称为组。又该校章程及学则等件，均应补呈审核。仰并转饬遵照。此令。等因。奉此，合亟令仰该校长遵令呈复，以凭核转。此令。"等因。奉此，查本校本学期招生，音乐系业经遵令停招新生，仅招一年甲级插班生二十名在案。嗣于续招男女生广告中列入音乐系者，查系办事员当时漏书"一年甲级插班生"字样。兹奉前因，理合据实声明。所令本校各系，按照《修正专科学校规程》第七条之规定，均应改称为组，自应遵照办理。理合将尊办各情，并补呈本校章程及学则、学程各一份，备文呈请钧局转呈教育部鉴核示遵！谨呈上海市教育局

【图1932-4】刘海粟作品《如松长青 如水长流》（国画）
1932年（134.8cm×66.9cm）上海刘海粟美术馆藏

计附呈本校组织大纲、学则、学程各一份。上海美术专科学校校长刘海粟。二十一年三月十日克昌拟稿　三月廿八日发（上海档案馆档号 Q250-1-80，《本校增设图案组及音乐系停招新生与伪上海市教育局之往来文书》）

4月2日，刘海粟呈上海市教育局函。

【引】呈请颁发举办毕业考试各项用表，以应用由。

案查本校前送新制第九届毕业证书，请求转呈验印事。兹奉钧局训令上字第二一七三号转到教育部指令，饬本校应先补送毕业学生一览表、学年成绩表、及格学生毕业成绩详表等因。奉此，自应遵照办理。查上项各表，教育部自有规定格式，为求划一起见，理合备文呈请颁发，俾资应用。凡关于学校各项普通应用表式，并请各检发一份，以备查用，实为公便。谨呈

上海市教育局

上海美术专科学校校长刘海粟

四月二日拟稿即发（上海档案馆档号 Q250-1-103，《本校一九三二年新制第九届毕业生举行毕业、报毕业生名册与中华民国上海市教育局来往文书》）

4月20日，蔡元培致函刘海粟，介绍绍兴人陈福去上海美专做校役。

【录】海粟先生大鉴：径启者：绍兴人陈福，人极诚笃，曾在绍兴中西学堂及上海暨南大学服役，颇为熟练。现因失业，亟谋工作。贵校新增中学，或需增雇校役，特为介绍，请留用为幸。专此，并祝艺绥。弟蔡元培手启。（《蔡元培全集》第13卷，第56页）

4月，上海市教育局核准设立上海美术专科学校附设成美中学。

【按】成美中学分设初、高中两部，校址在菜市路440号。刘海粟任校长。与蔡元培、王一亭、杨杏佛、高鲁、江恒源、钱新之（永铭）、徐新六（振飞）、潘文安组成校董会，蔡元培为主席。（上海档案馆档号Q250-1-14，《上海美术专科学校二五周年一览》）

【释】江恒源（1885—1961），字问渔，江苏灌云人。光绪二十七年（1901）中秀才。1915年于北京大学毕业，历任江苏第二厅视学、省立第八师范校长、江苏省教育厅厅长等职。1932年11月至1937年6月任上海美专校董会校董。1949年9月应邀参加中国人民政治协商会议。中华人民共和国成立后江恒源先后担任全国政协委员、政务院文教委员会委员、上海市人民委员会委员、上海比诺中学校长、中华职业学校校长等职。编著有《伦理学概论》《中国先哲人性论》《职业指导》等。（《上海美专名人传略》，第24页）

【释】徐新六（1890—1938），字振飞，祖籍浙江余杭。1902年入南洋公学。1908年赴英国留学，获伯明翰大学理学士和维多利亚大学商学士，后又在巴黎国立政治学院学习国家财政学一年。1914年回国，先后任浙江银行董事会秘书、总办事处书记长、副总经理、常务董事兼总经理，广设分支机构，以吸收各地存款，至抗战前夕，分支机构达35处。1932年1月至1937年6月任上海美专校董会校董。抗战爆发后，徐新六和李铭受财政部部长孔祥熙指派，负责维持上海租界内的金融事业。1938年8月国民党政府组织代表团拟赴英国商谈借款事宜，电邀在香港的徐新六参加，飞机在广东上空被日机击落，徐身亡，国民党政府授予烈士称号。（《上海美专名人传略》，第51页）

5月12日，美国政府特派员罗格博士考察上海美专，与刘海粟讨论中国画最高原则。（《申报》，1932年5月13日）

5月，沙季同入上海美专西画系学习，1934年7月上海美专新制第十三届毕业。（上海档案馆档号Q250-1-288-2，《上海美术专科学校自开办至结束历届学生姓名索引》）

【释】沙季同（1912—1943），又名沙文度，字季同，化名陈正煦。从小受到几位兄长革命思想的熏陶，1927年参加共青团，积极参加卓兰芳、沙文汉领导的奉化暴动。暴动失败后，在滨海区农会工作时被本乡匪徒抓去，但沙季同与其母陈龄不为所屈，后经人营救才幸免于难。1932年考入上海美术专科学校，"一·二八"事件发生后，他以画为武器，揭露日寇侵华滔天罪行。1934年7月毕业于上海美专西画系。后参加"中大战地写生团"赴安徽、河南前线。1938年秋经武汉八路军办事处介绍去延安鲁迅艺术学院学习，后入贺龙领导的120师从事宣传工作，加入中国共产党。但1942年在延安整风期间遭康生"抢救运动"迫害而精神失常，猝死在延安河边。（《上海美专名人传略》，第338页）

6月24日，刘海粟赴南京参与筹备柏林中国美术展览会。

【引】筹备会成员另有教育部长、中央研究院院长、北平研究院院长、中国驻德公使等。经行政院第42次会议通过，刘海粟、蔡元培、徐悲鸿等十二人被聘为柏林"中国现代绘画展览会"筹备委员。（《申报》，1932年6月25日）

6月25日，刘海粟呈函上海市教育局。

【引】呈为呈送第十届毕业生学历表，并检同学历证件，请转呈鉴核由。

案奉钧局训令上字第二六四四号内开："案查该校前送第十届毕业生名册等件，请准予举办毕业一案，业经本局据情呈请教育部核示在案。兹奉指令第四三七二号内开：'呈件均悉。查该项学生入学及转学资格，并未呈经本部核准，现拟举办毕业，应由该校查明各该生学历，造具详表，并检同学历证件呈部候核。仰转伤遵照！原册暂存。此令。'等因。奉此，合函令仰该校遵复。此令。"等因。奉此，查本校前送第十届毕业生名册，各组学生共计三十五名，现据缴到学历证件者，计廿四名，证明文件四十七件，其余学生十一名，据称或以去年水灾，家遭淹没，或以此次寓居闸北战区，兵燹遗失，一时无从补缴。合将现行缴到各生学历证件，先行呈送钧局，转呈教育部鉴核！至余一俟催缴完备，再另行备文呈送，合并呈明。谨呈

上海市教育局

上海美术专科学校校长刘海粟

二十一年六月廿五日（上海档案馆档号Q250-1-104，《一九三二年至一九三三年本校新制第十、十一届毕业生举行毕业、报毕业名册、成绩与中华民国上海市教育局等单位来往文书》）

6月末至7月上旬，刘海粟致函上海市教育局。

【引】受着名号：上海市教育局

受着地址：上海大吉路

主文：呈送第十届毕业生毕业证书暨成绩表，呈请转呈教育部验印由。

用何法递寄（以圈为记）：呈

案查本校与二十一年六月举行第十届各组学生毕业，先后呈送毕业生名册及学年成绩表、学历表，并检同学历证件，呈请转呈教育部鉴核，准予举办毕业各在案。于上年七月十九日奉钧局训令上字第二八二六号内开："案查该校前送毕业生学历证件及

毕业考试日程等，业经本局据情呈教育部核示在案。兹奉指令第五一五四号内开：'呈件均悉。查该校学生年延松……此令。'等因，并发还学历证件四十七件、考试日程一份。奉此，合亟录令，并连同发还各件，令仰该校知照。此令。"等因，计发还学历证件四十七件、考试日程一份。奉此，当即依照呈送考试日程举行毕业试验。再查部令，以毕业生黄寄之转学资格不合，未予照准。查该生曾在国立暨南大学中学部高级中学师范科毕业，后在该校大学部教育学院师资专科肄业一学年，其转学资格似尚符合，用再检具该生转学资格证件，请求复核批准。兹呈送毕业生年延松、温百眉二名，连同黄寄之毕业证书各一件，暨历期成绩表各二份，备文呈请钧局转呈教育部鉴核验印。至其余入学及转学资格未经核准之毕业生，为顾全各该生学历资格起见，有无其他补救办法，敬乞批示祗遵！谨呈

上海市教育局

计呈毕业证书三件。历期成绩表六纸、转学资格证件二纸。

私立上海美术专科学校校长刘海粟（上海档案馆档号Q250-1-104，《一九三二年至一九三三年本校新制第十、十一届毕业生举行毕业、报毕业名册、成绩与中华民国上海市教育局等单位来往文书》）

6月，刘海粟为上海美专新制第十届毕业纪念刊题词："有伟大的性格而后能成伟大的艺术家。"（陈建华，《民国名流与上海美专》，南京大学出版社2012年版，第101页）

6月，梁小鸿给刘海粟写信，叙述自己热爱艺术渴望学校为其提供半工半读的机会，好让他实现学习美术的夙愿。

【按】在刘海粟的亲自安排下，梁小鸿8月入上海美专西画系学习，同时在上海美专做兼职工作，1935年1月从上海美专毕业。毕业时，写下了《踏进艺术的原地》——纪念我在美专工读生活一文，刊登在《上海美专新制第十五届毕业纪念刊》上。随

有偉大的性格而後能成偉大的藝術家

新紀元三十一年六月 劉海粟

【图1932-5】刘海粟为上海美专新制第十届毕业生题字（1932年6月）

【图1932-6】上海美专新制第十届毕业生合影（1932年6月）

后，又转入上海美专绘画研究所继续深造。（上海档案馆档号Q250-1-120-1，《上海美术专科学校自开办至结束历届学生姓名索引》）

【释】梁小鸿（1911—2011），江苏吴县人，从美专毕业后进入航空公司工作。1949年去台湾，在台湾成功大学建筑系担任讲师，教授绘画，后积资升至教授，直至1979年秋退休，退休后仍在工业设计系兼课，前后在成大执教四十年。先后兼任建材中心、国科会委办之工程中心、航空太空研究所等单位之秘书廿四年。梁小鸿教授教学认真得法，又深具爱心，普受学生爱戴。另于公余推展京剧不遗余力，被称为京剧梅派专家。（《上海美专名人传略》，第406页）

7月10日，刘海粟在教育部专科以上学校校长会议上提出美术学校、音乐学校学制改善一案，认为三年的年限太短促，至少五年，并应改为独立学院。（《中央日报》，1932年7月9日）

7月15日，蔡元培、刘海粟、林风眠、徐悲鸿等参观在上海举办的《陈树人画展》。（《申报》，1932年7月15日）

【释】陈树人（1884—1948），广东番禺人。岭南画派三大家之一，擅山水、花鸟、书法独具一格。1905年赴日本，进京都美术学校绘画科。后加入同盟会。1916年奉孙中山命去加拿大办报，从事革命宣传活动。1922年起任国民党党务部部长，广东省民政厅长，南京国民政府侨务委员长、海外部部长。1931年他创作的《岭南春色》在比利时万国博览会中获得最优等奖。1932年至1937年任上海美专校董，1932年6月至1933年1月任上海美专绘画研究所国画导师。为上海美专多届毕业纪念刊题词。（《上海美专名人传略》，第49页）

【图1932-7】教育部立案上海美术专科学校全体职教员工合影（1932年6月）

7月17日，上海美专举行新制第十届毕业典礼。

【引】本届有中国画系、西洋画系、音乐系、艺术教育系学员毕业，同时举行师生作品展览会至19日止。刘海粟与王远勃、张邕、潘天寿、倪贻德、姜丹书、周碧初等及学生作品参加展出。（《刘海粟年谱》，第106页）

7月22日上午9时，刘海粟出席上海美专二十一年度第一学期招生委员会议。

【引】参会者：姜敬庐（隐秋代）、王隐秋、潘天授（寿）（苇之代）、吴士绥、糜鹿萍、张天奇、莫运选、马育麟、黄道五、王远勃、鄢克昌、余少卿、张辰伯、刘庸熙。讨论事项：

一、审查入学资格标准问题案。议决：暂行标准四项：（一）初中毕业资格入本校高中部。（二）选科生资格暂定高中肄业一年以上或初中毕业后曾经服务教育事业两年以上者，旧制中学、乡村师范、农村师范为合格。（三）正科生资格非高中毕业不得招收，各组插班生须有同等学校转学证书方准插班。（四）艺术教育系选科生入学资格须曾在高中肄业两年以上，或旧制中学毕业及乡村师范、农村师范毕业，服务两年以上者为合格。西洋画系、国画系、雕塑系、音乐系选科生但须经过入学试验后，认为有特殊天才者，得予从宽录取。

二、推定负责人员办理招生事项案。议决：（一）新生来校报名，发给投考须知、编定名号、审查资格等事项推定余少卿先生、黄寄之先生担任。（二）新生投考报到，发给考试证、领到规定场所静候考试等事项推定刘庸熙先生、张天奇先生担任。（三）监试及阅卷、出题等事项推定各组担任人员。（上海档案馆档号Q250-1-42，《本校教务及教务处各种会议记录》）

7月,陶谋基毕业于上海美专新制第十届西画系。(上海档案馆档号Q250-1-120-2,《上海美术专科学校二十五周年纪念一览》)

【释】陶谋基(1912—1985),又名孟华、立煌、穆企,江苏苏州人。1932年7月上海美专新制第十届西画系毕业。抗战以前在苏州青年会青年服务部任职。在此期间画过抗日内容的宣传画。抗战期间,陶谋基有大量作品在《抗战漫画》上发表作品。解放战争时期,主要为《世界画报》《立报》《晶报》《文汇报》作漫画,代表作有《为民公仆》等,并参加沈同衡组织的漫画工学团的进步活动。中华人民共和国成立后,相继在上海人民美术出版社、新闻日报社、解放日报社任美术编辑,并继续从事漫画创作。

8月1日,由刘海粟、倪贻德、王济远、傅雷、庞薰琹、张若谷等六人发起组织的"摩社"(Muse)成立于上海,刘海粟为召集人。

【引】该社以"发扬固有文化、表现时代精神"为宗旨,会员以上海美专为中心,会址设在上海辣斐德路(今复兴中路)四九六号。"摩社"是法文Muse的音译,意为希腊神话中司文艺的女神名。取该名除上述意思外,还按中文解释,寓有"观摩"之意。最早的社员有刘海粟、王济远、张弦、王远勃、关良、刘狮、傅雷、李宝泉、黄莹、倪贻德、吴蕴之、张辰伯、周多、段平右、张若谷、潘玉良、周瘦鹃、庞薰琹等18人。是年9月1日,"摩社"曾创办《艺术旬刊》杂志,由刘海粟和傅雷主编,1933年1月出版了第十二期后停刊。主要撰稿人有傅雷、谢海燕、倪贻德、滕固、刘思训、李宝泉等。1932年9月23日在"摩社"的基础上,成立了闻名全国的美术团体"决澜社",该社也因此停止活动,会员大多转入"决澜社"之中。(《中国美术社团漫录》,第80页)

【释】刘思训（1906—？），江苏武进人，刘海粟堂哥刘庸熙的儿子。1921年9月和1923年3月分别入上海美专初师科和西画科学习。曾任中华书局编辑，世界电讯社英文编辑。1932年9月起任职于上海美专，先后担任校长室秘书和英文教授，1938年任成功英语周刊主笔。刘思训编译了不少与美术相关的著作：1927年光华书局出版刘思训译罗斯金《艺术论》，1930年中华书局出版刘思训编《现代英国绘画史略》，1946年商务印书馆初版1950年4版刘思训著《中国美术发达史》。他还翻译出版了一些文学著作，在上海美专刊物上发表多篇论文。（上海档案馆档号Q250-1-120，《上海美术专科学校自开办至结束历届学生姓名索引》）

8月6日，欧洲中国画展筹备委员会在上海召开第一次会议。

【引】到会者有教育部部长、中央研究院院长、北平研究院院长、中国驻德公使，暨陈树人、叶恭绰、刘海粟、高奇峰、徐悲鸿等。当即议决成立筹备处，地址设在上海亚尔培路331号中央研究院，并推蔡元培、叶恭绰、陈树人及刘海粟等六人为常务委员，以蔡元培为主席。11月，经行政院第74次会议，又聘王一亭、齐白石、狄平子、张泽等七人为筹备委员。（《申报》，1932年8月7日）

8月13日，《申报》刊登《刘海粟为美专筹款鬻画特例》。

【引】"'一·二八'事起，海上各大学并罢，上海美术专科学校虽未直接遭殃，然间接所受损失实巨，求之政府，政府无能应付；求之社会，社会疮痍满目。无已求诸余腕，更订特例如左，以三百件为限，所有画资悉充美专经费，限满仍照原有直例。三尺至四尺（整张与条幅同），不论山水、花卉、翎毛、走兽，一律三十金；五尺至六尺（整张与条幅同），不论山水、花卉、翎毛、走兽，一律五十金；扇面册页，每件二十金；劣纸不应，金笺加倍，墨费一成，润资先惠，旬日取件。"（《申报》，1932年8月13日）

8月13日，刘海粟呈函上海市教育局。

【引】呈为遵令呈复新生、插班生资格，开具清单，呈请转呈教育部鉴核，并请解释《专科学校规程》第三条入学资格标准由。

案奉钧局训令上字第二六四五号内开："案查本局前据该校呈送新生、插班生名册及证明文件等，业经据情呈请教育部核示在案。兹奉指令第四三六八号内开：'呈件均悉。查该校此次所收新生及插班生多不合格，殊属冒滥。兹分别核定，另单开示，仰即转遵照办理，再行呈部核办，附件分别存还。此令。'等因，并附发清单一份、证明文件二十三件。奉此，合亟检同原件，令仰该校遵照办理。此令。"等因，计发证明文件二十三件、清单一份。奉此，窃查本校此次招收新生及插班生，业经遵照《修正专科学校规程》第三、第四两条办理，并不敢稍涉冒滥。惟查附发清单以一年乙级认为第一学年第二学期，一年甲级认为第一学年第一学期，查本校过去习惯，系以一年乙级为第一学年第一学期，一年甲级为第一学年第二学期，按此项甲乙班次，既属易于误会，应即废止，一律改用第一学年第一学期、第一学年第二学期，俾资了目。所饬遵办暨查复各项，业已遵照办理并逐一声叙，另列清单，呈请鉴核！再查教育部《修正专科学校规程》第三条内载："专科学校入学资格，须曾在公立或已立案之私立高级中学或同等学校毕业，或具有与高级中学毕业同等学力，经入学试验及格者。各校取录同等学力之学生，最多不得超过取录总额五分之一。"但不悉此项同等学校有无详细规定，同等学力有无精确之标准，本校无从悬揣，理合一并呈请转呈教

育部详为解释，俾有遵循，实为公便！谨呈

上海市教育局

私立上海美术专科学校校长刘海粟

二十一年八月十三日（上海档案馆档号 Q250-1-90，《本校报新生、转学生名册、入学资格证件等与中华民国上海市教育局来往文书》）

8月14日，林森复函刘海粟。

【引】称："我国艺术久困沉闷板滞之中，今有人能斩突围杀出一条血路，其勇敢豪迈，当然得人同情。"（《刘海粟年谱》，第107页）

8月，斯义桂考入上海美专音乐系学习。（上海档案馆档号 Q250-1-120-1，《上海美术专科学校自开办至结束历届学生姓名索引》）

【释】斯义桂（1915—1994），浙江奉化人，1932年考入上海美专音乐系学习。1940年参加上海交响乐团和苏石林办的歌剧院，常在兰心大戏院演出。后去香港从事音乐教育工作，并为抗日战争作募捐演出。香港沦陷后返回上海。1942年去重庆，任国立音乐学院分院声乐教授。教学之余，经常参加抗日、救灾等义演。1944年4月14日，应宋庆龄特邀，与著名舞蹈家戴爱莲在重庆国泰戏院联合演出，收入40多万元，支援前方抗日将士。1947年斯义桂赴美国，在纽约卡内基大厅举行独唱音乐会。这是该院历史上第一位中国音乐家登台演出。此后客串于纽约、旧金山、费城、匹兹堡、新奥尔良、圣安东尼奥等地歌剧院，担任主演要角，走红美国东、西部歌坛。1959年，斯义桂应邀到台湾演出。1961年肯尼迪入主白宫，在总统就职仪式上，斯义桂任首席演唱。这位美国第35届总统称赞他是"美国的文化使者"，希望他在世界各地演出，宣传美国形象。（《上海美专名人传略》，第341页）

8月，刘海粟聘王济远为副校长，同时开办绘画研究所，容纳本校及同等学校之毕业生和有一定素养的画家入所研究。由王济远兼主任，设国画、西画二组。（《刘海粟年谱》，第107页）

8月，刘海粟编《世界名画集》，由中华书局出版。

【按】该书是刘海粟于1932年至1936年间编辑出版的丛书，分别是第一集《特朗》、第二集《刘海粟》（傅雷编），第三集《梵高》和第四集《塞尚》为1933年4月出版，第五集《雷诺阿》于1933年11月出版，第六集《马蒂斯》和第七集《莫奈》于1936年2月出版。（刘海粟，《世界名画集》，中华书局，1932年—1936年）

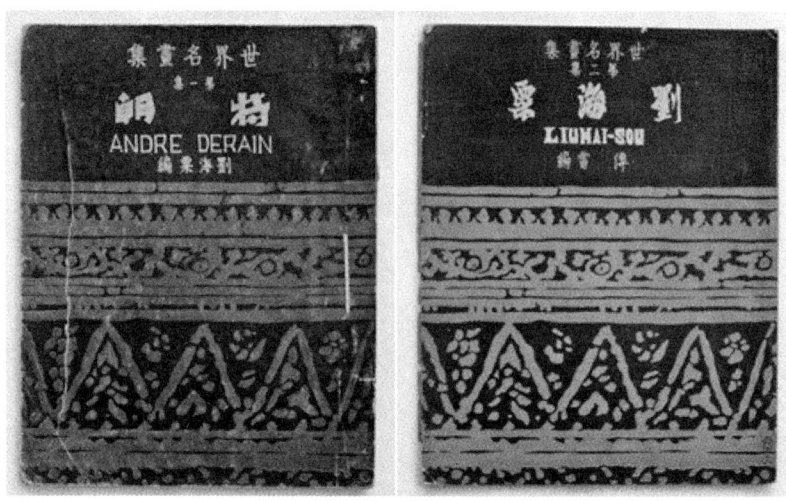

【图1932-8】1932年8月中华书局出版刘海粟主编的《世界名画集》书影第一集《特朗》，第二集《刘海粟》（傅雷 编）

8月，刘海粟为侄儿刘狮个人画展题词。

【引】"以美利天下""伯兄子狮子，生而颖异，就愚请画法，愚作《王羲之之学书画图》以励之。吾余事虽不足法，而画固可法。狮子学画，当知积学可以致远"。（《刘海粟年谱》，第107页）

【释】刘狮（1910—1997），字少吼，号狮子，江苏武进人。1928年9月至1930年在上海美专西画系学习。1930年赴日本留学，专攻西画和雕塑长达八年之久。回国后任上海美专教授曾任图案、雕塑两系主任。著有《雕刻杂谈》。1947年至1949年1月任上海美专西画教授兼西洋画组主任。1949年去台湾，在台北倡议组织美术协会和雕塑学会，并在台湾大专院校任美术教授。20世纪70年代侨居美国洛杉矶。绘画代表作有1946年《九如图》等，雕塑作品有20世纪30年代的《男青年像》《女青年像》。去台后有《孔子铜像》《蒋中正骑马铜像》等。（《上海美专名人传略》，第143页）

9月1日，刘海粟侄儿刘狮画展在中华学艺社举行。

【引】此画展推介人有蔡元培、陈果夫、朱家骅、史量才、李石曾、黄炎培、胡适之、杜月笙、陈公博、蒋梦麟、杨杏佛、林森、王一亭、江文渔、王晓籁、陈树人等各界名流。（《申报》，1932年9月1日）

9月1日，刘海粟撰《梵高的热情》，在《艺术旬刊》创刊号上发表。

【引】文曰：梵高的一生是个迷途圣者的人生，他的作品就是他悲剧人生的令人感动的缩影。假如多数著作家要赞研他的人生，因为梵高的一切举动，在他的作品里有立刻的反映。梵高不像塞尚一派人那样能够将作品和个性分离开来。他也不像塞尚一派人那样能够使作品避免命途波折的反响。不论在何时，他的画都含有忏悔的趋向和上升的气象，他生来是天主教徒，他的一生，比高更的一生还来的更悲惨的，就像陀斯依浮斯基著的探险小说或剧本一样。他的作品很可以表现近代艺术史的一个变相，这是整个心灵的历史。在梵高的作品里面，好像后来的恩莎的作风一样，复苏了那欧洲北方的精神，这种精神发扬了荷兰兴佛朗特的诸大师。但是梵高，他却摒弃了一切传统形式的引诱。他是受过他那时代的规律的，他专画那正在工作的乡人，肖像，花，风景。他没有什么构作，他唯一的构作，就是自由地模拟特拉克窪。（略）因此，梵高的画派，与一切过去之画派是没有关系的。他的画派的效能似乎是取诸生活外表的。其实物质的对象于梵高不过是一种过目刺戟。风景面前或在一个容像面前，他从不以抄袭者的态度去摹画他。在他眼前的景象是要经过他内心底审究的。他最后的一张画中《乌鸦麦田》他那如燃的色彩，也可以说是他的疯狂的写影。（刘海粟，《梵高的热情》，《艺术旬刊》第1卷第1期，1932年9月1日）

9月1日，《画学月刊》第1卷第1期发表刘海粟撰写的《石涛的艺术及其艺术论》。

【引】刘海粟评述为：石涛是一个凌迈千古的大艺人，再没有人在艺术上比他更大胆、更严肃、更深沉，不论他画的是山、是水、是花草、是人物，他的目的永远是单纯而且生动的。他只是从"生"的永久方面去探求"生"。他要通过艺术创造建立一种完全的人生。本来艺人诗人的定义，就是宇宙的创造者——但丁有但丁的宇宙，屈原有屈原的宇宙，拉斐尔有拉斐尔的宇宙，王摩诘有王摩诘的宇宙——艺术的活动是宇宙创造的工程。石涛拿山林花草等素材来表现，其实他表现的不是山林花草，他表现的只是高贵的自己。换句说，石涛以种种自然的素材融合成一种新的生命，融合成一个完整的宇宙——这种融合就是所谓"心灵综合"，所谓"创造"，所谓"表现"，总而言之，就是艺术。（刘海粟，《石涛的艺术及其艺术论》，《画学月刊》第1卷第1期，1932年9月1日）

9月5日上午，刘海粟为刘狮个人画展举行茶会，招待沪上各界名流。（《刘海粟年谱》，第108页）

9月5日下午，刘海粟出席上海美专二十一年度第一学期第一次教务会议。

【引】参会者：邓梅生、姜丹书、王济远、张辰伯、王远勃、邱代明、张弦、糜鹿萍、倪贻德、诸闻韵、陆一飞、马育麟、刘海若、张天奇、刘庸熙、莫运选、许徵白、陈人浩。报告事项：

一、报告本学期编订各系新课程经过。二、本学期授课时间表恐前后课程不能一一衔接，须详加讨论。三、本学期招收新生情形及旧生报到情形。

讨论事项一、本学期确定上课日期，请公决案。议决：九月十四日（星期三）各系一律实行上课。二、各系课程表已照新订课程拟定，应请各教授商酌修正，以便公布案。三、本学期旅行写生地点、日期应先行商决案。四、本学期各系级学业成绩考查应如何整顿案。五、本学期各系级课程纲要尚须修订，应请各教授照送上课程预计表格填注，以便审核时作为标准案。六、各系转系生应加限制案。议决：各系旧生入学后三学年内转系只准一次，转系以二年一期为限，并须经过严密考试。七、考试委员会应刻印章案。议决：照办。

临时动议，推定本学期校务会议教授代表案。（上海档案馆档号Q250-1-42，《本校教务及教务处各种会议记录》）

9月10日，上海美专绘画研究所先设洋画人体实习，分上下两部，是日起开始实习。（《刘海粟年谱》，第108页）

9月11日，刘海粟在上海美专秋季始业式上致辞。

【引】刘海粟指出：我国新兴艺术虽已运动二十余年，尚无

特殊拓展,缘我国艺者有创造精神者殊少,此后凡我同人同事均要负起创造精神。(《刘海粟年谱》,第 108 页)

9 月 11 日,刘海粟所撰《欧游素描·罗马巡礼》在《艺术旬刊》第 1 卷第 2 期发表,连载至第 1 卷第 4 期,后载入《欧游随笔》。(刘海粟,《欧游素描·罗马巡礼》,《艺术旬刊》第 1 卷第 2 期,1932 年 9 月 1 日;《艺术旬刊》第 1 卷第 3 期,1932 年 9 月 21 日;《艺术旬刊》第 1 卷第 4 期,1932 年 10 月 1 日)

9 月 12 日,国民政府主席林森到上海美专访问刘海粟。

【引】林森主张宏扬艺学,以挽劫运,拟于首都兴建美术馆,促刘海粟赴洛阳预为搜集古物,俾将来作为美术馆一部分藏品,并详询有关柏林中国绘画展览会筹备情况。刘海粟为林森画像。(《刘海粟年谱》,第 108 页)

9 月 21 日,傅雷在《艺术旬刊》第 1 卷第 3 期发表《刘海粟论》。

【引】该文指出:"海粟生平就有两位最好的朋友在精神上扶掖他鼓励他,这便是他的自信力和弹力——这两点特性可说是海粟得天独厚,与他的艺术天才同时秉受的。因了他的自信力的坚强,他在任何恶劣的环境中从不曾有过半些怀疑和踌躇;因了他的弹力,故愈是外界的压力来得险恶和凶猛,愈使他坚韧。"(《艺术旬刊》第 1 卷第 3 期,1932 年 9 月 21 日)

9 月 26 日,经亨颐撰写的《刘海粟欧游作品展览会序》发表于《民报》。

【引】文曰:刘海粟先生这次开欧游作品展览会,我将拭月以待，不但要注意他的所採，更要注意他的所酿。既採既酿仅仅算得画家，还不能算艺术家，更不能说伟大人格的艺术家。……我想真正的艺术成功的一日，就是一切画及一切装饰品消减的一日。展览会正方兴未艾，将来一定能逐渐进步，进步到极平凡化，别有一种作用，决不允许我们自命高贵，一代作家，也是迷梦，荒唐荒唐，恕我乱道。（经亨颐，《刘海粟欧游作品展览会序》，《民报》，1932年9月26日）

9月27日，柳亚子撰写《刘海粟先生印象记》一文，发表于《艺术旬刊》第1卷第6期。

【引】此文有谓：1927年，我在日本东京去朝日新闻社参观他的个展。海粟作品的伟大，是用不着我来介绍的。那一天我所特别注意者，却是他作品上面的题字，从康长素、梁任公一直到胡适之、郭沫若，差不多像翻开了中国近代的名人录一般。这一天的印象，简直是洋洋乎叹观止。（柳亚子，《刘海粟先生印象记》，《艺术旬刊》第1卷第6期，1932年9月29日）

9月29日，章衣萍撰文《刘海粟先生》在《艺术旬刊》第6期发表。

【引】章衣萍1932年2月至1935年1月任上海美专文学讲座教授。在美专纪念册上多有留言。此文有曰：刘海粟先生是我们很熟的名字，也是我们很熟的朋友。我不懂得绘画，但我很尊敬他的苦恼的艺术的精神。二十年的苦学，数万里的壮游，三百件作品，蜚声欧洲，驰名世界。他的绘画不拘于小小的琐屑和枝叶，他崇拜"光"，崇拜"力"，崇拜"大"与"高"。我不必说刘海粟先生的绘画如何伟大，自有他的作品为他确切地证明。伟大的艺术品不是一时可了解的，也许要数十年，数百年，也许竟要数千年，刘海粟先生的绘画自有将来艺术史上的定评。他说他虽然名满天下，自己则时常伤心，他说常常夜半醒来，为人类的苦恼痛哭。我们就他一生苦恼及奋斗而论，他已经是一个艺术家而且接近伟大了。我们不能忘记他为提倡模特而与顽固的社会与军阀奋斗，我们不能忘记他在中国开创美术学校，为中国教育史开一新纪元。我们不能忘记他融合中西绘画的精神，而自成一派强有力的艺术作品。他喜欢画热烈的太阳，喜欢画狂海的怒浪，喜欢画奋斗的老牛与洁白的大雪，那都是他伟大的人格与思想的象征和表现。伟大的艺术是不断的努力与苦恼的结晶。我们希望伟大的刘海粟先生有更伟大的将来。苦恼的中国正期望伟大艺术家的发展与拯救！（章衣萍，《刘海粟先生》，《艺术旬刊》第1卷第6期，1932年9月29日）

9月，刘海粟作中国画《崖下有幽人》《五大夫》。（作品题跋）

【图1932-9】刘海粟作中国画《崖下有幽人》（1932年9月）

9月,中华书局出版《海粟丛刊》(西画苑)一套两册。

【按】该书是一套介绍西洋画家及作品的画册。刘海粟编著,共2册。刘海粟对欧洲绘画从文艺复兴时期至当代各个画派及代表画家一一介绍点评,书中刊刘海粟撰写的《近代绘画发展之现象及趋势》《初期文艺复兴期的绘画》《文艺复兴期之伟才》《文艺复兴期以后之法国各画派》《康斯坦堡尔》《哥罗》《印象主义的绘画》《后期印象主义》《辉司莱》之文。该书装帧与印刷精美,可以代表民国出版界优异的出版物。1936年《西画苑》再版,改为线装本,共5册,书名更为《海粟丛刊·西画苑——欧洲名画大观》,蔡元培题签书名。(刘海粟,《海粟丛刊·西画苑》,中华书局,1932年9月)

【图1932-10】1932年9月中华书局出版《海粟丛刊》(西画苑)一套两册书影

9月,中华书局出版刘海粟撰写的《近代绘画发展之现象及其趋向》。

【引】全文 107704 字。该文有曰:西方近代美术之演进,繁复极矣。顾详考博究,决非吾文所能尽;今唯举其最关重要之人物及其思想,稍稍阐述之。西方近代美术,实因文艺复兴之运动而演进,而以意大利为发祥之地。文艺复兴运动其原因极为复杂,所谓"自然与人生之发见"一语,实包括此时代之精神:脱却前此以宗教教义为中心之传统的世界,而趋向于自然与自觉之新生命。艺术之发展,自不待言,即自然科学与人本主义之新潮,亦同时勃兴,于是演成绚烂之近代文化。(略)艺术之进趋,有赖于天才之创造活动,有佛罗伦萨诸大师,而后有意大利之文艺复兴运动;有塞尚而后有现代新兴之艺术运动。所谓艺人者,常潜藏时代精神之奥,令其时代虎虎有生气,而与人以生活之真意义,常以其伟大之想象力导人于光明之途也。综观吾文所列举之人,皆美术史或世界思想史中之重镇——一主义之宗匠也,亦一时代之导师也。自十八世纪以后,以交通之便利,美术上之地方派已无形泯灭,于是研究之范围愈广而愈明显。艺术已成为"个人的",而同时又为"世界的";盖其作品皆由个人生命之扩充,渐以形成世界之潮流。至于近代美术之趋向如何,则可简言之:由想象而趋于客观之写实,由客观之写实而趋于主观之实在,由主观之实在再趋于象征的理想的而入于音乐的状态。

(刘海粟,《近代绘画发展之现象及其趋向》,中华书局,1932 年版)

9月,刘海粟题《山水》。

【录】溪山好处行难尽,风日佳时趣自长。
　　　聊写清湘醉余笔,坐收烟霭作闲忙。(该画题跋)

9月，曹允中受聘任上海美专西洋画系素描教授。（上海档案馆档号Q250-1-57，《上海美术专科学校二十一年度第一学期教职员表、教授薪俸表》）

【释】曹允中（1905—？），字梦天，江苏无锡人。无锡美术专门学校肄业一年，1926年9月考试插入上海美术专门学校西洋画系一年甲级学习，1929年1月新制第三届西洋画系毕业。法国国立巴黎美术学校毕业。1932年9月至1935年6月，任教上海美术专科学校西洋画系，木炭画教授。（《上海美专名人传略》，第66页）

9月，李青厓受聘任上海美专世界文学教授。

【释】李青厓（1886—1969），湖南人，20世纪初公费留欧比利时主修理科，后因对法国文学深感兴趣，前往巴黎，研究法国文学，猎涉颇广，后被毛泽东钦点任上海市文化局社会文化处处长、文献部主任、文史馆副馆长。李青崖擅长翻译，以翻译法国著名小说家莫泊桑的全集而闻名。（《上海美专名人传略》，第141页）

9月，容大块受聘任上海美专国画系写生教授至1934年1月。（《上海美术专科学校二十周年一览》，1932年11月）

【释】容大块（1901—1963），广东新会人。1923年成为高剑父学生，是首批加入高剑父"春睡画院"的成员之一，筹办了"广东省第一次美术展览会"。1932年9月至1934年1月任上海美专国画系写生教授。1948年容大块从上海回到家乡，先后到新会、江门等地举办画展。后任广州市文史馆当馆员。（《上海美专名人传略》，第184页）

9月，须白石入上海美专西画系学习，1934年7月上海美专新制第十四届毕业。（上海档案馆档号Q250-1-288-2，《上海美术专科学校自开办至结束历届学生姓名索引》）

【释】须白石（1912—？），江苏无锡人。中央大学肄业。上海美专新制第十四届毕业。1934年中华书局出版须白石译、（美）奥尔珂德著《小妇人》。所译《木偶奇遇记》是在中国流传最广、影响最大的世界儿童文学名著之一，上海中学生书局1935年出版了须白石编著的《名人传记丛书：萧伯纳》。（《上海美专名人传略》，第370页）

9月，林夫入上海美术专科学校西画系，加入共产主义青年团。参加MK木刻研究社，多次展出作品。（上海档案馆档号Q250-1-120-2，《上海美术专科学校自开办至结束历届学生姓名索引》）

【释】林夫（1911—1942），原名林裕，字宽如，浙江苍南人。1932年入上海美术专科学校西画系，加入共产主义青年团，参加MK木刻研究社，1934年5月被法租界工部局逮捕。"八一三"后返回浙江平阳，在中共闽浙边临时省委领导下开展救亡运动，并参加山门学校抗日救亡工作。1938年1月任新四军驻闽边后方留守处抗日流动宣传队副队长，活动于浙南，所有宣传画都出自林夫手笔。1940年3月被捕，1941年3月送入上饶集中营，1942年6月牺牲。（《上海美专名人传略》，第415页）

10月初，蔡元培为即将举办的《刘海粟游欧作品展览会》撰写序文，以为介绍。

【录】刘海粟先生，渊源家学，博览古名画家手迹，性之所近，尤在南宗。放笔为之，不拘于形似，而以气韵生动为准。

乃兼治油画，则亦不受欧洲各国画院派之拘束，而焕发色采，表现个性，有自成一家之气概。游欧以后，博观意、法、德诸国古今名作，且与当代美术家上下其议论，知往日所指之涂辙，与现今世界美术之趋势正相符合，遂益以坚其自信心，而精进不息。留欧三年，游踪所及，图画而外，凡夫新奇之风景，复杂之社会，整洁之都市，崇闳之建筑，伟大之音乐，不朽之雕刻，均足以枨触，善画者之神感，而提高其兴会。刘先生当此应接不暇之期，犹复聚精会神，选题作画，三年之中，积三百余幅，其勤敏至可佩也。此等作品曾在各国展览，且有为法国国立美术馆所购藏者，其价值可以想见。而邦人士乃未得为先睹之快，爰于十月间，在英士纪念堂展览。吾知观者对于刘先生取多用宏之著作，必能引起特殊之美感焉。中华民国二十一年 蔡元培。（蔡元培，《刘海粟游欧作品展览会》序，1932年10月）

10月9日，决澜社第一次画展在上海法租界爱麦虞限路（今绍兴路）中华学艺社举行，至16日结束。（《艺术旬刊》第1卷第5期，1932年10月11日）

10月11日，《艺术旬刊》第1卷第5期刊载《决澜社宣言》。（《艺术旬刊》第1卷第5期，1932年10月11日）

【图1932-11】1932年蔡元培为刘海粟欧游画展作序手迹

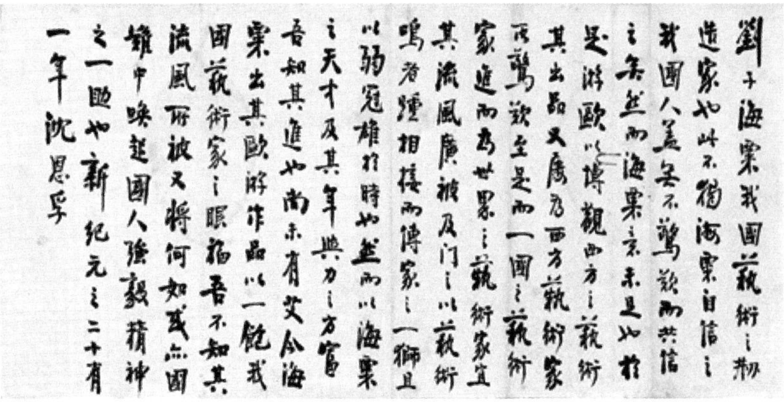

劉子海粟我國藝術之叛徒家也此不獨海粟自信之我國人蓋無不驚歎而共信之矣然而海粟亦未足也於是游歐以博覽西方之藝術其出品又屢為西方藝術家所驚歎至是而一國之藝術家進而為世界之藝術家宜其流風廣被及門之以藝術鳴者踵相接而傳家之一獅且以弱冠雄於時也然而以海粟之天才及其年與力之方富吾知其進也尚未有艾今海粟出其歐游作品以一飽我國藝術家之眼福吾不知其流風所被又將何如或亦國難中喚起國人堅毅精神之一助也新紀元之二十有一年沈恩孚

【图 1932-12】1932 年沈恩孚为刘海粟欧游画展作序手迹

10 月 15 日，上海市政府主办的《刘海粟游欧作品展览会》在上海北京路湖社举行开幕式，吴铁城市长致辞。（《申报》，1932 年 10 月 15 日）

【引】参加开幕典礼的有蔡元培夫妇、史量才、潘公展、杜月笙、叶恭绰、杨杏佛、王一亭、朱家骅等各界人士千余人。刘海粟欧游作品展览会至 31 日结束。展出欧游期间所作油画 109 幅，分别是在巴黎临摹作品 8 幅，欧游归后新作油画 26 幅，欧游以前所作油画 46 幅，以及历年所作中国画 36 幅，共 225 幅。在为画展印行的《上海市政府主办刘海粟游欧作品展览会》图录中，收录了林森、蒋介石、蔡元培、吴敬恒、吴铁城、马相伯、陈树人，潘公展、沈恩孚、柳亚子等民国名流巨擘的题词与贺文。（《刘海粟游欧作品展览》，1932 年 10 月上海出版）

10 月 16 日，《上海画报》为刘海粟欧游作品展览会出版特刊。

【引】此册刊有蒋介石“海天鸿藻”、马相伯“西崇实地，

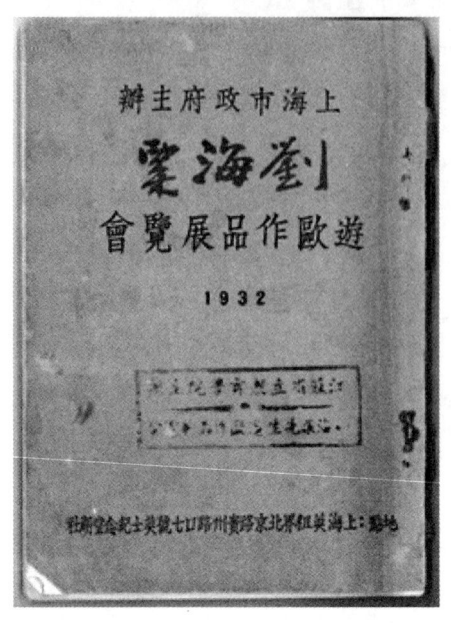

【图1932-13】1932年出版的《上海市政府主办刘海粟游欧作品展览会》图册

【图1932-14】蒋介石为刘海粟旅欧画展题词《海天鸿藻》（1932年10月）

中尚虚神，以薪传薪，谁主谁宾"、陈树人"艺术革命之先导"、吴稚晖"前无古人，后开来者"登题词，以及叶恭绰、狄平子、顾树森、曾今可、徐新六等人的评价文章。曾今可在文章中说："刘海粟先生是一个中国的伟大的艺术家，同时是个世界的伟大的艺术家，他的画已经有了国际的荣誉，已经被法国政府购藏于巴黎国家美术馆，且被誉为'中国文艺复兴之大师'了；国内从事艺术者，多半出自他的门下。"（《上海画报》，1932年10月16日）

10月18日，孙科、张群及美国领事克银汉、法国领事梅礼登参观刘海粟画展。（《申报》，1932年10月18日）

【释】孙科（1891—1973），字哲生，孙中山独子。美国加州大学柏克莱分校文学士，哥伦比亚大学硕士。1907年在檀香山加入同盟会，1917年回国在广州担任大元帅府秘书。1921年任广州市治河督办，后任广州市市长。1923年和1926年两次再任广州市市长。1928年1月与胡汉民与伍朝枢赴英德等地考察，起草《中国国民党训政大纲》，协助制定《中华民国国民政府组织法》。10月任铁道部长与考试院副院长。1931年任南京政府行政院长，1932年任立法院长，曾鼓吹实行立宪制度，但遭蒋介石冷遇。1933年2月至1937年7月兼任上海美专校董会校董、常务校董。1947年任南京政府副主席，1949年辞职旅居香港、法国、美国等地，1973年9月13日病逝于台北。（《上海美专名人传略》，第44页）

【引】孙科购《卢森堡之雪》，吴经熊购《秋山晚霁》《日光红叶》，陆仲安购《巴黎塞纳河》。同时接南京盐务署长朱庭祺、教育部司长顾树森及沈仲约等贺电，云："报载市府展览先生欧游作品，为中国文艺复兴之先导，开中外艺术界宏汇之始基，行见流风所被，天下景从，欣闻之余，特电驰贺。"（《刘海粟年谱》，第110页）

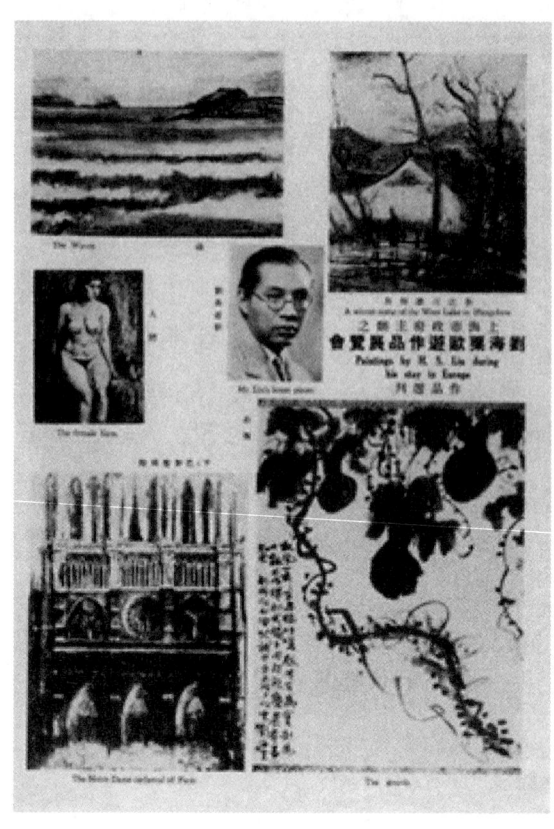

【图1932-15】《良友》1932年10月第70期"刘海粟欧游作品展览会"专版。

10月21日，《艺术旬刊》第1卷第6期为刘海粟画展出版特刊。

【引】此刊载有倪贻德《刘海粟的艺术》、柳亚子《刘海粟先生印象记》、曾今可《刘海粟先生欧游作品展览会》、龚必正《读了海粟先生的油画以后》、郑午昌《从海粟丛刊说到画展》。龚必正在文中说："他是天分绝高的努力主义者，他是不故步自封而时刻向前探讨的勇士，他是时代伟力的一员战将。他的画，整个地象征出他自己个人的精神。"（《艺术旬刊》第1卷第6期，1932年10月21日）

10月21日,《晨报·国庆画报》刊登刘海粟撰《二十一年来中国之新兴美术运动》一文。

【引】文曰:自明利玛窦作油画《圣母图》为欧画入中国之始,清郎士宁应运而来,合中西而成大家,然当时继起运动者鲜绝,故百数年中,艺术界沈滞无丝毫变化。近数十年来,西学东渐之潮流日甚,新思想之输入如火如荼矣。艺术上亦开始容纳外来情调,惟无鑑别,无抉发,本末不见,派别不明,一味妄从其形式,故少新机运之开拓。……愚生育于此种"艺术饥荒"之环境中,冥思枯索,发愿一面尽力发掘吾国美术史固有之宝藏,一面尽量吸收外来之新美术,求所以转旋历史之新机运,拓将来之一新局面,本吾素愿,于民国纪元乃创立美术院(即今上海美术专门学校)于上海,是为中国最早之美术学校……(刘海粟,《二十一年来中国之新兴美术运动》,《晨报·国庆画报》,1932年10月21日)

10月22日,刘海粟应邀于上海美术俱乐部,与西人美术家、泰晤士报记者、交部邮政总局供应局局长葛云等人茶会。
(《申报》,1932年10月23日)

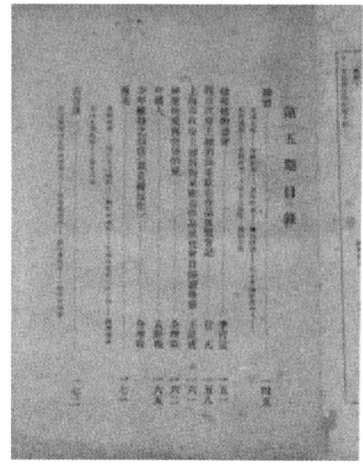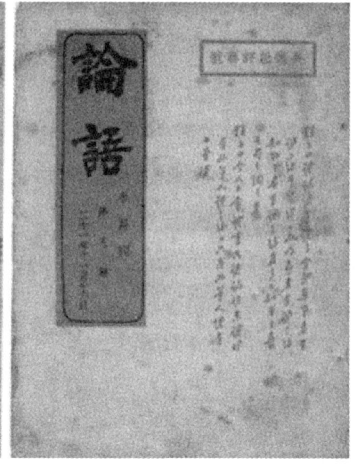

【图1932-16】《论语》杂志1932年第5期是批评刘海粟艺术专号

刘海粟年谱长编 | 559

10月24日，国民政府主席林森参观刘海粟画展，刘海粟陪同并赠送《海粟丛刊》。（《申报》，1932年10月25日）

10月24日，德国公使函邀赴德举行中国美术展览，遂成立中国赴德画展筹备处，推蔡元培为筹备会主席，刘海粟、徐悲鸿、叶恭绰、陈树人为委员。（《申报》，1932年10月24日）

10月26日，吴铁城等为刘海粟画展柬请各界名流，设宴招待。

【引】到会者有蔡元培、孙科、史量才、杜月笙、张啸林、王一亭、王晓籁等数十人，吴铁城亲自引导来宾浏览全部展品，致欢迎词后，即请蔡元培、王一亭、杨杏佛、叶恭绰等演说，均对刘海粟的艺术成就倍加赞许。（《申报》，1932年10月26日）

【图1932-17】《世界画报》出版刘海粟欧游作品展览会专版（1932年10月24日）

【释】史量才（1880—1934），原籍江苏江宁。1899年中秀才。戊戌变法后放弃科举，任《时报》主笔。1912年接办《申报》，注重现代新闻事业的发展。1928年7月至1934年兼任上海美专校董会校董。在上海美专遭遇模特风波时在舆论上给予了极大的支持。1931年"九一八"事变后，政治态度趋向进步，积极支持抗日运动，反对蒋介石的不抵抗政策，在《申报》上全文刊载宋庆龄的关于《国民党不再是一个革命集团》的宣言。《申报》的改革与史量才的思想转变，引起当局的忌恨。1934年11月13日下午，史量才离开杭州休养地返沪，在沪杭公路上遭到军统特务狙击殉难。（《上海美专名人传略》，第43页）

10月30日，教育部高等教育司司长沈鹏飞、北京画家梦白、蔡元培夫妇、杨杏佛、日本驻沪领事石射等参观刘海粟画展。

【引】展览会参观者已达11万人。定购画件共35幅，吴铁城购《夜月》《短墙》《园林》，潘公展购《巴黎大学》等，中央研究院和中华书局各购藏两幅。（《申报》，1932年10月30日）

10月，鲍锡麟插入上海美专新制第十四届中国画系山水组二年乙级学习。1934年7月以第一名成绩毕业。（上海档案馆档号Q250-1-120，《上海美术专科学校自开办至结束历届学生姓名索引》）

【释】鲍锡麟（1905—1951），安徽歙县人。先从黄宾虹学画，1932年入上海美专新制第十四届中国画系山水组二年乙级学习。1934年7月以第一名成绩毕业。毕业论文《中国画的超现实性》刊载于《上海美专新制第十四届毕业纪念刊》上（Q260-1-290）。黄宾虹、汪采白等称誉其为新安画派后起之秀。曾在省立徽州师范任教多年，于岩寺鲍氏宗祠作军民抗击日寇大幅壁

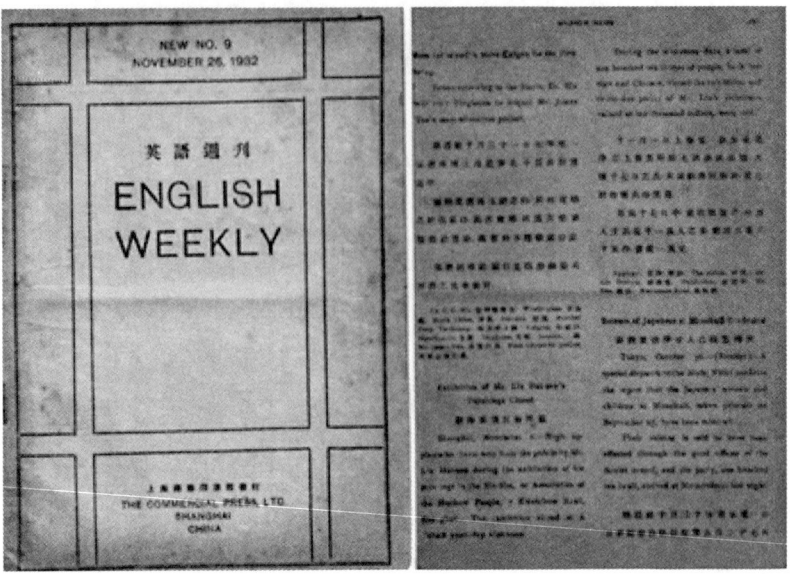

【图1932-18】《英语周刊》对刘海粟欧游作品展览会闭幕的报导（1932年11月）

画，用笔刚劲，人物生动。（上海档案馆档号Q250-1-120，《上海美专名人传略》，第276页）

11月5日，《申报》刊登徐悲鸿为曾在某杂志载文"指吾为刘某之徒""意在侮辱"事启事。

【录】徐悲鸿启事谓"民国初年，有甬人乌某，在沪爱尔近路（后迁横滨路）设一图画美术院者，与其同学杨某等，俱周湘之徒也。该院既无解剖、透视、美术史等要科，并半身石膏模型一具都无，唯赖北京路旧书中插图为范，盖一纯粹之野鸡学校也。时吾年未二十，来自田间，诚悫之愚，惑于广告，茫然不知其详；既而鄙画亦成该院函授稿本，数月他去。乃学于震旦，始习素描。后游日本乃留学欧洲。今有曾某者为一文，载某杂志，指吾为刘某之徒。不识刘某亦此野鸡学校中人否？鄙人于此野鸡学校，固不认一切人为师也。鄙人在欧八年，虽无荣誉，却未尝持一与美术学校校长照片视为无上荣宠。此类照片，吾有甚多，只作纪念，不作他用，博物院画人皆有之，吾亦有之，既不奉赠，亦不央求。伟大牛皮，通人齿冷，以此为艺，其艺可知。昔玄奘入印，询求正教；今流氓西渡，唯学吹牛，学术前途，有何希望？师道应尊，但不存于野鸡学校，因其目的在营业欺诈，为学术界蟊贼败类，无耻之尤也。曾某意在侮辱，故不容缄默。唯海上鬼蜮，难以究诘，恕不再登，伏祈公鉴。"（《申报》，1932年11月3日）

11月5日、6日，刘海粟在《申报》发表启事，与徐悲鸿论战。

【录】刘海粟启事言："第三卷第三期《新时代》杂志，曾今可先生刊有批评拙作画展一文，曾先生亦非素识，文中所言，纯出衷心，固不失文艺批评家之风度。不谓引起徐某嫉视，不惜谩骂，指图画美术院为野鸡学校。实则图画美术院即美专前身。彼时鄙人年未弱冠，苦心经营。即以徐某所指石膏模型一具都无而言，须知在中国之创用石膏模型及人体模特者，即为图画美术院，经几次苦斗，为国人所共知，废艺术绅士如徐某者所能抹杀。且美专二十一年来生徒遍海内外，影响所及，已成时代思潮，亦非一二人所能以爱恶生死之。鄙人身许艺术，本良知良能，独行其是，谗言毁谤，受之有素，无所顾惜。徐某尝为文斥近世艺坛宗师塞尚、马蒂斯为流氓，其思想如此，早为识者所鄙。今影射鄙人为流氓，殊不足奇，今后鄙人又多一'艺术流氓'之头衔矣。唯彼日以艺术绅士自期，故其艺沦于官学派而不能自拔。法国画院之尊严，稍具常识者皆知之，奉赠既所不受，央求亦不得，嫉视何为？真理如经天日月，亘万古而长明，容有晦冥，亦一时之暂耳。鄙人无所畏焉。"《申报》同日还刊出曾今可启事:"昨阅《申报》徐悲鸿先生启事,以《新时代》月刊三卷三期拙稿《刘海粟欧游作品展览会序》一文为'意在侮辱'。查今可认识徐悲鸿先生在认识刘海粟先生之前,彼此都是朋友,固无所厚薄,拙文中亦无侮辱徐先生之处。此启。"(《申报》,1932年11月5日,11月6日)

11月7日,《中华日报》副刊《小贡献》在刊登徐悲鸿、刘海粟、曾今可三人的启事后发表评论。

【引】评论有道:"悲鸿先生艺术之成功,国人自有定评,除开继续地努力研究创作外,可不必管自己是不是谁人的'徒',而'徒'之为荣为辱为毁为誉,实无伤于自己艺术的价值。就是要批评海粟的画,也应该站在纯粹的艺术批评的立场上,正不必拉杂出许多'野鸡''照片''吹牛''画院''流氓'等和艺术批评无关的问题。而海粟先生呢,自己做了艺术的'画宗''大师''领袖',当然免不了许多非画宗大师和领袖的艺术家要做叛徒。而且刘先生之得到今日,正是由于叛徒之努力,对于艺术的叛徒们,应该鼓励之不暇,又何必以'艺术绅士'之恶名向人家对骂?这未免有一点失了艺术的画宗大师领袖的风度。"(《中华日报》副刊《小贡献》,1932年11月7日)

11月9日,徐悲鸿再次在《申报》刊文。

【引】徐悲鸿:"海粟咨事谓不佞'法国院体……'此又用其所长厚诬他人之故智也。人体研究务极精确,西洋古今老牌大师未有不然者也。不佞主张写实主义,不自今日,不止一年,试徵吾向所标榜之中外人物与已所发表之数百幅稿与画有自背其旨者否?唯知耻者虽不剽窃他人一笔,不敢贸然自夸创造,今乃指为院体,其彰明之诬如此。范人模型之始见于中国,在北京,在上海，抑在广东，考证者当知其详，特此物之用，用在取作师资，其名之所由立也。今立范而无取，是投机也。文艺之兴，须见真美，丑恶之增，适形衰落。日月经天，江河行地，伟大哉。牛皮急不忘皮念念在兹，但乞灵于皮曷若乞灵于学，学而可致，何必甘心认为流氓笔墨之争。汝仍不及（除非撒谎）。绘画之事容有可为先洗俗骨除骄气，亲有道用苦功，待汝十年。我不诬汝（乞阅报诸公恕我放肆，罪过，罪过）。"（《申报》，1932年11月9日）

11月10日，《申报》刊登刘海粟启示，声明新华艺专来函称之"刘函"纯系奸人捏造。（《申报》，1932年11月10日）

11月13日，《益世报（天津版）》刊登徐朗西启事，说明"刘函"并非新华艺专捏造，且信函所用纸为上海美专笺，署名"海"。已委托律师与刘海粟互通信函，以查明真相。（《刘海粟四面受敌》，《益世报（天津）》，1932年11月13日）

11月17日，国民政府行政院第七十四次会议，加聘王一亭、张道藩、齐白石、林风眠、林文铮、狄平子、张泽七人为柏林中国美术展览会筹备委员会委员。（《中央党务月刊》第52期，1932年）

11月22日，梁宗岱在北京大学写3000字的长信给刘海粟。此信作为1933年8月商务印书馆出版的《海粟油画》的"代序"，又以《论画》为题编入梁的《诗与真》集中。

【引】信中说："志摩看了你的《圣母院夕照》，惊喊道：'你的力量已到画的外面去了！'假如我在场的话，我会回响地应一声：'不，你的画已入了画的堂奥了！'……表面相反的字眼所含的意思是一致的，或者可以说，一个意思的两面：你的艺术已到了成熟的时期了。换句话说，你的画已由摸索的进而为坚定的，由倚凭的如其不是模仿的进而为创造的，而且，在神奇满

足的当儿,由力的冲动与崇拜进而为力的征服与实现了。"(《刘海粟年谱》,第113页)

11月23日,上海美专举行20周年校庆纪念。蔡元培、叶恭绰、潘公展、郑洪年、陈其采、赵祖尉等及全校师生1200余人出席,其时在校生达700多人。

【引】校庆期间,假上海贵州路陈英士纪念堂演出三场节目:一、音乐会,二、京剧,三、话剧、滑稽剧、魔术。蔡元培致辞:刘海粟在上海美专补行20周年校庆典礼上指出:"本校创办了20年,可是20年前,200年前,2000年前,中国并不是没有美术,中国本来有很好的美术,不过新兴的美术教育,却是民元本校为之首创……我们感受到民族生存,国家之崛起,是要艺术、哲学、科学、政治整个的活动,美术更是代表时代精神和民族特性的象征。"

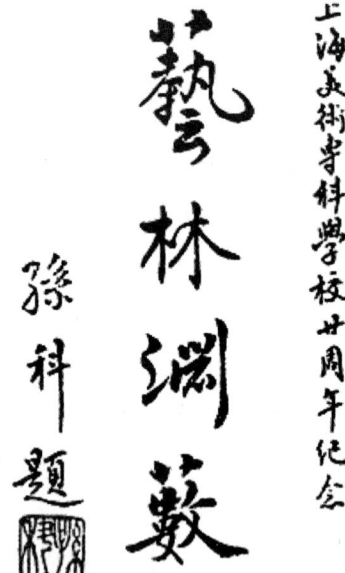

【图1932-19】孙科为上海美专二十周年纪念册题字(1932年11月)

举行师生成绩展览会，古今名家美术展览会、游艺会。游艺会发售入场券，所得值，提四分之一捐助东北义勇军。(《申报》，1932年11月24日)

11月24日，《申报》刊登蔡元培为上海美专创校二十周年大会上的报告词。

【按】美专创立迄今，已经二十年，当初不为社会所注意，几经磨折，赖母亲刘海粟先生之苦心扶育，以抵于成年，而开始工作于社会，闻名于社会。二十年前，中国本无美术学校，直至民七，国立北平美专始创立，至民十七，国立西湖艺校方成立，故吾校实为首创，在吾国美术史上，有转旋时代之势力。美专在

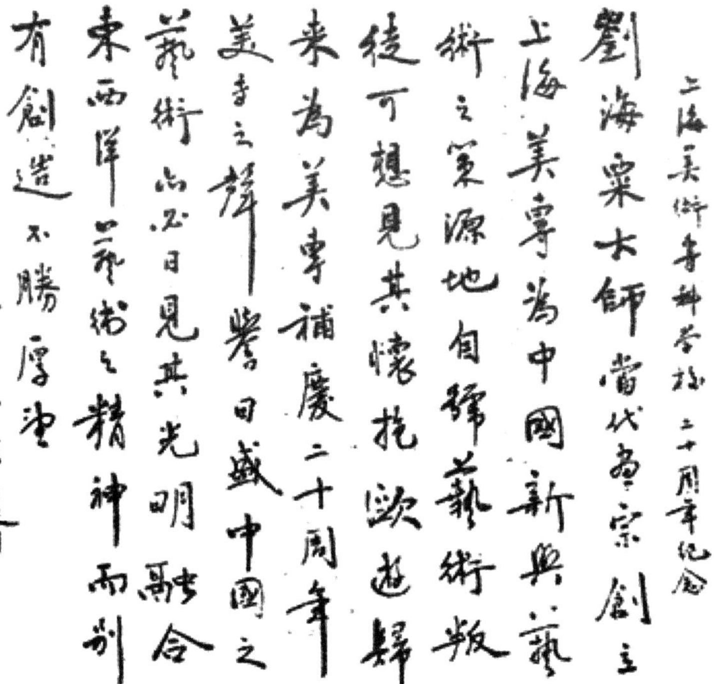

【图1932-20】潘公展为上海美专二十周年纪念册题字

今日，大家公认它是吾国唯一之美术学校，但是即使成为世界上之唯一之美术学校，亦更当努力，以达精益求精之境地，故今后希望政府及社会尽量督促援助。（《申报》，1932年11月24日）

11月26日，邹韬奋在《生活》杂志上发表题为《漫笔》的文章，对徐悲鸿与刘海粟的论辩作评。

【引】当时的诸多报章杂志对这场论争不乏关注，《生活》周刊第7卷第47期上，主编邹韬奋以"漫笔"的形式做出评论，把这场论争归结为"虚名"之累。邹氏的评论揭示了一点实质："是要挑战刘海粟'民国画宗'的地位，同时也贬低上海美专作为'民国最高美术学府'的地位。"（《生活（上海1925A）》，1932年第7卷第47期）

11月29日，刘海粟呈函上海市教育局。

【引】为呈送本校第十一届毕业学生一览表及学年成绩表，并检同学历证件，呈请转呈教育部鉴核，指令祗遵。

窃查本校于十八年度第二学期招收第十一届各组学生，至本学期已届三学年，根据本校组织大纲第四条规定，应即举行毕业，理合先行造具毕业学生一览表、学年成绩表各两份，并检同学历证件共八件，呈请钧局转呈教育部鉴核，指示祗遵。谨呈
上海市教育局
私立上海美术专科学校校长刘海粟

二一年十一月廿九日（上海档案馆档号Q250-1-104，《一九三二年至一九三三年本校新制第十、十一届毕业生举行毕业、报毕业名册、成绩与中华民国上海市教育局等单位来往文书》）

12月9日,刘海粟呈函上海市教育局。

【引】呈为遵令筹划于原有五学组酌量增加实用艺术课程外,并于二十一年度第二学期起开设工艺图案组,拟具课程编制,呈请转呈教育部鉴核,迅予批准,以便开始招生而利进行由。

案奉钧局训令教字第二七三二号内开:"案奉教育部训令第九六七六号内开:'案奉行政院第三六八〇号训令,为奉国民政府训令,以准中央政治会议函准陈委员果夫拟订改革教育初步方案,经教育组审查,决议照审查意见通过,令仰遵办等因,并附抄件。奉此,查原方案第二项,审查意见为"由教育部令饬艺术院校加设实用艺术课程,以助工商业之发展"。奉令前因,凡国立及各省市已立案之私立艺术或美术专科学校,应即加设实用艺术课程。除呈复并分行外,合行令仰转饬私立上海美术专科学校、私立新华艺术专科学校遵照,办理具报。此令。'等因。奉此,合函令仰该校遵照,办理具报,以凭核转。此令。"等因。奉此,业经本校提交第三次校务会议讨论议决:除于原有五学组酌量增加实用艺术课程外,并开设工艺图案组,内分"广告图案""工艺美术"两部,其课程完全着重于实用艺术,以符中央"加设实用艺术课程,以助工商业发展"之旨,而实现本校原有造就应用艺术人才、促进社会美化目的之一。当经推举本校教务主任张辰博通盘计划,拟定课程,聘请最近由日本国立东京美术学校工艺图案科毕业归国龚希苾先生为主任,拟于二十一年度第一、二学期计划开班。理合先将草具该组课程编制两份,呈请钧局转呈教育部鉴核,迅予批准,以便开始招生,而利进行!实为公便。谨呈

上海市教育局局长潘

  计呈工艺图案组广告图案部、工艺美术部课程编制各两份。

          私立上海美术专科学校校长 刘海粟

廿一年、十二月、九日鄢克昌拟稿（上海档案馆档号 Q250-1-80，档案正题名《本校增设图案组及音乐系停招新生与伪上海市教育局之往来文书》）

12月9日，刘海粟为上海美专研究员李仲生等拟赴日留学，呈函请教育部发给留学证书。

【引】呈为本校研究员李仲生等拟自备资斧赴日本留学研究美术，呈请转呈钧部发给留学证书以利遄行由。

案据本校绘画研究所西画部研究员李仲生、梁锡鸿呈称，生等拟自筹资斧赴日本留学研究美术，以期深造，为此呈请学校发给研究证明书，并转呈教育部发给留学证书，以利遄行等情前来。查该生等本学期在本校绘画研究所西画部研究一学期，成绩尚属优良，现有志留学，除发给研究证明书外，理合据情并检同该生等证明书及保单各一件、照片各二帧、留学证书印花税洋六元一并呈请钧部察核，准予照章发给留学证书，以利遄行而宏造就。

谨呈教育部兼代部长段

计呈证明书二件、保单二件、照片四帧、印花税洋六元。

私立上海美术专科学校校长刘海粟（上海档案馆档号 Q250-1-101，《关于办理毕业生出国留学问题与伪教育部来往文书》）

12月12日，刘海粟呈函上海市教育局。

【引】为举办本学期第十一届各组学生毕业，呈送毕业试验日程，请予转呈教育部鉴核备案由。

窃查本校本学期举办新制第十一届各组学生毕业，业于十一月廿九日造具毕业生名册、学年成绩表，并检同学历证件，呈请钧局转呈教育部核示在案。兹经本校第三次校务会议议决，订十二月十九日起至三十日止为举行毕业试验期间，理合订定考试

日程，呈请钧局转呈教育部鉴核备案。谨呈
上海市教育局

私立上海美术专科学校校长刘海粟

十二月十二日（上海档案馆档号 Q250-1-104，《一九三二年至一九三三年本校新制第十、十一届毕业生举行毕业、报毕业名册、成绩与中华民国上海市教育局等单位来往文书》）

12月14日，刘海粟在中华基督教青年会讲演《中西美术之异同》。（《新闻报》，1932年12月16日）

12月21日，刘海粟呈函上海市教育局。

【引】呈报二十一年度第一学期录取新生名册，并检具入学资格证件，呈请转呈教育部鉴核备案由。

窃查本校二十一年度第一学期招考各组新生及转学生，业遵《修正专科学校规程》第三、第四两条办理，并经分别举行入学试验，评骘及格者计：中国画组一年一期新生七名，西洋画组一年一期新生二十一名，二年一期转学生一名，艺术教育组图音部一年一期新生十一名，一年二期转学生一名，艺术教育组图工部一年一期新生十一名，三年一期转学生一名，共计各组新生及转学生五十三名。理合造具名册，并检具入学资格证书五十六件，备文呈请钧局转呈教育部鉴核备案。谨呈
上海市教育局

计呈二十一年度第一学期录取各组新生及转学生名册二份，学生入学资格证明文件共计五十六件。

私立上海美术专科学校校长刘海粟

二十一年十二月廿一日（上海档案馆档号 Q250-1-90，《本校报新生、转学生名册、入学资格证件等与中华民国上海市教育局来往文书》）

12月28日，江苏省教育院主办刘海粟欧游作品展览会在无锡举行。偕夫人赴无锡，并做题为《民众艺术》的演讲。展览至1933年1月3日结束。（《中央日报》，1932年12月31日）

12月，上海美专添购与存天阁邻近之二层楼房11幢为教职员工宿舍，名海容斋。（《刘海粟年谱》，第114页）

是年，上海美专学生组织MK（木刻）研究会成立。发起人及主要成员有：钟步青（钟步卿）、起帆（邓启凡）、王绍络、周金海、黄新波、陈普之等。（上海档案馆档号Q250-1-120，《上海美术专科学校自开办至结束历届学生姓名索引》）

【释】黄新波（1915—1980），原名黄裕祥，出生于广东。读中学时受到革命影响。1933年到上海参加"反帝大同盟"活动时，受到鲁迅先生倡导的新兴木刻运动的感召，开始学习版画。1934年2月入上海美专西画系学习。1936年为上海木刻作者协会发起人之一，后担任中华全国木刻界抗敌协会理事。同时在上海参与举办第二届全国木刻流动展览并第一次出版木刻集《路牌》。解放战争时期赴香港任《华商报》记者，并参与组织民间画会。（《上海美专名人传略》，第308页）

是年，上海美专146名学员毕业。美专开办至今毕业生已达1100余人。

【按】据统计，在社会服务者中，教育界达55%，工商界20%，艺术专家15%，其他10%。在校庆二十周年纪念会上，毕业学生发起组织上海美专毕业同学会，图艺术思想之普及，艺术教育之发展，推韩学钊、宋邦干等七人为筹备委员，是日，举行第一次会议。（上海档案馆档号Q250-1-120，《上海美术专科学校自开办至结束历届学生姓名索引》）

是年，刘海粟在上海作油画《冬》《画室里》《水仙》（《静物》）《马相伯先生像》；在普陀作油画《渔舟》《潮音》《古柏》《洪涛》《水牛》《老牛》《普陀晚钟》《法雨寺》，作画《马》《城楼》（《风景》）《林中霞光》（《风景》），作中国画《楼台烟雨》。（作品题签）

1月1日，江苏省教育院在无锡主办的"刘海粟欧游作品展览会"结束，刘海粟离无锡返上海。（《人报》（无锡），1933年1月1日）

1月3日，刘海粟为上海美专研究员周多拟自费赴日留学事呈函教育部。

【引】呈为本校研究员周多拟自筹资斧赴日本留学研究美术，呈请转呈钧部发给留学证书，以利遄行而宏造就由。

案据本校绘画研究所西画部研究员周多呈称，生自筹资斧赴日本留学研究美术，以期深造，为此呈请转呈教育部发给留学证书以利选行等情前来。查该生本学期在本校绘画研究所西画部研究一学期，成绩尚属优良，现有志留学，理合据情并检同该生证明书及保单各一件、照片二帧、留学证书印花税洋三元一并呈请钧部察核，准予照章发给留学证书，以利遄行而宏造就。谨呈教育部部长朱。

计呈证明书一件、保单一件、照片二帧、印花税洋三元。

　　　　　　私立上海美术专科学校校长刘海粟

二二年一月三日（上海档案馆档号 Q250-1-101，《关于办理毕业生出国留学问题与伪教育部来往文书》）

1月5日，段锡朋不能到会担任上海美专毕业典礼给凭职务致函刘海粟。

公元1933年
民国二十二年
（癸酉）
37岁

【引】海粟先生大鉴：接奉大函，祗悉一切。一月七日为贵校第十一届学员举行毕业典礼之期，辱承函召并嘱担任给凭职务，曷胜欣幸！无奈为部务羁牵，不克前来参加盛典，殊深歉仄，专函申谢，惟希谅原。敬颂 教祺

段锡朋敬启

廿二年一月五日（上海档案馆档号 Q250-1-232，《本校举行毕业考试、毕业典礼，聘请校董教职员担任考试委员，参加典礼来往函件及名单》）

1月7日，刘海粟在上海美专新制第十一届毕业典礼上致辞。

【按】新制第十一届中有中国画系、西洋画系、音乐系、艺术教育系、雕塑系的毕业生，刘海粟在毕业典礼上致辞谓："毕业不过学业告一段落，实为一切的开始，仍须继续努力，以求深进。"（《刘海粟年谱》，第115页）

1月15日，吴铁成不能参加上海美专毕业典礼致函刘海粟。

【引】敬复者，奉书敬悉。贵校于本月七日举行第十一届毕业式，嘱为参加，是日适因不暇，特派潘局长代表，敬希查照为祷。此致上海美术专门学校。

吴铁城

中华民国廿二年一月一五日（上海档案馆档号 Q250-1-232，《本校举行毕业考试、毕业典礼，聘请校董教职员担任考试委员，参加典礼来往函件及名单》）

1月23日，柏林中国美术展览会筹备委员会第二次会议在上海国立中央研究院举行，蔡元培、叶恭绰、张善孖、林文铮、朱家骅、刘海粟等出席。（《申报》，1933年1月23日）

【引】会议决定采用通信征求作品,作品范围,依中、德双方协议,专限于现代,并附近代绘画。计通信征求者凡二百六十余家,皆各处名家而经各筹备委员之介绍提出会议通过者,经数月之征集与选择,计得现代精品四百余件,近代名作一百帧,此外如清乾隆时代迄于今时之各种颜料、纸、绢、绫、笔墨等画具,亦均罗致甚富,携往会中附带陈列,俾供外人参考。在国内先后开大会三次,常务委员会六次,其间经蔡孑民、叶誉虎二先生之苦心擘划及各作家之踊跃出品,始抵于成。1933年10月常务会议公推海粟为赴德代表,随带作品六箱,搭11月13日之意大利船康丁凡特号启程赴欧,12月8日晚抵柏林,德方委员屈梅尔、孔威廉、莱特曼士,驻德使馆谭代办,秘书谭庄甫、张景煌迎于驿,谓德方开委员会数次,因开幕期迫,已电促云。(刘海粟,《欧洲中国画展始末》,1935年)

【释】张善孖(1882—1940),四川内江人。张大千胞兄,兄弟十二人,其排行二,大千排行八。少年从母曾友贞习画。1903年赴日本留学,1905年加入同盟会,两年后返川。参加过辛亥革命。曾任蜀军少年旅长,后因参加反袁斗争失败,于1914年亡命日本。三年后返川。1917年偕大千东渡日本。回国后寓上海。与大千投曾熙、李瑞清门下习书画。1927年应日本佛界之邀,举办访问画展。回国后率眷迁居松江,潜心画事。1929年2月任上海美术专科学校国画走兽教授。抗战期间创作《怒吼吧,中国》。1939年以教徒名义赴欧美宣传抗日,举办画展,为抗战筹募捐款,并向美国总统罗斯福赠画。从香港回重庆,后因糖尿病突发并发症谢世。(《上海美专名人传略》,第253页)

1月23日,上海美专创办工艺图案系,内设工艺美术、广告图案两个专业,课程着重应用工艺。刘海粟聘由日本国立东京美术学校工艺图案科毕业归国龚希茇先生为主任。(《申报》,1933年1月23日)

1月23日，刘海粟为郑慎斋与汪亚尘合编《世界名画选集》作序。

【录】1933年1月23日，刘海粟为郑慎斋与汪亚尘合编《世界名画选集》作序，后于1937年在商务印刷厂遭日军飞机轰炸焚毁。全文424字。文曰：现代的生活总是向着"动"的"活"的方面进行。我们生着、希望着前途的荣光的时代，所以我们就拼命要向"生"的方面走。墨守传统、安于不动的死的生活而相信维持现状的人，已经是时代的落伍者。他是徒具躯壳而没有精神的了，也就等于已死的死人。所以现代的真有深味的艺术，必定是向着"动"的"活"的那里进行，由创造的方面建立一种人生。不过在艺术知识极端幼稚的中国一辈鄙陋的人，他们何能懂得色的美、形的美，艺术内在的生命和深奥的节奏？他们是以描头画角为美的，以描写历史传说的画算高尚的画题，他们只知浅薄的外形，全不明白艺术的真义。就是一般自命为画家的人，也充满着这般俗见，而以描写外形、崇拜官学派的末技而自以为得意的。这等人替富人画几个肖像，赚些钱也许可以，实在谈不到现代的有价值的艺术，因为他已经是徒具躯壳，而无心灵的死人了。郑君慎斋编这部书，他所选的作品是以具有色的美、形的美的现代的艺术为准则，这实在是很有意义的。（《刘海粟艺术文选》，第472页）

1月27日，刘海粟致函中英庚款董事会。

【引】刘海粟为发展美术事业，多方寻求经费，此信函致中英庚款董事会，目的是：1.在中国设立美术馆；2.中英美术品交换展览事宜；3.中英美术家交换考察事宜；4.中国美术学校延聘英国教授，容纳英国学员研究中国美术事宜。信函主要内容为：

英国退还庚子赔款一部分用于中英共受之福惠之文化事业。中土人士风闻之下，靡不欢忻称庆，叹为美举，又赖公等长才擘划，博采舆情，他日措施朝市之间自有轰轰烈烈之盛，固无待海粟赘一辞也。夫中英通家修好，载之简册，历来歧重产业之交换，未有学艺之砥砺。至两国国民从事物竞，不获达彻底相知之雅，虽在上流社会，此弊犹弗能免，试读英国学者评述中土人情国事之著作斑斑可考。今欲弥补此项，精神上之缺憾不得假途于艺学，是以海粟敢请公等划留一部分赔款利息建设艺术事业。艺术之为物，本无国界之可言。其具有因缘同情之力实驾宗教而上之，一国艺术品为一国文化之所产，亦即国民精神之所寄也。以此互为观摩互为感兴，不第一孔之私见，俄化无形而邦睦之向上指日可待，中土庚子之役以及晚近忧患时期，中美术品之流传欧西者不一而足，就英国大不列博物馆中所藏中土物品而论已可举一反三矣……

公等皆系中英绩学之士，成竹在胸，海粟管蠡之见，公等或已几见及，先尚乞毅然断行。俾两国国民精神上之隔阂得以消除而共进于融洽无私之境。以德艺修邻睦当贤于以产业争物，欲公等念及，实深欣幸。（上海档案馆档号 Q250-1-276，《上海美术专科学校申请中英庚款董事会及中法文化基金补助学校经费往来文书》）

1月，刘海粟所撰《现代艺术》一文在摩社出版的《艺术》月刊发表。

【按】文章介绍巴黎众多的艺术展览以及野兽主义、新自然主义、未来主义、折中主义、理想主义、纯化主义等各种新兴画派。（《艺术》月刊，1933年1月号）

【图1933-1】1933年《艺术》杂志第一期封面，王济远、刘海粟、傅雷等主笔

2月2日，戴季陶为刘海粟所作中国画《良马图》题词。

【录】题曰："秉乾之德，具坤之性。驰骋六合，复于中正。"（《刘海粟年谱》，第116页）

2月13日，柏林中国美术展览会筹备委员会第四次常务会议在上海举行，到会者有蔡元培、叶恭绰、王一亭、刘海粟等，议决通信征作品人员名单。（《申报》，1933年2月13日）

【释】叶恭绰（1881—1968），广东番禺人。祖父兰台（南雪）为清末翰林，曾官至户部郎中、军机章京。叶恭绰京师大学堂仕学馆毕业。清末历任邮传部路政司主事、员外郎、郎中等职。民国后，历任路政司司长，交通部次长、总长、交通部长。

1932年1月至1937年6月上海美专校董会常务兼经济校董。1935年"上海市博物馆临时董事会"成立,叶恭绰任董事长。(《上海美专名人传略》,第53页)

2月15日,蔡元培为《海粟丛刊·西画苑》《海粟丛刊·国画苑》撰序。

【录】文曰:"中国习图画之术已数千年,西洋图画之输入亦已数十年,而为有系统之介绍者尚少。刘海粟先生素以'艺术叛徒'自命,所作皆表现个性,迥绝恒蹊。兹应中华书局之请,编成《中国画苑》《西洋画苑》各两册,记事插图,钩元提要,虽不能不发挥其个人之特见,而于每一时期中适应时期之名家与杰作均不没其优点,使读者不至为编者一人之意见所囿,诚善本也。并附有海粟先生作品两册,更使读者得前后互相验证,而悟其得力之所自焉。二十二年二月十五日蔡元培。"(《蔡元培全集(第6卷)》,第249页。)

2月19日,刘抗致函刘海粟。

【录】海师:别来颇乐,近日画兴亦浓。前承吾师不弃,再三函催回沪担任西画教授。最后并托人浩兄来函切实约定月薪百元。生本以海上生活昂贵,断难接受,然则不远千里而来,无非为着爱护母校及平素对吾师之敬佩。虽暂时忍痛受苦还有什么可说?且昨忽接吾师来信,竟述每月只致七十衰头。读悉之下不胜骇异之至。生本非拜金主义者,区区此数计较它干甚?然而最低的生活限度是应该顾到的吧!敢请吾师无论如何仍恢复原议,生当即日到校服务,共同努力新中国之艺术运动。是否之处,尚望赐教至盼。(《刘海粟刘抗师友书信录》,第17页)

2月20日，蔡元培致函刘海粟。

【录】海粟先生大鉴：命题大编画册，已脱稿，抄奉，请正之。专此，并祝著祺。弟元培敬启。（《蔡元培全集》第13卷，第144页）

2月24日晚7时，上海美专校董会议在银行公会举行。
（《申报》，1933年3月1日）

【引】到会者有蔡元培、叶玉甫、王震、王晓籁、吴铁城、江恒源、刘海粟等。蔡元培主席首先欢迎新校董孙哲生、吴铁城、陈公博、梁寒操、曾仲鸣、潘公展等，又谓："美专负有发扬我国固有文化、吸收域外新艺之使命，社会责望甚殷。二十年来，虽规模初具，同人等不敢以此自满，应继续努力，以促社会

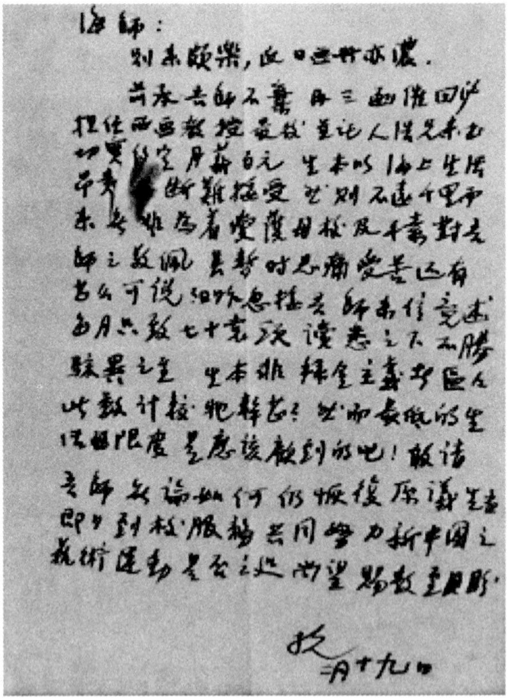

【图1933-2】1933年2月19日刘抗致刘海粟函

进化。"次由刘海粟报告校务现状（时在校学生五百多人）及今后计划，并将蔡主席校董亲书筹建该校新校舍及美术馆启，逐条朗诵，一致通过。（上海档案馆档号 Q250-1-4，《本校校董会章程、会议记录、开会通知等》）

【释】梁寒操（1898—1975），广东高要人。1916 年加入中华革命党，参加讨袁。国民革命军成都中央军校中将政治总教官，后任国民党中央执行委员、中央宣传部部长。1927 年任国民党中央党部书记长，1933 年 7 月至 1937 年 6 月兼任上海美专校董。1936 年任国民党中央政治会议委员。抗战期间担任蒋介石国民政府军事委员会桂林行营政治部中将主任，1940 年任军事委员会总政治部中将副部长（部长周恩来）、中国远征军政治部主任，1949 年从广州到香港后去台湾。（《上海美专名人传略》，第 37 页）

【释】曾仲鸣（1896—1939），福建闽侯人，曾留学法国，获博士学位。历任广东军政府秘书、国民政府秘书、国民党候补中央执委、行政院秘书长、铁道部次长、国民党中央政治委员会副秘书长等职。1932 年 11 月至 1937 年 6 月兼任上海美专校董会校董。1937 年底随汪精卫叛国出逃越南，1938 年 3 月在河内被军统特务误杀身亡。其妻为留法著名女画家方君璧。

2 月 25 日，中华民国参加芝加哥博览会筹备委员会组织征品审查委员会，蔡元培为主席。蔡特发出请柬，邀请全体审委，艺术组审查委员为刘海粟、林风眠等。（《申报》，1933 年 2 月 23、25 日）

2 月 26 日，刘海粟致函美专校董李石曾。

【录】石曾先生伟鉴：离思之劳，三秋为远，斗山在望，惆怅何如！拙作在京展览，情况甚盛，此实我公倡导之力。上海美术专门学校创立迄今亘二十一寒暑，幸得我公赞助，略具体统。目下建筑计划正在积极进行之中。前蒙我公指示，曾具呈向中法文化基金委员会请求补助经费，唯迄今二月尚未得复，务恳我公就近促成，庶风雨飘摇之美专得绵延于不绝如缕之秋。吾公爱护美专之深，所寄予美专之大，美专今后之得以成长，皆公之力，抑亦艺学前途之幸。略陈一一，务希先赐玉复，俾有遵循。专此。晚刘海粟上（上海档案馆档号Q250-1-254，《本校募捐建筑校舍及各方面接洽募款的往来文书》）

2月，刘惠佐受聘任教于上海美专至1936年6月。（上海档案馆档号Q250-1-157，《上海美术专科学校同学录二十二年度第一学期（1933年9月）》）

【释】刘惠佐（生卒年代不详），原名刘纬通，江苏无锡人。1927年9月入上海美专艺教系图音组学习，1930年7月毕业。1933年2月至1936年6月任教于上海美专提琴课教授，后任励志社音乐股长。（《上海美专名人传略》，第144页）

2月，梁凯世受聘任上海美专中国画系教授至1936年6月。（上海档案馆档号Q250-1-157，《上海美术专科学校同学录二十一年度第二学期（1933年2月）》）

【释】梁凯世（1905—1998），江西万安人。1929年就读于上海美术专科学校国画系，师从刘海粟、黄宾虹、潘天寿等名师，1932年7月毕业后曾留校任教，与众师共研画事，其后分别被聘为上海美专和南京中央大学国画系教授。其作品《庐山枫叶》《庐山飞瀑》经张大千、何香凝推荐曾远涉德国、日本展出。1938年参加郭沫若组织的抗日战地服务团，并任总干事。（《上海美专名人传略》，第199页）

2月，刘海粟致函刘抗、陈人浩。

【录】抗、人浩同鉴：别来想十分愉快，我于前日由京赶回，学校已开学，十六日正式开课，望速即来沪！有一层是应该切实告诉你们的，就是本学期新生十二分减少，至今日为止，考取者只三十余人，今昔相比，相去太远，而收入方面当然不敷甚巨。无已，只得各方紧缩，紧缩第一义在减少教职员及薪金。我自身已减少五十元。济远、辰伯、海若均已递减。国画方面已裁去四人，职员亦已裁去两人。今日与济远、海若再三计划之下，仍旧恢复五个人体教室，其中一个是为我与抗的，我授两天课，抗授四天。幼庄授水彩画兼图书馆主任。但是依目下的情状讲，薪水是不能照原议了。真抱歉，目下暂时每月各致七十番。如有困难，最好人浩眷属再等一学期来沪。彼此知己，所以竭诚相告，并希望即日到沪。海粟。（《刘海粟刘抗师友书信录》，第12页）

2月，张望入上海美专西画系学习，1935年1月上海美专新制第十五届毕业。（上海档案馆档号 Q250-1-120-1，《上海美术专科学校自开办至结束历届学生姓名索引》）

【释】张望（1916—1992）原名张发赞，学名张致平，笔名张抨、芒儿、向明、紫瓶、阿芒、克之等，广东大埔人。1935年自上海美专西洋画系毕业。在校期间开始木刻创作，曾和鲁迅经常交往，他的木刻作品《出路》和《负伤的头》被选编入鲁迅的《木刻纪程》，由鲁迅推选，参加法国革命文艺家协会在巴黎主办的"革命的中国之新艺术展览会"展出。历任广东汕头回澜中学、神美艺术学校、育才学校及鲁迅艺术文学院美术教师。先后参加"MK木刻研究会""中国左翼美术家联盟""大众木刻研究会""武汉美协"等美术社团的活动。中华人民共和国成立后任沈阳鲁迅美术学院院长、辽宁省文联副主席。主要著作有《鲁迅论美术》《比亚兹莱装饰画评论集》等书。（《上海美专名人传略》，第385页）

是年春,林森题赠刘海粟"百折不回"。

【引】林森跋:"海粟先生幼而岐嶷,甫舞勺、暨治画事,动笔独具心裁,别开生面。时人见其格局创异,不斤斤于绳墨,至以艺术叛徒谥之。同时,胡子适之倡用语体文,士林前辈因并目为文艺革命家,盖非笑也。海粟乃毅然不顾一切,独往独来,另辟蹊径,始有今日之成就。惜时下学子但见海粟之大胆落墨,而不知其用心细密,往往模仿其豪放而脱略其法度,此则海粟之罪人耳。余独喜海粟既富有创造性而又坚苦卓绝,独排众议,自成一家,爰缀四言,以志景仰云尔。"(《刘海粟年谱》,第117页)

3月15日,江西省立工业专科学校函请刘海粟备文呈部。

【录】海粟校长先生台鉴:迳启者,专科学校行三年制、招收高中毕业学生,其办理困难情形迩所同感。敝校前年曾拟具招收初中生、行五年制之计划,请教部采用施行,教部为明了各专校之情形起见,即将该项计划行文各专校征集意见,各校均表赞同。斯岁十一月间,鄙人又亲至教部,面请通令施行,教部当将此项计划提出,部务会议已有招初中生、行五年制,招高中生、行旧制两项之决议,但为时已久,尚未转呈行政院核准公布。现在年度瞬将终结,倘能一致备文呈请教部早日呈准公布,且各校下年度招生自可斟酌情形,采用施行。敝校业已具文呈请,倘荷赞同,尚希一致催促,以收早日实现之效。耑此。敬颂

春祺

江西省立工业专科学校校长 李才彬敬启

三月十五日(上海档案馆档号 Q250-1-77,《本校一九三三年依照伪教育部的指示呈复变更现行专科学校制度之意见及课程编配表》)

【图1933-3】1933年4月上海美专旅杭写生队合影（《艺气风发——来自刘海粟和刘抗的相册》，第98页）

3月，西人艺术协会委员会改选，聘刘海粟为委员。

【引】本埠赫德路五十五号上海西人艺术协会，为沪上外籍雕塑家画家建筑等之一大集团，成立数载，会员百……月初该会举行全体会员大会，当即推举刘氏为该会委员，为中国人被推为该会委员第一人。（《新闻报》，1933年3月13日）

3月，沙蒙进入上海美术专科学校学习。（张骏祥、程季华主编，《中国电影大辞典》，上海辞书出版社，1995年，第819页）

【释】沙蒙（1907—1964），原名刘尚文，河北玉田人。1922年考入法文高等学校，受"五四"运动影响，积极投身学生运动。1925年因参加为"五卅"运动受害者募捐活动，受到留级处分，愤然退学。第二年考入中法大学服尔德学院预科，由于时局动荡，只上了一年便辍学。1933年进入上海美术专科学校学习。沙蒙在上海美专结识了赵丹、王为一、徐韬等人，不久即加入左翼戏剧活动，先后加入过新地剧社、晨曦剧社、狮吼剧社、大地剧社、上海业余剧人协会等进步戏剧团体。参加过《太平天国》《罗密欧与朱丽叶》《大雷雨》等戏的演出，参加过《都市风光》《夜半歌声》《十字街头》等影片的拍摄。1942年辗转至重庆，加入中国艺术剧社。1944年赴延安任鲁迅艺术学院戏剧系兼实验剧团团长。抗战胜利后随团加入东北电影制片厂任导演。导演的影片有《赵一曼》《上饶集中营》《上甘岭》等。（《上海美专名人传略》，第336页）

4月1日，蔡元培、吴铁城、刘海粟等参加在香港路银行公会举行的上海美专筹建新校舍暨美术馆委员会会议。

【引】主席蔡元培报告后，吴铁城提议：每队担任募集五千元，总额二十万元，决议通过。推定蔡元培为征募总队长，孙科、吴铁城，钱新之、叶恭绰为副总队长，戴戟、王一亭、袁履登、陈树人、吴经熊、陆费伯鸿、杨森、李大超等四十人为队长，分头进行捐募。（《申报》，1933年4月4日）

【释】吴铁城（1888—1953），广东香山人，1909年加入中国同盟会。1911年参加辛亥革命。1913年"二次革命"失败后流亡日本，加入中华革命党。1924年任孙中山大本营参军长。1926年任国民革命军第六军第十七师师长。1927年后追随蒋介石，任广东省政府委员、建设厅厅长，1932年任上海市市长兼淞沪警备司令。1932年1月至1937年6月兼任上海美专校董会常务校董。1948年任行政院副院长兼外交部部长。1949年10月赴香港，后转去台湾，任"总统府"资政。1953年11月在台北病逝。（《上海美专名人传略》，第50页）

4月4日，刘海粟呈函上海市教育局。

【录】呈报二十一年度第二学期录取新生名册，并检具入学资格证件，呈请转呈教育部鉴核备案由。

窃查属校二十一年度第二学期招考各组新生及转学生，业经分别举行入学试验，评骘及格者，计：中国画组一年一期新生四名；西洋画组一年一期新生六名，二年一期转学生一名，二年二期转学生一名；艺术教育组图音部一年一期新生六名，一年二期转学生一名；雕塑组一年一期新生二名；共计各组新生及转学生二十一名。理合造具名册，并检具各该生入学资格证明文件共计二十一件，备文呈请钧局转呈教育部鉴核！备案。谨呈

上海市教育局

计呈二十一年度第二学期录取各组新生及转学生名册二份，学生入学资格证明文件共计二十一件。

私立上海美术专科学校校长刘海粟

二二年四月四日（上海档案馆档号 Q250-1-90，《本校报新生、转学生名册、入学资格证件等与中华民国上海市教育局来往文书》）

4月8日，吴铁城、叶恭绰、刘海粟等参加在香港路银行公会举行的上海美专筹建新校舍暨美术馆委员会募款队长会议。（上海档案馆档号 Q250-1-4，《本校校董会章程、会议记录、开会通知等》）

4月，刘海粟主编的《世界名画集》第三集《梵高》、第四集《塞尚》由中华书局出版。（刘海粟，《世界名画集·梵高》《世界名画集·特朗》，中华书局，1933年4月）

5月7日，在上海美专旅杭写生队假湖滨路民众教育馆举行的师生作品展览会上，刘海粟展出新作国画《马》（潘天寿补景）。（《刘海粟年谱》，第117页）

 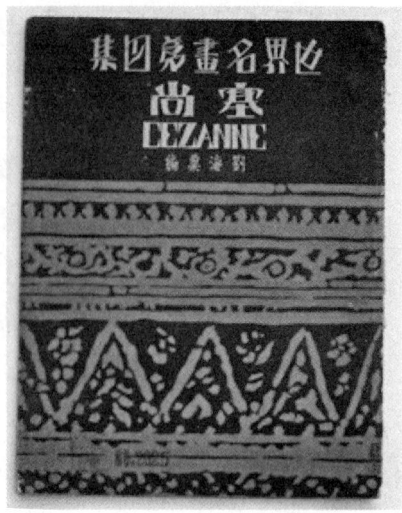

【图 1933-4】1933 年 4 月刘海粟主编的《世界名画集》第三集《梵高》、第四集《塞尚》出版

5 月 8 日，刘海粟呈函教育部。

【引】为遵令取具学生曹荫才入学证件，呈请核办由。

案奉钧部训令第三九〇三号内开："案据报该校学生曹荫才伪造证书，朦混入学等情；据此，合行令仰该校取具该生一切入学证件，呈复来部，以凭核办。此令。"等因；奉此，窃查该生系属校二十一年度第一期录取新生，业经呈报，并蒙钧部指令第六七八号准予备案在案。兹奉前因，理合取具该生入学证件，备文呈请钧部核办，指令祗遵！谨呈

教育部部长王

计呈学生曹荫才福建省立邵武中学毕业证书一件。

私立上海美术专科学校校长 刘海粟

二二年五月八日（上海档案馆档号 Q250-1-90，《本校报新生、转学生名册、入学资格证件等与中华民国上海市教育局来往文书》）

5月14日，中国考古会假中国科学社明复图书馆举行成立大会，蔡元培任主席，刘海粟、李济、藤固、王献唐等到会。（《申报》，1933年5月15日）

5月14日晚7时，刘海粟出席中国考古会于上海霞飞路觉林蔬食处举行的理事会议。

【引】推举蔡元培、叶恭绰、顾鼎梅、吴湖帆、张凤、刘海粟为常务理事。（《申报》，1933年5月16日）

5月17日，刘海粟致函蔡元培、孙哲生、吴铁城、叶玉甫、钱新之关于聘请为上海美专暑期艺术师范讲习会名誉会长。

【引】XX先生大鉴：敬函者，艺术教育对于道德涵养及职业陶冶均有重要意义，普及推进实不容缓，教育部于去年七月召集专家会议修订中小学校课程，而于艺术各科变更甚大，艺术教育在教育上之重要更为明显。本校期副政府革新教育本旨，谋艺术教育之促进，劳作教育之实施，拟利用本年暑假举办暑期艺术师范讲习会，集合全国艺术教师及有志研究艺术者从事讲习，庶使各地中小学校艺术科教员于艺术教学得有增进研究机会。先生为我校校董主席团主席，用特敦聘为暑期艺术师范讲习会名誉会长，以资提倡，丐予俞允，不尽感盼，耑函奉达。祗颂

大安

刘海粟谨启

二十二年五月十七日（上海档案馆档号Q250-1-71，《本校一九三三年至一九三五年办理暑期艺术师范讲习会及暑期艺术教师进修讲习会的章程、课程及聘请讲师等文件》）

5月18日，上海美专校董会议在香港路银行公会举行。

【引】到会者有叶恭绰、郑洪年（代吴铁城）、蔡元培、刘海粟等。首由蔡元培致辞，欢迎孔庸之、顾荫亭、林康侯等加入校董会，推蔡元培、叶恭绰、吴铁城、钱永铭、顾树森为常务校董，推钱永铭、李石曾、叶恭绰、刘海粟等为经济校董。（上海档案馆档号 Q250-1-4，《本校校董会章程、会议记录、开会通知等》）

5月19日，刘海粟出席上海美专筹建新校舍暨美术馆委员会举行的第二次募款队长会议。

【引】出席会议的还有李石曾、孔祥熙、叶恭绰、吴铁城、孙科、王一亭、杜月笙、袁履登等，蔡元培任主席。同时举行校董会议，袁履登、孔祥熙、林康侯、顾荫亭为新校董；蔡元培、钱新之、吴铁城、顾荫亭为常务校董；钱新之、叶恭绰、孔祥熙、李石曾、袁履登、林康侯为经济董事。（上海档案馆档号 Q250-1-4，《本校校董会章程、会议记录、开会通知等》）

【释】孔祥熙（1880—1967）字庸之，号子渊，山西太谷人。早年经营钱庄。1901年留学美国。辛亥革命后，任山西都督阎锡山顾问。1914年春与宋霭龄在日本结婚。1924年任广东革命政府财政厅厅长。1927年任武汉国民政府实业部部长。后在南京任国民党政府实业部部长、财政部部长。1933年被南京政府任命为中央银行总裁。同年7月至1937年6月兼任上海美专校董会经济校董。多次为上海美专垫付办学经费。后定居美国。1967年8月在纽约病逝。（《上海美专名人传略》，第34页）

【释】林康侯（1876—1949）上海人，20岁中秀才，光绪二十八年由南洋公学派往日本考察教育事业半年。回国后任该校教员兼学堂总教长。后进入金融界，任上海新华银行经理。1928年任总商会执行委员会主席委员，被聘为国民党政府财政会议委员、经济委员、上海特别市政府参事会委员等职。1929年被上海公共租界纳税华人会选举为工部局华董，并任教育及公用事业专门委员。1930年任全国商会联合会主席。1933年7月至1937年6月兼任上海美专校董会经济校董。多次为上海美专垫付办学经费。

5月24日，刘海粟呈函上海市教育局。

【引】为举办本学期第十二届各组学生毕业，呈送毕业试验日程，请予转呈教育部鉴核备案。案查本校本学期举办新制第十二届各组学生毕业，业于五月十日造具毕业学生名册、履历册及历期成绩册，并检同学历证件呈请钧部转呈教育部核示在案。兹经本校第四次校务会议议决，订五月廿九日起至六月九日止为举行毕业试验期间，理合订定考试日程，呈请钧局转呈教育部鉴核备案。谨呈
上海市教育局
　　计呈第十二届各组学生毕业考试日程二份。
　　　　　　　　　　　私立上海美术专科学校校长刘海粟
　　二十二年五月廿四日（上海档案馆档号 Q250-1-105,《一九三二年至一九三七年本校新制第十二、十三届毕业生举行毕业，报毕业名册、成绩与伪上海市教育局等单位来往文书》）

5月31日，王震关于暑期艺术讲习会任教事致函刘海粟。

【录】海粟先生大鉴：接奉台函藉审阁下本伟大精神，倡兴艺术，利用暑期余暇，集学校教师讲求问学，正其趋向，以为培根之计，实弥感纫。至嘱充任导师，辱承美意，无如年迈事冗，万难胜任。即正任各职亦时弥不逮之虞，方命之愆，尚希鉴原。惠书所称"艺术教育对于道德涵养及职业陶冶均有重要意义"云云，业陶冶均有重要意义"云云，闻之雀跃，颇谓弥合鄙怀，阁下能本此言论而实践之，则中国艺术教育必有改进，功德宁有涯

浼哉？耑此函复。即颂

大安

　　王震

　　五月卅一日（上海档案馆档号 Q250-1-71,《本校一九三三年至一九三五年办理暑期艺术师范讲习会及暑期艺术教师进修讲习会的章程、课程及聘请讲师等文件》）

5月，刘海粟作中国画《马》《山水》《荷花》《双马》。（《刘海粟年谱》，第 117 页）

6月1日至12日，刘海粟近作展览会在南京展出，展出作品 250 余件。（《中央日报》，1933 年 5 月 30 日）

【按】应国民政府主席林森邀请，上海市政府主办的刘海粟游欧作品展览会移师南京花牌楼中华书局新屋举行，题名"刘海粟近作展览会"，展出国画作品、欧游作品、巴黎摹作、欧游归后新作、欧游前作 5 部分共 216 幅，并由中华书局印行了《刘海粟近作展览会》展览作品目录一册，书前收录了吴敬恒、马相伯、蔡元培题词手迹，以及林森、居正、吴铁城、路易赖鲁阿、陈公博、梁寒操、刘英士所撰序言。此次展览的门券收入，皆用作资助抗日军及航空队。原定 10 日毕幕，应京各学术团体请求，延缓至 12 日下午 7 时闭幕。（《刘海粟近作展览会（1933）》，1933 年；《中央日报》，1933 年 6 月 9 日）

6月1日，《中央日报》出品《刘海粟近作展览会特刊》，刊登孙科、居正、吴梦非、柳亚子、梁寒操、林森等人文论。

【按】文章有居正《中国复兴当于中国求之》、孙科《刘海粟之顿悟》、吴梦非《中国艺术革命的钜子》、梁寒操《刘海粟

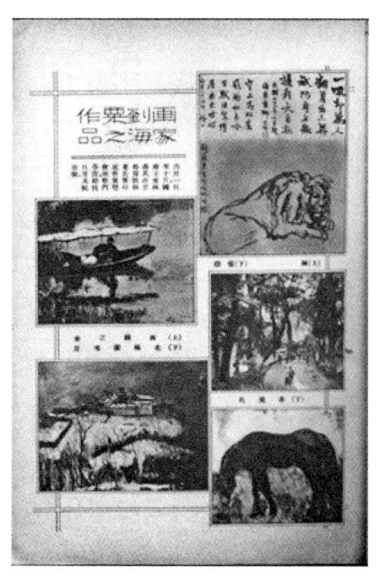

【图 1933-5】1933 年 6 月在南京举办"刘海粟近作展览会"的目录

【图 1933-6】《东方杂志》第 30 卷第 13 号刊登"刘海粟近作展览会"作品专版（1933 年 7 月 1 日）

先生欧游作品展览序》、柳亚子《刘海粟先生印象记》以及《林主席对刘先生之画赞》等文。（《中央日报》，1933 年 6 月 1 日）

6 月 3 日，刘海粟《艺术叛徒之艺术论》一文发表《中央时事周报》第 2 卷第 21 期，并连载至 1934 年第 3 卷第 3 期。

【按】该文后整理集结于中华书局 1935 年出版的《海粟丛刊·国画苑》。

6 月 6 日，因上海美专欠绍兴会馆房租，蔡元培致函王晓籁周旋。（《蔡元培年谱长编》（第四卷），第 59 页）

【释】王晓籁（1887—1967），浙江嵊县人。1907 年参加光复会并开始商事活动。1924 年当选上海总商会会董。1926 年任闸北商会会长和上海租界纳税华人会主席。1930年起当选上海市商会第一至四届主席委员，又任全国商会联合会理事长、国营招商局理事。1933年2月至1937年7月兼任上海美专校董会校董。抗战胜利后出任全国商会联合会理事长，1949年后离沪去香港。1950年初返沪，受到毛泽东主席、周恩来总理的接见和宴请，并当选为上海市人民代表、上海市政协委员。（《上海美专名人传略》，第47页）

【图1933-7】上海美专新制第十二届毕业纪念合影（1933年6月）

6月7日上午10时，刘海粟受邀至中华女中讲演欧洲艺术的特点。（《中央日报》，1933年6月7日）

6月11日，为举办新制第十二届毕业式刘海粟函请校董训话。

【录】先生大鉴：谨肃者，我校定于本月二十一日（星期三）上午十时，在法租界菜市路本校艺海堂，举行新制第十二届毕业典礼，恭请驱驾贲临训话，俾莘莘学子拜聆崇诲，藉资启迪，无任企盼，尚肃。敬请大安，伫候德音

上海美术专科学校校长刘海粟启

廿二年六月十一日（上海档案馆档号Q250-1-232，《本校举行毕业考试、毕业典礼、聘请校董教职员担任考试委员，参加典礼来往函件及名单》）

6月14日，王世杰关于不参加毕业典礼事致函刘海粟。

【录】海粟先生惠鉴：刻奉华翰，欣谂贵校于本月二十一日

举行毕业典礼，承约赴校致词。届时恐不克成行，已函请萧友梅先生就近代表参加，专此奉复，并颂

时绥

弟王世杰敬启

廿二年六月十四日（上海档案馆档号 Q250-1-232,《本校举行毕业考试、毕业典礼，聘请校董教职员担任考试委员，参加典礼来往函件及名单》）

6月15日，段锡朋不能参加毕业典礼致函刘海粟。

【录】海粟校长先生大鉴：接奉惠函，抵悉本月二十一日为贵校第十二届毕业典礼之期，属以琐事忙迫，不克前来参加盛典，殊觉歉然，惟希察谅为幸，专复。顺颂台绥

弟段锡朋敬启

廿二年六月十五日（上海档案馆档号 Q250-1-232,《本校举行毕业考试、毕业典礼，聘请校董教职员担任考试委员，参加典礼来往函件及名单》）

6月18日，刘海粟出席现代学术研究会成立大会。

【引】教育界巨子林众可、盛沛东、徐钧溪、余祥森等发起之现代学术研究会，纯为研究学术发扬文化之团体，筹备多月，已告就绪，于昨日上午十二时在大西洋菜社举行成立大会。出席会员：计刘海粟、林众可、盛沛东……四十余人。（《民报》，1933年6月19日）

6月20日，杨杏佛被刺，宋庆龄、孔祥熙、蔡元培、鲁迅、刘海粟等前往万国殡仪馆吊唁。（《申报》《新闻报》，1933年6月21日）

7月17日，上海美专主办的暑期艺术师范讲习会开始讲习，学员来自远道，系中学艺术教师，共150余人。19日，

上海教育局局长潘公展主讲上海教育情况。20日，刘海粟主讲《近代艺术思潮》。

【录】章程：1. 本会定名为上海美术专科学校暑期艺术师范讲习会。2. 本会利用暑假休假集合全国艺术教师及有志研究艺术者从事艺术讲习与艺术教育研究。3. 本会讲习门类分中国画、西洋画、音乐、工艺、图案五组。4. 会议期间最后一星期专讲习"中小学艺术新课程及教学法"。依据教育部新颁布之课程分图画、劳作、音乐三科。各组学员共同出席听讲……10. 现任中小学艺术教师及有志研究艺术者，如属品行端正，不限年龄不分性别均得入会。入会时必须先填报名单。11. 现任中小学艺术教师，如由各省市县教育机关备文保送入会者，得依照优待例办理。12. 本校毕业生及肄业生亦得享受优待办法。13. 本会学员在可能范围内依其兴趣兼听他组之科目。14. 本年七月十六日起至八月二十六日止，每日上午七时至十一时为讲习时间，日曜休假……16. 学费每人应纳各费如左：学费每组十元，兼习二组者十五元；讲义费一元；杂费一元；钢琴费三元；膳宿费共十五元（不寄膳宿者免交）。17. 各种费用须于报到时一次缴足，如有中途离会者，所缴各费概不退还。18. 本会对保送学员及本校毕业、肄业生特定优待办法，每人减收学费十分之四（其他各费照缴）。19. 各组学员于讲习期满时经本会考核成绩及格者给予讲习证书（但讲习成绩依照部令不作学分计算）。20. 本会会址设上海法租界菜市路南段四四〇号。（上海档案馆档号Q250-1-71，《本校一九三三年至一九三五年办理暑期艺术师范讲习会及暑期艺术教师进修讲习会章程、课程及聘请讲师等文件》）

【释】潘公展（1895—1975），浙江吴兴人。毕业于上海圣约翰大学。"五四"运动中参加全国学生联合会，主编该会会报。1927年初由陈果夫推荐去南昌见蒋介石，后历任国民党上海特别市党部常务委员，上海市农工商局长、社会局长、教育局长。1932年兼任上海美专校董会校董。抗战期间历任国民党中央宣传部副部长、新闻检查处长、中央图书杂志审查委员会主任委员等职，并在中央训练团、政治大学新闻系兼任教授。抗战胜利后担任《申报》董事长、上海参议会议长等。1950年5月抵美定居。（《上海美专名人传略》，第39页）

7月21日，以蔡元培、叶恭绰为首的"中国现代美术展览会"筹备委员会在上海华安大厦为之洗尘，刘海粟参加。蔡元培作现场演说词，高度评价画展的成功与意义。（《申报》，1933年7月25日；刘海粟，《回忆蔡元培》）

7月21日，上海美专筹建新校舍暨美术馆委员会举行第三次募款队长会议。

【引】议决：举行书画展览会以筹款，当即组织委员会，刘海粟与叶恭绰、于右任、王一亭、钱新之、陈树人、王济远等被推为筹备委员。（上海档案馆档号Q250-1-4，《本校校董会章程、会议记录、开会通知等》）

是年秋，刘海粟聘音乐教育家吴梦非担任上海美专的教务主任兼音乐理论教授。此前，他已是上海美专的兼课教师，曾和上海美专合作举办过三期暑期学校。（《上海美专音乐史》，第94~95页）

【按】当时上海艺术教育方面，上海美专是最早的一所院校，但重点是在美术与设计方面，而吴梦非领导的艺术师范学校在音乐方面见长，所以几所学校强强联合，协同组办暑期学校，以时间短、内容精、收效快等优点，吸引了全国各地在职艺术教师和业余爱好者们。由于上海美专与上海艺术师范的多次合作，致使后来吴梦非接受刘海粟之邀，来上海美专专职管理教务，并

刘海粟年谱长编

教授音乐。在上海美专期间，他代表学校出席了教育部召开的"中学师范课程标准起草委员会"会议，与萧友梅等共同起草了音乐课程标准。在完成教务主任的管理职能和上海美专音乐理论课程的同时，还撰写了《音乐教学方法的研究》、音乐教材4册，以及出版了《民族教育和音乐》（1935年）等著作文论、教材等。他撰写的著作、教材在民国时期多次再版，对中国的音乐教育影响很大。1935年，因办学意见不合离开上海美专。

8月，《海粟油画》由商务印书馆出版。

【按】编入刘海粟1925年至1933年油画12幅，分别是《静物》《月夜》《向日葵》《巴黎大学》《威尼斯之夜》《斗兽场》《人体》《巴黎之冬》《三潭印月》《潮音》《雪》《红与绿的和谐》，梁宗岱作代序。（刘海粟，《海粟油画》，商务印书馆，1933年8月）

【图1933-8】1933年商务印书馆出版《海粟油画》书影

8月，诸乐三刻赠"刘九""海粟"对印。（《刘海粟年谱》，第118页）

【释】诸乐三（1902—1984）浙江安吉人。十九岁随舅父吴昌硕学画，后就读于上海中医专门学校。1933年9月至1937年1月因才华出众被刘海粟聘为上海美专国画系教授。1949年后任浙江美术学院教授、西泠社副社长、西泠书画院副院长、美协浙江分会副主席、中国书法家协会理事等。出版有《诸乐三画集》等。（上海美专历届毕业纪念册教职员名录；《上海美专名人传略》，第272页）

9月1日，上海《大学杂志》第1卷第2期发表刘海粟撰写的《十七八世纪的欧洲裸体美术》。

【引】此文约3000字，介绍了欧洲裸体美术的情况："采取文艺复兴期诸巨匠之长而纳入自己的樊笼中的所谓折衷派中，有列尼和多米尼几奴等，在巧妙的构图之下所作成的典雅的希腊神话的裸女形象，也居然极一时之盛。最初站在折衷派而后来倾向到自然派的葛尔西奴的借浓厚的阴影所浮托出来的肉体，以及阿尔巴尼的裸女完全像陶器一般光滑的肌肤，在这一时期也算是不错的作品。除折衷派之外，尚有卡拉瓦乔为祖的自然派，在浓墨的阴影中充满着特殊的写实的趣味，但不久就受了西班牙的影响。其他，作为威尼斯派的殿将的提埃坡罗，在十八世纪以敏捷的笔所作的神话风的裸女，可说是意大利裸体造型艺术最后的光辉。""因为那时候由于自然科学的知识的开发，其结果使基督教的精神崩坏，从而产生了官能的享乐主义也为其影响。加之在当时和那文艺复兴期相同的赞仰着成熟女性的肉体美的思想，也相当的浓厚。象看到卢骚的《情人但披尼夫人的回想录》上所说的一般，有对于来客夸示着妻的睡态艳姿的丈夫，较之二十岁的婀娜则更爱三十岁的丰满，对于这一点毕竟给与一点暗示。自然在那时候的女性之间，骄傲于自己的体躯美的风气是相当地浓厚，她们因夸示自己的肉体美，露着肌肤横倚在床上接见访客，以及导异性知友于化妆室的习惯是常有的事。而这种肉体美的礼赞和夸示，正是使裸体美术发达的最大的原因。如普桑的裸体，表现洗练的肉的诱惑，弗拉戈纳尔的裸女更加上脂粉的娇媚，终于成为法兰西的裸女突出的典型。"（刘海粟，《十七八世纪的欧洲裸体美术》，1933年9月1日，上海《大学杂志》第1卷第2期）

9月3日，刘海粟偕新结识的恋人成家和（时已与张韵士分居）、侄子刘狮游苏州，4日返沪。（《刘海粟年谱》，第118页）

【释】成家和（1913—？）江苏宝应人。1930年9月考入上海美专艺术教育系图音组学习，1933年6月毕业。上海美专二十周年校庆时与赵丹一起演出了话剧《C夫人》。成家和是刘海粟的第三任妻子。在上海美专艺术系学习时，学习成绩好，很有艺

【图1933-9】《大学》杂志1933年第1卷第2期发表刘海粟的《十七八世纪的裸体美术》（1933年9月1日）

术天分，热心学校的活动，被选为学生会主席。1933年6月毕业后与刘海粟成婚，1935年随刘海粟赴德举办中国现代画展，他们在一起生活了十年，1935年在英国伦敦为刘海粟生育了一女名刘英伦，1936年在上海生育一男名刘麟。1943年与刘海粟离婚嫁给江苏甪直人萧乃震，后移居香港改名成丰慧。（《上海美专名人传略》，第288页）

9月7日，《申报》报道上海美专重视工艺美术教育之举措。

【引】上海美专校长刘海粟以为图案乃工艺之母，欲图增进工艺生产力，必须首先普及图案。自本学期起，特设免费学额，以资鼓励，而谋学校教育与工厂得有切实联络机会。免费学额为八名，须高中毕业或同等学历，并由各著名工厂或教育机关保送。（《申报》，1933年9月7日）

9月12日，报载大同云冈石窟遭受阎锡山部下破坏，蔡元培、叶恭绰、刘海粟等共同署名致函阎锡山，请保护文物。
（《申报》，1933年9月14日）

9月17日，上海美专校董会常务校董、经济校董联席会议于上海美专研究所召开。

【引】出席者：叶恭绰、吴铁城（李大超代）、钱新之、蔡子民（新之代）、杜月笙（袁履登代）、袁履登、顾树森、李煜瀛、刘海粟、孔祥熙（鲁佩珠代）。主席报告审核本校资产及负债清册之经过二十二年度第一学期之预算、筹建新校舍各队募款情况等；讨论本校负债各项应如何清理、刘海粟赴欧期间校政由王济远代理等事项。（上海档案馆档号Q250-1-4，《本校校董会章程、会议记录、开会通知等》）

【图1933-10】上海美专常务校董经济校董联席会议在上海美专研究所举行，出席者：钱永铭、叶恭绰、李煜瀛、袁履登、吴铁城（李大超代）、袁履登、顾树森、孔祥熙（鲁佩璋代）、刘海粟，会后在观海阁前留影（1933年9月17日）

中秋，刘海粟作中国画《米苏王行旅图》，蔡元培于1935年11月题诗。（该画题跋）

 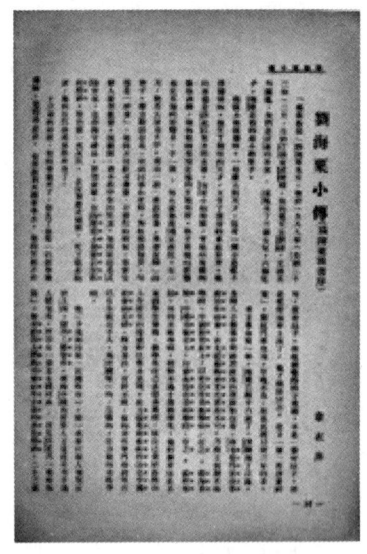

【图1933-11】《文艺春秋》1933年10月1日第1卷第4期，发表章秋萍为《刘海粟国画》撰写的《海粟小传》。

9月，赵明入上海美专西画系学习。（上海档案馆档号Q250-1-120-1，《上海美术专科学校自开办至结束历届学生姓名索引》）

【释】赵明（1915—？），江苏扬州人。上海美术专科学校西画系毕业。1934年参加左翼剧联。后担任上海业余剧人协会和业余实验剧团的舞台美术设计，"八一三"淞沪抗战爆发后参加上海救亡演剧四队。1938年在武汉入抗敌演剧二队，曾导演话剧《胜利进行曲》《愁城记》《水乡吟》《杏花春雨江南》等，并在《大地回春》《蜕变》等话剧中扮演角色。1947年在国泰、昆仑等影业公司任特约副导演、导演。1949年与严恭合作导演《三毛流浪记》。1950年任上海电影制片长导演，执导《团结起来到明天》《铁道游击队》等影片。1960年任上海电影专科学校副校长兼导演系主任。1964年在天马电影制片厂导演《年轻的一代》。同年任北京电影学院副院长、教授。（《上海美专名人传略》，第395页）

10月7日，《晶报》发表刘海粟撰《与丹翁》一文。

【引】文曰：拙著六法轮，乃□年旅德时所作，当时材料不多，未大发挥，且目的非仅仅注意画论之发展，而颇涉及画论所以发展之由，故将画家派别思想渊源文化状态一一牵率其中。近人著画史者，只是依样葫芦，无有创见，区区则效西洋美术史之方法，先立标准，然后叙述下去。（略）（《晶报》，1933年10月7日）

是年秋，蔡元培复函刘海粟。

【录】海粟先生大鉴：惠书敬悉。弟今晚赴宁，明晨不能恭候为歉。属为萨龙民展览会题签，奉上。公何时赴欧，至念。敬复，并祝

著祺

弟元培敬启（《蔡元培全集（第六卷）》，第348页）

10月16日，蔡元培致函刘海粟，送茶叶备赴欧旅途之用，并托付刘海粟探视其子蔡柏龄。

【录】海粟先生大鉴：前承示将于本月十七、八等日登舶赴欧，未知确定否？奉上茶叶两小匣，借备旅行中小饮之需，敬希晒存。外洋铁匣一个，内藏食物几种，敬求携至法国，探送小儿柏龄。柏儿本在Grenoble（注：格勒诺布尔，法国南部城市，在阿尔卑斯山区，罗纳河支流伊泽尔河畔），然闻不久须迁巴黎，请向使馆一询，可知其住址。琐琐渎神，感歉无已。因小病不能走送，尤歉。敬祝壮游百宜。弟蔡元培敬启。（《蔡元培全集》第13卷，第264页）

10月26日，上海美专建筑新校舍暨美术馆委员会在香港路银行公会举行委员暨队长会议，讨论捐款及建筑事宜。

【引】到会者有吴铁城、杜月笙、叶誉虎、王一亭、刘海粟、王济远、王晓籁等。钱新之代表蔡元培主席发言称：学校收到捐款七千多元，尚未交到者两万多元，杜月笙愿为学校建一美术馆，吴蕴初认捐一千元，王一亭、郑洪年各认捐书画数十件。（《中央日报》，1933年10月27日）

10月，《刘海粟国画》由商务印书馆出版，辑入1923年至1933年间所作18幅作品，章衣萍撰《刘海粟小传》刊于册首。（《刘海粟年谱》，第118页）

【释】章衣萍（1900—1947），安徽绩溪人。1921年入北京

【图1933-12】上海美专新校舍暨美术馆筹建会议在香港路银行公会召开，刘海粟、吴铁城等出席（1933年10月26日摄）

大学预科。毕业后在陶行知创办的教育改进社主编教育杂志，在上海大东书局任总编辑，与鲁迅筹办《语丝》月刊，系重要撰稿人。1928年任暨南大学校长秘书兼文学系教授，抗战后任成都大学教授，南社和左翼作家联盟成员。著作甚丰，和鲁迅结下了深厚的友谊，在《鲁迅日记》中，关于章衣萍的记载多达140处。1932年2月至1935年1月任上海美专文学讲座教授。在美专纪念册上多有留言。（《上海美专名人传略》，第257页）

10月，刘海粟主持的柏林中国美术展览会通信征集作品。

【引】"通信征求者凡二百六十余家，皆各处名家而经各筹备委员会之介绍提出会议通过者，经数月之征集，计得现代精品四百余件，近代名作一百帧。此外如清乾隆时代迄今之各种颜料、纸、绢、绫、笔墨等画具，亦均罗致甚富。"（刘海粟，《欧洲中国画展始末》，1935年）

10月23日，章衣萍为刘海粟《欧游随笔》作序。

【图1933-13】1933年10月商务印书馆出版《刘海粟国画集》，1936年2月出版第二集，1937年出版第三集

【引】文谓：刘海粟先生是以学术为生命，以研究学术为毕生生命的一人。他的三十年来的生命，全花在研究绘画的艺术上。我最近读了他的《欧游随笔》，觉得他的对于欧洲艺术界的锐利的观察，伟大作品的批评与解释，近代与古代的艺术家的访问与凭吊，叙述精详，是不可多得的考察艺术的创作。在中国，像这样详细介绍欧洲艺术的作品，是前所未有的。我们盼望印行出来以后，能带给中国艺术界很大的影响。在一九二九年至一九三一年的匆匆三年中，海粟先生给我们的这件礼物是太丰富了。我们盼望他今年十一月间的欧游，能够有更大的贡献。我们祝福这以艺术为生命、以研究艺术为毕生事业的人，祝福他的精心的随笔能流行而有很大的影响。（中华书局版《欧游随笔》，1935年3月）

10月27日，刘海粟赴南京，途中购阅《中央日报》及南京各报，报上载有王祺、李毅士等请求教育部重定中德美展办法之消息。晚7时，在南京接受中央社记者采访，略述中德美展起源、意义和筹备经过。（《刘海粟年谱》，第119页）

10月28日，刘海粟在南京与成家和举行婚礼，郑洪年证婚。（《刘海粟年谱》，第119页）

【释】郑洪年（1876—1958），广东番禺人。早年受业于康有为门下，后来就读于广雅书院，毕业于两江法政学校。曾追随孙中山参加国民革命并担任重要职务。1921年任交通部次长兼铁路督办，后任广东军政府财政厅长，国民堂政府交通部、财政部、工商部次长及全国建设委员会、华侨事务委员会、教育部大学院理事。1927年任国立暨南大学校长。1932年6月至1937年6月兼任上海美专校董会校董。1958年在上海逝世。（《上海美专名人传略》，第62页）

【图1933-14】刘海粟与成家和结婚合影

10月,刘海粟题《梅》

【录】　　爱梅说园林,我则爱山壑。
　　　　世间剪折多,愿伴白云宿。(该画题跋)

11月1日,刘海粟乘晚车离南京回沪,翌晨抵上海。上午赴叶恭绰家谈柏林中国美展在上海举行预展事。

【引】刘海粟在日记中说:"此次柏林中国美展之创办,余始终本'知其不可为而为之'的精神做去。当时余在柏林,赤手空拳,没有一点凭借,要向德方要求同意,这是靠点什么呢?我只是靠我'人格的力'及几笔墨水。我所认识的,只是要求在全文化中,多少应尽一份力量,影响及全人类全种族。所以始终没有所谓得失的心。因为没有得失的心,才没有顾忌,凌厉超越,一往无前,向真的目的方面走。我相信人真能够有真挚的精神,抱定纯洁的目的,使全人格表现出来,'力'之所及,没有不成功的——无论在理想上、事业上。此次展览会,前后经过许多艰难困苦,实非笔墨所能记述。尤其是在现在的中国,想做些事业,真非易易。"(《刘海粟年谱》,第119页)

11月6日,王祺、李毅士、梁鼎铭、徐法华、高希舜、李竹子等15人为中德美术展览会问题携带呈文,赴国民政府行政院请愿。

【按】关于这次事件,事后教育部负责人说:"日前王祺、李毅士、高希舜、章毅然、贾宴园、杨天化、汤文聪、徐德华、厉道诚、孙青羊、李镶、梁鼎铭、许士祺诸君联名呈部,请刘君海粟延期赴德,并重定公开征求审查办法。列举理由有三点:一谓此次作品未经公开征集,只能视为个人行动,不能代表全国;

二谓尝闻人言，此次所搜集各种古物，杂有赝品，恐有损国家荣誉；三谓此次展览由教育部主办，系整个国家对外之文化宣传，于古当就故宫博物院，于今当就全国艺人及国内收藏家广为征选云。本部当以王君等均为近代国内知名之画家，其意见不能漠视，当将王君原意转商该会筹备委员会蔡孑民（元培）先生，请其与叶玉甫（恭绰）诸先生考虑。嗣接蔡、叶两先生来函详述经过，并郑重声明，谓筹备事宜，一切办法均经筹备会议决，并无任何人专决之事；展览会不收西画东洋画而专收国画，国画之中又仅限现代近代作品，并不兼收古画，赝品之说可无虑；至于此次征求作品，不能敢为一无遗珠，为期免遗珠起见，于出品征集定稿截止之后，仍可特别通融，继续收集，介绍于本会常务会议，一经通过，即可特予补征。至于重新公开征集审查，为时所限，已苦不可能耳。本部接信后，已将此意转达王君等矣。"

【释】褚民谊（1884—1946），浙江吴兴人。1903 年东渡日本求学，1906 年赴法国，途经新加坡时参加同盟会，抵巴黎后，与吴稚晖、李石曾、蔡元培等创办中国印书局，发行《新世纪月刊》和《世界画报》等，宣传反满革命。1920 年与吴稚晖、李石曾在法国创办里昂中法大学，任副校长。1924 年在法国斯特拉斯堡大学获得医学博士学位，年底回国先后任广东大学教授、代理校长，兼任广东医学院院长。1932 年 1 月至 1937 年 6 月兼任上海美专校董会校董，为多届毕业生题词。1940 年后任国民政府外交部长、行政院副院长等职。（《申报》，1933 年 11 月 6 日）

11 月 10 日，柏林中国美术展览会第一批征品 300 余件在上海福开森路（今武康路）世界社预展，为期两天。（《刘海粟年谱》，第 121 页）

11 月 11 日，蔡元培在茶话会上针对柏林中国美术展览会发表意见。

【引】蔡元培指出："此次美展，由中德两方政、学界所发起，协商结果以现代国画为限。筹备委员会开过大会三次，常务委员会六次。征得现代精品四百余件，近代名作一百件，希望来宾品评。"新任驻德公使刘崇杰致辞谓：诸君筹备此次展览会之精神深堪钦佩，本人亦于14日同轮赴德就任，使馆方面，对此次展览会当尽力协助。（《时事新报》，1933年11月12日）

11月12日，《新闻报本埠附刊》发表刘海粟《什么叫做艺术》一文。

【按】本文由刘海粟讲，杨肃记录。

【引】文曰：什么叫做艺术。本来也用不到我来解释。可是，现在许多的文章上、杂志上、刊物上，都滥用着艺术两个字，好像是玩意儿的样子，这都是不对的。我们生活在世界上，为的要做人。要做人，便要受教育，教育的目的，在养成完全的人、完全的人生。……如果要做人，必离不了艺术的生活。可是，我们不是要大家做音乐家、做绘画家。我们学艺术，是要使生活发生趣味，得到安慰，感到伟大。……因此，艺术并不是模仿，而是创造的。爱因斯坦的话，现在是对的，将来便要不同了。正和科学方面，我们现在的电灯，我们并不要照样学着已有的电灯便算满足，我们要创造，要改良。……十月四日于大夏。

（刘海粟，《什么叫做艺术》，《新闻报本埠附刊》，1933年11月12日）

11月12日，上海美专校董会1933年度第一学期第二次常务校董、经济校董联席会议在八仙桥青年会举行。

【引】出席者有：蔡元培、吴铁城（李大超代）、李石曾（潘思垣）、叶恭绰、刘海粟等。首由蔡元培报告，谓刘校长海粟将于14日赴德国主持1934年柏林中国美展事宜，校长由王济远代理。该日,蔡元培、李石曾、陈公博及上海美专同人在文艺春秋为刘海粟举行欢送宴会。(上海档案馆档号Q250-1-4,《本校校董会章程、会议记录、开会通知等》)

11月12日,蔡元培致函刘海粟。

【录】海粟先生大鉴:闻大驾明晚十二时登舶。奉上赠品一包,请携至德国后,寄汉堡但采尔君(但君系汉堡大学教授,并在民族博物馆任主任)为荷。费神,至感。明晚(十三日)务请惠临一叙。专此,并祝行祺。弟蔡元培敬启。(《蔡元培全集》,第13卷,第273页)

11月12日,沈恩孚题赠《水调歌头》送刘海粟再度西行。

【引】《水调歌头》:"放笔化龙去,飞舞向沧瀛。扪胸多少奇趣,破浪又长征。话到西游往迹,那怪虬须碧眼,嗟叹也狂惊。一舸载珠玉,意兴自纵横。笑时论,天尺五,眩双睛。较量

【图1933-15】1933年,刘海粟与成家和在去往法国的轮船甲板上。(《艺气风发——来自刘海粟和刘抗的相册》,第64页)

气韵生动，若个够齐名。且借丹青媒介，沟合东西文化，握手道和平。此事岂空想，豪语壮君行。"（《刘海粟年谱》，第121页）

11月14日，刘海粟奉政府命，赴德国代表中国举行柏林中国美术展览会，是日启程。（《中央日报》，1933年11月12日）

【引】刘海粟携带展品乘意大利邮船"康丁凡特"号启程赴德。上海美专校务由副校长王济远代理。11月16日抵香港。中华美术院长吴梅鹤、书画文学社社长杜其章、医学士吴恩普、丽精美术院长鲍少游等数十人登轮欢迎。登岸参观商务印书馆、光华中学、中华美术院。中午，香港文艺界人士在西塘西陶园酒家设宴欢迎。晚7时，复登轮启行。（《刘海粟年谱》，第121页）

11月20日，《十日谈》杂志发表刘海粟撰写《中国美术西渐谈》一文。

【引】文曰：在从前，虽然有人，应该说是军阀来反对模特儿，反对西洋画，然而洋画的空气，总还觉得要比现在浓厚。时至今日，似乎只有"决澜"同人来挽狂澜于既倒的了。在整国都沉浸于"国"的重重空气中，……当然急有待于"国家文化"的发扬的，那么，艺术就该提倡，该宣扬的了。（刘海粟，《中国美术的西渐谈》，《十日谈》第十一期，1933年11月20日）

11月，刘海粟编《世界名画集》第五集《雷诺阿》由中华书局出版。（刘海粟，《世界名画集·雷诺阿》，中华书局，1933年11月）

12月8日，晚，刘海粟抵柏林，受到德方委员屈梅尔、孔威廉、莱特曼士，驻德使馆谭代办，秘书谭庄甫、张景煊迎于驿，谓德方开委员会数次，因开幕期迫，已电促云。（刘海粟，《欧洲中国画展始末》，1935年版）

【图1933-16】1933年11月刘海粟主编的《世界名画集》第五集《雷诺阿》出版

12月13日，在东方美术馆举行中、德两方执行委员联席会议。

【引】上午，刘海粟偕张景煋等人与会，德方委员到克伦配雷、屈梅尔、林特、孔威廉、莱特曼士等十一人，克伦配雷为主席，先由主席致欢迎词，并报告开会日期云。"前已决定于1月13日开幕，至3月4日闭幕，刘海粟以时间太迫促，各种手续及印刷品预备不及，经再三讨论，乃决定1月24开幕，3月4日闭幕。当时中、德双方共同启箱检画，对作品均极满意，唯目录太简略，议决重编，每幅均注明纸心或绢心、题款内容、制作年月、作家籍贯，以备观众研究。并嘱海粟撰一长序谨述中国画之特点及各画派之源流，刊于目录之首。14日始每日至东方美术馆办公，1月5日下午又开中、德执行委员联席会议，德方到佐尔法、克伦配雷、阿末斯道夫、屈梅尔等十余人，由东方美术会会长佐尔法主持，决定请柬由普鲁士美术院负责，致外交团各官署、各地方政府、各学术机关及名流记者,以四千份为限。马路广告,电车、火车及地道车广告十万张。无线电播音德国境内。中方精印中国现代名画一册,附以中国画派一文,预备开会时分赠德国各机关及学者。"(刘海粟,《欧洲中国画展始末》,1935年版)

12月,刘海粟在德国筹备中国绘画展览,中、德双方商议重编《中国绘画展览》画作目录,以及精装画册。

【按】书前有驻德公使刘崇杰序,以及刘海粟所撰《中国画之特点及各画派之源流》,并附全部参展作品目录及部分参展作品图片。(《中国绘画展览》,柏林多面体出版社,1934年)

【图1933-17】1934年柏林多面体出版社出版的《中国绘画展览》德文版

【按】《中国现代名画》是刘海粟赴欧洲举办中国现代画展期间出版的精装画册，共有三个版本：一为开幕式前所印德文版，书前有刘海粟《中国画之特点及各画派之源流》一文；一为后来应欧洲各国邀约巡展时，根据原版改印的册页版，仅将原版作品图片分成四分册印行，删去了有关文字说明；一为展览结束后所印中文版，书前刊刘海粟《欧洲中国画展始末》长序。

是年，刘海粟作油画《棕树》《红与绿的和谐》、中国画《秋滩息影》等。（《刘海粟年谱》，第122页）

是年，刘海粟呈函上海市教育局。

【录】呈为举行第十二届毕业呈送毕业生成绩总册、毕业证书，并遵令补呈之各生入学试卷，仰祈鉴核转呈教育部验印。

案查二十一年度第二学期属校呈请举行第十二届毕业，奉到钧局训令教字第八七四〇号转奉教育部指令第五二六五号，准予届时举行毕业试验，业经遵照办理在案。嗣复奉钧局训令教字八八六八号内开："案查该校前送第十二届肄业生履历、成绩册，业经本局呈奉教育部指令骄纵五七八三号内开：'呈件均悉。蒋滨、江逸群、李麟、吴宣化、徐日升、何承休、李正型、黄庭槐、汪安周、刘元瑄等十名准予备案，其余各生应将入学试卷送部复核，再凭追认。仰即转饬知遵。附件分别存还。此令。'等因；并附发还证件四十份、表三册。奉此，合亟令仰该校分别知遵具复，以凭核转。此令。"等因；计发还证件四十份、表三册。奉此，自应遵照办理，兹呈送第十二届毕业生成绩总册二份，毕业证书四十件，并遵令补送该届毕业生入学试卷三十份，又清册一折，呈送钧局转呈教育部鉴核验印。惟本届西洋画系毕业生萧友莲一名，因病请假，未与毕业试验，已着令留级一学期，其入学试卷，至下届举行毕业时再行呈送复核！理合一并声明。

谨呈

上海市教育局

计呈毕业生成绩总册二份、毕业证书四十件、本届毕业生入学试卷三十份，又清册一折。

上海美术专科学校校长刘海粟（上海档案馆档号 Q250-1-105，《一九三二年至一九三七年本校新制第十二、十三届毕业生举行毕业，报毕业名册、成绩与伪上海市教育局等单位来往文书》）

是年，上海美专 230 名学员毕业。（上海档案馆档号 Q250-1-14，《上海美术专科学校二五周年纪念一览》）

公元 1934 年

民国二十三年

（甲戌）

38 岁

1 月 5 日，刘海粟出席“柏林中国美术展览会执行委员会”中德联席会议。

【引】议决下列各项：一、请柬由普鲁士美术院负责，致外

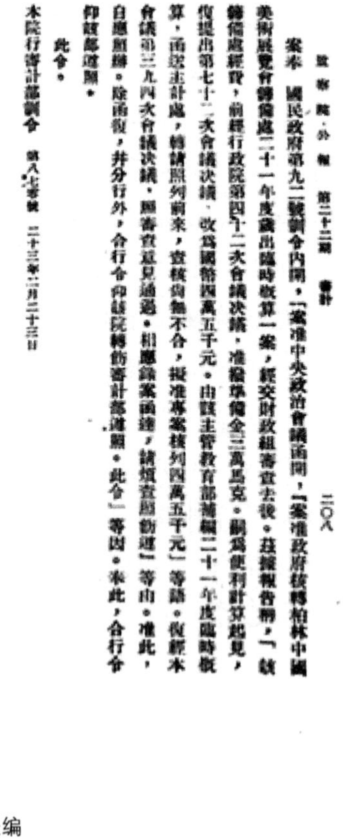

監察院公報 第二十二期 審計 二〇八

案奉 國民政府第九二二號訓令內開，「案准中央政治會議函開，『案准政府核轉柏林中國美術展覽會籌備處二十一年度歲出臨時概算一案，經交財政組審查去後，茲據報告稱，「該籌備處經費，前經行政院第四十二次會議決議，准撥準備金三萬馬克，嗣為便利計算起見，復提出第七十二次會議決議，改為國幣四萬五千元。由該主管教育部補編二十一年度臨時概算，函送主計處，轉請照列前來，查核尚無不合，擬准專案核列四萬五千元」等語。復經本會議第三九四次會議決議，照審查意見通過。相應錄案函達，請煩查照飭遵』等由。准此，自應照辦。除函復，并分行外，合行令仰該院轉飭審計部遵照。此令」等因。奉此，合行令仰該部遵照。

此令。

本院行審計部訓令 第八七七號 二十三年二月二十三日

【图 1934-1】《监察院公报》1934 年第 22 期刊载审计通过柏林中国美术展览会预算案的颁令

交团、各官署、各地方政府、各学术团体及名流、记者，以四千份为限。二、19日招待各国记者及政府要人，举行预展。三、印制广告十万张。四、在德国境内由无线电播音。

由中国方面精印《中国现代名画》，附以中国画派一文，预备在开幕时分赠德国各机关及学者。《中国现代名画》曾在柏林印制两次：一次在开幕式前印德文版，册前冠以刘海粟撰《中国画之特点及各画派之源流》，在德国分发；一次在旅欧巡回展览结束之时印中文版，册前冠以刘海粟撰《欧洲中国画展始末》，作携回国内汇报之用。（刘海粟，《欧洲中国画展始末》，1935年）

1月13日，《中央时事周报》刊登刘海粟撰文《清代画史——南宋之变》。

【引】文曰：从清初至于乾嘉之间，诸家虽各有特长，无不受南宗之化。惟金陵诸家，近于渐派者犹存北宗之风。此外如朱耷八大山人、吴山涛、张风、傅山、恽向、笪重光、翁嵩年，皆能独具风裁，自写胸中逸气。……溯南宗自王维、张璪而后，日臻微妙，始也烟树迷离，既而云山忧惚。始也山深谷邃，务为奇峰峭壁，既而水阔天空，第写平常景色。令设身以容受之者，疑真疑幻，无我无物，其始变也，真莫非幻，幻莫非真，其既变也，幻之又幻，变之又变，变之又变，吾莫知伊胡底，幻之又幻，吾莫之其所终极也。真也、幻也、物也、我也，彼此同一者也。故曰，绝对真，即绝对幻；绝对物，即绝对我；幻之又幻，即真之又真，亦即绝对美也。（刘海粟，《清代画史——南宗之变》，载《中央时事周报》，第3卷第1期，1934年1月13日）

【按】该文录入1935年出版《海粟丛刊——国画苑》

1月20日，上午10时，中国绘画展览会正式在柏林之巴黎大广场普鲁士美术院开幕，德国教育部长罗士致辞，中

国代表刘海粟、普鲁士美术院院长佐尔法、中国驻德公使刘崇杰发表演说。展览会至3月4日闭幕。

【引】主办机关：德方：普鲁士美术院、东方美术会、中方：中央研究院。主要组织委员：德方：外交部长、教育部长、佐尔法博士、屈梅尔教授、克伦配雷博士、白舒孟教授、林特博士、孔威廉博士、莱特曼士博士。中方：蔡元培、李石曾、叶恭绰、陈树人、朱家骅、刘海粟、教育部长、驻德公使。中国画展会场：普鲁士美术院。参观人数：十四万人。售出作品：五十三帧。评论：德各省各报批评五百十六篇。（刘海粟，《欧洲中国画展始末》，1935年）

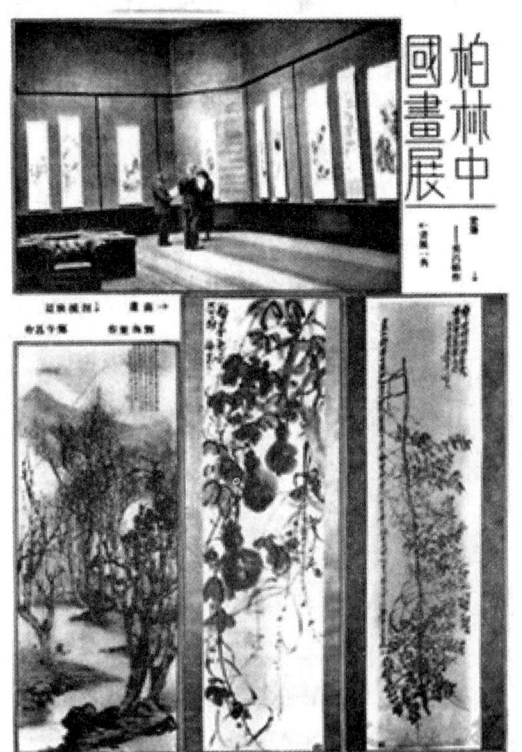

【图1934-2】《东方杂志》1934年5月1日第31卷第9号《柏林中国画展》专版报道

【引】当日赴会人数之多,为以前各国画展所未有,德人称为近代欧洲艺坛之最大盛举。计是日到会者有各国大使,各地方政府代表,名流学者,不下三千五百余人。展期每日观众四五千人,全德各报一致称扬,佳评五百余篇,佥言中国现代画神韵生动,为超绝的理想世界。一时轰动,不仅为德朝野所称赞,且引起欧洲其他各国之注意,汉堡、慕尼黑、莱茵河各省,荷兰、瑞士、捷克、法、意、英、波兰各国,在当时先后函电聘往展览,并有派人到柏林与海粟面洽者,其对于欧人影响之大,震撼之深,可以想见。海粟乃请示政府,允许继续展览,遂至各处巡回,综计两年间在各国大规模展览者达十五次之多。(刘海粟,《欧洲中国画展始末》,1935年)

1月20日,《中央时事周刊》刊登刘海粟撰文《清代画史——花鸟及什画》。

【引】文曰:道释人物之壁面,元明已罕见,至于清代,殆已绝迹:西湖天竺寺壁画,观自在菩萨像为杨芝所作,惜被火劫。杨芝钱塘人,善人物仙佛,笔力雄健,不假思索,拨笔立成,特长于寻丈大体,愈大愈妙,尝自言:"安得三十丈大壁磨墨一缸,以田家涤场大帚蘸之,乘快马以扫数笔,庶几手臂方舒,而心胸以畅。"故不善小幅,流传绝力。……清代花鸟画,一派承传前朝之风格,一派复兴与纯没骨体,属于前者之人物为孙克宏、周铨弟周况、周览、王石、吴械、胡毓奇、赵之壁……任佰年之逸秀,释虚谷之神机,亦足冠冕一时。(刘海粟,《清代画史——花鸟及什画》,《中央时事周报》第2卷第3期,1934年1月20日)

【按】该文后录入1935年版《海粟丛刊——国画苑》。

1月28日,刘海粟在柏林普鲁士美术院演讲《中国画派之变迁》。(刘海粟,《欧洲中国画展始末》,1935年)

【图1934-3】刘海粟在柏林演讲，1934年。(《艺气风发——来自刘海粟和刘抗的相册》，第66页）

1月30日，为配合中国现代美术展览会在柏林举行，德国东方艺术会会长佐尔法在普鲁士美术院演讲《中国山水画的特点》。（刘海粟，《欧洲中国画展始末》，1935年）

2月10日，刘海粟在柏林大学东方语言学校演讲《何谓气韵》，并即席挥毫。（刘海粟《欧洲中国画展始末》，1935年）

2月11日，《德国前途报》载文评论中国现代美展。

【引】"觉得徜徉迷离于一浓梦之中，宇宙里竟还有这样更高尚而优美的世界，较之我们更为高尚与静洁。……我们自羞着的欧洲人，因为我们欧洲人实是这美丽情感与这优秀民族的摧残者，并且教示他人如何对此文化之邦抛掷炸弹加以焚毁，对此神圣尊严不当侵犯的生命加以侵略。我们欧洲人及其他一切恃强的人，应当忏悔顿悟，这样超脱高尚的民族是不可侵侮的。"（《刘海粟年谱》，第124页）

2月17日，上海《申报》刊载刘海粟在柏林中国现代绘画展览会开幕典礼上的讲话全文。

【引】"中国诸画家及鄙人之作品，来德作如此大规模展览而得德国学者及群众之称誉，是十分荣幸的事，可见德国认识中国之深切。而海粟来德蒙各界重视优遇，这是更应该恳切感谢的。中国的绘画，自三代以至现在，已历四千余年之历史。聪明才智之士，深究笃学，不知其几千数。递嬗演化，以有现在之造诣，卓然在世界艺苑独树一帜而领有东方全域。日本文化实由中国输入，即美术史之年历，亦仅中国三分之一，故其作品渲染中国之色彩甚浓。印度虽为东方古代文明之邦，自有其独创之风格，然自唐代以后，佛教寂灭，艺术亦渐趋消沉。故欲观东亚近代之艺术，必须注重于中国。中国绘画之精神，不仅借勾勒填彩以肖实物而已，乃别具其气韵及诗意，常于极简单之笔墨中，含

【图1934-4】1934年刘海粟在德国柏林讲学作画

【图1934-5】刘海粟在德国举办柏林中国名画展览会的展览厅

有极深厚之意趣。盖中国画不论是何宗派，皆尚气韵，无气韵即无生命。故谢赫'六法论'以气韵生动冠其首。于是论画者，无论见解有何不同，画派路径声何分别，对于气韵生动之重视，成为一致之事实。郭若虚断言气韵不可学；董其昌亦云气韵不可学，读万卷书，行万里路，勉强学之耳。所谓气韵，必从学问中得来，非浅薄之技巧也。作品苟无气韵，与拍照何异焉。所谓气者，即浩气、骨气、气魄、气味，即画家自己之内蕴性灵所谓韵者，即声韵之节奏及精神含蓄。生动者，生命活跃显著之谓也。实际上宇宙间无处不弥漫着生动的气韵。画家创作，不是像一座机械那样时刻在走动，有灵感之奋发，才现之于笔墨，故在称心悦意或竟在悲愁中得到启发之时，始能下笔。最后，请德国政府选择现代美术运华展览，并希望以后时时交流展出，为沟通中德文化做实际工作。"（《申报》，1934年2月17日；此讲话稿并载1934年2月19日《时事新报》，1934年2月15日《星洲日报》，1934年2月23日香港《华字日报》。）

3月1日，王济远致函刘海粟。

【引】函谓："柏林开幕盛况，各方均轰传一时，唯其太盛，引起奸人之暗算，对叶（恭绰）直接攻击其挪用公款，中政会议诸公对除柏林外，再往他处开会，大多反对。叶灰心万分，全部经手账目，已交会计师管理，尚余九千元之谱，据称备作回国川资，当必汇奉也。蔡（元培）先生接到你的信，也以国际上的交际费用浩繁，而经费无所出，又不可省为虑，所以叫我劝你早归。"（《刘海粟年谱》，第124页）

3月8日，德国教育部长茹斯特在普鲁士美术院举行盛大茶会，庆贺中国画展成功，刘海粟在会上即席挥毫。（《刘海粟年谱》，第124页）

3月9日，刘海粟致函《晨报》。

【引】函称："此次画展，不但轰动一时，且与德国学术界以极大影响。各地各国要求前往展览。吾国绘画为欧人引重也如是，确已轰动全欧，吸集艺苑视线，趁此时机，吾当搏全身之力以赴之，使吾国艺术辉耀于群星间。"（《晨报》，1934年3月9日）

3月18日，刘海粟受聘为德国柏林际艺术协会荣誉董事，并出席欢迎茶会。（《中央日报》，1934年4月16日）

3月24日，中国现代美术展览会移址德国汉堡美术院举行。

【引】汉堡市市长迦那格蒙夫妇、德国政府参事莫尔博士、

【图1934-6】《新中华》1934年第2卷第10期对柏林中国画展的报导

外交局长林克、汉堡美术院院长莫德孟博士、汉堡大学教授颜复礼、佛格、但采尔、各美术馆馆长中方有蔡元培、朱家骅、叶恭绰、陈树人、张道藩、李石曾等,各国领事及名流、学者、记者共四千余人参加开幕式,展览至4月8日。(刘海粟,《欧洲中国画展始末》,1935年)

3月24日,刘海粟在开幕式上代表中国政府与本展会各作家向公众致谢。

【引】刘谓:"中国画学之特质,不用如法律般要求着辩护人,也不要像科学般去证明,更用不着批评与分析,我们只需直接

【图1934-7】1934年刘海粟与子刘虎在德国柏林的寓所。(《艺气风发——来自刘海粟和刘抗的相册》,第68页)

让图画去感应与说述，因为美术中有所谓普遍之美者，苟有健全的意识与理知，谁也能为之发生美的感觉，这次展览各画，对于任何德人得能亲近认识与了解这中国特质而具有普遍与时间无限性的美。"汉堡市市长、汉堡美术院院长、中国驻德公使代表也在开幕式上致辞。展览至4月8日闭幕。（《刘海粟年谱》，第124页）

3月24日，蒋复璁致函刘海粟。

【引】函谓："我国艺术，代有名手，至现代而融会名家以鸣于时，传之海外，使欧洲人士观而感兴，赞叹不已者，邦国之荣，执事之功也。"（《刘海粟年谱》，第125页）

3月25日，刘海粟在汉堡市市长迦那格蒙和德国政府参事莫尔陪同下参观汉堡港及市政府，并参拜名相俾斯麦墓。（《刘海粟年谱》，第125页）

3月26日，刘海粟在汉堡美术院讲《中国画家之思想与生活》。（刘海粟，《欧洲中国画展始末》，1935年）

3月25日至4月8日，刘海粟随欧洲中国画展移址德国汉堡。

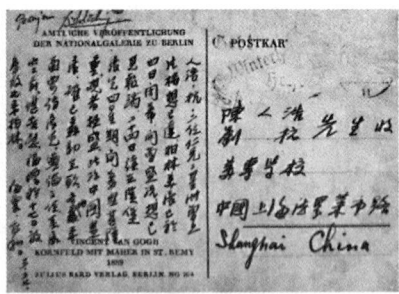

【图1934-8】1934年刘海粟经西伯利亚寄往上海的明信片，分享柏林展览喜讯

【引】主办机关：汉堡市政府、汉堡美术院。主要组织委员：德方：汉堡市市长迦克门、汉堡美术学院院长莫德孟博士、东亚学会会长莫赫博士。中方：蔡元培、朱家骅、叶恭绰、陈树人、张道藩、李石曾、刘海粟、教育部长、驻德公使。会场：汉堡美术院。参观人数：五万六千人。售出作品：19帧。展出期间各种评论二百八十余篇。（刘海粟，《欧洲中国画展始末》，1935年）

3月27日，刘海粟、成家和致函陈人浩、刘抗。

【录】人浩、抗二位仁兄：星洲曾上片楮想已达。柏林美展已于四日闭幕，开会盛况，想已见报端。二十四日续在汉堡展览四星期，开幕典甚隆重，观者极盛。此次中国画展确已轰动全欧，各地来函要请展览，舆论之佳，实属空前，堪告慰。福增（按：刘虎，字福增，刘海粟次子）于十七日放春假也来柏林。（《刘海粟刘抗师友书信录》，第19页）

3月29日，刘海粟作中国画《飞瀑》。（《刘海粟年谱》，第125页）

4月5日至5月5日，欧洲中国画展移址德国杜塞尔多夫。

【引】主办机关：杜城市政府、杜城美术院。主要组织委员：德方、杜城市长霭丕、杜城美术学院院长佛朗特、美术学校校长刚特。中方：蔡元培、叶恭绰、刘海粟、陈树人、朱家骅、张道藩、教育部长、驻德公使。会场：杜城美术院。参观者：四万人。售出作品：十五帧。展出期间各种评论一百三十六篇。（刘海粟，《欧洲中国画展始末》，1935年）

4月6日，刘海粟偕夫人成家和等四人抵达杜塞尔多夫。

【图1934-9】刘海粟作中国画《飞瀑》（1934年3月29日），1935年8月23日柏林人文美术馆中国现代名画展览展出。刊登于《国闻周报》第11卷第13期，1934年4月2日。

【引】杜城市长霭丕、杜城美术院院长佛朗特博士、美术学校校长刚特教授迎于驿，即招待至佩莱腾拔赫旅社，旋参观杜城名胜。晚，杜城美术院在近代剧院招待刘海粟一行。（《刘海粟年谱》，第125页）

4月7日，上午，刘海粟参观美术学校。中午，杜城美术院招待午宴。下午乘车赴科隆，参观东方美术馆。晚返杜城，市长霭丕等陪同往歌剧院观剧。（刘海粟，《欧洲中国画展始末》，1935年版）

4月8日，中国现代美术展览会在杜塞尔多夫美术院举行开幕典礼。在杜塞尔多夫美术院讲《中国画与诗、书》。

【按】杜城市长霭丕、美术院院长佛朗特博士和刘海粟先后致辞，有2000余来宾出席开幕礼。展览至5月5日。（刘海粟，《欧洲中国画展始末》，1935年版）

4月9日，刘海粟作油画《蓝绣球花》。（《刘海粟年谱》，第126页）

4月12日，陈树人致函刘海粟。

【引】函云："欣悉中国画展竟能轰动全欧，不仅为德国朝野所称赞，且为英、荷、瑞、捷各国所注目，爰有定期巡回展览之举，此种盛况，实足光辉于世界，辟中国画展以来之新纪元。

【图1934-10】刘海粟作油画《蓝绣球花》（80×58.5厘米）（1934年4月9日）

逖听之余,同深欢汴。而吾兄与宴会席上重情挥毫,想见当时意兴之酣,彼邦尊重之切,落笔所至,更形精彩矣。"(《刘海粟年谱》,第126页)

4月25日,刘海粟在柏林近郊梵尔特作油画《梵尔特之春》。(《刘海粟年谱》,第126页)

5月1日,蔡元培为上海美术专科学校赴菲律宾展览美术品题词,并假八仙桥青年会九楼,举行展览会副会长王正延赴菲的茶会。

【引】"菲列宾距吾国至近,吾侨胞之旅于菲者众矣。凡旅于菲之侨胞,对于祖国政俗学术之隆替,无不极端注意,以其影响于侨胞之生活,至敏锐也。自远东运动会发起以来,国内运动选手有赴菲之机会,而侨胞亦以得将迎国内运动家为大快,对于其运动之胜利与失败,与自身得失之感无以异。侨胞之眷怀祖国、亲爱族类,我等无论到菲与否,未有不感动者也。今上海美术专科学校又由运动而推广之,以美术品展览于菲,是又破天荒之盛举也。运动所以健身,美术可以养心,身心之间,互相影响。而且书画雕刻,均为吾族数千年之国粹,虽近日间参欧化,别出心裁,然而吾民族之特性,必不因之而隐晦。其所以唤起侨胞之同情,而引其爱国怀旧之联想者,更当有特殊之效力;且将因展览品之满意,而推见上海美专之成绩,量其需要,助以发展,为吾侨菲同胞留永久之纪念,则尤美专同人所馨香而祷祝者矣。中华民国二十三年五月 蔡元培。"(《蔡元培年谱长编》(第4卷),第136页)

5月3日,刘海粟携带展品由德国抵达荷兰阿姆斯特丹。阿市美术馆馆长梵司铎白、荷中协会会长瑞立博士等到车站欢迎。(《香港工商日报》,1934年6月20日)

5月5日，下午3时，中国现代美术展览会在荷兰阿姆斯特丹美术馆举行开幕典礼。

【引】东方美术馆馆长梵司铎白、阿市市长福立吞、荷兰教育部代表勒勃伦和中国代表刘海粟、中国驻荷公使金问泗及王宠惠博士相继在开幕礼致辞。蔡元培、叶恭绰、陈树人、张道藩、荷兰各界人士及各国领事、各报记者共500余人出席开幕礼。展览至6月1日闭幕。晚7时，阿市美术馆、荷中协会联合宴请刘海粟、金问泗、王宠惠等，荷兰名流70余人作陪。（刘海粟，《欧洲中国画展始末》，1935年）

5月7日，刘海粟在荷兰阿姆斯特丹演讲《中国画之精神要素》。通过演讲和展览，改变了欧洲学者以前之错觉。

【引】以往欧洲各国之东方学者及美术史家著书立说，对于中国古代美术之价值固一致推崇，唯以为元、明以后中国即无艺术可言，若辈成见，恒以中国历代灿烂美妙之艺术，至今已成绝响。加之近年来东邻政府屡拨巨款，力事宣扬其国之现代艺术，俨然以东方唯一之最高地位自居。故一般欧人亦视中国为过去，对于现代东方艺术，只知有日本而不知有中国，甚至产生中国现代无文化之谬论。此次现代名画至各国展览，予各国学者以深切研究之兴味，并与各国人士有普遍接触之机会，遂使各国人士一变以前之错觉，深信中国艺术尚在不断长进之途中，群相叹服，且引为师法。此种议论，见载各报，确为吾国当前绘画艺术生色不少。（刘海粟，《欧洲中国画展始末》，1935年）

5月15日，驻法公使顾维钧复函刘海粟。

【引】谓："顷接手书，敬念历游德、荷举行美展，宣扬国

艺，荣誉光昭，企佩曷已。茌法有日，无任欢迎。"（《刘海粟年谱》，第126页）

5月29日，上海美专拟于暑期开办艺术教师进修讲习会，推蔡元培为名誉会长，刘海粟为会长。（《申报》，1935年5月29日）

6月6日，潘公展为担任暑期艺术师范讲习会特约讲座事致函刘海粟。

【录】海粟先生大鉴奉展：手教祇悉壹是，附致谢督学函业已转交。承嘱在暑期艺术师范讲习会演讲本市教育之新设施，届时当趋前贡献意见，藉聆指教。知关锦注，特此布复，即颂

教绥

弟潘公展敬启

六月六日（上海档案馆档号Q250-1-71，《本校一九三三年至一九三五年办理暑期艺术师范讲习会及暑期艺术教师进修讲习会的章程、课程及聘请讲师等文件》）

6月8日至7月5日，欧洲中国画展移址荷兰海牙。

【引】组织机关：海牙博物馆、荷中协会。会场：海牙博物馆。参观人数：四万八千余人。展出期间各种评论九十余篇。（刘海粟，《欧洲中国画展始末》，1935年）

6月10日至7月15日，法国巴黎特吕霭画院为刘海粟举行个人作品展览会。

【引】陈列刘海粟油画四五十帧，中国画八十帧，法国国家画院购藏油画《西湖之秋》与中国画《三千年蟠桃》二帧，佳评五十余篇。（刘海粟，《欧洲中国画展始末》，1935年）

【图1934-11】巴黎特吕霭画院举行的刘海粟个人画展一角

6月，上海美专新制第十四届学员毕业，学校编印"毕业纪念册"，蔡元培、刘海粟、孙科等为纪念册题词。（《上海美专新制第十四届毕业纪念册》）

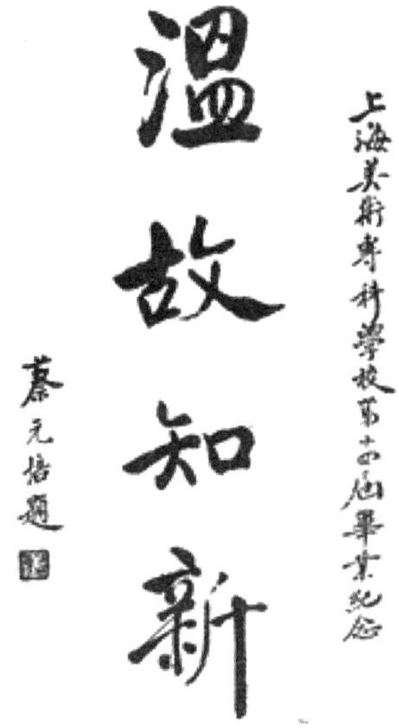

【图1934-12】蔡元培为上海美专第十四届毕业生题字（1934年6月）

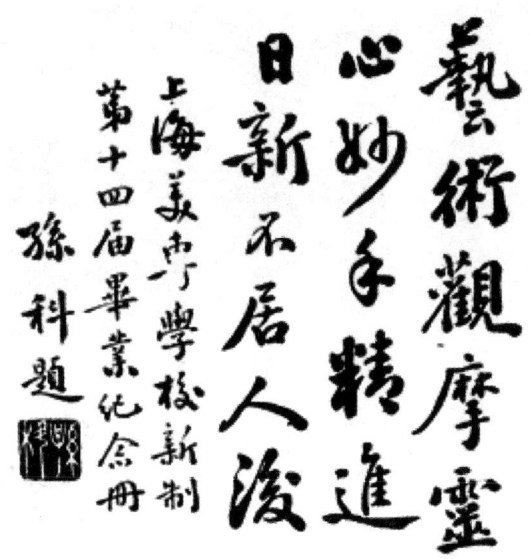

【图1934-13】孙科为上海美专新制第十四届毕业生题字（1934年6月）

6月18日，孙科关于参加毕业典礼事致函刘海粟。

【录】海粟、济远先生大鉴：顷展惠书，备悉壹是。本月二十五日上午十时贵校举行新制第十四届毕业典礼，届期倘科在沪，有暇当来校参观也，专复。敬颂
台祺

孙科启

六月十八日（上海档案馆档号Q250-1-232，《本校举行毕业考试、毕业典礼，聘请校董教职员担任考试委员，参加典礼来往函件及名单》）

7月9日至8月19日，欧洲中国画展移址瑞士日内瓦。

【引】主办机关：日内瓦市政府、历史美术博物馆。会场：日内瓦历史美术博物馆。主要组织委员：瑞方、日内瓦市市长、

【图1934-14】1935年7月刘海粟在瑞士日内瓦举办中国名画展览会

历史美术博物馆馆长钎纳博士、费许博士。中方：蔡元培、叶恭绰、陈树人、刘海粟、张道藩、教育部长、驻瑞公使。会场：日内瓦历史美术博物馆。参观人数：四万五千人。售出作品：十六幅。展出期间各种评论六十余篇。

【引】法国前总理赫理、法国著名作家罗曼·罗兰参观后予以高度评价。罗曼·罗兰说："中国的画家把种种自然的印象，经过一道灵魂的酝酿，自律的综合，再表现出一个新的整个的理想的世界出来，这是真的艺术。"展览至8月19日结束。（刘海粟，《欧洲中国画展始末》，1935年）

7月27日，刘海粟在瑞士洛桑作油画《朝》（《洛桑》）。（《刘海粟年普》，第127页）

7月，刘海粟在瑞士作中国画《瑞士烟霭》。

【引】题："二十三年愚展画德、荷、法、瑞。七月，避暑瑞山，偶遇雨辰，四山蓊翳，衣袖间皆蓬蓬出云，仙境也。泼墨成此图，一扫唐宋元明清之画为快。"（《刘海粟年普》，第127页）

【图1934-15】刘海粟1934年7月27日作油画《朝》

【图1934-16】刘海粟1934年7月作中国画《瑞士烟霭》

8月25日，中国现代美术展览会在瑞士伯尔尼市美术院开幕。

【引】主办机关：瑞京美术大厦、伯尔尼市政府。主要组织委员：瑞方：瑞士教育部长、瑞京美术大厦主任、干格尔博士、费许博士。中方：蔡元培、朱家骅、叶恭绰、刘海粟、陈树人、张道藩、教育部长、驻瑞公使。会场：瑞京美术大厦。瑞士联邦主席林特在开幕式致辞谓："此种中国杰作，不但为东方民族美术史上之巨制，且是世界美术史上之巨制。这种丰富奇丽积会神聚的作品，可以看出中国国民性之伟大和尊严。"伯尔尼美术院院长干格尔博士和刘海粟也在开幕式上致辞。社会名流千余人出席开幕式。展出期间各种评论八十余篇。展览至9月25日。参观人数四万九千五百人。（刘海粟，《欧洲中国画展始末》，1935年）

8月27日，刘海粟在伯尔尼瑞京美术大厦演讲《中国绘画上的六法论》。（刘海粟，《欧洲中国画展始末》，1935年）

8月，刘海粟撰写的《色粉画》由商务印书馆出版。

【按】该书为美术教材。内容分别为：色粉画之教育的价值、色粉画之特长、色粉画的材料、色粉画的设备、色粉画的

【图1934-17】1934年8月、10月商务印书馆出版刘海粟编绘的《色粉画》《木炭画》书影

使用法、色粉画描写的要领、色粉画与描写目标、色粉画与描写态度、色粉画与描写姿势、色粉画与轮廓的取法、色粉画与描写顺序、色粉画与调子、色粉画与背景、色粉画及其鉴赏、色粉画描写上的注意、色粉画与描写题材、色粉画的保存法、色粉画与水彩画、色粉画与木炭画、色粉画与油画,并有刘海粟作品为范图。(刘海粟,《色粉画》,商务印书馆,1934年8月)

9月2日,中国现代美术展览会瑞方组织委员费许博士应刘海粟之议在伯尔尼美术院演讲《院体画与文人画》。(刘海粟,《欧洲中国画展始末》,1935年)

9月8日,瑞士伯尔尼市美术院院长干格尔博士应刘海粟之议在瑞士首都美术大厦演讲《中国人为什么爱画松竹梅》。(刘海粟,《欧洲中国画展始末》,1935年)

9月12日,刘海粟在短期内由柏林运到新作品二百余帧,并向各藏家借得明清瓷器、漆器百余件,是日起在日内瓦市政府大厦展览一月,为各国代表所称誉。

【图1934-18】"日内瓦中国艺展"中的古代艺术品展厅(《沧海真源》,第280页)

【引】国际联盟大会在日内瓦举行期间,各国人士聚集,日内瓦国际图书馆委托刘海粟主办中国美展,俾资宣传。(刘海粟,《欧洲中国画展始末》,1935年)

9月19日,刘海粟在法国夏马尼克作油画《舞瀑》。
(《刘海粟年谱》,第128页)

9月21日,南京《中国日报》发表刘海粟致陈树人函。

【录】1934年9月21日,南京《中国日报》发表刘海粟致陈树人函,刘函谓:"树人吾兄先生如晤:日内瓦一缄,当达记室。弟等于前日到达日内瓦,参与中国画展开幕礼。此画展由市府主办,以历史美术馆为会场,崇宏嵯峨,我国名作陈列其间,相得益彰。开幕以来,参观者四万余人,学者名流皆集焉。大文豪罗曼·罗兰观后称扬不置,对大作《西风消息》尤注意,称为有音乐的节奏。此老为把握现代思想界之权威,所著《贝多芬传》《米开朗琪罗评传》等皆为世所称扬,彼与弟谈甚欢洽。本

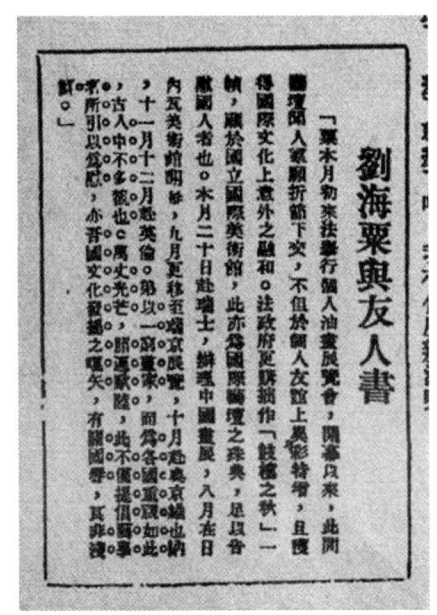

【图1934-19】《刘海粟与友人书》发表于《论语》1934年11月1日第54期

月十五日日内瓦闭幕后,即移展瑞京。日内瓦费用太大,弟已移居阿尔卑斯山阴之一小村,其地前临莱蒙湖,幽绝特甚,峰峦岝崿,树木阴森。弟日携画匣攀萝放浪于清泉白石间,傲睨云林,冥想六合,飘飘乎有遗世独立之慨,天虽极困陋我,而又时时纵我游山林之乐,如得吾兄在此促膝谈艺,其乐何如耶!"(《中国日报》,1934年9月21日)

9月29日,刘海粟在瑞士作油画《勃朗崖晚霭》。(《刘海粟年谱》,第128页)

9月30日,刘海粟在瑞士圣扬乔而夫作油画《栗树林》(《STGINGOLPH》)。(《刘海粟年谱》,第128页)

10月2日,刘海粟在法国夏马尼克作油画《云峰高涧》。(《刘海粟年谱》,第128页)

10月9日,刘海粟在法国巴黎作油画《凯旋门之夕阳》。(《刘海粟年谱》,第128页)

【图1934-20】刘海粟在瑞士的绘画作品《栗树林》(1934年9月30日)

【图1934-21】上海美专新校舍奠基典礼，基石左为蔡元培（1934年11月23日）

是年秋，刘海粟在巴黎作中国画《清潭水牛》。（《刘海粟年谱》，第129页）

11月23日，上海美专新校舍于创校纪念日在徐家汇镇之南、漕河泾镇之北的漕溪路新址举行奠基典礼。（《新闻报》，1934年11月24日）

12月31日，上海美专举行毕业典礼，到会者有蔡元培、叶恭绰等。（《申报》，1934年12月31日）

是年，刘海粟作油画《村外》（《风景》）（54.5cm×63.5cm）《花》《风景》（92cm×65.5cm）。作中国画《一蟹不如一蟹》。（作品题签）

是年，滕白也受聘任上海美专理论教授。（《上海美专新制十三届毕业纪念刊》，1934年6月）

【释】滕白也（1900—1980），江苏奉贤人。早年留学法国专攻雕塑，后赴美国任华盛顿大学教授，1930年被英国皇家美术学院选为名誉会员。1934 年参加孙中山铜像竞选活动，并当选承造。他的著名的雕塑作品还有《孔子像》《观音》《天女像》《农人像》和《前进》等。滕白也还善于中国画，1928 年，他的画作在华盛顿亨利画廊展出。1938 年，滕白也在给美国抽象表现主义画家马克·托贝的信中说他在参加抗日救亡工作，后辗转于桂林、重庆、成都之间，中华人民共和国成立后为上海市文史馆馆员、中国美术家协会上海分会会员。（《上海美专名人传略》，第 204 页）

是年，上海美专 140 名学员毕业。（上海档案馆档号 Q250-1-14，《上海美术专科学校二五周年纪念一览》）

公元 1935 年
民国二十四年
（乙亥）
39 岁

1 月 6 日，刘海粟出席中国驻英公使郭泰祺为中国现代美术展览会在英国举行，事前在使馆举行的招待会，英国文艺界新闻界人士也参加了招待会。（《刘海粟年谱》，第 129 页）

1 月 12 日，刘海粟在英国伦敦作油画《威士敏斯达桥雾景》。（《刘海粟年谱》，第 129 页）

【图 1935-1】刘海粟在英国伦敦作油画《威士敏斯达桥雾景》（1935 年 1 月 12 日）

1月15日，刘海粟在伦敦作油画《赫姆士敦》。(《刘海粟年谱》，第129页)

1月19日，刘海粟出席英国伦敦大学东方学院院长罗士爵士为将在英国举行中国现代美术展览会而设宴会。(《刘海粟年谱》，第129页)

1月20日，刘海粟在伦敦作油画《凫》。(《刘海粟年谱》，第129页)

1月30日，刘海粟在伦敦致函贺天健、郑午昌，发表于《国画月刊》1935年4月10日第1卷第6期。

【录】函曰："天健、午昌二兄如晤：久疏音信，渴想殊殷。承赐《国画月刊》，不胜感谢。时人流行语为艺术而艺术，似无如之何，艺术则不求甚解，而艺术自身之价值又不求甚解。兄等负倡导艺术之责，能以国画之原理一一论定其价值，与艺坛时贤欣赏之、是非之，此有阐扬艺学之精能者也。佩服佩服！去年弟在柏林展画，获得相当成功后，又应汉堡、敏兴、莱茵河各市，荷兰、瑞士、捷克各国之请，巡回展览，所至欢迎若狂，大都政府名流硕学通儒为之倡率，一唱百和，吸集欧洲艺坛视线。弟才又来英筹备现代画展，英伦为世界文化中枢，尤关重要。兹进行数日，已得英学术名流热烈赞助，并勘定新百灵敦画院为会场，迩来英伦各报已竞载画展消息，文艺批评家群至敝寓访谈，情意踊跃，英教育部长赫利法克勋爵任会长，大文豪比尼恩于百忙中为吾作长序介绍，赞扬备至。比尼恩以文艺批评为英文坛宿将，而诗尤清深，所著《东方绘画史》为现代欧洲第一权威，今得其助力，画展当有成功。渠对于兄等大作极称扬。刻一切均已筹备妥贴，六日郭使在使署招待记者及文艺界，十九日东方学院院长罗士爵士在会场宴各界，三十一日正式开幕。英伦大规模展览中国画，此为第一次，届时当又有一番盛况也。英人对于吾国古美术之价值，知之已稔，而对于现代只知有日本而不知有中

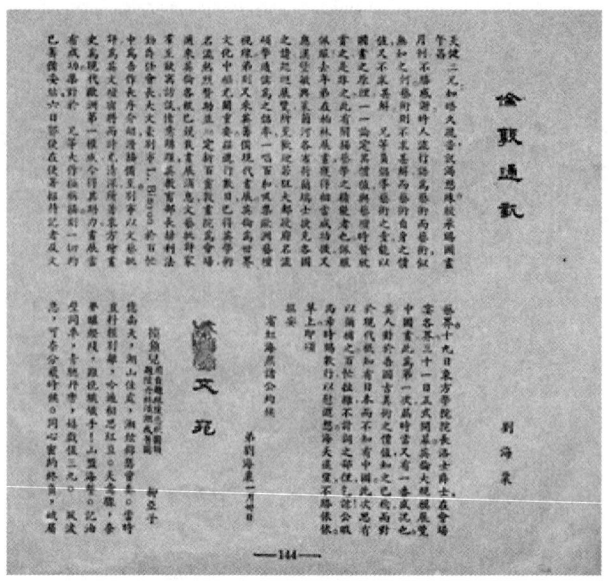

【图1935-2】刘海粟在伦敦致函贺天健、郑午昌，信函发表于《国画月刊》第1卷第6期，1935年1月30日。

国，此次思有以弥补之。百忙拉杂，不计词之鄙俚，乞谅！公暇尚希时赐数行，以慰遐想。海天遥望，不胜依依。草上。即颂撰安。宾虹、海燕诸公均候。

一月卅日（《国画月刊》第1卷第6期，1935年4月10日）

【释】郑午昌（1894—1952），浙江嵊县人。曾任中华书局美术部主任，首创汉文正楷书字模。先后任杭州艺术专科学校、新华艺术专科学校教授。1929年2月至1934年1月任上海美专中国画系国画山水教授。1929年主持编辑上海美专美术季刊《葱岭》1、2两期。积极参与沪上美术社团的工作，蜜蜂画社和中国画会的主要创办人。著有《中国画学全史》《中国美术史》《石涛画语录释义》《中国壁画历史研究》《画余百艳》等。（《上海美专名人传略》，第259页）

1月，刘海粟在伦敦作油画《威士敏斯达落日》。（《刘海粟年谱》，第130页）

【图1935-3】刘海粟1935年1月13日在英国伦敦作油画《威士敏斯达落日》(《威尼斯》),(66×92厘米)

2月7日,刘海粟在英国《泰晤士报》发表《中国绘画之演进》。(《刘海粟年谱》,第130页)

2月15日,中国现代美术展览会英方组织委员劳伦斯·比尼恩,在伦敦中华协会演讲《中国画家独立的人格和独立的创作》。(《刘海粟年谱》,第130页)

2月20日,中国现代美术展览会在英国伦敦新百灵顿画院开幕。

【引】主办机关:大学委员会、中国公使馆、中华协会。主要组织委员:英方:劳伦斯·比尼恩、路伦廷爵士、罗士爵士(伦敦大学东方学院院长)、康司透尔教授(伦敦大学美术研究院院长)、叶友教授、李惠林爵士(皇家美术学院院长)、麦唐纳爵士(中华协会会长)、伦敦市长、教育部长赫利法克勋爵。中方:蔡元培、叶恭绰、刘海粟、李四光、蒋彝、熊式一、驻英公使。会场:新百灵顿画院。参观者:十万三千人。售出作品:

二十六帧，展出期间各报佳评四百三十篇。（刘海粟，《欧洲中国画展始末》，1935年）

【引】英国教育部部长、伦敦市市长、伦敦大学东方学院院长罗士博士、皇家美术院院长李惠林爵士、蒋彝、熊式一等及来宾数千人出席开幕式。英国教育部部长赫利法克勋爵在开幕词中说："中国的古美术久已蜚声欧洲，一般恒以中国古代灿烂美妙之艺术，至今已成绝响，岂知看了此次刘海粟教授之作品及其所搜集之现代名作，其气概之雄厚，神味之深长，确是最高雅的艺术。"中华协会会长麦唐纳爵士、伦敦大学美术研究院院长康司透尔教授、东方学院院长罗士爵士、中国驻英公使郭泰祺相继致辞后，刘海粟陪同贵宾参观展览。

英国艺坛权威劳伦斯·比尼恩为展览撰写的序言中说："中国画之渊源，远比他国为悠久，实使吾钦敬无已。且此森峨之古木，仍复发荣滋长，吐蕊放花。刘海粟先生绘艺精湛，卓然大家，此次集画来欧举行展览，谨借短辞，以表欢迎之忱。"展览至3月23日结束。（《刘海粟年谱》，第130页）

【图1935-4】1935年2月至3月间，刘海粟在英国伦敦百灵顿画苑示范中国画（《艺气风发——来自刘海粟和刘抗的相册》，第67页）

2月21日，英国《泰晤士报》为展览会开幕发表评论。

【引】《泰晤士报》："刘海粟教授为此次画展中之主干人物，他在开幕之前曾竭尽数日之心力于布置会场。他个人出品共有十八件，其最使人注意而赞美者，厥为《泰山五大夫》《九溪十八涧》《鸡冠花》《雨后》及《瑞士勃朗崖》等，能熔东西画法于一炉。他一面为中国艺术之复兴，一面又为中国几千年画史开一新纪元。"（《刘海粟年谱》，第130页）

2月23日，英国《孟鸠斯德导报》刊登关于欧洲中国画展的评论中国艺术的文章。

【引】《孟鸠斯德导报》对中国绘画进行了介绍，对刘海粟的作品作有评述："中国艺术的学派，对于刚和东方文化接近的欧洲人来说，是不很容易辨别的。不过大家都承认，中国的画里，其民族的特殊风尚仍旧保持着。现代和古代一样，画里都蕴藏着丰满的诗意，这两者的结合是很合宜的，因为中国书法和绘画，都使用同一毛笔的缘故，在用笔的式样和轻重里，画家微妙地表现着自己的个性，中国画的依据，就在笔法的挺拔和典雅。展览会里的画，大部分是单纯用中国的黑墨画起来的，着色的只占着一小部分。据许多中国画家的意见，认为色彩是不重要的，作品整个笔墨的谐和，就能自然地启发色调的感觉来。画的主体，可以分别为山水、花鸟、人物等几大类。中国对于古代的崇敬，可从许多张古装人物得到证明；即使外行也能够看出古典的意味来。同时，琳琅满目的展览品里，充满着异常的活力和自然的秀美。"（刘海粟，《欧洲中国画展始末》，1935年）

2月25日，劳伦斯·比尼恩在伦敦中华协会讲《中国近代画》（刘海粟，《欧洲中国画展始末》，1935年）

2月26日，刘海粟在伦敦演讲《中国近代美术之趋势》，由戏剧家熊式一翻译。（《刘海粟年谱》，第131页）

3月5日，德国博物院总院长屈梅尔教授致函刘海粟。

【引】信函盼望所赠柏林美术院的十七帧中国名作早日运到，他们将特辟中国现代名画厅。刘海粟旋复函，谓中国画展在伦敦闭幕后，"即将你提出而得到中国政府及诸画家所允许赠予贵国的作品"运送柏林。（刘海粟，《欧洲中国画展始末》，1935年）

3月12日，刘海粟在伦敦中华协会演讲《中国画与六法》。讲稿刊于四月号 Studio。

【引】"此次播扬艺学增高中国国际地位。要使中国国际地位增高，对于各项问题之谋得解决同然需要，而对于中国文艺复兴运动尤为急切。观乎近代欧洲各国的发展，无一非先经伟大的艺术运动与思想运动。现在称强于世界之各国，同时也为近代文化最发达之国家如法、英、俄、德、意，当其国力尚未展开以前，必有伟大的思想家与艺术家本百折不回之精神，从事伟大的思想运动与艺术运动，以鼓起大众独立坚强之人格与独立无畏之精神。伟大的艺术家与思想家，实为一民族之灵魂，从此次在欧画展所引起的各国人士对于中华民族之尊崇，可以证之。"（刘海粟，《欧洲中国画展始末》，1935年）

3月16日（农历2月12日），刘海粟长女刘英伦出生于英国伦敦。（《刘海粟年谱》，第131页）

3月16日，刘海粟40岁，春，蔡元培为之书写祝寿联一首："技进乎道，庶几不惑；名副其实，何虑无闻。海粟先生四十岁大寿。蔡元培敬祝。"（《蔡元培全集》（第4卷），第595页；刘海粟，《回忆蔡元培先生》）

3月31日,上海美专校董会常务、经济校董联席会议在漕河泾镇黄家花园举行。

【引】出席者蔡元培、吴铁城(李大超代)、黄金荣、杜月笙(代)、钱新之(代)等。首由蔡元培报告,欢迎黄金荣、曹启明为经济校董,继汇报新校舍筹建情况及菲律宾书画展事宜。(上海档案馆档号Q250-1-4,《本校校董会章程、会议记录、开会通知等》)

【释】黄金荣(1868—1953),浙江余姚人。青帮头目。1892年进入上海法租界巡捕房充当"包探"(警察),升迁至法租界警务处督察长,1927年退休。他在青帮中声势显赫,其门徒遍及各界,组成"忠信社""荣社"等社团。1932年11月至1937年6月兼任上海美专校董会校董。曾被蒋介石任命为军事委员会少将参议和行政院参议,并授予勋章。上海解放前后有悔罪立功表现,得到人民政府宽大处理。(《上海美专名人传略》,第22页)

3月31日,英国《泰晤士报》发表题为《评论中国现代美术展览》社论。

【引】《泰晤士报》:"观于新百灵顿画院所陈列之中国现代名画,可见中国虽似纷乱万状,而其智慧雅度,仍得保存无遗,是尤足使人惊异者也。""中国现代画家——或者尤其刘海粟先生——之作品,足以证明中国虽经过国民革命、日本侵占种种困难,其国人所视为最宝贵者,仍为尊严潇洒之人生观,其心灵感觉流露于笔墨之间,具有温柔纯洁之气韵,盖中国笔法与诗歌有密切关系,而为中国人所借以发表其感想者也。"(《刘海粟年谱》,第131页)

3月,王志莘任上海美专校董会校董、经济校董至1937年7月。

【释】王志莘(1896—1957),原名允令,上海人。金融家、教育家,中国证券市场建设的先行者。1925年获哥伦比亚大学银行学硕士。同年回国,执教于上海商科大学;并参与中华职业教育社,担任《生活》主编,兼教于中华职业学校。1926年投身银行界。1928年任江苏省农民银行总经理。1931年任新华信托储蓄银行总经理,并创办中国国货公司、中国国货联营公司、中国棉麻公司等企业。1946年发起成立上海证券交易所,出任首任总经理。曾任新华物产保险公司董事长等职,被推选为上海银行学会理事长、银钱业业余联谊会理事会主席。主张"振兴实业,职业救国"。(《上海美专名人传略》,第48页)

3月,中华书局出版刘海粟撰写的《欧游随笔》。

【引】此书是刘海粟首度欧游期间见闻的漫记,初时以通讯形式发表在《申报·自由谈》等多家刊物。1932年上海美专校刊《艺术旬刊》以《欧游素描》为题,连载了这本《欧游随笔》的部分章节。直至1935年3月,中华书局以《欧游随笔》为题结集出版,书前由章衣萍作序。"作者附志"谓:"当中关于比利时、德国、法国、翡冷翠、威尼斯诸地者,均未加入,容异日整理后再行续刊。"

【按】《欧游随笔》共收录文章20篇,为《巴黎初旅》《为办理中法交换展览会致蒋梦麟函》《巴黎圣母院》《莫奈画院》《香榭丽》《写实派大师库尔贝纪念展》《巴黎举行中国美术展览会之先声》《法国民主纪念——七月十四日》《一九二九年春季沙龙》《瑞士纪行》《布尔德尔之死》《野兽群》《安特莱·特朗》《近代戏剧的装潢》《巴黎的电影院》《马蒂斯六十

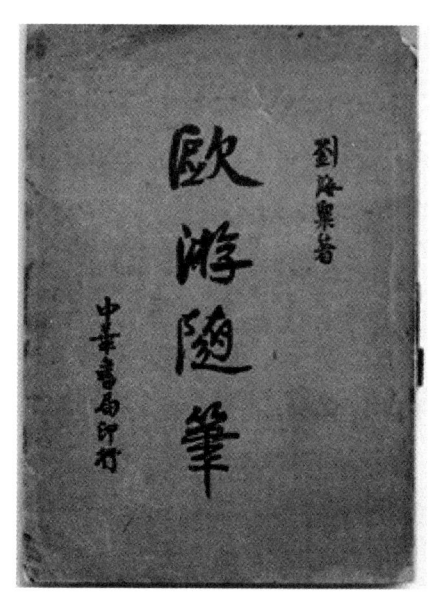

【图1935-5】1935年3月中华书局出版刘海粟著《欧游随笔》

生辰》《一九二九年秋季沙龙》《游凡尔赛宫》《巡礼意大利》《东归后告国人书》。（刘海粟，《欧游随笔》，中华书局，1935年3月）

【引】《莫奈画院》一文中，刘海粟评论道："莫奈与前代画家及近代画家之关系，在其广大之艺术境域中，实能凌驾一时，不同凡响，其以光线原子之振动为描写自然界森罗万象之中心。故其艺术是绘画的，是音乐的，是诗的，是科学的又是哲学的。所谓绘画的，在于颜色，在于光华灿烂之调子；所谓音乐的，在于笔触上现出之韵律，与色调施用上富于节奏之意味；所谓诗的，在于将一切景物投入'光'中，显现十分深密之趣味。因其又用色调区分之手法，故又可称为科学的；而其又能不滞于物质形体，破除视官认识之迷惑，在感觉上更赋与精神上之意会，故又可谓之哲学的。在莫奈如此可惊异之画面上，任其用综合法或分析法观察之，皆须注意其特殊之天才，在各方面咸有一致之赋予。不是分裂的，而是统一的，莫奈之最高点，实根于其深沉之感觉，故能万象毕尽，穷极造化也。"（刘海粟，《莫奈画院》，《欧游随笔》，中华书局，1935年3月）

《布尔德尔之死》一文最后写道:"布尔德尔受了种种不同的影响,但到处有他自己的面目。他自罗马、希腊、巴比伦、埃及得来的形式,都依他自己的心灵改造过了。就为这点,他才能把近代艺术的颤动与爱琴海文化的圣洁、文艺、复兴的伟大与奥林比亚的沉静结合起来,沟通起来。在这一点上,大艺术家比战死沙场的光荣的战士要伟大。因为战争所给予我们的印象是仇恨;而艺人遗留于后人的,却是令人看了更知感奋,更知相爱真美的作品。真美在群星辉耀间,是永远不能磨灭的。"(刘海粟,《布尔德尔之死》,《欧游随笔》,中华书局,1935 年 3 月)

《野兽群》一文是刘海粟在巴黎参观了众多的画廊和美术院,对"野兽派"画风有了新的认识:"野兽群"的第一次试作是以归返传统而表现的。这种所谓传统,不是仅在字面,而在其精神。因为一件作品,不能单以其外表而存在,而尤在以其灵魂而永生。我们探访一切博物馆,就可以发现最富于新的研究和技

【图 1935-6】上海美专校董会议后合影。前排左二始:叶恭绰、蔡元培、虞洽卿、王晓籁;后排左五王济远、左六黄金荣(1935 年 3 月 31 日)

术的原理。混乱时代的作品,如原始人的艺术,埃及、亚述、克里特、希腊、罗马、拜占庭的古代艺术,以至于黑人的艺术都可以从中找出当时的特性。"野兽群"倾向于形体的新精神化,专心创造建筑风的结构,训练着节约着一切方法,而认这种方法,可以把绘画从它的原先的感觉性而截然地变为快感性的了。至其所走的道路,乃是借着这构造的兴味与线条的分离,色彩的团块的意胎而来的变形与再造形。末了从造型、深度、严谨、省约等价值的意义上而论,他们主张的是一种强而显的以少道多的东西,而反对印象派的散乱、冗赘和重复。野兽主义者之对于自然,弃其外形,而接受其精神;他们不摄影,却组织成一种由情绪引起的景色;他们不模仿自然的外形,却能奥妙地拨动世界的无穷的大谐和。(刘海粟,《野兽群》,《欧游随笔》,中华书局,1935年3月)

3月,刘海粟撰写的《十九世纪法兰西的美术》由中华书局出版。

【引】内分绘画、雕刻两编。绘画编中又分7章,论述古典主义、浪漫主义、理想画与装饰画、一八三〇年代之风景画、平民的美术、印象派及其前后和后期印象主义。(刘海粟,《十九世纪法兰西的美术》,中华书局,1935年3月)

4月2日,蒋彝在伦敦中华协会讲《中国文学与绘画》。
(刘海粟,《欧洲中国画展始末》,1935年)

4月1日至4月28日,中国现代美术展览会移址捷克布拉格。

【引】主办机关:捷克艺术院、东方学院、布拉格博物馆。主要组织委员:捷方史伐彭斯基博士(艺术院院长)、海伦博士

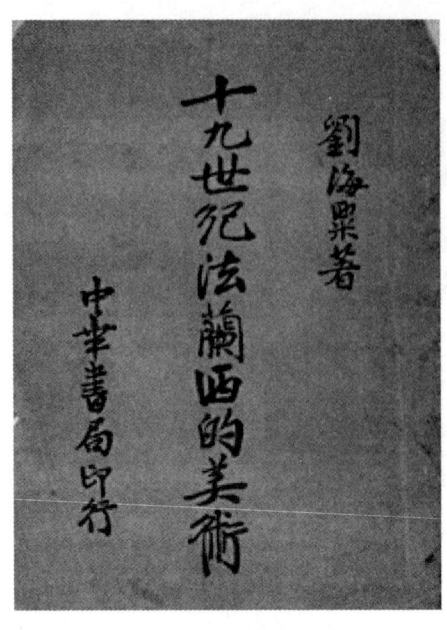

【图 1935-7】1935 年 3 月中华书局出版刘海粟著《十九世纪法兰西的美术》

（博物馆馆长）、海德玛博士（东方学院院长）。会场：布拉格博物馆。参观人数：四万余人。展出期间各种评论四十余篇。此两年来在上列各国巡回展览，其间尚有德国之耶拿、斯图加特等城市亦分别陈列一部分作品，均得相当成功。在各国展览期间，同时更举行大规模之演讲会，对中国画史及中国绘画上之"六法论"作有系统之讲演，使雅好中国绘画之人士，对于中国艺学有确切之认识。每至一地，除由海粟自己担任讲演外，并聘该国之著名东方学者或东方美术史专家公开演讲。（刘海粟，《欧洲中国画展始末》，1935 年）

4 月 9 日，上海《时事新报》刊登刘海粟复德国博物院总院长屈梅尔教授函。

【录】亲爱的屈梅尔教授：三月五日的信，我已收到。在英伦得到比尼恩及叶友教授诸君之助，中国画展获得像在柏林一样的成功。你诚恳的好意，使我十分感动。此处闭幕后，我即将你提出而得到中国政府及诸画家所允许赠与贵国的作品十六幅，保险运送柏林中国公使馆，由我们的刘公使代表赠与柏林美术院。中国现代名画厅的成立，的确是美术史上空前的创举。正如你所说，行开幕典礼那日，如其可能的话，我是必定到柏林参列盛典的。行开幕典礼以后，并希将中国画厅摄影寄中国各作家。此事不但使中国各作家在德国永留纪念，且使两国人民感情愈形亲善。（上海《时事新报》，1935年4月9日）

4月10日，捷克东方学院院长海德玛博士应刘海粟之邀在布拉格博物馆演讲《中国画学上之特点》。（刘海粟，《欧洲中国画展始末》，1935年）

4月21日，布拉格博物馆馆长海伦博士应刘海粟之邀在布拉格博物馆演讲《中国近代画史》。（刘海粟，《欧洲中国画展始末》，1935年）

5月14日，"中国现代美术展览会"欧洲巡展完毕，刘海粟于英国伦敦乘德国轮船"香化司脱"号（"桑霍斯脱"号）起程返国。（《新闻报》，1935年6月13日）

5月，刘海粟在欧洲各国主持中国现代美术巡回展览后，撰书面报告《欧洲中国画展始末》。

【引】全文8000余字。文章介绍了在欧洲诸国举办中国画展的前因后果、办展览的意义以及展览期间的行程安排和盛况。报告称："欧洲各国之东方学者及美术史家，对于中国古代美术一致推崇，唯元明以后即无艺术可言，甚至造成中国现代无文化之谬论。此次现代名画至各国展览，矛各国学者以深切研究之兴味，予各国人以普遍接触之机会，遂使各国人一变以前之错觉，深信中国艺术尚在不断长进之途中，群相叹服，且引为师法。"（刘海粟，《欧洲中国画展始末》，1935年）

【按】至 5 月为止,"中国绘画展览会"相继在德国、荷兰、法国、瑞士、英国、捷克等国多个城市举办了 15 次大型巡展。

因行政院经费紧张,并且在国内连番催促下,刘海粟婉拒了美、苏等国的展览邀请。刘海粟归国后,蔡元培、叶恭绰主导的"柏林中国美术展览会筹备会"专门上书行政院,请求补偿刘海粟个人垫付的柏林画展经费 6500 马克,以及报销刘海粟在欧洲各国巡展期间的开销。经监察院训令审计部审核后,最终因"库帑支绌",只补发了刘海粟个人垫付柏林展览的展览经费 6624 马克。

6 月 23 日,"桑霍斯脱"号抵香港,有艺术界多人欢迎,并赴各地游览,当日下午 6 时登船赴沪。(《新闻报》,1935 年 6 月 24 日)

6 月 25 日,刘海粟所乘德国"香化司脱"号("桑霍斯脱"号)轮船抵达上海。

【引】是日晚八时抵达上海公和祥码头。上海美专副校长王济远、主任王远勃、秘书鄢克昌登轮慰问,到埠欢迎者有李大超、徐佩璜、叶恭绰、钱新之、潘仰尧、杨卫玉、章衣萍、杨增扬等百余人。下榻新亚酒楼。(《新闻报》,1935 年 6 月 25 日)

6 月 27 日,上海美专在艺海堂举行欢迎刘海粟校长归国暨新制第十六届毕业典礼、附属成美中学第一届毕业典礼。

【按】先由王济远副校长致开会辞,继由刘海粟报告欧游经过,再由校董会主席蔡元培向毕业生给凭,并训词。(《申报》,1935 年 6 月 28 日)

【图1935-8】上海美专新制第十六届毕业典礼上,刘海粟在报告其游欧经过(1935年6月27日)

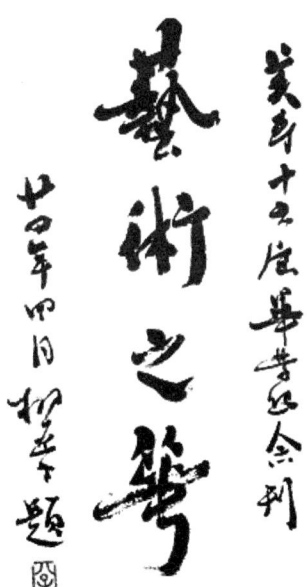

【图1935-9】柳亚子为上海美专新制第十六届毕业生题词

【图1935-10】校董会主席蔡元培曾为上海美专毕业纪念刊题词。从1923到1937年，上海美专的毕业生从他手上接过毕业证书步出了校门。图为1935年6月27日，他为上海美专新制第十六届毕业生颁发文凭

【图1935-11】孔祥熙为上海美专新制第十六届毕业生题词（1935年）

6月28日，刘海粟拜访蔡元培，呈"留德文各报刊对于中国现代画展之批评三册，又 The Studio《艺术场所》一册"。(《蔡元培年谱长编》(第4卷)，第23页)

6月29日，柏林中国美术展览会筹备处、上海各文艺集团、上海美专同人暨刘氏友好为刘海粟赴欧展画、宣扬艺术、卓著贤劳，假座上海青年会举行欢迎公宴。(《刘海粟年谱》，第133页)

6月，上海美专新制十六届毕业生纪念册刊发了上海美专校歌的五线谱主旋律谱。

【按】歌谱署名为蔡元培作歌，但未具作曲者名。在《蔡元培全集》第五卷第424页中注有："此歌词应上海美术学校嘱作，由该校音乐教员刘质平、李恩科配曲，并教师生演唱。"(《上海美专音乐史》，第15~22页)

6月，上海美专进入鼎盛期，在校各专业学员达366名。

7月1日，刘海粟与学术界名流百余人联名，电贺戏剧家熊式一在英国编译《王宝钏》一剧获极大成功。(《刘海粟年谱》，第133页)

7月上旬，北平马衡、袁同礼等发起中国博物馆协会，以刘海粟倡导文化不遗余力，此次于欧洲各国展画之余，复从事博物馆之考察，特驰函推聘加入发起人之列。

【引】刘海粟复函应允，并指出："吾国文献艺术，实为民族之精英，世界之瑰宝，外国学者得一鳞半爪，珍如拱璧，长年累月以研究；而国人反泛然视之，历年毁损及窃运国外，损失滋巨，亟宜集中，作科学的保存与管理。"(《刘海粟年谱》，第133页)

7月13日，多家报纸刊登刘海粟复中国博物馆协会信函。

【录】刘海粟回函："接奉大函，并附件一是，祇悉诸公热心倡导文化，组织中国博物馆协会，冀谋博物馆事业之建设，茂筹硕划，至所钦佩。吾国文献艺术，实为民族之精英、世界之瑰宝。外国学者得一鳞半爪，珍如拱璧，长年累月以研究；而国人反泛然视之，历年毁损及窃运外国，损失滋巨，亟宜集中，作科学的保存与管理。海粟一九三三年冬赴欧，在各国展画之余，复从事于博物馆考察。欧洲各邦，通都大邑，乡僻城市，莫不有博物馆之设立，罗致古今艺术遗品以及历史文献，此不特提高一般人民之审美观念，且资学者及考古者之研究也。关于征集、管理已成专门科学，故凡陈设、编目、缀补、储藏，皆本精确之方法而从事，因此秩然有序，蔚为壮观。吾国除北平故宫博物院外，各地虽有古物保存所，类皆因陋就简，未臻完备。今诸公卓见所及，有协会之组织，以任促进推行之责，异日发展，宁有涯涘。承推海粟为发起人，自应追随诸公之后，勉尽绵薄耳。抑尤有陈者：贵会如能附设博物馆管理员养成所，训练人才，推及于各通都大邑，依次成立分会。是不但民族精神之发扬，历史考古研究者之便利，且亦国家观瞻之光荣。此种伟举得诸公提倡，成效立著，不久当能为世界文化上立一无上便利与光荣之金字塔。兹以行装甫卸，公私捐集，不及一。"（《申报》《新闻报》《晨报》，1935年7月13日）

7月21日，柏林中国美术展览会筹备委员会于华安大厦八楼宴请刘海粟。蔡元培作专题讲话，刘海粟报告画展经过详情。

【引】出席人员：蔡元培、李石曾、叶恭绰、吴铁城、李大超、王一亭、钱新之、潘公弼、潘序伦、黄宾虹、吴湖帆、王济远、吴东迈、王个簃等数十人出席。蔡元培讲话："刘海粟先

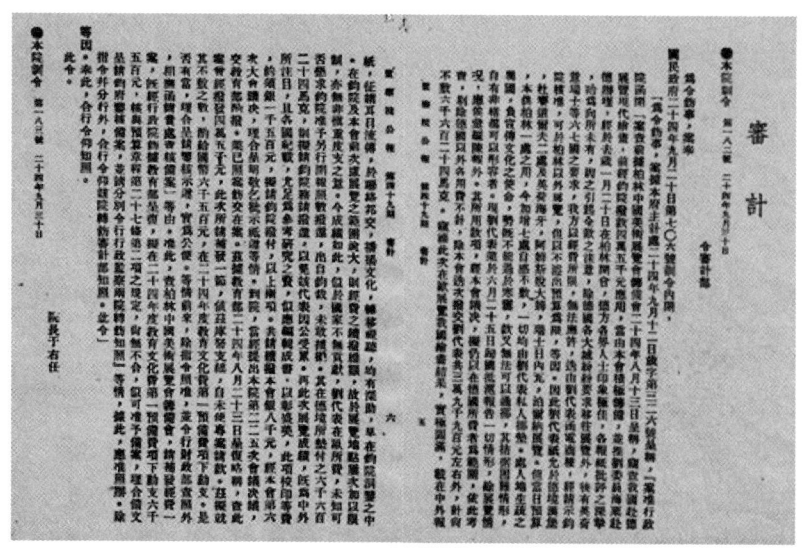

【图1935-12】《监察院公报》1935年10月5日第49期所刊监察院饬令审计部通过拨还刘海粟个人垫付柏林中国美术展览会经费的公文

生此次代表吾国赴德举办中国现代画展,获得无上光荣与极大成功。在柏林展览后,引起各国之注意,两年间,在欧巡回展览十余处,震动全欧,使欧人明了吾国艺术尚在不断的前进,一变欧人以前之误会:因其他方面,对各国宣扬艺术,以东方艺术代表自居;吾国以前则未及注意。此次画展之后,移集欧人视线,此固吾全国艺术家之力量所博得之荣誉,而由于海粟先生之努力奋斗,不避艰辛,始有此结果。此等劳绩与伟大精神,实使吾人钦佩与感谢。"(《申报》,1935年7月22日)

7月,上海美专151名学员毕业,钱仁康等9名学员毕业于音乐系。(上海档案馆档号Q250-1-14,《上海美术专科学校二五周年纪念一览》)

【释】钱仁康(1914—?),江苏无锡人。中国音乐学家、作曲家。1930 年入无锡师范学校学习钢琴、和声及作曲，1933 年 2 月入私立上海美术专科学校音乐系学习，1935 年 1 月毕业（美专第十五届）。后入上海国立音乐专科学校理论作曲组，师从黄自等学习，1940 年毕业。先后担任《音乐与教育》《音乐评论》两刊主编，华东师范大学、上海学院教授，创作有诸多音乐作品与著作。（《上海美专名人传略》，第 329 页）

是年夏，刘海粟题黄少强画集。

【引】题词："曾经有过为了神与王公而制作的艺术，现在恐怕到了为平民而制作的时代了。代表这新时代的作家之中有一人，便是门人黄少强。1935 年夏自欧罗巴展画东归。"（《黄少强集》，广州民间画馆，1935 年）

8 月 11 日，英国使馆参赞比德本在上海英国使馆设宴欢迎刘海粟。（《中央日报》，1935 年 8 月 12 日）

8 月 12 日，陈公博、陈树人在南京陵园新村公宴刘海粟。（《中央日报》，1935 年 8 月 12 日）

【按】居正、朱家骅、王世杰、褚民谊、段锡朋、谷正钢、顾树森等出席作陪，席间刘海粟陈述欧展经过。陈公博题赠"近代一人"四字。（《刘海粟年谱》，第 134 页）

8 月 13 日，行政院秘书长褚民谊在南京国立美术馆筹备处宴请刘海粟，各部部长出席作陪。（《刘海粟年谱》，第 134 页）

8 月 14 日，司法院院长居正在南京梅村欢宴刘海粟，与宴者有覃振等十余人。（《中央日报》，1935 年 8 月 15 日）

8 月 15 日，交通部长朱家骅在交通部官邸举行晚餐会，欢迎刘海粟夫妇。（《中央日报》，1935 年 8 月 15 日）

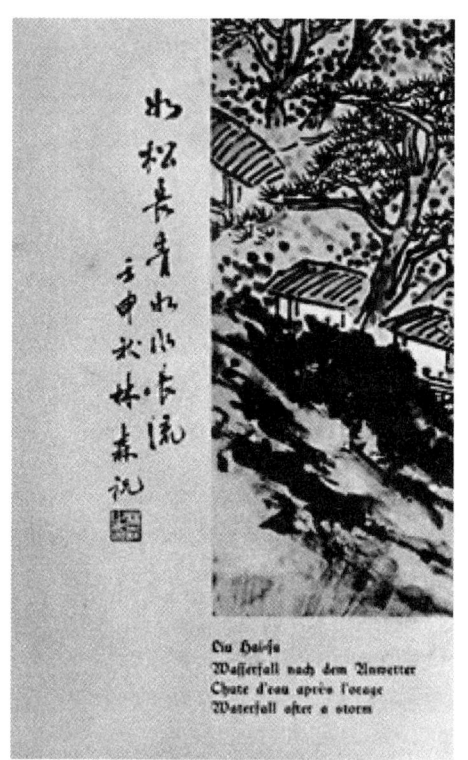

【图1935-13】林森题刘海粟国画"如松常青 似水长流"（1935年）

8月23日，柏林人文美术馆"中国现代名画廊"举行开幕典礼，德国文化教育部长茹斯特、中国驻德公使刘崇杰等中德名流出席。（《申报》，1935年8月25日）

【引】名画厅陈列我国赠与的任伯年、吴昌硕、王一亭、高剑父、高奇峰、刘海粟等名作十六帧，其中刘海粟有《葫芦》《松鹰》和《扁舟吟兴》三帧。（《刘海粟年谱》，第134页）

【按】1935年6月25日，"中国现代美术展览会"在欧州展览结束后，德国柏林人文博物院院长屈梅尔从本次展览中精选16幅作品，商请中方赠送德方，在柏林人文博物院中专门开辟"中国现代名画厅"作永久珍藏，分别为吴昌硕《紫藤》、任伯年《渔翁》、梁公约《瓶菊》、溥儒《寒岁积雪》、刘海粟《松鹰》《扁舟吟兴》《葫芦》、黄宾虹《峨眉山》、张大千《白荷》、王个簃《棱瓜》、王震《鸦柳》、高奇峰《花桥烟雨》、陈树人《紫云》、高剑父《松风水月》、潘天授（寿）《朱荷》、孙孟录《莲花》，经中国政府征求相关作者，一致同意在欧洲巡展完毕后，把上述16幅作品交付驻德公使刘崇杰转赠德方。刘海粟回国后，于1936年将16幅作品结集印行，辑成《柏林人文美术馆所藏中国现代名画集》由商务印书馆出版，刘海粟撰写序文介绍事件始末，蔡元培题签书名。然而这16幅作品在二战的炮火中遗失了。1976年7月，台湾商务印书馆将此画册作为"精印历代书画珍品第一集第三十一种"重版。

9月11日，刘海粟与谢公展、黄宾虹、夏敬观、李仲乾、诸乐三在存天阁合作中国画《鸷鸟欲下将安之》，由夏敬观题诗。（《刘海粟年谱》，第135页）

【图1935-14】1936年商务印书馆出版的《柏林人文博物馆所藏中国现代名画集》

9月24日，刘海粟《致教育部王部长条陈改善美术学校学制意见函》在《晨报》发表，次日《申报》转载。

【引】1935年9月24日，《晨报》发表刘海粟为改善美术学校学制致教育部函，次日《申报》《民报》等又转载，《意见函》大意谓："前月海粟晋京，曾与部长讨论关于我国美术专科学校学制改革等事。当蒙认为切要，并嘱起草办法。海粟以兹事体大，归沪后，叠与各方缜密讨论原则，于是草定。兹将管见，条陈如下：

一、学制之改善。查修正专科学校规程第五条美术学校定为丁种专科学校，以三年为修业期限，与工、农、商之职业性质学校相似；入学资格须高级中学毕业，又与大学各科之入学程度相似。查欧洲各国之美术学校、音乐学校，其旨在养成高级美术专家及音乐专家者，入学无一定资格，唯须经过严格考试，尤视其有无天才为准则……

二、改善之原则。提高纯粹美术：考近代欧洲各民族之发展，无一不经伟大的艺术运动与思想运动。当其国力尚未开展以前，辄有伟大的艺术家、思想家本百折不挠之精神，从事于思想运动与艺术运动，以启示国民卓绝坚忍的人格，鼓起奋发进取之精神。盖伟大的艺术家为一民族之灵魂，亘千万年而不灭。各国对于艺术建设，莫不殚精竭力，不敢后人，对于伟大艺人尤推崇备至。于兹我国民族复兴之际，对于艺术人才尤应奖掖扶植，冀有以表现此大时代的意识形态，建设我新中华民族的文化。故美术学校纯粹美术科，如习绘画、雕刻之学生，应特别提高其程度，其学年至少五年或竟不规定年限，以其平时成绩经学校评议会通过，始得毕业（巴黎美术学校即如此办法）。平时尤应注意其品性之修养与思想之训练。功课内容，力求简适深邃，而先修科目，则务求其完备……（《晨报》，1935年9月24日）

9月，刘海粟撰《石涛与后期印象派》由黑谷正人译为日文，在日本《南画鉴赏》杂志发表，10月、11月连载。（【日】小室翠云，《南画鉴赏》，1935年9月、10月、11月）

【引】绪言介绍："本文是昭和二年（1927）仲夏，上海美术学校创始人兼校长刘海粟先生到访我国时，向井土灵山翁经营的《诗书画》杂志投寄的稿件，此前曾在中国以白话文形式发表。灵山翁生前一直想把本文译成日文发表，可惜未能如愿。此次本社托请对南画研究有深厚造诣的黑谷正人先生代为翻译，先生很爽快地答应了，令本刊得以连载此文，既飨广大读者，又可遂已故灵山先生的遗愿了。"（刘海粟，《石涛与后期印象派》《南画鉴赏》，第4卷第9号，昭和十年九月一日（1935年9月1日））

9月，刘海粟与王一亭合作中国画《松鹰》，刘海粟画鹰，王一亭补松石。（该画题跋）

9月，刘海粟作中国画《高空盘鸷鸟》，王一亭、吴敬恒题词。（该画题跋）

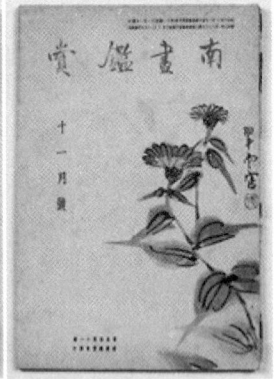

【图1935-15】【日】《南画鉴赏》第4卷第9号-11号，南画鉴赏会发行，1935年。

9月，中国书画社团"百川书画会"成立于上海。

【引】该画会以"学艺虽经纬万端""其归则一，如百川分流，同归于海"为画会名称。参加活动的会员均为中国画坛名家，其中包括刘海粟、黄宾虹、王济远、诸闻韵、吴梦非、夏敬观、潘天寿、张善子、张大千、王个簃、诸乐三等人。画会定期聚会，作画、吟诗、论艺，曾在上海"湖社"举办过新作展览会。(《中国美术社团漫录》，第162页)

9月，郑月波受聘在上海美专图案系任教。(上海档案馆档号Q250-1-158，《上海美术专科学校同学录民国二十四年第一学期（1935年9月）》)

【释】郑月波（1908—1992），祖籍广东东莞，生于新加坡。1928年考入杭州国立艺术院，因为觉得图案画很有实用价值，而转读图案系。1931年以一幅铅笔素描《万物皆吾与也》，获得美国动物保护协会举办之国际美展首奖，获颁美金数百元奖金。1933年郑月波大学毕业后，在广西、上海从事美术工作，并应刘海粟之聘，执教上海美专，后又任新华艺专图案系主任。(《上海美专名人传略》，第94页)

9月，王白渊受聘任上海美专图案系及日文教授。(上海档案馆档号Q250-1-158，《上海美术专科学校同学录民国二十四年第一学期（1935年9月）》)

【释】王白渊（1902—1965），台湾彰化人。16岁入台北师范，1925年赴日进东京美专。1932年到上海，受聘于上海美专担任图案系教师。旅居上海时，王白渊以"抗日分子"被捕，被判八年惩役，被送回台北坐监，入狱六年后释放。进《台湾日日新报》，1965年病逝于台北。(《上海美专名人传略》，第209页)

9月，陈惠龄入上海美专西画系学习，1939年7月毕业。（《上海美术专科学校自开办至结束历届学生姓名索引》，上海档案馆档号Q-250-1-120）

【引】陈惠龄（1916—？），江苏镇江人。1935年入上海美专西画系学习，1937年7月毕业后创作漫画。一幅名为《城市之光》的漫画曾被最权威的《漫画界》杂志选为封面，借卓别林在上海首映的电影《城市之光》，讽刺上海租界的糜烂之光——漫画的背景中满是妓院、土耳其浴室、性药的霓虹灯广告，卓别林和衣衫褴褛的中国喜剧演员并行。（《上海美专名人传略》，第281页）

9月，朱吾石入上海美专西洋画系学习。（《上海美术专科学校自开办至结束历届学生姓名索引》，上海档案馆档号Q-250-1-120）

【释】朱吾石（1918—1986），浙江海宁斜桥人。1934年入杭州国立艺专，翌年9月在上海美专西洋画系学习。1939年在延安鲁迅艺术学院美术系学习。曾在延安鲁艺漫画研究班、美术工厂创作和工作。后在香港为《文汇报》画漫画。1949年后历任上海《解放日报》艺术组组长、编委，《漫画》月刊主编，中国美术家协会上海分会主席，中国美术馆研究部主任。出版有连环画《小二黑结婚》《米谷漫画选》、中国画《米谷画辑》等。（《上海美专名人传略》，第405页）

9月，陈镇庭受聘任上海美专附属成美中学国画教员。（上海美专历届毕业纪念册教职员名录）

【释】陈镇庭（1898—1957），字振庭，广东澄海人。1926年到上海美专读书，在学期间，成绩卓著，受到刘海粟器重。1934年再次来美专复学，1935年6月毕业，之后留为教席。

1942年先后到泰国和越南培英学校任教,并创办"国画社",培育人才,门墙桃李,遍及泰越。在泰期间,多次举办画展,所得笔润,一概资助家乡福利事业。出版有《镇庭翎毛走兽图册》《陈镇庭画存》等。上海美专代理校长绘画研究所主任王济远为其题词为:相生相杀,一物一制。镇庭学弟画猫捕鼠深得天公之巧。(《上海美专名人传略》,第81页)

10月16日,刘海粟与黄宾虹、褚乐三、谢公展、夏敬观、李健在存天阁聚会,合作中国画《天鸡长鸣》。

【按】刘海粟写鸡,谢公展写菊,褚乐三写竹,黄宾虹写坡,夏敬观、李健题诗。(该画题跋)

10月26日,刘海粟作中国画《芦雁》。(该画题跋)

秋,作中国画《芦雁》。(该画题跋)

10月,《海粟丛刊》(国画苑)(晋唐宋元明清名画大观)由中华书局正式出版。

【图1935-16】1935年10月中华书局出版《海粟丛刊》(国画苑)一套4册

【按】全套共 4 册,第 1 册为刘海粟撰写的《国画概论》,分别系统论述晋唐宋元明清的绘画状况,第 2 册至第 4 册刊印自晋至清之历代绘画名作。正式成书出版前,《中央时事周报》曾以《艺术叛徒之艺术论》为题,从 1933 年 6 月至 1934 年 1 月予以全文连载。

11 月 4 日,刘海粟在《中央日报》撰文《一代画宗——张书旂》介绍画家张书旂。

【引】此文有曰:"浙江张书旂以创写意花卉显名于时,其运笔风驰电掣,连绵不断;其用墨深淡淋漓,浑沦旋动。"(《中央日报》,1935 年 11 月 4 日)

【释】张书旂(1900—1957),原名世忠,字书旂。浙江浦江人。1921 年 9 月考入上海美术专科学校高师科学习,1924 年毕业。1930 年由吕凤子聘为国立中央大学艺术系任教,不久提升为教授。1935 年与诸闻韵、潘天寿、吴茀之、张振铎、诸乐三等人结成艺术团体"白社",研究、探讨、发扬和传播民族绘画的优良传统,抗战爆发后随中央大学迁至四川重庆。1941 年创作《百鸽图》,此图长 3 米余,在橄榄树和杜鹃花的衬托下,生动地描绘了百余只姿态各异的鸽子,以象征、祈求和平。时值 F.D. 罗斯福连任三届美国总统,遂由当时的中国政府作为礼物,赠予罗斯福本人,深得罗斯福之喜爱,并将其悬挂于白宫,罗斯福去世后,又移至罗斯福纪念图书馆,永久收藏。(《上海美术专科学校自开办至结束历届学生姓名索引》,上海档案馆档号 Q-250-1-120);《上海美专名人传略》,第 393 页)

11 月 4 日,刘海粟撰《两年来在欧展画经过》一文每日连载于《益世报(天津版)》,至 11 月 22 日。(《益世报(天津版)》,1935 年 11 月 4 日)

11月7日，刘海粟所撰《关于米勒》一文在上海《新夜报》开始连载，13日续完。（《新夜报》，1935年11月7日）

11月，刘海粟游黄山，作中国画《古松图》《朱松》《孤松》《黄山云海》和《黄山松石》。

【引】《古松图》有蔡元培、沈恩孚、李仲乾题诗。《朱松》有沈恩孚题诗。《黄山云海》和《黄山松石》有蔡元培题词。《孤松》有陈独秀题词："黄山孤松，不孤而孤，孤而不孤。孤与不孤，各有其境，各有其用。此非调和折中于孤与不孤之间也。"（《刘海粟年谱》，第136页）

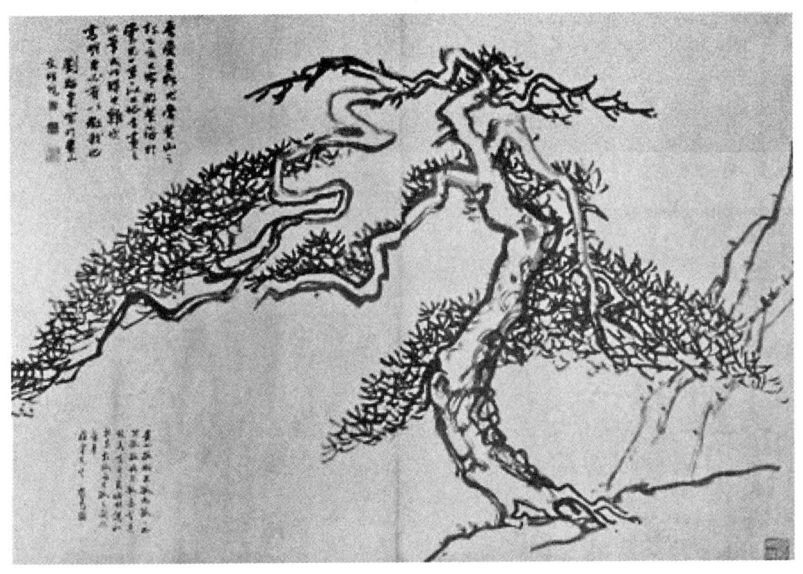

【图1935-17】刘海粟1935年作中国画《孤松》，有陈独秀题词。

11月21日，刘海粟所撰《石涛与后期印象派》在《晨报》刊载，29日和12月6日续完。（《晨报》，1935年11月21日）

11月23日，上海美专举行成立二十四周年纪念师生作品展览会。展期3天。刘海粟展出游黄山和西湖的作品。（《民报》《时代日报》，1935年11月22日）

12月8日,上海美专师生作品展览会在南京华侨招待所举行,展出中国画、西洋画460余件。刘海粟展出游黄山和西湖的作品。至15日结束。(《新闻报》《中央日报》,1935年12月7日)

12月10日,刘海粟赴北京,德国驻中国大使陶德曼于使馆设宴招待刘海粟夫妇,以答谢刘海粟赠送柏林国立博物馆作品。

【引】刘海粟来京,为沪美专主办画展。德大使陶德曼昨日中午在使署设宴欢迎刘氏夫妇,并请德东方学会会长马尔博士、报界联合会会长施太维博士、中央图书馆主任蒋复聪等十余人陪席。席间陶大使对于刘氏赠送柏林国立博物馆之画件表示十分感谢。(《中央日报》,1935年12月11日)

12月11日,顾树森撰《关于刘海粟》一文连载于《中央日报》,11、12日。

【引】文曰:海粟与余相识,逾二十年。民国初年,海粟创立美术院于沪西,其时常相过从,引为知己。……海粟之在当初,自认为艺术叛徒矣,今后中国艺术前途,苟有达到改造之一日,则海粟之叛徒,或即为艺术革命之元动也。(顾树森,《关于刘海粟》,《中央日报》,1935年12月11日、12日)

12月17日,刘海粟呈函上海市教育局。

【引】主文:呈为呈送第十四届毕业生成绩总册及毕业证书,祈鉴核,转呈教育部验印由。

案查二十二年度第二学期本校呈请举行第十四届学生毕业,奉到钧局训令教字第二一二七四号内开:"案查前据该校呈报举行第十四届毕业考试，检同册件，请予核转。当经本局据情检件，转呈教育部在案。兹奉第七五八二号指令内开：'呈件均悉。……附件分别存发。此令。'等因；附发还证件三十四件，试卷四件。奉此，合亟检同奉发原件，令发该校，仰即遵照。此令。"等因；附发还证件三十四件，试卷四件。奉此，当即遵照办理该届学生毕业试验。惟因催取诸生补具入学证件，费时甚多，以致迟延至今，实因事实上之阻滞。兹不得已将分别办理情形，具呈如下：

1. 学生黄国魂、瞿亚先二名尚未补具正式证书，俟再补报验印。

2. 学生何颖仙、邵福二名补到中学毕业证书各一纸，惟历时已久，原校成绩无法取得，用请通融办理，以维学籍。

3. 学生刘子蕙、张文华二名尚未缴具中学毕业证书及原校成绩单，俟再补报验印。

4. 鲍锡麟、袁昌祺二名，补行验印手续尚未办妥，俟再补报验印。

5. 朱谱夏、吴永清二名入学资格，尚未蒙查明饬知，应如何办理之处，乞予明示。

6. 江则明一名移于下届毕业，已经具报有案。

7. 邓增辉、须济民二名，伪造文书，已遵令开除学籍。

8. 其余正式备案及核准同等学力资格学生，理合造具毕业生毕业成绩表二份，检同毕业证书二十五件，呈请钧局转呈教育部鉴核验印，实为公便！谨呈

上海市教育局

计呈何颖仙、邵福中学毕业证书二件，本届毕业生成绩表二册，本届毕业生毕业证书二十五件。

私立上海美术专科学校校长刘海粟

二四年十二月十七日（上海档案馆档号Q250-1-106，《一九三四年至一九三七年本校新制第十四、十五、十六届毕业生举行毕业，报毕业名册、成绩与中华民国上海市教育局等单位来往文书》）

同日，刘海粟呈上函海市教育局。

【录引】主文：呈为呈送第十五届毕业生毕业成绩表及毕业证书，祈鉴核转呈教育部验印由。

案查二十三年度第一学期本校呈请举行第十五届学生毕业，奉到钧局训令教字第二六八九四号内开："案查前据该校呈报第十五届毕业生表件，连同考试委员名单、考试日程，请予核转，即经本局检件，呈奉教育部第一四九六六号指令内开：'呈件均悉。……此令。'等因；附发还证件十纸。奉此，合行检同奉发原件，令仰遵照。此令。"等因；计发还证件十纸。奉此，当即遵照办理该届学生毕业试验。至段湘荪一名，证书上"高级"之"高"字曾经涂改，业经查明系属填写时之草误，决无涂改情事；窦述先一名，系于民国十九年一月在云南省立第一女子中学毕业，查该生系由云南教育厅资助入学，每期该厅发给津贴费，均由本校转给，因此足以证明该生入学资格，决无疑义，不须再行饬查；蒋士程一名，补到浙江省立温州中学毕业证明书一件、新华艺术专科学校成绩报告单四件，随文奉呈。理合造具本届毕业生毕业成绩册二份，并检同毕业证书十七件，一并呈请钧局转呈教育部鉴核验印，实为公便！谨呈
上海市教育局

计附蒋士程毕业证明书一件、成绩单四件，第十五届毕业生毕业成绩单二份，第十五届毕业生毕业证书十七件。

私立上海美术专科学校校长刘海粟

二四年十二月十七日（上海档案馆档号 Q250-1-106，《一九三四年至一九三七年本校新制第十四、十五、十六届毕业生举行毕业，报毕业名册、成绩与中华民国上海市教育局等单位来往文书》）

12月，蔡元培题刘海粟所绘《古松图》。

【录】"海粟先生于本年十一月游黄山,在风雪中作此,不胜岁寒后凋之感。二十四年十二月 元培。"黄山之松名天下,夭矫盘拏态万方。漫说盆栽能放大(人言黄山松石恰如放大之盆景),且凭笔力与夸张。(《蔡元培年谱长编》(第4卷),第266页)

12月,商务印书馆出版了《海粟油画第二集》(二度欧游之作)。

【按】此画册编入刘海粟1934至1935年在欧游巡回举办中国现代画展期间创作的油画12幅,分别为《凫》《梵尔特之春》《凯旋门之夕阳》《蓝绣球花》《威士敏士达桥雾景》《舞瀑》《栗树林》《朝》《云峰高涧》《勃朗崖晚霭》《花》《赫姆士敦》。谢海燕作序言《关于刘海粟先生》。

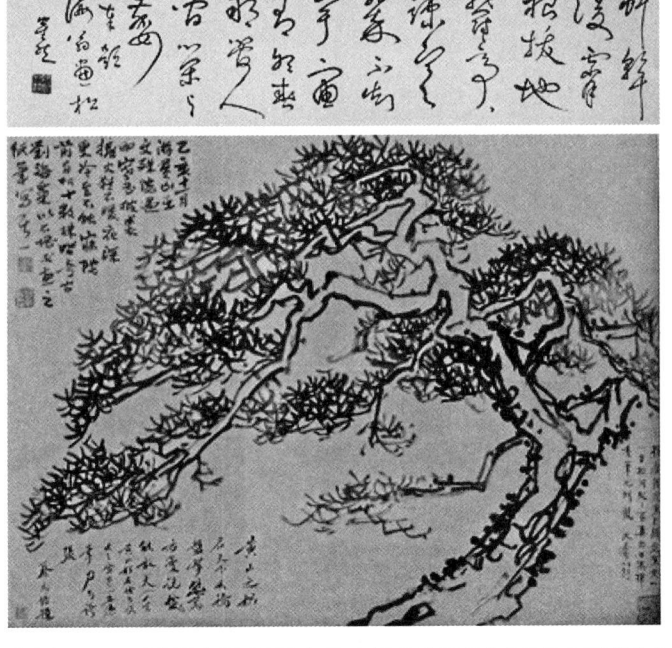

【图1935-18】刘海粟1935年作中国画《孤松》(《黄山孤松》)(107cm×154cm)刘海粟捐赠香港藏

12月，刘海粟编著的《世界裸体美术》由中华书局出版。

【按】该书是一套介绍西方人体画的画册，该书共三册，分别为"第一集 文艺复兴期（上）、第二集 文艺复兴期（下）"，书前有刘海粟撰《文艺复兴时期之裸体美术》一文，以及"第三集 十七八世纪"，书前有刘海粟撰《十七八世纪的欧洲裸体美术》一文。1940年7月再版。

是年，刘海粟作多幅美术作品。

【按】中国画《始信峰秋松》《鹭》《枯木竹石》《风雨归舟》，和黄宾虹等合作《苍鹰图》，作油画《汉普特斯西斯山林夕照》《茅家埠之秋》（《风景》）（80cm×60cm）《朝》《黄山》《西湖里庄》（《茅家埠之秋》）《人物》（65cm×53.5cm)《人体》（80cm×60cm）《秋色林泉》（《风景》）《林间小径》（《风景》）等。（作品题签）（谢海燕主编，《刘海粟》，江苏美术出版社2002年版）

【图1935-19】1935年12月中华书局出版刘海粟编著的《世界裸体美术》

是年，上海美专44名学员毕业。（上海档案馆档号Q250-1-14，《上海美术专科学校二五周年纪念一览》）

公元1936年
民国二十五年
（丙子）
40岁

1月4日，刘海粟在上海美专新学制第十七届毕业典礼上发表演讲。

【引】谓："艺术为民族精神之寄托，且为时代之前锋，每个有希望之民族，有悠久光荣艺术史。诸同学三年求学，尚不能谓为深造，希望毕业后，继续不断努力之。"（《刘海粟年谱》，第137页）

【图1936-1】上海美专新制第十七届师生合影（1936年12月2日摄）

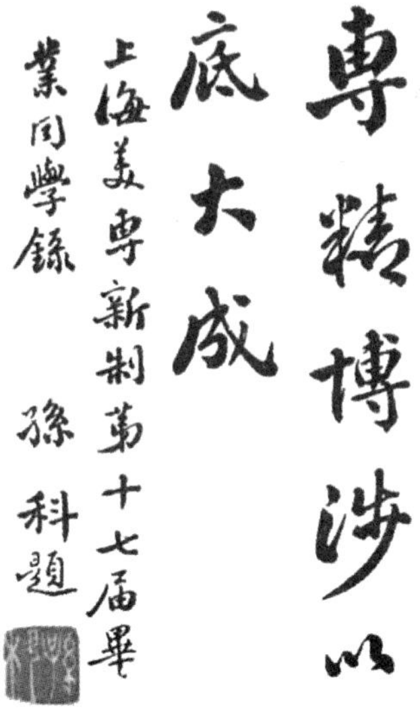

【图1936-2】孙科为上海美专新制第十七届毕业生题字（1936年1月）

1月14日,《立报》登上海美专欠租,刘海粟被控告的消息。

【引】上海美术专科学校,为了积欠房租一万四千二百余元,被业主南市丽园路浙绍永锡堂会馆的法定代理人魏鸿文状二特法院。结果:被告在本年三月底先付欠租八千元。(《立报》,1936年1月14日)

1月,刘海粟撰写《蔡子民先生七秩大庆创设"子民美育研究院"启》,以至告示。

【引】《启》谓:今先生年七十矣,神明坚强一如壮年,自志道以至游艺一一以贯之,冀有以挽救隤俗,而巩固国基,握消息之枢机,树廉隅之坊表,其功其志,实足以寿人而寿世。今岁值先生七十揽揆之辰,同人等觞先生于国际大饭店,谋所以寿先生者,而先生则谦让未遑。窃念先生学识思想,致力于美育事业,固功在国史,名满寰区。爰即席发起创设"子民美育研究院"以寿先生,用以革除世俗之殆敝,导人类精神于大同,既询谋佥同,遂邀得先生首肯。因次第推举负责筹备委员,数月以来,积极进行,已略具端倪。兹院之设,纪念先生,不过私人之景仰;然在国家文化关系甚巨,非规划宏远,不足以垂永久。是以同人集议基本工作,先筹基金十万元,其筹集方法另定。祝寿金及募捐办法以馈仪移助基金,初无悖先生寿世之念。仰维先生曩昔讲学"北大",及迭次主持学政,其荷先生教泽,成名成业,扬厉中外,与夫海内同志景仰盛德,及私淑先生者所在皆有。此次谋设"美育研究院"为先生寿,以成先生素志,想为当世宏达所欣愿者也。嵩高在望,万流同源,大德名山,仁者斯寿!是为启。
(《申报》,1936年4月15日)

1 日，刘海粟作中国画《寒江独钓》。（作品题跋）

1 月 30 日，潘玉良被聘请为上海美专绘画研究所主任。
（《申报》，1936 年 1 月 30 日）

【释】潘玉良（1895—1977），原名陈秀清，江苏镇江人，生于扬州。幼丧父母，家贫，身陷青楼，改姓张，后为安徽潘赞化妾，随夫居沪，从夫姓。在上海美专教授洪野辅导下学画。1920 年 9 月插入上海美术专科学校西画科二年乙级学习。1921 年考取公费留学法国，先入里昂中法大学，后转入里昂国立美术专科学校。1923 年进巴黎国立高等美术学校，与徐悲鸿同学。1925 年毕业，入意大利罗马国立美术学院学油画，1927 年考入雕塑班。1928 年 9 月至 1929 年 1 月任上海美专西洋画系主任，制定了西画系教室守则。1932 年 9 月至 1937 年 1 月任上海美专附设绘画研究所主任兼西洋画组导师，后任南京中央大学艺术系教授。1937 年移居巴黎。曾任巴黎中国留法艺术会会长，多次参加法、英、德、日、希腊、比利时、瑞士等国画展，作品在比利时获银质奖章，在法国巴黎大学获多尔烈大奖等。毕生创作大量油画，作品富有感情色彩，并具东方典雅美的特色。兼作雕塑。1977 年于巴黎逝世后，根据其遗愿，上千件遗作由安徽省博物馆收藏。（《上海美专名人传略》，第 174 页）

1 月 30 日，留法归来的张澄江被聘请为上海美专雕塑系主任。（《申报》，1936 年 1 月 30 日）

【释】张澄江（1911—1940），名大烈，字澄江，江苏江阴人。1925 年 9 月与堂兄张大炎同时考入上海美专西画系，1929 年 7 月毕业。张大炎留校任教，张澄江赴法国巴黎高等美术学校，师从雕塑大师保罗·朗督斯基（钟山陵孙中山坐像作者），专攻雕塑。留法期间与何香凝、邹韬奋、周思润过往甚密，尤得何香凝喜爱，认为义子。曾与何一起出席了其师王济远 1931 年在法国举办的个人展览会。1933 年商务印书馆发行他与王济远合编的《蓬蓬雕刻集》，向国人介绍了法国著名的动物雕刻家弗朗索瓦·蓬朋，同时也把自己的雕塑作品寄回国内发表。《良友》68 期发表了他《友人像》《老人像》和《青年像》三个铜塑头像作品。（《上海美专名人传略》，第 250 页。）

2 月 9 日，蔡元培七十大庆，上海各界暨中华职业教育社、上海美专等六团体假座国际饭店，为蔡元培祝寿。

【引】出席人员：黄炎培、何应钦、张学良、王一亭、王晓籁、杜月笙、梅兰芳、王云五、沈钧儒、柳亚子、马公愚、郎静山、潘玉良、刘海粟等 170 余人。先由孙科作祝词，继由蔡元培答词。席间，吴铁城等提议，组织一文化机关，纪念蔡先生，一致议决发起孑民美育研究所（院），推孙科、孔祥熙、柳亚子、吴铁城、王晓籁、刘海粟、王云五、潘公展等为筹备员。席间，孙科即席题"老当益壮"四字，王一亭、刘海粟、阎甘园即席挥毫，画松柏多帧为寿。沈恩孚、柳亚子等即席赋诗。（《申报》，1936 年 2 月 9 日、12 日）

2 月 27 日，刘海粟参加上海圆明园路万国艺术剧院举办的中国近代洋画展。（《申报》，1936 年 2 月 27 日）

2 月，《刘海粟国画》（第二集）由商务印书馆出版，收录作品 19 幅。

【按】画册内有与王一亭（王震）合作的《松鹰》，与黄宾虹、谢公展合作的《天鸡长鸣》，与何香凝合作的《瑞士勃朗崖》，与顾树森合作的《枯木竹石》等。书前采用大不列颠博物院院长罗兰士·必宁（Laurence Binyon 1869—1943）于 1935 年

【图1936-3】上海圆明园路万国艺术剧院举办中国近代洋画展,图为画展出品人在该院合影。自左至右:庞薰琹、张弦、刘海粟(身着西服)、陈人浩、郁风女士、周多、潘玉良女士(身着条文旗袍)、倪贻德、成家和(刘海粟夫人)、刘抗、王济远等(1936年2月27日)

【图1936-4】(《申报》)1936年2月27日载:中国现代画展在圆明园路50号举行,至3月12日止。其间恰逢喜剧大师卓别林造访上海,参观展览后与潘玉良亲切握手。

为刘海粟举办的伦敦"中国现代名画展"所撰评论文章作为《代序》。（刘海粟，《刘海粟国画第二集》，商务印书馆，1936年2月）

2月，刘海粟主编的《世界名画集》第六集《玛提斯》、第七集《莫奈》由中华书局出版。（刘海粟，《世界名画集·玛提斯》《世界名画集·莫奈》，中华书局，1936年2月）

【图1936-5】1936年2月刘海粟主编的《世界名画集》第六集《玛提斯》、第七集《莫奈》由中华书局出版

3月1日，上海美专任课教师胡然与上海工部局乐队合作演出男高音独唱节目。（《上海美专音乐史》，第97页）

【释】胡然（1912—1971），字曼伦，笔名映芬，湖南益阳人。1930年入国立上海音乐专科学校学习声乐。1935年9月至1938年1月任上海美专声乐教授。1936年，胡然由上海工部局管弦乐队意大利籍指挥家梅·帕器推荐，参加上海雅乐社举办的海顿清唱剧《创世纪》的演出，担任男高音独唱，受到社会各界的赞扬。抗战期间，在桂林、重庆等地从事演唱和教学。1945年

在南京中央大学音乐系和国立音乐院任教。次年在长沙创办湖南音乐专科学校。1949年移居香港，后定居美国。（《上海美专名人传略》，第115页）

3月3日，刘海粟在上海存天阁为《柏林人文博物馆所藏中国现代名画集》撰序。（《柏林人文博物馆所藏中国现代名画集》，商务印书馆，1936年）

3月15日，刘海粟、王济远等发起组织"中华美术协会"成立于上海，推刘海粟、王济远等组成大会主席团，蔡元培、吴铁城、孙哲生等莅会演讲。（《申报》，1936年3月16日）

【引】1933年在南京成立了"中国美术会"后，因不少蛰居上海的美术家对此表示冷漠，一些没参加"中国美术会"的画家联合起来自发组织了"中华美术协会"。画会在上海召开成立大会，选举刘海粟、王济远、谢建白、马公愚、谢公展、鄢克昌、潘玉良、谢海燕、倪贻德、吴公虎、李健、施翀鹏、向培良、徐则骧、宋邦干等十五人为理事，聘请国内知名人士阎甘国、柳亚子、陈鹤琴、顾树森、李浩然五人为监事。1936年9月24至30日，在中华美术协会假上海大新公司（今上海市第一百货商店）四楼举行第一届美术展览，引起全国画坛的注目，许多书画家纷纷要求参加画会。时值抗战开始后，会员各奔东西，画会无法正常活动而终止。（《中国美术社团漫录》，第168页）

【释】吴公虎（1904—1977），又名世彰、云飞，祖籍海南儋州，广东南海人。北大政治科肄业，复考进国立北平大学艺术学院中国画系，毕业后奉派出国考察美术，经日本、南印度洋群岛诸地，归来任教于各美术院校，1936年2月始任上海美专国画系实习教授。1939年挟画南归，公展于香港，以所得款赈济海南灾民。画工花卉，善作紫藤，老树枒槎。纵横差错，气力雄厚。（《上海美专名人传略》，第222页）

3月28日，简又文（广东人，立法委员）在其寓所举行文艺雅集，欢迎画家高剑父到沪，蔡元培、林语堂、刘海粟等应邀出席。（《申报》，1936年3月30日）

3月31日，刘海粟五子刘麟出生于上海。（《刘海粟年谱》，第137页）

3月，刘海粟作中国画《雪江独钓》，李仲乾、陈独秀题字。（《刘海粟年谱》，第137页）

4月15日，刘海粟、王云五、柳亚子等人为庆祝蔡元培七十大寿发起创建子民美育研究院。（《申报》，1936年4月16日）

4月，《海粟丛刊》（国画苑）再版。（刘海粟，《海粟丛刊·国画苑》，中华书局，1936年4月）

4月，李仲乾为刘海粟所作中国画《山君真相》题字：

【录】题曰"山君真相。海翁画此虎，笔用中锋，盖右军龙爪书笔法也。"（《刘海粟年谱》，第138页）

【图1936-6】刘海粟1936年作中国画《山君真相》，李忠乾题字。

是年春，刘海粟作中国画《重林叠嶂》和《威而不厉》（双虎）等。（《刘海粟年谱》，第138页）

5月1日，刘海粟致函张弦、刘抗。

【录】弦、抗二弟：来书悉，旅行一切想已安顿妥当。粟以校事牵缠（尤其是调款），势难来青如此生活，云何谈艺。粟为美专所累如陷大泽，如坠深壑，攀缘不得，精神痛苦已达极默。旅行队经费务必量入为出，万不得已时只可缩短期限，尚有应支之数六百八十元，即嘱寄去（如来信需要时）。附致同学函，望转交。即颂日社。海手启，五月一日。望多多作画。（《刘海粟刘抗师友书信录》，第22页）

5月9日，刘海粟致函张弦、刘抗。

【录】弦、抗二弟：惠书欣悉，粟满拟来青写生并举行画展，奈何校中经费着着紧逼，使我脱身不得，现已坠入十八层地

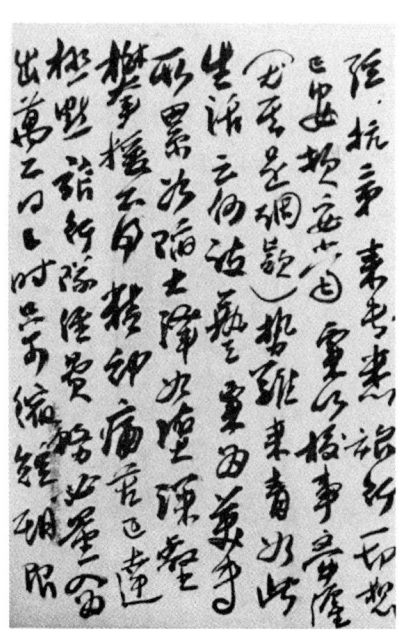

【图1936-7】1936年5月1日，刘海粟致张弦、刘抗函（局部）

狱。暑天想至青岛作画、展览；一般人必那时至其地也。最近期内如能集款告一段落，即拟去黄山作画。画兴十分浓厚，种种牵制，即使有些灵机，也已减得净尽。校内一切都上轨道，以前欠款陆续还清，真非易易。诸同学返校后可举行一旅青画展，当为一般人所注意。沈市长及杨津生先生处请代达谢意。何日返校望速示知！以预定日期，十五日想可到沪矣。余不赘，即颂旅社。海，九日。（《刘海粟刘抗师友书信录》，第25页）

5月10日，中国画学出版社编辑的《国画》月刊第2号刊载刘海粟撰写的《艺术的革命观——给青年画家》。

【引】全文5000余字。作者认为："我们学画的目的，不是这样的。要做时代的前锋，要做思想的前导者，不是供人鉴赏便可以满足的。中国外国一样，一两千年以来的艺术，误在供帝王和达官贵人的鉴赏而形成一种院体派，西洋叫阿克特米（academia）。画这种画的人，可以得到官职，以为荣耀，那就一生一世走不出这个圈子了，帝王欢喜怎样的画，他就怎样画。可是一般的帝王都是庸庸碌碌的，只爱表面，哪里懂得什么艺术，所以院体派专讲求表面好看。艺术革命就要对这派革命。"此文又载1947年《美术年鉴》。（刘海粟，《艺术的革命观——给青年画家》，《国画》月刊第2号，1936年5月10日）

5月13日，蔡元培致函刘海粟，言有事不能赴刘之宴请。

【录】"海粟先生大鉴：闻贵体小不适，想日来已康复。承招晚餐，至为感荷。唯今晚已约自北平来沪之友人在敝寓晚餐，不克分身趋陪。心领，谢谢，祈鉴谅。专此，敬祝晨安。夫人均此。弟元培敬启。"（《蔡元培全集》第13卷，第56页）

5月24日,刘海粟和蔡元培、沈恩孚、潘公展、顾荫亭于杏花楼酒家共饮。

【引】酒后,作中国画《秋柳八哥》,顾荫亭补竹,蔡、沈题诗。蔡元培题:"老树如攫人,修竹乃吾友。若闻好鸟鸣,佛耳笙歌后。"沈恩孚题:"择木而栖,既借一枝。愿虚尔心,以竹为师。"(《刘海粟年谱》,第138页)

【图1936-8】刘海粟、蔡元培、沈恩孚、潘公展、顾荫亭创作中国画《秋柳八哥》,1936年5月24日。

5月,刘海粟翻译《现代绘画论》(T. W. 厄普原著)由商务印书馆出版。

【引】此书列为上海美术专科学校丛书第二种。全篇约35000字,商务印书馆发行。分为7章,主要论及后期印象派以及野兽派、立体派等新兴画派。刘海粟在1936年5月15日序言中说道:"因为我爱好塞尚、马蒂斯等人的作品的缘故,近来那般诋毁他们的人,对我也肆意攻击,冷讥热骂,无所不用其极。他们的批评固然很恶毒,但同时也是最没有力量的,因为学术是天下公器,不是一二人偏颇的私见所可左右的;个人的跋扈,图其个人一时的痛快则可,如欲欺骗万世万人,则徒然暴露其个人的浅薄无知,成为笑话。我平生对于横逆之来,素肯顺受,唯有对于学术的真理,不肯轻易迁就人家,所以我对于人家之对我暗地中伤,我只有替他们惋惜。……我与本书的原著者T. W. 厄普

【图1936-9】1936年商务印书馆出版英国厄普(T.W.Earp)原著、刘海粟翻译的《现代绘画论》

虽只有一面之缘，但他在本书里所提供的意见，确有许多与我共鸣的地方。他在巴黎居住多年，对于巴黎画坛的情形甚为熟悉，本书所论作家，他大半都与他们会面过，并和他们在一块生活过，所以对于各作家的思想、生活以及绘画的渊源，都有直接的观察和精当的论衡。他是英国人，是博格·弗赖伊死后最受人重视的一个艺术批评家……本书的原著是去年 Studio 的春季专刊，从印象派说起，直至现今的种种绘画趋势为止。原著的书名叫《*Modern Movemerit inPainting*》。我把它译作《现代绘画论》，是因为本书的内容是在评论现代绘画，不是仅仅叙述现代绘画的史实。"

（T·w·厄普著，刘海粟译，《现代绘画论》，商务印书馆，1936年5月）

5月，刘海粟作中国画《白猿》和《溪山林薮图》（《溪亭闲话》）。又与吴茀之、王个簃合作中国画《芦雁》，马公愚题句其上："寒烟呼其群，江湖正萧瑟。声入诗人心，写出画师笔。"（《刘海粟年谱》，第139页）

【释】吴茀之（1900—1977），浦江县前吴人。1922年2月考入上海美术专科学校高师科图工系，1925年1月毕业。任苏州第一师范和淮安中学美术教师。1929年9月至1939年1月任上海美专中国画系花卉教授。1939年赴滇任国立艺术专科学校教授。1944年应潘天寿之邀，回国立艺术专科学校任国画系主任。对国画理论及古画鉴赏亦有精深的研究。著有《中国画概论》《画微随感录》《中国画十讲》等，出版有《吴茀之花鸟画集》。1957年起复任中央美术学院华东分院（浙江美术学院前身）教授、中国画系主任。1977年7月26日病逝于杭州。（《上海美专名人传略》，第221页。）

【释】马公愚（1894—1969），浙江永嘉（今浙江温州）人。擅画花卉，笔法崇尚明人，尤工书法、篆刻。1928年9月至1937年6月任上海美专中国画系书法教授。蜜蜂画会和中国画会的主要成员。1956年为上海中国画院画师、上海市文史馆馆员。著有《书法讲话》《书法史》《畊石簃杂著》等。(《上海美专名人传略》,第161页)

5月,刘海粟编《柏林人文博物馆所藏中国现代名画集》由商务印书馆出版。(《柏林人文博物馆所藏中国现代名画集》,商务印书馆,1936年5月)

6月8日,刘海粟致函刘抗。

【录】刘抗学弟:书悉。粟来京十日,各事大忙致未作书为歉。展览会每日观者数千人,至今不衰,法秋季沙龙亦不过此!迩日在各校讲演,听者人山人海,五体投地,可惜我无此精力。薪水问题,附去手条当可解决,校中各事,请你注意,帮同王先

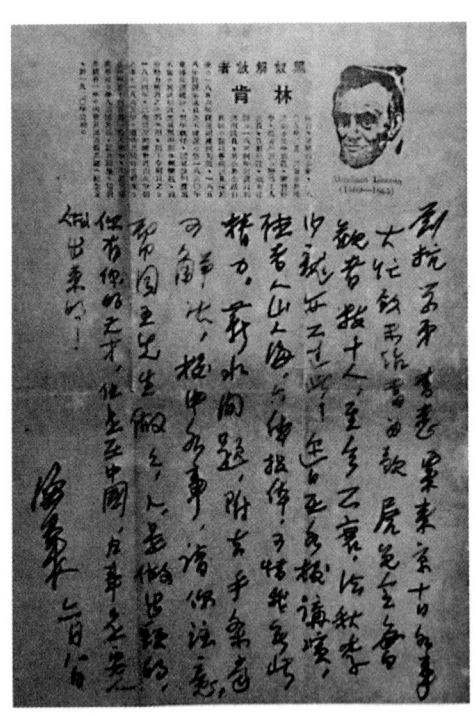

【图1936-10】1936年6月8日,刘海粟致刘抗函

生①做做。人，是做出头的，你有你的天才，但是在中国，凡事是要人做出来的！海粟六月八日。（《刘海粟刘抗师友书信录》，第28页）

6月18日，蔡元培为刘海粟二度欧游作品展览会题词。

【录】"刘海粟先生最近携吾国现代画家作品赴柏林展览，并展览于德国其他都市及瑞士、荷、英等国，备受揄扬；更有留赠之品，永久保存于柏林之美术馆，其宣扬国光之功甚伟。缘是得广览各国自然之美与文化之高，历访美术馆，见古今艺术演进之程序，更与当代美术家上下其议论，对于自身艺术之影响，决非微薄。故刘先生此次欧游以后之著作，渴望先睹者甚多。今特取最新作品，定期展览，其材料之新颖，意境之深远，必有出于预想之外者，拭目俟之。蔡元培。"（《时事新报》，1936年7月1日）

6月18日，上海美专举行新制第十八届毕业生暨附中二届毕业生师生作品展览会，刘海粟出席并作报告。

【引】刘海粟展西画《双牛》等作。（《大公报》上海，1936年6月19日）

6月，刘海粟作中国画《啸虎》，王个簃补成并题。

【录】"高踞岩肩，孔武有力，长啸一声，百兽敛迹。"（该画题跋）

---

① 指代理美专校务的副校长王济远。

6月,《海粟丛刊·西画苑·欧洲名画大观》由中华书局出版5册本;蔡元培题写书名。(刘海粟,《海粟丛刊·西画苑·欧洲名画大观》,中华书局,1936年6月)

7月1日,刘海粟二度欧游作品展览会在上海南京路大新公司4楼开幕。

【图1936-11】刘海粟编著《海粟丛刊·西画苑·欧洲名画大观》1936年6月由中华书局出版

【图1936-12】上海美专新制第十八届暨附属成美中学高中第二届毕业师生合影(1936年6月)

【引】先由中央研究院院长蔡元培主持开幕典礼，上海市市长吴铁城揭幕，教育部长王世杰作序。展出中国画、油画300幅。《时事新报》《新闻夜报》为之出版特刊。画展期间，《辛报》选登刘子英《读叛徒画后》《谈刘海粟之画》、江兼霞《刘展之又一微辞》，乃撰《关于评刘海粟画展的总答复》，对上述数文提出高丽纸和桑皮纸渲染不出气韵生动，画家不能临摹，展品中不见素描，少作人体等问题，一一作了解释，也于该报发表。（《申报》，1936年7月1日）

7月2日，《申报》全文刊载蔡元培为刘海粟二度游欧作品展览会所作开幕词。

【引】蔡元培致辞大意：刘海粟先生，当代画宗，从事新艺术运动二十余年，吾国画史至刘君乃分一大鸿沟，英法艺坛领袖如赖洛阿、别宁、奎迈，共推为中国文艺复兴之大师。其天才学力，经历身价，世人知之详审，予不复能赘一词。二十二年刘君一度赴欧展画，经德、荷、瑞士、法、意、英、捷，所至欢迎若狂，舆论至佳。《柏林日报》、英伦《泰晤士报》，至谓中国有如此文化，吾人尚图侵略，实乖理性者。德、法政府，复在柏林、巴黎国家美术馆，特辟专室，陈列刘君近作，予因之有感焉。夫艺术无论古今中西，要当观其大通。乃自国势凌夷，凡百衰落，一时学者，醉心欧化，一切的一切，悉为欧人是师，抑若吾国数千年来竟无一人足取者。吁！此种观念，实太妄自菲薄也。我总理民族主义及心理建设，拳拳于固有之文明国粹，意义深远。今刘君挟其绝艺，播扬于国际，使欧人知吾国大有人在。归国以后，复集其欧游各国所作展览于沪上。吾观刘君作品，深信艺人之活动，于我国民族复兴之大业，有深切之关系焉。（《申报》，1936年7月2日）

7月2日，上海《新闻夜报》出版《刘海粟君欧游画展特刊》。

【引】刊登可疆《中国新美术之导师》、何勇仁《我希望刘海粟先生做一个轰烈的叛徒》、黄昌铨《刘海粟先生的画》、毛以亨《海粟画展感言》、益论《刘海粟先生》各文及展品。

7月5日，刘海粟作中国画《仿李流芳山水画》。

【录】题"二十五年夏日，访荫亭于金陵，见其书斋挂李流芳山水一，清奇高古，拈笔临之"。（该画题跋）

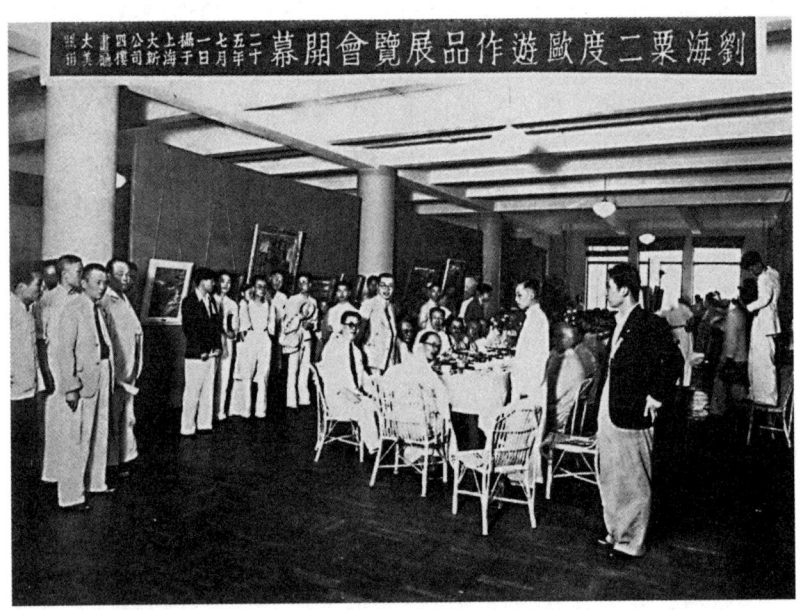

【图1936-13】刘海粟二度欧游作品展览会在上海开幕，中央研究院院长、上海美专校董会主席蔡元培主持开幕典礼，上海市市长吴铁城，教育部长王世杰及王一亭、钱新之、王晓籁、高剑父、梅兰芳、李公朴等各界名流千余人出席了开幕式（1936年7月1日）

7月6日,《辛报》刊登署名刘子英的文章《读叛徒画展》。

【引】刘子英观点:刘海粟二度欧游作品展览陈列的作品多数是旧作品,并指责他尽用高丽纸和桑皮纸画中国画,未能达到气韵生动。(《辛报》1936年7月6日)

【按】晚,上海美专职员和学生4人前往《辛报》馆,指责该报刊登刘子英的文章。

7月7日,刘海粟由南京回上海。晚九时,得知《辛报》刊登刘子英的文章及美专职员和学生前往责问的情况。(《刘海粟年谱》,第140页)

7月9日,《辛报》发表署名江兼霞的文章。

【引】文曰:"刘先生是艺术大师,自称'艺术叛徒',该以创作为重,为何在这橱窗内陈列一张'临画'(指陈列在大新公司橱窗里的《但丁与维吉尔》)"。(《辛报》,1936年7月9日)

7月11日,《辛报》又发表刘子英的文章。

【引】文曰在刘海粟的画展里,不见一张木炭画(人体素描)或铅笔钢笔的速写,"大师以西画闻于世,'人体构画'未见一幅,即普通人体油画也寥若晨星"。(《辛报》,1936年7月11日)

7月12日,《辛报》续登刘子英评刘海粟的文章。

【引】刘子英称"中国把诗书画作三统一体;凡能画者,必能诗能书。若只是能画不能诗书,便谓之'画匠'";"海粟先生既自认为'东方文艺复兴大师',怎么大部的画只能签签名,或写些时髦年号如'新纪元''建国'之类"。(《辛报》,1936年7月12日)

7月13日,上海美专暑期学校开学。

【引】设国画、西画、图案、雕塑、音乐、劳作。(《大公报》(上海),1936年7月9日)

7月16日,就刘子英等的文章,刘海粟撰《关于评〈刘海粟画展〉的总答复》一文。(《辛报》,1936年7月16日)

【按】《辛报》是日起至23日刊登全文。文章就气韵生动、临摹、创作题材、题诗、展览绘画的意义等方面阐述了自己的观点。

7月18日,蔡元培致函教育部长王世杰,为上海美专列名师训练班通融。(《蔡元培年谱长编》(第4卷),第321页)

7月19日,刘海粟二度欧游作品展览会原定至15日止,因参观者踊跃,延期4日,至是日闭幕。(《大公报》(上海),1936年7月19日)

【按】苏联大使鲍格莫洛参观画展,购《清潭水牛》一帧,并希望刘海粟能于明年春天在莫斯科举行画展。立法院长孙科购《知白守黑》一帧,立法委员吴经熊购《苏东坡及其二友》一帧。整个展览期间,被购藏作品57帧,所得数万金,全部移交上海美专。(《刘海粟年谱》,第141页)

7月21日，刘海粟赴青岛，应全国图书馆协会、博物馆协会联合年会之约，作艺术讲演。（《玫瑰画报》1936年第44期，1936年7月27日）

7月23日，刘海粟致函刘抗。

【录】抗弟：前在病院一函当达览，暑后吾弟能否来沪，甚念。顷接人浩弟来函，述吾弟意欲来沪从游等语，观此则粟在病院所发一函又似乎并未收到。粟新从南京归来，一周后赴普陀山。吾弟如能从速来沪，更可往普陀共同作画。美专精神甚好，目下人才集中，吾弟如能担任教授油画及水彩静物更妥。余不赘。能来则快来。海粟　七月二十三日。（《刘海粟刘抗师友书信录》，第30页）

7月，上海美专125名学员毕业，康讴等9名学员毕业于音乐系。（上海档案馆档号Q250-1-14，《上海美术专科学校二五周年纪念一览》）

【释】康讴（1914—2003），福建长汀人。1933年考入上海美术专科学校音乐系，1936年毕业后任上海市教育局音乐视察。后赴重庆加入中央广播电台管弦乐团，1940年加入国立音乐院实验管弦乐团，担任第一小提琴手，在此期间曾参加演出《秋子》《苏武》《荆轲》《红梅》等中国歌剧，担任第一小提琴手或指挥。1949年举家迁往台湾。康讴对音乐的最大贡献是主编了1980年4月大陆书店出版的《大陆音乐辞典》，到1999年2月时此部音乐辞典已再版印行了13次。（《上海美专名人传略》，第314页）

7月，上海美专校歌再次修改并公布钢琴与合唱五线谱。

【按】据刘海粟《忆蔡孑民先生》一文载，1931年上海美专校歌又修订过一次。将民国十五年（1926）与民国二十年（1931）

的歌词相对照，除了第四句中的"渊泉"两字改为"源泉"，以及修改了几个标点符号外，未做大的改动。对照现在可见三种版本的歌词，这个版本的校歌已做了大幅度的修订、删改。

> 我们感受了寒温热三带变换的自然，
> 我们承继了四千年建设文化的祖先，
> 曾经透彻了印度哲学的中边，
> 而今又感受了欧洲学艺的源泉。
> 我们要同日月常新，
> 我们要似海纳百川。
> 我们现在彻底的受了母校的陶甄，
> 将来要在全世界上发扬我们国光而绵绵。
> 啊！我爱我的中华万年！
> 啊！我爱我的母校万年！

刘海粟的著文应该是准确的，何况还有《蔡元培全集》中的蔡文印证。在1937年7月上海美专新制第二十届毕业生纪念册上，发表有上海美专校歌的钢琴伴奏谱。这是一份很有历史感的珍贵原件，谱面上标明乐曲的速度与情绪为"快活而庄严"，同时还标注了作曲者是宋寿昌、麋鹿萍。这份材料应是可信的。

8月8日，青岛市政府主办的"刘海粟近作展览会"在青岛太平路博物馆筹备处开幕。（《青岛时报》，1936年8月8日）

【按】下午4时，青岛市市长沈鸿烈为此举行茶话会，招待各国驻青岛领事及各界名流。展出作品80幅。《青岛时报》发行展览会特刊。展览至13日闭幕。

【图1936-14】上海美专第三版校歌作曲者之一宋寿昌

【图1936-15】上海美专第三版校歌作曲者之二糜鹿萍

【图1936-16】刊登在民国二十六年七月（1937年7月）上海美专新制第二十届毕业生纪念册上的校歌谱

8月22日，刘海粟乘火车到达济南，山东教育厅厅长何思源、山东艺术学会张绍华等数十人到车站迎接。(《刘海粟年谱》，第141页)

8月23日，由山东艺术学会主办的"刘海粟近作展览会"在济南青年会二楼开幕。(《刘海粟年谱》，第141页)

【引】8月24日《山东日报》为之出版特刊。下午，由山东省教育厅长何思源陪同，往山东省政府官邸谒山东省主席韩复榘。晚7时，应山东艺术学会之邀，在济南青年会主持中国艺术专科学校筹备委员会成立会议，并举行首次筹备委员会会议。(《刘海粟年谱》，第114页)

8月24日，晚8时，刘海粟在济南青年会大礼堂演讲《中国艺术西渐》。(《刘海粟年谱》，第141页)

8月25日，由山东省教育厅长何思源陪同，刘海粟赴曲阜、泰安游览。游览期间，在曲阜孔陵与孔德成等合影，在泰安岱庙作中国画《古柏图》。(《刘海粟年谱》，第141页)

8月，刘海粟致函刘抗。

【录】抗弟：日前得弦兄逝世噩耗，悲恸欲绝，万念俱灰。弦兄致力艺学，坚苦卓绝，今不幸短命而死，天道无常。今后吾道益孤。明日赴济南，搁三数日即图南归，余面继不一一。专此，即拜日社。海手启。弦兄画件望即封锁，当为图善后抚孤等费。(《刘海粟刘抗师友书信录》，第33页)

秋，蔡元培致函教育部私立高等学校补助费分配委员会各委员函，为上海美专申请补助通融。(《蔡元培年谱长编》(第4卷)，第347页)

9月10日，上海美专工艺馆开馆，陈列古代工艺品、各地

【图1936-17】刘海粟近作展览会在青岛举行，图为刘海粟与夫人成家和在曲阜孔庙大成殿外留影（1936年8月8日）

民间工艺品、工艺参考品、工艺原料及历年学生工艺成绩等。（《大公报》（上海），1936年9月10日）

9月24日，中华美术协会第一届美术展览会举行，至10月2日闭幕。刘海粟与王济远、倪贻德、何明斋、谢公展、阎甘园、谢海燕等为该展览会筹备委员。（《大公报》（上海），1936年9月27日）

9月，刘葵中受聘任上海美专辅导襄理、生活指导组主任至1944年1月。（上海档案馆档号Q250-1-120-2，《上海美术专科学校二十五周年纪念一览（二十五年十二月）》）

【释】刘葵中（1890—1960），字阳午，江苏沭阳人。擅长书法、国画。幼年即喜习书画，花卉学吴昌硕，书法宗李梅庵，1925年9月入上海美专西画系学习，1927年1月毕业。浙江教育出版社1991年10月出版的《姜丹书艺术教育杂著》刊："刘葵中,字阳午,江苏沭阳人,久居上海。擅写意花鸟,颇受吴俊卿影响。又从李健学书法,功力颇深。"(《上海美专名人传略》,第145页)

9月,沙飞考入上海美术专科学校西画系。同年10月拍摄发表鲁迅最后的留影、鲁迅遗容及其葬礼的摄影作品,引起关注。(上海档案馆档号Q-250-1-120,《上海美术专科学校自开办至结束历届学生姓名索引》)

【释】沙飞(1912—1950),广东开平人。1912年5月5日生于广州一个药商家里。幼年就读于广州,曾在上海美术专科学校西画系学习。抗战全面爆发后担任全民通讯社摄影记者,并赴八路军115师采访刚刚结束的"平型关大捷"。1936年12月和1937年6月,分别在广州和桂林举办个人影展。1937年10月

【图1936-18】1936年10月8日,鲁迅抱病参加在上海举办的第二届中国木刻展,他与黄新波、曹白、白危和陈烟桥坐在一起探讨木刻艺术。摄影家沙飞当时记录下这一不平凡的历史瞬间

参加八路军。先后担任晋察冀军区新闻摄影科科长、《晋察冀画报》社主任、《华北画报》社主任等职。是《解放军画报》创始人之一。1950年3月因患"迫害妄想型精神分裂症",在石家庄和平医院枪杀为其治病的日本医生,华北军区政治部军法处判处其死刑,被枪决,终年38岁。1986年5月19日,北京军区军事法院判决:撤销原华北军区政治部军法处判决。(《上海美专名人传略》,第335页)

10月14日,"张弦遗作展览会"在大新公司开幕,刘海粟主持致辞后,蔡元培发表演说。(《申报》,1936年10月15日)

【释】张弦(1901—1936),浙江青田人。1921年3月入上海美专西洋画系学习,1922年赴法国留学,专攻油画。1928年2月任上海美专西洋画专任教授。1929年受刘海粟校长之聘任其法文翻译,随刘海粟夫妇欧游。1931年参加油画团体决澜社,为该社重要成员之一。1934年9月任上海美专图书馆主任兼西洋画人体教授。1936年暑假病逝于乡。张弦在上海美专深受学生的欢迎《上海美专新制第十三届毕业纪念刊》刊有同学野马写的《张弦论》,可窥一斑。(《上海美专名人传略》,第248页)

10月,刘海粟率上海美专学生赴杭州西湖写生。(上海档案馆档号Q250-1-120-2,《上海美术专科学校二十五周年一览》)

10月,张光宇受聘任上海美专图案教授。(上海档案馆档号Q250-1-120-2,《上海美术专科学校二十五周年纪念一览(二十五年十二月)》)

【释】张光宇(1900—1965),江苏无锡人。小学毕业后拜张聿光为师,在上海新舞台学习绘制布景。1919年进生生美术公司,1921年到1925年任南洋兄弟烟草公司广告部绘画员。1926年在上海模范工厂做美工,与其胞弟张正宇等创办《三日画刊》，并发表漫画。1934年与他人合办时代图书公司，担任经理，邵洵美为公司董事长。该公司出版《时代漫画》《时代画报》《万象》《时代电影》《论语》五种杂志。1935年又创办并主编《独立漫画》。1936年10月，张光宇受聘任上海美专图案教授。抗战全面爆发后，投入抗日救亡漫画宣传活动，并担任在武汉成立的漫画作家战时工作委员会委员。中华人民共和国成立后，主要从事教学工作和装饰画创作，曾任中央工艺美术学院教授、《漫画》月刊编委，为大型动画片《大闹天宫》担任造型设计。（《上海美专名人传略》，第252页）

11月1日，刘海粟致函刘抗。

【录】抗弟：粟日前因事赴京，今晨回沪。到校得手书，欣慰之至。粟为校务所累，终年奔走金钱，如堕深壑，如陷大泽，攀缘不得。余一年来殆无日不困心衡虑于校难之迭遭，幸吾弟等患难相共，得增长吾之勇气也。弦兄之死更使我心碎。吾辈后死者必格外努力，不能蹉跎而无所成就也。政府当局经余屡屡入京陈说，正有所悟。粟拟一二日内来杭，得与吾弟共同制作之余，夜话于西子湖畔，其乐又如何耶？诸同学皆大欢喜。海手上 十一月一日（《刘海粟刘抗师友书信录》，第35页）

11月23日，刘海粟出席上海美专建校二十五周年纪念庆典会。

【引】上海美专召开建校二十五周年纪念庆典会时，正是学校的鼎盛时期，学生人数大增，教学内容与管理措施得到很大提高。庆典会址在学校大礼堂。先后举行了美术展览会、音乐会、游艺会等。《时事新报》因此出版特刊，刊登了刘海粟撰写的《上海美术专科学校二十五周年弁言》。该文有曰：岁月不居，光阴荏苒，本校成立迄今，已垂二十五载矣。回溯本校成立于国祚鼎革之际，鉴于我国文化之衰颓，顺应时代潮流之要求，毅然高揭发扬我国固有文化、融和域外艺学精髓之旗帜，树我全国风气之先声；使命所在，盖以艺术美化群伦，以造就民族之崇高人格，以增强保障生存与抗拒侵略所必需之民族力，以巩固我中华民族复兴之大业……

吾人于庆祝美专二十五周年纪念之际，对于过去二十五年中从事于我国艺术运动之美专先后同人，不能不有感于衷而致敬意。过去二十五年中，我中华民族赖革命先烈之牺牲，由昏睡而觉醒，由忍辱而抵抗，由束缚而求解放，此实我民族精神之一大进化。上海美专处此政治多变、国家多难之二十五年中，几无日不在风云诡谲之中，本其苦心孤诣、惨澹经营、百折不回之精神，挣扎苦斗，其于我国新艺术运动之成就，仅及整个艺术史迹千万分之一，其于我国国家社会之功绩，亦仅其本身努力史之一页。今后岁月无穷，吾人所期勖于美专与夫美专所可造就于我国社会文化者，正远且大也。今兹欣逢嘉会，吾人雅不欲过事铺张，仅就实际情形所许，举行下列四事，以资纪念：一、美术展览会；二、音乐会；三、游艺会；四、编辑世界艺术廿五年及本校廿五周年纪念一览。抑犹有不能已于言者，我国艺术教育，二十五年来尚未有若何显著之发达，固由于客观环境之范围，然艺术界同人之未能尽其最大力量，实难辞其罪责。今后之发扬普及，尤望美专同人多尽责任，并望社会明达时加督促，则幸甚矣。（刘海粟，《上海美术专科学校二十五周年弁言》；上海《时事新报》，1936年11月23日）

11月，刘海粟游黄山，作中国画《黄山耸翠》。

【录】题云："新纪元二十五年（1936），大寒，游黄海，不唯人烟绝踪，飞鸟亦罕，朔风刺骨，虽耆游者少至焉。因知名山唯其与人世隔绝，故松气、石色、烟云、月光，俱自成古旷与太清接。草草捉笔造斯图，未知得其荒空之趣否？"（《刘海粟年谱》，第142页）

12月2至10日，上海美专举行校庆美术展览会，地址：南京路大新公司。（《民报》，1936年12月2日）

12月9日，上海美专举行校庆25周年纪念音乐会，地址：中华学艺社。（《大公报》（上海），1936年12月9日）

是年，陈独秀被捕羁押于南京监狱，刘海粟亲临探望。

【引】陈独秀被捕羁押后，蔡元培、胡适之等商议以刘海粟前往探望为宜，刘遂往探监。陈监室颇优待，有二室，外室可看书写字。相见拥抱，互颂伟大。陈书对联"人无愧怍心常坦，身处艰难气若虹"赠刘，并为刘出示所作中国画题词。（刘海粟，《回忆蔡元培先生》，《刘海粟散文》，第165页）

【图1936-19】上海美专新制第十九届毕业合影（1936年12月20日）

【图1936-20】《良友画报》第118期"刘海粟近作画展"专版

【图1936-21】陈独秀题赠刘海粟对联（1936年）

是年，任徽音从上海新华艺术专科学校毕业后入上海美专附设绘画研究所。（上海档案馆档号 Q250-1-120-2，《上海美术专科学校二十五周年纪念一览（1936年12月）》）

【释】任徽音（1918—1994），云南昆明人。自幼生长在上海，童年时酷爱绘画，家中为他聘请法国、俄国家庭教师，他们悉心的指导开启了任徽音的艺术之门。1936年入上海美专绘画研究所深造。抗日战争时期曾任教于重庆西南美专、国立艺专等校。1938年举办第一次个展，后在重庆国立艺专任教。曾在上海自创"东方画室"，与刘海粟深交论艺。（《上海美专名人传略》，第334页）

是年，蔡元培修订上海美术学校校歌歌词。（刘海粟，《忆蔡孑民先生》，《艺苑》第15期）

【按】修订校歌歌词稿：我们感受了寒温热三带变换的自然，我们承继了四千年建设文化的祖先，曾经透彻了印度哲学的中边，而今又感受了欧洲学艺的源泉。我们要同日月常新，我们要似海纳百川。我们现在彻底地受了母校的陶甄，将来要在全世界上发扬我们国光而绵绵。啊！我爱我的中华万年！啊！我爱我的母校万年！（《上海美专音乐史》，第15~22页）

是年，刘海粟致函上海美专校董张寿镛（张詠霓）

【录】詠霓先生大鉴：敬启者，美专为吾国首创之第一美术学校，匡翼扶持，端赖时贤，兹承稚顾隆笃，接纳校董之职，私自光慰。兹订于本月廿二日（星期五）下午一时，假座上海静安寺路国际大饭店设宴，欢迎台瑞莅会就职，并于是日举行本学期校董会议，为推今后进行计划，务乞不吝珠玉，毋任祈盼，专此。祗请道绥。（上海档案馆档号 Q250-1-4，《本校校董会章程、会议记录、开会通知等》）

是年，刘海粟作中国画《松鹰旭日》，作油画《鸡冠花》《西湖丁家山麓》《复兴中路秋色》《夜色》(《风景》)等。

【按】《松鹰旭日》是吴公虎画鹰，刘海粟画松，王个簃画日，谢公展画竹，马公愚题句。

是年，上海美专125名学员毕业。（上海档案馆档号Q250-1-14，《上海美术专科学校二五周年纪念一览》）

1月1日，于右任在刘海粟作中国画《踞龙图》上题句。

公元 *1937* 年
民国二十六年
（丁丑）
41 岁

【录】题曰："矫矫桓桓，威慑百兽。虎虎踞踞，慎勿私斗。"（《刘海粟年谱》，第142页）

1月5日，上海美专举行新制第十九届毕业典礼，刘海粟致辞。（《新闻报》，1937年1月6日）

1月12日，上海美专图案系二二级级友会于大新公司四楼举行图案展览会。展览至14日。（《中国美术会季刊》，第1卷第4期，1937年1月1日）

1月27日，刘海粟致函中华庚款董事会，请拨中英庚款倡导艺术。（上海档案馆档号Q250-1-276，《上海美术专科学校申请中英庚款董事会及中法文化基金补助学校经费往来文书》）

1月28日，上海《时事新报 新艺术》第17期发表刘海粟致函中华庚款董事会函。

【引】函曰：今所谓艺术事业，略举大端四项：一、在中国设立美术馆；二、中英美术品交换展览事宜；三、中英美术家交换考察事宜；四、中国美术学校延聘英国教授，容纳英国学员研究中国美术事宜。兹析言之：关于第一项，中土除故宫博物院及各地古物陈列所外,尚未有一大规模之纯粹美术馆。苟英国人士游华,欲采究中国历代美术之巨制,实无术以应其求也。反之,中土人士欲略识欧洲或英国一国之艺术源流体制,亦无术以应其求也。是以罗致中外之美术品与复制品而蔚为一大规模之美术馆,设立于中国大埠,此实良好之时机,亦永垂无极之伟绩也。关于第二项,现在艺术,东西沟通之点,灼然可见,东方人之渴慕西方艺术,与夫西方人之渴慕东方艺术,为彼此同具之热心,使于中英两国之间,一方择中国现代之美术品运英展览,他方择英国现代之美术品运华展览,年一举行,不第两国美术界之幸事,抑亦使两国民众融洽之良策也。关于第三项,历来我国美术家赴英考察美术者鲜,而英国美术家来华考察美术者尤鲜,揆厥所由,不外乎机缘之难逢乎?致令出类拔萃之士,欲假异国情调以助长其艺学者,徒劳梦想,可不惜哉!如得此项赔款之些微,两国政府每年选派若干人交换考察,其有造艺术家深且大也。关于第四项,中国美术学校以西方美术列为科系,其需聘外国美术家与学者为教授,自毋待言。外国学者有志研究中国美术者,更不乏其人。(略)(上海《时事新报 新艺术》,1937年1月28日)

1月,《东方杂志》第34卷第1号"中日问题"专版,刘海粟应邀就这一主题发表意见。

【引】此专版上还有林风眠、马寅初等学界名流的观点。刘海粟文曰:"中日之间,假如没有和平,则不独东亚将成为焦土,全世界也都将破灭罢。日本有识之士,也能看到这一点,并且也有呼吁和平的。然而连年来,两国的情形并不因此改善,则或者我国还有未能尽善之处?在国际间,摇尾乞怜是无用的,吃了砒霜药老虎的方法也不适用。况且东邻既有善意提倡共存共荣,则中日间的提携,不独必要,也是可能的。知识提携亲善,必须双方立于对等的关系,有对等的能力,然后可能。否则提携等于侵略,亲善等于揖盗。所以先解决问题,一方面在盼望东邻之幡然觉悟,知道我国今非昔比,一切分裂隔离的方法都已不能复施,一方面则仍须我国先能自存自荣。(略)我是一个研究艺术的,半身精力都耗于此。条约性质,折衡的方法,当然不甚明瞭。但知中日交涉,有一原则而已。艺术的最后,目标,在求全人类进于至善。则不独主张对日亲善,亦主张对任何民族亲善。但亲善应以自卫为前提。而孟勇精进,立大无畏主义,则为艺术的根本精神,则以对日交涉亦应以大无畏求将来的和平而已。"
(刘海粟,《中日问题》,《东方杂志》第34卷第1号,1937年1月1日)

1月,陈克白受聘始任上海美专图案教授至1952年1月止。(上海档案馆档号Q250-1-159,《民国二十七年六月教务处注册股编上海美专同学》)

【释】陈克白(1911—?),福建闽侯人。1935年与徐韬、李彤晔、林文达编辑《艺术画报》月刊。为上海开埠以来最早投资创办纶昌印染厂设计室的图案设计师,是中国机印花布图案设计的拓荒者。1945年后新丰厂任设计师。1949年以后设计的"牡丹凤凰"图案,为改变被面花布的陈旧面貌做出了贡献。曾长期兼任上海美专图案教授。上海人民美术出版社1966年出版了陈克白与其学生上海美专第二十五届毕业生林沧友共同编著的《印花布图案的设计和制作》。(《上海美专名人传略》,第75页)

2月10日,中英庚款董事会复函刘海粟。

【录】海粟先生大鉴:拜诵惠书,具见热心提倡中英美术,曷胜钦佩。唯庚款补助美术事业,前于廿三年三月奉行政院令,召集各庚款机关负责代表举行联席会议,决定应由法庚款特别注意。至本会息金分配标准,规定用途注重补助农工医理四科,此中央所定分工合作之原则也。至关于设立美术馆，原有附于博物馆内之计划。本会第一次分配息金时即决定分期补助中央博物馆及图书馆各五十万元，嗣中央另建美术陈列馆，其中经过情形想为先生所深悉。至中英美术品交换展览及中英美术家交换考察等事项，闻中英文化协会等机关会有此项计划。至聘请英籍讲座一事，本会于廿三年度息金分配时即在中央、中山、武汉、浙江各大学及北洋工学院等设立讲座，其经费均由本会负担。唯因本会经费有限而事业甚多，未能广为罗致各科人才，兹承台嘱谨当留备将来参考，尚乞亮察是幸。管理中英庚款董事会（上海档案馆，档号 Q250-1-276，《上海美术专科学校申请中英庚款董事会及中法文化基金补助学校经费往来文书》）

2月，《刘海粟国画》（第三集）由商务印书馆出版。

【按】此集辑入 1925 年至 1936 年夏所作中国画 19 幅。叶恭绰题七律一首："百川东注资流凿，万派西来得献酬。谁与中流成砥柱，却怜吾道属沧州。行闲意匠难生巧，物外心纵不收。实此一囊佳璞在，丹青神化任追求。"画册内创作于 1935 年冬的《黄山孤松》及 1936 年春的《雪江独钓》，均有陈独秀题词，这都是刘海粟携带到狱中探望陈独秀时请其现场题写的，曾在 1936 年 8 月 "刘海粟近作画展" 中展出。

2月，上海美专经费奇绌，刘海粟将珍藏的《黄石斋松石图卷》卖出，以济学校经费之绌，并临写一幅。

【引】刘海粟临《黄石斋松石图卷》题记云："旧藏黄忠端公真迹墨松都二十九，极龙蟠虬舞之势，笔力跌宕，于风烟无人之境，疏淡高洁，唐无此品。卷末有倪鸿宝长跋二，诚国中仅有无上黄倪神品，为余生平极爱珍物。近年遍历欧洲各国，悉挟与俱，身处艰难时，抚卷展读，不觉气若虹矣。……美术学校经费奇绌，教授束脩已四月不发，学生火食且不继，多方借贷犹不足，乃忍痛将此卷子出卖于粤中某君，以渡难关。中心恻恻，痛惜无已，乃竭一日精力临之。"李仲乾、王世杰、郭沫若、王个簃、蔡元培均在此《临黄石斋松石图卷》的拖尾题跋，咸谓海粟先生以护校而割爱，固至可惜，然其事至可风，亦艺林一段胜事。（《刘海粟年谱》，第 144 页）

2月，何孝章受聘任上海美专艺教系机械实习教授。

（《1937 年 6 月上海美专新制第二十届纪念册教职员表》）

【释】何孝章（1908—1943），又名新余、新斋，浙江海宁人。高小毕业后随兄何明斋到上海读书。1925 年，参加五卅斗争和商务印书馆两次大罢工。1926 年，转为中国共产党党员。在上海工人三次武装起义期间，他利用在印刷所铁工部工作之便，秘密制造简易武器。1927 年 3 月，参加上海工人第三次武装起义，担任闸北区的警卫工作，曾做过周恩来的警卫。"四一二"反革命政变后被捕，后经营救获释，继续从事革命活动，利用在上海中国征信所任调查员、印刷车间办公室主任职务先后印刷了《八一宣言》《中国工农红军致国民党军事委员会的通电》《红军大学招生传单》《告国民党书》《中国共产党致国民党三中全会的信》等文件。1941 年调往苏南抗日根据地工作。1943 年 7 月被国民党军队逮捕，于安徽广德壮烈牺牲。（《上海美专名人传略》，第 89 页）

2月，上海美专招收入学新生 62 名（《上海美专音乐史》，第 222 页）

4月9日，中英庚款会总干事杭立武致函刘海粟。

【录】海粟先生惠鉴：顷奉七日手示，敬聆种切。关于贵校拟请英庚款补助建筑费事，弟能力所及自当竭尽绵薄。敝会以往历届息金分配重在理工农医，而美术不在其内，故对贵校未能有所补助，至歉！所示一次补助英金一万镑之数，最好改为分年补助。弟意不妨并将设备、讲座计划列入，以便会中讨论。弟今日赴平，十四日返京。谨此附闻，匆此。弟杭立武拜启。（上海档案馆档号 Q-250-1-276，《上海美术专科学校申请中英庚款董事会及中法文化基金补助学校经费往来文书》）

4月13日，刘海粟为《民报》刊出的《沈逸千画展特刊》撰《艺术的新生命》一文评介。

【录】1937年4月13日，沈逸千于上海大新公司四楼举办"蒙绥写生画展"，刘海粟撰《艺术的新生命》一文对其评介。文曰："艺术的精神，决不是在模仿自然，艺术的要求也决不是在仅仅求得一片自然形似；艺术是自我的表现，是艺术家的一种内在冲动的不得不尔的表现。自然，不过供给艺术家以种种的素材，使这些种种的素材，融成一种新生命，融合成一个完整的新的世界。沈逸千同学遍历塞北，采取很多的素材，而创造艺术的新生命。他用蒙古的风俗人兽牛羊等等的素材来表现，其实他表现的只是他自己的情绪。"（刘海粟，《艺术的新生命》，《民报》，1937年4月13日）

【释】沈逸千（1908—1944），上海嘉定人。早年师从旅沪日本画师细川立三学习素描，后考入上海美专西画系深造，在校期间，开始尝试将西洋画素描写生技法和中国画笔墨技法相结合。1932年7月沈逸千从上海美专毕业，成为职业画家，自1933年起，历任上海美专国难宣传团团长、上海国难宣传团团长，率团两度北上进行救亡宣传，曾经出塞争取蒙古王公抗日。1936年应邀出任《大公报》特约写生记者，1937年在上海、南京、杭州举办《察绥蒙古写生画展》，引起轰动，得到剧作家田汉、阳翰笙和校长刘海粟、老师潘玉良等人的称赞。抗战爆发后，先作为《良友画报》特派记者赴前线采访，曾为毛泽东、朱德、周恩来、邓颖超、贺龙及马占山、冯玉祥、李宗仁、卫立煌等军政要人画像。1944年在重庆神秘失踪，时年仅36岁。(《上海美专名人传略》，第416页)

4月21日，《大公报》（天津）刊"教育部为改进艺术教育，聘刘海粟会同各艺术校长，草拟中心改进计划"的报道。(《大公报》（天津），1937年4月21日)

4月23日，刘海粟致函中英庚款董事会。

【录】敬启者，接准贵会本年二月十日第三九二号复函，略闻以贵会息金分配标准，规定用途注重补助农工医理四科。至关于设立美术馆，原有附于博物馆内之计划，第一次分配息金时，即决定分期补助中央博物馆及图书馆各百五十万元云云，具见贵会对于文艺并未偏废，用特拟具请求补助上海美术专科学校具体办法，尚希提出公决，俾会后中国文艺界并受尽福惠。窃以上海美术专科学校创立于民元，为中国最早之美术学校。二十六年来负发扬民族文化、吸收域外新艺之使命，服役社会，孟晋不息，为晚近新文化运动之前驱。迄于今日毕业学子无虑三千，或服务各省市，或在东西各国继续研求，蔚为社会文化上之一大活力，谬为当世所推重者已久。一九三五年海粟在英伦展画，陈列上海美专教授及学生作品，英国朝野亦赞扬备至，报纸批评之深挚，殆为向所未有。因之引起全欧之注意，德、意、瑞、荷纷纷要求移往展览，结果均极圆满。该校既具有悠久之历史，在国际上亦获得相当之荣誉，觉前程之方兴未艾。除一方力求自律之进展外，用特函请贵会赐予援助，于英庚款息金项下请拨壹万镑为该校建筑费，五千镑为扩充设备费，五千镑为添设讲座之用。另附计划书，敬请鉴核俯准，实纫公谊。谨上管理中英庚款董事会公鉴。所附中英文计划书各十份。一九三五年伦敦中国现代名画展览会目录五份。刘海粟谨启。（上海档案馆档号Q-250-1-276，《上海美术专科学校申请中英庚款董事会及中法文化基金补助学校经费往来文书》）

4月25日，刘海粟在《中国新论》第3卷第4、5期合刊发表《两年来之艺术》一文。

【引】全文1700余字。文中总结了1935年至1936年的中国艺术活动的概况，包括"伦敦中国艺术展览会"和"外来艺术的介绍"。刘海粟评价"伦敦中国艺术展览会"是："夸耀了自己有如许的国宝……只好算先人光荣的遗体发掘，别的是找不到一点好处。""外来艺术的介绍"以1935年比利时现代画展和1936年的苏联木刻画展为例，认为："适得其反，像近年来戴

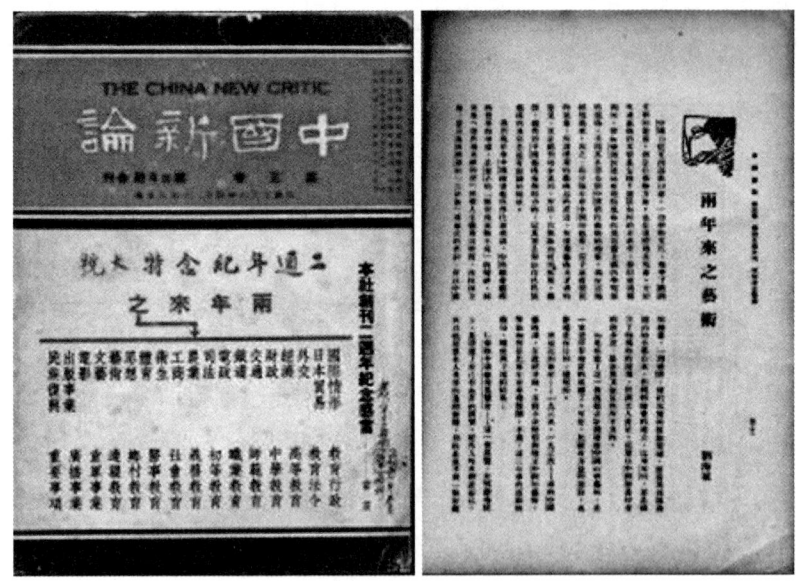

【图1937-1】刘海粟在《中国新论》杂志"二周年纪念特大号"上发表的《两年来之艺术》。

了大众艺术的幌子的木刻画和漫画的蠭起，以及学院派作风余孽的不减，都是受了这两种画展影响的缘故，因为好似有了内容，不顾技巧的生硬与拙劣，就可算有意识的艺术，同时，肉眼的再表的作风，也就算中国的新艺术了。"随后，总结自己在建立中国艺术中的工作：1. 现代中国艺术的国际上的宣扬；2. 合于中国艺术本质的外来技法的吸收与传播；3. 艺术界力量之集合与运用——组建中华美术会。（刘海粟，《两年来之艺术》，《中国新论》第3卷第4、5合期，1937年4月25日）

4月，教育部为举行第二次全国美术展览会，组织筹备委员会，刘海粟与吴湖帆、徐悲鸿、林风眠、颜文樑、张大千等为筹备委员和审查委员。（《中央日报》，1937年4月1日）

【释】张大千（1899—1983），广东番禺人，九岁学画，十二岁即能画山水、花鸟、人物，被誉为神童。十九岁留学日本，学习绘画及染织。回国后在上海拜曾熙、李瑞清为师。1924年在上海举办首次个人画展，初露头角。1928年任上海美专中国画系国画教授。1932年任上海美专绘画研究所国画导师。1933年应徐悲鸿之邀任南京中央大学艺术系教授，不久辞职，专事创作。抗战后，作品先后在巴黎、伦敦、日内瓦等地展出。1949年后暂居香港；1952年迁居阿根廷；1956年赴欧洲，会晤毕加索；晚年画风大变。1969年后迁居美国旧金山。1974年获美国加州太平洋大学名誉人文博士学位。1978年移居台北，后因心脏病突发去世。（上海美专历届毕业纪念册教职员名录；《上海美专名人传略》，第251页）

是年春，刘海粟作中国画《墨梅图》和《泉声松韵图》等。（《刘海粟年谱》，第143页）

【录】刘海粟题《墨梅图》：

山中老梅树，一岁一开华。
开落无人管，唯宜处士家。（该画题跋）

5月6日，刘海粟作中国画《古木寒云图》。郭沫若题句。

【录】题曰："寒云接地，古木参天。独往独来，心地泰然。"（《刘海粟年谱》，第144页）

5月6日，中英庚款董事会致函刘海粟。

【录】迳复者，接准大函，检附请款计划书等件，嘱补助上海美术专科学校建筑、设备及讲座费等由，业经奉悉。查本会息金收入补助教育文化事业，依照息金用途支配标准规定，对于专科以上各高等教育及研究机关之补助，应特别注重农工医理四科，以近年息金收入数额而言，对其他各科，一时尚难广为兼顾。至于今年请款期限，则已于一月卅一日截止，逾期请款者，均未接受。唯既承函嘱，且台端对于提倡美术前曾有所建议，容当于本年支配息金时，提供参考。特此函复，敬希察照为荷。此致刘海粟先生。管理中英庚款董事会启。（上海档案馆档号Q-250-1-276，《上海美术专科学校申请中英庚款董事会及中法文化基金补助学校经费往来文书》）

5月21日，刘海粟出席子民美育研究院筹备会议，并做报告。（《新闻报》，1937年5月22日）

5月，中英庚款董事会致函刘海粟。

【录】海粟先生大鉴：两奉惠悉，备聆种切。先生对于我国艺术之建树与对美专之坚持，凤所钦佩。关于请拨英庚款事，弟但可为力，自当竭尽绵薄。承询讨论分配息金之各董事，兹谨将教育委员会各董事姓名另单开附于后，敬祈收察为荷。尚此。祇颂时绥。附教育委员会董事姓名：李书华先生（北平研究院）、叶恭绰先生、宋子良先生、刘瑞恒先生、李四光先生（中央研究院）、戴乐仁先生 G. B. Taylen（英国籍，燕京大学）。（上海档案馆档号 Q-250-1-276，《上海美术专科学校申请中英庚款董事会及中法文化基金补助学校经费往来文书》）

6月18日，上海美术专科学校新制第二十届毕业典礼，刘海粟出席并作报告。

【按】同时举行第四十八届师生作品展览会，展览至22日。（《大公报》（上海），1937年6月19日）

6月30日，上海美专增设高级艺术科，分绘画、音乐二部；艺术师范科。（《新闻报》，1937年6月30日）

6月30日，刘海粟为劳作专修科选送学生办法致函各省教育厅厅长、市社会局局长。

【引】为函送劳作专修科选送学生办法由。敬启者，此次教育部为推行劳作教育，划定苏、浙、赣、皖、湘、鄂、闽、粤、

【图1937-2】上海美专新制第二十届毕业纪念师生合影（1937年6月）

桂、滇、川、黔、京、沪等十四省市选送学生委会。敝校于廿六年度开办劳作专修科，以养成中学师范劳作学科教员，度邀电察。查国内各中等学校劳作科教师过去仅有敝校艺术教育系图工组毕业学生担任，实有供不应求之感，今部令委办劳作专修科，指定选送学生区域，得于贵省/市合作训练此项人才，曷胜欣幸！兹敝校订于九月五日开学，贵省/市选送学生，务请依照规定办法于八月二十日以前通知敝校，并敝校该选派学生等于八月廿五日来校口试，并办理注册手续，无任感荷。并送上选送学生办法一件，即希查收，尚乞时锡（赐）南计，俾资遵循是荷。（上海档案馆档号Q250-1-78，《伪教育部委托本校办理劳作专修科，通知合省市教育所、局选送学生入学，及伪教育部补助经费和本校报告使用情况等文件》。）

6月，上海美专举办暑期讲习会及劳作专修科。

【引】上海美专接受教育部的委托，为改进全国劳作教育，举办了由十四个省市（苏、浙、赣、皖、湘、鄂、闽、粤、桂、滇、川、黔、京、沪）初级中学劳作科教员参加的暑期讲习会及劳作专修科，参加学员由各省教育厅局选送。这些都表明上海美专的办学日臻完善，影响日益扩大。（《刘海粟年谱》，第144页）

7月19日，刘海粟作中国画《仿吴仲圭夏山欲雨图卷》。

【录】郭沫若、李仲乾、吴湖帆和章士钊在《仿吴仲圭夏山欲雨图卷》拖尾题跋。郭沫若题："山水在性天，才能写自然。心随物已远，意到笔之先。尺幅罗千里，寸晖引万年。此中饶逸趣，言外谁可传。一九三七年八月二日，客寓沪上，日日在飞机炸弹声中讨生活。一日海粟携此画来，顿感坐游之乐，爰题此数语。郭沫若"。李仲乾题："海翁此卷，自谓仿梅花道人，实则海翁自有一种苍莽浑润之气，从其腕底奔赴笔端而来，及落纸，自生云烟，固非规抚摹拟家所可同日而语也。吾见抚仲圭者多矣，不失之板滞；即失之重浊，何从见梅道人耶。今观此卷，盖能摄其神者。雀然居士展读因题"。吴湖帆题："豪性发乎天，写画亦其然。海翁兴作此，檀老魂来先。愿君纪岁月，大书廿六年。纵笔泄胸臆，休介传不传。海粟道兄出近作《仿吴仲圭夏山欲雨图卷》属题，漫制俚句博粲。荫亭借嘉定，所有乡先贤李坛园画至多且精。海兄作此时，殆檀园灵气先绕其笔端矣！"章士钊题："三人七关天，画难不其然？武进刘海粟，画伯莫相先。夏山载大块，欲雨几千年。偶得诡言仿，雅量足可传！海粟兄一粲，长沙弟章士钊"。（该画题跋）

7月，何元结束在上海美专兼任教授一职。（上海档案馆档号Q250-1-120-2，《上海美术专科学校二十五周年纪念一览（二十五年十二月）》）

【释】何元（生卒年不详），原名孝元，早年也常以元为名，字明斋，后以字行，浙江海宁人。浙江第一师范学校毕业，师从李叔同、姜丹书、经亨颐等。长期担任商务印书馆编译所编辑，编著校订艺术类书籍颇多。1921年上海美专设立高等师范科后，何元曾先后担任过上海美专的手工、工艺实习、色彩学、图案、透视学等科的教学，还担任过艺术教育系主任、艺教系图工组主任和工艺馆主任。除在上海美专兼职之外，还曾任北平国立师范大学教授。1937年还将胞弟中共地下党员何孝章引为上海美专艺教系机械实习教授。抗战中客死于重庆。（《上海美专名人传略》，第88页）

7月，罗会煜从上海美术专科学校西画系毕业（新制第二十届）。（上海档案馆档号Q250-1-120，《上海美术专科学校自开办至结束历届学生姓名索引》）

【按】罗会煜在校期间深得刘海粟器重。曾邀刘海粟至呈坎做客并同刘一同游黄山。擅油画、国画、山水、花鸟，技法娴熟，与刘海粟合作国画多幅。1940年因患骨结核英年早逝。

8月3日，刘海粟宴请赴国难返国的郭沫若。

【引】列席者有陈抱一、叶灵凤、倪贻德、徐心芹、刘狮、鄢克昌、关良等。郭沫沫即席赋诗："此来拼得全家哭，今往还将遍地哀，四十六年同一死，鸿毛泰岱自安排。"（《大公报》（上海），1937年8月4日）

8月13日，日本侵略军大举进攻上海，淞沪战争爆发，全国军民英勇抗战。上海美专校舍先后被征用为难民收容所及沪南军警集中营，历时数月，学校的办学经费来源也发生了危机。（《刘海粟年谱》，第144页）

8月28日，上海美专战时服务团起程赴南京、汉口、长沙等地宣传。

【按】成员有：刘狮、徐恒、赵璧、张静、刘成、许雄、莊时、徐津、张梅、茹茹。（《大公报》（上海），1937年8月29日）

8月，劳景贤受聘任上海美专音乐系教授，教授合唱和声乐基础课至1951年1月。（《上海美术专科学校二十六年度第二学期教职员表、教授薪俸表（1938年2月）》）

【释】劳景贤（1909—1978），原名劳则熹，广东鹤山人，长居上海。1928年考入国立上海音乐学院专修科，师从周淑安学习声乐，同时选修长笛，在校期间作有《九一八战歌》和《五月蔷薇处处开》等声乐作品，抗战后与丁善德、陈又新等创办上海音乐馆。并在上海美术专科学校兼课。1949年后长期任上海音乐学院工会主席及声乐系副主任之职。(《上海美专名人传略》，第127页)

8月，邵家光受聘任上海美专钢琴讲师、教授至1942年6月。(《上海美术专科学校二十六年度第二学期教职员表、教授薪俸表(1938年2月)》)

【释】邵家光(1913—)，浙江嘉善人。曾任大同大学音乐教授。1937年8月至1942年6月任上海美专钢琴、讲师、教授。(《上海美专音乐史》，第98页)

9月3日，刘海粟复函广西省政府。

【引】广西省政府：顷准贵府教字弟八三六号公函内开："据本府教育厅案……此致。"等由。准此。查教育部此次委办劳作专修科，其目的为培植各省中学师范劳作教员，以推进劳作教育。贵省考选此项学生，结果成绩太差，均未经录取，足证考选严格，至所钦佩！唯劳作一科，其性质与他科略异，倘经三年之训练，似亦可收成效。贵省对此项人才似未便缺如，可否择就中成绩比较优良一二名，保送来校试读，以资造就，尚希尊裁！上海虽在战区，但敝校地址安全，业奉部令展至九月廿日开学，合并奉达。此复广西省政府黄主席上海美术专科学校校长刘海粟廿六年、九月、三日。(上海档案馆档号Q250-1-78，《伪教育部委托本校办理劳作专修科，通知各省市教育所、局选送学生入学，及伪教育部补助经费和本校报告使用情况等文件》)

9月6日，上海美专报呈教育部要求延期开学，拨给特别补助费。

【引】报告云:"今处此非常时期,经济一途,陷于绝境,而此时征收学费,事极困难。故于8月25日,召集全体教职员会议,佥以本校具有悠久不可磨灭之历史与成绩,决难中辍,况北平艺专,现已无法开学,倘本校又因经济而停顿,是使全国文艺青年学子,陷于失学之危境。……殊非钧部于抗敌期中,爱护教育,培植文艺之至意。将教职员之薪俸减为八十元、五十元、二十元三种,非十分重要职员,均已停薪留职,资送回籍,就目下极事樽节计算,每月薪金需一千七百元,其他如押款利息,每月一千三百元,水电杂支及校工工食等,又需千元,每月似非四千元势难维持。为此具文呈请钧长,按月拨给特别补助费3500元,俾属校得以勉强支持……";1938年12月,复又上书教育部,申请1939年学校年度补助费,文中进一步谈到"在校学生,大都故乡沦陷,家属星散,孑然一身,无枝可依,不独学杂各费无从缴纳,日常生活,且须仰给学校,困苦之状,不一而足";加上校中的设备,如图书、机械仪器、标本石膏、雕塑模型等悉遭破坏焚毁,补充添设的经费无着,处境之艰困已到了无以复加的程度。然而,教职员工精神不垮,虽薪金极少,仅免枵腹,却能为了艺术教育事业,"鞠躬尽瘁,汗继以泪,泪继以血,膏火不继,而教学愈奋,辛苦艰劳,十百倍于往昔"。(《南京艺术学院史》,江苏美术出版社,1992年版,第27页)

9月6日,刘海粟致函各省教育厅厅长、市社会局局长。

【录】各省教育厅(浙、皖、湘、鄂、闽、川、京、沪):迳启者,本校前以奉教育部令委办劳作专修科,为各省市造就劳作科师资,曾将各省市资送学生办法函达在案,度邀台察。本校原定于九月五日开学,兹因敌军犯境,淞沪战发,爰遵照教育部电令,展至九月二十日开学。本校校址在法租界内,地处安全,故一再奉令维持课务,除赣、粤、桂、滇、黔各省已保送到校外，查贵省/市尚未函送，用特函请贵省/市仍将资送劳作专修科学生保送到校，以资造就。倘万一因交通梗阻关系致未能依期到校者，望先期来函声明，亦可变通办理。即希台察，赐予办理为荷。上海美术专科学校校长 刘海粟 二六年、九月六日。（上海档案馆档号 Q250-1-78，《伪教育部委托本校办理劳作专修科，通知各省市教育所、局选送学生入学及伪教育部补助经费和本校报告使用情况等文件》）

9月，阙明德入上海美专西画系学习，1940年7月毕业。
（上海档案馆档号 Q250-1-288-1，《上海美术专科学校自开办至结束历届学生姓名索引》）

【释】阙明德（1918—？），江苏吴县人。在上海美专西画系学习的同时，跟随美专雕塑系主任刘狮学习雕塑，毕业后自营家族企业寿铸记书局。1949年与刘狮一起赴台。先后任教于台湾政工干校艺术系、台北师范大学艺术系，教授素描及雕塑，先后完成《至圣先师孔子像》《于右任像》等作品。（《上海美专名人传略》，第410页）

10月26日，上海"四行仓库保卫战"爆发。
10月28日清早，刘海粟作反映"八百孤军"苦守四行仓库的油画《四行仓库》，以鼓舞士气，振奋人心。（《刘海粟年谱》，第144页）

【按】此作描绘了淞沪抗战中著名的"四行仓库"。作品贯彻了刘海粟注重外光、崇尚意象的艺术观点，整个画面沉浸在明亮的暖色调中。由于是非常时期的非常题材，就更为此画增添了一层特殊的含义。"走上苏州河南岸面对四行仓库的高楼顶上，撑起画架，调着油色，在一块大幅画布上，挥笔把四行仓库描绘下来。"画面洋溢着磅礴气势，充满着坚实宏浑感，产生了极大的艺术效果。它激发了全国人民同仇敌忾、保卫祖国的爱国主义精神,坚定了全国人民抗战必胜的信念。(温肇桐,《刘海粟的油画〈四行仓库〉》,《常熟市报》,1985年9月3日)

是年,沈俊仁从上海美专西画系毕业。(上海档案馆档号Q250-1-120-2,《上海美术专科学校二十五周年纪念一览》)

【释】沈俊仁,原名江育传,字涛,江苏南通人。毕业后携笔从戎,投身抗战。新四军东进后在苏中参加新四军,主要任务是潜入敌占区上海、南通城收集敌伪情报,平常以画家、教师身份为掩护,秘密地往返敌占区与根据地之间。(《上海美专名人传略》,第340页)

【图1937-3】1937年万国博览会中国近代西洋画展出品人合影(前排左一刘海粟)

是年，刘海粟作油画《绣球花》《玫瑰村一隅》（《风景》）。（作品题签）

是年，上海美专在校学生众多。毕业生95人。（上海档案馆档号Q250-1-114，《一九三七学年度第一学期至一九五一学年度第二学期毕业生名册》。）

【按】全校记有中国画系45人，西洋画系95人，音乐系54人，图案系27人，雕塑系2人，艺术教育系106人，艺术研究所18人，艺术师范17人，共计368人。历届毕业生达1809人。（《上海美专音乐史》，第223页）

2月14日，上海美专正式开学。

公元1938年
民国二十七年
（戊寅）
42岁

【引】本学期西画系添聘关良担任人体实习。图案系特聘专家陈克白，张华庭，分任机织印染图案及广告图案装饰图案。刘思训担任英文。（《新闻报》，1938年2月15日）

2月，上海美专招收入学新生45名，均为中国画和西洋画专业。（上海档案馆档号Q250-1-120，《上海美术专科学校自开办至结束历届学生姓名索引》）

2月，姜书竹受聘任上海美专图案讲师至1942年1月。
（《上海美术专科学校同学录二十六年度第二学期（1938年2月）》）

【释】姜书竹（1914—1992），江苏溧阳人，寄籍杭州市。现代纺织印染美术设计家，擅长图案，为艺术教育家姜敬庐次子，1936年毕业于国立杭州艺术专科学校图案系，历任上海美专及新华艺专图案教席。中华人民共和国成立后，在华东纺织管理局设计室、上海市印染工业公司技术研究室任工程师，从事设计和技术管理工作，并带徒培育新人。（《上海美专名人传略》，第124页）

刘海粟年谱长编 | 727

2月，董希文入上海美术专科学校西画系学习，后成为著名画家。（上海档案馆档号 Q-250-1-120-1，《上海美术专科学校自开办至结束历届学生姓名索引》）

【释】董希文（1914—1973），浙江绍兴人。曾就读于杭州之江大学土木系、苏州美术专科学校，1938年2月始在上海美术专科学校西画系学习。1942年任敦煌艺术研究所研究员，临摹壁画三年。1946年经吴作人、李宗津推荐，应徐悲鸿邀请到国立北平艺术专科学校任教，后任中央美术学院教授，第二届全国政协委员。主要作品有《开国大典》《春到西藏》，均参加第二届全国美术展览，并被中国革命博物馆收藏。《红军不怕远征难》被中国人民革命军事博物馆收藏。《哈萨克牧羊女》《千年土地翻了身》袖中国美术馆收藏。创作了大量红军长征路线写生和西藏写生作品，出版有《长征路线写生集》《董希文画集》《董希文素描集》等。（《上海美专名人传略》，第295页）

2月，唐澄肄业于上海美专艺术教育系。（上海档案馆档号 Q-250-1-288-2，《上海美术专科学校自开办至结束历届学生姓名索引》）

【释】唐澄（1919—1986），祖籍安徽歙县，生于上海。1938年肄业于上海美专艺术教育系。1950年入上海电影制片厂美术片组，1957年转入上海美术电影制片厂，后成为美术片女导演。设计并参与导演的动画片《萝卜回来了》获第十二届卡罗维发利国际电影节荣誉奖状；《小蝌蚪找妈妈》获第一届电影百花奖最佳美术片奖，并在瑞士、法国、南斯拉夫等国举办的国际电影节上五次获奖；与万籁鸣合作导演的《大闹天宫》（上下集）获第十三届卡罗维发利国际电影节短片特别奖、英国第二十二届伦敦国际电影节最佳影片奖。（《上海美专名人传略》，第347页）

【图 1938-1】20 世纪 30 年代刘海粟与成家和合影

3月，刘海粟于上海美专存天阁作中国画《雉图》。(《刘海粟年谱》，第 145 页)

6月7日，刘海粟与鲍少游于香港拜访蔡元培。

【引】蔡元培日记谓："海粟偕鲍少游来……海粟说'鲍君平日埋头工作，不骛声华'。"(《蔡元培年谱长编》(第 4 卷)，第 445 页)

6月8日，蔡元培题刘海粟所临《黄石斋松石图卷》。

【引】蔡元培题：一、黄山天目与天台，踏石看松曾几回。选写英姿二十九，铁肩辣手一齐来。二、晋帖唐临也逼真，每参个性一番新。但求神似非形似，不薄今人爱古人。海粟先生出所临黄石斋先生二十九松图见示，题二绝奉正。二十七年六月八日　蔡元培。(该画题跋)

刘海粟年谱长编 | 729

6月,刘海粟作中国画《秋日山居图》。(《刘海粟年谱》,第145页)

6月,南京国民政府教育部曾专门就校歌事发出训令。

【引】训令称:"音乐一科,为陶冶青年儿童身心之主要科目,自古列为六艺之一。现在各级学校教授音乐,取材虽未尽趋一致,但自编校歌,以代表各该校之特点,而于新生入学之始,则教之歌咏,以启发爱校之心,影响至为重大。兹为考察起见,各学校应将所编校歌呈送本部,以备查核。仍未编制校歌的学校,必须抓紧编制,并限期呈报。"同年10月3日,教育部再次以训令催逼,"限一个月内将办理情形及校歌、校训呈报"。(《上海美专音乐史》,第15页)

【按】上海美专早在该训令发布的十多年前就创作确定了本校校歌。由此说明,刘海粟与上海美专在高校教育理念上的超前思维。

是年夏,刘海粟作中国画《渔父图》《红渠雨过图》,又作中国画《白牡丹图》。

【录】《白牡丹图》题云:"画牡丹,浓艳易,冲淡难。戊寅夏仲,雨窗偶尔捉笔,岁寥寥短幅,似与平日酬应之作意境稍别,岂所谓淡而弥永者也。"(《刘海粟年谱》,第145页)

8月13日,刘海粟和王个簃合作中国画《红榴苦竹图》。(《刘海粟年谱》,第145页)

9月,刘海粟作中国画《峦光送爽图》《寒山雪霁图》《临倪瓒秋林书屋图》。(《刘海粟年谱》,第145页)

9月,上海美专招收入学新生81名。赵延年入上海美专高级绘画科学习。(上海档案馆档号Q-250-1-120,《上海美术专科学校自开

办至结束历届学生姓名索引》）

【释】赵延年（1924—2014），浙江湖州人。1938年入上海美术专科学校学习，1939年开始从事木刻创作，1941年参加中华全国木刻界抗敌协会。曾任中央美术学院华东分院教授、中国美术家协会理事、中国版画家协会常务理事、美协浙江分会常务理事、杭州市美协名誉主席。作品有黑白木刻《抢米》《鲁迅先生》，木刻连环画《阿Q正传》（获第二届全国连环画创作二等奖），为中国美术馆收藏。出版有《赵延年版画选》《赵延年木刻插图》《木刻艺术》等。（《上海美专名人传略》，第400页）

9月，柴扉受聘任上海美专图案画实习教授。（上海档案馆档号Q250-1-159，《上海美术专科学校同学录二十七年度第一学期（1938年9月）》）

【释】柴扉（1903—1972），又名时遴，字云谷，浙江宁海人。工艺美术家，中央工艺美术学院教授。长期从事染织美术的教学和研究工作。1922年9月入上海美专西画系学习，1924年6月毕业，以后曾在重庆艺专、杭州艺专、中央美术学院等处任教。1938年开始任上海美专图案画实习教授。1956年成立中央工艺美术学院，任染织系主任。（《上海美专名人传略》，第68页）

9月，国民政府中央委员、上海美专校董会董事经亨颐病逝。

【释】经亨颐（1877—1938），浙江上虞人。早年加入同盟会和南社，1902年留学日本八年，毕业于东京高等师范物理科。回国后从事教育工作，任浙江一师校长。北伐战争时期代理广州中山大学校长，并曾任北京高等师范学校教育长、浙江省教育会长。1931年后任全国教育委员会委员长。曾任国民党第二届中央委员会委员、北京师范大学教授。1932年1月至1937年6月在上海美专校董会校董。晚年退居上海。50岁始学画，所作以松、梅、兰、竹为多。"九一八"事变后与何香凝、柳亚子、张大千、黄宾虹等在上海组织"寒之友社"。（《上海美专名人传略》，第32页）

是年秋，刘海粟作中国画《老松波澜图》。（《刘海粟年谱》，第145页）

11月，上海美专校董会董事王震病逝。

【释】王震（1867—1938），浙江吴兴人。1905年加入中国同盟会，辛亥革命时期拥护和资助革命，先后出任上海军政府商务总长、华商电气公司董事、中华银行董事、大达轮船公司董事、湖州电灯公司董事长等职。1912年当选上海总商会协理。1919年12月至1937年6月任上海美专校董会校董，1923年上海美专国画系开办即聘为导师，后又任绘画研究所国画导师。多次书写字画作为上海美专筹募建校资金所用。晚年潜心作画并致力于各种慈善事业，多次东渡日本举办画展，组织梓园书画同门社。（《上海美专名人传略》，第45页）

是年，刘海粟作中国画《仿石涛山水》《老松波澜图》，题《王翚山水册页》跋。（作品题跋）
是年，刘海粟为清代邹喆《山居图》题词。

【录】刘海粟为《山居图》题："邹喆，字方鲁，吴人，游金陵，遂家焉，为金陵八家之一。此幅用笔于生硬处见纯熟，于细密处见浑朴，高岩崇壑，苍莽之气溢于纸外，真奇作也！邹方鲁传世真迹颇少，此幅精美入神，绵密秀润，当为天下邹喆画第一。"（《刘海粟年谱》，第145页）

【图1938-2】女人体（油画）约20世纪30年代（91.8cm×64cm）刘海粟美术馆藏

是年，刘海粟购得仇英的春夏秋冬四个手卷。

【引】四个手卷均为青绿山水，有戴培之收藏印，可堪精品。后又购得仇英的另一幅代表作《秋原猎骑图》，绢本立轴，此画虽历经多人收藏，但保护得很好，有400多年历史尚无破旧之感。（《沧海一粟——刘海粟的艺术人生》，第92页）

是年，上海美专30名学员毕业。（上海档案馆档号Q250-1-114，《一九三七学年度第一学期至一九五一学年度第二学期毕业生名册》）

公元 1939 年
民国二十八年
（己卯）
43 岁

1月15日，刘海粟举行近作展览会。（《新闻报》，1939年1月14日）

【引】第一、二、三、四室陈列山水、花卉等图画，第五室陈列大幅油画20余幅。其中油画《四行仓库》尤引人注目，《申报》评论道："全部颜色的悲壮，手法的严肃和沉着尤非常人所能及。"（《刘海粟年谱》，第146页）

【按】该画展所有入场券收入捐助难民协会。

1月25日，上海美专师生救济难民书画展览会在大新公司画厅展出，至31日结束。共捐画400幅，悉数售罄，捐与难童教养院建筑院舍3幢。（《上海报》，1939年1月30日）

2月，上海美专招收入学新生75名，其中，美术专业56名，音乐专业14名，艺教系图音组5名。（《上海美专音乐史》，第224页）

3月，刘海粟编辑的历代名画选集《存天阁秘籍第一集》由上海美术用品社出版。

【按】此书收录刘海粟个人收藏中国历代名画20幅。"存天阁"是康有为为刘海粟题署的画室名号，仅出版1集。（《存天阁秘籍第一集》，上海美术用品社，1938年3月）

3月，刘海粟编辑的历代名画选集《海天鸿藻》由上海美术用品社出版。

【按】此书是刘海粟编辑的历代名画选集，收录中国历代名画20幅，是刘海粟与丁惠康、溥侗等好友藏品的结集。采用蒋介石1932年为刘海粟欧游画展题词手迹命名为《海天鸿藻》。

该书与《存天阁秘籍》同时出版。《海天鸿藻》出版的初衷，尚属纯粹的古画鉴赏与交流性质。画册出版后一个月，刘海粟联合吴湖帆、丁惠康、溥侗等好友，举办了规模庞大的"中国历代书画展览会"，以画展所得款项捐给抗战前线，正式拉开其一系列抗日"展画筹赈"活动的序幕。

 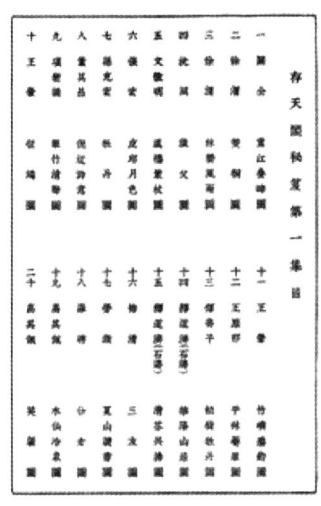

【图1939-1】1939年3月上海美术用品社出版刘海粟编辑的《存天阁秘籍（第一集）》

【图1939-2】1939年3月上海美术用品社出版刘海粟编辑的《海天鸿藻》

4月10日，为帮助上海医师公会筹募前方医药费，刘海粟与丁惠康、吴湖帆等发起的中国历代书画展览会在大新公司画厅开幕。门票收入，为上海医师公会作医药救济之用。（《新闻报》，1939年4月11日）

【按】《文汇报》为之发行展览会特刊，刘海粟与郑午昌、余剑华、丁惠康均撰文发表。刘海粟在《国画源流与派别》一文的前言中说："中国历代书画展览会为筹募医药救济经费，阐扬我国古代艺术，征求各收藏家珍藏，公开展览，门券所得悉数交与上海医师公会作为医药救济之用，展我先民遗迹，表现民族精神，意义莫大焉。"郑午昌在《历代书画展览会之意义与作用》一文中指出："神州陆沉，黄裔流离，而视为沦陷区之上海，遽有历代画展之举行，迥非寻常古名画展。吾人临对先贤名迹，而赏其宏伟精能，则崇先贤爱祖国之念，其有不油然而兴哉？画家人格高尚，尤足使后世景仰，倪云林之散家放舟，郑所南之画兰无根，见先贤之手泽，转仰其为人，其于处危应变之道，人格修养，必知有以自勉也。"展览至25日结束。申报馆将展品印制《唐宋元明清名画实鉴》，刘海粟撰《国画源流概述》万言长文，刊于册首。（《文汇报》，1939年4月11日）

为配合画展的举办，印制了《中国历代书画展览会目录》一册，详细记录了参展作品的年代、作者、题名、纸质等内容。除中文版外，又印行了方便上海租界内的外国人阅读的中英文对照版。

1940年上海美专将此次展览的展品汇集成《中国历代名画大观》精印出版，封面由崔然（李健）题写。

4月12日，刘海粟撰《国画源流与派别》一文，连载于《新闻报》，至4月22日。（《新闻报》，1939年4月12日）

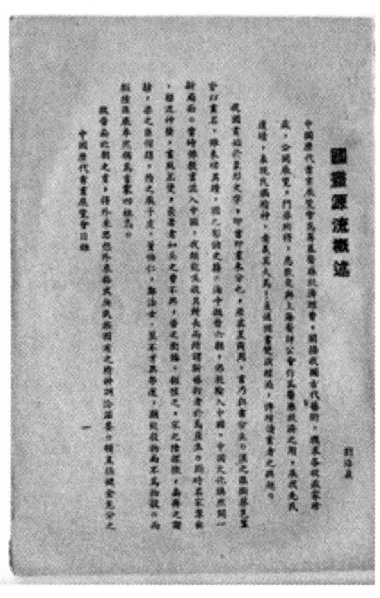

【图1939-3】刘海粟与众多书画收藏家联袂，为帮助上海医师公会筹募伤兵医药费所举办的中国历代书画展展品有334件

【引】此文后改名为《国画源流概述》，录入1940年《中国历代书画展览会目录册》。

【引】此文约8000字。文章首先介绍了这次书画展览会的目的，之后对历代中国画的精神与画风作有评论，如："魏晋南北朝之画，得外来思想外来格式与民族固有之精神调洽滋养。顿呈极健全充分之发育，以迄乎盛唐，国势隆盛，政治昌明，文章诗赋，蔚然勃兴；绘画亦因之进于最高尚完美之境域。""唐画上承魏晋六朝。下启宋元明清。鬼神，道释，人物，宫室，山川，龙鱼，畜兽，花鸟，无体不备，无美不臻。吴道玄人物，固绝百代；山水木石，亦开南宋。""元以异族，入主中华，虽无画院之设，而绘事极盛。上承宋之余绪，而开明清近代画之新体；尤尚淡逸超脱之格调。""朱明代胡元一统天下，继绍赵宋之遗绪，朝廷复设画院，边文进，范暹等以花鸟，郭纯以山水，应召为永乐内殿供奉。宣德画院，为明代最盛之时期，与宋之宣和、绍兴两时期相辉映。""自清初迄乾嘉间，诸家虽各有特长，无不受南宗之化，唯金陵诸子，犹存北宗之风，此外明遗民八大山人，方以智，项圣谟，程□，吴山涛，张风，傅山，梅清，笪重光及朱彝尊，翁嵩年等，皆能独具风格，自写胸中逸气；八大山人于明之后为僧，善书法，工篆刻，绘画独绝，兼善山水花鸟。其尤奇者为二和尚，一曰道济，一曰髡残，时谓石溪，沈著痛快，以谨严胜。"最后说到当代："吾国画学至今而衰弊极矣，岂止衰弊，且将绝灭，至郡邑无闻画人者，取二三名宿摹写四王二南之糟粕，枯笔工笔，类皆味同嚼蜡，高天厚地，奈何身作画因而犹以自炫。或临摹传写，取其粗而遗其精，梅兰竹菊伸纸漫涂，或萧条数笔，韵法两亏，即号曰名家，岂不冤哉？即能笃实研攻者，亦往往迷于派别之说，限于门户之见，以致风趋益下，习俗愈卑，无由自拔，右云间者，深讥浙派，祖娄东者，辄诋吴门，临颖茫然，奥穾难洞。呜呼！画理之精微，艺学之博大，岂区区一家一派所能囿耶？门户派别之见愈深，其束缚愈难自解，以故近来画家之艺术心境，日益浅狭，汲而易竭，览之无余，其支离灭裂者，尤堪浩叹，宗风不振，能不慨然。"

5月12日，上海市美术界义卖救难展览会在大新公司举行，为期10天。（《刘海粟年谱》，第147页）

6月1日，刘海粟主持上海美专举办"吴昌硕遗作展"。

【引】自四十三岁起至八十四岁止，每年代表作品，共一百三十六点，俾观者得研究吴氏艺术演变经过，同时陈列吴氏金石二十六件，亦为精极之品。（《新闻报》，1939年5月31日）

6月1日,上海美专教授陆抑非筹办"古今名人扇面展览会",刘海粟为之题写展标并作画支持。(《奋报》,1939年6月1日)

7月1日,蔡元培收到刘海粟函,报告近况。

【引】蔡元培当天日记内容有:"得刘海粟函,报告上海美专师生救济难民书画展览会、海粟个人作品展览会及中国历代书画展览会之经过。刘君曾寄我《中国历代书画展览会目录册》一册,有刘君所撰《国画源流概述》七千言。"(《蔡元培年谱长编》(第4卷),第497页)

7月21日,刘海粟呈教育部劳作补助费实施概况与设施计划表。

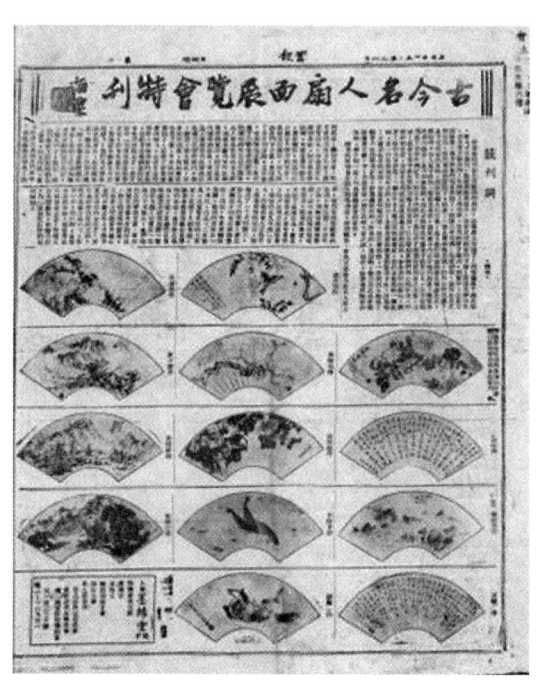

【图1939-4】《奋报》1939年6月1日刊"古今名人扇面展览会特刊",刘海粟题名并作画

【引】呈为遵令造呈二十六、二十七年度劳作补助费实施概况表各一份,暨二十八年度劳作补助费设备设施计划表一份,仰祈鉴核备案由。

案奉钧部。010653 号训令着"将二十六、二十七两年度补助费用途呈部核销,并造送本年度添置设备计划及预算,以凭核发"等因,奉此,兹造呈二十六、二十七两年度劳作补助费实施概况表各一份、二十八年度劳作补助费设备设施计划表一份,一并呈送钧部,仰祈鉴核备案。谨呈教育部部长陈

上海美术专科学校校长 刘海粟(上海档案馆档号 Q250-1-78,《伪教育部委托本校办理劳作专修科,通知合省市教育所、局选送学生入学,及伪教育部补助经费和本校报告使用情况等文件》)

7 月 25 日,吴俊升致函刘海粟。

【录】海粟先生大鉴:关于贵校二十八年度上学期招收新生,请依照本部前定办法,先将拟招新生名额及招生简章送部核定。劳作专修科新生如由部令各省、市教育厅、局选送学生来沪,目前殊多困难,可由贵校在沪自行招考。奉嘱函达,顺颂教绥(上海档案馆档号 Q250-1-78,《伪教育部委托本校办理劳作专修科,通知合省市教育所、局选送学生入学,及伪教育部补助经费和本校报告使用情况等文件》)。

8 月,刘海粟致函陆丹林,发表于香港《大风》杂志第 46 期。

【引】函曰:"拙著《中国画源流与派别》,谬承藻饰,汗颜之至。此文以短促时间草就,排印时又错误百出,尤引以为憾,今重校寄请察政"。(刘海粟,《国画中之静流》,《大风》第 46 期,1939 年 8 月 25 日)

8月,赵无极插入上海美专西画系学习,1940年7月毕业。(上海档案馆档号Q250-1-120-1,《上海美术专科学校自开办至结束历届学生姓名索引》)

【释】赵无极(1921—2013),生于北京。童年在故乡江苏南通读书,并学习绘画。1935年入杭州艺术专科学校,师从林风眠。1939至1940年借读于上海美专,1940年7月毕业。1948年赴法国留学,并定居法国。在绘画创作上,以西方现代绘画的形式和油画的色彩技巧,参与中国传统文化艺术的意蕴,创造了色彩变幻、笔触有力、富有韵律感和光感的新的绘画空间,被称为西方现代抒情抽象派的代表。为法兰西画廊终身画家、巴黎国立装饰艺术高等学校教授,获法国骑士勋章。曾在世界各地举办160余次个人画展。(《上海美专名人传略》,第399页)

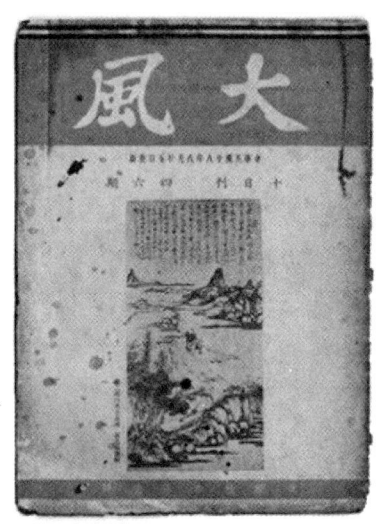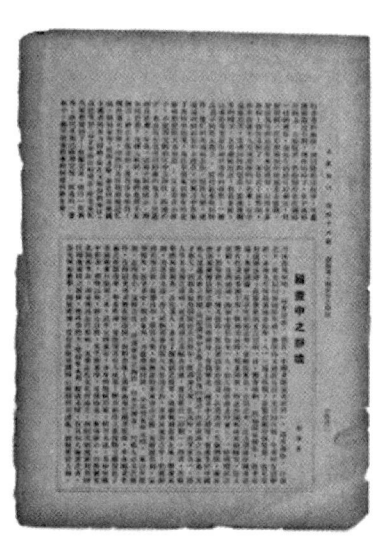

【图1939-5】香港《大风》杂志以《国画中之静流》为题,刊刘海粟致陆丹林函(1939年8月25日)

9月10日，刘海粟油画作品"四行仓库保卫战"作为上海美专校刊《美术界》创刊号的封面发表。（《美术界》，1929年9月10日）

【按】此作标题原为"四行仓库保卫战"，发表时改名为《廿六年十月廿八日》。抗战胜利后，1947年的《京沪周刊》第1卷第12期重刊这一画作时，题名为《四百孤军苦守之四行仓库》。从早期发表的图片可知，原作并无落款，现存原作上"海粟1938"的题款，以及被涂改成红旗的中华民国国旗，是刘海粟在新中国成立后为避讳所作。

9月13日，吴俊升致函刘海粟。

【录】海粟先生台：敬启者，部中顷有通令一件，内开："汪精卫背叛党国，媚敌求降，叠经中央明令斥责，并予缉办在案。兹汪逆及其党羽，托庇敌人，仍积极活动，企图煽惑人心，

【图1939-6】1939年9月10日上海美专校刊《美术界》创刊号。

破坏抗战大计，自应举国一致声讨，以张正气。各专科以上学校为全国最高教育机关，居于社会领导地位，应由各校校长转知各教授或教员，就其所长，着为专篇，力辟汪逆一派之奸谋，并随时对学生加以宣导，使成最有力之舆论。该项斥奸论著，即由各校径与各报接洽，特辟专栏刊载。"等由，特密函奉达，即希查照办理，见复为荷。顺颂台祺　吴俊升敬启（上海档案馆档号Q250-1-64，《民国教育部、教育局颁发和转发一般性（包括政治、人事、总务、课程、纪念日等）的通知、规定》）

9月，洪青受聘任上海美专图案系组主任兼图案教授。（上海档案馆档号Q250-1-160，《上海美术专科学校同学录二十八年度第一学期（1939年9月）》）

【释】洪青（1913—1979），又名政新，祖籍安徽婺源。1932年毕业于法国巴黎国立高等美术专门学校建筑科，法国巴黎高等美术装饰学校建筑科。回国后长期担任上海美专图画系教授（1939年8月始至1952年1月）。（《上海美专名人传略》，第113页）

9月，商启迪受聘任上海美专图案实习教授。（上海档案馆档号Q250-1-160，《上海美术专科学校同学录二十八年度第一学期（1939年9月）》）

【释】商启迪（1910—2005），江苏靖江人。苏州美术专科学校西画系毕业，日本国立东京高等工艺学校图案科毕业，日本大学艺术院洋画科毕业。1937年任苏州美术专科学校教授，1939年任上海美专图案实习教授，1948年任苏州美专训育主任兼图案教授。后移居台湾，曾任台湾师范大学艺术系教授，并成为台湾首次美术展览会审查委员。（《上海美专名人传略》，第185页）

10月3日，刘海粟复函吴俊升。

【录】俊升先生台鉴：敬复者，顷奉钧部 22246 号密函敬悉，属校业已遵谕转知各教授及职员，并随时对学生加以宣导。相应函复，即希查照转呈为荷。顺颂公绥 上海美术专科学校校长刘海粟（上海档案馆档号 Q250-1-64，《民国教育部、教育局颁发和转发一般性（包括政治、人事、总务、课程、纪念日等）的通知、规定》）

10 月，王个簃刻赠"海粟无恙"朱文印。（《刘海粟年谱》，第 147 页）

是年秋，刘海粟作中国画《滚马图》《赤壁图》。（《刘海粟年谱》，第 147 页）

11 月 30 日，刘海粟应巴城（雅加达）华侨公会邀请，赴南洋主持筹赈画展。（《刘海粟年谱》，第 147 页）

【按】是日刘海粟乘船离上海往南洋。途经香港，探望病中之蔡元培，承于《滚马图》题"清新俊逸"四字，是为最后一次会见。12 月抵吧城，会见各华侨首领，筹备展画事。教务主任谢海燕代理上海美专校长。

12 月，《刘海粟国画近作》由上海美术用品社出版。王个簃题封面。

【按】此书为刘海粟国画作品集，选录了刘海粟 1936 年和 1939 年的国画作品，及几幅新作，共 20 幅。封面由王个簃题签书名，内文选登林森、吴敬恒等人的旧题词和文。（《刘海粟国画近作》，上海美术用品社，1939 年 12 月）

【释】王个簃（1897—1988），名贤，字启之，号个簃，以号行，江苏海门人。1935 年 9 月至 1942 年 7 月任上海美专中国画系主任兼花卉实习教授。上海孤岛时期，作为上海美专中国画系主任的王个簃与校长刘海粟一起举办了吴昌硕遗作展，这次展

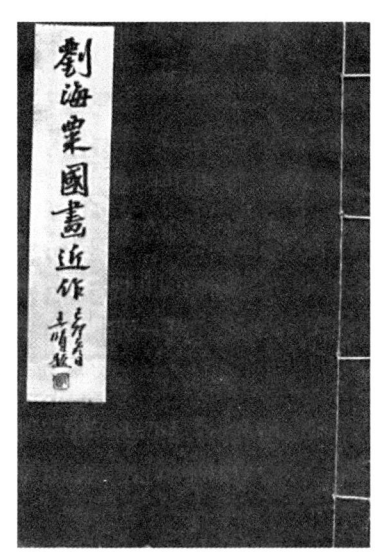

【图1939-7】1939年12月上海美术用品社出版的《刘海粟国画近作》书影

览，策展人的意图一是为帮助上海医师公会筹集难民医药救济金，二是对吴昌硕的作品做一个完整的学术性的介绍。展览陈列吴氏自43岁至84岁代表作品，书画136件，金石30件。并陈列其遗物20件，供观众鉴赏。出售门票所得作难民医药救济金。1960年王个簃出任上海中国画院第一副院长。1987年于北京举办九十寿辰书画展。出版有《王个簃画集》《个簃印偈》《个簃随想录》。（《上海美专名人传略》，第210页）

是年，刘海粟作中国画《松鹰图》。（该画题跋）

是年，罗君惕受聘任上海美专诗词学、书法教授至1947年。（上海档案馆档号Q250-1-160，《上海美术专科学校同学录二十八年度第一学期》）

【释】罗君惕（1905—1984），蒙古族人，生于江苏镇江。1924年入吴淞中国公学大学部商科，1930年应上海交通大学副校长黎照寰之邀，任文书主任12年。潜心研究石鼓文，撰写《秦

【图 1939-8】刘海粟著《国画源流概述》一文以《国画源流》为题发表于《吧城新报》新年增刊

刻十碣考释》一书，同时开始撰写《说文解字探原》。后调任上海师范学院中文系教授。主要著述还有《中国汉文字和汉文字学的源流》等。(《上海美专名人传略》，第 198 页)

是年，上海美专钢琴专业毕业生胡苏廉接受教育部社会教育司音乐教育委员会的聘请，担任教育部音乐指导员训练班教员之职。此聘任经呈报教育部长陈立夫，当日签准"照办"。
(《上海美专音乐史》，第 224 页)

是年，上海美专 35 名学员毕业。（上海档案馆档号 Q250-1-114，《一九三七学年度第一学期至一九五一学年度第二学期毕业生名册》）

1月7日，顾树森致函刘海粟。

公元 1940 年
民国二十九年
（庚辰）
44 岁

【录】海粟先生惠鉴：俭电悉。奉嘱汇发二十九年度劳作设备费叁千元，即希查收掣据为荷。此颂台祺　顾树森启（上海档案馆档号 Q250-1-78，《伪教育部委托本校办理劳作专修科，通知合省市教育所、局选送学生入学及伪教育部补助经费和本校报告使用情况等文件》）

1月20日，中国现代名画筹赈展览会在巴城（印度尼西亚雅加达）中华总商会开幕。

【引】由葛祖燨总领事、慈善会主席丘元荣主持开幕式。刘海粟为《天声日报》出版的《中国现代名画展览筹赈大会特刊》题写刊头。展出刘海粟、王济远、朱文侯、吴杏芬等 92 人作品 342 件，并陈列吴昌硕、王一亭、康有为等 12 人参考品 54 件。展览会举行 9 天。荷印经济部长及各国领事多前来参观购画，赞赏东方艺术之高深，予国际人士以深刻之印象，侨胞流连欣赏，踊跃认购，筹得 15 万元余。

发行《巴城现代中国名画展览筹赈大会特刊》，刊有丘元荣的序、叶泰华《艺术大师刘海粟传》、顾树森《海粟赴爪哇展览作品引言》、华侨公会副会长邓仁生《刘大师南来感言》、陈隆吉《刘海粟先生南来展画筹赈感言》、梁锡佑《刘海粟先生南来与赈灾》、林伟明《由刘海粟大师画展筹赈说起》、张自铭《由"叛徒"说到赈灾》。

邓恺君《刘海粟先生南来与同侨艺术》文谓："当今国难严重，海粟应爪哇侨胞之请，毅然南来，挟其杰作举行筹赈展览，使侨胞得观祖国文化正在不断的进展，同时又能得巨款以拯济无告之难民。海粟此举可以观,可以兴,可以廉顽立懦。其功用岂仅在于美术哉。""观乎刘大师抵巴后,舆情表示热烈欢迎,画展由华侨公会发起,而推于全巴侨团领袖共同主持。""除刘先生个人作品外,复有百数十家名流作品一并展览,此诚侨界空前未有之盛况也。"

《天声日报》登载刘海粟、吴杏芬、朱文侯、王一亭、陈师曾等所作绘画23幅。在刘海粟的肖像照旁说明:"我侨久慕刘大师之名,敦聘南来,主持本日开幕义展。由于刘大师人格与艺术伟大之感召,并由我侨本能踊跃轮将之素衷,故此次筹赈,成绩斐然,相信能达国币十万元以上,刘大师与我侨救灾伟绩,诚不可没也。"(《刘海粟年谱》,第147页)

【图1940-1】1940年1月出版的《巴城现代中国名画展览筹赈大会特刊》

【图1940-2】中国现代名画展览筹赈大会在印度尼西亚雅加达开幕留影
（1940年1月20日）

【释】朱文侯（1895—1961），原籍安徽婺源，生于浙江平湖。1915年起专习国画，擅长花卉、翎毛，尤工猛虎，后移居上海，以售画为生，求画者日满寓庐。1934年始任上海美术专科学校国画教授。新中国成立后任中国画院上海分院画师。（《上海美专名人传略》，第270页）

1月23日，新加坡《星洲日报·繁星》发表郁达夫《为君濂题海粟画梅》诗。

【录】诗曰："孤山归梦未全荒，苦寒梅花立草堂。展画时闻香暗散，陇头春满感刘郎。"（《刘海粟年谱》，第148页）

1月，刘海粟编《中国历代名画大观》正式出版。

【按】书前仍刊刘海粟《国画源流概述》长文，及谢海燕所撰《名画解释》。收录了晋唐五代以降至清代名画122幅。全书以中英文对照,封面由上海美专教授、民国著名书法家李健(号崔然,清代大书法家李瑞清之侄)题签,扉页有丁惠康题署。

(《中国历代名画大观》,1940年)

【图1940-3】刘海粟、成家和在南洋(《艺气风发——来自刘海粟和刘抗的相册》,第113页)

【图1940-4】刘海粟、成家和在南洋

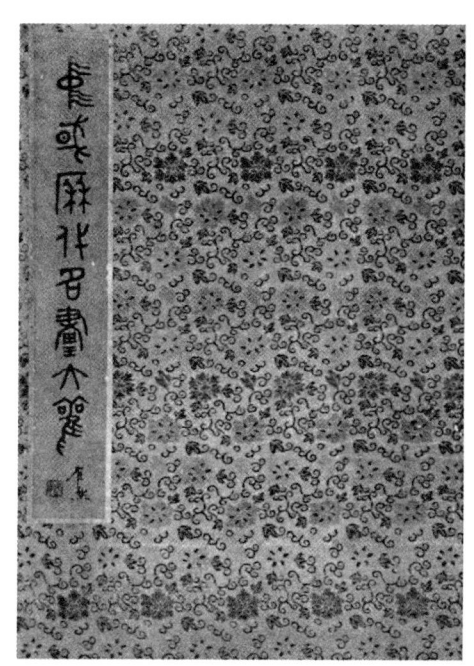

【图1940-5】刘海粟编《中国历代名画大观》，1940年1月上海美术专科学校出版

2月6日，吴俊升致函刘海粟。

【录】海粟先生大鉴：案奉行政院廿八年十二月吕字第一六四九三号训令："抄发林委员森等提案，为请行政院转饬教育部通令各省高级小学、中学、大学高校女生实行纺织一案，饬拟实施办法呈核"等因。当经拟具实施办法，呈奉核准在案。依照是项办法，嗣后师范学院家政学系学生应特别注意纺织之研究，其他各类专科学校及各学院女生应于课外注意纺织，作为课外活动之一。奉嘱函达，即希查照为荷。顺颂教绥　吴制俊升敬启　中华民国廿九年二月六日（上海档案馆档号Q250-1-64，《民国教育部、教育局颁发和转发一般性（包括政治、人事、总务、课程、纪念日）等的通知、规定》）

2月23日，刘海粟作油画《椰林落日》。（《刘海粟年谱》，第148页）

2月，上海美专招收入学新生57名，其中美术专业43名，音乐系6名，艺教系图音组和艺术师范8名。（《上海美专音乐史》，第225页）

2月，童书业受聘任上海美专国画史教授至1942年1月。（上海档案馆档号Q250-1-160，《上海美术专科学校同学录二十八年度第二学期（1940年2月）》）

【释】童书业（1908—1968），浙江鄞县人，生于安徽芜湖。1935年结识顾颉刚先生。后在上海光华大学、上海美专等校任教。1949年8月，应聘为青岛山东大学历史系教授兼文学所研究员。撰有专著14部和论文129篇。（《上海美专名人传略》，第205页）

3月5日，民国政府原教育部部长、北京大学校长、中央研究院院长、上海美专校董会主席蔡元培在香港逝世，终年74岁。

【引】当时刘海粟在泗水举行筹赈画展，闻蔡元培在港病逝，悲痛不已，参加当地举行的追悼会并致悼词。上海美专全校追悼。决定设立蔡孑民先生纪念奖学金，并筹设孑民美术图书馆，建立铜像等数项纪念方案，于抗战胜利后实施。（《刘海粟年谱长篇》，第148页）

3月6日，章益致函刘海粟。

【录】海粟先生大鉴：本部三十度补助各省市推行生产教育经费，业经依照各省市地方情形及办理职业教育实况统筹支配，经核定补助贵校教学设备费陆千元，希造具添置设备预算及计划呈部审核，补助费俟预算计划核定后拨发。又将规定办法三项列举如次：

一、各校添置教学实习设备预算及计划经部核定后，应即遵照购置，并须将办理情形每两月报部一次，如发现不依照核定计划办理或其他舞弊情事，经查明属实后，将予以相当处分。

二、凡以补助费购置之设备，应遵照本部二十八年四月第九一五六号训令，分制标识，悬挂显明地位，以便稽核。

三、凡受本部及省、市主管教育厅、局协助生产资金之学校，应将本年度生产计划及生产组织概况呈经省、市主管教育厅、局审核，务于三月二十日以前转报本部核定。对于部、省、市所发协款，并应遵照部颁《协助职业学校生产资金暂行办法》之规定，专款存储稳妥银行或钱庄，不得移作别用。又于每学期终了时，应将生产经过、出品数量、价值、销售及盈余列表报厅、局转部备核。如尚未成立生产组织者，各省、市主管教育厅、局应督促其迅速成立，并将组织概况及计划呈转本部核准施行。

各校生产资金补助费俟各校生产计划及生产组织呈部核准备案后拨发。奉嘱特达，即希查照办理为荷！（上海档案馆档号 Q250-1-78，《伪教育部委托本校办理劳作专修科，通知各省市教育所、局选送学生入学及伪教育部补助经费和本校报告使用情况等文件》）

3月14日，筹赈画展在驻泗水曹领事和筹赈会主席黄超龙等主持下在泗水举行，共筹得国币14万元。东爪哇省长偕夫人、女儿三度参观，极口赞叹，购藏《寒山雪霁》等画，高悬省长署内。（刘海粟，《刘海粟陈述在巴城等地为抗战展画筹赈函》，1941年2月；《新闻报》，1940年4月7日）

3月20日，《美术界》第1卷第3号刊载刘海粟用日记形式撰写的杂文《吧城一日》。

【引】《美术界》杂志第1卷第3号《美术界一日》特辑内，收录了刘海粟的日记《吧城一日》，是刘海粟赴印度尼西亚首府巴城举办"中国现代名画展览筹赈大会"后所记，全文如下：

廿九年一月二十日，星期六，雨。

爪哇正值雨季，连日细雨绵绵，颇觉有些凉意。

筹赈画展今日午后在雨中开幕。中华商会，车水马龙，极一时之盛。八时三刻举行开幕典礼，仪式隆重、庄严而简单。首由慈善会主席丘元荣先生致开幕词，并报告画展筹备经过。继由葛总领事演说，语多鼓励。末由本人致答词，除对侨胞爱国救灾之热忱与贡献致其无限钦慰外，对于葛总领事之"观乎岁寒三友能无后凋之志，观乎青山流水能无锦绣山河之思"二句，更寄以无限感怀。此语诚可代表华侨之民族思想精神。北望吾国之锦绣山河，今日如何？寒岁三友，人皆知为松竹梅，我国画家喜作斯图，是因其足以代表我人在风雪中奋斗长成之人格。我国今正在暴风雨中艰苦奋斗，亦正在朝向长成之路径迈进，胥有赖于艺术以鼓励之。

【图1940-6】上海美专校刊《美术界》杂志第一卷第三号刊登由刘海粟撰写的《吧城一日》

今日除侨胞各界领袖外，到会来宾有荷印经济部长樊穆夫妇，内政部长夫人，吧城府尹夫妇，县长东亚司奥弗特金博士，及美法瑞士等国领事、欧籍画家及记者等，由葛总领事、丘主席及余夫妇加以招待。奥弗特金博士通中文，能操极流利国语，鉴赏名家翰墨，极感兴味。计定购书画，迄此时为止，已达一万三千余盾，折合国币约达十万元，仅仅吧城一处，预计可得十五万元以上，这对于祖国灾民，可说是受惠匪浅。想到这层，连日的极度劳顿，便觉涣然消失了。（刘海粟，《吧城一日》，《美术界》第1卷第3号，1940年3月20日）

3月27日，刘海粟在东爪哇作油画《双马》。（《刘海粟年谱》，第148页）

3月29日，刘海粟在东爪哇黄氏山庄作油画《东爪哇黄氏山庄》。（《刘海粟年谱》，第149页）

3月，陈田鹤、钱仁康（上海美专校友）作曲的歌舞剧《桃花源》，由大钟剧社在俄国艺术剧院（福熙路赫德路口）上演。（《上海美专音乐史》，第119页）

【释】陈田鹤（1911—1955），原名陈启东，浙江温州人。1929年9月进入上海美专学习音乐。"九一八"事变后谱写了《认清敌人》《我们要夺回失去的地》《我们要振起精神》等歌曲，表现出强烈的爱国热情。抗战中，他创作了不少抗战歌曲，如《八一三战歌》《保卫上海》《八百孤军守上歌》等，特别是他的《巷战歌》流传甚广。也曾为上海战士捐募塞衣演出，而写了歌剧《桃花源》（阿英编剧）。并写过钢琴曲《血债》。1939年到重庆任教于国立音乐院，兼教务主任。1949年任教于福建音专。（《上海美专名人传略》，第287页）

3月，刘海粟在泗水作油画《泗水别墅》。(《刘海粟年谱》，第149页)

5月，筹赈画展移至垅川举行，由慈善会主席张天聪主其事，筹得国币7万元。(刘海粟，《刘海粟陈述在巴城等地为抗战展画筹赈函》，1941年2月)

6月13日，章益致函刘海粟。

【录】海粟先生大鉴：四月二十一日大函暨附表已悉。补助费陆千元由暨大何校长柏丞兄处转拨。奉嘱特达，即希察照为荷。顺颂台祺　弟章益谨启（上海档案馆档号Q250-1-78，《伪教育部委托本校办理劳作专修科，通知各省、市教育所、局选送学生入学，及伪教育部补助经费和本校报告使用情况等文件》）

7月13日，刘海粟在万隆作油画《万隆瀑布》，董麟玉和庄哲夫等陪同。(《刘海粟年谱》，第149页)

7月，筹赈画展移到万隆举行，筹得4万元。

【引】主持人为慈善会当局，数日之间亦售得四万元，并予该地荷人以绝大之轰动，自动购画者极众，计共售得固币四十余万元。扫数由各地慈善会直接汇寄贵阳万国红十字会。(刘海粟，《刘海粟陈述在巴城等地为抗战展画筹赈函》，1941年2月)

8月，周锡保受聘任上海美专图案实习教授、图案教授至1952年。(上海档案馆档号Q250-1-160，《上海美术专科学校同学录二十九年度第二学期（1941年2月）》)

【释】周锡保（1910—1984），江苏太仓人。擅长工艺美术史、中国历史服饰设计。毕业于国立杭州艺专图案系。历任上海美专、新华艺专、文绮染织专科学校、南通学院、上海戏剧学

院教授。著有服装史著作《中国古代服饰史》。（《上海美专名人传略》，第 265 页）

8 月，刘海粟在三宝垄作油画《菩利菩达佛塔》，并对佛塔的形成、雕刻、埋没和发掘作了长篇的志。（《刘海粟年谱》，第 149 页）

9 月，南侨筹赈总会副主席庄西言由荷属印尼致函新加坡南侨筹赈会，推荐刘海粟到新加坡举行画展。南侨筹赈会代主席陈延谦（主席陈嘉庚回国慰劳未返）即发函邀请刘海粟到新加坡展画。10 月刘海粟赴新加坡。（《刘海粟年谱》，第 149 页）

9 月 1 日，上海美专校友钱仁康作曲，蔡冰白编剧的歌剧《江村三拍》在上海卡尔登大戏院上演。（《影迷画报》第 18 期，1940 年 9 月 5 日）

9 月，上海美专招收入学新生 65 名，其中美术专业 39 名，音乐系 11 名，艺教系图音组和艺术师范 15 名。（《上海美专音乐史》，第 225 页）

9 月，王麦杆入上海美专劳作专修科学习，1941 年 1 月改入西画系学习。（上海档案馆档号 Q250-1-120-2，《上海美术专科学校自开办至结束历届学生姓名索引》）

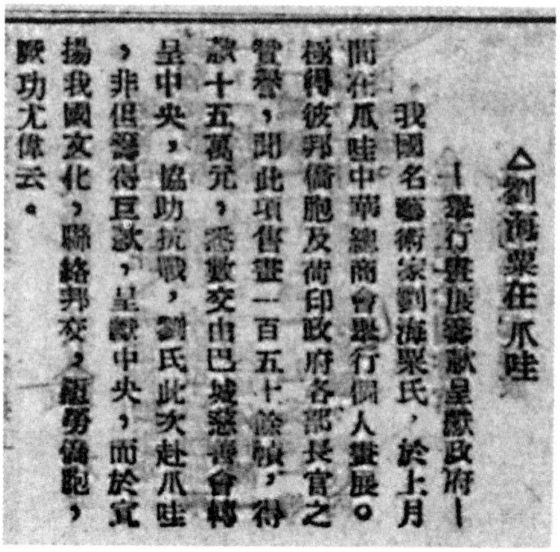

△劉海粟在爪哇
——舉行畫展籌款呈獻政府——
我國名藝術家劉海粟氏，於上月間在爪哇中華總商會舉行個人畫展。極得彼邦僑胞及荷印政府各部長官之贊譽，即此項售畫一百五十餘幀，得款十五萬元，悉數交由巴城慈善會轉呈中央，協助抗戰，劉氏此次赴爪哇，非但籌得巨款，呈獻中央，而於宣揚我國文化，聯絡邦交，鼓勵僑胞，厥功尤偉云。

【图 1940-7】《读书通讯》杂志报道《刘海粟在爪哇举行画展筹款呈献政府》（1940 年第 2 期）

【释】王麦秆（1921—2002），原名王兴堂，笔名木革、梅进、张英，后改名麦秆，山东招远人。在学期间同时进行漫画、木刻创作。先后参加"铁流漫画木刻研究社""革艺漫画木刻研究社""上海美术作家协会"和"全国木刻家协会"等美术社团的活动。新中国成立后，曾任贵州省美术工作者协会副主席、天津美术学院教授、中国版画家协会顾问。（《上海美专名人传略》，第354页）

9月，教育部拨款资助学校并下达指令，要求上海美专试行5年制学制。

【引】设中国画、西洋画、雕塑、图案、音乐5组（系），停办附设高级艺术科，但为该科各年级学生升学便利计，旧3年制专科各组继续招生，至1942年度第2期为止。艺术教育科各组及附设艺术师范科仍为3年制。（《刘海粟年谱》，第149页）

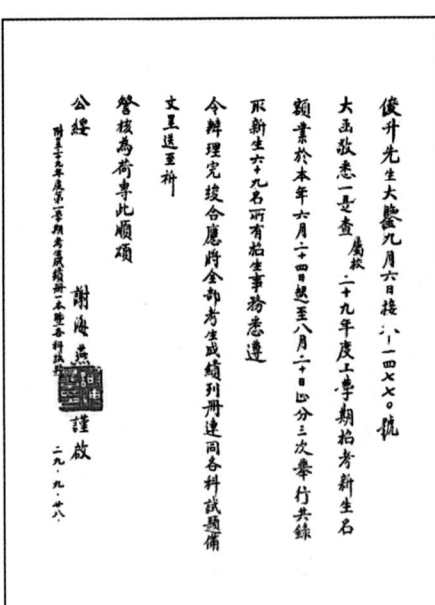

【图1940-8】代理校长谢海燕上报教育部的公文（1940年9月）

【图1940-9】刘海粟在南洋与友人合影（《艺气风发——来自刘海粟和刘抗的相册》，第115页）

10月，刘海粟作中国画《桃》，赠丘伯修。（《刘海粟年谱》，第149页）

11月8日，刘海粟作油画《万隆火山》（又名《巴巴大仰火山》）。（《刘海粟年谱》，第149页）

11月20日，上海美专教师卫仲乐在上海博物馆路亚洲文会举行国乐演奏会，为期二天。（《申报》，1940年11月27日）

【释】卫仲乐（1903—1997），上海人。1926年参加国乐社团"大同乐会"，1933年至1951年兼任上海美专国乐教授。1938年随中国文化剧团赴美演出，并灌制了多种乐器独奏乐唱片，在美国流行甚广，1940年在上海创办"仲乐音乐馆""中国管弦乐队"。1956年任上海音乐学院教授、民乐系主任，兼任中国音协上海分会副主席。（《上海美专名人传略》，第217页）

11月28日,刘海粟致函刘抗、陈人浩。

【录】抗、人浩二弟:粟来此已一岁,各埠侨胞热烈欢迎,画款在五十万之以上悉呈中央!刻星洲筹振会来聘,已许十一月底来星,届时得与弟等一叙阔别,岂不大快。去年曾有目录一本寄□收到?余不赘。即颂日社。海粟,十一月廿八日。(《刘海粟刘抗师友书信录》,第39页)

12月10日,吴俊升、陈礼江致函刘海粟。

【录】海粟先生大鉴:教育部为推进美术教育起见,近有美术教育委员会之组设,照章规定,台端应为该会当然委员。兹检奉该会章程一份,函请察照,并颂教祺!(上海档案馆档号Q250-1-21,《中华民国教育部美术教育委员会章程及会议记录》)

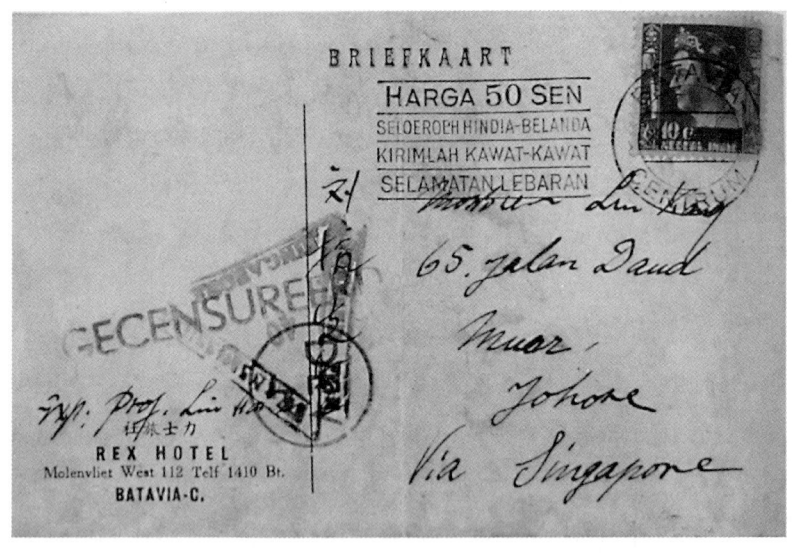

【图1940-10】1940年11月28日,刘海粟致刘抗、陈人浩函(明信片)

12月20日，雅加达华侨公会于下午四时半设茶话会欢送刘海粟离雅赴新加坡。

【引】到有葛总领事，本会董事、侨中教职员，共约数十人。（《吧达维亚华侨公会月刊》，第2卷第1期，1941年1月5日）

12月21日，刘海粟从雅加达启程赴新加坡，23日早晨抵达。

【引】南华筹赈总会及星华筹赈会代表郭珊瑚、华人美术研究会代表徐君濂、上海美专旅星同学代表刘抗等登轮欢迎。先下榻吾庐俱乐部，25日移至力士酒店下榻。（《刘海粟年谱》，第150页）

12月28日，上海美术专科学校旅新加坡全体学友假南天酒楼设宴欢迎刘海粟校长。（《刘海粟年谱》，第150页）

【图1940-11】1940年12月28日，上海美专旅星校友欢迎刘海粟摄影纪念（《艺气风发——来自刘海粟和刘抗的相册》，第114页）

12月，刘海粟作中国画《风雨归舟图》。（该画题跋）

【图1940-12】刘海粟作中国画《风雨归舟图》，1940年12月。

是年出版的多家报刊对刘海粟的爱国义举进行专题报道。

【引】《中国红十字会月刊》第60期，以《刘海粟绘画画资悉汇贵阳红十字会》为题对此进行报道；1940年第2期《读书通讯》杂志，亦以《刘海粟在爪哇举行画展筹款呈献政府》为题予以高度肯定；1941年第31卷第1号《教育杂志》，以《抗战以来的上海美专》为题，对上述救亡行动作出细致的回顾。（《沧海真源》，第240页）

是年，作中国画《斗鸡》《雉》《枫月宿鸟图》《汉柏图》，油画《碧海椰林》《凤尾树》《峇厘岛渔舟》《万隆歌女》《峇厘舞女》《风景》（60cm×74cm）《河边》（96.9cm×62.8cm)《巴厘土女》《行云》等。（上海刘海粟美术馆馆藏目录）

【图1940-13】斗鸡（油画）1940年（60.8cmX74cm） 刘海粟美术馆藏

是年，上海美专42名学员毕业。（上海档案馆档号Q250-1-144，《一九三七学年度第一学期至一九五一学年度第二学期毕业生名册》）

1月1日，刘海粟在寓所会见郁达夫及南来献艺筹赈的紫罗兰女士，并用铅笔在布纹信纸上为紫罗兰作速写像。

【引】此速写像原不肯交郁达夫发表，但郁以为神情已具，在1月11日《星洲日报》发表，郁还发表为此所撰《紫罗兰女士速写像题记》一文。（《刘海粟年谱》，第150页）

1月14日，《星洲日报》发表叶泰华撰写的《艺术大师刘海粟在爪哇》。

公元1941年
民国三十年
（辛巳）
45岁

【引】此文介绍刘海粟前一年在巴城、泗水、垅川、万隆等地主持筹赈画展的情况，并指出画展是本着刘海粟所说"国难严重中，有多少力量便要把多少力量贡献国家"的行动；其每次对众演讲，皆谓吾国有伟大悠久之文化，暂时受外侮侵凌，吾人必须勠力同心，共渡难关；同时指出历来文人画注意松竹梅岁寒三友，是坚忍高洁劲节的代表，故对同侨极力勉以应有松竹梅的精神，这不单是艺术的欣赏，又是人格与民族的象征。(《星洲日报》，1941年1月14日)

1月18日，刘海粟在华人美术会演讲《东方艺术之西渐》。演讲后在草地上集体摄影，并当众挥毫，作中国画《芦雁》和《松鹰》。

【引】《东方艺术之西渐》大意："艺术是一国文化和民族性的结晶，一时代人类智慧的反映。吾人得天独厚，具有伟大优秀的民族性，气魄壮丽的好河山，在艺术上的成就也与众不同，自数千年来以至今日，我们始终掌握着东方艺术上的权威。欧洲人对于中国古代艺术的崇拜，实在早有如痴若狂的现象。""国家国际地位与文化极有关系，优秀的文化要比庸俗的外交家有力得多。"(《刘海粟年谱》，第150页)

1月20日至24日，《南洋商报》连载叶泰华所撰《艺术大师刘海粟传》。(《南洋商报》，1941年1月20日)

1月30日，刘海粟在圣安德烈英校校友主办的讲演会上作题为"中国画与洋画之异点"的演讲。(《刘海粟年谱》，第151页)

2月1日，下午2时，刘海粟应南洋美术专科学校校长林学大之请，赴校讲演《现代艺术》。

【引】刘谓:"人类为争人格而战斗,为艺术知识道德争价值而战斗,以造成今日浩瀚之历史。……艺术美化群论,以造就民族之崇高人格,以增强保障生存与抗拒侵略所必需之民族力量,以巩固我中华民族复兴之大业";并对欧洲近现代艺术之印象主义、后期印象主义、野兽主义的艺术活动趋向作系统之介绍。听讲者有新加坡文化界、美术界人士,该校学生及新闻记者等百余人。(《刘海粟年谱》,第151页)

2月6日,《星洲日报》刊载郁达夫《刘海粟大师星华义赈画展目录序》。

【引】此文序中说:"艺术家当处到像目下这样的国族危机严重的关头,是不是应丢去了本行的艺术,而去握手榴弹、执枪杆,直接和敌人死拼,才能说对得起祖国与同胞这问题。……譬如大家都到了前线去打仗,后方,自然连烧饭的伙夫,制军服的制缝,以及制造军火的工人,也要感到缺少。……我们的报国途径,原不固定在执枪杆、戴军帽的这一条狭路的。……从这样的观点来着眼,则艺术大师刘海粟氏此次南来,游荷属一年,为国家筹得赈款是实实在在,已经很有效地尽了他报国的责任了。"
(《星洲日报》,1941年2月6日)

2月10日,刘海粟应邀到新加坡中正中学作人格教育之演讲。

【引】演讲大意:"教育的目的在教人做好人。什么是好人?就是有高尚的学问与完全人格的人。今日的中国最需要的也就是所谓'威武不能屈,贫贱不能移'的精神。譬如拿梅花来说,梅花是我们的国花,其可贵处是从酷寒的严冬怒放出来的。人也是这样,只有在奋斗中训练出来的人才是一种能力,一种力量。有的所谓名士,到了半途常常改变气节,这就是缺少这种梅花的精神。所以我们对于教育在人格上的培养是非常要紧的。"
(《刘海粟年谱》,第 152 页)

2月22日,《星洲日报》特辟《刘海粟先生画展特刊》。

【引】《特刊》由中国驻新加坡总领事高凌百题签,登载郁达夫《刘海粟教授》、黄葆芳《文学叛徒与艺术叛徒》、刘强《我所认识之刘海粟》、梁宗岱《给海粟的信》以及刘海粟的国画二帧。郁达夫在文中说:"因我和刘教授订交二十余年,略知其生平,故简述数言,以志景慕……谨以'永久的声明'五字奉赠给刘教授,作为祝教授这次画展开幕的礼品。"黄葆芳在文中说:"二十年前,文化界有二大叛徒,一为文学叛徒胡适之,一为艺术叛徒刘海粟……中国新文化运动二氏推动甚力,故守旧派斥为叛徒,于是文学叛徒与艺术叛徒之名轰传一时。"刘强在文中说:"无论山川花鸟人物楼阁,莫不有一海粟在,诚以海粟即力,力即海粟。"

画展继往怡保、吉隆坡等地巡回展出,账目款项从不经手,悉数由筹赈会汇往国内,支援抗战。时与郁达夫、胡愈之、刘抗、黄葆芳、胡载坤等游。(《刘海粟年谱》,第 152 页)

2月23日,刘海粟所撰《国画源流概述》是日起至3月2日在《星洲日报》登载。(《星洲日报》,1941年2月23日)

2月,刘海粟致函教育部长陈立夫,陈述在吧城等地为抗战筹赈画展的情况。

【录】1941年2月刘海粟致函教育部长陈立夫,陈述在巴城等地为抗战展画筹赈的情况。信函全文如下:

为陈报事:窃海粟于二十八年十二月被迫离沪,挟画南渡,先至爪哇各埠展画筹赈、宣扬文化，慰劳侨胞，以尽国民天职。二十九年一月，画展首次在吧城举行，葛总领事、慈善会丘主席元荣主持其事，会场在中华总商会，会期共九天。全场陈列本人作品，如：九溪十八涧、寒林、饮马、寒山雪霁、言子基、啸虎、松鹰等三百点。侨胞以拙作在国际艺坛占有地位，莫不奔走呼号、眉飞色舞、流连欣赏、踊跃认购，既可助赈，又得珍藏，结果得国币十五万元余。荷印经济部长及各高官仕女，各国领事多前来参观购画，咸啧啧赞叹东方艺术之高深，予国际人士以不可磨灭之印象。三月间移展泗水，由驻泗曹领事、筹赈会主席黄超龙等主持，成绩亦达国币十四万元。东爪哇省长偕夫人、儿女三度来观，对拙作极口赞叹、诚心敬服，购藏《寒山雪霁》等画三帧，高悬省长署内正厅之中，足见外人重视之一般。五月间在垄川举行，由慈善会主席张天聪君等主其事，成绩亦达国币七万元。七月间移到万隆，主持人为慈善会当局，数日之间亦售得四万元，并予该地荷人以绝大之轰动，自动购画者极众，计共售得固币四十余万元。扫数由各地慈善会直接汇寄贵阳万国红十字会。每次画展开幕，海粟对众演讲，皆以吾国有伟大悠久之文化，暂时受外侮侵凌，吾人必须勤力同心、共渡难关，同时提出文人画的注意松竹梅岁寒三友，是坚忍、高洁、劲节、不屈。故对同侨勉以应有松竹梅之精神，这不单是艺术之欣赏，同时是人格与民族的象征。

吾国与荷印重洋远隔，已往的关系多属商业的，对于文化的交流机会甚少，从这次画展以来，给予异邦人士以惊赞的认识，美术界尤为研究赞赏。于是荷印美术馆当局乃借一部作品约百余幅，次第在茂物、吧城、万隆、棉兰、巨港等城市举行展览、画到之处，各界人士皆踊跃赴会，悉心观摩。咸认东方艺术确有其独特之精神、异样之画面、奥妙之表现，以单纯的墨色、简赅的线条，描写自然界的无穷景色，提取精神，极其神似。对于邦交敦睦、人民友谊方面确增加了不少亲密。一切经过情形，已由葛总领事呈报外部有案。海粟此次南来展画，结果实极圆满，不特筹得巨额赈款，于联络邦交、播扬文化、慰劳侨胞，均有深助。爰将经过情形据实陈报，希钧座垂察焉。刻应星加坡南洋华侨筹赈总会之聘，来此继续展画，星州结束，当续至马来亚各埠大规模展览，所有经过情形，将来另行陈报。

此致：教育部长陈

刘海粟（印）谨呈

2月23日至3月5日，刘海粟在新加坡中华总商会举办了"刘海粟教授筹赈展览会"。

【引】2月23日，下午2时，星华筹赈会主办的"刘海粟教授筹赈画展"在新加坡中华总商会举行开幕式，由高凌百总领

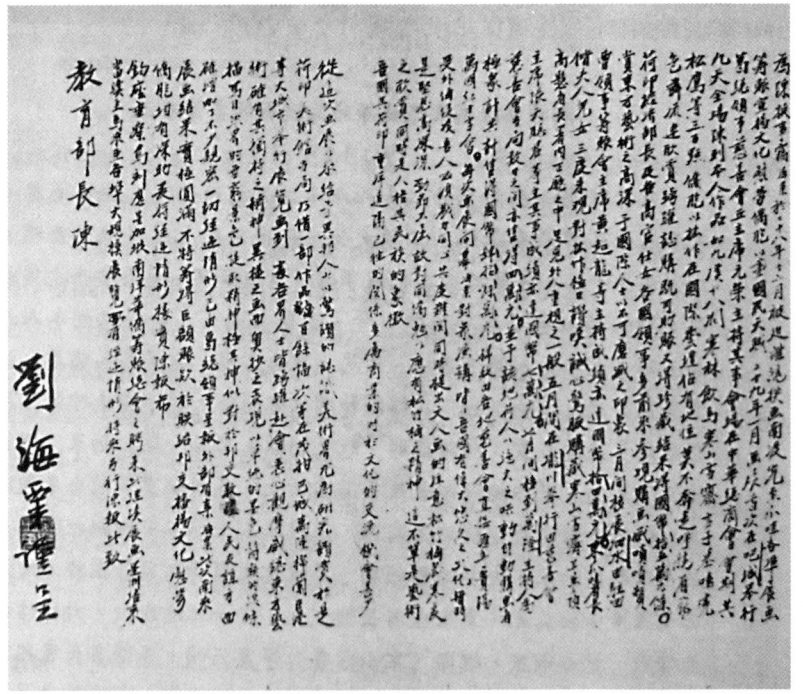

【图1941-1】1941年2月刘海粟致教育部长陈立夫信件手迹

事剪彩。陈嘉庚、高凌百、刘海粟致辞。参加开幕式的还有曾纪宸、杨惺华、郁达夫、高敦厚等百余人。陈列展品200余件（原拟展出584件，因会场关系，到28日再行更换），展出油画《火山》《玛丽卑崖飞瀑》《安格垄苦力》《暮霭》《行云》等，国画《五大夫图》《瑞山烟雨图》《饮马图》《富贵图》《梅花书屋》《杨柳白鸡》《啸虎图》等。

关于画展为何要用"筹赈"名义之缘由，中国东南亚研究会副理事长姚楠（梓良）在《一次规模空前的救国运动》一文中，谈及新加坡救国运动的情况（南洋各地当时都在殖民者统辖下）时写道："抗战军兴后，新加坡筹赈祖国难民总会就告成立。为什么要称作筹赈而不用救国、抗日等名义呢？那是因为当时的殖民地政府害怕日本干涉，所以不准筹募军费，只准救济难民。政府当局在新加坡中华总商会召开各界代表会议之前，就由华民政

【图1941-2】《刘海粟教授近作展览会（附列古今名画）特刊》，1941年2月

务司提出警告：一、捐款应以救济为目的；二、不得强迫捐款；三、所捐款项只许由一个机关收汇；四、开侨民大会时发言，不得涉及抗日、抵制日货及捐款购买军火等项；五、开会时应守秩序，不得有越出范围之言论和行动。殖民地政府唯恐得罪日本政府，引起纠纷。但是，尽管它委曲求全，终必自食其果。"

展品中还有郑午昌、王个簃、朱文侯、姜丹书、顾坤伯、张天奇、吴茀之等人的作品。画展原定到 3 月 4 日为止，因观众如潮，延期到 3 月 8 日结束。筹得叻币 2 万余元。（姚楠，《星云椰雨集》，新加坡新闻与出版有限公司图书出版部 1984 年 6 月出版，第 179 页。）

【按】出版《刘海粟教授近作展览会（附列古今名画特刊）》画册。书前有中国驻新加坡总领事高浚百撰序，叶泰华《艺术大师刘海粟传》《艺术大师刘海粟在爪哇》，郁达夫《刘海粟大师星华义赈画展目录序》，路易·赖鲁阿所撰《中国文艺复兴大师》、英国罗兰士·必宁所撰《迎艺术大师刘海粟》，吴铁城《刘海粟先生展览会序》旧文，并附画作选刊，中英文对照。在新加坡义卖的作品，都是新近的创作，故画册定名为"近作展览会"。（姚楠，《星云椰雨集》，新加坡新闻与出版有限公司图书出版部，1984 年 6 月，第 179 页。）

【释】顾坤伯（1905—1970），江苏无锡人。1923 年 9 月入上海美专高等师范科学习，1926 年 1 月毕业。中国画会会员，1933—1950 年在上海美专任教授十余年，所作山水雄浑苍劲，设色更匠心独运，自成一家。曾刊有画册二集，1936 年与张天奇合办奇峰国画函授学校。1957 年后任教于浙江美术学院。擅长山水，重视写生，并参以西法，自创新意。（《上海美专名人传略》，第 106 页）

【释】张天奇（1901—1983），原名道宗，字天其，又字九峰，江苏无锡人，擅长指画，其画斋名"九峰草堂"。1917 年 8 月入上海图画美术学校初等师范科学习，毕业留校任国画花鸟教授兼函授部乙部主任、成绩股主任、注册股主任。1924 年有画作

【图1941-3】1941年刘海粟（右二）、成家和（右三）、刘抗（右一）与艺术赞助人胡载坤医生（左二）在其巴德申山的寓所前

入选《江苏省首届美术展》。《野鸭》《群燕》等三幅作品又入选当时的《中国现代绘画展》，之后又赴德国柏林展出。（《上海美专名人传略》，第157页）

2月，陈懋恒受聘始任教上海美专，教授历史、地理课程。（上海档案馆Q250-1-160，《上海美术专科学校二十九年度第二学期（1941年2月）》）

【释】陈懋恒（1901—1969），字穉常，福州螺洲镇人。我国著名历史学家。谙经典史籍、易学，工诗词骈文，尤擅文史，通琴棋书画。1928年考入燕京大学历史系，后执教于圣约翰大学、东吴大学、上海美专等校，与中国女子画会陈小翠、陆小曼、周炼霞等女画家交往甚密。1940年为其兄陈懋鼎续译《枭雄记》，整理《槐楼诗钞》，编写《闽县螺洲太傅陈公年谱》、小

说《铁网珊瑚》《姚长子》及戏剧《乌孙公主》等。被顾颉刚誉为"一代才女"。（《上海美专名人传略》，第76页）

3月8日，下午4时至6时，刘海粟教授筹赈画展主办者举行招待会，以宣扬我国文化，联络外侨感情。刘海粟与高凌百总领事一同应接来宾。

【引】受邀参加招待会的有军政显要、绅商闻人、各国领事，其中有马来亚上诉庭法官碧克特鲁尔夫妇、殖民地警察总监狄更逊夫妇、立法议员哈森上尉夫妇、扶轮社社长贺尔谭、美国领事夫妇、瑞士领事夫妇和麦瓦尔打、西素卡夫、薛尔谷教授、者鲁尔斯牧师等。林文庆博士夫妇、胡载坤医生、曾纪宸、李光前、李树南医生夫妇等也被邀作陪。（《星洲日报·星期刊》，1941年3月9日）

【引】"画展结束后，胡载坤医生即邀请他（刘海粟）到颐园居住，待以上宾之礼。到1942年星洲沦陷前才逃难到印尼去。"（黄葆芳，《医者父母心》——忆胡载坤医生）

3月12日，下午5点30分，刘海粟应新加坡无线电台之请，播讲《中国画之精神》，由该台主持人译讲英语。

【引】刘海粟简要讲述了中国画的历史后说："艺术品由内外发，不为形役。中国画家多为诗人、画家、哲学家，亦即伟大之思想家也。画史上著名之人物，均有渊博之学识、丰富之著作、秀美之书法，同时均有坚强之意志与高洁之气节。盖必具伟大之人格，然后有伟大之艺术也。"（《刘海粟年谱》，第154页）

3月15日，《星洲日报晚版》发表郁达夫《为秋杰兄题海粟画松诗》。

【录】诗曰:"蟠根耸干栋梁材,劲质贞心郁未开。独立乾坤孤树顶,炎荒可有鹤飞来?"(郁达夫著、詹亚园笺注,《郁达夫诗词笺注》,上海古籍出版社,2013年11月,第530页)

3月29日,晚7时半,应新加坡青年励志社邀请,刘海粟作《文化问题》的讲演。

【引】刘海粟谓:"我国有数千年之优秀文化,每一时代有伟大创造,所以其民族亦为一优秀伟大之民族。但时至今日,吾人已经受人欺侮,全国均在坚苦争斗,均能不辞一切牺牲以救国,此皆吾国文化上传统之思想,养成吾人富贵不能淫,贫贱不能移,威武不能屈之气概,艰苦奋斗之精神。少数利令智昏之人,则无论亲疏,对之必看不起。吾人论人格,不以人为标准,以气节为标准。不论何人,凡背叛民族、不爱国家者,必须反对。""'气节'乃中国人之传统精神。唯有'气节'者,始能临大节而不可夺。所以我们做人,要做到像梅花一样,独能在大风雪之中而开着花,不变其颜色。""晚明画家黄道周、倪元璐、杨文骢皆当时殉国之士,气节文章,彪炳万世,弥为天下珍重。有伟大之人格,然后有伟大之艺术。江湖卖技,专为阔人富人画肖像之徒,乃为画匠,不足以与言艺术思想也。""一个国家或民族,其人民如有不屈之人格与丰富之智慧,必能创造一切,必能强盛。"(新加坡,《星洲日报·星期刊》,1941年3月30日)

3月30日,新加坡《星洲日报》发表了刘海粟撰写的《文化问题》。

【引】全文1400余字,文曰:何谓文化?文化是包括宗教、政治、哲学、科学、文学、艺术等而言。每一民族,皆有其特有之文化。如果一民族、一国家没有文化,则其国家或民族,必至灭亡；反之，如果其国家或民族有其优秀之文化，则无论如何不至灭亡。虽然一国之政治或有兴替，此对于民族之兴亡，无有关系。近数十年来，国人多有主张接受西化，请了许多外国学者到华讲学，影响可亦不少。我国人在此数十年中，常以为外国人都好，外国货都好，尽量输入西洋文化，故有"西学东渐"之口号。可是吾国有四千余年之文化，欧人对于吾国之文学美术，崇拜备至。但欧人常有一种谬见，彼等以为中国文化发扬固早，但现在已无继续创造。各国博物院、学术馆、图书馆，有中国古代名器、名画、名著，但无近代作品。彼方人士谈及现代东方文化，以一切长处归于日本，以一切坏处归于中国，此为何等冤枉之事。我并无什么高深学问，但我个性颇强，不愿任人歧视或误解，故在欧举行中国现代画展及个展，播扬吾国现代文化，一洗秦无人之耻辱。（刘海粟，《文化问题》，新加坡《星洲日报·星期刊》，1941年3月30日）

3月，郁达夫作《为胡仁东先生题海粟大师画芦雁》诗两首。

【录】郁达夫作："芦花瑟瑟雁来时，秋尽天涯鬓有丝。万里烽烟归梦断，披图撩乱是乡思。""故国音书到渐稀，料因烽火暗边圻。画中大有沧桑感，南雁西风获正肥。"（《郁达夫诗词笺注》，第532页）

4月16日，《星洲日报晚版》发表郁达夫《题刘大师画祝融峰水墨中堂》。

【录】诗曰："七十二峰最上层，望衡九面竞崚峥；年来宗炳垂垂老，卧看风雷笔底凝。"（《郁达夫诗词笺注》，第537页）

4月17日，《星洲日报晚版》发表郁达夫《题刘大师及徐君濂、刘抗、黄葆芳合作岁寒三友图》。

【录】诗曰："松竹梅花各耐寒，心坚如石此盟磐；首阳薇蕨钟山蓼，不信人间一饱难。"（《郁达夫诗词笺注》，第538页）

4月，经常和郁达夫、刘抗、徐君濂、黄葆芳等聚会，合作诗画。

【引】"当上海美专校长刘海粟老师在新（加坡）的一般时间，我和郁达夫先生几乎无日不见。相晤地点多在星洲日报编辑部或'白燕社'（星洲日报俱乐部），有时聚会在林霭民家或胡载坤医生寓所，如逢刘老师画兴浓时，挥毫泼墨，郁先生总是静静地在旁观看，一面构思题画的诗句。"（黄葆芳，《引玉集》，新加坡新闻与出版有限公司图书出版部，1983年7月版）

5月2日，晚7时20分，应新加坡广播电台之邀，刘海粟作有关中国画之广播演讲。（《刘海粟年谱》，第156页）

5月13日，中华总商会会长连瀛洲、陈六使假南天酒楼五楼设宴欢迎由商震将军所率领的中国军事考察团，刘海粟应邀出席作陪。（《刘海粟年谱》，第156页）

5月17日，刘海粟应邀出席中国驻新加坡总领事高凌百假虎豹别墅设香槟联谊会，欢迎中国军事考察团的宴会。

【引】与席者除侨领和文化界人士之外，还有辅政司钟斯氏夫妇、远东总司令波汉元帅、马来亚陆军总司令外蒙德中将夫妇、远东空军总司令布德中将夫妇、空军总指挥诺斯夫妇、马来亚总司令德鲁少将夫妇等。后应中国军事考察团官员要求作画赠人。"毛邦初将军与商震将军适先后莅临视察。他们也很关心我在南洋画展的事，毛将军不时到我寓所来看画，并相约同机反渝。其时，他叫我画一幅风雨图送给英国驻星总司令柏汉将军，我就替他题了两句：'风雨飘摇同一慨，中流砥柱仗斯人。'柏氏看了非常高兴。"（刘海粟，《南海历劫回忆录》，1946年5月）

7月22日，《星洲日报晚版》发表郁达夫《为晓音女士题海粟画芦雁》。

【录】诗曰："万里南飞客感深，露香菰米费搜寻。炎荒怕读刘郎画，一片蒹葭故国心。"（《郁达夫诗词笺注》，第544页）

7月30日，刘海粟应马来亚怡保侨领刘伯群之邀，启程赴怡保举行画展助赈。

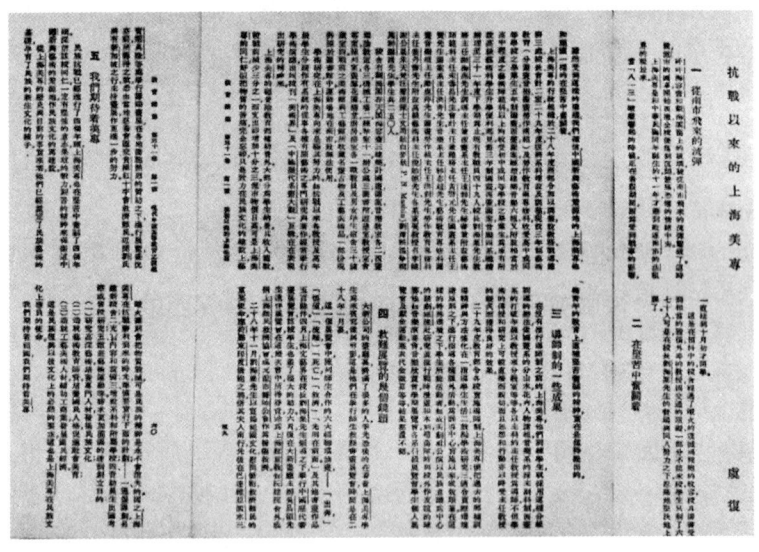

【图1941-4】《教育杂志》1941年第31卷第1号以《抗战以来的上海美专》为题，对刘海粟与上海美专的救亡行动作出细致回顾

【引】郁达夫、胡载坤夫妇、林霭民、林道庵、张汝器、刘抗、张丹农、陈人浩等数十人到车站送行。(《刘海粟年谱》，第157页)

7月31日，下午，刘海粟抵达怡保，先下榻东方大酒店。旋由曾智强及冯超然导往会见刘伯群、张珠等人。(《刘海粟年谱》，第157页)

7月，上海美专招收入学新生95名，其中美术专业54名，音乐系7名，艺教系图音组和艺术师范34名。(《上海美专音乐史》，第226页)

8月，刘海粟作中国画《林峦秋霁》（新加坡张振通藏）。(《刘海粟年谱》，第157页)

【图1941-5】刘海粟国画作品《前不见古人》1941年（111cm×48cm）

9月4日,吴俊升致函刘海粟。

【录】海粟先生大鉴:兹为明了二十九年度公私立专科以上学校办理社会教育情形起见,特寄发二十九年度公私立专科以上学校办理社会教育概况报告表一种,请将贵校上年度办理社会教育情形填寄,以便汇编。是为至盼,贵此。并颂教绥 吴俊升启 中华民国三十年九月四日(上海档案馆档号Q250-1-64,《民国教育部、教育局颁发和转发一般性(包括政治、人事、总务、课程、纪念日)等的通知、规定》)

9月18日,由怡保侨领和文化界人士共同筹划,"刘海粟教授筹赈画展"在怡保韩江公会开幕。

【引】大会主席张珠代表霹雳筹赈会赠送"艺术救国"颂词一面留念。画展举行三天,筹得叻币万余元。画展结束后,刘海粟返回新加坡。(《刘海粟年谱》,第157页)

9月30日,刘海粟于马来西亚,游金马仑高原,作中国画《前不见古人》。(该画题跋)

9月,李树化受聘任上海美专音乐教授,教授钢琴和作曲法课程。(上海档案馆档号Q250-1-160,《上海美术专科学校同学录三十年度第一学期(1941年9月)》)

【释】李树化(1902—1991),原名李权福,广东梅县人。1920年赴法勤工俭学,毕业于法国里昂国立音乐学院。1925年回国任教于国立北京艺专、国立杭州艺术学院,参加林风眠组织的"艺术运动社"。是林文铮作词的国立杭州艺专校歌谱曲者。1941年出版了《钢琴基本弹奏法》。1945年受聘浙江大学教授法语,1956年携妻女寓居法国。(《上海美专名人传略》,第136页)

9月，孙瑜考入上海美专中国画系，太平洋战争爆发后，与美专的诸同学一起奔赴了新四军苏北抗日根据地。（上海档案馆档号Q-250-288-1，《上海美术专科学校自开办至结束历届学生姓名索引》）

【释】孙瑜（1923— ），浙江宁波人。1941年入上海美专中国画系学习，后奔赴了新四军苏北抗日根据地。先在新四军一师一旅政治部宣教科工作，1942至1954年，先后在苏中地委《江潮报》、华中工委《新华日报》《苏南日报》《工人生活报》《江苏工人报》等报任编辑、记者、编辑主任；1955至1957年任江苏出版社副总编辑、副社长；后又任华东艺专美术系党支部书记、江苏省委宣传部高教党委办公室主任、南京艺术学院副院长等职。（《上海美专名人传略》，第417页）

9月，刘海粟将几幅绘画作品赠予英国远东大臣。

【引】"刘大师在新加坡晤见战时英国驻远东国务大臣达夫·库珀（Duff Cooper），大师送了几幅作品给他们，使他们大为高兴，提出要为大师在新加坡具有历史意义的维多利亚纪念堂举办画展。"（姚楠《星云椰雨集》）

【按】英国达夫·库珀曾拟为刘海粟筹备个展，因战事起而未果。上海美专师生分成两路：一路留上海继续办学，处境困难；一路内迁浙、闽，参加国立东南联合大学，成立艺术专修科，到1945年抗战胜利后，迁回上海原址，重新会合复校。

11月23日，上海美专举办立校三十周年庆祝会。

【引】假座八仙桥青年会举行庆祝会，到全体教职员学生暨在沪校友，上午十一时庆祝会开始……即席发起签名慰问刘校长……（《新闻报》，1941年11月24日）

12月8日，刘海粟为余世鹏著《春魂》题写书名。(《刘海粟年谱》，第158页)

是年，刘海粟作中国画《泼墨红梅》《真龙》。(作品题跋)

是年冬，日本偷袭美国在太平洋的海军基地珍珠港。同时轰炸威克岛、关岛、马尼拉、新加坡、香港等地英美军，太平洋战争爆发。刘海粟滞留新加坡，筹备中的画展因此夭折。

是年，上海美专61名学员毕业。(上海档案馆档号Q250-1-114，《一九三七学年度第一学期至一九五一学年度第二学期毕业生名册》)

公元 *1942* 年
民国三十一年
（壬午）
46 岁

1月8日，刘海粟在新加坡作中国画《烟柳斜阳》，赠予世鹏。(《刘海粟年谱》，第158页)

1月31日，日军占领整个马来亚半岛，刘海粟准备离开新加坡。

【引】日军在新加坡对岸的新山部署，准备侵占新加坡。英国朋友帮助刘海粟逃离新加坡，在飞机上留给他一个座位，但刘到机场后，想到应和好友胡载坤共患难，仍返回胡家。次日，报载那架飞机被日本炸毁，乘客无一生还。(刘海粟，《南海历劫回忆录》；《刘海粟年谱》，第158页)》

2月4日，胡载坤得知英军将放弃新加坡的消息，设法从中国驻新加坡领事馆取到3张赴印尼的船票，请刘海粟携带胡载坤的两个儿子胡赐道和胡赐彰离开新加坡。(《刘海粟年谱》，第158页)

2月6日，刘海粟乘船离开新加坡经爪哇，船被日军飞机炸坏，流落爪哇。

【引】刘海粟匿居上海同乡万隆华侨董麟玉洗衣作坊里数月，后移居吧城郊区米斯脱镇。日夜读书作画，临写苏东坡《黄

州寒食诗》数十通，闭户不与人接触。(《刘海粟年谱》，第159页)

2月，上海美专除留部分人继续办学外，由代理校长谢海燕和倪贻德教授等带领学生去浙江金华，参加国立东南联大，成立艺术专修科，后并入国立英士大学。(《刘海粟年谱》，第159页)

是年夏，侵入爪哇的日军强迫所有的华侨去登记，刘海粟改名罗赫，以古董商人职业为掩护。后移居吧城郊外小镇米司脱，闭室作画。

【引】"说也奇怪，于登记的那晚上我忽然病倒了，寒热到四十一度。正好机会，就于翌晨九时，我便移入天主教医院去了。这医院位置在万隆的郊外，并且还有一个小教堂，环境僻

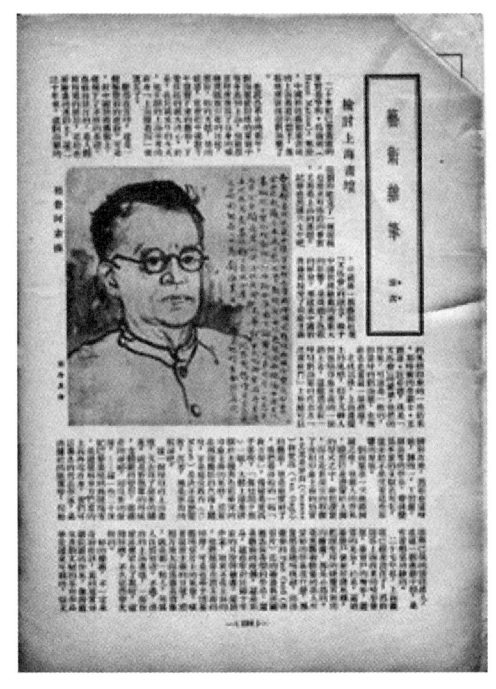

【图1942-1】日伪背景的《太平洋周报》1942年第1卷第12期刊发的《艺术杂笔——检讨上海画坛》，把当时行踪成谜的刘海粟与马蒂斯相提并论，誉其为中国新兴艺术的盟主。

静。我在医院里一二天后,日军宪兵就到我住的那间小屋——董家去搜查,结果累了那位同乡董君也被捕了,他的洗衣作坊也被封了。"(刘海粟,《南海历劫回忆录》)

是年,刘海粟作书法《临东坡行书》。(该作题跋)

9月,吕白克受聘任职于上海美术专科学校至1951年2月。(上海档案馆档号Q250-1-160,《三十年度第二学期(1942年2月)》)

【释】吕白克(1912—1988),原名树德,江苏宜兴人。国立杭州艺术专科学校音乐系毕业。上海市立艺术师范教员。曾在上海美专音乐系教视唱、和声学,任声乐讲师、副教授,至1951年2月。1955年后任沈阳音乐学院教授、声乐系主任,著有《声乐研究》。(《上海美专名人传略》,第156页)

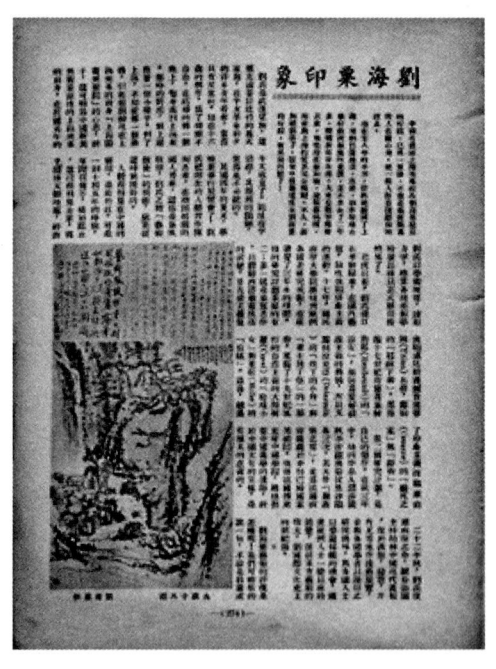

【图1942-2】《太平洋周报》1942年第1卷第22期刊发的《刘海粟印象》

9月，上海美专招收入学新生44名，其中有美术专业30名，音乐系4名，艺教系图音组和艺术师范10名。（《上海美专音乐史》，第228页）

【释】袁机（1924—2012），广东深圳人。幼年就读于香港万国艺术专科学校。1942年就读于上海美术专科学校。1947年出版的《美术年鉴》第115页有曰：袁机，别署忘机，广东宝安人，擅长国画、西画、广告画。氏（因）富有绘画天才，早岁专攻西洋画学于香港万国美专、烟雨画院等校，悉心研究美育，艺术修养颇深。兼受"岭南画派"影响，其作风乃采用欧洲绘画，以写实主义，发挥中国绘画传统精神，故每成一画，其构图，设色，笔法，不落前人蹊径，别创一格。作品留藏外国，亦属不鲜，其所作《万众一心》巨幅，为东京博物院所购藏，外邦人士誉袁氏为"中国现代美术作家之秀"。（《上海美专名人传略》，第382页）

9月，汪声远任上海美专绘画科中国画组主任至1952年。
（上海档案馆档号Q250-1-120-2，《上海美术专科学校二十五周年纪念一览》）

【释】汪声远（1889—1969），原名翊宸，又名铎，以字行，号北野，安徽歙县人。初从姚叔平习山水画，1916年1月毕业于上海美专西画选科。与黄宾虹时相往来，画艺益进。所画山水、人物、花卉俱工。1931—1952年任上海美专国画山水教授。1942年9月—1952年任上海美专绘画科中国画组主任。历任新华艺专、华东艺专、南京艺术学院教席。其画在宗"四王"正统派的基础上吸收海派写意法，笔墨放逸。著有《画法律梁》《六法详解》《画史百咏》等。（《上海美专名人传略》，第207页）

秋，李咏森受聘任上海美专图案系教授，至1945年1月。（上海档案馆档号Q250-1-161，《三十年度第一学期（1942年9月）现任教职员通信录》）

【释】李咏森（1898—1999），江苏常熟人。1920年考入上海商务印书馆图画音部。1922年创办常熟美术学会，并举行美术展览。1924年回上海和丁光燮等创办《太平洋书报》。1928年进中国化学工业社任美术设计工作，并同时进行西画风景写生和创作。抗战后受聘任苏州美专沪校主任暨水彩书画教授，后为该校副校长。（《上海美专名人传略》，第138页）

是年，上海美专42名学员毕业。（上海档案馆档号Q250-1-114，《一九三七学年度第一学期至一九五一学年度第二学期毕业生名册》）

公元1943年
民国三十二年
（癸未）
47岁

1月5日，刘海粟作中国画《风雨归舟图》。

题曰："三十二年元月五日得旧纸，力疾画风雨图，画竟，风起云涌，大雨如注，快事也。"（该画题跋）

【图1943-1】刘海粟于1943年1月在印度尼西亚创作的中国画《风雨归舟图》，1945年11月题赠蒋经国。

2月，刘海粟作中国画作品《踞虎图》。（该画题跋）

春，刘海粟在巴达维亚被日军发现行踪并受到软禁。

【引】"大约在卅二年的二月或三月，正确时期我记不清了。那一日清晨我画好一幅红梅，题着'悬崖标独操，绝壁抱孤芳'，正在自赏，忽然来了三位不速之客。原来是三个日军部特务机关的人，进门后，其中二人就急急一直向里面走，一个人就坐下来与我谈话。'你有登记吗？''有的'，我就拿出那登记证来。'你是几时来住这里的？''已经有五个多月了。''你的太太在此吗？''不，在上海。''还有什么人同住？''没有，就是一个仆人。'接着我的饭司务王永庆出来了，那人也同样地看了他的登记证。（略）第二天上午十时许，'华侨维特队'副会长刘启明协同'日军政部华侨班'平山二位来带我去军部问话（略）"。（刘海粟，《南洋历劫回忆录》）

【图 1943-2】刘海粟中国画作品《踞虎图》1943年（144.2cm×79.7cm）刘海粟美术馆藏

3月，刘海粟作中国画《山水》（仿邹方鲁笔），诗塘题杜甫《茅屋为秋风所破歌》。四川成都杜甫草堂藏。（《刘海粟年谱》，第161页）

是年春，刘海粟作中国画《群牛图》。1953年请章士钊、叶恭绰题诗。（该画题跋）

5月，刘海粟行踪暴露，受到日军软禁，后于5月25日遣返回上海，同行者有外交部前部长陈友仁、教育部前部长叶恭绰，京剧名伶梅兰芳。（《东方日报》，1943年6月7日；吕理尚，《刘海粟年表》；朱曦，《艺术大师刘海粟》，载台湾《雄狮美术》，1981年第10期）

【引】"似是五月五日的上午吧，我正在画一幅泼墨烟雨，平山来了。'现在要请刘先生到华侨班去谈话，立刻就去。'平山很直率地说。我放下画笔，就跟着他到华侨班去。见了丰岛，他改变了以前那种狰狞的面目，很和气带着笑脸说：'现在南方总司令部有命令，在最短时间内要送你回中国。''交通恢复了吗？'我问。'没有，预备用专机送你回去，你一切都预备好，不能多带行李，以三十基罗为限。大约在二十日以内，随时通知你，随时动身。'丰岛这样的通知我。'我没有什么预备，也没有许多行李，我静候消息好了。'说完就到范小石处告诉他们我要回国了，谢谢他们招待我的善意。他们听了这个消息，不免惊奇。"5月18日，"参谋部为我送行，出席的有厨参谋、丸崎大佐、丰岛中、平山熊雄，他们告诉我航路要经过星洲、西贡、广州、汕头、台湾，就到上海。""十九日清晨七时，平山来接我至机场……当午十二时就抵新加坡。""二十日清晨换机经西贡到广州，在爱群大酒店住了三天。""二十五日下午四时飞抵上海大场机场。"（刘海粟，《南海历劫回忆录》）

【图1943-3】1943年1月刘海粟在印度尼西亚被日军软禁期间创作的《群牛图》,刊登于2月1日日伪杂志《一般》。画中只有刘海粟落款"癸未岁首刘海粟写于巴城艺海堂",1946年6月于右任题,1953年章士钊、叶恭绰题诗,于右任题诗删去。

5月29日,刘海粟撰《致成家和函》,后与成家和离婚。

【录】文曰:数年离乱,夫妇天涯,历劫重归,人去楼空,唯有抱两儿仰天恸哭耳。金雄白律师来谈,所提条件,当照签。愿吾和与萧兄永久享受幸福美满之生活。追怀夙昔,已为昨日之幻梦,残喘归魂,将为蓐食于蝼蚁,奋飞难再,断肠奈何,斯亦绝世才智之士、拔山盖世之雄所凄楚哽咽者已!苟非知道,能不痛心?知来去之无常,本纵浪于大化,喜欢则乘缘而来,缘尽则绝尘而去;假以黄金铺地,终有崩决之时,成住坏空,何恋何爱,三复李青莲浮生若梦之语,不胜感慨系之矣!前有南洋携归油绘《椰林急湍》等廿余幅,务望检还,爱此种作品为余炎荒奔程,攀山越岭,汗血交织而成。而今体力日衰,今后野外制作之机会愈少,此系纪念作品,当能同情检还也。(《刘海粟艺术文选》,第497页)

5月,刘海粟绘成《英雄落魄图》并题诗,画捐给潮汕救灾义卖展览会:

【录】
春水粼粼春光漾,沧江奔注如山浪。
游子忽生万里心,丈夫何惧江湖放。
饥凤还当择木栖,骐骥岂作负辕状。
懒向豪门作乞儿,闲来写幅丹青贶。
素描写出家国悲,泼墨狂扫风云壮。
世人不识英雄面,窃窃私语笑相向。
富贵不淫贫不移,坦荡原来江海量。
将钵沽酒万虑轻,衔杯对月羁怀畅。
君不见弥天寇氛仗雄才,遍地哀鸿苍生望。
风雷际遇如有时,会须直薄青云上。(该画题跋)

【录】自注:"慕慈姐来言:潮汕灾情奇重,饿殍载道。旅沪潮人举办义赈,群趋姐处薄余捐画。余历劫重归,闭户读书,万事拒绝;唯华北及各地救难画展索画皆应之。即日为潮人义赈画《英雄落魄图》,并草《英雄落魄歌》"。(《飘》,1946年第1期)

5月,刘海粟作中国画《孤雁》。

【录】题诗:"天涯一孤雁,嘹唳叹离群。若问知心者,而今有几人。"(该画提跋)

6月10日,刘海粟遇吴湖帆,相告发现黄大痴(公望)墓,并嘱共同发起修葺整治。(《刘海粟年谱》,第162页)

6月15日,《申报》发表了刘海粟撰写的《赞助修葺黄大痴墓》。

【录】全文曰:愚历劫重归,月之十日,遇老友吴湖帆兄,久别重逢,喜极欲狂。见面即以发现黄大痴墓相告,并嘱共同发起修葺整治。按黄公望,字子久,号一峰,又号大痴道人,常熟人,为南宗大家,生平画格有二:一作浅绛,笔势雄厚;一作水墨,皴法极疏。远宗荆、关、董、巨,近取营丘、华原,尽扫汉、晋、六朝、唐、宋之画,而以写胸中丘壑为尚。在其幽静简远之笔意中,感觉生活之快愉,前人寄乐于画,自大痴始,实为画苑巨匠。其遗冢修葺不容或缓,愚除自筹千元外,并请丁医生惠康亦捐千元为倡。愚数度欧游,历访罗马、巴黎、伦敦、柏林诸名城,欧人对于艺苑巨人骸棺冢墓,建筑壮丽,尊重备至,以供后人凭吊,例如拉斐尔棺与意大利创业帝维克多·爱莫虞骸棺并供罗马邦堆翁(即国葬院)石室中,尊之至矣。大痴艺术,冠绝古今,今湖帆兄得此惊人之发现,凡吾艺人及爱好文艺者均当群起助成。(《申报》,1943年6月15日)

6月,刘海粟作《孤笛图》并题。

【录】颖川身退心犹进,默默平生此意深。昨夜江风起扬子,自吹孤笛自知音。(该画提跋)

【图1943-4】刘海粟1943年6月作中国画作品《孤笛图》

6月，刘海粟在寓所接待新闻界、文化界人士，拒绝发表对于时局、文化、艺术等方面的谈话，仅表示将从事个人艺术研究。

【引】"许多敌伪刊物如《杂志》《文友》《太平洋周刊》均来胁迫征文，我也一概坚决拒绝。所谓《太平洋周刊》的记者，写好了一篇谈话，送来要求我签名，我当然置之不理。因为我根本就没有对他们谈过话。后来那刊物出版了，第一篇就刊载那篇东西，而用大号字刊题，将我在其他画上的签名做上锌版，以示郑重。可是末了他们不得不这样声明：'本文因时间匆促，未得刘先生同意，先行发表，甚为抱歉。'这是很好的证据。"
（刘海粟，《南海历劫回忆录》）

【图1943-5】《太平洋周报》1943年第67期所刊的《中国文艺复兴大师刘海粟返沪一席谈》。

6月，刘海粟向华侨友人陈维龙借款20万元，10万元作为修理上海美专校舍之用，10万元为美专经常开支补助。

【引】"对学生们作一次不公开的谈话，多方予以勉励，作地下研究的功夫。至于校长名义，因为环境关系，仍由远勃担任

刘海粟年谱长编 | 791

下去，只是谆谆告诉他们，千万不可向伪教育部登记，并不受其节制。"（刘海粟，《南海历劫回忆录》；《刘海粟年谱》，第163页）

6月，刘海粟为上海名医宋大仁编绘的画册《中国医药八杰图》题签并作序。

【录】陆士衡曰："宣物莫大于言，存形莫善于画。"张彦远曰："留乎形容，式昭盛德之事，具其成败，以传既往之踪。"记传所以叙其事，不能载其形，赋颂所以咏其美，不能备其象，图画之制，所以兼之；今见善足以动，见恶足以戒也。宋君大仁擅医术，而长文艺者也。刀圭之余，作画之拙，近著中国医药八杰图，索序于愚，愚历劫重归，笔墨久荒，惟以宋君所著，意义深长，且用笔朴厚精奇，奕奕如生，亦人物画上之新格！三十八年六月　海粟于海上海庐存天阁

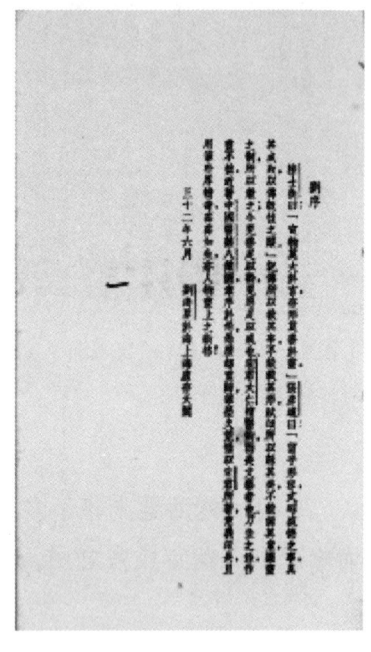

【图1943-6】1943年6月刘海粟为宋大仁编绘的画册《中国医药八杰图》题签书名并作序

7月，刘海粟两次拒绝陈公博以中日文化协会上海分会的名义的邀请。

【引】陈公博以中日文化协会上海分会的名义邀请刘海粟，后又以他私人的名义请客，两次皆被刘海粟拒绝。后以中日文化协会会长的名义致函刘海粟，称大会公推刘为名誉理事，刘覆"绝对不能担任"六字。（《刘海粟年谱》，第163页）

是年夏，作中国画《清湘老人梅花书屋》，未署款。至1973年8月22日补记而成。（该画题跋）

【图1943-7】刘海粟《清湘老人梅花书屋》（《临石涛〈梅花书屋〉》）（中国画）1943年（137.3cm×121.9cm）刘海粟美术馆藏

9月，刘海粟临明末画家倪元璐十段锦卷，内含虬曲高古之奇石 10 幅。

【引】1976 年夏张伯驹题诗于后："禾黍悲歌泣九灵，河山不觉换朱明。石坚竹劲松奇古，下笔如闻有怒声。"（《刘海粟年谱》，第 163 页）

9月，上海美专招收入学新生 56 名，其中美术专业 49 名，艺教系图音组 7 名。（《上海美专音乐史》，第 229 页）

9月，俄罗斯美术家杜劳（M.Domracheff）受聘任上海美专教授至 1944 年 6 月。

【释】M. 杜劳（1890—？），俄国冥司克城人。毕业于彼得格勒建筑学院，长期侨居上海，曾任上海俄罗斯芭蕾舞团舞美，将欧洲剧院画景装饰舞台的方法传入中国。1931 年至 1937 年在国立杭州艺专教授图案系建筑装饰专业课程，还曾开设过舞台装饰课程。（上海档案馆档号 Q250-1-161，《三十二年度第一学期（1943 年 9 月）现任教职员通信录》）

10月，日本驻上海领事岩井英一来访刘海粟，谓大使馆正在计划组织一个艺术考察团，欲请刘先生为团长，去东京考察大东亚战后日本艺术的动向，特来征求刘同意。被刘拒绝。（《刘海粟年谱》，第 164 页）

10月，《晋唐宋元明清名画宝鉴》出版。（《申报》，1943 年 10 月 24 日）

【引】该画册是刘海粟 1939 年举办的"中国历代书画展览会"后，精选部分展品，以及部分存世名画图版合共 125 幅，由《申报》结集出版的画集，以作为对筹赈画展的纪念与弘扬。随

【图1943-8】1943年刘海粟编《晋唐末元明清名画宝鉴》由申报馆出版

着战事恶化，《申报》不久即为日伪接管控制，刘海粟同年11月也避走南洋，画集的出版计划因而中止。1943年，刘海粟从南洋历劫归来后，时任伪《申报》社长陈彬和出于与刘海粟的旧谊，向刘海粟邀约把画册正式出版。

11月30日，刘海粟举办近作展，至12月11日。

【引】地点假座成都路静安寺路口中国画苑。（《申报》，1943年11月28日）

是年冬，刘海粟致电在印尼的夏伊乔，说已与成家和离婚，希望夏伊乔来上海。

【引】夏伊乔经新加坡、西贡、广州来到上海，住进华懋饭店（和平饭店），傍晚与刘相见。告诉夏伊乔，心情很乱，很多人介绍女朋友给他，都拒绝了，问夏愿不愿意和他结婚？夏说给她3天时间考虑。后表示同意与刘结婚。（《刘海粟年谱》，第164页）

是年，刘海粟作中国画《高隐图》，并题《高隐诗》

【录】如虬双松，不屑泰对，苍山色古，如削芙蓉，纷披老笔，谇落疏胸，谁其似者，道人石去。（《高隐诗》，《飘》，1946年第3期）

是年，刘海粟作中国画《枯木竹石》《柳荫双骏图》《江舟横笛》，作油画《风景》（73.5cm×60cm）。（《刘海粟年谱》，第164页；作品题签）

是年，上海美专33名学员毕业。（上海档案馆档号Q250-1-114，《一九三七学年度第一学期至一九五一学年度第二学期毕业生名册》）

公元1944年
民国三十三年
（甲申）
48岁

1月15日，刘海粟与夏伊乔在上海举行了隆重的婚礼。

【引】于昨日下午五时，在上海工商联谊会礼厅，举行结婚典礼，证婚人刘崇杰，介绍人卢秋鹏。中日来宾颇多。（《申报》，1944年1月16日）

【引】夏伊乔是一位非常特殊的女性，有着难能可贵的品格，与刘海粟相濡以沫厮守了50年。她为刘海粟生了三个儿女，儿子刘虬，女儿刘虹、刘蟾，从年轻时她就照顾刘前妻的四个孩子和一个被刘狮弃之不顾的侄孙女刘霖（刘狮与日本夫人生），当她得知分居在外的张韵士生活不便，无人照顾时，又主动地把她接到家里一起住。张韵士晚年因心脏病不能起床，夏伊乔总是喂她吃饭，带她看病，为她擦身、洗脚，直到为她送终。1952年她还跑到香港去看望孤独无依的成家和，接济她，给她女儿萧芳芳的培养出主意。她从娘家带来的巨额陪嫁，都花在刘海粟的事业上。三年困难时期，她想尽办法弄一些好吃的给刘海粟，有时化装成农妇去浦东，用粮票换一点鱼虾，有时坐在大街上等候贩卖的小贩，看到有什么好吃的就堵住。刘海粟两次中风，在她的精心照料下，重新站了起来。"文革"中她又千方百计地、寸步不离地保护刘海粟，当造反派用大板车拉着中风不能走路的刘海粟去批斗时，夏伊乔跟在后面追，有一次摔得满脸是血。每次批斗时，她又主动陪斗，怕出意外，眼睛死盯住刘海粟的变化，一次看到刘海粟两眼往上翻，将要从批斗台上摔下来，她一个箭步冲上去扶住了他。（《沧海一粟——刘海粟的艺术人生》，第87页）

【图1944-1】刘海粟与夏伊乔结婚合影

【图1944-2】刘海粟与夏伊乔、张韵士合影

3月，来楚生刻赠"海粟画印"白文印。（《刘海粟年谱》，第164页）

【释】来楚生（1904—1975），浙江萧山人，自幼受父熏陶喜画好刻，1925年1月入上海美专西画系学习，1927年1月毕业。后鬻艺为生。曾住在杭州参加莼社，以书法篆刻与唐云所作画合办展览。抗战爆发后，在上海课徒鬻艺。1947年至1950年先后任上海美专国画讲师、花卉副教授，高等艺专教授等职。1952年与钱瘦铁等立志艺术创新。擅阔笔花鸟画，亦涉山水、人物，精书法和篆刻。系西泠印社早期社员、上海中国画院画师等。出版有《来楚生印存》《然犀室肖形印存》《来楚生印学心印》等。

5月20日，刘海粟计划离开上海往内地，被日本特务发现而未果。

【引】"清晨，我悄然拥进上海的北站……直到下午五时光景才到杭州。我两手提着衣箱，挤着下车，刚要走出站门，忽听到大声在呼喊：'刘先生，你是刘海粟先生吗？'一位北方口音的青年很殷勤地跑上前来和我握手，一手就接着我的手提箱，一面自己这样说述：'我在杭州总领事馆情报处办事，今天上午我们接到上海大使馆情报部电话，知道刘先生今天清早从上海动身来杭，所以我们来欢迎。'……走的计划是失败了，不知何时可以冲出这重黑暗的网罗。"（刘海粟，《南海历劫回忆录》；《刘海粟年谱》，第164页）

5月，刘海粟闭门在家，停止社会交往，避免日本人的骚扰。

【引】"我深知我的处境危险,终日闭门看书作画,唯一安慰就是希望几位古董掮客有画送来,或拿我所藏的旧画交他们去卖,不出大门,时时有各种不同的画看见。同时也可以解决日常用度,到无可奈何的时候,甚至托他们带些古董或饰物出去卖。"(刘海粟,《南海历劫回忆录》)

6月26日,《申报》登载关于润格费的《刘海粟启事》。

【引】"历劫重归,杜门守拙,书画自娱。迩来各界争以画件相薄,情难固拒,爰订直例如左山水(设色加倍青绿再倍),

【图1944-3】20世纪40年代刘海粟中国画作品《国色天香》

二尺一万元，三尺一万五千元，四尺二万元，五尺三万元。屏幅：三尺一万元，四尺一万五千元……；扇面：五千元；册页：同扇面例；手卷；每尺五千元；走兽同例，花鸟松竹八折。点品加倍……"（《申报》，1945年6月26日）

是年夏，刘海粟作中国画《拟王右丞万山积雪》（《万山积雪图》）。（《刘海粟年谱》，第165页）

9月13日，刘海粟六子刘虬出生于上海。（《刘海粟年谱》，第165页）

9月，上海美专招收入学新生79名，其中美术专业73名，音乐系4名，艺教系图音组2名。（《上海美专音乐史》，第229页）

9月，刘海粟作中国画《翠峰图》。1976年赠李炯才。（《刘海粟年谱》，第165页）

【录】此画有注："癸未中秋，雨坐存天阁，戏仿高尚书笔。"诗文："云多不计山深浅，地僻绝无人往来。莫怪披图便成句，柴门曾向翠峰开。"（该画题跋）

【按】题跋中刘海粟作"癸未"为笔误，1944年中秋实为"甲申"。

是年，刘海粟作中国画《仿王维雪霁图》（《古山水》），作油画《西湖金韦桥》（《西湖与玉带桥》）。（《刘海粟年谱》，第165页；作品题签）

是年，上海美专5名学员毕业。（上海档案馆档号Q250-1-114，《一九三七学年度第一学期至一九五一学年度第二学期毕业生名册》）

是年，刘海粟收到一幅倪云林《树石图轴》，是典型的倪氏风格，逸笔草草，平淡肃穆。刘海粟得此佳作不胜欣喜。（《沧海一粟——刘海粟的艺术人生》，第92页）

8月15日，裕仁天皇宣布日本无条件投降，结束战争。翌月刘海粟到上海美专复职工作。

公元 *1945* 年
民国三十四年
（乙酉）
49 岁

【按】刘海粟到校视事，调整教学秩序，准备复员以谋复兴。上海美专开始明确办学目的：研究高深艺术，培养专门人才，发扬民族文化；造就艺术教育师资，培养国民人格，促进社会美育。

9月15日，上海美术专科学校开学，20日正式上课。招收入学新生32名，其中美术专业26名，艺教系图音组6名。（《刘海粟年谱》，第165页；《上海美专音乐史》，第230页）

11月，蒋经国在上海看望刘海粟，以表敬仰与慰问之情。

【按】刘海粟赠其《风雨飘摇图》，并补题"此时此画奉赠经国先生"，以作期勉。

12月24日，刘海粟次女刘虹出生于上海。（《刘海粟年谱》，第165页）

12月31日，《申报》登刘海粟《精神建设与艺术运动》一文。（《申报》，1945年12月31日）

【按】本文系12月28日中央广播电台所播言论。

是年，刘海粟作油画《风景》（56cm×46cm)，作中国画《山水》（32.9cm×66.2cm）。（作品题签）

是年，上海美专20名学员毕业。（上海档案馆档号Q250-1-114，《一九三七学年度第一学期至一九五一学年度第二学期毕业生名册》）

刘海粟年谱长编 | 801

公元 1946 年
民国三十五年
（丙戌）
50 岁

1 月，上海美专编辑出版《上海美术专科学校概况》。

【引】该刊是全面介绍该校的创办、发展沿革和现状的一本特刊，用于招收新生时使用。全刊内容丰富、包罗万象、资料准确，对研究该校的校史，不失为是一本具有较高价值的文献。（《中国美术期刊过眼录》，第 227 页）

1 月 18 日，刘海粟《倡导艺术与心理建设》一文刊于《和平日报》。

【引】第二次世界大战，我们联合国牺牲了无数人力物力，终于以正义消除了暴力，世界和平得以恢复，人类文化得以赓续，我们站在正义的人类立场上来说，不消说，我们的胜利是有着无限的光束，是在整个人类历史上建立了一个不可磨灭的功绩。……同时又说明了人类的心灵，并未因历史的前进而崇美起来、升华起来，我们的物质生活虽然随着每一次的战争而进步了，但精神生活还是十分空虚的，还是十分低落的。……譬如：在日常生活中，我们能够听一些有价值的音乐，或电影，或看一次话剧或电影，或到布置得很美丽的公园中去散散步……我们的精神便可崇美起来，高尚起来，这在哲学上便叫一种升华。（《和平日报》，1946 年 1 月 18 日）

2 月，上海美专成立复兴委员会。

【按】上海美专调整学制，恢复各科系；确定培养艺术专门人才之科组为 5 年制，培养艺术师资之科组为 3 年制。教育部并委办劳作专修科。（《刘海粟年谱》，第 166 页）

2月，国画家高峻受聘任上海美专国画副教授至1952年。（上海档案馆档号Q250-1-162，《上海美专同学录1951年第一学期（1951年9月）》）

【释】高峻（1900—1960），字尚之，别署雪涛阁生，江苏川沙人，寄居上海市。擅画花鸟、人物，学王一亭。自幼爱好艺术，自卒业于本市商校后，即致力绘事，初习人物，意在六如、新罗之间。嗣后观王一亭所作画，喜其气象宏伟，笔墨洒脱，乃拜其门下。凡人物山水花鸟佛像，悉获师承。十余年间开画展计四五次，颇蒙社会人士辗转推誉。1944年任上海新华艺专国画教授，1946年至1952年任上海美专国画副教授，20世纪50年代后任上海市文史馆馆员。（《上海美专名人传略》，第104页）

3月25日，"上海美术会"成立于上海。（《民国日报》，1946年3月26日）

【引】刘海粟与郑午昌、汪亚尘、马公愚、郎静山、张充仁、唐云、朱屺瞻、颜文樑、王福庵等被选为理事。该会是解放战争时期，上海成立的最大的一个综合美术团体。上海的美术界与美术教育界人士几乎都参加了该会的活动，至1948年初，会员已达700余人，隶属上海市文化部门。"上海美术会"以"组织美术机构，联络感情，研讨艺术，实为当前所必要"为宗旨。曾于1946年5月31日至6月6日，在成都路中国画苑、西藏路宁波同乡会馆，举行庆祝"上海美术会成立美术展览会"。同年10月，征集会员作品参加法国巴黎的美术展览。1947年3月25日至30日，在南京路国货公司"中国艺苑"举行大规模的"上海美术会作品观摩会"，陈列400余位画家的1000余件作品，参观人数达5万人次。（《中国美术社团漫录》，第240页）

3月,陈沙兵由英士大学美术专科转回上海美专西画系学习。(上海档案馆档号 Q250-1-120-2,《上海美术专科学校自开办至结束历届学生姓名索引》)

【释】陈沙兵(1920—1979),1939年就积极创作抗日木刻,与杨涵等合办木刻通讯,其作品选入《抗战八年木刻选》。1946年3月由英士大学美术专科转回上海美专西画系学习。1946年加入中国共产党。在上海美专期间参加了中华全国木刻抗战协会,并创作了大量讽刺漫画与木刻。后至新四军浙南游击队地区,主编油印月刊《新民主》,出版《三大纪律八项注意》木刻集,后为军事博物馆收藏。(《上海美专名人传略》,第283页)

4月28日,上海音乐界组织的上海音乐协会正式成立。(《上海美专音乐史》,第230页)

【按】由曾在上海美专担任小提琴教授的马思聪任理事长,常务理事有丁善德、陈洪、曹石峻、郁忻祖、许锦清、李德伦等。会址暂设思南路311号南洋花园。

【释】陈洪(1907—2002),广东海丰人。1924年9月入上海美专西画系学习,同时跟随在上海美专任西洋画及音乐教授的堂兄陈宏学音乐。1926年原本留学法国继续学习美术的陈洪,因色弱改学音乐。1926—1930年在法国国立音乐院南锡分院深造。1932年与马思聪合作建立了私立广州音乐学院,任副院长。1937年8月受萧友梅之聘任上海国立音乐专科学校教授兼教务主任。他大力整肃校务,修订完善教学大纲,组织乐队举行"救济难童音乐会",创办《音乐月刊》与不定期刊物《林钟》。新中国成立后任南京大学音乐系教授兼系主任。1952年院系调整后任南京师范学院音乐系系主任。(《上海美专名人传略》,第286页)

4月，上海美专成立了中共地下党小组，由陈沙兵、葛克俭、夏子颐等组成，上级党组织又派姚永祥兼党小组长。

【引】1948年，又有华爱丽、李敏、范思廉等参加。他们的公开活动组织是上海市学生联合会美专学生自治会。至上海解放前夕，上海美专的地下党已发展成党支部，除先前的小组人员外，又增加了孙秉先、施达德、陈福美、朱瑚、陈秋辉、蔡璜、于淑芳等十多人。支部书记先后由华爱丽、陈秋辉担任。上级党组织还派毛乾丰、叶公琦到校指导工作。在美专党组织的领导下，曾开展了一系列的学术与政治活动。（夏子颐、吴平、朱瑚，《风雨战斗迎黎明——上海美术专科学校地下党斗争简史》，1987年，经口述整理成稿）

【释】夏子颐（1918—2000），浙江温州人。1937年开始学习木刻画，抗日战争时期在浙江永嘉从事抗日宣传活动。1942年入国立东南联合大学艺术科学习，1946年2月转学上海美术专科学校。1948年任浙南游击纵队宣传队长。先后参加"战时永嘉木刻通讯社""浙江战时木刻研究社"和"木刻研究会"等美术社团的活动。1950年调中央美术学院华东分院，曾任附中校长，后任浙江美术学院师范系主任。（《上海美专名人传略》，第367页）

5月16、17日，曾在上海美专学习声乐专业的女歌唱家喻宜萱，为上海市律师运动委员会募款举办歌唱大会。（《上海美专音乐史》，第230页）

5月31日，上海美术协会假西藏路宁波同乡会及成都路中国画苑两处举行庆祝抗战胜利美术展览会。至6月6日结束。（《刘海粟年谱》，第166页；《立报》，1946年6月1日）

5月，刘海粟撰写《南海历劫回忆录》。

【引】《南海历劫回忆录》（未刊稿）刘海粟记述了自己抗日战争期间自1939年秋由上海赴南洋各埠展画筹赈，太平洋战争爆发后流落爪哇,至被软禁送回上海,以及在上海的境况,叹谓"最后胜利的今日,思之尚有余忉"。(《刘海粟年谱》,第166页)

9月27日,《民国日报》刊登《艺术教育与国民生活——美术大师刘海粟访问记》一文。

【引】记者即叩询对于艺术教育的意见,刘先生放长了语调说:"文艺并不是一个门面的东西,……所以要了解一个民族的文化,最切实和可靠的方法,是研究它的艺术作品,因为艺术的表现,不但真实地说出了民族的个性,并且时常指示我们各民族当时的思想背景。……最后刘先生提到,要改善一个民族的精神生活,艺术实在具有莫大的力量,我国近年来国民生活的不振作,艺术不发达,未尝不是一大重大原因。"(《民国日报》,1946年9月27日)

9月,上海美专招收入学新生135名,其中美术专业123名,音乐系6名,音乐绘画兼修学员6名。(《上海美专音乐史》,第230页)

9月,张怀江插入上海美专西画系学习,1947年1月毕业后留校为研究生。(上海档案馆档号Q-250-1-288-1,《上海美术专科学校自开办至结束历届学生姓名索引》)

【释】张怀江(1922—1989),浙江乐清人。自幼酷爱绘画,11岁即在上海《儿童世界》发表钢笔画《鹅》。后就读温州师范学校。1938年从版画家野夫开始学习木刻,次年冬参加浙江战时木刻研究社木刻函授学习。1943年考入福建国立东南联合大学艺术专修科,1946年转入上海美专学习,在校常为《东南日报》创作报楣、题花、插图。曾加入中华全国木刻协会,在《时代》《民主》《群众》等刊物上发表作品。1950年起任教于国立

艺术专科学校，历任浙江美术学院教授、教务长等职。（《上海美专名人传略》，第389页）

10月，刘海粟作中国画《重九雨霁试笔》。（该画题跋）

是年，刘海粟从姜紫辰处购得一本周亮工集本册页，共有20多张，其中有恽香山、王时敏诸多名家手笔，并配有名人对题。

【引】这本册页对研究清初美术史很有价值，姜紫辰知道这本册页的价值，见刘海粟如此喜爱，也算是遇到知音，自己年事已高，此册将来有个好主，心里也安，故就转让给刘了。（《沧海一粟——刘海粟的艺术人生》，第94页）

是年，刘海粟为黄独峰所绘册页作题《双蟹图》。

【录】引用《红楼梦》中《咏蟹诗》诗句题："眼前道路无

【图1946-1】1946年刘海粟为黄独峰册页作题《双蟹图》

经纬,皮里春秋空黑黄"。(该画题跋)

是年,刘海粟作油画《寒林夕阳》,作中国画《苍松》《叶密翡翠茸茸》。(《刘海粟年谱》,第166页;作品题签)

是年,上海美专8名学员毕业。(上海档案馆档号Q250-1-114,《一九三七学年度第一学期至一九五一学年度第二学期毕业生名册》)

公元1947年
民国三十六年
(丁亥)
51岁

1月1日,《艺术论坛》"现代艺术论"专号发表刘海粟撰写的《现代绘画运动概说》。

【引】此文约1500字,阐述了作者对现代艺术的提倡与热爱:"因为我爱好塞尚、马蒂斯等人的作品的原故,以至那般诋毁他们的人,对我也肆意攻击,冷讥热骂,无所不用其极。他们的批评固然很恶毒,但同时也是最没有力量的,因为学术是天下公器,不是一二人偏颇的私见所可左右的;个人的跋扈,图其个人一时的痛快则可,如欲欺骗万世万人,则不能。而徒然暴露其个人的浅薄无知。我平生对于横逆之来,素肯顺受,唯有对于学术的真理,不肯轻易迁就他人,所以我对于人家之对我暗中放射冷箭,多方中伤,我只有替他们惋惜,可决不能减少我对他们的轻视,因此我对于塞尚以后的艺术,更坚定了我拥护的信心,如果人家不能提出从研究中得来的确实的证据以否认塞尚在现代绘画上的势力,则我这个信心,将一辈子不会有所变更的。"(《艺术论坛》"现代艺术论"专号,1947年1月1日)

1月25日,教育部朱家骅部长致函刘海粟。

【引】查三十五、六两年度著作发明及美术奖励现已开始举办,为使各类优良作品尽量列选奖励起见,特检附该项奖励规则三份,敬希台端就贵校教员中最近三年内完成之优良专门著作及科学技术发明或美术制作品惠予介绍为荷。此致 刘校长 附送《著作发明及美术奖励规则》一份。（略）（上海档案馆档号Q250-1-237，《中华民国教育部提倡学术研究美术奖励规则及奖励编译职业技术教材办法等文件》）

2月22日，刘海粟应邀赴上海文化运动委员会主办的青年文化讲座，做题为《现代艺术思潮》的演讲。（《益世报》（上海），1947年2月20日）

3月底，刘海粟应邀赴中国新闻专科学校演讲《中国绘画之价值》。（《申报》，1947年3月31日）

4月，上海市美术馆筹备处成立，刘海粟与李石曾、徐朗西、吴湖帆、颜文樑等为指导委员。（《刘海粟年谱》，第166页）

5月4日，姜丹书撰文《论海粟》。

【录】文曰：画分中西，而画理则一。中画重笔墨：所谓用笔，犹西画之笔触也，所谓用墨，犹西画之色调也。故作家若能中西并擅者，其作品之面目虽不同，而所表现之气韵与调子，必各尽其妙也。

并世作家，能中西并擅者不多，吾友海粟，允称能手。海粟天才高，个性又强，先习西画，喜用强调子之线条与色彩，处处能表现其自我之个性。观其画，不必见其款识，而可认其为海粟之画矣。继习中画，亦然。吾考唐人之画，多取景于自然，所谓以造化为师者，其章法往往与今日西画相近，故觉其自然之趣与笔墨之趣并茂。宋人则笔墨之趣已渐多于自然之趣。元明以后，更倾重于笔墨之趣矣，甚至有汩没自然之趣者矣。此其故，在去造化远而又远。不观夫明清人之作品中，每有自题其款识曰：仿某某人之临某某人笔乎？海粟正以先习西画故，背画箱，携画架，遍历真山真水间若干年，养成阔大之胸襟，灵敏之手眼，一旦进修中画，自能得其大助。况平日过眼之名作既多，而又取法

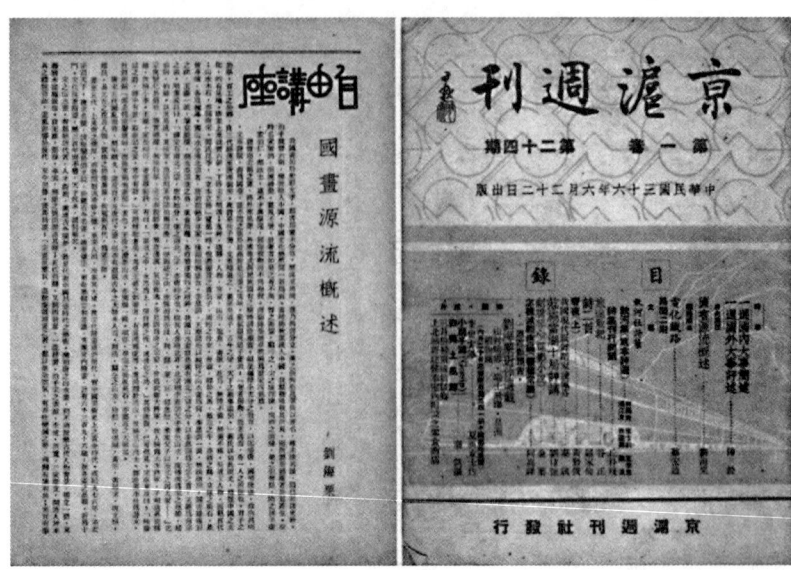

【图1947-1】《京沪周刊》第1卷第24期刊发刘海粟《国画源流概述》（1947年6月22日）

乎上，故能承古启今，自成一家风，此之谓有生命之作品。其生命乃海粟之性灵，非其他陈死人之衣冠像也。

余习画四十年，虽一无所成，然亦中西并进，同此途径，故深知西画足以辅益中画，且知中西兼能之作家，与偏擅其一者，作风必不相同。此乃现代作风之新趋势，民国以前，无此事例也。从来论画可以断时代，此乃此一时代论断之特征，不待后人之观今人，已可认为一新范畴矣。因观海粟画展，中西并列，互相辉映，两副面目，一副精神，故论及之。

民国三十六年五月四日写于海上寓庐灯（姜丹书）。

（《京沪周刊》第1卷第24期，1947年6月22日）

5月17日，《飞报》登刘海粟设计蒋介石雕像讯信。

【引】（刘海粟）曾应庐山管理局局长吴仕汉之请，在牯岭上建立蒋主席的铜像，雕刻工程业已全部完成。定今夏右牯岭揭幕。(《飞报》，1947年5月17日；《中央日报》（重庆），1947年5月8日)

6月21日，刘海粟在上海举行个人画展，至6月30日。

【引】假国货公司二楼中国艺苑揭幕。此次展出作品，国画八十七幅，油画五十六幅。其夫人伊乔女士亦将近作国画二十五幅同时参加展出。(《申报》，1947年6月21日)

【引】展出《瑞山烟雨图》《钓雪图》《红梅》《鹭鸟图》《云移怒翼搏千里》《群牛图》《苏堤晨曦》《柳林月色》等。《申报·春秋》为此刊出专栏文章，其中有：潘公展《艺术与社会人生》、顾树森《海粟及其作品》、姜丹书《论海粟》、陆小曼《牡丹与绿叶》、温肇桐《论刘海粟及其艺术》、赵清阁《观海粟先生画展》等。陆小曼的文章中说："大师的为人，实在是在画家之中不可多得的人才，他不仅是关着门在家里死画，他同时还有外交家与政治家的才能，能做人所不敢做的，能讲人所不敢讲的。就像在南洋群岛失守时，日本人寻着他的时候，他能用很镇静的态度来对付，用他的口才来战胜，讲得日本人不敢拿他随便安排。他在静默之中显出强硬，绝不软化，所以后来日本人反而对他尊敬低头，在没有办法之中只好很客气的拿飞机送他回上海。这种态度真是值得令人钦佩的。"(《刘海粟年谱》，第167页)

7月20日，上海美专举办助学扇面义展。

【引】已于今日起在顺昌路（旧菜市路）五六〇号该校揭幕。徽得海上书画名家作品五百件。(《益世报》（上海），1947年7月20日)

【图1947-2】1947年6月,刘海粟个人画展期间与夫人夏伊乔的合影

7月,王伯敏毕业于上海美专西画系。(上海档案馆档号Q-250-1-120-2,《上海美术专科学校自开办至结束历届学生姓名索引》)

【释】王伯敏(1924—2013),浙江台州人,1947年7月毕业于上海美专西画系。后赴北平艺术专科学校研究班深造。主编的《中国美术通史》获得中国出版工作者协会颁发的"中国图书奖"。任中国美术学院教授,美术学博士生导师,敦煌研究院兼职研究员,杭州画院名誉院长,杭州市美术家协会名誉主席。全国美协推其为"卓有成就的美术史论家"。(《上海美专名人传略》,第353页)

9月,上海美专开办夜班,设中西绘画科、工商美术科及研究生,由刘狮主持。(《大公报》(上海),1947年7月27日)

9月，上海美专招收入学新生143名，其中美术专业117名，音乐系及音乐绘画兼修学员26名。（《上海美专音乐史》，第231页）

9月，徐风任上海美专教务处注册组主任。（上海档案馆档号Q250-1-162，《上海美术专科学校通讯录（同学录）三十六年度上学期（1947年9月）学生自治会编》）

【释】徐风（1917—？），广东丰顺人。1937年6月上海美术专科学校新制20届艺术教育系图工组毕业。1937年至1951年在广东韶关、江西赣南等地从事美术教育工作。1947年任上海美专教务处注册组主任。1951年起历任西北人民艺术学院、陕西美术学院、西安美术学院副教授、教授、研究生导师、系主任，西安美术学院教务长。主要著作有《苏联名画欣赏选辑》《欧洲美术史》《西方美术史》等。2004年被中国美协授予"卓有成就的美术史论家"奖。（《上海美专名人传略》，第227页）

9月，方秀桐考入上海美专中国画系学习，1950年7月毕业。是共青团上海美专第一任支部书记。（上海档案馆档号Q250-1-120-2，《上海美术专科学校自开办至结束历届学生姓名索引》）

【释】方秀桐（1923—），浙江建德人。毕业于上海美术专科学校国画系。先后在中共安徽省委、人民出版社、文化部、中国美术馆、中央美术学院、中国书法家协会等单位工作。中国书协会员。早年随潘天寿、李健、顾坤伯学习书画。中国书协创始人之一。（《上海美专名人传略》，第297页）

11月23日，上海美专举办建校三十五周年校庆，刘海粟主持并发表演说。

【引】下午二时起,在警社举行庆祝典礼(暨音乐演奏会),刘海粟校长亲自主持,发表演说,勖勉艺术的修养,重于技巧。来宾有李石曾等演说。至四时开音乐演奏会,六时表演话剧、平剧。(《和平日报》,1947年11月24日)

11月,刘海粟临《秋原猎骑图》并题贺夏伊乔之兄夏盈德40岁生辰。

【录】"仇十洲先生画实赵吴兴后一人,浑于性天之授,餐霞吸露,无烟火气,习遂为独绝之品,流传于世者十九居赝。肉眼遇丹青炫耀,辄摅赞叹此系未观真龙之故也。余家藏秋原猎骑图,笔力老苍,气韵神古,从幻化于毫端,如为文而不加点,称为第一神品,因仿其法作是图。""丁亥十一月奉祝盈德二弟四十初度"。(该画题跋)

【图1947-3】上海美专《美讯》创刊号(1947年11月),刘海粟在此刊发表诸多文章

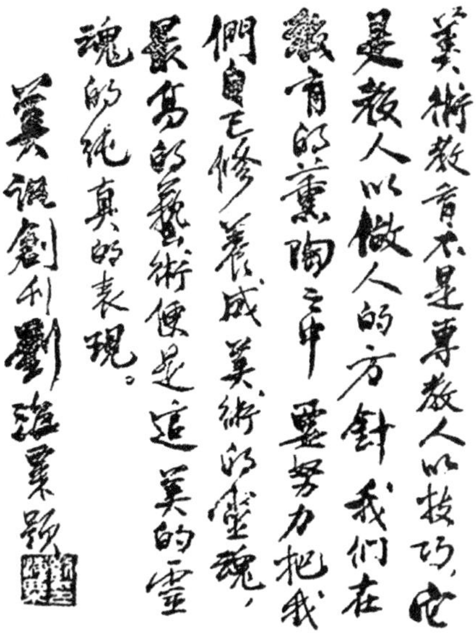

【图1947-4】刘海粟为《美训》创刊号暨校庆35周年特刊题词（1947年11月23日）

是年，刘海粟作中国画《红梅》《仿邹方鲁山水》，作油画《复兴公园之夏》《钱塘江》《紫云洞夕阳》等作品。（《刘海粟年谱》，第167页）

是年，陈巨来刻"存天阁""刘海粟印"印章赠刘海粟。（《刘海粟年谱》，第167页）

是年，上海美专17名学员毕业。（上海档案馆档号Q250-1-114，《十九三七年度第一学期至一九五一学年度第二学期毕业生名册》）

1月1日，刘海粟作中国画《松鹰图》，赠吴有荣。（《刘海粟年谱》，第167页）

1月23日，上海美专自治会成立助学会，帮助清寒学生筹集学费等。（《益世报》（上海），1948年1月23日）

2月8日，刘海粟赴台湾，准备举办个人画展。（《申报》，1948年2月7日）

公元1948年
民国三十七年
（戊子）
52岁

2月21日，台北中山堂举行刘海粟个人画展。27日下午刘海粟出席台湾省政府在中山堂举行的欢迎茶会，会后陪同省政府各机关首长参观画展。（《益世报》（上海），1948年3月4日）

2月27日，台北《新生报》刊载白鹏评论文章《观刘海粟氏画展》。画展受台界好评，展览至29日结束。（《新生报》，2月27日）

3月11日，刘海粟返回上海。（《申报》，1948年3月16日）

3月14日，刘海粟参加上海美专同学会演剧募基金的平剧彩排活动。

【引】上海美术专科学校的上海同学会，最近为了筹募基金，曾于十四日假座湖社举行第一次平剧彩排。美专校长刘海粟特地邀请她（孙悟音）参加演出。此次募款所得，除了开支以外，将拨作校友基金，及出版《美讯》月刊的经费。（《铁报》，1948年3月16日）

3月16日，刘海粟在寓所主持上海美专三十六年度第二学期第一次教导联席会议。

【引】谢海燕、潘天寿、俞剑华、王云阶、温肇桐、陈盛铎、来楚生、宋寿昌、冉熙出席，讨论了恢复旅行写生，加重平时作业，提高学术空气等事项。（上海档案馆档号Q-250-1-38，《本校职员会、教职员、总务会、校务会等会议记录》）

【释】俞剑华（1895—1979），曾用名德，学名琨，字剑华、玉愚，山东济南人。1918年毕业于北平高等师范图画手工科，师从陈师曾。1933年2月至1950年1月任上海美专国画史、国文教授。1949年后，历任东华艺专、南京艺术学院教授，中央美术学院民族美术研究所研究员，华东美协、江苏文联理事等职。善山水，兼作大写意花鸟。出版有《俞剑华中国画选集》。

著有《中国绘画史》《国画研究》《中国美术家人名辞典》《中国画论类编》《中国壁画》《中国山水画的南北宗论》等。(《上海美专名人传略》,第 244 页)

【释】王云阶(1911—1996),山东黄县人。1927 年进入上海新华艺术大学绘画系,后转音乐系学习。抗战期间他辗转抵达武汉,结识了聂耳、冼星海、吕骥和贺绿汀,参加了"星海歌咏团"。陆续创作了一批抗日歌曲,得到中共驻武汉办事处的周恩来的高度赞赏。1947 年 8 月至 1951 年 1 月任上海美专音乐欣赏法副教授、教授。1949 年出席第一届全国文学艺术工作者代表大会,先后为《六号门》《林则徐》等 40 余部优秀电影谱曲,同时创作了两部交响乐及各类乐器、声乐作品,出版了专著《电影音乐与管弦乐配器法》。(《上海美专名人传略》,第 216 页)

【释】陈盛铎(1904—1987),江苏扬州人。1922 年 2 月入上海美专西画系学习,1926 年 1 月毕业。日本川端画学校研究生。曾执教于国立杭州艺术专科学校,任法籍教授科罗多助教。后在上海美专、新华艺专任西画教授,历时十余年。新中国成立后,在上海新乐路自办画室新美术研究所教授学员。1952 年起任同济大学建筑系美术教研室教授至退休。(《上海美专名人传略》,第 78 页)

【释】冉熙(1913—1989),四川南川人。1928 年进西南美术专科学校学习,1931 年考入上海新华艺术专科学校,毕业后在上海美专担任水彩画教师。20 世纪 30 年代上海非常有影响的水彩画家。1947 年 8 月至 1951 年 7 月任上海美专总务主任兼水彩画副教授。(《上海美专名人传略》,第 183 页)

3 月 25 日,中华全国美术会江苏省分会举行成立大会,聘请刘海粟等 12 人为荣誉会员。

【引】(本报讯)中华全国美术会江苏省分会成立□暨庆祝美术节大会,昨天下午三时假□井路河滨茶室举行,出席会员，朱庚成、田□、赵八雁、李善静等二十余人，列席上级机关代表倪弼、曹秉乾、李唤□三人，公推夏远□主席，首由主席报告筹备经过及成立意义，次由江苏文化运动委员□主委倪弼、省督导员李唤□等，相继致辞，为强调美术文化在社会中的重要，继通过会章，并议决：（一）成立□美术通讯小组；（二）聘请倪弼、曹秉乾，□长耀、颜文樑、顾坤伯、徐悲鸿、刘海粟、刘□□、吕凤子、李可染、吴稚晖、凌绍祖等先生，为荣誉会员。（《江苏建报》，1948年3月26日）

3月，刘海粟参观上海市美术馆主办之清代画展。（《和平日报》，1948年3月27日）

3月，刘海粟作题中国画《墨牡丹》。

【录】题曰：春露栏杆晓未收，洛阳名品擅风流。姚黄魏紫浑闲见，谁识刘家穿鼻牛。（《刘海粟年谱》，第168页）

4月26日，刘海粟、陈士文等率领上海美专学生赴杭州旅行写生。

【引】队员五十余人，定于五月五日回沪，闻在杭住宿外西湖国立艺专云。（《益世报》（上海），1948年4月27日）

6月5日，时学生运动高涨。下午2时，上海美专学生正待出发之际，便衣特务数十人逮捕学生，制造了美专"6·5血案"。

【引】上海市大中学校120多个学生团体在外滩集合，举行"反对美国扶植日本拯救民族危机示威大游行"。在上海美专学生会组织下，美专同学经过几天几夜的准备，制作了大量漫画、传单、标语和旗帜，正待中午出发之际，突然出现便衣特务数十人，手执手枪、铁棍、木棒和尖刀等凶器，在本校特务（学生）带领下闯进校园，鸣枪示威，一边打人一边冲进同学宿舍，破门而入，掠夺财物，毁坏了已准备妥当的所有宣传品，逮捕学生，制造了震惊上海市的上海美专"6·5血案"。上海美专有吴平、林野等8位学生被捕。（《南京艺术学院史》，第34页）

8月，方干民受聘任上海美专西画人体教授。（《上海美术专科学校教职员工名册（1949年第二学期）》）

【释】方干民（1906—1984），浙江温岭县人。1924年夏赴上海投考上海美术专科学校，插入二年级。1925年底赴法国留学，1927年入巴黎美术学院让保尔·罗朗斯画室，与周碧初、汪日章、颜文樑同学。1947年方干民在上海创立中华艺术研究会，1948年8月至1951年1月任上海美专西画人体教授。（《上海美专名人传略》，第98页）

8月，徐心芹受聘任上海美专国文教授兼校长室秘书。（《上海美术专科学校教职员工名册（1949年第二学期）》）

【引】徐心芹（1904—?），浙江杭州人。此职任至1952年。徐擅长西画、诗文。历任艺大文学系主任，上海务本女中高中普通科主任，新华艺大教授，教育部全国美展编辑委员，艺术月刊、美术周刊等编辑。（《上海美专名人传略》，第229页）

9月，自法国归国的原上海美专特聘教师丁善德，任国立音乐专科学校作曲教授，同时在上海美专兼课。同期，喻宜萱出国。（《上海美专音乐史》，第232页）

【释】丁善德（1911—1995），江苏昆山人。1928年入上海国立音专钢琴系，抗战后筹办上海音乐馆，从事音乐教育活动。1933年9月至1935年6月兼任上海美专声乐教授。1947年赴法国巴黎音乐院学习作曲。1949年回国后长期在上海音乐学院执教，曾任副院长兼作曲系主任。(《上海美专名人传略》，第85页)

9月，上海美专招收入学新生177名，其中美术专业146名，音乐系13名，音乐绘画兼修学员18名。(《上海美专音乐史》，第233页)

【图1948-1】1948年刘海粟率师生在杭州写生时摄于保俶塔前

10月6日，刘海粟在杭州西湖黄龙洞作油画《秋山图》。
（《刘海粟年谱》，第168页）

秋，作油画《鸡冠花》。（《刘海粟年谱》，第168页）

11月，上海美专董事会董事陈树人逝世。

【引】上海美专与上海美术馆筹备处、上海文艺作家协会、上海美术会等团体举行陈树人追悼会。

是年冬，时局混乱，货币贬值，上海美专学生伙食团面临断炊威胁。得知此情，刘海粟慷慨作画交学生会，将卖画所得解救学生断炊之虞。（《刘海粟年谱》，第168页）

是年，刘海粟作有多种美术作品。

【按】作油画《风景》（《霞色》）（46cm×55cm）《刘庄红叶》和中国画《石鼎萱花》《蟠桃图》《梅花》（《乱点红梅图》）《鸡冠花》等作品。刘海粟在《梅花》上题诗："崖前留得淡胭脂，分付东风莫漫吹。吹到寒流流不尽，惹人拈起独凝思。"（上海刘海粟美术馆馆藏目录）

是年，上海美专19名学员毕业。（上海档案馆档号Q250-1-114，《一九三七学年度第一学期至一九五一学年度第二学期毕业生名册》）

2月，邓尔敬受聘任上海美专音乐副教授。（上海档案馆档号Q250-1-59，《上海美术专科学校教职员工名册（1949年第二学期）》）

【释】邓尔敬（1918—1996），笔名小文，湖北京山人。曾任重庆音乐院分院副教授、上海音乐专科学校副教授。新中国成立后，历任中央音乐学院华东分院副教授，上海音乐学院副教授、教授，作曲指挥系主任，院工会主席等职。创作声乐套曲《负重行》《儿童钢琴曲四首》等。（《上海美专名人传略》，第83页）

公元1949年
民国三十八年
（己丑）
53岁

4月5日，第四届音乐节，上海市教育局于下午邀请上海美专教师程懋筠等十余位音乐家举行座谈会，并于5月5日至7日三天在市体育馆举行音乐演奏会，招待全市音乐教师。

（《上海美专音乐史》，第232页）

【释】程懋筠（1900—1957），江西新建人。1916年留学日本，主修声乐，兼修作曲。1926年回国后在江西、浙江、南京等地任教，1929年适逢国民党中央以孙中山的《黄埔军校训词》作为《中国国民党党歌》歌词，向全国征求曲谱，程懋筠的曲作经评选得以获奖，该曲后改为《中华民国国歌》。程懋筠创作有近百首歌曲和歌词，如《救国是我们大家的事》《好铁要打钉》等，皆广为流传。并编印《音教抗战曲集》，发向各地鼓舞抗日斗争。1949年未随国民党赴台，留在上海从事音乐教育，曾任上海国立幼儿师范学校、上海美术专科学校声乐教授。因曾为《中华民国国歌》作曲而遭清算，1957年在南京逝世。（《上海美专名人传略》，第80页）

4月15日，刘海粟作品参加上海市美术馆筹备处主办的第一届春季美术展览会，至23日。

【引】地点：南昌路（环龙路）四七号法文协会。（《申报》，1949年4月17日）

5月25日，上海美专学生为迎接上海解放，组织宣传队和绘画队投入绘制领袖像和宣传画、漫画、木刻的创作活动中。

【引】是日凌晨，中国人民解放军进入上海市苏州河以南地区，上海美专学生为迎接上海解放，组织了宣传队和绘画队，迅速投入绘制领袖像和宣传画、漫画、木刻的创作活动中。马承镳绘制了毛主席和朱总司令巨幅肖像,悬挂在上海"大世界"高楼上,这是上海解放后首先绘制出的领袖画像,许多上海市民第一次目睹领袖风采。(《南京艺术学院史》,第34页)

7月2日,中华全国文学艺术工作者代表大会在北京举行,至19日结束。会议期间,举办了全国第一次美术作品展览会。(《刘海粟年谱》,第169页)

7月21日,中华全国美术工作者协会成立,徐悲鸿任主席。(《刘海粟年谱》,第169页)

8月13日,刘海粟三女刘蟾出生于上海。(《刘海粟年谱》,第169页)

8月,刘海粟游苏州光福,作中国画《汉柏图》。(《刘海粟年谱》,第169页)

【图1949-1】上海美专师生在复兴公园写生后的归途中

刘海粟年谱长编 | 823

9月30日，香港《大公报》公布29日上海文教处批准的各私立大学校长名单，刘海粟任上海美专校长。（《大公报》（香港），1949年9月30日）

9月，上海美专招收入学新生58名，其中美术专业51名，音乐系7名。（《上海美专音乐史》，第233页）

10月1日，中华人民共和国成立。

是年，刘海粟购得倪迂一幅着色山水。

【引】另几幅元代佚名作品虽不是大家手笔，作者难查，真伪也待考，但画得都极佳，如山水《风雨归舟图》、花鸟《古木聚禽图》，元人气息亦很浓。（《沧海一粟——刘海粟的艺术人生》，第92页）

是年，上海美专30名学员毕业。（上海档案馆档号Q250-1-114，《一九三七学年度第一学期至一九五一学年度第二学期毕业生名册》）

公元1950年
中华人民共和国
（庚寅）
54岁

1月8日，上海美专兼任教授丁善德作品《新中国交响组曲》由上海市人民政府交响乐团在兰心大戏院首演，指挥富华。（《上海美专音乐史》，第233页）

9月，上海美专招收入学新生69名，其中美术专业18名，音乐系23名，音乐绘画兼修学员28名。（《上海美专音乐史》，第233页）

9月，上海美专招收新生入学。自建校至今，招收的学生中第一次出现音乐专业新生比美术专业的还要多，为了适应建校需要，开始配备音乐各专业方向的教师，其中窦立勋担任小提琴副教授。（上海档案馆档号Q250-1-162，《上海美专同学录1950年度第二学期》）

【释】窦立勋（1916—1983），广东番禺人，生于北京。1941年12月，成为国立上海音专历史上小提琴专业仅有的三位

【图1950-1】中国画作品《返照入江翻石壁》约20世纪50年代至60年代（132cm×68cm）香港私人收藏

8年制高级毕业生之一。1938年至1942年，兼任私立上海音专小提琴教师。1943年9月，南京中央大学兼任副教授。1946年8月，进入上海市政府交响乐团。1949年5月，成为上海市人民政府交响乐团由黄贻钧、谭抒真等人组成的管理小组成员之一，并担任第二小提琴首席。1950年兼任私立上海美专小提琴副教授。1951年兼任上海音乐学院副教授。为新中国培养了第一批小提琴人才。（《上海美专名人传略》，第86页）

是年，上海美专开办工人夜校，招收工人进行文化教育。
（《刘海粟年谱》，第 169 页）

是年，刘海粟作油画《静物》(《青花罐与水果静物》)《河畔丛林》(《风景》)《鱼和蔬菜静物》(《静物》)《打铁》等作品。（《刘海粟年谱》，第 169 页；上海刘海粟美术馆馆藏目录）

是年，上海美专 15 名学员毕业。（上海档案馆档号 Q250-1-114，《一九三七学年度第一学期至一九五一学年度第二学期毕业生名册》）

公元 1951 年
（辛卯）
55 岁

2 月，上海美专聘章西厓、蔡振华任图案教授。（上海档案馆档号 Q250-1-162，《上海美专同学录 1950 年度第二学期（1951 年 2 月）》；《上海美专同学录》1951 年度第一学期（1951 年 9 月）（教务处））

【释】章西厓（1917—1996），浙江绍兴人。擅长漫画、版画。前国立杭州艺术专科学校毕业。曾参加抗日时期漫画宣传队，曾任《前线日报》《东南日报》美术编辑、上海戏剧专科学校舞台美术系教授、上海文艺出版社美术编辑。1951 年 2 月至 4 月任上海美专聘章西厓任图案教授。出版有《火与力》《西厓装饰画集》等。（《上海美专名人传略》，第 256 页）

【释】蔡振华（1912—2006），浙江德清人。擅长漫画、美术设计。1934 年国立杭州艺专图案系毕业，1934—1945 年曾经在景艺、商务、惠益、宏业、新业等单位任美术设计，后为职业画家。1951 年 2 月上海美专聘蔡振华任图案教授，后调上海人民美术出版社，曾任中国美协理事、上海美协秘书长，上海美协顾问。美术总体设计有北京人民大会堂上海厅与西大厅。《梦寐以求》获第六届全国美展优秀奖，《错出豪门》获《讽刺与幽默》的优秀作品奖。1994 年，82 岁高龄的蔡振华为北京人民大会堂国宴厅设计大型贴金木雕《锦绣河山》装饰壁画稿获得成功。
（《上海美专名人传略》，第 65 页）

【图1951-1】20世纪50年代刘海粟油画作品《风景》

2月，上海美专聘马革顺任和声学教授，聘蔡绍序任声乐副教授。（上海档案馆档号Q250-1-162,《上海美专同学录1950年度第二学期（1951年2月）》）

【释】马革顺（1914—2015），陕西乾县人。中学毕业后入国立中央大学教育学院音乐系，师从奥地利音乐博士史达士。1937年毕业于中央大学音乐系，抗战胜利后，赴美国维斯铭士德合唱音乐学院专攻合唱指挥，获硕士学位。1950年毕业于美国西南音乐学院研究院，1951年2月上海美专聘马革顺任和声学教授。（《上海美专名人传略》，第160页）

【释】蔡绍序（1909—1974），四川安岳人。1928年进入成都艺术专科学校，受声乐启蒙教育。1930年秋入上海国立音乐专科学校，师从应尚能学习声乐，同时在校外从学于外籍声乐教师克雷罗娃。1936年毕业。初以私人教授声乐为业，后去重庆。早在30年代，他的演唱已被灌制成唱片。1951年2月上海美专聘蔡绍序任声乐副教授。1962年，中国唱片社将他演唱的代表性曲目《太阳出来喜洋洋》《槐花几时开》《黄河之恋》《嘉陵江上》《李有松》等11首歌曲录制为《蔡绍序唱片专辑》。1974年病逝于上海。（《上海美专名人传略》，第64页）

9月，上海美专聘朱起东任合唱教授。（上海档案馆档号Q250-1-162，《上海美专同学录1951年度第一学期（1951年9月）（教务处）》）

【释】朱起东（1913—1991），浙江鄞县人。1939年毕业于上海国立音乐专科学校小号专业，随即赴美留学。1941年获美国芝加哥音乐学院小号演奏学士学位，1942年获阿美利坚音乐学院音响学硕士学位，1945年获美国西北大学音乐哲学博士。1946归国任沪江大学音乐系理论及小号教授，后任系主任。1950年受聘兼任上海美专教授。（《上海美专名人传略》，第268页）

9月，上海美专招收入学新生120名。（《上海美专音乐史》，第233页）

是年，刘海粟作油画《复兴公园之夏》。（《刘海粟年谱》，第169页）

是年，上海美专7名学员毕业。（上海档案馆档号Q250-1-114，《一九三七学年度第一学期至一九五一学年度第二学期毕业生名册》）

公元1952年
（壬辰）
56岁

5月22日，上海文联召开上海文艺界整风运动动员大会，参加文艺整风者共有1343人。刘海粟全程参加至6月底结束。（《刘海粟年谱》，第170页）

7月8日，刘海粟参加华东高教界思想改造运动，至9月20日结束。（《刘海粟年谱》，第170页）

8月,华东军政委员会文化部、教育部决定,上海美专等三个单位组成华东艺术专科学校。

【按】全国高等学校实行院系调整,刘海粟被聘为华东高等学校院系调整委员会委员。决定以山东大学艺术系美术组及音乐组为骨干,联合上海美术专科学校及苏州美术专科学校,成立"华东艺术专科学校",校址设在上海。因规模扩大,原上海美专校舍不敷,乃决定在上海漕河泾新建校舍,新校舍建成前,暂借"苏南社教学院"(无锡江南大学)旧址为临时校舍。(《南京艺术学院史》,第64页)

9月15日,刘海粟致函郭沫若。

【引】刘海粟推荐常州杨守玉绣制的斯大林和毛泽东巨幅绣像,奉献给将于10月在北京召开的亚洲及太平洋地区和平会议,并介绍杨守玉创制的"乱针绣"绣法:"以针代笔,以色丝为丹青,使绘画与绣工融合一体,自成品格。"(谢海燕,《刘海粟》,江苏美术出版社,2002年,第89页)

【释】杨守玉(1896—1981),女,生于常州,乳名祥云,学名杨韫,字瘦玉、字冰若。刘海粟的表妹、初恋情人。曾在常州女子师范绘画专修科学习传统绘画,是吕凤子先生的得意弟子。1914年1月在上海图画美术学校函授学习。1915年毕业并随凤先生从教三十余年。1921年9月始任上海美专及上海女子美术学校手工教员。1928年首创"乱针绣",丰富了苏绣艺术。1940年被(重庆)国立艺专聘为绘绣科主任和副教授。绣品《罗斯福像》现藏美国美术馆。(《上海美专名人传略》,第239页)

9月,华东军政委员会文化部、教育部拟聘刘海粟为"华东艺术专科学校"校长。

【引】华东"文化部唐(韬)处长来接我去文化部和鼓(柏山)部长谈话,他说明了要聘我为艺专校长,我说明我近年身体衰弱情况,高血压、心肌扩大,而且我对于行政是不相宜的……部长说:我们已再三考虑,中央也来电,校长是应该请你担任,这是全国大行政区最早建立的高等艺术学校,有带头作用;您不去管行政的事,你自己创作可矣。"(刘海粟致刘宜应信函,1952年11月11日)

9月,华东艺术专科学校正式合并组建(简称"华东艺专"),至此,上海美术专科学校宣告结束。

【引】上海美专结束后,除教学用品如石膏像、钢琴等随校迁至无锡华东艺术专科学校外,其余如房屋、家具、档案等,均由"上海市1952年停办高等学校联合办事处"接管。(1952年11月11日刘海粟致刘宜应信函)

10月4日,华东军政委员会正式任命刘海粟为华东艺术专科学校校长,臧云远为副校长。

【引】同时宣布,刘海粟校长主要从事艺术创作与研究,学校工作由副校长主持。华东艺术专科学校隶属于中央文化部,由文化部委托华东军委会文化部直接领导。(《南京艺术学院史》,江苏美术出版社1992年版,第65页)

10月,刘海粟收到学校送交的两本纪念册,一本是上海美专二十周年纪念册;一本是二十五周年纪念册。

【引】刘海粟在纪念册扉页上题词:"艰苦缔造的美专,为了中国的新兴艺术战斗了四十年,现告一段落,调整为华东艺专。伟大的精神和灿烂的战迹,将永远留在中国人民的记忆里。一九五二年十月十七日全体师生迁往无锡。一切的一切都贡献给祖国!那日下午留沪移交员宋寿昌送来二本纪念册。"(《刘海粟年谱》,第170页)

11月5日,刘海粟赴无锡就任华东艺术专科学校校长。

【引】"由文化部朱处长同我去无锡,同行的有副校长臧云远同志,是老干部,原任山东大学艺术系主任。到锡时在车站有代表欢迎,到校时全体同学五百余人、教职员工二百人在校门欢迎,掌声雷动,高呼口号。休息了一会儿,接着到大礼堂,在暴风雨般的掌声中,我讲了一小时话。接着副校长讲话,他的政治水平很高。教务长牟英同志也是老干部,非常能干,一切掌握得很好。下午举行全体教职员谈话会,接见各位教师。晚上有晚会,情绪非常热烈。"(刘海粟致刘宜应信函,1952年11月11日)

11月11日,刘海粟致函刘宜应,告知上海美专调整为华东艺专的情况。

【引】全文846字。函谓:宜应吾兄如晤:得十月三十日赐书,循诵三环,以兄拳挚之情,尤令不慧感怀欲泣。迩者祖国一切都在突飞猛进。弟自五月初起参加华东文艺整风,七月八日起参加上海区高等学校思想改造运动,八月又被聘为华东高等学校院系调整委员会委员。八月二日起举行五天的会议,通过了关于调整工作的几项重要规定,弟以最大的决心来贯彻会议精神,将上海美专整个贡献祖国。现在上海美专已改为国立华东艺术专科学校,本来指定在美专原址,后来因为山东大学艺术系、音乐系以及苏州美专均并入,规模扩大,现在迁至无锡江南大学原址。上海美专是弟一手创办,四十年缔造艰难,先后承吾兄与家祺兄

多方帮助，现在调整为国立，当然应该详细报告你们的，想二兄闻之当亦引以为慰也。（略）（《刘海粟艺术文选》，第498页）

12月8日，华东艺术专科学校在无锡召开成立大会，确定这一天为校庆纪念日。隶属华东军政委员会文化部，后由中央文化部直接领导。（《刘海粟年谱》，第172页）

是年，上海美专13名学员毕业。（上海档案馆档号Q250-1-114，《一九三七学年度第一学期至一九五一学年度第二学期毕业生名册》）

公元1953年
（癸巳）
57岁

3月，刘海粟游无锡。（《刘海粟年谱》，第172页）

【按】作国画《太湖》《太湖环翠》，作油画《太湖渔舟》等。

6月5日，徐悲鸿给时任国家文化部党组书记、常务副部长周扬信函，言刘海粟是汉奸，抄袭作品等人品问题。

【录】周扬先生：白石翁为答谢做寿，特赠先生画一幅，嘱为转致，兹遣人送上，请查收。

前几日，我为抗议汉奸刘海粟出任华东美专校长曾与先生面谈，并至长函备忘（又附览刘国画两册）。今觉意犹有未尽，再述如下：刘海粟充当汉奸，其罪行轻重如何，吾人姑不置论，其丧失民族气节，则是事实。此乃吾人最蔑视者，所谓"虽孝子慈孙，百世不能改"之污点。再则，刘海粟抄袭他人作品以蒙蔽人民，铁证如山，为清除文艺界之恶劣作风，此乃典型事件，我当坚持抗议到底！愿知先生意见。又刘画两册乃借自院中，请即见还，以示同人。此致 敬礼 徐悲鸿 六月五日。（该信手扎）

【图1953-1】油画作品《无锡梅林》1953年（82cm×107cm）
南京艺术学院藏

6月，刘海粟赴北京。

【引】到长城脚下，瞻仰詹天佑铜像，然后骑驴登高。作油画《八达岭长城》。（谢海燕主编，《刘海粟》，第89页）

7月8日，徐悲鸿再次给周扬副部长信函，谓必须责令刘海粟在会上做检讨，坦白三点问题，"须在一周内交出材料与（予）文化部"。

【录】周扬部长：今日先生谈拟开座谈会，令刘海粟检讨，我回来思量，以为不必要，原因是：这可能成为像刘海粟在上海时自吹自捧的"检讨会"，不解决问题。我以为应叫他坦白下列各点：

【图1953-2】1953年6月5日徐悲鸿至周扬信函，谓刘海粟是"汉奸"

【图1953-3】油画作品《长城》1953年（90cm×120cm）南京艺术学院藏

（1）上海沦陷时间与日本人有哪些勾结？参加过哪些媚敌活动？担任过何种职务？

（2）共盗窃过哪些作品？（如果写明仿某人作品不算盗窃）——列举出来。

（3）谁贩卖形式主义？谁毒害了青年？是我还是他？谁是谁非？应严格检讨。

以上各点，须在一星期内交出材料与文化部，如果他能忠诚老实交代，我同意宽大处理。如果他还隐瞒或辩护，足证问题严重，文化部应严加追究查办，我想先生当能同意。我当继续收集有关材料，在他坦白期间暂不发表。此致 敬礼 徐悲鸿顿首 七月八日。（该信手扎）

7月16日、18日，章士钊为赋诗题《群牛图》事致函刘海粟。（该信手扎）

7月，刘海粟作油画《北京北海》。（《刘海粟年谱》，第172页）

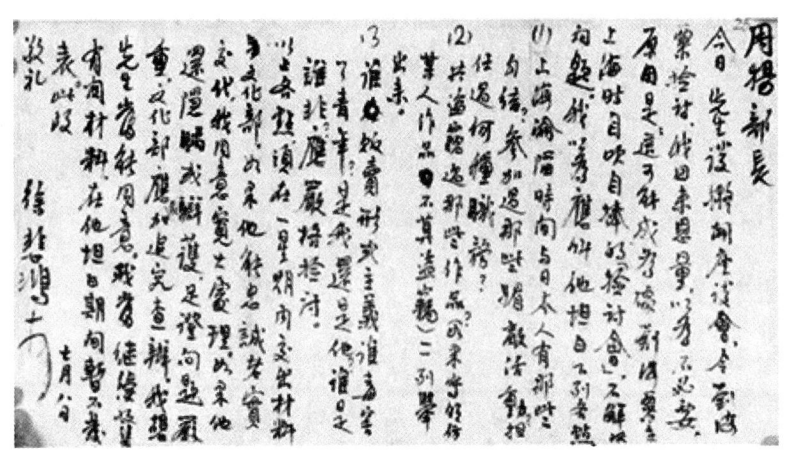

【图1953-4】1953年7月8日徐悲鸿再次至周扬信函，言必须责令刘海粟检讨

8月,周恩来总理会见刘海粟。

【引】周恩来鼓励美术界加强团结,为新中国美术事业多贡献力量,多多创作。(《刘海粟年谱》,第172页)

是年夏,刘海粟将中国画《群牛图》请章士钊、叶恭绰题诗。

【引】章士钊题两首七绝:"三百群中任意行,戴嵩名迹自平生。虽无牛背阿婆笛,也见民间乐太平。画师指事露禅心,涂得乌犍满碧阴。怕见带牛成弊俗,故将生纸作桃林。"叶恭绰题:"三羊五鹤剧纷纷,多少丹青满路尘。智过千师乃传法,可知星火出劳薪。昔观晋国五牛图,蹄角浑然不可摹。今日几人能得笔,开滕形象任相呼。"此画后于全国国画展览会展出。(该画题跋)

8月,刘海粟作油画《颐和园后湖》《北京天坛》,作中国画《鹰击长空》。(《刘海粟年谱》,第172页)

8月底,刘海粟自北京返上海。(《刘海粟年谱》,第172页)

9月15日,张伯驹致函刘海粟。

【引】信中谈到全国国画展览会"审查期间,变动甚多。最初老画家多被淘汰,……政府政策,谅不如此也"。(《刘海粟年谱》,第172页)

9月16日,全国国画展览会在北京举行,刘海粟的《群牛图》入选展出。展览至10月10日结束。(《刘海粟年谱》,第173页)

【图1953-5】刘海粟油画作品《天坛》1953年（73.5cmX60.8cm）刘海粟美术馆藏

9月23日，中国文学艺术工作者第二次代表大会在北京举行，刘海粟应邀参加。（《刘海粟年谱》，第173页）

9月26日，徐悲鸿在北京病逝。

9月，中华全国美术工作者协会改组为中国美术家协会。

是年，刘海粟还作中国画《云林钟秀图卷》，作油画《花》《风景》（60cm×72.5cm）《渔船》《无锡梅林》等。（作品题签）

2月，刘海粟游无锡，在梅园作油画《梅园》。（《刘海粟年谱》，第173页）

3月，刘海粟与夏伊乔同游无锡，作中国画《无锡太湖》，又作油画《鼋头渚劲松》。

【按】《无锡太湖》题云："一九五四年三月偕伊乔同憩鼋渚万方楼，为南独山最胜之处。楼前青松、红梅、白榆、乌桕，

公元1954年
（甲午）
58岁

五色相鲜，高下俯仰，参差杂沓，不可名状。太湖诸山，烟色空濛，风帆缥缈，远近互相掩映。伊乔谓余曰：'此真画也！尔亟为我画之，右丞、大年不足摹耳。'余欣然呼毫，目击手追者屡日。"

1955年，刘海粟1954年作中国画《无锡太湖》被上海人民美术出版社印制为信封。

【释】李可染（1907—1989），原名染，江苏徐州人。1924年9月考入上海美专初级师范科，1926年7月毕业。1932年作《钟馗》入选第2届全国美术展览。1943年任重庆国立艺专讲师并举办画展；1946年应聘任北平国立艺专副教授，1949年后任中央美术学院教授，中国画研究院院长，中国美术家协会副主席，曾在国内外多次举办个人画展。（《上海美专名人传略》，第407页）

3月，刘海粟作中国画《太湖工人疗养院》。

【按】此画在"文化大革命"时期被涂"毒画"二字。后刘海粟求助于时任上海博物馆馆长的沈之瑜，由其安排人员到刘家"抄"走刘海粟珍藏的历代名画与个人创作，保存于上博，后悉数归还。

4月，刘海粟与黄宾虹、钱松岩、贺天健、林风眠、潘天寿、钱瘦铁、傅抱石等出席在上海举行的华东美术家协会成立大会。（《刘海粟年谱》，第174页）

4月，刘海粟游杭州，作中国画《虎跑泉写生》、油画《龙井流泉》等。（《刘海粟年谱》，第174页）

6月，刘海粟第六次赴黄山，临行前请钱瘦铁刻了一方"黄山是我师"印章，准备六上黄山时启用。

【图1954-1】刘海粟油画作品《鼋头渚劲松》1954年（89cm×63.5cm）南京艺术学院藏

【引】当时，云谷寺还未修公路，全靠步行，天一亮即出门，暮色将临时方归。刘海粟多次登临清凉台、始信峰、光明顶和玉屏楼。在《刘海粟黄山纪游》画册的自序中，他又写道："六上黄山画了大量黄山写生油画、国画，有泼墨、有泼彩、有白描……黄海奇景，通过我的感受，通过我的心灵深处，表达我对黄山深厚的感情。入黄山而又出黄山，我的黄山画中有许多自己的影子。"

这次黄山之行长达四个月，其时刘海粟59岁，精力充沛，校长一职乃是虚设，故又无俗务缠身，许多重要作品都产生在此时。作油画《玉屏楼望天都峰彩云》《黄山散花坞云海》等。

这次上山适又期遇丁玲、戴岳、陈登科、李可染、罗铭等名人好友，常约伴林间闲步，亭台夜话，更添一番情趣。刘海粟资格最老，岁数最大，话也最多，常妙语横生。下山后，刘海粟又马不停蹄地去了太湖、洞庭湖、富春江、佛子岭、梅山。（《沧海一粟——刘海粟的艺术人生》，第68-69页）

7月9日，刘海粟作油画《黄山清凉台》。（《刘海粟年谱》，第174页）

7月10日，刘海粟作油画《黄山西海门》，于光明顶作中国画《莲花峰天都峰》。（《刘海粟年谱》，第174页）

7月12日，黎明，刘海粟作油画《黄山云海》。（《刘海粟年谱》，第174页）

7月14日，刘海粟作油画《黄山狮子峰》。（《刘海粟年谱》，第174页）

【图1954-2】刘海粟油画作品《黄山清凉台》1954年（60.2cm×82cm）香港私人收藏

【图1954-3】刘海粟油画作品《云海翻腾贯新忆》1954年（73cm×90.6cm）刘海粟美术馆藏

7月，刘海粟作油画《狮子峰望太平》；作中国画《黄山后海图卷》，拖尾有沈剑知、黄遂生题写诗跋。（《刘海粟年谱》，第174页）

是年夏，刘海粟作中国画《黄山西海门图卷》。（《刘海粟年谱》，第174页）

8月4日，刘海粟作油画《黄山西海群峰》。（《刘海粟黄山纪游》画册自序；《刘海粟年谱》，第174页）

8月5日，刘海粟作中国画《黄山清凉台》《黄山平天矼》以及速写册页等。（《刘海粟黄山纪游》画册自序；《刘海粟年谱》，第174页）

【图1954-4】刘海粟中国画作品《清凉台》1954年（39.9cm×68.5cm）
刘海粟美术馆藏

【引】画作《黄山清凉台》题云："黄山清凉台，峦嶂层叠，拔地耸秀，奇松覆盖，青翠欲滴。昔人谓：黄山松石之奇，无逾于此。"在黄山"经常是在旭日初升或朝雾未散之时就起身出外去写生，有时跑上五里或十里，奇峰峭壁，攀藤扪萝，不论在风雨烈日中，我是每天都进行工作"。（刘海粟，《在江苏政协的发表》，《新华日报》，1955 年 4 月 27 日）

8 月 6 日，刘海粟作中国画《黄山人字瀑》。（《刘海粟年谱》，第 175 页）

8 月 7 日，刘海粟作油画《黄山始信峰》。（《刘海粟年谱》，第 175 页）

8 月 17 日，刘海粟在文殊台作油画《莲花峰莲蕊峰晚霞》。（《刘海粟年谱》，第 175 页）

8 月 19 日，刘海粟作油画《黄山温泉》。（该画题签）

9 月 11 日，刘海粟题《黄山》。

【录】题曰：层嶂微窥日月踪，寒烟天外护奇松。不妨少试排云驭，独向空山问卧龙。（该画题跋）

10 月，刘海粟作中国画《黄山东海门》。

【引】题云："黄山万嶂千峰，千霄直上，不赘不附，如矢如林，朝暮变幻，不知凡几。我之所见，未必前人之所有。"（《刘海粟年谱》，第 175 页）

11 月 3 日，刘海粟欣赏的法国画家马蒂斯，因患心脏病在法国尼斯逝世，终年 84 岁。

12 月，刘海粟作中国画《太湖胜概图卷》。

【引】此画拖尾有杨千里、龙榆生、罗卡子（罗叔子）、向迪宗、吴湖帆题诗词为跋。周谷城又题："中外古今冶于一体，始能见其大；方圆平直一丝不苟，始能见其精。偶然海粟大师近作太湖一览，觉其既大且精，无任兴奋，特此志之。"（《刘海粟年谱》，第175页）

是年，刘海粟游访各地，绘画作品甚多。

【引】除以上记载外，还作有中国画《芦雁图》《西湖烟雨》《杭州灵隐》《黄山散花坞云海》《东海门写生》《白鹅岭望天都其二》（《揽天都之奇》）《黄山云海写生》等。作油画《云海翻腾贯新忆》《佛子岭水库》《白塔》《太湖渔舟》《黄山天都莲花峰云雾》《小桥渔舟》等。（谢海燕主编，《刘海粟》，江苏美术出版社，2002年版；上海刘海粟美术馆馆藏目录）

【图1954-5】刘海粟中国画作品《揽天都之奇》1954年（44.9cmX68.3cm）刘海粟美术馆藏

公元 1955 年
（乙未）
59 岁

2月12日，华东美术家协会改组为中国美术家协会上海分会。

3月27日，第二届全国美术展览会在北京开幕。

4月，刘海粟游常熟虞山，在烈日下画了一幅国画长卷。（《刘海粟年谱》，第176页）

4月21日至26日，刘海粟出席在南京举办的中国人民政治协商会议江苏省第一届委员会第一次全体会议，并在会上发言。

【引】发言中谈到近年"到名山大川去写祖国的锦绣山河和祖国伟大的建设，从现实生活中创作出来的东西，才能有血有肉，亲切而有感情……现在我了解：天才就是劳动，只有重视工作，不断劳动，不息地努力，才能产生具有历史价值的作品"。并且表示："希望在今后二十年中努力学习，能画出几幅像样的油画。"（《新华日报》，1955年4月27日）

5月17日，刘海粟在洞庭东山雨花台作油画速写《东山雨花台》。（《刘海粟年谱》，第176页）

5月，刘海粟作中国画《莫厘缥缈图卷》。（该画题跋）

【录】此画题云："乙未五月，与伊乔往东洞庭山雨花台，每晨登莫厘峰，放笔写太湖胜概，烈日风雨无阻，墨沈淋漓，点画狼藉，如蚕食叶，偶尔成文。"拖尾有冒广生、江庸、向迪宗、章士钊、吴湖帆、沈剑知、张伯驹、黄君坦、陈琴趣、陈兼与、林松峰多人题诗题词为跋。冒广生题七言长歌：胥母周回六十里，天目秀灵纷来趋。此山富庶甲天下，舟车络绎成通衢。严刘翁席迭兴替，名园甲第丽且都。海粟画手今世无，晚唐五代心追摹。兴来醉踏莫厘顶，提笔四顾极双胪。纸长一丈墨一斗，气吞八九无全湖。苞山对峙疑两帝,屹然各占东西隅。只除马迹尽邾莒,若出若没同浴凫。 渔舟水面点蜻蜓,村落远近烟模糊,其中嘉果繁种植,枇杷杨梅千万株。衡山若见应叹息,积薪居上理不爽。我如蝼蟹踵步懒,寤寐尚想探灵区,何当扁舟约道子(吴湖帆),同试碧螺春一壶。八十三叟疚斋冒广生(该画题跋)

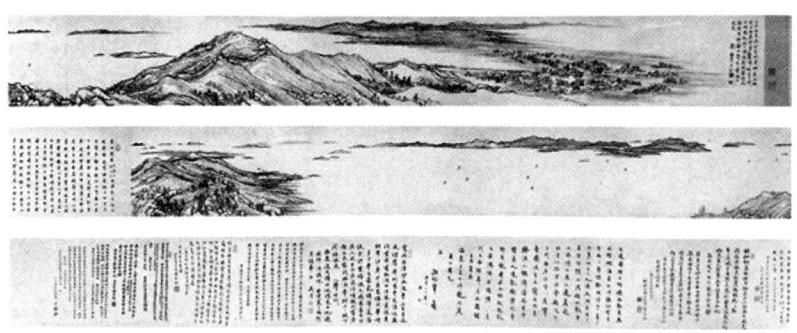

【图 1955-1】刘海粟 1955 年 5 月作中国画《莫釐缥缈图卷》

5月,刘海粟作中国画《洞庭渔村图卷》,王佩诤、冒广生、江庸、马一浮、苏厂题诗词。作中国画《震泽渔民》,作油画《东洞庭山》。

【引】《洞庭渔村图卷》马一浮题:"想见濡毫远眺时,黏天烟浪助灵奇。仙山孰比华阴市,问取江南老画师。"《震泽渔民》,吴湖帆题云:"笔法神化,合十洲、石涛于一手,精炼恣肆,众长毕臻,叹为观止。"(《刘海粟年谱》,第177页)

6月11日,刘海粟在苏州光福司徒庙作中国画《清奇古怪》图卷。

【引】画作题曰:"清奇古怪趣如此,风火雷霆劫不磨。光福司徒庙汉柏,天矫盘崛,不可名状。一九五五年六月十一日偕伊乔煮茗坐卧其下，流连终日，对景写此，以发其奇。"吴湖帆题杜甫《古柏行》四句于引首，拖尾有杨千里、周谷城、张伯驹、黄君坦、陈兼与、陈琴趣、李宝森多人题跋。李宝森题《玉楼春》云："清奇古怪人和树，林下相期心早许。高姿傲骨各崔嵬，羡尔商山长结侣。权桠莫笑离规矩，历劫终逃樵者斧。而今何幸遇刘侯，泼墨留真存逸趣。"（《刘海粟年谱》，第177页）

【图1955-2】刘海粟中国画作品《清奇古怪》（局部）1955年（70cm×413cm）刘海粟美术馆藏

9月，刘海粟作油画《东山日出》。（《刘海粟年谱》，第177页）

10月，刘海粟游富春江，作中国画《富春江渔乐图卷》《富春江严陵濑雨雾》。

【引】《富春江渔乐图卷》拖尾有张伯驹题《南乡子》词为跋："回梦见华胥，山色拖蓝浪溅珠。人影夕阳波底湿，桐庐，一棹曾游记得无？又见大痴图，清笠绿蓑愿卜居。直到严滩潮始歇，鲥鱼，身世还应问钓徒。"《富春江严陵濑雨雾》赠臧云远。（《刘海粟年谱》，第177页）

秋，刘海粟作中国画《洞庭西山图卷》。

【引】此画题云："乙未秋，游洞庭，登缥缈峰，入林屋洞，寻范蠡宅，宿消夏湾。随笔挥写，而成此卷。"卷前沈裕君题引首，拖尾有张伯驹、黄君坦、夏承焘、许德衍题跋。（《刘海粟年谱》，第177页）

【图 1955-3】刘海粟与家人合影，摄于 1955 年

冬，刘海粟在无锡鼋头渚万方楼作中国画《太湖广福寺》。（《刘海粟年谱》，第 177 页）

是年，刘海粟到佛子岭水库和梅山水库工地。

【引】刘海粟于此作有油画《佛子岭水库雪景》《佛子岭初雪》《佛子岭水库》《梅山水库》《梅山水库俯瞰》《梅山水库工地》《梅山水库晨曦》《梅山水库夕照》和中国画《佛子岭水库》《梅山水库工地》。（《刘海粟年谱》，第 178 页）

【按】刘海粟 1955 年作中国画《梅山水库工地》被上海画片出版社选为年画印行。

是年，作有多种美术作品。

【引】如中国画《桐庐雾渡》《震泽渔民》《太湖工人疗养院之雪》《莫干山剑池》，作油画《震泽渔村》《史河》《皖北大别山》《军舰》等。（谢海燕主编，《刘海粟》，江苏美术出版社 2002 年版；上海刘海粟美术馆馆藏目录）

刘海粟年谱长编 | 847

【图1955-4】刘海粟中国画作品《黄山白龙桥》1955年（136.4cm×67.8cm）刘海粟美术馆藏

公元 *1956* 年

（丙申）

60 岁

2月16日，刘海粟在无锡作油画《太湖渔舟》《太湖渔家》等，作中国画《无锡梅园写生》并题诗。

【引】《无锡梅园写生》题云："梅园写生未为难，只要稀疏不要繁。雪月风烟俱属我，一时收入付毫端。"（《刘海粟年谱》，第178页）

3月9日至15日，出席在南京举办的江苏省政协第一届二次会议并发言。

【引】文曰："现在我要提出自己的保证，我要好好地订出12年规划，并严格执行。向青年们挑战。除了更加关心学校、关心教学，提高教学质量，培养更多更好合乎规格的文化建设人才外，过去，我从来不带徒弟，现在我愿意接受组织分配我带徒弟的工作。教他们在创作实践方面，表现这伟大时代的巨制。在这里我应该向大家回报的，在1955年一年中，我出去体验生活3次，除描写祖国壮丽山河，反映祖国建设的新面貌，一共画了38幅油画，45张国华，以后一定要更好的深入现实斗争生活，收集素材不断创作。"（略）（《中国人民政治协商会议江苏省第一界委员会第二次全体会议汇刊》，中国人民政治协商会议江苏省委员会秘书处编印，1956年3月）

【图1956-1】刘海粟油画作品《太湖渔舟》1956年（60.5cmX35cm）刘海粟美术馆藏

是年春，刘海粟在上海作中国画《青绿山水》《仿唐六如横云松崖图》。

【按】《青绿山水》由上海图片出版社1957年6月出版单页画片。（《刘海粟年谱》，第178页）

6月，刘海粟在上海和吴东迈、沈迈士、夏伊乔等合作国画《万年长春图》。（该画题跋）

7月8日，刘海粟近作中国画《富春江严陵濑朝雾》，参加由文化部和中国美术家协会主办的第二届全国国画展览会。展览至18日结束。（《刘海粟年谱》，第178页）

【按】12月10日，《人民日报》发表胡佩衡谈全国画展中两幅山水画，高度评价刘海粟作品《富春江严陵濑朝雾》。

【图1956-2】刘海粟中国画作品《没骨青绿山水》（仿董玄宰）1956年（129cm×63cm）

7月15日，《大公报》（香港）报道刘海粟在上海加入民盟的消息。（《大公报》（香港），1956年7月15日）

7月，上海中国画院筹备委员会成立，刘海粟参与筹备并聘为画师。（《刘海粟年谱》，第178页）

8月5日，刘海粟和吕蒙等由上海乘江汉轮赴庐山写生。（《刘海粟年谱》，第178页）

8月7日，抵九江，下榻九江招待所。次日乘汽车上庐山。（《刘海粟年谱》，第178页）

8月15日，刘海粟作油画《庐山园林》。（《刘海粟年谱》，第178页）

8月17日，刘海粟作油画《庐山烟云》。（《刘海粟年谱》，第179页）

8月，刘海粟作画多种。

【引】"连日去庐林大桥、含鄱口、铁船峰等地作画，虽然炎荒奔陟，体力有所不支，但置身于这应接不暇的秀丽河山中"，经常"从早晨九时一直工作到下午五时，在烈日中解衣敞怀，诚不知老之将至"。作中国画《庐山青玉峡》《玉涧流泉》《庐山含鄱口泼墨图卷》《庐山汉阳峰云烟》；作油画《庐山牯岭小天池》《庐山青玉峡》《玉涧流泉》《庐林大桥》《庐山玉门涧》《庐山五老峰》《庐山御碑亭》等。（《刘海粟年谱》，第179页）

9月29日，刘海粟校长和臧云远副校长率华东艺术专科学校参观团抵达西安。在西安逗留8天。

【引】此行参观了西北艺术专科学校、西安的文化教育建设和西安附近的古代文物，三次到西安历史博物馆，反复欣赏"昭陵六骏"和其他古代艺术作品。（《刘海粟年谱》，第179页）

【图1956-3】刘海粟中国画作品《庐山青玉峡》1956年（104cm×50.1cm）刘海粟美术馆藏

10月，刘海粟作中国画《骊山图卷》，叶恭绰、张伯驹、吴湖帆、黄君坦题跋。

【引】题曰："一九五六年十月，游临潼、登骊山、浴温泉。烽火台、长生殿均成往迹。崦嵫落日，对景作图。"1966年又加题《庄子》外篇一则于上。1962年夏叶恭绰在拖尾题跋："与海粟别数年，今春来京，以此卷见示，属为题识。且曰：吾意在以此为双方交谊之证，非专为此卷也。余闻之，喟然曰：余将何言耶，下笔将罄纸不能尽，则且徒留形迹，以彰故人之过，非吾意也。继思徐刘二君与吾之关涉，深知之者究不多，不自言之，将揣籥之谈纷然而出，诚不如吾言之为当。且吾识二君时，

【图1956-4】刘海粟中国画作品《庐山舍鄱口泼墨图卷》（局部）1956年（47cm×327cm） 刘海粟美术馆藏

年皆方少，余以奖助后进之怀，颇亦尽其引掖提挈之力。二君交道不终，余方引为遗憾。徐君去世，余劝刘君力表其坦白惋悼之意，刘悉为之，似有类于挂剑，徐君地下当亦释然，二君门下亲属，似不应当存芥蒂。且徐之对刘，诚有过举，然似为病态，无事弹述，且是非终有定评，刘君其努力艺术，前途期乎远大，为吾国增其声誉，则一时之得失，及交谊之亲疏，皆可置之勿关念虑矣。因书此以归之，世之论徐刘交谊者，不妨以此为证也。"张伯驹题跋："海粟为悲鸿师，后偶生嫌隙，亦颇似梨园程艳秋与梅兰芳之事。叶遐翁（恭绰）劝之，海粟尽释然。余亦曾与悲鸿发生论战，悲鸿谓：京画家只能临摹不能创作，又谓美专学生犹胜王石谷。余则谓临摹为创作之母，王石谷画多法度，仍可为后生借鉴。经友刘天华调解，乃复友如初。此两事为后之画家所不知，因重记之，以在异日艺苑掌故。"吴湖帆、黄君坦亦为之题跋。（该画题跋）

10月，刘海粟发表《在西北艺专座谈会上的讲话》。

【引】文曰：要继承和发扬民族的优秀传统，就必须深入研究古代艺术遗产。只有懂得它，才可能继承它，进而发扬它。不研究学习，空喊发扬是没有用的。当然我们要反对那种毫无批判地模仿古人，这在我国清代的美术史上是前车可鉴的。只有热爱祖国、热爱生活，在反映现实的基础上接受民族艺术优秀传统，同时消化吸收外国艺术的一切成就，才能使我国艺术丰富多彩。整理和研究民族艺术遗产的工作，是我们艺术家和艺术教育工作者们的重要任务之一。尤其工作在西北的同志们有这样好的条件，应该组织起来成立专门的研究机构。在素描教学上，有些学生的人物习作往往看着不错，但在创作中作人物素描还是感到困难，这在教学方法上是存在一些问题的。应经常注意学生不要停留在对对象外表效果的追求，要使学生通过外形准确的描绘，更进一步去追求内心世界的表现，使神态生动。培养学生探索对象的性格特征和内在感情是很重要的。如果学生把对象仅仅看作形体的组合，是不可能成功创作一幅好的素描习作的，在创作中当然也就很难掌握现实中丰富多彩的形象。（略）（《刘海粟艺术文选》，第177页）

是年秋，刘海粟作中国画《芭蕉丛菊》和《仿董文敏没骨青绿山水》。（《刘海粟年谱》，第180页）

11月8日，刘海粟所撰《仇英秋原腊骑图》一文在上海《解放日报》发表。

【引】文中介绍明代大画家仇英的《秋原腊奇图》，谓"雄伟奔放，劲挺生动，是他生平最杰出的作品，也是仇氏最特殊的一幅"。并对其表现形进行了分析。（《刘海粟年谱》，第180页）

11月15日，刘海粟1954年创作的油画《黄山温泉》在《美术》杂志11月号刊载。（《刘海粟年谱》，第180页）

11月25日，刘海粟带领华东艺专学生14人赴镇江写生，当晚在镇江市政府作了题为"关于美术创作问题"的报告。（镇江市文学艺术界联合会编《镇江文艺记事（1911—1992）》，第96页。）

11月30日,刘海粟复函李家耀,谈装裱之重要。

【引】"拙画为吾弟重视,征画古梅,兴之所至,捉笔以万点胭脂,乱涂大抹,成铁骨红梅……后在博物馆门市部装池,每日观者甚众。此上海博物馆裱装亦特精,嘱其用整匹绫绢镶嵌,在南洋亦可称第一,作一装池典范,为南方装池家研究,亦宣扬祖国文化之至意。名画装潢非人,随手损弃,良可痛惋。故装潢优劣,实名迹存亡系焉。"(《刘海粟年谱》,第181页)

11月,中国人民解放军总政治部文化部为次年举行建军三十周年美术展览会,特约征求刘海粟创作的以梅山水库工地为题材的作品。(《刘海粟年谱》,第181页)

是年,刘海粟游无锡、镇江、南京、武汉、庐山等地。
(谢海燕主编,《刘海粟》,江苏美术出版社2002年版)

【引】作国画《一定要把淮海修好》《遥峰琪树》《雪江归棹》《夕阳归帆》《秋山图》《梅园雪图》《金山夕照》《白莲花》《芭蕉》,作油画《镇江金山寺》《南京灵谷寺》《庆祝社会主义改造胜利》《长江大桥》《牯岭新面貌》《唐山人工湖》《梅山水库工程》《风景》等。

是年,刘海粟被评定为一级教授。(《刘海粟年谱》,第181页)

2月19日,刘海粟作并题中国画《鼋头渚》

公元1957年
(丁酉)
61岁

题曰:浪濯云根惊峭壁,灵鹫飞来湖上立。霜凝危岫薜萝寒,露坠空林松挂湿。(该画题跋)

【释】鼋头渚:在江苏无锡市太湖中犊山下,因渚突入湖中,形似鼋头,故名。有飞春桥、飞云阁等名胜,为太湖游览胜地。

2月，刘海粟作油画《上海苏州河》《运输》（《上海黄浦江》）。（《刘海粟年谱》，第181页）

是年春，刘海粟作中国画《太湖帆影》和油画《太湖工人疗养院雪景》《上海初雪》《太湖工人疗养院》（《无锡工人疗养院》）等。（谢海燕主编，《刘海粟》，江苏美术出版社2002年版；上海刘海粟美术馆馆藏目录）

【图1957-1】刘海粟油画作品《太湖疗养院》1957年（81cmX107cm）刘海粟美术馆藏

3月，刘海粟在上海举行刘海粟国画油画展览会，展出1919年至当年所作中国画69幅，油画125幅。

【引】谢海燕在画展简介中说："如果从风景画来探索，没有一幅油画不是很显著地看出民族传统风格来的，给人以一种特别亲切的感觉。刘先生的中国画，则在自己民族传统的基础上，

【图1957-2】1957年3月刘海粟国画油画展览会目录

吸收了西洋的技法精华,创造独特的新国画风格。……这就是刘海粟先生在艺学上兼容并包,学习传统,学习生活,在创作实践中的成果。"成都杜甫草堂征稿,寄去国画三幅。(谢海燕主编,《刘海粟》,江苏美术出版社2002年版,第129页)

4月21日,刘海粟出席江苏省政协第一届第三次会议并发言。

【引】提倡说真话、画真画,批评在美术教学上"几年来画是千篇一律,在北京、西北、南京、无锡的美术学校,画的都是一样","没有生命,没有感情"。(《刘海粟年谱》,第182页)

5月3日,出席上海市委召开的美术家座谈会并发言。

【引】刘谓:"上海具有深厚的艺术传统,集中着许多民间艺人,国内外的许多美术作品经常在这里展览,这些都是设立美术学院最有利的条件,有的画家希望有关部门帮助许多有才华的画家摆脱行政事务,专门从事创作。上海有六百多美术工作者还

未得到适当安排，这些人学习无人领导，艺术水平也无从提高，值得引起领导上重视。"（《人民日报》，1957年5月6日）

5月16日，刘海粟在中共上海市委宣传工作会议上发言，主张"华东艺专美术系留在上海，免得将来需要时另起炉灶"。（《1957年关于教职员对迁校西安问题的发言记录》手稿）

【按】刘海粟发言，谈到华东艺专教学没有生命、没有感情。上海美专有传统、有经验，不应连根拔掉之类的话，认为苏联的油画不如欧美。他认为华东这样的大区，不能没有一所高等艺术院校，生在江南长在江南的艺术家们，画惯了江南的山水和人物，让他们离开了他们熟悉的生活土壤就开不出花，结不出果。并且就此给周恩来写信，申诉了他的看法，周恩来派人调查研究后下达撤销迁西安的决定文件。

5月18日，刘海粟撰《美术分院附中学生习作展览观后》，发表于6月6日《文汇报》。

【引】文曰："美术中学在我国还是初创，杭州美分院附中的成立仅三年间，居然有此优异成绩，确是一件令人欢欣鼓舞的事。从这次展出的素描、水彩、构图、速写、国画、版画、油画等作品中看，足见专业学习是多种多样齐头并进的。同时在教学方法上，一方面是以非常认真严肃的态度画素描，另一方面允许大胆尝试各种不同方法来画水彩、速写，各人均可自由发挥。这样做，既可以打稳基础，又能发展个性，这是一条正确的道路。"（略）（刘海粟，《美术分院附中学生习作展览观后》，《文汇报》，1957年6月6日）

6月3日，4日，华东艺专召开扩大校务委员会，讨论迁校问题。8日，刘海粟将会议意见整理汇报给文化部。（《1957年关于教职员对迁校西安问题的发言记录》手稿）

【按】意见中提到音乐，美术两系各自成立专业学校的问题，以及实施方案，如美术系教师迁回上海，成立上海美术学院。于南京成立音乐专科学校等。

6月11日，刘海粟撰写《复杜甫草堂管理处函》。

【录】文曰：杜甫草堂管理处：四月十九日示悉。因展览会后忙于处理琐事，希谅其稽迟裁答为幸。平生颇慕少陵之为人，更喜诵其不朽佳句，唯恨画不惊人，难以体现而已。承您处采及菲芹，拟将拙作中有关杜诗为题者三幅寄呈审览，亦景仰古人留鸿泥之念，殊不必斤斤于润笔，识者谅之。（《刘海粟艺术文选》，第500页）

6月15日，刘海粟所撰《谈中国画的特征》在《美术》杂志六月号发表。

【引】全文约2000字。文曰：我觉得中国画的最大特征，就是一个"意"字，所以古人一谈作画，便要提到"意在笔先"这句话。这个"意"字，包括的内容很广。如果具体地说，一张画的构图、取景，造型的准确与传神，情节的安排与细节的描写，使整个画面能产生一种"音乐感""文学感"，都是要在"意"字上下功夫，才能引起观者的共鸣，才能导人入胜。六法论中的"气韵生动"一词，可以说就是"意"字的最高境界。（略）中国画的第二个特征，我认为是"笔墨"。解放以来，"笔墨"两字，有一段时间被一部分人误解。其实它就是具体完成和表现出画面的东西,如果更具体一点,就是凭它来分辩画家水平高下的技法部分。它不能离开"意境"与"形""神"而单独存在,所以谢赫把"骨法用笔"两者合为一词。所谓"骨法",就是造型的能力,着重在手眼的训练。所谓"用笔"就是通过具体的线去表现物形于画面,着重在工具使用的训练。而中国画,除了要求造型准确外,还特别注意线条的美,我们要求它有力量,有音乐的韵律感。至于用墨,那是着重在渲染和表现"面"的功夫,同样也要求它具有韵律的意趣。古人所谓"墨分五色",就是要能够以单纯的黑白深浅来表现非常复杂的事物。(略)中国画在这两方面的修养应该怎样得到呢?我自己的经验:在"意"的方面,只有面对生活,深入观察体验,从生活中提炼得来。(略)"笔墨"方面的修养,则除了辛勤劳动,"拳不离手"、"曲不离口"外,更重要,要从学习前人的经验得来。学习前人,应该广收博览、兼容并蓄。(略)(刘海粟,《谈中国画的特征》,《美术》六月号,1957年6月15日)

6月30日,刘海粟致函中国人民解放军军事展览馆筹备处。

【引】函告以将油画《梅山水库晨曦》《佛子岭水库飞雪》和中国画青山绿水《梅山水库工地》《佛子岭水库》参加中国人民解放军建军三十周年军史美术展览会。(《刘海粟年谱》,第183页)

7月18日,《人民日报》发表《上海民盟的"背叛"》一文,提及"上海民盟为争取名画家刘海粟入盟,甚至在刘未入盟前,就把他列入市委委员。"(《上海民盟的"背叛"》,《人民日报》,1957年7月18日)

8月1日,刘海粟油画《梅山水库晨曦》和中国画《佛子岭水库》参加中国人民解放军总政治部、中华人民共和国文化

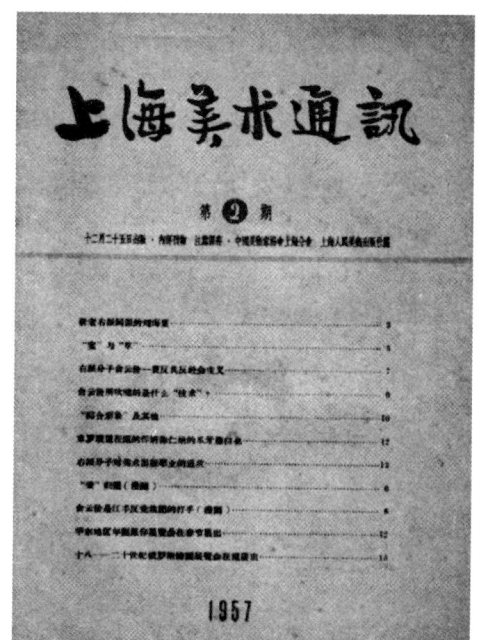

【图1957-3】《上海美术通讯》1957年第2期发表《新老右派同源的刘海粟》，对刘海粟的"右派言行"做出揭发与批判

部、中国美术家协会联合在北京主办的中国人民解放军建军三十周年纪念美术展览会。（《刘海粟年谱》，第183页）

8月，刘海粟著《中国绘画上的六法论》由上海人民美术出版社重新排印出版。（刘海粟，《中国绘画上的六法论》，上海人民美术出版社，1957年8月）

8月，被划为右派，撤销校长职务。（谢海燕主编，《刘海粟》，江苏美术出版社2002年版，第129页）

8月，国务院批复，同意江苏省委意见，决定"学校停止西迁，留江苏继续办学，属江苏省委直接领导"。（《南京艺术学院史》，第75页）

10月22日，参加江苏省文联举行的会议，刘海粟遭错误批判并被错划为右派分子。《美术》杂志11月号刊载《江苏省文艺界揭发批判右派分子刘海粟》。（《美术》，1957年11月号）

是年，刘海粟作油画《存天阁积雪》和《复兴中路雪霁》，作中国画《茂林石壁图》。

【录】《茂林石壁图》题曰："南田仿梅花庵主《茂林石壁图》，信笔挥洒，极泼辣恣肆之观。兹背临一过，未能仿佛万一，略存其大意而已。"（《刘海粟年谱》，第183页）

是年，刘海粟还作多种美术作品。

【引】作国画《太湖帆影》《鹰》，作油画《太湖春雪》《外滩》等。（谢海燕主编，《刘海粟》，江苏美术出版社2002年版）

公元1958年
（戊戌）
62岁

1月14日，江苏省委决定：华东艺专迁校南京。（《中国共产党江苏省委员会通知》，总号：580012，1958年1月14日）

2月，华东艺术专科学校从无锡迁到南京丁家桥，归江苏省领导。3月1日起正式上课。（《南京艺术学院校史》，江苏人民出版社，2012年11月，第127页）

3月17日，刘海粟致函刘抗。

【录】抗弟如晤：多时未通问，驰仰甚深。惠书至欣，然读之隆情，谢不胜谢。遵嘱绘《椿鹿》《松鹰》《鸿鹅》三图，寄呈清赏。三画画法不同，沉着痛快，一扫死气沉沉的旧技法。我想写些关于中西绘画溶化经验寄给您参考，不日另函细述。人浩近况如何？念念。去年寄去"太湖帆影"及泼墨山水，未识可用否？寒夜涉笔不能详尽。即颂口安，并候福音。海顿首，三月十七日。（《刘海粟刘抗师友书信录》，第49页）

4月，刘海粟被撤销华东艺术专科学校校长职务，从一级教授降为四级教授，并被撤销中国人民政治协商会议江苏省委

员会委员和南京美协筹备委员会委员等职。(《刘海粟年谱》，第184页)

6月，华东艺术专科学校更名为"南京艺术专科学校"。(《南京艺术学院校史》，第128页)

是年，刘海粟在南京突然中风，经医院抢救，稍缓，回沪养病。(谢海燕主编，《刘海粟》，江苏美术出版社2002年版)

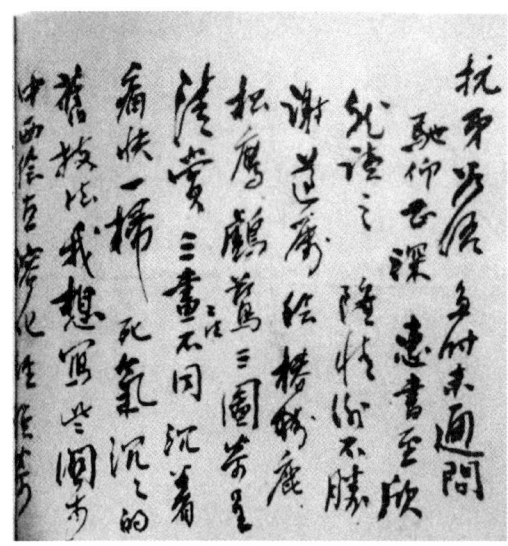

【图1958-2】1958年3月17日，刘海粟致刘抗函（局部）

【图1958-3】刘海粟中国画作品《云林钟秀》（局部）约20世纪50年代（26cm×123.5cm）常州刘海粟美术馆藏

公元 1959 年
（己亥）
63 岁

6月10日，南京艺术专科学校改名为南京艺术学院，纵翰民任院长，陈之佛任副院长。刘海粟身体不适在家养病，以观摩家藏书画为遣。（《刘海粟年谱》，第184页）

【释】陈之佛（1896—1962），浙江余姚人。1916年毕业于杭州甲种工业学校机织科，留校教图案课。1918年赴日本东京美术学校工艺图案科学习，1923年学成回国在上海创办尚美图案馆。1930年9月始于上海美专担任理论教授。先后在上海艺术大学、南京中央大学艺术系任教授，并承担书刊装帧设计工作。著有《中国历代陶瓷图案概说》《西洋绘画史话》《中国画的神似与形似问题》等。（《上海美专名人传略》，第79页）

公元 1960 年
（庚子）
64 岁

3月24日，刘海粟病渐愈，作油画《东风吹开朵朵红》。（该画题签）

【图1960-1】刘海粟油画作品《东风吹开朵朵红》1960年

3月,刘海粟作中国画《斗鸡》,杨启霖藏。

【引】题云:"迁游诗之岛,曾画斗鸡图多帧。不意老病作此,迥非平昔面目,其荀子所谓美不老耶!"(《刘海粟年谱》,第184页)

春,刘海粟作中国画《牡丹》,题李白《清平调》,赠李家耀。(《刘海粟年谱》,第184页)

【释】李家耀(1901—1975),福建永春人。1921年9月由北大转学插入上海美专西画科二年级学习,1923年7月毕业。曾任福建省立第十二、十三中学美术科主任。1926年携眷下南洋,先后任新加坡吉隆坡国民学校校长,新古毛明学校校长,吉隆坡尊孔中学美术教员兼级主任。1939年弃教从商,1958年重回艺坛。他是马来西亚著名的书画收藏家,曾将自己收藏的1400余件中国书画、瓷器等珍贵文物捐赠给新加坡南洋大学,书画作品都用来送人或作义卖筹款之用,从不买卖,以期保持艺术的高贵本质。抗战时期,刘海粟在南洋办画展赈灾,师生重聚首,李家耀曾撰文《刘海粟是东方的毕加索》评述刘海粟和记述与刘海粟的交往。

5月2日,刘海粟作《牧牛图》。

【引】题:"一笛风声草色寒,十里平原夕阳残。不知世上兴亡事,乞享牛身片刻安。"又"家耀贤弟来书求予画牛,久病不可多作劳,得墨沈,漫书此纸,指臂皆乏,题不成字。他日再易,必又是病臂时也。呵呵!各尽所能,各取所需。息焉游焉,力田之余。1960年5月2日"。(该画题跋)

6月11日,刘海粟致函黄葆芳。

【录】函曰:葆芳贤弟友爱:得所惠书,道旧如梦,其慰何可胜言。我病起须发皆白,时时头晕目暗,足胫疲瘁,已非当年情景矣。母校早于一九五二年调整为华东艺专,现改为南京艺术学院。上海美专毕业文凭遗失,无可补发,现由我私人出一证明书或有效。一九五七年曾有新加坡某同学因任中学教员,要检验文凭,原文凭亦遗失,由余签一证明,居然有效。又一九五一年有一女同学赴法留学,入巴黎美术学校,由余出一证书,亦有效。兹附去证明书一纸,可试用。闻星洲有旧高丽纸,请购寄若干。草草具候,余唯珍爱不宣。(《刘海粟艺术文选》,第501页)

6月,刘海粟作中国画《万古长青》,赠张振通。(《刘海粟年谱》,第185页)

12月10日,刘海粟为李家耀所摹百花图卷题跋。

【引】百花图卷跋"花卉画以徐熙为神,黄筌为妙,徽宗次之。徐熙志趣高尚,画花落墨颇重,中略施丹粉,生意勃然。黄筌花竹翎毛,超出众史。熙之孙崇嗣、崇矩,黄之子居宝、居宷,各得家学。熙之下,有唐希雅、易元吉亦佳。若赵昌,则以传染为工。又如滕昌佑、丘余庆、崔白、艾宣、丁贶之徒,皆得其余绪,以成一家。要之花卉画至宋而大盛,人才辈出,为古今规式。吾友李家耀所摹宋人百花卷,清劲古艳,可与古人媲美。盖其纯而后肆,非若近时粗犷怪诞,即自诩为能事者已"。(《刘海粟年谱》,第185页)

是年,刘海粟病渐愈,试握笔。

【引】作国画《牧牛图》《牡丹》,并以数月之功,作油画

【图1960-2】刘海粟油画作品《力田之余》1960年（65cmX97cm）刘海粟美术馆藏

《水牛》（力田之余）。为李家耀所摹《百花图卷》题跋。作国画《墨梅》，题"不是一番寒彻骨，那得梅花扑鼻香"。此图由黄怀觉刻石，后加刻《水龙吟》词。刻石赠无锡梅园。（《刘海粟年谱》，第186页）

1月3日，刘海粟致函陈人浩。

公元1961年
（辛丑）
65岁

【录】人浩弟友爱：顷得所惠书快若睹面，所惠各物一一拜领，奶粉肉松各二罐，鱼肝油丸千粒，厚意感激无已。抗弟关怀老病，亦蒙赐寄珍物，收到时当专函道谢。曩在巴黎遇二贤弟于画苑，即如遇知己。白峰之下塞纳河畔，同画同食，此中逸兴弗可以或忘。余老矣，追念旧游，恍如隔世。二贤弟其亦有今昔之思否耶？旧疾渐愈，唯手足麻木，终日静卧，南忘星洲，怀思尤甚。病中握笔，不尽缕缕。贵眷各佳安。抗弟致意。海顿首，一九六一年一月三日。如有挂面或通心粉便中寄一些，胃病需此。（《刘海粟刘抗师友书信录》，第52页）

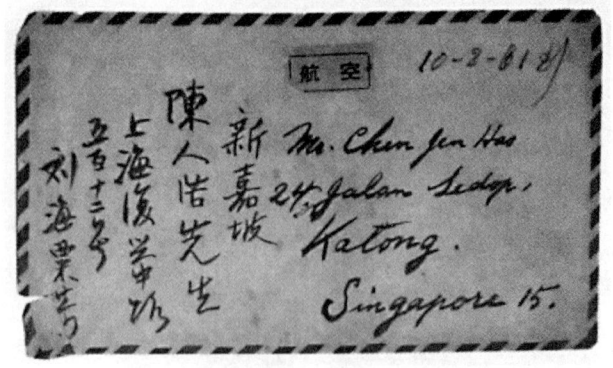

【图1961-1】1961年1月3日,刘海粟致陈人浩函(信封)

2月20日,刘海粟致函刘抗。

【录】抗弟如晤:别久,不胜企恋。屡得人浩来书,知动履清嘉,创作不辍,深用为慰。蒙口味之惠皆珍物,厚意何以为报,只余感激无已。旧疾犹未脱,然手颤足麻,肝血不足,必须大补也。数日来临睡饮一杯奶粉,吃几片苏打饼干,辄颓然就枕,通体皆适,此颓然之时辄感人浩与兄之厚赐必置也。先此道谢,余伺后书。新春唯加爱不宣。海顿首,一九六一年二月廿日。贵眷各佳安。晚在怒庵家闲谈,适得你寄来各物,渠高兴之至,不日当有专翰道谢。(《刘海粟刘抗师友书信录》,第58页)

【图1961-2】1961年2月20日,刘海粟致刘抗函(信封)

3月5日，刘海粟作中国画《牡丹》并题诗。

【录】题曰：一层墨晕一层苔，知有仙人化蝶来。买得洛阳千百种，何如此种四时开。（《刘海粟年谱》，第186页）

4月，刘海粟作中国画《江山渔乐图长卷》，赠张振通。（《刘海粟年谱》，第186页）

5月，请钱瘦铁篆刻"海粟泼墨"朱文印。（《刘海粟年谱》，第186页）

9月，刘海粟赴中山公园作鸡冠花写生，成油画《最爱无花不是红》（《鸡冠花》）。（该画题签）

【图1961-3】刘海粟油画作品《最爱红花不是红》1961年（91cm×61cm）刘海粟美术馆藏

12月，刘海粟在上海寓所作油画《黄山天门坎风云》。
(《刘海粟年谱》，第186页）

【图1961-4】刘海粟油画作品《黄山天门坎风云》1961年（79.8cm×99.8cm）刘海粟美术馆藏

是年，刘海粟病愈，作国画《清风》，作油画《兔子花》《花卉》《斗鸡》。（谢海燕主编，《刘海粟》，江苏美术出版社2002年版）

是年，刘海粟被摘掉"右派"帽子。

公元1962年
（壬寅）
66岁

1月24日，"中共上海市委摘右派帽子工作领导小组办公室"派员调查了解刘海粟、刘哲民、徐启堂"摘帽"后工作安排情况。（"中共上海市委摘右派帽子工作领导小组"办公室介绍函，编号01512）

1月，刘海粟作中国画《庐山青玉峡》。

【录】题："峡开青玉奔雷急，岩暗苍龙带雨归"。（该画题跋）

春，刘海粟作中国画《临石涛松壑鸣泉图卷》。又作中国画《墨牡丹》。

【引】此画录石涛原题及何绍基原跋，题"壬寅春分刘海粟临"八字，后又加一"对"字和"一过与清湘血战"数字，成为："壬寅春分，刘海粟对临一过，与清湘血战。"拖尾有张伯驹、黄君坦、李宝森题跋。张伯驹题《水调歌头》的后段云："挥大笔，争血战，气纵横。苦瓜若见，应恨低首也心惊。行脚芒鞋踏遍，手拨烟云直上，五岳昔未登。未可小天下，起我卧游情。"李宝森题《临江仙》中有句云："淋漓泼墨一交锋，清湘甘退避，四海仰宗风。"（《刘海粟年谱》，第187页）

春，刘海粟应特邀出席全国政治协商会议，并列席全国人民代表大会。在京欢晤周恩来总理。

【引】在北京饭店的晚会上，周总理走到刘海粟面前，与之亲切招呼，"转身对夏伊乔说：'听说刘老五八年一度中风，还很厉害，能够恢复到现在这样，很不容易，有你的一份功劳啊！'又说：'今后还要好好照顾他的身体，这个工作很重要！'总理的一席话，就像一股暖流涌入夏伊乔的心间"。（古平《鲜亮的绿叶——记刘海粟夫人夏伊乔》，载《文化与生活》1982年第4辑；《刘海粟年谱》，第187页）

6月19日，刘海粟从上海出发旅行写生25天。（《刘海粟年谱》，第187页）

【引】这次野外写生到过杭州、新安江发电站、富春江发电站、建德、桐庐、富阳、绍兴等许多地方的建设，鼓舞了创作热情，画了10幅油画，26幅国画。7月15日刘海粟得到家里的电报，暂时结束了旅行写生，赶回上海参加政协上海市第三届委员会大会。（《刘海粟年谱》，第188页）

6月20日，刘海粟在杭州作油画《灵隐》。（《刘海粟年谱》，第187页）

6月29日，刘海粟作油画《严子陵钓台观富春江》。（《刘海粟年谱》，第187页）

6月30日，刘海粟在富春江七里泷作油画《（富春江）七里泷》。（《刘海粟年谱》，第187页）

【图1962-2】刘海粟油画作品《严子陵钓台看富春江》1962年（65.1cm×96.7cm）刘海粟美术馆藏

7月10日,刘海粟作中国画《鳜鱼图》。(《刘海粟年谱》,第187页)

7月15日,刘海粟返上海,参加政协上海市第三届委员会大会。

【引】刘海粟在会上发言,主要汇报了最近旅行写生期间的情况,在浙江各地:"我画了十幅油画,二十六幅国画。我经常在晨光曦微之时就起身出外去写生,阴雨天就在窗口画。杭州一带天气比较热,我常在超过体温的高温下进行工作。烈日当空,我对景写那充满人民生活欢乐气氛的灵隐大道。在晚上我也画了新安江水电站上照耀着的闪烁的灯光。在绍兴日间忙于参观访问,晚饭后为交际处画了一幅六尺大幛,观者如堵,一挥而成。在富春江一天内连画了三张油画,那时气温在三十七度以上,纵然我已是满身痱子,双手紧缚着手套,清早就到工地作画。是什么力量支持着我这样顽强地进行工作呢?是建设中的伟大祖国,是工人们的忘我劳动深深感染着我。"(《刘海粟年谱》,第187页)

7月,刘海粟在杭州作油画《西湖南高峰》《西湖叠翠》和中国画《水墨荷花》等。(《刘海粟年谱》,第187页)

10月19日,刘海粟致函李家耀,谈六、七月间赴浙江各地创作的情况。

【录】家耀贤弟:你此次壮游遍欧洲各国,殊大事矣。你是以艺术为生命,以研究学术为毕生事业的人。数年来我们从不断通信中,我深知你几十年来的生命全花在研究练习画艺上。你发愿遍游欧洲,我十分兴奋。每次接得你从各处寄来信片,我再三玩味后摆到我的书案上,同时默默祝福你会有伟大的收获。你纵览法、德、意、荷、比、瑞等名迹,遍睹希腊、罗马、文艺复兴之杰构,对于欧洲艺术界锐利的观察,伟大作品的批评与解释,古代艺术家的凭吊,以及旅途印象心灵所感,一定能够写成杰作,给东南亚艺术界以很大影响。托香港同学郑光穀兄寄来日本麻纸早已收到,谢谢!此纸宜用泼墨。四十周年作画纪念册出版后,赐寄。前一些日子,我又开始了一个短时的旅行写生生活,大约一个月光景,我到过杭州、新安江、富春江、建德、桐庐、富阳、绍兴等许多地方,在各地画了油画十六幅、国画二十六幅。我经常在晨光曦微、朝露未干之时,就起身出外写生,阴雨就在窗口画。在杭州一带天气比较热,我常在超过体温的高温度下进行工作。烈日当空我对景写下了那充满人民生活欢乐气氛的灵隐大道;在晚上我也画了新安江水电站闪烁的灯光;在绍兴日间忙于参观访问,晚饭后为招待我的绍兴市工委交际处画了六尺大幛,观者如堵,一挥而成。我这次在各地所作的画是属于风景画的比较多,一个国家的风景画正是一个国家的写照,描写了人民在改造土地、改变自然风景中所起的作用。近年来,我国各地都起了根本的变化,富春江、新安江改变了面貌;就西湖来说也与你回国来观光的那时不同了,环湖及山林中的公路四通八达,西湖四边建得处处是花园,在山际矗立着的不是破庙僧寺,而是宏大的公共建筑。我这次在西湖描绘了湖上形形色色的自然景物,我觉得我的画的情调已有所改变,尤其是油画,自己看看每张都很清新、鲜艳,可惜不能与吾弟共赏之。

郑德坤博士为英剑桥大学中国文学教授。剑大为世界著名学府,教授皆一时宏博硕彦,郑博士学问渊博可想而知。吾弟画册,郑博士为之作序赞许,实为第一快事,闻之欣慰。此次长途旅行十分辛苦,尚希珍卫。我旅游归来后人事纷集,病根未拔,彻夜不寐,由于在外作画太兴奋,过分疲劳,肝肾之病复发,食与营养都成问题。南方诸友亦烦道念,余不尽言。一九六二年十月十九日(《刘海粟艺术文选》,第502页)

是年，刘海粟作油画《上海庙会》《鱼》《斗鸡》《黄山莲花峰》等。《骊山图》长卷携京请叶恭绰题字。（作品题签）

公元 1963 年
（癸卯）
67 岁

5月22日，又患中风，住华东医院半年。经名家悉心治疗，始转危为安。（《致黄葆芳函》，1964年12月11日）

9月20日，病稍愈，病起手颤，又执笔作画。

【引】作中国画《设色荷花》，沈剑如题诗其上："睥睨青藤抗白阳，狂放故态尚飞扬。颇黎十顷风生纸，无数藕花吹墨香。"此画1980年上海人民美术出版社印制年历。（《刘海粟年谱》，第189页）

11月，作油画《九溪秋色》（作品题签）

【按】上海人民美术出版社1980年2月出版单页画片。

【图1963-1】刘海粟油画作品《九溪秋色》1963年

是年，还作油画《大丽花》《葵花》和中国画《红杜鹃花图》。（作品题签）

【图1963-2】刘海粟油画作品《大丽花》1963年

【图1963-3】刘海粟中国画作品《红杜鹃花图》1963年（132.6cm×94.6cm）刘海粟美术馆藏

公元1964年

（甲辰）

68岁

2月3日，刘海粟作中国画《黄山图》。

【录】题："黄山千峰万嶂，千霄直上，不赘不附，如矢如林，瑰诡耸拔，奇幻百出，虽善绘，妙处不传也。昔人题曰：'到此方知。'又曰：'岂有此理。'又曰：'不可思议。'得此十二字，千万篇游记可炬也。偶触余怀，用积墨法写此图。然黄山一松一石，无不耐人思。思无穷，画亦无穷，安有尽乎？"（该画题跋）

5月，作中国画《花好月圆人寿》，赠李家耀。（《刘海粟年谱》，第189页）

【图1964-1】刘海粟中国画作品《黄山图》1964年
（117.4cm×81.5cm）刘海粟美术馆藏

7月，刘海粟在上海大厦作油画《上海大厦俯瞰黄浦江》《上海大厦瞰视》和《苏州河夜景》。（作品题签）

8月，作中国画《冬云》。（《刘海粟年谱》，第189页）

10月，陈巨来刻赠"海翁"白文印。（《刘海粟年谱》，第189页）

是年，刘海粟还作国画《庐山图》，作油画《无限风光在险峰》《雁来红》（老少年）《外滩风景》等。（作品题签）

【图1964-2】刘海粟油画作品《上海大厦俯瞰黄浦江》1964年（61cmX81cm）南京艺术学院藏

【图1964-3】刘海粟油画作品《外滩风景》1964年（96.6cmX162.8cm）刘海粟美术馆藏

3月11日，刘海粟复函黄葆芳。

【引】信中谓"老友胡载坤医生年逾古稀，每日步行三英里，从未间断，视听精强，神采奕奕，灵光在望，且欣且慰，见时烦道意。我积疾侵颓，决心向胡医生学习，近日每晨先至公园漫步，作为初步足胫锻炼，以后逐步增加到二三英里。这样不仅是体力的锻炼、脑力的休息，并且能得到充分日光和新鲜空气，对于我的健康是重要的"。（《刘海粟年谱》，第190页）

3月，刘海粟时年正七十（农历二月初三）。吴仲垌刻"海粟长寿"白文印为寿。（《刘海粟年谱》，第190页）

3月1日，刘海粟致函刘抗。

【引】此信是刘海粟致刘抗的肺腑之言，谈人生，谈艺术，全文近700字，信中有曰：得手书并汇款，厚意笃挚，不知所以为报……兹来蛰居养病，书读得多些，尤其是各种书画著录，对于搞画史很有帮助。年轻时我虽然也想用功，可是大部分时间与精力都花在办学校。现在想来终不是那么深入和对劲，要是让我退回二十年，我可以做得更好，好得多。回想起来有多少光阴是白白费掉了！看看来信，很感触。要在学术上有大成就，年轻时代的基础及有好的指导是极其重要的。当然不走专的道路，学别的或者是一般教育、卫生工作，就可以将就点。学美术、文学、音乐、工程一样，青年功之可贵，非过来人不知……（《刘海粟刘抗师友书信录》，第64页）

4月15日，刘海粟致函刘抗。

【录】抗弟如晤：上月曾寄寸械，得收未？兹寄呈七十岁生

公元1965年
（乙巳）
69岁

日摄影三帧,其中一帧请转交人浩兄。陈宗瑞兄曾于三月九日汇来百元,迄今未得其来信,多年不通音讯我不知他的住址,因而未能作书道谢,十分歉疚,如果您熟识的话,恳代为致意道谢。阿聪已到星否,音乐会当有一番盛况。余再谈,即颂 幸福无量 海粟 65.4.15(《刘海粟刘抗师友书信录》,第74页)

7月18日,毛泽东对美术教育中使用模特的做法表达了意见。

【按】1963年5月9日,党中央制定了《关于目前农村工作中若干问题的决定(草案)》(简称《后十条》),农村开展的"四清运动"初期是指"清理账目、清理仓库、清理财务、清

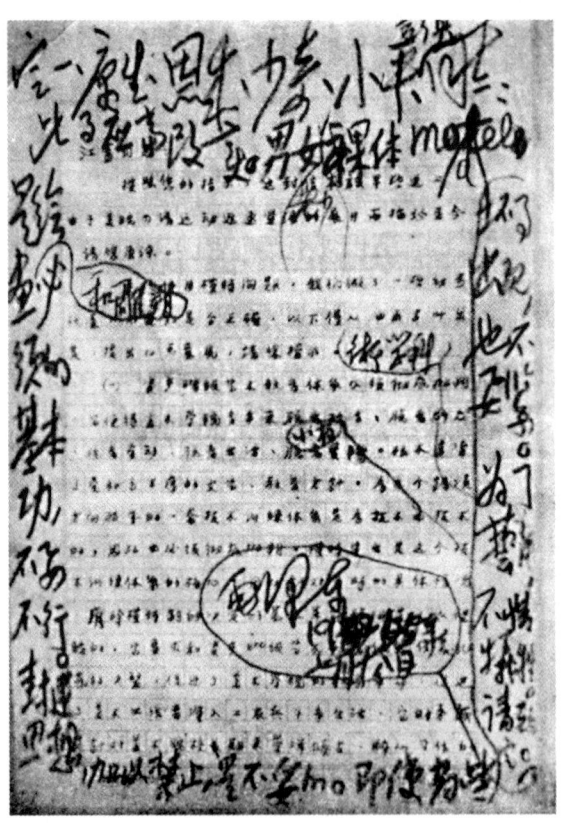

【图1965-1】毛泽东《关于绘画使用模特问题的批语》(1965.7.18)

理工分",城市里开展"五反运动"(反对贪污盗窃、反对投机倒把、反对铺张浪费、反对分散主义、反对官僚主义)。"四清运动"中很重要的一条是"清思想",也就是清理资产阶级的思想,防止资本主义复辟,此时不少艺术工作者受到极大波及。有关"模特儿"的使用问题正是在这一历史背景下提出来的。3个月后,当时的文化部被迫根据康生等中央领导的"批示"精神,向全国文化领导部门及美术院校发出了经其审阅的《中华人民共和国文化部关于废除美术部门使用模特儿的通知》,造成很长一段时间,美术学院的创作和教学难以进行。就在美术教育界对于文化部废除使用模特儿的通知议论纷纷之时,中央美术学院教授王式廓、教员闻立鹏、李化吉因为不同意废除人体模特儿写生,于1965年5月12日共同研究起草了一封长信,向中央领导反映废除模特儿后出现的问题,此信托人转交给江青。1965年7月18日,毛泽东在王式廓、闻立鹏、李化吉来信的第一页上肯定模特儿使用的批示。

【引】定一、康生、恩来、少奇、小平、彭真同志:

此事应当改变。男女老少裸体 model,是绘画和雕塑必须的基本功,不要不行。封建思想,加以禁止,是不妥的。即使有些坏事出现,也不要紧。为了艺术学科,不惜小有牺牲。请酌定。

毛泽东

1965年7月18日(《毛泽东关于人体写生模特儿问题的批示》,《毛泽东文集》第8卷,人民出版社2001年版,第419页)

8月8日,刘海粟作中国画《葫芦》。(该画题跋)

8月,以毛泽东诗词《卜算子·咏梅》为主题,刘海粟创作《斗艳汉宫春》。(该画题跋)

9月1日,刘海粟致函刘抗,倾诉对黄山的情感眷恋。

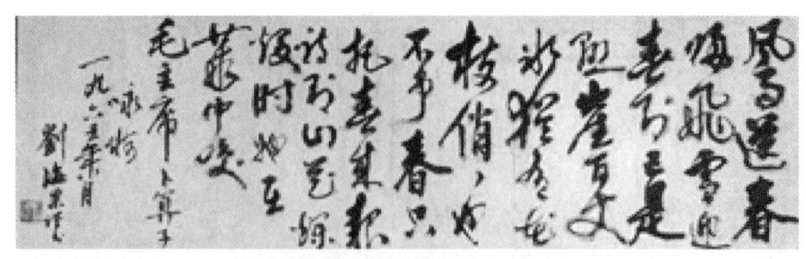

【图 1965-2】刘海粟中国画作品《斗艳汉宫图》1965 年
（135.7cmX108.6cm）刘海粟美术馆藏

【录】抗弟：你给怒庵的那封信和两张相片，我看了好几遍，现在还在身边，真可以说"循诵三环，爱不忍释"。因为您写得真实而有风趣，是有"真情实感"的。辞旨缱绻，虽多家儿女之言，不作世俗寒暄，读之蔼然。热爱黄山，推尊石涛，更有同感！的确，以梅瞿山那样荼弱的笔力，是不能表达黄山雄浑奇诡的气势的。正如您所说"只能描出口口的轮廓"，也许轮廓还有问题。黄山为天下绝秀，万嶂千峰，干霄直上，不赘不附，如矢如林，幽深怪险，巉刻沙飞，实不易画，甚为灵诡多变，又不可测。古人题曰："到此方知。"又曰："岂有此理。"盖其玲珑窈窕，峭拔诡异，唯石涛能尽其奇。余三上黄山，一九五四年夏宿散花精舍数月，每日发潜搜秘于诸峰，得稿百余幅，犹未能穷其奥也。他日能与抗弟涉幽辟阴，搜尽黄山奇峰打草稿，其乐又如何耶？您喜爱石涛，我乘兴和你再谈谈石师。石涛老人不只是画得好，而且他的画论也极高妙的，他的艺术也实现了他的理论。《苦瓜和尚画语录》是宇宙第一奇文，我在1925曾著《石涛的艺术及其艺术论》，即依据此书。后日人译为日文刊《中央美术》。他绝顶的聪明，峥嵘的傲骨，浓厚的感情，悲惨的身世，再加上他长期刻苦用功，陶铸成他伟大雄奇的艺术。石涛的画最富于创造性，每张画都表现他的心灵人格与大自然交流。所以他的画是奇，是妙，是变化莫测，烟云生于腕底，波涛起于胸中。自古画家变化之多，方面之广，恐无能及石师者。气势雄浑，神韵幽闲，二者兼而有之。石涛的画寓潇洒于雄奇，藏和柔于刚健。王麓台说"全体浑沦，元气磅礴，令人不可端倪"，更能概括石师作品。石涛爱画黄山危峰障日，远黛凌空。正如你来信所说：他所摄取者，乃黄山之气势，亦就是黄山的最高形象。于山水之外，石涛也画兰竹梅花水仙一类清隽的花卉。晚年尤爱画兰竹，清逸朴茂，淋漓酣畅，一洗前人窠臼，达到神妙情景。抗弟于绘画方面是有才华的，我劝您也学画中国画，也许对于油画更有帮助。数十年来我一直没有忘了你，最近写了一付对联寄给您："丹青不知老将至，天地常在壮观间"。病后手颤，字写得不好，可是集杜李句的意思是深长的，雄浑豪放，潇洒磊落，仿佛抗弟生平。上海今年秋老虎利害，风日酷烦，无处可避，昨晚在怒庵园中纳凉，谈得很痛快，他钻研学问是认真的，天气凉爽一点我想画一张黄山烟云送给您，从照片上看你的"沙龙"或者横幅更相宜。你的家庭情况美满，羡慕之至。那两张照片很好，希望寄一份给我。这封信写了好几天，因为精力疲悴，断断续续写，文话夹杂，未能尽意，余唯珍重不宜。海顿首，九月一日。澳洲猪油两罐收到，谢谢。如能寄些牛油、虾米之类，感念无极。（《刘海粟刘抗师友书信录》，第77页）

9月20日，刘海粟致函刘抗。

【录】抗弟如晤：久疏音讯，岂胜企念。海自夏至后旧疾屡发，时时头晕疲乏腰膂酸痛，每思作书举笔辄辍，吾弟正盛年，精神强固，艺学孟津，为南天一柱，星洲一别风霜雨雪已二十五年矣，当时展画星洲酒酣挥毫淋漓之状，度弟当能言之，岂知白发鬖髿又皤然一老翁哉。晚境亦不甚佳，今后拟鬻画挣取外汇，补助生活，尚希大力支持。本月一日寄呈石章六方。其中有一方请交人浩弟，又二方转交葆芳，又一方白文印为令郎太格作。篆刻为中国优秀之艺术，亦肇于秦汉，自元末王元章得处州花乳石

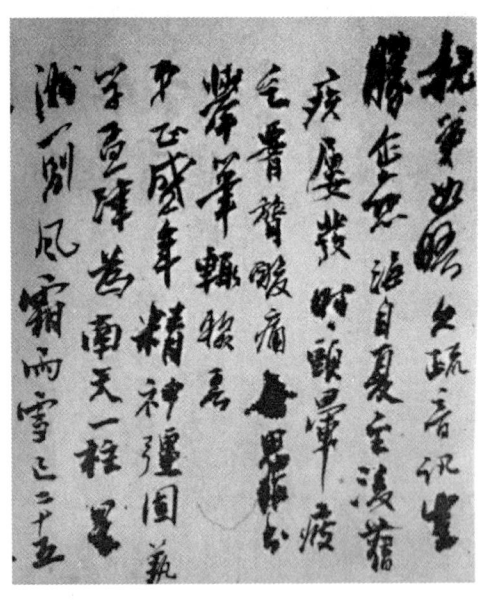

【图1965-4】1965年9月20日，刘海粟致刘抗函（局部）

刻为私印，于是石印流行天下。刻石乃石假工匠之手，故书法佳妙，镌刻亦精，始能与书画并存。文人爱赏，嗜好铁笔者，多曾究心古籀说文。吾友徐朴生，江苏京口人，少好篆刻，客上海寓吴缶家，得纵观秦汉以来金石善本年月临摹，遂工四体，工刻印。兹恳其为吾弟等刻数印以为纪念。前年许为吾弟画巨幅黄山图，久而未就，日前偶得方形旧麻纸试笔作《黄山石笋矼图》，乱点大抹，墨浆淋漓，俟题就即寄大方请政。草草，即候起居不次。前接人浩弟来函及照片，高兴之至，请致意道候。 海粟顿首 一九六五年九月廿日（《刘海粟刘抗师友书信录》，第91页）

10月，刘海粟作中国画《双梅图》，赠李家耀。（《刘海粟年谱》，第190页）

10月26日，刘海粟致函刘抗。

【录】抗弟如晤：巨幅黄山图构图奇幻百出，兴之所至又亹亹布置如许，张之素壁，觉云气蓊郁，出我栋宇间。诸友及门弟子来观，皆曰即使复为之未必及此。门人周宗琦借去临摹，周临好后，陶为宏正在临摹。抗弟不必过虑有巧取豪夺者，余已先识，画幅至迟旬日后必可寄上，余再罄，不一一。海顿首 十月廿六日（《刘海粟刘抗师友书信录》，第98页）

秋，钱君匋刻赠"刘海粟印""鹰击长空"一对白文巨印，为刘海粟祝寿。（《刘海粟年谱》，第190页）

秋，刘海粟作中国画《师汉斋图》。为郑光汉之《兰花集》作中国画《墨兰》并题诗。

【录】诗曰：春兰未了夏兰开，万事催人莫要呆。阅尽荣枯是盆盎，几回拔去几回栽。（《刘海粟年谱》，第191页）

【图1965-5】刘海粟中国画作品
《葫芦》1965年（137cm×54cm）
刘海粟捐赠香港藏

11月17日，刘海粟致函刘抗。

【录】抗弟如晤：《黄山后澥图》已于昨晨挂号寄星，方数月前写成此图，兴之所至，不觉叠叠布置如评，门弟子借临者数人，然皆未能仿佛。诸友以重画相要，亦未有气象。孙过庭论书曰偶然为一合也，而今易知平生杰作成就之难也。名画而不遇真鉴，如珠沉大海虽美不彰。此画赠抗弟，当为庆得斯也！闻星洲已设有裱画店数家，可择一技术优秀者装池，覆背纸必纯用棉料,厚薄随宜,必须上壁与画心同挺过,洒水润透,用糊相合,全在用力多刷,令表里如钞成一片者,乃见超乘之技。以好绵料纸托为覆背亦妙,忌用连七连四,四围镶攒绫绫绢,绫次之,用淡牙色,取其别于画也,挂于客厅中堂,裱褙后装一柚木框(本色),边不必太阔,好在您是专家,可自己设计。人浩弟来函,知太格已毕业于耶鲁大学,成绩斐然,不胜欣贺。前寄各石章未识合用否?吾弟画笔逸纵,今又努力于国画,定然高妙,颇思先睹为快。拉杂书此,不尽拳拳,专候报音,不宣。刘海粟顿首,一九六五年十一月十七日。画余旧皮纸,裱后墨色灿然,希摄影寄我。(《刘海粟刘抗师友书信录》,第 103 页)

11 月,刘海粟作中国画《天都梦痕》赠刘抗。

【释】此画题云:"卧云突兀见奇峰,千古微存日月踪。路湿莫嫌露信雨,青霓长护卧龙松。抗弟属画黄山图,久而未就,病起偶得佳楮,试笔作后海群峰,乱点大抹,墨浆淋漓……"刘海粟去巴黎考察美术时与刘抗同住法国,刘抗曾陪同游览瑞士。1930 年刘抗 26 岁回到中国,刘海粟聘他为上海美专教授,抗战后迁居新加坡,长期任美协主席。1981 年刘抗在香港举办画展出画册,刘海粟为其作序。(《刘海粟年谱》,第 191 页)

是年冬,刘海粟作中国画《红梅》,赠张振通。(《刘海粟年谱》,第 191 页)

冬,刘海粟画《黄山后海群峰》题诗赠刘抗。

【录】诗曰:岚光突兀见奇峰,到此方知气象雄。路湿忽逢留客雨,青霓长护卧龙松。(该画题跋)

是年,刘海粟作中国画《桂鱼》。(该画题跋)

公元 1966 年
（丙午）
70 岁

1月5日，刘海粟作中国画《五老峰雪霁》（《庐山五老峰雪霁》）。（刘海粟，《诗书画漫谈》，上海《文汇》增刊，1980 年 3 月）

春，刘海粟作并题《红梅》。

【录】题曰：临抚石鼓琅玡笔，喜为古梅一写真。万花敢向雪中出，一树独先天下春。（该画题跋）

3月8日，刘海粟致函刘抗。

【录】抗弟如晤：日前接"黄海群峰"摄景，喜慰之至。许多亲友看了都爱不忍释，昨日为同门朱寿庚攘去。能再添印六张赐寄尤感。昨得葆芳弟来函述蔡竹贞同学带去画件事，我完全同意尊意，旧思周匝，爱护备至，令人感涕。兹附上致竹贞一函，烦转交。1960 那时竹贞来沪一再声言要在星洲开办画廊，因为支援他，临时凑来了一批画，双方商订了最低定价。一切经过情况已详述于致葆芳信中，想您已看过，兹不赘。竹贞来本前面油画"黄山温泉"当时并未作价，恳吾弟衡量他的情况定画值。灯下草，不尽欲言。余容再详。敬颂日安，阖第均吉。人浩弟均此。兄海粟启，1966.3.8。1965 年 5 月竹贞原函及清单已寄葆芳弟处，如需要参阅，请向葆芳调阅。清单另抄一份附上。（《刘海粟刘抗师友书信录》，第 110 页）

5月15日，刘抗致函刘海粟，谈收到黄山画作时的感受。

【引】刘抗致函刘海粟，谈收到黄山画作时的感受，全文长约 1800 字，信曰：自从绿衣人（邮递员 编者注）把它递达以来，日以继夜，凝视之，钻研之，觉平生未尝拜观如此雄奇超逸之伟构，翻遍历代名作，更无写黄岳之能如此精灵入里者，吾爱黄山，吾更爱吾师水墨淋漓之雾里峰峦，论气势，龙盘虎踞，秀拔峻峭。论气韵，浑厚苍润，朦胧幽远。论气魄，那更是顶天立地，沛然超乎物外，综三气之和，仍未足以刻画。吾师艺术之神髓，只觉有时如听贝多芬之交响曲，有时似读李杜之诗篇，有时又像欣赏云岗石刻，集音律、意境、形象之大成，其含蕴之多样性，绚非笔墨所能言喻，难怪门人临摹，仅触及肤表而未能撷取其晶美。吾师足迹遍海内外，艺贯中西，学潜今古，并累登黄海探秘，如有此跌宕之笔墨出现，既具我国固有文化之优良传统，复不失时代精神之显扬。若循国际水平加以评估，列为本世纪最杰出创作之一，殆无疑义，生何幸而获如此崇高之珍品，岂一语

【图 1966-1】刘海粟中国画作品《（庐山）五老峰雪霁》1966年（139cmX58.6cm）刘海粟美术馆藏

感谢即可表达生之心绪耶？蒙吾师盛意命人浩兄及生题识其上，在某种意义言，本当遵旨，唯念墨宝当前，愿保持其庄严圣洁，何敢画蛇添足致损及元气哉？关于装裱式样及材料悉依吾师指示完成，自去岁腊月即悬诸厅堂高处，每逢年节或其他假日亲友到访，无不叹为观止，有询及润资者，生浅笑答谓：师生情深万金难买也。

吾师从艺，久而弥坚，近已炉火纯青，实有向海内外宣扬之必要，生拟抽暇试写一文登诸《南洋商报》明年度新年特刊，作为详尽之介绍，目前参考资料尚感不足，如有关创校、人体写生、反抗军阀、领导新兴艺术、旅欧、南游、解放后进展等。生虽有一段岁月与吾师共度，生活及艺术之联系不可谓不密切，然别离将近卅寒暑，隔膜处亦不能说全无。敢请吾师助一臂之力，将新旧文字图片可资借镜者惠寄若干，使内容更见充实，将来稿成，不唯祖国及东南亚艺坛增添无限光辉，亦世界美术史荣耀之一页也。生曾应商报主编之邀，撰《音乐与绘画》一文，刊登1966新年特刊，颇得同道及各界人士良好反应，兹寄呈斧正。

（下略）（《刘海粟刘抗师友书信录》，第114页）

5月16日，中共中央发布《五一六通知》，"无产阶级文化大革命"正式开始。

【引】十年浩劫，倍遭迫害。刘海粟被多次抄家，批斗，从复兴中路寓所被迫搬到瑞金二路上一小弄堂小房间，自言"家不成家，价值连城的古董古画房子被夺，在黑暗和潮湿中度日，真是生不如死！但我并未想到死。我想到司马迁忍辱成书，想到曹操老骥伏枥志在千里，自问光明磊落，问心无愧，真正能心平气和地在床板上睡觉和创作"。（《刘海粟探长寿之道》，香港《文汇报》，1987年9月28日）

6月26日，刘海粟致函刘抗，告知所需资料尽力提供。

【引】此函是刘海粟致刘抗的长信，告知所需资料尽力提供。全文近千字，信中有曰：抗棣如晤：两奉手书及照片，欣慰无量……兄从事艺术六十年，朝于斯，夕于斯，朝着一个目的走，不顾任何险阻艰难，总是坚持我的雄心壮志，要做个伟大的艺术家，要在世界美术史上开辟一个新天地，可是到现在还没什么成就，来信过蒙藻饰，深以为愧。解放后由于人民政府和党的关怀照顾，一九五二年到五七年每年到各地去写生，创作了不少油画和国画。吾弟拟为《南洋商报》写文，作为详尽之介绍至为感铭，来函须要资料，当陆续抄寄。在旧社会创办上海美专（一九一一年）惨淡经营，吾弟当能深知。后来好容易才实现了游历欧洲的计划，在欧洲又勉强支持了三年，那时与你们晨夕相共，磨炼了铁腕，这时期的情况吾弟是密切而清楚的，有关人体写生、反抗军阀、抗日运动、南游展画筹赈均有专门记录及当时重要文件，篇幅浩繁，抄录需要相当时间。日前函王一山小弟弟，嘱将以前寄给他的《中国现代名画》一九三四年柏林版、《海粟近作》一九三〇年版，虽然是几十年前的旧书，其中也有些资料可撷取，还有几篇文章如在巴黎画展路易拉洛阿做的序文，等等，王君是否送交你处作为参考资料，望告我。如果没有送到我当抄寄（今已抄寄）。各种图片搜集整理后再寄。入夏后屡发腰脊旧疾，举笔辄辍。尊体健复否？风湿骨痛兄所患略同，每周打金针二次，每晚按摩视服药为胜也。吾棣体质精神素来强固，望节啬精力，琐碎事不必多管，吾棣艺术为南天一柱，珍重珍重。竹贞同学尚未来沪，未识已回国否？亦望便中告我。（附去三十年出版油画集代序，及六二年到浙江各处旅行写生观感，以备参阅）厚意感且不朽。我的艺术、为人以及其他，非老棣知之而谁知耶？太格喜筵不能飞来参加为歉，敬请大喜不次。（《刘海粟刘抗师友书信录》，第121页）

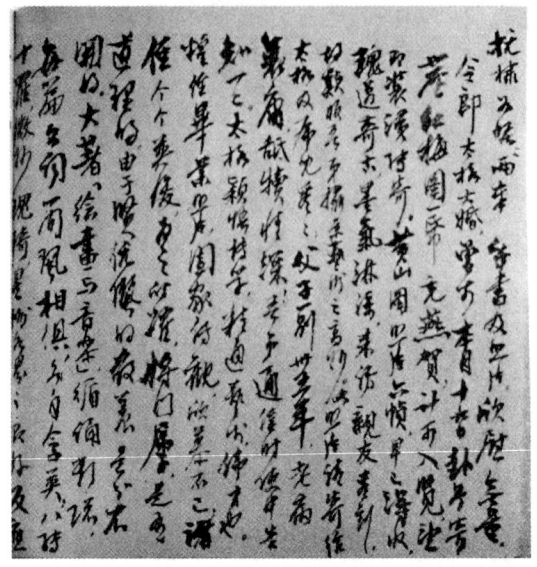

【图1966-2】1966年6月26日,刘海粟致刘抗函(局部)

7月,刘海粟作中国画《秋山红树图》。

【录】是年秋题诗:天公用意白颜色,写出江山锦绣章。只恐秋光多冷淡,故教红树映斜阳。(该画题跋)

夏,刘海粟作中国画《云山图长卷》。

【录】题云:"米襄阳居京口,建海岳庵,凝对北固诸山,烟云变灭,纵横泼墨,写出奇观,千载以来,遂成米氏云山之格。仿佛写此,雨气淋漓纸犹湿。"赠张振通。(《刘海粟年谱》,第191页)

8月1日,刘海粟致函刘抗。

【录】抗棣如晤:"红梅图"照片二张收得。摄得瑰迈奇古,观者均爱不忍释。六月底曾写数函(附序文二)计可入览,迄未得复，殊为悬恐也。兄入夏旧疾又发，每每头晕，衰庸可鄙。葆芳弟八月底将回国观光，师生二别数十载，如得倾襟谈艺，其乐又如何耶。蔡竹贞同学迄今未来沪，未识有否离星，务命明示。暑热挥汗，不尽拳拳，即颂起居万福。海顿首，八月一日。（《刘海粟刘抗师友书信录》，第 126 页）

8月 31 日，刘海粟致函刘抗。

【录】抗棣如晤：前上二函，迄未得复，殊为悬悬！迩来我身体不大好，精神疲乏不支，旧疾复发。蔡竹贞同学，消息全无，究竟有否回国，亦乞示知。无论如何忙法，先写一封简单的复信，以慰老人苦想！即拜大安，夫人均此同好。兄刘海粟上，66.8.31。

你们多多来信，我看了就快乐，与我健康情况有大好处。人浩均此。（《刘海粟刘抗师友书信录》，第 129 页）

夏，吴仲垌刻赠"海粟七十后作"白文印。（《刘海粟年谱》，第 191 页）

秋，刘海粟作中国画《红梅》并题诗。

【录】崖前留得淡胭脂，分付东风莫漫吹。吹倒寒流流不尽，惹人拈起独凝思。（该画题跋）

秋，刘海粟作中国画并题《秋山图》。

【录】霜归林影赤，云走山光白。谁是泛舟人，今古清秋色。（该画题跋）

9月3日,傅雷和夫人朱梅馥饮恨去世。

11月30日,夏伊乔致函刘抗。

【录】刘抗先生:您好!您的九月初旬的来信,海翁看了就老泪纵横竟然提不起笔来怎样答复您!黄葆芳先生回国观光来沪,匆匆见了一面,第二天来,海翁就病倒了,十分遗憾。他的病况,葆芳先生是知其大略的,请您转告太格、福增。海翁是慢性病,需要耐心治疗,现在手颤不能写信,所以我冒昧写这封信告诉您。先生是海翁数十年亲密师友,希望您大力护持。常常来信,对老人病情是大有好处的,就是几个字也好,草草书此,词不达意,希鉴谅!敬颂俪安!夫人、公子均此!刘夏依乔上,1966.11.30日。又及:郑光汉先生兰花集你一定看过,师汉斋图印得很好。你的黄山图,太格的红梅图如能印出来,感且不朽!

(《刘海粟刘抗师友书信录》,第132页)

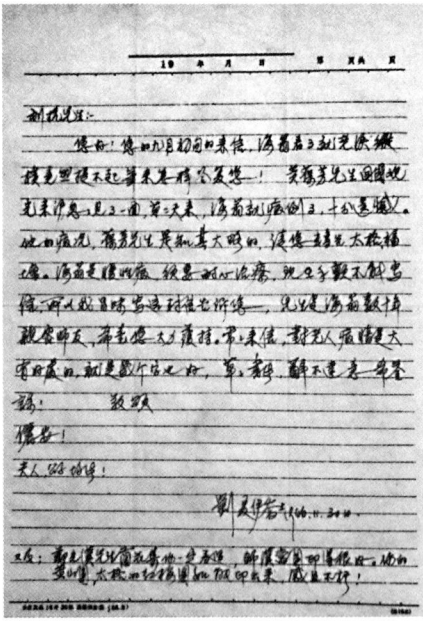

【图1966-3】1966年11月30日,夏伊乔致刘抗函

是年，刘海粟还作中国画《松壑鸣泉》《溪流中断石》《黄山云海奇观》《黄山图》等。（《刘海粟年谱》，第192页）

【按】《黄山去海奇观》于1980年10月8日被中华人民共和国邮电部发行为"联合国教科文组织中国绘画艺术展览纪念"的邮票。

【图1966-4】刘海粟中国画作品《溪流中断石》1966年（67.4cm×43.1cm）刘海粟美术馆藏

公元 1967 年
（丁未）
71 岁

1月26日，夏伊乔致函刘抗。

【录】刘抗先生：去年十二月一日曾上寸械，想早已得收，迄今未得复书，殊为悬念。赐寄大作贺年片"日出"，我们看了不能不惊你的色感的兴奋，你能用这多强烈的色彩却不让色彩的强烈带着你走，这是一个灵感一个意境的完全的表现，在我们看来这是你的杰作。海翁近来身体不太好，高血压兼心脏病，须要耐心治疗，最近手颤，不能画，不能写信。过一些时候可能复元，他希望你有来信，他也非常挂念太格，近来有来信否？敬颂大安！刘夏伊乔上，1967.1.26。（《刘海粟刘抗师友书信录》，第135页）

春，刘海粟致函刘抗。

【录】抗弟如晤：赐汇叻币九十一元，谢谢！得书惊悉尊翁仙逝，哀音恻恻，唯尊翁以八十有六高龄，子孙人才辈出，可称福寿全归，大义节哀。我去秋旧病复发，于今半年尚未能元复，现在已能由人扶掖着在室内漫步（足浮肿）有时仍然心悸头晕，医嘱静养不可多劳。老年病贫（现身无长物）幸蒙葆芳、振通、人浩及吾弟关怀得以安心养病。自去年十二月份起，人浩、仙梅伉俪每月固定汇叻币九十元，以六个月为约，至今年五月为止，唯一目前我病情一时尚难元复，能继续一个时期更好。人浩一家负担太吃力，吾弟如能与之合作比较安心，托交四十年奈蒙厚爱当情亮也，如同意即与人浩一谈，一俟病愈当作画寄□，如经济情况有困难即作罢，不可勉强。承许作评传，感恩无似。老友初亡每怀往事尽付烟云，不禁老泪纵横。竹贞迄未归国，亦无来信，如晤面恳转达近况，并为道念。因臂痛不及遍札，泐此布悃不尽，依依，谨呈。珍重不宣。夫人公子均此。兄海顿首。福增已八月无来信，也许又旅行了。太格通讯时便中一问。山水照片尚未得收。（《刘海粟刘抗师友书信录》，第140页）

2月27日,刘海粟复函黄葆芳。

【引】告以"一病数月,体力大衰,目昏腕颤,心手双瘁"。(《刘海粟年谱》,第192页)

3月,刘海粟迁回复兴中路寓所,住在四楼的阁楼,作书法《临米芾群玉堂帖》

【引】房里堆满了碎纸,都是些被撕毁的字画、书籍等。在墙角里拾到一本破碎的《群玉堂帖》,内有米芾写的《学书》一章;又拾了两条撕破的纸,用破笔临了一遍,(《诗书画漫谈》,载《文汇增刊》1980年第3期)成《临米芾学书自述》草书长卷。1977年3月23日(按:1976年3月)又在卷后加题跋语:"钟、王不能变乎蔡邕,蔡邕不能变乎籀古,今古虽殊,其理则一。钟、王虽变新奇而不失古意,庚、谢、萧、阮守法而法在,欧、虞、褚、薛取法而法分,降而为苏、黄、米、蔡诸公之放荡,犹持法外之意。愚于离乱中草草临米公此帖,怪诞百出,则慢法矣。"(《刘海粟年谱》,第192页)

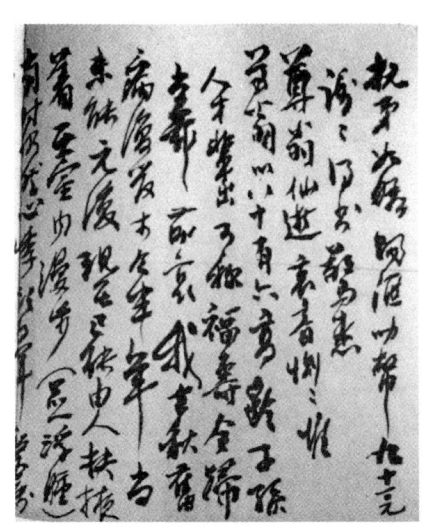

【图1967-1】1967年春,刘海粟致刘抗函(局部)

10月11日，刘海粟致函黄葆芳。

【引】告以"近来颓病日甚，足胫疲瘁，行步艰难，秋风起则凄然顾影，往往独夜陨涕"。（《刘海粟年谱》，第192页）

10月，刘海粟作中国画《拟沈石田青绿山水》。

【引】题云："石田老人青绿山水，设色藻丽，魄力溢楮上，非具浑厚古拙之笔，未许学步也。是帧拟之，自惭病后力弱，绝非石翁真面目矣。"赠张振通。（《刘海粟年谱》，第193页）

【图1967-2】上海市复兴中路512号刘海粟旧居

【图1967-3】刘海粟旧居外景

【图1967-4】"文革"时期上海画院编印的《大字报选》第7期，是批斗刘海粟的专刊

秋，刘海粟作中国画《葡萄》。

【录】题徐渭句："笔底明珠无卖处，闲抛闲掷野藤中。"
(《刘海粟年谱》，第193页)

是年，刘海粟以黄麻纸工笔重彩，积而复染，成中国画《临韩滉五牛图长卷》，赠张振通。(《刘海粟年谱》，第193页)

是年，"文革"时期，批斗刘海粟的大字报中，张道藩、蒋经国先后为刘海粟辟谣的举措，成为刘海粟是"国民党走狗"的"罪证"。

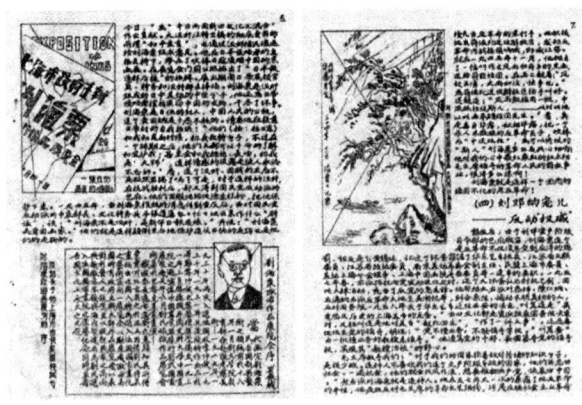

【图1967-5】"文革"时期批斗刘海粟的小报

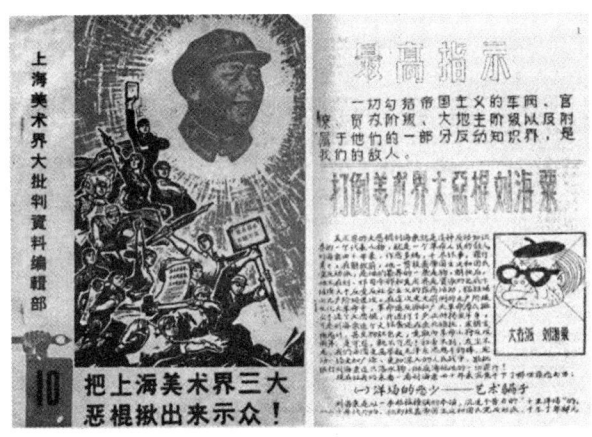

【图1967-6】"文革"时期批斗刘海粟的大字报汇编

公元 1968 年
（戊申）
72 岁

1 月 21 日，刘海粟致函刘抗，信中谈艺术、往事、人生、健康，可谓交心。

【引】全文 2200 逾字，信中谈艺术、往事、人生、健康，可谓交心，文中有曰："抗弟如晤：我最近又卧病五十多天，是脑血管痉挛症，经急救已渐恢复，近又发支气管炎，衰年多病，痛苦之至！一年多来身体一直不好，一言难尽。昨得大函及贤伉俪合影并商报 1965 新年特刊大著，读了好几遍，精神振奋，真如一服清凉散。文章写得生动活泼，引人入胜。可以说笔锋带有热烈感情，令人百读不厌，好几位朋友传观。从这篇精湛的著作中，反映出我的艺术与生活的演进，坚定和智慧的性格特征。揭示了新兴艺术和封建势力的斗争，在艺术方面吸收中外艺术的精美，加以溶化，创造出新的具有独特的民族风格和民族形式的艺术（在这方面您说得最透彻）。由于这篇文章语言生动活泼，人物形象的鲜明突出，更赋予读者以强大的艺术感染力。

"……1935 年 5 月我在伦敦百灵顿大厦展画时，太晤时报记者来访问，谈起我是十七岁创办上海美专时，他怀疑而不能下笔。他们以为不可能的，有几个中国朋友都以为不谈这点为妥。我说这是事实，应该实事求是，为什么不谈，不要怕洋人。后来

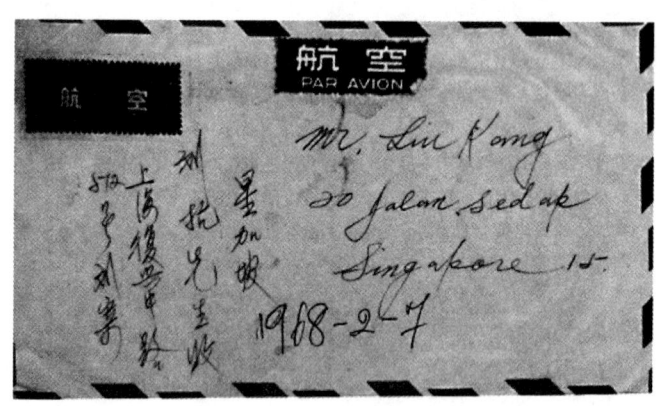

【图 1968-1】1968 年 1 月 21 日刘海粟致刘抗函（信封）

太晤士刊出一则动人的新闻。从古以来，发明家，创造新学派的，创造新事业的，在开始时，都是年轻的，学问比较少的，被人看不起的，被压迫的。这些发明家、创造家在后来才变成壮年老年，变成有学问有名的人。这是不是一个普遍规律，我不敢说，但可以说，多数为此"。（《刘海粟刘抗师友书信录》，第 146 页）

2月，刘海粟作中国画《葡萄》。作中国画《湖乡清景》赠李家耀。

【录】《湖乡清景》题曰："湖乡清夏，宋人多写图，独赵令穰秀逸之致有士气，昔人所谓气韵天然，不可学而至也。"
（《刘海粟年谱》，第 193 页）

3月2日，刘海粟致函刘抗。

【录】抗弟友爱：去年奉二函，今年一月十四日寄拙画二幅，久未得书，正渴念。昨日邮局已将包裹退沪县，云无从投递，今晨又将"松岩观瀑"挂号寄人浩，想能转达。收到希复为荷。余唯珍爱，不宣。刘海粟，三月二日。人浩均此。（《刘海粟刘抗师友书信录》，第 155 页）

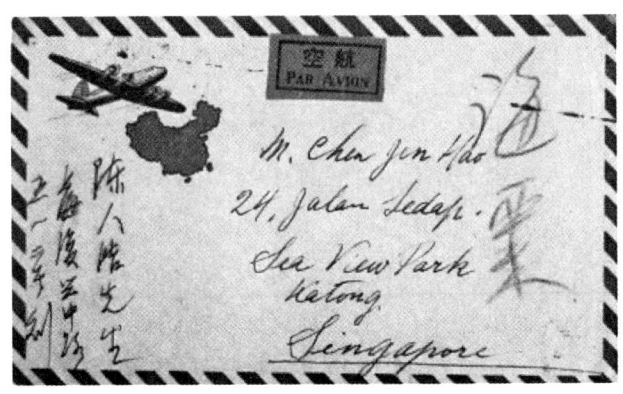

【图 1968-2】1968 年 3 月 2 日，刘海粟致刘抗函（信封）

3月,刘海粟作中国画《梅花》,给长女刘英伦。

【引】题句:"不是一番寒彻骨,那得梅花扑鼻香。"又题:"海翁探梅,偶写其意,寄伦儿。"再题:"临抚石鼓琅琊笔,戏为古梅一写真。万花敢向雪中出,一树领先天下春。戊申二月初三,乃余七十三岁生辰,写老梅并赋绝句,以示伦儿。"(该画题跋)

3月,徐璞生刻赠"海粟长寿"白文印为寿。(《刘海粟年谱》,第193页)

春,刘海粟作中国画《霜归林影赤》并题诗。

【录】诗曰:霜归林影赤,云走山光白。谁告泛舟人,今古清秋色。(《刘海粟年谱》,第193页)

春,作中国画《水亭图》,赠张振通。(《刘海粟年谱》,第193页)

5月20日,夏伊乔致函刘抗。

【录】刘抗先生:来信都收阅,您热爱老师的心情,我们都非常感激。畅游亚庇各地,收获必多,欣慕之至。自三月中旬寄上邮件之后,海师又病倒了,去医院检查血压上升,往常在二百二十度以上,主动脉硬化,心脏扩大,每日打针服药,医嘱静卧,手颤艰于作书。兹寄上老人七十一岁时所作《富春江严陵濑》。此图气韵幽深,云雾吞吐,濑头水口潺潺有声,溶化中西画法,老人颇自珍惜。又没骨画《秋山图》。二图请兄为装裱备用。老人十分想念你们!收到希即复信为盼。余再谈,敬祝健康!夫人公子均好!人浩先生伉俪代为致候。夏伊乔,1968.5.20。(《刘海粟刘抗师友书信录》,第158页)

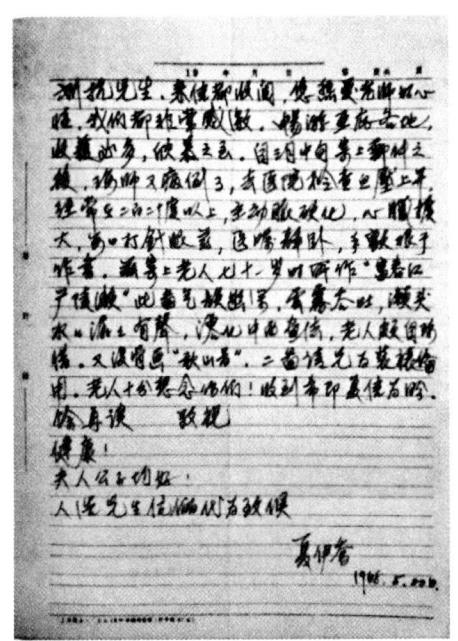

【图 1968-3】1968 年 5 月 20 日，夏伊乔致刘抗函

夏，刘海粟作中国画《牡丹》。（《刘海粟年谱》，第 194 页）

8 月 6 日，对刘海粟美术教育事业有帮助的叶恭绰先生在北京逝世，终年 88 岁。叶恭绰 1932 年 1 月至 1937 年 6 月曾任上海美专校董会常务兼经济校董。

12 月 16 日，刘海粟致函刘抗。

【录】抗弟如晤：得惠书，足见相爱之挚。前人浩来书求余作画，因病臂不能挥毫，当□一九五三年在北京时墨戏一幅寄赠，蒙人浩与吾弟鉴赏，于牝牡骊黄之外益增惶愧。吾弟画笔生动才气横溢，忆曩在巴黎同起居同作画，每见弟画精进，终是极口称赏。相别廿余年，想日在孟晋中，今日波澜老成，吾又安测其所至也？新厦落成，索及拙画，病臂初平，连日写飞鹰及水牛等多张，笔力荏弱，不可用刻，正在养兴。日临米海岳《多景楼》一通，俟运笔飞动胸中有技痒兴来，即伸纸舒毫，为吾弟作比较满意的巨幅。贱体未痊愈，双足疲瘁，步行维难已有半年，不能下楼。托交卅年，蒙爱其厚甚。望时来迩。叙情草草具答，余唯珍爱，不宣。海顿首，十二月十六日。葆芳弟、胡医生近况如何，念念。（《刘海粟刘抗师友书信录》，第164页）

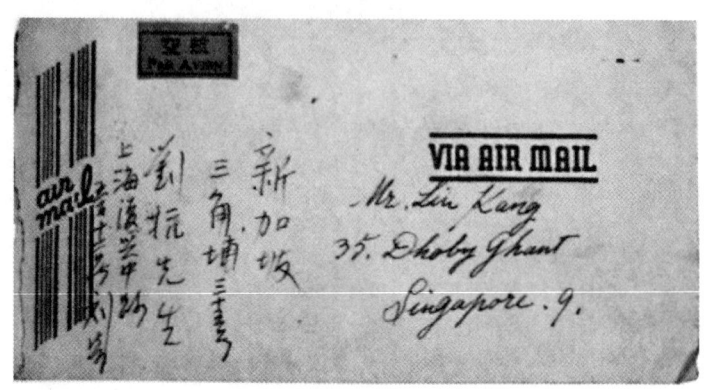

【图1968-4】1968年12月16日，刘海粟致刘抗函（信封）

是年，刘海粟还作国画《泼墨葡萄》《松石》《葫芦》和《寥廓江天万里霜》等。（谢海燕主编，《刘海粟》，江苏美术出版社2002年版）

公元 1969 年
（己酉）
73 岁

7月，刘海粟作中国画《水墨牡丹》。（《刘海粟年谱》，第194页）

秋，刘海粟作并题中国画《水墨荷花》。

【录】题曰："白荷初绽秋光好，凉露催花花渐小。莫笑人生易白头，头白看花人亦少。"（《刘海粟年谱》，第194页）

秋，刘海粟作篆书《临毛公鼎铭文》。

【引】跋曰："学书必从学篆始。求篆于金，求分于石。余十三四岁时学篆书，十六岁至上海后，兹事遂废。今老矣，偶于废书簏中检得毛公鼎旧拓,信手临写,不复有相可得,宁计其工拙耶!"卷后再以工笔小楷注录释文。(《刘海粟年谱》,第194页)

秋,刘海粟作中国画《风雨图》,给五子刘麟。(该画题跋)
10月20日,刘海粟作中国画《泼墨葡萄》。

【录】以狂草题:"奔虬走虺势入座,骤雨旋风声满堂。"(该画题跋)

【图1969-1】刘海粟临《董玄宰没骨山水》(中国画)1969年(126.6cm×53.8cm)刘海粟美术馆藏

是年，刘海粟题《渔父图》。

【录】题曰：行藏山水双蓬鬓，啸傲乾坤一布衣。抛却纶竿终日坐，清风明月伴渔矶。（该画题跋）

是年，刘海粟补作并题1954年所作中国画《黄山西海门图卷》。

【引】跋云："西海门乃黄山后澥，极险极奇之境，千峰万嶂，直凌霄汉，瑰诡耸峭，奇幻百出，精心夺魄，未易名言。甲

【图1969-2】刘海粟中国画作品《黄山白龙潭》1969年（104.4cm×55.4cm）刘海粟美术馆藏

午（1954年）夏，重游黄海，对景写成长卷，笔拙虽不能尽掊其妙，兴之所至，自谓得其仿佛。又得章行严（士钊）、马一浮诸先生诗跋，故颇自珍视。己酉，力疾复为此纸视原图增数峰，又补奇松数十株。顾年逾古稀，精力疲瘁，志之所好，不觉其劳，题语于后，聊披阅自娱。"（该画题跋）

是年，刘海粟还作中国画《黄山云海》《黄山白龙潭》《临董玄宰没骨山》《泼墨葡萄》《白菡萏开初过雨》。（作品题跋）

是年，刘海粟嘱徐云叔刻"静远老人"朱文印。嘱吴子建刻"刘海粟印""一洗万古凡马空"白文印一对。（《刘海粟年谱》，第195页）

【图1969-2】刘海粟中国画作品《白菡萏开初过雨》1969年

公元1970年
（庚戌）
74岁

3月10日，刘海粟75岁生日，作中国画《泼墨葡萄》自寿。

【录】题云："庚戌二月，为予七十五岁生日，乘兴作此，视予豪气犹昔。"（《刘海粟年谱》，第195页）

春，作中国画《泼墨葡萄》《墨兴琳琅》《钓鱼图》。（《刘海粟年谱》，第195页）

5月22日，刘海粟在家作油画《令箭荷花》。（《刘海粟年谱》，第195页）

7月16日，作中国画《葡萄》，给长女刘英伦。（该画题跋）

【图1970-1】刘海粟中国画作品《泼墨荷花》1970年（135cm×68cm）南京艺术学院藏

夏，作中国画《泼墨葡萄》赠陈人浩。徐云叔刻赠刘海粟"横扫千军"白文印。（《刘海粟年谱》，第195页）

8月28日，刘海粟作中国画《风雷激》。（《刘海粟年谱》，第195页）

10月14日，作中国画《泼墨荷花》，并以楷书题宋梅圣俞重台莲诗。（《刘海粟年谱》，第195页）

秋，刘海粟画并题《写米襄阳意》。

【录】题曰：风雨前村过，溪山变渺茫。荒蒙留静寺，笑倒米襄阳。（该画题跋）

【录】题云："雨中至复兴公园，见白荷一枝掩映青芦间，颇饶风趣，泼墨写之。"又以篆书题："石师泼墨往往如此。"（该画题跋）

是年，作中国画《水墨葡萄》寄赠王益知。作中国画《泼墨葡萄》。

【引】王赋诗以谢："开缄辉焕，触手芬芳。垂珠磊落，修蔓飞扬。品珍马乳，液胜云浆。人间嘉果，纸上轩昂。笑倒青藤，骇倒白杨（此两句海翁原题）。中流砥柱，后学津梁。百朋之赐，喜极欲狂。锦装玉轴，什袭以藏。粗申谢忱，长乐未央。"《泼墨葡萄》题："连日乍阴，意思怫郁，泼墨写葡萄为快。"1983年10月周谷城观此图，甚为兴奋，题词："可以目遇，更可以神遇。"1985年冬王蘧常又加题七绝："藤如篆籀丝龙须，书画天然冶一炉。更喜醇题二难并，瘦金合与缀明珠。"（《刘海粟年谱》，第196页）

是年，作《黄山松》赠祝李家耀七十寿。作《江山如此多娇》给长女刘英伦。（《刘海粟年谱》，第196页）

是年前后,刘海粟题《长松歌》。

【引】诗曰:十天画一水,五天画一石。天天复天天,水满石成迭。迭石巉岩揽浩月,奔流湍急声清越。岩坳蟠屈添苍松,山雨欲来化玉龙。上游霄汉下晶宫,海啸翻腾万壑风。须臾天际风雨歇,似闻龙吟调琴瑟。回顾长松蟠如故,未尝一跃化龙去。松兮龙兮不求解,写来但得云中趣。(刘海粟,《海粟诗词选》,福建美术出版社1988年,第27页)

是年,刘海粟还作中国画《泼墨荷花》《荷花妙品》,作行书杜甫《秋兴》等作。(作品题跋)

公元1971年
(辛亥)
75岁

1月17日,刘海粟致函刘抗。

【录】抗弟如晤:频年未通音讯,殊为悬悬。昨得家耀老弟来函,并附有与贤伉俪在吉隆坡合影,老弟精神强固,著述恢宏,为南天艺坛一柱,欣慰无似。兄血压如前,尤苦精神短乏,唯画兴亦未减于昔。空斋默坐,老弟与人浩之衣缁謦欬,如接于耳目。旅欧共同生活情况历历可念。四十年前瑞士莱梦湖小景真如梦寐间事。安兄墓木已拱,韵士师母下世亦将周年矣,为之泫然。今岁端阳曾泼墨作葡萄图,点画狼藉,是一幅无拘管放泼底尝试,不轻以示人。适得放翁一诗可为此画写照。辄移数帧寄赠老弟留念。家耀来函云吾弟明年退休,拟从事写作并注意征集关于美专及我的资料,厚意感楫,再过几天我已是七十六岁老人矣,老年能看到伟大的祖国在工业农业文化教育一切建设方面突飞猛进真是最大的幸福。吾弟有机会能回国观光,藉叙阔别。草草不尽百一,专侯报音,不宣。海,一九七一年一月十七日。六八年五月中曾寄《富春江严陵濑朝雾》,迄未得复,悬悬不已。(《刘海粟刘抗师友书信录》,第173页)

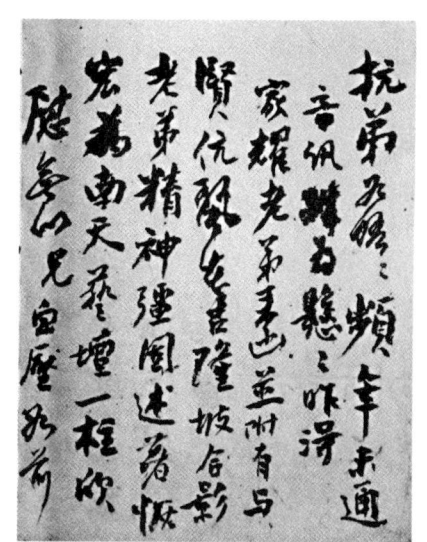

【图 1971-1】1971 年 1 月 17 日，刘海粟致刘抗函（局部）

1月，刘海粟作中国画《葡萄》赠李家耀。

【引】题云："是日大风，奇寒，手僵墨冻，点画狼藉，乃甚于三尺之童。徐增光谓：此中真气流衍，古朴如拓碑然。家耀以为然否？"（《刘海粟年谱》，第196页）

3月25日，刘海粟赴漕溪公园观赏牡丹，作中国画《雨中牡丹》。（该画题跋）

清明节，刘海粟晨游复兴公园，在池边作《清明口占》。

【录】题曰：幽居忘却是清明，忽见池边杨柳新。七六老翁头已白，写花入画惜余春。（该诗题跋）

4月，刘海粟赴漕溪公园观赏牡丹，归而作中国画《雨中牡丹》，题《白牡丹》。

【录】自注：一九七一年四月同伊乔、妞儿游漕溪公园，雨

【图1971-2】刘海粟1971年3月25日作中国画《雨中牡丹》

中看白牡丹,留画,还作诗:春色上花枝,玉杯承露冷。我醉不成眠,写此无双影。(该画题跋)

6月,刘海粟作中国画《五老峰图》,翌年赠周颖南。

【录】画中题诗云:山雨欲来时,岚光弄烟翠。林间有高人,笑语落天外。(该画题跋)

6月,刘海粟还题《五老峰图》。

【录】紫汉吹落金芙蓉,随风飘堕江之东。瓣开四面花玲

珑，化作碧玉千百峰。倒影翻湖黛色浓，突兀万丈绚青红。层峦重阜筑为宫，五老拄杖碧云中。（该画题跋）

7月15日，刘海粟作中国画《泼墨山水》。

【引】题云："东坡诗：'作画以形似，见与儿童邻。'此写景真诠也。俗学昧此理，以刻画求胜，徒拘拘于迹象，而忽于神韵，于是画愈工而神愈晦，虽欲近似，又何可得？"（《刘海粟年谱》，第196页）

夏，刘海粟为章士钊作扇面字画。冬，得章士钊赠《柳文指要》一部，寂寞中如晤老友，殊感欣慰。（《刘海粟年谱》，第197页）

9月5日，刘海粟好友潘天寿逝世，终年75岁。
10月23日，刘海粟复函李家耀，谈书画用笔。

【引】全文835字。文曰：（略）读来书知吾弟精神周密，作画甚多，兴趣甚浓。更有尊夫人照顾一切，其乐无穷。甚慰下怀，欣慕之至。来函云："近搜集古今名画，临摹数百帧装池成册，闲时披览，若有所悟，或有灵感，随意挥写，自创一格。"短短几句，知吾弟对于古人名画，下过很多临摹的苦功，只是你虽对古人下功夫，唯不为古人所囿，汲取古人精英，还要打破古人的窠臼，以自成其个性发挥的创造。从古人入，从造化出的妙境，仍须借笔墨以达到。而运用笔墨，先须注意运腕。运腕以书法入手。您说的"自行一格，以书法为骨干，无往不利"这一段话，真是一针见血。昔石涛说过："腕若虚灵，则画能折变。笔如截揭则形不痴蒙。腕受实则沉着透彻，腕若虚灵则飞舞悠扬，腕受正则中直藏锋，腕受仄则欹斜尽致，腕受疾则操纵得势，腕受迟则拱揖有情，腕受化则浑合自然，腕受变则陆离谲怪，腕受奇则神工鬼斧，腕受神则川岳荟灵。"这段话正是他自己的说法。石师画笔墨虚灵，神情飞舞，正是他运腕超脱的结果。作画运腕的力量，不特见之于笔墨达到处，而且要见之于笔墨未到处。东坡说："此竹数寸耳，而有寻丈之势。"可说明此理。不是运腕超脱，哪能到此。运腕必从书法入手，正如吾弟所说，以书法为骨干，无往不利，你已透彻此理。蒙问随笔拉杂，不尽百一。（《刘海粟艺术文选》，第504页）

秋，刘海粟作中国画《拟唐韩晋公五牛图卷》《清风》（设色荷花）等。（作品题跋）

12月23日，刘海粟作中国画《泼墨荷花》并题诗。

【录】诗曰：莲叶古镜秋波贮，莲花古月秋风举。古月古镜颜色好，拍拍鸳鸯照同处。（该作题跋）

【图1971-3】刘海粟中国画作品《泼墨荷花》1971年（68cm×133cm）香港私人收藏

12月23日，刘海粟被上海市公检法军管会宣布为"反革命分子"。（《上海市公检法军管会（71）沪公军审（刑）字第150号》）

是年，徐云叔刻赠"墨三昧"白文印。

【引】边款谓:"静远大师以绘事雄视古今,比年更以水墨作画,穷造化之异态,尽万物之殊姿,渊穆醇雅,一扫时习,深得墨中三昧,因镌是印,用充文房。"(《刘海粟年谱》,第197页)

是年,刘海粟作中国画《墨牡丹》《泼墨荷花》作油画《龙华公园》等。(作品题签)

【图1971-4】刘海粟中国画作品《墨牡丹》1971年(68.3cm×131.8cm)刘海粟美术馆藏

春,刘海粟会见李家耀,为其将出版之《李家耀书画选集》题写书名及撰序。

公元1972年
(壬子)
76岁

【录】谓:"画家有逸品、神品、妙品、能品之分。汉魏绘事迭兴,至唐始盛,迨南唐董北苑乃集大成,而巨师、南宫、房山、子久、叔明、云林、仲圭、石田、思白,瓣香南宗,格法大备。厥后继起者,殊属寥寥。即烟客、元照、麓台、耕烟,步趋谨严,而神味未隽。唯石涛、石溪、八大,以雄绝之姿,历遭时艰,沉郁莫偶,托迹缁流,放情山水,以天地为寄旅,浑古今为一途,万化生身,宇宙在手,每一挥毫,奔赴笔下,此其所以神也。

"家耀老友学画五十年,观其近作,结构谨严,别见妙造古朴,豪迈之处,酷似'二石',意境之高,迈绝时流。壬子春,回祖国观光,过从益密。家耀为人耿介爽直,谈艺论书,独具只眼,不独精于中西绘画而已。兹值七十五岁生日,将所作印辑成斯集,以为纪念。家耀数十年学书画不倦,故其功力有如此者。古人云:'业精于勤。'家耀勤而有恒,可为后学矜式。为之序。"(《刘海粟艺术文选》,第473页)

春,刘海粟作中国画《雨中荷花》。

【录】《雨中荷花》题曰:"用墨难,施水更难。秃笔病臂写雨中荷花,虽点画烂漫,而真气流行。"(《刘海粟年谱》,第197页)

【图1972-1】刘海粟中国画作品《雨中荷花》1972年(149cm×80cm)南京艺术学院藏

7月3日，胡浪曼、周颖南致函刘海粟。

【录】海粟大师：家耀兄返国归来，欣悉大师起居佳吉、健康如常，殊以为慰。新加坡建国仅数年，百业待兴，全国出现蓬蓬勃勃的兴旺景象，十分鼓舞人心。我所经营的业务，已次第顺利展开。知关锦注，特以奉闻。兹由香港宝生银行汇上港币两千元，区区之数，不成敬意，躬请笑纳。专此敬颂健康　弟周颖南胡浪曼拜上　一九七二年七月三日（《大师华翰——刘海粟周颖南通信集》代琇、庄辛编，周颖南著，上海辞书出版社2000年，第13页）

7月5日，刘海粟作中国画《菊花》（扇面），赠长婿周良复。（《刘海粟年谱》，第198页）

7月12日，周颖南致函刘海粟。

【录】海粟大师：此次家耀兄返国，蒙托其惠赐巨幅横屏山水《秋江烟暝图》。感激之情难以以语言申说。

仔细拜读大作，见用积墨法抒写山峦云烟，浓淡积染，虚实相映，浩浩渺渺，意境深邃，空灵中显现出磅礴气势，笔墨中蕴蓄着苍劲雄浑，可说深得北宋"米氏云山"之精粹。有云："虚实相生，无画处皆成妙境。"（清·笪重光《画筌》），正可以移作大师此图之评语。不知大师能邀同意否？

画中赐款应作"颖南"，而您写为"醒南"，谅乃家耀兄误写所致，但无损大雅，我将请家耀兄在画的绫边上题跋说明之。

南洋大学李光前文物馆将于本月廿一日举行开幕典礼。家耀兄曾献出文物甚多，作了很大的贡献。我亦献出珍藏的图画三十件，供作陈列。稍后仍盼续赐大作，屏条小品均可（小品将装裱成册），不胜感祷。专此敬颂　健康（《大师华翰》，第13页）

7月14日，刘海粟致函胡浪曼、周颖南。

【录】浪曼颖南友爱执事：得惠书道旧如梦，其慰何可胜言，承厚赐衹期感激无已。

社会主义祖国欣欣向荣，种种建设一日千里，希望二公回国观光。贱体心悸频发，他无所苦。承念并及先此。道谢。余俟复书。暑热　唯珍重不宣　弟刘海粟谨启　一九七二年七月十四日
（《大师华翰》，第14页）

7月23日，刘海粟作中国画《红梅》，寄赠周颖南。是日又作中国画《墨荷》赠周颖南。

【录】海粟大师：拜读惠书，敬悉一是。我希望最近期间能返国观光。若能如愿，当前往拜访。刘抗、陈人浩、黄葆芳、潘国渠、林木化等诸先生时有晤谈，均以大师为念！

7月29日，周颖南致函刘海粟。

【引】潘受在《红梅》题曰："早年作画杂歌呼，艺术轰传有叛徒。晚笔梅花红烂漫，可知心事近林逋。海翁晚年喜写红梅，盖非写梅，实写自家胸中酒浇不去之磊块耳！而又出以篆籀之笔，故所造恣肆苍郁，毫发无憾如此，古今能有几人可望其项背哉。"（《刘海粟年谱》，第198页）

我甚盼获得大师所作的小品若干幅，可以装裱成册，亦可请人题诗，留作永久纪念。我感到大师笔下的一山一石，一花一草，均使人感到亲切，极能引人对祖国的锦绣河山无限向往。大作可由邮寄（请分为若干次投递更好）。

专此敬颂

健康（《大师华翰》，第14页）

是年夏,刘海粟作中国画《听瀑图》,赠周颖南。作中国画《雨山图》。作油画《寒岩积雪》,赠回国探亲的儿子刘虎。

【录】《雨山图》题诗:"元气淋漓障犹湿,杜陵诗句老夫墨。世人藏画尚精微,到此精微下风立。"(该画题跋)

8月3日,刘海粟作重彩中国画多幅。

【引】作工笔重彩中国画《锦鸡山茶图》赠媳妇。又与刘虎、孙子刘璞合作中国画《江山一览》。和夫人夏伊乔、孙女刘英合作中国画《岁寒三友图》。为刘璞初作之中国画《江山如此多娇》题字:"一九七二年大暑,虎儿全家回国观光,畅叙天伦之乐。八月三日,吾最钟爱之孙儿刘璞在存天阁初次试笔作国画,成此图,浑厚天成,气概不凡,为之狂喜,因记。"(《刘海粟年谱》,第198页)

8月8日,刘海粟致函周颖南。

【录】颖南道长友爱:手教叠至,而前函尚未复,非相爱之深,必责其疏慢矣。近因儿子一家回国观光探亲,国内东西南北的子女都来沪叙天伦之乐,故未能执笔,然亦自懒散不敢辞也。蒙委屏条及小品册页,当陆续动墨。

公最近期间拟返国观光,为之狂喜,伟大的社会主义祖国发展的速度是惊人的,你一定要回来看一看,蒙南洋欧豪深切的关怀,感激无似。刘抗、陈人浩、黄葆芳系数十年老友,艺苑接触之士;潘国渠先生文章写得很好,中国诗词的根底也很深,我在《兰花集》里看到他一手很好的字,我感觉他是一位才士。林木化兄七月初有来信,他热爱祖国,热爱艺术,诚诚恳恳,对朋友的态度,令人感动。他看了《人体模特问题与封建势力斗争》

的文稿，很有兴味，来函征询我的意见，我曾于七月中旬复书说：关于模特的文稿，是几十年前一次讲演的记录，记录得并不好，粗枝大叶，而且有好些错误的地方，因为以前报纸陆续发表过，木化兄取来看一看，也可以请潘先生看看。木化兄迄今没有复信，殊为悬悬！贱恙尚未脱体，晨起作画，或久立久坐，则蹇涩惝恍，此不再形体，而在神志，唯萧散静息或可愈耳。草草奉谢，不尽拳拳。专俟　报音不宣（《大师华翰》，第 15 页）

8 月 17 日，周颖南致函刘海粟。

【引】海粟大师：拜读本月八日惠书，感到非常兴奋。（略）关于大作有关模特的文稿事，我已与木化兄作了联系，欣悉他曾和刘抗、陈人浩两先生座谈了一次，他们的初步建议是：印行画集附印关于模特儿的文稿。这篇作品将由刘抗先生执笔；他们也建议我参与其事，定期作四人会谈，我是接受了的。

印刷费则各友好联合付出，我同意共同负责之。于是，我作了一些建议：

一、不要突出模特儿的文稿，尽量多增关于您的画论，如您曾经发表的六法论及其他作品的摘录，使能有系统地介绍您的艺术创作过程。模特儿文稿只是其中的一部分。

二、多选印您的作品，使这本画集成为很有分量的画集。将来组织展览会，把选印的作品一起展出。展出经费我们可以在好友间筹措。（略）（《大师华翰》，第 16 页）

8 月 19 日，周颖南致函刘海粟。

【引】海粟大师：十七日奉函言犹未尽，这里谨再呈词。我说过：您如果能及时地寄些作品来编入画集参加展出，该有多好。我感到这次筹办的画展与一般的画展本质是不同的，这不是画家的画展，而是收藏家的画展。于是，参与展出的就要是收藏家的东西。所以我提出建议，我愿意量力以收藏者的态度来承担一些责任。

我希望这是一回具有重大意义的展览会。（略）过去我深知您和游子平先生（大安和药行主人）互有往来，我在他的家里看到了他所有关于您的作品的收藏，我对您的作品就衷心喜爱。如今，游子平先生已经作古，他收藏的东西不知道怎样处理。我非常赞同李家耀、张振通两先生的做法。因之，我也曾经为此作出一些小小的贡献。

我们必须把志趣扩大到社会中去，使伟大的作品都能做到为群众共欣赏。所以，我们发起为您印行画集，举行展出，就具有更大的意义了。未悉您以为然否。暇请指示　敬颂　健康（《大师华翰》，第17页）

8月21日，周颖南致函刘海粟。

【录】海粟大师：十九日驰函附拙作《印尼画坛上一举成名的萧昌》《纪念南国诗人李西浪先生》及《从临摹中追求创作的道路》复印本各一份，谅已蒙收阅。兹随函奉呈拙作《悼郑光汉先生》《关于当前艺术创作的一些问题》复印本各一份，亦请评阅。这是针对目前南洋的现实情况而谈的，对此时此地来说，是有一些作用的。这些拙作，马来西亚及香港报刊都有转载。

我爱画而自己却不会作画，对艺术懂得也不多，然而，对于大师的艺术创作我倾慕已非一日。记得从前读到过蔡元培先生在介绍您的一篇文章里这样写道："刘君的艺术模式倾向于后期印象主义，他专喜描写外光；他的艺术，纯是直观自然而来，忠实的把对于自然界的情感描写出来；所以他画面上的线条里结构里色调里都充满着自然的情感。他的个性是十分强烈，在他的作品里处处可以看得出来。他对于色彩和线条都有强烈的表现，色彩上常用极反照的两种调子互相结构起来，线条也总是很单纯很生动的样子，和那细纤女性的技巧主义是完全不同的，他总是绝不修饰、绝不夸张，拿他的作品分析起来，处处又可看出他总是自己走自己要走的路，自己抒发自己要抒发的感情，就可知道他的制作，不是受预定的约束的。"

我接触了您的许多作品之后，感到蔡先生对您的作品的评价是十分准确的，它深深刻在我脑海里，使我对您的作品有了更深一层的认识。对您也有了更多的理解。专此敬颂　健康（《大师华翰》，第18页）

8月23日，周颖南致函刘海粟。

【录】海粟大师：今天和陈人浩、林木化两先生和我一起在刘抗先生家里，就出版您的画集，筹办您的画展，广泛地交换了意见。刘抗先生说，这是三年前就筹备的事，后因种种原因未能实现，现在重新筹措。原则上按我前信所述的处理。唯版本则采取目前最讲究的方式印行，是大型线装本的，印刷费很高，但可以进一步探讨。文字方面由刘抗先生先行编选及撰写。调查藏画者，分别商洽。进一步向当地及香港有关的出版社征求报价，再从中选择一家承印，尽可能选出若干幅彩色精印。

鉴于工作上的方便，筹备工作就由我们这几个人担任，较单纯也更有成果。将来出版时、展出时用什么名义都行。这样也可以避免一些意见的分歧。看来最快也是明年春天的事。我知道您很关心这件事，特地从速汇报。家耀兄来信，他说眼疾已愈，我为之狂喜。周碧初先生过去和我的往来最为密切，返国后曾通讯频繁。过后，传闻不一，我写了信，他的家人也没有复信。我仍是时刻思念中，盼能将他家的情况示慰。或从唐云先生处可以知道一些情况。朋友们的感情是永远忘不了的。　专此敬颂　健康

（《大师华翰》，第19页）

8月24日，刘海粟作中国画《退却红衣学淡妆》，并题鲁迅诗。（《刘海粟年谱》，第198页）

【图1972-2】刘海粟1972年作中国画《退却红衣学淡妆》

9月20日，周颖南致函刘海粟。

【录】海粟大师：承令嫒英伦小姐寄来您的杰作四幅，幸已收到，我真是高兴极了，反复观赏，爱不释手，珍之宝之，这四幅画，具有不同的风格，在国画的艺术范畴里，乃登峰造极之作。其气势的磅礴，意境的深远，达到了上乘的地步，国画之难，难在用笔用墨。这四幅画，笔笔中锋，笔笔有精湛的功力，墨韵则淋漓尽致，无以复加。有笔有墨，令人拍案叫绝！用篆笔写红梅，苍劲古朴，巧夺天工，这正是国画艺术之所以伟大处。

我常常与友人论画，感到近人对国画的制作与鉴赏，往往只盲目追求表面的形态写照，而不深入探求国画艺术其所以动人的实质，于是乎，因循苟且，因袭造作，其作品只是虚有其表，而没有灵性，于是乎，人云亦云，实际上不知所云，那样的作品，只是死画，北宋大家苏东坡在其题画诗《书鄢陵王主簿所画折枝》中有云："论画以形似，见于儿童邻。"照我的理解，说的也正是这个意思，或者说这也是唐末诗人司空图说的，绘画必须"超以象外"始能"得其环中"，我的这些体会不知能否邀得大师的同意？我感到国画艺术的塑造，一定要在物象的深处探讨问题，唯有这样，才能完成真正完美的艺术作品来。我不会画画，但喜欢读画，深知画画难，懂画也难。文学艺术，必须穷毕生的精力而为之，方能有所成就。我把这四幅画，请潘国渠先生品赏，他赞同我的见解，答应要为画题诗。假以时日，这几幅画，将是诗、书、画三绝，形成浑然一体，完美无瑕的艺术作品了。潘老诗成，当即录呈。书画随缘，我喜极忘形，深深感到庆幸，故不计浅薄，班门弄斧，说了这些话。这是我的感受，这是真心话。日内另再奉函。　专此敬颂　健康（《大师华翰》，第20页）

9月20日，刘海粟复函周颖南，谈师友交遇。

【录】颖南道长友爱执事：三读手书，勤勤无已，隆意殷殷如此，感愧非言可喻。得读最近寄示大著，觉得您的文章也写得很好，尤其是《纪念南国诗人李西浪先生》《悼郑光汉先生》两篇，真切恳挚，情见乎辞，你是厚于感情而笃于友谊的。朋友或者师友，这项关系在古时也知重视，而今日看来，它的重要性更是有加无已。一个人的学术成就上，事业上是一个重要的因素，我的朋友关系是幸运的。早年获交康南海、梁任公先生。康、梁晚年的政治活动虽然不一定为我所悦服，但他们"戊戌变法"的精神和治学的态度，是给我以深厚的影响的。在康、梁二位先生之外，支持我的事业，帮助我的艺术活动，影响到我生活颇深的人，无疑是蔡孑民先生。这位精神博大的学者、革命家、教育家，对中国的文化界、教育界贡献非常宏大，他热心提倡美育，著有《美育代宗教》论文，热爱艺术，而他对我始终是刮目相看的，我办学，去欧洲研究美术，第二次去德、英、荷、法、瑞士、捷克展画也都是由于蔡先生援引和支持，一直到蔡先生逝世。蔡先生是一九四〇年病逝香港，那时我在泗水展画，去世前夕老人家还十分关怀我在爪哇的情况，他本来打算去爪哇看看，柯全寿医师已在养生院预备接待老先生,不幸他去世了。

读赐函乃知游子平先生亦已去世,深为惋叹!曩在爪哇各埠展画,所至欢迎若狂,知交遍天下,吧城如陈隆老、刘品老、庄西言、柯全寿、洪渊源;三宝垅之张添聪,尤称莫逆友。十几年来闻先后倾逝,印尼老友凋谢有如冬叶,弟罹朋友之戚者屡矣!写至这里适接家耀兄来函说您最近决定回国观光,一切面谈云云,闻之狂喜,确定日期后望即函告。如方便请代购半导体家庭用空气调节器(220V)一具,容当面谢!费神感铭。弟年迈多病,冬日畏寒,夏季怕热,极需要这种用具,瑧瑧相烦,深感不安,委画册页,已挥就十页,来信说:"愿意量力以收藏者的态度来承担一些责任。"盛意殷拳不胜感戢。如有精力拟为公作大着色没骨山水,大设色花鸟数幅,以报知音。比由会晤善保　珍重不宣。弟　海手启

画《蓝水远从千涧落》那样的薄皮纸是星洲寄来的,请代购若干。另附最近所摄照片二张存念。一九七二年九月廿日(《大师华翰》,第21页)

9月21日,周颖南致函刘海粟。

【录】海粟大师:昨日寄上的信,谅已收到。新加坡政治、经济、文化各方面工作均蒸蒸日上,全国上下同心协力缔造国家。当然,千头万绪,遇到的困难也很多。兴办、梳理、整顿,都须付出艰辛的劳动和长时间的坚持,这是可以想象得到的,但大家都认为前途光明,大有希望!

兹由香港宝生银行先行汇上港币一千元,敬请查收,示复为感。专此敬颂　健康(《大师华翰》,第22页)

秋,刘海粟作油画《菊》,又作中国画《山茶锦鸡》和《锦鸡山茶图》。

【图1972-3】刘海粟中国画作品《墨荷》1972年（137.6cm×67.6cm）

【按】《山茶锦鸡》编入《刘海粟中国画选集》，《锦鸡山茶图》编入《海粟老人近作》。（《刘海粟年谱》，第199页）

10月4日，周颖南致函刘海粟。

【引】海粟大师：九月廿日惠书及玉照两帧均已收到，我感到非常高兴。一星期前，我曾分别和陈人浩、刘抗、黄葆芳诸先生会晤。在人浩先生家里，我看到了您寄给他的一幅《墨葡萄》。在葆芳先生那里，看到了您写给他的信。唯您请印尼客人带给他的画，至今尚未收到，使他念念不已。从来信中，引起了我的回忆。

陈隆老是一位和蔼可亲的革命老前辈，当年，我常到他老人家那儿去拜会，一谈就是几个小时，他那位日本老太太，招待的可真周到，给我很大的温暖。现在，他虽已归道山，然他所创办的隆吉药厂出品的"宝刀牌"药品，依然造福着万千群众。

洪渊源先生，三年前我在雅加达的朋友家里还见到他。那时他正在束装准备到加拿大去。现在，想他仍在加拿大安度晚年了。在他未离开前，一直在养生院做主持工作。他是印尼华侨所景仰的侨领之一。（略）这里的文风较盛，文艺界很有许多人才，大家相互往来，却有无穷的兴味。可是，郑光汉、李西浪先生的逝世，使我甚感哀悼。于是，我情不自禁，分别写了纪念文章。目前和我往来最为密切的是潘国渠先生了。我们几乎是没有两天不见面的了。

这一回您的四幅画，他已经题了诗，这里复印奉呈，请共欣赏。潘先生的诗在南洋是无出其右的了。我看到您桌上的《柳文指要》，潘先生是《柳文指要》作者章士钊先生的老朋友，过去时有唱和之作。《柳文指要》的内容，很有创见。我已拥有一部，我要好好读它。潘诗中"饶固庵山水为周颖南题"者，我想作一番解释。饶固庵即饶宗颐教授。他是您的老朋友叶恭绰先生的得意门生，有一个时期和叶先生一起共事。饶教授现任新加坡大学的中文系主任，是一位词人，著作等身，我们时有往来，我曾经写过有关他的文章，日内复印奉呈，请您评阅。同时，我也将复印些潘先生有关题画的诗，请共欣赏。您得天独厚，深获康、梁、蔡三公的大力支持，为中国艺术大放光彩。这种伟大的交谊，是中国艺坛的重要掌故，这也是很值得宣扬的事。（略）

（《大师华翰》，第23页）

10月5日，周颖南致函刘海粟。

【录】海粟大师：昨函陈述我见，请您评阅。兹奉呈潘国渠先生题画诗一束，请共欣赏。潘先生诗集《海外庐诗》卷一、卷二合订为上卷,已于去年出版,卷三、卷四合订为下卷,尚未出版。潘先生同意将其校正样本有关题画的部分,复印寄上,供您先读为快。

画展工作正在筹备中,详情续告。读您的画,每每感到题材的宏伟,色彩的强烈,章法的横肆和线条之活跃,使我不知不觉中便陶醉其中了。特此奉告,以博点头一笑。

书呆子就是这个样子,这正是我们与一般商人格格不相入的地方。但我行我素,我们自有自己的天地,这又却是他们所不及的。我往往以此自慰!专此敬颂　大安（《大师华翰》,第25页）

10月6日,周颖南致函刘海粟。

【录】海粟大师:陈人浩先生告诉我,他和刘抗先生都收到您的来信和近照,都感到非常高兴。这种真挚的感情,是十分珍贵的。尤其是在南洋社会里,更值得珍视,我们就是以此为最高精神享受。

兹奉上拙作《迎春夜话》复印本一份,请您评阅。这是为南洋读者而写的,可能不适于国内人士阅读。读后是否保存,请作处理。

我们都是旧社会过来的人,自己是可以批判自己的了。您是住过南洋的人,这里的情况您是熟识的,所以我才决定把拙作部分寄去。有时可作怀旧之一助。专此敬颂　大安（《大师华翰》,第25页）

10月27日,刘海粟致函周颖南。

【录】颖南道长友爱:手教稠叠,快若晤谈。尊著《迎春夜话》内容丰富,读之有味,何其才之富也。先行汇款港币一千元亦照收,今夏来教,委画屏幅册页,当即挥汗写就《听瀑图》

《红梅图》二帧,并检出存天阁自珍之大着色《五老峰图》与《秋山红树》二幅(补款博教),交小女英伦旋呈,蒙品藻不胜感愧。

潘老之诗跋不仅文辞出众,且其浩浩落落之怀一皆寓于笔墨之间,非谓不高,韵自胜筹,以遗拙画殆亦属意之深者欤。潘老题好希望摄景寄来看看,《红梅》不必寄,如《听瀑图》《五老峰图》都是在不知不觉地完成。唐张彦远《历代名画记》曰:"夫运思挥毫,自以为画则愈失于画矣,运思挥毫意不在于画,故得于画矣;不滞于手,不凝于心,不知然而然……"张氏也说画应浑然而成,宋黄庭坚亦有同一意见,愈为微妙"余初未尚识画,然参禅而知无功之功,学道而知至道不凡……"以您的学力与衡鉴,不但是一位鉴赏家,也是很高明的批评家,偶然想到拉杂写出,足下以为然不?涉笔潦草,不尽拳拳,余唯珍重不宣。弟海谨状 一九七二年十月廿七日

来函提及叶、章二老。叶老已归道山,章老健在,已九十二岁矣。暑天寄来《柳文指要》。(《大师华翰》,第26页)

11月,刘海粟会见英中了解协会英纳丝·海顿夫人(静如),作中国画《铁骨红梅图》并题《水龙吟》赠之。

【引】题词:直教身历冰霜,看来凡骨经全换。冻蛟危立,珊瑚冷挂,绛云烘暖。劲足神完,英华内蕴,风光流转。爱琅琊石鼓,毫端郁勃,奔吾腕。 迅见山花齐绽,醉琼卮,襟怀舒坦。乾坤纵览,朱颜共庆,异香同泛。三五添筹,腾天照海,六州同灿。正芳枝并倚,阳和转播,称平生愿。(该画题跋)

11月,周颖南来访,刘海粟作中国画《铁骨红》《牡丹》和书法杜甫《秋兴》之一节赠之;又将叶恭绰题赠之《百川东注资流凿》七律移赠,并加题跋。

【引】题跋:"此诗遐翁(叶恭绰)为海粟作,已藏之四十余年矣。一九七二年十一月,颖南贤兄回国观光,握手海上;恨相见晚也。因以此移赠,有何不可。颖南得之,不亦风流胜会乎!"又将康有为大幅书法赠之。(《刘海粟年谱》,第199页)

12月9日,刘海粟致函刘抗。

【录】抗弟如晤:前读十月十一日来翰,快若晤谈,况合家欢迎与授勋照并赐,何异亲履其地耶,感到非常亲切温暖,无以为喻。兄入冬颇病数日,兼以时有侨友外宾来谈致迟迟复书,非相知之深必责久疏慢无然,亦自懒散不敢辞也。

前日周颖南兄伉俪回国观光,访予寓斋纵览近作,上下古今所论莫不相合,渠对吾弟学艺、人品亦极推重,一切由其面达,兹不赘。来函谓退休后对于艺术创作正是大踏步向前迈进之时,拟可油画外,从事水墨画研究,深佩卓识,今后当遵嘱,陆续写些关于水墨画心得寄呈,以备参考。我热烈地想作画,只要体力许可,我就写字作画。创作是无休止的,没有劳动和辛苦决不得到真、美、善的东西,因而这是一定的规律。文话拉杂,涉笔潦草,不尽拳拳,唯眠食益健。珍重　不次(《刘海粟刘抗师友书信录》,第178页)

是年,刘海粟作多种美术作品。作中国画《扫除腻粉呈风骨》(泼墨荷花)《墨荷》等。(作品题跋)

【引】作中国画《泼墨山水》《荷花》《山水扇面》,给长女刘英伦。作中国画《雨中牡丹》,给长婿周良复。又作中国画《水墨荷花》《水墨葡萄》等。(《刘海粟年谱》,第200页)

1月10日，周颖南致函刘海粟伉俪。

【引】海粟大师伉俪：我回来了，事情真多，使我忙得透不过气来，所以不能及时向你们问候起居，请谅囿。这回有几张照片拍得不错，整理重洗后即可寄去。《五牛图》已复印两张，这里随函奉呈。人浩、葆芳、振通诸兄都已联络好了，不日将分别把画送去。（略）

潘老对大作欣赏极了，百忙中我们已经见了两次面，不久相信他又有好诗问世，余容后告，敬颂□□健康。（《大师华翰》，第27页）

1月17日，周颖南致函刘海粟伉俪。

【录】海粟大师伉俪：海上幸会，历历在目，令人感念不忘。与您欢晤，使我联想起大师当年敢与封建礼教、社会陈腐习俗作斗争，在国内首创用人体模特儿供学生写生之举，虽遭到假道学的军阀孙传芳迫害而无所畏惧，确实表现出孟子所说的："富贵不能淫、贫贱不能移、威武不能屈"的大无畏气概，令人敬佩。行前承嘱购买夫人所需鞋子，在港无法找到，这里亦尚未看到合适的，日后当续觅寄奉，请勿为念。随函奉呈照片一束，敬请清赏并颂。起居百福。（《大师华翰》，第27页）

1月24日，刘海粟作中国画《叠叠晴峰》。（该画题跋）
1月31日，刘海粟致函陈人浩、刘抗。

【录】兄眠食如常，唯苦俗务耳。颖南先生带呈近作，笔墨蹊径、设色渲染，另开生面，自谓晚年得意笔。大幅锦鸡山茶图，非凤非凰，非鸡非雉，红腹白羽，古不可言，若以人拟之，

公元1973年
（癸丑）
77岁

是一个无拘管放泼底黄筌也。又苍松一幅，出以篆籀之笔，悠肆苍郁，不可名状。又赠颖南水墨荷花，浩荡烟波一片，玻黎十顷风生。笑倒青藤，骇倒白阳。两位老弟可以看一看后或曰，老人其高自标许如此。因二位是我的挚友，不但早年时与我很接近，在巴黎的艺术氛围气中同处数年，归国又同事五年，关于我的一切知道得很多，创作以外的生活态度，思想历程，及一切客观环境，都直接亲炙，我有新作心得也应该老老实实告诉你们，是自然的。但又希望你们提出不同的意见！再谈。（《刘海粟刘抗师友书信录》，第187页）

2月1日，刘海粟致函周颖南。

【引】颖南贤兄如晤：惠书诵悉，忻慰无已。照片十帧，拍摄得很好，请添印一套赐寄。我的半身像及与小外孙女合影多印一二张更妙，半身像是你最优秀的作品，这里所表现的神奇地强烈深刻的明暗，增强了性格的描写，是一幅画像，虽然老态，是有风采的。如其能多印几张代为分送给国渠、刘抗、人浩、家耀、葆芳、惠瀛、木化诸先生，感谢无尽。

《锦鸡山茶图》是一幅奇画，非凤非凰，非鸡非雉，红腹白羽，古不可言，若以人拟之，是一个无拘发放泼底黄筌也。《苍松》巨嶂亦颇敝帚自珍。其尤奇者为赠你的泼墨《荷华》，浩荡烟波一片，玻黎十顷风生秀。笑倒青藤，骇倒白阳，唯有颖南，不笑不骇。裱背重着色者应先喷矾水，裱画师傅应知之。否则重色有脱落之虞。裱装时用"宣和式"更美观。倚画幅大小，配合隔水及天地长短，唯四周绢边终是二公分，大画也不放宽。宣和式裱装，古色古香，能使画面更突出更美观，可以属裱画店研究研究。见丹农时道念！

《锦鸡山茶》和《群牛图》能印单幅问世更好，在画册中不可能表达雄浑的气势，袁君抄录的《国画源流》及题画著录文稿，讹脱甚多，恳校阅考正。刘抗先生需要资料时可供参考。
（略）（《大师华翰》，第28页）

2月9日，周颖南致函刘海粟伉俪。

【引】海粟大师伉俪：回来后，尚未接来示，深以为念！（略）兹随函奉呈行老玉照两帧，请存念。行老现在北京医院养病。周总理曾于一月十五日亲往慰问，老人非常高兴。香港何悼贤先生来信，有关大师的内容如下：海粟老人为弟故交，四十年前弟奉蔡子民先生之命，为上海美专筹款，略有成绩，为蔡公所高兴，赠弟红金笺"美意延年"及条幅多帧，并请"艺术叛徒"海翁给我一巨幅苍鹰，题句为杜诗"何当击凡鸟，毛血洒平芜"，弟仍保存港宅无恙，便中乞代致候海翁为感！何老是港、九社会贤达，与行老交谊极深。上述所谈，使我倍感亲切。

我收集许多近代名人手稿及书简，正会同潘公予以编辑，准备影印出版，使其传世。我知道大师也会感到高兴的，大师结识满天下，手边足以传世的书简，不可胜数。请在可能的范围内，选赠若干通，一旦手稿出版，将使千百年后的读者，亦能看到今代贤者的风流胜会，而被视为无上珍贵的参考资料。请示以为然否？承蒙惠赐，来件请用挂号。（略）（《大师华翰》，第30页）

2月14日，周颖南致函刘海粟伉俪。

【引】海粟大师伉俪：拜读二月一日惠书，我高兴极了。这些日子，我盼望您的来信，望眼欲穿。我知道可能是因为冬天执笔不很自在，但无论怎样，我的心情是沉重的。现在您的信来了，我的心情也随而开朗了。

照片早已准备好了，谨此奉呈，其他的要再冲洗，容后续寄。您的玉照，我已奉呈国渠、刘抗、人浩、家耀诸先生了，他们都很高兴。葆芳、木化先生处，择日另奉。《锦鸡山茶图》是一幅奇画，其构图之雄浑，气势之浩大，非一般所能比拟的。奇画必须要奇人珍藏，我哪能忍得放手。这画是要认真裱制的，我将会和丹农先生的公子谈好的。

苍松巨嶂，古朴苍劲，浑然天成。泼墨荷叶，却是倾倒了不少知名之士。这幅画，现留在国渠先生家里，请他题诗。大家都为我北行的幸会感到无比羡慕。

《锦鸡山茶图》若印行单幅，想来是可以的。《群牛图》因原作不在，复印就不理想了。这些事要进一步研究的。（略）
（《大师华翰》，第31页）

2月15日，刘海粟致函周颖南。

【录】颖南吾兄执事：手教稠叠，并审起居诸将甚慰！弟旧疾又发，衰庸可鄙，医嘱静养，历阅四月未动墨，来教未答，歉悚歉悚。承赐国渠先生《海外庐诗》两卷及题《山水小品》五律十首，读之既尽，可胜叹仰。

潘公诗，自然、朴实、气势雄浑，绚丽含蓄，具有高度艺术性和思想性，伯鹰、尹默或有不逮，南洋无第二人。前赠《铁骨红》，信手涂抹，不复有相可得，宁计其工拙也。自古诗文字画，原有评价，即善讵工忌媢者，岂竟谓鸳麟龙鳌与鱼猥类也！存尊处两画，颇敝帚自珍，勿轻示不知者觌也，您一再来翰说我们感情是深厚的，的确，我对颖南，知之真信之笃。画集事你要打开困难，努力进行，深感。灯下潦草，不尽依驰，敬颂春祺。国渠先生安好，阖第大吉。海粟草（《大师华翰》，第32页）

2月21日，周颖南致函刘海粟伉俪。

【录】海粟大师伉俪：近获行老与张伯驹先生《杨柳枝》唱

和词一束，国渠兄亦奉和之。兹一并复印奉呈，供作新奉谈资之一助，您一定会感到高兴的。国渠兄第一阕所唱咏者，未悉您以为然否？

我关注和热爱大师的绘画已习以为常，但多偏重于国画，对油画则较少欣赏机缘。近读谢海燕先生文章，对大师的油画有这样的评述："他有塞尚的永久实在性而无塞尚之重郁；有凡·高的奔放泼辣，而无凡·高悲怆震颤之笔；有马蒂斯单纯之韵味，而无马蒂斯的温情感。"又说大师两次欧游后所作，"在每一幅中，技巧的如色彩的力、线条的力、音乐的力、描写的力；内性的如情绪的力、性格的力、哲学的力、判解的力，都很完备了"。我觉得他说得好极了。特录此以求大师有以教我，使我对大师的油画也有进一步的理解。附上照片四帧，请查收。专此敬颂新春万福（《大师华翰》，第33页）

2月21日，夏伊乔致函周颖南。

【引】（略）自您俩离沪后，我们又连着接待了外来的英国代表团、美籍科学家和教授，几十年前老人到过许多国家展览作品和讲学，他们又常在国外各地看到有关艺坛的名人录或大辞典中载有老人的传记和二十几年前的旧作品。他们都是慕名而来访问的，见了面也都有相见恨晚之感。尤其是最近有位美籍衣阿华州的大学教授武士彦，他在一九七二年中先后在英伦、比利时等地讲学，去年的十一月又在日本京都大学讲学后转道回国观光。他一到上海就急于要访问老人，他说他在年轻时就已知道了老人的名字，在我家看了三天画，反复重看，不忍释手，他极有风趣地说他是很自私的，他非但饱了眼福不够，还要把这些看过的字画全部带走，他把所有看过的字画和极少数仅挂在墙上这几幅油画也都全部拍了彩色照片。他觉得油画近作过少，他说老人最早是以油画出名，他的油画与众不同，具有独特的民族风格和民族气质,油画吸收了国画的优点。看到国画后更使人意想不到的是国画撷取了油画的精华,油画国画熔为一炉,中外古今的相结合,创造了新时代具有高度的艺术性感染力杰作。(略)(《大师华翰》,第32页)

春,刘海粟作油画《杜鹃花》,中国画《天都古松》。

【按】《杜鹃花》在1979年9月由上海人民美术出版社出版1980年单张年历。

【录】《天都古松》题诗并跋:"癸丑暮春,写竟自读,古朴如拓碑然,识者自能领之。"(该画题跋)

【图1973-1】刘海粟1973年作油画《杜鹃花》

3月14日，周颖南致函刘海粟伉俪。

【录】海粟大师伉俪：二月廿一日夫人手教拜悉。（略）文艺工作是千古的事，不能凭一己的喜悦，把它充当玩世的手段。什么树开什么花，什么花结什么果，看来是必然的、肯定的。但却似是而非。要改变也不困难，我们可以利用它那健全的树干，加上优良品种的接枝，就会脱胎换骨了。同是那一棵树，先后的结果已截然不同了。

大师的立场很坚定，看法也很明确，一阕《水龙吟》，就好比宣言一样，足以不朽了。我很喜欢收集有关大师的资料，请时予供应，使我能进一步研究大师各方面的卓越成就。我想写的是大师真实的精神面貌，要做到文章里有人也有我，是活生生的形象，而不是硬邦邦的空口理论。我认为理论工作也要革命，要做到人人喜见乐闻。

几天来，家耀兄在这里小住，与国渠、人浩、刘抗等诸兄相聚一堂，大家都有说不出的高兴。相聚是多么珍贵啊！最近，新加坡有关当局请我担任国家文物馆咨询委员会委员。兹将原函复印奉呈，请参阅。在海外做事我喜欢超然，因此，我去函请其重新评议。深恐有负众望。专此敬颂　俪福（《大师华翰》，第35页）

3月，刘海粟作中国画《清风》（设色荷花）。（《刘海粟年谱》，第200页）

4月8日，刘海粟推崇的毕加索在西班牙逝世，终年92岁。

4月20日，刘海粟致函周颖南。

【引】颖南吾兄阁下：前奉手教未及作复，入春弟心悸频发，衰庸可鄙。（略）

【图 1973-2】刘海粟 1973 年 3 月作中国画《清风》

　　我国绘画艺术有悠久的历史与优秀的传统，在世界艺术史上占有重要地位，现代杰出的画家，推陈出新，古为今用，洋为中用，创作了辉煌的作品，是祖国文化中的一宗珍宝，他们是要受到认真对待的。弟平生很少画册页，这次破例为兄作十册（页），用笔简练而淳穆超逸，能得潘老对题更妙。装池后摄印寄我一份为盼。前次带来四张照片（五老峰、观瀑图、青绿秋山图、红梅图），希望能摄色彩片更好。

　　最近比较忙，有几位由美回国观光的教授来看画求画。我强烈地想作画，只要体力许可，我就动笔画，创作是无休止的。我告诉您实话，没有劳动和辛苦，决不能得到真善美的东西，因为这是一定的规律。假如你想要享受地上的果实，你必须去耕地下种，假使你想要得到人群的崇敬，你必须为他们的幸福工作。不息劳动创作，能够使你伟大，而享受到真正幸福。一条劳作流汗的艰难的道路，但也是一条光荣的道路。（略）（《大师华翰》，第 37 页）

5 月 3 日，周颖南致函刘海粟伉俪。

【引】海粟大师伉俪左右：四月廿日惠书拜悉。这封信，公私并重，说理分明，写得好极了，这是一封足以传世的书简。没有劳动就没有收获，这是千古不移的真理。我们要以此自勉勉人，由己及人。（略）名家画展，香港是时有所闻的。所指的一定是古董商或什么艺术公司主办的，目的在于牟利，绝不是收藏家所作的。如是收藏家所主持的，却是不会标价的。目的不同，方法也各异，大可以不必调查。目前，海外展出其费用之高，展览场地租金之昂贵，是令人咋舌的，尤以香港更甚。所以有些画家举行个展，往往连费用都赚不回来。于是乎出现了很多名堂，如请人主持开幕啦，向名流拉拢啦！不一而足，置艺术于庸俗不堪的地位。在展览会展出的作品，如不是高价求售，就不够展出费用，就会造成赔了夫人又折兵的现象。出售的比例也很难预料，多少都带点冒险。总之，把艺术品当作商品，就不是我们愿意看到的。（略）（《大师华翰》，第38页）

5月20日，周颖南致函刘海粟伉俪。

【引】海粟大师伉俪：目前我用挂号寄呈放大玉照、四幅大作的彩色照片各一帧，并附各样花边四种，敬请查收示慰为感！

（略）同时，他（按：何焯贤）还把这件事写信报告行老。他说："弟（何焯贤）想起四十年前一段旧事，时为一九三一年，弟任实业部全国商标局长。有一天，号称为'艺术叛徒'之刘海粟兄，约弟到上海南市参观其主持之美专，画室中有学生二十余人，正画人体写生，裸女凡廿余人，作出种种姿态，男女学生都向模特儿作画，时适大雨，画室为古旧建筑，屋漏，模特儿胸背为雨水所袭，而仍坐立均不动，弟极为难过。劝海粟筹建新校，海粟托我以筹款事。弟翌日即向工商界朋友谈到此事，并介绍各友到美专参观一次，筹款事得到良好效果，又经多方努力，美专新校舍即告成功，海粟将此事报告蔡子民先生，由其子蔡无忌（留法，任商品检验局长）领弟谒蔡先生，即蒙蔡先生赠弟'美意延年'四字留念，并向公报告，以供一笑。"这段话写得生动极了。何先生是当时美专最得力的见证人。这给我提供了非常宝贵的资料。友情就是这样宝贵，尽管是几十年前的旧事，他还能如数家珍般地数说出来。这就是一般人所望尘莫及的。从这件生动的事例，更增加了我对何先生敬重的心情。我常常想，我们结识满天下，而知己能有几人？何先生是当而无愧的。

（略）（《大师华翰》，第39页）

5月29日，刘海粟致函刘抗。

【录】抗弟如晤：三月中旬曾寄一书，迄未得复，殊为悬悬！一月廿八日来翰及全部画照早已妥收，请您将A字全部色彩软片寄给英伦，因为她也要印一套纪念纪念。务恳即寄！你的二封长信，词旨真挚，笔意酣态，于我的艺术和生活知之最深，你对于我的一生是关系最密切的一个人，这两封信非寻常尺牍，可比出入怀袖，钦味无穷。昨得星洲友人来书并附某某近作中国画展目录，印色彩画两帧，其画亦平薄酸俗一路，吾弟与太格观之有何感想？自古诗文字画原有定价，即萧诉工忌娼者岂竟谓鸾麟龙鼍与鱼猸类耶？美哥伦比大学教授蒋彝近回祖国观光，游山西大同，饱观云岗石窟，往陕西西安看秦始皇墓、武则天墓、永泰公主墓及半坡遗址，又往华清池细览各处。在北京饱览胜迹，参加五一节游园各种，在京参观各重要机关工厂公社外，又参观大寨工程，往郑州一览黄河水利工程，后于五月廿三日专程飞来上海访予寓斋，弟与蒋兄英伦一别于今四十年矣，久别重逢，踊跃欢喜，得未曾有。因画出近作，相与纵观。他说数百年无此神彩，所见和你相同，并说张某在美经常展画，大吹大擂，还用反动年号，他们非常气愤，蒋彝教授在各处讲学，遍历五洲，在各国博物馆看到多有将拙作与张画并列，虽然是数十年旧作，相形之下，已经压倒了他，并说星洲南洋大学文物馆画廊也有拙画

《红梅图》与张画《芭蕉人物》并列，云云。如果是事实，请您拍摄一张色彩照片给我看看！还有中华画廊的迎客松和尊藏各画并贤郎所藏的红梅与天都峰，能全面拍更好，草草拉杂不尽百一，即颂阖第安好，并希报音，不宣。海顿首，一九七三年五月廿九。（《刘海粟刘抗师友书信集》，第188页）

6月10日，周颖南致函刘海粟伉俪。

【录】海粟大师伉俪：昨日下午，在中华书局会晤了施寅佐、黄葆芳先生，拜读您最近致葆芳先生的信。我们就谈话的内容，交换了意见。《迎客松》，施先生说正在裱制中。我依然提出我过去所持的看法。要印，就得像样点，不宜草率从事，我还把我们在上海谈论的情况，叙述一回。他们亦以为然。

为了更有效地处理事情，我建议邀请刘抗、陈人浩、潘国渠诸先生共同参加讨论。我们决定本月十四日下午在中华书局研究这件事。希望能由此产生积极的推动作用。详情如何，容后报告。人事问题，处理得好，可以成事；处理不好，就会适得其反。这件事，我会慎重的。

行老现住香港，王益知先生随行。何焯贤先生对老人关怀备至。我们保持很好的联系。看来，他们在港逗留的时间，估计要半年左右。老人正在作《柳文指要》第三版的修订工作，并著作《论衡指要》中。老而弥健，令人感奋不已。附行老九十三自寿诗及海内外文化界前辈和作，行老寿何竹孙（何焯贤）先生七十四寿辰诗及诸前辈和作，敬请吟赏！你们有什么需要？盼来示。当即遵办。专此敬颂　俪福（《大师华翰》，第41页）

6月15日，周颖南致函刘海粟伉俪。

【录】海粟大师伉俪：昨日下午四时许，我们在中华书局

【图1973-3】刘海粟油画作品《松树》20世纪70年代

进一步讨论有关出版大师画集事宜。出席者：施寅佐、潘国渠、陈宗瑞、黄葆芳、刘抗、陈人浩诸先生和我。这一回，有了较具体的结论：一、征集出版费，分头向大师的好友及门生进行之。二、拟定内容，以大师晚年作品为主，精选四十幅，内彩色版十幅。三、决定形式，以葆芳画集为根据。不日我们将约期续谈。大师伉俪有什么意见，请示之，当代传达。专此敬祝 俪福（《大师华翰》，第42页）

6月25日，周颖南致函刘海粟伉俪。

【录】海粟大师伉俪：兹奉呈拙作《谭云山教授与世界佛学苑》复印本一份，这是我处理传记文学的一种尝试，是否及格，请您评核！

编印画集事，尚未有新的发展。详情如何，容后续报。

专此敬祝大安　弟周颖南拜上　一九七三年六月廿五日（《大师华翰》，第43页）

7月8日，刘海粟致函周颖南伉俪，谈及画作收藏的问题。

【引】（略）前谈香港中国名家书画展览会，不是古董商或什么商人艺术公司办的，最近南方友人来说起春季又展出中国近今名画，评价很高，老人有一帧山水画由日人以数万元收购云云。家耀兄来函亦云，齐画一大幅日人亦以五万元购去。中国名画在世界美术史有很高地位，有优秀的传统，近今画家推陈出新的杰作，应该有很高的评价。闻毕加索死后，一张作品卖给美国值一百万美金。东方日本战后经济发展很快，日人有钱，又能欣赏，近来大量收购中国近今名画，相比之下，还是很便宜云云。他说得很对。就余所知，二十世纪世界最有名的画家毕加索，于四月八日去世，终年九十一岁。毕加索和他四十六岁的妻子在法国里维埃拉过着城堡式的隐居生活，他一直作画到死。毕加索八十八岁画了三百四十张石版画，是生平的杰作，开创了一个新的时代，精制了五十套，由他亲自签名，为各国博物馆定购一空，得值一千万美元。世界工业愈发达，经济愈发展，名画价值愈高，这是一定的规律。每一个世纪不是一定能够产生几个伟大杰出的艺术家。您说得好，不能拿艺术品当作商品，但艺术品自有它不朽的一定的评价。（略）（《大师华翰》，第44页）

7月8日，夏伊乔致函周颖南伉俪，谈到刘海粟的身体情况以及听闻挚友章士钊去世消息后夫妇二人的悲痛。

【录】颖南贤伉俪：您两位好！寄来的信、琴谱、比乐药膏、水果糖、鱼肝油丸以及照片和花边前后收到无误，请勿念，并谢谢!

海翁已年迈,不能过于疲劳,健康受到影响就不容易元复,除每日打针服药外,尤以静心休养。我亦苦患牙疾,久久不得痊愈,以致未能及时给您复信,深以为歉,幸望见谅!

今日见报惊知行老已于七月一日病逝香港寓所,愚夫妇甚感悲怆。想一九五四年春日我们去各地写生画画,过北京时曾去看望他老人家,又一九六二年二月我陪海翁去北京参加全国政协,见到他老人家一见如故,老人家和蔼可亲,当时情景都尚历历在目,且每题海翁画的诗词中也常题到我的名,我很惭愧,往年累月都为杂务所羁,也没能好好地画上一张画给行老过目请他教正。他老人家还曾在一九七一年十一月底送了一部他自己的著作《柳文指要》给海翁,还亲自在书页内写上"海粟大师指疵"字样,笔墨犹新,不意竟成千古。行老学术文章是不朽的,爱国的精神也是值得使人钦敬的。想您两位身体健康,一切如意,为颂为祝。草草不恭,以释远念。敬祝 阖家安好!(《大师华翰》,第45页)

7月11日,周颖南致函刘海粟伉俪,告致电吊唁。

【录】海粟大师伉俪:行老不幸于本月一日零时廿分在港逝世,七日举行火化礼。不日,有关者将护送灵灰回京公祭。巨星陨落,薄海同悲!当时,潘先生和我,致电吊唁。电文如下:"香港何焯贤先生请转章行严先生家属礼鉴:惊闻行严先生仙逝,国家失一元老,文化界失一巨星,海内外同深悲悼,尚望节哀,勉襄大事。潘国渠、周颖南二日。"

日前,拜读何先生来函云:"冬电即译呈章公治丧处,章可及章夫人、王益知、新华社诸治丧朋友,均表示感谢,嘱为转达谢忱。"

行老对我关心备至,莅港后更不忘嘱何先生及王益知先生向我垂询近况，使我感念不已。今后，我当更深入地研读老人遗著，以慰他在天之灵。

前日，接英伦小姐来信：说我曾请您画画送给日本的田中先生。并提出她及朋友的看法。我写了复信，里面有一段这样说，请您们参阅。"我不曾识田中先生，也不曾向令尊大人作出所述请求。若有，就是另有其人。对这件事，各方面的看法都是正确的。我也有同感……"

有关编印画集事，正待香港中华书局的报价。详情怎样，容后续报。总之，我是作为切身的事务处理的。专此敬颂

俪福（《大师华翰》，第45页）

7月18日，周颖南致函刘海粟伉俪。

【录】海粟大师伉俪：拜读惠书，不胜欣慰！这些日子，我心情非常矛盾，每天，我都在盼望您们的来书，我更想飞往上海，复聚一堂。我迫切地希望，您一定要认真静养。创作要量力而为，不宜劳动过度。行老逝世，我们都很悲痛。我向竹老建议：大家着手为宣扬老人的事迹为己任，以慰他在天之灵！

竹老是难得的很，人生得一知己而足矣！今天，我面对这么多知己，我感到高兴，也感到满足！中国的文化艺术，在世界上已顶天立地了，我们感到自豪！需要些什么物品、药品，凡可邮寄的，均可遵办，请示为感！专此敬颂　俪福（《大师华翰》，第46页）

8月22日，刘海粟补题1943年作的中国画《清湘老人梅花书屋》。（该画题跋）

9月，刘海粟作中国画《秋江渔隐》赠张振通。作草书条幅给长女刘英伦和婿周良复。（《刘海粟年谱》第201页）

10月8日，刘海粟中风复发，突然口目歪斜，进医院经中西医悉心治疗，每天针灸，逐渐康复。（《刘海粟年谱》，第201页）

10月26日，夏伊乔致函周颖南。

【录】颖南先生：您好！好久没有通讯了，十分念念！施先生回祖国观光，晤谈几次，由他告知您和潘老对于老人之生活、健康情况非常关心，我全家甚为感动。

日子也真过得飞快，日复日，月复月，不知不觉地已临秋凉又将入冬季节。老人前一阵子双足浮肿，又加夏日酷热，精神惫困，自施先生离沪后，老人得口歪目斜面部神经血管瘫痪小中风症，且老人一向患有高血压、心脏扩大、冠心主动脉硬化等慢性病症，如不及早治疗，可以引起脑血管影响，数日前血压突升高，经每日打针、服药后日渐下降，且目前病情亦日有好转，年迈人平时日常起居、饮食也必须随时注意，医嘱再治疗静养数月可获痊愈，特此告知，以释远念！草草不恭，敬请见谅！专此即问近安！并请代向玉风姊致意问好！

夏伊乔　一九七三年十月廿六日（《大师华翰》，第47页）

10月26日，夏伊乔致刘抗、陈人浩函。

【录】刘抗、人浩先生同鉴：久疏音讯，想念之至！寅佐先生贤伉俪回国观光，在沪晤谈数次，大家很高兴。尤其是您两位对老人的健康十分关怀，合家闻之极为感动。您两位与老人已有四十余年的深厚友谊，亲如家人。他平时也经常谈起你们两位，他谈时眉飞色舞，而我们也极乐于听闻。得知先生等组织新加坡华侨艺术考察团已获批准，将于1974年之三、四月间即可回国，先来上海，老人闻之非常兴奋。阔别数十年老朋友，一旦把手言欢，其乐又何如耶。

老人自施先生离沪后，得口歪目斜面部神经血管瘫痪小中风症，且老人一向患有高血压、心脏扩大、冠心主动脉硬化等慢性病，如不及早治疗，可以引起脑血管影响。数日前又突血压高升，经每日打针，服药后日渐下降。目前病情日有好转，老人已届年迈，平时日常饮食、起居亦须随时注意，如再治疗静养数月定必可获痊愈！特此告知以释远念！您托施先生面交人民币一百元谢谢！人浩先生自罗马、伦敦寄来明片均收到，老人看了甚为欢喜。最近想必尚未兴尽回归星洲。草草不恭，幸请兄谅！专此即问安好！府上各位也必迪吉康乐！ 夏伊乔，1973年10月26日。（《刘海粟刘抗师友书信录》，第196页）

11月2日，周颖南致函刘海粟伉俪。

【录】海粟大师伉俪：近因俗务所累，致久未写信问候起居，歉甚！

昨接英伦小姐十月廿六日来信，获悉大师因病曾一度进院医疗，现已返家休养，使我思念不已。切盼善自珍重，认真疗养，促进健康！

兹由中国银行汇上人民币八百二十六元七角（新加坡币一千元），祈请查收存用为感！

中华书局经理施寅佐先生伉俪，业于日前返国，他表示，若时间许可，将登门拜访，面叙有关画集出版的一些问题。因他们的行止预先尚未确定，故我亦未写信预告。

我感到，您们是否相聚，都无损大雅，待他回来时，我们会作进一步商量，促其实现。

由我保存的大作《锦鸡山茶图》与《苍松图》，我非常希望能获得收藏。祈请俯允。并请示处理方法。若另有指示，我一定遵办。总之，在未获得您们的决定前，我绝不敢擅作主张。

我深深地感到，收藏或代为保存您们的精品，我是十分光荣的，也是我业余的最大志趣。

一年容易，我希望又能飞到您们的身边。可是，事与愿违，让另一个希望在等待着我们。专此敬祝

俪福（《大师华翰》，第 48 页）

11 月 7 日，周颖南致函刘海粟伉俪。

【录】海粟大师伉俪：日前，接英伦来信后，使我深感不安。昨接师母手示，欣悉大师正在家静养中，我因之感到安慰！

施先生您们见面了，真好。这位先生很有意思，一定给您们留下了深刻的印象。

兹另邮挂号寄奉潘国渠先生著作《海外庐诗》上下两卷，敬请吟赏。专此敬颂

俪福（《大师华翰》，第 48 页）

11 月 14 日，周颖南致函刘海粟伉俪。

【录】海粟大师伉俪：叠上两函，谅已蒙垂注。

施先生回来了，我们交换了一些意见。从他的言谈中，我也知道了您们的近况。千言万语，依然是健康第一，祈善自珍重！

国渠兄接到您的赠画，高兴极了。于是，我再度提起了《水龙吟》的大作。也使我回忆起去年拜会的情景。我非常珍惜我们之间的真挚友谊。

画集的出版事宜，已有成熟的意见，我告诉施先生，我们一定要促成。详情怎样，容后续告。专此敬颂

俪福（《大师华翰》，第 49 页）

11 月 21 日，夏伊乔致函周颖南。

【录】颖南先生：您好！来信一一敬悉。老人遵照中西医嘱

正在打针、服药，在家疗养中。年迈人原是元复亦慢。平时饮食起居也须随时注意。先生对老人生活健康关怀备至，我全家感激万分！在此再次地向先生致以恳切的谢忱！老人目前逐有进步，情况良好，且待再巩固些，如能动笔时自会给您去信。专此告知，幸请勿念！匆匆不赘，望见谅之。即问近安！并向王凤姊致候问好！

夏伊乔（《大师华翰》，第49页）

12月4日，周颖南致函刘海粟伉俪。

【录】海粟大师伉俪：十一月廿一日师母手教拜悉。

大师在家静养，不胜欣慰！现在，又是冬天了，起居饮食，祈善自珍重，促进健康！

施先生回来后，曾就出版画集事，大家交换意见。国渠兄答应撰写序文。唯尚未有十分具体的决定。详情当续作报告。专此敬祝

俪福（《大师华翰》第50页）

12月5日，上海市公检法军管会决定："摘掉刘海粟的反革命分子帽子。"（《上海市公检法军管会（73）沪公政二（4）字第333号》）

12月22日，刘海粟作扇面书法。（《刘海粟年谱》，第201页）

是年，刘海粟作《三鱼图》给刘英伦。作中国画《黄山图》给黄镇。

【引】《黄山图》题："黄镇大使属画黄山图，久而未就。病起得佳纸，忆写后海群峰，乱点大抹，墨浆淋漓。孙过庭论书曰：偶然为一合也。大使亦擅此技，画名垂数十年，艺林高手也。"（《刘海粟年谱》，第202页）

【释】黄镇（1909—1989），乳名百知，又名佩寰，学名士元，安徽桐城人。1925年2月入上海美术专科学校。1930年到冯玉祥部队当兵，1931年12月参加了宁都暴动，加入中国工农红军。1934年随军开始长征。抗战时期参与创建了晋冀鲁豫边区革命根据地。1950年任我国驻匈牙利首任大使兼管与阿尔巴尼亚的外交事务。1954年调任驻印度尼西亚大使，1961年回国任外交部副部长，主管亚非地区事务。1964年1月被选派为驻法国首任大使。从1971年到1973年负责与美国代表秘密访华的联络工作。1973年以我国驻美国联络处主任身份，赴美开展工作，促进了中美双方相互了解，推进了中美关系正常化。后历任中宣部第一副部长，兼文化部党组副书记、部长和对外文委党组书记、主任，中顾委常委等职。黄镇创作了大量的书画作品，是一位卓有成就的书画家。刘海粟认为他在长征途中创作的《长征画集》是"从油画入手，博览宋元名迹"，"是中西结合的结果"，所收的画"气韵深厚、精神焕发、用笔活脱、自成一家"。（《上海美专名人传略》，第311页）

12月26日，周颖南致函刘海粟伉俪。

【录】海粟大师伉俪：国渠兄的《海外庐诗》两卷，谅已获吟赏。而他题大师的山水册页杰作十首五言律诗，亦已脱稿。千呼万唤到底是出来了，虎啸龙吟，别具一格，一旦书成，与杰作配衬起来，定收牡丹绿叶的效果，在艺林中，将传为佳话。因此，我高兴极了。特此奉呈吟赏！关于出版画集事，闻施先生已上书报告。其事物发展的过程，我是感到遗憾的，也因之叹息不已。我们把人家冀望太大了。但却不是绝望，我们要打开这种困难的局面。国渠兄亦有同感，情况如何，后当续报。

专此敬颂

年禧（《大师华瀚》，第51页）

【图1973-4】刘海粟中国画作品《清风》（水墨荷花）1973年（133.4cmX68.4cm） 刘海粟美术馆藏

是年，刘海粟还作国画《红梅》《黄山迎客松》《墨荷图》《清风》（水墨荷花）等，临大篆《散氏盘铭》，作草书杜甫《秋兴》。（谢海燕主编，《刘海粟》江苏美术出版社2002年版）

1月20日，刘海粟作中国画《古艳》，给长女刘英伦40岁生日作纪念。（《刘海粟年谱》，第202页）

2月7日，周颖南致函刘海粟伉俪。

【录】海粟大师伉俪：日前，在丹农先生裱画处，看到您一九七〇年为雅才先生而作的《庐山仙人洞》和《梅花》好极了。这两幅以主席诗词为题材的画，看了令人倍感亲切。不久

公元1974年
（甲寅）
78岁

前，我曾寄呈国渠兄《海外庐诗》两卷及他题大作《山水小品》五律十首，谅已获吟赏。国渠兄的作品，在南洋诗坛，是无出其右的。接英伦来信，提及您们寄存在我处的两幅画，说我若有意可以保留。这原是我的本意，但要请您们亲作决定，我遵从您们的意见办。

艺术是无价的，艺术又是大众的。今后，若有关方面对我有所要求，我定当加以配合。我敬重大师，乃出自至陈，我们的友谊，正与日俱增。近因事繁，恕未长谈。起居祈善自珍重。

专此敬颂

春禧（《大师华翰》，第51页）

2月23日，刘海粟致函刘抗。

【录】抗弟如晤：去年十一月惠书，知吾弟亦患心脏病，不久即元复，来书烂然照我几案，乃益信天之佑助贤人君子为不爽。新加坡美术考察团四月中旬回国观光，为之狂喜。并推选吾弟为团长，所谓德望尊而心自折。星洲一别，瞬已卅余年，一旦握手欢聚，实为耄年最大乐事。到广州后望即电告到沪日期及至上海可留几天。今日祖国在伟大领袖毛主席和中国共产党领导下，在社会主义建设事业中取得了重大的成就。把一个过去是半封建半殖民地的旧中国，建设成了繁荣富强的社会主义新中国，即以世界闻名的风景区黄山与西湖而论，今日在红太阳光辉照耀下，更显得生气勃勃，分外妖娆。社会主义祖国到处在前进，各条战线都呈一派蓬勃的革命景象，热烈欢迎你们！去岁十月八日我旧疾复发，突然口目歪斜，进医院经中西医悉心治疗每天针灸，收效很大。医嘱静养，历阅半年未动笔，来书久未奉答，歉悚歉悚。病后手颤，涉笔潦草，相见在迩，当能一吐衷曲也。来时望代购及拉丁胶及英制锡管西洋红水彩画色若干。情隘望切，不尽拳拳，报此起居。兄海粟手启，一九七四年二月廿三日。内

人嘱笔致敬。夫人均此,阖府大吉。吾弟摄影术高明,来时多带色彩软片拍油画。(《刘海粟刘抗师友书信录》,第199页)

3月21日,周颖南致函刘海粟伉俪。

【录】海粟大师伉俪:拜读二月十三日手教,如饮甘泉,如释重负,我为您健康的恢复感到无限欣慰!适我有远行,致迟复为歉!

您存在我处的两幅佳构,的确是不同凡响,千古不磨,留为家藏,是眼下最佳的方案,及后如何安排,当唯命是从,请勿为念!国渠兄的诗篇,引起您的共鸣,我很高兴。他是我的良师,也是我的挚友。我曾经和日本的一位朋友说过:能与潘公交游,星洲算没有白住,我常常获得你们的教诲,兴奋之情,往往不能自持。

这一回,我特地到玛琅去,拜会了我的老友蒋抱一先生,两年不见,他虽然消瘦了,但精力充沛,使我衷心安慰。一见面,瞧他热泪盈眶,我的心情非常激动,不知道该说什么好。过后,他写了一封信来,里面有一段这样说:"在我上八十岁这次的会晤,那是多么珍贵呵!虽然是两次短短的时间,但这喜慰却永远存在我心坎里!"这是真情的流露!人与人之间的真挚感情,就是这么可贵。抱老与行老、尹老都是熟人。如已人天永隔了。画集的事,因为面对一些困难,看来要另辟蹊径了。

专此敬祝

俪福

(《大师华翰》,第52页)

3月29日,刘海粟背临沈石田《大石山图卷》。

【引】题云:"余热爱石田画,故所藏尤多。《大石山图卷》，点画奇肆，苍秀浑厚效北苑，神品也。丙午（1966年）失去，叹息背临，如逢旧雨，顾恋之情不能已。"（《刘海粟年谱》，第202页》）

5月11日，周颖南致函刘海粟伉俪。

【录】海粟大师伉俪：日前，家耀兄伉俪、国渠兄伉俪及浪曼兄伉俪等联袂来舍小叙。闻大师已恢复作画，感到非常兴奋。

大作《山水小景》的题诗，国渠兄已经写出来了，写得真好，兹另邮寄奉，请品赏。

我感到如果把那十幅山水和国渠兄的题诗结集出版，海外艺坛将传为佳话。您如认为可行，请亲自撰写一篇序或跋，俾使画集益增光彩。敬候 示教。恭祝健康

国渠兄很欣赏大师那幅《苍松》巨制，嘱我征求尊意。如何处理，请示为感！（《大师华翰》，第53页）

5月23日，夏伊乔致函周颖南。

【录】颖南先生：您好！久未通信甚为念念，老人家近来本要给您写信，写了一半因觉颈举乏力，没能完成，连日又在打针服药，每日令其躺着静养。接得您五月十一日来信，谈起家耀先生伉俪、国渠先生伉俪及浪曼先生伉俪联袂到您府上小叙，大家都非常关心老人健康情况，使老人看了很欣慰。国渠先生的诗是南洋第一，各位一切好意我们极为感激。北京王益知先生近也有来函，也很关心老人健康情况，他也怀念先生，说："因为甚为繁忙，罕与海外通信，倘公与颖南兄鱼雁往来，拜恳代达鄙意，过一个时期仍希望他常常赐函……"俟老人健康情况好！转当再写信问好！承您十分关怀，书此以释远念！草草即颂

大安！王凤姊前代请问好！

夏伊乔（《大师华翰》，第53页）

6月3日，周颖南致函刘海粟伉俪。

【录】海粟大师伉俪：五月廿三日手教拜悉。大师健康情况，我们甚为关注，盼认真疗养。一日，访中华书局，晤施先生，拜读了大师五月七日给他的信，你们达观开朗的态度，使我折服，也给我很大的启示。

日前，在文化部，部长易润堂先生告诉我：新加坡美术考察团八月底即将访问中国。黄葆芳、刘抗、陈人浩等诸先生偕行。届时您们可以欢聚一堂了。益老处我已驰函问好，请释远念！专此敬颂

俪福（《大师华翰》，第54页）

7月7日，周颖南致函刘海粟伉俪。

【录】海粟大师伉俪：久违大教，怀念殊深。前挂号寄呈的大作《山水小景》及国渠兄题诗的复印本，谅早已蒙参阅。有关画册出版的报价，焯贤兄已在香港请人估出。这是参考价格，若确定出版时，要重新谈妥。

为了使画册更有意义，我请香港中文大学教授饶宗颐兄写了一篇序文。宗颐兄过去是叶誉老身边的人，曾任新加坡大学中文系主任，著作等身，和我们素有深交。他的山水也画得很好，这回应邀参加日本南画展览，宗颐兄这篇序文写得好极了，是大手笔，既有崇高的评价，又有确切的论述，足以传世。国渠兄拍案叫绝。未卜大师意下如何？

前函请您为画册写序或跋，使它锦上添花，使它更充实，更有深远的影响。这是我最大的愿望。请执笔吧！专此敬颂

俪福（《大师华翰》，第55页）

7月22日，周颖南致函刘海粟，索其为《山水小景》画册出版亲撰的"序"或"跋"。

【录】海粟大师伉俪：日前奉呈饶宗颐教授为大作《山水小景》所撰的序文复印本，谅已获品阅。宗颐兄这篇文章写得好极了。我告诉他：把海翁艺术的伟大成就与董其昌并列，您是第一人，国渠兄亦以为然。现在，我们都在等待看到您亲撰的"序"或"跋"，使这部画册更有分量，更有深长的意义。近来，和黄葆芳、刘抗、陈人浩诸先生时有接触。闻他们已决定于下月廿五日启程返国。届时您们欢聚一堂，必有番乐事。赠胡载坤、陈维龙两先生的玉照各两帧已请葆芳先生转呈，请勿为念！专此敬颂健康（《大师华翰》，第55页）

7月25日，刘海粟复函周颖南。周颖南将刘海粟画赠之山水小景十页拟印制画册，请潘受每页题诗、饶宗颐撰序文之样张寄来征求意见。（《刘海粟年谱》，第202页）

【引】颖南吾兄如晤：近来天气炎热，今读来教，如饮湖渌。宗颐先生文真是大手笔，写得好极，言必已出，博稽而精思，使人心目肃然，拙作蒙藻饰，感谢无以为喻。国渠先生题诗复印本，感诵不已，当于六月十九日力疾复一长函，首述施君伉俪一再来访情况，回星后来函云，纸张短缺一时还未进行，我又诚恳复信，始终感谢朋友们的好意，绝无意见。

潘公诗写得真好，已一再致钦仰之意。此次寄来十帧书法，信手一挥，神采淋漓得意，其耳后风生，鼻头火出光景，可想也。飞走流注之势，惊悚峭拔之气，矫若游龙，疾若惊蛇，千态万状，不可端倪，足称合璧。潘公诗词书法为东南亚之冠，岂虚语哉，吾兄博雅，蓄名迹甚富，如此册恐未易多得，今又得宗颐先生之文，足称三绝。（略）（《大师华翰》，第56页）

7月27日,刘海粟致函刘抗。

【引】抗弟如晤:三月二十日手翰及红颜色三支早已得收,其时因染病毒性感冒致迟迟复函为歉。顷接葆芳来函,欣悉新加坡美术考察团已办妥出国手续,定八月廿五日由星出发,在中国旅行程序,由中国旅行社安排,十分妥当。到广州后望即电告,在上海住几天?一别三十五年,一旦把手欢聚,其乐无穷(略)热烈欢迎由您率领的新加坡美术考察团来中国观光。及拉丁gelatine 是胶水,调中国颜色用,如有其他树胶亦可。老病需要长效药尔蒙针剂,如方便请带十匣,每匣三支。相见在迩,不尽珍之珍之。夫人均候,人浩弟同阅。海,七月廿七日。(《刘海粟刘抗师友书信录》,第204页)

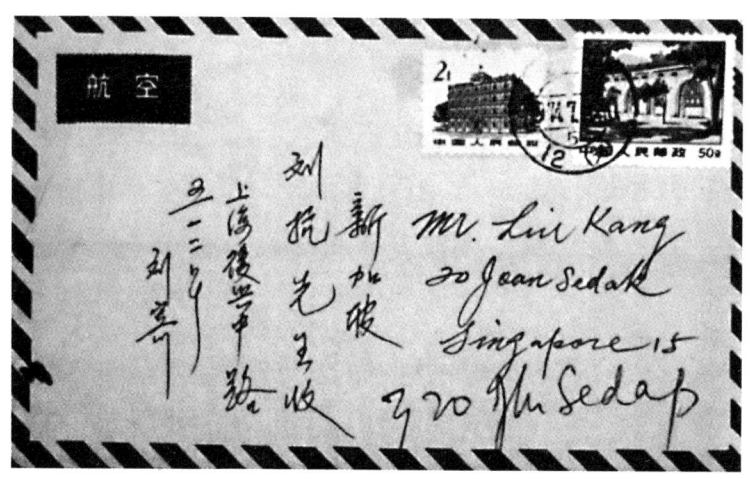

【图1974-1】1974年7月27日,刘海粟致刘抗函(信封)

7月,在联合国工作的刘海粟长子刘虎回国观光探亲。

【引】"我的在联合国工作多年的长子刘虎最近二度同儿媳(英籍,亦在联合国工作)及孙儿孙女合家回国观光探亲,在国内各地区工作的儿孙媳妇都来沪团聚，每天接去招待所聚餐，畅谈天伦之乐，踊跃欢喜，得未曾有。领导极为重视，招待好极，安排周到，在沪七天，参观了人民公社、工厂、造船厂、工人住宅、大学及社会主义许多新生事物，高兴之至。他说：中国在毛主席和中国共产党英明领导下，英雄的中国人民走过了光辉的战斗历程，不断从胜利走向胜利，今天中国人民的社会主义革命和社会主义建设事业，正日新月异地向前发展，社会主义中国更加繁荣强大，各条战线都呈一派蓬勃的革命气象，与两年前又不同了。他们一家由领导派同志同去苏州、杭州观光后再直飞北京。素蒙吾兄关怀，便中告知。"（《刘海粟刘抗师友书信录》，第204页）

7月，儿子刘虎回国探亲，刘海粟作中国画《设色荷花》《黄山》《鹰》及书法等赠之。（《刘海粟年谱》，第203页）

8月8日，刘海粟致函刘抗。

【录】抗弟如晤：得七月二十九日手书，欣悉新加坡美术考察团八月廿五日由星起飞，在香港签证后廿八日续程进入广州，行程由北京中国国际旅行社安排，十分妥当，希望在上海能够多住几天，一别三十七年，一旦得把手重聚，实为迈年最大乐事。考察团成员多数是师友，吾弟与人浩弟是军阀统治中国时代在上海美专肄业，一九二六年为人体模特儿问题与大军阀孙传芳、大买办朱葆三等封建势力剧烈斗争，你俩那时也参加了这次伟大的运动。葆芳弟是国民党反动派统治中国时在美专的。你们这次回来看到社会主义新中国到处都在前进，欣欣向荣，各条战线都呈现一派蓬勃的革命景象，一定会想到旧中国反动派统治时黑暗情况，就更加热爱珍惜社会主义中国幸福的今天，更加热爱中国共产党，我们伟大的领袖毛主席。儿子刘虎同媳妇、孙儿、孙女二度回国观光探亲，在上海住七天，合家每天团聚，天伦之乐，大家高兴极了。他几次谈起同你俩在巴黎的情况，和你所说一样，

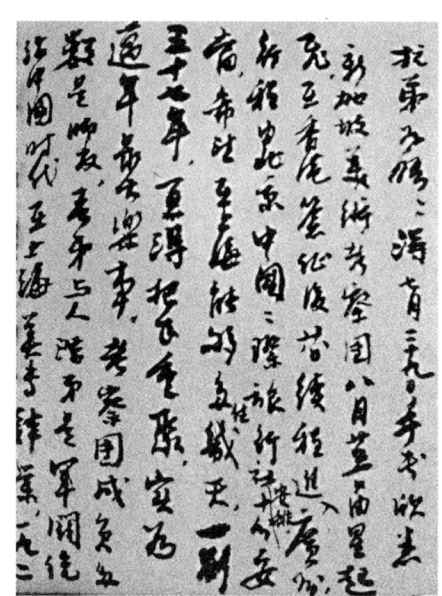

【图1974-2】1974年8月8日，刘海粟致刘抗函（局部）

未能与你把晤为憾，他极口赞令郎太格有才能，前途无量。虎儿一家正由北京飞广州转飞回联合国，因公事太忙在国内只有二十天。家耀学弟已久无来信，殊为悬悬。恳你转达鄙意，无论如何忙碌，请赐数行以慰老人之心也。寅佐兄前年在沪时说起要买两只"奥米格"男女式各一送给愚夫妇做纪念，施夫人来时带来，代表团听说她也参加，万一因事不参加，请您便中一询，寅兄说与你和葆芳时时见面闲谈，很知己。长效药尔蒙可少带一些，自用药品每人有一定数量，超过就要纳税，来前可先问一问。晤会在迩，善珍重。海，八月八日。（《刘海粟刘抗师友书信录》，第210页）

8月22日，周颖南致函刘海粟，告知新加坡美术考察团即将来华。

【引】海粟大师伉俪：拜读七月廿五日惠书，不胜感激，怀念之情，顿如冰销！刘虎先生复携眷返国，确是天大喜事，谨致热烈的祝贺。新加坡美术考察团本月廿五日即将启程（略）昨晚，我应邀出席了新加坡艺术理事会为他们举办的送行宴会。今晚，潘先生和我都应邀将出席中国银行新加坡分行为他们举办的同样宴会（略）《山水小景》的序或跋，请您拨冗执笔，使其更为完美。潘先生亦有同感。最好能请葆芳兄带回。

壬子春，唐云先生为觉园作《江山无尽图》题海曲诗云：不须哭恸尺歌诗，风雨飘摇此一时。无限江山都血泪，从头收拾有男儿。

后来，他又写是图，现被我珍藏着。欣赏时，前尘后事涌上心头，总是令我感慨万千。如今，无尽江山，日新月异，一片繁荣，欢乐的歌声，盈得山欢地笑。盼您能以今日的心情，写一幅《江山无尽图》，意义是非常重大的，并希望把我请求作画的愿望也题上去，敬请俯允。专此敬颂

俪福（《大师华翰》，第57页）

8月30日，刘海粟会见以刘抗为团长的新加坡访华美术考察团。

【引】新加坡访华美术考察团成员：团长：刘抗。副团长：黄葆芳。秘书：陈宗瑞。财政：陈潮光。总务：黄明宗。副总务：陈城梅。团员：陈人浩、赖文基、陈楚智、郑碧、陈人滨、黄蕊。（《大师华翰》，第57页）

9月1日，刘海粟应新加坡访华美术考察团之邀，赴和平饭店晚宴。

【引】与刘抗、黄葆芳，陈人浩等一别37年，一旦把晤，激动之至。并作中国画《铁骨红》题《水龙吟》赠刘抗，《牡丹》赠黄葆芳，《苍松》赠陈人浩。（《大师华翰》，第59页）

9月15日，刘海粟致函周颖南，告知新加坡访华美术考察团在沪情况。

【引】颖南贤兄友爱：八月廿七日手书展读欣畅，新加坡访华美术考察团廿九日到沪，一切由国际旅行社安排，日程短，排得紧，三十日由领导同志先来通知，傍晚来访。刘抗、陈人滨伉俪、黄葆芳、黄蕊父女及陈人浩五人同来，一见面就拥抱大哭，久别重逢，激动之至。他们与我在巴黎、在国内、在星洲相交很久，不但是我的爱徒，更是我的至交，关于我的一切，知道得很多，以前和我很接近，创作以外的生活态度、思想历程及一切客观环境，都直接亲炙，一别三十七年，一旦把晤，感情激动是很自然的（略）宴会时拍了许多照片，每个成员也与我个别合影，之后又在卧室谈了很久，谈谈批林批孔的重要性，谈到无产阶级文化大革命伟大的胜利，同时也是保护文物，发掘文物，二座汉墓都是在无产阶级文化大革命时期发掘出的。在两千多年前中国已经有那样好的画，中国美术史应该重写。（略）（《大师华翰》，第59页）

9月17日，刘海粟致函刘抗。

【录】抗弟如晤：顷得郑州来书，欣慰无量。昨日请二位善于摄影的朋友来拍摄油画照片，共拍四十张，二卷，未冲晒挂号寄君沪弟转交。以前面交所摄二卷是小儿刘虬所拍，他没有把握，所以重摄。因吾弟曾两次来函说要多带彩色软片拍摄"大量杰构"，知吾弟重视此事，故而美术考察团到广州后，如有多余色彩软片，恳交君沪寄来，你们人多或有多余。草草不次，唯珍爱不宣。兄海率书，九月十七日。夫人、人浩弟道念并各位同道问好，希望早日看到照片。（《刘海粟刘抗师友书信录》，第218页）

9月,刘海粟作中国画《水墨荷花》,赠弟子洪世清。又为洪世清所画《熊猫》题字。

【录】题曰:"世清弟画熊猫,墨气可掬,神在个中,为补竹石归之。"(《刘海粟年谱》,第203页)

9月,拟作《江山无尽图》画卷。

【引】"你(周颖南)要求画《江山无尽图》,如今祖国江山,万紫千红,日新月异,一片欣欣向荣的景象,一定要用大着色没骨法才能表现。我想到各处去写生,开门作画,搜集素材,这样的卷子,非二三年不能完工。一九五三年我在北京时画了一卷《江山无尽图》,暇时逐旋填札,阅十余载未得完成,盖因那时到各地区体验生活多作油画,故而,一直到一九六七年(丁未)得暇着笔完成,那时葆芳回国,持去保存。您可与葆芳商量先看看,或者与你所珍藏卷子风格不同,如果你喜爱可由你收藏。请潘、饶二公题跋。年迈多病现在要画长卷一时不能速成。葆芳弟忠诚坦率,我同时写信告诉他,草草不次,唯恕不恭。"(《大师华翰》,第59页)

【释】洪世清(1929—2008),福建晋江人。擅指画、篆刻、版画。浙江美术学院教授。1947年求学于上海美专,后深造于中央美术学院华东分院(中国美术学院前身),1954年毕业后留校任教,参与筹建板画系,著有《铜版画技法研究》《石版画技法研究》《版画技法谈》。年轻时即开始钻研金石篆刻和国画,先后师承于齐白石、黄斌虹、潘天寿和刘海粟。1985年起在玉环大鹿岛和惠安崇武半岛开鉴岩雕艺术,先后14年完成200余座作品,被刘海粟评为:"不朽之大地艺术。"1996年5月获鲁迅版画奖。

9月，刘海粟致函刘抗、黄葆芳、陈人浩。

【录】抗、葆芳、人浩弟同阅：新加坡美术考察团回国观光，在沪虽然只有聚会二次，感情激动，大家腾欢的情况，永远不会忘记的。送给你们的三张画，领导极为重视，同意赞助，二帧梅花，一帧红牡丹，都用洋红和朱砂，浑厚之至，裱褙时要干托，不可在正面刷，重色不可损坏，边缘配色要古雅，不可用淡青淡绿，用茶黄色。海。到港来电报平安。（《刘海粟刘抗师友书信录》，第217页）

10月27日，刘海粟致函刘抗。

【录】抗弟慧鉴：九月廿七日尊札来即与合家同看，大家高兴之至。你说："全团成员对中国多方之改革获得巨大成就无不叹服。……一切新生事物生等均亲眼一一鉴赏，增进不少宝贵见识。总之，中国予生等之第一印象是'伟大'，第二印象也是'伟大'，……"总的说来由您领导的新加坡访华考察团回国亲眼看到了一切新生事物，到处欣欣向荣，获益匪浅，是圆满成功的。我希望您写一篇比较详细的观感在报刊发表，给东南亚华侨大家看看。来函又云："……师之为人及从艺，令人肃然起敬，抱着热切向往之心，一旦久别重晤，其兴奋激动而不能自主，一见就抱头放声痛哭，吾师其勿责我耶……"你一鼓血诚，镌之肺腑，终生难忘，妻子儿女，无不感动，至今历历可念。今接来函，循诵数环，犹热泪盈眶。照片印好，置信内分几次寄，虎儿、英伦经寄来均如此，国画也摄影纪念。你们此次在祖国一整月之旅行，收获很大，同时也疲劳的，切望加意珍卫。你送雪峰右铭的苏州两面绣，精彩绝伦，切勿等闲视之。草草不次，夫人道念。兄海手启，一九七四年十月廿七日。内子嘱笔候。（《刘海粟刘抗师友书信录》，第220页）

11月10日，刘海粟偕次女刘虹游中山公园，作油画写生《鸡冠花》。（《刘海粟年谱》，第203页）

【图1974-3】刘海粟油画作品《鸡冠花》1974年（78cmX59cm）常州刘海粟美术馆藏

11月，刘海粟作《大红牡丹》（《重彩牡丹》）并题诗。

【录】题曰：久祝长生白间黄，群芳低首拜金刚。花王莫漫推姚魏，自有金盘捧太阳。（该画题跋）

12月16日，刘海粟复函刘抗。告以"近似病齿权枒妨食，终日软饱而已，殊委顿"，"已将六个（病）齿全部拔除"。

【录】抗弟如晤：峇厘手书至，三复循诵，欣慰无量。贤梁孟率领的新加坡访华美术考察团，遍历祖国各地纵览名胜古迹，对社会主义建设的光辉成就，怀着无比热情。回星后又畅游峇厘、泗水、玛琅各地，羡慕之至，各处为我旧游之地，在峇厘作斗鸡二帧，舞女一帧。贤梁孟近年来遍游大地，不挠不息，神志愈旺,世界奇迹,无不毕见,亦难能而可贵矣。十月廿八日曾上寸缄,来翰未蒙提及,殊为悬悬。在沪所拍摄照片及油画如已洗印望陆续赐寄,先睹为快,葆芳弟已寄来二张,一张是全体影片,一是题字时所摄影,列之座右当时情景历历可念也。我记得晚餐时拍了许多照片,希望各位都添印一二帧寄我纪念!我近以病齿权枒妨食,终日轻饱而已,殊委顿。经牙医再检查,耄年日久,牙腔中之神经血管被毁后,而致牙根周围化成脓肿,决定拔除,良以年老又患高血压心脏病,虽有高明之牙医,拔除时十分麻烦,动手术非常小心,已将六个坏齿全部拔除,病人也很痛楚。致迟迟复书为歉。人浩弟来函妥收,病后技痒,近为习画一大幅红牡丹,自视奇古,孙过庭所谓偶然欲书为一合耳。信笔题句曰:国色天香冠众芳,争看万艳礼花王。人间莫漫夸姚魏,自有金盘捧太阳。走笔奉覆,即颂日安并贺新年快乐。人浩同阅,夫人贤郎文孙均此。兄海顿首,十二月十六日,一九七四年(《刘海粟刘抗师友书信录》,第226页)

12月27日,刘海粟致函刘抗。

【录】抗弟如晤:十二月十六日曾寄寸缄想已达览,照片A 13 B 13张,人像一帧,共二十七张均妥收。其余画照及在招待所所摄人像照片希续寄,这是非常珍贵的纪念品。最近有一位老同学为我拍了许多照片,旋寄二张给你纪念。另一张转交人浩弟。寒夜涉笔不能详尽,祝闲弟幸福,敬颂新禧。海手启,一九七四年十二月廿七日。(《刘海粟刘抗师友书信录》,第232页)

是年,刘海粟作中国画《庐山青玉峡》赠张振通。又作中国画《写高房山意》《松鹰图》。(《刘海粟年谱》,第203页;作品题跋)

【图 1974-4】1974年12月27日，刘海粟致刘抗函所附图片

是年，刘海粟传略入刊英国艺术界出版社出版的《艺术界名人录》。

【引】《艺术界名人录》第 17 版 Who's who in art seventeenth edition the art trade press limited）。（《刘海粟年谱》，第 203 页）

公元 1975 年
（乙卯）
79 岁

1月7日，刘海粟作中国画《终古雷声四时雪》。（《刘海粟年谱》，第 204 页）

1月7日，周颖南致函刘海粟伉俪。

【引】海粟大师伉俪：去年九月十五日手教拜悉。几个月来，因俗务所累，致未及时奉复，敬请谅宥！承蒙偏爱，允以不朽名作委托我保存，不胜感激！兹将其有关情况，汇报如下，祈予亮察。

葆芳兄归来后，曾约面谈，大意说：那幅图卷，若要由我保存，须付出高价。他说，这是为大师着想的。又说：这件事最好请刘虎先生来，把有关的事交代明白。我感到，这是无可厚非的事。于是，我表示，希望他能把决定具体地告诉我。然而，他没有回应并从此没有下文了。那幅图卷我曾拜读，确是一件难得的传世之作。若配上潘、饶两公的题跋，更是牡丹绿叶相得益彰了（略）（《大师华翰》，第60页）

1月13日，周颖南致函刘海粟伉俪。

【录】海粟大师伉俪：七日上书，谅已蒙俯阅。有关葆芳兄的事，我乃据实报告。供您参考，别无他意，敬请垂察！一年容易，春节又将降临。兹由中国银行汇上人民币四百元，表示敬意，祈查收示慰为感！

不久前，我曾两度赴吉隆坡，访家耀兄。他健康良好，可以告慰！承其尽出所藏，供我品赏，其中以您的大作为最。这可以说是我精神上的最佳享受。专此敬颂

俪福（《大师华翰》，第61页）

1月23日，刘海粟致函周颖南。

【录】颖南吾兄如晤：数月未通音讯，相念尤切。手教至，快慰无似。

春节承朱提远赐，物意兼重，敬拜，更增愧。葆芳弟事已成过去，正如来翰所说，兄光明磊落，别无他意。阁下热爱祖国而性喜画，喜以论文之法论画，教学相长无倦也。更喜余泼墨，非深知笃好者能如是乎？余决心为作长卷。昔人长卷皆不轻作，必经年累月而后告成，苦心在是适意亦在是也。兄最近两度赴吉隆坡晤家耀弟，尽出其所藏欣赏，乐事也。

家耀久无来信，悬悬无已。李、黄、刘、陈与吾数十年师生关系，对我尊重关怀，无微不至，可感也。《山水小景》与潘、饶二公诗文有如贝多芬之交响乐。近况如何？耄（耄）年畏寒，衣重瑟缩，手僵笔冻，潦草付邮，不尽依驰。唯珍重不宣阖府大

吉。海谨复一九七五年一月廿三日（《大师华翰》，第61页）

2月，刘海粟画并题《熊猫》。

【录】题曰：心手相师势转奇，诡形怪状反相宜。人人欲问此中妙，海粟自言初不知。（该画题跋）

3月16日，刘海粟作中国画《重彩雨山图》（《泼彩山水轴》）为80岁自寿。

【引】题云："一九七五年三月十六日，余八十岁生日，乘兴泼墨泼彩，神韵无毫差，视余豪气犹昔，他日未易量也。"又作中国画《篱菊》（扇面）。（《刘海粟年谱》，第204页）

3月21日，刘海粟致函刘抗。

【录】抗弟如晤：一月廿八日来翰及全部画照早已妥收，循诵三环，快若晤谈。辞旨真挚，笔意酣态，描写精辟，细入毫芒，这信给我的铭感最深。您的文章，锻炼含蓄，收敛沉着，很有深度。您对于我的艺术和生活历程，知之最深，对于我一生是关系最密切的一个人。贤郎太格以鸿才膺新加坡国家发展部首席建筑师重任，可胜快贺。且对于绘画音乐欣赏力极高，盖传研之教，绕庭珠树，更得此玉润清标，可胜快贺。兄人春甚健，唯苦书画文字之役，近来每晨编写年谱，不过流水账簿，略叙经历，而年迈健忘，岁月事实，遗忘至多，写完初稿即寄北京科学院社会科学部审阅斧正。此事极重要，你是我的老友，正如来函所述"自少年期（十五岁进美专）受诲门下，继复同游巴黎，东返后为母校效劳，渊源久远，关系密切。……"

以你的学力和衡鉴，必然更能对我这事作更正确的帮助。上面要征集资料，面很广。我记得您前几年曾写过一篇文章《刘海粟与中国近代艺术》在《南洋商报》发表，弟能否寄一份，如有其他资料亦希望寄一份，有早期作品照照片更好，他们曾来拍了许多画照。我已在托各方面人找资料，早期资料愈多愈好，能做到的我要尽力做。彩色画照已装一册，A 号全部软片请寄给小女英伦在港再印一份。人浩弟来信都妥收。草草，聊慰远想不次。即颂日安并夫人贤郎快乐。听说香港《明报》曾有关我的文章，你看过吗？一九七五年三月廿一日（《刘海粟刘抗师友书信录》，第 236 页）

3月，刘海粟作篆书《临散氏盘铭》卷以自寿。

【引】跋云："学书必从篆入。余近写毛公鼎，好习散氏盘。今年余年八秩，重临散氏盘铭自寿，迫以耄（耄）年，蜿蜒满纸，尚多懈笔。"（该书题跋）

3月，刘海粟作诗《八十岁生日口占》。

【录】诗曰：五洲行遍犹探胜，万里投荒岂忘乡。珍重余生能有几，且揩双眼看沧桑。（该诗题跋）

5月3日，刘海粟作中国画《黄山图》。

【引】题石涛句："漫将一砚梨花雨，泼湿黄山几段云。"张伯驹、夏承焘在裱绫题诗。（《刘海粟年谱》，第 204 页）

5月3日，周颖南致函刘海粟伉俪。

【录】海粟大师伉俪：拜读一月廿三日手教，欣喜何似。您曾允以佳构相委，继又决心为我写长卷，这种情谊，绝非笔墨所能形容的。

年来，由于国际性经济危机影响所及，我的工作情绪，亦因之受到挫折。我每感疲劳时，往往以欣赏所藏佳作遣兴。精诚所至，杂念全消。限于种种原因，《山水小景》尚未付印。我总望这组"贝多芬交响乐"式的艺术精英，能尽快问世。国渠兄身体健康，每周都有会见。宗颐兄仍执教香港中文大学，专心著述。

专此敬祝

俪福

（《大师华翰》，第62页）

5月5日，刘海粟作并题《庐山五老峰雪霁图》。

【引】题谓："老友蒋彝教授博学多闻，著作等身，生平知己也。英伦一别，于今四十年矣。一九七五年五月回国观光，专程飞沪访予寓斋，久别重逢，踊跃欢喜，得未曾有。因尽出近作，相与纵观。匡庐五老峰为教授故乡名胜，即以此图赠行。"

（该画题跋）

5月20日，周颖南致函刘海粟伉俪。

【录】海粟大师伉俪：久未接来示，怀念之至。北国正是春暖花开的时候，祝你们身心愉快！本月八日，香港画家任真汉先生在星举行画展。他的作品以写中国山水为主，气韵生动，独具一格。我不计工拙，为文推荐之。其中最后一段，是引用去年间给您的去信，略加更动，看起来颇为贴切。特此奉呈，敬请评阅。

专此敬颂

俪福（《大师华翰》，第63页）

5月26日，刘海粟将1962年夏在杭州所作的中国画《水墨荷花》和近作中国画《庐山五老峰雪霁》赠蒋彝。（《刘海粟年谱》，第205页）

5月31日，刘海粟游南翔古漪园，作中国画写生《水墨芭蕉》数幅，其中一幅名为《绿天岐秀》。

【录】题云："一九七五年五月卅一日，南翔古漪园画芭蕉，观者如堵，意之所到，笔力曲折，无不尽意。世间乐，无逾于此者矣！"（该画题跋）

6月6日，周颖南致函刘海粟伉俪。

【录】海粟大师伉俪：酝酿已久的"贝多芬交响乐"式的大作《山水小景》，已经付印了，这是我作为祝贺大师八秩寿辰的献礼！也完成了我近年来的一番心愿。相信你们也会因之感到高兴。为力求逼真，印刷时我决定保持原作的规格，采用上乘的纸张，稗使收藏者宝之。兹将版样奉呈，请评览。图章另用朱色套印。知关锦注，谨此预告。敬颂俪福（《大师华翰》，第63页）

6月18日，刘海粟致函周颖南。

【录】颖南吾兄如晤：手教叠至，而前翰尚未复，非相知之深必责我疏慢矣。

贝多芬交响曲式《山水小景》已付印，为之狂喜，样张好极，上乘纸张亦可爱。拙画简率眇然一弱茎耳，潘诗、饶文真苍松古柏也，津逮后学不浅，此册问世庶无负担贤兄勤勤之意。余藏倪元璐生平得意笔长卷，离尘绝俗，开百代绘事之宗，墨法入神，行笔入妙，莫得知其所以始，而亦莫得知其所终，变幻百出，诚可谓圣于画矣。数月来勉行拟意，得仿佛一二，以后晨夕得暇当为逐旋点染并先识卷末，颖南不必过虑有巧取豪夺者。潘、饶二公晤时道念。先此申意，不尽欲言。即颂日安，潭第均吉　海顿首　一九七五年六月十八日（《大师华翰》，第64页）

6月24日，周颖南致函刘海粟亢俪。

【引】海粟大师亢俪：三年前，我在京拜会行老后，承惠赐诗条一幅，诗云：

> 四十年前一首诗，老来重读动遐思。
> 中朝旧辈自生死，少日风期空转移。
> 后有视今今视昔，世谁知我我知时。
> 哀滋枕上萧萧句，写尽吴笺祗费辞。

（下略）（《大师华翰》，第64页）

6月25日，周颖南致函刘海粟亢俪。

【录】海粟大师亢俪：昨日上书，求为行老诗条题诗、题词。今捧手教，敬悉大作《山水小景》样本业已收到，甚感欣慰！

行老文章道德，素为人所景仰，而其手迹，流传海外者，寥若晨星。

因之，老人赠我之诗条及题诗，我视若至宝。将于重新精裱。您与老人乃忘年之交，可供抒写之事物殊多，发而为诗，或写之为序，均足惊天地而泣鬼神。故恭请之，祈善体斯意，执笔赐书为幸！

《江山无尽图》卷，我恍若追随左右，按纸磨墨，看您染点。潘公每周均有会晤。饶公闻将应法国科学院之聘，前往巴黎，为期半年。专此敬颂

俪福（《大师华翰》，第66页）

6月，刘海粟游松江石湖荡，作中国画《万古长青》（又名《石荡湖天下第一松》），并题七言古诗。

【录】　石湖荡市有古松，天生丽质人间少。
　　　　我问松年松不言，秦欤汉欤无可考。
　　　　入门但见影婆娑，满庭碧色如春草。
　　　　一层一层复一层，云气浮动四围绕。
　　　　无风声亦似奔涛，不闻落叶呼童扫。
　　　　岁寒然后知后凋，两千余年风霜饱。
　　　　苍然麟甲欲成龙，龙有老时松不老。
　　　　望之俨若九头狮，作势拏空舞夭矫。
　　　　腰大何止十余围，乾坤秀气满怀抱。
　　　　画松当亦茂如松，万岁千秋同寿考。

（该画题跋）

7月8日，周颖南致函刘海粟伉俪。

【录】海粟大师伉俪：昨日看了版样，我高兴地告诉您们，大作《山水小景》即将问世了。初版一千册，非卖品，分赠各地文化界人士及工商业界友好作为纪念。

为力求普及，潘公建议，可从中拨出若干册，请施公发行，以弥补赠送之不周处。这样，既可以较广泛流传，又可以抵销一些印刷费。我感到，这是对的。相信您也会同意。

随着，可以计划出版《海粟大师书画选集》，请潘公作序，实现过去所拟的理想。可是我所藏的画幅不够，但又不愿向外征借。因之，得便请您为我染点，作花卉、花鸟或人物小品若干幅，分别付邮赐寄，每次一幅。以递补选集之不足。因为只有小品才便于邮寄,请垂察!

鉴于过去的情况,还是由我以收藏者的身份为您出版画集,更为合情合理。也可以避免无谓的波折,请示以为然否?

客月廿四日上书,请您为行老手迹题诗或题词,谅已蒙查阅。祈俯允是幸!

总之,艺术是大众的。我收藏的名迹,只能说在我有生之年,暂属于我。我要逐步作出交代。我不要有负于这些艺术品。

专此敬颂

俪福(《大师华翰》,第66页)

7月,《海粟大师山水小景》在新加坡出版,系1972年应周颖南之请而作之10幅册页,按原寸印制。

【引】饶宗颐在序言中谓:"今观此册,寥寥数纸,下笔尽屋漏痕、虫蚀木,以渴笔写懵懂山,浑厚处视董又进一境。"每幅由潘受题五绝一首。如末幅《意在八大石涛之间》,潘受题:"石涛此溪山,八大此草木。商量二妙间,位置刘海粟。"并跋:"海翁为颖南兄作此小景十幅,盖得意笔也。属余题句,亦海翁意。辄各题二十字应教,恐多搔不着痒处耳。"(《刘海粟年谱》,第205页)

是年夏,刘海粟作中国画《黑鹰图》(《墨鹰》),并题杜甫《黑鹰颂》。又作中国画《墨兰图》。(《刘海粟年谱》,第206页)

8月5日,刘海粟致函周颖南。

【录】颖南吾兄如晤:手教至,知《山水小景》即将问世,私窃欣慰。暑疾委顿,兼发旧疾,遂气荼不可当,致迟迟复书,歉悚歉悚!

【图1975-1】刘海粟中国画作品《墨鹰》1975年（129cm×61cm）南京艺术学院藏

潘公建议，我完全同意。您计划出版书画选集，请潘公作序，尤佩厚意。海愚不知自量，有志于艺术之创作，自以劣弱，思得天下之豪杰相与扶持砥砺，故每闻海内外之高明特达鸿博而忠信者，即欣慕爱乐，不啻骨肉之亲，以是于吾国渠虽未及一面之识，而心乎神契，已如白首之交者亦已数年矣。选集能得潘公作序，则大幸也。属画花鸟或人物小品，秋深后当陆续点染。兄所藏行老手迹，属题诗，得句即缴。前有美籍蒋彝教授来访，并说近年遍历五洲，在各国讲学，看到各国博物馆藏有拙作，柏林东方博物馆有五帧之多。或以拙作与张画并列，相形之下，虽然是数十年前旧作，气势雄浑非他所及。并说星洲南洋大学文物馆画廊，也有拙作《红梅》与张画《芭蕉》并列，如果是事实，请你拍一张色彩照片寄给我看看。炎热不能多写，草此即颂　阖第安好并希报音不宣　弟海启（《大师华翰》，第67页）

8月19日，周颖南致函刘海粟伉俪。

【录】海粟大师伉俪：《山水小景》第一册样本，谅已蒙察阅。尚需若干册，请示，俾便续寄。五日手教拜悉，其字里行间，所流露的真挚感情，使我感动不已。

国渠兄与我，乃莫逆之交。是良师，是益友。几年来，我从中吸取了不少教益。我正力求从中能多做些对中国文化有益的事情。大作出版后，有识之士，同声赞好。书局方面，已发出新闻报导。兹复印随函奉呈，敬请参阅。专此敬颂　俪安（《大师华翰》，第68页）

8月24日，刘海粟复函朱复戡。

【录】函曰：夏间病暑，手教未答，歉悚歉悚。赐书寿联，为摹彝鼎，以示大法，笔墨之间，渊然有思，醰然有味，游神于三代，冥心于造化，亲友见之，无不钦服。来函索及拙画，兹检寄丙午夏所作《芭蕉图》请正，但恐笔墨荒芜，不可用。前年英国友好访华代表团海顿夫人索画，弟作《铁骨红》并赋《水龙吟》以见意，赠之。抄录一纸请正，如能见和，亦一段墨缘也。我非词人、亦非诗人，兴之所至，偶一为之，不堪入目。秋炎心力交瘁，足弱舌强，殊憔悴。草草奉复，即颂大安，不尽欲言，夫人均候。复戡老友台座。（《刘海粟艺术文选》，第509页）

9月4日，周颖南致函刘海粟伉俪。

【录】海粟大师伉俪：大作《山水小景》样本航空寄出后，屈指一算，明日已经一个月了，是否收到，未蒙见示，使我怀念不已。如何之处，均祈赐教为祷！专此敬颂

俪福（《大师华翰》，第69页）

9月6日，由次女刘虹等陪同，刘海粟往复兴公园作油画写生《莲塘图》。（《刘海粟年谱》，第206页）

9月10日，刘海粟应周颖南之请，为章士钊赠周颖南之书法作题跋。

【引】跋言有谓："章行严（士钊）先生文章诗词，名重天下。而天性解书，无法有法，随意缓急，遒劲中有真韵，每于拙处见奇，时有豪情逸气洋溢于翰墨间，故尤为世所重。近代康、梁、寐叟、太炎、无量外，一人而已。壬子冬赠颖南尊兄书轴，并于病榻卧书一诗于纸尾，缜丽清逸，信是名迹，实为行老最后墨迹，颖南宝之。重为装池命题，殊有遗墨犹新之感，记此潸然。"（《刘海粟年谱》，第206页）

【图1975-2】刘海粟油画作品《莲塘图》1975年

9月12日,刘海粟致函周颖南,附所题《淡墨山水小景》。

海翁淡墨山水小景十幅为颖南题:

偶然思画山,信手一涂抹。
不觉出天机,满幅烟云活。
时有异香来,因风寄微慕。
槎枒山之幽,或恐是桂树。
访石间寻路,看山错过桥。
前坡谁结屋,松迳冷萧萧。
尔汝空山中,木奇而石怪。
身世付悠悠,一笑真我辈。
跌荡写秋山,意曲无一直。
绝矣六百年,又见山樵笔。

此幅拟王叔明:

春山如怀春,白云为吉士。
美哉窈窕姿,陶醉白云里。
短椽供美睡,老树是芳邻。
寄谢高车者,吾甘寂寞滨。
同云幂四天,踏雪欲垂钓。
远岫一枝枝,寒光竞相照。
云物酣游戏,钟声坠莽苍。
好山元自静,流水不知忙。
石涛此溪山,八大此草木。
商量二妙间,位置刘海粟。

颖南学兄：

九月四日手书收见。《山水小景》迄今未到。日前曾去邮局询问，据云没有见到此册，嘱向星洲邮局查询。如果是挂号寄出，你可去星邮局查询！我渴望看到此册，请再挂号寄二册。前寄复印样板画及潘诗饶文全部妥收，说明内容是健康的！寄来宣纸，属为行老长轴题跋，草草写成寄上，但恐笔札荒芜恐不可用。秋炎如炽，写成汗流气促，足楚加剧。脱去四字，本拟重写，朱孔老、缪熊飞、陆公约等多人来观，都说：点画烂漫，真气流衍，有杨凝式、李北海笔意，复为之未必及此，颖南以为然不？八月廿一日曾上寸械，附上蒋彝诸友地址请寄画册，想已达记室，情溢不尽拳拳。敬颂 起居惟 鉴之 弟海顿首（《大师华翰》，第69页）

9月12日，周颖南致函刘海粟伉俪。

【录】海粟大师伉俪：等待手教，望眼欲穿。大作《山水小景》画册出版后，业已普遍分赠各地友好，甚获好评。香港《新晚报》丝韦先生为文推荐，兹将有关的文章、信件选印奉呈，敬请查阅。看到这些反映，我感到自慰。我完成了一番心愿，也实现了我的诺言。

不久前，到《南洋商报》把画册送给陈振夏先生，他高兴极了，向我追述当年和您的渊源。他告诉我，当年您们常常在胡先生家里谈艺论文。不亦乐乎！从谈话的过程中，我分享了当时你们在一起的舒快心情。想不到这本画册，居然把您们之间的交情又联系起来了，的（按：确）是一件好事。前函述及南洋大学李光前文物馆收藏的大作《红梅》是您七十岁时画给张振通先生的，由他送给该馆。张画也是人家捐赠的。我当时也捐出各种书画三十件。是否尚需拍照，请示！专此敬颂

俪福（《大师华翰》，第70页）

9月15日，刘海粟好友丰子恺病逝，终年78岁。

【按】丰子恺1927年起担任上海美专音乐系、艺术教育系教授，教授美术史、艺术教育、艺术概论、音乐常识等课程。1930年7月任上海美专音乐系主任，与刘海粟交往甚多。刘海粟曾撰写文章《怀念丰子恺先生》，全文2000逾字。此文开篇有道："我和丰子恺先生是老朋友。二十年代，他在杭州教书，每年夏天，我去西湖作画，总要一起泛舟叙旧，欢聚几天；后来他搬到上海，过从更多，他和刘质平、吴梦非两先生都是弘一法师的得意弟子。上海美专开办音乐系，请刘先生来兼课，丰先生十分支持，我是很感激的。"

9月18日，周颖南致函刘海粟伉俪。

【录】海粟大师伉俪：十二日手教拜悉，虽未获您收到画册的消息，但我已感到安慰了。八月廿一日来教，尚未收到，致赠蒋彝诸先生者，无从投递，请重录其地址为盼！近一个多月来，我发函四次，简述如下：

一、八月八日：说明画册已寄出。二、八月十九日：说明画册已寄出。附书局新闻剪报及加耀兄来函复印本。三、九月四日：请问画册已收到否？四、九月十二日：内容如上函，附香港《新晚报》丝韦先生文章剪报及诸好友来函复印本。相信您均已过目。

未收到的画册，请勿追查。今日航空挂号寄出一册，日内续寄一册。画册荣获各方面重视，誉为近年来的最佳版本，我感到欣慰！

行老诗轴题跋，言简意赅，古朴可爱。可是不是横写，不适装裱规格。但仍可独立裱存。盼秋高气爽时，为我重写一回。我真疏忽，当时没有说明清楚。敬请谅宥！宗颐兄来函，谨复印奉呈。

专此敬颂

俪福（《大师华翰》，第71页）

9月18日，刘海粟致函周颖南，谈画作《山水小景》。

颖南贤兄如晤：十二日曾上寸缄，附所书行老书轴题跋，想已达览。《山水小景》仍未到。昨接香港友人来函数通，均提及《山水小景》画册。董慕节云获山水画册如得宝，欣喜不寐，每天对临，心摹力追，不能得其万一。陈白荻女士云在宴会席上多谈新加坡寄来的《山水小景》，刘画潘诗，精彩纷呈。并寄来香港进步报纸《新晚报》发表关于这本画册的文章，文章写得真好，寄给您看看，也许已经看到了。英伦也来信说：您寄给她的五本画册，实为生平最大乐事，她非常感激你的厚意，她说香港朋友都希望得到这本画册，但无处可买，你可托香岛各书局代理，寅兄是熟悉的！听说十月上旬他将回国参加秋季交易会，可托带五本画册来。还有一位香港朋友也要参加广交会，请寄五册英伦转交即可。

长卷逐旋点染，即将完成，此非旦夕之功也。你有朋友回国观光能带去更妥，写至此接十二日惠书及诸公手翰复写，三复循诵，欣慰无量。弟知交遍海内外，独贤兄以学识道义相勖耳。《山水小景》问世是兄数年来竭精擘画者，看到许多反映，皆大欢喜。陈振夏先生星洲一别。于今年卅五年，云何不思！胡家谈艺论文，振兄衣謦欬如接于耳目。道旧如梦，其慰何可胜言。

南洋大学文物馆画廊陈列《红梅》与《芭蕉》，得闲拍一彩色照赐寄。前日有一位薛女士来访，并说阿翁吴先生近在香港展览会购得四十二年前拙作《芦雁图》，标价港币三万元，拍了照片要我鉴定。画是真笔，但笔力荼弱，不能与近作比拟。她说吴先生鉴赏极精，对于我早期作品也感兴趣云。日本及欧美博物馆均藏有数十年前拙作，闻之赧颜汗背，促踏不安。

八月廿一日曾上短简并附美籍教授武士彦等六人通信处请你寄画册，未识得达否？率笔祗请大安，并祈报 音不宣。

海顿首

一九七五年九月十八日（《大师华翰》，第72页）

9月25日，周颖南致函刘海粟伉俪。

【录】海粟大师伉俪：十八日手教拜悉，八月廿一日大函仍未收到。画册仍未送到，念念不已。兹已分别另寄三册，其中两册航空挂号，一册平邮挂号，收到时请示为感。寅兄不日返国，我曾与其商谈，认为画册不便随身携带。邮寄者一旦收到，我可以安排续寄，请勿为念！

画册遍赠各地朋友后，佳评如潮，我也分享了你们创作成果的喜悦。屈指一算，大作完成于壬子，潘诗写于癸丑，饶序作于甲寅，而今年出版，整整费了将近三年的功夫，才促成这本"贝多芬交响乐"式的画册。这不是一本普通的画册，这画册除艺术上的重大成就外，还闪耀着友谊的光芒。这本画册使各方产生了良好的反映，说明了我的苦心没有白费。

英伦正准备另出画册，为您祝寿。这是好主张，我大力鼓励之，祝她成功。雄视一代的大作手卷，即将完成。我激动之情，无以复加。这是心血与友谊的结晶。方便时，能商请寅兄携下为上。武教授等地址，请另录，俾能按址赠寄。南大文物馆珍藏之大作，暇时当往拍照。专此敬颂　俪福

《新晚报》文章作者丝韦先生是该报总编辑，他所得画册，是我请香港书谱出版社送给他的。今日另寄五册给英伦，请她转寄给您。（《大师华翰》，第73页）

9月27日，刘海粟致函周颖南。

【引】颖南吾兄友爱：第一本画册已妥收，适有亲友多人在座，大家看了爱不忍释，叹为诗、书、画三绝，均说版本亦如元椠，尤可爱。每人都想得一册，希望再寄十册，分赠亲友。行老诗轴题跋当重写一横幅，来示只有宣纸高度规格，而无阔度规格，最好寄一张规格宣纸来，随手写好随手寄出。鄙性朴野，非贤兄知之而谁知耶美籍教授武士彦等地址附：

（略）饶宗颐先生、潘国渠先生致意道候，草草奉谢，即颂

秋祺不次

弟海顿首

一九七五年九月廿七日。（《大师华翰》，第74页）

9月，刘海粟在上海复兴公园作油画《鸡冠花》。（《刘海粟年谱》，第206页）

9月，香港《新晚报》发表关于刘海粟《山水小景》的文章。9月18日，刘海粟致周颖南函，谈及此事。（《大师华翰》，第72页）

10月8日，周颖南致函刘海粟伉俪。

【引】海粟大师伉俪：九月廿七日手教拜悉，知画册已收到，感到非常高兴，我的这件心事完成了。我另已平邮挂号五册奉呈，余者续作安排。北京王益知先生处，请寄赠一册。（略）

这回画册的出版。维生印务公司主人梁传恩先生尽了很大的力量，他不厌其烦地按照我们的意见定版、定型，始完成这样完美的版本，今后，我们倚重他的地方还很多，因此，我建议请您画一幅画或写一幅字送他，予以鼓励和表扬，最好用薄纸写，以适合邮寄者为宜，并请赐教，请予俯允至感。书未尽意。敬颂

俪福（《大师华翰》，第75页）

10月9日,刘海粟去上海西郊公园,作中国画写生《熊猫》。翌年5月,李家耀三度归国观光,将此赠之。(《刘海粟年谱》,第206页)

10月13日,刘海粟去上海西郊公园,作中国画《荷》《鹰》。又作《熊猫》给长女刘英伦。(《刘海粟年谱》,第206页)

10月15日,周颖南致函刘海粟伉俪。

【录】海粟大师伉俪:施兄明日启程返国,将趋前拜访,有关画册出版后的各种动态,请垂询为盼。巨制《江山无尽图》谅已脱稿,请详予题咏,俾后世留为佳话,若已脱稿。祈请托施兄赐下是幸,对于大师的画,我觉得正如有人说过的,在大师笔下对夏圭、马远的爽朗遒劲,石涛、石谿的潇洒幽逸,都极有领悟,故深得其神髓,且又能"借古开今"独创面貌,尤其可贵的是:我觉得大师的国画,每能将中西方艺术所长融于一体,而又充分发挥自己的个性,以造化为师,凭借高超的艺术技巧,丰富的艺术语言,取得超出一般国画的艺术感染力,获得很好的艺术效果,比如黄山奇峰、锦鸡、红梅、古松、荷花、葡萄、大鹏……莫不如此,令人醉倒而不自觉。

今日平邮挂号续寄画册五本。另一画册的出版事宜,待画幅足够时,当尽力而为之。专此敬颂

俪福(《大师华翰》,第76页)

10月20日,刘海粟作中国画《临倪元璐山水长卷》。

【引】跋曰:"倪元璐画,离尘绝俗,开百代绘事之宗,然世不多见。余藏其平生最得意笔长卷,笔势飘举,真奇物也。晨夕展读已数十年矣……拟倪文正此卷,兴之所至,逐旋填札,点染经年,始得完备。墨法入神,行笔入妙,莫得知其所以始,而亦莫得知其所以终也;变幻百出,仍我用我法也。"(《刘海粟年谱》,第206页)

10月28日，周颖南致函刘海粟。

【录】海粟大师：焯老来函欣悉，师母晋京，并与焯老家人会聚，大家都因之感到高兴。施兄谅已会见，此地朋友们的近况，谅可了解。

顷得家中电告：家父不幸于本月十九日逝世，我因海天远隔，未克奔丧，悲痛不已。

据朋友来函：许仲铭先生已收到画册，甚感兴奋，要求多赠，用以转赠外国领事馆云。寄去的画册，已续收否？请示。专此敬颂

健康（《大师华翰》，第76页）

11月6日，刘海粟致函周颖南。

【录】颖南贤兄慧鉴：昨读赐函，乃闻尊翁倾逝，不觉悲叹。兄纯孝罹大故，知兄之不能堪也，然悲亦何益，中年以后，忧乐皆能伤人，切恳照破生死聚散之常理，强自排遣而已。更要化悲痛为力量，创造事业，为人类作出更大贡献。

寅兄来谈，复观长卷，长卷画成费时甚久，逐段题句，卷尾又长题，天真烂漫又极精能，展之得三丈余，是生平合意笔，寅兄三复展观，心脾俱畅，说明春再来处理云云。

惠寄画册均已妥收，勿念。最后六册亦均为友人爱而持去，弟此一无所存，恳再寄五册，灯下潦草，不尽依驰。敬颂

阖第大吉

弟海粟顿首（《大师华翰》，第77页）

11月18日，周颖南致函刘海粟伉俪。

【录】海粟大师伉俪：六日手教拜悉，谢谢您对家父之丧的

亲切慰唁！寅兄已造访，不胜欣慰。

长卷功成，我感到无比兴奋，我恍若飞向您的身旁共同欣赏，共叙衷情，这是我有生以来的一大幸事。正梦寐以求，不卜何时能看到这卷不朽巨制？画册先后寄上十九册，其中包括由香港令媛英伦处转寄的五册，今日续寄五册，敬请查收。

乔先生处，请您寄去，较为合适。益知、伯驹、君坦诸公，与我均有文字之交，亦请您直接寄赠。因由我寄去，恐有所不便。

大作《铁骨红》《水龙吟》巨制，雄视一代，诸老和作，谅亦万丈光芒，祈请人抄下，俾共吟赏！专此敬颂俪福！（《大师华翰》，第77页）

11月24日，周颖南致函刘海粟伉俪。

【录】海粟大师伉俪：十八日敬复六日惠书，随即将大函携往国渠兄处请他看看，归来后，发现该函遗失，几天来，便觅不见，请问国渠兄，亦无所获，使我痛失不已，忆该函首段，乃为家父之丧而写，语重心长，具有重大的纪念价值，其次是叙述您绘制手卷的说明并促我寄书赠桥先生，更是珍贵异常。

他们建议，最好的办法，是请您按六日日期凭记忆重写一通知加以补救，若蒙俯允特请求赐书，另为行老诗卷题跋，祈一并书写。专此敬颂俪福！（《大师华翰》，第78页）

12月22日，刘海粟应夫人夏伊乔之请，作中国画《五老峰雪霁》赠之。

【引】题云："余尝画此图为蒋彝教授珍藏。伊乔以重画相要，勉徇其请，尚有气象耳。"翌年又将此画改给长女刘英伦，并加题："丙辰谷雨，以予伦儿藏之。"（《刘海粟年谱》，第207页）

冬，刘海粟作中国画《铁骨红》并题《水龙吟》赠香港大学中文系教授罗慷烈。

【引】题："余不知自量，数十年来，有志于艺术之创作，自以劣弱，思得天下之豪杰相与扶持砥砺，故每闻海内外特达鸿博而忠信者，即欣慕爱乐，不啻骨肉之亲……"（《刘海粟年谱》，第207页）

是年，刘海粟还作有中国画《鹏博千里》《江南烟抑》《双松寿石图》等。（作品题跋）

【按】中国画《鹏搏千里》给长婿周良复。

【图1975-5】刘海粟中图画作品《双松寿石图》1975年（110cm×49.7cm）刘海粟美术馆藏

公元 1976 年
（丙辰）
80 岁

1月1日，刘海粟游无锡太湖，放目万顷烟波，乘兴为太湖饭店作巨幅中国画《铁骨红梅》和《鲲鹏展翅九万里》。还作行草书法《福寿》。

【引】旋将画照寄赠罗慷烈，罗填《贺新郎》回赠，有句云："乌金射墨雅青纸，骋霜毫，雷喧电激，穿窿尺咫。浩荡风云生劲羽，肯向华堂栖止？恐破壁、一飞无际。"刘作《次韵答忼（慷）烈》复之："笔势凌空起。似桑林，豁然中节，砺刀初试。试作扶摇鹏翻舞，来瞰九州红紫。正装点，好山好水。更泼龙香半珪墨，要苍龙、腾踔云光里，一挥就，快吾意……"（《刘海粟年谱》，第 207 页；作品题跋）

1月2日，刘海粟由次女刘虹、幼女刘蟾陪同，在蠡园招待所阳台作油画《蠡园日出》。（《刘海粟年谱》，第 207 页）

1月8日，周恩来逝世，刘海粟感到"无限的震惊和悲痛"。

【引】"（略）我正在太湖创作的时刻接到周总理逝世的讣告，感到无限的震惊和悲痛，周总理不仅是中国伟大的领导人，也是世界有代表性的伟大的政治家，在国际政治上留下不可磨灭的声誉，失去这样一位伟人，不仅是中国而且是世界的巨大损失。八日清晨我在作画时听到这消息时，不觉开始抽泣了。我在太湖之滨，到处都充满悲哀和沉痛气氛。我是无法再挥动画笔了，我将明日回上海。

回忆一九五三年、六二年在京与总理交谈，他还关心我的健康，历历在目。周总理逝世了。巨星刻下的生涯，作为基于国际主义的伟大的爱国者的行动，永远的名垂青史，他是国际上的伟人。关于章老诗书的题跋及信的回忆，回沪后当补了奉上。不尽

万一，唯珍重不宣

海顿首

一九七六年一月十日

此函在无锡写，小女疏忽未发，检出即寄。

(《大师华翰》，第79页）

1月8日，周颖南致函刘海粟伉俪。

【录】海粟大师伉俪：施兄已经回来了，欣悉您的近况。闻您近来每天写字，请写些字送我，特别是写一对对联送我，亦是雅事。嘱寄的画册，各方面都已收到，特此敬告。行老诗卷跋，盼于执笔。诸公敬合的《水龙吟》诗，亦盼请人抄录，国渠兄说要步韵，我也要吟赏。

年终岁暮，又是一年，切盼新的一年大家都有新的成就。春禧 弟周颖南拜上 一九七六年元月八日

不久前，我在吉隆坡拜会了家耀兄，他把画册转赠各地前辈，均获好评，他很兴奋，我也感到自慰！老朋友见面，话是谈不完的，这就是人生的最大乐趣。(《大师华翰》，第79页）

1月10日，刘海粟致函周颖南，谈及为太湖饭店画巨幅《铁骨红梅花》。

【引】颖南吾兄如晤：我来太湖欢度新年，曾寄贺年片，想已得收。阳光照耀着太湖，气象万千，美不胜收，我每日画油画，也画国画。近为太湖饭店画巨幅《铁骨红梅花》，许多人看了都说：精神激动，使人年轻云云。诚然，艺术是有力量的，能感动人，吸引人，我创作的时刻也有同感。"丹青不知老将至，天地常在壮观间。"杜李诗句雄浑，生平仿佛梅花，如中国人民伟大领袖毛主席所吟咏的："风雨送春归，飞雪迎春到，已是悬

崖百丈冰，犹有花枝俏。俏也不争春，只把春来报，待到山花烂漫时，她在丛中笑。"这正是无产阶级的革命精神与崇高情怀的真实写照，当朔风凛冽，天寒地冻，冰雪皑皑之际，唯独梅花昂然屹立枝头，对革命的胜利，对千紫万红的春天，充满了信心，可谓笑在百花前了。她珍惜自己的早节，又能保持自己的晚节。梅花枝团簇簇，永远俏丽，永远欢笑！我爱梅花，不爱昙花。去年十一月星洲侨友何敦夫伉俪回星，将长卷郑重拜托何君携星面交。何君诚实可靠，不会误事。我正在太湖创作的时刻接到周总理逝世的讣告，感到无限的震惊和悲痛，周总理不仅是中国伟大的领导人，也是世界有代表性的伟大的政治家，在国际政治上留下不可磨灭的声誉，失去这样一位伟人，不仅是中国而且是世界的巨大损失。（略）（《大师华翰》，第79页）

1月16日，周颖南致函刘海粟伉俪。

【录】海粟大师伉俪：自太湖饭店寄来的明信片收到了，我感到非常高兴。
一九七六年带来了美好的喜讯。
新年在太湖饭店即席挥毫的《鲲鹏展翅九万里》，命题很好，气魄大极了，富有现代的浪漫主义色彩，可以赋予读者以豪情壮志！
长卷收到后，当即奉复，请勿为念。专此敬颂春禧（《大师华翰》，第80页）

1月17日，上午，刘海粟作油画写生《太湖鼋头渚》，下午至蠡园，作油画《蠡园晚霞》。（《刘海粟年谱》，第208页）
1月21日，刘海粟致函周颖南。

【录】颖南兄：在太湖时曾上二函，想已达记室。弟昨日回沪，春节承隆馈，感谢。长卷已由星洲侨友何君携去，何君为人诚实可靠，又极热心，兹将长卷题录寄。倪元璐画，离尘绝俗，开百代绘事之宗，然世不多见。余藏其生平得意笔长卷，笔势飘举，真奇物也。晨夕展观，今已四十年矣。

颖南兄频频来翰乞画长卷，余知颖南收藏书画甚富，藏余画尤夥。因摹倪文正此卷，兴之所至，数月来逐旋填礼，点染经年，始得完备，墨法入神，行笔入妙，莫得知其所以始，而亦莫得知其所所以终，变幻百出，仍我用我法，纪此一笑。一九七五年十月二十日章行老诗卷跋附上，诸公和韵《水龙吟》词亦抄录一份附上，索及恶书，近日客多未暇写，春节后乃可奉，国渠先生亦拟和韵《水龙吟》，欣慰无已，先此奉复，余伺复书，新年唯加爱不宣　海顿首　一九七六年一月二十一日

将装成《铁骨红》长卷潘公词成即乞赐寄，高度十六公分，行草随意，字大小不拘，请代购小提琴谱七种，费神感谢。

水龙吟　　铁骨红　刘海粟
一九七二年秋英中了解协会英纳丝海顿夫人来访乞画，因写《铁骨红》并赋《水龙吟》以赠

直教身历冰霜，看来凡骨经全换。冻蛟危立，珊瑚冷挂，绛云烘暖。劲足神完，英华内蕴，风光流转，爱琅玡石鼓，毫端郁勃，敛元气，奔吾腕。迅见山花齐绽，醉琼卮，襟怀舒坦。乾坤纵览，朱颜共庆，异香同泛。三五添筹，腾天照海，六洲红灿。正芳枝并倚，阳和转播，称生平愿。（略）（《大师华翰》，第81页）

1月，刘海粟在无锡作油画《太湖》。（《刘海粟年谱》，第208页）

【图1976-1】刘海粟油画作品《（太湖）鼋头渚》1976年（60.3cm×73.9cm）刘海粟美术馆藏

2月6日，周颖南致函刘海粟伉俪。

【录】海粟大师伉俪：手教拜悉，太湖来函，只收到明信片一张，另一封可能又是邮误。

行老诗卷跋，拙朴豪放，力透纸背，是一幅佳作，为该卷增色不少。诸公填写的《水龙吟》，各抒雅见，令人爱不释手，已呈国渠兄吟赏，手教亦一并请他过目。所示何君，其名字如何称呼，住在何处，请详示之，以便往访。承俯允惠赠书法，不胜感激，谨此申谢！琴谱待购得时寄上，请勿为念。专此敬颂春禧

（《大师华翰》，第83页）

2月9日，周颖南致函刘海粟伉俪。

【引】海粟大师伉俪：一月十日在太湖书写的手教，写得太好了。它不但是一封富有浓厚感情的信，也是一篇亲切感人的好文章。

来信引用的杜李名句"丹青不适老将至，天地常在壮观间"。事实上，就是您艺术生活的最好写照。我恳切地请您，用这两句写一对对联送我。很有意思。（略）

蒋彝先生在香港《七十年代》月刊二月份发了以《哑行者访华归来话今昔》为题的访谈。兹将有关您的部分，复印奉呈，请参阅。专此敬颂俪福！（《大师华翰》，第 84 页）

2月12日，周颖南致函刘海粟伉俪。

【录】海粟大师伉俪：画册五本、手提琴乐谱两册，业于分别平邮挂号寄上，请查收。惠下的黄君坦先生《水龙吟》内"珊瑚入网"下的"时槎泛"句中，夺一字，得便请示。何先生是否返星洲，甚念！盼示其住址，以便拜访。专此敬颂春禧。

请示你处的传呼电话号码，我很想和您直接通话一次，以慰远念。（《大师华翰》，第 84 页）

2月19日，周颖南致函刘海粟，希望有书法作品编入即将出版的画集。

【录】海粟大师伉俪：近几天来，我反复拜诵您在太湖书写的信，这是一通激动人心的信，也是一篇亲切感人的文章。我要把它献给海外千万万的人。我一直在想，您既允为写字送我，那么，就请您写一些主席的诗词送我，特别是元旦发表的《重上井冈山》。这是非常有价值的事。大家都知道您的画，但很少谈您的字。事实上，您的书法成就，也已登峰造极了。记得我曾读到过一篇文章，里面竟评大师"书第一；画第二；诗第三"。这种比较法，我虽不敢苟同，但于此足见有人对大师的书法成就评价竟在图画之上，实足见大师书法之佳妙了。

据我所知大师学书自小从学篆开始，又求篆于金，求分于石。可说是抓住了学书法的概念和根本，无怪乎其成就如此巨大了。在大师的书法中，我以为行草最精，每有所睹辄见写得雄浑刚劲、豪放洒脱，用笔圆转通达、灵巧飞扬，韵致颖异。一望而知是得力于篆书，而又持法而不泥古，意态飘逸间亦不乏粗犷老辣风范，自成一体。读之耐人流连忘返，兴味无穷。我更希望您以主席的诗词为题材，画画送我。使我计划出版的你的画集或书画集，内容更充实，更有时代气息，这是我的新愿望，希望能够完成。若用棉纸制作，不妨试用邮寄。葆芳兄告诉我，拟出版您的书信，请示尊意。

最近，美国 Kansas 大学教授李铸晋先生，进行对您的研究工作。他是一位鉴藏家。写了一些关于美术的著作。不久，他将赴加拿大，在一个学会上，宣读他的论文。我已给予必要的协助。我已经写信给他，请他届时把论文的副本寄一份给我。我希望您在国际画坛上，享到应有的地位。详情续告。

蒋彝先生七月间将过星洲，届时我们可以会面了。

专此敬颂

俪福（《大师华翰》，第 85 页）

2月24日，周颖南致函刘海粟伉俪。

【录】海粟大师伉俪：最近，香港有家杂志，刊出了方丹的《周恩来二三事》的文章。其中有一段是关于您的。方丹，我不知为何许人？他立场有问题，写出来的东西必然有偏差。

我感到，人家既然说出来了，我也很想知道它的真实性。所以特地复印给您，请参阅，并请示教。何先生是否回星洲，至念。专此敬颂

俪福（《大师华翰》，第86页）

2月26日，周颖南致函刘海粟伉俪。

【录】海粟大师伉俪：丰老逝世一个月后，我父亲也逝世了。这两位老人是同年。我都悼念！我要写纪念丰老的文字，也要写纪念我父亲的文字。纪念丰老的文字，已经在香港二月份《书谱》杂志上发表。《书谱》，是一种专门研究中国书法艺术的刊物。因此，纪念丰老的文字，也是以推荐他的书法为主。谨此复印奉呈，请评阅！纪念我父亲的文字，正在执笔中。

专此敬颂

春禧（《大师华翰》，第87页）

2月，周恩来去世后，香港《明报》在2月刊发了署名"方丹"的《周恩来二三事——周恩来与刘海粟徐悲鸿》。

（《明报》，1976年2月刊）

3月3日，周颖南致函刘海粟伉俪。

【录】海粟大师伉俪：叠上数函，谅已蒙俯览。日前，往南洋大学李光前文物馆拍摄大作《松鹰》和《红梅》，兹随函奉上。与我合照的是文物馆主任翁同文教授。

重读郑光汉兄出版的《兰花集》，我真为大作《兰花》所倾倒。光汉兄人去书存，令人无限感慨。何先生尚未有消息，使我怀念不已。专此敬颂

春禧（《大师华翰》，第87页）

3月6日，刘海粟致函周颖南，告知需要传记书籍的材料。

【引】（略）得蒋彝先生来翰，（略）并谓"最近有约弟

写一本《关于刘海粟》，拟先为足下文，请赐知关于从模特所引起的反封建斗争和大军阀孙传芳通缉你经过及兄论画与其他生活材料；愈多愈好。……"蒋彝教授是我在伦敦展画讲学时老友，曾在伦敦、牛津、哥伦比亚等著名大学讲学卅多年，是美籍华人教授中最享盛名者之一。他先后写了《中国绘画》《中国书法》共廿多种，去年回国游览了祖国大陆各地，回美后写了《访华归来话今昔》，回（围）绕各种问题用新旧社会对比，一句话今昔对比，给海外侨胞和世界人民以有力的深刻的印象。现要写《关于刘海粟》一书，我们应该予以必要的协助。想起您处存有《从模特儿所反封建斗争》及傅雷写的《刘海粟》还有其他材料，恳抄录一份即寄香港薄扶林道一四二室罗慷烈教授交彝兄。罗先生是香港大学名教授，有学问，与我时时通信，也是饶宗颐教授的好友，弟交游遍天下，能于诗词书画推敲唱和如慷烈者，恐不多矣。来翰提及美国 Kansas 大学教授李铸晋进行着我的研究工作，您已给他必要的协助。好极好极。关于《（从）模特儿所引起的反封建斗争》与拙著《中国绘画上的六法论》（在德国佛朗克福在学讲学稿）、《国画概论》及其他资料，兄处所存者均可抄录一份给李教授。刘抗兄处存拙作油画彩色软片四十张，您可托他添印一份寄李教授，如不便，英伦处亦有一份，十分重要。关于模特儿案与军阀孙传芳通缉斗争，《南洋商报》林木化及抗弟处存有全部文件，望就近接洽速为抄录分别寄蒋彝、李铸晋教授。　　寄来的复印《□□□二三事》是香港什么杂志，望告知！方丹写了一个轮廓，许多事实如写出来，海内外人士真是先睹为快！（略）（《大师华翰》，第88页）

3月15日，周颖南致函刘海粟，言需要传记书籍的材料已准备妥当，并商画册事宜。

【录】海粟大师伉俪：本月六日惠书拜悉。不胜欣慰。主席诗词将蒙惠赐,并允为以其诗词的内容为题材作画,我异常高兴。这些具有历史价值及时代气息的杰作,在您雄浑的笔下表现出来,将是光芒万丈了。

蒋彝教授的澳西通讯处,他已告诉我了。有关的文字,我可以直接寄递。我这里有傅雷的《刘海粟》、谢海燕的《刘海粟先生简介》、法国赖鲁阿的《刘海粟展览会序》及《国画概论》等。有关"模特儿"的,不在我处,我将和木化兄联系。英伦处,我已写信去了,盼望手卷真是望眼欲穿了。我真想立刻捧读,其欣喜之情,将是莫可言状了。但愿能尽快地如愿……请您写两张画集的封面,以供备用。我感到:您的画集封面,还是由您自己署尚好。请别人不适当。一、刘海粟画集。二、刘海粟书画集。我的意思是:若出版时画幅不够,可以加些字进去,作为书画集出版更为灵活。就是画幅够了,增加一些字,也会更充实一点。这件事,从现在起,我们就来做准备工作。请示以为然否?专此敬颂俪福!(《大师华翰》,第89页)

3月16日,刘海粟作《贺新郎·次韵答忼(慷)烈》。

【录】笔势凌空起。似桑林,骁然中节,砺刀初试。试作扶摇鹏翩舞,来看九州红紫。正装点,好山好水。更泼龙香半珪墨,要苍龙,腾踔云光里。一挥就,快吾意。雁头声价罗家纸。许心期,琳琅词笔,天涯咫尺。唤起谪仙夸俊赏,发我豪情难止。问何日,归舟天际?春到江南诗料阔,愿一樽,相共从容耳。辞未毕,心先醉。(《海粟诗词选》,第42页》)

【按】罗慷烈是香港大学教授,由蒋彝教授介绍跟刘海粟结成文字交,关系甚厚。他们之间不断有文字往来。1976年春天,刘海粟到太湖春游,作巨画《鲲鹏展翅九万里》,把画影寄给罗,罗填《贺新郎》词一阕给他。不到一个月,他寄了这首《贺新郎》给罗慷烈。

3月16日，刘海粟复函罗慷烈。

【引】信谓："海尝言画家作品矜多炫少，技巧而已；胸襟气度，实为第一要点。数十年来亲身感受，益信其非妄也。""海平时作品，凡意之所到，往往下笔不能自已，一若积愫在胸，不吐不快。忆山谷《题憩寂图》有云：'李侯有句不肯吐，淡墨写作无声诗。'因悟写即是吐出，吐之无声而已。"（《刘海粟年谱》，第208页）

3月19日，周颖南致函刘海粟伉俪。

【录】海粟大师伉俪：蒋彝先生所需要的文字，我已分别直接寄往澳西。有关"模特儿"的稿子，因获释木化兄旅外未归，容后整理寄奉。

李铸晋教授目前可能已赴加拿大，俟知道他的行踪时再行通讯。

昨接袁志煌先生来信，对您的起居及创作情况，报导得非常详尽。他才气横溢，认识明确，行文流畅，是一位大可倚重的人才。

因此，我有一个建议：您如果没有自传，我希望您编定提纲，有计划地约期口述，由袁君记录，一如张次溪笔录白石老人的《白石老人自述》一样。希望在最短期间完成。这是一件很有意义，也很有必要的工作。将来，我要求获得一份副本。适当的时候，可以出版成书。

我热爱您，我关心您的事务，更甚于对待我自己的事情。我们可以从各方面配合起来，做一些有益的事。

袁君说：您近来作画之余，还写大篆《散氏盘》，写大草，我很兴奋。我像梦一般地飞到您的身边，为您磨墨、为您理纸，看您挥毫。我真是向往若狂了。

袁君的来信，使我分享了许多喜悦。我很感谢他。专此敬颂俪福！（《大师华翰》，第90页）

3月20日，刘海粟作中国画《拟石涛松壑鸣泉图》。

【引】题谓："此卷余卷所藏，满纸奇气，逸纵不可羁勒。戏临一过，与大涤子血战。"赠周颖南。潘受题《水调歌头》为跋，有句云："海翁磅礴为画，落笔势飞惊。只恐瞎尊招架，百合难分高下，绝顶看同登。"7月12日复周颖南函中，谈到创作此画得意之情："此卷当时吾不知何者为山，何者为水，何者为林麓层宇，何者为烟云，更不知何者为笔墨。吾年八十有一，足迹遍天下，所见实有此山，实有此水，实有此林麓层宇，实有此烟云，独未见九州之内有此笔墨……古人长卷皆不轻作，必经年累月而后成，苦心在是，适意亦在是也。"（《刘海粟年谱》，第208页）

3月21日，周颖南致函刘海粟，拟撰写介绍刘海粟的专书。

【录】海粟大师伉俪：十九日上书，言犹未尽。今后，我计划利用业余时间，编辑一本关于您的书。这工作，目前虽然有人在做，但见仁见智，各有不同。最重要的是彼此的关系不同、感受不同，而所抒发的感情自然也不一样。这本书，要以您的著作为主，诸家的评介文章为辅。并附印若干以黑白为主的图片、书、画。这是与画集或书画集性质不同的书。画集或书画集的主要任务是介绍大作，必须彩色精印。书却是介绍您的艺术理论及诸家的见解，要重视它的版本。因此，就必须要有充分的资料，尤必须要有您的协助才能成功。兹列述如下：

一、照片：（1）您八十寿辰的照片及创作时的照片；（2）你们伉俪的照片；（3）各时期的纪念照片若干帧。均请以黑白、光面的方式冲印。以明信片的规格为佳。

二、书、画：请您把家藏具有代表性的书、画作品，用黑白底片选拍若干幅。

三、图章：请把您所用的图章，拓印一份。可请志煌先生或旁人代劳。将来可用"海粟大师用章"的名目印出。这对鉴定大作有很大参考价值。

文章千古事。我要凭热忱，不计工拙，大胆地承担这份工作。待资料收齐后，再来编目，再来互相究讨。我所建议的，请志煌先生笔录的《海粟大师自述》，将是这本书的重要部分。自述之外，是否可以您八十岁为一个阶段，请志煌先生或其他您认为可以胜任的人编写年谱。这些事，要争取时间来做，越快越好。您在艺术上的成就与贡献肩负着继往开来的重任。我必须广为推荐、介绍。这样，才不负您对我的厚爱。以上意见，不知是否符合您的设想，有盼教正。

专此敬颂

俪福（《大师华翰》，第90页）

【图1976-2】刘海粟油画作品《漓江》1976年（88cm×90cm）南京艺术学院藏

3月，刘海粟临书法《毛公鼎》《散氏盘》。作《散氏盘铭》长卷并赠周颖南。潘受（1976年）、饶宗颐（1977年）为《散氏盘铭》题跋。（《大师华翰》，1976年3月间的信函）

3月，刘海粟跋1967年作书法《临米芾群玉堂贴》。（该书题跋）

春，刘海粟作中国画《荷花》，赠李家耀。（《刘海粟年谱》，第208页）

4月2日，周颖南致函刘海粟伉俪。

【录】海粟大师伉俪：昨日下午，木化兄把有关模特儿的文稿交给我。我如饥似渴地拜读一遍，很受感动。我感到，这是当时中国艺术教育革命的宣言。是一场真理与伪善的斗争，是一场严肃的反封建的斗争。这一组文章，将是中国艺术史上的重要文献！我即将复印，连同《国画源流概述》一起寄给蒋彝先生。我希望他把这项研究工作走在前头。作为贡献！

友谊是可贵的。我高度评价蒋先生对这件工作所采取的态度！何先生还没有消息，很是想念！最近，我每天盼望您的字。《吴昌硕画集》《齐白石画集》中，书法占了很大的比例。特别是篆字。这是很值得重视的事。附大作复印片段两份，请按注明者指正。专此敬颂

俪福（《大师华翰》，第92页）

4月3日，周颖南致函刘海粟伉俪。

【录】海粟大师伉俪：今晚葆芳兄来电话，说他今天收到您的来信及两阕另纸书写的词。他很高兴。他还说：他知道我很关心你的事情，所以特地打电话告诉我。我感谢他的厚意。今后，他将着手整理您的书信并进行编辑工作。

我感到，这是一件好事。这本书信集，将为海内外美术界提

供宝贵的研究资料。

总之，要完成一件完整的学术研究工作，是要依靠许多人从各方面努力工作方可有成，我很支持葆芳兄的做法。蒋彝先生所需要的文稿，我已全部寄去了。他是有心人，相信会作出成绩来。专此敬颂

俪福（《大师华翰》，第93页）

4月8日，周颖南致函刘海粟伉俪。

【录】海粟大师伉俪：近日我一直盼望您的来信。今年二月，蒋彝先生在香港《七十年代》月刊发表了《哑行者访华归来话今昔》的口述笔录中，提到了您，并引用郭老当年题诗中的"艺术叛徒胆量大"等句子。潘老为《铁骨红》题诗中，亦有"艺术轰传有叛徒"的句子。真是无独有偶。因此，我把这幅画拍了彩色照片寄去，请该刊发表。四月号，它已用封底整版的篇幅发表，足见该刊对大作的重视。这样，这幅画将传遍了大半个世界了。兹附上请参阅。专此敬颂俪福！（《大师华翰》，第93页）

4月12日，刘海粟致函周颖南。

【录】颖南贤兄友爱：手教稠叠，快若晤谈。蒋彝兄需要的资料已直接寄往澳西，大慰大慰。弟近来颇有文字之役，香港大学罗慷烈教授一年来不断寄我题画诗词，声应气求，从此缔交，诗词书画不时出入怀袖，书翰殷勤，名章佳句，意外飞来，顿成至契，附呈录近《贺新郎》《水龙吟》词，请您看看。今后你计划利用业余时间编辑一本关于我的书，茞思周匝，殷勉无尽，拜嘉之余，感愧无既。此书包括我的著作、自传、年谱（袁君若有摘录，我未过目），需搜集数十年之资料，他人即有此精力，断无此气魄也。兹先寄上照片数种，以后陆续检寄。何敦夫尚无来

信,英伦前有来信说,何尚在交涉。何父叫何耀光,住新加坡惹兰峇巴爷礼峇律十七号。草草奉复,不尽万一,敬颂台安。诸唯爱护

弟海粟顿首　一九七六年四月十二日

来翰询二字是"帆""雯"。梅花一帧友人用以上石拓本伴函乞哂正,毛主席词二首写好即寄,篆书《散氏盘》字多不方便寄。

贺新郎　并序

海翁近游太湖,为居停写鲲鹏展翅九万里巨制,不可方物矣。顷以画影寄示,试为赋之。唐玄宗时,楚国公姜皎善画鹰鸟,老杜有"姜楚公画角鹰歌"云:"楚公画鹰鹰戴角,杀气森森到幽朔"是也。然姜皎之鹰,岂可与海老之鹏共语哉!唯李青莲赋大鹏,恢谲壮丽,相仿佛耳。

溟渤鲲鹏起。负苍天,扶摇九万,壮图初试。虎视神州新气象,处处千红万紫。更绿了,五湖烟水。一粟泰山何足算,笑尼丘龊龊榆枋里。谁会得,凌云意?　乌金射墨鸦青纸。骋霜毫,雷喧电激,穹窿尺咫。浩荡风云生劲羽,肯向华堂栖止?恐破壁,一飞无际。不恨楚公吾不见,恨诗仙,不见吾鹏耳。呼大白,为公醉。丙辰元宵,录呈海粟文台千里一笑。素不能书,公弗怪也。

贺新郎　答和慷烈教授

笔势凌空起。似桑林,骤然中节,硎刀新试。试作扶摇鹏翻舞,来瞰九洲红紫。正妆点,好山好水。更泼龙香半珪墨,要苍龙腾踔云光里。一挥就,快吾意!　雁关声价罗家纸。许心期,琳琅词笔,天涯尺咫,映起谪仙夸俊赏,发我豪情难止。问何日,归舟天际?春到吴江诗料阔,愿一樽,相共从容耳。词未毕,心先醉。

海　一九七六年三月十六日（《大师华翰》,第94页）

4月21日，周颖南致函刘海粟伉俪。

【录】海粟大师伉俪：一个多月没有接到来信，我无时不在怀念中。五月十日，新加坡李总理将率领亲善团访问中国。其中重要的成员之一，外交部高级政务部长李炯才先生，是我的知交，经常互有往来，谈艺论文，乐此不倦。前时，我把您的大作《山水小景》画册赠他时，他爱不释手。他告诉我，他收藏有您的作品，现在挂在外交部他的办公室里。他对您很敬重，对您的作品评价很高。他表示，下次有机会去中国，要去看您。

李先生是新闻工作者出身，曾在《海峡时报》工作过。他不但是一位政治家、外交家，也是一位艺术家。他画一手现代的彩墨画，也弹古筝，多才多艺。最近，他完成了一部关于印尼的巨著。曾任新加坡文化部长、驻阿联全权大使及驻印尼全权大使。

今早，我在他家里交谈了一个上午。他说：这回到上海，要想办法拜会您。这是一件很有意义的事，您一定会感到高兴。请预作准备。若有所赐，托他最好。

李铸晋教授参加的加拿大多伦多亚洲学会会议，已经圆满结束了。有一个小组，作了以廿世纪中国美术的现代化为题的一级报告。其中有三篇报告。一、关于岭南派；二、刘海粟；三、大陆解放后之画家，如傅抱石、李可染、钱松嵒等。

据说，以此为题的，在亚洲学会还是首次。

李教授宣读的论文是：《廿世纪中刘海粟与现代的中国艺术》。他采用资料的丰富，出乎我意料之外。这是又一件值得高兴的事。特此报告。敬颂俪福！（《大师华翰》，第96页）

4月25日，周颖南致函刘海粟伉俪。

【录】海粟大师伉俪：廿一日信付邮后，拜读您十二日手教，您及慷烈教授的大作《贺新郎》，近照两帧，非常高兴。您们的大作,真是"琳琅词笔,豪情难止"。

今天,我按址拟造访何耀光先生,可惜遍觅不着,可能有误。探询该地区人士,亦无答案。若有英文地址,会更为明确,请示为盼!

与李先生会晤时,若有所赐,可请其携带。篆书《散氏盘》亦然。主席诗词则请邮寄好。专此敬颂俪福 弟周颖南拜上 一九七六年四月廿五日深夜(《大师华翰》,第97页)

4月28日,刘海粟致函周颖南。

【录】颖南我兄:四月十四日曾上一书,并附在本次公园画荷写鹏照片四帧。十六日又寄梅花拓本及松江石湖荡画古松照片。二十五日又挂号寄上行书毛主席词二首,想已先后达览。赐寄香港《七十年代》所印拙作《梅花》亦已得收,印得很好,如能多寄几份尤盼!

顷读廿一日手教,欣悉新加坡李总理将率领亲善轩访问中国,其中重要成员外交部市级政务部长李炯才先生是老友,李先生不但是一位政治家、外交家,也是一位艺术家,他能画一手好画,他爱重拙作,所藏拙画均数十年前所制。李部长这次来中国访问,我当创作新图奉赠,表达我的热烈欢迎。他愿望要来看我,非常荣幸。

李先生是亲善团重要成员,访问我虽然是老友也要做好安排,因为在沪时间不会太多,你需要的宣纸及国画颜料可请李先生面告即可!

春回大地,祖国江山如此多娇,旧貌变新颜,到处莺歌燕舞。吾兄倘能千里命驾,再度归来观光,当扫径以待。灯下走笔,不尽怀想。专此敬颂

日安不次(《大师华翰》,第97页)

5月18日，上午，刘海粟在上海锦江饭店会见李光耀总理率领的新加坡友好访问团，将近作中国画《五松图》和《朱砂峰》赠予李炯才。

【引】7月12日刘海粟致周颖南信中谈到：新加坡李光耀总理率领友好访问团，是五月十七日下午到上海，十八日中午离沪去太湖，时间匆促，我是十八日上午九时在宾馆会见的。李炯才部长谈了半小时，感到温暖和亲切，他看到了《五松图》和《黄山朱砂峰》，十分高兴。又画巨幛《万古长青》赠李光耀总理，因时间局促，未曾完成，说明画成邮呈，现已完成，不日寄新。（《大师华翰》，第101页）

5月26日，周颖南致函刘海粟伉俪。

【录】海粟大师伉俪：今早，我到李部长家里去，畅谈您们见面的情况及访问中国的观感。我真为您的健康感到高兴。您送给他的两幅画好极了。他认为是此行的最大收获之一。

蒙惠赐山水长卷，我兴奋莫名。

四月十六日惠寄的梅花拓本等及廿五日惠寄（挂号）的主席词二首，至今尚未收到，怀念之至。何先生处的消息，至今不明，使我望眼欲穿。

近廿多天来，因为母丧，心情紊乱。今天算是最为高兴了，临风向您拜谢。专此敬颂俪安！（《大师华翰》，第98页）

5月，刘海粟题《五松图》。

【录】题曰：古松拿攫如苍龙，涛声欲撼天都峰。是谁借得韦偃笔，一抹忽看云气浓。（该画题跋）

6月18日，周颖南致函刘海粟伉俪

【引】海粟大师伉俪：李部长访华归来后，我真想获得您的指教。可是望眼欲穿未能如愿。就是四月十六日惠寄的梅花拓本及廿五日挂号惠寄的主席词亦尚未收到，使我深以为念。我曾上书指出，李部长获得您的厚赐，认为是此行最大收获之一。他频频告诉我，您身体健康，精神愉快。我非常高兴。而那与大涤子备战的大作山水长卷，更使我感到自豪！

家耀兄回来了，《散氏盘》全文仍留在香港，不久可以寄到。我是如饥似渴盼望早日看到。

据英伦来信，说十段锦已被送回，谅将归还您的手中，如果属实，我可以安心了。我非常盼望您的来示，即使是三言两语，也足令我欣慰！近因母丧，心情仍然紊乱。恕未多叙。俪福（《大师华翰》，第99页）

6月20日，周颖南致函刘海粟伉俪

【引】海粟大师伉俪：日前上书，谅已蒙俯览。英伦寄来香港出版的《抖擞》双月刊第十五期，内刊载一篇以《刘海粟志在九万里》为题的文章，作者是罗教授的朋友，很有分量，谅英伦早已寄上评阅。现再复印奉呈。

我切盼您的来示，即使是寥寥几个字，亦足使我感到欣慰！

葆芳兄伉俪赴欧美旅行，归期未悉。又及（《大师华翰》，第99页）

6月25日，刘海粟为女儿刘蟾所作中国画《牡丹》题字。

【录】题曰："妞儿兴酣频点墨，灯下驰毫写来真。"（《刘海粟年谱》，第219页）

6月26日，刘海粟为女儿刘蟾题《雨中牡丹》。

【录】题曰：花瓣花枝墨晕成，一凭洛谱立何名？须知真艳原无艳，色相多从空处生。

【引】刘海粟自注："一九七六年六月二十六日，女儿刘蟾灯下画雨中牡丹，虽点画烂漫，而真气流衍。岁老人刘海粟信笔。"（《沧海一粟——刘海粟的艺术人生》，第138页）

6月27日，刘海粟作中国画《松鹰图》。（《刘海粟年谱》，第209页）

6月，刘海粟书《福寿》两字，并作中国画《翠荷鸳鸯》为夫人夏伊乔六十寿。（作品题跋）

7月2日，周颖南致函刘海粟伉俪。

【录】海粟大师伉俪：叠上数函，未蒙示复，深以为念！

日前，我与张振通先生长谈。建议以他和我的收藏为基础，共同出版一本您的书画集。他接受我的建议，命我进行筹划。序文将请潘公执笔。我感到，只有这样才能酬答您对我的爱护。我的诺言，才能实现。我的心事，才能完成。我是把这件事作为最重要的事来考虑的。现在既有点头绪，特此报告，详情续谈。专此敬颂

俪福（《大师华翰》，第100页）

7月8日，周颖南致函刘海粟伉俪。

【录】海粟大师伉俪：昨接志煌先生来函云：老人近来福体安康，精神健旺，经常去公园散步，有时一天要走两回。又云：老人仍勤奋作画，近作有《古松青芝图》耄年古松，巍然兀立，灵芝盘曲其下。读是画，如见老人老而益壮之概也，使我非常兴奋。

今天，我由中国银行汇上人民币四百元，请查收示慰是感。明日我因事将赴香港，有机会一见阔别三年多的故友。同时可以一晤英伦女士。书画集正在请人估价，详情续告。专此敬颂

俪福（《大师华翰》，第100页）

7月12日，刘海粟致函周颖南。

【引】颖南吾兄阁下：两读手书，勤勤无已。弟入夏尚健，惟苦齿病，又牙妨食，故迟迟未夏，歉悚歉悚！（略）

学书必从学篆始，求篆于金，求分于石，余十三四岁学篆书，十六岁至上海后，兹事遂废。八十岁写一通《毛公鼎》、一通《散氏盘铭》以自寿，不轻示人。浑脱流洒，精严高古，无美不备。颖南酷嗜余书画，再四函索，不忍却其请，即以自寿卷移赠，祝颖南亦如海翁之长寿也，实艺苑佳话。昨接七月十日手教，知您与张振通先生长谈，决定将你们二位收藏为基础，共同出版一本书画集，由吾兄进行计划，拟请潘公做序文，盛意感谢，无以为喻。内容愈精愈好，其他精品亦可选入。香港大学罗慷烈教授也可以请他写一篇序文或小传，潘公、罗公还有饶宗颐先生都是我的知音。张振通先生博闻好古，于拙笔有癖嗜，晤时请道念！

黄葆芳集合欧游，五月初曾来函告知，六月七日到巴黎也有来翰，备道旅中见闻，想现已转道赴美矣，葆芳为人爽直，七四年十二月起他接受你的建议，每月外汇陆续不断，为数虽微，但对老人热情关怀可感也，屡承手教，敦勉三复，知交遍天下，独吾兄以学艺道义相勖耳。

"我热爱您，更甚于热爱我的亲人，我关心您的事务，更甚于对待我自己的事情。"这几句披沥血诚的话，我是永远不会忘记的！您爱我之深，您的心事是使我安心创作，我愿望以极大的创造性和艺术家的风度登上世界艺术高峰。书画之外近喜填词吟

诗,和罗教授《贺新郎》词一阕,录呈并希潘公有兴见和尤感。方今祖国社会主义建设欣欣向荣,旧貌变新颜,到处莺歌燕舞,江山助笔,花鸟供吟,有以致之。灯下拉杂文话夹杂不成章,草草聊慰。

《山水小景》乞再寄十册,再寄一册《山水小景》给东京平凡社,平凡社出版《世界美术全集》,还出版了许多中国法书名画,也印了我的作品,最近寄来《书道》,又附册篆刻,印得很好,你可写信交换意见。(《大师华翰》,第101页)

7月21日,周颖南致函刘海粟伉俪。

【引】海粟大师伉俪:拜读本月十二日挂号惠书,宛若晤谈,欣喜之情,莫可言状。

您已完成巨幛《万古长青图》,拟赠李光耀总理。我已电告李炯才先生。他一再要我向您请安,并提出建议,可将该画寄往我处,然后转呈,这幅画既是赠给李总理,对中国的睦邻政策,将产生一定的影响,可直接向有关当局提出建议,经同意后挂号寄出,谅不致有误。

《山水小景》十册,已分作两包寄出,请查收是幸。前寄之五册及琴谱,谅早已收到。得便请示。

东京平凡社地址未详,待查明后始能寄出,二玄社我去年寄去了,二玄社出版中国的书画集甚多。

上周间,我因事赴一别三年余的香港,与良复、英伦夫妇、罗孚先生、罗慷烈先生幸会,大家都很高兴。《散氏盘铭》真是神来之笔,无美不备,您以此自寿,我将以此寿人。我计划在香港出版,献诸同好,以报答您对我的爱护之情。《书谱》将做重点介绍。发表时间排在今年度十二月份。我将以"自寿与寿人"为题,发表拙作。(略)(《大师华翰》,第102页)

7月27日，周颖南致函刘海粟伉俪。

【引】海粟大师伉俪：蒋彝先生于廿一日晚从澳西抵此，我赴机场迎接。廿四日经港返美。那两天，我们有许多时间相聚在一起，畅谈各种事务，廿三日下午到我家小叙，是日晚，我在文华酒店卅六楼之松屋设宴招待。应邀作陪的有潘国渠、黄葆芳、刘抗、陈人浩、施香佐、陈宗瑞、李曼峰等诸先生。相聚，是人生最大的快乐。

廿一日上书所指的《花鸟》实是《锦鸡山茶图》，我感到，我藏画不足，出版时，其中一两幅若用刘氏家藏出现，会不大自然。因此，我拟借称为我的藏品出现，似较适宜，未悉以为然否？

大师此幅《锦鸡山茶图》是我第一次读到的您的工笔力作，十分难得：一般说以工笔作画，若功力不逮，往往容易将物象画得木讷、呆滞，没有生气，缺乏真实感。而大作仍如写意画一样画得灵气十足、形象鲜活流畅，气势雄健，格调高雅，满纸呈现勃勃生机。以用色而言，全画以大红为主调，连底色、山石、流水均以淡红或淡赭出之，整体上显得十分和谐统一，我想若是一般出手，非流于俗耐不可，而此幅却令人感到美而不冶、浓而不杂、亮丽而不失清纯、层次分明又深入物理，诚非大手笔不能致也。（略）（《大师华翰》，第103页）

7月27日，刘海粟往西郊公园作中国画《荷花》写生。
（《刘海粟年谱》，第209页）

7月29日，刘海粟作行草书法长卷《重湖接屋水迢迢》。

【引】"兴酣落纸，运笔纵横，自觉越写越精彩，忘了规矩而点画狼藉。"中秋，又作一卷。（《刘海粟年谱》，第209页）

8月11日，周颖南致函刘海粟伉俪。

【录】海粟大师伉俪：《散氏盘铭》，我计划在香港出版，为了让内容更丰富些，特请潘先生题跋，潘先生的跋，有如锦上添花，十分傲人，兹复印奉呈，敬请品赏并请示高见。

客月上旬汇款，谅已蒙查收，得便祈一并示慰！专此敬颂俪福！（《大师华翰》，第104页）

8月16日，周颖南致函刘海粟伉俪。

【录】海粟大师伉俪：拙作《自寿与寿人》将安排在今年十二月份的香港《书谱》双月刊上发表。大作亦将部分选刊。拙作随函奉呈，敬请斧正为感！

《书谱》第十一期发表拙作《弘一大师写给杨白民与夏丏尊的信》，第十二期发表《陈蕙芗先生的白描花卉与篆刻》。这两篇都是纪念性的文字。寄上《山水小景》两包十册，收到时请示慰！专此敬颂　俪福

振通兄汇款，收到时亦请示，又及。（《大师华翰》，第105页）

8月17日，周颖南致函刘海粟伉俪。

【引】海粟大师伉俪：家耀兄的照片已寄来，编印画集的工作即将展开。我把这件事告诉李炯才先生，征求他的意见。他同意把他的收藏一起编入。这多有意思。他还告诉我，李光耀总理是九月十六日生日，您的大作《万古长青图》若能赶上在他生日时送给他，该有多好。因此，画好后请您用航空挂号寄给我，我还要请人裱制呢。我希望能赶上。家耀兄所寄的照片中，有您书写的主席诗词。我想起您四月间所寄的，至今尚未收到，真叫人怀念。请另行书写，是所感盼！《十段锦》手卷，是否已退回您处，得便请示。

报载唐山地震，波及京津，使我忧心如焚。我曾写信寄京，

向君坦、伯驹、益知诸老致亲切慰问。昨接益老来函,说北京秩序井然,一切如恒。形势日见缓和,解除当在不远。诸请释念等语。又云:君坦已赴邢台其子工厂暂息。伯驹、梁孟赴西安其婿处安顿。他自己却严守岗位,抗震救灾。今早报载,北京地震危机已解除,我如释重担。知关锦注,谨此报告。(略)(《大师华翰》,第105页)

9月6日,周颖南致函刘海粟伉俪。

【录】海粟大师伉俪:久违大教,怀念殊深。大作《山水小景》此间《南洋商报》全部转载。吴孔寄君的文章一并发表。兹随函奉呈,请参阅为祷!专此敬颂俪安 弟周颖南拜上 一九七六年九月六日(《大师华翰》,第106页)

9月16日,周颖南致函刘海粟伉俪。

【录】海粟大师伉俪:八月十一日上书,附寄潘受先生《散氏盘铭》跋复印本。

八月十六日上书,附拙作《自寿与寿人》复印本。八月十七日上书,请寄赠李总理大作。九月六日上书,附《南洋商报》刊载之大作《山水小景》。均未蒙示复,怀念之至。兹奉呈潘受先生序及目录复印本,请审阅。画集应如何命名请示知。俾作参考。《秋山红树图》及《红梅》乃画集之试版,请一并审阅。专此敬颂 俪福(《大师华翰》,第107页)

10月1日,周颖南致函刘海粟伉俪。

【录】海粟大师伉俪:叠上数函,详述有关大作的出版事宜,并附呈潘序中、英文目录样本两份。至今未蒙示复,深以为念!

我们均在专候您的高见，希望您把看法告诉我。近闻您制作草书长卷，令人向往。专此敬颂　大安（《大师华翰》，第107页）

10月7日，刘海粟致函潘受。

【录】国渠先生阁下：拙作山水小景，蒙题嘉篇，法书之精，诗笔之妙，世所罕睹。然犹以未聆宏论而若有不足，顷颖南复以公所题拙作临《散氏盘铭》及四家所藏画册之序文见示，楮墨之间为深沉、为渊博、为淋漓尽致、为鞭辟入里，且为我之所未敢尽闻也。三复循诵，钦佩不已。海自髫龄，即摹写金石文字，以有所好，而力未逮也。书法之汪洋恣肆，必以胸臆精神气质出之。老子"有无相生，难易相成，长短相形，高下相倾，音声相和，前后相随"之言，可移作书、画之法则。数十年来弗敢失，以此中有深意在焉，虽作书作画未尝悖此旨。故阁下以朴拙论海书，以槎枒嶙峋论海画，以强烈感情论海笔，非深知我者不能言也。比来索居海上，可与言者寥寥，知我心者尤少，今天壤之间有如此学识、如此眼力之知音在，庶几无憾矣。虽然阁下之论拙书，乃以何蝯叟、吴愙斋、吴缶庐诸公相颉颃，实非海所敢当，岂爱之深而奖之谬耶？昔颜之推言："倘遭不世之明达君子，安可不攀附景仰之乎？"因颖南通书之便，谨附寸笺，聊申此意。拙词《水龙吟》题铁骨红梅，如蒙和韵，深感盼。草草，聊慰远想，不次。一九七六年十月七日（《刘海粟艺术文选》，第510页）

【释】潘受（1911—1999），福建南安人，1930年南渡新加坡后，曾任《叻报》编辑、中学校长等职。1937年抗战军兴，走避新加坡，任"南洋华侨筹赈祖国难民总会"主任秘书。后辗转到陪都重庆避难，至太平洋战争胜利后返新加坡。1953年参与筹办南洋大学，后任该校秘书长。其在新加坡和东南亚享有很高声誉，致力于弘扬中华文化，并与中国文化界保持密切联系。其书法和古体诗造诣极高。潘受与刘海粟交往甚多，曾为《海粟老人近作》作序，潘受认为："大师所临写的《散氏盘铭》，朴腴拙秀，苍润古厚。集夭矫、清刚、郁勃、峻谲、逸宕之大成。为诸家之冠，是前无古人的。"刘海粟认为"潘受先生博学多情，能请他再写几句感且不朽"，并多次赠画潘受。

10月8日，周颖南致函刘海粟伉俪。

【录】海粟大师伉俪：潘序及新加坡博物院有关者的英译本，谅已收阅。兹附上南洋大学有关教授们的校正本，李炯才先生同意用这一译本，请参阅。

至此，画集的编辑工作基本完成。唯书名未定，请示尊意为祷！专此敬颂　俪福（《大师华翰》，第108页）

10月8日，刘海粟作中国画《清荫横舟图》，给长女刘英伦。又作中国画《水墨熊猫》。（《刘海粟年谱》，第209页）

10月12日，刘海粟致函周颖南。

【录】颖南贤兄如晤：八日惠书附潘序英译本，南大有关教授们的校正本很好，我同意李炯才先生意见，用这一译本。前赐寄《山水小景》迄未收到，能再寄十册于益翁处转如何？弟佚则病，而劳则已。簿书委积，宾客酬接，今日客散又纵笔作江南烟柳，绝无绳墨并无成见，幅幅长短广狭非所计也，行吾之意以抒浩然之气耳。

十月八日一函并附致潘公书计得彻左右，画册样本盼源源赐寄。星马一九七七年日历刊有名画者望选寄。昨有友人寄来香港七七年日历刊有旧作《红梅》。灯下草草，敬候。起居不尽驰系。刘海粟顿首（《大师华翰》，第108页）

【图1976-3】刘海粟中国画作品《水墨熊猫》1976年（128.9cmX63.8cm）刘海粟美术馆藏

10月12日，刘海粟致函黄葆芳。

【引】函告以"心悸频发，衰庸可鄙，但每晨仍以书画为乐不敢废"。以后在《诗书画漫谈》中说"忍受不住不能忍受的痛苦……但我很乐观，还练书法、作画，始终认为自己是一个画家……也坚信我所坚持的艺术事业是正确的"。（《刘海粟年谱》，第210页）

10月16日，周颖南致函刘海粟伉俪。

【录】海粟大师伉俪：八日手教及致国渠兄函均已拜悉，非常高兴。我立即把尊函携往国渠兄处，他看了也感到无比兴奋。

国渠兄在文学上的造诣，南洋无出其右，故为大作写序或题跋，非他莫属。

我出版大作,目的在使它广泛流传,使更多的人受到它的感染而从中吸取教益。说得更深入些,就是希望为推广中国文化尽点力量。

这些日子里,我盼望您的来信,真是望眼欲穿。一收到您的信,我的心情就感到愉快。我想,这该是极为深厚的感情了。对此,或许您亦有同感?

为纪念毛主席,您为我画了《墨梅》,并题上《卜算子·咏梅》。我真高兴。这是一件具有特殊意义的作品,我将加倍珍爱。希望不久可以收到。

写到这里,我仿佛飞到您的身边,共同欣赏您那龙飞凤舞的草书长卷。

《南洋商报》的美术工艺编者的错误报道,恰好可以因之取个吉利,敬祝万寿无疆。(《大师华翰》,第109页)

10月24日,刘海粟作中国画《泼墨山水》。

【图1976-4】刘海粟中国画作品《泼墨山水》1976年(133.7cm×68.4cm)刘海粟美术馆藏

【引】题:"天地氤氲,秀结四时,朝暮垂垂,透过鸿蒙之理,堪留百代之奇。"(该画题跋)

10月25日,刘海粟作中国画《渔父图》,赠张振通。(该画题跋)

10月28日,刘海粟致函周颖南。

【录】颖南贤兄阁下:手教切至,感诵不已。潘公序及目录

【图1976-5】刘海粟中国画作品《渔父图》1976年(252.4cm×78.4cm)刘海粟美术馆藏

复印本拜读，欣慰无量。画册彩色版样板二页印得甚好，纸地能冷淡些更妙，《秋山红树》是青绿，石绿太暗，要提高。

阁下以少壮之年，精识艺事如此，实属难得。搜集四家所藏拙画印行问世，以供世人鉴别，心诚而意谦，使人愧感。同时得香港大学罗慷烈教授来翰云，海作画七十年，流传海内外为数不少，谓宜有系年画集，所见良是，然卷帙浩繁，谈何容易。袁君志煌遵尊意，最近集成印谱亦悉为编次年代先后，他日如有系年之辑，此帙或有参考之价值。大作《自寿寿人》逻辑精密，考证赅博，立说新颖而翔实。《散盘铭》长卷颇敝帚自珍。潘公曰："海翁于此卷之自珍如此，其移赠之至意若此。吾知颖南必百倍珍视于秘籍所藏，南永宝勿失之也。"《南洋商报》关于《山水小景》特刊收阅，星、马洲友好均有寄来，大家对我非常关切，编者更正文及潘公序文，请复印几份赠寄！潘文英译很好，称"教授"为妥。

近写草书长卷，兴酣落纸，运笔纵横，神采动荡，绝无风尘气，苦不能与兄共赏也。期深晓著书画者，当如九方皋相马，遗其玄黄牝牡乃得之。又为阁下作《墨梅图》并谨题伟大领袖和导师毛主席《卜算子·咏梅》。主席逝世，举世哀悼，地球上失去了一位改变世界的伟人，我们要化悲痛为力量，学习毛泽东思想！首先我虔敬地画了这幅画。略布近状，惟深鉴，即候起居不一，祈惠　续音　弟刘海粟顿首（《大师华翰》，第109页）

10月，刘海粟与高络园、朱孔阳合作中国画《岁寒三友图》。

【引】题："松梅与竹称三友，霜雪苍然贯岁寒。只恐人情易翻覆，故教写入画图看。一九七六年十月，九十岁老人高络园写竹，八十五叟朱孔阳补梅，刘海粟画朱松并题，年方八十一。"（该画题跋）

11月7日，刘海粟致函刘抗。

【录】抗弟如晤：十月十二日曾上寸械，想已得收，贤伉俪游欧洲十余国胜利归星，欣慕欣慕。顷得翁生雅才来函惊悉人浩弟物故，殊为痛怀，人之不可期也如此。近日老同学谢之光、来楚生亦先后倾逝，不觉悲叹。海翟师生之戚者屡矣，至此遂成断雁，秋风起则凄然顾影，独夜陨涕，以是知吾第之不能堪也。恳代我吊唁，忽忽走笔不尽怀想。兄海，十一月七日（《刘海粟刘抗师友书信录》，第244页）

11月9日，周颖南致函刘海粟伉俪。

【录】海粟大师伉俪：客月廿八日惠书拜悉。《山水小景》尚未收到，令人怀念。若另有益老处转，最好先征求他的意见，较为妥善。画集编印工作虽已在进行中，唯年关在即，印刷公司业务较忙，可能会略有延迟。我当力促其成，并随时将工作进展状况向您报告，请勿为念！

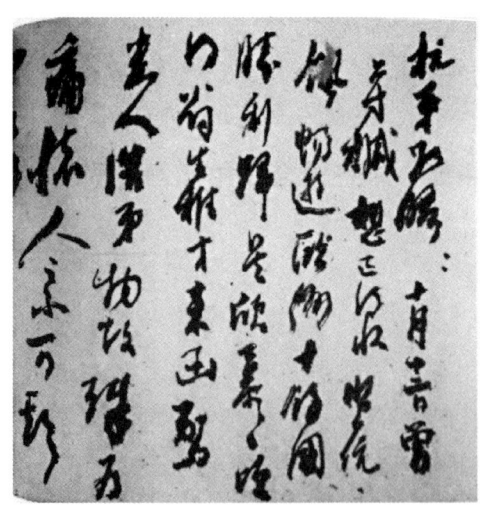

【图1976-6】1976年11月7日，刘海粟致刘抗函（局部）

昨接慷烈教授来函，闻英伦处的藏画均已拍竣，正待饶宗颐和他的序文。

看来进行亦颇为顺利。

人浩兄因盲肠症发作于十月底不幸逝世，令人哀悼！其时我适在印尼，致未能执拂为憾！

人生如梦，只要一息尚存，要为社会多做点事，才能心安理得。专此敬颂俪福！（《大师华翰》，第110页）

11月19日，周颖南致函刘海粟伉俪。

【录】海粟大师伉俪：今早电询印务公司，闻画册的印刷工作正在进行中，谅不久可以看到样本。情况如何，我将另作报告。请勿为念！

我已函请志煌兄向上海书画社代购大号锦面精装纪念册，敬请你们带头绘赠，并代请海上名家惠赐墨宝，供作留念。为便于将来携带出国，每幅佳作均请题款。请你们及志煌兄协助玉成为感！封面书签，亦请署耑。

国内形势大好。我的请求，将更具重大的纪念意义。专此敬颂俪福！（《大师华翰》，第111页）

12月18日，周颖南致函刘海粟伉俪。

【录】海粟大师伉俪：拙作《自寿与寿人》及大作《散氏盘》部分，已在香港《书谱》双月刊第十三期发表，兹复印奉呈，请过目。该刊容后试寄。单行本已列入该社出版计划中，预计明年可以问世。画集因年关所限，印务馆工作紧忙，故出版日期尚需稍延。赠振通兄之大作《渔父图》浑厚朴拙，乃画中极品。我当设法编入。

人浩兄不幸逝世。我应《新加坡美术》季刊之请，写了一篇

纪念文字，三千余言。发表后当寄上。专此敬颂

年禧（《大师华翰》，第112页）

12月，香港《书谱》杂志总第13期发表周颖南《自寿与寿人——海粟大师临写的〈散氏盘铭〉》一文。

【引】全文约两千字。文中有曰："最近，大师把这卷《散氏盘铭》赠我，复作第三段跋：'颖南贤兄博学多闻，尤嗜书画。尝问书于仆，感其意之诚，以此卷赠之，以塞其请。毗陵刘海粟识。'"（周颖南，《自寿与寿人》，《书谱》第13期，1976年12月）

是年冬，刘海粟作篆书横幅（节临毛公鼎）和草书横幅（节临张旭草书）给长女刘英伦。（《刘海粟年谱》，第210页）

是年，中共中央粉碎"四人帮"，"文化大革命"至此结束。刘海粟虽然未获正式平反，但已恢复正常社会活力。

刘海粟作楹联："人莫心高，自有生成造化；事有天定，何须苦用机关。"（《刘海粟年谱》，第210页）

是年，刘海粟跋《临米芾群玉堂帖》。

【录】"钟、王不能变乎蔡邕，蔡邕不能变乎籀古，今古虽殊，其理则一。钟、王虽变新奇而不失古意，庾、谢、萧、阮守法而法在，欧、虞、褚、薛取法而法分，降而为苏、黄、米、蔡诸公之放荡，犹持法外之意。愚于匆忙中草草临米公此帖，怪诞百出，则慢法矣。"（该书题跋）

是年，作并题中国画《云海滴翠》。

【录】题："今年余年八十开一，画黄山天海，自成变态，用笔设色，气韵标致，辄自奔放，不为世俗之心所怵，可尚

也。"（该画题跋）

是年，刘海粟还作中国画《重彩牡丹》《水墨黄山》《黄山云海奇观》《黄海一线天奇观》，作油画《漓江》（作品题签）

【图1976-7】刘海粟中国画作品《黄山云海奇观》1976年（67.6cmX89.5cm）刘海粟美术馆藏

1月1日，刘海粟致函周颖南。

公元 1977 年
（丁巳）
81 岁

【录】颖南贤兄慧览：得十二月十八日手书，大著《自寿寿人》，文章尔雅，辞旨深厚，钦味无穷。人浩弟物故殊可痛怀，人之不可期也如此。最近上海老同学来楚生、谢之光亦先后倾逝，不觉悲叹。海粟不幸罹师弟之戚者屡矣，至此，遂成断雁，秋风起则凄然顾影，往往独夜陨涕，以是知刘抗弟之不能堪也。

画集样本希陆续赐寄。《山水小景》请先寄（航空挂号）五册给厦门惠通巷二号三楼张人希同志为盼。所临倪元璐《十段锦》长卷经多次交涉已由海关退回，暂存广州何君友人处，已托人去取，取来后与《梅花图》一并奉去（必须有妥人方可脱手），连日俗务纷集，草草聊慰远想不次。弟刘海粟顿首
（《大师华翰》，第112页）

1月10日，周颖南致函刘海粟伉俪。

【录】海粟大师伉俪：接志煌君二日来函，欣悉《十段锦》下落已明，我感到非常高兴。这是您的心血结晶，也是给我的最宝贵纪念品，我异常珍惜，希望不日能获捧读。

日前家耀兄来长途电话，探询有关画集事宜。查印务馆过了年后，工作即将重新安排，当能顺利进行。请勿为念！详情如何，容后续报。祈请赐教。专此敬颂俪福！（《大师华翰》，第113页）

1月13日，周颖南致函刘海粟伉俪。

【录】海粟大师伉俪：拜读元旦惠书，欣喜何似！拙作承蒙谬奖，汗颜无地。《书谱》第十三期我已另邮奉呈，敬请参阅。

《十段锦》已完璧归回，我很高兴。愿能早日拜读，以偿心愿。嘱寄《山水小景》五册给厦门张人希先生，日内遵办，请勿为念！

今年是百花齐放年，国内文艺界，一定有一番新的面貌出现。在这大时代里，我希望能获得一些珍贵的纪念品。画册正积极处理中，可作为百花齐放年的献礼。专此敬颂　俪福（《大师华翰》，第113页）

1月中旬,刘海粟对当下的政治气候和艺术环境甚为赞同。

【引】1977年3月2日刘海粟致周颖南信中言:粉碎"四人帮"后第一个新春佳节,我兴致勃勃,于百忙中画了千紫万红的景象,具有浓厚的生活气息,强烈的战斗精神。它们将是由一系列表现对现实生活热烈的欢乐的各种形态的画面所组成。我希望我的新创作的一连串的作品,将超过我六十五年来的所有作品。我要使它成为对人生自我永恒的赞美,对大自然永恒的赞美,对伟大的社会主义祖国的歌颂。

我在复兴中路逼仄的工作室里,处于创作的激狂之中,工作了将近五个月时间,甚至一天之中,就创作了三四幅国画,有时又苦思周匝,五日一水,十日一山,黄山、匡庐、奇峰、急流、紫藤、红梅、白凤、大鹏、荷花、葡萄,往往每幅画都要经过五次之多的泼墨泼彩。"好""好极""太好了"!每当我把一幅画完成后,题上诗跋,时而狂草,时而行楷,自己张挂起来就大声呼叫,为不平凡的作品得意忘形。以至屡叫家人和许多老朋友、老学生来看,甚至特地从南京、苏州、无锡、杭州等外埠请朋友来欣赏尚在进行中的工作。有时也赴金山工地,青浦农村,创作油画,填词吟诗,聚合性地表现毕生生活与作品达到的即令人神往的顶点。如果没有觉醒的强烈的爱,没有生活,便没有具有任何意义的艺术。最近的许多作品都以美丽的、欢乐泼辣的笔触表现灼热(的)爱。每幅画象征粉碎"四人帮"后全国形势朝气蓬勃无限美好的前景;歌颂华主席,歌颂党中央。我以不可思议的光彩变现伟大的时代,要达到人类创造的顶峰。(《大师华翰》,第114页)

1月20日,刘海粟复函黄葆芳。

【引】函告:"锣鼓炮竹震天响,四害减除喜气扬。千家万户迎新岁,八亿神州心欢畅。深受四人帮迫害的我,心情万分激动,精神更加振奋。全国人民齐欢歌的时候,我兴奋地画了许多画,是我极力创新的。我希望今后的新创作是一连串的杰作,将超过我六十五年来的所有的作品,我欲使它为人生自我的赞美,对自然永恒的赞美……如果没有觉醒的强烈的爱、没有生活,便没有任何意义的艺术创作。"(《刘海粟年谱》,第211页)

1月22日,刘海粟致函黄镇。

【录】粉碎了"四人帮"篡党夺权的阴谋,祖国大地阳光灿烂,新年景象喜人。正是锣鼓炮竹震天响,"四害"灭除喜气扬,千家万户迎新岁,八亿神州心欢畅。深受"四人帮"迫害的我,心情万分激动,精神更加振奋。亿万人民齐欢唱的时刻,我画了许多画,是我极力创新的;我希望今后的新创作是一连串的杰作,将超过我六十五年来的所有的作品;我欲使它为人生自我的赞美,对自然永恒的赞美,对伟大的社会主义祖国之歌颂。我在上海复兴中路的工作室里处于创作的激狂中,画了将近四个月时间,甚至一天就创作三四幅画,有时又苦思周匝,五日一水,十日一山,黄海、匡庐、急流、奇峰、紫藤、红梅、白凤、大鹏、荷花、葡萄,往往每幅画都要经过五六次之多的泼墨泼彩。"好!""太好了!""好极!"每当我把一幅画完成后,题上诗跋,时而狂草,时而行楷,自己张挂起来,就大声呼叫,并为那不平凡的作品得意忘形,以至屡次叫家人和许多老朋友、学生来欣赏我正在进行中的作品。有时也赴金山工地、青浦农村,创作油画,填词吟诗,聚合性地表现我平生的生活与作品中达到的那令人神往的顶点。如果没有觉醒的强烈的爱、没有生活,便没有任何意义的艺术创作。最近的许多作品,都以美丽的欢乐、泼辣的笔触表现灼热的爱;每幅画象征着粉碎"四人帮"后全国形势朝气蓬勃无限美好的前景。我以不可思议的光彩,表现伟大的时代，要达到人类创造的顶峰。黄大使，我相信有一天您会看到我的近作。前些日子，接得儿子刘虎来信，决定今年六月全家回来看我，那时我将拣一帧最得意的近作交刘虎亲自送给您，唯大使为正其疵谬！（《刘海粟艺术文选》，第511页）

1月28日，刘海粟在零下十几度的复兴公园画雪景。

【引】1997年3月2日刘海粟致周颖南信中言：一月廿八日和二月二日两天清晨在零下十几度的复兴公园画雪景，朔风凛冽，手龟足僵，毫无畏惮，在冰天雪地里挥毫。实际上去画了两次，成两巨幅油画，每次都在三小时以上，还画了两张国画《雪梅》。上海戏剧学院教师陈君德亲切托着调色板激动地说：刘老刀、笔齐挥，那种对大自然的锐利的探究，在冰天雪地挥毫，成就巨幅油画，是一桩空前绝后的事业，是无可比拟的，是卓绝非凡的，令人惊讶的。真是"豪辣灏烂，不断古今"。（《大师华翰》，第114页）

2月2日，刘海粟在复兴公园的雪景中作国画《雪梅》。

【引】上海工艺美术学校教师缪鹏飞在雪地扶着画架说："多么可惊啊，老师八十二岁高龄在严寒雪海，还能有如此无可估量的创新发明力量，使人民大众对老人家不得不钦佩又一证明。"浙江美术学院教师洪世清突（特）地从杭州来沪看这二张雪景与其他新制作，再三虔诚地说："简直令人惊骇，老师在粉碎'四人帮'以后短短几个月时间，八十二岁高龄竟能空前无双地画出一连串惊心夺目的杰构，可以说：'刘公所作，大声镗鞳，小声铿鍧，横绝六合，扫空万古。'"（《大师华翰》，第114页）

2月，刘海粟作中国画《熊猫图》。（该画题跋）

3月2日,刘海粟致函周颖南。

【引】颖南贤兄如晤:辱惠书隆意殷殷如此,感愧匪可言喻。粉碎"四人帮"后第一个新春佳节,(略)

这一时期奇作将能与屈原离骚,少陵诗,摩诘画,左传文,司马史,南华经,相如赋,右军帖以及莎氏《哈姆莱特》,贝多芬《第九交响乐》,米开朗琪罗的《最后审判》相并于世。颖南兄,我相信您有一天会看到我的创新的画面。您曾经说过,你爱我更甚于爱家人,您要我写长信,我将激狂创作情况,信笔乱涂,您看了一定要说老人狂态毕露。《散氏盘铭》长卷可以照张振通先生所藏《泼墨山水》长卷格式做样板。关于引首我已写好"周散氏盘铭"大篆交李先生,想已得收。新年客多,殊委顿,草草布复,唯鉴不宣。

弟刘海粟顿首 一九七七年三月二日

《十段锦》已收,精极精极,颖南瑰宝,不许豪夺。画集样本希陆续寄下。《山水小景》先寄五册给厦门张人希同志至要!

(《大师华翰》,第114页)

3月28日,刘海粟作中国画《红梅》,赠山东省博物馆。(《刘海粟年谱》,第211页)

3月28日,刘海粟作题《古松图》。

【录】题曰:孤松闷幽閟姿,群卉自荣萎。霜霰生素空,高岩耸寒翠。(该画题跋)

3月,为刘海粟82岁寿,罗慷烈寄赠《水调歌头》以贺。

【引】刘海粟答和词:"雁札自天外,文字吐长虹。雍容一阕水调,真有古人风。若闻而今何似?快意回甘蔗境,真个乐天翁。座上客常满，不放酒樽空。添鹤算，闻鹊喜，未龙钟。笔歌墨舞，要写胸次一轮红。商略平生画稿，开拓新来境界，留待后人宗。绝巘我能上，谈笑步衡嵩。"步韵祝寿的有张伯驹、黄君坦、周汝昌、朱复戡、陈兼与、李宝森、杨通谊等。（《刘海粟年谱》，第211页）

4月19日，刘海粟作中国画《艳斗汉宫春》。（该画题跋）

【图1977-1】刘海粟中国画作品《艳斗汉宫春》1977年（75.5cm×131cm）刘海粟美术馆藏

4月20日，刘海粟赴中山公园观赏牡丹花，作狂草书法。

【录】书曰："静虚群动息，年雅一心清。春色凭谁记，梅花插座瓶。"（《刘海粟年谱》，第211页）

5月1日，刘海粟作中国画《红梅》，并以狂草题诗，赠罗慷烈。

【录】题曰：静虚群动息，艳雅一心清。春色凭谁记，梅花

插座瓶。（该画题跋）

6月16日，刘海粟致函周颖南。

【录】颖南贤兄如晤：惠书诵悉，令郎赴美留学，前程无量，欣贺欣贺。足下所集拙绘与英伦所辑画册同时梓行，可谓不谋而合，而足下之辑复得炯才、振通、家耀诸公合作，又得潘公序文，为之奖借，相得益彰，楮叶生辉矣。谢谢。

美专老同学许敦乐同志一别数十年，既蒙垂爱，容当报命。敦乐代理我国影片对外发行工作，想能经常回国，画能亲自面交更为亲切，《十段锦》亦可交许君携交更妥。寅兄想已晤及。毛主席《卜算子·咏梅》当已妥收，能加入画册更有意义。

《山水小景》请再寄五册给张人希君为盼。儿子刘虎携眷回国探亲，天津、北京、沈阳、青海子女儿孙都来沪团叙天伦，耄（耄）年乐事无逾于此久矣。乘兴画了几张《苍松》，步旧作《铁骨红》（水龙吟）词原韵为赋，录呈即蕲，大方正之：

擎天矗立苍茫，九州生气乾坤换。飞砂皲裂，惊雷天矫，几番寒暖。错节根盘，虬枝针密，新机流转。喜今朝佳境，凌空横绝，掀髯笑，春来腕。犹恨欃枪未灭，舞鸡鸣，志坚胸坦。缚龙射虎，斩荆锄棘，乔独健。云海翻澜，玉山争翠，万方光灿。映红旗一色，风神日昇，遂千年愿。（《大师华翰》第115页）

此词请潘公伉俪正拍。

6月，《海粟老人书画》在香港出版，系长女刘英伦和婿周良复将所藏中国画37幅、书法5幅、油画8幅编集而成。

【引】此画册由饶宗颐和罗慷烈作序，后附罗慷烈撰后记，记述老人生平。饶宗颐在《说势序刘海粟老人书画》中说："刘海翁与书画之道三折其肱，既穷千势以妙通，亦喜人艺之俱老……览翁笔墨之高古，循体骋节，如蚕丛新辟，弥有会于任势之旨，因推论势与艺事相关之义，以阐翁微意。"罗慷烈在序文中说："海粟翁之涵浑汪茫，推陈出新，幻变不穷，沾丐万品，尽得风流……然徒艺者亦无由至此。必也情性襟度学问辞章，辅而成之。翁豪迈和乐，放怀得失，与人交，无崖岸，披肝沥胆，此情性襟度之事也，宜其老而弥健矣。与书无所不窥，旧著六法论等，流传已久，学者圭臬之，特其绪余尔，此学问之事也。其诗清峭似柳子厚，闲适似杨诚斋；偶然倚声，横逸似陈龙川、刘龙洲，若近作水龙吟铁骨红词，和者甚众，及答和拙作贺新郎，盖可见矣；此辞章之事也。翁之篆隶行草，靡不韵高精绝。余尤爱其狂草，夭矫苍劲，不可端倪，祝枝山、倪元璐弗能过也。而人但知翁画，岂其然哉！"（《刘海粟年谱》，第212页）

6月，《海粟老人近作》在新加坡出版，系周颖南、李家耀、张振通、李炯才4家所藏中国画33幅编集而成。

【引】潘受在序言中谓："就画之范畴而言才识、而言造诣、而言开风气、而言培植后学、而言沟通中西、而言综合贡献与影响，则二十世纪中国画坛，刘海粟当为最杰出之一代表人物，此殆可悬诸天壤以俟论定者也欤！"（《刘海粟年谱》，第212页）

夏，刘海粟作中国画《荷花鸳鸯》，给刘英伦、周良复。
（该画题跋）

夏，刘虎回国省亲，刘海粟乘兴泼墨画《万古长青》（《苍松图》）赠之。

【引】刘海粟并题《水龙吟》："擎天矗立苍茫，九州生气乾坤换。飞砂皲裂，惊雷夭矫，几番寒暖。错结根盘，虬枝针密，新机流转。喜今朝佳境，凌空横绝，掀髯笑，春来腕。犹恨

【图1977-2】刘海粟作中国画《荷花鸳鸯》（1977年夏），131cmX67cm

欃枪未灭，舞鸡鸣，志坚胸坦，缚龙射虎，斩荆锄棘，乔松独健。云海翻澜，玉山争翠，万方光灿。映红旗一色，风神日异，遂千秋愿。"（《刘海粟年谱》，第212页）

7月8日，周颖南致函刘海粟伉俪。

【录】海粟大师伉俪：客月十六日惠书拜诵，大作气势磅礴，情感丰富，千古不灭。刘虎携眷返国省亲，不但欢叙天伦之乐，而对国家社会都有巨大的贡献！

许敦乐先生处，我已写信说明尊意。希望他能把大作《十段锦》一并携出，我且将您的来函局部复印给他。

画册原已竣工，因手卷部分编目错误，必须重印，不日当可问世。真是千呼万唤还是迟迟未出。看起来要和英伦那一册同时出台了。总之，任务即将完成了。寅兄已将《墨梅》送下，我如获至宝，将挂在我的办公室里，镇日相对，其乐无穷！专此敬颂俪福（《大师华翰》，第116页）

7月，刘海粟作《水调歌头·答罗忼（慷）烈教授》。

【录】《水调歌头·答罗慷烈教授》：雁札自天外，文字吐长虹。雍容一阕水调，绰有古人风。若问而今何似？快意回甘蔗境，真个乐天翁。座上客常满，不放酒樽空。

添鹤算，闻鹊喜，未龙钟。笔歌墨舞，欣写胸次一轮红。商略平生画稿，开扩新来境界，留待后人宗。绝巘我能上，谈笑步衡嵩。（《海粟诗词选》，第56页）

8月4日，周颖南致函刘海粟伉俪。

【录】海粟大师伉俪：接良复、英伦来信，欣悉您的画展将在本月廿三日至廿五日在香港大会堂举办。星、港两地出版的画集，亦将配合画展问世。这是天大的喜讯，也是为您八十二寿辰献上的最佳礼物。有女如是，可以愿足了。我真为你们高兴。

我决定亲携大作若干幅，预定本月廿日飞港，协助处理有关展出事宜。昨晚，我在长途电话中已和英伦交换了意见。

日前，此间中国银行副经理张纪歆先生在寒舍观赏尊集的样本，深为喜爱。请作梅花一幅赠之为感！张先生名义上是副经理，因国内尚未派经理来，故乃负领导之责任。他又兼中国银行广东省银行、中国保险公司、太平保险公司董事和常务董事，其地位之重要是海外第一人。他喜爱艺术，与我时有过从，所以他的请求，我在这里隆重传达祈俯允是幸！这也将为海外艺坛传一佳话。(《大师华翰》，第117页)

为了实践我的诺言，几年来我想尽了办法，现在总算即将完成了，我很以此自慰！到港时我将拜会许敦乐先生，再度传达您的意见。

专此敬颂 俪福

8月10日，周颖南致函刘海粟伉俪。

【录】海粟大师伉俪：大著《海粟老人近作》今日出版，我已另邮寄奉布面烫金精装本两册请查收，收到后立即续寄。

良复、英伦主办的画展，将于本月廿三日至廿五日在香港大会堂举办，作为大师八十二寿辰的献礼。我届时将赴港参加盛会。大著亦已部分寄港，配合画展的活动。英伦编印的一册，亦同时问世，可谓空前盛世，为艺坛一新的记录。

接志煌君来信，欣悉您对临一过的清湘手卷，也是请黄君坦、张伯驹两先生题跋的，真是无独有偶，巧合之至。天南地北两卷，所题者相同。不禁使我哈哈大笑。这真是一件不可思议的事。我将写成文字，为艺坛传一佳话。(《大师华翰》，第118页)

专此敬颂 俪福

8月12日，刘海粟致函周颖南。

【录】颖南贤兄慧览：读惠书敬悉，动止百益。画集出版先寄五册给张人希先生，老学生林受益、陈业诚也各寄五册（地址附后）。丛碧词兄题拙作《松鹤鸣泉图》《水调歌头》词大妙，很多老友看了钦佩之至，即裱在画卷拖尾可也，引首能乞国渠先生篆"冰寒于水"四字更妙。

旧藏石涛《松鹤鸣泉》画卷，一九六二年曾对临一卷，去年春吾兄来翰索画长卷，重临前尘胜于前者，所谓后来居上，伯驹正法眼藏当代大鉴赏也。此画此词传之方来愈觉可贵。

去年所书毛主席词二首由人希寄上即携港展出。尊处所藏精品甚多未入画集者，题有主席诗词各画及《散氏盘铭》均可参加，在海外普及毛泽东思想是重要的及时的。星洲中国银行分行经理张纪歆先生雅好艺术，既蒙垂爱，容当报命。许敦乐同志数十年师生，早年参加革命，嘱画《红梅》想已得收。溽暑草草，不尽万一，余唯珍重不宣。刘海粟顿首

弟八十二岁香港大学罗慷烈教授填《水调歌头》一阕为祝，京沪和者十几。乞兄代恳国渠先生伉俪亦依原调韵赐题

并志永宝

海又及

附：（地址：略）（《大师华翰》，第118页）

8月20日，刘海粟作中国画《三松图》。（《刘海粟年谱》，第213页）

【录】又题《水龙吟》：中国共产党第十一届大会胜利召开，薄海腾欢，谨研硃墨写松志爱。擎天华巍峰高，九州生气风雷换，云冈千仞，涛声万里，紫烟生暖。夭矫拿空，峥嵘立节，乾坤新转。看千霄磅礴，葱葱郁郁，虬枝直，同舒腕。

最喜膻腥尽洗，去荆榛，征途夷坦。百花齐放，层林竞爽，三松长健，琥珀脂凝，笙簧韵协，影晖光灿。正旌旗红遍，江山锦绣，遂苍生愿。（该画题跋）

8月21日，刘海粟作《五松图》（《硃砂五松图》），并题《水龙吟》。

【录】"擎天五岳峰高，九州生气风雷换。云冈千仞，涛声万里，紫烟生暖。夭矫拿空，峥嵘立节，乾坤新转。看千霄磅礴，葱葱郁郁，虬枝直，同舒腕。最喜膻腥尽洗，去荆榛，征途夷坦。百花齐放，层林竞爽，五松长健。琥珀脂凝，笙簧韵协，光晖光灿。正旌旗红遍，江山锦绣，遂苍生愿。"（该画题跋）

8月22日，刘海粟出席在上海美术展览馆大厅举行的赛诗赛画会，陈列《五松图》，吟诵《水龙吟》，并即席作巨幅中国画《鲲鹏展翅九万里》。（《刘海粟年谱》，第213页）

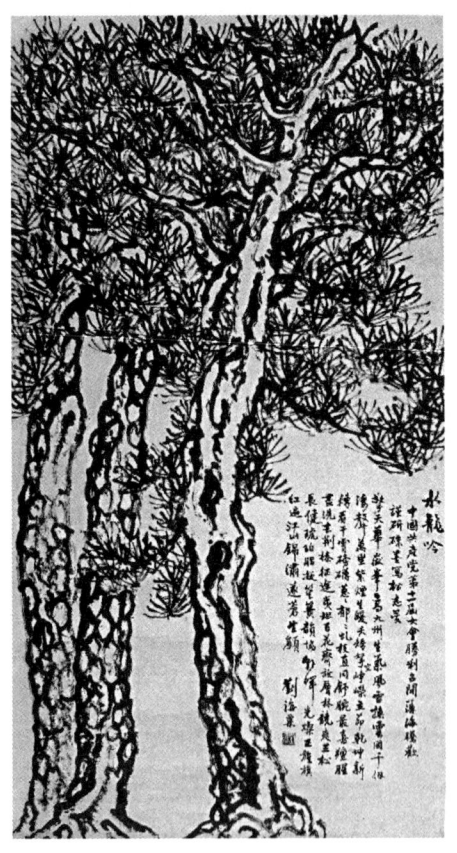

【图1977-2】刘海粟中国画作品《三松图》1977年（180cm×96cm）南京艺术学院藏

8月23日,"海粟老人书画展览"在香港大会堂高座八楼展览馆举行。

【按】展出周良复、刘英伦夫妇和罗慷烈、周颖南、张振通等所藏的中国画、书法、油画共60幅。至25日止。(《刘海粟年谱》,第213页)

8月25日,刘海粟作并题《泼彩荷花》。

【录】题曰:毕竟西郊八月中,风光不与四时同。接天莲叶无穷碧,今日荷花别样红。(该画题跋)

【按】"四人帮"粉碎后,中国共产党第十一次代表大会胜利召开。在举国欢腾的时候,上海美术创作办公室和文汇报编辑部主办赛画赛诗会,邀请刘海粟参加。刘连夜磨了朱砂,铺在床上画了《五松图》,并题了一阕《水龙吟》。在会上,作者朗诵了这首词。大会后第三天,刘海粟同家人和学生一起到西郊公园画荷花,先泼墨画荷叶,又泼彩覆以石绿,用朱砂画荷花,以石青、朱砂、石黄等各种颜色画了一对鸳鸯,又以重赭画茎和莲蓬。当时一连画了两张,并题了这首诗。

8月29日,刘海粟于上海西郊公园作中国画《重彩荷花》并题。

【录】题曰:
淋漓笔墨如风狂,泼出园荷有异香。
参到野狐禅透彻,忽然笔法胜清湘。(该画题跋)

8月底,刘海粟往西郊公园作中国画《荷花》写生。

【引】"沾墨铺彩,画了四帧荷花,当场题了三首诗。我很高兴,画了一天,虽至耄年,不觉甚劳。"(1977年8月31日致李宇耀函)

9月7日,周颖南致函刘海粟伉俪,告知新加坡福利协会访问团将访问中国并会见刘海粟。

【录】海粟大师伉俪:日前,我把精装本画册持赠新加坡社会事务部高级政务部长陈志成先生。陈先生对大作赞不绝口,敬佩异常,赋予极高的评价。尤其对您绘赠李炯才先生的那幅松树,更是拍案叫绝。因此,他希望我代为请求,请您也绘制一幅高六尺宽三尺的松树赠他,让他悬挂在预先安排好的位置上。使他的客厅益增光彩!

陈先生是新加坡政坛的中坚分子,年轻有为复爱好艺术,素为人民所爱戴。他与葆芳兄也是莫逆之交,这回葆芳兄住院留医,闻他也亲往探视。

我衷心希望大师能满足他的要求,允予执笔。这无疑对两国人民的友谊也作了重大贡献!

本月廿六日,新加坡福利协会访问团将访问中国,由社会福利部常务次长陈祝强先生率领。陈先生也是新加坡邮政银行的董事主席。届时,他将接受陈志成先生的委托,前往拜访,并送上预先为您准备的礼品。

如果您来得及执笔,请把画交他带回。若时间不及,将另候您的指示。对我若有所赠,如《十段锦》长卷,亦可请他携回,是所感祷!书未尽意。敬颂俪福(《大师华翰》,第119页)

9月9日,周颖南致函刘海粟伉俪。

【录】海粟大师伉俪:兹汇上人民币四百元,聊表茗酒之敬，请笑纳！我与陈志成先生聚谈，笑谈间他表示，将请陈祝强先生代为持赠高丽参，表示对您的敬意。我看他一片真诚，无限欣慰！

国渠兄为大著撰写的序文原作高七十公分（附样本），我拟装池成为手卷，引首请宗颐兄执笔，跋由您写最恰当。特请您允为执笔，以志翰墨因缘，亦可为此次出版之画册，留一珍贵之纪念。得便亦请赐下一两份梅花拓本。

日前我与家耀兄在长途电话中欢叙。闻此次香港画展时，他的妹妹躬逢其盛，敬佩异常。英伦、良复是做了一件轰动海外艺术界的大事。他表示，在适当的时期，将在吉隆坡为您举办一次。新作《水龙吟》，请另纸见赐，如何？专此敬颂

俪福（《大师华翰》，第120页）

9月19日，刘海粟应邀赴国际饭店晚宴，与蒋彝畅谈至11时，临别拥抱。10月17日蒋彝病逝于北京首都医院，闻之悲恸。（《刘海粟年谱》，第213页）

9月20日，刘海粟复函张人希，告知对《书谱》谬误的观点。

【录】感冒偃卧，手教未答，歉悚歉悚！适接九月十九日惠书、《七十年代》及剪报，又山水小景二册，欣慰之至！《人艺俱老刘海粟》此文写得极佳；最后数行，不知所云，真是蛇足。香港所寄《海粟老人书画》，日内想可得收，收到后您留一册纪念，余挂号寄沪。十七期《书谱》妥收，发表大作篆刻五印。程十发赴蒙古尚未回沪，见面时当一提。拙作《牡丹》《荷花》能拍摄五彩照更好，拍好后望即掷还。来书索及墨荷，适有创作任务，未暇写，伺稍闲乃可奉命，画就即寄。前函提及草书大手卷，在第十五期《书谱》发表过，文字写错了好些，好几个字排错，也有是认错的。在第一首中"耕凿终身"下面三个字，《书

谱》释为是"知古谣"或"去古谣",您认为是"太古谣",是正确的,"凿井而饮""耕田而食"的那句太古时的歌谣,您治学态度谨严,是值得大家效法的。尊友林英仪先生《七律》,尚未寄来。最近的确有好几个不速之客,说是你介绍的,因无信未接待。近日接到东南亚各地关于画展剪报甚多。香港《七十年代》能再觅几本尤盼。(《刘海粟艺术文选》,第512页)

10月7日,周颖南致函刘海粟伉俪。

【录】海粟大师伉俪:久违大教怀念殊深!画册因分量过重,陈祝强先生一行人只能携带精装本一册、平装本三册。前邮寄两册,若已收到,当即续寄,反较为方便!

郑月波先生伉俪自美国来星,我持赠画册,他们都盛赞大师高度的艺术成就。他告诉我,他们结婚时还是您证婚的。朱祥麟先生自雅加达来此,我亦持画册赠之,原来他是您的熟人,盛赞大师不已。他看了画册,如见故人云。这些都是画册引来的故事,令人回味无穷!

葆芳兄已病愈,不久当可返国,画册是否可带若干册,我将请他量力而行。情况如何,容后续报!专此敬颂

俪福(《大师华翰》,第121页)

10月14日,周颖南致函刘海粟伉俪。

【录】海粟大师伉俪:香港画家任真汉先生寄来他发表在《澳门日报》上的大作《谈刘海粟的画》,要我对海翁的文字,亦提下意见,以作对此间好友们的解释。附上我复信的副本请评阅。

信中所指"解药",是因为他上回来信中说附了剪报,实则漏寄。我说他这么一来,使我夜不能寐,请他速把解药寄来。他

又是武侠小说作家,我这样提法,博他一笑。

"定单"指他向我为"真趣艺丛"约稿。明年是马年,我写了一篇关于马的志,他又要我写"迎春"的,所以说怕生产有问题!

日前持画册赠亚洲保险有限公司董事主席黄奕欢先生。他说:战前,他藏有一幅您的梅花,后来在兵荒马乱中遗失了,希望您画一幅红梅赠他,他将报答。黄先生是当年陈嘉庚先生属下的一员大将,与国渠兄过从非常密切。现是此间德高望重的老人了,请俯允为幸。画册,陈祝强先生谅已送到,请示尊意。专此敬颂俪福(《大师华翰》,第121页)

10月15日,刘海粟致函周颖南。

【引】颖南贤兄如晤:代表团迄今无消息,两位陈先生的礼物,全心全意准备好,《十段锦》也已裱托!我仍然在等待。《近作》一本也未见面!得信即寄《近作》五册给揭阳林受益先生收为荷。林先生忠诚老实,弟知之深信之笃,万无一失。

庆祝中共十一次大会胜利召开赛诗赛画会、庆祝中华人民共和国成立二十八周年美术展览,我都有巨幅作品参加,倾动全国。"四人帮"余毒,上海正在彻底肃清。草草不次,即颂大安请寄《近作》(地址略)(《大师华翰》,第122页)

10月27日,周颖南致函刘海粟伉俪。

【录】海粟大师伉俪:新加坡社会事务部常务次长、邮政银行董事主席陈祝强先生访问中国业已归来。他向该部政务部长陈志成先生报告说:

"因中国有关部门安排节目过于频繁,致未能趋大师处拜访,亦没有时间约谈,只好把携带的四本画册托人送去,礼品则无法交呈,感到十分抱歉!"客观情况如是,相应汇报如上。

葆芳兄已返国,可能因行李所限,致画册未能携带。若前邮寄之样本已经抵达,我可以陆续寄去。据饶宗颐兄来信说,蒋彝兄在北京逝世。真叫人悼念不已!专此敬颂

俪福(《大师华翰》,第123页)

11月5日,周颖南致函刘海粟伉俪。

【录】海翁大师伉俪:惠书已由受益先生转到,感甚!

画册至今尚未收到,令人怀念,现遵嘱如数寄往受益先生处。若能顺利,当再续寄。

陈祝强先生以未能趋访,感到抱歉,陈志成先生亦然。他表示,希望明年能访问中国,当亲往拜谒。您赐给他们的礼品,得便请托葆芳兄携回。是所感寿!

拙著《迎春夜话》即将出版,届时当试寄,请你们指正。兹将潘序及有关您的部分先行复印附上,祈先读为快。《散氏盘》部分因写作时间较迟,未能排入,容后再作处理。大作诗词祈抄掷拜诵为感!

专此敬颂

俪福(《大师华翰》,第123页)

11月8日,刘海粟致函周颖南。

【录】颖南贤兄如晤:十月廿七日惠书籍悉一一。

陈祝强先生率领的访问团已归星洲,因有关部门安排节目频繁,致未能一晤,殊为遗憾。四本画册杳无消息,究竟托何人送来?希查询。任真汉先生文章甚妙,曾见过任先生国画,亦有创新。前惊悉老友蒋彝教授于十月十七日病逝北京首都医院,殊为悲恸。人之不可期也如此。仲雅在九月十九日专程飞沪看我,

在国际饭店晚餐,一直手挽手谈话,他计划写《中国文化史》,准备写一本《刘海粟与中国近代美术》,那晚谈到十一时,第二天清朝就飞山东参观,临别拥抱,竟成永诀,数十年至友诚何以堪,想吾兄闻之亦同声一哭耳。

张人希、洪世清两弟都希望看到《老人近作》,望早日寄出,张、洪二位忠诚老实,弟知之深信之笃,能书画善治印,灯下草草奉复。即颂

俪安(《大师华翰》,第124页)

11月16日,周颖南致函刘海粟伉俪。

【录】海粟大师伉俪:拜读八日惠书,未蒙提及汇款事,念念!暇祈示复。

画册有关者没有送上,陈志成、陈祝强两先生都感到意外,他们将进一步查询。

张人希及洪世清先生处的画册,我已寄去,希望他们能收到。

仲雅兄大志未酬已经谢世,令人悲痛不已!

任先生是一位有心人,我这回赴港,特地送一幅近作给我,作为我参与大师画展的纪念!他不久将主编《真趣艺丛》,将为海外文坛贡献更大的力量!

宗颐兄已为大作题跋,兹复印奉呈品赏!他又为《老人近作》序写"兼有真幼"四大巨字为引首,为国渠兄的大作增光,其跋则请您执笔!原序高五十七公分。"兼有真幼"跋亦附上。
专此敬祝俪福(《大师华翰》,第125页)

11月,刘海粟往龙华苗圃作中国画写生《石榴》册页,

【录】题徐渭句:"山深熟石榴,向日便开口。深山少人

收,颗颗明珠走。"(《刘海粟年谱》,第213页)

12月25日,刘海粟出席中国人民政治协商会议上海市第五届委员会第一次会议。(《刘海粟年谱》,第213页)

12月26日,与沈迈士、谢稚柳、唐云、万籁鸣、张雪父诸委员合作中国画《鲲鹏展翅》。(《刘海粟年谱》,第214页)

12月29日,刘海粟参加市人代、政协两会,于上海西郊公园作《满江红·题〈朱松图〉》。

【录】参加市人代、政协会议喜赋。《满江红·题〈朱松图〉》:玉宇澄清,正辉映,天光大赤。黄埔岸,云龙风虎,群贤毕集。四害同归槐穴梦,万民重见尧时日。洗白头强健又逢春,欢何极!

几多事,从头说,倾肺腑,披胸臆。愿葵心不改,吾勤挥笔。郁勃苍松平地起,崔嵬岱岳擎天立。看百花齐放庆功成,千秋业。(《刘海粟诗词选》,第63页)

是年,刘海粟作《金缕曲·步韵和从碧词兄八十寿》。

【录】《金缕曲》:浪迹天河外。数风流,非同小可,人称一怪。青埂峰前奇石古,历劫巍然不坏。人入世,曾经沧海。京洛缁衣尘尽染,显才华,赖有通灵在。凭一字,千金卖。

江山无恙园林改,喜相看,朱颜绿鬓,八旬同届。小别于今过念稔,犹记米颠下拜。忆往事,何须增慨。笔墨淋漓吾岂老,关难偿不尽丹青债,身幸健,志高垲。(该诗题跋)

是年,刘海粟心情欢畅,还作中国画《返照入江翻石壁》《天都峰雷雨》等。(谢海燕主编,《刘海粟》江苏美术出版社2002年版)

1月7日，周颖南致函刘海粟伉俪。

公元1978年
（戊午）
82岁

【录】海粟大师伉俪：昨驰函请安，谅已抵达。中国银行张纪散先生告我，他已拜领您惠赠的《牡丹图》，表示非常高兴。他说：他曾在贺年卡片中题诗致谢！并提供茗酒之敬。张先生为人敦厚，为海外金融界前辈，对艺术亦深有爱好，珍藏颇丰。

《老人近作》能续寄否？专候指示。国内有关部门若直接由我寄赠亦可，盼示其名称地址。北京张伯驹先生已收到精装本一册。王益知先生因客观情况所限，闻让其退回，却是惋惜的事。专此敬颂　俪安

北京出版局王冶秋先生亦收到。（《大师华翰》，第125页）

1月8日，由夫人、女儿等陪同，刘海粟在复兴公园朔风凛冽中作油画写生《复兴公园雪景》。（《刘海粟年谱》，第214页）

【图1978-1】刘海粟夫妇在上海复兴公园写生（1978年）

1月8日，刘海粟为凌虚画金鱼题词："非鱼知鱼乐。"
（《刘海粟年谱》，第214页）

1月9日，由陈钧德、李又白陪同，刘海粟再往复兴公园作油画《复兴公园雪景》。

【录】画上题："一九七八年一月九日大雪，在零下十度至复兴公园写生，手龟足僵，无所畏惮。"（该画题跋）

1月23日，刘海粟在广州出席广东画院招待会。

【引】作书法题画红梅诗："一枝画笔舞东风，点染梅花彻底红。更有新诗记今日，神州都在彩霞中。"（该画题跋）

1月24日，周颖南致函刘海粟伉俪。

【录】海粟大师伉俪：读志煌兄来函，欣悉您身体康健，参与各项社会活动，甚感欣慰！

据英伦告我，前邮寄之画集，均已领出，感到非常高兴，我已请她继续寄回。兹汇上人民币贰佰元，作新春茗酒之敬，到祈查收示慰为感！

大作草书手卷，国渠兄篆"溟涨与力"四字，贴切异常，谅您亦有同感！专此敬颂

俪福（《大师华翰》，第126页）

2月7日，刘海粟观赏广州迎春花市，并题写"十里花街人如潮，花艳人欢春意浓。"（《刘海粟年谱》，第214页）

2月10日，刘海粟应邀出席广州美术学院欢迎会。即席画了两幅大画，写了大字，观者如堵，高兴之至。（《刘海粟年谱》，第214页）

2月12日上午，在广州刘海粟复函李家耀。

【引】函谓近日在广东游览创作情况："在广州游览后，又去肇庆、佛山许多地方参观，游览名胜古迹……在肇庆七星严晚会，即席挥笔，画大幅《鹰击长空》。"下午，去从化温泉休养。在从化温泉翠溪楼休养期间，作书法长卷《杜甫秋兴四首》，为黄笃维爱索去。又作中国画《风荷》。（《刘海粟年谱》，第215页）

3月1日，刘海粟为广东省文学艺术界联合会作中国画《熊猫图》。（该画题跋）

3月11日，刘海粟游广西漓江。作油画写生数幅，其中一幅为《伏波山写漓江》。

【录】画题："一九七八年三月十一日游漓江，欢度八十三岁生日，速写此图。"并赋《水调歌头》："万里扶摇去，一笑偶相逢。友朋刘关周邓，落笔起飘风。老海平生汗漫，虎步西洋东海，妒煞米南宫。八三正年少，铭管笑司空。

书压架，画满箧，洒盈盅。桂林山水，留得意气着腾虹。剪取漓江青黛，妆点神州新貌，新句记游踪。愿约伏波至，共醉月明峰。"（该画题跋）

【引】刘海粟在《诗书画漫谈》说道："我完全用中国画的方法，主要是用简练的线条和丰富的色彩来画油画。有的地方房屋也不画了，有几张我在空白布上题两首诗，有许多画布上没画到，我说意到笔不到。有一张《伏山写漓江》，我天也不画，题了一首《水调歌头》：万里扶摇去，一笑偶相逢。画友刘、关、周、邓，落笔起飘风。老海平江汗漫，虎步西洋东海，妒杀米南宫。上下三千载，挥洒任纵横。从鸥约，添鹤算，未龙钟。笔歌墨舞，要写胸次一轮红。剪取漓江青黛，妆点神州新貌，留待后

人宗。绝巘我能上,谈笑明月峰。"(刘海粟,《诗书画漫谈》,上海《文汇》增刊,1980年3月)

3月15日,刘海粟作中国画《漓江写生》册页。

【录】题:"驼峰下古紫藤桩";另一题诗:"天际识归舟,云中辨红树。叶低知雾密,崖断识云重。"(《刘海粟年谱》,第215页)

3月19日,刘海粟游阳朔,作中国画《阳朔山水写生》和《阳朔大榕树》写生册页。(《刘海粟年谱》,第215页)

3月22日,刘海粟在桂林榕湖饭店作中国画《重彩荷花》。

【图1978-2】刘海粟夫妇在上海南翔公园合影(1978年)

【录】题诗:"毕竟西郊八月中,风光不与四时同。接天莲叶无穷碧,今日荷花别样红。"(该画题跋)

【按】尺幅:128.1cm×64.4cm。此图编入中国文联出版公司1985年11月出版的《中国新文艺大系(1976—1982)美术集》。

3月,刘海粟83岁生日,《八十三岁生日口占》:

> 轩昂杰出少年时,跃马五洲任骋驰。
> 为闹创新甘艺叛,敢教复旧树降旗。
> 一时画苑开新面,四海艺坛寻大师。
> 历尽风霜人未老,欣看宇内尽朝曦。
>
> (《刘海粟诗词选》,第65页)

3月,刘海粟又作中国画《桂林写驼峰》《设色熊猫》《七星岩》等。作油画《漓江》《漓江春》《桂林花桥》《山色翠浮空》《阳朔》。

【录】《桂林写驼峰》题:

> 驼峰信非远,笙峙城郭东。
> 山麓种梅树,宛然万株红。
> 晴光弄秋色,同沐雨与风。
> 南州览胜概,北客来从容。(作品题签)

油画《阳朔》题:桂林山水甲天下,阳朔山水甲桂林。秀色岚光画不尽,翠峰绝巘一登临。

作题《七星岩》:七星坠落起奇峰,蹊径萦迴路几重。最是补天天柱折,古潭深处舞蛟龙。(《刘海粟诗词选》,第67-68页)

5月8日，刘海粟致函周颖南。

【引】颖南贤兄如晤：广州归沪，事冗，未通问，但驰仰甚深。渠先生博学多情，承存问勤拳爱挚逾常，感谢感谢。

我本月十五日赴京，伯驹诸友好能常晤。《南洋商报》特刊能寄给罗慷烈教授及英伦看看更好！请寄几册《近作》给几位朋友，地址如下：（略）繁冗中草草沙笔（《大师华翰》，第126页）

5月27日，应文化部邀，刘海粟由上海飞往北京。

【按】欢晤谷牧、黄镇、韩念龙及张伯驹、童第周、胡厥文等老友。在颐和园作重彩国画《荷花鸳鸯》贺香港文汇报创刊三十周年。又作国画《松鹰》《红梅》《黄山》等图。寓西郊友谊宾馆。

5月30日，刘海粟函致周颖南。

【录】颖南贤兄如晤：我们廿七日飞京，寓西郊友谊宾馆南工字楼4205室，环境幽静，松杉参天，旅客皆国际友人。我打算在这里住一个时期休养创作。大著《迎春夜话》印得很好，尊作《自寿寿人》一文未收入可惜。《老人近作》出版以来，影响极大，很多人都想得到一本，无法应付，请先寄五本来京。又有几位好友望直接各寄一本：（地址略）

弟游广州、从化、肇庆、南宁、桂林、阳朔，画了许多画，填词赋诗，粉碎"四人帮"后兴味甚好。兹先录呈《水调歌头》一阕，即正：

桂林山水雄，意气可腾虹。画友刘关周邓，落笔起飘风。老海生平汗漫，虎步西洋东海，妒煞米南宫。八三正年少，铭（管）笑司空。添鹤算，闻鹊喜，未龙钟。笔歌墨舞，要写胸次一轮红。畅游漓江万山,妆点神州新貌,留待后人宗。绝巘我能上,谈笑明月峰。国渠先生时时见面,吾极驰仰。祝阖第安好。
刘海粟顿首(《大师华翰》,第127页)

6月5日,刘海粟致函谢海燕。

【引】信谓:"此次来京,大家都很关心,连日见了许多老友,几十年不见的老友。童第周同志也来几次,约我们一家晚餐,很亲切……今天很高兴,画了一天画,不觉疲瘁。"(《刘海粟年谱》,第216页)

6月10日,刘海粟作书法《树雄心立壮志,高速度地向四个现代化进军》。(该书题跋)

6月12日,刘海粟出席文化部部长黄镇举行的午餐会,与首都艺术家见面,40余人,济济一堂,谈笑风生,热闹之至,酒酣即席挥毫。(《刘海粟年谱》,第216页)

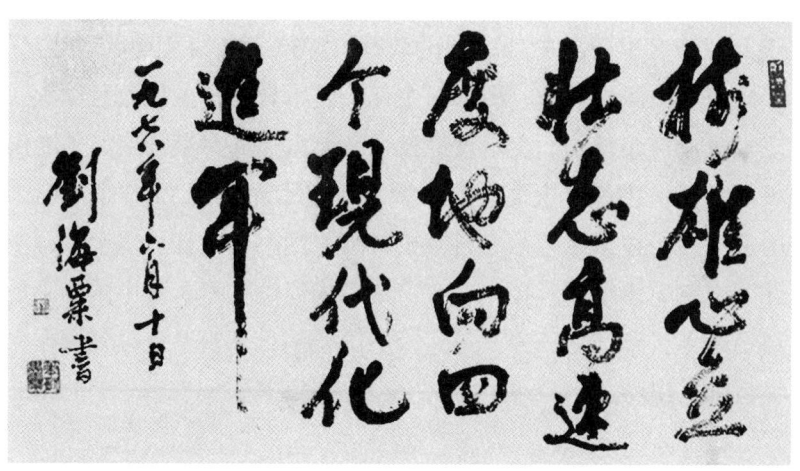

【图1978-3】刘海粟书法作品《树雄心立壮志,高速度地向四个现代化进军》1978年(81cm×142cm)常州刘海粟美术馆藏

【图1978-4】刘海粟与谢海燕在上海复兴公园（1978年）

7月7日，刘海粟作中国画《石榴图》，邮赠温肇桐。

【释】温肇桐（1909—1990），江苏常熟人。从小受其舅父吴仲达的影响，开始学习绘画。1928年考入苏州美术专科学校，1930年毕业于上海艺术大学西画系。1937年2月至1937年7月任上海美专事务处主任、理论教授。1938年9月至1952年，任上海美专出版组主任、图书馆主任、艺术教育科主任兼色彩学、艺术概论、美教法、美术理论教授。上海孤岛时期任上海美专出版部主任，主编了上海美专出版物《美术界》1、2、3期。新中国成立后历任华东艺术专科学校教授兼图书馆主任、美术系副主任、南京艺术学院教授。著有：《中国绘画艺术》《中国绘画批评史略》《顾恺之新论》等。《中国绘画批评史略》被韩国作家译成韩文出版。（《上海美专名人传略》，第218页）

7月10日，刘海粟致函李宝森。

【录】承惠《新长征颂》,大妙。拟极力奉和,以事冗,竟不能就。弟诗词有退无进,可愧可愧……

……袁生来函,要我去北京大学图书馆查阅五四新文化运动的刊物,关于蔡元培先生所撰《介绍刘海粟》一文,没有查出。由北大学报编辑委员会寄来最近副刊《北大学报》,发表鲁迅文《美术第一期》,系对上海图画美术学院出版《美术》杂志的评论,鲁迅对这本杂志予以极好的评价。另有一篇对文的考证。兹附寄《北大学报》一册,请你阅读。鲁迅此文,实为近代中国美术史的重要文献。我对中国美术活动的情况,亦可由此文而概见了。

您对年谱极重视,搜集太炎、鲁迅、齐白石等年谱作为借鉴,一方面要继续广为采访,上海报刊图书馆藏有关于我的资料(历年简报),能去看看更好。

近为厥老画《松鹰图》,复题长句,俟回京面交。(《刘海粟艺术文选》,第513页)

7月14日,作书法堂幅《水龙吟》。(《刘海粟年谱》,第216页)

7月23日,刘海粟游颐和园观赏荷花,并作中国画《荷花鸳鸯》。

【按】此画1979年3月由人民美术出版社出版单张画页。(《刘海粟年谱》,第216页)

是年夏,刘海粟作中国画《拟董北苑夏山欲雨图》(又名《仿古山水》)《墨松熊猫》和《红梅图》。又作《荷花鸳鸯》赠贺香港《文汇报》创刊三十周年纪念。(《刘海粟年谱》,第216页)

【图 1978-5】刘海粟中国画作品《拟董北苑夏山欲雨图》（《仿古山水》），1978年（241.5cm×84cm）常州刘海粟美术馆藏

【录】《红梅图》题诗：一支画笔舞东风，点染梅花彻底红。更有新诗记今日，神州都在彩霞中。戊年新夏刘海粟（该画题跋）

8月8日，刘海粟作中国画并题《松鹰图》。

【录】题杜甫句："何当击凡鸟，毛血洒平芜。"（《刘海粟年谱》，第216页）

8月11日，刘海粟作中国画《泼彩黄山图》。

【按】编入意大利国家艺术学院出版之《1982年国际艺术学报》。(《刘海粟年谱》，第217页)

8月20日，刘海粟到大连避暑，寓棒棰岛宾馆。(《刘海粟年谱》，第217页)

8月，刘海粟为中国社会科学出版社题词："百花齐放，百家争鸣。"(《刘海粟年谱》，第217页)

9月16日，刘海粟作中国画《设色熊猫》和《水墨熊猫》。(《刘海粟年谱》，第949页)

9月16日，刘海粟用薛景章所赠白沙茅龙笔作《归去来辞狂草书法长卷》。

【按】此书法长卷1986年由江苏美术出版社出版发行。(《刘海粟年谱》，第217页)

9月20日，刘海粟参观大连华侨果树农场，现场挥毫，画了二幅泼墨葡萄并题了二首诗。(《刘海粟年谱》，第217页)

9月21日，刘海粟复函李宝森，谈在北京的创作情况。

【引】信谓："第一幅用真朱砂绘五株巨松"，"接着奉命赶制了一幅大型的松鹰图"，"又忆写黄山云海奇观八尺匹巨樟，又在颐和园写荷花鸳鸯，准备国庆展出。由于黄部长和各位领导同志无微不至的关怀和鼓舞，我强烈地创作。又应谷牧同志雅属，画了梅花长卷。胡厥老回京就来看我，以松鹰图为赠，又接去家里午餐，谈得很高兴；他还希望我画一长卷，说随便挥几笔就可以。许多老友都爱书画，只要体力许可，我就写字作画。创作是无休止的，没有劳动和辛苦，决不能得到真善美的东

西。""这个时代是人人都勤奋的时代,人人都要为社会主义祖国的繁荣和富强而努力的时代。"(《刘海粟年谱》,第217页)

9月22日,刘海粟作中国画《松》。(《刘海粟年谱》,第217页)

9月29日,刘海粟由大连回到北京,欢度国庆。在大连期间,又作中国画《铁骨红梅》,并题七言绝句和《水龙吟》词,赠棒棰岛宾馆。(《刘海粟年谱》,第218页)

是年秋,刘海粟在北京西郊友谊宾馆用山马笔作中国画《鸳鸯》册页。(《刘海粟年谱》,第218页)

【图1978-6】刘海粟中国画作品《重彩荷花》1978年(128.1cm×64.4cm)刘海粟美术馆藏

10月9日，刘海粟作中国画《熊猫图》，赠姚楠（梓良）孙锦秀伉俪。（《刘海粟年谱》，第218页）

10月10日，周颖南致函刘海粟伉俪。

【录】海粟大师伉俪：三日明信片拜领，欣悉你们已由旅大回京，欢度国庆，甚感欣慰！在北上这段难忘的日子里，即席赋诗，必有佳作，盼赐拜读。在京展出，当能一新观众耳目。

我虚度岁月，荷蒙垂注，衷心铭感。"福寿"草书巨制，将是我传家之宝。实际上可由邮局挂号寄下。或交王益知先生，设法寄来。施寅佐先生伉俪在京，请向中华或商务探询，请其携来，当更妥善。

我与大师通信多年，每次接得大师毛笔写在皮纸或宣纸上雄健无比的行草书信，如获至宝，精神为之一振，连走起路来都倍感有劲。其魅力之巨大有若神遇，不能言宣。

我小时在先严督促下也曾略习书法，学颜鲁公，后涉隶书。随后，身在海外，忙于每日业务，时作时辍，未见长进，自觉可惜。每日读大师来信，深受鼓舞，更感惭愧。听说大师书法曾师事康有为，后则自出机杼，终于大成。大师行草如苍龙腾跃，老藤盘错，笔势纵横，似奇反正；笔力雄强似铁，转折处又若柔指拨挑。行家有谓大师"草书瓣香怀素、行书神似翁松禅"，实是卓识。我以为大师的书法其总体上的朴茂厚实，实为时下国内第一。时代在前进，在艺术的春天里，让我们欢呼唱歌！专此敬颂旅安。（《大师华翰》，第129页）

11月6日，刘海粟在中国美术馆演讲，题目为：中国画的继承与创新。

【引】全文9000逾字。文中谈道："我们的中国画，世界各国都喜欢，这是我们的一个王牌，要好好研究提高。陈陈相因，老一套固然不对，但是没有旧根底，随便乱涂，也是不对的；随便乱涂，也是不对的；随便搨几笔，也要有一定的基础。我们要注意诗、书、画的结合，中国画家都是文人，都能赋诗、书法，所谓诗、书、画三绝。中国画史上有不少诗、书、画三绝的大家。古人说，'画是无声之诗'，所以中国的文人，能画也就能诗。一般人看中国山水画，对平远、高远还可理解，对深远少见多怪。我们现在登高远望，就看到重山叠嶂。所以中国山水画也是很现实，古人的创作也是从自然中来的。要着重表现对象的神气，神气很难表现，像汉代石刻武梁祠，还有孝堂山，是很有名的。武梁祠是阴刻，孝堂山是阳刻，造型好极了，画得很简单，很有精神。李公麟画的马也很著名。江苏甪直、杨惠之塑的罗汉；东山紫金庵的罗汉，神气都非常好。梁楷有减笔画，我们看他的《李白行吟图》，这张画在日本印刷品很多，以极简练的笔墨，写诗人潇洒飘逸的风度，神气活现，生动逼人。所谓无笔墨处有韵味，意到笔不到，妙处就在这里。我那幅《牧牛图》，虽然画得不好，也用简练的线条，牧童在牛背上，就是以这种风格来表现的。中国画表现大自然尺幅之中表现千岩万壑。"元四家"中的吴仲圭，他的山水，空白处就是天，就是水，就是云。主要的东西尽量画出来，其余的不必顾及，要省略。画花鸟主要点是鸟，要画得精神活泼、生动，不能像标本。宋徽宗赵佶，他的画有长处，工笔，很有力量。取景、设色简练，生机盎然。所以我特地画一张锦鸡，人家都以为我画泼墨的多。北宋院体画，我想试一试，吸其长处，当然我没有画好，不过我想这样做，所以用极简单的红色、赭石两种颜色，还有一种石青，就三种颜色，很简练的东西，推陈出新。粉碎'四人帮'后，有夫妇两个法国朋友来看我，我给他们看了十张画，他们看得很有兴味，我并不是借他们来说我好，今天我借他们两句话与诸位谈一谈。他们说这画既古到极点，又新到极点。我说，我们要做推陈出新的工作，不过我自己觉得还做得不够。所以，我们各种东西都要学，范围要广，各种画派都要研究。不过，我们都要有自己的面目。就是模仿一张画，也要有一个再创造，不要死摹。"（《南艺学报》，1979年5月总第三期）

11月8日，刘海粟去北京香山作油画写生《香山红叶》。

【录】在画幅左侧题诗："诗情画意两无心，苍松红叶意自深。兴到图成秋思远，人间又道是梵高。"（该画题跋）

11月10日，香港大学中文系中国古典文学教授罗慷烈撰《海粟老人·诗·词》，载香港《海洋文艺》第5卷第12期。（《刘海粟年谱》，第218页）

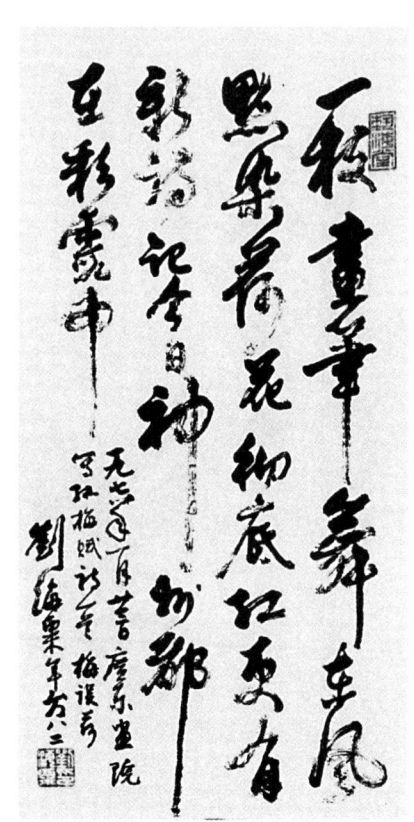

【图1978-7】书法作品《一支画笔舞东风》1978年（137cm×68cm）南京艺术学院藏

11月18日，刘海粟作中国画《松鹰图》，并题《金缕曲·为天安门诗抄作》。

【录】题谓："吐哺周公志。为中华繁荣强胜，鞠躬尽瘁。堪恨四凶翻波涛，篡党结帮乱纪，怕万里江山红坠。病体一身当团击，奈无何，牝雉司晨计。难瞑目，长辞世。天安门外英雄起，讨奸邪高呼振臂，血流涂地。共喜极峰回天力，瞬使阴谋粉碎。岂可压、人心民意。壮气劲松千秋在，巩金瓯，实践看真理。前者去，来者继。"（该画题跋）

【图1978-8】刘海粟中国画作品《松鹰图》1978年（136cmX67.7cm）刘海粟美术馆藏

11月，刘海粟撰《二十年代围绕着模特儿问题的一场斗争》发表。

【引】文中叙述了上海美专设置人体模特儿写生实习起至1926年同封建顽固派之间的斗争经过。编者按说："二十年代围绕着模特问题的一场斗争，是艺术教育领域代表新思潮的新兴力量，向社会的封建礼教势力的宣战。这场斗争绝不是孤立的，它具有时代的民族的特征。新兴力量的胜利是历史的必然。刘海粟在这场斗争中始终站在前列。本文是我国现代美术教育史的珍贵史料。"（南京艺术学院《南艺学报》，1978年第2期）

12月23日，住北京饭店期间，为即将出版的《刘海粟黄山纪游》作序。

【引】全文692字。自序谓："我爱黄山，六上黄山，画了大量黄山写生。油画、国画，有泼墨、有泼彩、有白描。此册黄山图，游览诸峰，随手写景，不落寻常。有的以线条为主，用干湿不定、深淡不同的墨色，勾勒岩石纹理、峰峦结构，表现黄山的地质形貌。有的用墨色的浓淡，使云霞在奇峰松海中飘动。黄海奇景，通过我的感受，通过我的心灵深处，表达我对黄山的深厚感情。入黄山而又出黄山，我的黄山画中，有许多自己的影子。我刻了一石印，曰：'昔日黄山是我师；今日我是黄山友。'这不但说明我画黄山的过程，而且也说明了黄山在我艺术道路中的重要。我和黄山从师生关系，变成了密友关系，我对黄山的感情越来越深了。在北京画的泼彩黄山天海，用复杂的笔调，画出阔大的境界，色度明度很强，以浓郁深厚的石青、石绿、朱砂入画，使色彩和墨对照起来，色感更觉丰富。有时是色彩和水墨淋漓的大泼色，峰峦岩石在阳光下发出耀眼的闪动，表现出黄山的峻拔雄伟，浑涵汪茫，千态万状的奇观。"（《刘海粟

黄山纪游》，人民美术出版社 1979 年 6 月版）

12 月 30 日，刘海粟致函周颖南。

【录】颖南贤兄阁下：数奉手教，以事冗未及作复，歉悚歉悚。洪贵仁、蒋蕴华贤伉俪来访，知阁下以鸿才发展事业，又手创染织厂，欣贺欣贺。

此次受文化部邀请来京创作已经七个月了，受到各方面的热情接待，使我万分感激。画了不少画，作了三次学术报告，影响很大，一切详情请洪、蒋二位免陈。住在北京饭店，海内外来访者多，疲瘁之至，一月下旬拟全部检查身体，惠翰请寄上海复兴中路交弟可也。

【图 1978-9】刘海粟中国画作品《红梅图》1978 年（130cm×67.4cm）刘海粟美术馆藏

阁下五十大寿用朱砂书"福寿"大字为贺。香港各报纸杂志发表了许多关于我的文章,新加坡如有见到亦请剪寄。现在中央美院和新华书社都要写我的传记,资料多多益善。人民美术出版社要印我的画册,计划印三册:1. 国画,2. 油画,3. 书法、素描、手稿,已在搜集摄影。又《黄山纪游》一册已发稿,要我自己写一篇序文,照原墨迹印出来(原文录呈)。海内外对于《山水小景》给予高评价。还有星版《老人近作》、港版《老人书画》,大家都很重视。《山水小景》已再出版,请寄廿册,《近作》寄十册,均寄上海可也。附呈《光明日报》所刊《松鹰图》是为天安门诗抄作的。天安门事件,是大事,完全是革命行动。天安门诗词悼念人民敬爱的周总理,向祸国殃民的"四人帮"展开英雄(勇)卓绝的斗争,为四个现代化而齐声呐喊!再次紧紧握手

海　春节前信仍寄北京(《大师华翰》,第130页)

12月31日,刘海粟与文化部部长黄镇等商谈筹办中国画研究院事。(《刘海粟年谱》,第219页)

是年冬,刘海粟在北京作中国画《古艳》及书法等。(《刘海粟年谱》,第219页)

1月1日,刘海粟作中国画《莫干山剑池》并题诗赠曾涛。

【录】"穿山透石不辞劳,地远方知出处高。溪涧岂能留得住,终归大海作波涛。"(该画题跋)

1月1日,刘海粟为《李骆公书法篆刻》撰序。

【引】序言有谓:"画弟子李骆公……对篆籀研究造诣深渊,写得雄奇郁勃浑厚古拙,能融贯于篆刻中。所以他的篆刻,

公元1979年
(己未)
83岁

无论在篆法上、结构上、刀法上，都能独创一格，绝不在前人的绳墨中讨生活。"（《刘海粟年谱》，第220页）

【释】李骆公（1917—1992），福建福州人，1938年2月入上海美专西画系学习，1941年1月毕业。20世纪30年代积极投身革命活动，40年代东渡日本学习油画，并用中国绢创作民族化油画，成为中国民族化油画创始人之一。李骆公曾任教于东北大学、辽东学院、津沽大学等高等院校，曾任天津美协副主席、中国书法家协会理事、广西书协、广西美协副主席、广西书画院副院长等职。（《上海美专名人传略》，第317页）

1月9日，周颖南致函刘海粟伉俪。

【录】海粟大师伉俪：新年长途电话后，欣悉起居安适为谓！

昨拜诵惠书，更感兴奋。《黄山纪游》的自序写得好极了，是大手笔，是指导中国画坛的大手笔！金缕曲，义正词严，大快人心，乃千古佳构。

朱砂挥写的大字草书，是生平第一次拜读，而我荣获惠赠，这份情谊，非笔墨所能形容。

人民美术出版社计划为您出版画册，规模之大，只有当年白石老人所可比拟。中国大治之后，重视艺文，前景一片光明！您们身逢盛世，真是无比幸福！

画册已直接寄往上海。计《山水小景》廿册，《近作》精装五册、平装八册。到请查收。汇上人民币肆佰元，聊表春节茗酒之敬！专此敬颂　春禧（《大师华翰》，第131页）

1月16日，上海市公安局发文为刘海粟平反，恢复名誉。（《上海市公安局（79）沪公政二（4）字号第990号》文件）

1月28日,刘海粟为《财贸战线》报作中国画《鹰击长空》。(《刘海粟年谱》,第220页)

2月20日,刘海粟致函周颖南。

【录】颖南贤兄如晤:惠书及《星洲日报》报导稿,欣慰无量。此次来京,蒙各方隆重接待,很感动。最近又完成丈六匹巨幛《匡庐图》泼墨山水,庆祝新中国成立三十周年献礼。文艺需要民主,没有民主就不可能创新,一定要发扬民主。我长期被林彪、"四人帮"所抑制的艺术创造力,必将波涛万顷涌出来,今后更要画出无愧于伟大时代的作品。兹寄上报导月刊一册,载有拙作及艺术活动情况。中央人民美术出版社正在为我编印几本画册,其中一种《黄海奇观》已发稿,最近可问世。国画集已经摄制了七十多张,计划在五月间出版。您一直关心我画集出版事情,已经为编印两种画集,尤其是《山水小景》,印得精极,水墨淋漓,气韵生动,评价极高。过去由于我性刚直,多说话,说真话,吃了廿年苦头。现在一个实现社会主义现代化的热潮正在兴起,华主席为首的党中央,坚决支持和保护人民的民主权利,大大活跃了人民生活中民主风气。在这历史转变时期,我努力创作,我愿发表我的新作,站在时代的前列。阁下闻之一定高兴。潘国渠先生博学多闻,驰仰甚深,心仪廿年,缘吝一面。我们打算月底回沪,兄寄沪画集及汇款想已收到。灯下草草,不尽所言,惟深鉴。敬颂　起居万福(《大师华翰》,第132页)

2月28日,周颖南致函刘海粟伉俪。

【引】海粟大师伉俪:廿日北京手教拜悉。当接到我的复信时,您们已经回到上海了,您们驻京八个月,成就之大,自非笔墨所能形容。您们欣逢盛世,大展雄才,使我无限敬仰!(略)
(《大师华翰》,第132页)

2月，作并题中国画《匡庐图》。

【录】"建国卅年庆甲周，欢声雷动遍神州。金瓯无缺看吾士，万里江山一望收。"（《刘海粟诗词选》，第74页）

3月8日，南京艺术学院核心小组向江苏省委提交《关于刘海粟同志被错划为右派分子》的报告。（该报告手稿）

3月26日，江苏省委批复南京艺术学院"关于改正刘海粟同志被错划为右派分子"的报告，同意恢复刘海粟政治名誉，恢复一级教授的工资待遇。（《中共江苏省委（批复）苏委复〔1979〕70号》文件）

3月29日，刘海粟在上海复函谢海燕。

【引】函告："在北京……画了许多画，写了不少字。北京饭店各位经理热情接待，相交很好。《匡庐图》画成，谷牧、黄镇、韩念龙同志及许多老朋友都来看过，一致主张作为新中国成立卅周年庆祝献礼，展览后仍归北京饭店宝藏，北京饭店亦同意"；"回沪后每天来客太多……连日接去美协开会，选文代会代表，其他事情太多太忙，时间不够用，各方来信也搁置无暇复，奈何！"（《刘海粟年谱》，第220页）

3月29日，周颖南致函刘海粟伉俪。

【录】海粟大师伉俪：惠赠之世界语《中国报导》，一九七九年第二期今天收到，谢谢。我不懂世界语，但看了那许多照片，我高兴极了。一位画家，一位对中国艺术教育工作有贡献的人，受到了应有的尊重，我感到欣慰。

适潘国渠兄、香港的梁披云兄都在我家，他们看了，都有同感。大治后的气氛，毕竟是不同的。返沪后的事务一定较为紊忙,门生故旧过访者一定非常众多,请善自珍重为感!

汇款收到否?得便请示。画册是否如数收到,亦祈示慰!专此敬颂俪福!(《大师华翰》,第133页)

3月,刘海粟作中国画《江山如此多娇》(《青绿山水》)。

【录】题:"大红大绿,亦绮亦庄。神与腕合,古鬻今翔。挥毫端之郁勃,接烟树之微茫。僧繇笑倒,杨升心降,是之谓海粟之狂!"(《刘海粟年谱》,第221页)

【图1979-1】刘海粟中国画作品《青绿山水》(《江山如此多娇》)1979年(133.5cm×65.5cm)刘海粟美术馆藏

4月4日，刘海粟检得1938年所拟石涛山水，重为点染，并加题识。

【录】题识谓："石涛、石溪、八大，以雄绝之姿，历遭时艰，沉郁莫偶，托积缁流，放情山水，以天地为寄旅，浑古今为一途，万化生身，宇宙在手，每一挥毫，奔赴笔下，此其所以神也。"（《刘海粟年谱》，第221页）

4月5日，南京艺术学院致刘海粟公函，告知江苏省委已批准同意南京艺术学院关于改正刘海粟被错划分为"右派"的报告，并将批复抄送刘海粟。（文件手札）

【图1979-2】刘海粟中国画作品《莫干山剑池》，1979年

4月9日，刘海粟参观在上海西郊公园举行的动物画展览，又作中国画写生《双鹰突出霜崖高》，并题七言长歌。（《刘海粟年谱》，第221页）

4月20日，刘海粟为幼女刘蟾所作中国画题字。

【录】题曰："已未谷雨，女儿刘蟾偶临老人山水小幅，观其用笔苍郁，因题数字勉之。"（《刘海粟年谱》，第221页）

4月20日，南京艺术学院举行大会，宣布改正刘海粟错划"右派分子"，恢复名誉，恢复一级教授。（《刘海粟年谱》，第221页）

4月，刘海粟书法《题画红梅诗》，参加为上海和大阪结成友好城市五周年而举行的大阪上海友好城市书法交流展览会。（《刘海粟年谱》，第221页）

4月，《人民画报》以《海粟老人的画》为题，刊登了一组书画。（《刘海粟年谱》，第221页）

4月，刘海粟收到李骆公刻赠的"虎步西海东海""寸天戏海之楼"双面巨印。（《刘海粟年谱》，第221页）

【图1979-3】刘海粟的作画丰采（1979年）

4月，刘海粟因过度疲瘁，心悸频发，偶有间歇脉，遵医嘱静养。

【引】近期身体不适，刘海粟致谢海燕的信函有叙："找出一本一九二四年上海美专一览，是老同学陈宗晖送给我的，此乃重要的中国美术史资料，至难得。您已基本恢复健康，深以为慰，不可过劳，说话不要太多。我因为过度疲瘁，每天说话太多，心悸频发，偶有间歇脉，医嘱静养，势不可能，很想来宁住几天，画梅园新村，怀念周总理！刚才来接我去美术展览馆，市宣传部长、文化局长、柔坚、吕蒙、朱金楼等数十人，一道看我所作的油画，大家很感动，都说应该全部运京展览，给大众看看，影响一定极大。"（1979年5月1日刘海粟致谢海燕函，《刘海粟艺术文选》，第154页）

5月1日，刘海粟致函谢海燕。

【录】海燕挚友友爱：手书叠至，而前函尚未复，非相知之深，必责其疏慢矣。文化部负责筹备画展的两位同志来信说：我的画展延至七月开幕。前日沈柔坚、吕蒙来看油画。昨日下午美术展览馆来八位同志帮同整理画件，先运去八十三幅油画，今天上午又理出三十幅，约定明日我去展览馆会同他们仔细看看，打算挑出六十件，由上海美术展览馆负责装箱运京。柔坚主张临德拉克洛瓦的《但丁与维齐尔》、临伦勃朗的《浴女》也应该展出，我觉得幅式太大，运输不方便，尚未决定，您看如何？海外子女亲朋得知文化部为我主办画展，人人欢欣鼓舞，都要专程回国参加。我打算六月初旬赴京。倪贻德是上海美专西画系第十一届毕业生（一九二二年六月），留校为普特尔斯基助教。寻了很久，找出一本一九二四年上海美专一览，是老同学陈宗晖送给我的，此乃重要的中国美术史资料，至难得。您已基本恢复健康，深以为慰，不可过劳，说话不要太多。我因为过度疲瘁，每天说话太多，心悸频发，偶有间歇脉，医嘱静养，势不可能，很想来宁住几天，画梅园新村，怀念周总理！刚才来接我去美术展览馆，市宣传部长、文化局长、柔坚、吕蒙、朱金楼等数十人，一道看我所作的油画，大家很感动，都说应该全部运京展览，给大众看看，影响一定极大。

您是我的老友，数十年来相与扶持砥砺，假使由您来写画展前言，最为适宜，以您的学力和衡鉴，必然对我各时期作品能作更正确的分析，以及时代背景的研究，但不知你有没有这样的兴趣？对于你健康有没有妨碍？灯下草草，不尽拳拳。即颂起居，唯鉴之。嘉言暨各位弟妹安好。（《刘海粟艺术文选》，第514页）

5月26日，刘海粟参观上海青年国画山水画展览。（《刘海粟年谱》，第222页）

5月30日，刘海粟在杨通谊、荣漱仁夫妇家庭园作油画《欣欣向荣》。（《刘海粟年谱》，第222页）

【图1979-4】刘海粟油画《欣欣向荣》，1979年5月30日

5月，刘海粟接到市政协通知，增补为全国政协委员。

【引】"一九七九年五月，我接到市政协通知说：全国政协常务会议决议，增补我为全国政协委员。同时，文化部打电话给我，中国美术馆也打了电话给上海美术展览馆，说定于6月在北京中国美术馆举办刘海粟绘画展览一个月。领导和各方的关怀，特别是上海美术展览馆的许多同志为此热情地做了大量的工作，付出了艰辛的劳动。他们从我家里堆满灰尘的夹弄里，把那些从1922年开始作的油画找寻出来，进行了清理。后来又派专人把油画和国画护送到北京。6月6日飞往北京，出席全国政协会议，列席全国人大会议。"（刘海粟，《诗书画漫谈》，1980年3月上海《文汇》增刊）

5月，刘海粟去年在中国美术馆演讲稿《中国画的继承与创新》发表。

【引】全文约9000字。文中提到中国绘画上的"六法论"：一、气韵生动；二、骨法用笔；三、应物象形；四、随类赋彩；五、经营位置；六、传移模写。这六条不但是中国画，其他各种画都可以用。"六法"中的"气韵生动"，在创作上来说是各种要素的复合，就批评角度说，"气韵生动"也是最好的准则。此外的五法，都是达到这个标准的必要条件。倘若把"六法"视为绘画的要素，可归纳为四种：第一：笔致，骨法用笔，相当于油画的笔触。第二：写实，包括两法，应物象形，随类赋彩。油画写生都用得上。第三：结构，经营位置，即构图，这是基本的法则。第四：模仿，传移模写的意义，"再现"也可以叫"再创造"，欧洲人讲究，中国人也讲究；模仿，不是死摹，要汲取和发扬传统的精神。不过后来有个弊病，它摹什么，仿什么，都千篇一律。其实模仿的意义在于汲取其长处，不是全盘照搬。（《南艺学报》总第三期，1978年11月6日）

5月，刘海粟作中国画《圆荷清晓露淋漓》《红荷翠羽》《泼墨黄山》《黄山白龙桥》《立雪台晚翠》。（《刘海粟年谱》，第222页）

6月5日，刘海粟与陆定一、刘澜涛等被增补为政协全国委员会委员。（《刘海粟年谱》，第222页）

6月6日，赴北京，出席中国人民政治协商会议第五届全国委员会第二次会议，列席第五届全国人民代表大会第二次会议。（《大师华翰》，第137页）

6月8日，周颖南致刘海粟伉俪。

【录】海粟大师伉俪：欣接《人民画报》第四期，拜观大作，真是喜出望外。查该刊不准进口，而能意外收到，欣慰之至。这封信递到时，也许你们已晋京筹办画展了。你们为发扬中国艺术，付出了极大的劳动！

孔其君来信，感谢您将为"怀海堂"题额，将是艺坛佳话。

报载童第周博士逝世，甚感悼念！这是中国科学界的重大损失！近年来，我们通讯频繁，他的逝世，使我痛失良师益友。最感遗憾的，是我尚无缘拜会。希望拜读大著的出版。专此敬颂

俪福（《大师华翰》，第133页）

6月12日，《人民日报》"情况汇编"第1288期刊载反映刘海粟的"历史问题"。

6月19日，文化部发函人民日报《关于刘海粟问题的来信和调查》。

【录】〔79〕文厅字第525号："人民日报：《人民日报》六月十二日情况汇编（第一二八八期）刊登了已故画家徐悲鸿的夫人廖静文同志《一封揭发刘海粟的信》，该信所反映的情况与事实不符。文化部党组不久前曾收到廖静文同样内容的信，党组

进行了研究，并委托文化部顾问、中央美术学院党委书记江丰同志专门向廖静文同志作了耐心的解释和说明。但她仍坚持自己的一些看法。现将真实的情况说明如下：中国美术馆、中国美术家协会上海分会定于六月二十四日在北京中国美术馆举办的《刘海粟绘画展览》是一九七九年中国美术馆展览计划之一。在六月份展出的安排是按原计划进行的。举办《刘海粟绘画展览》，是因为刘海粟早在二十世纪二十年代就创办美术学校、美术刊物。在中国美术事业的建设上（如在中国美术教学上首先提倡画人体模特等），培养人才以及他个人在美术创作上，继承民族遗产，'古为今用、洋为中用''推陈出新'上有一定成就。他曾反对过军阀孙传芳，这在军阀时代是不容易的。毛主席在一九六五年七月十八日关于'模特'问题的批示中，对刘海粟、徐悲鸿都是有定评的。廖静文信中说刘海粟是'反共反人民的汉奸'。据我们了解，解放后刘海粟参加了各项政治运动，担任华东高等学校院系调整委员会副主任，一九五二年中央任命他为华东艺术专科学校校长，并先后被选为江苏省政协、上海市政协委员、江苏省美协筹委会副主任等职，上海解放后，上海市政府和党组织从未给他作过这种结论。在一九五七年反右时期，由于他与同校的某些人员意见分歧被打成右派分子，是不应该的。一九六一年摘掉右派帽子。为了落实党的政策，江苏省委已于一九七九年三月二十六日批准，并于四月二十日在南京艺术学院全院大会上宣布予以改正。文化大革命中遭受林彪、'四人帮'反革命路线迫害，于一九七一年十二月被定为反革命分子，一九七三年十二月又摘掉反革命分子帽子。这是一个错案，上海市公安局已于一九七九年一月十六日决定并宣布平反恢复名誉。在'四人帮'横行的时候，刘海粟是有抵制的。打倒'四人帮'以后我们党落实了政策，他虽已年迈八十四岁，心情舒畅，决心为新时期总任务，实现四个现代化贡献力量。他现任南京艺术学院教授、上海美协常务理事、上海市五届政协委员、全国政协委员。为了贯彻三中全会的精神，

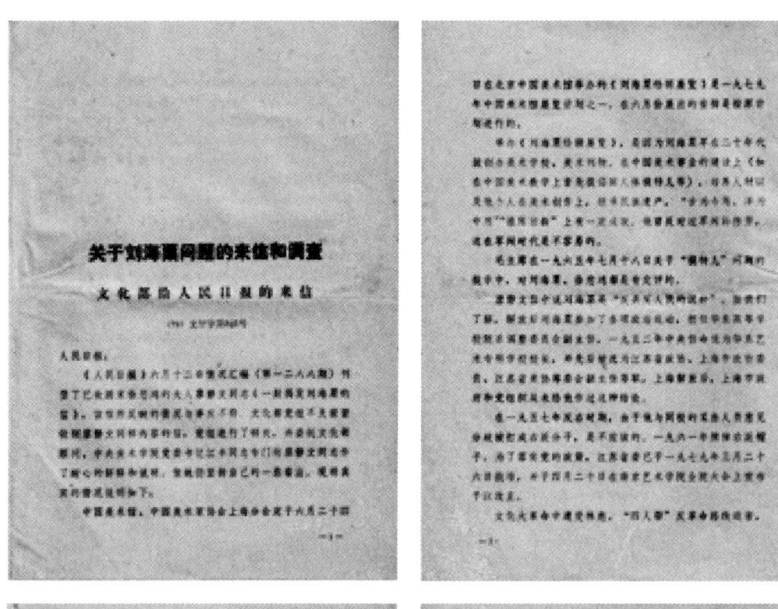

【图1979-5】1979年6月19日《人民日报》文艺部负责人英韬编写的情况简报《关于刘海粟问题的来信和调查》，当中收录了文化部"（79）文厅字第525号"函及《人民日报》整理的《本报对有关问题的调查材料》

维护发展安定团结的政治局面，团结一切可以团结的力量，调动一切积极因素，给在国内外都有一定影响的刘海粟和其他老画家一样举办个人绘画展览，是完全正常的。刘海粟是由中国画创作组于一九七八年五月二十七日约他来北京的。在中国画创作组进行创作，和其他老画家一样的待遇。他住在友谊宾馆八十一天，作特大幅国画朱红五松图一张、展览用黄山山水一张、其他小幅画七张，均未付给他稿费。创作组按规定只为其夫妇二人支付来京机票费（64元×2）128元，伙食费（1.20元×81×2）194.4元，随刘来京的小女儿的路费、伙食费，以及刘在餐厅吃加菜、招待客人等费用，都是刘自己负担的，并没有任何特殊的待遇。八月二十日旅大市委约他去棒棰岛参加老画家为旅大市作画，一切费用由旅大市接待负担，文化部没有任何照顾。九月二十七日刘海粟从旅大回北京后，北京饭店为了陈设布置即邀请他去住北京饭店作画，一切费用是由北京饭店接待支付的，和文化部毫无关系。刘在北京饭店完成任务后于一九七九年三月六日返回上海。所谓：'从去年以来，在艺术上一贯抄袭剽窃，在历史上反共反人民的汉奸刘海粟竟被当作贵宾，请到北京饭店居住将近一年之久。他挟了第三个小老婆夏伊乔（我们知道的是他现在只有这一个老婆——注），占用饭店两套房间，仅住宿费一项便挥霍了文化部公款六千元……'等等，完全不是事实。徐悲鸿和刘海粟两家之争由来已久，矛盾至深，这是大家知道的。周总理为此曾亲自关照美术界几位负责同志约请两家一起吃饭做工作，由于徐悲鸿和廖静文不到而未做成。廖静文为了个人的目的，进行这种歪曲事实的批评，应当予以澄清。要求《人民日报》将我部上述说明在情况汇编上予以刊登。中华人民共和国文化部（印）一九七九年六月十九日"。

6月24日，由中国美术家协会、中国美术馆和中国美术家协会上海分会主办的刘海粟绘画展览在中国美术馆举行预展。26日起正式公开展览一个月。

【引】展出从1922年至1979年创作的中国画108幅、书法7幅、油画69幅，共184幅。展览会前言中说："海粟先生不但是一位艺术教育家，而且是一位卓有成就的画家……他主张在艺术上贯通古今，融汇中外，勇敢创新，不落陈套，加之他对书法的精心研究，笔墨功力深厚，因此，海粟先生的国画、油画，气势磅礴，劲健有力，变幻多姿。"展览期间，"美国的著名演员、收藏家卜合先生几次到会参观，要求购藏我的作品十二帧。因为我的画全部都是非卖品，卜合先生与中国美术馆负责同志一再商洽后，呈报文化部。文化为中美友好，文化交流，同意卜合先生购藏《牧牛图》和《大红牡丹》。卜合先生很高兴，以七万元购藏了二帧"。（刘海粟，《诗书画漫谈》，《文汇》增刊1980年第3期）

【按】刘海粟决定将这笔款项捐献给国家。他"在给有关单位的信中写道：'将在我有生之年，此心耿耿，继续努力，进一步为祖国作出贡献。'"（《解放日报》，1980年3月10日）

【录】那天下大雨，来的人还很多。6月26日到7月26日共展览了一个月，激起了海内外广大观众的强烈反响。美国的著名演员、收藏家霍普先生，几次到会参观，要求购藏我的作品十二帧。因为我的画全都是非卖品，霍普先生与中国美术馆负责同志一再商洽后，呈报文化部。文化部为中美友好，文化交流，同意霍普先生购藏《牧牛图》和《大红牡丹》，霍普先生很高兴，以七万元外汇购藏了二帧。霍普先生一家还热情邀请我和家里人去美术馆合影留念。随后他要求把锁在玻璃柜里的手卷拿出来看，当场又提出愿以二十万元买这个手卷。我说这手卷是在动乱中留下来的，我要留作纪念，留给人民。后来文化部黄镇部长来看我。我表示那画款全部捐献给国家，作为我对祖国建设作出的微薄贡献。他非常高兴，就立刻和我去文化部创作组宣布。我记得当时上海的几位画家都在那儿，有朱屺瞻、应野平好几位同志，还有各地来京的画家，大家都向我道贺，同时还合作了一张画作纪念。"（刘海粟，《诗书画漫谈》，1980年3月上海《文汇》增刊）

6月30日,刘海粟被任命为南京艺术学院院长。谢海燕、臧云远、黄友葵、孙渝、凌兢亚为副院长。(《刘海粟年谱》,第223页)

7月15日,周颖南致函刘海粟伉俪。

【录】海粟大师伉俪:闻您们晋京开会,并举行书画展,谨致热烈的祝贺!

益老寄来展览会目录,作品丰富多彩,令人向往。

国渠兄和大作《水龙吟》,千呼万唤,日前脱稿,谨此奉呈,敬请正拍。

益老要为我筹制"千岁"之作。所谓千岁,是指绘画及题画者的年龄总和,是一千岁。此举将传为佳话。请领首执笔为祷!详情请询益老。

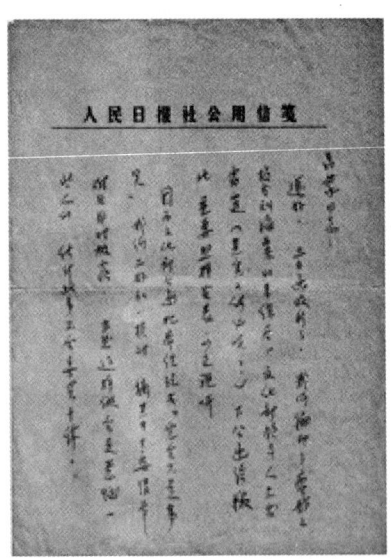 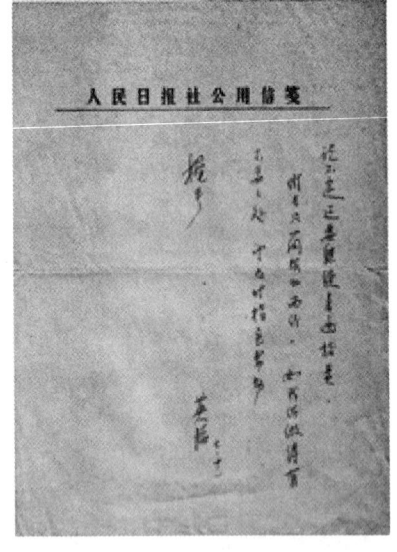

【图1979-6】《人民日报》文艺部负责人英韬向上海美术出版社社长兼总编辑吕蒙寄送《关于刘海粟问题的来信和调查》时的手书信函(1979年7月11日)

圣翁请陈从周教授作《迎客松》，并亲自题诗见贻情意深厚，令人感动，谨将其题诗部分复印奉呈，请共吟赏！专此敬颂

俪福（《大师华翰》，第134页）

7月17日，周颖南致函刘海粟伉俪。

【录】海粟大师伉俪：捧读叶圣陶翁六日手教，欣悉您曾于四日前往造访，相见甚欢，令人欣慰！复闻您将出任南京艺术学院院长，为中国美术教育工作贡献更大的力量，为之狂喜！谨致热烈的祝贺！专此敬颂

俪福（《大师华翰》，第135页）

7月，刘海粟为人民大会堂上海厅作巨幅中国画《黄山狮子林》。（《刘海粟年谱》，第223页）

是年夏，刘海粟为香港摄影家陈复礼所摄《古松》题诗。（《刘海粟年谱》，第223页）

【图1979-7】刘海粟为北京人民大会堂创作的中国画作品《黄山狮子林》

8月3日，刘海粟致函朱金楼，嘱为《刘海粟油画选集》作序。

【引】函谓"上海人民美术出版社要出版我的油画选集和国画选集。油画一百张，我来京前全部拍摄制版。负责编辑同志陆宗铎热情可感，他要我写自序，我也曾答应写。无奈来京后每天开会，忙极忙极，画展虽然闭幕，每日海内外来客应接不暇，无法动笔。这篇序文只有您来写，我已经去信推荐。您是我生平知交，知之深，信之笃，以您的学力和衡鉴，必然对这本油画选集能作出正确的分析。"（《刘海粟年谱》，第223页）

8月20日，刘海粟赴大连棒棰岛避暑。作中国画《大红牡丹》《重彩牡丹》。

【图1979-8】刘海粟中国画作品《大红牡丹》1979年（146cm×74.8cm）常州刘海粟美术馆藏

【录】题诗:"天香齐放捧红云,国色朝酣上酒容。锦绣山河金鼓振,春光骀荡占东风。庆祝建国三十周年献礼"(该画题跋)

9月12日,周颖南致函刘海粟伉俪。

【录】海粟大师伉俪:刘抗先生归来,蒙携下大作《黄山纪游》画集及彩墨印刷的《红荷鸳鸯》一幅,印得好极了,谢谢!《黄山纪游》铁笔银钩,是继《山水小景》后的精心杰作,先后辉映。《红荷鸳鸯》彩墨朱砂渲染,别具一格!乃创新之佳构。这是近廿多年国内首次为您出版的画集,令人欢欣鼓舞。祝您长寿,为祖国渲染更多更美的画图。专此敬颂俪福。国渠兄嘱我代为道谢。又及。(《大师华翰》,第135页)

9月,南京艺术学院美术系招收硕士研究生简繁。

【图1979-9】刘海粟在北京观看关肃霜主演的《铁弓缘》后上台祝贺(1979年8月)

【按】全国招收第二届研究生时，南京艺术学院美术系采取集体导师制。简繁成为刘海粟的第一位研究生，攻读中国画硕士学位。1982年毕业，经刘海粟提名留校当助手。

10月21日，周颖南致函刘海粟伉俪。

【录】海粟大师伉俪：我最近因事前往香港，八日中午曾与令婿及英伦小姐姊妹会晤，并应邀共进午餐，从中获悉北京画展盛况，不胜欣慰。席间谈及尚存我处之两幅大作，是否交她们保存，请示为祷，伸便遵办。

"怀海堂"额敬请赐书。堂名"怀海"而由大师亲笔挥毫，意义更为深长，亦艺坛佳话也。文代会谅你在召开，相信有一番新气象。"百花齐放"的大好局面已为期不远了。专此敬颂俪福。（《大师华翰》，第136页）

【图1979-10】刘海粟写生风采（1979年）

10 月 25 日，周颖南致函刘海粟伉俪。

【录】海粟大师伉俪：廿一日上书，寄和平宾馆。昨接志煌君来信，欣悉您们业于十七日返京，告我通讯方式。因之，我把廿一日函重叙一过，敬请亮察。

我近因事赴香港，曾与令婿及英伦小姐姊妹欢叙，并应邀共进午餐。从中详悉京中画展盛况，可是我无缘拜读，深以为憾。席间谈及尚存我处之两幅大作，是否交她们保存，请示，俾能遵办。暇请赐书"怀海堂"额，堂名"怀海"而由大师亲笔挥毫，意义更为深长，亦可以此显示我们间的情谊。

文代会在京召开中，相信有一番新气象。百花齐放的大好局面，已为期不远了。圣瓮时有来示，鼓励有加。国内德高望重的老作家，已为数不多，令人尊敬。盼望来示，即使是简单几行，已足令人高兴了。专此敬颂俪福。（《大师华翰》，第 136 页）

【图 1979-11】刘海粟辅导夫人夏伊乔作书（1979 年）

10月30日，刘海粟到北京出席中国文学艺术工作者第四次代表大会。

【引】11月16日代表大会闭幕，当选为中国文学艺术界联合会第四届全国委员会委员。会议期间，与数十年不见的新文化运动时的老友叶圣陶欢晤。（《刘海粟年谱》，第223页）

11月3日，刘海粟参加中国美术家协会第三次会员代表大会开幕，至10日闭幕。（《刘海粟年谱》，第224页）

11月5日，刘海粟致函周颖南。

【录】颖南贤兄友爱：叠奉手教，未及作复，歉惊歉惊。我六月六日来京出席政治协商会议第五届全国委员会第二次会议，列席第五届人大会议。与此同时中国美术家协会、中国美术馆、上海美协主办"刘海粟绘画展览会"在中国美术馆展出一个月，激起了海内外广大观众的强烈影响，得到观众赞扬。展览期间美国著名演员、著名收藏家霍普先生数次到会参观，要求选购作品十二帧，后与文化部协商，为了促进中美友好、文化交流，同意霍普先生选购两张，画值七万元（外汇），我决定将全部画款贡献给国家，为祖国实现社会主义现代化作出微薄的贡献。而且将在我有生之年，此心耿耿，继续努力，进一步为祖国社会主义四个现代化作出贡献。八月廿（日）应大连市邀请到棒槌岛避暑，十月回京参加文代会，十一月廿日赴南京讲学。十一月七日起江苏省为我举行画展。今日回颐和园藻鉴堂休息，率书一些情况，以慰远想。《黄山纪游》印三万五千册，大家都很欣赏喜爱，我觉得印刷技术及用纸都比不上《山水小景》。《山水小景》印得非常好，希望再寄我二十册，寄至上海可也。

香港《明报》《美术家》《新观察》等杂志，以及《大公报》《文汇报》《新晚报》发表了很多文章，关于我的艺术与生活,我想您一定收集了不少。您最近赴香港,与英伦、良复、小妞欢叙,闻之欣慰。前存尊处两幅拙作交给她们保存,《锦鸡山茶》交刘英伦宝藏,《苍松》交刘蟾宝藏。费神办理!"怀海堂"明日写好即寄。圣陶老人是吾新文化运动时的老友,数十年不见,此次在京欢晤,高兴极了。草草不次,即颂大安。海(《大师华翰》,第137页)

11月5日,刘海粟在北京颐和园藻鉴堂为《胡厥文诗词选》题词。

【引】"胡厥老的诗文风采,有如其人,豪放博大,正气磅礴,自成一格。""其内容正如他自己所说的'大都有关时事,确有一些历史意义。'读之信然,可佩可佩!"(《刘海粟年谱》,第224页)

11月7日,南京举办"刘海粟绘画展览",由中国美术家协会江苏分会、南京艺术学院和江苏省美术馆联合在江苏省美术馆主办开幕式。

【引】展览会展出中国画107幅、书法6幅、油画76幅,共189幅。11月28日南京《新华日报》以整版篇幅选载展览会的中国画4幅和油画3幅以及谢海燕《八四方年少、老干发新花——介绍刘海粟教授及其画展》一文。谢文说:刘海粟教授"在艺学上主张学习传统,学习生活,兼收并蓄,大胆创新";"海粟老人的作品豪放奇肆,苍茫劲健,醇厚朴茂,气势磅礴,别有新意"。(《刘海粟年谱》,第224页)

12月5日,刘海粟在南京艺术学院作巨幅中国画《鲲鹏展翅》。(《刘海粟年谱》,第224页)

【图1979-12】刘海粟中国画作品《墨葡萄》1979年（130cmX55.5cm）常州刘海粟美术馆藏

12月18日，刘海粟在南京梅园新村作油画写生《南京梅园新村》，赠南京艺术学院。

【引】"我在南京画梅园新村，是站着画的，站了两个半天。有人劝说：'刘老啊，你年纪大了，不要站着，当心出毛病。'我说：'不！一股感情啊！周总理在梅园为全国的解放事业斗争，四周还全是特务呢！'梅园的房子和它前面的两棵青

【图1979-13】刘海粟在江苏省委招待所中楼别墅作画,旁立者为谢海燕

松,我用强烈的色彩和简练的线条作了充分的描绘,衬托出在阳光下的红房子、红瓦。画好了,我题了一句:'气壮青松千秋在。'画房子不是打样子,我要把周总理的精神画出来,要使人回想不断。"(刘海粟,《诗书画漫谈》,1980年3月上海《文汇》增刊)

12月,刘海粟作并题《泼墨葡萄》。

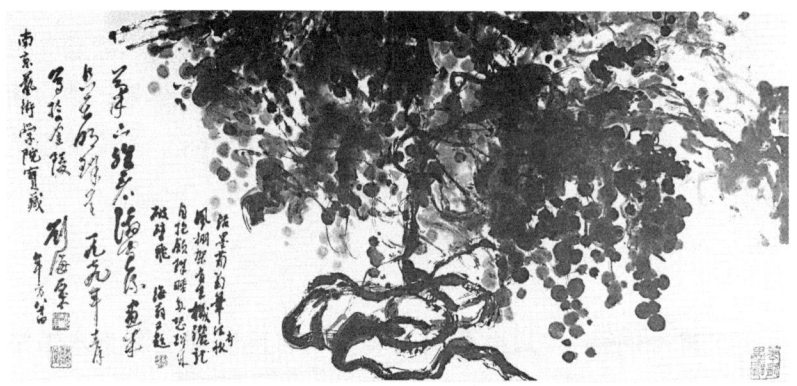

【图1979-14】刘海粟中国画作品《泼墨葡萄》1979年(70cm×140cm)南京艺术学院藏

【录】泼墨葡萄笔法奇，秋风栅架有生机。骊龙自抱颔珠睡，多恐醒来破壁飞。（该画题跋）

12月，刘海粟为南京艺术学院、美协江苏分会、江苏省美术馆作关于国画创作问题的学术报告，又在江苏省国画院作学术报告。（《刘海粟年谱》，第224页）

是年前后，刘海粟作并题《重彩荷花》。

【录】一枝画笔舞东风，点染荷花彻底红。更有新诗记今日，神州都在彩霞中。（《刘海粟诗词选》，第76页）

公元1980年（庚申）84岁

1月1日，刘海粟在南京作中国画《牡丹花》，题李白清平调辞。又作《红梅图》。

【按】《红梅图》由上海书画出版社1982年10月印制，为1983年年历出版。

1月9日，周颖南致函刘海粟伉俪。

【录】海粟大师伉俪：几月前，曾呈国渠兄大作《水龙吟》一阕，他以词代简，意重情长。是否收到，未蒙见示为念。月前，携大作《松壑鸣泉图》往港裱制前，向国渠兄索题，他次伯驹翁韵完成《水调歌头》一阕。谨此一并复印奉呈，国渠兄嘱请正拍。"怀海堂"题额未到，不胜怀念。专此敬颂俪福。（《大师华翰》，第138页）

1月16日，"刘海粟绘画展览"将巡回到上海美术馆举行。在上海为《解放日报画刊》题词。

【录】题曰:"泼墨狂扫风雨快,笔所未到气已吞。"(《刘海粟年谱》,第225页)

1月24日,由中国美术家协会上海分会主办的"刘海粟绘画展览"在上海美术展览馆开幕。

【引】当日陪同颜文樑、王个簃、关良、谢海燕、陈秋草、沈柔坚、吕蒙、张甦平、杨可扬等参观画展。画展共展出中国画108幅、书法6幅、油画80幅,共194幅。中国美术家协会主席江丰在为展览撰写的前言中说:"刘海粟先生是我国美术界的老前辈,是我国近代美术教育事业的奠基人之一。""粉碎四人帮以后,海粟先生的思想更加解放,对艺术的探求更加努力,创作精力之充沛不减当年。"上海市文化局副局长沈柔坚在《写在海粟画展前》文中说:"刘海粟的名字与中国新美术是紧相联系的,他引进欧洲的美术教学方法,培植后进;在创作上又把中西

【图1980-1】刘海粟中国画作品《溪亭闲话》1980年(65cm×84cm)南京艺术学院藏

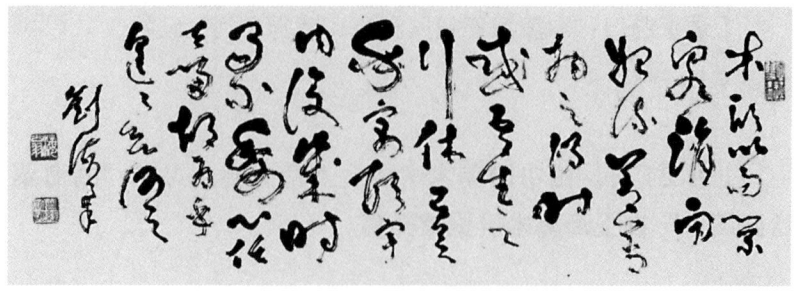

【图 1980-2】《溪亭闲话》的题款 1980 年（65cmX84cm）南京艺术学院藏

画法熔铸腕底，自辟蹊径，与时俱新。他是我国当代老一辈卓有成就的美术教育家和艺术家……八四方年少的海粟老人正在他的漫长的艺术道路上雄心勃勃地继续探求新的艺术境界。"18 日和 20 日，上海《文汇报》和《解放日报》均为迎接画展的开幕而以整版篇幅选登了展品及文章。（《刘海粟年谱》，第 225 页）

1 月 30 日，周颖南致函刘海粟伉俪。

【录】海粟大师伉俪：陆云骧先生函中附言拜读。"怀海堂"额已赐书，当遵嘱与李昆祥先生联系。感谢，感谢！孔奇君申请南来事，我曾拜会李部长，目前尚无能为力。奈何？敬请查照。

《解放日报》《文汇报》画刊亦拜读，上海当局对大师之重视，令人高兴。文艺已解冻，百花齐放之大好局面在望，我引以为慰。文代会后，显然一切已走上轨道。春节届，谨汇上人民币四百元，表示敬意，到请查收示慰为祷！专此敬祝春禧。（《大师华翰》，第 138 页）

1 月，作中国画《莲花沟卿云图》。绘画作品 5 幅在《美术》杂志刊载。（《刘海粟年谱》，第 225 页）

2月6日，刘海粟在上海美术展览馆讲演《诗书画漫谈》。

【引】此讲稿载《文汇》增刊1980年第3期。有谓："我不是诗人，也不是词家，不会吟诗，不懂填词。但我爱好诗词，我喜欢学习。……有了书法基础，懂了诗词，笔墨就不同了。画家的思想感情，或者说画家的'心境'，往往是在他的作品的'意境'中表现出来的。我因为生活在这样一个伟大的时代，心境十分开朗。当然，过去遇到不少波折。但过去的波折越多，现在的心境越开朗。一定要经得起波折，才不会画出平平淡淡的画来。""中国画和油画只是工具不同，我们中国人的油画，要有自己的风格，还是中国画。""我在学习上一直不满现状，立志探索新路，为中华民族的绘画艺术苦斗。"（《刘海粟年谱》，第225页）

2月8日，刘海粟赴杭州出席西泠书画社成立大会，被聘为特约画师。10日由杭州回上海。（《刘海粟年谱》，第226页）

2月20日，刘海粟进华东医院疗养，做全身健康检查。4月6日出院。（《刘海粟年谱》，第226页）

2月26日，朱金楼撰《中西画法熔铸腕底——略评刘海粟的画》发表。

【引】此文认为刘海粟"不单是最早介绍了欧洲倾向于东方的近代革新画派，更可贵的是把自己所受的这种影响，又同原来的传统有机地结合起来。他一开始把外来的东西接上了传统的血管，从而开拓了油画民族化的广阔道路"。（上海《文汇报》，1980年2月26日）（《刘海粟年谱》，第226页）

2月，刘海粟作品《庐山园林》《九溪秋色》《令箭荷

花》和《山色翠浮空》4幅油画，由上海人民美术出版社出版单张画页。（《刘海粟年谱》，第226页）

3月4日，蔡元培逝世四十周年，刘海粟在医院作中国画《苍松图》一幅，赠蔡之四子蔡怀新，以寄对先驱者之怀念。（《刘海粟年谱》，第226页）

3月21日，周颖南致函刘海粟伉俪。

【录】海粟大师伉俪：春节期间，曾汇上人民币四百元整。是否收到未蒙示慰为念。

【图1980-3】刘海粟中国画作品《秋滩息影》1980年（138.1cmX68.9cm）刘海粟美术馆藏

李宝森先生寄来大作《我所知道的刘海粟大师》，立论公正，生动感人，是一篇很好的传记文学。我已写了按语，并配合图片，将于下月初在《南洋商报》"艺术"版刊出。

远藤光一先生寄来他主编的《朝日百科周刊》第九十九期世界之美术，内发表大师的《朱砂峰》和《玉涧流泉》，谅亦寄上可卜。远藤先生关心中国艺术，令人敬佩。

拜读力作《朱砂峰》《玉涧流泉》两帧，令人心潮澎湃，深受感染。前时偶读画论，有"出新意于法度之中，寄妙理于豪放之外"（苏轼《书吴道子画后》），此两幅庶几近之。大师杰作真令人百读不厌呀！《解放日报》《文汇报》画展特刊已转赠国渠兄，请勿为念！专此敬颂俪福。（《大师华翰》，第139页）

3月，刘海粟《诗书画漫谈》一文，发表于上海《文汇》增刊。

【引】全文4993字。此文以轻松随意的笔调，叙述了作者进入20世纪80年代以后的心境和艺术创作的风格变化："百花齐放，当然各种风格都可以有。例如'院体派'。'院体'是个基础，我们都要进学校，叫'院体'，中国也有'院体'。以前考状元的写字就是'院体'派，做文章是八股，弄来弄去就是这一套。所以以前状元写字都写不好，学死了，跑进去花了很多时间；跑出来就难了。我们要跑进去又要跑出来。就像画黄山一样，入黄山出黄山。这非常重要。我决不是一个为创新而创新的画家，我对于油画的创新不是没有原则的。我也学习写实主义、浪漫主义，我喜欢后期印象主义的色块、线条和造型方法的许多优点，把这和中国绘画的优秀传统结合起来，合成有我心境的第三者。在学习上是没有止境的。我在学习上一直不满现状，立志探索新路，为中华民族的绘画艺术苦斗。我虽已年迈，但要以'年方八十五'的壮心，为祖国绘画艺术能达到新的境界，为祖

国的富强献出我的末技。"（刘海粟，《诗书画漫谈》上海《文汇》增刊，1980年3月）

4月14日，刘海粟由上海到南京。在南京期间作中国画《九龙瀑》《墨梅图》《荷花鸳鸯》《石榴》《鸳鸯》《漓江写生》，书法作品《精神万古气节千载》《云水襟怀松柏气节》，为莫愁湖题词："莫愁湖边千首诗，紫金山上万株松。"（《刘海粟年谱》，第226页、229页）

【引】《石榴》《鸳鸯》《漓江写生》等四幅中国画册页委托上海书画出版社以木版水印印制画页，准备明年赴香港举行个人画展时作馈赠礼品。1986年又重印，公开发行。（《刘海粟年谱》，第229页）

【图1980-4】刘海粟中国画作品《峰峰削出青芙蓉》1980年（98.5cm×49.5cm）刘海粟美术馆藏

5月6日，刘海粟致函周颖南。

【录】颖南贤兄有道：数奉手教，以事烦冗未及作复，即此可知吾之衰矣。

潘公《水龙吟》一阕老辣豪放浩瀚，直是辛稼轩、陈同甫一路一路。又潘公次韵伯驹兄词题拙作《临石涛松壑鸣泉》长卷《水调歌头》一阕气象磅礴，叹赏无数，烦潘公再写一通赐寄。《松壑鸣泉》与《散氏盘》二卷颇敝帚自珍。《松壑鸣泉》一口气画了二通，一卷赠颖南，还有一卷要留给人民，再加上潘公题词，那就很有分量了，也只有他才能题。

《南洋商报》从三月廿六日起，连续分四次发表李宝森兄文章，并插入拙作书画四幅，更加增色。其中一幅《黄山图》用积墨法，振通去世后此图现藏何处？我们在此间还要住一个时期，复函寄南京西康路33号后中楼可也。灯下潦草，不尽万一。唯珍重不宣。

"怀海堂"三字托李昆祥先生转交，想已得收。（《大师华翰》，第140页）

5月15日，刘海粟在南京作巨幅中国画《六松图》。

【录】题诗：虬角龙鳞气屈蟠，长风天末座生寒。分明艺海无双笔，劲质贞心纸上看。（该画题跋）

5月20日，周颖南致函刘海粟伉俪。

【录】海粟大师伉俪：六日手示拜诵，亲切感人，无限兴奋。大师老当益壮，继续不断地为中国艺术工作作出卓越的贡献，令人敬仰。我先在电话中对国渠兄宣读来示，他异常高兴。其次韵伯驹翁之大作《水调歌头》，不日当以既定规格之宣纸请其书写,并挂号奉呈。

闻大师今秋有香港、美国之行,未知是否属实?若恰有其事,务请预示日期,届时当趋往香港共聚。赐题之"怀海堂"额,我曾在香港李昆祥兄处拜读,雄浑古朴,气势磅礴,将为拙居增色不少。现正在装裱中。

振通兄逝世后,我与其家属没有联系。其宝藏如何安置,不得而知,诚可惋惜。我刊出《黄山图》,意在纪念振通兄。

叶圣翁时有来书,对我关怀备至,令人感动。我有幸荣获国内文艺界诸先辈时赐教言,为我的生平增添无限光彩。暇祈时赐教益,并珍重起居。专此敬颂

俪福(《大师华翰》,第140页)

5月29日,刘海粟作并题中国画《玉涧流泉》。

【录】题诗:穿山透石不辞劳,地远方知出处高。溪涧岂能留得住,终归大海作波涛。(该画题跋)

6月1日,周颖南致函刘海粟伉俪。

【录】海粟大师伉俪:嘱请国渠兄题大作《临石涛松壑鸣泉》长卷已应命,随函奉呈,敬请欣赏!益知老来示,闻圣翁已由总理聘为中央文史馆馆长,令人欣慰,我已专函祝贺。

"怀海堂"额,昆祥裱制毕已寄到,为拙居增光不少,谨此再次拜谢!专此敬颂

俪福

疑是背城战,金鼓忽齐鸣。又疑滚滚银汉,波浪泻天声。泉石风声肉搏,中有鬼神埋伏,山色不成青。山外水云远,一角夕阳晴。

【图1980-5】刘海粟中国画作品《玉洞流泉》1980年（131.5cmX49.4cm）刘海粟美术馆藏

淋漓笔，似雄剑，冷光横。海翁般礴为画，落笔势飞惊。祇恐瞎尊招架，百合难分高下，绝顶看同登。把酒起开卷，浇我古今情。

右《水调歌头》一阕次韵伯驹词老奉题海翁大师《临石涛松壑鸣泉》长卷即乞粲正。

庚申初夏　潘受

海翁自题与石涛血战。（《大师华翰》，第141页）

6月19日，周颖南致函刘海粟伉俪。

【录】海粟大师伉俪：昨日《南洋商报》刊出唐原的《刘海粟与胡适》的文章，生动有趣，可作为文坛与艺坛之掌故看，特此印呈，可博一笑。

　　闻今秋大师将赴香港举办画展，若日期确定，我亦将前往会晤，以慰八年阔别之情。

　　圣翁业已就任中央文史馆馆长，闻者均感庆幸。大治之后，重整文风，假以时日，必将大有收获。专此敬颂

　　俪福（《大师华翰》，第142页）

6月，刘海粟作中国画《万壑争流》《葡萄棚架有斗鸡》（又名《葡萄斗鸡》）和《葫芦》等。（《刘海粟年谱》，第227页）

6月，为祝贺刘海粟绘画展览成功，《南艺学报》刊载系列评论文章。

　　【按】该刊载：谢海燕《八四方年少，老干绽新花》、朱金楼《刘海粟油画的艺术风格》、张文俊《健笔写河山》、周积寅《笔所未到气已吞——谈海粟老人的中国画》、虞复《读刘海粟〈中国绘画上的六法论〉》、宋徽殷《看画展忆往事》等文和多幅画作。（南京艺术学院《南艺学报》，1980年第1期，总第5期）

7月2日，刘海粟离南京赴苏州，作巨幅中国画写生《清奇古怪古柏》。

　　【录】题曰：清奇古怪舞夭矫，风火雷霆劫不磨。一千九百八十年七月二日重游光复，驰毫骤墨为古柏写真，风落雷转，一挥而成，东坡云"当其下笔风雨快，笔所未到气已吞"。个中人许道只字，刘海粟信笔书，年方八五。同游者，夏伊乔、凡一、张文俊、张继馨、张瑞林、祁连庆。（该画题跋）

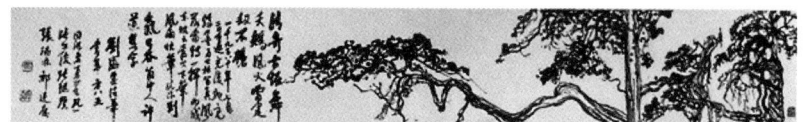

【图1980-6】刘海粟1980年7月2日作中国画《清奇古怪古柏》

7月4日，刘海粟回到上海。(《刘海粟年谱》，第227页)

7月8日，刘海粟在上海大厦作巨幅中国画《鲲鹏展翅》。(《刘海粟年谱》，第227页)

7月11日，刘海粟由上海去南京，准备往黄山作画。(《刘海粟年谱》，第227页)

7月16日，应安徽省书画院邀请刘海粟第七次上黄山。

【按】安徽艺术学校（现安徽艺术职业学院）校长庆胜、安徽宣传部副部长戴岳专程到南京迎接。这时已是85岁的老人。六上与七上相隔26年之久，南艺副院长、老友谢海燕夫妇陪同他上山，经芜湖、泾县、歙县，沿路参观。(《刘海粟年谱》，第227页)

【图1980-7】1980年刘海粟第七次到黄山

7月18日,刘海粟到黄山桃溪别墅。

【引】陪同人员中有领导、记者、书画爱好者及服务人员,他们一起在云谷寺扎营。刘海粟一向豁达开朗,"文革"中的苦难已放在脑后,一到黄山他精神振奋,当天就当众作大幅油画《云谷晴翠》。在黄山函复李宝森信中写道:"黄山世无其匹的自然美景,诱发了不可遏制的创作激情,连日作诗填词,并画了国画16幅,尚有新的进境。与自然较量结果,豪情不减当年,堪以告慰。黄山最近连降大雨,山洪暴发,瀑布和急湍溪流,汹涌澎湃,交相轰鸣,蔚为奇观。"回到桃溪别墅后,综合七上黄山的全部印象、感受,在别墅长廊上作了丈二巨制《锦绣河山》。此画泼墨、泼彩兼用并糅合两法,一气呵成,刻画得出神入化,气势磅礴,充满正大气象。1981年,在港展出时,人们在画前鼓掌,后以百万港元售出。七上黄山之前,刘海粟就请人刻了一方印章"昔日黄山是我师,今日黄山是我友"。从师到友,是刘海粟画黄山的一个飞跃,力求入黄山又出黄山,是画家艺术境界的升华,也是画家人生境界的净化与完善。"黄山是我师"阶段,对黄山只是钟爱与崇敬,重在描绘黄山奇美绝秀,天工造化,是"搜尽奇峰画黄山"。"黄山是我友"阶段,是对黄山充分认识和理解了它的真面目与真精神之后,人与黄山融为一体,属"不似之似画黄山"。七上黄山是他"文革"后第一次外出,十年禁锢,一旦能自由创作,他又看到了希望,他要在作品中体现顽强生存、蓄意进取的人格力量,以艺术作品来完成自我价值的实现。七上黄山本想写遍黄山群峰众峦,不尽兴不下山,但终因全国政协会议而提前下山。(《沧海一粟——刘海粟的艺术人生》,第70页)

7月20日,刘海粟作并题中国画《百丈泉》。

【录】题诗：

> 黄山七十有二峰，峰峰削出青芙蓉。
> 白云红树自重重，绿烟消尽光瞳昽。
> 曲涧流泉风鸣松，裂壁百丈飞白龙。
> 大声镗鞳荡肺胸，恍然坐我三峡中。
> 自笑年来耳不聪，对此徒觉心忡忡。
> 归来画稿有奇功，天风海涛曲未终。（该画题跋）

7月21日，刘海粟作中国画《白龙潭》。

【录】题："风云昏黑失虚空，雷雨潭中起白龙。"（该画题跋）

7月23日，刘海粟作中国画《莲花峰烟云》《始信风松林》《黄山青龙潭》和《云海天都外》（《水墨黄山》），并各题诗词。

【录】《云海天都外》（《水墨黄山》）上题《满庭芳·七上黄山》："云海浮游，玉屏攀倚，天都插遍芙蓉。山灵狂喜，迓客唤苍松。七度重来无恙，记当年积雾沉峰。补天手，旋钧转轴，旭日又当中。

凭高先一笑，青烟点点，郁郁葱葱。正不知费却多少天工。无限筇边佳兴，都化作挥洒从容。龙蛇舞，丹砂杯底，照我发春红。"（该画题跋）

7月24日，作诗《从桃溪别墅画楼眺天都峰莲花峰》。

【录】诗云：何年开混沌？造化奋神工。排闼青冥入，群峰相角雄。

【图1980-8】刘海粟中国画作品《天平矼朝晖》1980年（82cmX127cm）刘海粟捐赠香港藏

【图1980-9】1980年刘海粟在黄山写生时与学生谈艺术

7月26日，刘海粟作中国画《泼墨黄山》，又往云谷寺作油画写生《云谷晴翠》，归途口占七律。

【录】诗曰：

　　　　七十二峰七度攀，浮邱招手步云间。
　　　　年华八五原非梦，世界三千尽是山。
　　　　耳际禽鸣岩谷静，眼中柏翠古今闲。
　　　　更从何处寻丹嶂，写遍晴峦我始还。

7月，刘海粟在黄山作中国画《五龙潭》《黄山山上万峰奇》《青鸾舞处看天都》《桃花溪》和油画《青龙潭》等。
（作品题签）

【图1980-10】刘海粟中国画作品《黄山青龙潭》1980年（104.8cm×51.3cm）

夏,刘海粟作并题《莲花峰特写》。

【录】
　　　黄山万古表中华,七度攀登弄紫霞。
　　　架壑有松皆孔翠,凌霄无石不莲花。(该画题跋)

夏,刘海粟作《古松歌》。

【录】　黄山之峰如走铁,锈石苍崖有时裂。
　　　阴壑何年孕古松,怒干虬枝总奇绝。
　　　春风吹根土气微,更滋石髓迎朝晖。
　　　百年走险势未尽,千载始欲凌空飞。
　　　烟鬟雾鬓矜巉崄,逼仄纷挐长苔藓。

【图1980-11】刘海粟油画作品《云谷晴翠》1980年（94.1cm×71.6cm）刘海粟美术馆藏

天龙天矫诡莫比，迎客送客还偃蹇。
　　其余尺寸皆可珍，风雷一动疑有神。
　　严霜不翦绿龟甲，好雨时浇苍龙鳞。
　　静远老人倚天立，手把毛锥来拂拭。
　　　松乎松乎，此心与尔通呼吸。
　　　千劫天全寿无极。（该画题跋）

7月，刘海粟作中国画《写青龙潭》。

【录】画题：匡庐三叠世称稀，嵩岳九龙天下奇。何似此间兼众美，飞腾万壑走蛟螭。（该画题跋）

8月10日，刘海粟在黄山作油画《黄山白龙潭》。（《刘海粟年谱》，第228页）

8月15日，刘海粟致函周颖南。

【录】颖南贤兄如晤：屡奉手教，云游在外，未及作复，歉悚歉悚。我们一家于七月十六日离宁经芜湖、泾县，参观了采石

【图1980-12】刘海粟中国画作品《云海天都外》1980年7月24日（67cm×136cm）香港私人收藏

矶、太白楼、芜湖美术工厂、泾县宣笔厂、宣纸厂，受到热烈欢迎和款待，并题了字。十八日下午抵达黄山住桃溪别墅。

这次来黄山承安徽省宣传部戴岳（副）部长、安徽艺术学校校长庆胜同志等亲自到宁迎接，又蒙江苏省宣传部副部长钱静人同志、南艺书记凡一同志热情陪送，更有南艺副院长谢海燕长驻黄山，陪同创作。一路上有《安徽日报》《安徽画报》、安徽电视台和新华社安徽分社记者随行采访摄影和录像，将海粟七上黄山的艺术活动作系统的记录和报导。党无微不至的关怀和爱护以及黄山世无其匹的自然美景，诱发了不可遏制的创作激情，连日作诗填词，并画了国画、油画十六幅，尚有新的进境，与自然较量结果，豪情不减（当）年，堪以告慰。

黄山最近连续大雨，山洪暴发，瀑布和急湍溪流，汹涌澎湃，交相轰鸣，蔚为奇观，但交通阻塞，未免美中不足耳。作画之余信笔写了几首诗词，录呈一笑。我不是诗人，也不是词家，偶尔填词，而无所师承，未谙声律，便中请潘国渠先生指正。香港画展定一九八一年一月六日在香港大会堂公开展览七日，有油画、国画、书法，大约百五十幅。此次展览是香港邀请的，国务院、文化部批准由江苏省办理手续。我们大约将于十二月中旬去港，届时希望兄来港叙谈。

《满庭芳·七上黄山》：

云海浮游，玉屏攀倚，天都插遍芙蓉。山灵狂喜，迓客唤苍松。七度重来无恙，记当年积雾沉笔。补天乎，旋钧转轴，旭日又当中。

凭高先一笑，斋烟九点，郁郁葱葱。正不知费却，多少天工。无限筇边佳兴，都化作挥洒从容。龙蛇舞，丹砂杯底，照我发春红。

《始信峰画松林》：

黄山多松林，此峰独神秀。

天风撼翠涛，劲骨弄清瘦。

　　　　守此岁寒姿，敢谓冰雪厚。
　　　　岂不怀栋梁，永养山中寿。

《题莲花峰特写》：
　　　　名山百代表中华，七度攀登弄紫霞。
　　　　架壑有松皆翡翠，逼肖无石不莲花。

《古松歌》：
　　　　黄山之峰如走铁，峭壁怪石有时裂。
　　　　古松于此托萌芽，怒干虬枝总奇绝。
　　　　春风吹根土气微，更滋石髓迎朝晖。
　　　　百年走险势未尽，千载始得凌空飞。
　　　　烟鬟雾鬓矜巉刻，逼仄纷挐长苔藓。
　　　　二龙夭矫诡莫比，迎客送客形难阐。
　　　　其余尺寸皆可珍，踽距庋时疑有神。
　　　　严霜不翦绿龟甲，好雨时洗苍龙鳞。
　　　　人间顽土岂能植，自逞天全依巇岏。

《汉宫春·黄山次韵辛稼轩蓬莱阁》

　　层峦叠嶂，似奔腾万马，欲饮江湖，青莲玉立千仞，琢者天乎？心仪造化，骋襟怀游目须臾。君不见苍松迎客，风前招手遥呼。

　　桃献天都开宴，对茫茫云海，万象昭苏。人间料无此境，此殆仙欤！奇峰怪石参差立，竞奏笙竽。谁捧梨花春酿，流霞飞酌金乌。

一九八〇年七月廿六日云谷寺作油画《云谷晴翠》归途口占：

　　　　七十二峰七度攀，此身宁复在人间。
　　　　八五游历曾非梦，疑昔登临未是山。
　　　　有路篱雀飞不到，无知松柏老能闲。
　　　　更从何处寻丹嶂，莫使匆匆卤莽还。

七月廿日写百丈泉：

> 黄山七十有二峰，峰峰削出青芙蓉。
> 白云红树自重重，绿烟消尽光瞳眬。
> 涧泉鸣咽风鸣松，恍然坐我三峡中。
> 谁听此声涕沾胸，天风海涛曲未终。

七月廿四日从桃溪别墅画楼眺天都峰莲花峰：

> 何年开混沌，辟此元化工。
> 壁立干青霄，群峰相角雄。

(《大师华翰》，第142页)

8月19日，刘海粟在黄山桃溪别墅复函李宝森。

【引】信谓："黄山世无其匹的自然美景，诱发了不可遏制的创作激情，连日作诗填词，并画了国画、油画十六幅，尚有新的进境。与自然较量结果，豪情不减当年，堪以告慰。黄山最近连降大雨，山洪暴发，瀑布和急湍溪流，汹涌澎湃，交相轰鸣，蔚为奇观。"(《刘海粟年谱》，第228页)

8月28日至9月12日，出席北京召开的中国人民政治协商会议第五届全国委员会第三次会议。(《刘海粟年谱》，第229页)

8月，刘海粟在黄山作巨幅泼彩中国画《锦绣河山》，作中国画《桃花溪》。

【引】《锦绣河山》于1981年香港举行名人画展时以百万港元售出，又作油画《黄山小景》和中国画《白龙潭》等。《安徽画报》1980年第6期以数页篇幅报道此行，并选刊作品。(《刘海粟年谱》，第228页)

9月2日，周颖南致函刘海粟伉俪。

【录】海粟大师伉俪：八月十五日黄山惠书及大作诗词，南京寄下的香港期刊等复印本均已拜读，衷心感谢。谢海燕先生亦自黄山来示，对大师黄山创作的情景，描写至为详尽，结合大师函中内容，我不计工拙，撰写《〈黄山诗词〉后书》，拟寄香港《海洋文艺》刊出，作为大师莅港展出的前奏，即呈指正。

近作《〈俞平伯重圆花烛歌卷子〉书后》及《〈丰子恺先生年谱及诗词〉序》附呈求教。

唐乙凤文章中叙述的有关李炯才先生的一段，传闻失实，将来盼能更正。

香港画展日期已定，令人高兴。届时当前往欢聚，畅叙别来情景。

前赐绘之《十段锦》，请大师一并携港，以证我们之间交往的情谊，艺坛将传为佳话。谨此先行拜谢！雨过天晴，百花齐放的景象已逐渐呈现，我为祖国的同胞祝福，也对艺术家们致亲切的问候。专此敬颂　俪福（《大师华翰》，第146页）

秋，在黄山作中国画《峰峰削出青芙蓉》。（该作题跋）

9月12日，刘海粟出席中国人民政治协商会议，第五届全国委员会第三次会议闭幕，回南京。（《刘海粟年谱》，第229页）

9月23日，刘海粟在南京作中国画《秋滩息影》（卢雁）。（该画题跋）

9月26日，周颖南致刘海粟伉俪。

【录】海粟大师伉俪：读谢海燕先生十二日及十五日来书，详述大作黄山诗词若干修改处，复蒙渠指出我的两字笔误，至为感谢。我已函请《海洋文艺》编者相应更正。

新加坡总理公署高级政务部长李炯才先生十一月间将随李光

耀总理再次访问中国,渠希望能拜会大师并为之引见李总理。是否能作安排,请指示为祷!附拙作两篇求教。专此敬颂

俪福(《大师华翰》,第146页)

9月,刘海粟往莫愁湖参加庆贺萧娴80寿宴。后收到萧娴书赠"往来千载,吞吐大荒"之楹联。作中国画《粗枝大叶荷花》(《刘海粟年谱》,第229页;作品题跋)

10月,刘海粟回故乡常州。

【引】为近园的西野草堂题写匾额,为常州书画院作中国画《松鹰图》。又往苏州光福,作巨幅中国画《清奇古怪古柏》赠苏州博物馆。再游洞庭东山紫金庵。(《刘海粟年谱》,第229页)

【图1980-13】刘海粟夫妇在青云坊旧居前合影(1980年5月)

10月，刘海粟著《黄山谈艺录》一文在安徽《艺谭》季刊 1980 年第 2 期发表。

【引】该文是今年夏秋间在黄山的谈话，由旁人记录而成。同期《艺谭》还刊载谢海燕《泼墨飞泉载歌还——喜看海粟老人七上黄山新作》一文，记述陪同创作的观感。（《刘海粟年谱》，第 229 页）

11 月 20 日，刘海粟致函刘抗。

【录】抗弟如晤：两次惠书，云游在外，未能及时奉复，歉悚歉悚！应香港方面邀请，我的画展定于一九八一年一月六日在香港大会堂二楼展览厅开幕。我们打算十二月下旬赴港，在联合国的刘虎，旅美的刘狮，他们两家都要专程来港参加开幕典礼。很希望您也能莅港参加，那时大家欢叙，是我生命中最大的激动。我的艺术生活经历了七十多年的严峻考验，一直是在战斗中成长的。为充实此次画展，不辞辛劳，顶风沐雨，七上黄山，画了许多画，又有新的突破，你可以来看看。陈之初先生精鉴赏，富收藏，嘱画当有以报命。灯下潦草，不尽欲言。兄海粟启，一九八〇年十一月廿日，南京美森园。（《刘海粟刘抗师友书信录》，第 249 页）

12 月 22 日，刘海粟出席在上海举行的香港著名摄影家简庆福摄影艺术作品展览开幕式。（《刘海粟年谱》，第 229 页）

12 月，刘海粟作中国画《立雪台晚翠》和《黄山狮子林》，由上海人民美术出版社出版单张画页。（《刘海粟年谱》，第 229 页）

是年，刘海粟作品《黄山云海奇观》（1966 年作）被中华人民共和国邮电部发行为"联合国教科文组织中国绘画艺术展览纪念"邮票。

是年，刘海粟创作甚丰。

【引】刘海粟《诗书画漫谈》："我这两年差不多都在外面。各地都热情照顾，我也很高兴，就画了许多画。风格又开始了新的变化。我画了几张《泼彩荷花》，其中一张是为香港《文汇报》创刊三十周年纪念而画的。后来在北京颐和园也画了好几幅《泼彩荷花》。我还用同样的手法，画成了《泼彩黄山》。我在北京饭店画了丈六匹的泼墨《匡庐图》巨幛，献给国庆三十周年。在这幅《匡庐图》中，我又作了新的尝试。要把庐山一面下雨一面晴天的气氛表现出来，特别是前面的三株松树也要有这个变化是不容易的，我大胆用水。我还为人民大会堂画了《黄山狮子林》的巨幅作品，表现黄山的雄伟气魄和浑涵茫茫的气韵。"
(《南艺学报》刘海粟《诗书画漫谈》，1980年3月上海《文汇》增刊)

是年，刘海粟作中国画《瓜瓞图》《暗香疏影图》《天平岠朝晖》。（作品题跋）

公元 1981 年
（辛酉）
85 岁

1月3日晚，刘海粟偕夫人夏伊乔，由江苏省文化局副局长郭铁松和谢海燕陪同，从上海飞广州去香港举办画展。(《刘海粟年谱》，第230页)

1月4日晨，刘海粟一行飞抵香港，冯景禧夫妇、罗慷烈和《美术家》主编黄蒙田等到机场迎接。

【引】下午2时半在文华酒店康乐厅举行记者招待会，在会上说：文化是斗争出来的。我的一生就是斗争。艺术家一方面要研究旧的传统；另一方面也要接受西方的好东西，但研究旧东西和外国东西，不单是模仿，还要创新，因为模仿只是研究的手段而不是目的。时代是前进的，艺术要创新，中国画也要有时代感。时代精神不单是指形式上的，更要表达出这个时代的内心感触。愿穷有生之年，创作中国新艺术。（《刘海粟年谱》，第230页）

【图1981-1】在香港新鸿基公司主办的"刘海粟书画展览会"上为开幕式剪彩

【图1981-2】1981年刘海粟夫妇在香港书画展的观众中

1月6日，下午4时，刘海粟出席由香港集古斋主办、新鸿基（中国）有限公司赞助、在香港大会堂低座展览厅举行的"刘海粟书画展览"开幕酒会。

【引】画展由财政司夏鼎基爵士夫人剪彩，新鸿基（中国）有限公司主席冯景禧致辞："刘老亲临香港主持这次展览，并且把画展的收入悉数捐于国家建设，此外还慨允为香港大学、中文大学等院校讲演，都表现出刘老对艺术的热诚，对教育后辈的关怀，对国家建设的积极，实在值得大家尊敬。"霍英东、何鸿燊、李嘉诚、邵逸夫、邓肇坚、包玉刚及其父包兆龙等文化工商界人士数百人到贺。（《刘海粟年谱》，第230页）

【按】这是刘海粟第一次在香港举办画展。展出了刘海粟自1922年至1980年所作的中国画108幅、油画40幅、书法7幅，共155幅。画展在香港社会引起了极大的震撼，各大报纸都登出画展特刊，展出一个星期，观众达八万人之多。刘海粟的巨幅泼彩画《锦绣河山》，冯景禧以百万港币购藏。书法《精神万古气节千载》，包玉刚以十万港币购藏。泼墨画《黄山烟雨》，李嘉诚以35万港币购藏。《始信峰松林》《黄毋誇峦峰》《万壑争流》《芭蕉樱桃》《泼墨熊猫》《一树独先天下春》《福寿》等作品，全部被重金购去，刘海粟悉数捐献给国家，一部分作为刘海粟奖学金基金，一部分为南京艺术学院添置教具图书资料。

发行《刘海粟书画集》，选印展品60幅，谢海燕撰序。

1月9日，刘海粟应香港大学亚洲研究中心邀前往讲演。

【引】讲演题《谈谈中国现代艺术》。香港中文大学聘请为教授，连续六次演讲中国的现代艺术，并当众挥毫作丈二匹巨幅泼墨泼彩画。在画家陈学书的私人画室，画《巴黎少女》的裸体油画写生。（《刘海粟年谱》，第231页）

【图1981-3】1981年香港展览会上,刘海粟与包玉刚、李嘉诚在一起

【图1981-4】1981年刘海粟夫妇在香港书画展中

1月10日,刘海粟应邀访问香港中文大学艺术系,并作学术讲演及示范创作。(《刘海粟年谱》,第231页)

1月12日,下午6时,刘海粟书画展览圆满闭幕。(《刘海粟年谱》,第231页)

【图 1981-5】刘海粟在香港中文大学示范泼墨

【图 1981-6】1981 年刘海粟在画展上与中外来宾合影

1月14日下午,刘海粟出席郑家镇黄山水墨速写展揭幕酒会。(《刘海粟年谱》,第231页)

1月16日,刘海粟应邀赴香港《文汇报》社的晚宴,受到该社李子诵社长、金尧如总编辑、王家祯副总编辑热情接

待。(《刘海粟年谱》，第 231 页)

1月28日，刘海粟在香港中文大学美术系讲师高美庆博士陪同下，访问香港美术专科学校，受到陈海鹰校长及全体师生热烈欢迎，对师生讲话并题词留赠。(《刘海粟年谱》，第 231 页)

2月14日，刘海粟应邀为香港中文大学艺术系客座教授，每逢星期六下午，连续六次主讲中国现代艺术。(《刘海粟年谱》，第 231 页)

2月，法文月刊《中国文学》1981年第2期登载谢海燕撰《刘海粟艺术历程》一文。(《刘海粟年谱》，第 231 页)

3月14日，刘海粟在香港中文大学艺术系讲学时，示范作丈二匹巨幅中国画《鹰击长空》(《鲲鹏展翅》)，赠该大学。(《刘海粟年谱》，第 232 页)

3月18日，刘海粟作油画人体写生《巴黎少女》。

3月21日，刘海粟在香港中文大学艺术系讲学时，示范作丈二匹巨幅中国画《泼墨黄山》。

【引】萧立声补点景人物，饶宗颐题诗其上："七上黄山礼古松，老翁泼墨气如龙。频挥鬼斧神工笔，一豁嵚崎磊落胸。北斗南箕皆化雨，东涂西抹即成峰。移来造化供吟案，满纸云烟兴正浓。"(《刘海粟年谱》，第 232 页)

3月，刘海粟获香港中文大学赠校徽一座。

【引】校徽上刻："刘海粟教授为本校艺术系主持讲座，对推广艺术，发扬中国文化，贡献至巨，特呈校徽一座，用资纪念。"(《刘海粟年谱》，第 231 页)

4月3日，《人民日报》刊载刘海粟将画款港币一百万元悉数拨给南艺。

【引】刘海粟从香港给南京艺术学院副院长谢海燕等人发来电报说：我爱祖国、爱南艺、爱下一代，画款港币一百万元献给国家，愿望悉数拨给南艺，三分之一作为奖学金，其余购买图书、器材。（《人民日报》，1981年4月3日）

4月，《刘海粟油画选集》由上海人民美术出版社出版。

【引】此选集编入自1921年至1979年间所作油画和中国画，其中84幅彩色精印，55幅黑白版作附图。浙江美术学院朱金楼教授撰长文《刘海粟老人艺术生活七十年》为代序。代序对刘海粟在70年艺术活动中，创办美术院，艺术教育上使用人体模特写生，提倡旅行写生，主张各种学派兼容并蓄，注意全国中小学的普及和美术教育，在中国画、书法、诗词各方面的成就一一论述。其中对油画风格作如下述评："海粟老人贵在把所受西方现代革新画派的影响同中国民族传统有机地结合起来，开拓了油画民族化的广阔道路。他的油画集中西之长而融会贯通，形成雄肆豪放、瑰丽沉厚的风格。他的油画不论是风景、静物、人物，都不是作冷漠的表面的模写，而是倾注了自己全部热情，从而具有鲜明的个性和独特的风格。为了倾注感情，就不去追求表面细节和非本质的真实。为了传神，就必须大胆放弃一切烦琐，烦琐是艺术上的事物主义和平庸，黄钟大吕，大声镗鞳，自然不事柔媚，不落纤细，不为巧密，不居短浅，而宁出以强烈的色彩、豪放的笔触和线条，把自己所感受到的自然的内在的生命，有力地呼唤出来。"（朱金楼，《刘海粟老人艺术生活七十年》，《刘海粟油画选集》，上海人民美术出版社，1981年4月）

5月31日，刘海粟结束在香港的个人书画展览和讲学活动，乘飞机返回上海。在机场受到江苏省和上海市文化艺术界80余人的迎接。（《刘海粟年谱》，第233页）

5月，刘海粟当选为中国书法家协会名誉理事。上海电影制片厂与刘海粟商议拍摄《中国画教学》影片。（《刘海粟年谱》，第233页）

6月5日，刘海粟应邀参观上海市文史馆，并即兴为该馆作画。（《刘海粟年谱》，第233页）

6月12日，下午刘海粟前往上海师范学院作《黄山风云图》。

【引】作画过程摄入《中国画教学》影片。次日下午又前往作《鲲鹏展翅九万里》，并应师生之请表演书法，全过程摄入电影。（《刘海粟年谱》，第233页）

6月24日，刘海粟与朱屺瞻、王个簃、唐云、谢稚柳、张雪父等在上海市政协书画室合作巨幅国画，庆祝中国共产党成立六十周年。

【录】刘海粟作满庭芳《中国共产党成立六十周年献词》：六十年前，鸡鸣震旦，一声啼醒神州。碧天红镜，辉映万兜鍪。行遍千山万水，擎镰斧。风雨同舟。五星耀，天旋地覆，处处有歌讴。回头惊十稔，春郊雉雊，沧海横流。只雷转风奔，四害成囚。从此蛛蝥解网，趋四化，重写春秋。人间乐，无逾此日，甲子庆重周。（该画题跋）

6月28日，刘海粟作书法《风闻四海，雷奔三峡》，赠福建《海峡》杂志。（《刘海粟年谱》，第233页）

6月28日，周颖南致函刘海粟伉俪。

【引】海粟大师伉俪：在中文大学欢聚后，我回国访问，遍访文艺界前辈，获益良多，堪以告慰。赠叶老、平师及人希兄之

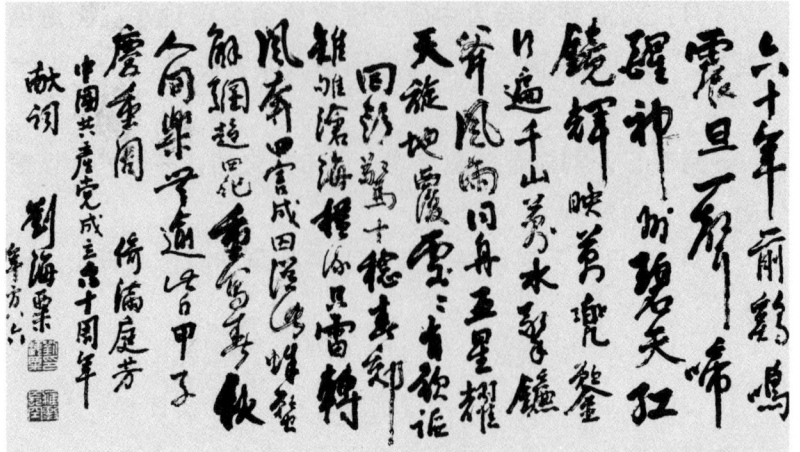

【图1981-7】刘海粟书法作品《六十年前鸡鸣震旦》1981年（95.5cmX177cm）南京艺术学院藏

画册，我均亲自递呈，他们非常高兴，嘱我代为申谢！

在宁期间，承海燕先生预作安排，使我有机会参观南艺并与诸公欢聚，感激莫名。我们此次未能在宁共聚，益增我从速再度返国的决心。

福建人民出版社将为我出版三十年来之选集，巴金先生为封面题签，圣翁书写扉页，平师题词，可谓盛事也，谨此报告。恐作品内容不能过关，为之汗颜。如何之处，当续告之。照片奉呈，敬请留念，并颂俪福。（《大师华翰》，第146页）

7月22日，刘海粟在上海大厦作巨幅中国画《泼墨庐山》。（《刘海粟年谱》，第233页）

7月23日，刘海粟为十一岁女孩夏蕙瑛所作中国画《四鸡图》。

【录】题词："鸡鸣震旦，一声啼醒神州。"（《刘海粟年谱》，第233页）

7月25日，刘海粟在上海西郊公园作中国画《重彩荷花》。

【录】题诗："淋漓彩笔若风狂，泼出圆荷几枝香。参到野狐禅透彻，忽然笔法胜清湘。"（该画题跋）

7月26日，刘海粟在上海复兴公园作油画《复兴公园之夏》。（《刘海粟年谱》，第233页）

7月27日，刘海粟在上海金山海滨作油画《金山旭日》。（《刘海粟年谱》，第233页）

7月31日晨，刘海粟乘汽车离上海，作八上黄山之行。晚6时抵黄山人字瀑下的听涛居。（《刘海粟年谱》，第234页）

8月1日，刘海粟第八次上黄山。

【引】本年，四川请他去峨眉，福建请他去武夷，有人说你还未去过华山，这些山他都向往，都想去，但最后还是选择了黄山，他对黄山有挥之不去的情结。到黄山的第二天便开始写生，与往常一样先从国画写生开始，第一天就完成了《黄山人字瀑》《百丈泉》，接着就是《天都夕照》《黄山白龙潭》《莲花·天都风云际会》《烟昏雾暝千山雪》《何年开混沌》。又创作了巨幅中国画《黄山图》赠黄山管理局。接着又完成了油画《西海门晴翠》《汤口写生》《黄山温泉》《天都峰朱砂峰云松》等十余幅，这些都是他一生作品的重要组成部分，似乎都在一个月内完成。他又三次从不同角度画孔雀松，在始信峰画石壁倒挂松。这次上山，适逢中秋佳节，可惜大雾弥漫，月亮始终没出来，刘海粟对围看他的学生，即兴写了："心中自有一轮月，心情舒畅月长圆。"并提议与学生们合作一幅大画，以此共度佳节。画成后，题上四句："百花齐放，日新月异，锲而不舍，百年树人。"（《沧海一粟——刘海粟的艺术人生》，第72页）

【图1981-8】刘海粟中国画作品《黑虎松》1981年（95.5cm×178cm）常州刘海粟美术馆藏

8月16日，刘海粟作油画《天都峰朱砂峰云松》。（该画题跋）

8月27日，刘海粟作油画《白龙潭》。（该画题跋）

8月29日，刘海粟作油画《汤口速写》。（该画题跋）

8月，刘海粟作《八上黄山》。

【录】

莲花峰腰百丈云，飞鸟无踪尘迹绝。

贾勇攀跻八六翁，穿云却上天都立。

平生八赴莲花会，莲吐天香人欲醉。

忽然一点天都开，笔歌墨舞真三昧。（该画题跋）

8月，刘海粟在黄山作多幅中国画。

【引】包括《百丈泉》《黄山人字瀑》《莲花峰天都峰风云际会图》《烟昏雾暝千山雪》《万古此山此风雨》《黄山狮子林》《何年开混沌》《散花坞云海》《黄山五龙潭》等。（《刘海粟年谱》，第234页）

【图1981-9】刘海粟中国画作品《黄山狮子林》1981年（75cm×144cm） 南京艺术学院藏

【图1981-10】刘海粟中国画作品《始信峰高境界幽》1981年（135cm×67cm） 刘海粟捐赠岘港藏

8月,作油画《黄山桃源》。(该画题签)

8月,刘海粟为《刘抗画集》撰序。

【引】序言谓:"刘抗教授是我最爱的弟子和亲密的知友之一。""抗弟的绘画艺术有鲜明的独特风格,单纯、明朗、洗练,用线赋彩具有极好的概括力。他的画源于生活,高于生活。对于民族传统早就注意研究,运用到油画的表现技法上来。他对欧洲近代绘画有特别的爱好和理解。他喜爱后期印象派和野兽派,但他能以我为主,善于吸收众长,加以融化,不落窠臼。"

(《刘海粟年谱》,第234页)

8月,刘海粟将巨幅中国画《黄山图》赠黄山管理局。

(《刘海粟年谱》,第234页)

9月4日,刘海粟登上黄山北海,下榻散花精舍。(《刘海粟年谱》,第234页)

9月5日,刘海粟作中国画《黑虎松》。(该画题跋)

9月7日,作油画《西海门壮观》。(该画题跋)

9月15日,刘海粟登光明顶,作油画《莲花峰夕照》。

(该画题跋)

【引】刘海粟想画天都与莲花的背影,时值寒流突然袭来,一阵旋风撕开浓云黑雾,光明顶豁然开朗,天都、莲花壮阔雄奇,英姿勃发,如铜浇铁铸,几缕残阳把二峰背影染成血一般红。"我被这从未见过的风光所攫住,狂喜得大声叫绝,为之顿足,为之拊掌,真是人间绝景。"(《黄山谈艺录》)刘海粟及时捕捉,一手调色,一手在画布上走笔,摸黑方归。灯下看画,乃全身振奋,口占七古一首:"莲花峰腰三丈云,飞鸟无踪绝尘迹,贾勇攀跻八六翁,穿云却上云雾立,平生八赴莲花会,莲吐天香人欲醉。忽然一点天都开,笔歌墨舞真三昧。"刘海粟对黄

【图1981-11】刘海粟油画作品《莲花峰夕照》1981年（80.3cmX100.3cm）刘海粟美术馆藏

【图1981-12】刘海粟油画作品《天都峰朱砂峰云松》1981年（58cmX79cm）常州刘海粟美术馆藏

山的感情与认识之深，在一幅黄山画上的题跋表述得淋漓尽致："黄山千峰万嶂，干霄直上，不赘不附，如矢如林，瑰诡耸拔，奇幻百出，虽善绘，妙处不传也。昔人题曰：到此方知，又曰：岂有此理，又曰：不可思议，得此十二字，千篇万篇游记可矩也！偶触余怀，用积墨法写此图。然黄山一松一石，无不耐人思。思无穷，画亦无穷，安有尽乎！"10月14日，刘海粟结束黄山之行。（《沧海一粟——刘海粟的艺术人生》，第73页）

9月18日，刘海粟作中国画《始信峰高境界幽》。（该画题跋）

【录】题："始信峰高境界幽，画家合在画中游；群山今应低首，八十六翁在上头。余眷恋黄山，八度攀登，不知老之将至。八一年九月十八日登始信峰绝顶，澄怀味象，竖划三尺当千仞之高，横墨三寸体百里之迥，漫成此图，觉丰神未老也。"（该画题跋）

9月，刘海粟作并题中国画《画桃花源》。

【录】题曰：武陵仙境事荒唐，此地桃源岂渺茫，瑟瑟狂飚群岫舞，不知何处觅渔郎。（该画题跋）

9月，刘海粟作中国画《虬吼龙吟万壑松》《天都峰夕照》《望仙峰奇松》《黄山光明顶》《始信峰古松》《纵横郁勃》等。（作品题跋）

9月，刘海粟作油画《始信峰》《仙女峰烟云》《始信峰晨曦》《清凉台写十八罗汉诸峰云烟》《西海门晴翠》。（作品题签）

9月，刘海粟作《黄山杂兴》。

【录】

（一）

连朝风雨失仙踪，偶有晴时便策筇。
怪石石尖堆怪石，奇峰峰外诡奇峰。

（二）

烟昏雾暝千山雪，螭走龙蟠万壑松。
一幅冰绡图未毕，山灵又遣白云封。

（三）

旭日一轮生脚底，危梯千级倚云衢。
松涛卷起胸中墨，进作风云际会图。

(该画题跋)

【图1981-13】刘海粟中国画作品《黄山白龙潭》1981年（136cm×67.5cm）刘海粟美术馆藏

刘海粟年谱长编 | 1127

10月1日，刘海粟作中国画《望仙峰风云》《黄山狮子林》。（作品题跋）

10月7日，刘海粟作中国画《黄山白龙潭》。（该画题跋）

10月14日，刘海粟结束八上黄山之行，由黄山温泉启程，经合肥往南京。（《刘海粟年谱》，第235页）

10月中下旬，在南京出席江苏省美术馆举办的"武石画展"。

【图1981-14】1981年10月，江苏省美术馆举办"武石画展"（前排左起：徐天敏、陈大羽、夏伊乔、刘海粟）

10月23日，刘海粟《宏约深美——和青年朋友们谈治学》在《浙江日报》发表。（《浙江日报》，1981年10月23日）

【按】此文编入1982年浙江日报出版的《学人谈治学》。

10月，刘海粟作并题中国画《画散花坞云海》。

【录】题曰：仙女腾空挥彩瀑，雷奔电击日生烟。群峰半掩云纱里，澎湃一声海接天。（该画题跋）

11月1日，刘海粟赴北京参加中国画研究院成立大会。

【引】与同来出席大会的万里、姚依林、谷牧、李可染、蔡若虹、叶浅予、黄胄、吴作人、赵无极等画界名流交流，欢晤朱屺瞻、李可染、赵无极等老友。（《刘海粟年谱》，第235页）

11月2日，为庆祝中国书画研究院的成立，刘海粟作巨幅《水墨黄山图》。

【引】作丈二匹《水墨黄山图》，又作题词："繁荣祖国文化，提倡学术大公，欢迎后来居上，开创一代新风。"中间回上

【图1981-15】1981年庆贺中国画研究院成立（左起：习仲勋、李可染、刘海粟、夏伊乔）

海出席几个记者招待会,然后再赴北京参加全国政协会议,在钓鱼台国宾馆静养。(《刘海粟年谱》,第 235 页)

11 月 3 日,刘海粟出席在颐和园藻鉴堂举行的中国画研究院第一次院务委员会会议。

【引】参加会议的还有李可染、李苦禅、陆俨少、吴作人、邵宇等,刘海粟提出:"繁荣祖国文化,提倡学术大公,欢迎后来居上,开创一代新风。"(《刘海粟年谱》,第 235 页)

11 月 8 日,刘海粟往潭柏寺作中国画写生《墨松图》。

【录】张伯驹为之题诗:"耄年犹是气豪雄,踏遍芒鞋雾海中。笔底挟来黄狱势,如闻万壑钜涛风。"黄君坦也题诗。(该画题跋)

11 月 27 日,刘海粟由上海飞往北京,出席中国人民政治协商会议第五届第四次会议。12 月 20 日回上海。(《刘海粟年谱》,第 235 页)

11 月 29 日,新加坡《墨洲周刊》第 540 期发表了刘海粟撰写的《〈刘抗画集〉序》。

【引】全文约 1300 字。文曰:刘抗教授是我最爱的弟子和亲密的知友之一。一九二七年他从海外负笈来到上海,在我手创的上海美专西洋画系就读,孜孜研求,品学兼优。一九二九年一月我第一次赴欧考察美术,他偕陈人浩同学联袂跟着到了巴黎。在我旅欧三年间,经常陪同参观美术馆和画廊,探讨各国历代巨匠的杰构;相偕访问当世艺坛泰斗和画人故居;还一起到意大利、瑞士、荷兰、比利时、丹麦、英国等文化古城和旅游胜地写生度假。师生欢聚论艺情景,至今记忆犹新。抗弟的绘画艺术有鲜明的独特风格,单纯、明朗、洗练,用线赋彩具有极好的概括力。他的画源于生活,高于生活,对于民族传统早就注意研究,运用到油画的表现技法上来。他对欧洲近代绘画有特别的爱好和理解,他喜爱后期印象派和野兽派,但他能"以我为主",善于吸收众长,加以融化,不落窠臼。写到这里,忽然引起我一段回忆,五十年前我同抗弟到奥维尔访问了柯歇医生的住宅,凭吊了凡·高的墓园,彼此深有感触,为艺术献身的凡·高有句名言:"我的画不是使人们苦恼,而是使人们快乐,或者是使他们看到值得一看的事物,而那些事物不是人人所能了解的。"抗弟从留法时便立定主意坚决走自己的道路,为人民创作杰出艺术,并不倦地探索相应的艺术语言,表达自己的信念,开拓美好的未来。
(香港《美术家》双月刊,第23期,1981年12月1日)

11月,刘海粟在北京钓鱼台万柳塘作中国画《泼墨荷花》。(该画题跋)

【图1981-16】1981年刘海粟与日本首相中曾根一起观赏作品

11月，刘海粟应苏州古吴轩之请，在上海大厦作行书中堂《唐·张继〈枫桥夜泊诗〉》赠之。（《沧海一粟——刘海粟的艺术人生》，第73页）

是年，《文化娱乐》杂志第一、二期发表沈祖安撰写的《刘海粟散论》。

【引】全文6300余字，文章开头引入他对刘海粟的印象："在历史的长河中，人的生命是极其短暂的。但是在艺术领域中，青春是永恒的，因为艺术创造的强大生命力，是不受时间的界限为制约的。因此，许多到了古稀之年的艺术家，旺盛的艺术青春使他的生命又重新开始。八十五岁的老画家刘海粟，之所以能使人感觉到他身上有一股强大而炽热的能量，是因为他那豪放而豁达的性格，那种对于艺术的锲而不舍、坚韧不拔和守志不渝的进取精神。"并交代了刘、沈的交往情景：海粟先生和我谈话很多，有清谈，有漫谈，有娓娓而谈，也有侃侃而谈，有许多话已不能尽记，但有两句话是不会忘却的，那就是"艺术等于我的生命，我的生命就是艺术"。他给我写过不少字，我最喜欢的就是一九七九年六月他在北京送我的那副对联："海到尽时天是岸，山登绝顶我为峰。"将有限的人的生命融化在无限的艺术创造之中，它必然是无穷尽的，无止境的。这便是刘海粟艺术个性的特征所在。文中"奇缘""探索""炽热""豪放""兼收"五个标题为段落，论述了刘海粟的艺术经历与成就。（《文化娱乐》杂志，1981年第一、二期）

是年，刘海粟被意大利国家艺术学院聘任为院士并颁授金质奖章。

【引】奖章（Acc-ademia italia nomina di accademico），对此，刘海粟表示"荣誉归于祖国。我的艺术作品从来就是为祖国

的繁荣和进步而创作的"。(《人民日报》,1981 年 7 月 21 日)

是年,刘海粟作诗《七律》《题画》。

【录】《七律》诗曰:
> 尘世沧桑几劫灰,黄山依旧郁崔嵬。
> 路穷路自松间度,峰尽峰从雾里开。
> 好句如云难捉搦,奇花留客任徘徊。
> 明朝渐更入佳境,绝巘巉崖插梦来。（该诗题跋）

《题画》:

《题画》诗曰:绝壁云埋三尺雪,飞泉溅出满溪星。半空翠影沉云黑,太古藤萝宿雨青。（该诗题跋）

是年,刘海粟作中国画《无情有恨何人见》（泼墨荷花）《黄山桃源宾馆》《松树》《烟昏雾暝千山雪》《黄山北海》《松盘千丈崖》《八上黄山》《墨葡萄》《笔底明珠》油画《黄山云海》《天坛古柏》,作书法《六十年前鸡震旦》《临米芾行书》。（作品题签）

1月1日,刘海粟为上海《新民晚报》复刊题词致贺。
(《刘海粟年谱》,第 236 页)

1月7日,刘海粟为上海中国画院作书法"美在斯"。

【引】在上海大厦对记者发表谈话:"一国人民的美学欣赏水平与一国人民的文化、道德水平几乎是成正比例的。而美学欣赏水平的培养应自小学开始,让老师带着孩子们去作野外写生,教育他们用画笔歌颂壮丽的祖国河山,用画笔赞扬春耕秋收的劳

公元 *1982* 年

（壬戌）

86 岁

动场景。尽管我们并不要求他们个个成为画家，但是美学教育能够在潜移默化之中陶冶孩子们的心灵和培养他们高尚的情操。我们画家尤其应当做好美化人们灵魂的工作，所以我留书'美在斯'三个字于上海画院，确实含有勉励人的意味在内。"（《刘海粟年谱》，第 236 页）

1 月 10 日，美术理论家林树中在《近代上海的画会、画派与画家》中有对刘海粟的评论。

【引】此文有道："近代后期活跃在上海的画家，首先应该提到刘海粟和他创办的上海美术院的国画教授们。……刘海粟在他的艺术道路上，走着坎坷的然而是不断创新的道路。特别是晚年的大泼墨和大泼彩画，笔歌墨舞，彩色翻腾，从心所欲不逾矩，令人惊叹不已。这也正是适应时代潮流对传统绘画的继承和发展。刘海粟无疑是近代末期以至现代上海画派的代表画家和奠基人之一。当然，他的绘画艺术和影响远远超出了上海画派的范畴，而是属于中国的、世界的。"（南京艺术学院学报《艺苑》，总第 11 期 1982 年第一期，1982 年 1 月 10 日）

1 月 13 日上午，刘海粟赴上海市政协书画室，与沈迈士、王个簃、田桓等参加迎春书画活动。下午，应福建省出版局之邀，乘火车离上海去福建。（《刘海粟年谱》，第 237 页）

1 月 14 日，抵福州。此先去了鼓浪屿、泉州、厦门、汕头等地。（《刘海粟年谱》，第 237 页）

1 月 15 日，刘海粟在福州华侨大厦会见福建省出版界人士。

【引】刘海粟说：台湾有我的亲朋故旧和学生，祖国统一是海峡两岸人民的共同心愿。（《刘海粟年谱》，第 237 页）

1月16日，刘海粟在福建省出版界文艺界座谈会上，作中国画《劲质贞心图》，赠福建人民出版社。（《刘海粟年谱》，第237页）

1月18日，刘海粟出席福建省政协举行的欢迎茶话会。（《刘海粟年谱》，第237页）

1月20日，刘海粟访问福建人民出版社，为《海峡》《福建画报》题字。（《刘海粟年谱》，第237页）

1月21日，刘海粟游览鼓山。作油画《福州鼓山》。

【录】在油画背面题："寺名以涌泉，可以入诗，可以入画。我来此写生，与僧有缘，与佛有缘。"（《刘海粟年谱》，第237页）

1月22日，离福州，抵泉州。参观泉州开元寺。

【引】题"桑莲法界，海天砥柱"，怀念李叔同——弘一大师1942年10月13日在此圆寂。（刘海粟，《刘海粟院长与美术系学生的一次谈话》，载《艺苑》1982年第4期）

1月23日，刘海粟离泉州前往厦门。（《刘海粟年谱》，第237页）

1月24日，刘海粟在厦门除夕座谈会上，发表怀念台湾同胞的讲话。

【引】在座谈会上刘海粟赋诗《辛酉除夕》：岁月堂堂又及春，每逢佳节倍思亲。长桥若可连双峡，我辈甘为担石人。（该诗题跋）

【图1982-1】刘海粟中国画作品《芭蕉图》1982年（137cm×68cm）常州刘海粟美术馆藏

1月29日，刘海粟题《闽南古刹南普陀寺》。

【录】滴血相思树，怀人日月潭。愿持大悲身，双峡海天涵。（该诗题跋）

2月6日，刘海粟为《郭沫若闽游手迹》题词。（《刘海粟年谱》，第238页）

2月8日，刘海粟参观厦门郑成功纪念馆并题诗。

【录】诗曰："不朽声威震九垓，千秋大业驱荷夷。英名妥矣昭遗爱，松柏长青望继来。"留赠纪念馆。（刘海粟，《刘海粟院长与美术系师生的一次谈话》，《艺苑》，1982年第4期）

2月9日，刘海粟作油画《厦门日光岩》，并在画上题诗。

【录】诗曰："怪石石尖堆怪石，奇峰峰外有奇峰。日光岩顶霁欲开，半空翠影接澎台。"（该画题跋）

2月，在厦门期间，还作油画《厦门景色》《厦门的冬天》《鼓浪屿》《厦门南普陀》。（《刘海粟年谱》，第238页）

2月，在厦门南普陀口占一绝。

【录】"滴血相思树，怀人日月潭。大悲无量法，彼岸一天涵。"参观集美鳌园时，向故友陈嘉庚先生的陵墓敬献花圈。（《刘海粟年谱》，第238页）

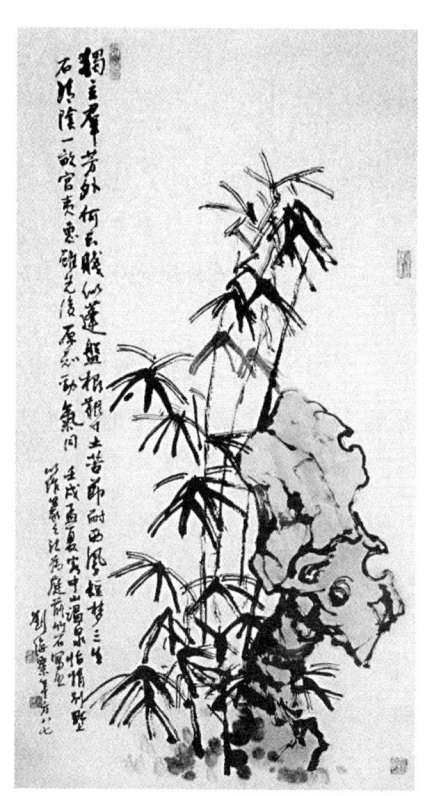

【图1982-2】刘海粟中国画作品《竹石图》1982年（136cm×69cm）常州刘海粟美术馆藏

2月，又作中国画《红梅》赠福建人民出版社，作中国画《古松拏攫如苍龙》赠项南。(《刘海粟年谱》，第238页)

2月14日，刘海粟应邀出席汕头市元宵画会。

【引】由汕头副市长郑瑁和陈大羽专程到厦门迎接并陪同抵达汕头，下榻鮀岛宾馆。(《刘海粟年谱》，第238页)

2月15日，刘海粟出席汕头市举行的欢迎茶话会。

【引】旋又参观汕头市博物馆明清潮汕书画家的作品及汕头市书画社和杨民谋、麦薇子国画展览。(《刘海粟年谱》，第238页)

2月18日，刘海粟参观林受益、郭笃士国画展览。(《刘海粟年谱》，第238页)

【释】林受益（1902—1990），广东揭阳人。1924年2月入上海美专高等师范科学习，1927年1月毕业。后从事美术创作、理论研究、教学工作数十年，刘海粟盛赞其作品"深得缶庐神髓"。(《上海美专名人传略》，第319页)

2月19日，刘海粟游汕头海门莲花峰。作中国画《古莲花峰》《双壁擎天》《海门莲花峰》。

【引】刘海粟分别在莲花峰和观海亭作了两幅中国画《古莲花峰》和《双壁擎天》，另纸书写"海天砥柱"四个大字。为谢海燕所作中国画《双鹫》题："气势豪雄，别有玄旷之致。" 同日又作中国画《海门莲花峰》，题："掷笔卷波涛，长啸迎天风。一九八二年二月十九日刘海粟信笔泼墨写海门莲花峰，感信国之献志孤忠，题以二语。吴南生同志谓故乡名胜；唯以此画此

题足当天地正气塞乎沧溟也。壬戌端午于羊城南湖水榭雨中重题此图，真觉楮墨间尚有余润。"（《刘海粟年谱》，第238页）

2月24日，刘海粟作油画《妈屿潮音》，作书法"潮音""长啸迎天风""云龙风虎"。（作品题跋）

2月26日，刘海粟出席在潮汕的上海美专校友为老校长举行的祝寿活动。为校友合作的中国画题词。游鮀岛，欢度八十七岁生日，作中国画《层波叠浪》并题《金缕曲》。

【引】《金缕曲》题曰："浪迹乾坤外。历沧桑，平生阅尽，陆离光怪。青梗峰前奇石古，历劫巍然不坏。从入世，曾经沧海。港沪缁尘衣尽染，逞才华，赖有通灵在。凭一字，万金卖。休嫌鬓上韶华改。八十七、灯辉月满，而今刚届。天上人间长相照，犹记米颠下拜。忆往事、何须增慨。笔墨淋漓吾岂老，关难偿不尽丹青债。身幸健，至高恺！"谢海燕在画幅上题："……其虚怀若谷，奋进不懈，争分夺秒的创作精神；古道热肠，磊落豪迈的胸襟；热爱祖国，肝胆照人的风骨，宜其蜚声国际，举世共仰。"（《刘海粟年谱》，第239页）

【图1982-3】刘海粟中国画作品《层波叠浪》1982年（68cm×139cm）南京艺术学院藏

刘海粟年谱长编 | 1139

【图1982-4】1982年在汕头庆祝刘海粟从艺七十周年暨上海美专建校七十周年

2月，刘海粟在汕头作油画《汕头妈屿》和《妈屿渡头》。为谢海燕、陈大羽、刘昌潮、王兰若合作中国画《松柏梅竹四友图》题诗。（《刘海粟年谱》，第239页）

【释】刘昌潮（1907—1997），号不烦斋主人，广东揭阳人。1927年9月考入上海美专艺术教育系图工组，1930年7月毕业后任揭阳一中美术教师。1931年应聘任泰国曼谷培英学校美术教师。1934年夏回国，先后任教于汕头、澄海、揭阳等县的中学和省立韩山师范学校。曾应文化部邀请，到北京藻鉴堂作画30多帧，出任汕头画院首任院长。为北京人民大会堂创作国画《墨竹图》悬挂于北门厅。为天安门城楼创作国画《梅竹石图》悬于正厅。（《上海美专名人传略》，第323页）

3月4日，刘海粟作中国画《杏园远眺》《礐石桃源》。（作品题跋）

3月5日，刘海粟作中国画《礐石桃源洞》，作油画《礐石》。（作品题签）

3月11日，刘海粟在汕头海门作油画《海阔天空春无极》。（作品题签）

3月16日，刘海粟在陈大羽陪同下离汕头往广州。

【引】在汕头期间，还作书法多帧，供刻石刻匾，并给汕头地区和汕头市博物馆留赠中国画。在广州期间，曾在政要名流和新闻记者的簇拥下，在闹市街头画油画红棉树写生。（《刘海粟年谱》，第239页）

【释】陈大羽（1912—2001），原名汉卿，后易名翱，取字大羽，以字行，广东潮阳人。1935年毕业于上海美专中国画系。1946年拜师齐白石。1948年始任上海美专国画系讲师、副教授。后调任南京艺术学院美术系教授。擅长大写意花鸟、书法和篆刻。中国画《并蒂呈祥》入选第六届全国美展。书法篆刻作品曾参加第一、二、三、四届书法篆刻展。2001年新春，中国美术馆举办"陈大羽九十春秋书画展"。（《上海美专名人传略》，第72页）

4月6日，刘海粟致函张大千。

【录】大千道兄无恙：睽教三纪，难忘湖海停云落月，时切驰思，何当剪烛西窗，共话巴山夜雨时。比维顺时珍摄，兴居戬穀为念为祷。客岁在港，徐伯郊先生转惠大作画集，并建议足下与海合作绘事。兄之念海，何殊海之念兄，高山流水，情何可感。近有西友何大卫先生及其内助王蛟女弟来言，美波士顿博物馆雅愿主办足下与海联展，将在哈佛大学及加州大学展出，拟邀驾与海联袂赴美，情殷义备，海当欣诺。鄙意王蛟女弟既曾立雪于程门，亦复问涂于下拙，若得邀其同展，少装咸集，寄托直陈，借异国之风光，比兰亭之雅集，亦他年艺苑嘉话也。您我笔耕砚获，不知老之将至，和光同尘，原不为一己之声名，而重在民族之文采传世，禹甸之风流天下。方今彼岸艺界，乐接我华之精蕴,以我辈丹青所寄,即祖邦文物之光,白传诗声,鸡林韵动,鉴真舜水,瀛岛瓣香,报国涓埃,事不容已。海已备近作约五十件,沉瀣联展,足下其伐木同咏也。雁足频砚,葵倾无任,谨馨钦迟,耑候裁示。春寒乍解,并颂曼祉不一。(《刘海粟艺术文选》,第515页)

4月6日下午,刘海粟在夏伊乔、陈大羽、金尧如等陪同下,伫立广州东方宾馆前街头两个多小时作成油画《红棉》。
(《刘海粟年谱》,第240页)

【按】金尧如有感而赋《金缕曲·穗城街头画木棉》,刘海粟和之。

【录】金尧如棣填词记盛,谨为倚声。丽日参天树。看枝头珊瑚万点,杏羞桃妒。八十七翁挥橡笔,笔底龙蛇飞舞,浑不似经风经雨。气概英雄霞似锦,论豪情应冠群芳谱。问何处,春如许。

千秋胜事难枚举。爱朱颜陶然春晚,化身柔絮?万井长宵温好梦,多谢消寒驱暑。尚记得廉颇将军语。跃马横刀能顾盼,讵声声摇落悲江浒。强项令,今犹古。(《刘海粟诗词选》,第111页)

【图1982-5】1982年刘海粟在广州街头作油画《红棉》

4月15日，刘海粟由广州抵深圳。（《刘海粟年谱》，第240页）

【按】而后去珠海和中山。有专门的一班人随行侍候，省委书记和省长也不时亲自问候起居和陪同活动。（《刘海粟年谱》，第240页）

4月19日，刘海粟作油画《广东大鹏湾》。（该画题签）

4月20日刘海粟作油画《西沥秀色》。（该画题签）

4月21日，刘海粟作丈二匹巨幅中国画《大鹏展翅图》，留赠深圳市；并作书法"大鹏展翅，振兴中华"等。（该作题跋）

4月29日，刘海粟作油画《蛇口写生》。次日，由深圳去广州。（《刘海粟年谱》，第240页）

5月8日，法国春季沙龙美展开幕，展览至31日。其中有刘海粟赠中国画研究院的《泼彩荷花鸳鸯》。（《刘海粟年谱》，第240页）

5月15日，刘海粟由广州去珠海。

【引】在广州期间参观广东画院落成的新楼，并说：广东美术力量雄厚，有著名的岭南画派，具有革命的传统，当然，岭南画派也要继续发展，不断创新。（《刘海粟年谱》，第240页）

5月16日，刘海粟到珠海石景山旅游中心、海滨公园和珠海宾馆工地参观。

【引】书写了"朝晖""香炉湾风景区""珠海宾馆"等匾额。（《刘海粟年谱》，第240页）

5月17日，刘海粟作中国画《石景山郭静朝晖》，作油画《珠海海棠》。到湾仔访问农家。（《刘海粟年谱》，第241页）

5月18日,刘海粟会见香港书谱出版社梁披云社长。

【引】梁题赠七绝:"艺术叛徒海粟翁,年时意气几人同?即今三绝诗书画,天马神龙胆更雄。"刘赞扬《画谱》杂志对宣扬中国优秀文化中的贡献。(《刘海粟年谱》,第241页)

5月20日,刘海粟作油画《水头湾望澳门》。(《刘海粟年谱》,第241页)

5月24日,刘海粟作中国画《珠海石景山》,作油画《石景山晚霭》。次日,作油画《珠海石景山》,背面题《鹧鸪天》词一首。(《刘海粟年谱》,第241页)

5月27日,刘海粟作巨幅中国画《鲲鹏展翅九万里》。(《刘海粟年谱》,第241页)

5月30日,刘海粟在珠海石景山作油画《石景山廊尽朝晖》。(《刘海粟年谱》,第241页)

6月3日,刘海粟偕夫人夏伊乔及谢海燕夫妇到中山翠亨村参观中山故居,在庭院作油画《孙中山故居》。在中山温泉

【图1982-6】1982年刘海粟在广东中山翠亨村孙中山故居写生

【图1982-7】刘海粟中国画作品《孙中山故居》1982年（67cmX136cm）香港私人收藏

作中国画《樱桃芭蕉》。(《刘海粟年谱》，第241页)

6月4日，刘海粟作中国画并题《孙中山故居》。

【录】题诗："一心昭日月，双手换乾坤。酸树凛公志，田荆不肯分。"（该画题跋）

6月5日，晨起，刘海粟在中山温泉怡情别墅作中国画《竹石》。

【录】题王安石句："谁怜直节生来瘦，自许高才老更刚。"（该画题跋）

6月7日，刘海粟作中国画《设色香蕉月季》(《香蕉月季图》)和《三千里外蕉犹青》。

【引】谢海燕在《三千里外蕉犹青》画幅上题："海粟大师应邀作闽粤之行，历游榕、泉、厦、汕、穗、深圳、中山，行程凡八，抒写南国旖旎风光，殊多佳构。近日在温泉读画楼连作芭蕉，试以丙烯与国画颜料掺合水墨，适当运用油画手法，色彩浓郁处艳而不火，清淡处虚而有韵，逸笔草草，拙而生秀，别开一新生面。此乃童心之升华，彩墨之交响，欣与爱好大师艺术者共赏之。"（作品题跋）

6月9日，刘海粟作中国画《奇石名物图》。

【录】题："薄游百粤八闽地，写取奇石名物图。画爱青藤字青主，得来毫不费工夫。一九八二年六月九日，天气凉，中山温泉怡情别墅，用丙稀涂竟，悬壁间。海燕以为艳而不火，淡而有韵，别开新生面。其然乎！岂其然乎！"（该画题跋）

6月9日，刘海粟另作中国画《白石桥边开睡莲》并题《七律》。（《刘海粟年谱》，第114页）

【录】《七律》题记有：九上黄山往前瀣翠明轩，九日晨赴云谷寺写九上黄山第一图。

> 黄岳雄姿峙古今，百年九度此登临。
> 目空云海千层浪，耳熟松风万古音。
> 莲座结跏疑息壤，天都招手上遥岑。
> 一轮独爱腾天镜，中有形形报国心。（该画题跋）

6月12日，刘海粟作书法赠广东画报社。（《刘海粟年谱》，第242页）

6月18日，刘海粟致函刘抗。

【引】刘抗贤仲阁下：星洲别后，想念为劳，兄于客冬南游，腰脚尚健，差堪告慰。潮州林受益年八十一，旧为美专及门，笔墨精谨。郭笃士年七十七，昔治诗词而长画，格调颇高。二人有意向星洲联展，因特函请勷助，以资鼓励。欧阳奇君与有乡谊，并希转请臂佐。恳阁下不吝奖进也。专此，顺颂文祺 。刘海粟，六、十八。（《刘海粟刘抗师友书信录》，第254页）

6月，叶圣陶复函刘海粟，允为《刘海粟艺术文选》撰序。

【引】函谓："出版社意欲印行论艺大著，既有文献，兼启后学，自是善谋。承嘱书书名，以视力极度衰退，不复能以毛笔作字，不克勉遵，至恳原宥。序文则拟一试。我国提倡人体写生，李叔同先生与翁为最早，作序拟由此发端，次叙西洋画而国画，略言弟门外之美术观点……"（《刘海粟年谱》，第242页）

6月，刘海粟作中国画《池面好丰神》《清到叶俱香》《红了樱桃绿了芭蕉》《设色芭蕉》和《水墨芭蕉》等，为中山温泉题匾，为广州日报创刊三十周年题词，又为陈道复、徐渭、张瑞图、黄道周的书法手卷各作题跋。（《刘海粟年谱》，第242页）

7月15日，刘海粟由广东抵上海。（《刘海粟年谱》，第242页）

【按】是月和朱屺瞻、王个簃、关良、唐云以及朱金楼、黄若舟、程十发、韩尚义、孟光等校友欢聚于锦江饭店，挥毫作画。

【释】黄若舟（1906—2000），江苏溧阳人。1925年9月入上海美专中国画系学习，1927年12月毕业，还家乡任教，课余自修不辍，于山水及行草用功最深。1939年编写出版了我国第一部介绍汉字通行书写字体的《通书》，成为现代硬笔书法的拓荒者。1941年后赴重庆，担任教育部特约编辑，兼任国立音乐学院艺术理论课教授，著有《汉字快写法》《花鸟画技法》《黄若舟

一笔书》《黄若舟书画缘》，电影《中国画教学》《中国书法教学》等。(《上海美专名人传略》，第307页)

【释】韩尚义（1917—1998），浙江上虞人。1934年肄业于上海美术专科学校。抗战期间以漫画宣传抗日救亡。1938年赴武汉，在国民政府军委会政治部三厅任美术教员。1940年入中国电影制片厂，先后任《东亚之光》《日本间谍》《血溅樱花》《还我故乡》等电影和话剧《大明英烈传》《日出》《重庆二十四小时》《密支那风云》的美术设计。1946年参加昆仑影业公司，任《一江春水向东流》《新闺怨》（与丁辰合作）《关不住的春光》等影片的美术设计。曾获第二届中国电影金鸡奖最佳美术奖。著有《论电影与戏剧的美术设计》《电影美术漫笔》《电影美术散论》《电影美术造型》等。(《上海美专名人传略》，第299页)

7月17日，刘海粟作诗《郑成功逝世三百二十周年纪念》。

【录】犁牛之子骍且角，幢幢甲胄书千籢；
荷夷远遁东南清，彼何人哉郑延平！（该诗题跋）

7月28日，刘海粟参加中国美术家协会上海分会为庆祝颜文樑九十寿辰而举行的茶话会，一对画坛老人执杯叙旧，笑谈新事。三天前即以洒金大红笺书写寿字赠贺。(《刘海粟年谱》，第242页)

8月8日，刘海粟应安徽省文联和黄山管理局邀请九上黄山，作中国画《百丈泉》，赠江苏省美术馆。(《刘海粟年谱》，第242页)

8月8日，刘海粟作中国画《雷瀑奔腾图》（《白鹅岭道中》），并题《减字木兰花·九上黄山绝顶人》。

【图1982-8】刘海粟中国画作品《光明顶》1982年（66.5cm×137cm）常州刘海粟美术馆藏

【录】苍松挂壁，辉映翁颜八十七。雷瀑奔腾，迓我黄山九度登。髡残道济，尚友千秋谁比拟？笑问浮丘，道是"人间第一流。"（该画题跋）

【按】该作品名称来源于上海刘海粟美术馆馆藏登记名称，而《刘海粟年谱》记载此画名为9月30日作《白鹅道岭中》。本文作画时间的判断来源于《刘海粟诗词选》刊登《减字木兰花·九上黄山绝顶人》与刘海粟题跋"壬戌夏"。

8月14日，刘海粟作诗《云谷寺泼墨山水》。

【录】九上黄山绝顶人，纵横今古感微尘。
　　天都多少餐霞客，谁剪奇峰五彩云？（该画题跋）

8月16日，刘海粟作油画《黄山温泉》。（《刘海粟年谱》，第243页）

8月17日，刘海粟作中国画《天都峰莲花峰》，并题《临江仙·写天都峰莲花峰》。

【录】记取莲花红绽日,者番直到天都。白衣苍狗漫忧虞。黄山千古在,吾道未曾孤。

　　云海松涛千万顷,神交入梦蓬蓬。膏肓泉石似当初。百回看不足,九度上天衢。（该画题跋）

8月18日,刘海粟作中国画《翠微峰》,并题《写翠微峰》。

【录】
　　层层丹嶂线相牵,簇簇长松墨晕颠。
　　忽讶溅衣凝冷翠,原来头上有飞泉。（该画题跋）

8月19日,刘海粟作中国画《天都峰云烟》。

【录】题诗:"九上黄山绝顶人,纵横古今感微尘。笑煞天都峰巅客,人间咫尺数云烟。"（该画题跋）

【按】此画参加1982年江苏的个人画展和1983年上海、北京个人画展外,由参加美国旧金山中华文化中心主办的1984年至1985年在美国八大城市巡回举行的现代中国画展和1987年新加坡个人画展。

8月20日,刘海粟作油画《白龙潭》。（该画题签）

8月21日,刘海粟作诗《黄山丞相源速写》。

【录】黄山吾莫逆,九度远来迎。
　　从古未尝有,自然动众惊。
　　云深松偃蹇,天霁海澄清。
　　快意囊中稿,相携万里行。（《刘海粟诗词选》,第119页）

8月,刘海粟获联合国颁发的和平勋章。

【按】8月22日,联合国秘书长佩雷斯·德奎利亚尔赴上海颁授联合国和平勋章,时刘海粟还"九上黄山",特委托儿子刘豹代表接受。并命弟子谢天成起草新闻稿致时任新华社社长曾涛,作为新华社通稿发表。(信札手稿)

8月,刘海粟作中国画《壁裂千仞》《黄山天都峰》。(作品题跋)

8月,由儿子刘豹代将中国画《熊猫》赠来上海访问的联合国秘书长佩雷斯·德奎利亚尔。(《刘海粟年谱》,第243页)

8月,刘海粟在黄山期间创作甚多。

【引】作国画《黄岳人字瀑》《云谷寺丞相源》《黄岳雄姿》,作油画《回音壁壮观》《散花坞云海奇观》,作诗词《七古·光明顶》《七律·黄岳雄姿峙古今》《减字木兰花·九上黄山绝顶人》《临江仙·写天都峰莲花峰》等,较之往年,又有新的进境。(谢海燕主编,《刘海粟》,江苏美术出版社,2002年11月;上海刘海粟美术馆馆藏目录)

9月1日,刘海粟在微雨中登上黄山北海,下榻散花精舍。次日,作中国画《清凉顶奇松》。(《刘海粟年谱》,第243页)

9月7日,刘海粟作中国画《光明顶》(《光明顶速写》)并题诗《光明顶》。

【录】
　　黄山卓绝光明顶,叱咤千峰奴万岭。
　　斜阳散映青山红,珊瑚粉插琉璃中。
　　更无宫烛传天都,寒烟万叠烟蒙湖。
　　万古此山此风雨,龙腾云海天魔舞。(该画题跋)

刘海粟年谱长编 | 1151

9月10日，刘海粟作油画《西海门晚霞》。（该画题签）

9月12日，刘海粟作油画《石笋矼风云际会图》。（该画题签）

9月17日，刘海粟作中国画《可以横绝西海巅》。（该画题跋）

9月19日，刘海粟作中国画《天都峰古松》。（该画题跋）

【图1982-9】刘海粟中国画作品《天都峰古松》1982年（68cmX134cm）南京艺术学院藏

9月24日，刘海粟作诗《狮子峰顶画松》。

【录】　彩笔纵横七十年，春风桃李百花先。
　　　　甘为叛逆轻名教，未必衣冠尽圣贤。
　　　　功过总须千载定，姓名宁计及身传。
　　　　青山不老松逾翠，雪压霜欺只枉然。（该诗题跋）

9月29日，刘海粟作中国画《到此始信》。（该画题跋）

9月30日，沈柔坚《勤奋出天才——读海粟老人新作随感》发表于《文学报》。

【引】文中说:"当本世纪初欧洲绘画传入中国的启蒙时期,我国油画崇尚写真,在这风习之中,欧洲近代革新画派不免被视为异端。海粟先生独具慧眼发现了欧洲近代革新画派的东方血脉,大胆汲取印象派、后期印象派和野兽派艺术的精粹,融合中国金石书法和传统绘画的养分,在艺术上独辟蹊径,使他的油画特具中国民族的气派和富有刘海粟个性的奇格。"(《文学报》,1982年9月30日)

9月,刘海粟在黄山创作不断。

【引】作中国画《立雪台晚翠》(之二)、《后云海雾》《黄山白龙桥》《天外群峰慈光阁》《桃花溪》《黄岳雄姿》《黄岳人字瀑》《黄山松涛》《黄山天门坎》《天都峰飞云》《泼墨葡萄》,作油画《散花坞云海奇观》《黄山汤口》《始信峰麓》《光明顶看始信峰》。(谢海燕主编,《刘海粟》,江苏美术出版社2002年11月;上海刘海粟美术馆馆藏目录)

【图1982-10】1982年刘海粟在黄山写生

【引】"老人几乎每天坚持外出写生,一站就是三两个钟头。足迹踏遍了观瀑楼、百丈泉、桃源涧、慈光阁,又登光明顶、清凉台、始信峰、临西海门、排云亭等地。在海拔1600多米的高山上,都不间断地作画写字。遇有暴雨天气,也是寸阴不舍,伫立窗前,观察黄山真面目,体验大自然的原始美。"(许昭德,《刘海粟大师九上黄山掠影》,香港《文汇报》1982年11月1日)

9月,刘海粟作中国画《黄山颂》(《黄山松》),并题《黄山颂》。

【录】昔我师黄山,今作黄山友。黄山磅礴三千里,九度登临值重九。万顷碧嶂波涛连,千仞紫霄龙蛇走。松石海泉成四绝,湖溪潭瀑叹无偶。

【图1982-11】刘海粟作品《黄山松》(《黄山颂》)1982年(177.6cm×95cm)上海刘海粟美术馆藏

泰岱虽雄伟，西岳徒峭陡。匡庐衡嵩及峨眉，五岳精华此尽有。青鸾紫石耸天都，云际莲花皆探首。老龙石柱跃云门，狮子松林云外吼。

崔巍宝塔压轿顶，罗汉望仙合掌久。夫子卧云餐丹霞，醉翁磨槃莲蕊酒。踏遍翠微出玉屏，始信仙都望北斗。山乎终古寿无垠，我欲与君长相守。（该画题跋）

【按】根据该作品题跋，推测此画作于1982年9月的黄山，诗题跋于1983年。

10月1日，刘海粟作中国画《青龙潭之秋》《黄山白龙潭》，并完成丈二匹巨幅泼彩中国画《曙光普照乾坤》。作中国画《白龙潭》并题诗。

【录】白龙早已飞天去，尚有遗潭荡激流。
问我缘何欣写此？漫山红叶是高秋。（该画题跋）

【图1982-12】刘海粟中国画作品《曙光普照乾坤》（局部）1982年（185cm×436cm）刘海粟捐赠香港藏

【引】有题记:"余至黄山画白龙潭者屡矣,前后诸作各不尽同,意之所向也。一九八二年始上黄山,适值十二大召开。乃于潭水激荡之间,照染红叶,更觉一派欣欣向荣之气象扑面而来,观吾画读吾诗可以知吾心矣。"(该画题跋)

10月6日,刘海粟由黄山抵南京。(《刘海粟年谱》,第245页)

10月7日,刘海粟与南京艺术学院学生谈游闽粤、登黄山的感受和创作情况。

【引】刘海粟谓:"我今年八十七岁,年老健康并不属于个人。我认为生命要赋予岁月,岁月更要赋予生命。你们都是学生,都是青年,我热爱青年,也器重青年。我认为青年人是'前途无量,后来居上'。根据我的体会,一个人要有所作为,必须是心地光明磊落,气度要大,另外,就是要勤奋,要用功。遇到不称心的事,不要发脾气,但要争气。"(《刘海粟院长与美术系学生的一次谈话》,《艺苑》,1982年第4期)

10月15日,刘海粟作诗《观瀑亭泼墨写天都峰》。

【录】　天都独上最高峰,蹋尽云根翠色浓。
　　　　露袭芒鞋风袭袖,墨飞彩瀑笔飞龙。
　　　　离披怪石如争弈,飞泻层泉若撞钟。
　　　　历尽风涛人更健,明霞万里杜鹃红。

(《刘海粟诗词选》,第116页)

10月20日,刘海粟偕夫人夏伊乔等登南京清凉山,在龚贤故居画室为动物古迹"驻马坡""听松亭"及"江光一线阁"题字。(《刘海粟年谱》,第245页)

【图1982-13】刘海粟中国画作品《黄山人字瀑》1982年（128.4cm×64.2cm）刘海粟美术馆藏

10月26日，刘海粟在南京作中国画《水墨牡丹》，下午去扬州。（《刘海粟年谱》，第245页）

10月29日，刘海粟游扬州瘦西湖，作油画《扬州瘦西湖》。（《刘海粟年谱》，第245页）

10月，《刘海粟常用印集》由杭州西湖艺苑以原印手拓100部出版。

【引】收入自1921年起至1982年六十余年间赵古泥、吕凤子、钱瘦铁、朱复戡、钱陶等所刻印章70钮，以庆老人从艺

七十周年。张伯驹题序诗,夏伊乔作序,袁志煌撰跋。(《刘海粟年谱》,第245页)

11月4日,刘海粟在扬州作油画《鸡冠花》。由扬州抵上海。(《刘海粟年谱》,第245页)

11月16日,刘海粟出席上海美专在沪校友为祝贺老校长从事艺术创作和艺术教育活动七十年的聚会,受到朱复戡、周抗、杭苇、沈之瑜、韩尚义、任薏等的祝贺。(《刘海粟年谱》,第245页)

【释】杭苇(1908—1988),江苏无锡人。1926年8月任小学教师,1928年9月考入上海美专艺教系专业半工半读。1929年加入中国共产主义青年团。1931年1月毕业于上海美术专科学校艺术教育系图工组。后任无锡盛店小学校长。抗战期间任无锡

【图1982-14】1982年刘海粟夫妇在扬州瘦西湖写生

教育界抗敌后援会驻会常务理事,浙江云和县政府编审室主任、县民教馆馆长、云和简易师范教导主任,主编《云和快报》《云和教育》《浙江妇女》《南东儿童》等刊物。1940年10月参加新四军,历任苏中行政公署文教处编审,山东省教育厅编审室主任等职。新中国成立后历任上海市政府教育处中教室主任,上海市教育局中教处处长、局长,《辞海》编辑所主任、《辞海》编辑委员会副主编,上海哲学社会科学学会联合会副主席等职。
(《上海美专名人传略》,第301页)

11月19日,刘海粟出席上海市美术教育研究会成立大会,被推为名誉会长。(《刘海粟年谱》,第245页)

11月20日,刘海粟作词《贺新郎》。

【录】题记:"十一月十六日,上海美专校友欢聚锦江,庆祝余从事艺术活动七十周年,聊答。"

长笑观黄浦,七旬间,韶光似水,慨然付汝。慈母中华经百劫,依旧中流砥柱。喜雾散云开天曙,花涌香潮莺乱逐,遍地重生树。前年雪,知何处?

樽前休作空豪语。发如银,丹青路上,犹思飞举。且掬庐山千丈瀑,泼出朝暾彩雨。创奇画,最新最古。更向良朋倾肺腑;踏天都,同作青春舞。松万壑,奏金缕。(《刘海粟诗词选》,第126页)

11月24日,刘海粟在北京出席中国人民政治协商会议第五届全国委员会第五次会议。(《刘海粟年谱》,第246页)

12月8日,刘海粟出席并主持南京艺术学院庆祝建校七十周年并校三十周年大会,亲自颁发首次刘海粟奖学金,并向优秀毕业生授予文学硕士学位、文学学士学位。(《刘海粟年谱》,第246页)

【图1982-15】1982年刘海粟与霍英东在欢迎宴会上谈笑风生（左为夏伊乔，右为谢海燕）

【图1982-16】1982年刘海粟（左二）与侯宝林（左一）、谢海燕（右一）在一起

【按】刘海粟亲自颁发了应届毕业研究生文学硕士学位4人，应届毕业本科生文学学士学位178人，首届"刘海粟奖学金"二等奖2人，三等奖18人。

1981年初刘海粟院长应邀到香港举办书画展览，将展出所得100万元港币全部捐赠给南京艺术学院，作为奖学金和添置图书资料、教学设备之用。从中拨出十万元人民币存作基金，每年支取息金5000元专供奖学金使用。设立刘海粟奖学金，是为了纪念海粟大师从事艺术活动七十余年及其对南京艺术学院创建和发展所做的重大贡献；奖励教学、科研、创作、表演艺术的新成果，充分调动师生员工的积极性，发现和培养人才，促进我国艺术事业的发展。

12月15日，刘海粟出席中国美术家协会上海分会为庆祝刘海粟从事艺术活动七十余年而举行的大型茶话会，130余位美术界人士及同辈好友、学生济济一堂，共庆艺术大师的杰出成就。

【引】茶话会由中国美协上海分会副主席沈柔坚主持。朱屺瞻在茶话会上说："庆祝刘老创办上海美专七十年，我很高兴。我和上海美专的关系特别密切，和刘老的关系也特别密切，我们是七十年的老朋友了。上海美专是摸索出来的、闯出来的，譬如办杂志、开讲座、办函授学校、旅行写生、男女同学、采用人体写生等，都是闯出来的。刘老办事胆子大、闯劲大，创作胆子也大，时时有新面目，我要向他学习。"王个簃说："我和海粟兄相识有六十年了，相聚在一起，就像回到年轻时一样亲切。今天庆祝刘海老从事美术活动七十年，感到很兴奋。"并即席赋诗四首为贺，回到家里，意犹未尽，再作七绝四首，萦怀旧情。关良说："我和刘老相识已超过六十年了。记得我到上海美专去教书的时候，校址在白云观，后来迁到斜桥，又迁到顺昌路。刘校长办事很有魄力，为了教学中采用人体模特和军阀作斗争，我们都为他捏一把汗，这是美术教育史上一大功绩。我是身临其境的，不得不佩服刘老不顾个人安危对艺术教育事业的一片忠诚。"张充仁说："刘老是作画的，我是作雕塑的。最不可理解的是到了所谓'文化大革命'的时候，一夜之间我们都变成了牛鬼蛇神。我知道张充仁是打不倒的，我同样相信刘海粟也是打不倒的。不信，现在可以看，以后还可以看，可以留给历史来评价。"朱膺说："刘海老办学时年纪之轻，长美术学校时间之长，采用模特之勇，敢于培养人才，创油画民族化之新，对晚辈的热情鼓励，画款全部捐献给国家；等等，为他有许多了不起的成就而大大鼓掌，刘师母夏伊乔，为刘老的事业和成就牺牲自己，也应为她热烈鼓掌。"在茶话会上发言的还有颜文樑、唐云、刘靖基、周谷城、李咏森、万籁鸣、江岚、吕蒙、杨可扬、应野平、黄若舟、程十发、洪世清等，刘海粟至答词中说："感谢朋友们和同学们来参加茶话会。我十七岁创办上海图画美术院，是在许多朋友和同学的支持下办起来的，否则将一事无成。朱屺老、王个老几十年来一直是老朋友，他们支持我的事业……蔡元培先生对我事业的支持最大。今天各位到会，与其说是为我庆贺，不如说为大家、为先辈的功劳而庆祝。"（《刘海粟年谱》，第247页）

12月18日，刘海粟出席坐落在广州流花湖畔的广东画院新址落成典礼。

【引】出席的还有刘开渠、吴作人、华君武、邵宇、黄胄、杨善琛、任真汉、黄蒙田、刘国松、任仲夷等。（《刘海粟年谱》，第247页）

12月25日，由江苏省高教局、文化局、文联、美协、南艺和美术馆六个单位联合举办的"庆祝刘海粟教授从事艺术教

育和美术创作七十周年"大会。

【引】中央顾问委员会委员江渭清、惠浴宇，及省长、省委副书记、副省长、省政协主席、副主席、省人大主任、副主任，各部委的部长、主任、副部长、副主任，全国文联和中国美术家协会副主席华君武、常务理事中央美术学院版画系主任严涵、中国画研究院副院长黄胄专程从北京来祝贺。

新华社、中国新闻社、中央电视台、中央人民广播电台、新华日报、江苏电视台、南京电视台、南京广播电台、南京日报等十多家新闻机构派了采访组。

南京艺术学院党委书记田树凡代表六家主办单位主持会议。省委书记发表了长篇讲话，赞扬刘海粟创办中国第一个美术专门学校，首创课堂模特教学，九上黄山写生，捐出巨款设立奖学金。

【图1982-17】1982年刘海粟参加广东书画院落成仪式与关山月在一起

【图1982-18】1982年刘海粟（左一）、谢海燕（左二）、关山月（左三）在广东画院

华君武宣读了全国文联和中国美术家协会给刘海粟的贺信。南京大学校长匡亚明、高教局长李钟英、江苏省作家协会主席艾煊、江苏省美术馆馆长徐天民先后发言，对刘海粟大加颂扬。

大会发言之后，南艺实验乐团演唱刘海粟的诗词。其中《金缕曲》是刘海粟春天游历福建的时候，为欢度自己的八十七岁生日写的。

刘海粟作《金缕曲》：浪迹乾坤外。历沧桑，平生阅尽，陆离光怪。青梗峰前奇石古，历劫巍然不坏。从入世，曾经沧海。港沪缁尘衣尽染，逞才华，赖有通灵在。凭一字，万金卖。休嫌鬓上韶华改。八十七，灯辉月满，而今刚届。天上人间长相照，犹记米颠下拜。忆往事，何须增慨。笔墨淋漓吾岂老，关难偿，不尽丹青债。身幸健，志高恺。（《刘海粟年谱》，第247页）

12月26日，上午9时，刘海粟出席由江苏省高教局、江苏省文化局、江苏省文联、美协江苏分会、南京艺术学院和江苏省美术馆联合在江苏省美术馆举办的刘海粟绘画近作展览开幕式。

【引】江苏省委负责人许家屯为展览会开幕剪彩。柳林、韩培信、周一峰、管文蔚、宫维桢、汪海粟、戴为然、谢克东、陈玉生、华君武、彦涵、黄胄以及江苏省和南京市各界人士1000多人出席开幕式并观看展览。展出最近三年连续三次上黄山及今年到福建、广东旅行写生的新作和1924年以来各个时期的代表作。计中国画104幅、书法3幅、油画58幅，共165幅作品。展览会前言中说："刘海粟教授富于革新首创精神，是一位爱国主义者，反帝、反封建的坚强战士，是一位学贯中西、艺通古今、勇于探索、不断创新的艺术大师。"展览至1983年1月9日闭幕。（《美术》，1983年第2期，1983年3月2日）

12月，黄镇致函刘海粟，并作诗以庆刘海粟从事艺术生涯七十年。

【录】　彩墨龙飞七十年，风云捭阖一重天。
　　　　懿行品格推师表，授业传经育隽贤。
　　　　画笔如钧惊鬼域，襟怀似海纳山川。
　　　　身同国运共休戚，老骥壮心励策鞭。（该诗题跋）

是年，刘海粟还作中国画《烟柳冥濛霁欲开》《春露》《妈屿》，作油画《紫云天都云泉》《方家村晴翠》，作书法《一心昭日月》等。（作品题签）

是年，刘海粟获意大利艺术大学颁授之功勋证书。

【图1982-18】1982年联合国为刘海粟颁授的和平纪念币

【引】获意大利国家艺术学院骑国手金奖,传略录载该学院出版的《骑国手金奖光荣录》第二集。

刘海粟传略入刊意大利国家艺术学院出版的《近代艺术家辞典》。(《大公报》,1982年1月11日;《刘海粟年谱》,第249页)

是年,中央新闻纪录电影制片厂摄制艺术生活纪录影片《绘画大师刘海粟》。

公元1983年
(癸亥)
87岁

1月3日,《新华日报》以整版篇幅选载刘海粟绘画近作展览中作品。

【引】共刊登了中国画六幅、油画四幅和江苏省文学艺术界联合会主席李锦的文章《艺术生涯七十年》,此文谓:刘海粟是中国资产阶级民主革命时期新兴的艺术教育事业的主要开拓者和创业人之一;是兼长中西画法的著名画家,为中国艺术也为世界艺术贡献了他的作品;从事学术活动,进行著述也是中外兼备的;对西方艺术的复制介绍也有重大贡献;在国际文化交流中把中国艺术向许多国家作了宣传和推广,为祖国争得了荣誉;还创办《美术》杂志，组织天马会等，这些功绩应该写进艺术史册。

(《新华日报》，1983年1月3日)

1月10日，《美术》杂志发表刘海粟撰写的《精神文明和美育》。

【引】全文约1750字。文曰：实施审美教育，主要有两个途径：一是学校；二是社会。在学校中，着重美术、音乐课的安排。中小学的美术教学，不只是简单化地让学生画成一件东西了事，教学目的应包括欣赏和创作两层意义，训练学生具有挖掘对象美的能力，使理论、观察、实践互相联系进行。现在一些文科大学，甚至理工科大学，也开设了艺术欣赏课，这是很好的措施。光训练科学的头脑，没有美的情操和眼光，看来也是个缺陷，补这一课很有必要。在社会上，审美教育是很广泛的。我们文艺工作者、艺术家，应该起什么作用？我认为主要是用好的艺术作品，给人们以健康的美的享受，培养他们高尚的情操。胡耀邦同志说得好："我们的文艺作品，总是要提高人们的精神境界，激励和鼓舞人们为祖国的社会主义现代化事业献身。"要做到这一点，我们自己首先就得提高自己的思想境界，要有好的品格，这是创作好作品的前提。我常说："学无止境，艺无止境，只有不断地努力，才能使作品既有较好的思想性，又有较高的艺术性，从而以其特有的功能推动社会的进步。"要把审美教育与智育、伦理教育紧密结合。而为了造就优良的社会风尚，提高人民的道德情操，抓美育是很重要的一环。虽然德育、智育、体育中都包含着美育的成分，但又都不能代替美育。从幼儿教育开始，让我国人民熏陶在美的春风中，使"五讲""四美"成为人们自觉的行动。在普及美育的过程中，美术工作者肩负着巨大的历史使命。一定要深入生活，磨炼技巧。(刘海粟，《精神文明和美育》，《美术》第2期，1983年1月10日)

1月14日，刘海粟作书法《闻鸡起舞跃马争春》，留存南京艺术学院。（该作题跋）

1月24日，纪念上海美术专科学校诞辰七十周年而举办的上海美专校友画展在上海美术展览馆举行。刘海粟为展览题写了会标。

【引】展品中有吴昌硕、蔡元培、黄宾虹、潘天寿、陈之佛、王一亭、吕凤子、张大千、李可染、蒋兆和、汪亚尘、朱屺瞻、唐云、黄镇等160人的300余幅作品。展览至2月2日结束。（《刘海粟年谱》，第250页）

【释】蒋兆和（1904—1986），原名蒋万绥。祖籍湖北麻城，生于四川泸州。1920年流徙上海，以肖像画和从事商业广告美术为生，并刻苦学习素描、油画和雕塑。约1925年创作油画《黄包车夫的家庭》，入选1929年全国第一次美术展览会并展出。1927年结识徐悲鸿，1928年在南京任教于中央大学艺术系。1930年9月至1932年1月任上海美术专科学校西画人体教授。"一·二八"事变后积极投身爱国宣传运动，绘制了抗日将领《蔡廷锴像》《蒋光鼐像》油画，被印成大量彩色画片而影响广

【图1983-1】刘海粟中国画作品《忆写黄山旧游》1983年（68cm×138cm）香港私人收藏

泛。1943 年创作了巨幅《流民图》，被称为中国现代画史上现实主义的历史画卷，1944 年 8 月应上海流民习艺所和《申报》之邀，在上海的中国画苑展出七天，反响强烈，收入所得捐作慈善基金。1946 年应聘于北平艺专任教授。1949 年后任中央美术学院中国画教授。（《上海美专名人传略》，第 125 页）

1 月 30 日，刘海粟因病住进南京工人医院 12 号病区。
（《刘海粟年谱》，第 250 页）

2 月 3 日上午，医院为刘海粟切除了左背的囊肿。是年春节，刘海粟在南京工人医院 12 号病区的病房里度过。

2 月 15 日，《艺苑》编辑出版《刘海粟教授艺术活动七十年专刊》。

【按】谢海燕撰写的《辛勤的园丁艺坛的巨匠》长文，以艺术教育园地的开拓者、苦学敢闯艺贯中西、国际荣誉属于祖国和人民三个方面详细论述了海粟老人艺术活动的成就。萧娴以《百年创造百年吞吐》为题，回忆了六十年前拜康有为为师时初识刘海老的情形，对刘海老的书法艺术成就作分析评述。还刊载有苏天赐、沈行工《苍然鳞甲欲成龙，龙有老时松不老——观赏海粟老人的油画近作》，史金城、钱桂兰《南行八程，丹心一片——读海粟翁南行诗草》，温肇桐《回忆和海翁相处的日子》等文，以及刘海粟《忆蔡元培先生》文及其中国画、油画、资料照片等。（南京艺术学院学报《艺苑》1983 年第 1 期，1983 年 2 月 15 日）

2 月 19 日下午，刘海粟审定电视片《彤彤报国心》。

【按】该片名出于 1982 年刘海粟所作的黄山诗《七律》：

黄岳雄姿峙古今，百年九度此登临。
目空云海千层浪，耳熟松风万古音。

莲座结跏疑息壤，天都招手上遥岑。

一轮最爱腾天镜，中有彤彤报国心。

2月24日，《文学报》刊登刘海粟题写的祝贺该报出版一百期的祝词。

【录】题曰："精耕二载，香花百束，佳作如林，新人辈出。"（《刘海粟年谱》，第250页）

3月2日，刘海粟在医院会见了正在南京举办画展的台湾省画家刘国松，并作书法以赠。（《刘海粟年谱》，第250页）

3月15日，刘海粟油画《金山旭日》参加在北京民族文化宫举行的中国民主同盟盟员美术作品展览。（《刘海粟年谱》，第250页）

3月27日，刘海粟从医院到玄武湖翠虹厅，为祝贺香港《文汇报》创刊三十五周年作书法，并和在场作书画的钱松岩、林散之、萧娴、钱君陶、武中奇、亚明等欢叙。（《刘海粟年谱》，第250页）

3月28日，刘海粟病愈出院。（《刘海粟年谱》，第250页）

4月2日，刘海粟好友张大千在台北逝世，终年八十四岁。

【引】惊悉张大千逝世，4月4日，刘海粟请香港《文汇报》社金尧如转致张夫人唁电："睽隔卅五年，相望双峡。天人永诀，实吾中华民族一大损失！幸节哀。"（《刘海粟年谱》，第250页）

4月6日，刘海粟出席由上海市高等教育局、上海市文化局、上海市文联、中国美协上海分会和南京艺术学院为庆祝刘海粟教授从事艺术教育和美术创作七十年，在上海美术展览馆举办的刘海粟绘画近作展览开幕式。

【引】上海市市长汪道涵为刘海粟画展剪彩，刘海粟陪同汪道涵、杨堤、陈沂、张承宗、沈柔坚、吕蒙、唐云、王个簃、贺绿汀、俞振飞、张乐平等参观了展览。各界人士1000多人参加了开幕式。（南京艺术学院学报《艺苑》1983年第4期，1983年7月15日）

【引】魏文伯和夏征农为刘海粟展览题词。香港中文大学校长马临、香港《美术家》出版社黄蒙田、香港《文汇报》社社长李子诵等来电祝贺。展出中国画117幅、书法7幅、油画60幅，共184幅。展览至22日闭幕。

上海《文汇报》以整版篇幅由周谷城题写刊头、选载刘海粟绘画近作展览中的中国画三幅、油画两幅和沈柔坚《与时俱新——海粟老人的绘画近作展览序》："他怀着一颗为中华民族艺术事业奋斗不懈的赤子之心，不蔽于一偏，不滞于一曲，不取媚于世，不苟名于时，才能蕴古今中西之妙，穷造化之源。于绘画、书法、辞章、美术史论诸方面都取得很高的成就，建树独特的个人风格。"（《刘海粟年谱》，第251页）

【图1983-3】1983年刘海粟（左二）、夏伊乔（左三）、汪道涵（时任上海市长，右一）参加在上海美术馆举办的"刘海粟绘画展览"开幕典礼

4月10日,《解放军日报》刊载吕蒙《凌风傲雪的不老松——观刘海粟近作绘画展》。

【引】文谓:"他在自己的创作上也刻意求新,从不故步自封,是一位辛勤的有思索的耕耘者。两年来,他不服老,以八十七岁的高龄,还九上黄山,并且南游福建和广东两省。所到之处,不论是高山绝顶,或是烈日炎炎的海边,他都争分夺秒挥毫作画,刘先生七十多年来为艺术事业奋斗,以自己的渊博学识和艺术作品被称为艺术大师,实在是当之无愧的。"并选载了展品中国画《黄山颂》和《天都峰莲花峰》。(《解放日报》,1983年4月10日)

4月13日,刘海粟参加中国美术家协会上海分会在上海文艺会堂举行的张大千逝世悼念会。

【引】刘海粟在会上谈了和张大千的交谊,对他的不幸逝世遥吐哀思。张承宗、陈钜来、唐云、谢稚柳、陈从周等也在会上发言。参加悼念会的还有上海市副市长赵祖康以及朱屺瞻、王个簃、吕蒙、沈柔坚等。(《刘海粟年谱》,第252页)

4月17日,刘海粟参加上海美术专科学校校友会在上海美术展览馆召开的成立大会,被推为名誉会长。(《刘海粟年谱》,第252页)

4月18日,刘海粟出席由中国人民政治协商会议上海市委员会和中国美术家协会上海分会联合举行的座谈会。

【引】刘海粟在会上说:"自幼年学画乱涂起,迄今八十八岁,始终都在学习。即时在十年动乱的逆境中也坚持学习练艺。如果停止一天学习,便停止前进。艺术创新,只有在不断学习古今中外他人艺术长处的基础上才有可能。有人把我去欧洲只说成是临摹了多少画。其实这是一种误解。临摹欧洲大师名作不是目的，而是研究美术史和研究他人艺术的一种手段。只有通过深入临摹名家原作，才能真正理解名家的艺术及其在艺术史上的地位，也才能明确从中该汲取些什么。一个热爱祖国、致力于发展祖国艺术的画家，他的艺术才显出光彩，才受人尊重，也才给予应有的历史地位。"座谈会由市政协副主席张承宗主持，先由美协上海分会副主席沈柔坚概述了刘海粟先生蜚声世界的卓著成绩，王个簃、朱金楼、朱膺等盛赞他博大精深、真醇奇变的艺术造诣。七十余人出席座谈会。（《刘海粟年谱》，第252页）

4月19日，刘海粟作《忆旧游》词，题张大千遗作展览会。

【录】有句云："惊闻故人去，觉前程历历，泪雨滔滔。"
（《刘海粟年谱》，第253页）

5月1日，中国美术馆举办"刘海粟教授近作展览"，至15日结束。

【按】由中国文学艺术界联合会、中国美术家协会、中国画研究会、江苏省文学艺术界联合会、中国美术家协会、江苏分会和南京艺术学院为庆祝刘海粟从事艺术教育和美术创作七十年联合主办。

出席预展的有黄镇、韩念龙、曹瑛、周而复、艾青、宋振庭、华君武、黄永玉、张仃、王朝闻、蔡若虹、张君秋、吴素秋、刘开渠、姚仲明、周怀民、金尧如等数百人。展出中国画、油画、书法共123幅。（王秉谦，《〈刘海粟教授绘画近作展〉在京开幕》，《美术》1983年第6期，1983年6月30日）

【图1983-4】1983年在北京中国美术馆举办"刘海粟个人画展",图为刘海粟夫妇在开幕式上

【图1983-5】1983年刘海粟在北京中国美术馆个展上与友人合影

是年春，刘海粟在北京钓鱼台国宾馆作中国画《忆写黄山白鹅岭》。为范曾、金尧如合作中国画《米颠拜石图》题词。（《刘海粟年谱》，第253页）

5月6日，刘海粟作中国画《掷笔卷波涛》。（《刘海粟年谱》，第253页）

6月4日，刘海粟出席中国人民政治协商会议第六届全国委员会第一次会议。

【引】会议期间，和李可染、梁黄胄、黎雄才、孙瑛、黄翔、蒋兆和、董寿平、潘素联合提出要办好中国画研究院案；作书法："万里春光，九州生气。"（《刘海粟年谱》，第254页）

6月25日，周颖南致函刘海粟伉俪。

【录】海粟大师伉俪：欣悉大师进京举办画展并出席政协会议，现均已大功告成，谅返沪日期在望。《艺苑》（南艺学报）一九八三年第一期已拜领，系《刘海粟教授艺术活动七十年专刊》，内容非常丰富，它总结了大师七十年来的艺术及教学活动，具有极高的艺术及学术价值。我宝之，谨此拜谢！

暇时敬请为我题耑《映华楼藏画》书签，待结集时备用。我感到我的拙藏确是一种责任，我希望自我作妥善的安排。结集出版，是较为可行的理想，愿客观环境能完成我的愿望。

国渠兄亦收到《艺苑》一册，嘱我代为致谢！专此敬颂

俪福（《大师华翰》，第147页）

6月28日，刘海粟在北京为张大千遗作展览会题词。

【录】一管擎天笔，千秋动地歌。看琳琅满壁，似踏浪归来。（《刘海粟年谱》，第254页）

6月30日，周颖南致函刘海粟伉俪。

【录】海粟大师伉俪：拜读大著《回忆康南海先生》《回忆吴昌硕》和《巴黎少女》及画后记，感人至深。尤其是《回忆康南海先生》的最后第四点，引述当年赠我康文大嶂中的跋语，使我回忆我们初次会见的情景。事实证明，我们都做对了。这幅大嶂，将来准备予以出版，公诸于世。文坛将传为佳话。现在"政治风险"已化险为夷了，中国大治在望！

我又拜读《朵云》第四集中的大著《从师到友画黄山——黄山谈艺录》，这是一部中国山水画的经典著作，实践证明，任何杰作都不是凭空创造出来的。

欣悉大师常用印章即将出版，我已订购两部，一部赠国渠兄，一部妥为珍藏。书未尽意，敬颂　俪福（《大师华翰》，第148页）

6月，由于在艺术方面树有勋绩，美国国际安全和平会议授予刘海粟金勋。

7月3日，刘海粟在北京钓鱼台清露堂撰写《〈康有为先生墨迹〉序》。

【引】刘海粟认为将康有为墨迹"公之于世，不但对书法艺术有重大影响，对康南海思想研究，亦提供珍贵资料"。（《刘海粟年谱》，第254页）

7月27日，刘海粟教诲女弟子潘慧（小娴）。

【引】"学习如高山流水，不能间断；钻研艺术不能像夏天的雷雨，来时凶猛，过后无声。黄河长江之水，都是山山之水点滴而成。"（《刘海粟年谱》，第254页）

7月，刘海粟作中国画《东岳大观峰》。（该画题跋）

是年夏，刘海粟作中国画并题《清露堂画葡萄》。

【录】"飞云当面化龙蛇，夭矫转空碧（秦少游咏藤词句也。此画异曲同工矣！研有余墨，信笔涂之）。"（该画题跋）

是年夏，刘海粟在北京钓鱼台国宾馆作大型中国画《曙光普照神州》并题七言律诗。（《人民日报》，1983年9月4日）

【录】　黄岳雄姿峙古今，百年九度此登临。
　　　　目空云海千层浪，耳熟松风万古音。
　　　　莲座结跏疑息壤，天都招手上遥岑。
　　　　一轮最爱腾天镜，中有彤彤报国心。

【引】画幅高两米、宽五米，以酣畅的笔墨、艳丽的色彩，将巍峨峻秀的峰峦、烟雾迷蒙的云海、苍翠挺拔的青松，以及绿树掩映的屋宇和曙光普照的天空铺满整个画面，给人以气势磅礴、奇伟壮观之感。国务院总理赵紫阳和国务委员谷牧到钓鱼台看望了海粟老人，并高兴地观赏了画幅，连连称赞。在京的美术界知名人士华君武、李可染、黄胄、邵宇、亚明、谢稚柳等应国宾馆之邀观赏此画，称赞老人为国画艺术增添了一枝奇葩。画幅载《人民画报》同年11期跨页。（《刘海粟年谱》，第254页）

盛夏，又有诸多艺术创作与活动。

【按】作中国画《金笺红牡丹》《金笺泼墨葡萄》《泼墨葡萄》《清露堂画葡萄》《水墨熊猫》《四顾九霄动矫翅》（松鹰）等。为陈醉著《裸体艺术论》题写书名。（作品题跋）

8月8日，刘海粟在钓鱼台国宾馆会见日本国友人。

【引】爱知县日中友好协会理事、中部日本画道会理事长稻垣菘圃、副理事长伊藤穿石和事务局长中林路风等，接受其参加1984年的书道会成立五十周年纪念活动和举办个人书画展览的邀请。（《刘海粟年谱》，第255页）

8月15日，中国美术家协会上海分会编印的《上海美术通讯》，为上海美术界庆祝刘海粟教授从事艺术活动七十年专辑。

【引】专辑刊载周抗、吕蒙、郑逸梅、颜文樑、张爱萍、王伯敏、胡海超、林野等庆贺刘海粟从事艺术活动七十年的文章和诗词。同时刊登费毓龄《刘海粟艺术观的主体思想略论》一文，文谓："他为探索现代中国美术新路，写下多过文章和著作，就艺术理论的一些重要问题，以及东西方绘画艺术理论进行了研究，提出了自己的见解，特别是他力主提倡的艺术创作中的情感、个性的主观表现说理论，丰富了中国绘画理论，为发展中国现代绘画做出了贡献。"（《上海美术通讯》，1983年8月15日）

8月，刘海粟在北京作中国画《一片孤云千树低》。又作中国画《牧牛图》赠张甦平，作书法赠《北京日报》社。（作品题跋）

9月4日，刘海粟应山东省政协邀请，去泰山、济南、蓬莱、烟台等地作画。作《蓬莱、泰岱泼彩》。

【录】

八八耋龄志未灰，千峰万壑觅诗材；
蓬莱秋月磨彤笔，泰岱春风洗素怀；

松列鹊桥拥日出，云排马队拱寰来；
云间泼彩忘年月，百岁重临亦壮哉。

（《刘海粟诗词选》，第128页）

9月12日，刘海粟在泰安市岱庙作中国画《泰山岱庙古柏》《泰山岱庙汉柏》《汉柏长健》。（作品题跋）

【录】《岱庙汉柏》题："一管擎天笔，千秋动地歌。贞心凝铁石，风雪发虬柯。"

【录】《岱庙古柏》题："临抚散盘琅琊笔，戏为汉柏一写真。苍皮溜雨四十围，黛色参天三千尺。"（作品题跋）

【按】又应泰安市文物局之请，作擘窠大字"汉柏""乔岳""云海""黑龙潭"以刻石。

9月14日，刘海粟乘索道登泰山南天门，作油画《徂徕山云海》。赠泰山索道接待室"崔嵬泰岱凌霄汉"书法一幅。

（《刘海粟年谱》，第255页）

【图1983-6】刘海粟1983年9月12日作中国画《岱庙古柏》（97cmX180cm）。

【图1983-7】刘海粟中国画作品《泰山岱庙汉柏》1983年（187cm×176.9cm）上海刘海粟美术馆藏

9月17日，刘海粟访曲阜县，游孔庙、孔府、孔林，为新建的"阙里宾舍"题匾。（《刘海粟年谱》，第256页）

9月21日，刘海粟在山东省济南市书画界联欢会上，为省政府作大幅中国画《鲲鹏展翅九万里》，并为合作的中国画题字。（《刘海粟年谱》，第256页）

9月，刘海粟在济南游大明湖、千佛山、趵突泉，凭吊李清照、辛弃疾。

【引】为大明湖题写"明湖楼"匾额，为趵突泉公园题写"济南市、日本和歌山市友谊树"碑文，为山东省博物馆、为山东艺术学院等题词。作中国画《泰山南天门》和《冬岳大观

峰》。还为新加坡新建筑"嘉庚堂""六使堂"和"光前堂"题写匾额。(《刘海粟年谱》,第 256 页)

9月,刘海粟应山东省政协邀请,去泰山、济南、蓬莱、烟台等地作画,作并题中国画《泰山南天门写生》(《泰山南天门》)。

【录】望九韶华兴不穷,漫图东岳大观峰;
　　　群峦突兀喷微雨,独立苍茫啸大风;
　　　翠柏青松皆挺出,凌霜傲雪更葱茏;
　　　何当再踏昆仑顶,饱揽天机入画中。(《刘海粟诗词选》,第 128 页)

9月,刘海粟中国画《平天矼朝晖》和油画《海阔天空春无极》,参加上海和横滨两市结为友好城市十周年而在日本横滨举行的上海美术作品展览,并以《平天矼朝晖》印制海报。展览至 10 月 10 日结束。(《刘海粟年谱》,第 256 页)

10月1日,山东省美术馆举行刘海粟绘画近作展览开幕式。

【引】刘海粟出席由山东省文化厅、省教育厅、省文学艺术界联合会、省美术馆、中国美术家协会山东分会、山东艺术学院、南京艺术学院为庆祝艺术大师刘海粟从事艺术教育和美术创作七十年而在山东省美术馆举行的刘海粟绘画近作展览开幕式。展出中国画、油画、书法共 166 幅。中共山东省省委书记、省长梁步庭为画展开幕式剪彩。省政协主席李子超致开幕词,刘海粟致答谢词。刘知侠、于希宁、黑白龙等知名作家、艺术家出席了开幕式。展览至 16 日结束。(《刘海粟绘画近作展览在上海、北京、山东省巡回展出》,南京艺术学院学报《艺苑》,1983 年第 4 期)

【图1983-8】山东省举办"刘海粟绘画近作展",图为刘海粟在开幕式上讲话(1983年10月1日)

10月10日,《大众日报》以整版刊载刘海粟展览会作品及余修《画坛巨匠、艺苑英华》的评介文章。(《大众日报》,1983年10月10日)

10月12日,刘海粟参观青岛市博物馆,作书法留赠。(《刘海粟年谱》,第256页)

10月14日,刘海粟游览青岛崂山下清宫,瞻仰康有为书法摩崖石刻,并作书法"道法自然"和对联"爱民乃永固,节欲以修身",留赠下清宫。(《刘海粟年谱》,第256页)

10月15日,刘海粟出席青岛市政协、市文联联合举行的欢迎茶话会。

【按】刘海粟在会上畅谈观感,以及国画如何继承传统,推陈出新,努力表现新的时代等问题。并即席挥毫,作纵两米、宽五米巨幅中国画《古松苍鹰图》。青岛市政府、政协、文联等部门负责人和部分画家出席茶话会。(金木,《艺术大师刘海粟在北京、济

【图1983-9】1983年刘海粟夫妇在山东省举办的"刘海粟绘画近作展"上

南、泰安、青岛、曲阜、烟台、威海、淄博等地创作并考察》,南京艺术学院学报《艺苑》,1983年第4期)

10月20日,刘海粟参观烟台市博物馆,为其鉴定字画藏品。

【引】并题词"博物广采,精研文物"留赠。(金木,《艺术大师刘海粟在北京、济南、泰安、青岛、曲阜、烟台、威海、淄博等地创作并考察》,载南京艺术学院学报《艺苑》,1983年第4期)

10月21日,刘海粟参观张裕酿酒公司。

【引】题写"醇厚芳香,朝晖光彩"。(金木,《艺术大师刘海粟在北京、济南、泰安、青岛、曲阜、烟台、威海、淄博等地创作并考察》,南京艺术学院学报《艺苑》,1983年第4期)

10月24日，刘海粟游蓬莱阁，观摩卧碑亭。

【引】作书法"神奇壮观蓬莱阁，气势雄峻丹崖山"和"天风海涛"等赠蓬莱阁。（金木，《艺术大师刘海粟在北京、济南、泰安、青岛、曲阜、烟台、威海、淄博等地创作并考察》，南京艺术学院学报《艺苑》，1983年第4期）

10月25日，气温骤降，刘海粟冒雨登蓬莱阁作油画写生《蓬莱阁》。

【引】谓：今日风雨蓬莱阁，这是与老天斗争得来的一张画！（金木，《艺术大师刘海粟在北京、济南、泰安、青岛、曲阜、烟台、威海、淄博等地创作并考察》，南京艺术学院学报《艺苑》，1983年第4期）

10月27日，刘海粟游掖县，登云峰山，观赏郑道昭的摩崖石刻"郑文公碑"。

【引】为郑文公碑题写："云峰千仞，涛声万里；一代文宗，万方光灿。"同日，又为掖县毛笔厂、掖县大理石矿等题字。（金木，《艺术大师刘海粟在北京、济南、泰安、青岛、曲阜、烟台、威海、淄博等地创作并考察》，南京艺术学院学报《艺苑》，1983年第4期）

10月29日，刘海粟为烟台市国画院作中国画《古松》，为烟台东山宾馆题写馆名。（《刘海粟年谱》，第257页）

10月31日，刘海粟在威海作油画写生《刘公岛》。（金木，《艺术大师刘海粟在北京、济南、泰安、青岛、曲阜、烟台、威海、淄博等地创作并考察》，南京艺术学院学报《艺苑》，1983年第4期）

10月，刘海粟在山东的活动颇多。

【图1983-10】1983年10月刘海粟在山东蓬莱阁写生

云峰千仞 涛声万里 一代文宗 艺方光灿

【图1983-11】刘海粟1983年10月27日书法作品

【图1983-12】刘海粟在山东青岛（1983年10月）

【引】分别作书法赠济南大明湖、山东省吕剧团、济南市少年宫、烟台地区博物馆、张裕酿酒公司等。作中国画《奎文阁》，题跋中有"至青岛、烟台、蓬莱、掖县、威海，观大海奇景，所到之处，观光名胜古迹，搜求汉魏碑刻"等语。（《刘海粟年谱》，第 257 页）

10 月，刘海粟中国画《艳门汉宫春》由上海书画出版社出版单张画页。（《刘海粟年谱》，第 257 页）

10 月，刘海粟的四篇文章入选《现代作家国外游记选》。

【引】中华书局 1985 年 3 月出版的《欧游随笔》中的"多变的莱梦湖""游凡尔赛宫""斗兽场—君士坦丁大帝凯旋门—加拉共同浴场—地下教堂""大伽蓝圣彼得—梵蒂冈教皇宫—西施庭教堂"等四篇游记，入选上海文艺出版社出版的《现代作家国外游记选》，钱谷榕主编。（《刘海粟年谱》，第 258 页）

11 月 8 日，刘海粟为烟台市南山公园题词。

【引】题写"南山公园""新碑林""观海楼""海阔天空春无极"，供刻石刻匾之用。又作中国画《黄山图》，赠中国书法家协会名誉理事、国防部部长张爱萍。（《刘海粟年谱》，第 258 页）

11 月 11 日，刘海粟为湘潭齐白石纪念馆题词。

【引】词谓："白石老人画，触手成趣，空诸依傍，自出神解；游乎规矩之中，超乎绳墨之外，所谓从心所欲，猖狂妄行，而蹈乎大方者也。老人诗书篆刻，赤铮铮别调，非平薄酸俗一路比也。齐白石实为中国近代艺苑最杰出之代表人物。湘潭将建立

齐白石纪念馆，索及恶书，率尔落笔，敢谢不敏。"（《刘海粟年谱》，第258页）

11月15日，刘海粟作词《汉宫春·次韵辛稼轩蓬莱阁》，并书赠烟台东山宾馆刻石。（《刘海粟年谱》，第258页）

11月17日，刘海粟参观淄博蒲松龄故居。

【引】刘海粟题词留念，曰："聊斋声名震四海，一代文宗昭遗爱。"又为淄博市少年宫题词。18日，参观淄博瓷厂，作瓷盘书画六件题词留赠。19日，参观齐国故城"殉马坑"，题字"殉马奇迹天下无"。（《刘海粟年谱》，第258页；金木，《艺术大师刘海粟在北京、济南、泰安、青岛、曲阜、烟台、威海、淄博等地创作并考察》，南京艺术学院学报《艺苑》，1983年第4期）

11月21至23日，刘海粟参观济南"四门塔"，长清县灵岩寺的宋代泥塑罗汉以及孝堂山的汉画像石刻。（金木，《艺术大师刘海粟在北京、济南、泰安、青岛、曲阜、烟台、威海、淄博等地创作并考察》，南京艺术学院学报《艺苑》，1983年第4期）

11月28日，刘海粟在济南南郊宾馆致函朱金楼。

【引】信中谈及在山东三个月参观、创作之情形，"随时写字作画，泼墨泼彩。蝉蜕龙变"，上海人民美术出版社要印《艺术文选》，请老棣负责整理校勘，不妥处均可改动，传之方来，不可马虎，费神感谢。（《刘海粟年谱》，第258页）

11月，刘海粟为山东各地题词。

【引】刘海粟为临淄齐国故城遗址博物馆、山东省美术馆、山东省政协、山东画报社、烟台画院、阳谷阿胶厂、山东梆子剧

团、济南市园林局等作书法题赠。参观灵岩宋彩塑。孝堂山画像石室,并为题词。(《刘海粟年谱》,第258页)

11月,《刘海粟中国画选集》由上海人民美术出版社出版。

【引】此选集收入1924年至1980年所作中国画86幅、书法5幅,末附"海粟老人画语摘录"33则,陈沂、沈柔坚、江辛眉撰序。江辛眉在序言中认为:"他最可贵之处,乃是在中西画坛之间兴建了一座相互沟通的桥梁……以兼并二难的才华,石破天惊的笔触,真正达到了能变能通的化境,把西画的特色融入国画而大放异彩。"(《刘海粟中国画选集》,上海人民美术出版社,1983年11月)

11月,《刘海粟作品选集》由人民美术出版社出版。

【引】此选集收入1922年至1979年所作中国画81幅、书

【图1983-13】1983年人民美术出版社出版的《刘海粟作品选集》

法4幅、油画65幅。前言说:"他主张在艺术上贯通古今,融汇中外,勇敢创新,不落陈套,加之他对书法的精心研究,笔墨功力深厚,因此,海粟先生的国画、油画气势磅礴,劲健有力,变幻多姿。"(《刘海粟作品选集》,人民美术出版社,1983年11月)

12月4日,刘海粟于常州出席纪念恽南田诞辰三百五十周年暨恽南田纪念馆开馆仪式。

【引】江苏省武进县马杭镇纪念清初著名画家、"常州画派"创始人恽南田(字寿平,1633—1690)诞辰三百五十周年暨恽南田纪念馆开馆仪式,刘海粟为之剪彩并讲话:"我童年时代学画,就是以恽南田的作品作描本的,这是我最早接触到的祖国优秀传统绘画。恽南田不但是中国著名的大画家,也是世界有名的画家。这一点,作为常州人,我们感到骄傲和光荣。""艺术作品最要紧的创新。恽南田所以称为一代宗师,就是因为他的作

【图1983-14】1983年12月刘海粟与夫人夏伊乔重返故里,在常州工艺美术研究所参观,图中肖像为乱针绣《刘海粟像》,作者沈莲英,设计者李平秋

品充满新意。"常州市副市长宋文惠和画家黄胄也在开馆仪式上讲话。接着参观纪念馆，瞻仰整修一新的恽南田墓。参观前，为恽南田纪念馆题写匾额。下午，在座谈会上说："我很佩服南田先生，他继承传统，又有创新精神；画花卉没有脂粉气，同样用红、绿色，古艳不俗，韵味浓，骨力好。"黄胄、陈大羽、保彬、秦剑鸣、徐孅、刘菊清、李文瑞等参加座谈会。会后和黄胄、陈大羽、夏伊乔合作巨幅中国画《双鹰图》并题长歌，又为黄胄、陈大羽所作中国画题词。次日，参观常州工艺美术研究所。（《刘海粟年谱》，第259页）

12月14日下午，南京艺术学院七十一周年校庆暨"刘海粟奖学金"颁奖大会，刘海粟亲自到场为学生发奖。（南京艺术学院学报《艺苑》，1983年第4期）

是年，刘海粟作中国画《石笋矼云松》《狂草梅花》《牧童骑牛》。（作品题跋）

【图1983-18】刘海粟在南京艺术学院为学生颁发"刘海粟奖学金"（1983年）

是年，刘海粟为上海人民美术出版社题写《辽宁博物馆藏画》书名。（《刘海粟年谱》，第260页）

是年，刘海粟为郁达夫之子郁云编著的《郁达夫传》写书名和序。（《刘海粟年谱》，第260页）

是年，刘海粟为校友张大烈（张澄江）烈士题词。（《刘海粟年谱》，第260页）

是年，由中央新闻记录电影制片厂拍摄的《绘画大师刘海粟》彩色记录影片制作完成，公开放映，并译制成多国语言向国外发行。（《刘海粟年谱》，第260页）

是年，由南京电视台和南京艺术学院联合录制的电视文献艺术片《彤彤报国心——记艺术大师刘海粟》制作完成，公开播映。（《刘海粟年谱》，第260页）

是年，刘海粟给小说《画魂》作者石楠写信，并题有"纸上人间烟火，笔底雪海风云"。（《刘海粟年谱》，第260页）

是年，刘海粟获美国国家会议金勋。

【引】刘海粟获意大利国家艺术学院、意大利艺术大学国际艺术传播发展协会为表彰在发展艺术方面特殊重大业绩而颁授之功勋证书。

刘海粟被意大利国家学术研究中心任命为国家院士，获国家院士证书。

【引】证书称："以彰其为改进当代社会所作重大贡献，并以证明其在本职及文化领域内从事活动之业绩。"

刘海粟获意大利中央研究院、欧洲学院为表彰在文化领域及本职活动中致力艺术之业绩而颁授之欧洲学院院士证书。

由于成就卓异，对改进社会做出重大贡献，刘海粟传略被载入美国名人录出版公司出版之《世界名人录》1982—1983年度第六版。

传略又被录载入美国传略研究所之国际传略光荣榜。（《刘海粟年谱》，第260页）

公元1984年
（甲子）
88岁

1月，刘海粟作中国画《忆写黄山旧游》。（《刘海粟年谱》，第261页）

1月24日，刘海粟致函吴祁六、江宏信。

【引】略谓：来函收阅，并读了大作《刘海粟美学思想泛论》一文。你们很努力，很用功，征集了很多资料，有自己独到的观点、见解，因此，这篇文章是写得颇为出色的。（《社会科学》，1984年第2期）

2月10日，《山东画报》刊登刘海粟在济南举行近作展览的作品与文章。

【按】1984年第2期以《艺术的瑰宝》为题，选登1983年10月刘海粟在济南举行近作展览的中国画和油画作品，又载题为《艺坛巨匠，气概轩昂——艺术大师刘海粟访胶东侧记》的文章和照片。（《山东画报》，1984年2月10日）

3月7日，民主党派、工商联书画联展在中国美术馆开幕。刘海粟所作中国画《岱庙汉柏》参加展出。（《刘海粟年谱》，第261页）

3月16日，广东省和广州市各界人士在东方宾馆为刘海粟祝贺八十九岁生日。

【引】省长梁灵光刚从日本回到广州，即从机场赶来祝寿，吴南生、许士杰、欧初、邓汉光、胡根天、黎雄才、胡一川、黄笃维、应野平、赖少其、商承祚、余新河以及夫人夏伊乔和子女等100多人参加寿宴。朱屺瞻、陈大羽挥毫作画为寿，金尧如写了贺词《永遇乐》，杨应彬朗诵贺诗："公是黄山不老松，丹青酣畅写春风,欣逢九秩蟠桃会,琥珀香醇寿海翁。"祝寿的诗、书、画作品琳琅满目,胡应湘等赠送花篮,南京艺术学院等发来贺电、贺信,黄胄寄来了祝寿画幅。寿翁在宴会上说:"谢谢大家!我到处走走看看,越看越感到祖国太可爱了。我一生画了很多画,但我的一切成就全归功于祖国。"羊城晚报记者上前贺寿,欣然为之题写"向羊城晚报读者问好"句。(《刘海粟年谱》,第361页)

3月16日,刘海粟在广州东方宾馆欢度八十九岁生辰,作《水调歌头》。

【录】万事易今古,日月自西东。艺海优游九十,白发映方瞳。山泽风雷气概,书画诗词手段,弹压万夫雄。为有擎天笔,一点破鸿蒙。

凌云志,浩然气,在吾胸。自喜曾经沧海,哪怕石龙风。笑看花开花落,还我寿人寿世,春向酒边浓。醉墨龙蛇舞,掷地化长虹。(《刘海粟诗词选》,第131页)

3月17日,为感谢各界人士的关怀,刘海粟在广州中国大酒店举行答谢宴会,招待昨晚前来祝寿的100多人。

【引】关山月朗诵祝寿诗:"一生艺海波浪多,信步闲庭度坎坷,九上黄山非易事,祝翁长寿绘新歌。"寿翁在答谢宴会上说:"谢谢大家的关怀!现在我越来越懂得健康长寿不是为了个人的道理,而是能够为了祖国和人民创作些东西。我要继续为人类作贡献,为祖国争光。"(《刘海粟年谱》,第262页)

3月17日,刘海粟在广州中国大酒店欢度九十诞辰,作《满江红》。

【录】豪迈雄姿,频挥洒,如椽大笔。追畴昔,寻谁伦比,崔嵬胸臆。敢教"四王"齐俯首,似闻二米叹才绝。更人间,桃李满春风,多雄杰。反旧流,新风立。斗军阀,志不易。历桑田沧海,壮心犹烈。辗转乾坤人未老,翻腾江海功难毕。喜今朝,九十庆遐龄,长无极。(《刘海粟诗词选》,第135页)

3月18日,刘海粟任南京艺术学院名誉院长。(《刘海粟年谱》,第262页)

3月19日,刘海粟致函刘抗。

【录】刘抗老弟:您好!我去年秋天游齐鲁,遍访胜迹,重登泰山之巅,一览群山小,气势不同凡响。入冬又来羊城欢度春节,转眼红棉绽蕾,春浓天暖。文化部已批准六月八日出访日本,秋访意大利,在罗马接受国际艺术荣誉塑像奖。耄年再度远涉重洋宣扬东方艺术,为国家民族争光,彤彤此心倍感振奋。鹏

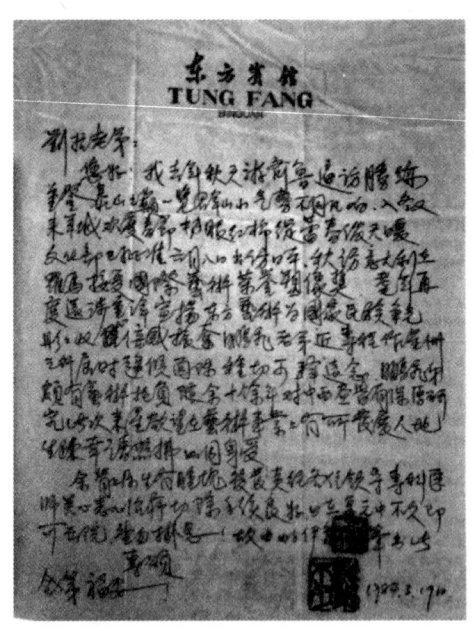

【图1984-1】1984年3月19日,刘海粟致刘抗函

飞老弟近专程作星洲之行，届时趋候面陈种切可释远念。鹏飞弟颇有艺术抱负，随余十余年对中西画皆有深厚研究。此次来星，欲望在艺术事业上有所发展，人地生疏，幸请照拂，如同身受。

余背上原生有肿块，后发炎经各位领导、专科医师关心悉心治疗切除，手术良好，日在复元中，不久即可出院，望勿挂念！故由内子伊乔代笔书此。专颂合第福安！ 1984.3.19日。（《刘海粟刘抗师友书信录》，第257页）

3月，作书法《行书七言自寿联》。（该书题跋）

3月，因患背部囊肿，入广州市第一人民医院治疗。（《刘海粟刘抗师友书信录》，第257页）

3月，刘海粟为晓庄陶行知先生纪念馆写了匾额"陶行知馆"，另作题词"精神万古"，颂扬陶先生的精神品质。（《新华日报》，1984年3月16日）

4月20日，刘海粟病愈出院。

【引】在住院期间，审阅了将于6月赴日本名古屋举行江苏书画展的作品，对送审作品的陈大羽和尉天池等说：书画要由别人评价，不要争个人高下，因为这些作品都是国家的。提倡有学派，但不要搞宗派，要尽量多团结一些人。（《刘海粟年谱》，第262页）

4月，《海粟艺术集评》由福建人民出版社出版。

【按】《集评》辑录了自1918年至1983年六十余年间蔡元培、沈恩孚、徐志摩、傅雷、梁宗岱、谢海燕、朱金楼、费毓龄、舒传曦以及国内外人士对刘海粟艺术的评论文章67篇。胡厥文撰序。（《海粟艺术集评》，福建人民出版社，1984年4月）

【图1984-2】福建人民出版社1984年出版《海粟艺术集评》

5月10日，刘海粟中国画《黄山一线天奇观》和《翠微峰》参加为纪念明末清初杰出画家渐江逝世320周年而举行的书画作品展览。(《刘海粟年谱》，第262页)

5月11日，刘海粟由广州飞往北京。出席中国人民政治协商会议第六届全国委员会第二次会议。(《刘海粟年谱》，第263页)

5月26日，刘海粟被中国人民政治协商会议第六届全国委员会第二次会议增选为常务委员。(《宁波日报》，1984年5月27日)

5月，《海粟黄山谈艺录》由福建人民出版社出版。

【按】选编刘海粟的艺术文论、序言、信函等32篇。书前有朱季海序、程十发序、戴岳序，书前载有刘海粟在黄山期间的四幅照片。(《海粟黄山谈艺录》，福建人民出版社，1984年5月)

6月5日,由日本中部日本书道会和中日新闻本社主办的刘海粟教授书画展和中国江苏书画展在日本爱知县美术馆展出。展览至6月10日结束。

【引】"刘海粟教授书画展"展出《曙光普照乾坤》等中国画九幅和《临毛公鼎铭文》等书法三幅。另有《枫桥夜泊诗》和《铁骨红梅》两幅石刻拓片参加"中国江苏书画展"。(《刘海粟年谱》,第263页)

6月6日,刘海粟在上海和朱屺瞻、王个簃、陈大羽合作中国画《延年图》,赠贺上海《文汇报》复刊三十五周年。(《刘海粟年谱》,第263页)

6月8日,应日本中部书道会的邀请,刘海粟率江苏书画家代表团赴日本。

【引】陈大羽、夏伊乔、尉天池、郁宏达等由上海飞往日

【图1984-3】1984年6月刘海粟一行应邀访问日本

本访问十天，参加日本中部书道会创立五十周年纪念活动和出席"刘海粟教授书画展""江苏书画展"。飞机在大阪降落，改乘火车抵名古屋，下榻观光大厦，受到日本友人的隆重欢迎。晚，中部日本书道会会长桑原干根参加欢迎宴会并致祝词，希望中日两国人民在文化方面能有更多的交流与合作，中部日本书道会理事长稻垣菘圃发表了热情洋溢的欢迎词。（郁宏达，《随海粟大师东行的日子》，南京艺术学院学报《艺苑》，1984年第4期）

6月9日上午，刘海粟前往爱知县美术馆参观。

【引】接受夹道欢迎和再次鲜花的隆仪，观看"南京艺术学院名誉院长刘海粟书画展"和"江苏书画展"及中部日本书道会部分会员的作品。参观后，拜会爱知县县厅和名古屋市政府，互送纪念礼品。下午，访问中日新闻社，即席手书"天风海涛曲未终"赠加藤己一郎社长。晚，在观光大厦举行的恳谈宴会上说："五十七年前我来过名古屋，今天故地重游，看到变化很大，感慨万千！日本民族是一个自强不息的民族，日本人民在受过两次大的灾难（第二次世界大战和大地震）后而能够崛起，令人敬佩！"爱知县美术馆馆长中川多津己说："我们美术馆重建已整整二十五年，等待刘教授的来访和展览也整整二十五年了。我国驻日本大使宋之光在宴会上高度评价了中部日本书道会为中日友好和文化交流所作的新贡献。很多日本国会议员及社会名流亦与会恳谈。"（郁宏达，《随海粟大师东行的日子》，南京艺术学院学报《艺苑》，1984年第4期）

6月10日，刘海粟出席庆祝中部日本书道会创立五十周年纪念仪式，和兴会者一同观看大型纪录影片《绘画大师刘海粟》。

【引】稻垣菘圃在电影映完后说:"通过这部电影,大家一定能够十分清楚地看到刘先生是一位伟大的世界艺坛巨人!比国宝还重要的刘先生在百忙中特地赶来参加中部日本书道会创立五十周年的纪念活动,没有比这个更使大家高兴的事了。对此,我再一次表示衷心的谢意。"

在纪念仪式的演讲会上作学术报告,简要论述我国书法艺术发展的历史和中日书法家之间友好往来的情况,说:"中华人民共和国成立以来,日本绘画及书法艺术曾经多次在我国展出,使我国人民对日本艺术有了更进一步的了解和借鉴,两国人民共同培育起来的友谊之花,正迎着春风盛开,多姿多彩,芳香万里。"在纪念仪式上讲话的还有中部日本书道会会长桑原干根、我国驻日本大使宋之光等。爱知县知事铃木礼治、名古屋市市长本山政雄、中日新闻社社长加藤己一郎、众议院议员江崎真澄、爱知县日中友协会会长久野忠治,以及朝日新闻社、共同通讯社、每日新闻社的代表等参加了纪念仪式。

【图1984-4】刘海粟一行访问日本受到热烈欢迎

在艺术交流的书画挥毫会上作巨幅中国画《鲲鹏展翅图》和书法《满江红·中部日本书道会五十周年庆典》。江苏书画家代表团和中部日本书道会的十多位成员都即席挥毫交流。晚，和江苏书画家代表团及幼子刘虬、次女刘虹并宋之光大使夫妇等一同出席祝贺晚宴，在演员翩翩献舞的音乐声中赠送给日方《刘海粟中国画选集》等书籍画册和所作书画刻石拓片、木版水印画，日方也赠送了图书资料。稻垣菘圃在宴会上展示《鲲鹏展翅图》时又一次激动地说："刘先生留下的杰作不仅是中部日本书道会的宝贝，也是名古屋的宝贝，更是日本的瑰宝。"（《刘海粟年谱》，第264页；郁宏达，《随海粟大师东行的日子》，南京艺术学院学报《艺苑》，1984年第4期）

6月11日上午，刘海粟在日本中部书道会及爱知县日中友协负责人陪同下，偕江苏书画家代表团由名古屋乘火车前往东京。

【引】是日十二时半抵中国驻日本国大使馆，受到宋之光大使和日本著名画家平山郁夫等的热烈欢迎。共进午餐时，宋之光认为刘老（刘海粟）作品在名古屋展出非常成功，应当在东京也办一次展览。平山郁夫极表支持，提出由《朝日新闻》社和日中友好服务中心主办。晚，在京王饭店会见日本南画院院长片桐白登，他拿出临摹《刘海粟黄山纪游》的两本册页请为指教，刘老（刘海粟）为其虔诚和谦虚之情所动，在册页上题"得一知己终身无憾"。（《刘海粟年谱》，第265页；郁宏达，《随海粟大师东行的日子》，南京艺术学院学报《艺苑》，1984年第4期）

6月12日，刘海粟在日本中部书道会理事长等陪同下，连续两天到东京近代美术馆和浅草庙宇等处参观游览，受到日本朋友的热情接待。（郁宏达，《随海粟大师东行的日子》，南京艺术学院

【图1984-5】刘海粟（左）在东京会见日本南画院院长片桐白登先生

学报《艺苑》，1984年第4期）

6月14日，刘海粟游览京都岚山，瞻仰周恩来1919年留下的诗草石碣。还游览金阁寺、南禅寺，领略了古老的日本民俗风情。往大阪，作中国画《红梅》赠潘士义。（郁宏达，《随海粟大师东行的日子》，南京艺术学院学报《艺苑》，1984年第4期）

6月15日，刘海粟率江苏书画家代表团离开大阪，飞返上海。（郁宏达，《随海粟大师东行的日子》，南京艺术学院学报《艺苑》，1984年第4期）

6月21日，刘海粟和朱复戡、夏伊乔合作中国画《劲松图》。（《刘海粟年谱》，第266页）

6月，刘海粟中国画《山茶锦鸡》由上海人民美术出版社出版单张1985年年历。（《刘海粟年谱》，第266页）

6月，刘海粟撰《黄山谈艺》在《中国文学》英文季刊1984年第2期发表。（《中国文学》，1984年第2期）

7月9日,刘海粟为岳阳楼书写楹联。(《刘海粟年谱》,第266页)

【录】"南极潇湘千里月,北通巫峡万重山。"

7月26日,刘海粟在南京艺术学院会见中部日本书道会访华团。

【引】会见以中部日本书道会理事长稻垣菘圃为团长的中部日本书道会文化艺术交流友好之翼访华团一行,并陪同观看南京艺术学院实验乐团的演出和庆祝刘海粟教授从事艺术教育事业七十周年的录像。(《刘海粟年谱》,第266页)

8月4日,应康同环(康有为之七女)之请,刘海粟为李云光将康同环藏康有为书法97幅编成的《南海康先生书法》题写封面及序言。

【引】序言谓:"吾师奖掖后进,诲人不倦,桃李满园,人才辈出;励精治学,见解独具;于经于史,阐述宏富;尤于书法诗文,精严纵横,片纸只字,中外同珍。"(《刘海粟年谱》,第266页)

8月5日,为重建康有为墓园,刘海粟乘火车离南京。6日下午抵青岛,下榻八大关宾馆。(《刘海粟年谱》,第266页)

8月9日,刘海粟参加中国人民政治协商会议青岛市委员会的欢迎晚宴,同席有全国政协副主席萧华、茅以升等。(《刘海粟年谱》,第266页)

8月9日,刘海粟被上海市第三次文代会选举为上海市文学艺术界联合会第三届委员会委员。(《刘海粟年谱》,第266页)

8月10日,刘海粟去青岛东郊浮山察看康有为新墓址,

又去福山支路5号访康有为故居。(《刘海粟年谱》,第267页)

8月16日,刘海粟在八大关宾馆礼堂会见南京少年儿童夏令营全体小朋友,并作书法赠南京市少年儿童书画会。(《刘海粟年谱》,第267页)

8月23日,刘海粟为武进县撰写"重修恽南田墓记"。

【引】墓记刻石于恽南田墓地。墓记中谓:"南田诗书画,时誉三绝。其没骨花卉,清丽雅逸,师心独见;山水画力遒韵雅,豪迈绝伦,世称恽派,海内宗之。"(《刘海粟年谱》,第267页)

8月25日,刘海粟赴平度县。(《刘海粟年谱》,第267页)

8月26日,刘海粟赴天柱山访郑道昭书郑文公碑(上碑),并作擘窠大字"瑰玮博达,绝壁生辉",将镌刻于摩崖。26日返青岛。(《刘海粟年谱》,第267页)

8月26日,香港《星岛晚报》以双版跨页刊载刘海粟巨幅肖像照片和中国画八幅,以及李华川撰文《当代国画大师刘海粟》。(《刘海粟年谱》,第267页)

【图1984-6】刘海粟在青岛与少儿书画会小会员们一起联欢

8月29日,刘海粟为武汉黄鹤楼撰书九尺楹联。

【录】"由是路,入是门,奇树穿云,诗外蓬瀛来眼底;登斯楼,览斯景,怒江劈峡,画中天地壮人间。"(《刘海粟年谱》,第267页)

9月1日,刘海粟曾作画捐赠的中国残疾人福利基金会筹款捐赠画展在香港举行。(《刘海粟年谱》,第267页)

9月3日,刘海粟出席上海市欧美同学会举行成立大会。

【引】刘海粟与刘念智、张承宗、周志宏、赵祖康、谈家桢被聘任为名誉会长。上海生理研究所名誉所长冯德培任会长。
(《刘海粟年谱》,第267页)

9月6日,刘抗致函刘海粟。

【引】海师:惠下最新出版的《中国画选集》,已经收到,印刷精美,装订考究,不在话下。单是看到吾师那帧肖像,就令人胸怀大开,一种朝气蓬勃、斗志坚毅的感觉,深深铭入脑海中,九上黄山,只不过起步而已,今后十上、廿上,等闲事耳!几篇文章,颇有相当分量,让公众人士对吾师会进一步了解。

至于作品,生全部都已在香港展出时拜读过,有的以功力深厚为人所钦佩,有的以气魄雄浑教人叹服,而最令生倾倒者,莫如1980年《五龙潭》《白龙潭》诸幅,云烟变幻,水墨淋漓,已臻出神入化之境,说实的,数中国三千年来画笔,还看吾师!

较早前,另一本惠赠之油画集,从各个角度看,和这本水墨画集可谓无分轩轾,然以民族及历史观点言,国画集便见其深长意义。

吾师既在名古屋成功展出,明年五月间东京盛会必更见轰动无疑,届时生将偕内子前往参与开幕礼并拜会。吾师及师母候安。未稔展览日期及地点已确定否?尚恳惠书提及是所至盼。香港三联书局本拟出岁五月间为生主办一次画展,生以气候太热为由请其改为秋季,已蒙同意,现正积极准备中,希望不至于港人太大失望。

前曾请吾师得便代为接洽在国内举行画展,若能配合港展之后日期,当较理想,不知吾师意下如何?(下文谈及刘抗儿子刘太格婚事,略)(《刘海粟刘抗师友书信录》,第260页)

9月7日,刘海粟致函袁志煌。

【引】函谓:"来青岛后依然很忙,疲瘁之至,作画写字,未尝一日悠游颐养。八九高龄,奔驰南北,真所谓孔席不暖墨架常移,无非心迹彤彤,劳劳为国。旺盛的创作欲,强烈的事业心和责任感,每天给自己安排的工作,远远超过八十九高龄应有的负担。"(《刘海粟年谱》,第268页)

9月9日,刘海粟为掖县云峰山郑文公碑(下碑)碑亭书写楹联。

【录】"四顾苍茫,天海云吟天外海;一碑突兀,画中人醉画中山。"又书写牌楼匾额:"山壁增辉。"(《刘海粟年谱》,第268页)

9月10日,刘海粟作中国画《海瑞像》。(该作题跋)

9月12日,刘海粟出席青岛画院举办的茶话会,发表讲话并作中国画《红梅》。(《刘海粟年谱》,第268页)

9月25日,刘海粟背部皮肤腺囊肿感染发炎,入青岛市人民医院作手术治疗。(《刘海粟年谱》,第268页)

【图1984-7】刘海粟中国画作品《海瑞像》，周谷城题，1984年（133cm×67cm）刘海粟捐赠香港藏

【图1984-8】刘海粟中国画作品《红梅》1984年（95cm×178cm）常州刘海粟美术馆藏

9月25日，常州书画院首届作品展览，刘海粟为展览题写会标。中国画《壁裂千仞》参展。（《刘海粟年谱》，第268页）

9月30日，刘海粟出院，参加在青岛人民大会堂举行的青岛市庆祝新中国成立三十五周年大会。晚，参加青岛市国庆招待会。（《刘海粟年谱》，第269页）

9月，刘海粟为重建康有为墓，书写康有为墓碑和撰书《南海康公墓志铭》。

【按】1927年，康有为移居青岛，刘海粟亲往送别，不料竟成永诀。但刘海粟对恩师的仰止感念之情，与岁俱增。撰《忆康有为先生》一文，以《黄山谈艺录》为题发表于1980年《艺谭》试刊号第2期，整理后以《忆康有为老先生》为题收录入1984年出版的《海粟黄山谈艺录》，1985年又在原文基础上增加了有关的忆述，收录于《齐鲁谈艺录》中。1984年，青岛市重修康有为墓，年已九十的刘海粟亲书墓碑并撰《南海康公墓志铭》。

【录】"公讳有为，原名祖诒，字广厦，号长素，戊戌后易号更生，广东南海人也。公十九岁时乡试不售，即慨然以天下为己任。光绪十四年伏阙上书，不得达。十七年撰《新学伪经考》。二十年入京会试，遭弹劾，书被焚而名益彰。次年，中日马关订约，天下謷謷，公深耻之，与弟子梁启超合各省举人上书拒和议，世称'公车上书'。值会试榜发，成进士，授工部主事，辞不就。返粤讲学于万木草堂，撰《孔子改制考》二十三年公复赴京。明年岁首李鸿章、翁同和等延晤于总理衙门，公纵论变法维新之宜，众莫能难。翁以公言入奏，德宗下诏陛见。变法诏下，倡君主立宪，忤西太后那拉氏，又为袁世凯所卖，谭嗣同等六君子死焉。公亡命海外十有六年，三周环瀛，经三十二国，行六十万里，撰《大同书》诸作。辛亥后丁母忧归国，在沪创天游书院，自号天游化人。公博学善文，擅诗书，精鉴赏；力主革新，然军阀横行，志不得酬，郁郁终于青岛。公生于清咸丰戊午,卒于民国丁卯,享年七十。公墓毁于丙午,今得青岛市人民政府重修,背山临海,肃穆壮观。铭曰:公生南海,归之黄海。吾从公兮上海,吾铭公兮历桑海。文章功业,彪炳千载!弟子毗陵刘海粟谨撰并书"。(《刘海粟艺术文选》,第201页)

9月,刘海粟书写楹联给淮阴博物馆刻碑;还作八十九岁自寿书法作品。

【引】此联集杜甫、苏东坡句:"彩笔昔曾干气象,流年自可数期颐。"为八十九岁自寿,作书法"乱石穿空,惊涛拍岸"。(《刘海粟年谱》,第268页)

9月作中国画《金笺牡丹》《金笺红梅》。中国画《翠微峰》参加江苏省政协庆祝新中国成立三十五周年书画展。(《刘海粟年谱》,第268页)

【图1984-9】刘海粟中国画作品《金笺牡丹》1984年(88cm×47cm)香港私人收藏

【录】《金笺红梅》题："自古金笺破墨难，辉煌未必损高寒；险奇原自浑茫出，烟雾丹霞卷彩烂。甲子中秋得金笺，乘兴写红梅，所谓从心所欲不逾矩，猖狂妄行而蹈乎大方者也。"（作品题跋）

9月，刘海粟致函周颖南。

【录】颖南贤兄大鉴：钓鱼台一别又将一载，每登胜景或午夜灯前，时而念及！

贱体及伊乔均甚好，来青岛海滨廿余日，先后去掖县及平度访郑文公上下二碑，并参加勘定先师康南海老人墓园新址，撰写墓志铭，十分忙碌，心情舒畅。夜闻海啸，中有妙景，如召唤、如倾诉、如叮咛，非历静境者莫能证之，福乐即寓其中，宇宙间之至诗也。

关于南艺师生赴新加坡画展一事，已将大札径寄学院，他们会有答复。

读大著选集，涉猎殊光，望一发而不可收地耕耘下去，于大繁中，求得大学问，使生命发光吐热，垂范后学，人生大事，愿共勉之。即祝文祺，夫人曼福（《大师华翰》，第148页）

10月4日，刘海粟在青岛八大关海滨作油画写生《海景》。（《刘海粟年谱》，第269页）

10月10日，刘海粟中国画《黄山颂》参加苏联为庆祝中华人民共和国成立三十五周年，在莫斯科东方艺术博物馆举行的中国现代绘画展览。展览至29日结束。（《刘海粟年谱》，第269页）

10月23日，刘海粟在八大关海滨作中国画写生《松》三幅。（《刘海粟年谱》，第269页）

10月28日，周颖南致函刘海粟伉俪。

【图1984-10】刘海粟油画作品《海景》1984年（51.6cmX103.3cm）上海刘海粟美术馆藏

【录】海粟大师伉俪：惠书及大著《刘海粟中国画选集》均已拜领，衷心感谢！我东欧归来后忙于事务，未能及时复信为歉，请谅察！

有关南京艺术学院拟来新加坡展览事，我已与海燕兄作详细的叙述。印呈参阅，恕未另述。总之，这件事若能顺利进行，将是中国艺术界划时代的创举。

明年五月大师东京之行，若时间许可，我将趋前拜会，若居处已定，请示为感！专此敬颂俪福。附近照一束，请惠存。（《大师华翰》，第149页）

10月，刘海粟两幅作品参加第六届全国美术展览。

【引】中国画《黄山白龙潭》和油画《福州鼓山》参加第六届全国美术作品展览。其中《黄山白龙潭》获中华人民共和国文化部、中国美术家协会颁发的荣誉奖章及获奖证书。（《刘海粟年谱》，第269页）

10月,刘海粟中国画《黄山颂》由上海书画出版社出版单张画页。(《刘海粟年谱》,第269页)

11月2日,刘海粟中国画《富春江严陵濑朝雾》参加在常熟举行的纪念黄公望逝世630周年书画展览。前此题写了会标。(《刘海粟年谱》,第269页)

11月2日,刘海粟游潮州巡礼韩文公祠,作《渔家傲·为潮州巡礼韩文公祠书》。

【录】雪满蓝关飞老泪,谏迎佛骨何须悔?南国诗情堪足慰。纲不坠:古今皆是民为贵。

稻海银渠汲叠翠,鳄鱼逸去群情沸。文扫八朝衰讽气,人尽醉,象狮岸畔遥相对。(《刘海粟诗词选》,第137页)

11月5日,刘海粟所撰《人体绘画和模特问题》在上海《文汇报》登表。(《文汇报》,1984年11月5日)

11月10日,刘海粟由青岛抵北京,下榻丽都饭店,出席中国人民政治协商会议第六届全国委员会常务委员会第七次会议。(《刘海粟年谱》,第269页)

11月11日,刘海粟往天坛作油画写生《天坛古柏》。

【引】陪同前往的陈钧德在《刘海粟九旬绘古柏》中记述:"借助画刀、画笔,扒开团块状的色浆,完全凭借大师独具的气度和境界,果断地将色块掷向洁白的画布。时而重线勾勒,古柏刚韧坚拔;时而浓彩厚叠,意境高古浑朴。画形而传其神,写景而抒己情。""约一个半小时后,欣然搁笔。"(《刘海粟年谱》,第269页)

11月25日,刘海粟在钓鱼台国宾馆欢晤世界影坛著名导演伊文思。(《刘海粟年谱》,第270页)

12月1日，刘海粟被聘为无锡书法艺术专科学校名誉顾问。（《刘海粟年谱》，第270页）

12月10日，朱金楼辑录《刘海粟论艺类辑掇要》在浙江美术学院学报《新美术》1984年第4期（总第18期）发表。（《刘海粟年谱》，第270页）

12月22日，刘海粟作中国画《钟馗》，并题《西江月》。（作品题跋）

【录】《西江月》题曰：惯看千年鬼魅，依然嫉恶为仇。乌纱抛却更风流，抚取香醪一斗。世上鬼多人恨，人间无鬼君愁。张弓忍把狐鼠留，怎敢皆填海口。

是年，刘海粟题《我寻雪地梅》。

【录】"君觅金谷酒；我寻雪地梅。人生各异趣，驴马不相随。愚发齿已衰，壮怀未戢，近年遍游南北各地，甲子夏仲客青岛，漫为涉笔，真儿戏也。"（作品题跋）

是年，刘海粟获得多项荣誉。

【引】刘海粟获得世界大学圆桌会议和世界大学联合颁授的文化艺术博士学位。

【引】刘海粟传略入刊英国艺术界出版社《艺术界名人录》第21版。

刘海粟传略入刊英国剑桥国家传略中心出版的《世界成功人录》1984版第十册。

刘海粟传略入刊圣马力诺1984年出版的《世界当代艺术家百科全书》。

刘海粟传略入刊意大利国家艺术学院、意大利艺术大学出版的《国际艺术史——战后至当前艺术潮流及当代艺术家传略》。

刘海粟传略存储意大利国家学术研究中心之资料电子处理中心，并获荣誉证书。

是年，刘海粟为石楠著《画魂》题词。

【录】"一卷画魂书在手，玉良地下有知音。""石楠为潘玉良作传，而玉良之名始著人间。"

是年，上海沪剧院根据小说《画魂》改编演出沪剧《画女情》，刘海粟夫妇与原著作者石楠、著名表演艺术家丁是娥观看演出。

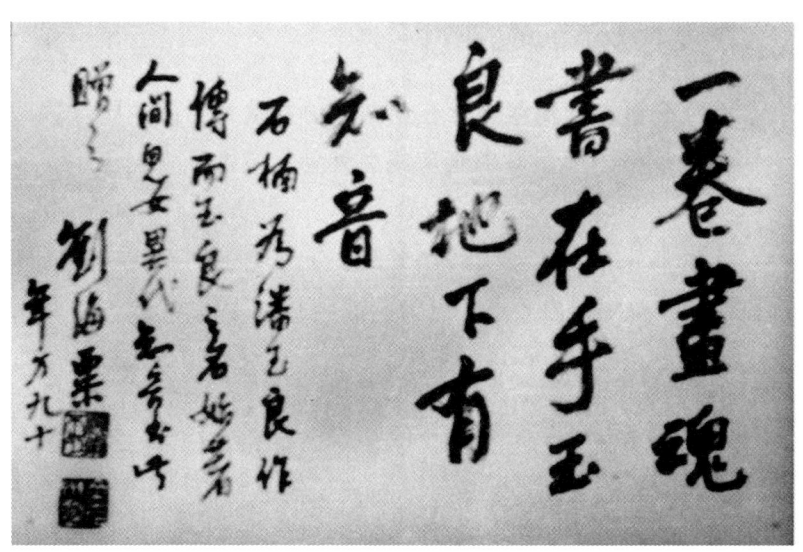

【图1984-11】刘海粟为石楠《画魂》题词

【图1984-12】上海沪剧院根据小说《画魂》改编演出沪剧《画女情》，刘海粟（右三）、夏伊乔（右四）原著作者石楠（右二）、著名表演艺术家丁是娥（右五），观看演出后与全体演员合影（1984年）

公元1985年
（乙丑）
89岁

1月5日，刘海粟出席在全国政协礼堂举行的中国人民政治协商会议全国委员会书画室成立大会，被推选为主任。

【引】并作中国画《泼墨葡萄》。华君武、黄胄、黄苗子为副主任。全国政协委员李可染、董寿平、启功、魏传统、周而复、胡絜青、古元、孙瑛、丁聪、张君秋、常书鸿、潘素等书画家和方毅、杨静仁、彭友今、杨拯民出席了成立大会。（《刘海粟年谱》，第271页）

【释】丁聪（1916—2009），上海人，其父亲丁悚不仅是中国漫画界开拓者，也是上海美专草创时期的主要成员。丁聪先入上海美专西洋画系学习，1935年9月后在上海美专绘画研究所西画组继续深造。20世纪30年代初开始发表漫画。抗战时期转辗于香港及西南大后方，从事画报编辑、艺专教员和画抗战宣传画等工作,在上海、香港等地编辑《良友》《大地》《今日中国》等画报。后在重庆、成都等地从事舞台美术设计,创作了《阿Q正传插图》《现象图》等。1944年参加中国民主同盟。1945年后在上海主编《清明》文艺杂志。新中国成立后历任《人民画报》副总编辑,全国青联常委兼副秘书长,中国美协第一、三届理事和漫画艺术委员会主任。(《上海美专名人传略》,第292页)

1月27日,《油画艺术讨论会简报》第2期载刘海粟接见在黄山举行的油画艺术讨论会筹备委员会负责人时的谈话。

【引】"随着时代的变化,人们的观念和审美要求也在变化,所以要不断来符合时代的要求。""中国画史上清朝的四王有本事,但是缺乏新的创造,影响就不大。当然创新不是凭空而来,是从旧的东西里变化而来,从传统中发展而来。好的作品有时看起来古到极点又新到极点。"刘海粟认为六届美展油画很有成绩,容纳了各种学派,有了新气象,艺术的发展要搞学派,不要搞宗派。又说:"这次讨论会选定在黄山开很有意义。黄山体现了中国气派,对理解油画民族特色极有帮助。吸收不能强加,要从自然而然的熏陶中得来。"并为之题写了讨论会会标。(《刘海粟年谱》,第271页)

1月,刘海粟作中国画《墨笔古人荒寒境》。(该画题跋)
1月,刘海粟患病入北京中日友好医院治疗。2月1日病愈出院。(《刘海粟年谱》,第271页)
2月17日,刘海粟参观在北京举行的广西花山壁画艺术展览。(《刘海粟年谱》,第271页)
2月,刘海粟中国画《苍松挂壁》和八十九岁自寿联参加上海中国画院迎春画展。为《陈钧德画选》题写封面及撰序。

为《光明日报》新闻"中国书画"专栏题写刊头。(《刘海粟年谱》,第272页)

3月23日,刘海粟偕夫人夏伊乔出席深圳市为他举行的祝寿庆会。

【引】由新华社香港分社负责人许家屯和深圳市领导人梁湘、周鼎、周溪舞、邹尔康、闻贵清、张政锦、乔胜利、甄锡培、李广镇等陪同,出席深圳市各界人士在深圳银湖度假村清露堂举行的祝寿庆会。

【图1985-1】刘海粟中国画作品《墨笔古人荒寒境》1985年(130cm×66cm) 刘海粟捐赠香港藏

寿堂正中置金色寿字屏风。两侧悬金字长联:"气吞虹,腕力劲,铁骨红透冰消融,画廊鹤寿映流霞;鹏展翅,雁南飞,晴天丽日手生辉,梅花扑鼻香万家。"寿堂两旁满悬广东省领导人吴南生、杨应彬,深圳市文联名誉主席李伟彦以及任真汉、陈江、王子武、郑成扬、陈大羽、简庆福、黄笃维等的祝寿诗画。主席台前摆着广东省、深圳市、香港领导人和文化艺术团体及子女等敬送的20多个祝寿花篮。深圳侨社总经理李基送来高达九层的特大生日蛋糕。还收到贺信、贺电数十件。深圳市市长梁湘代表广东省和深圳市致贺词,许家屯高度赞扬刘老(刘海粟)在艺术上的卓越贡献和对人民、对国家、对艺术的赤子之心,以及从不满足、一贯创新的精神;作为一代艺术大师,其社会影响是久远的,海粟大师是国家之宝、人民之宝、民族之宝,并祝海粟大师健康长寿!寿翁对到会来宾表示谢意,并说:人生有限,学海无涯,要继续努力为精神文明建设和世界艺术的发展作出贡献。并和陈大羽、黄笃维、郑家镇、赵世光、任真汉合作丈二匹的巨幅泼墨山水。出席祝寿会的还有王家祯、金尧如、刘国松及媳周凤如、次女刘虹、婿白庭荫、幼女刘蟾、婿周浩鑫等。(《刘海粟年谱》,第272页)

3月27日,刘海粟出席中国旅行社深圳口岸社和华侨酒家为他庆祝九十荣寿而举行的祝寿宴会及歌舞晚会。

【录】吟题:"云涌风驰九十秋,攀登忘乐亦忘忧。昂首天都惊天近,更喜珠峰在上头。"(《刘海粟年谱》,第272页)

4月2日,刘海粟从深圳经广州飞往北京,参加中国人民政治协商会议第六届全国委员会第三次会议。(《刘海粟年谱》,第273页)

4月11日,刘海粟赴北京师范学院,为卫天霖油画展览

开幕式剪彩。张爱萍、刘迅、罗工柳、吴冠中等出席。同时成立卫天霖艺术研究会。(《刘海粟年谱》,第273页)

【释】卫天霖(1898—1977),字雨三,山西汾阳人。1920年赴日本东京川端美术学校学习,1922年考入东京美术学校西洋画科,从师藤岛武二。1927年毕业后,进研究院深造。1928年回国,受蔡元培聘任北平大学造型艺术研究会导师。1930年至1947年历任北京大学西画系主任,任教于北平艺术专科学校、孔德学校。新中国成立后创建了北京师范大学工艺系,历任北师大教授、北京艺术师范学院副院长、北京艺术学院副院长等职。其作品色彩丰富,用笔斑驳苍劲,具有书法篆刻之美,予人以饱满、深沉与醇厚之感。

4月17日,刘海粟偕夫人往中南海西花厅会见中国人民政治协商会议全国委员会主席邓颖超。(《人民日报》,1985年4月21日)

【图1985-2】1985年,邓颖超接见刘海粟夫妇

【引】邓颖超说:"欢迎您到我家来做客。我和恩来同志在30年代就知道您了。您在油画和中国画上的成就,在国内外都享有盛誉。您热爱祖国,热爱社会主义,培养了许多人才,为四个现代化建设、为精神文明的建设,作了许多贡献,大家都尊敬您。我们的国家非常尊敬您这样的老人。""听说在十年内乱中您受了很大的委屈,我向您慰问、向您道歉。"邓颖超还称赞刘老(刘海粟)的夫人:"您把大半生的精力都花在刘老身上,使他集中精力从事艺术事业,我们感谢您。我们感谢像您那样全心全意帮助丈夫从事艺术创造的夫人们。"刘海粟说:"我应该感激您和周恩来总理。是周总理使我懂得了为人民服务的道理。我今年九十岁了,我想起周总理,就觉得自己还年轻,还有不少事要做。我不服老,还要学习。"并将《刘海粟作品选集》题字赠送给邓颖超。浙江《戏文》杂志总编辑沈祖安见时也在座。(晓火、柳河,《一片彤彤报国心——记邓颖超同志和刘海粟教授夫妇的一次会面》,《瞭望周刊》,1985年第25期)

4月17日,国务院在颁布的关于严禁淫秽物品的规定。

【引】其中说明:"表现人体美的美术作品、有关人体的生理、医学知识和其他自然科学,不属于淫秽物品的范围,不在查禁之列。"(《刘海粟年谱》,第273页)

4月19日,刘海粟作《赋长歌以报》答谢国防部部长张爱萍。

【引】国防部部长张爱萍是中国书法家协会名誉理事,在刘海粟九十寿辰时赠百寿杖,刘海粟作《长歌》答谢。作者自注:"一九八五年四月十六日爱萍将军赠予百寿杖,赋此长歌,碧桃而已,以报琼瑶也。"《赋长歌以报》:白发将军经百战,今日赠吾百寿杖。忆吾年少国步艰,风微难使彤云散。祖国背脊压成弓,头脚一弦绷苦难。扶杖奔波五大洲,中山一老襟怀壮。志士刀丛发浩歌,草地扶枪求解放。天安门上赤旗红,弦断脊梁挺旗杆,从此掷杖化丛林。画师家都遇老将,昔年诗人有芦笛,(法国阿波里内尔)谢绝将军手杖换。而今战士即书家,龙蛇满纸风云荡。一杖更见兄弟情,形影不离难言状。百寿愿与将军共,神州尧舜俱健旺。吾愿化杖为长龙,骑龙同把火星上。吾思此杖成巨笔,写尽雄山丽水相。吾盼杖弓吐彩虹,万里天葩增烂漫。九十学童发狂歌,与君同把吾民赞。(《刘海粟诗词选》,第142页)

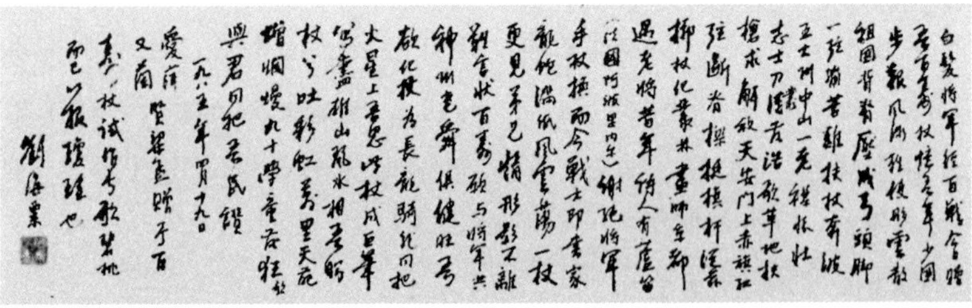

【图1985-3】刘海粟书法作品《赋长歌以报》,1985年书法

4月21日,刘海粟致函祝贺在安徽泾县泾川山庄开幕的由中国艺术研究院美术研究所、中国美术家协会安徽分会、中央美术学院、北京画院及《美术史论》编辑部共同主办的油画艺术讨论会。(《刘海粟年谱》,第274页)

4月29日,刘海粟和沙孟海、王个簃、林散之、方介堪等被中国书法家协会第二次会员代表大会聘任为名誉理事。启功当选为中国书法家协会主席。(《刘海粟年谱》,第274页)

4月29日,刘海粟由北京飞抵南京。(《刘海粟年谱》,第274页)

4月30日,刘海粟出席在江苏举办的庆贺艺术大师刘海粟教授九十寿辰活动。

【引】江苏省文学艺术界联合会、中国美术家协会江苏分会、中国书法家协会江苏省分会、江苏省国画院、江苏省美术馆、南京艺术学院和金陵饭店联合在金陵饭店举办庆贺艺术大师刘海粟教授九十寿辰活动。江苏省领导人和文艺界知名人士江渭清、韩培信、沈达人、孙颔、柳林、储江、钱锺书、陈焕友、叶绪泰、杨咏沂、陈白尘、沈亚威、钱松岩、黄友葵、萧娴、臧云远、保彬等前来祝贺。（南京艺术学院学报《艺苑》，1985年第2期）

4月，《刘海粟名画集》由福建人民出版社、福建美术出版社出版。

【按】编入中国画57幅、油画27幅，并附图录107幅。叶圣陶题序诗。（《刘海粟名画集》，福建人民出版社、福建美术出版社，1985年4月）

4月，刘海粟著、柯文辉执笔的《齐鲁谈艺录》由山东美术出版社出版。

【按】此书是刘海粟的艺术文集，经作家柯文辉执笔整理成册。全书收入35篇文章，学术性研究文论有《读郑道昭碑刻五记》《浅谈灵岩寺罗汉塑像》《谈朱元璋对画家的迫害》《诗卷留天地 博闻鉴古今》《笑擎火把奔向光明》《镜底常留二月花》《人创造路 路召唤人》《人体绘画和模特儿问题》《谈两张人体画和模特儿》《从模特儿所引起的反封建斗争》《拭目待天葩，满树新花带笑看》。介绍评述友人的文章有《屠敬山先生》《忆康有为先生》《忆梁启超先生》《湛山寺话弘》《诗人郁达夫》《忆徐志摩》《女画家潘玉良》《关于李金发》《回忆吴昌硕》。此书还收入自序或为友人著作撰写的序言，有《清代昆剧图录序》《闲话胡适序》《郁达夫传序》《梅兰芳画选序》《驼

【图1985-4】刘海粟书法作品《寿》1985年（114cm×77.1cm）上海刘海粟美术馆藏

踪序》《灵岩文物研究序》等。（《齐鲁谈艺录》，山东美术出版社，1985年4月）

【释】柯文辉（1935—），安徽省安庆人。当代著名书画评论家、鉴赏家、美术理论家，中国艺术研究院话剧研究所研究员。曾任刘海粟秘书，其间与刘海粟、林散之、李可染、钱君匋等大家建立了深厚的友谊。出版有《齐鲁谈艺录》（刘海粟著、柯文辉执笔）《艺术大师刘海粟传》《花溪语丝》（柯文辉执笔）等。

5月1日，《刘海粟大师论艺类辑》（日文版）由日本艺林社出版发行。（《刘海粟大师论艺类辑》，艺林社，1985年5月）

5月4日，刘海粟出席由上海市为他举行的九十大寿庆祝会。

【引】文学艺术界联合会、中国美术家协会上海分会、中国书法家协会上海分会、上海中国画院、中国民主同盟上海市委员

【图1985-5】刘海粟著《齐鲁谈艺录》书影

会、上海美术专科学校校友会和上海如意酒家联合举办祝贺著名艺术大师刘海粟九十大寿庆祝会。

上海市市长汪道涵举杯祝酒,赞扬他在艺术继承、创新上立下不可磨灭的功绩,祝他有更多的珍品留在艺术史上。副市长刘振元致贺词说:刘海粟先生不断探索,以其众多的作品丰富了我国和世界的艺术宝库,为我国艺术事业作出了重大贡献。各举办单位的代表都在会上致贺。刘海粟致谢词说:上海是我艺术活动的发源地,我对上海怀有深厚的感情,今天又在上海与这么多朋友们聚会一堂,感到无比兴奋,虽年高九十,仍要继续在探索艺术的道路上走下去,为艺坛增添新的果实。夏征农、贺绿汀、袁雪芬、王个簃、关良、谢海燕、沈柔坚、程十发、张瑞芳、施平、刘靖基、赵超构、谈家桢等200多位文化艺术界著名人士参加了祝寿活动。盛大的祝寿宴会结束后,和夫人在"祝您生日快乐"的乐曲声中翩跹起舞。之后又乘兴作中国画《泼墨山水》。

(《刘海粟年谱》,第275页)

5月7日，刘海粟应邀偕夫人夏伊乔及南京艺术学院曹耀明由上海飞往日本东京。（《刘海粟年谱》，第275页）

5月9日，刘海粟出席由朝日新闻社和日中友好服务中心在东京高岛屋画廊主办的"刘海粟中国画展"开幕式。（南京艺术学院学报《艺苑》，1985年第2期）

【引】刘海粟在热烈的掌声中致辞说：我在作品的落款中写"年方九十"，就是说我刚刚九十岁，还很年轻，我在艺术的道路上不断创新，要攀登新的高峰；愿中日两国人民永远友好下去。我国驻日本大使宋之光和日本著名画家平山郁夫为画展剪彩并先后致辞，新加坡驻日本大使李炯才也作了诚挚热情的发言。日本各界知名人士柳田泰山、青山杉雨、涌井昭治等数百人参加了开幕式。展出作品50幅。至14日闭幕。（《刘海粟年谱》，第275页）

【图1985-6】"庆祝刘海粟90寿辰"在上海外滩如意酒家举行，刘海粟（前坐右二）与原上海美专部分师生在一起，谢海燕代表上海美专校友会向刘海粟和主持宴会的市长汪道涵敬酒（1985年）

5月15日，刘海粟在日本东京永田町的首相官邸会见日本首相中曾根康弘，赠予《刘海粟名画集》和中国画《后海云雾》。（《人民日报》，1985年5月26日）

【引】中曾根康弘高度称赞大师的水墨画同西洋画有机地结合在一起，创造出一种新的艺术境界，无愧为世界美术史上一个光辉的里程碑。7月9日，收到日本首相委托日中友好协会理事村井隆专程送来的一座沉金石英电子座钟，钟的背面用金粉写着："赠刘海粟先生，日本国内阁大臣中曾根康弘，昭和六十五年五月。"（《刘海粟年谱》，第276页）

5月16日，"刘海粟中国画展"移至大阪展出，至21日结束。（《刘海粟年谱》，第276页）

5月22日，刘海粟由日本大阪飞返上海。（《刘海粟年谱》，第276页）

【图1985-7】日本首相中曾根康弘会见刘海粟夫妇（1985年）

6月3日，刘海粟受聘任中国艺术研究院美术研究所主办的《中国美术报》顾问。

【引】刘海粟和华君武、古元、袁运甫、刘开渠、吴冠中、吴作人、王朝闻、关山月担任中国艺术研究院美术研究所主办的《中国美术报》顾问。中国美术报社在北京民族文化宫举办成立大会。（《刘海粟年谱》，第276页）

6月10日，刘海粟出席由中国人民政治协商会议上海市委员会、上海市欧美同学会和市委统战部在上海龙柏饭店联合举办的庆祝著名艺术大师刘海粟九十寿辰宴会。

【引】周谷城、胡立教、张承宗、冯德培、毛经权等频频举杯，祝贺海粟大师健康长寿，艺术上取得更深的造诣。（《刘海粟年谱》，第276页）

【图1985-8】90高龄刘海粟童心未泯，一支支吹灭蜡烛

6月22日,刘海粟因病入华东医院治疗。7月19日病愈出院。(《刘海粟年谱》,第276页)

7月18日,上海《解放日报》刊载谷苇《海粟老人席间语》一文。

【引】文谓:"艺术总要有独创性。要有自己的风格,自己的风貌,自己的味道。写字作画是艺术。烧饭煮菜也是艺术。艺术就怕'一道汤',公式化、概念化,大家一个样。""科举时代的八股文,宋元以来的院体画,清朝的状元字,都没有艺术个性。"(《解放日报》,1985年7月18日)

7月,刘海粟作书法《李白下江陵诗》。(该书题跋)

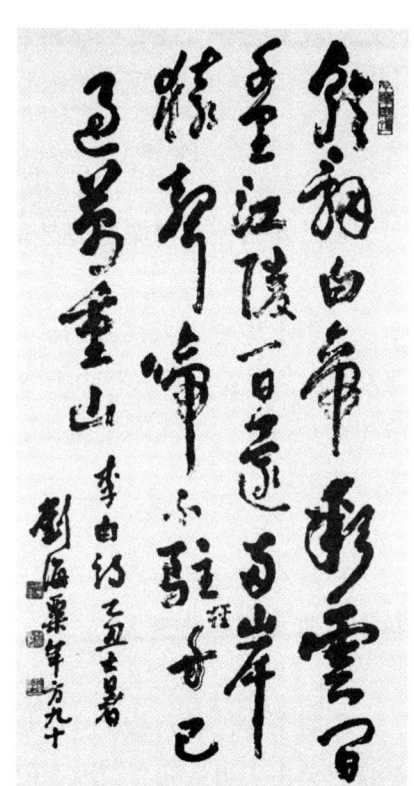

【图1985-9】刘海粟书法作品《李白下江陵诗》1985年(135.3cm×67.2cm)上海刘海粟美术馆藏

8月2日，刘海粟为运河常州段书写"水运开发，万民蒙休"，树碑刻石。（《刘海粟年谱》，第277页）

8月3日，刘海粟作中国画《蓬莱泰岱》。同日，为将在上海举行的潘玉良画展题写展览会会标。（《刘海粟年谱》，第277页）

【图1985-10】刘海粟中国画作品《蓬莱泰岱》1985年（68cm×137cm）香港私人收藏

8月4日，刘海粟应邀赴贵州参观访问。

【引】应中国人民政治协商会议贵州省委员会的邀请，刘海粟偕夫人夏伊乔等一行由上海飞抵贵阳，在机场受到贵州省政协主席苗春亭、副主席宋树功、蹇先艾等热情欢迎。（《刘海粟年谱》，第277页）

8月6日，刘海粟在花溪宾馆会见贵州省省长王朝文和省政协、省文联等负责人。

【引】省长等表示欢迎刘老（刘海粟）来贵州游览、创作。旋往黔灵山宏福寺迎宾楼出席中国美术家协会贵州省分会举行的

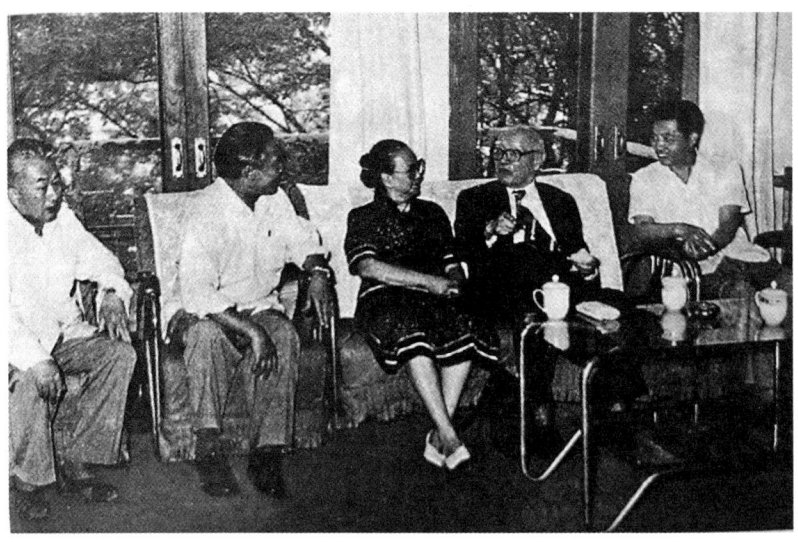

【图 1985-11】胡锦涛（右一）在贵州看望刘海粟（1985 年）

欢迎会，当场题写"后来居上"四个大字赠贵州省美协。欢迎会由省美协副主席王树艺致欢迎词并赠送了贵州蜡染和安顺地戏脸谱。（《刘海粟年谱》，第 277 页）

8 月 7 日，刘海粟离贵阳前往安顺，下榻黄果树宾馆。8 日，观赏黄果树瀑布。（《刘海粟年谱》，第 277 页）

8 月 9 日，刘海粟作中国画写生《黄果树瀑布》。游安顺龙宫，作木炭写生，为龙宫题名，又题词"天下奇观"。（《刘海粟年谱》，第 277 页）

8 月 10 日，刘海粟作油画《黄果树瀑布》（《瀑布》），作中国画《龙门瀑布》和《黄果树大瀑布》。（作品题签）

8 月 11 日，刘海粟在黄果树宾馆作油画《黄果树宾馆画瀑布》。（该作题签）

8 月 15 日，刘海粟出席贵州省文学艺术界联合会举行的欢迎会；并写"释回增美"四个大字赠贵州省文联。

【引】省文联主席蹇先艾在欢迎会上发表欢迎词,祝愿海粟大师旅行愉快并在创作上取得丰收。省政协苗春亭、宋树公、唐弘仁和省文联各协会的负责人宋吟可、张一帆、武光瑞、萧家驹、田兵及文艺界人士200多人参加了欢迎会。(《刘海粟年谱》,第278页)

8月20日,刘海粟出席由贵州省为他举行的九十大寿祝寿会。

【引】政协、省文联、省民主同盟、省美协、省国画院、省人民出版社、省美术出版社、贵阳市政协和市文联在省政协礼堂联合举行的庆祝艺术大师刘海粟九十大寿祝寿会。会场挂寿联:"寿跻九旬,艺推三绝;国尊老大,望重寰瀛。"各单位敬献了花篮。省政协主席苗春亭致祝寿词。贵阳市苗苗儿童艺术团的小朋友表演了歌舞。寿翁致谢词:这次到贵州来,非常高兴,感谢贵州各级领导和艺术界朋友的热情帮助,祝愿参与盛会的朋友们健康长寿,为我们这个伟大的民族、为人类作出贡献。并作巨幅中国画《鲲鹏展翅九万里》赠贵州省政协,以答谢各单位的盛情。又为《贵州日报》题词。(《刘海粟年谱》,第278页)

8月23日,刘海粟抵遵义,受到遵义各界人士的热烈欢迎。次日,参观遵义会议会址。(《刘海粟年谱》,第278页)

8月25日,刘海粟往娄山关。登山顶、浏览娄山群峰。在关隘口作油画写生《娄山关》,历时一小时半。(《刘海粟年谱》,第278页)

8月27日上午,刘海粟再次到遵义会议会址,在院内作油画《遵义会议会址》。下午到凤凰山公园,参谒红军烈士陵园和红军烈士纪念碑。(《刘海粟年谱》,第278页)

【图1985-12】刘海粟在贵州遵义会议会址作油画写生（1985年）

8月29日，刘海粟出席遵义文化艺术界举行的欢迎会。

【引】遵义地区文联主席车明珠致欢迎词。会议主持人请刘老（刘海粟）讲话，并请他坐着讲。刘老（刘海粟）声如洪钟地说："我一定要站起来，我们中国人一定要站起来。"会场报以雷鸣般的掌声。刘老（刘海粟）站起来讲：九十高龄来遵义，并登娄山，到遵义会议会址作大幅油画，因为大家鼓励我，使我内心产生深厚的力量。我现在虽然已经九十岁，还是个学童。学习的目的，只有不断创新，才有生命力。我在创作道路上坚持三条：一是吸收西洋好的东西；二是研究我国的传统，任何时候都不要忘记中国传统；三是对自己、对未来要有信心。同时题词赠遵义文联。（《刘海粟年谱》，第279页）

8月31日，刘海粟结束对遵义的访问，返贵阳。（《刘海粟年谱》，第279页）

8月，刘海粟在贵州创作颇丰。

【引】作中国画《飞流直下三千尺》。为贵州人民出版社编辑出版的文学季刊《新时代人》题写刊名。为贵州画报、贵州美术出版社、贵州茅台酒厂等题词。为常州"抱月堂"题写匾额。作中国画《荷花图》寄赠《半月谈》杂志社，祝贺创刊五周年。
（《刘海粟年谱》，第279页）

9月4日，刘海粟在贵阳市政府、市政协负责人陪同下游览贵阳市容。（《刘海粟年谱》，第279页）

9月4日，刘海粟作油画《甲秀楼》并题诗。

【录】"山吐晴岚翠欲流，一泓涵碧剪新绸。南天风物多云气，今古春光甲秀楼。"（该作题签）

9月7日，刘海粟出席贵州省政协举行的送别会。

【引】与贵州省省长王朝文、省人民代表大会常务委员会

【图1985-13】刘海粟油画作品《甲秀楼》1985年（87.4cm×111cm）上海刘海粟美术馆藏

主任张玉环、省政协主席苗春亭等亲切话别。（《刘海粟年谱》，第279页）

9月8日，刘海粟结束贵州之行，乘飞机返回上海。

【按】《贵州画报》1985年第6期刊登报道了访问情况，并刊有罗马《巨笔挥彩雨，深情注黔中——艺术大师刘海粟贵州之行》记述文章。

9月9日，刘海粟为《中国纺织报》题写报名。（《刘海粟年谱》，第280页）

9月10日，刘海粟出席在上海静安公园举行的蔡元培先生塑像奠基仪式。

【引】刘海粟指出："蔡元培先生是我国近代史上开风气的导师之一。通过他直接和间接的影响，为我们祖国造就了大量的人才。我在艺术上的成就与蔡元培先生的大力支持是分不开的。蔡元培先生的爱国精神、卓越的人格、民主的作风、渊博的知识、宏伟的气度，受到中外人民的景仰。"又献词一首《扬州慢·蔡元培先生铜像奠基仪式》。上海市各方面负责人和各界知名人士赵祖康、吴若安、舒文、黄菊、谢丽娟、董寅初、吴文祺、马远、赵家璧、杭苇、杨小佛等以及蔡元培先生的子女蔡晬盎、蔡怀新等，还有教师和青少年代表300多人出席奠基仪式。塑像于1988年1月11日蔡元培先生诞辰一百二十周年时落成。（《刘海粟年谱》，第280页）

9月12日，刘海粟出席在上海衡山宾馆举行的八集电视连续剧《沧海一粟》开机典礼。

【引】上海市副市长谢丽娟、市委统战部部长毛经权以及刘老（刘海粟）的好友和学生关良、沈柔坚、谢海燕、刘抗、沈之瑜、周抗、谢晋、韩尚义、鲍芝芳、张欣等出席并讲话。以刘海粟前半生经历为基础，着力表现他为中国美术事业所作的贡献。他的反封建、爱中华思想风貌的《沧海一粟》，由安徽电视台和南京电视台联合摄制，鲍芝芳导演。周谷城题写片名，习仲勋题"沧海一粟，壮丽一生"，刘海粟题"不是历史，又是历史"。（《刘海粟年谱》，第280页）

9月，刘海粟为杭州新西湖十景景碑之一"满陇桂雨"题书泐石。为苏州建城2500年纪念赠以书法。为湖南出版的《摄影美术报》题写报名。（《刘海粟年谱》，第280页）

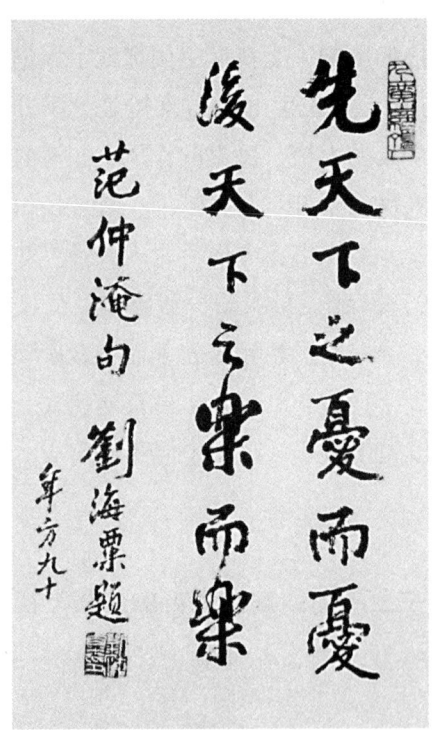

【图1985-14】刘海粟书法作品《先天下之忧而忧，后天下之乐而乐》1985年（66cmX38cm）南京艺术学院藏

10月1日，刘抗致函刘海粟。

【录】海师：此次有缘再度在沪与吾师及师母欢聚，感奋何似！尤以能参与南京及安徽电视台为吾师拍摄《沧海一粟》连续剧开镜礼，荣幸万分！唯于合作《百花齐放》巨制时，生笔墨幼嫩，深感羞惭！今后当力图振作，以期不负吾师厚望。

十四夜宾馆拜别吾师师母后，翌晨由志煌兄陪同抵机场，顺利进入待机室，于中午时分飞抵香港，逗留两宵，十八日南返星洲。

港时，寄奉《书谱》五本，谅已达览。分赠潘受、葆芳书画集均已递交勿介。

太格对吾师书法之苍劲朴拙，极为激赏！撰句之雄奇豪迈，更叹为观止！

彼现任建屋发展局局长外，亦兼莱佛士中心艺术品遴选委员会主席；莱佛士中心系名建筑家贝聿铭所设计，由四座高楼组成，最高一座达七十四层，号称东亚最高之建筑物之一，外观宏伟壮丽，内部设备非常现代化，包括高级酒店、写字间、国际性会议厅及百货公司等，其中一个大厅，拟置一组书画作品，以增艺术气氛，提升高雅之格调。生向太格建议，礼聘吾师承此重任，初步构思，以5英尺×10英尺横幅泼彩黄山为主体，两旁各以5英尺×3½英尺直幅书法副之（参阅附图）将来安置时用玻璃加框以防来往行人触摸。当局愿以星币十万元（约合人民币十二万余）作为笔润，由于目前国际性不景气影响，未能以更高数目为酬，至表歉意！唯艺术原非金钱所可比拟，宣扬华夏文化，创造廿世纪新艺术，乃吾人素所向往之抱负，未稔吾师以为如何？得暇尚恳速即赐复，不胜感祷之至！

杭州游谅甚愉快，画展势必轰动，谨祝成功。生抗拜上（《刘海粟刘抗师友书信录》，第265页）

10月3日,刘海粟由上海赴北京出席全国政协常委会。15日返上海。(《刘海粟年谱》,第281页)

10月18日,刘海粟参加上海市陶行知研究会在锦江饭店小礼堂召开的纪念陶行知先生诞辰九十四周年座谈会。

【引】刘海粟在会上说:"陶先生在东南大学做教授时我们就认识了。他要改革教育,离开了东南大学,到南京郊外去办晓庄师范。办晓庄是很艰苦的,我曾同他一起去看地方,学校就办在小村庄。""陶先生提倡美育,当初我也是。我和陶先生都主张把美育(音乐、图画、工艺)作为一门主课。我们写了好多文章,说明小孩子一方面要物质生活;另一方面还要精神生活。我们并不是要把小孩子都培养成画家、音乐家。主要是为了陶冶他们的精神情操和品德。最近上海市办了行知艺术师范学校,叫我写个校牌,我非常高兴。办行知艺术师范是很重要的。陶先生培养了不少人才,不幸病故,我们很痛心,太可惜了。他没有逝!他的精神、思想要继续发扬。"在座谈会上发言的还有舒文、吴立奇、谈家桢、罗竹风等。(《刘海粟年谱》,第281页)

10月23日,刘海粟由上海乘火车,赴青岛参加康有为墓迁葬仪式。24日抵青岛。(《刘海粟年谱》,第281页)

10月26日,刘海粟应邀出席山东省和青岛市领导人为欢迎前来参加康有为迁葬活动的康有为亲属和弟子的招待会。(《刘海粟年谱》,第281页)

10月27日,刘海粟出席康有为先生迁葬暨墓碑揭幕仪式,并敬献花篮。

【引】花篮的缎带上写着:"爱国主义家、伟大的思想家康南海老师永垂不朽。"在仪式上讲话并朗诵《南海康师迁葬感赋》七言律诗两首。青花岗岩石碑正面刻有"康有为先生之墓"

【图1985-15】刘海粟在青岛为其师康有为撰写墓志铭并参加迁葬仪式（1985年）

七个金色大字，背面刻有《南海康公墓志铭》，均系刘海粟去秋在青岛所书。山东省和青岛市的领导人王今吾、杨在茂、王稔五、施稼声、马绪涛、阎同科、王玉成、王肇基、宋英、于希宁，康有为的亲属和弟子庞莲、康保娥、潘庆昭等以及有关部门负责人参加了仪式。29日回上海。（《刘海粟年谱》，第282页）

【按】康有为1927年3月31日病逝于青岛，原葬于青岛崂山李村象耳山，"文化大革命"中墓遭破坏。经山东省和青岛市领导勘察选定，在浮山南麓重建新墓地。新墓地占地700多平方米，周围是花岗岩砌成的围墙，墓后两侧种有六棵苍翠的龙柏，象征在戊戌维新中被害的六君子。

10月31日，刘海粟会见江苏古籍出版社《康有为大同画手稿》的编辑。

【引】在上海卫山宾馆会见江苏出版部门工作人员,见江苏古籍出版社最近影印出版的《康有为大同画手稿》后说:"康有为要变法,就和西太后斗争,这就是革命。戊戌爱国维新运动提出过前人未曾提过的内容,把'变器不变道'发展到'变器又变道',是中国近代史上重大的转折,也是辛亥革命的前奏!现在我们应该对康先生作出公正的评价。"(《刘海粟年谱》,第282页)

11月5日,刘海粟从上海到无锡,会见前来看望的无锡市领导人。(《刘海粟年谱》,第282页)

11月6日,刘海粟出席在无锡召开的中华全国书法教育学会第二次常务理事扩大会议,受到热烈欢迎。

11月6日,刘海粟接受《无锡日报》记者访问并题字"向无锡读者问好",请该报转达对无锡人民的情谊。为无锡鼋头渚风景点题写"鹿顶迎晖"刻石。12日回上海。(《刘海粟年谱》,第282页)

【引】在会上,刘海粟应聘担任该学会名誉主席,说:书法教育学会是学会,不是帮会;要搞学派;不要搞宗派。书法和书法教育是一门大学问。学会应该多办实事,要以工作成果来说话,一定要为振兴书法艺术多作贡献。讲话后,向学会赠送了江苏美术出版社出版的《刘海粟草书长卷》和手书碑刻拓片。会上,学会主席路达、副主席徐静渔、吴炳伟、路棣等作报告并进行讨论。(《刘海粟年谱》,第282页)

11月13日,周颖南致函刘海粟伉俪。

【录】海粟大师伉俪:久未驰书问候起居,唯时刻在怀念中。
福建美术出版社惠赠的《刘海粟名画集》,昨由小女家莉自香港专程携回。我立即详加拜读,宛如置身于当年香港大会堂画展之中，引起难忘的回忆。

画集编选之精、印刷之美、体例之佳，为目前同类出版物之冠。圣翁的序诗，更为难得。为中国美术出版工作开创了新的里程碑，我已专函向出版社祝贺并申谢！沈文兄对画集出版所作的努力，令人敬佩！

在国渠兄处，看到大著《齐鲁谈艺录》，我立即找遍此间书店，未能觅到。我迫切需要拜读，特别是其中有关张伯驹、徐志摩及郁达夫等名篇。若有存书，请惠赐一册至感！上月间，王个簃先生应邀来此访问展出，我们多次欢叙，甚感舒快。

在世界经济不景气声中谋生存。挤点时间阅读，才是最好的精神寄托。书呆子恶习难改也。专此敬颂俪福。（《大师华翰》，第149页）

11月17日，刘海粟致函刘抗。

【录】抗弟如晤：收到十月一日、十九日寄来的充满盛情厚意的信和贝聿铭设计的建筑物图片，非常高兴。我自北京回沪后，参加先师康有为迁墓仪式，又去青岛无锡参加全国书法教学会，迟迟复书，歉悚歉悚。您建议为莱佛士中心大厅绘画、写诗词及南洋星洲联合报有关邀请我莅星展画讲学事宜，所示各节，很中肯，很精辟，我完全同意。我对抗弟知之深而信之笃，太格有学问，有才华，后来居上。《九十耄龄星洲行，橡笔泼彩黄海景》。近日已动笔为宏伟壮观的国际性的大展作泼彩黄山图，一直住在衡山宾馆十楼两间大房间，作为我的画室。为了抢时间每天常常工作到深夜。除了用极短的时间喝茶、吃饭。不喜欢别人打断我的工作，因为白天经常有人来访问。虽然年迈，我的作品越来越大了。前年为北京钓鱼台国宾馆创作了宽五米、高二米泼彩黄山图，又为国务院紫光阁画了丈二匹的黄山西海（尚未完工），现在又为贝聿铭在新加坡设计的建筑创作以5英尺×10

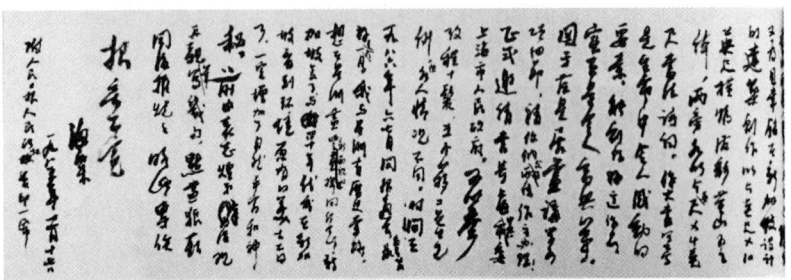

【图1985-16】1985年11月17日,刘海粟致刘抗函

英尺横幅泼彩黄山为主体,两旁各以5英尺×4英尺书法诗词。作大画写大字是生命中令人感动的要素,能创作好这作品,实在是令人高兴的事。关于苠星展画讲学各项细节,请你们父子两位作主办理!正式邀请书寄上海中共市委上海市人民政府。可以参考程十发、王个簃二先生先例,但个人情况不同。时间在一九八六年六七月间很适合,留星时间最好是一个月。我与星洲有历史业迹,想在星洲画些新面貌的画携回。深念!新加坡变了,与四十年代我在新加坡看到环境原有的美大不同了,一定增加了自然丰富和神秘。前由袁志煌弟奉复,现再亲笔写几句,点画狼藉,阅后权烧之,略此,专俟报音,不宜。海粟,一九八五年十一月十七日。附人民日报人民政协复印一纸。(《刘海粟刘抗师友书信录》,第270页)

12月9日，刘海粟出席南京艺术学院七十三周年校庆和"一二·九"运动五十周年纪念会，在会上亲自颁发1985年度刘海粟奖学金。（《刘海粟年谱》，第283页）

12月13日，刘海粟再次致函上海市文化局等机构。

【引】批评上海文物商店公开出售署名刘海粟的假画，损害国家声誉，侵犯作者权益，要求切实查究，以维持国家尊严，维护作者声誉。（《刘海粟年谱》，第283页）

12月24日，刘海粟参加上海海外联谊会举办的迎新年联欢晚会，和周谷城、刘靖基、董寅初、张承宗、冯德培等欢叙。（《刘海粟年谱》，第283页）

12月27日，刘海粟和关良合作中国画《鲁智深》。（《刘海粟年谱》，第283页）

是年，刘海粟为江西南昌青云谱八大山人纪念馆题额，作书法题范仲淹句。

【引】为武汉禹稷行宫书写楹联："三过其门，虚度辛壬癸甲；八年于外，平成河汉江淮。"作书法题范仲淹句："先天下之忧而忧，后先下之乐而乐。"（《刘海粟年谱》，第283页）

是年，刘海粟作书法数幅。

【按】作草书轴自寿；作"草书酒渴思吞海　诗狂欲上天"（作品题跋）

本年，刘海粟加入国际艺术家联合会，并获得诸多荣誉称号。

【引】获培德利亚桑斯学院大师院士证书。

获培德利亚桑斯学院理事会授予之艺术骑士荣衔。

获意大利国家学术研究中心世界文化奖（胜利塑像）。

获意大利国家艺术学院奥斯卡奖。

获欧洲学院欧洲艺术大奖。

获美国传略研究所荣誉纪念章及确认证书。

传略入刊英国剑桥国际传略中心出版的《国际名人专集》第8版。

传略入刊美国马贵司名人录出版公司出版的《世界名人录》（1984—1985）第7版。

传略入刊美国传略研究所出版的《国际名人光荣集》第1版。

传略入刊美国历史保存所出版的《世界传略令名堂》第二集。

（《刘海粟年谱》，第283页）

【图1985-17】1985年意大利国家学院研究中心为刘海粟颁发世界文化奖

【图1985-18】1985年意大利国家学院为刘海粟颁发奥斯卡奖

【图1985-19】1985年欧洲学院为刘海粟颁发欧洲棕榈奖

【图1985-20】刘海粟出席美国传略研究所授于荣誉纪念章典礼（1985年）

【图1985-21】美国传略研究所为刘海粟颁布的伟大成功大使奖章

公元 1986 年
（丙寅）
90 岁

1月1日，刘海粟接待前来作节日问候的上海市市长江泽民和市委书记芮杏文。（《刘海粟年谱》，第284页）

1月17日，刘海粟参观在上海博物馆举行的"傅雷家书墨迹展"。

【引】刘海粟一边参观，一边对簇拥在周围的人说："傅雷是一个一丝不苟、追求真才实学的人。傅雷对音乐、绘画都有很深的造诣。人活到九十岁、一百岁也是短暂的，但傅雷的学问、人格是不朽的。十年动乱不能再来了。"（《刘海粟年谱》，第284页）

1月23日，刘海粟作中国画《红梅图》。（该画题跋）

1月，《刘海粟中国画近作选》由江苏美术出版社出版。

【按】编入1981年至1985年的作品20幅。（《刘海粟中国画近作选》，江苏美术出版社1986年1月）

2月9日，刘海粟参加上海市人民政府在上海展览中心举行的各界人士春节联欢活动。（《刘海粟年谱》，第285页）

2月，刘海粟嘱福建美术出版社编辑沈文，将《刘海粟名画集》送赠叶圣陶。

【引】4月18日，沈文在北京医院将《刘海粟名画集》面交叶圣陶，叶圣陶请沈文转告他对刘海粟大师的祝贺和感谢。（《刘海粟年谱》，第285页）

3月1日，刘海粟在南京金陵饭店接受中国第二历史档案馆、《民国档案》编辑部陈与唐、李安庆的来访。

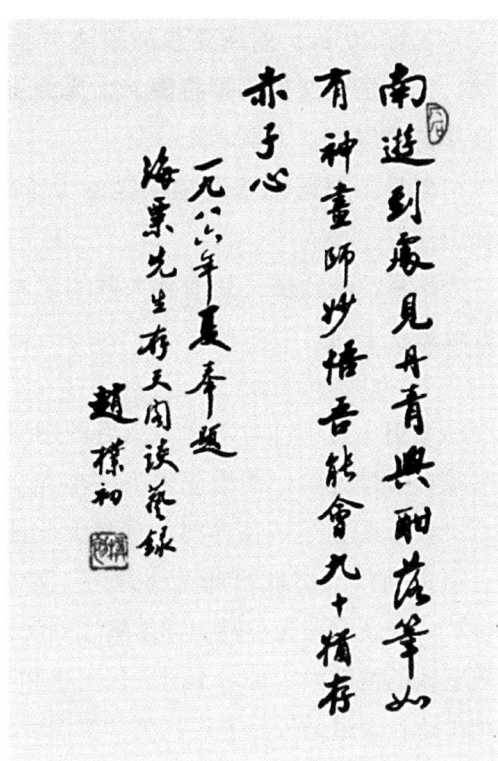

【图1986-1】赵朴初为刘海粟《存天阁谈艺录》题词（1986年）

【引】刘海粟收到他们带来的馆藏刘海粟1941年2月致教育部陈立夫函的复制件，该函报告了当时往南洋各埠展画的情况。为《民国档案》题写刊名。（《刘海粟年谱》，第285页）

3月17日，刘海粟出席六届全国政协常委会第十一次会议。（《刘海粟年谱》，第285页）

3月23日，刘海粟出席中国人民政治协商会议第六届全国委员会第四次会议。会上建议加强文物保护。（《刘海粟年谱》，第285页）

3月29日，刘海粟油画《遵义会议会址》参加中国美术家协会和中国艺术研究院在中国美术馆主办的"当代油画展"。展览至4月20日结束。（《刘海粟年谱》，第285页）

3月30日,刘海粟参加政协书画室举办的书画联谊会活动,作中国画《红梅报春图》,又为张君秋、黄胄、黎雄才等合作的画题词。(作品题跋)

3月,刘海粟作巨幅中国画《笑播彩雨绣神州》。(该画题跋)

3月,朱金楼《刘海粟大师的艺术事业和美学思想》发表并连载。

【引】文谓:"辛亥革命后的中国社会依然充满着混浊、黑暗、残酷无情,而激起作为一个先驱者和爱国知识分子的强烈责任感和紧迫的使命感,这是促使他一生在艺术和艺术事业上奋进而作出贡献的真正动力。"又分别以"情动说""表现说""创新说"为小题,详细阐述刘海粟的美学思想:认为"海粟老人的情动说,是对中国古代美学和石涛、八大山人以来文人画理论,经过融入西方近代美学思潮后的继承发展,也是对清代以来中国绘画的冷漠无生气的因袭凝固的冲击,它反映着时代精神和具有进步意义。""老人的表现说,主张艺术应该表现自我,表现作者的生命、人格、个性,实际上是表现时代所要求的生命的充溢,个性的高扬以及人格的自觉反映,其深刻的时代内容是带有对旧世界的一切陈腐的挑战和反抗,决不是脱离现实、逃避现实的自我陶醉或是自我沉沦,相反地,正是他牢牢地着眼于现实世界,关心着社会国家,怀着先驱者的使命感和责任感而来的。""老人的创新说,实为熔个性(自我、生命、人格、气质、情操、修养)、民族性(民族文化艺术传统、民族审美心理意识)于时代之新(生活现实—外来信息—时代精神)之中。"

(南京艺术学院学报《艺苑》美术版,1986年第1期至第4期连载)

4月10日,刘海粟出席在北京大学举行的蔡元培研究会成立会,和梁漱溟、俞平伯、冯友兰、陈翰笙等为顾问。

【引】在会上刘海粟回忆当年受益于蔡先生关怀的经历，称蔡元培先生是中国伟大的思想家、教育家、革命家。梁漱溟、陈翰笙、屈武也在会上讲述了受益于蔡先生的感人经历。北京大学校长丁石孙教授担任蔡元培研究会会长，陆定一、许德珩、叶圣陶、钱昌照、楚图南任名誉会长。研究会设在北京大学图书馆内。（《刘海粟年谱》，第286页）

4月11日，应法国对外关系部文化科学技术总局的邀请，刘海粟偕夫人夏伊乔、幼女刘蟾离开北京赴法国游览访问。12日，飞抵巴黎，下榻卢佛尔·协和宾馆。（袁志煌，《刘海粟教授重访法兰西》，南京艺术学院学报《艺苑》，1987年第1期）

4月15日，刘海粟冒雨参观埃菲尔铁塔。作《登埃菲尔铁塔口占》。

【引】陪同人员担心老人的健康，劝说改日再来登塔。但刘老（刘海粟）坚持说：我虽九十高龄，就要看看风雨中的巴黎。登上塔顶，站在巴黎最高处，阅尽花都风貌。（《刘海粟年谱》，第287页）

【录】《登埃菲尔铁塔口占》：风风雨雨九十秋，攀登忘乐亦忘忧。漫言铁塔擎天柱，更喜珠峰在上头。（《刘海粟诗词选》，第139页）

5月9日，刘海粟应邀将中国画《黄山光明顶》《天都峰夕照》《设色香蕉月季》《立雪台晚翠》《黄山图》参加由香港中文大学在香港大会堂低座展览厅主办的"当代中国绘画展览"。

【引】此展览邀集朱屺瞻、李可染、黄君璧、董寿平、陈善福、赵少昂、王季迁、陆俨少、饶宗颐、赵无极等50余位画家参加展出。同时举行学术讨论会，并出版《当代中国绘画》。展

览至 14 日结束。(《刘海粟年谱》,第 287 页)

5 月中旬,刘海粟在巴黎应侨胞要求作《泼墨泼彩黄山》并即席题诗。

【录】浇墨生平磊块胸,衰颜今喜发春红。
　　　愿携茗水无双笔,十上黄山第一峰。(《刘海粟刘抗师友书信录》,第 278 页)

5 月 20 日,刘海粟应邀赴巴黎大元酒家晚宴。

【引】在宴会上,刘海粟说:"我已经五十一年没有来巴黎了,能在九十一岁时旧地重游,感到非常高兴。我参观了卢佛尔博物馆、蓬皮杜文化中心、老朋友毕加索的故居。我们的华侨到处都有力量,法国的华人都在为促进中法交流而作出贡献。"我国驻法国大使馆领事、法国外交部代表、中法艺术家等参加了宴会。(《刘海粟年谱》,第 287 页)

【图 1986-2】刘海粟在法国印象派画家莫奈故居前与夏伊乔、刘虎、刘蟾合影留念(1986 年)

5月22日，刘海粟参观法国国立美术学院和位于残疾军人院内的拿破仑墓。（《刘海粟年谱》，第287页）

5月23日，刘海粟出席法国康松造纸公司举行的招待酒会，会上与许多著名画家热情交谈。（《刘海粟年谱》，第287页）

5月24日，刘海粟前往巴黎郊外巴比松画派所在地，参观法国画家的作品。之后，应邀前往旅法著名画家吕霞光家中做客。（《刘海粟年谱》，第287页）

5月29日，刘海粟应邀前往访问法国著名画家苏拉杰，赠给《刘海粟中国画近作选》一册。次日，往法国南部海滨城市尼斯参观访问。（《刘海粟年谱》，第287页）

5月，刘海粟和记者谈来巴黎参观访问的感想。

【引】"创新一定要求旧根底，懂得旧传统；只有懂得了旧的东西不完善，才能真正创出来新东西来。""古今中外一切有学问的成功之道，大体都是这样。比如毕加索是当代西方颇有影响的画家，虽然对他晚年的抽象派画法，我不完全同意，但他是

【图1986-3】刘海粟在法国毕加索博物馆（1986年）

刘海粟年谱长编 | 1249

一位大学问家，懂得多方面的传统绘画艺术。他的抽象派艺术与现在有些人的随便涂、随便画，最后连自己也不明白画的是什么完全不同。一种具有真正意义的创新，是有渊源、有理论、有思想的，决不是、也不能为奇而奇。""在历史上西方国家出现过许多杰出画家。但同任何事物一样，文化艺术的发展也有高潮和低潮。在经过这些天的参观比较之后，我感到西方在绘画艺术方面高峰时期已经过去。但肯定会有新的东西出来。"（《刘海粟年谱》，第288页）

6月5日，刘海粟访问旅法华侨俱乐部。

【引】在旅法华侨俱乐部名誉主席刘友煌陪同下，刘海粟访问俱乐部，受到俱乐部主席叶品云等热烈欢迎。称赞俱乐部在团结华侨，弘扬中华文化，支援祖国建设以及为繁荣当地经济等方面所作的贡献。并作书法以赠。（《刘海粟年谱》，第288页）

【图1986-4】刘海粟参加罗丹雕塑展（1986年）

6月10日，应《欧洲时报》社之请，刘海粟题写"热爱祖国精诚团结"，与巴黎侨胞共勉。

【引】刘海粟对该报记者说：旅居国外的华侨、华人都是热爱祖国的，我到哪里都体会到，希望旅法华侨、华人和各团体精诚团结，事业昌盛，为中法友谊作出贡献。晚，访问法国华裔互助会，为之题写会名，在互助会会长许书利和常委、理事们陪同下，参观该会新会址，又出席该会举行的欢迎宴会。（《刘海粟年谱》，第288页）

6月16日，刘海粟应邀前往巴黎爱丽舍宫总统府出席晚宴。

【按】这次晚宴是法国总统为欢迎中共中央总书记胡耀邦访问法国而举行，刘海粟应邀前往，密特朗总统和夫人会见刘海粟和夫人夏伊乔，对日前赠送给他的中国画《黄山白龙桥》表示感谢。（《刘海粟年谱》，第289页）

6月18日，胡耀邦、李鹏等国家领导人接见刘海粟。

【按】在中国驻法国大使馆，胡耀邦、李鹏等国家领导人会见刘海粟和夫人，胡耀邦亲切地询问刘海粟的生活和工作情况，刘老（刘海粟）将中国画《黄山》赠送给胡耀邦。（《刘海粟年谱》，第289页）

6月20日，刘海粟结束对法国的访问，启程返回中国。

【引】法国外交部代表柯乃柏、我国驻法国大使馆文化参赞李志华及其他官员和许多老友新知都前往机场送行。

刘海粟在候机室内对送行者们说：我很爱巴黎，参考的东

【图1986-5】胡耀邦在巴黎中国驻法大使馆与刘海粟夫妇亲切交谈（1986年）

西很多，我在巴黎见到一些老朋友，遗憾的是许多老朋友都去世了，我参观了他们的博物馆，有许多感想。今天要离开巴黎，感到依依不舍。大家祝刘老（刘海粟）长寿，希望他再访巴黎。中午12时，刘海粟乘法航离开巴黎。翌日飞抵香港。这次访法，受到法国外交部隆重接待，在法国外交部代表的精心安排和我国驻法大使馆文化参赞的陪同下，每天用半天时间重访了许多博物馆、美术馆。在卢浮宫、凡尔赛宫参观时，均坐轮车推行，并有警卫护士随身保护。专程驱车60公里参观凡·高故居，亲自将一束鲜花献在青年时代就崇拜的凡·高墓前。曾往80公里外的莫奈故居巡礼。为了表达对已经作古的友人的怀念，特意凭吊毕加索的故居和参观新建的毕加索美术馆。还看了许多著名教堂的古雕刻。其间，会见了雕刻家孟栩爱先生的夫人以及戴顽君、熊秉明、蔡柏龄、赵无极等旧友新知。（《刘海粟年谱》，第289页）

6月21日，刘海粟飞抵中国香港，计划作短暂停留。

【按】由于在香港期间的活动繁多，直至11月28日，刘海粟才离开香港返回上海。

6月底，新加坡莱佛士中心派陈淑莹专程飞港，邀请刘海粟择时赴新加坡展览访问。

【引】接新加坡驻港专员转达李炯才大使邀请书。（原函复印附上）赴星洲展画事……我来港后，莱佛士中心派陈淑莹小姐专程飞港，为示隆重起见，特在"香格里拉"租下大套房，住在那里两个星期，画成《双梅图》并题诗词，早已保险运星洲，吾弟想已见到。（1986年10月11日刘海粟致刘抗信函）

7月1日，刘海粟出席香港伊丽莎伯幼稚园第七届毕业典礼，主持颁奖仪式并题词。

【引】题词"亲爱的小朋友，未来是属于你们的"，又题赠《登巴黎铁塔诗》给幼稚园校监兼校长朱莲芬。对香港采用普通话、广东话、英语三种不同语言教学的幼稚园，极为欣赏。（《刘海粟年谱》，第289页）

7月1日，刘海粟被中国大百科全书总编辑委员会聘任为《中国大百科全书·美术卷》编辑委员会顾问。（《刘海粟年谱》，第290页）

7月16日，刘海粟被聘为康有为基金会名誉会长。

【引】香港《文汇报》载："康有为基金会近期已在青岛成立。康有为基金会是根据康有为的弟子、艺术大师刘海粟先生的提议，经过国内外诸位同好半年多的热心筹备而成立的。"刘老（刘海粟）被聘为康有为基金会名誉会长。（《刘海粟年谱》，第290页）

7月20日,刘海粟和王个簃、唐云为名誉顾问的联谊书画社在上海南京西路联谊俱乐部成立。程十发任理事长。(《刘海粟年谱》,第290页)

【释】唐云(1910—1993),学名侠尘,号药城、药尘、药翁、老药、大石、大石翁,浙江杭州人,1938年迁居上海,1941年2月至1943年1月任上海美专花卉教授。1949年先后供职于上海市美术家协会、上海中国画院。善画花鸟、山水,尤以兰竹著称,取法八大、石涛、金农、华嵒、沈周等。曾任中国美术家协会理事、上海美协副主席、中国画研究院院务委员、西泠印社理事、上海市文管会委员、上海中国画院画师和代院长、名誉院长。出版有《唐云花鸟画集》等多种画集。(《上海美专名人传略》,第197页)

【释】程十发(1921—2007),原名潼,上海松江人。1938年9月考入上海美专国画系攻读,偏嗜山水画。1941年美专毕业后曾为银行职员。后进入华东人民美术出版社从事连环画和插图创作。后主要画人物,尤多西南少数民族生活题材,与黄胄以西北少数民族生活为主题者互相辉映。又作戏曲、历史题材人物,并大量画戏笔花鸟。历任上海中国画院院长、全国文联委员、西泠印社副社长、中国画研究院院务委员、中国美术家协会理事等。出版连环画《孔乙己》《画皮》等,画集有《程十发近作选》《程十发花鸟习作选》《程十发书画》《程十发画集》等。(《上海美专名人传略》,第289页)

7月29日,刘海粟应邀出席香江艺文社在香港举行的雅集,书画文艺界郑家镇、任真汉、饶宗颐、罗慷烈、陈复礼、金尧如、王家祯等济济一堂,作画赋诗。(《刘海粟年谱》,第290页)

8月28日,刘海粟作中国画并题《天马行空图》。

【录】题曰："南海康师，德器文章，倾动天下，墨迹至今珍逾连城，其绘画为举世所不见。曾为愚作天马行空图，精骏逸纵，不可羁勒，曾载一九二八年《上海画报》，十年浩劫被摧烧，殊为痛怀。忆写仿佛，以志康师盛德于不朽也。"（该画题跋）

8月29日，刘海粟和康有为之女康同环主持在香港中文大学中国文化研究所文物馆举行之"康有为书法展览"揭幕仪式剪彩礼。

【引】刘海粟在仪式上谈了师从康有为学习书法的经历，表示不但佩服康氏书法，还尊重他改革政治的精神。香港中文大学校长马临博士在仪式上致欢迎词，杨振宁、饶宗颐以及香港的书画家出席了开幕式。展览至10月5日闭幕。（《刘海粟年谱》，第290页）

【图1986-6】香港中文大学文物馆举办的纪念康有为先生座谈会上，刘海粟即席发言（右二康有为之女康同璧女士）（1986年8月）

8月,《艺术大师刘海粟传》由山东美术出版社出版,柯文辉著。

【按】刘海粟撰序。此书记叙了刘海粟从童年到暮年的人生经历,生动地展现了刘海粟的奋斗人生,是一本比较客观、全面的人物传记。分别为童年、姑父的教诲、婚变、办学、模特事件、入京、风潮、师事康有为、良师益友、热心为友、东渡、旅游前夕、初游法国、旅行瑞士、巴黎办个展、游意大利、赴德国讲学、征画、柏林办现代画展、伦敦行、欧游归来、抗战之始、去印尼办抗战筹赈画展、新加坡卖画筹赈、遇险、离婚、蛰居上海、九上黄山、鉴藏记录、解放、练画、新的高峰、齐鲁行、访日纪盛、黄山梦痕。该书将思想缕析和创作论述结合起来,具有一定的史料价值与学术价值。(柯文辉,《艺术大师刘海粟传》,山东美术出版社,1986年第8版)

9月5日,刘海粟出席由香港中华文化促进中心主办的饶宗颐教授书画展。

【引】刘海粟在"饶宗颐教授从事艺术、学术活动五十周年纪念暨七十大寿书画展"的预展酒会上致贺,并和饶宗颐、罗慷烈、夏伊乔合作一幅中国画,以志此盛。酒会由王赓武、冯秉芬、霍英东主持揭幕礼。(《刘海粟年谱》,第291页)

9月,应新加坡友好之请,刘海粟作丈二匹巨幅中国画《双梅图》并题《水龙吟·铁骨红》和七绝诗一首。

【引】金尧如在《读刘海粟大师的新作〈双梅图〉和〈水龙吟〉》中称:"画之奇瑰,词之豪迈,诗之古朴,字之深厚,真是罕见杰作,四者合一,诚如天造地设。"(《刘海粟年谱》,第291页)

9月，刘海粟中国画《曙光普照乾坤》和《金笺牡丹》由上海书画出版社出版单张画页和1987年年历。（《刘海粟年谱》，第291页）

9月，《海粟画语》（丁涛、周积寅编）由江苏美术出版社出版。（丁涛、周积寅，《海粟画语》，江苏美术出版社，1986年9月）

10月1日，八集电视连续剧《沧海一粟》由南京电视台播映。

【引】每晚播映两集，连续播映至4日。此电视剧1987年2月2日由中央电视台播映，1987年3月10日由上海电视台播映，其间在全国各省市电视台普遍播映。（《刘海粟年谱》，第291页）

10月11日，刘海粟致函刘抗。

【录】抗弟如晤：很久没有通信，想念之至！今年春天法政府盛情邀请赴法访问三月，法文艺界华裔各侨团热烈欢迎。旧地重游，感想万千。六月廿二日东归经香港为先师康有为举行书法展览。同时接新加坡驻港专员转达李炯才大使邀请书。（原函复印附上）赴星洲展画事，是抗弟太格父子最早洽谈的，原拟由联合报出面邀请。后来莱佛士中心总经理刘公具函派人去上海邀请，（其时我已飞巴黎）并说莱佛士中心国际厅巨画主题改为咏梅图，两旁写咏梅词《水龙吟》。我来港后，莱佛士中心派陈淑莹小姐专程飞港，为示隆重起见，特在"香格里拉"租下大套房，住在那里二星期，画成《双梅图》并题诗词，早已保险运星洲，吾弟想已见到。画展仍照吾弟原来计划及李炯才大使建议，由国家博物院、莱佛士中心、联合报主办，并正式具函邀请。邀请书写明具体细节，展品中国画八十件或百件，李大使函：1987年一月廿二日一二月二日展出十日。接待期间一个月，运输及保险等等。接到邀请书，我即回国申请批准。一切请您与国家博物馆、莱佛士中心、联合报联系，陈小姐在港时也谈起，一切由刘抗先生联系。吾友何康乐先生来星，面交此函及文汇报、明报专刊、欧洲时报复印数纸，奉鉴。康乐乃先师康有为先生之外孙，品德皆优，敦厚热诚，香港、星洲均有事业机构，我知之深而信之笃，一切由康乐面陈，因便略此，专候报音不宣。夫人及太格道念。海粟草草，一九八六年十月十一日。（《刘海粟刘抗师友书信录》，第274页）

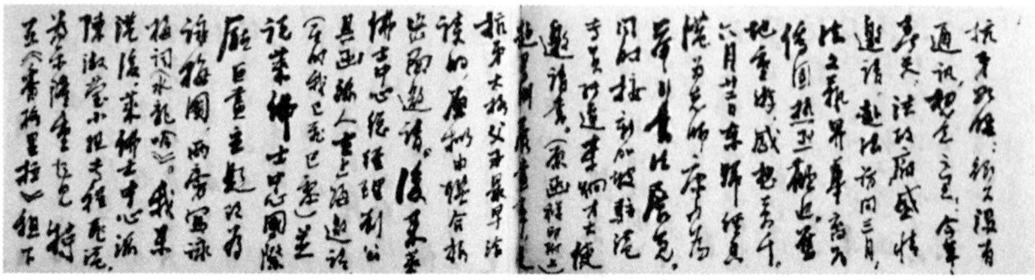

【图1986-7】1986年10月11日，刘海粟致刘抗函

10月29日，刘海粟参加在新华通讯社香港分社大厦礼堂举行的悼念第五届全国人民代表大会常务委员会委员长叶剑英仪式。（《刘海粟年谱》，第291页）

10月，人民美术出版社出版《刘海粟画选》。

【按】此《画选》32开本，160页。该书选自1979年6月中国美术家协会、中国美术馆、中国美术家协会上海分会主办的刘海粟绘画展览会。共收录160幅油画、中国画和书法作品。其中，油画65幅，中国画91幅，书法4幅。集刘海粟早、中、晚期各代表作品。（《刘海粟画选》，人民美术出版社，1986年版）

10月，福建美术出版社将刘海粟、张大千各六幅中国画印制1987年月历出版。（《刘海粟年谱》，第291页）

11月28日，刘海粟离开香港返回上海。

【引】在香港机场为刘海粟送行的有新华通讯社、香港分社郑华、陈伯坚、杨奇,香港《文汇报》社社长李子诵、顾问金尧如,老友严庆祥夫妇,中华总商会永久名誉会长余新河等。到上海机场欢迎的有潘维明、沈柔坚、程十发、杨通谊、马和顺等。中共上海市委宣传部部长潘维明设晚宴洗尘。在下榻的樱花度假村会见亲友和记者,谈访法观感,并说:"绘画作为造型艺术,形可以变,但不能没有形象。在绘画上我一向主张创新,反对墨守成规。但基础教学很重要,不能忽视。学了以后可以再化。"(《刘海粟年谱》,第 292 页)

11 月,刘海粟中国画《白荷》参加东方文化事业公司庆祝成立十周年而在纽约唐人街东方画廊举行的海内外中国书画展。(《刘海粟年谱》,第 292 页)

12 月 1 日,法国驻上海总领事馆文化参赞专程送来法国总统密特朗亲笔署名的致候信。

【引】12 月 8 日,刘海粟覆函致谢:"承贵国政府盛情邀请,故地重游,遍访艺苑、众芳缤纷,精英荟萃,今日巴黎依然是世界艺术之都,而且建设得更美了。益信我爱祖国我爱巴黎之不妄。甫返上海,贵国驻上海总领事馆即专程送来阁下信件,至深铭感,用致芜笺,谨申谢忱。"(《刘海粟年谱》,第 292 页)

12 月 6 日,刘海粟出席中国作家协会上海分会、上海新闻工作者协会和上海归国华侨联合会在上海作协大厅召开的纪念现代著名作家郁达夫诞辰九十周年座谈会。

【引】刘海粟在会上致言。在座谈会上发言的还有夏征农、柯灵、束纫秋、许杰、王西彦、王若望、师陀、王辛笛、贾植芳、沈光、于伶、郁云等。(《刘海粟年谱》,第 292 页)

12月12日，刘海粟主持南京艺术学院1986年度颁奖大会。

【引】刘海粟亲自向15名学生颁发刘海粟奖学金，对全体师生讲话：勉励学生用功做学问，要努力学习民间的东西，对于西方的东西，不是简单地吃下去了事，而要认真消化。（《刘海粟年谱》，第292页）

12月19日上午，刘海粟在江苏省政协礼堂为江苏省文学艺术界联合会主办的报告会作访法报告。晚，出席江苏省文学艺术界联合会主席李进举行的欢迎宴会。（《刘海粟年谱》，第293页）

12月24日，在南京市副市长徐英锐陪同下，刘海粟参观侵华日军南京大屠杀遇难同胞纪念馆。

【引】对日军的暴行深感愤慨，刘海粟说这是日本的耻辱，也是人类的耻辱，人类是应该相互关爱的，怎能这样残忍，日军在新加坡也是这样屠杀平民。认为这纪念馆很有意义，要让国际友人来看，也要让日本人来看，记住历史，不让惨剧重演。参观后为纪念馆题词："历史悲剧，人类耻辱。"又游览了夫子庙。晚，在南京金陵饭店参加圣诞晚宴。（《刘海粟年谱》，第293页）

12月26日，刘海粟会见常州书画院魏华邦、颜亢远、江可群。

【引】谓：画山水要到外面去看，要多研究传统，要研究画外的东西，诗、画、印等都要研究。（《刘海粟年谱》，第293页）

12月26日，刘海粟在南京艺术学院示范作中国画《泼墨葡萄》，并和谢海燕、陈大羽、张文俊、夏伊乔等合作中国画。（《刘海粟年谱》，第293页）

12月，刘海粟中国画《出水芙蓉》《石榴》《绿树重荫》和《天际归舟》由上海书画出版社以木版水印出版，装裱成绫裱镜片发行。（《刘海粟年谱》，第293页）

是年，刘海粟作中国画《山水》（96.6cm×33.2cm）。（该画题跋）

是年，刘海粟为多个文化单位题字。

【引】刘海粟为武进博物馆题写馆名。为四川省内江市张大千纪念馆题写馆名。为淮北市完白印社题写社名。为书法艺术报题写报名。为金坛华罗庚纪念馆题写匾额"算学巨星"。为丁正献编的《粉画欣赏》题写书名。为庆祝西安交通大学建校九十周年暨迁校三十周年书赠"百年树人"。为成立常州市民间文学工作者协会书赠"乡土文苑"。为南京《周末》报创刊五周年书赠"雅俗共赏"等。（《刘海粟年谱》，第293页）

【释】丁正献（1914—2000），浙江嵊州人。1937年毕业于上海美术专科学校西画系。1938年在武汉政治部三厅从事抗日美术宣传工作。1941年当选中国木刻研究会常务理事，任国立社会教育学院讲师。1949年后历任中央美术学院华东分院副教授、副系主任，浙江美术学院教授、浙江粉画学会会长。（《上海美专名人传略》，第293页）

本年，有多个国际性文化团体给刘海粟颁发杰出成就奖：

【引】传略入刊美国传略研究所出版之《国际名人光荣集》第2版，并获光荣匾。

传略入刊英国剑桥国际传略中心出版之《国家传略辞典》第19版。

传略入刊英国艺术界出版社出版之《艺术界名人录》第22版。

传略入刊英国欧洲出版社《国际名人录》第49版。

获美国世界议会金焰奖。

获英国剑桥国际传略中心杰出成就奖。

被美国传略研究所推选委任该所顾问委员会名誉顾问。

又被该研究所董事会委授为名誉终身副董事。

还为该研究所研究协会终身会员。

传略入刊美国传略研究所出版的《世界社会领袖人物录》第一版。

【引】传略中说:"先生生平以丰富祖国文化、提倡无私艺术为己任,欢迎后继超越前人,开创一代新流派。"美国传略研究所推崇其过去成就及其继续为社会所作杰出贡献而献赠褒奖状。(《刘海粟年谱》,第294页)

获欧洲学院欧洲棕榈金奖及证书。

传略入刊美国传略研究所出版之《国家著名领袖人名录》第1版,并获褒奖状。

传略入刊美国历史保存所的传略光荣榜。

【引】在传略录载证明上写着:由于从事现代艺术运动树有伟绩,已被国际推重的13种世界名人录认可外,并已录载本所传略光荣榜。

(《刘海粟年谱》,第293页)

【图1986-8】美国议会为刘海粟颁发金焰奖（1986年）　　【图1986-9】欧洲学院为刘海粟颁发欧洲艺术金奖（1986年）

1月11日，刘海粟与上海《解放日报》记者谈电视连续剧《沧海一粟》。

公元 *1987* 年

（丁卯）

91 岁

【引】"《沧海一粟》的编导们用一根爱国主义的主线，串联起我那跨越两个世纪的一生，可谓繁而不乱，奢而无华，较客观地评价了我的一生。其实，《沧海一粟》岂止是说了我一个刘海粟，实际上它反映了旧中国一大批进步知识分子的面貌。""二十年代围绕裸体模特的一场斗争，我认为是我一生中颇有意义的一页……实际上这是'五四'运动前后反封建、反礼教，提倡科学，尊重理性斗争的组成部分。而在电视剧中，女性模特只露了个背面侧面，羞羞答答，看来这个问题现在还未完全解决。"（《刘海粟年谱》，第295页）

1月12日，刘海粟致函刘抗，告知赴新加坡展览邀请需报南京艺术学院批准。

【录】抗弟如晤：一月二日惠书知眼疾移植手术成功，视力可以元复，其慰何可胜言。法政府盛情邀请，四度访法。外交部、文化部派专员陪同访问三月，爱护无微不至。巴黎增加了许多新的美术馆，如毕加索、蒲台尔个人美术馆、蓬皮杜中心……规模瑰玮博达，还到八十公里以外去看莫奈故居，莲池垂柳，光的奔泻，色的彩瀑，风皱千田雪，斜照一池红。又去巴皮丛访米勒画室，大奥维凭吊凡·高并献了花圈，再访尼斯观现代美术馆、玛提斯美术馆。灵山丽水，也忘了我们心头的烦恼，巴黎郊外市内遍地胜迹。在全世界文化城市的行列中名列第一，居于难以抗衡的优势。一别五十年的巴黎，旧地重游，感想万千，当年经常在一起的傅雷、梁宗岱、常玉、范年、陈人浩……均已逝世，健在者唯老海与抗弟及虎儿三人。对此次重游巴黎之美，追忆起来，还历历在目。虎儿专程飞法伴游一周，当依依惜别之际，怎能不三步两回看，也无从获得完整的印象。

关于星洲画展事，仍遵来函详列细节办理。将所到各段安排程序正式邀请函呈南京艺术学院负责人上报批准。关于作品（可注明由刘大师亲自携带更为慎重。可举例）展览日期六月一日至七月十四日。如能再迟几天更好。澳中艺术交流中心来函郑重正式邀请愚夫妇访问讲学展览，为期三个月。1987年三月一日到六月份，一切费用均由他们负责。我在港时负责人亲自到港面洽。本拟先去星洲后再便道到澳大利亚，现在决定先去澳洲。在澳□□时间五月下旬即来星洲，作品由澳洲运星更无问题。澳中艺术交流中心邀请函已郑重正式寄南艺上报批准办手续。希望新加坡艺术协会即将正式邀请书寄南京艺术学院。我离别星洲五十年，物质文明、精神文明突飞猛进，驰誉全球。旧地重游，平生乐事，无过于此。在巴黎应侨胞要求作泼墨泼彩黄山，并即席题诗：

浇墨生平磊块胸，衰颜今喜发春红。
愿携苕水无双笔，十上黄山第一峰。

我们回沪后依然忙极，二十日后赴珠海度春节。草草不次。余容再罄，祝幸福无量。夫人太格均此。海，1987.1.12。伊乔道念。

留星日期：最好两个月，泼墨狂扫要时间，一个月由星方负责，增加一个月费用由我自理。邀请书写两个月，因护照要写明。（《刘海粟刘抗师友书信录》，第278页）

1月15日，刘海粟接待上海《联合时报》记者。

【引】其中说道："我们中华民族是了不起的民族，有五千多年的文明史，值得骄傲；当然，我们也有长期封建统治的沉重包袱。应该向世界先进国家学习，不过，学习西方文明的目的是为了借鉴，建设我们自己的文明。"（《刘海粟年谱》，第295页）

1月16日，刘海粟与前来看望的中共上海市委统战部部长毛经权畅谈赴日本、法国、香港访问的观感。（《刘海粟年谱》，第296页）

1月20日，刘海粟中国画《慈光阁》《泰岱》《金笺红牡丹》参加上海中国画院迎春画展。（《刘海粟年谱》，第296页）

1月23日，刘海粟在上海文联大厅作访问法国的报告。

【引】报告最后说："上海是全国的工业中心、经济中心，也是文化中心，我希望多出几个权威，为我们祖国争气、争光。"（《刘海粟年谱》，第296页）

1月26日，刘海粟离上海经广州抵珠海，下榻拱北宾馆。（《刘海粟年谱》，第296页）

1月28日，出席珠海市旅游总公司举行的除夕晚宴。（《刘海粟年谱》，第296页）

【图1987-1】刘海粟全神贯注的创作情景

1月，刘海粟被聘为上海市美育学会名誉会长。(《刘海粟年谱》，第296页)

1月，为深圳市新闻摄影学会题写会名。为《深圳特区报》创刊五周年题词。(《刘海粟年谱》，第296页)

2月，刘海粟为珠海市题写"天风海涛"四字刻石。(《刘海粟年谱》，第296页)

3月14日，刘海粟由珠海乘车到广州，再飞往北京，寓远望楼宾馆。(《刘海粟年谱》，第296页)

3月15日，出席中国人民政治协商会议第六届全国委员会常务委员会第十四次会议。20日闭幕。(《刘海粟年谱》，第296页)

3月16日，丁涛《海粟之路》在《中国美术报》连载发表。

【引】《中国美术报》连载发表丁涛撰写的《海粟之路》，自1987年3月16日第11期起连载，至1987年9月28日第39期结束。同时期《中国美术报》又载《九溪十八涧》和《曙光普照乾坤》两幅中国画，以及《周总理关心刘海粟和徐悲鸿》《江丰论刘海粟》和朗绍君《刘海粟及其评价》三篇文章。（《刘海粟年谱》，第297页）

3月24日，刘海粟出席中国人民政治协商会议第六届全国委员会第五次会议。4月8日闭幕。（《刘海粟年谱》，第297页）

3月25日，刘海粟列席第六届全国人民代表大会第五次会议开幕式。出席在北京师范学校举行的卫天霖教授油画回顾展开幕式。（《刘海粟年谱》，第297页）

3月，《花溪语丝》（柯文辉执笔）由贵州美术出版社出版。

【按】此书是刘海粟的艺术文论集。正文分"花溪语丝""花溪飞鸿""花溪雨丝"三个部分，内容包括名人书画集等序、名人传略、名人画、文评论、信函等。计38篇文章。编写此书时刘海粟已是92岁高龄，因此，合作者柯文辉做了大量的工作。刘海粟在序言中有提道："我们合作的《黄山谈艺录》《齐鲁谈艺录》，在国内（包括港、澳）、新加坡、日本、马来西亚、法国、美国，都有学术界的朋友给以好评。"刘海粟在序言中还叙述了该书撰写的情况："朋友来信，要我谈谈合作的经验，我不知道，这可是些鼻子长在脸上之类正确的废话：第一，找到了人才，即使可合用，都要继续培养，否则一本书就倒完了。我在谈话的方式上，用逐渐减少议论的方法，去发挥文辉的主观能动性，使他不得不去翻许多书，来扩大其知识面。老是把着手教，一字一句去机械记录，那是手工业的方式，绝对写不成有生命的妙文。我给文辉谈美学，谈西洋古代美术史，论画的鉴定，表面看来与写书无关，实际上是帮助他拓宽眼界，建立方法论，引导他原有的哲学头脑去思考艺术，这一点较为重要。"（《花溪语丝》，贵州美术出版社，1987年3月）

4月1日，刘海粟作中国画《红梅》赠中央电视台。（《刘海粟年谱》，第297页）

4月2日，刘海粟与董寿平、黄苗子、黎雄才、周而复、胡絜青、潘素等参加政协委员书画会。

【引】刘海粟在会上作中国画《黄山云雾图》留赠，题诗："浇尽生平磊块胸，衰颜今喜发春红。愿携苕水无双笔，十上黄山第一峰。"（《刘海粟年谱》，第297页）

4月7日，刘海粟参加全国政协六届五次会议。

【引】刘海粟和李可染、华君武、叶浅予、古元等30多位艺术家联合向全国政协六届五次会议递交一份提案，建议大力抢救中华民族珍贵的民间艺术遗产，并提出两条措施：建议成立中国民族民间美术学院和恢复中央工艺美术研究所。在政协会议期间，就黄山市的开发建设，刘海粟发表谈话："黄山确实称得上是世界第一奇山。我坚决支持把黄山市建设成为具有中国特色的世界公园，我要在国外宣传黄山市世界公园。"允任黄山市世界公园研究会名誉会长，并题写了"扬中华大好河山，激爱国豪情，全民共建中国的世界公园——黄山市。"（《刘海粟年谱》，第297页）

4月12日，刘海粟登临京郊八达岭长城烽火台，作中国画写生。（《刘海粟年谱》，第298页）

4月23日，刘海粟致函刘抗。

【录】抗弟如晤：得三月卅日惠书，欣慰无量。关于书画展览事项，所示各节完全同意。志煌寄给您的色彩片四十余张，出版画册已开始进行。莱佛士中心所藏《双梅图》及题词要刊入，印一张细部更美。尊藏《黄山始信峰》、太格的《红梅》、周颖南兄所藏《松壑鸣泉》长卷与金文《散氏盘铭》长卷、《秋山红树》，还有李家耀弟所藏《花好月圆》《牧牛图》等均可刊入。其他星洲友人所藏拙作亦可选印。封面题字附呈。展出作品已有46幅运到北京，随身带更妥。星洲国家画廊一大厅一小厅可展出八十至一百幅作品，我在京华又创作了几张泼彩泼墨黄山可加入，更有各体书法，再加入尊藏及星洲各人所藏精品，可展出八十至一百幅。还有夏伊乔附展作品六幅。附呈目录。前日寄呈助手柯文辉所著《艺术大师刘海粟传》想已收见。此次来星展览书画，吾弟大力主持，内容丰富，观点鲜明，主导思想是打破时间，突出不断创新精神。印画册避免与已发表过的雷同，人无我有，人有我精，人精我更精。以您的才华学识来主编这本画册，一定非常特色。序文请您撰写。（潘受先生博学多情，能请他再写几句感且不朽！）心潮起伏，思绪万千。离别星洲半个世纪，九十二高龄的刘海粟，旧地重游与抗弟叙旧，是历史奇迹。附呈

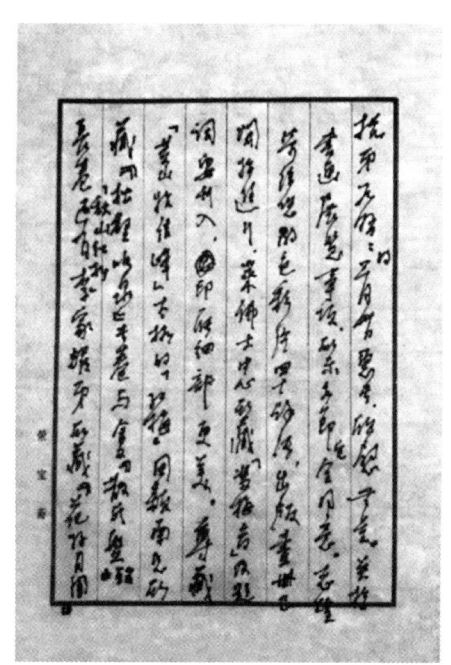

【图1987-2】1987年4月23日，刘海粟致刘抗函（局部）

柯著传略，可同于报刊。五月廿五日准时飞星。有必要可电话联络，灯下草草不尽，珍之珍之。费神感激。余唯珍重不宣。海粟，一九八七年四月廿三日，夫人太格均此。何和应会长道候。
（《刘海粟刘抗师友书信录》，第 283 页）

5 月 13 日，刘海粟致函刘太格。

【录】太格如晤：昨谈为快，画展目录六十幅已由上海袁志煌直接寄令尊。兹再补充十一幅。碑刻四件请携星裱装参加展出。莱佛士中心巨幅（红梅）能展出更妙。星洲友好所藏拙作可选十余幅参加，请令尊斟量。费神感谢。刘海粟 1987.5.13。（《刘海粟刘抗师友书信录》，第 288 页）

5 月 25 日，应新加坡艺术协会邀请，刘海粟偕夫人离北京，乘飞机经广州去新加坡。

【引】上午 6 时抵新加坡樟宜机场，受到新加坡交通与新闻部高级政务次长何家良、新加坡艺术协会会长何和应、中华美术研究会会长桂承平以及著名画家刘抗、黄葆芳等热烈欢迎。（《刘海粟年谱》，第 298 页）

5 月 28 日，刘海粟参加刘抗、陈人滨的金婚庆宴。

【录】书赠《瑶台聚八仙》，有句云："笑兄年方九二，驾云到，豪兴涌诗泉。命嫦娥斟酒，欢庆新天。"（《刘海粟年谱》，第 298 页）

6 月 1 日，刘海粟出席何家良为画展举行的记者招待会。

【录】在会上，刘海粟说：我热爱创新，但却不忘传统，新的东西并非从天而降，它是从旧的东西里衍生出来的，没有旧怎么有新，在艺术表现上要寻求突破，不过，这并不意味着无限地为创新而创新，在求新求进的同时，要扎实地把握住优秀的传统。何家良、何和应与刘抗在会上介绍了画展的情况。(《刘海粟年谱》，第298页)

6月2日，刘海粟出席在新加坡国家博物馆画廊举行的，由新加坡艺术协会、新加坡国家博物馆和国家博馆院画廊联合主办的"刘海粟画展"开幕式并致辞。(《人民日报》，1987年6月3日)

【引】开幕式由新加坡社会发展部政务部长庄日昆主持，他说：刘海粟大师九十二岁高龄了，仍然不远千里应邀前来我国举行画展，这种毕生献身艺术的精神，令人钦佩和感动，值得我国年轻艺术工作者认真学习，这次展览将对本地艺坛产生冲击作用。刘抗致辞说：毕加索是20世纪西方最伟大的艺术家，而刘大师则是20世纪东方最伟大的艺术家。此次画展共展出中国画50幅。至28日结束。(《刘海粟年谱》，第298页)

6月3日，出席何家良举行的晚宴，潘受、刘抗等作陪。(《刘海粟年谱》，第298页)

6月4日，出席新加坡各美术团体200多人联合举办的欢迎晚宴。(《刘海粟年谱》，第299页)

6月8日，油画《娄山关》参加上海国际艺术节美术作品展览。展览至17日结束。(《刘海粟年谱》，第299页)

6月9日，出席三江会馆举办的欢迎茶会。(《刘海粟年谱》，第299页)

6月13日，应新加坡财政部部长胡赐道博士之邀，刘海粟偕夫人赴广东团晚宴。

【引】胡赐道的母亲（胡载坤夫人）及弟媳亦在座。席间畅谈45年前受挚友胡载坤医生之托，携赐彰、赐道到印尼避难的情景。次日，访胡赐道家。在胡赐道陪同下，到故友胡载坤医生墓地凭吊。（《刘海粟年谱》，第299页）

6月16日，刘海粟和夫人往总统府拜会新加坡总统黄金辉和夫人。（《刘海粟年谱》，第299页）

6月16日，新加坡电视台华语节目播映刘海粟作画情形。（《刘海粟年谱》，第299页）

6月20日，应邀在国家博物馆画廊作中国画《梅花图》，赠予作永久收藏。（《刘海粟年谱》，第299页）

【图1987-3】1987年刘海粟在新加坡的书法《留真》

6月21日,出席由新加坡《联合早报》和《联合晚报》主办的刘海粟大师艺术讲座。

【引】刘海粟作《谈艺术创作》为题的讲演,并示范创作中国画《泼墨黄山图》。此图以十万元新加坡币售与大华银行集团,即以此款捐赠给新加坡宗乡总会,作推广华族文化活动基金之用。赴贵都大酒店金凤楼满汉全席晚宴。(《刘海粟年谱》,第299页)

6月27日,刘海粟在新加坡摄影家蔡斯民的工作室作油画写生《坐着的女人体》。同时,陈文希和刘抗也分别作速写和粉画的人体写生。(《刘海粟年谱》,第299页)

7月8日,应邀到南洋美术专科学院作演讲,并即席作中国画《鲲鹏展翅图》留赠。(《刘海粟年谱》,第300页)

7月10日,刘海粟在大华银行大厦迎宾厅作大幅书法"物华天宝人杰地灵"留赠。

【图1987-4】刘海粟在新加坡作人体写生

【引】潘受写诗:"居然一粟包沧海,泼墨能成缥缈峰。直兴黄山同肺腑,尽将逸气化云松。"(《刘海粟年谱》,第300页)

7月16日,应邀为在新加坡凯悦酒店举行的亚太区国际旅游交易展览会主持开幕式,并参观了展览。(《刘海粟年谱》,第300页)

7月25日,应邀参观中国银行新加坡分行,当场作中国画《黄山》留赠。参加吾庐俱乐部晚宴。(《刘海粟年谱》,第300页)

8月15日,参加新加坡南洋女子中学创校七十周年庆祝宴会,并题诗赠之。(《刘海粟年谱》,第300页)

8月25日,清代著名画家黄慎的故乡福建省宁化县举行黄慎诞辰三百周年纪念活动及黄慎塑像揭幕。刘海粟为塑像座基题词。(《刘海粟年谱》,第300页)

8月25日,刘海粟好友篆刻家方介堪在温州病逝,终年八十七岁。刘海粟致电吊唁。(《刘海粟年谱》,第300页)

9月6日,刘海粟中国画《红荷翠羽》被第一届中国艺术节美术展览选入中国美术馆部分藏品陈列展出。(《刘海粟年谱》,第300页)

9月7日,刘海粟与贺绿汀、朱东润等获上海市文学艺术界联合会为从事文学艺术教育工作三十年以上而发的荣誉证书。(《刘海粟年谱》,第300页)

【释】贺绿汀(1903—1999),湖南邵阳人。于岳云艺术专修学校攻读绘画与音乐,两年后留校任音乐教员。1931年考入上海国立音乐专科学校,三年后在俄国作曲家齐尔品举办的征求中国风味钢琴曲比赛中,以《牧童短笛》和《摇篮曲》获得一等奖和名誉二等奖。1934年9月至1935年6月任上海美专附属成美中学音乐教员。后入电影界,为二十多部影剧配乐,抗战期间参加上海文化界抗日救亡演剧队,奔赴各地宣传抗日,并创作了不朽歌曲《游击队歌》，及《全面抗战》《上战场》《保家乡》等鼓舞人们斗志的抗战歌曲。1943年在鲁艺教书。解放后担任上海音乐学院院长的职务，为中国音乐事业的建设作出了不可磨灭的贡献。(《上海美专名人传略》，第111页)

9月12日，刘海粟结束对新加坡的展览访问，偕夫人飞抵香港。(《上海美专名人传略》，第111页)

9月15日，刘海粟应邀任第十一届亚洲运动会基金会顾问。(《刘海粟年谱》，第301页)

9月30日，出席新华社香港分社举行的庆祝中华人民共和国成立三十八周年酒会，在会上与新华社香港分社负责人许家屯和港督卫奕信爵士交谈甚欢。(《刘海粟年谱》，第301页)

9月，刘海粟在香港御花园作中国画《黄山万壑奔腾出》。(该画题跋)

9月，刘海粟在九龙凯悦酒店作泼彩中国画《黄山天海朝晖》。

【录】《黄山天海朝晖》题云："丁卯中秋，凯悦轩泼彩忆写黄山天海朝晖，粉白如烟，惊红如火，绀蓝冷翠，光怪陆离，觉丰神未老也。"(该作题跋)

9月，刘海粟的中国画《苍松挂壁》参加全国教师节书画展览。(《刘海粟年谱》，第301页)

9月，书法作品《先天下之忧而忧，后天下之乐而乐》特邀参加江苏省教师书法绘画摄影作品展览。(《刘海粟年谱》，第301页)

10月，朱金楼、袁志煌选编的《刘海粟艺术文选》由上海人民出版社出版。

【图1987-5】刘海粟在南京艺术学院指导学生人体写生

【按】选编刘海粟1912年至1983年间的艺术文论、序言、信函等90多篇。书前有叶圣陶作序及朱金楼的《启蒙先驱艺术大师美术史论家刘海粟》长文。书后附刘海粟作品的题跋选录及刘海粟的简要年谱。（朱金楼、袁志煌，《刘海粟艺术文选》，上海人民出版社，1987年10月）

12月17日，刘海粟致函刘抗。

【录】抗弟如晤：惠书未复，歉悚歉悚。来港应酬太忙，关难偿，不尽丹青债！李家昆仲回星携呈《乾坤正气》、海天砥柱、横云、冷翠，及为太格、煌亮、加特所书条幅请察收。赠何医生画，太格二月份来港面交。祝吾弟印尼旅游写生，创新夺破成功。一切李兄面陈，草草不次。颂幸福无量！海1987.12.17。

（《刘海粟刘抗师友书信录》，第290页）

12月19日，刘海粟中国画《汉柏长健》和油画《甲秀楼》参加由中国美术家协会上海分会和大地文化社主办的上海、台湾画家作品联展。（《刘海粟年谱》，第301页）

12月21日，刘海粟《黄果树瀑布》参加由中国美术家协会油画艺术委员会和中国美术家协会上海分会主办的中国油画展。（《刘海粟年谱》，第301页）

12月，刘海粟会见香港《良友画报》记者。

【引】其间谈道："何谓大丈夫？在别人活不下去的环境中活着，但不丧失高尚的气节；能忍人之所不能忍，方能为人所不能为。""人生不可能一帆风顺，没有挫折的生涯是不完美的。""我的一生，都是在乱世中度过的。在火光冲天的时势中我昂首向前，在惊涛骇浪中我振臂奋游，在风起云涌时我仍能认定方向，朝着国家民族前进的路向探步。"（《良友画报》，1988年第5期）

12月，刘海粟与朱屺瞻、郑逸梅、冯德培等被上海市老龄问题委员会、上海市老年人体育协会评为上海市第二届健康老人。（《刘海粟年谱》，第302页）

12月，刘海粟作中国画《设色荷花》赠贺上海《文汇报》创刊五十周年。（该作题跋）

是年，刘海粟为沈柔坚主编的《中国美术辞典》题写书名。为君陶艺术院题写院名。（《刘海粟年谱》，第302页）

本年，刘海粟传略被世界诸多名人传记书籍收录。

【引】传略入刊英国剑桥国际传略中心出版之《国际知识界名人录》第7册。

传略入刊英国剑桥国际传略中心出版之《国际名人专集》第9版。

【图1987-6】刘海粟夫妇兴趣盎然的跳舞情景（20世纪80年代）

传略入刊英国剑桥国际传略中心出版之《国际传略辞典》第20版。

传略入刊瑞士国际艺术界名人录出版社出版之《国际艺术界大辞典》1987-1988年版。

传略入刊美国世界智力资料银行和爱因斯坦基金会出版之《国际传略专集》第4版。

传略入刊英国剑桥国际传略中心出版之《国际成功人传略专集》并被奖授银钥匙及证书。

法国文化及通讯部授予刘海粟文学艺术荣誉团一级勋章，并收到法国文化及通讯部部长雷奥塔的祝贺信："我十分荣幸地通知您：法国文学艺术荣誉团授予您一级勋章。该荣誉团创立于1957年，现设三个等级，旨在嘉奖那些在文学艺术方面具有独创性或是在为法国及世界文化的弘扬上作出杰出贡献的艺术家。您的伟大天才得到公认，我感到由衷的高兴。在此向您表示热烈的祝贺。"

刘海粟被美国传略研究所遴选为伟大成功大使，并入刊该研究所出版之《国际伟大成功大使集》。

刘海粟被聘为为世界成就学会终身会员。（《刘海粟年谱》，第302页）

是年，获得欧洲棕榈胜利金奖。

1月1日，油画家吴大羽在上海病逝，终年八十五年。1月12日举行追悼会，刘海粟任治丧委员会委员，敬送花圈吊唁。（《刘海粟年谱》，第303页）

1月，刘海粟在香港接受新华社南京分社记者的电话采访，为80年代的模特还不被社会和家属所理解而愤慨。

【引】其间说道："关于模特的斗争，70年前就在中国大地上掀起了一场轩然大波。70年后的今天，模特的处境仍是这么艰难，说明反封建的任务还十分艰巨。"并向南京汇寄1000港币，为一模特治病尽微薄之力。（《人民日报》，1988年2月4日）

2月16日，教育家、作家、出版家、中央文史馆馆长、刘海粟的好友叶圣陶在北京病逝，终年九十四岁。

2月20日，刘海粟在夫人和子女陪同下，出席香港《文汇报》社在香港海港大酒楼举行的祝贺九十三岁寿宴。

【引】李子诵、任真汉、郑家镇、方召麟、饶宗颐、罗慷烈、严庆祥、杨通谊、张浚省、陈伯坚、金尧如等百余人共祝刘老（刘海粟）健康长寿。（《刘海粟年谱》，第303页）

2月29日，刘海粟由香港飞往北京。（《刘海粟年谱》，第304页）

公元1988年（戊辰）
92岁

3月1日，刘海粟出席中国人民政治协商会议第六届全国委员会常务委员会第十七次会议。会议至3月8日闭幕。（《刘海粟年谱》，第304页）

3月22日，上海陶行知纪念馆名誉馆长、原上海市教育局局长杭苇病逝，终年八十一岁。4月2日举行追悼会，刘海粟和巴金、苏步青、李国豪、刘佛年等送了花圈。（《刘海粟年谱》，第304页）

3月23日，出席中国人民政治协商会议第七届全国委员会第一次会议预备会议，又出席全国政协第七届第一次会议主席团第一次会议。（《刘海粟年谱》，第304页）

3月24日，出席中国人民政治协商会议第七届全国委员会第一次会议开幕式。会议至4月10日闭幕。（《刘海粟年谱》，第304页）

3月25日，刘海粟列席第七届全国人民代表大会第一次会议。（《刘海粟年谱》，第304页）

3月，刘海粟和朱屺瞻、王个簃、林风眠等于上海美术家画廊举行"十人作品展"。（《刘海粟年谱》，第304页）

3月，刘海粟复函法国文化及通讯部部长雷奥塔。

【引】函谓："贵国驻上海领事馆送来阁下签署的法国文化艺术荣誉团一级勋章，对此深感荣幸，谨致诚挚的谢忱！""愿我们两国文化艺术界人士共同努力，无愧于光辉的历史和伟大时代的赋予。"（《刘海粟年谱》，第304页）

4月6日，刘海粟出席在北京大学举行的蔡元培研究会理事会扩大会议。

【引】当场为蔡元培基金会募捐作中国画一幅，并另作中国画《泼墨葡萄》赠蔡元培研究会理事会副会长高平叔。（《刘海粟

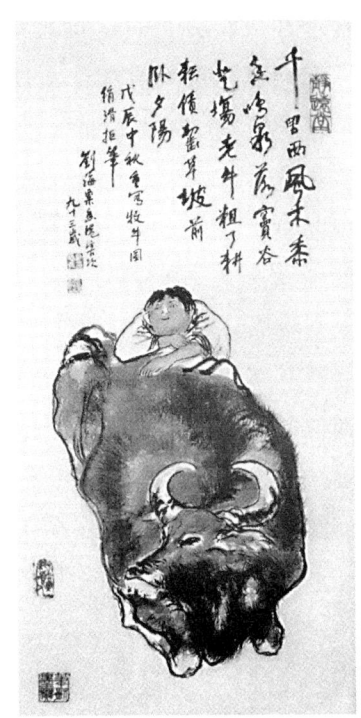

【图 1988-1】刘海粟中国画作品《牧牛》1988 年（146cm×75cm）刘海粟捐赠香港藏

年谱》，第 305 页）

4 月 12 日，出席中国人民政治协商会议常务委员会第一次会议。（《刘海粟年谱》，第 305 页）

4 月 24 日，刘海粟致函刘抗。

【录】抗弟如晤：星洲展画盛况历历在目。得印尼来书。知吾弟创作丰收，我也分享喜悦。知音自古甚多。"人生得一知己足矣，斯世当以同怀视之"。我辈兄弟怡怡，亦当若是也。别后到香港住凯悦酒店二月（钟琼林先生接待），住御花园别墅三月，年纪大，工作忙，来客多，没有写信，歉悚歉悚！为何国栋医师画了金笺葡萄，为林祥雄写了一幅字。（博采广搜冲天动，研究文艺持以恒）梅玉芬，谢夫人小册页及为公周写奇石二字等临行存在小女刘蟾处以便太格经港时偕星洲。为陈醒吾先生画了一幅四尺松鹰图近由钟琼林先生偕星洲交陈先生。来京依然很忙，文化部对外联络局已安排八月间在北京中国美术馆为吾弟举行画展。之后，再去沪、宁巡回展览。文化部对外联络局林朝中秘书来谈过好几次，他说：关于展览一切办法由文化部对外联络局统筹安排与弟直接联系。我已作序文，原件寄上，请补充整理复寄我修订后，即交林朝中秘书。我们五月下旬回沪，复信可直接寄北京钓鱼台国宾馆 16 号楼。我确定十上黄山，我满怀激情拥抱黄山，将神奇的彩笔表现黄山，讴歌黄山。黄山诱发我的灵感，开泼墨泼彩、泼水的新风。亲爱的抗弟，你的才华，如果能你我十上黄山，必有更多的新作丰富中国和世界艺术宝库。亲爱的抗弟，您大胆新颖的油画，也可以泼墨泼彩狂挥变成国画，我在星洲看过您最近的作品，真情洋溢，挚趣盎然，反映了老年变化、突破，散发着一股天真的诗意。灯下信笔，点画狼藉，有如三尺之方□，阅后付□！请将展览目录、资料准备好，寄林朝中同志。馀再罄，祝合家幸福无量。海 1988.4.24。（《刘海粟刘抗师友书信录》，第 292 页）

4月24日，刘海粟致刘抗的信中，附有一篇刘海粟撰写的介绍刘抗的文章。

【录】刘海粟撰写的《刘抗和他的画》：刘抗教授为新加坡及东南亚新兴美术事业开山人物之一。二十年代后期来沪习画，即和我亲如手足。一九二九年我去欧洲考察美术，抗弟及傅雷朝夕过从，同在卢浮宫、凡尔赛宫观摩名画，同去凭吊凡·高的故居与墓地，向往这位荷兰绘画天才，流连遗作不忍离去。我们联袂去瑞士莱蒙湖畔写生，为巍巍雪峰汩汩清流而笔歌色舞。我们在罗马画过斗兽场雄姿，伏在摩西像足下谛听过米开朗基罗心跳的回声。在埃菲尔铁塔之巅，我们披着祖国吹过去的东风流过怀乡的热泪，多少个夜晚，风雨联床，研究艺术，体味人生，切磋砥砺，争得面红耳赤而情谊倍增。"九一八"前夕同舟回沪，我聘抗弟为美专教授，为了打破院体死板的教学方式，各教授成立教室，供学生自由选择不同风格，我怕他年轻，资望不足，特辟"刘海粟刘抗教室"，共同上课，半年后，他的才华受到师生尊敬，便让独自成立教室，从游者甚多，我也分享他成功的喜悦。

一九三九年，我应陈嘉庚先生之请去新加坡办画展筹款支援抗日，郁达夫先生及抗弟、黄葆芳弟、胡载坤大夫奔走甚力，热爱炎黄故土之情，深受侨胞及外籍华人崇敬。

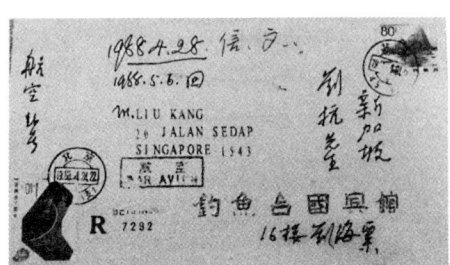

【图1988-2】1988年4月24日，刘海粟致刘抗函（信封）

抗弟居星洲五十余载，主持艺术运动，推动博物馆及展览事业，扶持后进，不遗余力。其子太格为著名建筑学家，兼任北京城市规划顾问。抗弟作画，早岁师法印象派之后塞尚、凡·高、高更，运笔情焰熊熊，尤近凡·高。又好远游，观光欧亚非风景区，精研前贤杰作，深入南洋民间，逐渐能以丰富的艺术语汇，雄健奇崛的风格，表现客体内在精神。用色明丽响亮，观察入微，务求厚朴，南天骄阳，碧海扬波，椰林星语，飞瀑奇泉，峇厘诗岛风情，跃然象外者，有神州赤子心声，有前人未到处。

现代人的意识和交通工具，缩小了国家之间的距离，抗弟作品的"归宁"，不仅使我们看到艺术上的一片新天地；同时能享受到兄弟怡怡、息息相关之感，所以欣欣然为之介绍。（《刘海粟刘抗师友书信录》，第293页）

4月，上海市文化局与刘海粟商榷在上海建立刘海粟美术馆意向。

【引】刘海粟在北京参加全国政协常委会议期间，恰逢上海美术馆有公务需派员赴京，上海市文化局委派上海美术馆领导张云骋先生在北京拜访了刘海粟，向刘海粟表达了希望刘海粟能将他的作品和文物藏品捐赠给上海，上海将为之建立美术馆的想法。刘海粟听后非常高兴，他说："前几天常州市的领导和设计工程师专程来京，为在常州建立刘海粟美术馆的事征求我的意见，还带来了设计图纸。""上海是国际大城市，是我创业的地方，（如果）上海为我建美术馆也叫刘海粟美术馆。现在是我个人在与外国搞美展交流，美术馆建立后，由美术馆去交流。"还说："我与刘虎（刘海粟在美国的儿子）已说好，每个子女给一幅作品留念，其他都交给国家。我有不少作品，还有收藏的古画，石涛、八大山人、仇英的都有，有些是国宝，一幅画（的价值）一辈子也吃不光。""美术馆要造现代化的。""常州是我的故乡，（如果）他们造了美术馆，作品要分一些给他们，但好的要集中在上海，有些好的作品他们可以复制，拍照也可以。"这是刘海粟对在上海建造刘海粟美术馆的最早反映。（杜乐行，《千秋动地歌——艺术大师刘海粟最后的161天纪行》，上海人民美术出版社，2010年12月第一版）

5月1日，刘海粟作中国画《八哥》。（该画题跋）

5月1日，美术教育家、油画家颜文樑在上海病逝，终年九十六岁。5月14日举行追悼会，刘海粟任治丧委员会副主任，敬送花圈及挽联吊唁。（《刘海粟年谱》，第305页）

【图1988-3】刘海粟中国画作品《八哥》1988年（96cmX60cm）刘海粟捐赠香港藏

5月5日，刘海粟被上海辞书出版社聘为《中国名画鉴赏辞典》顾问，并为此书题写封面。（《刘海粟年谱》，第305页）

5月，刘海粟在北京钓鱼台国宾馆养源斋作中国画《国色朝酣图》（金笺牡丹）。（该作题跋）

5月18日，上海美术馆向市文化局提交了《建议创立刘海粟美术馆的情况报告》。

【引】报告提出，近几年来，上海一些著名画家和收藏家，有的将作品和文物转送故乡，地方政府为他们建立纪念馆、书画院；有的赠送外地有关文化单位；有的写遗书分给子女等等，这样分散文物和作品对上海的社会主义文化建设不利。艺术大师刘海粟，已有不少地方来动员他捐赠作品和文物，为他创办美术馆。根据我馆和刘海粟先生交谈的情况建议：（1）在刘海粟先生6月中旬来沪参加他的作品出版发行仪式期间，请局有关领导前往拜访，并代表组织向刘海粟先生说明在上海建立刘海粟美术馆的想法，征求刘海粟先生的意见。把刘海粟先生捐赠作品、文物和筹建刘海粟美术馆的事确定下来。（2）馆址拟选择在复兴公园内，或在复兴中路512号刘海粟寓所附近，也可以在上海美术专科学校旧址。（3）规模2500平方米左右，投资人民币约500万元。（4）成立刘海粟美术馆筹委会，负责新馆筹建和清点文物、作品，防止流失。（5）刘海粟先生已经九十三岁高龄，趁刘海粟先生健在，将此事抓紧办妥、办好。上海市文化局立即将此情况向市有关领导作了汇报。（《千秋动地歌》，第30页）

6月6日，刘海粟出席中国人民政治协商会议第七届全国委员会常务委员会第二次会议。会议至6月9日闭幕。（《刘海粟年谱》，第305页）

6月11日，刘海粟中国画《黄山光明顶》参加在日本东京举行的第24回亚细亚现代美术展。（《刘海粟年谱》，第305页）

6月15日，刘海粟出席王森然学术研究会成立会，并和启功、张仃、英若诚、周巍峙、平杰三等在会议上发言。（《刘海粟年谱》，第305页）

6月16日，刘海粟从北京飞抵上海，受到上海市文化局、中国美术家协会上海分会、上海美术馆和南京艺术学院等负责人的欢迎。（《刘海粟年谱》，第306页）

6月中旬，《刘海粟先生希望在上海建立"刘海粟美术馆"》的报告上交上海市高层领导。

【引】刘海粟到上海参加他的作品出版发行仪式期间，上海市文化局领导前往拜访。刘海粟表示：常州和南京都打算建刘海粟美术馆，但考虑到自己艺术活动的策源地在上海，想把美术馆建在上海，将自己毕生创作的大量作品和收藏的大量文物字画都捐献给上海，估计有近千件，希望能趁自己在世时，将美术馆建立起来。筹建方案有两个可供选择：一是在虹桥路上海油画雕塑院将要新建油雕大楼的选址上扩大一点地皮，将美术馆与油雕大楼造在一起。二是将他住房所在的上海市复兴中路512号半幢房子，连同隔壁510号某单位目前使用的另半幢房子合在一起，加以改造修缮。刘海粟的以上态度，很快以《刘海粟先生希望在上海建立"刘海粟美术馆"》的书面形式报告给了上海市高层领导。（《千秋动地歌》，第32页）

6月18日，刘海粟出席在上海南京东路新华书店举行的《刘海粟艺术文选》。

【引】新闻发布会上，刘海粟频频举起右手向群情激昂的人们致意。上海《解放日报》于7月9日发表查志华《声名的表白》、7月17日发表鲲西《为大师不懈的艺术追求欢悦》、上海《文汇报》发表伍蠡甫《吾为自然之父》等评介文章。（《刘海粟

年谱》，第 306 页）

6月19日，袁志煌致函刘抗。

【录】刘抗先生：《刘海粟艺术文选》六月十八日在上海举行出版发行仪式，刘老专程飞沪出席仪式发表讲话并与广大读者见面，场面热烈。前此，艺海堂取到样书，先于五月二十五日平邮寄奉两册，其中一册烦请转交黄葆芳先生。书中照片说明有误，他处如有差错，皆编者之失察，敬请指正。

海师今年定作十上黄山之游，九月十二日在上海美术馆举行十上黄山作品展览，之后应邀赴香港举行个人画展。海师老而弥健，创作力旺盛，艺坛之幸也。读来信悉先生作丝绸之路的旅游，饱览古文化圣地，他日必能读到新作。祝圆满丰收。海师和师母嘱笔致候。晚袁志煌上 1988.6.19。（《刘海粟刘抗师友书信录》，第 300 页）

6月21日，刘海粟为龙年上海服饰博览展会开幕式剪彩，在香港服装设计师唐乙凤陪同下参观博览会并观赏时装模特表演。（《刘海粟年谱》，第 306 页）

6月26日，刘抗致函刘海粟。

【录】海师：这次"丝绸之路"游，给我很大的冲激。天山的万年冰峰，雄伟险峻；戈壁的茫茫沙海，一望无际，令人有大自然神力无边，宇宙奥秘莫测之感！至于火焰山之炽热难耐，天池之积雪盈胫，叫人尝到绝大对比的滋味，然而，让我享受最大满足感的是：敦煌历代的彩塑与壁画，吐鲁番汉墓砖的彩绘。这些前人的艺术结晶，启示了现代艺术工作者创作技法与路向，不但是中国的珍贵遗产，也是全人类的宝藏。沿途构了一些草稿，数量不算多可都有新意，相信制作油画时会呈现另一番格调。

我们在国内旅游了廿多天，足迹遍新疆、甘肃、陕西、四川、广东数省，回程特在香港逗留了一星期，于六月二日赋归。蟾妹已将多件书画交生携呈转赠各友好，无不喜形于色，并致万分谢意。

北京对外文化交流协会通过驻新中国代表团邀约生于明年九月间到京展出。除生等三人来回机票自理外，京方负责膳宿、交通、会场各种事项，并于展毕将作品运送南京。此种办法令人鼓舞，生决定将展出作品水平推至理想境界。无论如何要让国内艺术圈内外留下深刻印象，甚至有所启发，有所影响，始不辜负吾师长久以来教导之恩！

近接南京谢海燕兄来函：南艺、江苏美协及美术馆各单位，也拟邀生赴宁展出。按照北京方式接待，可谓大好消息。生当即飞函向彼等致敬。其实，生之所以能获得各有关机构热诚接待，得力于吾师威望所慑者良多，谨于此致虔诚谢忱！

上海亦为计划中展出之地点，唯至今尚无头绪，是否仍由吾师登高一呼，鼎力协助，以促其成，也仿京、宁办法进行。平心而论，沪滨乃生最向望能展出之一大目的地，盖生曾于此做过学生，当过教授，前后几近十年，含有感恩、讨教之双重意义；而旧同事、老校友多数仍健在，品茗话旧亦一乐也。

吾师七八月间又有十上黄山之壮举，不胜钦仰敬佩之至！此去又将产生突破性之杰构无疑，生拟偕蔡斯民君于七月第三周追踪而来，专程上山，有如唐僧西游取经性质，探索艺术之奥秘于吾师，而斯民君则特为吾师摄取生活及作画照片，以便更充实地刊入巨型专辑内，务使图文并茂，尽善尽美！专此敬祝健康长寿。师母均此叩安。生抗拜上 1988.6.26。

抗又及：待确定出发日期后敬烦预订客房。（《刘海粟刘抗师友书信录》，第303页）

6月27日，刘海粟聘请李国机律师担任常年法律顾问。（《刘海粟年谱》，第306页）

6月28日，刘海粟在上海中国画院作学术报告。

【引】报告指出：要创新必须懂得传统，因为新的东西不会自己从月亮上掉下来。要从临摹传统中体会前人的经验，把它吃下去，消化掉了，那创新才有深厚的基础。（《刘海粟年谱》，第306页）

6月28日，刘抗致函袁志煌。

【录】志煌先生：《刘海粟艺术文选》两册经已收到，谢谢！一册待葆芳由中国南返后转交勿介。出版仪式场面热烈，闻之欣然！海师以近百之龄，仍积极从事政、艺、旅游、写作各种活动，实令人敬佩！无形中也予我等后辈极大鼓舞。闻七八月间又将有十上黄山之壮举，更叫人仰慕。弟可能偕一摄影界友人于七月下旬追踪于天都莲花间，以偿1936年偕傅雷游黄岳后第二次登临之夙愿。"丝绸之路"旅游经告结束，受益匪浅，饱览历史文物、艺术宝藏之外，雄伟壮丽之江山更扩展我的胸怀，相信今而后，在艺术创作上将予我丰沛扎实的功力及新颖奋激的格局。致海师信中，有关弟前来祖国展览事，请先生助以一臂之力，促其成功，至感！专此即祝大安。弟抗顿 1988.6.28。（《刘海粟刘抗师友书信录》，第309页）

6月30日，上海《文汇报》社在和平饭店为刘海粟十上黄山饯行，朱屺瞻、沈柔坚等作陪。（《刘海粟年谱》，第306页）

6月，刘海粟作中国画《红梅图》祝贺《人民日报》创刊四十周年，此图在该报发表。（《刘海粟年谱》，第306页）

6月，刘海粟作中国画《出水莲花比性灵》。（该画题跋）

6月,《海粟诗词选》由福建美术出版社出版。

【按】选编刘海粟1925年至1986年间所作诗词111首。(《海粟诗词选》,福建美术出版社,1988年6月)

7月1日,刘海粟会见上海市市长朱镕基。朱镕基祝福刘海粟实现十上黄山的夙愿。(《刘海粟年谱》,第306页)

7月2日,刘海粟乘火车赴南京。(《刘海粟年谱》,第307页)

7月2日,上海市老年书画研究会成立,刘海粟与王个簃等任名誉会长,杜宣任会长。(《刘海粟年谱》,第307页)

7月3日,刘海粟出席在南京博物馆举行的江南文化书院建院典礼,任名誉院长。(《刘海粟年谱》,第307页)

7月12日上午9时,刘海粟乘汽车离开南京前往黄山。

【引】中午在泾县略事休息,晚八时半抵达黄山云谷山庄。行前赋诗一首:"年方九三何尝老,劫历三千亦自豪。贾勇绝顶今十上,黄山白发看争高。"(《刘海粟年谱》,第307页)

【引】是年,文化部部长黄镇在黄山考察工作时,黄山市和黄山管理局请黄镇转告刘海粟,黄山随时欢迎刘海粟十上黄山。6月上旬刘海粟致信黄山:"6月10日,全国政协常委会后,即回上海,略事准备,即上黄山,我满怀激情拥抱黄山,将一支铁笔表现黄山、讴歌黄山。"消息传出后,黄山即成立了以管理局局长夏发年为主要负责人的接待班子,同时又自然形成一个庞大的媒体群。电视台有中央、安徽、江苏、上海、杭州、芜湖、黄山数家和日本TBS,电影厂有中央、北京、上海、科教,摄影组就更多,有国家旅游局、上海文化局及《人民日报》《解放日报》《安徽日报》等,以及许多专业摄影家。九十三岁艺术大师十上黄山,必然会有轰动效应,媒体当然积极配合,许多不请自来。

【图1988-4】1988年刘海粟夫妇在黄山

刘海粟还未上山，上海市文化局、上海美协和上海市公共关系协会已经在筹办"刘海粟十上黄山画展"，筹委会主任是汪道涵，时任市委书记的江泽民答应为画展亲笔撰写序言。刘海粟还未下山，序文已经写成。刘海粟十上黄山的消息不胫而走，海内外广泛注意，李鹏总理、王蒙部长、安徽省委书记、上海老领导汪道涵等均致电或写信上山祝贺。台湾演员汪明贤、新加坡画家刘抗、摄影家蔡斯民、著名作家艾煊和陈登科、日本作家高健等均在山上等候，还有一大批学生和崇拜者早就聚集在山头欲睹大师风采。（《沧海一粟——刘海粟的艺术人生》，第75页）

7月13日，刘海粟在桃花溪边作中国画《龙虎门》。
（《刘海粟年谱》，第307页）

7月14日晨，刘海粟乘电缆车到黄山北海山顶，寓散花精舍。午后作中国画《散花精舍写梦笔生花》。

7月15日，刘海粟作中国画《石笋矼奇松》。（该画题跋

【图1988-5】刘海粟中国画作品《石笋矼奇松》1988年（67cm×136cm）

7月21日，刘海粟为之题写会标的"生命自然与创造——人体造型艺术展览"在上海美术家画廊开幕。

【引】展览至8月1日结束。在黄山刘海粟就此展览对记者说："这个展览是件大事情。已送作品参展。以人体绘画为题材的专题展出很好。让人体艺术堂堂正正地跨进艺术殿堂，进入审美和艺术的层次。""通过对人体艺术美的欣赏和理解，将使中国现今和以往的文化意识和道德观念受到强烈的震撼和积极的冲击。""为了反封建，为了人体艺术，我呐喊了七十多年，现在还要呐喊。"（《刘海粟年谱》，第307页）

7月16日，刘海粟作中国画《清凉顶》。（该画题跋）
7月18日，刘海粟作中国画《墨牡丹》《泼墨清凉台》。

【录】《墨牡丹》题诗：清露阑干晓未收，洛阳名品擅风流。姚黄魏紫浑闲见，谁识刘家穿鼻牛。（该画题跋）

7月28日，刘海粟作中国画《文光亭泼墨》。（该画题跋）

7月31日，刘海粟作中国画《松涛呼啸》。（该画题跋）

7月，刘海粟在黄山期间作画多幅。

【引】作中国画《裂壁云岚石笋寒》《清凉台烟雨》《金笺红牡丹》《狮子顶》《梦笔生花》《光怪陆离泼彩黄山》，作油画《今日黄山》（白鹅岭索道）。（《刘海粟年谱》，第308页）

8月1日，刘海粟作并题中国画《云山缥缈》。（该画题跋）

【图1988-6】刘海粟中国画作品《松涛呼啸》1988年（67cmX124cm）

【图1988-7】刘海粟中国画作品《云山缥缈》1988年（67cmX122cm）

【录】题诗：不见文殊狮背坐，狮毛化作碧空林。老夫梦里关清甚，墨浪滔滔泼几层。

8月2日，刘海粟作油画《始信峰晴翠》。晚，会见专程前来拜访的台湾画家江明贤。（《刘海粟年谱》，第308页）

8月2日，上海市委领导对筹建刘海粟美术馆事宜进行决定。

【引】时任中共上海市委副书记曾庆红阅后提出意见："请（刘）振元同志考虑，若情况属实，我们花点力气办成，我认为是件好事。"8月3日，时任中共上海市委书记江泽民阅后批示："我看我们应该采取积极态度把它办好，这对上海的开放及提高上海这个城市的文化素质大有好处。请酌。"8月5日，时任上海市市长朱镕基作了"请刘振元同志落实"的批示。8月6日，刘振元副市长批示："请文化局研究后告我及庆红同志。"（《千秋动地歌》，第33页）

8月4日，刘海粟在石笋矼作油画《黄海奇观》。5日，在升仙台作中国画《苍龙》。（作品题跋）

8月7日，刘海粟在白鹅岭以金笺作中国画《晨光青岚》，并题《菩萨蛮》。

【录】题词：天都脸上云纱绕，莲花耸若蟠然老。岭上展金笺，墨潮随兴添。香风吹短笛，耳畔松涛急。山画两苍苍，铁崖老更刚。（该画题跋）

8月9日，刘海粟作并题中国画《金笺黑虎松》，忆及李可染。

【图1988-8】1988年刘海粟在黄山写生

【图1988-9】刘海粟中国画作品《金笺黑虎松》1988年（98cmX107cm）

【录】题云:"一九五四年夏兴可染同学同画黑虎松及西海,朝夕讨论,乐不可忘。今可染已自成风格,蔚然大家,松下忆之,忽忽三十四年矣。"(该画题跋)

8月11日,刘海粟作中国画《升仙台二松》。(该画题跋)

8月12日,作中国画《始信峰石壁》,并题《西江月》。(该画题跋)

8月13日,刘海粟设便宴为刘抗、陈人浩和新加坡摄影家蔡斯民洗尘。(《刘海粟年谱》,第308页)

8月16日上午,刘海粟作中国画《清凉台写生》,并题《鹊踏枝》。(该画题跋)

8月16日下午,黄山管理局和黄山市在散花精舍联合举行艺术大师刘海粟七十年十上黄山庆祝会,即席为黄山管理局作中国画《金笺黄山杜鹃图》以赠。(《刘海粟年谱》,第308页)

8月18日,刘海粟作中国画《朱墨奇松》。会见广西漓江出版社负责人。商定出版《刘海粟全集》事宜,预计六年出齐。(《刘海粟年谱》,第308页)

【图1988-10】1988年刘海粟在黄山清凉台写生

8月22日，刘海粟应九华山管理处邀请参加九华庙会，离黄山散花精舍，晚9时抵九华山。（《刘海粟年谱》，第308页）

8月22日，上海市文化局向中共上海市委宣传部、上海市计委和市委、市政府领导报送了《关于筹建刘海粟美术馆的初步设想报告》。

【引】报告认为，筹建刘海粟美术馆不仅可以对人民进行文化艺术教育和爱国主义教育，丰富人民群众的文化艺术生活，提高文化素质，而且能为上海的对外开放、促进国际文化交流起到积极作用，市文化局再次派员赴黄山听取刘海粟先生对筹建刘海粟美术馆的意见后，提出以下初步设想：（1）考虑到为适宜于开展国内外文化交流之需要，刘海粟美术馆拟建在虹桥开发区的雕塑公园规划区内。（2）建筑面积为2500平方米，占地约10亩。（3）总投资预计人民币700万元。（4）筹建工作应抓紧时间进行，力争在刘海粟先生在世时落成。（《千秋动地歌》，第37页）

8月23日，上午，刘海粟在九华山游览寺庙，一路经过化城寺、旃檀林、上禅堂，到肉身殿。

【引】刘海粟对石阶下的一对石狮十分赞赏，说："安徽民间雕刻家水平很高，狮子造型独特，很有内涵，值得认真研究。我九十三岁了，还要学习民间艺术。"下午到抵园寺，应众法师请求，题写"度尽众生方成佛"。又到大雄宝殿看僧众做佛事。（《刘海粟年谱》，第309页）

8月24日，刘海粟到观音峰下作中国画《凤凰松》。次日，作油画《九华山肉身殿》。（作品题签）

8月28日，刘海粟离开九华山，重返黄山，寓云谷山庄。（《刘海粟年谱》，第309页）

【图1988-11】刘海粟油画作品《九华山肉身殿》1988年（59cm×71cm）

8月30日，刘海粟作油画《云谷山庄》。又作中国画《丞相源》。（作品题签）

9月9日，刘海粟结束了近两个月的十上黄山之行，回到上海。

【引】在黄山期间，又作油画《西海晚晴》《后海雨霁》《云涛似江流》《雾笼北海》和《日出》。又作中国画《九龙瀑》《奇峰白云》《黄山天下无》《黄山妙景》《西海云烟》以及题画诗词。（《刘海粟年谱》，第309页）

关于刘海粟十次上黄山的年份，袁志煌在《刘海粟十上黄山纪年》中谓："据海粟老人回忆，第一次登黄山是1918年，那时山上只有枯庙及和尚，上山的路径极差，几乎没有游人。还

【图 1988-12】1988 年刘海粟十上黄山作画情景

记得山上的和尚不多给食物,仅免饥馑而已。二十年代曾两次上黄山即刘老第二次和第三次上黄山,没有见到文字记录,也没有见到画稿,刘老也回忆不出年份。""第四次上黄山是1935年冬。""第五次上黄山是1936年冬。""第六次上黄山是1954年。""第七次上黄山是1980年夏。""第八次上黄山是1981年。""第九次上黄山是1982年。"(《上海美术通讯》第33期,中国美术家协会上海分会编,1988年12月15日)

9月12日,"刘海粟十上黄山画展"在上海美术馆举行。

【引】汪道涵主持"刘海粟十上黄山画展"开幕式,展出100幅作品。前言是江泽民撰写的,并亲自赶来祝贺,观看展览。

江泽民的序言是:"杜甫谓人生七十古来稀,我们说而今九十不稀奇。刘海粟教授年方九三,啸烟霞,抚琴泉,与奇峰对语,临古松长吟,拥抱黄山,人山合一,跳出云海,吞吐黄岳,古所未闻,今亦仅见。更能抒健笔,化情为墨色,打破古今中西界限,尽情挥洒,蕴藉无穷。为昔日师长立传,今朝良友写真,山笔交辉,公之于众,与国内外朋友同享神游之乐,谨为小序。江泽民1988年8月6日。"

参加画展开幕式的有刘靖基、叶公琦、曾庆红、毛经权、夏征农、陈至立、胡立教、朱屺瞻、沈柔坚、吕蒙、谢海燕、保彬、朱金楼、孙滨等1000多人。江泽民为画展撰写序文并到场向刘老(刘海粟)祝贺。中国美术家协会、全国政协书画室、浙江美术学院、张爱萍、韩念龙、关山月、冯其庸、陆俨少等发来贺电贺诗。南京艺术学院、上海中国画院等赠送了花篮。展出十上黄山新作及历次黄山之作中国画70幅、油画30幅。展览至23日闭幕。(《刘海粟年谱》,第310页)

【图1988-13】刘海粟在上海美术馆举办"十上黄山画展"开幕式(1988年9月)

【图1988-14】江泽民为刘海粟"十上黄山画展"手书序言

【图1988-15】1988年9月12日,"刘海粟十上黄山画展"在上海美术馆开幕。江泽民、汪道涵、胡立教及社会各界人士出席。图为汪道涵与刘海粟亲切交谈

9月13日，上海《文汇报》刊载沈柔坚《观刘海粟十上黄山画展》长文。

【引】文谓："这些画幅中回旋着一种惊人的力量，这股力量雄浑泼辣，是画家刘海粟所特具的，它是坦荡的心胸、刚强的意志和坚韧的毅力的总和。"上海《解放日报》刊载端木复《有情与无情之间——刘海粟十上黄山纪实》长篇报道。（《文汇报》，1988年9月13日）

9月14日，刘海粟出席在上海市文化局会议厅举行的庆祝刘海粟从艺七十五周年学术座谈会，谈自己艺术生涯的感受。

【引】在座谈会上作专题发言的有：谢海燕《海粟老人十上黄山和他的黄山画》，伍蠡甫《吾为自然之父——赞刘海粟反复实践创造高于自然美的艺术美》，朱金楼《艺术是生命与人格的表白——刘海粟老人的黄山画及其美学思想》，邵洛羊《试论刘海粟的艺术教育观》，周积寅《刘海粟张大千比较研究概述》，林曦明《学习刘海粟先生的艺术方向》，毛时安《人格和生命》，以及周抗、俞云阶、赵宏本、何振志、谢春彦、陈创洛等的即席发言。上海市文化局局长孙滨及美术界学术界人士80余人出席座谈会。（《刘海粟年谱》，第310页）

9月23日，刘海粟与贺绿汀、柯灵、谢晋等出席为纪念《文汇月刊》创刊100期而举行的作者座谈会。（《刘海粟年谱》，第311页）

9月25日，作中国画《牧牛》。（该画题跋）

10月2日，刘海粟由上海飞抵香港。（《刘海粟年谱》，第311页）

10月6日下午，刘海粟出席在香港大会堂低座展览厅举行的"刘海粟八十年代作品展"开幕式。

【引】开幕酒会上，刘海粟与新华社香港分社负责人许家屯、公益金执行董事黎敦义和美国大通银行高级副总裁郭克勤一起为画展剪彩。7日至8日预展，9日至15日公开展览。展出中国画、油画共74幅，半数是今年十上黄山新作。（《刘海粟年谱》，第311页）

10月17日，刘海粟出席美国大通银行在香港文华大酒店举行的中国画《九龙瀑》慈善拍卖会。此画以31万元港元售出。刘海粟将款项全部拨捐给香港公益金。（《刘海粟年谱》，第311页）

10月26日，中国画研究院举行"1988年北京国际水墨画展"。刘海粟与朱屺瞻、李可染、叶浅予、吴作人、吴冠中、赵无极等人的作品参加展出。（《刘海粟年谱》，第311页）

【图1988-16】刘海粟应邀赴香港举办画展，图为文华大酒店举行新闻发布会

10月，香港《画谱》杂志1988年第5期为"刘海粟专辑"，刊载行草、狂草、大篆等书法墨迹及沈鹏《〈刘海粟书法〉序言》。(《刘海粟年谱》，第311页)

11月3日，刘海粟被聘为八大山人研究学会名誉会长。(《刘海粟年谱》，第311页)

11月8日，中国文学艺术界联合会第五次代表大会在北京人民大会堂开幕。

12月8日，刘海粟致函刘抗。

【录】抗弟如晤：黄山欢聚，畅我萦怀。九月在上海举行《十上黄山》画展。十月应邀来港，在大会堂举行《刘海粟八十年代画展》盛况空前。上海美协沈柔坚同志应新加坡木刻组织的邀请，十二月十二日在新举行木刻展览，柔坚木刻颇具创造性思维能力，有凤慧，作中国画神韵不凡至难得。此次来星展出，吾弟能写一篇序言在联合报发表，热烈欢迎，增中新友好之忱。

关于邀请您到大陆展画事，我从黄山回沪就与市长，文化局美协沈柔坚商议，大家热忱欢迎您，因为要确定画展日期，柔坚设想，首先在上海展出，之后再去南京、合肥、福州，最后至北京，要有全面安排。首先在上海隆重展出，是很有意义的。柔坚此次到星当面邀请，一切请与洽谈。我所周知，北京、南京、合肥均已有准备，妥安排日期即可。又前存驻新商务代表处电视录像《沧海一粟》及北影录像《绘画大师》，恳柔坚同志回沪时携归，费神感且不朽。再谈。刘海粟1988.12.8。(《刘海粟刘抗师友书信录》，第311页)

12月18日，上海中国画院名誉院长王个簃在上海病逝，终年九十二岁。1989年1月10日举行遗体告别仪式。刘海粟敬送花圈挽联吊唁。(《刘海粟年谱》，第312页)

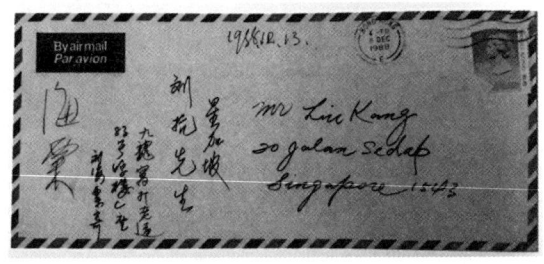

【图1988–17】1988年12月8日，刘海粟致刘抗函（信封）

是年，刘海粟作中国画《满江红》，作油画《后海云雾》，作书法《艺海藏珠》。（作品题签）

是年，上海书店出版《刘海粟中国画》1989年月历。

（《刘海粟年谱》，第312页）

本年，刘海粟传略被世界诸多名人传记书籍收录。

【引】传略入刊英国剑桥国际传略中心出版之《国家事业成功领袖人物传略集》第1版。

传略入刊英国剑桥国际传略中心出版之《世界成功人录》第12版。

传略入刊英国艺术界出版之《艺术界名人录》第23版。

传略入刊英国欧洲出版社出版之《国际名人录》第51版。

传略入刊印度南亚西亚出版公司出版之《国际传略集》。
(《刘海粟年谱》，第312页)

公元1989年（乙巳）93岁

1月1日，刘海粟被《人民画报》社聘为《中国高等院校总览》画册的编辑委员，并为之题写书名。(《刘海粟年谱》，第312页)

1月17日，刘海粟为研究生简繁留学书写推荐信。

【录】推荐信内容："日本东京艺术大学：门弟子简繁，有意东渡日本，再谋深造，谨此向贵校保荐。简繁乃我一生中所带的唯一的中国画硕士研究生。1982年毕业于南京艺术学院，曾留

【图1989-1】刘海粟与研究生简繁毕业时的合影。经导师提名留校，做刘海粟院长的助手

任我的助手。该学生具有良好的艺术修养和坚实的绘画基础，曾先后就读和执教于多所高等艺术院校。其为人正直，为艺虔诚，才思敏捷，天资过人，是一个不可多得的艺术人才。今去日本，更广登而博见，他日当独执中国画坛之牛耳也未可量也。刘海粟1989年元月17日。"

3月4日，夏伊乔致函刘抗夫妇。

【录】刘抗先生、夫人大鉴：一别又数月想必一切"称心如意"！老人由黄山下来因过于劳累精神差些，近来休养之下有些恢复。今定于本月16日去北京参加全国政协会议之后约一个月后回沪整理行装，由上海去西德然后回香港，再由香港10月份去台湾，再由台湾到香港小住。

我们干女袁之钦伉俪来星参加画展，要多仗您大力支持了。费神之处非笔墨能形容，今特托他俩带上字三幅，麻烦您便时请您代为转交梅玉芬、唐裕、杨启霖各位并代我问好（我们问好）。因为时间匆促不尽欲言。老人有信详陈，恕我草草。敬祝全家康乐！ 夏伊乔1989年3月4日。（《刘海粟刘抗师友书信录》，第314页）

3月4日，刘海粟致函刘抗。

【录】抗弟如晤：惠书藉悉之。感寒僵卧。迟迟复函，歉悚歉悚！最近北京有些消息，88年4月文化部对外联络局秘书林朝中同志来钓鱼台谈过几次。欢迎吾弟来华展览近作，关于展览一切办法由文化部对外联络局统筹，安排与吾弟直接联系。为何到现在仍无消息？真是莫名其妙。我们定于16日飞京开会，（全国政协大会）在文化部对外联络局了解蔡斯民先生的"留真"专集已问世，印刷装订，精致美观内容丰富，先睹为快，希望寄我一册。画弟子缪鹏飞袁之钦伉俪应邀到新加坡展画,蒙吾弟大力支持,剪彩揭幕感同身受。鹏飞、之钦伉俪有凤慧而好学,人品画品更优,吾深爱之,人生得一知己足矣,斯世当以同怀视之,一切由鹏飞面陈。余唯珍重不宣。海,1989.3.4,香港。《沧海一粟》等影片请鹏飞弟携港可矣!(《刘海粟刘抗师友书信录》,第316页)

3月16日,刘海粟由香港飞抵北京,出席全国政协七届二次会议。(1989年4月23日刘海粟致刘抗函)

4月23日,刘海粟致函刘抗。

【录】抗弟如晤:我们3月16日飞京,参加全国政协大会。抵京即与文化部对外联络局林朝中同志联系,他说:文化部隆重欢迎您们来华访问展画,已安排9月1日—10日在北京中国美术馆举行《刘抗教授绘画展览会》款待刘抗陈人滨伉俪及女公子、公子刘太格。并说北京市政府要特别接待太格,公函已由中国驻新加坡商务代表处转交,想已收见。之后在上海、南京、合肥、福州巡回展览有预约,日期变更,关于展览技术手续想已直接

【图1989-2】刘海粟中国画作品《忆写黄山第一峰》1989年(69cm×138cm)
刘海粟捐赠香港藏

联系。我们五月初飞沪离京，6月1日应邀飞联邦德国参加6月8日于科隆德累斯顿银行大厦《刘海粟教授绘画展览会》开幕典礼，一切情况到德后函告。又前存新加坡中国商务代表处电视录像《沧海一粟》及北电所摄《艺术大师刘海粟》影片，林朝中先生说：已与前任代表处负责同志及现任驻新代表处主管联好负责运回。便中请一询究竟。最好您来华时亲自携回。费神，感谢。草草不次。即颂幸福无量。刘海粟1989.4.23北京。（《刘海粟刘抗师友书信录》，第319页）

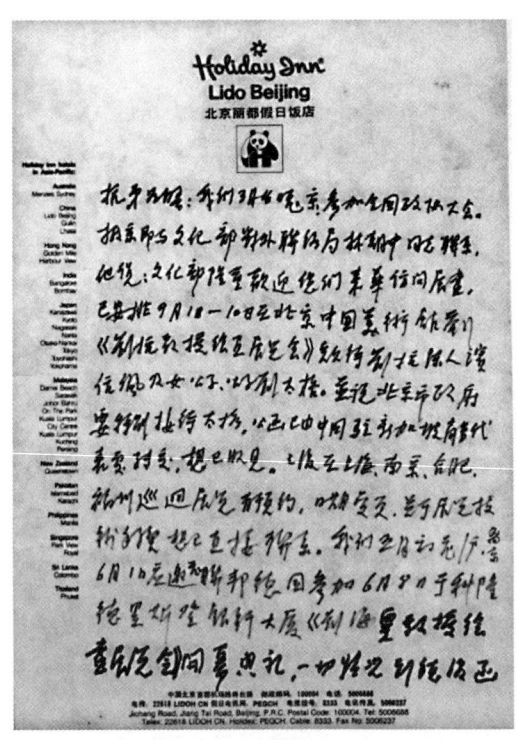

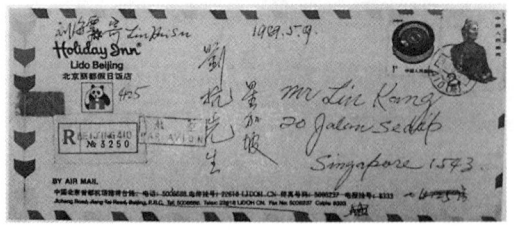

【图1989-3】1989年4月23日，刘海粟致刘抗函（信封）

5月9日,中国美协上海分会举行第四届会员代表大会,刘海粟和林风眠被选为名誉主席,沈柔坚为主席,吕蒙等为副主席。(《刘海粟年谱》,第313页)

5月12日,刘海粟由北京回上海。(《刘海粟年谱》,第313页)

5月16日,刘海粟出席上海科学电影制片厂拍摄的《艺术大师刘海粟绘画艺术》的首映式。

【引】首映式上对记者发表谈话说:一方面要采取切实措施,保护纯艺术;另一方面要大力发展实用工艺美术,设置环境艺术、影视美术等新学科、新专业,在艺术与科学、艺术与技术、艺术与生产、艺术与商品之间架起一座座桥梁。(《刘海粟年谱》,第313页)

6月4日,刘海粟乘飞机离开上海,经香港赴德国科隆。

【图1989-4】刘海粟在科隆大教堂前

6月9日，刘海粟画展在德国科隆市德累斯顿银行大厦举行，展出中国画和油画，展览至7月4日结束。(《刘海粟年谱》，第313页)

6月27日，刘海粟作并题中国画《忆写黄山》。

【图1989-5】刘海粟在科隆个展开幕式上

【图1989-6】1989年刘海粟在德国科隆举办个人画展，图为刘海粟签字参观科隆市政府，旁立者为科隆市长

【录】题诗：洗尽平生磊块胸，衰颜今喜发春红。更携苕水无双笔，忆写黄山第一峰。（该画题跋）

8月5日，刘海粟访问瑞士。在日内瓦举行的华人学会第五届年会上讲演《中国绘画上六法论》，并即席挥毫。参观日内瓦国际核能中心。重游洛桑、孟脱未、莱梦湖。《刘海粟年谱》，第313页）

8月11日，刘海粟至德国汉堡。《刘海粟年谱》，第313页）

10月，刘海粟由德国飞往美国洛杉矶游览访问。《刘海粟年谱》，第313页）

11月18日，刘海粟在洛杉矶出席华夏画廊开幕式，并为之剪彩。《刘海粟年谱》，第313页）

12月8日，上海美专师生联展作品抵达台湾历史博物馆。

【引】因台湾"教育部"规定：以大陆杰出人士身份来台访问者，其作品不得公开展览，台湾董氏基金会与台湾历史博物馆只得以"上海美专师生联展"的名义举办刘海粟画展。是日，运抵台湾的100件美术作品在台湾历史博物馆开箱。书法作品五件由其随身携带。（《刘海粟年谱》，第314页）

12月27日晚6时15分，刘海粟由美国洛杉矶飞抵台北。（《刘海粟年谱》，第314页）

12月29日，刘海粟在台湾历史博物馆举行记者招待会。

【引】刘海粟认为绘画要懂得传统才能反传统；而所谓创新，也必须只有深厚的传统根基，才有资格去谈。拜会旧友蒋纬国先生。（《刘海粟年谱》，第314页）

12月29日，记者会结束后，刘海粟拜会旧友蒋纬国先生。

（《刘海粟年谱》，第 314 页）

12 月 29 日晚，应台湾《中国时报》社和《工商时报》社之邀约，刘海粟与 98 岁的摄影家郎静山和 93 岁的国画家黄君璧欢聚。三老（年岁相加之和为 285 岁）畅叙几十年前之旧谊。（《刘海粟年谱》，第 314 页）

本年，刘海粟传略被世界诸多名人传记书籍收录。

【引】传略入刊英国剑桥国际传略中心出版的《澳洲和远东地区名人录》。

传略入刊美国传略研究所出版的《国际著名领袖人名录》第 2 版。

传略入刊美国马贵司名人录出版公司出版的《世界名人录》第 9 版。

传略入刊英国剑桥国际传略中心出版的《国际知识界名人录》第 8 版。（《刘海粟年谱》，第 314 页）

公元 1990 年
（庚午）
94 岁

1 月 1 日，"上海美专师生联展"在台北历史博物馆正式开幕。（台湾《中华日报》，1990 年 1 月 3 日）

【引】展期三周。与刘海粟作品同时展出的有 20 位在台湾的上海美专校友作品共 20 幅，台湾历史博物馆馆长陈癸森赠给一枚荣誉金章，董氏基金会也赠以一座镌有"中华之光"的双凤讲座，以表彰刘海粟在中国画坛的贡献。刘海粟说，他能在九十五岁的高龄到台湾来举行画展，完成一桩心愿。今后他还要到世界各地去旅行展览，"务必要让炎黄子孙扬眉吐气，使中华文化光大"。郎静山以 1928 年拍摄的人体模特作品《沉思》相赠。（《刘海粟年谱》，第 315 页）

1 月 4 日，刘海粟在台北南港参观台湾"中国电视公

司",并当众挥毫,完成一幅水墨画。(《刘海粟年谱》,第315页)

1月6日,刘海粟在台湾历史博物馆与台湾艺术界人士座谈,表示将成立基金会和博物馆,容纳他收藏的古字画和他的部分作品。(《刘海粟年谱》,第315页)

1月8日,刘海粟参观台湾故宫博物院和摩耶精舍张大千故居。(《刘海粟年谱》,第315页)

1月9日,刘海粟游览台湾联合报系员工休假中心南园。(《刘海粟年谱》,第315页)

1月13日,刘海粟在台湾历史博物馆画展现场当众挥毫。(《刘海粟年谱》,第315页)

1月,《美术》第一期刊载周积寅的文章《刘海粟与张大千》。

【引】全文3550字。文中说道:刘海粟、张大千皆出身于书香门第,一生带有传奇色彩,同是具有多方面才能的艺术大家——中国画家、书法家、古画鉴藏家、艺术教育家、诗人,同时,海粟老人又是油画家、美术史论家,大千老人又是篆刻家。在艺术上,他们的艺术见解和实践,有两点精神是一致的:其一,借古是为了开今。其二,创造离不开生活。(《美术》第一期,1990年1月)

4月19日,刘海粟离开台湾,飞抵美国洛杉矶,抵美后宿张善利的别墅。(《刘海粟年谱》,第315页)

4月28日下午,刘海粟出席美国加州河滨市美术馆举行的欢迎大会。

【引】加州州务卿余江月桂在大会上向刘海粟致赠加州荣誉市民证书,美国国务委员乔治·布朗致赠纪念盘,河滨市市长德利夫·拉兹代表市政府赠一枚市……及荣誉市民状,加州参议员史提夫·古鲁致赠表扬状。刘海粟以绘画及绘画复制品分别回赠,并即席挥毫作巨幅雄鹰图,又提书"艺术之光"赠河滨市美术馆。(《刘海粟年谱》,第315页)

5月12日,刘海粟偕夫人夏伊乔重临洛杉矶西来寺,和星云大师共进素食午餐,相研禅道;并为母亲节特写"精忠报国"四字纪念。(《刘海粟年谱》,第316页)

5月21日,刘海粟在夫人夏伊乔、李治中医生、洛杉矶华人企业家张善利的陪同下,前往美国亚利桑那州的科罗拉大峡谷写生。

【引】海老和夫人夏伊乔由李医生陪同,乘飞机前往大峡谷。海老满面红光,眼睛始终贴在舷窗上,等待大峡谷的奇景出现。

当见到峡谷独特的原红、原黄、原蓝的色彩在眼底盘旋时,海老激动地对夫人说:快看,快到了!大峡谷太美了!

张善利与两位好友(按:林燕津、吴正光),开一辆雪佛兰厢式中型客车,从洛杉矶直奔科罗拉多大峡谷。张善利特意买了一台最新款的索尼摄像机,为海老写生全程录像。(略)

海老对夫人夏伊乔说,太奇妙了,大峡谷与黄山是两种色彩,两种自然奇观呀,各领风骚!

谷底绿色地带,曾是印第安人居住的小部落。海老见到后感叹地说,真的是好特别,峡谷里还有小路,人类就是了不起,谷底照样踩出一条路,留下足迹!(顾龙,《刘海粟美国科罗拉多大峡谷写生纪实》)

5月22日中午,刘海粟作大峡谷写生油画一幅。

【引】5月22日中午11点32分,大峡谷阳光灿烂,海老画兴来了。张善利一行从车上搬来作画的用品，在昨天选定的景点，架起了画架。

（略）海老习惯地先用蓝色勾轮廓。四十五分钟过去了，大峡谷写生的第一幅油画初见"草图"。整整一小时五十分，海老放下油画笔说，画好了！（顾龙，《刘海粟美国科罗拉多大峡谷写生纪实》）

【图1990-1】1990年5月22日，刘海粟于美国亚利桑那州的科罗拉大峡谷写生，与夫人夏伊乔合影

5月23日，刘海粟参观大峡谷内的小型博物馆，下午作古柏油画一幅。

【引】博物馆有一个视野宽阔的观景台，设有观景范围内所有景点的标志图，张善利指着图中的景点，引导海老眺望远处的实景。

（略）在古塔不远处，海老见到一棵老柏树，脱了皮显得枯干的树干上，却爆出满枝新绿，在阳光下生机勃勃。

海老喜出望外，惊呼：奇迹！奇迹！这真是生命的奇迹！我要把这棵古柏画下来。

【图1990-2】1990年5月23日,刘海粟于科罗拉大峡谷写生油画古柏

【图1990-3】刘海粟于科罗拉大峡谷写生油画《古柏》

画架支起来了，海老坐在轮椅上即兴作画。他先勾线再填色，树干和地面用了赭色，其余只用蓝色和绿色，而且是很鲜亮的蓝和很翠的绿。

也许是触景生情，海老这幅大峡谷古柏的油画只用了一小时。搁笔之后，海老拉着夫人和随行的朋友，一起在这棵古柏前，拿着画作留下记忆。

海老眼里闪动着泪光，他深情地说，从这棵老柏树上看到了自己的一生。（顾龙，《刘海粟美国科罗拉多大峡谷写生纪实》）

5月24日，刘海粟作大峡谷中国画一幅。

【引】这幅大峡谷国画，海老早就想好，在实景地用纯焦墨勾勒出框架，然后回住处着色成画。

大峡谷写生的最后一幅画作，用了不到半小时跃然纸上。海老在画的留白处，欣然命笔，赋诗一首：天下奇观大峡谷，笔墨淋漓刘海粟，九十五岁何尝老，兴来往往欺造化。落款"1990年5月24日，老海"。（顾龙，《刘海粟美国科罗拉多大峡谷写生纪实》）

【图1990-4】1990年5月24日，刘海粟写生中国画大峡谷

5月30日，刘海粟出席加州大学河滨分校颁赠"杰出国际友人徽章"仪式。

【引】在仪式上，刘海粟接受了加州大学河滨分校校长露丝·玛丽赠予的"杰出国际友人徽章"，并提"瑰玮博达"横幅回赠。（《刘海粟年谱》，第316页）

7月，刘海粟复函袁志煌。

【录】信谓："大耋之年，精力已衰，日日夜夜，孜孜不倦，志在报国，弘扬中华文化，为世界人类贡献。"（《刘海粟年谱》，第316页）

8月，在上海建立刘海粟美术馆的事经副市长刘振元、倪天增批准，被确定下来。（《千秋动地歌》，第37页）

【按】刘海粟写信给上海市文化局希望尽快落实，再次表示要将一生的作品和藏品全部无偿捐给国家，同时派长子刘虎赴沪察看馆址，后上海市文化局的领导几次到香港与他会面，就馆址、馆的性质、设计方案，以及藏品清点捐赠、回沪后居住条件、生活安排等方面取得一致意见，签署了《拜访刘海粟先生有关事项的实施意见书》，确定了刘海粟夫妇回沪日期和百岁生日的具体安排。

公元1991年
（辛未）
95岁

1月16日，刘海粟致函南京艺术学院党委书记潘忠哲、院长冯健亲及全体师生员工。

【引】信中通报赴欧美访问期间概况，并在信中表示："大耋之年，精力已衰，日日夜夜，孜孜不倦，志在报国；弘扬中华文化，为世界人类作出贡献，为炎黄子孙扬眉吐气。"在信中同时指出："我们学校虽局限于江苏地方院校，只要有成绩出人才，也可以驰誉国际。"（谢海燕主编，《刘海粟》，第342页）

3月24日，96岁的刘海粟应香港大学校长王赓武之邀，去港接受荣誉博士学位，由夫人夏伊乔及女儿刘蟾陪同，由美国乘飞机抵达香港。（谢海燕主编，《刘海粟》，第342页）

3月26日，刘海粟出席由香港总督卫奕信以香港大学校监名义主持的香港大学第141届学位颁发典礼，接受卫奕信代表校方颁发的香港大学"名誉文学博士"学位。（谢海燕主编，《刘海粟》，第342页）

3月，上海市领导下达《关于同意建立刘海粟艺术馆（筹）的通知》。

【引】1991年3月，上海市领导下达《关于同意建立刘海粟艺术馆（筹）的通知》。决定将外滩九江路41号底层，原《新民晚报》旧址用房调拨给市文化局，作为建立刘海粟美术馆的周转用房。（《千秋动地歌》，第37页）

【图1991-1】20世纪90年代初的刘海粟

4月5日，上海"刘海粟艺术馆"（筹备）正式挂牌。
（谢海燕主编，《刘海粟》，第342页）

6月30日，刘海粟出席香港华润集团董事长朱友蓝等的宴请。

【引】席间刘海粟说："昔日黄山是我友，今日黄山是我师。我吞吐黄山，黄山跃然纸上。"又说："我今年96岁，到1996年就100岁了，香港比我还'小'1岁呢。"在回答长寿之道时他打趣地说："餐餐七分饱，时时待人好；书画宜勤作，健康活到老。"（谢海燕主编，《刘海粟》，第342页）

7月18日，美国南加州"刘海粟文化基金会"为援助中国抗洪救灾，"桑梓情深，慷慨相助"，捐资3000美元。（谢海燕主编，《刘海粟》，第342页）

7月，上海市编制委员会下达了《关于同意建立刘海粟艺术馆（筹）的通知》，刘海粟美术馆筹建工作落实。

【引】7月，上海市编制委员会下达了《关于同意建立刘海粟艺术馆（筹）的通知》。至此，刘海粟美术馆的筹建工作真正落到了实处。（《千秋动地歌》，第37页）

8月8日，刘海粟从香港给上海市文化局局长孙滨写信，同意上海的筹建决定。

【引】刘海粟第一次以书面的形式表示："国家和上海市重视，决定创建刘海粟美术馆非常重要，（我）非常感动……我愿意把作品和珍藏品放存上海刘海粟美术馆，公之于世，作为研究中国古代和现代美术史中心，代代相传，发扬光大，起承前启后、振兴中华文化艺术的作用。我一向是这样想和这样做

（的）。"（《千秋动地歌》，第38页）

10月21日，刘海粟致函挚友、前上海美术专科学校副校长、原南京艺术学院副院长谢海燕教授。

【引】信中叙述彼此间真诚的友情："灵犀相通，心心相印，息息相关。"信中表达了支持香港大学筹建"刘海粟美术馆"的心愿，希望该馆能成为有代表性的刘海粟艺术馆，从而对弘扬中华文化，促进中西交流，以及发展美术教育，作出积极贡献。（谢海燕主编，《刘海粟》，第343页）

11月8日，江苏省教育委员会发文，通知南京艺术学院：刘海粟教授已获国务院首批颁发的"政府特殊津贴证书"。（谢海燕主编，《刘海粟》，第343页）

是年，上海市文化局受市政府委托，对刘海粟美术馆的选址进行专门研究。

【引】先后提出了将外滩九江路41号（原《新民晚报》旧址）和淮海中路1413号（上海图书馆的视听资料馆址）及南京西路960弄内的一幢花园洋房（上海少年儿童图书馆址）作为刘海粟美术馆筹建的选择地，供刘海粟选择并以此征求他的意见。刘海粟认为：上海外滩历来是金融区，过于繁华喧闹，缺少文化氛围，不适宜建立美术馆。对淮海中路1413号上海图书馆的视听资料馆址和南京西路960弄内的上海少年儿童图书馆址，刘海粟经反复考虑后认为，这些地方的地理位置和建筑都很好，可惜面积小了点，周边环境比较拥挤，没有发展的余地，提出了"最好在虹桥开发区建造刘海粟美术馆，静一点，有一种学术研究的气氛"的建议。市文化局根据刘海粟的建议，经研究协调，最后决定辟出位于虹桥开发区内的上海舞蹈学校的部分土地，动

用上海舞蹈学校的部分土地建造刘海粟美术馆。(《千秋动地歌》,第 38 页)

公元 1992 年
(壬申)
96 岁

1 月 21 日,刘海粟与夫人夏伊乔出席向正在筹建"刘海粟中国现代美术馆"的香港大学捐赠绘画作品仪式,与香港大学校长王赓武教授相互交接捐赠文件。

【引】捐赠的绘画作品共 40 幅,分别为油画 11 幅、中国画 29 幅,其中包括早期作品《黄山孤松》,以及 20 世纪 80 年代创作的山水、人物、花卉等作品。夏伊乔珍藏的刘海粟画作 40 幅,也将一并借予香港大学长期陈列。刘海粟在仪式上致辞说:"我的画作能在香港长期展出,为弘扬中华民族文化和精神文明尽绵薄之力,感到无限欣慰。"捐赠仪式于当日下午 5 时在香港大学本部冯平山博物馆举行。"刘海粟中国现代美术馆"建于香港大学冯平山博物馆附近,总面积 14000 平方米。(谢海燕主编,《刘海粟》,第 343 页)

3 月 16 日,刘海粟出席由香港华润集团主办,在香港华润大厦 50 楼举办的"艺术大师刘海粟 97 华诞"寿宴并致辞。

【引】刘海粟说:"主人家为我摆寿宴,这样做是在鼓励我,因为就算 100 岁、150 岁,还是短寿,我现在还是小学生,还应该不断地学习。"席间即兴题诗:"一管擎天笔,千秋动地歌,天地铮铮骨,黄山耿耿情。"又说:"我一生是硬骨头,要不断地努力,不断地奋斗,更要有吞吐黄山的气势。"华润集团董事长沈觉人、新华社香港分社副社长张浚生等出席寿宴,并致贺词。在接待香港《明报》记者林翠芬时谈道:艺术要不断创新,新时代要有新面目,但首先要懂得古代传统,才能古为今用,融会贯通。自己的泼彩国画就是源于传统的创新。唐代有

【图1992-2】20世纪90年代初刘海粟在香港

"没骨山水",宋代也已有"泼墨山水"。自己将国画传统与欧洲的油画结合,大胆尝试以泼墨形式点染出黄山变幻的云彩。关于伪造假画的话题,他说:"伪造假画是中国的坏传统,从明朝开始有假画。在海内外常见到模仿自己的假画。至于如何鉴别假画,就要靠自己的眼光和学问。画廊应具备鉴别真伪的能力,才能建立权威性。"关于改革开放的话题,他回答说:"中国要彻底改革开放,这是非常重要的。要改革,不要关闭,祖国一定好,不弄好不成。"(谢海燕主编,《刘海粟》,第343页)

3月,袁志煌、陈祖恩编著的《刘海粟年谱》由上海人民出版社出版。

【按】《刘海粟年谱》开本850mm×1156mm,印张10.25,附图9页,25万字,316页。编例1896-1990年刘海粟的生平、艺术活动事例。书前有沈之瑜作的序。

【释】袁志煌（？—约1992），一个普通工人出身的书法爱好者，刘海粟的私塾学生。由于为人忠厚，办事稳妥踏实，"文革"后被刘海粟请为助手，帮助刘海粟做整理资料等工作。后来与陈祖恩先生一起完成了《刘海粟年谱》。《刘海粟常用印集》由张伯驹题序诗，夏伊乔作序，袁志煌撰跋，这个"跋"是我们今天能看到的袁先生公开发表的书法作品。

【释】沈之瑜（1916—1990），原名茹志成，曾用名茹茹，笔名鲁楷，浙江杭州人。1935年上海美专西洋画系毕业后留校当助教。1938年至1940年任上海美专西画组主任。积极参与上海美专孤岛时期出版刊物《艺术界》的编写工作。1940年5月在浙江遂昌参加中共地下组织。新中国成立前曾任苏中抗日民主根据地滨海报编辑、苏浙军区司令部参谋处参谋、华中雪枫军政大学文工团和华东军政大学文工团团长。新中国成立后历任上海军管会文艺处美术室主任，上海市文化局社会文化处副处长、处长、上海美术工作者协会党组副书记，上海新成区文化局局长，上海博物馆副馆长、馆长和名誉馆长、研究员，上海市文物管理委员会副主任兼上海美术专科学校副校长，同时，被选为中国博物馆学会副理事长、中国文物保护科学技术协会副理事长。

【释】沈之瑜妻陈秋辉，是刘海粟的弟子，在上海美专读书期间曾担任过学生会副主席，1939年就读于启秀女中，上海美专1950届毕业。陈秋辉曾对记者说："我的老伴沈之瑜，过去在学校里，他的名字叫茹茹，他是茹志鹃的哥哥。他在美专读书的时候，因为抗日战争开始了，刘校长考虑学校里怎么样更好地组织抗日力量，就把沈之瑜派到南京去，参加抗日宣传队。1940年从美专到老解放区去了。新中国成立后，沈之瑜曾长期在上海的文化系统任职。当刘海粟受到冲击的时候，他将老校长的大量藏品和作品保存在上海博物馆，使之幸免于难。《刘海粟年谱》就是由他作的序。"

4月6日，刘海粟致函常州市政府，并书赠"刘海粟美术馆"馆名题词。

【引】刘海粟在信中说："大耄之年，精力正衰，日日夜夜，孜孜不倦，志在报国，弘扬中华文化，为世界人类作贡献，为炎黄子孙扬眉吐气，为社会主义祖国争光。"（谢海燕主编，《刘海粟》，第343页）

【图1992-3】1992年，在江苏省常州市建立的刘海粟美术馆

【图1992-4】常州刘海粟美术馆陈列室

7月1日，上海市文化局向市领导上报《关于刘海粟美术馆筹备工作的请示》。

【引】提出"同意刘海粟意见，在虹桥开发区重新选址，新建刘海粟美术馆。""拟将外滩九江路41号的房屋进行调换，用获得的资金新建刘海粟美术馆"等意见。7月12日，时任中共上海市委副书记陈至立批示："此事应抓紧落实，失去时机恐会无法补救。"市文化局的意见很快得到市有关部门的支持，同意在上海舞蹈学校内新建刘海粟美术馆，收回外滩九江路41号的房屋另作他用，由市财政局提供人民币1300万元作为刘海粟美术馆的建设资金。（《千秋动地歌》，第38页）

8月16至22日，刘海粟两次会见南京艺术学院党委书记潘忠哲、院长冯健亲，听取学校近况及南京艺术学院建校八十周年校庆活动的准备情况，并表示要回校参加校庆活动。（谢海燕主编，《刘海粟》，第343页）

8月26日，刘海粟致函陈祖安。

【录】信中说："邓大姐仙逝，悲痛欲绝。中南海西花厅谈话，往事历历，一幕幕浮现在眼前……我们对周总理、邓大姐感激与怀念之情是难以用语言笔墨表达的。"（谢海燕主编，《刘海粟》，第343页）

9月30日，刘海粟应邀参加新华社香港分社举办的国庆招待会。其间，与电影《大决战》的主要演员和获得巴塞罗那奥运会冠军的我国运动员合影。（谢海燕主编，《刘海粟》，第343页）

12月5日，刘海粟致电南京艺术学院党委书记潘忠哲。

【图 1992-6】20 世纪 90 年代初刘海粟创作时的状态

【引】刘海粟向江苏省委及中央有关部门对他的关心表示感谢。回校参加校庆的心情很迫切，但因年事已高，近又患感冒，故不能按时赶回南京参加校庆活动，委托挚友谢海燕代表他祝贺校庆八十周年，并向全院师生员工和广大校友致意问好。（谢海燕主编，《刘海粟》，第343页）

12月8日，刘海粟电贺南京艺术学院校庆八十周年。

【引】电文说："南京艺术学院为中国教育史上第一所正式的高等艺术学院，培养大量人才，遍及海内外，在中国美术史有转旋历史机运之功。值此八十周年大典，我衷心向全体师生员工热烈祝贺，团结努力，弘扬中华艺术，推陈出新，为社会主义祖国增光。"（谢海燕主编，《刘海粟》，第343页）

12月31日，刘海粟与新华社香港分社副社长张浚生及香港有关知名人士共同主持"当代紫砂艺术珍品展"及"韩美林艺术作品展"的开幕剪彩典礼。（谢海燕主编，《刘海粟》，第343页）

公元 1993 年
（癸酉）
97 岁

2月6日，上海市文化局正式成立刘海粟美术馆筹建工作领导班子。

【引】由上海市文化局图书美术处处长夏顺奎兼任主任，抽调杜乐行任常务副主任，调市文化局纪委干部杨辉任副主任，抽调上海油画雕塑院画家周加华为主任助理，立即开始工作。刘海粟美术馆的项目建议书很快就得到了市计划委员会的批复：同意在虹桥路上海舞蹈学校内建立刘海粟美术馆；建筑面积3000平方米；项目总投资1300万元。馆址和资金落实后，急需解决的是美术馆的设计方案。市文化局随即向社会公开征集刘海粟美术馆的设计方案。很快，筹建组就收到了近十个设计方案，经组织专家评估筛选，最后挑选出其中三个设计方案模型，决定送往香港，请刘海粟选定。（《千秋动地歌》，第39页）

2月，刘海粟出席在北京举行的全国政治协商会议常务委员会会议。（谢海燕主编，《刘海粟》，第343页）

3月初，刘海粟因病住院。（谢海燕主编，《刘海粟》，第343页）

【图1993-1】刘海粟在读报

3月9日，香港华宇公司为刘海粟举行九十八岁华诞寿庆会，刘海粟因感冒缺席，由夫人夏伊乔作代表。

【引】寿庆会于当日晚举行，新华社香港分社副社长张浚生及香港有关著名人士出席。会上播放了刘海粟在香港九龙法国医院住院的实况录像。南京艺术学院院长冯健亲代表全体师生员工应邀赴港出席寿庆会，并赠送巨幅寿幛。寿幛由著名书画家、南京艺术学院陈大羽教授撰写镂空寿字，全体师生员工千余人在其中签名。是日，上海市文化局负责人代表中共上海市委、上海市政府到医院探望刘海粟，并展示上海市筹建的"刘海粟美术馆"模型。刘海粟在模型上签字。（谢海燕主编，《刘海粟》，第343页）

3月16日，刘海粟在医院会见专程前来探望的南京艺术学院院长冯健亲。（谢海燕主编，《刘海粟》，第343页）

3月中旬，上海市文化局领导赴香港征求对美术馆方案的意见，刘海粟同意并签字。

【图1993-2】南京艺术学院院长冯健亲探望病中的刘海粟

【引】党委书记周渝生、副局长贺寿昌携带三个设计方案赴香港,应邀参加"祝贺刘海粟先生九八华诞暨从艺八十周年"大庆。在病房内,刘海粟见到周渝生,高兴地说:"你来了,我就放心了,一切拜托给你了。""你们来了,我有依靠了……"刘海粟在病房内极其仔细地审看了刘海粟美术馆的设计方案模型后,作出了慎重选择,他指着其中一个用蓝色有机玻璃制作的模型说:"这个现代化,有特色。"为了慎重起见,周渝生请刘海粟在选定的模型上签名,随即,刘海粟用颤抖的手执笔,在模型上签了"刘海粟"三个字。刘海粟选中了上海工艺美术学校室内设计专业应届毕业生,时年二十岁的王小峰的作品,且以"现代化,有特色"加以确认,可见刘海粟独到的眼光和标新立异、追求创新的性格和理念。(《千秋动地歌》,第41页)

7月3日,上海市筹建的"刘海粟美术馆"工程举行奠基仪式。

【引】时任中共上海市委常委、宣传部部长金炳华、市人大副主任孙贵璋、副市长龚学平、市政协副主席石祝三、市老领导陈沂、杨堤、市委副秘书长冯国勤、市政府副秘书长周慕尧、市委宣传部副部长徐俊西以及著名书画家朱屺瞻、程十发、吴青霞、曹简楼、方增先、陈古魁、林曦明等150余人冒雨参加奠基仪式,祝贺刘海粟美术馆开工。时任中共上海市委副书记陈至立因公出访在外,专门请人转达对刘海粟美术馆奠基的祝贺。奠基仪式由上海市文化局副局长干树海主持,市文化局局长孙滨存仪式上讲话。市领导和老画家们冒雨为奠基培土。整个仪式举行得简短、热烈、隆重。特别是年逾百岁高龄的老画家朱屺瞻,得知刘海粟美术馆奠基的消息后一定要冒雨参加,给人留下美谈。
(《千秋动地歌》,第42页)

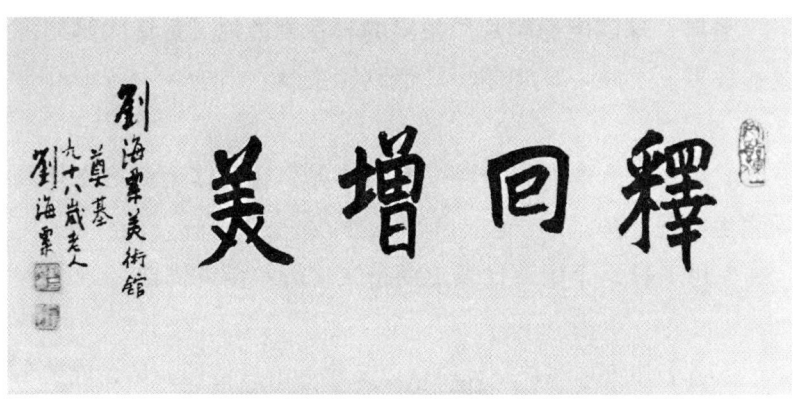

【图1993-3】刘海粟为刘海粟美术馆奠基书写"释回增美",为永恒的祝愿

8月2至4日,香港保良局于铜锣湾富豪香港酒店举行书法作品义展义卖,刘海粟出席开幕式,并即席挥毫题字。

【引】义卖的书法作品共29件,所得全部捐给保良局用于社会服务。(《人民日报》,1993年8月5日)

11月22日下午,上海市文化局党委书记周渝生、副局长干树海、刘海粟美术馆(筹)常务副主任杜乐行、上海艺术节办公室副主任苏克、上海文化发展建设有限公司总经理葛善贤等专程到香港沙田刘海粟寓所拜访。11月28日晚再次在香港希尔顿酒店会面。

【引】向刘海粟介绍了上海刘海粟美术馆的筹建情况。听取刘海粟对筹建工作的意见和要求,并就刘海粟向上海捐赠其作品,文物藏品及图书、资料等问题进行了商讨。根据刘海粟意见,成立"祝贺刘海粟百岁寿辰筹备组"和建立捐赠作品、文物藏品及有关资料清点整理委员会等决议。并聘请刘海粟任上海美术馆名誉馆长、上海油画雕塑院高级艺术顾问等事宜。(《千秋动地歌》,第54页)

公元 1994 年
（甲戌）
98 岁

是年，珠江电影制片厂拍摄的彩色剧情片《叛逆大师刘海粟的故事》上映。马晓伟、马伊琍等主演。

1月3日，刘海粟就百岁寿诞庆典事宜致信上海市文化局周渝生书记、孙滨局长。（该信手札）

1月7日，干树海代表上海市文化局致函刘海粟。

【引】并传真到香港，通报市文化局清点整理委员会成员名单及下设办公室成员名单。（《千秋动地歌》，第68页）

2月，刘海粟在女儿刘蟾的香港住所，会见专程赴港探望他的中共江苏省委统战部副部长戴振基、处长钟文祥和南京艺术学院党委书记张永。（谢海燕主编，《刘海粟》，第344页）

2月28日，刘海粟偕夫人夏伊乔、女儿刘蟾，由南京艺术学院党委书记张永陪同，乘飞机到上海，住宿上海衡山宾馆。

【引】宾馆安排了最优秀的服务班组为刘海粟及其家属服务。饮食根据刘海粟和家属的需要，由专人为其配置烹调。为了确保刘海粟的健康，市文化局派王兆荣和驾驶员田仁利住入衡山宾馆，并配以专车，随时为刘海粟服务，派市文化局王新华和邬维华二人到衡山宾馆协助做好来访的接待工作，尽量减轻刘海粟接待来访的压力。市文化局还与市卫生局联系，由华东医院指派医护人员定期为刘海粟做健康检查。（《千秋动地歌》，第146页）

3月1日，刘海粟会见前来看望他的中共上海市委副书记陈至立。（《千秋动地歌》，第56页）

3月2日，刘海粟会见前来看望他的常州市委市政府及常州刘海粟美术馆负责人一行。（谢海燕主编，《刘海粟》，第344页）

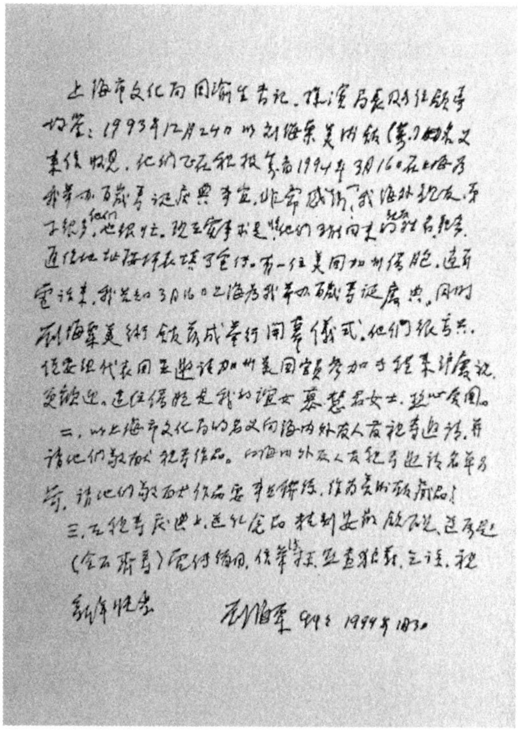

【图1994-1】1994年1月3日，刘海粟写给上海市文化局周渝生书记、孙滨局长的一封信

3月11日晚，干树海、夏顺奎、孙厚璞、杜乐行拜访刘海粟。

【引】于衡山宾馆向刘海粟通报清点工作准备情况，与夏伊乔、刘蟾商讨具体操作办法。（《千秋动地歌》，第69页）

3月12日，上海市文化局清点工作小组至衡山宾馆会见刘海粟。当日下午，清点工作小组到刘海粟复兴中路512号寓所为清点和安全保卫工作方案做最后的确定。（《千秋动地歌》，第71页）

3月13日，刘海粟会见挚友谢海燕教授及其夫人张嘉言。（《千秋动地歌》，第71页）

【图1994-2】陈至立（中）视察刘海粟美术馆建设工程

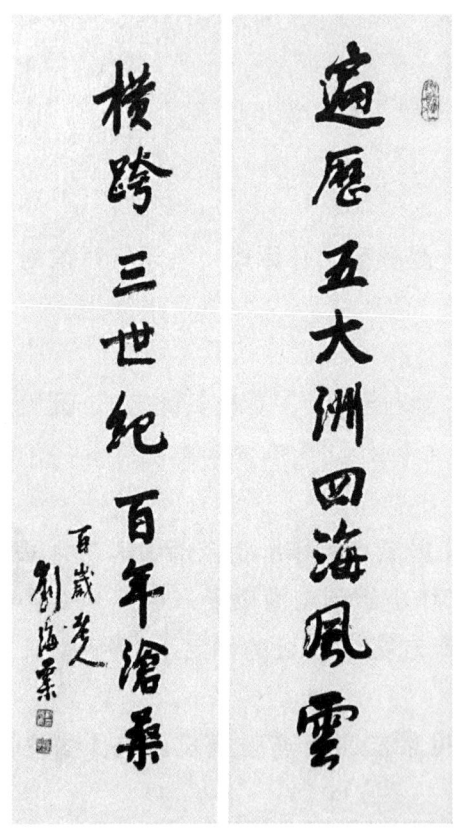

【图1994-3】刘海粟书法作品《遍历五大洲》1994年（176.3cm×94.7cm）刘海粟美术馆藏

【释】张嘉言（1917—2015），江苏南通人，谢海燕的夫人。1934年由南京美术专科学校转入上海美专学习，1935年毕业于上海美术专科学校西洋画系，1936年入中央大学艺术系，师从高剑父研修国画。历任上海中学教师，国立英士大学艺术专修科女生生活指导，杭州国立艺专、中央美院华东分院助教，南京艺术学院美术系、工艺系副教授。作品有中国画《清趣》《小园春色》《石景山花》等。（《上海美专名人传略》，第390页）

3月14日，刘海粟与上海文汇报文化艺术发展公司达成一致意见，同意将《国色朝酣图》《金笺牡丹》作印刷制品。

【引】刘海粟签署了"同意将《国色朝酣图》交上海文汇报文汇文化发展公司作'艺术大师精品有限印刷'，印制100张，由我亲笔签名确认"的文件并经上海市公证处公证。为了兑现承诺，4月初起，刘海粟又忙于为文汇报4月8日举办艺术大师刘海粟作品《国色朝酣图》有限印刷首发式的100幅印刷品签名。（《千秋动地歌》，第146页）

3月16日上午10时，"艺术大师刘海粟百岁华诞庆贺会"于上海虹桥宾馆二楼举行。

【引】上午10时，刘海粟在夫人夏伊乔的陪同下，坐轮椅来到庆典现场。刘海粟是寿星，他与103岁的老画家朱屺瞻并排坐在主桌中央，两位百岁老人同穿大红色毛衣，倍增喜气，特别夺人眼球。出席庆典的领导和嘉宾有上海市委副书记、祝贺刘海粟百岁寿辰筹备委员会名誉主任陈至立，市委常委、组织部部长罗世谦，市委常委、宣传部部长、祝贺刘海粟百岁寿辰筹备委员会名誉主任金炳华，市委常委、市公安局局长朱达人，市人大副主任胡振昌，副市长、祝贺刘海粟百岁寿辰筹备委员会名誉主任龚学平，市政协副主席石祝三，老领导胡立教、汪道涵、王一平、夏征农、陈沂，原安徽省人大主任袁振，文化部代表尹志良，新华社香港分社文体部副部长刘效炎等。有来自美国、加拿大、德国、日本、新加坡和港澳台地区的客人，有来自北京、天津、山东、安徽、浙江、江苏、广东、广西、贵州、甘肃等省市的客人，还有本市有关方面的领导、书画界的朋友及国内外新闻界的朋友。刘海粟的长子刘虎专程从海外赶来参加庆典，李国机律师及刘海粟的部分亲属也参加了庆典。庆典收到贺礼包括绘画、书法、雕塑、图书、照片等240多件。收到国内外贺电、贺函40件。

庆典由祝贺刘海粟百岁寿辰筹委会副主任、上海市文化局局长孙滨主持。首先由上海戏曲学校的10位小朋友各捧10朵红玫瑰，共计100朵红玫瑰向刘海粟献花，祝刘海粟爷爷健康长寿。接着，由祝贺刘海粟百岁寿辰筹备委员会名誉主任、上海市副市长龚学平代表市委、市政府致辞。

【图1994-4】1994年3月16日上午，刘海粟进入庆典现场（右一为张坚）

主持人孙滨宣读了全国政协书画社、中国美协的贺信。新华社香港分社代表宣读了贺信。新加坡代表、原上海美专学生刘抗和上海市美协主席沈柔坚分别发言。陈至立代表上海市委书记吴邦国和市长黄菊向刘海粟赠送了一柄紫檀木雕如意。

席间,刘海粟在工作人员搀扶下走向讲台讲话。刘海粟在工作人员的帮助下吹灭了100支红蜡烛,并切开了由60只蛋糕组成的3层生日大蛋糕,借着电视墙的直播功能,把庆典推向高潮。百岁庆典共发出请柬500张,为了确保安全和现场秩序,当天嘉宾凭请柬入场。然而,庆典现场"不请自来"的宾客人数出人意料,他们绝大多数是刘海粟的学生或崇拜者,许多来自外省市,有的从虹桥机场一下飞机就直奔虹桥宾馆。但由于没有请柬进不了主会场,工作人员只能再三向他们表示歉意,请他们谅解,并立即协调宾馆开放一、二楼的所有餐厅,后来连走廊也利用上了,临时请这批宾客休息,中午供应长寿面,每人还可领取一盒文房用品留作纪念,分享刘海粟百岁寿辰的喜庆。(《千秋动地歌》,第58页)

3月16日,在刘海粟百岁寿辰会上,中共中央文化部发布贺刘海粟寿诞辞。

【引】文化部代表尹志良宣读了文化部贺词:热烈祝贺先生的百岁寿辰!先生是我国当代画坛的老前辈,在近一个世纪的艺术活动中,您是新美术运动的先驱,为中国近现代美术史写下了多彩的一页。早在1912年,您就开始办校兴教,是我国美术教育事业的开拓者和杰出的美术教育家,可谓声誉传四海,桃李满天下!

先生学贯中西,是我国当代画坛洋为中用,古为今用,推陈出新最早的探索者和实践者。您在艺术上坚持写生,努力阐发激情,表现个性,以辛勤的劳动创作了大批充满活力的作品,为中国画的继承和创新作出了杰出的贡献。先生多次出国考察，宣传中国的民族艺术，为中外美术交流做了大量有益的工作。自1981年以来，您多次获得国际上颁发的荣誉证书和奖章，这是您的光荣，也是我们民族的光荣。先生耄耋之年十上黄山，坚持以造化为师，抒发爱国热情，描绘祖国大好河山，成为青年学子学习的楷模。先生为人宽厚，处世达观，老骥伏枥，顽强不息的创作精神更为人们称颂赞扬。在先生百岁诞辰之际，我们衷心祝愿您健康长寿，艺术常青！文化部 1994年3月16日。（《千秋动地歌》，第59页）

3月16日下午14时，举行"庆祝刘海粟大师百岁寿诞笔会"。

【引】下午14时，著名画家程十发、吴青霞、刘抗等分别在嘉庆堂内七张画案上作画写字，为刘海粟祝寿。15时过后，刘

【图1994-5】1994年3月16日，上海市文化局为刘海粟百岁华诞祝寿之场景

海粟穿着西服坐轮椅来到现场参加笔会,画桌周围挤满了围观的宾客,刘海粟在一张六尺整张的宣纸上挥毫写下"遍历五大洲四海风云,横跨三世纪百年沧桑"的对联,刘海粟夫人夏伊乔也提笔助兴,写下"大风起兮云飞扬"七个大字,引发了无数闪光灯记录下这一历史时刻。(《千秋动地歌》,第63页)

3月16日,"刘海粟百岁寿辰祝贺展"在上海美术馆开幕。

【引】时任国务院副总理、原国务委员兼国防部长张爱萍为此题句"风流盖世气贯长虹,桃李天下黄山青松"表示祝贺。上海市美协、上海中国画院的书画家以及刘海粟的海内外弟子和亲朋好友吴青霞、沈柔坚、胡问遂、曹简楼、曹用平、王公助、邵洛羊、徐昌铭、赵豫、梁洪涛、童衍方、钱茂生、郁文华、范兴发、沈虎、车鹏飞、张云骋、苏国超、陈鹤良、杭英、周成、谭建丞、夏子颐、刘抗、谢海燕、陈大羽、周颖南、饶宗颐、李泳森、洪世清、关山月、黄笃维、刘昌潮、谢开甲、承名世、刘宇一、缪鹏飞、沈祖安、王兰若、施南池、赵宏本、沈文、严德泰、曹铭、吴维奇、汪易扬、童建人、刘卓如、刘绍君、陈逸峰、赵凯、袁拿恩……都提前为"刘海粟百岁寿辰祝贺展"送来了自己的作品。上海美术馆为此精心设计,装裱整理,布置展览,为刘海粟祝寿的书画作品摆满了整个大展厅。(《千秋动地歌》,第65页)

3月19日,刘海粟在夏伊乔、干树海、夏顺奎的陪同下,坐着轮椅参观了展览。

【引】他看到有那么多的作品非常高兴,边看边说:"大家都一本正经的,都认真当一件事情在做。""作品各种各样,蛮好蛮好,这是一个很好的展览会。"

【图1994-6】刘海粟在百岁寿辰庆典宴会上，与夫人夏伊乔亲昵交谈

【图1994-7】1994年3月19日，刘海粟夫妇到上海美术馆参观"刘海粟百岁寿辰祝贺展"时与李向阳（右二）、张坚（右一）、陈龙（左二）合影

从百岁寿辰庆典起，庆贺的热烈气氛持续了很长一段时间，刘海粟也一直沉浸在鲜花和祝贺声中，情绪特别高涨。其间文化部部长刘忠德和全国文联党组书记高占祥等领导到衡山宾馆看望刘海粟，祝他健康长寿。上海市委宣传部原部长、著名学者、文艺理论家王元化等也到宾馆来探望，让他感到特别欣慰。刘海粟还忙于为《文汇报》4月8日举办"艺术大师刘海粟作品有限印刷首发式"的100幅印刷品签名。直到4月11日因身体原因住入华东医院才告一段落。（《千秋动地歌》，第67页）

3月24日上午，刘海粟抵达寓所。（《千秋动地歌》，第72页）

【按】因门锁损坏，定于29日再行清点工作。

3月29日上午，刘海粟、夏伊乔、刘蟾、周瑜生、干树海、夏顺奎等抵达寓所进行清点，准备工作。（《千秋动地歌》，第72页）

3月30日至5月9日，清点工作分两个阶段进行。

【按】第一阶段：3月29日至4月6日，共清点藏品609件，其中中国现代书画168件，油画363件，古代和近代书画22件，古代文物43件，国画瓷盘6件，奖牌7件；第二阶段：5月4日至5月9日，共清点藏品455件，其中中国古代和近代书画363件，中国现代书画89件，古代文物3件。（《千秋动地歌》，第105页）

3月31日，香港国际未来画家画展在上海美术馆开幕，刘海粟参加了画展开幕式并剪彩。

【引】画展主办者系刘海粟的朋友，事先邀请刘海粟参加开幕式并剪彩，刘海粟表示一定出席。当天上午，刘海粟参加了画

刘海粟年谱长编 | 1343

展开幕式并剪彩,中午参加在金门大酒店的宴请,15时回到宾馆休息了两个小时,又应好友邀请出席晚宴,直到近22时才回宾馆休息。(《千秋动地歌》,第146页)

4月8日,文汇报举办艺术大师刘海粟作品《国色朝酣图》有限印刷首发式。

【引】3月14日,海老与上海文汇报文汇文化艺术发展公司达成一致意见,签署了"同意将《国色朝酣图》交上海文汇报文汇文化发展公司作'艺术大师精品有限印刷',印制100张,由我亲笔签名确认"的文件并经上海市公证处公证。为了兑现承诺,4月初起,海老又忙于为文汇报4月8日举办艺术大师刘海粟作品《国色朝酣图》有限印刷首发式的100幅印刷品签名,感到很疲劳。(《千秋动地歌》,第146页)

【图1994-8】1994年4月8日,刘海粟在《国色朝酣图》有限印刷首发式上与大家合影

4月11日，刘海粟身体不适，入住上海华东医院。

【引】体温36.9℃，比刘海粟平时的体温高出0.5度，并伴有感冒症状，加上大便过多，手脚无力，医生认为刘海粟年事已高，应马上住院治疗。随即将刘海粟送到华东医院，住入外宾病房602室进行检查治疗。主持对刘海粟治疗的是华东医院的主任医师。（《千秋动地歌》，第147页）

4月16日下午，原上海市市长汪道涵到华东医院病房看望刘海粟。

【引】汪道涵是15日晚上住入医院的，听说刘海粟就住在不远的外宾病房，马上就过来了。他们从3月16日百岁庆典见面至今正好一个月，相见感到分外亲切。两人互致问候，亲切交谈时，我为他们照相留念。3月17日下午，刘海粟看到了与汪道涵合影的照片，立即在照片的背面题写了"老当益壮，道涵老友友爱。刘海粟时年百岁，一九九四年四月十七日"。第二天发现，照片后面的题字不慎被人弄模糊了，于是又重新取照片，题写了"遍历五大洲四海风云，横跨三世纪百年沧桑"，连同他的《洞庭渔村图》手卷印刷品题词后一起，由夏伊乔和刘蟾赠送给汪道涵。（《千秋动地歌》，第154页）

4月26日，李国机律师来电约见市文化局领导，共同商谈落实捐赠及刘海粟和夏伊乔的待遇等有关问题。

【引】此后一段时间，双方经过商讨，起草了《上海市文化局全额投资建设刘海粟美术馆的综合报告》《刘海粟先生捐赠作品和文物藏品的协议书（草案）》《上海市文化局对刘海粟和夏伊乔的工作安排及享受待遇的协议书（草案）》。由李国机律师

【图 1994-9】刘海粟美术品捐献清点小组正在紧张工作

【图 1994-10】1994 年 4 月 16 日下午,汪道涵到华东医院外宾病房探望刘海粟

向刘海粟和夏伊乔当面征求意见……刘海粟说："我是没有任何要求的,这一点你是知道的,但夏伊乔可能会有点想法提出来,这也是应该的。""我收藏的字画从来没有带出(境)去卖给别人,我是用来搞研究的。我捐献的这批东西是一部美术史,许多古画上都有题跋,有的还有著录,这就是历史。有的画不要重裱,老裱头也可以用于研究的。""美术馆造好了,我很高兴,要把美术馆办成第一流的。我捐赠的东西放在馆里之后今后是不能调动的,要确保东西世世代代保存在刘海粟美术馆,不能移动,还要精印图录,公诸全国,公诸人民,一定要受法律保护,要法治而不是人治,外国都是这样的。这件事办好了,国际威信也会增强。"(《千秋动地歌》,第125页)

4月27日上午,市委副书记陈至立到华东医院病房探望刘海粟。

【引】当时刘海粟病症已痊愈,即将出院,精神很好。陈至立祝刘海粟健康长寿,并赞扬刘海粟在3月16日百岁庆典上的讲话特别好,"比我们有分量"。刘海粟说："我是受您的启发呀,我还要学习,还要创新,不能忘记祖国。我回来看看,很受感动,中国一定会很快上去的。上海刘海粟美术馆我还没来得及去,我是要去看看的。"陈至立表示："我们正朝着一流城市、一流文化、一流人才这个目标在努力,您不仅是艺术大师,还是历史见证人,您是第一流的代表。我们的工作一定让您满意。"陈至立离开医院后,刘海粟对市领导的关怀多次表达了感激之情。(《千秋动地歌》,第154页)

4月28日,刘海粟的身体恢复正常,医生同意刘海粟明天出院的建议。

【引】下午，刘海粟在医院为金炳华、孙滨题写了《洞庭渔村图》手卷印刷品并托人转赠。刘海粟还对连日来在医院为他服务的上海美术馆的茅宏坤大加赞扬，称赞茅宏坤在"刘海粟百岁寿辰祝贺展"中装裱的许多展品质量上乘，夸奖茅宏坤对油画和中国画的评论"很内行"，并表示"愿收茅宏坤为徒弟"，还说："这是我主动提出来的，百岁收徒很有意义。"（《千秋动地歌》，第155页）

4月29日，刘海粟痊愈返回衡山宾馆。

【引】此次住院治疗共19天，后期主要是体检、理疗和休息，其间市文化局派员到医院日夜陪侍，市委副书记陈至立等领导到医院探望。刘海粟在病房内高兴时曾为多人题词，还将自己的《洞庭渔村图》手卷印刷品题词后赠送友人。（《千秋动地歌》，第148页）

5月3日，因刘海粟的健康原因，清点再次推迟。

【引】刘海粟对6号房的启封、清点尤为重视，提出要亲临现场，并要逐件审看藏品。根据刘海粟当时的健康状况，周渝生、干树海建议刘海粟不必再亲自去清点现场，原因有三：第一，刘海粟年事已高，要保护刘海粟的健康，根据医嘱不宜外出活动。第二，清点现场多年被封存，且空间狭小，通风欠佳，灰尘太多，对刘海粟的健康会有直接影响。第三，因为刘蟾和律师始终在清点现场，希望刘海粟相信我们一定会把6号房的清点工作圆满完成的。为了尊重刘海粟的意见，周渝生、干树海又提出，刘海粟如坚持要看藏品的原件，是否可接受以下两种办法：一是6号房开启后，将里面的箱子原封不动地运到衡山宾馆来开启。二是先在现场清点，做好目录，请刘海粟根据目录挑选藏品。

根据刘海粟的选择，将藏品原件提到衡山宾馆请刘海粟审阅。

刘海粟表示："我是绝对相信你们的，但我不去现场你们办不成事的。人家说我（收集藏品）是只进不出的，而且肯出钱，我一辈子的心血都放在（6号房）里面了。这件事只有我知道，非我去不可。"周渝生、干树海再三劝刘海粟不必去清点现场，表示我们一定会把工作做好，做仔细的。刘海粟终于道出了他的真正想法："我是一定要去的，历史意义很大。这么多年来东西是否被人动过了？只有我清楚，我要自己去看过（才放心）。""把箱子运过来和我去看是不一样的。本来我是要一件一件看的，现在这样，我去看一天，兴味来了就多看点，到时候恐怕我不肯回来了。我也知道我的身体，年纪大了，不能太劳累了，但看画是最愉快的事情。这件事意义重大，万一被人动过就有问题了，这只有我自己知道。"（《千秋动地歌》，第103页）

5月4日，刘海粟在夏伊乔、干树海、夏顺奎的陪同下到达寓所，华东医院原刘海粟病房的专管医生和护士已先期到达。

【引】与此同时，工作人员进入6号房开始工作。6号房的房间并不大，里面叠放着许多樟木箱和几只大木箱，打开樟木箱，一股浓烈的樟脑精味扑鼻而来，只见箱内整齐摆放着立轴，手卷，不少立轴外都有用锦缎制作的轴套，许多手卷盛放在红木或紫檀木制作的匣子里，周围堆放着大量的樟脑精。刘海粟说，为了保护好这批东西，五年前在离开上海时，他请袁志煌买来大量樟脑精，用簸箕装了往箱子里倒，然后再关箱落锁封存。今天主要是来看看东西是否有损坏。我们按照刘海粟的要求，临时寻找出石涛与八大山人合作的《山水人物图轴》、石涛丈二匹《黄山图轴》、关仝《溪山幽居图》以及随机挑选的赵孟頫《春殿寐影图轴》、黄筌《寒鸦图轴》和郑簠《书法轴》等六幅藏品给刘海粟过目，刘海粟边看边讲述，情绪高涨，并激动地表示，看到

【图1994-11】刘海粟与干树海亲切交谈

这些东西保存得那么好，我也放心了。此时已是12:30，在医生一再催促下，刘海粟才很不情愿地离开清点现场。清点工作继续进行。当天工作到18:00，共清点刘海粟珍藏的精品书画91件（幅）。离开清点现场后我直奔衡山宾馆，向刘海粟报告当天清点工作的情况，刘海粟听后很高兴，表示对我们的工作很满意。随后，刘海粟拿出一幅他的《洞庭渔村图》手卷印刷品，在引首处题字后，让我转交给李国机律师留作纪念并转达他的谢意。

6号房的清点共进行了四个半工作日，共清点藏品455件，其中中国古代和近代书画363件；中国现代书画89件，其中84件是刘海粟的作品，5件是夏伊乔的作品；古代文物3件。在中国古代和近现代书画中，清点出落款唐、五代、宋、金、元、明、清、近现代的名人佳作繁多，还有数量可观的历代佚名国画精品。（《千秋动地歌》，第104页）

5月14日下午，刘海粟再次入华东医院治疗。

【引】起因是发烧、便秘，住外宾病房606室。5月17日，刘海粟的病情稍有好转，5月20日病情渐趋稳定，5月23日上午和下午，分别给刘海粟看清点藏画录像片段，刘海粟很高兴，但精神仍不好，有时还要说胡话。（《千秋动地歌》，第150页）

5月24日下午和26日下午，律师李国机赴华东医院会见刘海粟，商讨《刘海粟先生捐赠作品和文物藏品的协议（草案）》和《上海市文化局对刘海粟和夏伊乔的工作安排及享受待遇协议书（草案）》。（《千秋动地歌》，第125页）

6月9日上午，干树海会见刘海粟，商讨捐赠等工作。

【引】刘海粟表示："我收藏的字画从来没有带出（境）去卖给别人，我是用来搞研究的。""美术馆造好了，要把美术馆办成一流的。我捐赠的东西放在馆里之后今后是不能调动的，……还要精印图录，公诸全国……"（《千秋动地歌》，第126页）

【图1994-12】刘海粟亲赴清点现场，工作人员正在将他抬上楼

6月15日，刘海粟在病房内接待上海美专学生丁立人夫妇，作"石破天惊逗秋雨"书法相送。（《千秋动地歌》，第155页）

6月19日，上海市文化局为夏伊乔七十八岁生日祝寿。

【引】刘海粟穿上英国定制的西服，夫妇俩一起驱车去百乐门大酒店，文化局领导和上海著名画家们聚集在一起，会场摆满鲜花蛋糕。酒过半巡，刘海粟用四尺整张洒金红宣纸，写了一个"爱"字，祝寿会掀起了高潮，夏伊乔开心得像个新娘，热泪盈眶。一辈子跟着刘海粟辛酸苦辣，风风雨雨，在一个大写的"爱"之中全都化解了。不到两个月，8月7日刘海粟与世长辞，这是他最后有意留给夏伊乔的深深的感激之情。（《千秋动地歌》，第128页）

【图1992-5】夏伊乔七十八岁寿辰，刘海粟书写"爱"字祝寿（1992年6月19日）

6月，刘海粟流露出还要绘画创作的雄心。

【引】6月12日上午，刘海粟在病房里对杜乐行说："我一百岁了，要重新开始，还要有新的创造。我想刻两方新图章。""还是请(韩)天衡先生刻为好,一方朱文,一方白文。印面我也想好了,一方是'百年吞吐',说明我活了一百年了。另一方是'真手不坏',说明我一百岁还能写字画画。"杜乐行立刻与韩天衡先生联系,韩先生满口答应。7月,韩天衡先生专程送来了印章,刘海粟非常高兴。(《千秋动地歌》,第155页)

7月5日,刘海粟作"福慧双修"等三幅书法横批。(《千秋动地歌》,第155页)

7月13日,陈至立、金炳华、龚学平等市领导到华东医院看望刘海粟。

7月14日,为支援华南水灾,刘海粟在华东医院接受香港《大公报》记者采访时,作书法"精神万古,气节千载"。

【引】此作品后参加由香港《大公报》《新晚报》、广东省政协书画艺术交流促进会、广东省画院、广东省炎黄文化研究会和香港美术家协会共同主办的"名家书画赈灾义卖会",作品发表在1994年7月14日香港《大公报》上,后在香港拍得一百多万元港币。(《千秋动地歌》,第177页)

【图1994-13】百岁老人刘海粟坚持自己用餐

【图1994-14】香港《大公报》等机构举办赈济华南水灾义卖书画,刘海粟捐献墨宝

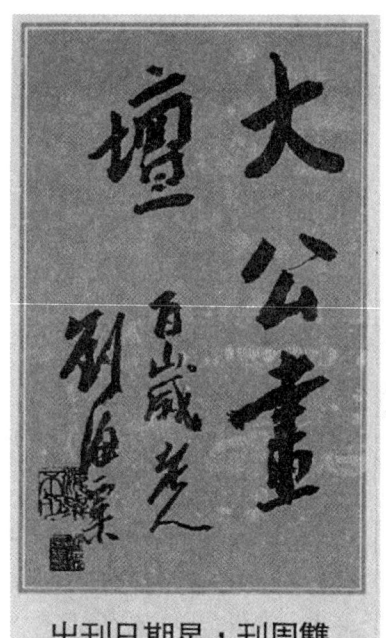

【图1994-15】刘海粟为《大公报》题写的栏目词"大公画坛"

7月19日下午，刘海粟在病房热情接待了原上海美专教授、旅法著名雕塑家张充仁先生。住院期间还曾坐着轮椅前往拜访了同住在华东医院的老友周谷城先生。（《千秋动地歌》，第155页）

7月23日，刘海粟美术馆建设工程历时一年基本完成。刘海粟及夫人夏伊乔亲临现场视察。

【引】刘海粟坐在轮椅上察看了新建的美术馆，走遍了主楼的每一个角落和所有的展厅，对美术馆的建筑、装饰、整体布局及格调均表示非常满意，虽然室外是34℃高温，室内尚未开启空调，让人汗流浃背，刘海粟仍兴致勃勃，他激动地说："一百年奋斗能有这样，不容易！"还指着序厅正对大门的一块墙壁说："这里应该挂一幅大油画，可惜我现在年纪大了，画不动了，等我出医院后，只能画一幅这么大的国画挂上去……"刘海粟非常高兴地和大家在序厅内合影留念。（《千秋动地歌》，第48页）

7月24日，韩天衡赴华东医院探望刘海粟，并赠朱文印章"百年吞吐"和白文印"真手不坏"两方与刘海粟。

【按】6月12日，刘海粟表示想刻两方新图章，请杜乐行嘱托韩天衡创作，韩天衡随即答应。（《千秋动地歌》，第157页）

7月24日下午，刘海粟作中国画《古松图》赠予杜乐行。（《千秋动地歌》，第157页）

7月26日，医生查出刘海粟心脏有异常，立即进行了针对性治疗。（谢海燕主编，《刘海粟》，第345页）

【引】刘海粟因感冒咳嗽，体温升至38.2℃，医生给药并静脉注射抗生素"西力欣"。（《千秋动地歌》，第151页）

【图1994-16】7月13日,陈至立、金炳华、龚学平等市领导到华东医院看望刘海粟

【图1994-17】1994年,时任上海市领导陈至立(右五)、金炳华(右二)、龚学平(右六)等视察刘海粟美术馆

【图1994-18】时任中共中央政治局委员、国务委员李铁映（中）在陈至立陪同下视察刘海粟美术馆

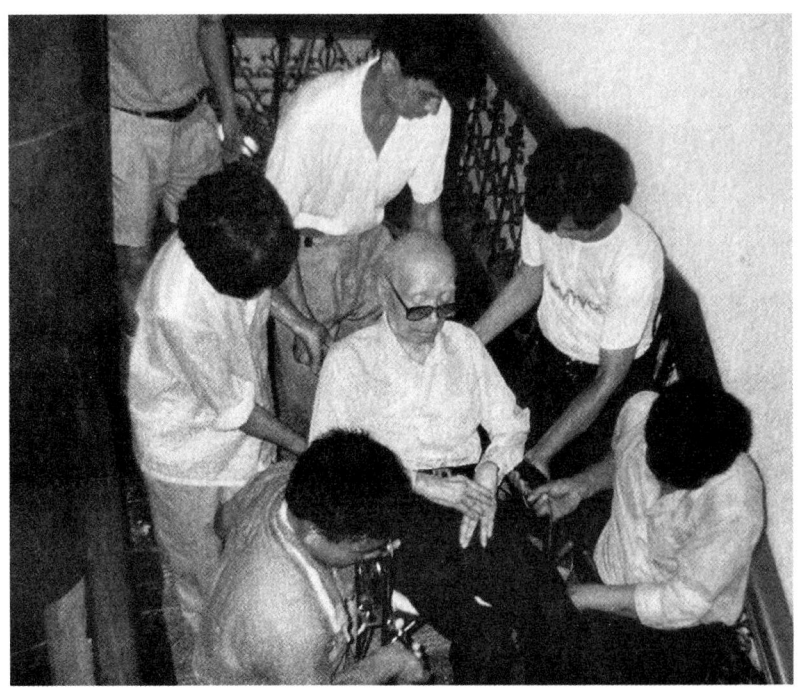

【图1994-19】1994年7月23日，刘海粟亲临虹桥1660路号察看新建的刘海粟美术馆

【图1994-20】刘海粟在文化局有关领导的陪同下视察即将竣工的刘海粟美术馆（左起：夏顺奎、周渝生、夏伊乔、干树海）

【图1994-21】1994年7月23日，刘海粟察看刘海粟美术馆后留影（左起：杨辉、陈梁、夏伊乔、王新华、刘海粟、杜乐行、朱学毅）

7月26日，南京艺术学院冯健亲、张永、丁涛、李国杰等人专程前往上海华东医院，看望刘海粟及夫人夏伊乔。（谢海燕主编，《刘海粟》，第345页）

8月2日至3日，刘海粟用了两个下午，用六尺对开宣纸、书法手卷形式给时任国家主席江泽民写信。

【引】请国家主席江泽民为刘海粟美术馆题写馆名是刘海粟酝酿已久的大事情。7月23日，刘海粟亲临即将竣工的刘海粟美术馆现场察看后，其意更切。8月2日，刘海粟开始动笔书写给国家主席江泽民的信函。考虑刘海粟的健康因素，工作人员建议他用较粗的墨水笔作为书写工具，这样可省力一点，但刘海粟不同意："给江主席写信不能马马虎虎的，一定要用毛笔写。还有，我到北京开会的时候，许多领导同志都请我画过画，但江主席从来没向我开过口，我要留一件东西给他。"并示意要用手卷的形式书写。

【图1994-22】1994年8月3日，刘海粟在华东医院给时任江泽民主席写信

第一张纸是六尺对开的宣纸，刘海粟落笔才写了几个字，发现墨汁浓度不够，字洇了，马上换了一张纸重新开始。刘海粟右手握笔，左手垫在右腕下以增加稳定性，依稿逐字书写，运笔微微颤抖，速度很慢。虽然信的篇幅较长，刘海粟仍提气凝神，一笔一画，贯穿始终。全信书写完毕，刘海粟从头到尾念了一遍，朗声读完一遍后连声自夸："好极了！好极了！（我）一百岁了，不容易！（这件书法作品）拿得出来，得体，好极了！"这一重要信件完成于1994年8月3日16：20，地点在华东医院外宾病房606室。工作人员立即设法将该信件作了原大复印保存，原件和底稿于当晚由市文化局派专人取走，送往北京。

　　这是刘海粟一生中的最后一件作品，也是刘海粟的绝笔，信中表达了他对江泽民主席的深厚情谊，对国家无私奉献的崇高精神和请求江主席为刘海粟美术馆题写馆名的翘首盼望之意，是一件极其珍贵的墨宝。（《千秋动地歌》，第134页）

【录】江主席钧鉴：

　　十上黄山画展公亲临主持，并题词鼓励，历历在目，久未晤教，常在念中。

　　一九八九年应邀赴欧、美、日本、东南亚等国及港、澳、台地区展画讲学，即兴挥毫，影响之大，震撼之深，前所未有。大耋之年，精力已衰，日日夜夜，孜孜不倦，志在报国，弘扬中华文化，为人类贡献，为炎黄子孙扬眉吐气，为社会主义祖国增光。奈我老而不学，还未完全做到，尚需继续努力，一百岁重新开始，还要有新的创造。

　　今春上海为我举办百岁生日庆典，海内外亲友嘉宾八百余人济济一堂，影响很大，我很感动。

　　经公批准建立的刘海粟美术馆现已竣工。我决定将一生收藏的稀世珍品，唐、宋、元、明、清历代名家书画真迹三百多件，以及自己创作的三百六十件油画、二百多件书画作品全部无偿捐献给国家,此举得到家属子女的理解支持。这些作品将永远保存在刘海粟美术馆内,供世人研究鉴赏。

题写刘海粟美术馆馆额,主席可否于百忙中为之挥毫?如蒙垂允,不胜荣幸。这是对我一生追求真、善、美,一生致力于美术教育事业,一生艰苦创新的最高评价,最大鼓励。海粟翘首,恭候佳音。

专此敬颂
道安!

刘海粟
一九九四年八月三日

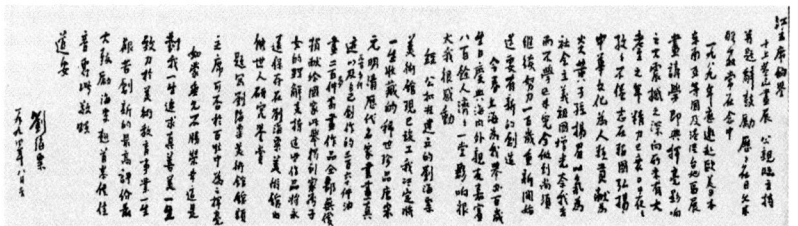

【图1994-23】刘海粟致江泽民手书 1994年(42cm×153cm)上海刘海粟美术馆藏

8月6日,刘海粟颇感不适。

【引】开始呕吐,用药后好转,晚上夫人来看望他时,也未发现与往常有什么两样,九时医院即下了病危通知书。上海市委市政府领导陈至立、金炳华、龚学平均赶往医院,组织全市最好的医生会诊,全院领导及他的夫人、女婿、外甥女夫妇均在场。
(《沧海一粟——刘海粟的艺术人生》,第107页)

【引】8月6日上午,刘海粟出现呕吐症状,经医生治疗用药后,至中午症状得到控制。当晚22:12,医院开出"刘海粟病危通知"。医生实施抢救,病房外已聚集了很多人,医生护士们均以小跑的节奏进出病房,气氛非常紧张,医生在为刘海粟做心脏按压和人工呼吸,后来还注射了强心剂,但仍是回天乏术,心脏和脑电波监视仪器上的曲线慢慢变成了直线。(《千秋动地歌》,第151页)

8月7日,凌晨0时38分,99岁的刘海粟谢世。

【引】1994年8月7日凌晨0:38,刘海粟的心脏停止了跳动。华东医院在居民死亡医学证明书上开列的致死主要疾病诊断是:因肺部感染引起心力衰竭导致呼吸循环衰竭。刘海粟走完了人生辉煌而曲折的旅程。(《千秋动地歌》,第151页)

8月7日,上海市文化局立即组织安排吊唁活动。

【引】夏顺奎主持起草了艺术大师刘海粟逝世的新闻稿,连夜发往各新闻单位。从上海美术馆抽调精干人员到华东医院东一

【图1994-24】设在刘海粟上海复兴中路家中的灵堂

楼布置灵堂，接受社会各界的吊唁。杜乐行撰写刘海粟生平稿。在华东医院内设灵堂，此前不多见，足见上海市政府对刘海粟逝世的重视。从8月8日上午起，不断有各界人士到灵堂来吊唁。在刘海粟大幅彩色照片下，摆放着夏伊乔及其子女和文化部、上海市文化局、上海美术馆、上海油画雕塑院、上海中国画院、刘海粟美术馆（筹）、常州市人民政府、常州市文化局、常州刘海粟美术馆及社会各界的花篮。刘海粟的子女刘麟、刘虹、刘蟾从香港赶来，儿媳左玉芬从天津赶来吊唁。（《千秋动地歌》，第172页）

8月8日，江泽民主席题写了"刘海粟美术馆"馆名。（该书题跋）

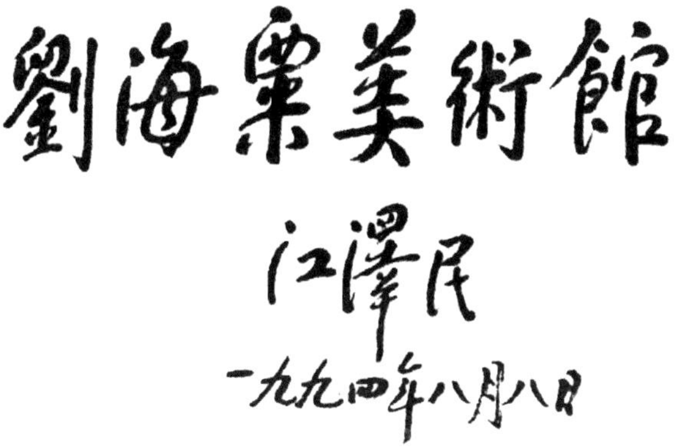

【图1994-25】江泽民主席为刘海粟美术馆题写馆额（1994年8月8日）

8月9日，上海市及江苏省的领导到灵堂吊唁。

【引】时任中共上海市委常委、宣传部部长金炳华，上海市委副秘书长王荣华到灵堂吊唁；时任中共江苏省委副书记曹克明在金炳华和王荣华的陪同下，代表江苏省委、省政府到灵堂吊唁。曹克明又专程到衡山宾馆探望慰问夏伊乔及其家属，并代表

江苏省委、省政府送花篮悼念；上海美专校友代表吴汉英、曹铭、林野等集体到灵堂吊唁。(《千秋动地歌》，第172页)

8月9日，中华人民共和国文化部为刘海粟谢世专发了唁函。

【引】文化部唁函："刘海粟教授是我国新美术运动的拓荒者，现代艺术教育的奠基人。自1912年创办中国教育史上第一所美术学院起，以其学贯中西、艺通古今的渊博学识，为国家培养了大批美术人才，以其中国画、油国、诗词、书法、美术史论等方面的卓越成就，饮誉中外，将毕生精力贡献给祖国和美术事业。""刘海粟先生是饮誉海内外的杰出的美术教育家和艺术大师，是我国新美术运动的拓荒者和现代艺术教育的奠基人。他学贯中西、艺通古今、成就卓著，为发展我国文艺事业、加强我国同世界各国文化交流，作出了重大贡献……我们要学习他热爱祖国、热爱人民的崇高品德，学习他一丝不苟、严谨治学的科学态度，学习他兢兢业业、诲人不倦的优良作风，为我国艺术事业的繁荣和发展作出贡献。"

8月9日，中华人民共和国国家教育委员会发出唁函。

【引】"刘海粟教授是我国新美术运动的拓荒者，现代艺术教育的奠基人。自1912年创办中国教育史上第一所美术学院起，以其学贯中西、艺通古今的渊博学识，为国家培养了大批美术人才，以其中国画、油国、诗词、书法、美术史论等方面的卓越成就，饮誉中外，将毕生精力贡献给祖国和美术事业。"

8月13日上午，金炳华、周渝生到衡山宾馆慰问夏伊乔及其家属。

【引】金炳华对夏伊乔说:"刘海粟先生逝世,江泽民、朱镕基、胡锦涛等中央领导同志都非常关心。"金炳华希望夏伊乔节哀保重身体,并在留言册上签了名。周渝生表示:"我们将一如既往地做好刘海粟美术馆的建设及相关工作,请师母放心。"夏伊乔再三对领导的关心表示感谢,反复表示"大家辛苦了,很不好意思"。(《千秋动地歌》,第173页)

8月14日,上海与江苏两地有关领导协商成立刘海粟治丧小组。

【引】经上海市文化局局长孙滨和南京艺术学院党委书记张永为代表的沪苏双方协商,成立了以中国文联党组书记高占祥、上海市委副书记陈至立、江苏省委副书记曹克明为组长的刘海粟治丧小组,治丧小组的成员由上海市和江苏省的同志参加,他们是王湛、王琦、王荣华、王霞林、毛经权、朱屺瞻、沙人麟、沈柔坚、亚明、茅志琼、金炳华、周渝生、周慕尧、姚欣、孙滨、夏伊乔、徐俊西、袁相碗、陆军、张永、张怀西、陈大羽、冯健亲、程十发、谈家桢、潘震宙、谢海燕、戴锁基和龚学平。治丧小组下设办公室,由孙滨和张永任主任,干树海、潘恕、葛镇纲任副主任,办公室设在巨鹿路709号上海市文化局内,负责操办具体工作。(《千秋动地歌》,第173页)

8月15日,杜乐行完成《刘海粟先生生平》起草撰写。

【引】因为刘海粟是南京艺术学院老院长,人事关系在江苏省,曾任民盟上海市委顾问,且又是第六、七届全国政协常委,故"生平"涉及要征求有关方面的意见,其中江苏省政府就先后两次对"生平"提出局部修改意见,中央统战部也对"生平"提出了相应的修改意见。在上海市文化局的直接主持下,经过多次

字斟句酌地商研调整,"生平"于8月15日晚,经征得家属同意后定稿。(《千秋动地歌》,第173页)

8月15日,时任江泽民主席为刘海粟美术馆题写的馆名书法真迹递送到上海。

【引】江泽民主席共题写了四幅馆名书法真迹,其中三幅为竖题,一幅为横题,分别书写在四尺整张的宣纸上,题写日期为1994年8月8日,足见江主席对此事的关心和重视。可惜刘海粟已于8月7日凌晨驾鹤西去,未能亲受主席的翰墨,未能再次亲沐主席的关怀,翘首企盼之心愿成为现实。按江泽民主席的意见,8月16日,在上海中国画院会议室内,著名书画家程十发、韩天衡、张桂铭、周慧珺、张森等济济一堂,和市文化局领导孙滨、干树海、夏顺奎及上海中国画院党总支书记孙学铭等一起商研,挑选了一幅横题"刘海粟美术馆"手迹,放大后镌刻在刘海粟美术馆门前的花岗石上。(《千秋动地歌》,第135页)

8月18日,刘海粟告别仪式在上海龙华殡仪馆大厅举行,上海、江苏的领导和文化名流向刘海粟遗体献花、鞠躬、致哀告别,江泽民、朱镕基、李瑞环、胡锦涛、荣毅仁等党和国家领导人发来唁电。

【引】江泽民、朱镕基、李瑞环、胡锦涛、荣毅仁等党和国家领导人和中央宣传部、统战部、文化部、国家教委、全国政协、全国文联、全国美协等送了花圈,上海市、江苏省四套班子领导、吴邦国、黄菊、陈焕友等以及汪道涵等老同志向遗体告别,大厅内外鲜花簇拥,刘海粟安祥地静卧在水晶棺内,灵堂两侧悬挂着105岁老画家朱屺瞻撰写的对联"昔日鹏翼扶摇刘郎年少丹青染出新天地,而今斗柄折损海翁已去江山顿失老画魂"。

【图1994-26】江泽民主席为刘海粟美术馆题写馆名的书法真迹，共4幅，分别书写在4尺整张的宣纸上，足见江主席对此事的关心和重视

上海市各界人士2000余人为海老送行。(《沧海一粟——刘海粟的艺术人生》,第107页)

【引】告别仪式将打破以往程式,由工作人员将《刘海粟先生生平》和一枝鲜花发到每一位前来吊唁者的手中,吊唁者向刘海粟遗体献花、行鞠躬礼、瞻仰遗容后即离开大厅,这样既可避免因天气炎热,吊唁人数众多而可能出现的意外,同时也可确保现场井然有序、庄严肃穆的气氛。

告别仪式上用刘海粟的"精神万古,气节千载"书法手迹,印制手帕赠送给每一位吊唁者作为纪念的建议。这是一幅书法横批,正文八个字行笔老辣,字字千钧,右上首钤"十上黄山绝顶人"朱文印。落款是"百岁老人刘海粟",下盖"刘海粟印"白文名章和"曾经沧海"朱文印。(《千秋动地歌》,第175页)

【引】吊唁大厅上方悬挂着"海粟大师千古"的横幅,中间是刘海粟的大幅彩色遗像,下面摆放着夫人夏伊乔和刘海粟子女敬挽的花篮。两边分别摆放着中共中央总书记、国家主席江泽民送的花圈和李瑞环、朱镕基、胡锦涛、荣毅仁、吴邦国、李铁映、费孝通、王兆国、巴金、钱伟长、苏步青、刘靖基、霍英东、马万祺、陈焕友、黄菊、曹鸿鸣、曾庆红、刘忠德、周南、宋任穷、张爱萍、李德生、习仲勋、姬鹏飞、谷牧、黄华、马文瑞、陈至立、王力平、曹克明、叶公琦、陈铁迪、汪道涵、谈家桢、汪锋、龚学平、龚心瀚、江渭清、韩念龙、毛经权、石祝三以及中共中央统战部、中共中央宣传部、全国政协办公厅、国家教委、文化部、中国文联、中国美协、新华社香港分社、民盟中央、上海市委市政府、江苏省委省政府、南京市委市政府、常州市委市政府等送的花圈。江泽民、李瑞环、朱镕基、胡锦涛、荣毅仁、李铁映等党和国家领导人和中共中央统战部等有关部门还专门发来唁电,对刘海粟先生逝世表示哀悼,并请上海有关方面代向刘海粟夫人夏伊乔表示亲切慰问。

文化艺术界送花圈或发来唁电、唁函的知名人士有贺绿汀、艾青、柯灵、朱屺瞻、程十发、沈柔坚、张瑞芳、白杨、秦怡、谢海燕、陈大羽、关山月、于希宁、黄养辉等。

吊唁大厅两侧的巨幅挽联，系104岁著名老画家朱屺瞻先生所撰，由著名书画篆刻家童衍方先生手书。上联"昔日鹏翼扶摇，刘郎年少，丹青染出新天地"，下联"而今斗柄折损，海翁已去，江山顿失老画魂"。挽联既是对刘海粟一生成就的高度评价，又是对刘海粟逝世表示的沉痛哀悼和惋惜，表达了人们对刘海粟发自内心的怀念和哀思。

吊唁大厅中央，刘海粟安卧在常青的棕竹和鲜花丛中，他身着深蓝隐条格子西服，打着绛红色领带，戴着他生前常戴的那副宽边茶色水晶眼镜。大厅内外摆满了花圈、花篮、挽联以及来自海内外的唁电唁函。（《千秋动地歌》，第178页）

【引】中共上海市委和市政府领导吴邦国、黄菊、陈至立、王立平、叶公琦、陈铁迪、赵启正、金炳华、谈家桢、龚学平、毛经权、石祝三、郑励志、赵定玉、刘恒椽和老领导胡立教、汪道涵、王一平、陈沂、杨堤等向刘海粟遗体献花、鞠躬、致哀告别。中共江苏省委、省政府领导陈焕友、曹克明、王霞林、吴锡军、沙人麟等专程从南京来沪，向刘海粟遗体献花、鞠躬、为刘海粟送行。上海市和江苏省党政领导人与守候在刘海粟遗体旁的夏伊乔女士及刘海粟亲属左玉芬、刘英伦、刘麟、张凤菇、刘虬、刘虹、白庭荫、刘蟾、周浩鑫、刘卓如、刘霖等一一握手慰问。

李德生、曹云莲夫妇特委派秘书专程抵上海为刘海粟送行。谢海燕、陈大羽专程从南京来沪为刘海粟送行。参加为刘海粟送行的人流如潮，络绎不绝，井然有序，他们每人手持一枝散发着幽香的康乃馨向刘海粟遗体献花，深深鞠躬，默默致哀，有的泪如泉涌，有的泣不成声，伴随着低沉悲婉的哀乐，编织成一幅悲壮的画面。1997年4月7日，在刘海粟的故乡常州市，落成的刘海粟碑亭——"季芳亭"内，举行了刘海粟先生骨灰安放仪式。（《千秋动地歌》，第179页）

【图1994-27】刘海粟先生遗容

【图1994-28】上海市委书记吴邦国（右），江苏省委书记、省长陈焕友（左）向刘海粟遗体鞠躬告别

【图1994-29】江泽民、朱镕基、李瑞环、胡锦涛、荣毅仁等党和国家领导人发来唁电，并赠送花圈悼念

9月3日，夏伊乔开出了家属需保留藏品的目录。

【引】根据市文化局领导的指示，我们以对照刘海粟生前多次对捐赠自己的作品和文物藏品及有关资料表述的原则态度并兼顾家属需求为准则，与夏伊乔进行了细致的商讨。如夏伊乔提出康有为先生为刘海粟题写的"存天阁"手迹应继续保留在家里，有几幅清代名家作品，夏伊乔需要作为今后继续学习和临摹的范本，又如夏伊乔信佛，需要保留一直供奉在家里的古代木雕彩绘观世音菩萨头像以及家庭一直在使用的清代青花花盆，等等，我们都尊重夏伊乔的意见，但对夏伊乔提出要保留陈独秀在南京监狱书写并赠送给刘海粟"行无愧怍心常坦，身处艰难气若虹"的对联时，我们向夏伊乔提出了建议性意见，夏伊乔提出保留的理由是，对联上有刘海粟的上款，我们反复说明此是一件重要的历史文物，虽题有刘海粟的上款，还是希望夏伊乔能够捐献给国家永久保存。我们的意见得到了夏伊乔的理解。在协商遗赠目录的过程中，我们和夏伊乔都能很快达成共识，充分显示了夏伊乔理解和支持刘海粟的事业，识大体、顾大局，明智大度的襟怀。

（《千秋动地歌》，第 141 页）

9 月 19 日，上海市委决定接受刘海粟作品、文物藏品遗赠及政府出资奖励。

【引】上海市委听取了市文化局汇报有关刘海粟美术馆筹建、清点刘海粟作品和藏品及与遗赠相关的工作，研究了接受刘海粟作品、文物藏品遗赠及政府出资奖励的问题，决定一次性给予奖励 150 万美元，主要用于给刘海粟夫人夏伊乔购置新居和装修及添置家具、设施等，新居的产权归夏伊乔，如有结余款，全部归夏伊乔留用。市委领导认为这是件好事，一定要把它办好，并明确此项工作由市文化局负责，指示遗赠工作一定要细致，要做好公证，不能留下后遗症，在办理好遗赠工作的同时，一定要处理好与刘海粟家属的关系，还要处理好与社会各方面的关系。

（《千秋动地歌》，第 141 页）

11 月 29 日，刘海粟遗赠作品、文物藏品交接签字仪式在上海衡山宾馆举行。

【引】上海市委副书记陈至立，市委常委、市委宣传部部长金炳华，市委、市政府副秘书长冯国勤，市委副秘书长王荣华，市委宣传部副部长徐俊西，市文化局党委书记周瑜生，市文化局局长孙滨，副局长干树海、方全林等领导出席。参加交接仪式的刘海粟家属有夏伊乔、刘蟾、白庭荫。上海美术界代表有上海中国画院院长程十发、上海美术馆馆长方增光、上海油画雕塑院院长陈占魁等。

交接签字仪式由干树海主持，在介绍遗赠相关情况后，夏伊乔和孙滨代表双方在遗赠协议书上签字。（《千秋动地歌》，第 143 页）

一、刘海粟常用印钤

印鉴

刘海粟印

海翁

海粟

刘海粟   海粟之印

海粟长寿

存天阁

存天阁刘海粟珍藏印  存天之阁

艺海堂 　　艺海堂

静远堂

静远老人 　　沧海之一粟

沧海一粟

八上黄山

九上黄山绝顶人

九上黄山绝顶人  十上黄山绝顶人

黄山是我师

昔吾师黄山
今作黄山友

昔日黄山是我师
今日我是黄山友

海粟画记   海粟画梅

海粟泼墨   海粟七十后作

海粟欢喜   海粟藏书

武进刘氏   刘九

海粟老人   海粟百岁

海粟长寿   海粟不朽

海阔天空   万古清风

美意延年   金石齐寿

曾经沧海   清白传家

鹰击长空   心迹双清

真手不坏   真手不坏

一洗万古凡马空

存天戏海之楼

气象万千入画中   笔端造化成壮观

美在斯   横扫千军

闳约深美   墨三味

石破天惊   笔歌墨舞

百年吞吐   丘壑自娱

十里荷花   艺术叛徒

百尺竿头须进步   虎步西洋东海

海粟审定   毗陵刘海粟章

刘海粟留真迹与人间垂千古   刘海粟家珍藏

二、刘海粟款识演变

三、主要传世作品一览表

序号	创作时间	作品名称	类别	备 注
1	1916 年前	《原野奔鹿》	铅笔画	该作品编入上海美专出版部发行的《铅画集》第一集
2	1916 年前	《卢塘夏景》	同上	同上
3	1916 年前	《秋属吟风》	同上	同上
4	1916 年前	《古桥鱼艇》	同上	同上
5	1916 年前	《古鼎及柿》	同上	该作品编入上海美专出版部发行的《铅画集》第二集
6	1916 年前	《香蕉与栗》	同上	同上
7	1916 年前	《茅屋临流》	同上	同上
8	1916 年前	《郊外润色》	同上	同上
9	1916 年前	《静物写生》	同上	该作品编入上海美专出版部发行的《铅画集》第三集
10	1916 年前	《玫瑰写生》	同上	同上
11	1916 年前	《江渚晚霞》	同上	同上
12	1916 年前	《雷锋清影》	同上	同上
13	1918 年 5 月	《西湖烟霞》	油画	时刘海粟率学生由杭州回校，将写生成绩 200 多幅悬挂本校大礼堂，以供众览。此为刘在杭期间作
14	1919 年 1 月	速写三帧	铅笔画	时刘海粟赴杭州作寒假写生，在火车上作
15	1919 年 9 月	《秋》	油画	在上海西郊作
16	1919 年	《披狐皮的女孩》	油画	画幅：60 cm × 45.5 cm
17	1919 年	《西泠斜阳》	油画	画幅：48 cm × 63 cm
18	1921 年 1 月	《北高峰》	油画	此画参加天马会第三届绘画展览会展出
19	1921 年 4 月	《春晓》	油画	在西湖作
20	1921 年 10 月	《红籁所感》	油画	在西湖作
21	1921 年 10 月	《回光》	油画	
22	1921 年 12 月	《最惨之印象》	油画	在天津作

续 表

序号	创作时间	作品名称	类别	备注
23	1921年12月	《柏》	油画	在天坛作
24	1921年12月	《北京雍和宫》	油画	在雍和宫作
25	1921年12月	《蔡元培肖像》	素描	前往医院看望患病的蔡元培时为之作素描肖像
26	1921年12月	《蔡元培》	油画	
27	1921年	《暮》	油画	
28	1921年	《上海日晖港附近》	油画	由北京高等师范学校美术研究会与平民教育社发起的刘海粟绘画展览会之展出作品
29	1922年12月	《北京中央公园之巨柏》	油画	
30	1921年	《西湖苏堤》	油画	在杭州作
31	1921年	《上海新世界》	油画	
32	1921年12月	《北京天安门》	油画	在北京作
33	1921年12月	《北京皇城》	油画	在北京作
34	1921年12月	《北京》	油画	在北京作
35	1921年	《西湖边憩息之老妪》	油画	在杭州作
36	1921年	《西湖南高峰》	油画	在杭州作
37	1921年	《上海日晖港》	油画	
38	1921年	《西湖刘庄附近》	油画	在杭州作
39	1921年	《西湖平湖秋月》	油画	在杭州作
40	1921年12月	《雍和宫》	油画	在北京作
41	1921年	《西湖玉泉附近》	油画	
42	1921年	《杭州灵隐寺》	油画	在杭州作
43	1921年	《上海跑马厅》	油画	
44	1921年	《西湖公园前》	油画	在杭州作
45	1921年12月	《北京天坛所见》	油画	在北京作
46	1921年	《西湖船夫》	油画	
47	1921年	《西湖全景》	水彩画	在杭州作
48	1921年	《上海乡景》	油画	
49	1922年1月前	《花》	油画	
50	1921年	《上海美术学校女生课余时之野外实习》	油画	
51	1922年2月	《西湖》	油画	在杭州作

续表

序号	创作时间	作品名称	类别	备注
52	1922年2月	《北京中央公园》	油画	在北京作
53	1922年2月	《北京天坛》	油画	在北京作
54	1921年	《西湖高庄附近》	油画	在北京作
55	1922年1月	《北京前门》	油画	在北京作，画幅：64.4 cm×79.8 cm
56	1922年3月前	《北京前金门》	油画	在上海霞飞路（淮海中路）尚贤堂商科大学内举行的天马会第五届绘画展览会上展出
57	1922年3月前	《自画像》	油画	在上海霞飞路（淮海中路）尚贤堂商科大学内举行的天马会第五届绘画展览会上展出
58	1922年4月	《言子墓》	油画	率上海美专男女学生170余人赴虞山写生期间所作 画幅：155 cm×80 cm
59	1922年4月	《虞山之下》	油画	赴虞山写生期间所作
60	1922年4月	《埠》	油画	同上
61	1922年4月	《流动》	油画	同上
62	1922年春	《日光》	油画	画幅：85.5 cm×67.5 cm
63	1922年7月	《康庄休暑》	油画	在杭州作
64	1922年7月	《松社之花》（罂粟花）	油画	在杭州作
65	1922年7月	《钟鼓楼》	油画	在南京作
66	1922年8月	《静物》	油画	在家所作
67	1922年11月	《群众》	油画	
68	1922年11月	《燕子矶》	水彩画	在南京作
69	1922年11月	《六朝松》	油画	在南京作
70	1922年	《静坐》	素描	
71	1922年	《云麓宫真人》	素描	
72	1922年	《小贩》	水彩画	
73	1922年	《三位一体》（松、竹、灵芝）	中国画	
74	1922年	《和平》（《双鸽》）	中国画	

续 表

序号	创作时间	作品名称	类别	备 注
75	1922 年	《溪山风松图》	中国画	蔡元培题："不是一定有这样的石头，也不是一定有这样的松树；也不是一定有这样的石头与这样的松树同这种样子一块儿排列着。完全是心力的表现，不是描头画角的家数。蔡元培。"
76	1923 年春	《遥山过雨》	中国画	在上海美专作
77	1923 年 4 月	《春》	油画	刘海粟率上海美专学生赴杭州旅行写生期间作
78	1923 年 4 月	《春暮》	油画	同上
79	1923 年 4 月	《日影》	油画	同上
80	1924 年 4 月	《南屏晚色》	油画	同上
81	1923 年 4 月	《叠嶂》	中国画	同上
82	1923 年 4 月	《层峦》	中国画	同上
83	1923 年 5 月	《虹》	油画	在西湖康庄作
84	1923 年 8 月前	《自然之舞》	油画	在天马会第六届绘画展览会中展出作品
85	1923 年 11 月	《九溪十八涧》	中国画	画幅：165 cm×66 cm
86	1923 年 12 月前	《南屏林壑》	油画	上海美专十二周年纪念绘画展览会上刘海粟展出作品
87	1923 年 12 月前	《努力》	油画	同上
88	1923 年 12 月前	《暮色》	油画	同上
89	1923 年	《静物》（《雕像与水果》）	油画	画幅：49.5cm×65cm
90	1923 年	《风景》	油画	
91	1924 年 4 月 18 日	《泰戈尔》	速写 2 幅	
92	1924 年 9 月 21 日	《言子墓》	中国画	画幅：79.7cm×149.6cm
93	1924 年 5 月	《秦淮河》（《秦淮渡舟》）	油画	在南京旅行写生时作
94	1925 年 5 月	《古城》	油画	在南京旅行写生时作
95	1924 年 10 月	《秦淮日丽》	油画	全国教育展览会美育部鉴别报告会展出作品
96	1924 年 12 月前	《斜阳》	油画	在上海虹口日本人俱乐部举行洋画联合展览会上刘海粟展出作品
97	1924 年	《菊》	油画	同上

续　表

序号	创作时间	作品名称	类别	备注
98	1924年	《南京大中桥之暮色》	油画	在南京旅行写生时作
99	1924年	《秋林清溪》	油画	同上
100	1924年	《秦淮河之春》	油画	同上
101	1924年	《流动》	油画	同上
102	1924年	《秋》	油画	同上
103	1924年	《清凉山下》	油画	同上
104	1924年	《暮色》	油画	同上
105	1924年	《夫子庙前》	油画	画幅：61.5 cm×43.3 cm
106	1924年	《祖宗》	油画	画幅：91 cm×63 cm
107	1924年	《浦江暮色》	油画	在上海作
108	1924年	《秋》	油画	在上海作
109	1924年	《L女士》	油画	在上海作
110	1924年	《荒塚》	油画	在上海作
111	1924年	《飞雪》	油画	在上海作
112	1924年	《傍晚的黄浦滩》	油画	在上海作
113	1924年	《龙华侨》	油画	在上海作
114	1925年	《南京夫子庙》	油画	画幅：78.8 cm×64 cm
115	1925年	《夕阳》	油画	画幅：55.5 cm×46.3 cm 在杭州旅行写生时作
116	1925年1月前	《文德桥》	油画	上海美专十三周年纪念展览会刘海粟展出作品
117	1925年1月前	《山水》	中国画	同上
118	1925年1月前	《篱菊》	中国画	同上
119	1925年4月前	《秋林》	油画	上海洋画家联合展览会在上海三洋泾桥安乐宫二楼开幕，刘海粟展出作品
120	1925年4月前	《疏林薄暮》	油画	同上
121	1925年4月前	《自然之舞》	油画	同上
122	1925年4月前	《牌楼》	油画	同上
123	1925年春	《峦树草堂》	中国画	
124	1925年4月	《西湖写景》（《西湖景象》）	中国画	刘海粟率上海美专高年级学生赴杭州作春季旅行写生，在杭州作 画幅：68.6 cm×41.4 cm
125	1925年4月	《杭州灵隐》	油画	同上

续 表

序号	创作时间	作品名称	类别	备 注
126	1925 年 4 月	《苏堤夜月》	油画	同上
127	1925 年 4 月	《南高峰绝顶》	油画	同上
128	1925 年	《飞来峰》	油画	在杭州旅行写生时作
129	1925 年	《保叔塔》	油画	在杭州旅行写生时作
130	1925 年	《红叶》	油画	在杭州旅行写生时作
131	1925 年	《霞》	油画	在杭州旅行写生时作
132	1925 年夏	《西湖高庄写生》（扇面）	中国画	
133	1925 年 10 月	《寒梅篝灯》	中国画	刘海粟率上海美专高年级学生赴杭州作秋季旅行写生期间作
134	1925 年秋	《生命之泉》（《雨后》）	中国画	
135	1925 年 12 月前	《泰山飞瀑》	中国画	上海美专假座上海安乐宫举行国画展览会，刘海粟展出作品
136	1925 年 12 月前	《寒山古寺》	中国画	同上
137	1925 年 12 月前	《溪流》	中国画	同上
138	1925 年 12 月前	《绯竹乌鸦》	中国画	同上
139	1925 年 12 月前	《老杆》	中国画	同上
140	1925 年 12 月前	《老少年》	中国画	同上
141	1925 年	《李白早发白帝城诗》	书法 行草	
142	1925 年	《西溪》	油画	
143	1925 年	《静物》	油画	
144	1925 年	《牧牛图》	中国画	画幅：103 cm×66.5 cm
145	1925 年	《三千年之桃实》	中国画	
146	1925 年	《夕阳》（《风景》）	油画	画幅：46.5 cm×55.5 cm
147	1926 年	《九溪十八涧》	中国画	画幅：165 cm×66 cm
148	1926 年	《秋江饮马图》	中国画	画幅：135 cm×86 cm
149	1926 年	《鹿》	中国画	
150	1926 年	《河口牌楼》	油画	画幅：52.5 cm×80 cm
151	1926 年	《春淙亭》	油画	
152	1926 年	《普陀》	油画	
153	1927 年 1 月	《彤云素羽》	中国画	高剑父题字。日本河野正义藏
154	1927 年 2 月 11 日	《月落乌啼丛林寒》	中国画	日本久迩宫邦彦藏
155	1927 年夏	《山水》	中国画	刘海粟在日本箱根长兴山庄作

续 表

序号	创作时间	作品名称	类别	备 注
156	1927年9月10日	《松鹰图》	中国画	王一亭补清霄花并题字，裘子端藏
157	1927年11月20日	《山水》	中国画	题曰："灯下戏作，目昏指直，设色若有若无，侵晓披视，如有苍然暮色在豪楮之外，因知画不必刻求也。"
158	1927年	《潮音》	油画	刘海粟近作展览会在上海尚贤堂举行，上海县县长江眉仲参观展览会并购画两幅
159	1927年	《黄墙》（《风景》）	油画	画幅：61 cm×82.5 cm 在普陀作
160	1927年	《普陀晚霞》	油画	在普陀作
161	1927年	《紫竹林》	油画	在普陀作
162	1927年	《西湖暮色》	油画	在杭州作
163	1927年	《蔷薇》	油画	在杭州作
164	1927年	《树荫下的红墙》（《风景》）	油画	画幅：81 cm×66 cm
165	1927年	《落日》	油画	画幅：56cm×46.5cm
166	1928年1月5日	《音乐辞典》	书法	为上海美专音乐系毕业生刘诚甫编撰即将出版的《音乐辞典》题词
167	1928年春	《老梅》	中国画	题曰：近宅穿篱压众芳，檀心一点漏春光。世情多厌冰霜面，故作东风艳冶妆。
168	1928年5月	《凝寒》	中国画	
169	1928年夏	《石鼎载萱》	中国画	题曰：石鼎斟泉午梦长，浓薰软玉暗生香。山中自有忘忧诀，何事栽萱近北堂。
170	1928年	《仿古山水》	中国画	画幅：41.5×102.4
171	1928年	《逸气感清淑良辰入奇》	书法	应弟子施翀鹏之请，为其父施楚翘书写五言对联
172	1929年1月	《上海之夜》	油画	
173	1929年1月	《新世界》	油画	
174	1929年2月	《西贡公园》	油画	刘海粟衔教育部命赴欧洲考察美术，经越南登岸作
175	1929年春	《缢死者之屋》临摹塞尚	油画	刘海粟在卢佛尔博物馆临摹名家大作 画幅：54.2 cm×65 cm

续 表

序号	创作时间	作品名称	类别	备 注
176	1929年春	《裴西芭的出浴》临摹伦勃朗	油画	画幅：139 cm×139 cm
177	1929年春	《但丁和维吉尔》临摹德拉克洛瓦	油画	在法国作
178	1929年8月18日	《流不尽的源泉》	油画	在瑞士期间作
179	1929年8月	《阿尔卑斯山飞瀑》	油画	同上
180	1929年8月	《多变的莱蒙湖》	油画	同上
181	1929年9月	《陋室》	油画	同上
182	1929年9月	《旧教堂》	油画	同上
183	1929年9月	《古堡》	油画	同上
184	1929年9月	《西陇古堡》	油画	同上
185	1929年9月	《莱蒙湖畔》	油画	同上
186	1929年9月	《莱蒙湖之夕阳》	油画	同上
187	1929年9月	《阿尔卑斯山》	油画	同上
188	1929年9月	《山涧》	油画	同上
189	1929年9月	《快车》	油画	同上
190	1929年9月	《农夫》	油画	同上
191	1929年9月	《卢梭桥》	油画	同上
192	1929年	《塞纳河之桥》	油画	在法国巴黎作
193	1929年	《田园》	油画	在法国作
194	1929年	《裸女》	油画	同上
195	1929年	《X女士》	油画	同上
196	1929年	《乡邻》	油画	在法国作
197	1929年	《落日》	油画	在法国玫瑰村作
198	1929年	《花》	油画	在法国玫瑰村作
199	1929年	《静物》	油画	在法国玫瑰村作
200	1929年	《白玫瑰》	油画	在法国玫瑰村作
201	1929年	《玫瑰村之秋》	油画	在法国玫瑰村作
202	1929年	《玫瑰村之初春》	油画	
203	1929年	《裸女》	油画	画幅：91.3 cm×72 cm 在巴黎作
204	1929年	《阿拉伯人》	油画	同上
205	1929年	《教堂》	油画	同上
206	1929年	《夜景》（《夜月》）	油画	画幅：81 cm×60 cm

续 表

序号	创作时间	作品名称	类别	备 注
207	1929 年	《拾穗》	油画	摹米勒
208	1929 年	《耶稣下葬》	油画	摹缇香
209	1929 年	《屠杀之一部分》	油画	摹德拉克罗瓦
210	1930 年 2 月	《珍珠少女》	油画	画幅：80 cm×60 cm，临摹柯罗作品
211	1930 年春	《松竹梅三友图》	中国画	在巴黎作与何香凝合作 画幅：33.2 cm×139 cm
212	1930 年 5 月	《森林》	油画	应贝纳尔邀请，将和四幅油画送至蒂勒里（Tuileries）沙龙事务所参加展出
213	1930 年 6 月	《翡冷翠》	油画	在佛罗伦萨作 画幅：55.1 cm×46.3 cm
214	1930 年 6 月	《古罗马》	油画	在意大利作
215	1930 年 6 月	《斗兽场》	油画	在意大利作
216	1930 年 6 月	《飞航桥》	油画	在意大利作
217	1930 年 6 月	《威尼斯》	油画	在意大利作
218	1930 年 7 月	《狮》（两幅）	中国画	在法国巴黎作
219	1930 年 7 月	《鲁文》	油画	在比利时作
220	1930 年 7 月	《鲁文闲步》	油画	同上
221	1930 年 7 月	《鲁文泽畔》	油画	同上
222	1930 年 7 月	《雨后之鲁文大寺》（《雨后比利时鲁汶圣比得教堂》）	油画	在比利时作 画幅：80.5 cm×60 cm
223	1930 年	《比利时鲁汶圣格达修道院》	油画	画幅：80.5 cm×60 cm
224	1930 年 7 月	《鲁文教堂》（《比利时鲁汶圣比得教堂》）	油画	在比利时作 画幅：100cm×75cm
225	1930 年 7 月	《休息》	油画	在比利时作
226	1930 年 7 月	《田野》	油画	在比利时作
227	1930 年 7 月	《刘夫人像》	油画	在比利时作
228	1930 年 7 月	《邮差》	油画	在比利时作
229	1930 年 7 月	《白屋》	油画	在比利时作
230	1930 年 7 月	《马车》	油画	在比利时作
231	1930 年 7 月	《积稿》	油画	在比利时作
232	1930 年 7 月	《自画像》	油画	在比利时作

续 表

序号	创作时间	作品名称	类别	备 注
233	1930年7月	《清晨》	油画	在比利时作
234	1930年7月	《枯葵》	油画	画幅：79.5 cm×60 cm
235	1930年7月	《秋葵》（《向日葵》）	油画	画幅：60.5 cm×72 cm
236	1930年	《葵花》	油画	在比利时作
237	1930年	《黄发》	油画	在比利时作
238	1930年7月	《L夫人》（《L女士》）	油画	画幅：91.8 cm×65 cm
239	1930年	《向日葵》	油画	在比利时作 画幅：92 cm×64.8 cm
240	1930年	《巴黎圣母院》夕照	油画	画幅：113 cm×88 cm，在法国巴黎作
241	1930年	《巴黎圣母院河畔》（《风景》）	油画	画幅：80 cm×60 cm
242	1930年	《畸形的老妪》	油画	在法国作
243	1930年	《少女》	油画	在法国作
244	1930年	《圣心院》	油画	在法国作
245	1930年	《玫瑰村》	油画	画幅：65 cm×81 cm
246	1930年	《人体》	油画	在法国作
247	1930年	《蒙马德寺》	油画	画幅：81 cm×59.7 cm
248	1930年	《塞纳河》（《塞纳河之桥》）	油画	画幅：60 cm×78 cm
249	1930年	《鲤鱼》	油画	在法国作
250	1930年秋	《瑞士勃郎崖》	中国画	与何香凝合作 画幅：130 cm×66 cm
251	1930年	《农家》	油画	在法国玫瑰村作
252	1930年	《寒林》	油画	在法国玫瑰村作
253	1930年	《菊花与柠檬》（《静物》）	油画	在法国作 画幅：60 cm×80 cm
254	1930年	《罗丹模特儿》	油画	在法国作
255	1930年	《卢森堡公园》	油画	在法国作
256	1930年	《窗》	油画	在法国作
257	1930年	《桥》	油画	在法国作
258	1930年	《丛林》	油画	在法国作
259	1930年	《老妪》	油画	在法国作

续表

序号	创作时间	作品名称	类别	备注
260	1930 年	《早餐》	油画	画幅：46 cm×55 cm
261	1930 年	《贵妇》	油画	在法国作
262	1930 年	《女之颜》	油画	在法国作
263	1930 年	《胸》	油画	在法国作
264	1930 年	《肖像》	油画	画幅：81 cm×115 cm
265	1930 年	《肖像》	油画	画幅：91 cm×71 cm
266	1930 年	《比利时鲁汶圣比得教堂》	油画	画幅：100 cm×75 cm
267	1930 年	《带喷泉的花园》	油画	画幅：55 cm×46.5 cm
268	1930 年	《风景》	油画	画幅：65 cm×92 cm
269	1930 年	《林间信步》（《风景》）	油画	画幅：65 cm×54 cm
270	1930 年	《林间红房》	油画	画幅：65.5 cm×54 cm
271	1931 年 1 月	《卢森堡之雪》	油画	在法国巴黎作
272	1931 年 1 月	《卢森堡雪霁》	油画	同上
273	1931 年 1 月	《雪》	油画	同上
274	1931 年 1 月	《巴黎之冬》	油画	同上
275	1931 年 1 月	《卢浮宫残雪》	油画	同上
276	1931 年 1 月	《卢浮宫之雪》	油画	在法国巴黎作（法国莫须氏藏）
277	1931 年 3 月	《玛茵河》	油画	在法兰克福作
278	1931 年 3 月	《公园》	油画	在柏林作
279	1931 年 5 月	《巴黎圣母院夕照》	油画	此作受邀参加蒂勒里沙龙展出
280	1931 年 5 月	《绣球花》	油画	画幅：45.5 cm×55.5 cm，此作受邀参加蒂勒里沙龙展出
281	1931 年 5 月	《鲁文教堂》	油画	此作受邀参加蒂勒里沙龙展出
282	1931 年 5 月	《静物》	油画	同上
283	1931 年 6 月	《卢森堡之雪》	油画	在巴黎克莱蒙画院举行个人画展，展出在法、瑞士、比、意、德各国所作油画 40 幅。此画为法国政府购藏于国家美术馆
284	1931 年	《山居》（《山巅》）	油画	在法国巴黎诺杨等地期间作 画幅：46 cm×55 cm
285	1931 年	《暮色》	油画	在法国巴黎诺杨等地期间作 画幅：60.5 cm×81 cm
286	1931 年	《园林》	油画	在法国巴黎诺杨等地期间作

续 表

序号	创作时间	作品名称	类别	备 注
287	1931年	《傍晚》	油画	在法国巴黎诺杨等地期间作
288	1931年	《晚秋》	油画	在法国巴黎诺杨等地期间作
289	1931年	《诺杨秋色》	油画	在法国巴黎诺杨等地期间作
290	1931年	《卢森堡之秋》	油画	在法国巴黎诺杨等地期间作
291	1931年	《威尼斯》	油画	画幅：44 cm×55 cm
292	1931年	《深秋的圣母院》	油画	在法国巴黎诺杨等地期间作
293	1931年	《蒙马特》	油画	在法国巴黎诺杨等地期间作
294	1931年	《蒙马特旧街》	油画	在法国巴黎诺杨等地期间作
295	1931年	《刘夫人像》	油画	在法国巴黎诺杨等地期间作
296	1931年	《泣》	油画	在法国巴黎诺杨等地期间作
297	1931年	《愁》	油画	在法国巴黎诺杨等地期间作
298	1931年	《集灵院》	油画	在法国巴黎诺杨等地期间作
299	1931年	《龙虾》	油画	在法国巴黎诺杨等地期间作
300	1931年	《阿舍路》	油画	在法国巴黎诺杨等地期间作
301	1931年	《老人》	油画	在法国巴黎诺杨等地期间作
302	1931年	《钓翁》	油画	画幅：49.5 cm×80.5 cm
303	1931年	《风景》（《落日》）	油画	画幅：56 cm×46.5 cm
304	1931年	《瓶花》	油画	在法国巴黎诺杨等地期间作
305	1931年	《闲坐》	油画	同上
306	1931年	《塞纳河》	油画	同上
307	1931年	《公谷尔广场》	油画	同上
308	1931年	《裸女》（《坐姿裸女》）	油画	画幅：80.2 cm×60.1 cm
309	1931年	《到圣心院去》	油画	同上
310	1931年	《孀妇》	油画	同上
311	1931年	《短墙》	油画	同上
312	1931年	《窗口》	油画	画幅：65 cm×50.5 cm
313	1931年	《卢浮宫》	油画	在法国作
314	1931年	《凝雪》	油画	在法国作
315	1931年	《雪》	油画	在法国作
316	1931年	《人体》	油画	在法国作
317	1931年	《罗浮宫残雪》	油画	在法国作
318	1931年	《巴黎大学》	油画	画幅：81 cm×59 cm

续 表

序号	创作时间	作品名称	类别	备 注
319	1931年	《绣球花》1	油画	画幅：55.5 cm×45.5 cm
320	1931年	《绣球花》2	油画	
321	1931年	《肖像》	油画	在法国作
322	1931年	《巴黎歌剧院》	油画	画幅：73 cm×100 cm
323	1931年	《塞因河之游船》	油画	法国
324	1931年	《思想者》	油画	画幅：59.5 cm×84 cm
325	1931年	《雪雉》	中国画	法国
326	1931年	《路易赖鲁阿》	油画	画幅：54 cm×65 cm
327	1931年	《赖鲁阿头像》	素描	画幅：40 cm×46 cm
328	1931年11月	《杭州北高峰之秋》	油画	画幅：81 cm×61 cm 在浙江杭州作
329	1931年11月	《三潭印月》	油画	同上
330	1931年11月	《暮秋》	油画	同上
331	1931年11月	《倒影》	油画	同上
332	1931年11月	《竹园》	油画	同上
333	1931年11月	《鸡冠花》	油画	在浙江杭州作。于右任、章太炎、沈恩孚、林森均在诗塘题词
334	1931年11月	《春淙亭》	油画	画幅：50 cm×81 cm 在浙江杭州作
335	1931年11月	《彭公祠》	油画	同上
336	1931年11月	《吴山》	油画	同上
337	1931年11月	《鱼乐园》	油画	同上
338	1931年11月	《潮音》	油画	画幅：60 cm×92 cm 在浙江普陀作
339	1931年11月	《涛声》	油画	同上
340	1931年11月	《牛》	油画	画幅：81 cm×61 cm
341	1931年	《树》	油画	
342	1931年	《林小姐》	油画	
343	1931年	《水牛》	油画	画幅：61 cm×81 cm
344	1931年	《乡村教堂》	油画	画幅：60 cm×73 cm
345	1931年	《旧街》（《风景》）	油画	画幅：73 cm×60 cm
346	1931年	《罗丹模特儿》（人物（扶手杖的老人））	油画	画幅：64.6 cm×92.5 cm
347	1931年	《林中山居》	油画	画幅：41 cm×53 cm

续 表

序号	创作时间	作品名称	类别	备 注
348	1931年	《农村风景》	油画	画幅：61 cm×81 cm
349	1931年	《人物》	油画	画幅：65 cm×54 cm
350	1931年	《沉思中之罗丹模特儿》（《人物》）	油画	画幅：81 cm×55 cm
351	1931年	《人物》	油画	画幅：80.5 cm×49.5 cm
352	1931年	《披发女子》（《人物》）	油画	画幅：46 cm×38 cm
353	1931年	《前视瞰视》	油画	画幅：60 cm×73.5 cm
354	1931年	《船》	油画	画幅：92.5 cm×73 cm
355	1931年	《瓶花》（《静物》）	油画	画幅：60 cm×81.5 cm
356	1931年	《女人体》	油画	画幅：50.3 cm×100 cm 卧姿女人体
357	1932年2月5日	《葫芦》	中国画	
358	1932年3月9日	《飞瀑》（《如松长青如水长流》）	中国画	自寿37岁生日，林森题"如松长青，如水长流"为祝 画幅：66.9 cm×134.8 cm
359	1932年6月	《有伟大的性格而后能成为伟大的艺术家》	书法	为上海美专新制第十届毕业纪念刊题词
360	1932年9月	《崖下有幽人》	中国画	
361	1932年9月	《五大夫》	中国画	画幅：116.3 cm×239.4 cm
362	1932年	《老牛》	油画	在浙江普陀作
363	1932年	《普陀晚钟》	油画	同上
364	1932年	《法雨寺》	油画	同上
365	1932年	《洪涛》	油画	同上
366	1932年	《古柏》	油画	同上
367	1932年	《潮音》	油画	同上
368	1932年	《渔舟》	油画	同上
369	1932年	《马相伯先生像》	油画	在上海作
370	1932年	《水仙》（《静物》）	油画	画幅：61.5 cm×81.4 cm
371	1932年	《画室里》	油画	同上
372	1932年	《冬》	油画	同上
373	1932年	《马》	油画	画幅：119 cm×91 cm
374	1932年	《城楼》（《风景》）	油画	画幅：73 cm×92.5 cm

续 表

序号	创作时间	作品名称	类别	备注
375	1932年	《林中霞光》（《风景》）	油画	画幅：60 cm×72.8 cm
376	1933年	《棕》	油画	画幅：72 cm×60 cm
377	1933年	《西湖丁家山麓》（《虹》）	油画	画幅：73 cm×91.5 cm
378	1933年5月	《马》（潘天寿补景）	中国画	此画在上海美专旅杭写生队假湖滨路民众教育馆举行的师生作品展览会上展出
379	1933年	《紫霞洞》	油画	画幅：59 cm×71 cm
380	1933年5月	《双马》	中国画	
381	1933年5月	《荷花》	中国画	
382	1933年5月	《山水》	中国画	
383	1933年	《秋滩息影》	中国画	
384	1933年中秋	《米苏王行旅图》	中国画	蔡元培于1935年11月题诗
385	1933年	《红与绿的和谐》	油画	
386	1933年	《棕树》	油画	画幅：69 cm×58 cm
387	1933年	《红房子》（《风景》）	油画	画幅：72.5 cm×60 cm
388	1933年	《风景》	油画	画幅：72.5 cm×60 cm
389	1934年3月29日	《飞瀑》	中国画	
390	1934年4月9日	《蓝绣球花》（《花卉》）	油画	在德国柏林作。画幅：82 cm×58.5 cm
391	1934年4月25日	《梵尔特之春》	油画	在柏林近郊梵尔特作
392	1934年7月27日	《朝》（《洛桑》）	油画	在瑞士洛桑作，画幅：72.5 cm×72.5 cm
393	1934年7月	《瑞士烟霭》	中国画	在瑞士作
394	1934年9月19日	《舞瀑》	油画	在法国夏马尼克作
395	1934年9月29日	《勃朗崖晚霭》	油画	在瑞士作
396	1934年9月30日	《栗树林》（《STGINGOLPH》）	油画	在瑞士圣扬乔而夫作，画幅：86 cm×51 cm
397	1934年10月2日	《云峰高涧》	油画	在法国夏马尼克作
398	1934年10月9日	《凯旋门之夕阳》	油画	画幅：60 cm×80.5 cm。在法国巴黎作
399	1934年秋	《清潭水牛》	中国画	在巴黎作
400	1934年	《花》	油画	画幅：71 cm×58.5 cm 在瑞士圣扬乔而夫作

续　表

序号	创作时间	作品名称	类别	备注
401	1934年	《风景》	油画	画幅：92 cm×65.5 cm
402	1934年	《村外》（《风景》）	油画	画幅：54.5 cm×62.5 cm
403	1935年	《秋色林泉》（《风景》）	油画	画幅：90.5 cm×61 cm
404	1935年	《风景》	油画	画幅：82.5 cm×47.5 cm
405	1935年	《林间小径》（《风景》）	油画	画幅：91.5 cm×61 cm
406	1935年	《汉普特斯西斯山林夕照》	油画	画幅：61 cm×91 cm
407	1935年	《风景》	油画	80 cm×60 cm
408	1935年1月12日	《威士敏斯达桥雾景》	油画	在伦敦作
409	1935年1月15日	《赫姆士敦》	油画	同上
410	1935年1月20日	《凫》	油画	同上
411	1935年1月	《威士敏斯达落日》	油画	画幅：66 cm×92 cm
412	1935年8月23日	《葫芦》		柏林人文美术馆中国现代名画展览展出
413	1935年9月11日	《鸷鸟欲下将安之》	中国画	刘海粟与谢公展、黄宾虹、夏敬观、李仲乾、诸乐三在存天阁合作，由夏敬观题诗
414	1935年11月	《古松图》	中国画	刘海粟游黄山作，有蔡元培、沈恩孚、李仲乾题诗 画幅：76.9 c.m×105.1 cm
415	1935年11月	《朱松》	中国画	沈恩孚题诗
416	1935年11月	《孤松》	中国画	陈独秀题词
417	1935年11月	《黄山云海》	中国画	蔡元培题词
418	1935年11月	《黄山松石》	中国画	同上
419	1935年冬	《风雨归舟》	中国画	1945年赠蒋经国
420	1935年	《莲塘翠羽》	油画	画幅：92 cm×62 cm
421	1935年	《始信峰秋松》	中国画	画幅：130 cm×77 cm
422	1935年	《鹭》	中国画	在英国伦敦作
423	1935年	《枯木竹石》	中国画	吴敬恒题诗
424	1935年	《人体》	油画	画幅：80 cm×60 cm
425	1935年	《人物》	油画	画幅：65 cm×53.5 cm
426	1935年	《黄山》	油画	画幅：55 cm×46 cm
427	1935年	《西湖李庄》（《茅家埠之秋》）	油画	画幅：60.5 cm×80.5 cm

续 表

序号	创作时间	作品名称	类别	备 注
428	1936年3月	《雪江独钓》	中国画	有李仲乾、除独秀题字
429	1936年春	《重林叠嶂》	中国画	
430	1936年春	《威而不厉》（《双虎》）	中国画	
431	1936年4月	《山君真相》	中国画	李仲乾题字
432	1936年5月	《白猿》	中国画	
433	1936年5月	《溪山林薮图》（《溪亭闲话》）	中国画	画幅：78 cm×98.5 cm
434	1936年5月	《芦雁》	中国画	刘海粟与吴弗之、王个簃合作，马公愚题句
435	1936年5月24日	《秋柳八哥》	中国画	刘海粟和蔡元培、沈恩孚、潘公展、顾荫亭于杏花楼酒家共饮。酒后作画，顾荫亭补竹，蔡、沈题诗，蔡元培、沈恩孚题词
436	1936年6月	《啸虎》	中国画	王个簃补成并题："高踞岩肩，孔武有力，长啸一声，百兽敛迹。"
437	1936年7月5日	《仿李流芳山水画》	中国画	题"二十五年夏日，访荫亭于金陵，见其书斋挂李流芳山水一，清奇高古，拈笔临之"。
438	1936年7月19日	《知白守黑》		立法院长孙科购一帧
439	1936年7月19日	《苏东坡及其二友》		二度欧游作品展中展出立法委员吴经熊购一帧
440	1936年8月25日	《古柏图》	中国画	在泰安岱庙作此画
441	1936年11月	《黄山耸翠》	中国画	游黄山作此画
442	1936年	《松鹰旭日》	中国画	画幅：68.1 cm×134.2 cm 吴公虎画鹰 刘海粟画松 王个簃画日 谢公展画竹 马公愚题句
443	1936年	《夜色》（《风景》）	油画	画幅：54 cm×65 cm
444	1936年	《鸡冠花》	油画	画幅：51 cm×65.5 cm
445	1936年	《西湖丁家山麓》	油画	画幅：51 cm×65.5 cm
446	1937年春	《墨梅图》	中国画	
447	1937年春	《泉声松韵图》	中国画	
448	1937年2月	《临黄石斋松石图卷》	中国画	画幅：262.2 cm×33.8 cm
449	1937年5月6日	《古木寒云图》	中国画	郭沫若题句："寒云接地，古木参天。独往独来，心地泰然。"

续 表

序号	创作时间	作品名称	类别	备 注
450	1937年7月19日	《仿吴仲圭夏山欲雨图卷》	中国画	画幅：262.5 cm×32.9 cm 郭沫若、李仲乾、吴湖帆和章士钊等在拖尾题跋
451	1937年10月28日	《四行仓库》	油画	画幅：71.5 cm×92 cm
452	1937年	《西湖紫云洞》	油画	画幅：82 cm×61 cm
453	1937年	《绣球花》	油画	画幅：72.5 cm×55 cm
454	1937年	《玫瑰村一隅》（《风景》）	油画	画幅：73 cm×60.5 cm
455	1938年3月	《雉图》	中国画	在上海存天阁作
456	1938年6月	《秋日山居图》	中国画	
457	1938年夏	《渔父图》	中国画	
458	1938年夏	《红渠雨过图》	中国画	
459	1938年夏	《白牡丹图》	中国画	题云："画牡丹，浓艳易，冲淡难。戊寅夏仲，雨窗偶尔捉笔，岁寥寥短幅，似与平日酬应之作意境稍别，岂所谓淡而弥永者也。"
460	1938年8月13日	《红榴苦竹图》	中国画	刘海粟和王个簃合作
461	1938年9月	《峦光送爽图》	中国画	
462	1938年9月	《寒山雪霁图》	中国画	
463	1938年9月	《临倪瓒秋林书屋图》	中国画	
464	1938年秋	《老松波澜图》	中国画	
465	1938年	《仿石涛山水》	中国画	画幅：99.2 cm×240.1 cm
466	1938年	《题〈王翚山水册页〉》	书法	画幅：45 cm×33.6 cm
467	1939年秋	《滚马图》	中国画	
468	1939年秋	《赤壁图》	中国画	
469	1939年	《松鹰图》	中国画	画幅：53.4 cm×109.4 cm
470	1940年2月23日	《椰林落日》	油画	画幅：60 cm×74 cm
471	1940年3月27日	《双马》	油画	在东爪哇作， 画幅：60 cm×74 cm
472	1940年3月29日	《东爪哇黄氏山庄》	油画	在东爪哇黄氏山庄作画幅：60 cm×74 cm
473	1940年3月	《泗水别墅》	油画	在泗水作
474	1940年7月13日	《万隆瀑布》（《玛丽佩崖飞瀑》）	油画	在万隆作， 画幅：73 cm×92.5 cm

续 表

序号	创作时间	作品名称	类别	备 注
475	1940年8月	《菩利菩达佛塔》	油画	在三宝垄作，画幅：104 cm×73 cm
476	1940年10月	《桃》	中国画	赠丘伯修
477	1940年11月8日	《万隆火山》（《巴巴大仰火山》）	油画	画幅：73 cm×105 cm
478	1940年	《峇厘斗鸡》	油画	游巴厘（峇厘）岛作，画幅：74 cm×60.8 cm
479	1940年	《峇厘舞女》	油画	游巴厘（峇厘）岛作，画幅：92 cm×74 cm
480	1940年	《峇厘岛渔舟》	油画	游巴厘（峇厘）岛作，画幅：91.5 cm×74 cm
481	1940年	《河边》	油画	画幅：96.9 cm×62.8 cm
482	1940年	《峇厘舞女》	油画	画幅：92 cm×74 cm
483	1940年	《巴厘土女》	油画	
484	1940年	《行云》	油画	
485	1940年	《斗鸡图》	中国画	同上
486	1940年	《雉》	中国画	画幅：136 cm×68 cm
487	1940年	《枫月宿鸟图》	中国画	
488	1940年	《汉柏图》	中国画	
489	1940年12月	《风雨归舟图》	中国画	
490	1940年	《凤尾树》	油画	在雅加达邦加冷作，画幅：60 cm×74 cm
491	1940年	《碧海椰林》	油画	画幅：71 cm×92 cm
492	1940年	《风景》	油画	画幅：60 cm×74 cm
493	1941年2月23日	《安格垄苦力》	油画	在新加坡"刘海粟教授筹赈画展"中展出
494	1941年2月23日	《暮霭》	油画	同上
495	1941年2月23日	《啸虎图》	中国画	同上
496	1941年2月23日	《杨柳白鸡》	中国画	同上
497	1941年2月23日	《梅花书屋》	中国画	同上
498	1941年2月23日	《富贵图》	中国画	同上
499	1941年2月23日	《饮马图》	中国画	画展原定到3月4日为止，因观众如潮，延期到3月8日结束。筹得叻币两万余元
500	1941年9月30日	《前不见古人》	中国画	画幅：111 cm×48 cm

续 表

序号	创作时间	作品名称	类别	备 注
501	1941年12月8日	《春魂》	书法	为余世鹏著《春魂》题写书名
502	1941年	《泼墨红梅》	中国画	画幅：45 cm×67 cm
503	1941年	《真龙》	中国画	画幅：136 cm×67 cm
504	1941年8月	《林峦秋霁》	中国画	新加坡张振通藏
505	1942年1月8日	《烟柳斜阳》	中国画	在新加坡作，赠余世鹏
506	1942年	《临东坡行书》	书法	尺幅：32.4 cm×127.6 cm
507	1943年1月5日	《风雨归舟图》	中国画	题："三十二年元月五日得旧纸，力疾画风雨图，画竟，风起云涌，大雨如注，快事也。"
508	1943年2月	《距虎图》	中国画	画幅：144.2 cm×79.7 cm
509	1943年春	《群牛图》	中国画	1953年请章士钊、叶恭绰题诗
510	1943年3月	《山水》（仿邹方鲁笔）	中国画	题杜甫《茅屋为秋风所破歌》四川成都杜甫草堂藏
511	1943年5月	《孤雁》	中国画	题诗："天涯一孤雁，嚘唳叹离群。若问知心者，而今有几人。"
512	1943年5月	《英雄落魄图》	中国画	题七言古诗，为潮汕救灾义赈作
513	1943年6月	《孤笛图》	中国画	题诗："颖川身逸心犹进，默默平生此意深。昨夜江风起扬子，自吹孤笛自知音。"
514	1943年夏	《清湘老人梅花书屋》（临石涛《梅花书屋》）	中国画	未署款，至1973年8月22日补记而成
515	1943年9月	临明末画家倪元璐十段锦卷，内含虬曲高古之奇石10幅	中国画	1976年夏张伯驹题诗于后："禾黍悲歌泣九灵，河山不觉换朱明。石坚竹劲松奇古，下笔如闻有怒声。"
516	1943年	《枯木竹石》	中国画	
517	1943年	《柳荫双骏图》	中国画	画幅：59.9 cm×122 cm
518	1943年	《江舟横笛》	中国画	画幅：40.5 cm×96.7 cm
519	1943年	《高隐图》	中国画	题《高隐诗》：如虬双松，不屑泰对，苍山色古，如削芙蓉，纷披老笔，落疏胸，谁其似者，道人石去。
520	1943年	《风景》	油画	画幅：60 cm×73.5 cm
521	1944年夏	《拟王右丞万山积雪》（《万山积雪》）	中国画	画幅：60.5 cm×109.4 cm

续 表

序号	创作时间	作品名称	类别	备注
522	1944年9月	《翠峰图》	中国画	1976年赠李炯才。注:"癸未中秋,雨坐存天阁,戏仿高尚书笔。"题诗:"云多不计山深浅,地僻绝无人往来。莫怪披图便成句,柴门曾向翠峰开。"
523	1944年	《仿王维雪霁图》（《临古山水》）	中国画	画幅:32.8 cm×125.4 cm
524	1944年	《西湖金韦桥》（《西湖与玉带桥》）	油画	画幅:60 cm×79.3 cm
525	1945年	《风景》	油画	画幅:56 cm×46 cm
526	1945年	《山水》	中国画	画幅:32.9 cm×66.2 cm
527	1946年	《寒林夕阳》	油画	
528	1946年10月	《重九雨霁试笔》	中国画	画幅:131 cm×66 cm
529	1946年	《苍松》	中国画	画幅:67.8 cm×135 cm
530	1946年	《叶密翡翠茸茸》	中国画	画幅:68.8 cm×136 cm
531	1947年11月	《秋园猎骑图》	中国画	临并题贺夏伊乔之兄夏盈德40岁生辰
532	1947年	《红梅》	中国画	
533	1947年	《仿邹方鲁山水》	中国画	
534	1947年	《复兴公园之夏》	油画	画幅:61 cm×78 cm
535	1947年	《钱塘江》	油画	
536	1947年	《紫云洞夕阳》	油画	
537	1946年	《双蟹图》	中国画	引用《红楼梦》中《咏蟹诗》诗句题:"眼前道路无经纬,皮里春秋空黑黄"
538	1948年1月1日	《松鹰图》	中国画	赠吴有荣
539	1948年3月	《墨牡丹》	中国画	题诗:"春露栏杆晓未收,洛阳名品擅风流。姚黄魏紫浑闲见,谁识刘家穿鼻牛。"
540	1948年秋	《鸡冠花》	油画	画幅:54 cm×73.5 cm
541	1948年10月6日	《秋山图》	油画	在杭州西湖黄龙洞作,画幅:60 cm×73 cm
542	1948年	《刘庄红叶》	油画	
543	1948年	《梅花》（《乱点红梅图》）	中国画	画幅:53.6 cm×104 cm
544	1948年	《石鼎萱花》	中国画	

续 表

序号	创作时间	作品名称	类别	备 注
545	1948 年	《蟠桃图》	中国画	
546	1948 年	《鸡冠花》	中国画	画幅：59 cm × 127.9 cm
547	1948 年	《霞色》(《风景》)	油画	画幅：46 cm × 55 cm
548	1949—1951 年	《六牛图》	中国画	画幅：95 cm × 178 cm
549	1949 年 8 月	《汉柏图》	中国画	游苏州光福时作
550	1950 年	《青花罐与水果静物》(《静物》)	油画	画幅：54 cm × 74 cm
551	1950 年	《河畔丛林》(《风景》)	油画	画幅：97 cm × 62.5 cm
552	1950 年	《鱼和蔬菜静物》(《静物》)	油画	画幅：74.5 cm × 46.3 cm
553	1950 年	《打铁》	油画	画幅：60 cm × 81 cm
554	1950 年	《螃蟹》	油画	
555	1953 年 3 月	《太湖渔舟》	油画	游太湖时作
556	1953 年 3 月	《太湖》	中国画	
557	1953 年 3 月	《太湖环翠》	中国画	
558	1953 年 6 月	《八达岭长城》两幅	油画	画幅：70 cm × 90 cm，在北京长城脚下，瞻仰詹天佑铜像，然后骑驴登高，作此画，其一赠傅雷。傅雷去世后，此画被人盗卖给旧货店，由人购得送还，改赠南京艺术学院
559	1953 年 7 月	《北京北海》	油画	在北京作。画幅：66 cm × 82 cm
560	1953 年	《黄山莲花峰》	油画	画幅：91 cm × 61 cm
561	1953 年 8 月	《颐和园后湖》	油画	在北京作。画幅：72.5 cm × 60 cm
562	1953 年	《北京中山公园》	油画	画幅：55.2 cm × 81.3 cm
563	1953 年	《云林钟秀图卷》	中国画	画幅：26 cm × 123 cm
564	1953 年 8 月	《鹰击长空》	中国画	画幅：171 cm × 94 cm，在北京作
565	1953 年	《花》	油画	画幅：81.5 cm × 60.5 cm
566	1953 年	《北京天坛》	油画	画幅：73.5 cm × 60.8 cm
567	1953 年	《白塔》	油画	画幅：61 cm × 74 cm
568	1953 年	《渔船》	油画	画幅：72 cm × 92 cm
569	1953 年	《无锡梅林》	油画	画幅：82 cm × 107 cm

续 表

序号	创作时间	作品名称	类别	备 注
570	1953 年	《风景》	油画	画幅：60 cm×72.5 cm
571	1954 年 2 月	《梅园》	油画	游无锡在梅园作 画幅：71 cm×90 cm
572	1954 年 3 月	《无锡太湖》	中国画	画幅：67.7 cm×127.5 cm
573	1954 年 3 月	《鼋头渚劲松》	油画	画幅：89 cm×63.5 cm
574	1954 年 3 月	《太湖工人疗养院》	中国画	画幅：87.4 cm×59.5 cm
575	1954 年 4 月	《虎跑泉写生》	中国画	在杭州作
576	1954 年 4 月	《龙井流泉》	油画	在杭州作
577	1954 年 8 月 6 日	《黄山人字瀑》	中国画	画幅：63 cm×42 cm
578	1954 年 8 月 7 日	《黄山始信峰》	油画	画幅：60 cm×74 cm
579	1954 年 8 月 17 日	《莲花峰莲蕊峰晚霞》	油画	画幅：60 cm×80 cm 在黄山文殊台作
580	1954 年 8 月 19 日	《黄山温泉》	油画	画幅：92 cm×74 cm
581	1954 年 10 月	《黄山东海门》	中国画	题云："黄山万嶂千峰，千霄直上，不赘不附，如矢如林，朝暮变幻，不知凡几。我之所见，未必前人之所有。"
582	1954 年 8 月 5 日	《黄山天平矼》	中国画	画幅：41 cm×68 cm
583	1954 年 12 月	《太湖胜概图卷》（《无锡南独山写太湖胜概图卷》）	中国画	画幅：44 cm×553 cm。有杨千里、龙榆生、罗菽子、向迪宗、吴湖帆题诗词为跋
584	1954 年	《芦雁图》	中国画	
585	1954 年	《小桥渔舟》	中国画	
586	1954 年 7 月 9 日	《黄山清凉台》	油画	画幅：60.2 cm×82 cm
587	1954 年 7 月 10 日	《黄山西海门》	油画	在黄山光明顶作。 画幅：71 cm×90 cm
588	1954 年 7 月 10 日	《莲花峰天都峰》	中国画	画幅：66.1 cm×41.9 cm
589	1954 年 7 月 12 日	《黄山云海》	油画	画幅：61 cm×74 cm
590	1954 年 7 月 14 日	《黄山狮子峰》	油画	画幅：61 cm×74 cm
591	1954 年 7 月	《黄山后海图卷》	中国画	此画有沈剑如、黄遂生题写诗跋
592	1954 年夏	《黄山西海门图卷》	中国画	画幅：45 cm×526 cm
593	1954 年 8 月 4 日	《黄山西海群峰》	油画	画幅：59 cm×80 cm
594	1954 年 8 月 5 日	《黄山清凉台》	中国画	题云："黄山清凉台，峦嶂层叠，拔地耸秀，奇松覆盖，青翠欲滴。昔人谓：黄山松石之奇，无逾于此。" 画幅：40 cm×68 cm

续 表

序号	创作时间	作品名称	类别	备注
595	1954年8月6日	《黄山人字瀑》	中国画	画幅：41 cm×64 cm
596	1954年8月7日	《黄山始信峰》	油画	画幅：58.5 cm×71 cm
597	1954年8月7日	《黄山始信峰》	中国画	画幅：40.2 cm×68.9 cm
598	1954年8月17日	《莲花峰莲蕊峰晚霞》	油画	画幅：60 cm×80 cm
599	1954年8月19日	《黄山温泉》	油画	画幅：71 cm×92 cm
600	1954年10月	《黄山东海门》	中国画	题云："黄山万嶂千峰，千霄直上，不赘不附，如矢如林，朝暮变幻，不知凡几。我之所见，未必前人之所有。"
601	1954年	《杭州灵隐》	中国画	画幅：41.1 cm×58.9 cm
602	1954年	《东海门写生》	中国画	画幅：70 cm×42 cm
603	1954年	《西湖烟雨》	中国画	
604	1954年	《无锡太湖》	油画	画幅：63.5 cm×89 cm
605	1954年	《白鹅岭望天都其二》（《揽天都之奇》）	中国画	画幅：68 cm×41.9 cm
606	1954年	《太湖渔舟》	油画	画幅：70 cm×90 cm
607	1954年	《云海翻腾贯新忆》	油画	画幅：73 cm×90.6 cm
608	1954年	《佛子岭水库》	油画	画幅：63.5 cm×89 cm
609	1954年	《黄山散花坞云海》	油画	画幅：63 cm×90 cm
610	1954年	《黄山天都莲花峰云雾》	油画	画幅：60 cm×82 cm
611	1955年5月17日	《东山雨花台》	油画	画幅：51 cm×58 cm，在洞庭东山雨花台作
612	1955年5月	《莫厘缥缈图卷》	中国画	画幅：35 cm×550 cm
613	1955年5月	《洞庭渔村图卷》	中国画	画幅：33.5 cm×407.8 cm 王佩诤、冒广生、江庸、马一浮、苏厂题诗词
614	1955年5月	《震泽渔民》	中国画	吴湖帆题云："笔法神化，合十洲、石涛于一手，精炼恣肆，众长毕臻，叹为观止。"
615	1955年5月	《东洞庭山》	油画	画幅：91 cm×61.5 cm
616	1955年6月11日	《清奇古怪图卷》	中国画	画幅：70 cm×413.9 cm，在苏州光福司徒庙作
617	1955年9月	《东山日出》	油画	画幅：55 cm×62 cm
618	1955年10月	《富春江渔乐图卷》	中国画	画幅：56 cm×462 cm，游富春江时作

续 表

序号	创作时间	作品名称	类别	备 注
619	1955年10月	《富春江严陵濑雨雾》	中国画	赠臧云远
620	1955年秋	《洞庭西山图卷》	中国画	画幅：34 cm×553 cm，卷前沈裕君题引首，拖尾有张伯驹、黄君坦、夏承焘、许德衍题跋
621	1955年冬	《太湖广福寺》	中国画	在无锡鼋头渚万方楼，对景作
622	1955年	《佛子岭初雪》	油画	在佛子岭水库和梅山水库时作
623	1955年	《佛子岭水库雪景》	油画	同上
624	1955年	《佛子岭水库》	油画	同上
625	1955年	《梅山水库》	油画	画幅：56.5 cm×73.5 cm
626	1955年	《梅山水库俯瞰》	油画	同上
627	1955年	《梅山水库工地》	油画	同上
628	1955年	《梅山水库晨曦》	油画	同上
629	1955年	《梅山水库夕照》	油画	同上
630	1955年	《梅山水库工地》	中国画	同上
631	1955年	《佛子岭水库》	中国画	同上
632	1955年	《太湖工人疗养院之雪》	中国画	
633	1955年	《莫干山剑池》	中国画	
634	1955年	《桐庐雾渡》	中国画	
635	1955年	《皖北大别山》	油画	
636	1955年	《史河》	油画	
637	1955年	《风景》	油画	画幅：61.5 cm×83 cm
638	1955年	《军舰》	油画	画幅：73.5 cm×100 cm
639	1955年	《震泽渔民》	中国画	画幅：69.8 cm×41 cm
640	1956年2月16日	《无锡梅园写生》	中国画	画幅：150 cm×48 cm，在无锡作。题诗："梅园写生未为难，只要稀疏不要繁。雪月风烟俱属我，一时收入付毫端。"
641	1956年2月16日	《太湖渔舟》	油画	画幅：60 cm×82 cm
642	1956年2月16日	《太湖渔家》	油画	
643	1956年春	《青绿山水》	中国画	在上海作
644	1956年春	《仿唐六如横云松崖图》	中国画	画幅：28.5 cm×127.7 cm
645	1956年6月	《万件长春图》	中国画	在上海和吴东迈、沈迈士、夏伊乔等合作

续 表

序号	创作时间	作品名称	类别	备 注
646	1956年7月8日	《富春江严陵濑朝雾》	中国画	画幅：68 cm×114 cm。此画参加由中华人民共和国文化部和中国美术家协会主办的第二届全国国画展览会
647	1956年8月15日	《庐山林园》	油画	画幅：61 cm×74 cm
648	1956年8月17日	《庐山烟云》	油画	画幅：60 cm×82 cm
649	1956年8月	《玉涧流泉》	中国画	画幅：103.5 cm×50.5 cm
650	1956年8月	《庐山青玉峡》	油画	画幅：81 cm×59 cm
651	1956年8月	《庐山青玉峡》	中国画	画幅：105 cm×50 cm
652	1956年8月	《庐山含鄱口泼墨图卷》	中国画	画幅：47 cm×328 cm
653	1956年8月	《庐山汉阳峰云烟》	中国画	
654	1956年8月	《庐山牯岭小天池》	油画	画幅：65 cm×90 cm
655	1956年8月	《庐林大桥》	中国画	画幅：69 cm×87 cm
656	1956年8月	《庐山玉门涧》	中国画	
657	1956年8月	《庐山五老峰》	中国画	
658	1956年8月	《庐山御碑亭》	中国画	
659	1956年10月	《骊山图卷》	中国画	画幅：50 cm×223 cm，题曰："一九五六年十月，游临潼、登骊山、浴温泉。烽火台、长生殿均成往迹。崦嵫落日，对景作图。"
660	1956年秋	《芭蕉丛菊》	中国画	画幅：82 cm×112 cm
661	1956年秋	《仿董文敏没骨青绿山水》	中国画	画幅：98 cm×49 cm
662	1956年	《震泽渔民》	中国画	画幅：68 cm×65 cm
663	1956年	《雪江归棹》	中国画	
664	1956年	《遥峰琪树》	中国画	
665	1956年	《夕阳归帆》	中国画	
666	1956年	《芭蕉》	中国画	画幅：82.5 cm×103 cm
667	1956年	《秋山图》	中国画	
668	1956年	《镇江金山寺》	油画	
669	1956年	《南京灵谷寺》	油画	
670	1956年	《庆祝社会主义改造胜利》	油画	画幅：94 cm×94 cm

续 表

序号	创作时间	作品名称	类别	备 注
671	1956 年	《唐山人工湖》	油画	画幅：61 cm×74 cm
672	1956 年	《梅山水库工程》	油画	画幅：71.5 cm×91.5 cm
673	1956 年	《风景》	油画	画幅：54.5 cm×65.5 cm
674	1956 年	《长江大桥》	油画	
675	1956 年	《牯岭新面貌》	油画	
676	1957 年 2 月	《苏州河》（《上海苏州河》）	油画	画幅：72 cm×104 cm，在上海苏州河边作
677	1957 年 2 月 19 日	《鼋头渚》	中国画	题曰：浪濯云根惊峭壁，灵鹫飞来湖上立。霜凝危岫薜萝寒，露坠空林松挂湿
678	1957 年 2 月	《运输》（《上海黄浦江》）	油画	画幅：54 cm×61 cm，在上海黄浦江边作
679	1957 年春	《太湖帆影》	中国画	
680	1957 年春	《上海初雪》	油画	
681	1957 年春	《无锡工人疗养院》（《太湖工人疗养院》）	油画	画幅：85 cm×110 cm
682	1957 年春	《太湖工人疗养院雪景》	油画	
683	1957 年 8 月 1 日	《梅山水库晨曦》	油画	此画参加中国人民解放军总政治部、中华人民共和国文化部、中国美术家协会联合在北京主办的中国人民解放军建军三十周年纪念美术展览会
684	1957 年 8 月 1 日	《佛子岭水库》	中国画	同上
685	1957 年冬	《存天阁积雪》	油画	画幅：61 cm×73.5 cm
686	1957 年	《复兴中路雪霁》	油画	画幅：46 cm×56 cm
687	1957 年	《茂林石壁图》	中国画	题曰："南田仿梅花庵主《茂林石壁图》，信笔挥洒，极泼辣恣肆之观。兹背临一过，未能仿佛万一，略存其大意而已。"
688	1957 年	《鹰击长空》	中国画	画幅：172 cm×93 cm
689	1957 年	《太湖帆影》	中国画	
690	1957 年	《太湖春雪》	油画	
691	1957 年	《外滩》	油画	
692	1958 年	《风景》	油画	画幅：62.5 cm×97 cm
693	1960 年 3 月 24 日	《冬风吹开朵朵红》	油画	画幅：97 cm×65 cm

续 表

序号	创作时间	作品名称	类别	备 注
694	1960年3月	《斗鸡》	中国画	题云:"迁游诗之岛,曾画斗鸡图多帧。不意老病作此,迥非平昔面目,其荀子所谓美不老耶!"
695	1960年春	《牡丹》	中国画	题李白《清平调》,赠李家耀
696	1960年5月2日	《牧牛图》	中国画	此画为李家耀作。题谓:"家耀贤弟来书求予画牛,久病不可多作劳,得墨沈,漫书此纸,挥臂皆乏,题不成字。他日再易,必又是病臂时也。"
697	1960年6月	《万古长青》	中国画	
698	1960年	《水牛》（《力田之余》）	油画	画幅:65 cm×97 cm
699	1960年	《墨梅》	中国画	题曰:"不是一番寒彻骨,那得梅花扑鼻香"
700	1961年3月5日	《牡丹》	中国画	题诗:"一层墨晕一层台,知有仙人化蝶来。买尽洛阳千百种,何如此种四时开。"
701	1961年4月	《江山渔乐图长卷》	中国画	赠张振通
702	1961年9月	《最爱无花不是红》（《鸡冠花》）	油画	画幅:91 cm×61 cm
703	1961年12月	《黄山天门坎风云》	油画	画幅:80 cm×100 cm,上海寓所作
704	1961年	《兔子花》	油画	画幅:82 cm×60 cm
705	1961年	《花卉》	油画	
706	1961年	《斗鸡》	油画	
707	1961年	《清风》	中国画	画幅:156 cm×69 cm
708	1962年1月	《庐山青玉峡》	中国画	题云:"峡开青玉奔雷急,岩暗苍龙带雨归。"
709	1962年春	《临石涛松壑鸣泉图卷》	中国画	画幅:33 cm×271 cm
710	1962年春	《墨牡丹》	中国画	画幅:27.3 cm×135.4 cm
711	1962年6月20日	《灵隐》	油画	画幅:61 cm×74 cm,在杭州作
712	1962年6月29日	《严子陵钓台观富春江》	油画	画幅:96.7 cm×65.1 cm
713	1962年6月30日	《富春江七里龙》	油画	画幅:60 cm×74 cm
714	1962年7月10日	《鳜鱼图》	中国画	画幅:125 cm×61 cm

续 表

序号	创作时间	作品名称	类别	备 注
715	1962 年 7 月	《西湖南高峰》	油画	在杭州作
716	1962 年 7 月	《西湖叠翠》	油画	画幅：91.5 cm×61.2 cm
717	1962 年 7 月	《水墨荷花》	中国画	
718	1962 年	《鱼》	油画	画幅：67.9 cm×53 cm
719	1962 年	《上海庙会》	油画	
720	1962 年	《斗鸡》	油画	画幅：91.5 cm×71.5 cm
721	1962 年	《黄山莲花峰》	油画	
722	1962 年	《富春江》	油画	画幅：66 cm×97 cm
723	1963 年 9 月 20 日	《设色荷花》	中国画	题曰："睥睨青藤抗白阳，狂放故态尚飞扬。颇黎十顷风生纸，无数藕花吹墨香。"
724	1963 年 11 月	《九溪秋色》	油画	画幅：72 cm×90 cm
725	1963 年冬	《泼墨荷花》	中国画	沈剑如题诗其上："睥睨青藤抗白阳，狂放故态尚飞扬。颇黎十顷风生纸，无数藕花吹墨香。"
726	1963 年	《大丽花》	油画	画幅：92 cm×62 cm
727	1963 年	《葵花》	油画	画幅：90 cm×70 cm
728	1963 年	《红杜鹃花》	中国画	画幅：132.6 cm×94.6 cm
729	1963 年	《春暖农忙》	油画	画幅：82 cm×107 cm
730	1963 年	《农村风景》	油画	画幅：59.5 cm×81 cm
731	1964 年 2 月 3 日	《黄山图》	中国画	画幅：118 cm×82 cm 题："黄山千峰万嶂，千霄直上，不赘不附，如矢如林，瑰诡耸拔，奇幻百出，虽善绘，妙处不传也。昔人题曰：'到此方知。'又曰：'岂有此理。'又曰：'不可思议。'得此十二字，千万篇游记可炬也。偶触余怀，用积墨法写此图。然黄山一松一石，无不耐人思。思无穷，画亦无穷，安有尽乎？"
732	1964 年 5 月	《花好月圆人寿》	中国画	赠李家耀
733	1964 年 7 月	《上海大厦俯瞰黄浦江》	油画	画幅：60 cm×80 cm
734	1964 年 7 月	《上海大厦俯瞰》	油画	
735	1964 年 7 月	《苏州河夜景》	油画	画幅：60 cm×80 cm
736	1964 年 8 月	《冬云》	中国画	

续 表

序号	创作时间	作品名称	类别	备注
737	1964年秋	《雁来红》（《老少年》）	油画	画幅：92 cm×72 cm
738	1964年	《外滩风景》	油画	画幅：162.8 cm×96.9 cm
739	1964年	《无限风光在险峰》	油画	
740	1965年8月8日	《葫芦》	中国画	画幅：142 cm×54 cm
741	1965年8月	《艳斗汉宫春》	中国画	画幅：103.6 cm×108.6 cm 题《卜算子·咏梅》
742	1965年10月	《双梅图》	中国画	赠李家耀
743	1965年秋	《墨兰》	中国画	为郑光汉之《兰花集》作，题诗："春兰未了夏兰开，万事催人莫要待。阅尽荣枯是盆盆，几回拔去几回栽。"
744	1965年秋	《师汉斋图》	中国画	
745	1965年11月	《天都梦痕》	中国画	
746	1965年冬	《红梅》	中国画	赠张振通
747	1965年	《咏梅》	中国画	画幅：135 cm×108 cm
748	1965年冬	《黄山后海群峰》	中国画	赠刘抗。题曰：岚光突兀见奇峰，到此方知气象雄。路湿忽逢留客雨，青霓长护卧龙松
749	1965年	《桂鱼》	中国画	画幅：67.2 cm×131.6 cm
750	1966年1月5日	《五老峰雪霁》（《庐山五老峰雪霁》）	中国画	画幅：139 cm×58.6 cm
751	1966年2月	《红梅》	中国画	题曰："临抚石鼓琅玡笔，喜为古梅一写真。万花敢向雪中出，一树独先天下春。
752	1966年7月	《秋山红树图》	中国画	题诗："天公用意白颜色，写出江山锦绣章。只恐秋光多冷谵，故教红树映斜阳。"1972年夏重为点染，寄赠周颖南
753	1966年夏	《云山图长卷》	中国画	题云："米襄阳居京口，建海岳庵，凝对北固诸山，烟云变灭，纵横泼墨，写出奇观，千载以来，遂成米氏云山之格。仿佛写此，雨气淋漓纸犹湿。" 赠张振通
754	1966年	《溪流中断石》	中国画	画幅：67.4 cm×43.1 cm
755	1966年	《松壑鸣泉》	中国画	

序号	创作时间	作品名称	类别	备注
756	1966年	《黄山图》	中国画	画幅：81.5 cm×117.4 cm
757	1966年	《秋山图》	中国画	画幅：166 cm×47 cm
758	1966年	《红梅》	中国画	题曰：崖前留得淡胭脂，分付东风莫漫吹。吹倒寒流不尽，惹人拈起独凝思。
759	1966年	《黄山云海奇观》	中国画	画幅：89.5 cm×67.4 cm 此画于1980年10月8日被中华人民共和国邮电部发行为"联合国教科文组织中国绘画艺术展览纪念"邮票
760	1967年10月	《拟沈石田青绿山水》	中国画	题云："石田老人青绿山水，设色藻丽，魄力溢楮上，非具浑厚古拙之笔，未许学步也。是帧拟之，自惭病后力弱，绝非石翁真面目矣。"赠张振通
761	1967年秋	《葡萄》	中国画	题徐渭句："笔底明珠无卖处，闲抛闲掷野藤中。"
762	1967年	《临韩滉五牛图长卷》	中国画	以黄麻纸工笔重彩，积而复染。赠张振通
763	1968年2月	《葡萄》	中国画	
764	1968年2月	《湖乡清景》	中国画	赠李家耀，题曰："湖乡清夏，宋人多写图，独赵令穰秀逸之致有士气，昔人所谓气韵天然，不可学而至也。"
765	1968年3月	《梅花》	中国画	给长女刘英伦。题句："不是一番寒彻骨，那得梅花扑鼻香。"
766	1968年春	《霜归林影赤》	中国画	题诗："霜归林影赤，云走山光白。谁告泛舟人，今古清秋色。"
767	1968年春	《水亭图》	中国画	赠张振通
768	1968年夏	《牡丹》	中国画	
769	1968年	《葫芦》	中国画	
770	1968年	《松石》	中国画	
771	1968年	《泼墨葡萄》	中国画	
772	1968年	《寥廓江天万里霜》	中国画	
773	1968年	《寥廓江天万里霜》	中国画	
774	1969年7月	《水墨牡丹》	中国画	

续 表

序号	创作时间	作品名称	类别	备 注
775	1969年10月20日	《泼墨葡萄》	中国画	画幅：138 cm×69 cm。以狂草题："奔虬走虺势入座，骤雨旋风声满堂。"
776	1969年秋	《水墨荷花》	中国画	题诗："白荷花发秋正好，凉露催花花渐小。莫笑人生易白头，头白看花人亦少。"山东省博物馆藏
777	1969年秋	《风雨图》	中国画	画幅：56.8 cm×117.2 cm
778	1969年秋	《临毛公鼎铭文》	篆书	画幅：40 cm×780 cm
779	1969年	《墨葡萄》	中国画	画幅：68.4 cm×136.8 cm
780	1969年	《黄山云海》	中国画	画幅：68 cm×110.5 cm
781	1969年	《黄山白龙潭》	中国画	画幅：55.4 cm×104.4 cm
782	1969年	《琳董玄宰没骨山水》	中国画	画幅：53.8 cm×128.6 cm
783	1970年	《渔父图》	中国画	题诗："行藏山水双蓬鬓，啸傲乾坤一布衣。抛却纶竿坐终日，清风明月伴渔矶。"
784	1970年	《白菡萏开初过雨》	中国画	
785	1970年3月10日	《泼墨葡萄》	中国画	自寿，题云："庚戌二月，为予七十五岁生日，乘兴作此，视予豪气犹昔。"
786	1970年春	《墨兴琳琅》	中国画	画幅：129 cm×68 cm
787	1970年5月22日	《令箭荷花》	油画	画幅：54 cm×74 cm
788	1970年7月16日	《葡萄》	中国画	为长女刘英伦而作
789	1970年夏	《泼墨葡萄》	中国画	赠陈人浩
790	1970年8月28日	《风雷激》	中国画	
791	1970年10月14日	《泼墨荷花》	中国画	画幅：135 cm×67 cm。题云："雨中至复兴公园，见白荷一枝掩映青芦间，颇饶风趣，泼墨写之。"又以篆书题："石师泼墨往往如此。"
792	1970年秋	《写米襄阳意》	中国画	以端正小楷题五言诗："风雨前村过，溪山变渺茫。荒蒙留静寺，笑倒米襄阳。"
793	1970年	《水墨葡萄》	中国画	寄赠王益知
794	1970年春	《钓鱼图》	中国画	
795	1970年	《泼墨葡萄》	中国画	题云："连日乍阴，意思怫郁，泼墨写葡萄为快。"

续 表

序号	创作时间	作品名称	类别	备 注
796	1970年	《黄山松》	中国画	赠祝李家耀七十寿
797	1970年	《江山如此多娇》	中国画	给长女刘英伦
798	1970年	《秋兴》	书法 行书	
799	1970年	《荷花妙品》	中国画	画幅：144 cm×89.5 cm
800	1970年	《泼墨葡萄》	中国画	画幅：136 cm×67.4 cm
801	1970年	《黄山莲花峰天都峰》	中国画	画幅：42 cm×66 cm
802	1971年1月	《葡萄》	中国画	题："是日大风，奇寒，手僵墨冻，点画狼藉，乃甚于三尺之童。徐增光谓：此中真气流衍，古朴如拓碑然。家耀以为然否？"
803	1971年3月25日	《雨中牡丹》	中国画	画幅：67.4 cm×132.8 cm
804	1971年4月	《雨中牡丹》	中国画	题《白牡丹》
805	1971年6月	《五老峰图》	中国画	翌年赠周颖南 题：山雨欲来时，岚光弄烟翠。林间有高人，笑语落天外。紫汉吹落金芙蓉，随风飘堕江之东。瓣开四面花玲珑，化作碧玉千百峰。倒影翻湖黛色浓，突兀万丈绚青红。层峦重阜筑为宫，五老拄杖碧云中。
806	1971年7月15日	《泼墨山水》	中国画	题："东坡诗：'作画以形似，见与儿童邻。'此写景真诠也。俗学昧此理，以刻画求胜，徒拘拘于迹象，而忽于神韵，于是画愈工而神愈晦，虽欲近似，又何可得？"
807	1971年秋	《拟唐韩晋公五牛图卷》	中国画	
808	1971年秋	《清风》（《设色荷花》）	中国画	画幅：141 cm×82 cm
809	1971年12月23日	《泼墨荷花》	中国画	题诗："莲叶古镜秋波贮，莲花古月秋风举。古月古镜颜色好，拍拍鸳鸯照同处。"
810	1971年	《墨牡丹》	中国画	画幅：131.8 cm×68.3 cm
811	1971年	《泼墨荷花》	中国画	画幅：68 cm×133 cm
812	1971年	《龙华公园》	油画	画幅：60 cm×73 cm

续 表

序号	创作时间	作品名称	类别	备 注
813	1972年春	《雨中荷花》	中国画	题曰："用墨难，施水更难。秃笔病臂写雨中荷花，虽点画烂漫，而真气流行。"南京艺术学院藏
814	1972年春	《李家耀书画选集》	书法	为《李家耀书画选集》题写书名
815	1972年7月5日	《菊花》（扇面）	中国画	赠长婿周良复
816	1972年7月23日	《红梅》	中国画	寄赠周颖南
817	1972年7月	《墨荷》	中国画	赠周颖南
818	1972年夏	《听瀑图》	中国画	同上
819	1972年夏	《雨山图》	中国画	题诗："元气淋漓障犹湿，杜陵诗句老夫墨。世人藏画尚精微，到此精微下风立。"赠长女刘英伦
820	1972年8月	《寒岩积雪》	油画	画幅：60.7 cm×81.1 cm 给从美国来上海探亲之儿子刘虎
821	1972年8月3日	《锦鸡山茶图》	工笔重彩中国画	
822	1972年8月	《江山一览》	中国画	与刘虎、孙子刘璞合作
823	1972年8月	《岁寒三友图》	中国画	和夫人夏伊乔、孙女刘英合作
824	1972年8月24日	《退却红衣学淡妆》	中国画	画幅：130 cm×51.2 cm，并题鲁迅诗
825	1972年秋	《菊》	油画	画幅：79.5 cm×58.6 cm
826	1972年秋	《山茶锦鸡》	中国画	画幅：133.5 cm×95 cm
827	1972年11月	《铁骨红梅》	中国画	给长女刘英伦
828	1972年	《铁骨红》	中国画	赠周颖南
829	1972年	《牡丹》	中国画	赠周颖南
830	1972年	《铁骨红》	中国画	并题《水龙吟》赠英中了解协会英纳丝·海顿夫人（静如）
831	1972年	山水小景册页十幅	中国画	赠周颖南
832	1972年	《荷花》	中国画	给长女刘英伦
833	1972年	《山水扇面》	中国画	同上
834	1972年	《雨中牡丹》	中国画	给长婿周良复
835	1972年	《墨荷》	中国画	画幅：67.6 cm×137.6 cm

续表

序号	创作时间	作品名称	类别	备注
836	1972 年	《扫除赋粉呈风骨》（泼墨荷花）	中国画	
837	1972 年	《水墨葡萄》	中国画	
838	1972 年	《扫除腻粉呈风骨》	中国画	画幅：67.7 cm×118 cm
839	1973 年 3 月	《清风》（设色荷花）	中国画	画幅：135.2 cm×66.9 cm
840	1973 年春	《杜鹃花》	油画	画幅：72 cm×60 cm
841	1973 年春	《天都古松》	中国画	题诗并跋："癸丑暮春，写竟自读，古朴如拓碑然，识者自能领之。"
842	1973 年 9 月	《秋江渔隐》	中国画	赠张振通
843	1973 年 9 月	草书条幅	书法	赠刘英伦和周良复
844	1973 年	《黄山图》	中国画	画幅：124 cm×72.5 cm 赠黄镇。题曰："黄镇大使属画黄山图，久而未就。病起得佳纸，忆写后海群峰，乱点大抹，墨浆淋漓。孙过庭论书曰：偶然为一合也。大使亦擅此技，画名垂数十年，艺林高手也。"
845	1973 年	《三鱼图》	中国画	赠刘英伦
846	1973 年	《红梅》	中国画	
847	1973 年	《黄山迎客松》	中国画	
848	1973 年	《墨荷图》	中国画	画幅：68.4 cm×133.4 cm
849	1973 年 1 月 24 日	《叠叠晴峰》	中国画	画幅：47 cm×80 cm
850	1973 年	《清风》（水墨荷花）	中国画	画幅：133.4 cm×68.4 cm
851	1973 年	《散氏盘铭》	书法	
852	1973 年	《秋兴》	书法	
853	1974 年 1 月 20 日	《古艳》	中国画	给长女刘英伦 40 岁生日作纪念
854	1974 年 3 月 29 日	《大石山图卷》	临沈石田	题云："余热爱石田画，故所藏尤多。《大石山图卷》，点画奇肆，苍秀浑厚效北苑，神品也。丙午（1966 年）失去，叹息背临，如逢旧雨，顾恋之情不能已。" 画幅：34 cm×474 cm
855	1974 年 7 月	《设色荷花》	中国画	
856	1974 年 7 月	《黄山》	中国画	

续 表

序号	创作时间	作品名称	类别	备注
857	1974年7月	《鹰》	中国画	
858	1974年8月30日	《铁骨红》	中国画	会见以刘抗为团长的新加坡访华美术考察团,激动之至而作
859	1974年9月	《水墨荷花》	中国画	赠弟子洪世清
860	1974年11月10日	《鸡冠花》	油画写生	偕次女刘虹游中山公园而作。画幅:60 cm×80 cm
861	1974年11月	《大红牡丹》(《重彩牡丹》)	中国画	题诗:"久视长生白共黄,群芳低首拜金刚。花王莫漫推桃魏,自有金盘捧太阳。"
862	1974年	《庐山青玉峡》	中国画	赠张振通
863	1974年	《写高房山意》	中国画	
864	1974年	《松鹰图》	中国画	画幅:52.2 cm×205.5 cm
865	1975年1月7日	《终古雷声四时雪》	中国画	画幅:181 cm×66 cm
866	1975年2月	《水墨熊猫》(《熊猫》)	中国画	题曰:心手相师势转奇,诡形怪状反相宜。人人欲问此中妙,海粟自言初不知。
867	1975年3月16日	《重彩雨山图》(《泼彩山水轴》)	中国画	画幅:45.3 cm×110.4 cm,为80岁寿 题云:"一九七五年三月十六日,余八十岁生日,乘兴泼墨泼彩,神韵无毫差,视余豪气犹昔,他日未易量也。"
868	1975年3月16日	《篱菊》(扇面)	中国画	
869	1975年3月	《临散氏盘铭》	篆书	题诗:"心手相师势转奇,诡形怪状翻合宜。人人欲问此中妙,海粟自言初不知。"
870	1975年5月3日	《黄山图》	中国画	画幅:137 cm×68 cm,题石涛句:"漫将一砚梨花雨,泼湿黄山几段云。"张伯驹、夏承焘在裱绫题诗
871	1975年5月5日	《庐山五老峰雪霁》	中国画	题跋:"老友蒋彝教授博学多闻,著作等身,生平知己也。英伦一别,于今四十年矣。一九七五年五月回国观光,专程飞沪访寓斋,久别重逢,踊跃欢喜,得未曾有。因尽出近作,相与纵观。匡庐五老峰为教授故乡名胜,即以此图赠行。"

续 表

序号	创作时间	作品名称	类别	备 注
872	1975年5月31日	《水墨芭蕉》写生数幅	中国画	
873	1975年6月	《万古长青》（《石湖荡天下第一松》）	中国画	画幅：240 cm×95 cm
874	1975年夏	《黑鹰图》（《墨鹰》）	中国画	画幅：129 cm×60 cm，题杜甫《黑鹰颂》
875	1975年夏	《扇面》	中国画	
876	1975年夏	《墨兰图》	中国画	
877	1975年9月6日	《莲塘图》	油画	由次女刘虹等陪同，在上海复兴公园作，画幅：91.8 cm×72 cm
878	1975年9月	《鸡冠花》	油画	画幅：61 cm×74 cm，在上海复兴公园作
879	1975年10月9日	《熊猫》	中国画	上海西郊公园写生作
880	1975年10月13日	《荷》	中国画	上海西郊公园作
881	1975年10月13日	《鹰》	中国画	
882	1975年10月13日	《熊猫》	中国画	
883	1975年10月20日	《临倪元璐山水长卷》	中国画	跋曰："倪元璐画，离尘绝俗，开百代绘事之宗，然世不多见。余藏其平生最得意笔长卷，笔势飘举，真奇物也。晨夕展读已数十年矣……拟倪文正此卷，兴之所至，逐旋填札，点染经年，始得完备。墨法入神，行笔入妙，莫得知其所以始，而亦莫得知其所以终也；变幻百出，仍我用我法也。"
884	1975年12月22日	《五老峰雪霁》	中国画	题跋："余尝画此图为蒋彝教授珍藏。伊乔以重画相要，勉徇其请，尚有气象耳。"翌年又将此画改给长女刘英伦，并加题："丙辰谷雨，以予伦儿藏之。"
885	1975年冬	《铁骨红》	中国画	题《水龙吟》赠香港大学中文系教授罗慷烈
886	1975年	《鹏搏千里》	中国画	给长婿周良复
887	1975年	《双松图寿石图》	中国画	画幅：49.7 cm×110 cm

续 表

序号	创作时间	作品名称	类别	备注
888	1975年5月	《绿天歧秀》（水墨芭蕉）	中国画	画幅：132 cm×68 cm 题："一九七五年五月卅一日，南翔古漪园画芭蕉，观者如堵，意之所到，笔力曲折，无不尽意。世间乐，无逾于此者矣！"
889	1975年	《出水莲花》	中国画	
890	1975年	《江南烟柳》	中国画	画幅：69.6 cm×53.5 cm
891	1975年	《江山如此多娇》	中国画	画幅：65.1 cm×133.5 cm
892	1976年1月1日	《铁骨红梅》	中国画	游无锡太湖，趁兴为太湖饭店作巨幅画
893	1976年1月1日	《福寿》	书法 行草	画幅：135.2 cm×67 cm
894	1976年1月1日	《鲲鹏展翅九万里》	中国画	
895	1976年1月2日	《蠡园日出》	油画	由次女刘虹、幼女刘蟾陪同，在蠡园招待所阳台作画。画幅：60.5 cm×73.5 cm
896	1976年1月17日	《鼋头渚》（《太湖鼋头渚》）	油画	在无锡鼋头渚作写生作品，画幅：60 cm×74 cm
897	1976年1月17日	《蠡园晚霞》	油画	画幅：81 cm×60 cm，是日下午至蠡园作
898	1976年1月	《太湖》	油画	在无锡作。画幅：54 cm×64 cm
899	1976年	《蠡园》	油画	画幅：60 cm×80 cm
900	1976年3月20日	《拟石涛松壑鸣泉图》	中国画	题谓："此卷余卷所藏，满纸奇气，逸纵不可羁勒。戏临一过，与大涤子血战。"
901	1976年3月	《散氏盘铭》	书法	赠周颖南，潘受、饶宗颐题跋
902	1976年春	《荷花》	中国画	赠李家耀。 画幅：130 cm×67.5 cm
903	1976年5月18日	《五松图》	中国画	在上海锦江饭店会见李光耀总理率领的新加坡友好访问团，赠李炯才
904	1976年5月18日	《朱砂峰》	中国画	同上
905	1976年5月18日	《万古长青》	中国画	赠李光耀
906	1976年6月27日	《松鹰图》	中国画	
907	1976年6月	《福寿》	书法	为夏伊乔六十寿
908	1976年6月	《翠荷鸳鸯》	中国画	为夏伊乔六十寿
909	1976年7月27日	《荷花》	中国画	在上海西郊公园作

续 表

序号	创作时间	作品名称	类别	备注
910	1976年7月29日	《重湖接屋水迢迢》	行草书法长卷	画幅：45 cm×578 cm
911	1976年10月8日	《清荫横舟图》	中国画	给长女刘英伦
912	1976年10月24日	《江南烟雨》（《泼墨山水》《天地氤氲》）	中国画	画幅：68.4 cm×133.7 cm 题曰：天地氤氲，秀结四时，朝暮垂垂，透过鸿蒙之理，堪留百代之奇。
913	1976年10月25日	《渔父图》	中国画	画幅：252 cm×78.5 cm。赠张振通
914	1976年10月	《松梅竹图》	中国画	与高络园、朱孔阳合作
915	1976年冬	节临篆书毛公鼎、节临草书张旭	书法	赠刘英伦 横幅
916	1976年	《人莫心高 自有生成造化 事有天定 何须苦用机关》	书法	楹联
917	1976年	《黄山一线天奇观》	中国画	画幅：69 cm×134 cm
918	1976年	《重彩牡丹》	中国画	画幅：135 cm×68 cm
919	1976年	《黄山云海奇观》	中国画	画幅：68 cm×89 cm
920	1976年	《云海滴翠》	中国画	画幅：68 cm×136 cm
921	1976年	《水墨熊猫》	中国画	画幅：129 cm×64 cm
922	1976年	《漓江》	油画	尺幅：88 cm×90 cm 南京艺术学院藏
923	1977年2月2日	《雪梅》	中国画	在上海复兴公园作
924	1977年3月28日	《红梅》	中国画	赠山东省博物馆
925	1977年3月28日	《古松图》		题诗："孤松阔幽恣，群卉自荣萎。霜霞生素空，高岩耸寒翠。"
926	1977年4月19日	《艳门汉宫春》	中国画	画幅：131 cm×75.5 cm
927	1977年4月20日	《静虚群动息，年雅一心清。春色凭谁记，梅花插座瓶》	书法	赴中山公园观赏牡丹花，作书法"
928	1977年春	《熊猫图》	中国画	
929	1977年5月1日	《红梅》	中国画	以狂草题诗，赠罗慷烈
930	1977年夏	《万古长青》（《苍松图》）	中国画	刘虎回国省亲，趁兴泼墨画题《水龙吟》赠之
931	1977年夏	《荷花鸳鸯》	中国画	给刘英伦、周良复

续表

序号	创作时间	作品名称	类别	备注
932	1977年8月20日	《三松图》	中国画	题《水龙吟》
933	1977年8月21日	《五松图》	中国画	题《水龙吟》
934	1977年8月22日	《鲲鹏展翅九万里》	中国画	出席在上海美术展览馆大厅举行的赛诗赛画会，即席作巨幅
935	1977年8月25日	《泼彩荷花》	中国画	题诗
936	1977年8月29日	《重彩荷花》	中国画	题诗
937	1977年8月30日	《荷花》	中国画	西郊公园作写生
938	1977年11月	《石榴》册页	中国画	在上海龙华苗圃作写生，题徐渭句："山深熟石榴，向日便开口。深山少人收，颗颗明珠走。"
939	1977年12月26日	《鲲鹏展翅》	中国画	出席中国人民政治协商会议上海市第五届委员会第一次会议。翌日，与沈迈士、谢稚柳、唐云、万籁鸣、张雪父诸委员合作
940	1977年12月29日	《朱松图》	中国画	题《满江红》
941	1977年	《重彩山水》	中国画	画幅：136 cm×69 cm
942	1977年	《返照入江翻石壁》	中国画	
943	1977年	《天都峰雷雨》	中国画	画幅：130.3 cm×66.9 cm
944	1978年1月8日-9日	《复兴公园雪景》	油画	画幅：93 cm×94 cm
945	1978年1月22日	《一支画笔舞东风》	书法	画幅：137 cm×68 cm
946	1978年2月	《鹰击长空》	中国画	在肇庆七星岩晚会，即席挥笔
947	1978年2月	《杜甫秋兴四首》	书法长卷	
948	1978年春	《风荷》	中国画	画幅：132 cm×66 cm
949	1978年3月1日	《熊猫图》	中国画	为广东省文学艺术界联合会作
950	1978年3月11日	《桂伏波山写漓江》	油画	画幅：68 cm×98 cm，游广西漓江作，并赋《水调歌头》
951	1978年3月11日	漓江写生数幅	油画	
952	1978年3月15日	《漓江写生》册页	中国画	题诗："天际识归舟，云中辨红树。叶低知雾密，崖断识云重。"
953	1978年3月19日	《阳朔山水写生》	中国画	游阳朔作
954	1978年3月19日	《阳朔大榕树》	中国画	
955	1978年3月22日	《重彩荷花》	中国画	在桂林榕湖饭店作 画幅：128 cm×65 cm

续 表

序号	创作时间	作品名称	类别	备 注
956	1978年3月	《漓江》	油画	画幅：62 cm×93 cm
957	1978年3月	《漓江梦》	油画	
958	1978年3月	《桂林花桥》	油画	画幅：68 cm×98 cm
959	1978年3月	《山色翠浮空》	油画	画幅：58 cm×90 cm
960	1978年3月	《阳朔》	油画	画幅：61 cm×91 cm
961	1978年3月	《漓江春》	油画	画幅：72 cm×92 cm
962	1978年3月	《桂林写驼峰》	中国画	
963	1978年3月	《设色熊猫》	中国画	
964	1978年3月	《七星岩》	中国画	
965	1978年6月10日	《树雄心立壮志 高速度第向四个现代化进军》	书法	
966	1978年7月7日	《石榴图》	中国画	邮赠温肇桐
967	1978年7月14日	《水龙吟词》	行书	画幅：241 cm×110 cm
968	1978年7月23日	《荷花鸳鸯》	中国画	游颐和园观赏荷花并作
969	1978年夏	《拟董北苑夏山欲雨图》（《仿古山水》）	中国画	画幅：241 cm×84 cm
970	1978年夏	《墨松熊猫》	中国画	
971	1978年夏	《红梅图》	中国画	画幅：130 cm×67 cm
972	1978年夏	《荷花鸳鸯》	中国画	赠贺香港《文汇报》创刊三十周年纪念
973	1978年8月8日	《松鹰图》	中国画	画幅：136 cm×67.6 cm，题杜甫句："何当击凡鸟，毛血洒平芜。"
974	1978年8月11日	《泼彩黄山图》	中国画	此画编入意大利国家学院出版之《1982年国际艺术学报》
975	1978年8月	《百花齐放，百家争鸣》	书法	为中国社会科学出版社题词
976	1978年9月16日	《归去来兮辞狂草书法长卷》	书法	画幅：34 cm×532 cm，此书法长卷1986年由江苏美术出版社出版发行
977	1978年9月16日	《设色熊猫》	中国画	
978	1978年9月16日	《水墨熊猫》	中国画	

续 表

序号	创作时间	作品名称	类别	备注
979	1978年9月20日	《泼墨葡萄》2幅	中国画	参观大连华侨果树农场,现场挥毫
980	1978年9月22日	《松》	中国画	
981	1978年9月29日	《铁骨红梅》	中国画	在大连期间作并赠棒棰岛宾馆
982	1978年10月9日	《熊猫图》	中国画	画幅:138 cm×64 cm
983	1978年秋	《鸳鸯》	中国画	在北京西郊友谊宾馆作
984	1978年11月8日	《香山红叶》	油画	画幅:62 cm×98 cm,北京香山作写生,在画幅左侧题诗:"诗情画意两无心,苍松红叶意自深。兴到图成秋思远,人间又道是梵高。"
985	1978年11月18日	《松鹰图》	中国画	并题《金缕曲·为天安门诗抄作》
986	1978年冬	《古艳》	中国画	画幅:97 cm×178 cm,在北京作
987	1978年	《黄山》	中国画	画幅:66.5 cm×132 cm
988	1978年	《雪景》	油画	画幅:93 cm×93 cm
989	1978年	《桂林花侨》	油画	画幅:70 cm×100 cm
990	1979年1月1日	《莫干山剑池》	中国画	画幅:124 cm×57 cm,赠曾涛,诗题:穿山透石不辞劳,地远方知出处高。溪涧岂能留得住,终归大海作波涛
991	1979年1月28日	《鹰击长空》	中国画	为《财贸战线》报作
992	1979年2月	《匡庐图》	中国画	画幅:143 cm×500 cm 题诗:"天香齐放捧红云,国色朝酣上酒容。锦绣山河金鼓振,春光骀荡占东风。庆祝建国三十周年献礼"
993	1979年3月	《江山如此多娇》(《青绿山水》)	中国画	题:"大红大绿,亦绮亦庄。神兴腕合,古薏今翔。挥毫端之郁勃,接烟树之微茫。僧繇笑倒,杨升心降,是之谓海粟之狂!" 画幅:133.5 cm×65.5 cm
994	1979年4月9日	《双鹰突出霜崖高》	中国画	参观在上海西郊公园举行的动物画展览后作写生,并题七言长歌

续 表

序号	创作时间	作品名称	类别	备 注
995	1979 年 4 月	《题画红梅诗》	书法	参加为上海和大阪结成友好城市五周年而举行的大阪上海友好城市书法交流展览会
996	1979 年 5 月 30 日	《欣欣向荣》	油画	在杨通谊荣漱仁夫妇家庭园作，画幅：92 cm×72 cm
997	1979 年 5 月	《圆荷清晓露淋漓》	中国画	画幅：136 cm×67 cm
998	1979 年 5 月	《红荷翠羽》	中国画	画幅：140 cm×76 cm
999	1979 年 5 月	《泼墨黄山》	中国画	
1000	1979 年 5 月	《黄山白龙桥》	中国画	画幅：67.8 cm×136.4 cm
1001	1979 年 5 月	《立雪台晚翠》	中国画	画幅：44 cm×81 cm
1002	1979 年 7 月	《黄山狮子林》	中国画	为人民大会堂上海厅作巨幅画
1003	1979 年 8 月	《重彩牡丹》（《大红牡丹》）	中国画	赴大连棒棰岛避暑时作 画幅：146 cm×74.8 cm 题诗："天香齐放捧红云，国色朝酣上酒容。锦绣山河金鼓振，春光骀荡占东风。庆祝建国三十周年献礼"
1004	1979 年 12 月 5 日	《鲲鹏展翅》	中国画	在南京艺术学院作巨幅画
1005	1979 年 12 月 18 日	《南京梅园新村》	油画	在南京梅园新村作写生，赠南京艺术学院 画幅：80 cm×100 cm
1006	1979 年 12 月	《泼墨葡萄》	中国画	在南京作，由南京艺术学院收藏 画幅：70 cm×140 cm. 题：泼墨葡萄笔法奇，秋风栅架有生机。骊龙自抱颔珠睡，多恐醒来破壁飞。
1007	1979 年	《中法友谊》	中国画	画幅：128 cm×82.1 cm
1008	1979 年	《墨葡萄》	中国画	画幅：130 cm×55.5 cm
1009	1980 年 1 月 1 日	《牡丹花》	中国画	在南京作，题李白《清平调》词
1010	1980 年 1 月 1 日	《红梅图》	中国画	上海书画出版社 1982 年 10 月印制为 1983 年年历出版
1011	1980 年 1 月 16 日	《泼墨狂扫风雨快，笔所未到气已吞》	书法	在上海为《解放日报画刊》题词
1012	1980 年 1 月	《莲花沟卿云图》	中国画	
1013	1980 年 2 月	《山色崔浮空》	油画	此画由上海人民美术出版社出版单张画页

续 表

序号	创作时间	作品名称	类别	备 注
1014	1980年3月4日	《苍松图》	中国画	在医院特作，以纪念蔡元培先生逝世四十周年
1015	1980年 4月14日-5月	《九龙瀑》	中国画	在南京期间作
1016	1980年 4月14日日-5月	《墨梅图》	中国画	画幅：105 cm×54 cm
1017	1980年 4月14-5月	《荷花鸳鸯》	中国画	画幅：137.2 cm×68 cm
1018	1980年 4月14-5月	《石榴》	中国画	在南京期间作。委托上海书画出版社以木版水印印制画页，准备明年赴香港举行个人画展时作馈赠礼品
1019	1980年 4月14-5月	《鸳鸯》	中国画	同上
1020	1980年 4月14-5月	《漓江写生》	中国画	同上
1021	1980年 4月14-5月	《精神万古气节千载》	书法	在南京作
1022	1980年 4月-5月	《云水襟怀松柏气节》	书法	同上
1023	1980年 4月14-5月	《莫愁湖边千首诗 紫金山上万朱松》	书法	为南京莫愁湖题词
1024	1980年5月15日	《六松图》	中国画	画幅：190.9 cm×496.4 cm 在南京作巨幅画
1025	1980年5月29日	《玉涧流泉》	中国画	画幅：49.6cm×131.5cm。题：穿山透石不辞劳，地远方知出处高。溪涧岂能留得住，终归大海作波涛。
1026	1980年5-6月	《暗香疏影图》	中国画	画幅：131 cm×65.5 cm
1027	1980年6月	《万壑争流》	中国画	
1028	1980年6月	《葡萄棚架有斗鸡》（《葡萄斗鸡》）	中国画	画幅：67.3 cm×135.8 cm
1029	1980年6月	《葫芦》	中国画	

续 表

序号	创作时间	作品名称	类别	备 注
1030	1980年7月2日	《清奇古怪古柏》	中国画	画幅：92 cm×700 cm 题：清奇古怪舞夭矫，风火雷霆劫不磨。一千九百八十年七月二日重游光复，驰毫骤墨为古柏写真，风落雷转，一挥而成，东坡云"当其下笔风雨快，笔所未到气已吞"。个中人许道只字，刘海粟信笔书，年方八五。同游者，夏伊乔、凡一、张文俊、张继馨、张瑞林、祁连庆。
1031	1980年7月8日	《鲲鹏展翅》	中国画	在上海大厦作巨幅画
1032	1980年7月20日	《百丈泉》	中国画	画幅：71.1 cm×136 cm
1033	1980年7月21日	《白龙潭》	中国画	题云："风云昏黑失虚空，雷雨潭中起白龙。"
1034	1980年7月23日	《黄山青龙潭》	中国画	画幅：104.8 cm×51.3 cm
1035	1980年7月23日	《莲花峰烟云》	中国画	画幅：67 cm×136 cm 题《满庭芳·七上黄山》
1036	1980年7月23日	《始信风松林》	中国画	
1037	1980年7月23日	《云海天都外》（《水墨黄山》）	中国画	
1038	1980年7月26日	《泼墨黄山》	中国画	
1039	1980年7月26日	《云谷晴翠》	油画	画幅：94 cm×72 cm
1040	1980年7月	《五龙潭》	中国画	画幅：104 cm×53 cm 在黄山作
1041	1980年7月	《黄山山上万峰奇》	中国画	画幅：50 cm×73 cm
1042	1980年7月	《青鸾舞处看天都》	中国画	画幅：68.4 cm×137.3 cm
1043	1980年7月	《青龙潭》	油画	画幅：60 cm×80 cm
1044	1980年7月	《写青龙潭》	中国画	题：匡庐三迭世称稀，嵩岳九龙天下奇。何似此间兼众美，飞腾万壑走蛟螭。
1045	1980年夏	《莲花峰特写》	中国画	题：黄山万古表中华，七度攀登弄紫霞。架壑有松皆孔翠，凌霄无石不莲花。
1046	1980年8月10日	《黄山白龙潭》	油画	画幅：73 cm×62 cm
1047	1980年8月	《锦绣河山》	中国画	在黄山作巨幅泼彩画（此画于1981年香港举行个人画展时以百万港元售出）

续表

序号	创作时间	作品名称	类别	备注
1048	1980年8月	《桃花溪》	中国画	画幅：47.2 cm×68.3 cm
1049	1980年8月	《黄山小景》	油画	
1050	1980年9月23日	《秋滩息影》（《卢雁》）	中国画	画幅：68.cm×138.1cm 在南京作
1051	1980年秋	《峰峰削出青芙蓉》	中国画	画幅：49.5 cm×98.5 cm
1052	1980年9月	《粗枝大叶荷花》	中国画	在南京莫愁湖作 画幅：131.5 cm×67 cm
1053	1980年10月	《松鹰图》	中国画	回故乡常州，为常州书画院作
1054	1980年10月	《清奇古怪古柏》	中国画	在苏州光福作巨幅画赠苏州博物馆
1055	1980年	《泼彩荷花》	中国画	画幅：137.2 cm×68 cm
1056	1980年	《石榴》	中国画	在南京作四幅中国画册页，委托上海书画出版社以木版水印印制画页，准备明年赴香港举行个人画展时作馈赠礼品
1057	1980年	《鸳鸯》	中国画	同上
1058	1980年	《漓江写生》	中国画	同上
1059	1980年	《暗香舒影图》	中国画	画幅：65.5cm×131cm
1060	1980年	《天平矼朝晖》	中国画	画幅：82 cm×127 cm
1061	1980年	《瓜瓞图》	中国画	画幅：49.7 cm×103.1 cm
1062	1981年3月14日	《鹰击长空》	中国画	在香港中文大学艺术系讲学时，示范作丈二匹巨幅赠该大学
1063	1981年3月18日	《巴黎少女》	油画人体写生	
1064	1981年3月21日	《泼墨黄山》	中国画	画幅：144.3 cm×362.5 cm，在香港中文大学艺术系讲学时示范作
1065	1981年6月12日	《黄山风云图》	中国画	在上海师范学院作画，摄制《中国画教学》电影
1066	1981年6月13日	《鲲鹏展翅九万里》	中国画	同上
1067	1981年6月28日	《风闻四海，雷奔三峡》	书法	赠福建《海峡》杂志
1068	1981年7月22日	《泼墨庐山》	中国画	在上海大厦作巨幅画
1069	1981年7月25日	《重彩荷花》	中国画	在上海西郊公园作。题诗："淋漓彩笔若风狂，泼出圆荷几枝香。参到野狐禅透彻，忽然笔法胜清湘。"

续 表

序号	创作时间	作品名称	类别	备 注
1070	1981年7月26日	《复兴公园之夏》	油画	在复兴公园作
1071	1981年7月27日	《金山旭日》	油画	在上海金山海滨作
1072	1981年8月	《百丈泉》	中国画	在黄山作
1073	1981年8月	《黄山人字瀑》	中国画	同上
1074	1981年8月	《莲花峰天都峰风云际会图》	中国画	同上
1075	1981年8月	《烟昏雾暝千山雪》	中国画	画幅：134.9 cm×65.8 cm
1076	1981年8月	《万古此山此风雨》	中国画	画幅：136 cm×67 cm
1077	1981年8月	《何年开混沌》	中国画	画幅：232.6 cm×120.1 cm
1078	1981年8月	《散花坞云海》	中国画	同上
1079	1981年8月	《黄山桃源》	油画	画幅：60 cm×79 cm
1080	1981年8月16日	《天都峰朱砂峰云松》	油画	画幅：58 cm×78 cm 在黄山作
1081	1981年8月27日	《白龙潭》	油画	画幅：100.2 cm×70.4 cm
1082	1981年8月29日	《汤口速写》	油画	画幅：69 cm×99 cm 在黄山作
1083	1981年8月	《黄山图》	中国画	将此巨幅画赠黄山管理局
1084	1981年9月5日	《黑虎松》	中国画	画幅：95.5 cm×178 cm
1085	1981年9月18日	《始信峰高境界幽》	中国画	画幅：135 cm×67 cm
1086	1981年9月	《虬吼龙吟万壑松》	中国画	画幅：96 cm×180 cm
1087	1981年9月	《天都峰夕照》	中国画	在黄山作
1088	1981年9月	《望仙峰奇松》	中国画	画幅：125 cm×68 cm
1089	1981年9月	《黄山光明顶》	中国画	在黄山作
1090	1981年9月	《始信峰古松》	中国画	画幅：68 cm×139 cm
1091	1981年9月	《始信峰》	油画	画幅：80 cm×160 cm
1092	1981年9月	《纵横郁勃》	中国画	画幅：137 cm×68.9 cm
1093	1981年	《黄山始信峰》	中国画	画幅：138.3 cm×68.2 cm
1094	1981年8月	《仙女峰烟云》	油画	画幅：80 cm×60 cm
1095	1981年9月7日	《西海门壮观》	油画	画幅：79 cm×99 cm
1096	1981年9月15日	《莲花峰夕照》	油画	画幅：80 cm×160 cm
1097	1981年9月	《始信峰晨曦》	油画	在黄山作
1098	1981年9月	《清凉台写十八罗汉诸峰云烟》	油画	画幅：60 cm×80 cm
1099	1981年9月	《西海门晴翠》	油画	在黄山作

续 表

序号	创作时间	作品名称	类别	备注
1100	1981年9月18日	《始信峰高境界幽》	中国画	题："始信峰高境界幽，画家合在画中游；群山今日应低首，八十六翁在上头。余眷恋黄山，八度攀登，不知老之将至。八一年九月十八日登始信峰绝顶，澄怀味象，竖划三尺当千仞之高，横墨三寸体百里之迥，漫成此图，觉丰神未老也。"
1101	1981年9月	《画桃花源》	中国画	题曰：武陵仙境事荒唐，此地桃源岂渺茫，瑟瑟狂飚群岫舞，不知何处觅渔郎。
1102	1981年10月1日	《望仙峰风云》	中国画	在黄山作
1103	1981年10月1日	《黄山狮子林》	中国画	画幅：75 cm×144 cm
1104	1981年10月7日	《黄山白龙潭》	中国画	画幅：136 cm×67.5 cm
1105	1981年10月	《画散花坞云海》	中国画	题曰：仙女腾空挥彩瀑，雷奔电击日生烟。群峰半掩云纱里，澎湃一声海接天。
1106	1981年10月7日	《黄山白龙潭》	中国画	画幅：67.5 cm×136 cm
1107	1981年11月2日	《水墨黄山图》	中国画	画幅：137 cm×69 cm，为庆祝中国书画研究院的成立，作巨幅画
1108	1981年11月8日	《墨松图》	中国画	在潭柏寺作写生，张伯驹为之题诗："耄年犹是气豪雄，踏遍芒鞋雾海中。笔底挟来黄狱势，如闻万壑巨涛风。"
1109	1981年11月	《泼墨荷花》	中国画	画幅：131 cm×64 cm 在北京钓鱼台万柳塘作
1110	1981年11月	《唐·张继〈枫桥夜泊诗〉》	书法	应苏州古吴轩为刻石之请求，在上海大厦作
1111	1981年	《八上黄山》	中国画	画幅：67.6 cm×138.1 cm
1112	1981年	《黄山桃源宾馆》	中国画	画幅：67 cm×139 cm
1113	1981年	《莲花峰腰三丈云》	中国画	画幅：67.7 cm×138.6 cm
1114	1981年	《松树》	中国画	画幅：137.2 cm×67.5 cm
1115	1981年	《无情有恨何见人》	中国画	画幅：138 cm×67.8 cm
1116	1981年	《黄山北海》	中国画	画幅：68.6 cm×136.9 cm
1117	1981年	《松盘千丈崖》（《泼墨黄山》）	中国画	画幅：68 cm×137.1 cm

续 表

序号	创作时间	作品名称	类别	备注
1118	1981 年	《墨葡萄》	中国画	画幅：68.6 cm×137.2 cm
1119	1981 年	《笔底明珠》	中国画	画幅：56.4 cm×137.2 cm
1120	1981 年	《黄山云海》	油画	画幅：80×101 cm
1121	1981 年	《天坛古柏》	油画	
1122	1981 年	《六十年前鸡震旦》	书法	画幅：95.5 cm×177 cm
1123	1981 年	《临米芾行书》	书法	画幅：274 cm×67.1 cm
1124	1982 年 1 月 16 日	《劲质贞心图》	中国画	在福建省出版界、文艺界座谈会上作，赠福建人民出版社
1125	1982 年 1 月 21 日	《福州鼓山》	油画	游览鼓山作，在油画背面题："寺名以涌泉，可以入诗，可以入画。我来此写生，与僧有缘，与佛有缘。"
1126	1982 年 1 月 22 日	《桑莲法界，海天砥柱》	书法	参观泉州开元寺题
1127	1982 年 2 月 6 日	《郭沫若闽游手迹》	题诗	为《郭沫若闽游手迹》题词
1128	1982 年 2 月 8 日	郑成功纪念馆题诗	题诗	题诗："不朽声威震九垓，千秋大业驱荷夷。英名妥矣昭遗爱，松柏长青望继来。"留赠纪念馆
1129	1982 年 2 月 9 日	《厦门日光岩》	油画	题诗："怪石石尖堆怪石，奇峰峰外有奇峰。日光岩顶霁欲开，半空翠影接澎台。"画幅：76 cm×100 cm
1130	1982 年 2 月	《厦门景色》	油画	画幅：60 cm×80 cm
1131	1982 年 2 月	《厦门的冬天》	油画	画幅：58 cm×85 cm
1132	1982 年 2 月	《鼓浪屿》	油画	画幅：58 cm×100 cm
1133	1982 年 2 月	《厦门南普陀》	油画	画幅：100 cm×75.5 cm
1134	1982 年 2 月	《红梅》	中国画	赠福建人民出版社
1135	1982 年 2 月	《古松拿攫如苍龙》	中国画	赠项南
1136	1982 年 2 月 19 日	《古莲花峰》	中国画	画幅：95 cm×179cm。游汕头海门莲花峰，分别在莲花峰和观海亭作画
1137	1982 年 2 月 19 日	《双壁擎天》	中国画	画幅：66.8 cm×135.8 cm
1138	1982 年 2 月	《双壁擎天》	中国画	同上

续 表

序号	创作时间	作品名称	类别	备 注
1139	1982年2月	《海门莲花峰》	中国画	画幅：139 cm×68 cm 题："掷笔卷波涛，长啸迎天风。一九八二年二月十九日刘海粟信笔泼墨写海门莲花峰，感信国之献志孤忠，题以二语。吴南生同志谓故乡名胜；唯以此画此题足当天地正气塞乎沧溟也。壬戌端午于羊城南湖水榭雨中重题此图，真觉楮墨间尚有余润。"
1140	1982年2月24日	《妈屿潮音》	油画	
1141	1982年2月	《潮音》	书法	
1142	1982年2月	《长啸迎天风》	书法	
1143	1982年2月	《云龙风虎》	书法	
1144	1982年2月26日	《层波叠浪》	中国画	画幅：68 cm×139 cm 出席在潮汕的上海美专校友为老校长举行的祝寿活动。为校友合作的中国画题词。游鮀岛，欢度87岁生日，并题《金缕曲》
1145	1982年2月	《汕头妈屿》	油画	画幅：103.3 cm×51.6 cm
1146	1982年2月	《妈屿渡头》	油画	画幅：69 cm×90 cm
1147	1982年3月4日	《杏园远眺》	中国画	
1148	1982年3月4日	《礐石桃源》	中国画	
1149	1982年3月5日	《礐石桃源洞》	中国画	画幅：67.9 cm×137.8 cm
1150	1982年3月5日	《礐石》	油画	画幅：68 cm×90 cm
1151	1982年3月11日	《海阔天空春无极》	油画	
1152	1982年4月6日	《红棉》	油画	
1153	1982年4月19日	《广东大鹏湾》	油画	画幅：64.6 cm×102 cm
1154	1982年4月20日	《西沥秀色》	油画	画幅：65 cm×103 cm
1155	1982年4月21日	《大鹏展翅图》	中国画	作丈二匹巨幅，留赠深圳市；并作书法"大鹏展翅，振兴中华"
1156	1982年4月29日	《蛇口》（《蛇口写生》）	油画	画幅：65 cm×90 cm
1157	1982年5月17日	《石景山郭静朝晖》	中国画	
1158	1982年5月17日	《珠海海棠》	油画	画幅：64.6 cm×101.8 cm

续 表

序号	创作时间	作品名称	类别	备 注
1159	1982年5月18日	《七绝》	书法	会见香港书谱出版社梁披云社长。梁题赠七绝:"艺术叛徒海粟翁,年时意气几人同?即今三绝诗书画,天马神龙胆更雄。"
1160	1982年5月20日	《水头湾望澳门》	油画	画幅:64.5 cm×101.8 cm
1161	1982年5月20日	《白龙潭》	油画	画幅:91.7 cm×71.3 cm
1162	1982年5月24日	《珠海石景山》	中国画	画幅:67 cm×136.5 cm
1163	1982年5月24日	《石景山晚霭》	油画	画幅:60 cm×90 cm
1164	1982年5月25日	《珠海石景山》	油画	背面题《鹧鸪天》词一首。画幅:65 cm×103 cm
1165	1982年5月27日	《鲲鹏展翅九万里》	中国画	
1166	1982年5月30日	《石景山廊静朝晖》	油画	在珠海石景山作。画幅:102.2 cm×65 cm
1167	1982年6月3日	《孙中山故居》	油画	画幅:102.2 cm×65 cm
1168	1982年6月3日	《樱桃芭蕉》	中国画	画幅:135 cm×68 cm
1169	1982年6月4日	《孙中山故居》	中国画	画幅:136.4 cm×47.6 cm 题诗:"一心昭日月,只手换乾坤。酸树凛公志,田荆不肯分。"
1170	1982年6月5日	《竹石》	中国画	题王安石句:"谁怜直节生来瘦,自许高才老更刚。"
1171	1982年6月7日	《设色香蕉月季》	中国画	
1172	1982年6月7日	《三千里外焦犹青》	中国画	画幅:92 cm×158 cm 谢海燕题词
1173	1982年6月9日	《奇石名物(图)》	中国画	画幅:104 cm×47 cm
1174	1982年6月9日	《白石桥边开睡莲》	中国画	画幅:48.4 cm×91.9 cm 题《七律》。题记有:九上黄山往前瀣翠明轩,九日晨赴云谷寺写九上黄山第一图。(诗略)
1175	1982年6月	《池面好丰神》	中国画	画幅:130 cm×66 cm
1176	1982年6月	《清到叶俱香》	中国画	画幅:139 cm×81 cm
1177	1982年6月	《红了樱桃绿了芭蕉》	中国画	
1178	1982年6月	《水墨芭蕉》	中国画	画幅:67.4 cm×134.8 cm
1179	1982年	《设色芭蕉》	中国画	画幅:137 cm×68 cm
1180	1982年8月8日	《百丈泉》	中国画	应安徽省文联和黄山管理局邀请九上黄山时作
1181	1982年8月16日	《黄山温泉》	油画	画幅:71 cm×92 cm

续 表

序号	创作时间	作品名称	类别	备 注
1182	1982年8月17日	《天都峰莲花峰》	中国画	题《临江仙·写天都峰莲花峰》
1183	1982年8月18日	《翠微峰》	中国画	题《写翠微峰》
1184	1982年8月19日	《天都峰云烟》	中国画	此画除参加了1982年江苏的个人画展和1983年上海、北京个人画展外，还参加了由美国旧金山中华文化中心主办的1984年至1985年在美国八大城市巡回举行的现代中国画展和1987年新加坡个人画展
1185	1982年8月	《壁裂千仞》	中国画	画幅：136 cm×68 cm
1186	1982年8月8日	《雷瀑奔腾》（《白鹅岭道中》）	中国画	画幅：32.4 cm×65.8 cm
1187	1982年8月	《黄山天都峰》	中国画	画幅：99.5 cm×52.7 cm
1188	1982年8月	《熊猫》	中国画	此画由刘海粟的儿子刘豹代赠来上海访问的联合国秘书长佩雷斯·德奎利亚尔
1189	1982年8月	《云谷寺丞相源》	中国画	画幅：67.9 cm×136.3 cm
1190	1982年9月2日	《清凉顶奇松》	中国画	画幅：136.6 cm×68 cm
1191	1982年9月7日	《光明顶》（《光明顶速写》）	中国画	画幅：68 cm×138 cm 题《光明顶》
1192	1982年9月10日	《西海门晚霞》	油画	画幅：71 cm×91.5 cm
1193	1982年9月12日	《石笋矼风云际会图》	油画	画幅：60 cm×80 cm
1194	1982年9月17日	《可以横绝西海巅》	中国画	
1195	1982年9月19日	《天都峰古松》	中国画	画幅：68 cm×136 cm
1196	1982年9月29日	《到此始信》	中国画	画幅：65.6 cm×129.6 cm
1197	1982年9月	《天外群峰慈光阁》	中国画	画幅：65.6 cm×134.6 cm
1198	1982年8—9月	《散花坞云海奇观》	油画	画幅：59 cm×80 cm
1199	1982年8—9月	《立雪台晚翠》（之二）	中国画	
1200	1982年8—9月	《后云海雾》	中国画	
1201	1982年8—9月	《黄山白龙桥》	中国画	
1202	1982年8—9月	《桃花溪》	中国画	画幅：136 cm×67 cm
1203	1982年8—9月	《黄岳雄姿》	中国画	画幅：365.6 cm×144.4 cm
1204	1982年8—9月	《黄岳人字瀑》	中国画	画幅：64.2 cm×128.4 cm
1205	1982年8—9月	《黄山松涛》	中国画	
1206	1982年8—9月	《黄山天门坎》	中国画	画幅：49.4 cm×94.5 cm
1207	1982年8—9月	《天都峰飞云》	中国画	

续表

序号	创作时间	作品名称	类别	备注
1208	1982年8—9月	《葡萄》	中国画	画幅：139 cm×69 cm
1209	1982年8—9月	《黄山汤口》	油画	画幅：59.9 cm×79.2 cm
1210	1982年8—9月	《始信峰麓》	油画	画幅：60 cm×80 cm
1211	1982年8—9月	《光明顶看始信峰》	油画	画幅：80.1 cm×59.2 cm
1212	1982年10月1日	《白龙潭》	中国画	画幅：96 cm×51 cm
1213	1982年	《白龙潭》	油画	画幅：72 cm×92 cm
1214	1982年10月1日	《青龙潭之秋》	中国画	
1215	1982年10月1日	《曙光普照乾坤》	中国画	丈二匹巨幅泼彩中国画
1216	1982年10月20日	《驻马坡》	书法	偕夫人夏伊乔等登南京清凉山，在龚贤故居画室为动物古迹题字
1217	1982年10月20日	《听松亭》	书法	同上
1218	1982年10月20日	《江光一线阁》	书法	同上
1219	1982年	《一心照日月》	书法 行书	画幅：67.1 cm×37.8 cm
1220	1982年10月26日	《水墨牡丹》	中国画	画幅：133 cm×54 cm
1221	1982年10月29日	《扬州瘦西湖》	油画	画幅：62 cm×80 cm
1222	1982年11月4日	《鸡冠花》	油画	在扬州作
1223	1982年	《天都莲花峰》	中国画	画幅：134.6 cm×69.5 cm
1224	1982年	《黄山》	中国画	画幅：102.3 cm×54.3 cm
1225	1982年	《黄山》	中国画	画幅：136.5 cm×68 cm
1226	1982年	《到此始信峰》	中国画	画幅：130 cm×66 cm
1227	1982年	《苍松挂壁》	中国画	画幅：105 cm×54 cm
1228	1982年	《黄山颂》	中国画	画幅：178 cm×95 cm
1229	1982年	《竹石图》	中国画	画幅：68 cm×134.1 cm
1230	1982年	《香蕉月季图》（《设色香蕉月季》）	中国画	画幅：91.6 cm×157.5 cm
1231	1982年	《烟柳冥濛霁欲开》	中国画	画幅：67.6 cm×134.8 cm
1232	1982年	《春露》	中国画	画幅：53.9 cm×133.4 cm
1233	1982年	《妈屿》	中国画	画幅：135.9 cm×67.3 cm
1234	1982年	《紫云天都云泉》	油画	画幅：92.5 cm×71.3 cm
1235	1982年	《一心昭明月》	书法 行书	画幅：67.1 cm×37.8 cm
1236	1982年	《方家村晴翠》	油画	画幅：80 cm×60.6 cm
1237	1983年1月14日	《闻鸡起舞跃马争春》	书法	留存南京艺术学院
1238	1983年春	《忆写黄山白鹅岭》	中国画	画幅：101 cm×49 cm，在北京钓鱼台国宾馆作

续 表

序号	创作时间	作品名称	类别	备 注
1239	1983年春	《米颠拜石图》	中国画	为范曾、金尧如合作中国画题词
1240	1983年5月6日	《掷笔卷波涛》	中国画	
1241	1983年6月4日	《万里春光，九州生气》	书法	出席中国人民政治协商会议第六届全国委员会第一次会议
1242	1983年6月28日	张大千遗作展览会	题词	在北京为张大千遗作展览会题词："一管擎天笔，千秋动地歌。看琳琅满壁，似踏浪归来。"
1243	1983年7月3日	《〈康有为先生墨迹〉序》	书法	在北京钓鱼台清露堂撰写
1244	1983年7月	《东岳大观峰》	中国画	画幅：95 cm×177 cm
1245	1983年夏	《曙光普照神州》	中国画	200 cm×500 cm，在北京钓鱼台国宾馆作，题七言律诗
1246	1983年夏	《牡丹》	中国画	国画镜片金笺 画幅：42.4 cm×50 cm
1247	1983年夏	《金笺泼墨葡萄》	中国画	
1248	1983年夏	《泼墨葡萄》	中国画	
1249	1983年夏	《清露堂画葡萄》	中国画	
1250	1983年夏	《水墨熊猫》	中国画	
1251	1983年夏	《四顾九霄动矫翅》（《松鹰》）	中国画	
1252	1983年夏	《裸体艺术论》	书法	为陈醉著题写书名
1253	1983年8月	《一片孤云千树低》	中国画	在北京作
1254	1983年8月	《牧牛图》	中国画	赠张甦平
1255	1983年9月12日	《岱庙古柏》	中国画	在泰安市岱庙为古柏写真题："临抚散盘琅玡笔，戏为汉柏一写真。苍皮溜雨四十围，黛色参天三千尺。" 尺幅：97 cm×180 cm
1256	1983年9月13日	《泰山岱庙汉柏》	中国画	画幅：187 cm×176.9 cm，题："一管擎天笔，千秋动地歌。贞心凝铁石，风雪发虬柯。"
1257	1983年9月13日	《汉柏长健》	中国画	
1258	1983年9月13日	《汉柏》	书法	应泰安市文物局之请，作擘窠大字以刻石
1259	1983年9月13日	《乔岳》	书法	同上
1260	1983年9月13日	《云海》	书法	同上

续 表

序号	创作时间	作品名称	类别	备 注
1261	1983年9月13日	《黑龙潭》	书法	同上
1262	1983年9月14日	《徂徕山云海》	油画	画幅：60 cm×80 cm
1263	1983年9月14日	《崔嵬泰岱凌霄汉》	书法	乘索道登泰山南天门作，赠泰山索道接待室
1264	1983年9月17日	《阙里宾舍》	书法	访曲阜县，游孔庙、孔府、孔林，为新建的"阙里宾舍"题匾
1265	1983年9月21日	《鲲鹏展翅九万里》	中国画	在山东省济南市书画界联欢会上，为省政府作大幅中国画
1266	1983年9月	《平天矼朝晖》	中国画	参加为贺上海和横滨两市结为友好城市十周年而在日本横滨举行的上海美术作品展览
1267	1983年9月	《海阔天空春无极》	油画	
1268	1983年9月	《明湖楼》	书法	在济南游大明湖、千佛山、趵突泉，凭吊李清照、辛弃疾。为大明湖题写"明湖楼"匾额
1269	1983年9月	《济南市、日本和歌山市友谊树》	书法	为趵突泉公园题写"济南市、日本和歌山市友谊树"碑文
1270	1983年9月	《泰山南天门》（《泰山南天门写生》）	中国画	
1271	1983年9月	《冬岳大观峰》	中国画	
1272	1983年9月	《嘉庚堂》	书法	为新加坡新建筑题写匾额
1273	1983年9月	《六使堂》	书法	同上
1274	1983年9月	《光前堂》	书法	同上
1275	1983年10月14日	《道法自然》	书法	游览青岛崂山下清宫，瞻仰康有为书法摩崖石刻，并作书法和对联留赠下清宫
1276	1983年10月14日	《爱民乃永固，节欲以修身》	书法	
1277	1983年10月15日	《古松苍鹰图》	中国画	出席青岛市政协、市文联联合举行的欢迎茶话会，并即席挥毫，作纵两米、宽五米巨幅画
1278	1983年10月20日	《博物广采，精研文物》	书法	参观烟台市博物馆，为其鉴定字画藏品，并题词留赠
1279	1983年10月24日	《神奇壮观蓬莱阁，气势雄峻丹崖山》	书法	游蓬莱阁，观摩卧碑亭，并作书法赠蓬莱阁
1280	1983年10月25日	《蓬莱阁》	油画	画幅：60 cm×79.5 cm

续 表

序号	创作时间	作品名称	类别	备注
1281	1983年10月27日	《郑文公碑》	书法	游掖县，登云峰山，观赏郑道昭的摩崖石刻，并为郑文公碑题写"云峰千仞，涛声万里；一代文宗，万方光灿"。同日，又为掖县毛笔厂、掖县大理石矿等题字
1282	1983年10月29日	《古松》	中国画	为烟台市国画院作
1283	1983年10月29日	《烟台东山宾馆》	书法	为烟台东山宾馆题写馆名
1284	1983年10月31日	《刘公岛》	油画	在威海作写生。画幅：60 cm×79.5 cm
1285	1983年10月	《奎文阁》	中国画	画幅：135 cm×67 cm 题跋中有"至青岛、烟台、蓬莱、掖县、威海，观大海奇景，所到之处，观光名胜古迹，搜求汉魏碑刻"
1286	1983年11月8日	《南山公园》	书法	为烟台市南山公园题写
1287	1983年11月8日	《观海楼》	书法	同上
1288	1983年11月8日	《海阔天空春无极》	书法	供刻石刻匾之用
1289	1983年11月8日	《黄山图》	中国画	赠中国书法家协会名誉理事，国防部部长张爱萍
1290	1983年11月11日	《游乎规矩之中，超乎神墨之外》	书法	为湘潭齐白石纪念馆题词
1291	1983年11月15日	《汉宫春·次韵辛稼轩蓬莱阁》	书法	作词《汉宫春·次韵辛稼轩蓬莱阁》，并书赠烟台东山宾馆刻石
1292	1983年11月17日	《聊斋声名震四海，一代文宗昭遗爱》	书法	为淄博蒲松龄故居题词
1293	1983年11月17日	《淄博市少年宫》	书法	为淄博市少年宫题词
1294	1983年12月4日	《双鹰图》	中国画	和黄胄、陈大羽、夏伊乔合作巨幅并题长歌，又为黄胄、陈大羽所作中国画题词
1295	1983年	《辽宁博物馆藏画》	书法	为上海人民美术出版社题写
1296	1983年	《郁达夫传》	书法	为郁达夫之子郁云题写书名
1297	1983年	《石笋矼云松》	中国画	画幅：52.3 cm×97.5 cm
1298	1983年	《狂草梅花》	中国画	画幅：58.8 cm×118 cm
1299	1983年	《牧童骑牛》	中国画	画幅：83.2 cm×140.7 cm
1300	1984年1月	《忆写黄山旧游》	中国画	画幅：68 cm×138 cm

续 表

序号	创作时间	作品名称	类别	备 注
1301	1984年3月	《行书七言自寿联》	书法	画幅：30.7 cm×135.8 cm
1302	1984年5月	《陶行知馆》	书法	为晓庄陶行知先生纪念馆写了匾额
1303	1984年5月	《精神万古》	书法	同上
1304	1984年6月6日	《延年图》	中国画	在上海和朱屺瞻、王个簃、陈大羽合作，赠贺上海《文汇报》复刊三十五周年
1305	1984年6月10日	《鲲鹏展翅图》	中国画	在日本书道会创立五十周年纪念仪式上，挥毫创作
1306	1984年6月10日	《满江红·中部日本书道会五十周年庆典》	书法	同上
1307	1984年6月14日	《红梅》	中国画	游览日本京都岚山，瞻仰周恩来1919年留下的诗草石碣。在大阪作
1308	1984年6月21日	《劲松图》	中国画	和朱复戡、夏伊乔合作
1309	1984年7月9日	《南极潇湘千里月，北通巫峡万重山》	书法	为岳阳楼书写楹联，刻于岳阳楼大门石牌楼
1310	1984年8月4日	《南海康先生书法》	书法	为康同环藏康有为书法97幅编成的书题写封面
1311	1984年8月23日	《重修恽南田墓记》	书法	为武进县撰写，刻石于恽南田墓地
1312	1984年8月26日	《瑰玮博达，绝壁生辉》	书法	去天柱山访郑道昭书郑文公碑（上碑），并作擘窠大字
1313	1984年8月29日	《黄鹤楼楹联》	书法	为武汉黄鹤楼撰书九尺楹联
1314	1984年9月9日	《四顾苍茫，天海云吟天外海；一碑突兀，画中人醉画中山》	书法	为掖县云峰山郑文公碑（下碑）碑亭书写楹联
1315	1984年9月9日	《山壁增辉》	书法	牌楼匾额
1316	1984年9月10日	《海瑞像》	中国画	尺幅：133cm×67cm
1317	1984年9月	《彩笔昔曾千气象，流年自可数期颐》	书法	书写楹联给淮阴博物馆刻碑
1318	1984年9月	《乱石穿空，惊涛拍岸》	书法	八十九岁自寿
1319	1984年9月	《金笺牡丹》	中国画	

续 表

序号	创作时间	作品名称	类别	备 注
1320	1984年9月	《金笺红梅》	中国画	题:"自古金笺破墨难,辉煌未必损高寒;险奇原自浑茫出,烟雾丹霞卷彩烂。甲子中秋得金笺,乘兴写红梅,所谓从心所欲不逾矩,猖狂妄行而踏乎大方者也。"
1321	1984年10月4日	《海景》	油画	画幅:51.6 cm×193.3 cm 在青岛八大关海滨作写生
1322	1984年10月23日	《松》三幅	中国画	在八大关海滨作中国画写生
1323	1984年11月11日	《天坛古柏》	油画	画幅:56.3 cm×78.7 cm 往天坛作写生
1324	1984年12月22日	《钟馗》	中国画	题《西江月》:惯看千年鬼魅,依然嫉恶为仇。乌纱抛却更风流,抚取香醪一斗。世上鬼多人恨,人间无鬼君愁。张弓忍把狐鼠留,怎敢皆填海口。
1325	1984年	《一卷画魂书在手,玉良地下有知音》《石楠为潘玉良作传,而玉良之名始著人间》	书法	为石楠著《画魂》题词
1326	1985年1月5日	《泼墨葡萄》	中国画	出席在全国政协礼堂举行的中国人民政治协商会议全国委员会书画室成立大会,被推选为主任,并作此画
1327	1985年1月	《陈钧德画选》	书法	题写封面
1328	1985年1月	《中国书画》	书法	为《光明日报》专栏题写刊头
1329	1985年1月	《墨笔古人荒寒境》	中国画	画幅:130 cm×66 cm
1330	1985年3月23日	《泼墨山水》	中国画	和陈大羽、黄笃维、郑家镇、赵世光、任真汉合作丈二匹的巨幅画
1331	1985年4月19日	《赋长歌以报》	书法	国防部部长张爱萍在刘海粟九十寿辰时赠百寿杖,刘海粟作此答谢。
1332	1985年5月4日	《泼墨山水》	中国画	在由上海市委刘海粟举行的九十大寿庆祝会上作
1333	1985年7月	《李白下江陵诗》	书法	画幅:67.2 cm×135.3 cm
1334	1985年8月2日	《水运开发,万民蒙休》	书法	为运河常州段书写并树碑刻石

续 表

序号	创作时间	作品名称	类别	备 注
1335	1985年8月3日	《蓬莱泰岱》	中国画	画幅：68 cm×137 cm
1336	1985年8月9日	《黄果树瀑布》	中国画	画幅：66.5 cm×135 cm
1337	1985年8月9日	《天下奇观》	书法	游安顺龙宫题词
1338	1985年8月10日	《瀑布》（《黄果树瀑布》）	油画	画幅：74 cm×103 cm
1339	1985年8月10日	《龙门瀑布》	中国画	画幅：134 cm×66 cm
1340	1985年8月10日	《黄果树大瀑布》	中国画	
1341	1985年8月11日	《黄果树宾馆画瀑布》	油画	在黄果树宾馆作 画幅：74 cm×103 cm
1342	1985年8月15日	《释回增美》	书法	出席贵州省文学艺术界联合会举行的欢迎会；并写赠贵州省文联。
1343	1985年8月20日	《鲲鹏展翅九万里》	中国画	作巨幅赠贵州省政协，以答谢各单位的盛情
1344	1985年8月25日	《娄山关》	油画	往娄山关，登山顶浏览娄山群峰。在关隘口作写生 画幅：81 cm×110 cm
1345	1985年8月27日	《遵义会议会址》	油画	到遵义会议会址，在院内作
1346	1985年8月	《飞流直下三千尺》	中国画	在贵州作
1347	1985年8月	《新时代人》	书法	为贵州人民出版社编辑出版的文学季刊题写刊名
1348	1985年8月	《抱月堂》	书法	为常州题写匾额
1349	1985年8月	《荷花图》	中国画	寄赠《半月谈》杂志社，祝贺创刊五周年
1350	1985年9月4日	《甲秀楼》	油画	在贵阳作，并题诗："山吐晴岚翠欲流，一泓涵碧剪新绸。南天风物多云气，古今春光甲秀楼。"画幅：87.5 cm×110 cm
1351	1985年9月9日	《中国纺织报》	书法	为该报题写报名
1352	1985年9月	《满陇桂雨》	书法	为杭州新西湖十景之一题
1353	1985年9月	《摄影美术报》	书法	为湖南出版的专业报纸题写报名
1354	1985年11月6日	《鹿顶迎晖》	书法	为无锡鼋头渚风景点题词刻石
1355	1985年12月27日	《鲁智深》	中国画	和关良合作
1356	1985年	《八大山人纪念馆》	书法	为江西南昌青云谱题额

续 表

序号	创作时间	作品名称	类别	备注
1357	1985 年	《楹联》	书法	为武汉禹稷行宫书写："三过其门，虚度辛壬癸甲；八年于外，平成河汉江淮。"
1358	1985 年	《先天下之忧而忧，后先天下之乐而乐》	书法	作书法题范仲淹从词
1359	1985 年	草书 一幅	书法	画幅：77.1 cm×114 cm 自寿
1360	1985 年	《草书酒渴思吞海 诗狂欲上天》	书法	画幅：67.2 cm×134.6 cm
1361	1986 年 1 月 23 日	《红梅图》	中国画	
1362	1986 年 3 月 1 日	《民国档案》	书法	为该杂志题写刊名
1363	1986 年 3 月 29 日	《遵义会议会址》	油画	参加中国美术家协会和中国艺术研究院在中国美术馆主办的"当代油画展"
1364	1986 年 3 月 30 日	《红梅报春图》	中国画	参加政协书画室举办的书画联谊会活动作
1365	1986 年 3 月	《笑播彩雨绣神州》	中国画	
1366	1986 年 5 月中旬	《泼墨泼彩黄山》	中国画	在巴黎应侨胞要求作画并题诗：浇墨生平磊块胸，衰颜今喜发春红。愿携苕水无双笔，十上黄山第一峰。
1367	1986 年 6 月 10 日	《热爱祖国 精诚团结》	书法	应《欧洲时报》社之请题写
1368	1986 年 8 月 28 日	《天马行空图》	中国画	题曰："南海康师，德器文章，倾动天下，墨迹至今珍逾连城，其绘画为举世所未见。曾为愚作天马行空图，精骏逸纵，不可羁勒，曾载一九二八年《上海画报》，十年浩劫被摧烧，殊为痛怀。忆写仿佛，以志康师盛德于不朽也。"
1369	1986 年 9 月	《双梅图》	中国画	在香港时应新加坡友好之请作丈二匹巨幅中国画并题《水龙吟·铁骨红》和七绝诗一首。
1370	1986 年 12 月 26 日	《泼墨葡萄》	中国画	在南京艺术学院示范作中国画
1371	1986 年 12 月	《出水芙蓉》	中国画	由上海书画出版社以木版水印出版，装裱成绫裱镜片发行
1372	1986 年 12 月	《石榴》	中国画	同上
1373	1986 年 12 月	《绿树重荫》	中国画	同上

续 表

序号	创作时间	作品名称	类别	备 注
1374	1986年12月	《天际归舟》	中国画	同上
1375	1986年	《山水》	中国画	画幅：96.6 cm×33.2 cm
1376	1987年2月	《天风海涛》	书法	为珠海市题写四字后刻石
1377	1987年4月1日	《红梅》	中国画	赠中央电视台
1378	1987年4月2日	《黄山云雾图》	中国画	参加政协委员书画会留赠。题诗："浇尽生平磊块胸，衰颜今喜发春红。愿携苔水无双笔，十上黄山第一峰。"
1379	1987年4月12日	《长城烽火台》	中国画	登临京郊八达岭作写生
1380	1987年5月28日	《瑶台聚八仙》	书法	参加刘抗、陈人滨的金婚庆宴并书赠有句云："笑兄年方九二，驾云到，豪兴涌诗泉。命嫦娥斟酒，欢庆新天。"
1381	1987年6月20日	《梅花图》	中国画	应邀在国家博物馆画廊作，赠予作永久收藏
1382	1987年6月21日	《泼墨黄山图》	中国画	出席由新加坡《联合早报》和《联合晚报》主办的刘海粟大师艺术讲座，并示范创作中国画
1383	1987年6月27日	《坐着的女人体》	油画	在新加坡摄影家蔡斯民的工作室作
1384	1987年7月8日	《鲲鹏展翅图》	中国画	应邀到南洋美术专科学院作演讲，并即席作画留赠
1385	1987年7月10日	《物华天宝人杰地灵》	书法	在大华银行大厦迎宾厅作大幅书法留赠
1386	1987年7月25日	《黄山》	中国画	应邀参观中国银行新加坡分行，当场作画留赠
1387	1987年9月	《黄山天海朝晖》	中国画	在九龙凯悦酒店作泼彩画题云："丁卯中秋，凯悦轩泼彩忆写黄山天海朝晖，粉白如烟，惊红如火，绀蓝冷翠，光怪陆离，觉丰神未老也。"
1388	1987年9月	《黄山万壑奔腾出》	中国画	在香港御花园作
1389	1987年12月	《设色荷花》	中国画	赠贺上海《文汇报》创刊五十周年
1390	1987年	《中国美术辞典》	书法	为沈柔坚主编的美术工具书题写书名
1391	1987年	《君陶艺术院》	书法	为君陶艺术院题写院名

续　表

序号	创作时间	作品名称	类别	备注
1392	1988年2月29日	《梅兰图》	中国画	在香港与夫人夏伊乔合作，赠贺香港《文汇报》创刊四十周年
1393	1988年4月6日	《泼墨葡萄》	中国画	出席在北京大学举行的蔡元培研究会理事会扩大会议作，赠蔡元培研究会理事会副会长高平叔
1394	1988年5月1日	《八哥》	中国画	画幅：96 cm×60 cm
1395	1988年5月5日	《中国名画鉴赏辞典》	书法	应上海辞书出版社之请为此书题写封面
1396	1988年5月	《国色朝酣图》（金笺牡丹）	中国画	在北京钓鱼台国宾馆养源斋作
1397	1988年6月	《红梅图》	中国画	此作祝贺《人民日报》创刊四十周年，此图在该报发表
1398	1988年6月	《出水莲花比性灵》	中国画	画幅：67 cm×136 cm
1399	1988年7月13日	《龙虎门》	中国画	在桃花溪边作
1400	1988年7月14日	《散花精舍写梦笔生花》	中国画	同上
1401	1988年7月15日	《石笋矼奇松》	中国画	画幅：67 cm×136 cm
1402	1988年7月16日	《清凉顶》	中国画	画幅：136 cm×67 cm
1403	1988年7月	《裂壁云岚石笋寒》	中国画	在黄山作
1404	1988年7月	《清凉台烟雨》	中国画	同上
1405	1988年7月	《金笺红牡丹》	中国画	画幅：65 cm×99 cm
1406	1988年7月18日	《墨牡丹》	中国画	题诗：清露阑干晓未收，洛阳名品擅风流。姚黄魏紫浑闲见，谁识刘家穿鼻牛。
1407	1988年7月18日	《泼墨清凉台》	中国画	画幅：69 cm×123 cm
1408	1988年7月31日	《松涛呼啸》	中国画	在黄山作
1409	1988年7月	《狮子顶》	中国画	同上
1410	1988年7月	《梦笔生花》	中国画	同上
1411	1988年7月	《光怪陆离泼彩黄山》	中国画	同上
1412	1988年7月	《今日黄山》（《白鹅岭索道》）	油画	同上
1413	1988年7月28日	《文光亭泼墨》	中国画	画幅：67 cm×135 cm
1414	1988年7月31日	《松涛呼啸》	中国画	画幅：67 cm×124 cm

续表

序号	创作时间	作品名称	类别	备注
1415	1988年8月1日	《云山缥缈》	中国画	画幅：67 cm×122 cm。题诗：不见文殊狮背坐，狮毛化作碧空林。老夫梦里关清甚，墨浪滔滔泼几层。
1416	1988年8月2日	《始信峰晴翠》	油画	画幅：59 cm×71 cm
1417	1988年8月4日	《黄海奇观》	油画	在石笋矼作
1418	1988年8月5日	《苍龙》	中国画	在升仙台作
1419	1988年8月7日	《晨光青岚》（《菩萨蛮》）	中国画	在白鹅岭以金笺作并题《菩萨蛮》天都脸上云纱绕，莲花耸若蟠然老。岭上展金笺，墨潮随兴添。香风吹短笛，耳畔松涛急。山画两苍苍，铁崖老更刚。
1420	1988年8月9日	《金笺黑虎松》	中国画	题云："一九五四年夏兴可染同学同画黑虎松及西海，朝夕讨论，乐不可忘。今可染已自成风格，蔚然大家，松下忆之，忽忽三十四年矣。"
1421	1988年8月11日	《升仙台二松》	中国画	
1422	1988年8月12日	《始信峰石壁》	中国画	题《西江月》
1423	1988年8月16日	《清凉台写生》	中国画	题《鹊踏枝》
1424	1988年8月16日	《金笺黄山杜鹃图》	中国画	黄山管理局和黄山市在散花精舍联合举行艺术大师刘海粟七十年十上黄山庆祝会，即席为黄山管理局作画以赠
1425	1988年8月18日	《朱墨奇松》	中国画	
1426	1988年8月24日	《凤凰松》	中国画	观音峰下作
1427	1988年8月25日	《九华山肉身殿》	油画	画幅：59 cm×71 cm
1428	1988年8月30日	《云谷山庄》	油画	画幅：59 cm×71 cm
1429	1988年8月30日	《丞相源》	中国画	画幅：67 cm×122 cm
1430	1988年8月-9月	《西海晚晴》	油画	画幅：70 cm×90 cm
1431	1988年8月-9月	《后海雨霁》	油画	在黄山作
1432	1988年8月-9月	《云涛似江流》	油画	同上
1433	1988年8月-9月	《雾笼北海》	油画	同上
1434	1988年8月-9月	《日出》	油画	同上
1435	1988年8月-9月	《九龙瀑》	中国画	同上
1436	1988年8月-9月	《奇峰白云》	中国画	同上

续 表

序号	创作时间	作品名称	类别	备注
1437	1988年8月-9月	《黄山天下无》	中国画	画幅：95.5 cm×56.5 cm
1438	1988年8月-9月	《黄山妙景》	中国画	在黄山作
1439	1988年8月-9月	《西海云烟》	中国画	在黄山作
1440	1988年9月25日	《牧牛》	中国画	画幅：146 cm×75 cm
1441	1988年秋	《满江红》	中国画	画幅：95 cm×176 cm
1442	1988年	《后海云雾》	油画	画幅：59 cm×71 cm
1443	1988年	《艺海藏珠》	书法	画幅：96.2 cm×44.7 cm
1444	1989年1月1日	《中国高等院校总览》	书法	应《人民画报》社之邀为之题写书名
1445	1989年6月27日	《忆写黄山》	中国画	在德国作。题诗：洗尽平生磊块胸，衰颜今喜发春红。更携苔水无双笔，忆写黄山第一峰。
1446	1990年4月28日	《雄鹰图》	中国画	出席美国加州河滨市美术馆举行的欢迎大会即席挥毫作巨幅
1447	1990年4月28日	《艺术之光》	书法	赠河滨市美术馆
1448	1990年5月30日	《瑰伟博达》	书法	出席加州大学河滨分校颁赠"杰出国际友人徽章"仪式。书此横幅回赠
1449	1990年5月22日	《大峡谷》	油画	游览美国阿利桑那州大峡谷作油画写生
1450	1990年5月23日	《古柏》	油画	游览美国阿利桑那州大峡谷作油画写生
1451	1990年5月24日	《大峡谷》	中国画	同上
1452	1990年5月12日	《精忠报国》	书法	刘海粟偕夫人夏伊乔重临洛杉矶西来寺，和星云大师共进素食午餐，相研禅道；并为母亲节特写四字纪念
1453	1991年	《黄海奇观册》	中国画册页	21 cm×17.15 cm
1454	1992年4月6日	《刘海粟美术馆》	书法	为常州市"刘海粟美术馆"题词书赠
1455	1993年7月	《释回增美》	书法	刘海粟为刘海粟美术馆奠基书写
1456	1994年3月16日	《遍历五大洲四海风云 横跨三世纪百年沧桑》	书法	画幅：176.3 cm×94.7 cm
1457	1994年6月15日	《石破天惊逗秋雨》	书法	赠丁立人夫妇
1458	1994年6月19日	《爱》	书法	为夏伊乔78岁生日题作

续表

序号	创作时间	作品名称	类别	备 注
1459	1994年7月5日	《福慧双修》	书法	
1460	1994年7月14日	《精神万古 气节千载》	书法	参加由香港《大公报》《新晚报》、广东省政协书画艺术交流促进会、广东省画院、广东省炎黄文化研究会和香港美术家协会共同主办的"名家书画赈灾义卖会",后在香港拍得一百多万元港币。
1461	1994年7月24日	《古松图》	中国画	赠杜乐行
1462	1994年7月	《大公画坛》	书法	为《大公报》题写栏目词
1463	1994年8月2、3日	《给江泽民的信》	小楷书法	刘海粟用了两个下午,用六尺对开宣纸、书法手卷形式写信,此为绝笔
1464	年代不详	《黄山立雪台晚翠图》	中国画	画幅:48 cm×90 cm
1465	年代不详	《白鹅岭望天都其二》	中国画	画幅:41 cm×68 cm
1466	年代不详	《红荷》	中国画	画幅:144 cm×79 cm
1467	年代不详	《夜湿天香露》	中国画	画幅:69 cm×89 cm

四、刘海粟收藏作品一览表

序号	品名	种类	质地规格（纵×横cm）	落款	年代
1	《佛像》	国画镜片	纸本117×64	锺师绍	唐
2	《人物》	国画立轴	绢本46×34	李思训	唐
3	《溪山幽居图》	国画立轴	绢本199×118.5	关仝	五代
4	《寒鸦图》	国画立轴	绢本95×157	黄荃	五代
5	《子母兔图》	国画手卷	绢本31.5×147	黄居寀	五代
6	《茂林叠嶂图》	国画立轴	绢本185×61	巨然	北宋
7	《山雨欲来图》	国画镜片	绢本91×35	米芾	北宋
8	《山水》	国画立轴	绢本124×41	米友仁	北宋
9	《李公麟人物》	国画手卷	纸本29×111	公麟	北宋
10	《湖山春晓图》	国画手卷	纸本60×493	赵大年	北宋
11	《三兔图》	国画立轴	纸本113×62	易元吉	北宋
12	《山水》	国画立轴	绢本178×72	李成	北宋
13	《双猫图》	国画镜片	纸本47×36	靳青	南宋
14	《山水》	国画册页	绢本35×28	马元	南宋
15	《马元竹林七贤图》	国画手卷	绢本25×112	马钦山（印）	南宋
16	《马元女孝经图》	国画手卷绢	25×494	马元	南宋
17	《松岩观瀑图》	国画立轴	纸本160×82	夏圭	南宋
18	《九如图》	国画手卷	绢本32×338	刘松年	南宋
19	《山水》	国画镜片	绢本98×45	刘松年	南宋
20	《放翁横杖看山图》	国画立轴	绢本121×75	牧溪	南宋
21	《山外寒云图》	国画立轴	绢本85.5×45	赵滋	金
22	《同部会盟图》	国画手卷	纸本25.5×258	李早	金
23	《王蒙溪山秋霁图》	国画手卷	绢本29×367	王叔明	元
24	《春殿寐影图》	国画立轴	绢本192×114	赵孟頫	元
25	《赵孟頫山桥探梅图》	国画立轴	绢本135×76	子昂	元
26	《赵孟頫牧马图》	国画立轴	纸本96×50	子昂	元
27	《溪山春霁图》	国画立轴	纸本118×41	倪瓒	元
28	《松石图》	国画立轴	纸本70×27	倪瓒	元

续 表

序号	品名	种类	质地规格 （纵×横cm）	落款	年代
29	《山水》	国画立轴	纸本 132×54	张雨（和倪瓒合作）	元
30	《山水》	国画立轴	纸本 67×28.5	陈汝言	元
31	《方从义云山图》	国画立轴	纸本 52×29	方方壶	元
32	《康里巎巎书法》	书法立轴	绢本 107×35	子山	元
33	《沈石田山水》	国画立轴	纸本 267×97	沈周	明
34	《仿黄鹤山樵细笔山水》	国画立轴	绢本 122×67	沈周	明
35	《鲍壑携琴图》	国画立轴	绢本 204×99	沈周	明
36	《雪窗觅句图》	国画立轴	纸本 160×32	沈周	明
37	《牡丹》	国画立轴	纸本 83×32	沈周	明
38	《山水》	国画册页	纸本 38×58（10开）	沈周	明
39	《山水》	国画册页	纸本 36×54（8开）	沈周	明
40	《山水》	国画手卷	纸本 23×154	沈周	明
41	《岁寒三友图》	国画立轴	纸本 87×36	唐寅	明
42	《覆岭雪岗图》	国画立轴	绢本 38×23	唐寅	明
43	《花卉》	国画册页	纸本 32×38（2开）	唐寅	明
44	《成扇》	国画成扇	洒金纸	唐寅	明
45	《大青绿桃源图》	国画立轴	绢本 133×58	文徵明	明
46	《文徵明风泉云壑图》	国画立轴	纸本 168×69	徵明	明
47	《文徵明五瑞图》	国画立轴	绢本 189×94	徵明	明
48	《文徵明细笔山水》	国画立轴	纸本 135×30	徵明	明
49	《文徵明坡仙赤壁图》	国画手卷	绢本 29×121	徵明	明
50	《文徵明仿山谷书卷》	国画手卷	纸本 34×500	徵明	明
51	《秋原猎骑图》	国画立轴	绢本 121×63.4	仇英	明
52	《麟趾呈祥图》	国画立轴	纸本 85×30	仇英	明
53	《仇英山水》	国画立轴	绢本 141×43	寔父	明
54	《松竹图》	国画立轴	纸本 70×28	项圣谟	明
55	《松壑高闲图》	国画立轴	纸本 127×32	孙枝	明
56	《梅花水仙图》	国画立轴	绢本 72×19	陆治	明
57	《山水》	国画手卷	纸本 15×125	文伯仁	明
58	《寒山雪霁图》	国画立轴	绢本 168×95	蓝瑛	明
59	《董其昌秋山图》	国画立轴	纸本 82×30	玄宰	明
60	《董其昌山水》	国画镜片	纸本 59.5×30	玄宰	明

续 表

序号	品名	种类	质地规格（纵×横cm）	落款	年代
61	《董其昌书法》	书法立轴	纸本 174×54	其昌	明
62	《董其昌书法》	书法立轴	绢本 90×26	其昌	明
63	《马》	国画立轴	绢本 83×35	戈阳王孙	明
64	《驴背行吟图》	国画立轴	纸本 30×40	徐端本	明
65	《陈淳行草》	国画手卷	纸本 41×578	陈道复	明
66	《陈淳花卉》	国画镜片	纸本 25×35	陈道复	明
67	《书法》	国画镜片	纸本 24×29	徐渭	明
68	《张瑞图夏云欲雨图》	国画立轴	绢本 143×55	瑞图	明
69	《张瑞图书画》	国画手卷	纸本 31×946	瑞图	明
70	《丁云鹏兰芝图》	国画立轴	纸本 126×55	丁南羽	明
71	《秋林望思图》	国画手卷	纸本 27×168	陆师道	明
72	《西山访友图》	国画手卷	纸本 25×320	黄道周	明
73	《生平得意笔》	国画立轴	纸本 142×57	赵左	明
74	《书法》	国画手卷	纸本 28.5×244	陈元素	明
75	《书法》	国画手卷	纸本 23×412	史可法	明
76	《孔雀竹石图》	国画立轴	纸本 169.2×71.6	八大山人	清
77	《书法》	书法立轴	纸本 110×44	八大山人	清
78	《山水人物》	国画立轴	纸本 253×136	八大山人与石涛合作	清
79	《黄山图》	国画立轴	纸本 350×117	石涛	清
80	《赭墨山水奇》	国画立轴	纸本 97×62	石涛	清
81	《石涛竹溪琴隐图》国画立轴	纸本	121×51	大涤子	清
82	《石涛霜霁凝烟图》	国画立轴	纸本 138×60	大涤子	清
83	《石涛大笔泼墨山水	国画立轴	纸本 206×84	清湘老人	清
84	《石涛山水》	国画立轴	纸本 174×92	大涤子	清
85	《石涛青云直上图》	国画立轴	纸本 115×53	清湘老人	清
86	《石涛诗画》	国画手卷	纸本 32×206	石涛	清
87	《石涛小品》	国画册页	纸本 19×39（6开）	清湘老人	清
88	《仿大痴笔山水》	国画立轴	纸本 93×44	王时敏	清
89	《仿子久设色山水》	国画立轴	纸本 167×70	王鑑	清
90	《仿闲元备家云帧》	国画册页	纸本 38×28（6开）	王鑑	清
91	《山川出云图》	国画立轴	纸本 132×67	王原祁	清
92	《晴岚晚翠图》	国画立轴	纸本 98×46	王原祁	清

续表

序号	品名	种类	质地规格（纵×横 cm）	落款	年代
93	《仿高房山山水》	国画立轴	纸本 87×38	王原祁	清
94	《仿李营五山居图》	国画立轴	纸本 111×54	王翚	清
95	《山水》	国画立轴	绢本 69×38	王翚	清
96	《山庄积雪图》	国画立轴	纸本 73×35	王翚	清
97	《王翚秋树好山图》	国画立轴	纸本 79×40	王石谷	清
98	《王翚远山图》	国画立轴	纸本 46×35	王石谷	清
99	《王翚仿六如赤壁图》	国画立轴	纸本 70×35	石谷	清
100	《临王右丞万山积雪图》	国画手卷	纸本 50×224	王翚	清
101	《山水》	国画册页	纸本 49×64（4开）	王翚	清
102	《山水》	国画册页	纸本 28×36	王翚	清
103	《仿云林疏竹秋林图》	国画立轴	纸本 67×26	吴历	清
104	《仿一峰老人山水》	国画立轴	纸本 140×57	吴历	清
105	《吴历寿诗轴》	书法立轴	纸本 94×29.5	墨井	清
106	《江村枯柳图》	国画立轴	绢本 167×79	龚贤	清
107	《郑簠书法》	书法立轴	纸本 273×127	郑谷口	清
108	《华嵒花鸟逸品》	国画立轴	纸本 136×72	新罗山人	清
109	《南园图》	国画立轴	纸本 213×113	华嵒	清
110	《华嵒青绿山水》	国画立轴	绢本 128×62	新罗山人	清
111	《华嵒花卉》	国画立轴	纸本 157×74	新罗山人	清
112	《自画像》	国画立轴	纸本 116×34	金农	清
113	《金农画惟卫尊佛》	国画立轴	纸本 95×39	金吉金	清
114	《佛象》	国画立轴	绢本 104×49	金农	霜
115	《人物》	国画立轴	绢本 106×38	金农	清
116	《梅花》	国画册页	纸本 19.5×13（7开）	金农	清
117	《郑燮竹》	国画立轴	纸本 136×30	板桥	清
118	《墨梅图》	国画手卷	纸本 22×27	郑燮	清
119	《花卉》	国画镜片	绢本 156×42	李鱓	清
120	《为桂末谷书说文解字图》	国画立轴	绢本 104×65	罗聘	清
121	《罗聘罗汉》	国画立轴	纸本 59×25	罗两峰（章）	清
122	《黄山莲蕊峰》	国画立轴	纸本 133×38	梅清	清
123	《黄山白龙潭》	国画立轴	纸本 133×38	梅清	清
124	《黄山天都峰》	国画立轴	纸本 130×29	梅清	清

续 表

序号	品名	种类	质地规格（纵×横cm）	落款	年代
125	《黄山云门峰》	国画立轴	纸本 132×38	梅清	清
126	《人物》	国画立轴	绢本 28×24	李藩	清
127	《山水》	国画立轴	纸本 66×42	渐江	清
128	《恽寿平菊花》	国画镜片	纸本 69×41	寿平	清
129	《恽寿平山水》	国画立轴	绢本 55×30	恽南田	清
130	《草书》	书法立轴	绢本 153×41	傅山	清
131	《书法》	书法立轴	纸本 122×28	傅山	清
132	《婴戏图》	国画立轴	纸本 115×60	禹之鼎	清
133	《冒襄秋山茆亭图》	国画立轴	纸本 95×35	巢民	清
134	《山斋独坐图》	国画立轴	绢本 252×93	杨铉	清
135	《仿米芾绿山红树图》	国画立轴	绢本 136×45	赵伸	清
136	《查士标湖乡清夏图》	国画手卷	纸本 26×112	查梅壑	清
137	《花卉》	国画立轴绢本	绢本 123×43	蒋廷锡	清
138	《老干疏香图》	国画立轴	纸本 115×47	铁生	清
139	《山水》	国画立轴	绢本 108×40	奚冈	清
140	《钱沣瘦马图》	国画立轴	纸本 61×31	沣	清
141	《钱沣对联》	书法立轴	纸本 175×31	钱南园	清
142	《霸椿荫梓图》	国画立轴	纸本 103×38	方士庶	清
143	《钱杜墨梅图》	国画立轴	纸本 78×36	叔美	清
144	《高士琴童图》	国画立轴	纸本 140×76	任伯年	清
145	《人物》	国画立轴	绢本 106×27	改奇	清
146	《金鱼》	国画立轴	纸本 134×67	虚谷	清
147	《夕阳归帆图》	国画立轴	纸本 99×46	虚谷	清
148	《对联》	书法立轴	纸本 153×35	赵之谦	清
149	《至情问道图》	国画手卷	绢本 39×119	王诘	清
150	《骊宫图》	国画立轴	绢本 222×123	李达	清
151	《松鹰图》	国画立轴	纸本 172×97	李世倬	清
152	《墨竹》	国画立轴	纸本 131×64	蒲华	清
153	《山水》	国画立轴	纸本 132×58	李泰	清
154	《王玉璋山水》	国画立轴	纸本 144×74	松巢	清
155	《山水》	国画镜片	金笺 76×44	周洽	清
156	《左宗棠对联》	书法立轴	纸本 136×33	恪靖侯	清

续　表

序号	品名	种类	质地规格（纵×横cm）	落款	年代
157	《对联》	书法立轴	纸本 126×29	翁同龢	清
158	《篆书对联》	书法立轴	纸本 125×31	何绍基	清
159	《潭西精舍图》	国画手卷	纸本 27×97	黄易	清
160	《书法》	国画手卷	绢本 25×340	张九徵	清
161	《蟠桃》	国画立轴	纸本 193×33	吴昌硕	近现代
162	《枇杷》	国画立轴	纸本 178×34	吴昌硕	近现代
163	《花卉》	国画立轴	纸本 131×45	吴昌硕	近现代
164	《花卉》	国画立轴	纸本 135×48	吴昌硕	近现代
165	《花卉》	国画立轴	纸本 129×46	吴昌硕	近现代
166	《风炉》	国画立轴	纸本 99×49	吴昌硕	近现代
167	《吴昌硕梅花》	国画立轴	纸本 134×59.5	仓硕	近现代
168	《吴昌硕花卉》	国画立轴	纸本 130×48	吴俊卿	近现代
169	《吴昌硕花好月圆图》	国画立轴	纸本 128×48	吴俊卿	近现代
170	《吴昌硕对联》	书法立轴	纸本 151.5×24	吴俊卿	近现代
171	《吴湖帆对联》	书法立轴	纸本 200×42	吴倩	近现代
172	《对联》	书法立轴	纸本 170×45	康有为	近现代
173	《对联》	书法立轴	纸本 168×41	康有为	近现代
174	《对联》	书法立轴	纸本 368×75	康有为	近现代
175	《书法》	书法立轴	纸本 175×96	康有为	近现代
176	《书法》	书法立轴	纸本 86×46	康有为	近现代
177	《书法》	书法镜片	纸本 43.5×132.5	康有为	近现代
178	《园柳鸣禽图》	国画立轴	纸本 132×33	（陈）师曾、萝白合作	近现代
179	《陈师曾绿荫图》	国画立轴	纸本 132×33	师曾	近现代
180	《秋色》	国画立轴	纸本 132×33	陈师曾	近现代
181	《山水》	国画立轴	纸本 175×46	陈师曾	近现代
182	《墨荷》	国画立轴	纸本 133×33	陈师曾	近现代
183	《艳菊》	国画立轴	纸本 130×32	陈师曾	近现代
184	《石榴》	国画立轴	纸本 130×32	陈师曾	近现代
185	《芭蕉》	国画立轴	纸本 86×40	陈师曾	近现代
186	《陈师曾燕来红图》	国画立轴	纸本 130×31	师曾	近现代
187	《山水》	国画立轴	纸本 131×44	陈师曾	近现代

序号	品名	种类	质地规格（纵×横cm）	落款	年代
188	《陈师曾秋山晚霭图》	国画立轴	纸本 185×50	陈衡恪	近现代
189	《陈师曾临董香光云山图》	国画立轴	纸本 93×26	师曾	近现代
190	《芍药图》	国画立轴	纸本 100.5×45.5	白石	近现代
191	《书法》	书法立轴	纸本 158×43	梁启超	近现代
192	《书法》	书法立轴	纸本 156×43	梁启超	近现代
193	《书法》	书法立轴	纸本 92×41（2幅）	梁启超	近现代
194	《书法》	书法镜片	纸本 94×43（12幅）	梁启超	近现代
195	《书法》	书法镜片	纸本 33×92	梁启超	近现代
196	《书法》	书法镜片	纸本 36×56	叶恭绰	近现代
197	《对联》	书法立轴	纸本 200×42	叶恭绰	近现代
198	《书法》	书法立轴	纸本 147×39	谭延闿	近现代
199	《书法》	书法镜片	纸本 36×80	沈恩孚	近现代
200	《书法》	书法镜片	纸本 33×66	沈恩孚	近现代
201	《书法》	书法镜片	纸本 65×136	蔡元培	近现代
202	《对联》	书法立轴	纸本 137×34	陈独秀	近现代
203	《书法》	书法立轴	纸本 147×39	郭沫若	近现代
204	《山水》	国画手卷	纸本 35×430	汪声远	近现代
205	《吴新吾山水》	国画立轴	纸本 93×43	新吾	近现代
206	《向日葵》	国画镜片	纸本 114×46	王个簃	近现代
207	《书法》	书法镜片	纸本 97×44	王个簃	近现代

主要参考文献和书目

一、已刊档案、资料、工具书

(1) 上海美术专科学校高等师范第一届毕业生纪念册,上海：上海泰东书局,1924 年.

(2) 武进西营刘氏家谱,槐轩书局,1929 年

(3) 教育大辞典（上册），上海：商务印书馆，1930 年.

(4) 汪亚尘编.师范学校教科书·美术（上册），上海：商务印书馆,1935 年.

(5) 刘海粟.欧游随笔,上海：中华书局，1935 年.

(6) 范志民.中国美术家人名辞典,上海：上海人民出版社，1981 年.

(7) 中国大百科全书出版社编辑部.中国大百科全书 1—11 册（简明版），北京：中国大百科全书出版社，1991 年.

(8) 李标晶、王嘉良.简明茅盾词典,兰州：甘肃教育出版社，1993 年.

(9) 庸非.中国当代漫画家辞典,杭州：浙江人民出版社，1997 年.

(10) 中国第二历史档案馆编.中华民国史档案资料汇编：第五辑第二编文化（一），南京：江苏古籍出版社，1998 年.

(11)《上海百年文化史》编纂委员会.上海百年文化史 第 2 卷,上海：上海科学技术文献出版社，2001 年.

(12) 金通达.中国当代国画家辞典,杭州：浙江人民出版社，2001 年.

(13) 中国大百科全书总编辑委员会.中国大百科全书 美术（1、2），北京：中国大百科全书出版社，2002 年.

(14) 沈柔坚、邵洛羊.中国美术大辞典,上海：上海辞书出版社，2002 年.

(15)《中国大百科全书》总编委会.中国大百科全书 精华本,北京：中国大百科全书出版社，2002 年.

(16) 徐昌酩、《上海文化艺术志》编纂委员会、《上海美术志》编纂委员会.上

海美术志，上海：上海书画出版社，2004年．

(17) 王震．二十世纪上海美术年表1900—2000，上海：上海书画出版社，2005年．

(18) 李维民．中国人物年鉴2008（总第20卷），北京：中国人物年鉴社，2008年．

(19)《中国大百科全书》总编委会．中国大百科全书（13），北京：中国大百科全书出版社，2009年．

(20) 邵大箴、《中国美术百科全书》编辑委员会．中国美术百科全书，北京：人民美术出版社，2009年．

(21) 乔晓军．中国美术家人名辞典　补遗一编，西安：三秦出版社，2007年．

(22) 王扆昌．中国美术年鉴·1947，上海：上海社会科学院出版社，2008年．

(23) 邵大箴、《中国美术百科全书》编辑委员会．中国美术百科全书4，北京：人民美术出版社，2009年。

(24) 上海刘海粟美术馆．不息的变动，上海：中西书局、上海书画出版社，2012年．

(25) 上海刘海粟美术馆．闳约深美，上海：中西书局、上海书画出版社，2012年．

(26) 上海刘海粟美术馆．恰同学年少（上），上海：中西书局、上海书画出版社，2012年．

(27) 上海刘海粟美术馆．恰同学年少（中），上海：中西书局、上海书画出版社，2013年．

(28) 上海刘海粟美术馆．恰同学年少（下），上海：中西书局、上海书画出版社，2013年．

(29) 上海刘海粟美术馆．美专风云录，上海：中西书局、上海书画出版社，2013年．

二、中文论著

(1) 刘海粟．海粟丛书：国画苑[M]，上海：上海中华书局，1914年．

(2) 刘海粟．写生新说，上海图画美术学校[M]，约1918年．

(3) 刘海粟. 日本新美术的新印象 [M], 上海：商务印书馆, 1921 年.

(4) 刘海粟. 画学真诠 [M], 上海：商务印书馆, 1919 年.

(5) 刘海粟. 新学制图画教科书 [M], 上海：商务印书馆, 1924 年.

(6) 郭沫若. 文艺论集 [M], 上海：光华书局, 1930 年.

(7) 刘海粟. 上海市政府主办刘海粟游欧作品展览会（图录）[M], 1932 年.

(8) 刘海粟. 刘海粟教授近作展览会（附列古今名画）特刊 [J], 新加坡中华总商会, 1941 年.

(9) 郭沫若. 沫若文集：第九卷 [M], 北京：北京人民文学出版社, 1957 年.

(10) 郭沫若. 洪波曲 [M], 北京：人民文学出版社, 1979 年.

(11) 潘文彦. 丰子恺先生年表 [M]. 香港：版者不详, 1979 年.

(12) 蔡元培. 蔡元培美学文选 [M], 北京：北京大学出版社, 1983 年.

(13) 范一辛. 郭沫若论创作 [M], 上海：上海文艺出版社, 1983 年.

(14) 丰一吟、丰陈宝、丰宛音. 丰子恺传 [M], 杭州：浙江人民出版社, 1983 年.

(15) 廖静文. 徐悲鸿一生 [M], 北京：中国青年出版社, 1984 年.

(16) 高平叔. 蔡元培全集 [M], 北京：中华书局, 1984—1989 年.

(17) 海粟艺术集评 [M], 福州：福建人民出版社, 1984 年.

(18) 刘海粟. 海粟黄山谈艺录 [M], 福州：福建人民出版社, 1984 年.

(19) 李松. 徐悲鸿年谱 [M], 北京：人民美术出版社, 1985 年.

(20) 刘海粟. 齐鲁谈艺录 [M], 济南：山东美术出版社 1985 年.

(21) 柯文辉. 艺术大师刘海粟传 [M], 济南：山东美术出版社, 1986 年.

(22) 胡颂平. 胡适之先生年谱长编初稿 [M], 台北：联经出版事业公司, 1984 年.

(23) 刘海粟、柯文辉. 花溪语丝 [M], 贵阳：贵州美术出版社, 1987 年.

(24) 徐伯阳、金山. 徐悲鸿艺术文集 [M], 台湾：艺术家出版社, 1987 年.

(25) 朱金楼、袁志煌. 刘海粟艺术文选 [M], 上海：上海人民美术出版社, 1987 年.

(26) 朱朴. 林风眠年谱 [M], 上海：学林出版社, 1988 年.

(27) 刘海粟. 海粟诗词选 [M], 福州：福建美术出版社, 1988 年.

(28) 叶智善、叶至美、叶志诚. 叶圣陶集 [M], 南京：江苏教育出版社, 1989 年.

(29) 朱伯雄、陈瑞林.中国西画五十年 1898—1949[M]，北京：人民美术出版社，1989 年.

(30) 蔡子人、郭淑兰，中华人民共和国文化部教育科技司.中国高等艺术院校简史集 [M]，杭州：浙江美术学院出版社，1991 年.

(31) 袁志煌、陈祖恩.刘海粟年谱 [M]，上海：上海人民出版社，1992 年.

(32) 王秉舟、南京艺术学院校史编写组.南京艺术学院史 [M]，南京：江苏美术出版社，1992 年.

(33) 王钦韶、宁静.中国现代名人掌故（上）[M]，郑州：河南人民出版社，1994 年.

(34) 许志浩.中国美术期刊过眼录 [M]，上海：上海书画出版社，1994 年.

(35) 许志浩.中国美术社团漫录 [M]，上海：上海书画出版社，1994 年.

(36) 耿云志.胡适遗稿及秘藏书信（40）[M]，合肥：黄山书社，1994 年.

(37) 石楠.刘海粟传 [M]，上海：上海文艺出版社，1995 年.

(38) 石楠.沧海人生 [M]，哈尔滨：黑龙江人民出版社，1996 年.

(39) 徐建融.刘海粟 [M]，苏州：古轩出版社，1999 年.

(40) 王伯敏、华夏、葛路、陈少丰.中国美术通史（第 7 卷）[M]，济南：山东教育出版社，1996 年.

(41) 周恩来.周恩来选集（上）[M]，北京：人民出版社，1997 年.

(42) 高平叔.蔡元培年谱长编 [M]，北京：人名教育出版社，1998 年.

(43) 沈虎.刘海粟散文 [M]，广州：花城出版社，1999 年.

(44) 潘耀昌.二十世纪中国美术教育 [M]，上海：上海书画出版社，1999 年.

(45) 郎绍君、水天中编.二十世纪中国美术文选（上、下卷）[M]，上海：上海书画出版社，1999 年.

(46) 沈虎.刘海粟散文 [M]，广州：花城出版社，1999 年.

(47) 林木.二十世纪中国画研究 [M]，南宁：广西美术出版社，2000 年.

(48) 代琇、庄辛.大师华翰——刘海粟周颖南通信集 [M]，上海：上海辞书出版社，2000 年.

(49) 王伯敏.中国绘画通史：下册 [M]，上海：生活·读书·新知三联书店，2000 年.

(50) 赵力、余丁. 中国油画文献 [M]，长沙：湖南美术出版社，2001 年.

(51) 石楠."艺术叛徒"刘海粟 [M]，长春：时代文艺出版社，2003 年.

(52) 南京艺术学院、常州刘海粟美术馆. 刘海粟研究 [M]，南京：江苏美术出版社，2003 年.

(53) 李超. 中国早期油画史 [M]，上海：书画出版社，2004 年.

(54) 张培成. 沧海一粟——刘海粟的艺术人生 [M]，上海：上海教育出版社，2005 年.

(55) 阮荣春、胡光华. 中国近现代美术史 [M]. 天津：天津人民美术出版社，2005 年.

(56) 盛兴军. 丰子恺年谱 [M]，青岛：青岛出版社，2005 年.

(57) 刘海粟. 艺术叛徒 [M]，南京：江苏文艺出版社，2006 年.

(58) 陈瑞林. 20 世纪中国美术教育历史研究 [M]，北京：清华大学出版社，2006 年.

(59) 傅雷著、傅敏. 傅雷文集（文艺卷）[M]，北京：当代世界出版社，2006 年.

(60) 王震. 徐悲鸿年谱长编 [M]，上海：上海画报出版社，2006 年.

(61) 刘海粟. 存天阁谈艺录 [M]，北京：中国青年出版社，2007 年.

(62) 李超. 中国现代油画史 [M]，上海：上海书画出版社，2007 年.

(63) 潘耀昌. 中国近现代美术史 [M]，北京：北京大学出版社，2009 年.

(64) 乔志强. 中国近代绘画社团研究 [M]，北京：荣宝斋出版社，2009 年.

(65) 王骁. 苏州美专 [M]，北京：文化艺术出版社，2009 年.

(66) 杜少虎. 合群开蒙——二十世纪早期中国西画社团研究 [M]，天津：天津人民美术出版社，2010 年.

(67) 刘伟冬、黄惇、夏燕靖. 上海美专研究 [M]，南京：南京大学出版社，2010 年.

(68) 杜乐行. 千秋动地歌——艺术大师刘海粟最后的 161 天纪实 [M]，上海：上海人民美术出版社，2010 年.

(69) 刘伟冬、黄惇、夏燕靖. 苏州美专研究 [M]，南京：南京大学出版社，2012 年.

(70) 刘伟冬、黄惇、夏燕靖. 山东大学艺术系、华东艺专研究 [M]，南京：南京大学出版社，2012 年.

(71) 南京艺术学院校史编委会. 南京艺术学院校史 1912—2012[M]，南京：江苏人民出版社，2012 年.

(72) 沈虎. 刘海粟艺术随笔 [M]，上海：上海文艺出版社，2012 年.

(73) 吕澎. 中国艺术编年史 [M], 北京：中国青年出版社，2012 年.

(74) 马海平. 上海美专名人传略 [M], 南京：南京大学出版社，2012 年.

(75) 马海平. 图说上海美专 [M], 南京：南京大学出版社，2012 年.

(76) 陈洁. 上海美专音乐史 [M], 南京：南京大学出版社，2012 年.

(77) 陈建华. 民国名流与上海美专 [M], 南京：南京大学出版社，2012 年.

(78) 丁涛. 刘海粟 [M], 南京：东南大学出版社，2012 年.

(79) 董松. 潘玉良艺术年谱 [M], 合肥：安徽美术出版社，2013 年.

(80) 赵力、余丁. 中国油画五百年 [M], 长沙：湖南美术出版社，2014 年.

(81) 梁晓波. 沧海真源——刘海粟早期著作与画册图说 [M], 香港：青青出版社，2015 年.

(82) 林甘泉、蔡震. 郭沫若年谱长编 [M], 北京：中国社会科学出版社，2017 年.

(83) 李庆. 渺沧海之一粟 [M], 合肥：安徽美术出版社，2017 年.

(84) 刘海粟美术馆编辑、王欣、季晓蕙. 刘海粟刘抗师友书信录（上、下）[M], 杭州：西泠印社出版社，2018 年.

(85) 梁晓波.《沧海真源——刘海粟文献史料集》[M], 刘海粟美术馆；沈阳：辽宁美术出版社，2020 年.

三、报刊

(1)《申报》（1913—1949 合辑）.

(2)《民国日报》.

(3)《时报》.

(4)《新青年》，第 2 卷第 3 号，第 3 卷第 1 号，第 6 卷第 1 号.

(5)《北京大学二十周年纪念册》，1918 年.

(6)《北京大学日刊》.

(7)《教育部公报》.

(8) 上海美专校刊《美术》.

(9)《艺术》周刊.

(10)《艺术旬刊》.

(11)《时事新报》.

(12)《晨报》（北京）.

(13)《新闻报》.

(14)《小时报》.

(15)《巴达维亚华侨公会月刊》，1941年第2卷第1期.

(16)《人民日报》.

(17)《大公报》.

(18)《东方杂志》.

(19)《益世报》.

(20)《上海画报》.

(21)《葱岭》.

(22)《世界画报》.

(23)《良友》.

(24)《中央党务月刊》.

(25)《中央时事周报》.

(26)《中国日报》.

(27)《辛报》.

(28)《星洲日报》.

四、历史照片与图册

(1) 刘海粟. 海粟之画，上海：上海美术用品社，1923年.

(2) 刘海粟. 海粟近作，上海：上海美术用品社，1928年.

(3) 刘海粟. 海粟杰作，上海：上海美术用品社，1933年.

(4) 刘海粟. 刘海粟近作展览会，上海：中华书局，1933年.

(5) 刘海粟. 色粉画，上海：商务印书馆，1934年.

(6) 刘海粟. 木炭画，上海：商务印书馆，1934年.

(7) 刘海粟. 海粟丛刊（西画苑），上海：中华书局，1932年.

(8) 刘海粟. 海粟丛刊（国画苑），上海：中华书局，1935年.

(9) 刘海粟. 刘海粟国画（1—3集），上海：商务印书馆，1933年，1936年，1937年.

(10) 刘海粟.海粟油画（1、2集），上海：商务印书馆，1933年，1935年.

(11) 刘海粟.刘海粟国画近作，上海：上海美术用品社，1939年.

(12) 刘海粟.刘海粟画选，北京：人民美术出版社，1986年.

(13) 谢海燕.刘海粟，南京：江苏美术出版社，2002年.

(14) 上海刘海粟美术馆.百年沧桑·刘海粟艺术人生图片集，上海：上海画报出版社，2006年.

后 记

关闭电脑，熄灭台灯，东方的鱼肚白向我昭示新的一天的到来。回想本书的写作历程，内心不免五味杂陈。从确定选题、前期准备、文献检索、寻访相关人士咨询，到材料梳理、分析研判，再到动笔撰写……历经前后六年时间，文稿经过五次修改，才完成这本《刘海粟年谱长编》，个中甘苦实难用简单的语言描述。

刘海粟是中国艺术史上的风云人物，他的一生充满传奇。1912年他创办中国第一所真正意义上的美术院校，为绘画技法课程设置人体写生环节，并由此引发"裸体模特儿"事件，与军阀展开激烈斗争，此举震动了国人的心弦。此外，他还首创美术学校男女同学的模式，开设旅行写生课程，并引入西方美术教学的体系、方法和观念。他与民国时期政界、商界、文艺界的交集，他的四段婚姻，以及诸多曲折离奇、引人入胜的人生经历，都为他增添了跨时代的传奇色彩。几十年来，在传记小说、电影、纪录片、戏曲、评弹等艺术形式中，都有以刘海粟为专题的作品问世。

刘海粟的奇幻人生深深吸引着我。我选择以美术为业，在十几年的专业学习中，对刘海粟的好奇始终不减。漫漫求学路上，我选择在刘海粟曾长期担任院长的南京艺术学院攻读中国画硕士和美术学博士。其间，除了在绘画技法上接受系统训练外，我也开始了对美术理论的研读，研究方向主要集中于民国美术史。课余时间，我带着好奇心细读了四种版本的刘海粟传记，心中却逐渐产生了些许疑惑：有关他的传记文学作品，情节铺陈如侦探小说般，让人不忍释手；但其中文学色彩浓厚的心理描述与情景对话，难免有捕风捉影、凭空臆想之嫌。

本书的写作构思和落笔，就是在这种矛盾的心境中一路完成的。我的博士后合作导师刘伟冬教授非常理解我的这种状态，他认为中国美术史的研究就应该着力于人物与作品的研究，并赞同我于博士后在站期间以刘海粟为对象进行深入研究。他曾在我另一本有关民国美术史料编著的序言中写道："中华民国是中国现代史上极为重要的历史阶段,虽然政府腐败堕落,但它却是在颠覆了长达数千年的帝王集权统治后的第一个具有民主性质的共和国体,至少在形式上是这样的。民国初始阶段的人们,尤其是知识分子,他们脚踩清王朝远去的背影,手擎民主和科学两面大旗,投身到时代的洪流之中。他们思想活跃,热情四射,奋发图强,催生了许多重要的历史事件,同时也产生了许多伟大的历史人物。作为新文化运动重要部分的美术阵地也是风起云涌,精彩纷呈,源远流长……刘海粟等艺术领军人物的努力探索和辉煌成就,光耀当时、惠泽今日,成为民国历史尤其是民国文化史上极为绚丽的篇章。"导师的鼓励与支持促使我竭尽全力工作。百万字的内容,编纂过程异常枯燥,再加上思绪繁杂,每当遇到瓶颈期,无法继续推进时,刘伟冬教授那细致入微的指导,有的放矢的教诲,总会使人茅塞顿开,受益匪浅。我因此得以按部就班地展开工作,直至完成整个项目。

本书撰写期间,最耗费精力的是对浩瀚和繁杂的文献进行检索和梳理。从最初收集的零散资料,到最终呈现整体面貌,其中艰辛,实难形容。常常要对各种细节进行核实,对不同文献中的差异性表述反复斟酌,甚至连标点符号也不放过。但由于本书体量较大,我亦是单枪匹马工作,囿于个人能力与精力有限,再加上规定的出版时间迫在眉睫,即使我已尽力而为,仍难免存有疏漏和不足,不能百分之百地完美呈现内容资料,我心中颇感遗憾。

在开展这项研究期间,我有幸与关心刘海粟生平与作品的各界人士、研究人员进行了诸多的交流和学习,拓展了研究视野。2018年,我刚开始进行博士后科研工作,便与刘海粟的女儿刘蟾老师重聚,得以当面向她请教。刘老师热情、主动地为我提供素材和资料,帮助我充实本书内容。

此外,长期关注和研究刘海粟的梁晓波先生亦为我提供了非常大的帮助。梁先生收藏有关刘海粟的历史文献资料数目庞大,并曾出版有《沧海真源——刘海粟早期著作与画册图说》《沧海真源——刘海粟文献史料集》等著作,这些关于刘海粟史料的研究为后人窥见大师的风范提供了鲜活的佐证。获得了梁先生的文献使用许可和他提供的一些新材料,使得本书内容得到了极大的丰富。

最后还要感谢江苏凤凰美术出版社。这已是我与苏美社第三次合作,前两次是在2015年9月,《重拾历史的碎片:中国艺术界抗战备忘录》《救亡美术:中国抗日战争美术作品精选集》这两部作品的出版,使我见识到该社对高品质图书选题的要求，以及责任编辑热情而严谨的工作态度。正因为此，《重拾历史的碎片：中国艺术界抗战备忘录》一书方能突破重围，入选 2015 年"苏版好书"奖。重点要感谢总编辑方立松先生以及本书的责任编辑王左佐先生，我们的携手合作是认真是愉悦的。

书中难免存在问题，期望方家不吝指正，以期再版时得以修正。

陈天白

2020 年 8 月

于南京艺术学院艺术研究院